Landeskunde
NIEDERSACHSEN

Natur- und Kulturgeschichte eines Bundeslandes

Landeskunde
NIEDERSACHSEN

Natur- und Kulturgeschichte eines Bundeslandes

Band 1:
Historische Grundlagen
und naturräumliche Ausstattung

**von Hans Heinrich Seedorf
und Hans-Heinrich Meyer**

WACHHOLTZ

Gefördert mit Forschungsmitteln des Landes Niedersachsen
und einem namhaften Druckkostenzuschuß
der Stiftung Niedersächsischer Volksbanken und Raiffeisenbanken
sowie der Städte und Landkreise Niedersachsens

ISBN 3529 05112 8

Schutzumschlag: Ausschnitt aus Deutschland-Panorama
© Mairs Geographischer Verlag/Studio Berann-Vielkind

VORWORT

Eine große Landeskunde ist letztmalig zum zehnjährigen Bestehen des Landes Niedersachsen im Jahre 1956 von dem besten Landeskenner, Professor Dr. Kurt Brüning, unter dem Titel "Niedersachsen, Land - Volk - Wirtschaft" veröffentlicht worden. Ihm standen damals eine große Landeskundliche Abteilung und 67 Autoren zur Verfügung. Eine kleine Landeskunde von Niedersachsen ist dann noch 1970 von P. Singer und D. Fliedner erschienen. Sie schöpften aus den vielen älteren Manuskripten von Fachleuten, die Kurt Brüning für ein "Handbuch Niedersachsen" anfertigen ließ. Durch seinen Tod (1961) waren die Arbeiten gänzlich zum Erliegen gekommen. Sie wurden auch nicht wieder aufgenommen.

So sind die 60er, 70er und 80er Jahre, in denen Niedersachsen eine stürmische wirtschaftliche und kulturelle Entwicklung erlebt hat und viele wissenschaftliche Fortschritte, z.T. mit neuen Betrachtungsweisen, erzielt worden sind, bisher in keiner zusammenfassenden landeskundlichen Darstellung behandelt worden. Deshalb schien es vonnöten, nach über 30 Jahren eine Neubearbeitung in Angriff zu nehmen, um einerseits eine Raumbestandsaufnahme des Landes für die Zeit um 1990 vorzulegen. Andererseits kann es nicht befriedigen, die bunte Vielfalt nur darzustellen, ohne danach zu fragen, welche Ursachen dieser Vielfalt zugrunde liegen, welche Ordnung und welche Entwicklungen dahinterstecken.

Geht man solchen Fragen nach, kommt man weder an einem Eindringen in den historischen Werdegang des Landes und seiner Wirtschaft noch an einer Berücksichtigung der erdgeschichtlichen Entwicklung vorbei. Das Land Niedersachsen und seine Teile sind etwas Gewordenes. Das zeigt sich in den politischen Grenzen, in der Verteilung der Bevölkerung und Wirtschaft über das Land und auch in der Naturausstattung. Dies alles sind Hinterlassenschaften aus vielen Perioden der Erdgeschichte und der historischen Zeiten.

Nun verfügt eine schriftliche Darstellung nicht über die Möglichkeiten, die das Auge hat, ganzheitlich aufzunehmen. Soll das ganzheitlich Wahrgenommene mündlich oder schriftlich weitergegeben werden, muß durch die Sprache oder durch die Schrift das, was in der Natur gleichzeitig und nebeneinander ist, zu einem Nacheinander gemacht werden. Das kann dadurch geschehen, daß die Verfasser die einzelnen Sach- und Wissensgebiete nacheinander behandeln, wie das in den ersten

beiden Bänden der "Landeskunde" geschieht, die gewissermaßen eine Raumbestandsaufnahme und eine Erklärung des Gewordenen vom ganzen Land Niedersachsen sein sollen.

Die andere Möglichkeit ist eine chronologische Ordnung nach Zeitstufen. Sie sollte das leitende Prinzip eines geplanten dritten Bandes mit dem Titel "Kultur- und Landschaftsgeschichte des Landes Niedersachsen" sein. Ein vierter Band sollte schließlich die räumliche Vielfalt, d.h. die einzelnen niedersächsischen Landschaften, beschreibend und erklärend behandeln.

Eine solche landeskundliche Betrachtung in schriftlicher Form niederzulegen, ist auch deshalb so dringend geworden, weil in den letzten beiden Jahrzehnten die niedersächsische Landeskunde zerschlagen worden ist, obwohl sie auf nationaler wie internationaler Ebene neben der baden-württembergischen einst führend war.

Schon 1970 wurde die Landeskundliche Abteilung im Niedersächsischen Landesverwaltungsamt bzw. des vormaligen Provinzialinstituts für Landesplanung, Landes- und Volkskunde von Niedersachsen aufgelöst, die 11 vielseitige und fachspezifische Niedersachsenatlanten sowie 26 vorbildliche Kreisbeschreibungen bearbeitet und veröffentlicht hatte. Im 50. Jahr seines Bestehens wurde 1987 das traditionsreiche Niedersächsische Institut für Landeskunde und Landesentwicklung an der Universität Göttingen geschlossen, das ursprünglich die Aufgabe hatte, "den interessierten Studenten aller Fakultäten die notwendigen landeskundlichen Kenntnisse zu vermitteln und sie zur Mitarbeit an der Landesforschung anzuregen". Es gab auch seit 1940 das wissenschaftlich informative "Neue Archiv für Niedersachsen" sowie viele Einzelveröffentlichungen über Niedersachsen heraus.

Als dann auch noch 1988 die landesweit letzte Professorenstelle für Niedersächsische Landeskunde an der Universität Hannover gestrichen wurde, erschien den beiden Verfassern nichts notwendiger zu sein, als wenigstens einen Teil der bisherigen in Vorlesungen, Seminaren, Praktika und auf Exkursionen vermittelten Lehrinhalte und Teile der umfangreichen landeskundlichen Sammlung dadurch zu retten, daß sie nunmehr versuchten, eine geplante "Kleine Landeskunde Niedersachsen" zu einem Lehrbuch und Nachschlagewerk auszubauen. Sie sind der Meinung: "Wenn schon wegen der Stellenstreichung keine Landeskunde von Niedersachsen mehr gelehrt werden kann, dann muß sie wenigstens in schriftlicher Form vorliegen".

Hiermit wird der Band 1: "Historische Grundlagen und naturräumliche Ausstattung" vorgelegt. Band 2: "Bevölkerung - Siedlung - Wirtschaft - Verkehr - Kulturelles Leben" befindet sich in Arbeit.

Die beiden Verfasser verbinden damit die Hoffnung, daß die Landeskunde in Niedersachsen nicht endgültig erloschen ist, sondern daß es unter Mithilfe dieser hoffentlich zu vollendenden "Großen Landeskunde" wieder zu einer unverzichtbaren Neubelebung der Landeskunde in Niedersachsen kommen wird, wie das auch in den anderen Bundesländern geschieht. Denn ohne das nötige Grundlagenwissen und ohne eine ökologisch-ganzheitliche Betrachtungsweise lassen sich eine auf Dauer bedachte Landesforschung und Landesplanung nicht betreiben.

Schon Ende der 70er Jahre mußte man zunehmend feststellen, daß eine Raumplanung, die sich auf akademisch-abstrakte Modellvorstellungen stützt, schnell an ihre Grenzen stößt, ja, daß sich die Menschen in Bürgerinitiativen und anderen Gruppierungen massiv gegen Planungen wehren, wenn es um die Änderung historisch gewachsener Strukturen oder gar um Eingriffe in Wälder, Gewässer oder Moore geht. Es ist inzwischen ein sensibel reagierendes Umwelt- und Traditionsbewußtsein erwacht. Man muß anerkennen, daß die Natur weit mehr Entfaltungsraum benötigt als ihr z.B. nach den Modellen der Zentralen Orte und der Versorgungsnahbereiche sowie der Grunddaseinsfunktionen von der Planung zugebilligt worden ist; denn Natur und Mensch sind eine Einheit, in der die jeweiligen Bedürfnisse sorgfältig aufeinander abgestimmt sein müssen. Der geographische Raum ist eine unvermehrbare Größe. Wenn man ihn mit wachsender Bevölkerungszahl, mit einem immer stärker werdenden Verkehr und mit zunehmender Nutzungsintensität belastet, muß man ihn in seiner Gesamtheit kennen, um ihn beurteilen und die Grenzen seiner Belastbarkeit abschätzen zu können.

Damit ist wieder die Landes- und Regionalkunde gefragt, die sich um eine möglichst breite Raumkenntnis bemüht, die vor allem die im Raum wirkenden Kräfte in ihrem gegenseitigen Abhängigkeitsverhältnis analysiert, die Entwicklungen sowie Raumveränderungen aufzeigt, insbesondere durch Karten- und statistische Vergleiche. Für eine solche ganzheitliche Betrachtungsweise Hilfen zu geben und Grundlagenwissen für Lehrveran-staltungen an den Universitäten und Schulen sowie für die Landes- und Heimatforschung zu liefern, ist ein Hauptanliegen dieses Buches.

Es gilt noch etwas zu bedenken: Eine Landeskunde, die aus Mangel an personeller und finanzieller Förderung von nur zwei Verfassern erstellt werden mußte, kann in unserer von den Spezialwissenschaften geprägten Zeit nicht den Anspruch erheben, in allen Dingen zutreffend und aktuell zu sein, wenn sich auch die beiden Verfasser nach Kräften darum bemüht haben. Doch ihnen wurden viele Hilfen zuteil, bei Behörden und Einzelpersonen, die Manuskripte durchgesehen, berichtigt und ergänzt und die bereitwillig ihre Fotos und Zeichnungen zur Verfügung gestellt haben.

Für die Finanzierung des Druckes sei dem Niedersächsischen Landtag, insbesondere Herrn Landtagsdirektor Dr. habil. Janssen, der Stiftung Niedersächsischer Volksbanken und Raiffeisenbanken, dem Niedersächsischen Städte- und Gemeindetag, dem Niedersächsischen Landkreistag sowie verschiedenen Vereinen und Verbänden und selbst Privatpersonen gedankt, die die Notwendigkeit der Veröffentlichung erkannt und den Druck entsprechend gefördert haben.

Zu großem Dank sind die Verfasser den Kartographen *Karl Endler* und *Christiane Grätsch* sowie der Photographin und Labortechnikerin *Waltraud Cochanski* verpflichtet, die trotz zahlreicher äußerer Erschwernisse und der bei solchen Veröffentlichungen stets auftretenden Schwierigkeiten von der gemeinsamen Aufgabe überzeugt blieben und sie mit großem Können unterstützten. Sehr zu danken ist auch den zeitweilig eingesetzten Studienassessoren *Peter Könemann*, *Andreas Holte* und *Gunnar Kutsche*, die intensiv Manuskriptteile bearbeitet bzw. Korrekturarbeiten durchgeführt haben. Die *Calenberg-Grubenhagensche Landschaft* sprang mit einem namhaften Betrag ein, als die Sachmittel zu versiegen drohten.

Schließlich können sich die Verfasser glücklich schätzen, daß der in landeskundlichen Veröffentlichungen bewährte Karl Wachholtz Verlag nach dem "Luftbildatlas Niedersachsen" (1967), dem "Topographischen Atlas Niedersachsen und Bremen" (1977) und dem "Geschichtlichen Handatlas von Niedersachsen" (1989) nunmehr auch den Druck dieser "Landeskunde Niedersachsen" übernommen hat.

Hannover, im Januar 1992

Hans Heinrich Seedorf
Hans-Heinrich Meyer

INHALTSÜBERSICHT

8

Was ist und will Landeskunde?

1. Der Name

Drei Bedeutungen in einem Wort:
"eines Landes kundig sein", "das Land
erkunden", "vom Lande künden"

Die Landeskunde hat sowohl im wissenschaftlichen als auch im sonstigen öffentlichen Bereich drei Aufgaben, die bereits im Namen enthalten sind, nämlich Wissens-, Forschungs- und Lehrgebiet zugleich zu sein. Rein etymologisch bedeutet das Wort "Landeskunde":
Erstens "eines Landes kundig sein", d.h. Wissen von diesem Land haben, um es ganzheitlich betrachten und beurteilen zu können. Als *Wissenszweig* sammelt die Landeskunde nach dem Auswahlprinzip einer gegenwartsbezogenen Gesamtschau Informationen über das Land und seine Teilbereiche, wobei sie sich vieler Medien und Wissenschaften bedient (vgl. Abb.1). Sie bemüht sich dann, das Inventar und die Kräfte zu analysieren und darzustellen, die dieses Land geformt haben und noch weiter formen. Daraus wird die zweite Aufgabe der Landeskunde deutlich, nämlich Forschungsgebiet zu sein.
Zweitens bedeutet Landeskunde somit "das Land erkunden", d.h. erforschen. Landeskunde ist folglich ein *Forschungsgebiet*, das immer das Land bzw. die Region als Ganzes im Auge hat und aus der Zusammenschau der Arbeitsergebnisse anderer Wissenschaften zu neuen gegenwartsbezogenen Erkenntnissen kommt. Im Vordergrund der Untersuchungen steht dabei die Erfassung des Zusammenspiels der vielfältigen Kräfte im Raum und der dadurch bedingten Raummuster und Raumprobleme.
Drittens ist Landeskunde vor allem ein *Lehrgebiet*, meint das Wort doch auch "vom Lande künden", d.h. das Wissen vom Land mündlich und schriftlich weiterzuvermitteln an Universitäten, Hochschulen und Schulen sowie in der Öffentlichkeit in Vorträgen, Büchern, Zeitschriften, Karten und Atlanten. Damit fällt der Landeskunde die Aufgabe zu, das sich ständig ändernde *Grundlagenwissen* über das Land, aber auch spezielles, raumbezogenes Wissen nach den jüngeren und jüngsten Erkenntnissen der Wissenschaften in zusammenfassender und vereinfachender Form weiterzugeben. Landeskundliche Veröffentlichungen sind in der Regel nicht Spezialuntersuchungen, die häufig im Elfenbeinturm der Wissenschaft hängenbleiben, sondern gemeint sind damit allgemeinere und zusammenfassende Untersuchungen, Beschreibungen, Karten und Zeichnungen mit größerer Breitenwirkung.

2. Die Arbeitsweise

Raumbestandsaufnahme, Raumbeobachtung,
Raumerklärung, Raumbewertung,
Raumprognose

Bevor auf die übliche Arbeitsweise der geographischen Landeskunde eingegangen wird, sei zunächst der Unterschied zwischen der historischen und der hier betriebenen geographischen Landeskunde herausgestellt, weil sich die Arbeitsmethoden und Erkenntnisziele unterscheiden.
Die *historische Landeskunde* ist mehr vergangenheits- und personenbezogen. Sie beschäftigt sich eingehend mit den einzelnen Epochen der Geschichte und deren Persönlichkeiten oder sozialen Gruppen.
Die *geographische Landeskunde* ist dagegen gegenwarts- und flächenbezogen. Ihre Arbeitsgebiete sind Flächen, geographische Räume, die von administrativen oder anderen Grenzen umschlossen werden, von Landes-, Bezirks-, Kreis-, Gemeinde- oder naturräumlichen Grenzen. Die geographische Landeskunde berücksichtigt historische Fakten nur insofern, als sie gegenwartswirksam sind, d.h. in Gestalt von Gebäuden, Grenzen, Wirtschaftsstrukturen oder anderen historischen Hinterlassenschaften noch heute das Raumgefüge bestimmen oder zur Erklärung der gegenwärtigen Verhältnisse herangezogen werden müssen.

Die *Arbeitsweise* der geographischen Landeskunde vollzieht sich in Erkenntnisschritten. Sie macht in der Regel
1. *eine Raumbestandsaufnahme* (Wie sieht das Land aus ? Mit welchen Menschen und Gütern ist es ausgestattet ?), eine Raumbestandsaufnahme sowohl vom Naturraum als auch von dem durch den Menschen veränderten Raum und den darin wirkenden Kräften, die Geofaktoren genannt werden,
2. *Raumbeobachtungen* (Wie verändern sich die Bedingungen, die Natur-, die Lebens-, die Wirtschaftsbedingungen?),
3. eine *Raumerklärung* (Wie sind die Strukturen des Raumes entstanden ? Wo liegen die Wurzeln der gegenwärtigen Raumprobleme ?). Dabei muß die geographische Landeskunde auch in historische Schichten vorstoßen. Sie tut das aber im Gegensatz zur Geschichte nur unter dem Gegenwartsaspekt. Für die Landeskunde muß das Historische heute noch raumwirksam sein und zur Erklärung des Heutigen dienen,
4. eine *Raumbewertung* (Für welche Nutzung ist dieser Raum geeignet ?) und schließlich

5. eine *Raumprognose* (Wie werden sich die Bedingungen in Zukunft verändern ?). Dieser zuletzt genannte Erkenntnis- und Arbeitsschritt ist
ein schwieriges Kapitel, weil hier die Raumord-
nungspolitik, die Entscheidungsfreiheit der Ver-
antwortlichen, eingreift und damit das sonst besser überschaubare Spiel der wirksamen Kräfte
beeinflußt wird.

Es schließt sich an die mehr oder weniger stark verfolgten Erkenntnisschritte eine zusammenfassende Betrachtung des behandelten Gebietes, eine
Gesamtanalyse, an. Sie ist das Hauptanliegen der
Landeskunde und gehört bereits zu den nachstehend erläuterten Aufgaben.

3. Die Aufgaben

*Verknüpfung spezieller Kenntnisse zu einer Ge-
samtanalyse · Die ganzheitliche Betrachtungsweise · Abgrenzung zur Raumforschung und Landesplanung sowie zur Landesforschung · Wissensge-
biet - Forschungsgebiet - Lehrgebiet · Transmissionsstelle zwischen Wissenschaft, Lehre und Öffentlichkeit · Vermittlung der Grundkenntnisse
über das Land*

Als Charakteristikum der Landeskunde bleibt festzuhalten, daß die Vertreter dieses Wissenschafts-
zweiges zunächst einmal Wissen sammeln, um einen *Gesamtüberblick* zu gewinnen, um urteilsfä-
hig zu werden. Zwar wird auch der Landeskundler
in der gegenwärtigen Zeit ein Spezialwissen und
ein spezielles Forschungsgebiet haben müssen,
aber gerade in der *Verknüpfung spezieller Erkenntnisse zu einem Gesamtbild* liegt das Besondere
und auch das Moderne der Landeskunde.

Waren bisher die Raumwissenschaften zunehmend bemüht, die einzelnen Raumfaktoren mit Hilfe immer feinerer Methoden zu analysieren und
den Raum nach den Bedürfnissen des Menschen
aufzuteilen, so wurde dabei häufig der Raum als
Ganzheit, als Wirkungsgefüge natürlicher und
vom Menschen herrührender Kräfte, vernachläs-
sigt. Erst die ökologische Bewegung und die Ausführungen des Club of Rome haben wieder verstärkt das Augenmerk auf die Ganzheit der Erde
und auf die Verantwortung des Menschen für die
Ganzheit gerichtet. Damit wird ein landeskundli-
ches Prinzip neu belebt, nämlich das der ganzheitlichen Betrachtung.

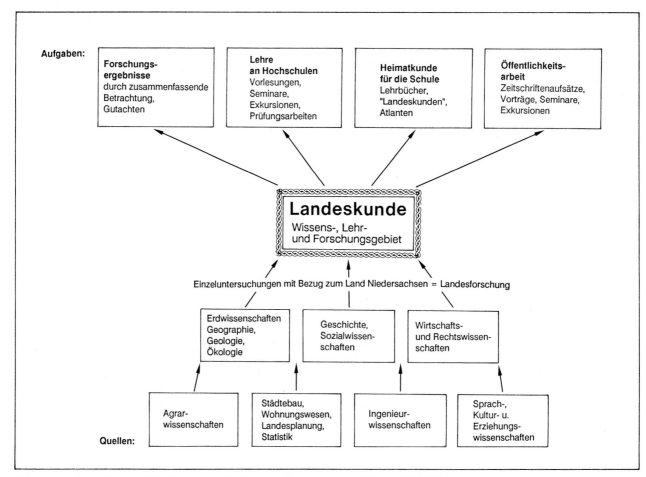

Abb. 1: Aufgabengebiete und Quellen der Landeskunde in Niedersachsen (Entwurf: SEEDORF).

Durch die *ganzheitliche Betrachtungsweise* kann der Landeskundler auch zu den Tagesfragen Stellung beziehen, nicht als einseitig ausgerichteter Fachmann, sondern als einer, der Zusammenhänge beachtet, der das Wechselspiel der Kräfte im Raum registriert und der erkennt, daß sich bereits in der Vergangenheit Determinanten für die Gegenwart und Zukunft entwickelt haben, die es zu berücksichtigen gilt. Man braucht nur an die Ursache von Umweltschäden zu denken, die oft weit zurückliegen.

In der ganzheitlichen Betrachtungsweise liegen auch die *Unterschiede zwischen der Landeskunde und Landesforschung.* Während die Landeskunde die Aufgabe hat, die das Land betreffenden Forschungsergebnisse aus den unterschiedlichen Fachbereichen in verständlicher Weise zu transponieren und zu einer Gesamtschau zusammenzufügen, geht die Landesforschung (Regionalwissenschaft, Regionalforschung) einzelnen Fragen nach, die das Land in besonderer Weise berühren. Die Betrachtungsweise der Landesforschung ist nicht ganzheitlich, sondern zumeist projektbezogen. Das gilt insbesondere auch für die *Raumforschung* und *Landesplanung.*

Eine der wichtigsten, wenn nicht gar die wichtigste Aufgabe der Landeskunde ist es, eine *Transmissionsstelle* zu sein zwischen den zunehmend spezialisierten und zersplitterten Wissenschaften und den Menschen, die im untersuchten und behandelten Raum leben, und ihnen die Grundkenntnisse über das Land zu vermitteln.

Die beigegebene Abb.1 mag verdeutlichen, wie die aus den einzelnen Wissenschaften kommenden Untersuchungen, sofern sie einen deutlichen Bezug zum Land Niedersachsen haben, von der Landeskunde aufgenommen, zusammengefaßt und umgesetzt werden. Durch die Zusammenfassung können einerseits neue Forschungsergebnisse und Gutachten gewonnen werden, andererseits wird dadurch erst eine Gesamtbetrachtung des Landes Niedersachsen und seiner Teile ermöglicht, die dann als Lehre an den Hochschulen, als Heimatkunde in den Schulen und bei der Öffentlichkeitsarbeit in den Medien Verwendung finden kann.

Landeskunde ist eine Daueraufgabe, indem von ihr die *Grundkenntnisse vom Land Niedersachsen* und seinen Teilen regelmäßig zu *überprüfen,* die ständig ablaufenden Raumveränderungen zu registrieren und neue für das Landesganze wichtige Entwicklungen zu erkennen, zu untersuchen und als unentbehrliche Informationen an Hochschulen, Schulen, Politiker und an die Öffentlichkeit weiterzugeben sind.

Durch die intensive Beschäftigung mit ihrem eigentlichen Forschungsgegenstand, in diesem Fall mit dem Land Niedersachsen, erzeugt die Landeskunde außerdem in ihren Veröffentlichungen und Vorträgen eine Hinwendung zum Vertrauten und damit ein Heimatgefühl und *Niedersachsenbewußtsein,* das wiederum der Lehre und den kulturellen Aktivitäten des Landes zugute kommt.

Abb. 2: Satellitenbildkarte von Niedersachsen, aufgenommen aus 900 km Höhe (Westermann Sat Map).

A. ÜBERBLICK

1. Satellitenbildkarte: Niedersachsen aus 900 km Höhe

Seit 1957 umkreisen Satelliten die Erde. Seit der Zeit hat die Kartographie mit dem Satellitenbild eine neue Dimension gewonnen. Gegenüber der von der Landesvermessung erstellten Karte, die durch ihre Signaturen nur ein abstraktes, dafür aber übersichtliches Bild von der Landschaft gibt, liefern Luftbilder und Satellitenaufnahmen ein wahres Bild, wie es sich dem Auge aus der entsprechenden Höhe darbietet.

Auf einem Luftbild, zumeist aus der geringen Höhe von 3000 m aufgenommen, sind viele Einzelheiten erkennbar. Dementsprechend enthält das Luftbild trotz seiner engen räumlichen Begrenzung eine oft verwirrende Fülle von Details, so daß zur Orientierung die abstrahierende großflächige Karte vorgezogen wird. Das Satellitenbild hingegen erfaßt wegen der größeren Flughöhe (hier 915 km) einen vielfach größeren Raum. Wollte man die Fläche der nebenstehenden Satellitenbildkarte (385 x 265 km) mit normalen Luftbildern (Maßstab 1 : 12 500) abdecken, würden davon rd. 12 000 erforderlich sein. Mit der großen Flughöhe des Satelliten verschwinden viele übersichtsbelastende Einzelheiten. Objekte, deren Durchmesser weniger als 80 m beträgt (Pixelgröße), werden nicht abgebildet, es sei denn, sie reflektieren das Sonnenlicht sehr stark, wie das zur Aufnahmezeit (1975) die Sandschüttung der damals im Bau befindlichen Autobahn Oldenburg-Wilhelmshaven tat.

Trotz der großen Aufnahmeentfernung und dem Fortfall von Einzelheiten bleibt ein buntes Bild. Erst bei näherem Hinsehen läßt es sich einzelnen Landschaften zuordnen, womit deutlich wird, daß Landschaften nichts Einheitliches sind, schon gar nicht von der Bodenbedeckung her, die hier abgebildet ist. Vielmehr zeigt sich in den Landschaften und besonders im Satellitenbild, in wie starkem Maße die Vielfalt ein Wesenszug der Erdoberfläche ist.

Die nebenstehende Satellitenbildkarte umfaßt ein Gebiet von rd. 100 000 km². Fast die Hälfte davon, 47400 km², werden vom Land Niedersachsen eingenommen. Niedersachsen liegt nun nicht in dem Bereich der Erde, den man, wie z.B. das Mittelmeergebiet, durch einen strahlend blauen Himmel kennzeichnen kann. Ihn braucht man aber für ein klares Satellitenbild. Einen völlig wolkenfreien Tag für Gesamtniedersachsen gibt es nicht.

Also muß man die Teile von Satellitenbildern zusammenfügen, die wolkenfrei sind. Hier wurden dazu 8 Aufnahmen benötigt, die bei wolkenlosen Hochdruckwetterlagen von den alle 9 Tage die gleiche Position einnehmenden LANDSAT-Satelliten gemacht wurden. Das geschah im August 1975 und im April 1976, als Ostwind wehte, wie man an der 50 km langen Rauchfahne erkennen kann, die von dem damals großen Waldbrand bei Wolfsburg-Gifhorn herrührt. Einige Quell- und Schleierwolken ließen sich auch auf diesen Bildern nicht vermeiden, wie sie z.B. 20 km südlich von Hildesheim sowie zwischen Oldenburg und Nordhorn auftreten.

Abgebildet ist vor allem die äußere Haut der Erde, die *Bodenbedeckung*, d.h. die Verbreitung von Wald und Feld, von Grünland, Moor, Siedlungen und offenen Wasserflächen. Sie wiederum sind abhängig von den Boden- und Reliefverhältnissen, von der Verkehrslage und von anderen Bedingungen. Wo der Bodenwert in der 100teiligen Skala unter 25 Punkte absinkt, wird die Fläche im allgemeinen dem Wald überlassen, wie das in weiten Teilen der Lüneburger Heide der Fall ist. Ähnlich liegen die Verhältnisse im Harz und Solling. Dort kommen das Relief und das Klima als weitere erschwerende Faktoren für die Landwirtschaft hinzu, denn wo der Geländeneigungswinkel einen Wert von 25 % (etwa 15° = Schleppergrenze) überschreitet, setzt der Wald ein. Deshalb treten die steilen Höhenzüge zwischen Hannover und Göttingen oder der Teutoburger Wald und das Wiehengebirge im Satellitenbild als Waldflächen und Waldbänder in Erscheinung.

Am eindeutigsten werden die Flächennutzungsverhältnisse im Harz und im Küstenbereich wiedergegeben. An der *Nordsee* absorbiert das tiefe Wasser das Licht so stark, daß seine Flächen schwarz erscheinen, wodurch zwischen den Ostfriesischen Inseln sowie an der Weser- und Elbemündung das feinädrige System der tiefen Fahrrinnen, der Baljen und Priele sichtbar wird. Hingegen erscheinen die im Wechsel der Gezeiten täglich zweimal trockenfallenden *Watten* blau. Weiß sind die Sandstrände der *Inseln* und Platen und auch die aufgespülten Sandflächen für den Industrieausbau nördlich von Wilhelmshaven.

Die Festlandsküste wird von einem wechselnd breiten gelben Streifen gesäumt. Das ist die deichnahe, auch als Hochland bezeichnete *Ackerbaumarsch* mit ihren im August ernteifen Getreidefeldern. Es folgt binnenwärts die blaugrüne *Grünland-*

marsch, die ihre größte Verbreitung zwischen Wilhelmshaven, Oldenburg und Bremen hat, aber auch an der Elbe bis nach Hamburg reicht. Je blauer eine Fläche erscheint, desto feuchter ist sie auch, wodurch das Sietland, d.h. die tiefgelegene Moormarsch, gekennzeichnet ist. Im Hadelner Sietland, 20 km nordöstlich von Bremerhaven liegen in ihm noch 4 dunkle Marschrandseen als Reste einer ganzen Seenkette, die einst zwischen Marsch und Geest zu finden war.

Der Geestrand ist zumeist nicht deutlich ausgeprägt, weil er in Ostfriesland und Oldenburg sehr flach und verzahnt ist, so daß auch die niedrig gelegene sandige Geest wie das Marschen- und Moorsietland vorwiegend von Wiesen und Weiden eingenommen wird. Erst zwischen Oldenburg und Bremen, dann nördlich von Bremen und Bremerhaven sowie westlich von Hamburg tritt ein höherer Geestrand durch das Gelb der erntereifen Felder und durch die hier einsetzenden grünbraunen Wälder hervor.

Die Geest selbst ist ein Gebiet mit vorwiegend geringwertigen Böden, die je nach dem Bodenwert und den Grundwasserverhältnissen genutzt werden. Im Satellitenbild erscheinen die Geestgebiete als ein buntes Mosaik aus Acker- und Grünlandflächen, aus Wäldern und graubraun erscheinenden Restmooren. Je weiter man nach Osten kommt, umso größer und häufiger werden Wälder. In der Lüneburger Heide zwischen Verden, Celle, Lüneburg und Uelzen bilden sie schwarzbraune Flächen, zwischen denen nur noch sehr wenige rotbraune Heidestücke liegen. Aus der Lüneburger Heide ist seit 100 Jahren ein Lüneburger Wald geworden, der fast ganz aus dunklen Kiefernforsten besteht. Das gilt auch für die Talsand- und Dünengebiete im Wendland, dem östlichsten Zipfel Niedersachsens. Größere Laubwälder sind auf der Geest wenig verbreitet. Sie erscheinen in einem Mittelgrün, das z.B. 25 km nordöstlich von Uelzen den zentralen Bereich der Göhrde einnimmt, wo noch alte Eichenbestände vorhanden sind.

Das Gelb der reifen Getreidefelder überwiegt auf der Geest dort, wo bessere Böden größere Flächen einnehmen, wie in den Sandlößgebieten des Uelzener Beckens, bei Wittingen, bei Hermannsburg und Bergen oder im Goldenstedter Flottsandgebiet 30 km südlich von Bremen.

Die Geest endet im Süden an der Lößgrenze, wo die Wälder des Tieflandes aufhören; denn die Lößböden sind viel zu wertvoll, als daß man sie einem Wald überlassen könnte. Die Lößgrenze verläuft in der Nähe des Mittellandkanals, der als dünne rote Linie von Minden über Hannover nach Braunschweig und Wolfsburg zu verfolgen ist. Südlich davon erstrecken sich die fruchtbaren Lößbörden, die Calenberger Börde, die Hildesheimer Börde,

die Braunschweiger Börden. Jenseits der ehemaligen Zonengrenze gehen sie in die Magdeburger Börde mit ihren Großblockfluren der sozialistischen Planwirtschaft über. Durch die Größe der Felder läßt sich hier die Bodenbedeckung weit besser unterscheiden als im Westen; denn gelb sind die noch auf dem Halm stehenden Getreidefelder, blaugrün die Zuckerrübenschläge und rot die bereits abgeernteten bzw. schon geschälten Äcker. Dazwischen liegen in einem schattigen Rot die für Lößbörden typischen großen Haufendörfer und Städte sowie die gleichfalls in Rot erscheinenden Industrieanlagen; denn die Lößbörden sind nicht nur die landwirtschaftlichen Gunstgebiete des Landes, sondern auch die industriellen Schwerpunkte, weil hier die Industrialisierung mit den vorhandenen Bodenschätzen, wie Eisenerzen, Stein- und Kalisalzen, Steinkohle- und Braunkohlevorkommen, Zementmergeln, Ziegeltonen, Schreibkreide, Asphalt- und Baukalken, begann und sich häufig unabhängig von diesen Rohstoffen weiterentwickelte. Wo im Lößbördegebiet Wälder auftreten, handelt es sich um laubwaldbestandene Höhenzüge, in denen das Festgestein an die Oberfläche tritt und die deshalb nicht beackert werden können. Als Beispiel mag hier der Kalksteinrücken des Elm mit seinen prächtigen Buchenwäldern östlich von Braunschweig genannt werden.

Nach Süden schließt sich das Berg- und Hügelland an. Im Westen ist es das gewerbereiche Osnabrücker Bergland, das eingerahmt wird von dem schmalen Kamm des Wiehengebirges im Norden und dem breiteren Teutoburger Wald im Süden, über den Niedersachsen noch mit einem Zipfel in die Münstersche Tieflandsbucht hineingreift. Weiter nach Osten folgen das Weserbergland, das Leinebergland sowie das Nördliche und Südliche Harzvorland, deren Höhen von bewaldeten Festgesteinsschollen gebildet werden. Sie tragen überwiegend den in mittelgrüner Farbe wiedergegebenen Buchenwald. Nur die Sandsteinrücken und -platten, wie Solling, Hils und Süntel, sind mit dunklen Fichtenwäldern bestanden. Zwischen den Höhenzügen liegen lößerfüllte Becken und Senken, die, wie in den Lößbördegebieten, mit Weizen, Gerste, Zuckerrüben und Raps bestellt werden. Auch hier gibt es im engen Abstand von nur 1,5 bis 2 km große Haufendörfer und Städte, die im verkehrsbegünstigten Leinetal und am südlichen Harzrand immer stärker ausufern.

Schließlich ist da als markante Erscheinung und als echtes Mittelgebirge der Harz zu nennen, auch heute noch, wie sein Name sagt, ein Waldgebirge, an den Rändern tief zertalt, das sich als 30 x 90 km grüner Klotz deutlich von seinen gelben Vorländern abhebt. Etwa ein Drittel des Harzes gehört zu Niedersachsen, das zu annähernd 90 % bewaldet ist, mit absoluter Vorherrschaft der Fichte. Nur auf der wärmeren Südseite sind größere Buchenbestände anzutreffen, die hier in einem helleren Grün erscheinen. Wegen der steilen Reliefverhältnisse, der steinigen Böden und der hohen Niederschläge kann im Westharz kaum Ackerbau getrieben werden. Die erkennbaren Rodungsinseln auf der Hochfläche, wie Clausthal-Zellerfeld, Braunlage und St. Andreasberg, werden von Grünland eingenommen, das im Winter dem Skisport dient. Im Ostharz hingegen, der im Regenschatten des Brokkens und zudem niedriger liegt, wird auf den Hochflächen neben der Grünlandwirtschaft auch Ackerbau getrieben.

Der besondere Wert des Satellitenbildes liegt darin, daß man mit ihm eine neue *Raumübersicht* gewinnt, in der großflächige Aktivitäten des Menschen in der Landschaft durch die Bodennutzung besonders deutlich werden. Außerdem ist jedes Satellitenbild ein *Zeitdokument,* wie hier der Waldbrand von Gifhorn, der Autobahnbau bei Oldenburg oder die sowjetischen Raketenabschußrampen und Panzerbahnen im Waldgelände nördlich von Magdeburg erkennen lassen. Gegenwärtig läßt sich mit demselben Satelliten etwa alle 9 Tage ein neues Bild von derselben Erdgegend machen, so daß sich auch rasche Veränderungen auf der Erdoberfläche verfolgen und ihre Auswirkungen für den größeren Raum abschätzen lassen. Gewiß gibt es da wegen der häufigen Wolkenbedeckung manche Verzögerung, doch das tut im Grunde genommen der Aktualität und der periodischen Wiederholbarkeit keinen Abbruch.

2. Lage, Größe, Grenzen

Niedersachsens Mittellage in Europa

Geographisch liegt Niedersachsen, wie die gesamte Bundesrepublik Deutschland, im mittleren Bereich Europas. Das zeigt sich deutlich, wenn man einen 2000 km-Kreisbogen von der Mitte des Landes aus schlägt, so erreicht er annähernd das Nordkap, Island, Lissabon, die Südspitze Siziliens und des Peloponnes, den westlichen Kaukasus und die mittlere Wolga. Und schlägt man einen 1000 km-Kreis, so werden davon Schweden, Norwegen, Schottland, Irland, West- und Südfrankreich, Italien, Jugoslawien, Ungarn, die westliche Sowjetunion, Polen sowie Litauen, Estland und das südlichste Finnland durchschnitten oder berührt (vgl. Abb.3).

Die geographische Mittelstellung macht sich nicht nur beim internationalen Ländervergleich in den Verkehrslagebeziehungen, in der Bevölkerung und in der Wirtschaft bemerkbar, sondern auch in

Tab. 1: Niedersachsen, Größe und Grenzen.

Gesamtfläche (1987):		47 431 km²
Entfernungen zwischen		
nördlichstem und südlichstem Punkt		etwa 290 km
westlichstem und östlichstem Punkt		etwa 330 km
Höchster Punkt: Wurmberg (Harz)		971 m NN
Tiefster Punkt: Freepsum,		
Gemeinde Krummhörn, Ostfriesland		– 2,3 m NN
Länge der **Landesgrenze:**		2 067 km
davon gegen		
Niederlande	189 km	Hamburg	79 km
Nordsee	202 km	Mecklenburg-	94 km
(Hoheitsgrenze)		Vorpommern	
Schleswig-Holst.	107 km	Sachsen-Anhalt	343 km
Bremen:		Thüringen	112 km
Stadt Bremen	137 km	Hessen	171 km
Stadt Bremerhaven	55 km	Nordrhein-Westf.	578 km

Quelle: Niedersächs. Landesamt für Statistik

der Mittellage zwischen dem nordwest- und osteuropäischen Tiefland und dem mittel- und südeuropäischen Bergland, die in Niedersachsen eine große landschaftliche Vielfalt hervorbringt. Sie reicht von den Nordseeinseln, Watten und Marschen über weite Geestflächen und Moore bis zum südniedersächsischen Bergland und zum Mittelgebirge des Harzes.

Flächengrößer als Belgien, Holland, Dänemark oder die Schweiz

Das erst 1946 geschaffene Bundesland Niedersachsen ist ein großes Land. Es ist mit einer Fläche von 47400 km² größer als Belgien (30500 km²) oder die Niederlande (40800 km²), größer auch als Dänemark (43100 km²) oder die Schweiz (41300 km²) (vgl. Abb.3).

Fast soviel Einwohner wie Österreich oder Schweden

Die Einwohnerzahl liegt in Niedersachsen mit über 7,3 Millionen bedeutend höher als beispielsweise in Norwegen (4,2 Mio.), Finnland (4,9 Mio.), Dänemark (5,1 Mio.) oder in der Schweiz (6,8 Mio.), und sie bleibt nur wenig hinter den Zahlen von Österreich (7,6 Mio.) und Schweden (8,5 Mio.) zurück. Damit stellt Niedersachsen selbst im europäischen Rahmen ein beachtliches Flächen- und Bevölkerungspotential dar.

Neun Bevölkerungsschwerpunkte

Innerhalb des Landes Niedersachsen ist der Regierungssitz und Hauptverkehrsknoten Hannover

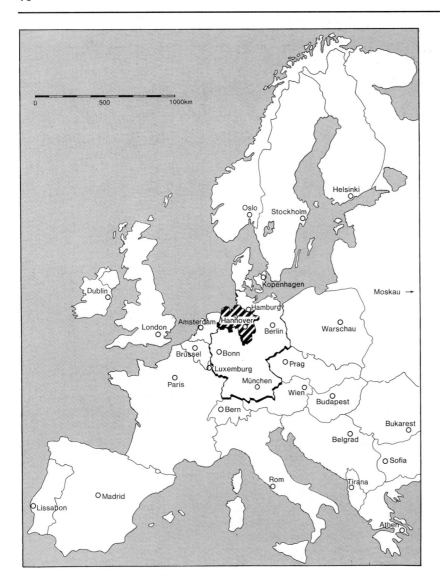

Abb. 3: Niedersachsens Lage in Europa (eigener Entwurf).

gleichzeitig auch der wirtschaftlich übergeordnete Bevölkerungsschwerpunkt (rd. 500 000 Einwohner) vor den sechs weiteren Oberzentren Braunschweig (253 000 E.), Osnabrück (151 000 E.), Oldenburg (146 000 E.), Göttingen (134 000 E.), Hildesheim (101 000 E.) und Wilhelmshaven (90 000 E.). Dazu kommen die weitflächigen Großstädte Wolfsburg (125 000 E.) und Salzgitter (111 000 E.), die jedoch keine Oberzentren sind.

Hannover als europäisches Verkehrskreuz und Plattform für Gesamtdeutschland

Seitdem die Grenzen gefallen sind und der europäische Binnenmarkt immer näher rückt, sind Niedersachsen und seine Hauptstadt Hannover aus der Randlage an der Grenze Westeuropas befreit worden. Hannover wurde nunmehr zu einem leicht erreichbaren *Schnittpunkt von Verkehrsachsen,* der mit dem Flughafen Langenhagen, den Auto-

bahnkreuz- und -eckverbindungen sowie dem Hauptbahnhof eine wichtige *Drehscheibenfunktion* im West-Ost- und Nord-Süd-Verkehr erfüllt. Damit wächst Hannover zusehends zum Zentrum einer länderübergreifenden Region heran, das allein schon durch seine *Messen* Weltruf genießt.

Im Jahre 2000 wird hier wahrscheinlich eine *Weltausstellung* ausgerichtet werden. Durch ihren Titel "Mensch - Natur - Technik" soll sie die neue Richtung angeben, nämlich weder allein ein vergnügliches Weltereignis noch allein eine Plattform für nationale Repräsentationen sein zu wollen, sondern auf ihr sollen die gegenwärtigen und zukünftigen Weltprobleme behandelt und Wege für die Zukunftsfähigkeit der Menschheit aufgezeigt werden.

Die günstiger gewordenen Lagebedingungen, die geplante Weltausstellung und die internationalen Messen geben Hannover und seinem Umland neue Qualitäten als Standorte für das Wohnen, für

Abb. 4: Niedersachsen mit seinen Landkreisen und Kreisfreien Städten als Teil der Bundesrepublik Deutschland (abgekürzte Kreisnamen = Kfz-Kennzeichen) (eigener Entwurf).

Gewerbe, Messen, Kultur und Wissenschaft. Sie sind auch der Hebel für den beschleunigten Ausbau eines regionalen Verkehrsnetzes, das in umweltverträglicher Weise große Besucherstöme bewältigen und befriedigen soll.

Ein Durchgangsland mit wichtiger Vermittlerfunktion

Durch seine *Mittellage* zwischen der Nordsee und den osteuropäischen Staaten sowie zwischen Nordeuropa und dem mittel- bis west- und südeuropäischen Raum ist Niedersachsen ein Durchgangsland, dem wichtige Vermittlerfunktionen zufallen.

Es ist eingespannt in das Netz der großen gesamteuropäischen *Fernverkehrslinien* und wird durchlaufen von den Europastraßen E 3 (Lissabon - Paris - Köln - Osnabrück - Bremen - Hamburg - Kopenhagen), E 4 (Lissabon - Frankfurt/M. - Kassel - Hannover - Hamburg - Stockholm - Helsinki) und der E 8 (London - Hoek van Holland - Osnabrück - Hannover - Berlin - Moskau), die jetzt umbenannt worden sind in E 37 (E 3), E 45 (E 4) und E 30 (E 8). Auch internationale Haupteisenbahnlinien, wie die stark frequentierte Nord-Süd-Strecke Hamburg - bzw. Bremen - Hannover - München bis Jugoslawien und Norditalien oder bis in die Schweiz und nach Südfrankreich sowie die Strecken Skandinavien - Hamburg - Bremen - Osnabrück - Hoek van Holland oder von Osnabrück weiter über Köln bis Basel, führen durch Niedersachsen. Weniger belebt ist immer noch die West-Ost-Strecke Paris - Hannover - Moskau, die jedoch nach der Wiedervereinigung Deutschlands (1990) und nach den politischen Veränderungen in Osteuropa eine stark zunehmende Bedeutung erlangt.

Schon vor 1945, bis zur Teilung Deutschlands und der Spaltung Europas in unterschiedliche Gesellschafts- und Wirtschaftssysteme, spielte im niedersächsischen Bereich der West-Ost-Verkehr die Hauptrolle, weil die steigungsempfindlichen Hauptverkehrssträge (Eisenbahn, Mittellandkanal, Autobahn) sowohl von den Industrierevieren an Rhein und Ruhr als auch von den Seehäfen nach Berlin oder nach den mitteldeutschen Industriegebieten um Magdeburg, Halle und Leipzig im Tiefland vor der Mittelgebirgsschwelle entlanggeführt wurden. Heute überwiegt noch der Verkehr in nordsüdlicher bzw. südwestlicher Richtung, wobei Hannover und das südliche Leinetal als Verkehrsschleusen dienen, durch die täglich über 70 000 Kraftfahrzeuge gelenkt werden.

Grenzen sind nicht mehr trennend

Bis vor kurzem noch wurde der freie Austausch mit den östlichen Nachbarn an der 549 km langen niedersächsischen Grenze zur DDR weitgehend unterbunden, die über lange Zeit durch Stacheldrähte, Minenfelder, Selbstschußanlagen, Elektro- und Metallgitterzäune sowie durch Todesstreifen "gesichert" war. Es gab lediglich 3 Straßen- und 2 Eisenbahnübergänge, unter denen der Autobahngrenzkontrollpunkt Helmstedt für den Berlinverkehr mit täglich rd. 12 000 Fahrzeugen (1985) eine übergeordnete Rolle spielte. Nach der Grenzöffnung wurden im Mittel des Jahres 1990 täglich rd. 46 000 Fahrzeuge gezählt.

Seit der Grenzöffnung im November 1989 haben sich somit die Bedingungen grundlegend geändert. Niedersachsen ist nicht mehr der an einer undurchlässigen Ostgrenze im Abseits der Bundesrepublik gelegene Bundesstaat, sondern nunmehr ein Mittler zwischen West und Ost, der es als eine besondere Aufgabe empfindet, die wirtschaftliche Entwicklung in den Ländern des ehemaligen Ostblocks voranzutreiben.

Mit der Wiedervereinigung ist inzwischen ein freier Austausch von Personen und Gütern möglich geworden. Freilich wird es noch Jahre dauern, bis die Folgen des "Eisernen Vorhanges" endgültig überwunden sind. Noch sind die Wirkungen der ehemaligen Grenze überall sichtbar, insbesondere in den Dörfern und Städten der neuen Bundesländer sowie im Flurbild, das durch die sozialistische Planwirtschaft gänzlich verändert worden ist (s.a. Satellitenbildkarte Abb.2).

Die im Vergleich zur ehemaligen DDR-Grenze dreifach kürzere niedersächsisch-niederländische Grenze (189 km) wird im Zuge der Schaffung des gemeinsamen Marktes der Europäischen Gemeinschaft ebenfalls zu einer völlig offenen Grenze werden. Zur Zeit (1990) sind 2 Eisenbahn- und 16 Straßenübergänge geöffnet.

Natürliche und historisch gewachsene Grenzen

Die niedersächsische *Nordseeküste* bildet zwar eine natürliche Grenze, aber der Mensch hat sie, trotz des noch ständig steigenden Meeresspiegels, im Verlauf eines Jahrtausends gegen das vordringende Meer befestigt und sogar vorgeschoben. Das erfordert allerdings die Unterhaltung von über 600 km Seedeichen und kostspieligen Inselschutzwerken sowie die künstliche Entwässerung der tiefliegenden Marschen.

Im Nordosten des Landes schließt sich als weitere natürliche Grenze der Unterlauf der *Elbe* an, der Niedersachsen von Schleswig-Holstein und Mecklenburg trennt. Die Grenzen gegen die Stadtstaaten Hamburg und Bremen sind nahezu "unsichtbare Grenzen", denn zu den Wirtschaftsräumen, Einzugsgebieten und Versorgungsbereichen beider Hansestädte gehören auch viele niedersächsische Nachbargemeinden.

Niedersachsens *Ostgrenze*, die ehemalige "Zonengrenze", führt durch sehr unterschiedliche Landschaften. Sie beginnt an der Elbniederung im Wendland und zieht als Grenze zu Sachsen-Anhalt weiter durch die Geestgebiete, die zwischen der Lüneburger Heide und der Altmark liegen, überquert bei Wolfsburg den Mittellandkanal und die Allerniederung und tritt dann bis zum Harz hin in das Lößbördegebiet ein, wo das Helmstedter Braunkohlenrevier durchschnitten wird. Im Harz, bei Braunlage, liegt das Dreiländereck zwischen Niedersachsen, Sachsen-Anhalt und Thüringen. Die Grenze erreicht bei Walkenried den Harzsüdrand und scheidet dann das niedersächsische Untere Eichsfeld vom thüringischen Oberen Eichsfeld. Als die Grenze noch undurchlässig war, wurden damit nicht nur Naturräume, sondern auch historisch gewachsene Wirtschafts- und Traditionsräume geteilt. Darin lag die besondere Problematik der ehemaligen "Zonenrandgebiete".

Im bergigen Werratal bei Witzenhausen erreicht die Landesgrenze schließlich das hessische Gebiet und stößt an der *Südspitze* Niedersachsens über den Kaufunger Wald bis an die Stadtgrenzen von Kassel vor, um dann der Fulda und Weser bis Bad Karlshafen zu folgen. Hier beginnt das Land Nordrhein-Westfalen, das vom Weserbergland bis zum Emsland über fast 580 km eine gemeinsame Grenze mit Niedersachsen hat. Ihr unregelmäßiger, buchtenreicher Verlauf läßt erkennen, daß sie, bedingt durch manche Zufälligkeiten, während der langen historischen Entwicklung wiederholt verlegt worden ist, wobei Erbauseinandersetzungen der einstigen Territorialherren die Hauptrolle gespielt haben.

Das gleiche gilt für die 189 km lange Landesgrenze gegen die Niederlande, an der es wiederholt zu kriegerischen Auseinandersetzungen gekommen ist, wie z.B. die niederländische Moorfestung Bourtange noch erkennen läßt.

3. Niedersachsen im Ländervergleich

Flächenmäßig das zweitgrößte, nach der Bevölkerung das viertgrößte Bundesland

Innerhalb der Bundesrepublik Deutschland ist Niedersachsen hinter Bayern flächenmäßig das zweitgrößte Bundesland. Der Einwohnerzahl nach steht es jedoch hinter Nordrhein-Westfalen, Bayern und Baden-Württemberg erst an vierter Stelle (vgl. Tab.2).

Weil in weiten Teilen des städtearmen Tieflandes die Dichtewerte unter 100, ja unter 80 Einwohnern je Quadratkilometer bleiben, nimmt Niedersachsen unter den 16 Bundesländern vor Mecklenburg-Vorpommern, Brandenburg und Sachsen-Anhalt hinsichtlich der Bevölkerungsdichte nur die 13. Position ein.

Fehlende Bodenschätze und geringwertige Böden verhinderten lange Zeit eine industrielle Entwicklung

Die geringe Bevölkerungsdichte hat vorwiegend naturbedingte Ursachen, denn Niedersachsen besteht zu vier Fünfteln aus Tiefland, in dem die Festgesteine und damit die Bodenschätze von eiszeitlichen und nacheiszeitlichen Ablagerungen (Sande und Kiese, Tone, Lehm und Torf) überdeckt sind und, abgesehen von einigen Ausnahmen, lange Zeit bergmännisch nicht erreichbar waren. In diesen rohstoffarmen Gebieten, die zudem noch geringwertige Böden aufweisen, konnten sich keine Industrie und kein dichtes Verkehrsnetz entwickeln. Somit blieben auch die Dörfer und Städte klein, mit Ausnahme der Städte, die am seeschifftiefen Wasser liegen. Die größten unter ihnen, Hamburg und Bremen, gehören jedoch nicht zu Niedersachsen und haben nur in ihren Randbereichen Einfluß auf die Dichtezahlen des Landes.

Erst im südlichen Teil Niedersachsens, vor oder auf der sog. Mittelgebirgsschwelle, südlich von Osnabrück, Hannover, Peine, Salzgitter, Braunschweig und Helmstedt kommen unter einer geringmächtigen Decke eiszeitlicher Ablagerungen Bodenschätze in Oberflächennähe. Dort wurden und werden z.T. heute noch Lagerstätten, wie Eisenerze, Kali- und Steinsalze, Braunkohle und Steinkohle, Zementmergel, Kalk- und Sandsteine sowie im Harz Buntmetallerze ausgebeutet, die vor einem Jahrhundert zu Industrieansätzen und den stärksten Bevölkerungsverdichtungen im Lande geführt haben. Sie lassen sich jedoch mit denen des Ruhrgebietes, des Rhein-Main-Gebietes oder Württembergs nicht vergleichen, die auf der Grundlage wesentlich größerer Rohstoffvorkommen oder eines günstigeren Arbeitskräfteangebots einen wirtschaftlichen Vorsprung erzielen konnten, der bis in die Gegenwart reicht und nur schwer aufzuholen sein wird.

Erst der Flüchtlingszustrom und die zweite Gründerzeit veränderten grundlegend die Wirtschaftsstruktur

An weiten Teilen Niedersachsens, insbesondere im Tiefland, ist die erste Gründerzeit von 1860 bis 1915 weitgehend ohne Industrieansätze vorbeigegangen. Erst die vorwiegend aus wehrstrategischen Überlegungen während des letzten Krieges erfolgte Gründung von Wolfsburg und Salzgitter und der Flüchtlingsstrom nach dem Kriege mit vielen Betriebsneugründungen sowie die Industrie-

Tab. 2: Niedersachsen im Ländervergleich, Fläche und Bevölkerung.

Land	Fläche	Einwohner am 31.12.89	Bevölkerungsdichte	Anteil am Bundesgebiet		Waldfläche 1989/90		Landwirtschaftlich genutzte Fläche 1989	
				Fläche	Einwohner			insgesamt	dar. Ackerland
	km²	1 000	Einw./km²	%		in 1000 ha	in %	1000 ha	% LF
Niedersachsen	47 349	7 284	154	13,3	9,2	980	20,7	2 722	62,0
Schleswig-Holstein	15 729	2 595	166	4,4	3,3	142	9,0	1 075	54,3
Hamburg	755	1 626	2 154	0,2	2,1	3	4,4	15	53,3
Bremen	404	674	1 668	0,1	0,9	1	1,8	10	20,0
Nordrhein-Westfalen	34 070	17 104	502	9,5	21,6	840	24,7	1 583	68,9
Hessen	21 114	5 661	268	5,9	7,2	838	39,7	769	66,4
Rheinland-Pfalz	19 849	3 702	187	5,6	4,7	797	40,1	721	58,8
Baden-Württemberg	35 751	9 619	269	10,0	12,2	1 325	37,1	1 494	56,0
Bayern	70 554	11 221	159	19,8	14,2	2 382	33,8	3 426	61,0
Saarland	2 570	1 065	415	0,7	1,3	85	33,1	70	55,7
Berlin (West)	480	2 131	4 440	0,1	2,7	8	16,1	1	100,0
Bundesrepublik (alt)	248 625	62 682	252	69,7	79,2	7 401	29,8	11 886	61,2
Mecklenburg-Vorpommern	23 838	1 964	82	6,7	2,5	505	21,2	1 509	74,9
Brandenburg	29 059	2 641	91	8,1	3,3	1 012	35,0	1 421	75,9
Sachsen-Anhalt	20 445	2 965	145	5,7	3,7	474	22,9	1 298	81,0
Thüringen	16 251	2 684	165	4,6	3,4	499	31,2	882	74,4
Sachsen	18 337	4 901	267	5,1	6,2	485	26,4	1 053	71,8
Berlin (Ost)	403	1 279	3 174	0,1	1,6	8	18,4	9	66,6
DDR (alt)	108 333	16 434	152	30,3	20,8	2 984	27,5	6 171	75,8
Berlin insgesamt	883	3 410	3 862	0,2	4,3	16	17,3	11	54,5
Bundesrepublik Deutschland	356 958	79 116	222	100	100	10 385	29,1	18 057	66,2

Quelle: Niedersächs. Landesamt für Statistik

messe in Hannover und die Industrieansiedlungen an der Küste haben Niedersachsen stärker zu einem Industrieland gemacht, so daß man von einer zweiten Gründerzeit sprechen kann.

Das Land Niedersachsen versucht gegenwärtig, diese Gründerzeit zu verlängern und durch die günstigen Angebote an Energie, neuen Verkehrswegen und anderen Kommunikationssystemen, durch einen verstärkten Ausbau der Forschungsinfrastruktur und durch Maßnahmen zur Erhöhung der Lebensqualität weitere Betriebe seßhaft und entwicklungsfähig zu machen und das Süd-Nord-Gefälle der Wirtschaft abzubauen.

Niedersachsen noch weitgehend ein Agrarland

Rund 60 % der Landesfläche werden landwirtschaftlich und 21 % forstwirtschaftlich genutzt. Auch in den dünn besiedelten Gebieten findet man infolge der günstigen Betriebsstruktur eine hochentwickelte Landwirtschaft. Niedersachsen ist das bedeutendste Agrarüberschußland der Bundesrepublik, in dem fast ein Sechstel der landwirtschaftlich genutzten Fläche des Bundesgebietes liegt. Auch in Zukunft wird die Landwirtschaft für Niedersachsen wichtiger als für die meisten anderen Bundesländer sein. Bezüglich der Bodennut-

zung nimmt Niedersachsen im Verhältnis zum Bundesdurchschnitt ein Mittelmaß ein (vgl. Abb.5). Allerdings liegt infolge der niedrigen Lage des Landes und der weiten Verbreitung von Marsch- und Moorböden der Grünlandanteil um 5 % höher als im Bundesdurchschnitt. Demgegenüber ist der Anteil des Waldes um 8 % geringer, weil die Marschen waldlos sind, reine Sandflächen, die landwirtschaftlich nicht genutzt werden können, eine geringere Verbreitung als weiter im Osten haben und bewaldete Mittelgebirge und Höhenzüge nur in Südniedersachsen zu finden sind.

Im Fremdenverkehr liegen Entwicklungsmöglichkeiten

Neben der Landwirtschaft spielt der Fremdenverkehr eine große Rolle. Die dünnbesiedelten Räume, die landschaftlichen Schönheiten und die ökologischen Gunstgebiete haben Niedersachsen zu einem bedeutenden Fremdenverkehrsland gemacht; denn kein anderes Bundesland ist von Natur aus so mannigfaltig ausgestattet, reicht das Land Niedersachsen doch von der Nordsee, den Düneninseln und Watten über die weiten tischebenen Flächen der Marschen und Moore und über die Platten und Endmoränenzüge der sandigen

Tab. 3: Niedersachsen im Ländervergleich, Beschäftigte und Bruttosozialprodukt.

Land	Erwerbstätige 1989					Bruttosozial-produkt 1989
	insgesamt	davon				
		Land- und Forst-wirtschaft, Fischerei	Prod. Gewerbe	Handel, Verkehr, Nach-richten	übrige Wirtschafts-bereiche	
	1 000	%				DM/Einw.
Niedersachsen	3 112	5,8	37,8	18,1	38,3	31 379
Schleswig-Holstein	1 166	4,5	29,9	20,8	44,8	33 015
Hamburg	741	0,7	26,2	28,2	44,9	52 890
Bremen	276	.	32,1	27,0	40,3	35 456
Nordrhein-Westfalen	6 973	1,8	43,4	18,3	36,4	35 704
Hessen	2 561	2,6	38,2	19,6	39,6	38 858
Rheinland-Pfalz	1 629	4,6	41,4	16,6	37,4	32 667
Baden-Württemberg	4 447	3,2	47,2	14,9	34,6	39 887
Bayern	5 416	6,9	41,9	16,6	34,6	36 489
Saarland	428	.	41,8	18,9	38,3	28 986
Berlin (West)	995	0,8	30,2	19,1	49,9	39 597
Bundesrepublik (alt)	27 744	3,7	40,9	17,9	37,5	36 436
Mecklenburg-Vorpommern	992	19,6	35,6	20,9	23,9	.
Brandenburg	1 321	15,3	45,7	17,7	21,2	.
Sachsen-Anhalt	1 563	12,2	50,4	17,0	20,5	.
Thüringen	1 407	10,2	54,4	15,3	20,2	.
Sachsen	2 566	7,2	57,3	16,0	19,5	.
Berlin (Ost)	697	1,1	40,6	26,4	31,9	.
DDR (alt)	8 546	10,8	49,9	17,7	21,6	.
Berlin insgesamt	1 692	.	.	.	.	.
Bundesrepublik Deutschland	36 290	.	.	.	.	.

Quelle: Niedersächs. Landesamt für Statistik   (Punkt bedeutet: keine Angaben verfügbar)

Geest bis zum fruchtbaren lößbedeckten Vorland der Mittelgebirgsschwelle und darüber hinaus in das Berg- und Hügelland hinein, das im Südosten nochmals überragt wird von dem Mittelgebirgshorst des Harzes. Die Schwerpunkte des Fremdenverkehrs liegen auf den Ostfriesischen Inseln und in den Küstenbadeorten, in der Lüneburger Heide, im Weserbergland sowie besonders im Harz.

Der Dienstleistungssektor bietet die meisten Arbeitsplätze

Wenn gegenwärtig auch schon über 53 % aller Erwerbstätigen im Dienstleistungssektor beschäftigt

sind und aus der ehemaligen Agrar- und der nachfolgenden Industriegesellschaft des Landes inzwischen eine Dienstleistungsgesellschaft geworden ist, so werden sich in Niedersachsen wie in den anderen Bundesländern die wirtschaftlichen, sozialen und kulturellen Dienstleistungen noch erheblich verstärken und neue Arbeitsplätze bieten müssen, um die vergleichsweise hohe Arbeitslosenzahl verringern zu können.

Strukturschwächen, aber auch Vorteile

Insgesamt ist Niedersachsen im westdeutschen Ländervergleich ein Land, das im wirtschaftlichen

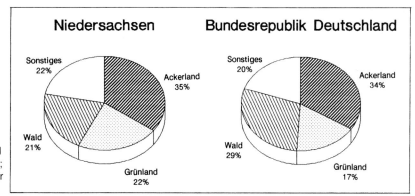

Abb. 5: Die Nutzung der Landesfläche 1990 nach Hauptnutzungsarten in Niedersachsen und im Mittel der Bundesrepublik Deutschland (n. Statist. Jb. d. Bundesrepublik Deutschland; Unterlagen des Niedersächs. Landesamtes für Statistik).

Bereich, angezeigt durch das Bruttoinlandsprodukt, deutliche Strukturschwächen zeigt, die durch die Natur des Landes und durch die historische Entwicklung bedingt sind. Hinsichtlich der Lebensqualität, die nicht allein nach wirtschaftlichen Kriterien gemessen wird, bietet dieses Land jedoch viele Vorteile, die andere Länder in vergleichbarem Maße nicht aufzuweisen haben und die deshalb, in Verbindung mit der Mittellage in der Bundesrepublik und innerhalb Europas, ein entwicklungsfähiges Potential darstellen.

Niedersachsen: Gebiet mit großen Landkreisen

Die Abbildung 4 verdeutlicht die Lage Niedersachsens sowie die Größe seiner Landkreise und Kreisfreien Städte im Vergleich zu den anderen Bundesländern. Seit der Verwaltungs- und Gebietsreform von 1972/77 hat Niedersachsen statt der ehemals 60 Landkreise und 16 Kreisfreien Städte nur noch 38 Landkreise und 9 Kreisfreie Städte, die zu den größten der Bundesrepublik zählen. Der niedersächsische Landkreis *Emsland* ist mit 2879 km^2 nicht nur flächenmäßig der größte deutsche Landkreis, sondern er übertrifft sogar die Größe der Bundesländer Bremen (404 km^2), Hamburg (755 km^2), Berlin (883 km^2) und Saarland (2569 km^2). Besonders deutlich sind die Größenunterschiede der niedersächsischen Landkreise zu den Kreisen der neuen ostdeutschen Bundesländer.

B. NAME UND GESCHICHTLICHE GRUNDLAGEN

1. Der Name Sachsen und Niedersachsen

Herkunft des Namens

Niedersachsen hat seinen Namen vom alten Volksstamm der Sachsen, der zu Beginn unserer Zeitrechnung noch nördlich der Elbe auf "dem Nacken der Cimbrischen Halbinsel" im heutigen Holstein seßhaft war. Den Namen Sachsen leitet der Corveyer Mönch Widukind (10.Jh.) im Hinblick auf den Kampfesmut und die Härte der Stammesgenossen von dem Namen ihres Kurzschwertes, dem Sax, ab, während die zur gleichen Zeit lebende Roswitha von Gandersheim ihn auf lat. saxum (Fels, Stein) zurückführte, womit ein Hinweis auf das von nordischen Findlingen übersäte Herkunftsland gegeben sein könnte.

Im frühen Mittelalter hatte sich das Stammesherzogtum und damit der Name Sachsen über den gesamten nordwestdeutschen Raum vom Niederrhein bis Mecklenburg ausgebreitet, mit Ausnahme eines Küstensaumes, der von den Friesen besetzt war (vgl. Abb.7).

Der Name wanderte elbeaufwärts bis Dresden

Mit der Entmachtung Heinrichs des Löwen (1180) wurde das Stammesherzogtum endgültig zerschlagen. Der Herzogstitel ging an die Askanier nach Wittenberg und kam damit an die Mittelelbe, wodurch das heutige Bundesland Sachsen-Anhalt seinen Namen erhalten hat.

Mit dem Aussterben der Askanier (1422) fiel die Kurwürde des Herzogtums Sachsen an die Wettiner und der Name Sachsen wanderte weiter elbeaufwärts nach Meißen, wo er später im Namen Königreich Sachsen und im heutigen Bundesland Sachsen wiederkehrt. Damit war er im Mittelalter mehr noch als bereits vorher in stammesfremde Gebiete gekommen, in denen das Niederdeutsche, die "sassische" Sprache, nicht gesprochen wurde.

Erstmalig "Niedersachsen"

Eine Unterscheidung war notwendig geworden, die sich unter den Bezeichnungen "Obersachsen" und "Niedersachsen" seit dem 14. Jahrhundert durchzusetzen begann. 1354 heißt es erstmalig "Saxonia inferior" oder "Nedersassen".

Zur gleichen Zeit, 1361, tritt auch das Wappentier der Niedersachsen, das springende Pferd, im Siegel der Welfen auf, die damit, zurückgehend auf das Roß Widukinds, erneut den Anspruch auf das alte Stammesherzogtum dokumentieren wollten.

In der Folgezeit ging der Name "Niedersachsen" weitgehend verloren. Man bezeichnete sich nach den Territorien, denen man angehörte, als Calenberger oder Hannoveraner, als Braunschweiger, Oldenburger und Schaumburger oder nach noch kleineren Gebietseinheiten.

Wiederbelebung durch die Romantik und die Heimatbewegung

Erst im 19. Jahrhundert, mit der Deutschen Romantik, die das Heimat- und Stammesbewußtsein entscheidend förderte, wurden die Geschichte und damit auch der Name Niedersachsen wieder lebendig, obwohl sich mit ihm keine feste regionale Form verband. Ein Land Niedersachsen oder auch nur die Umrisse eines künftigen Landes existierten noch nicht.

Schon 1835 wurden der "Historische Verein für Niedersachsen" in Hannover, 1895 die Zeitschrift "Niedersachsen" in Bremen, 1899 der "Verband niedersächsischer Handelskammern" und 1901 für Hannover und Umgebung der "Heimatbund Niedersachsen" gegründet, der im Jahre 1902 den ersten Niedersachsentag veranstaltete. 1905 folgte als überregionaler Dachverband aller Heimatvereine mit ähnlichem Namen der "Niedersächsische Heimatbund".

Festigung des Namens "Niedersachsen" in der Wissenschaft

Zwischen den beiden Weltkriegen wurde der Name Niedersachsen besonders von den Wirtschaftsverbänden aufgenommen, die sich 1924 zu einem Wirtschaftsbund Niedersachsen zusammenschlossen und 1925 eine Wirtschaftswissenschaftliche Gesellschaft zum Studium Niedersachsens gründeten.

Vor allem diese Wirtschaftswissenschaftliche Gesellschaft hat mit ihrer großen Ausstellung "Niedersachsen, Land - Volk - Wirtschaft" (1928), den Denkschriften "Niedersachsen im Rahmen der Neugliederung des Reiches" (1929 und 1931) und dem großformatigen "Atlas Niedersachsen" (1934), die vom Geographen und Landeskundler Kurt Brüning verfaßt wurden, sowie durch mehr als 100 weitere wissenschaftliche Schriften dem

Tab. 4:   Hauptdaten der niedersächsischen Territorialgeschichte.

	I. Altsachsen
ab 3. Jh.:	Im Zuge der Völkerwanderung überschreiten die Sachsen die untere Elbe und lassen sich im heutigen Niedersachsen nieder
772-804:	33jährige Sachsenkriege Karls des Großen Im 9. Jh. Entwicklung eines Stammesherzogtums Sachsen
	II. Das Herzogtum Sachsen
919-1137:	Sachsenkönige und -kaiser
1142/1156:	Heinrich der Löwe wird Herzog von Sachsen und Baiern
	III. Zeit der territorialen Zersplitterung
1180:	Zerschlagung des Herzogtums durch Kaiser Friedrich I. (Barbarossa). Der Herzogstitel geht an die Askanier nach Wittenberg an die Mittelelbe (spätere preußische Provinz Sachsen). Das Stammesherzogtum zerfällt nach und nach in über 40 Staaten
1422:	Der Herzogstitel von Sachsen wird weiter an die Wettiner nach Meißen und Dresden vererbt (späteres Königreich Sachsen)
	IV. Der Aufstieg des Welfenhauses zum Königreich Hannover
1636:	Hannover wird Residenz des Herzogtums Calenberg
1692:	Hannover wird Kurfürstentum
1715:	Die vormaligen Bistümer und Herzogtümer Bremen und Verden kommen an Hannover
1714-1837:	Personalunion. Die hannoverschen Kurfürsten sind Könige von Großbritannien
1803:	Reichsdeputationshauptschluß. Das Bistum Osnabrück fällt an Hannover, das Niederstift Münster an Oldenburg
1815:	Wiener Kongreß. Hannover wird Königreich. Das ehemalige Bistum Hildesheim, die Reichsstadt Goslar, das Untereichsfeld, das seit 1744 preußische Ostfriesland sowie die Grafschaften Lingen und Bentheim kommen zu Hannover
	V. Verlust der Selbständigkeit
1866:	Annexion des Königreichs Hannover durch Preußen. Hannover wird preußische Provinz
1918:	Nach Abdankung der Fürsten werden Oldenburg, Braunschweig und Schaumburg-Lippe selbständige Länder bzw. Freistaaten
	VI. Das Land Niedersachsen
1946:	Gründung des Landes Niedersachsen durch Zusammenschluß der Länder Hannover, Braunschweig, Oldenburg und Schaumburg-Lippe

Quelle: SCHNATH, LÜBBING, MÖHLMANN, ENGEL, BROSIUS & RÖHRBEIN 1973

Namen Niedersachsen einen festen Umriß gegeben. Die britische Militärregierung und die deutschen Gutachter konnten darauf aufbauen, als sie, wenn auch mit Abstrichen, am 1. November 1946 als politische Einheit das spätere Bundesland mit dem Namen "Niedersachsen" entstehen ließen.

2. Gebietsentwicklung von der altsächsischen Zeit bis zur Gegenwart

Durch die Verordnung der britischen Militärregierung vom 22. November 1946 wurden rückwirkend zum 1. November die Länder Hannover, Braunschweig, Oldenburg und Schaumburg-Lippe, allerdings ohne das Land Lippe, jene Kleinstaaten und die vormalige preußische Provinz Hannover zum Land Niedersachsen vereinigt, die im hohen Mittelalter zum Stammesherzogtum Sachsen gehörten und mit den Sachsenkönigen und -kaisern von Heinrich I. bis Lothar von Süpplingenburg die Reichsgewalt getragen hatten.

2.1. Wanderung und Ausbreitung der Altsachsen

Holstein als Ausgangslandschaft in der Völkerwanderungszeit

In der Völkerwanderungszeit, als sich germanische Stämme zu größeren Verbänden zusammenschlossen, bildete sich auch der Stammesverband der Sachsen aus (vgl. Abb.6). Der ehemals kleine Volksstamm der "Saxones", wie vom griechischen Geographen Ptolemaeus (um 150 n. Chr.) erwähnt wurde, hatte im 3. Jahrhundert vom heutigen Holstein aus die Elbe nach Süden überschritten und seit dem 4. Jahrhundert seinen Einfluß durch Unterwerfung oder Eingliederung auf die Gebiete der alten germanischen Völkerschaften der Chauken, Angrivarier, Brukterer und Cherusker ausgedehnt, sowie auch auf das Gebiet der Langobarden (Bardengau, Bardowick), die im 4. Jahrhundert ihren Zug nach Süden fortgesetzt und schließlich in der Poebene (Lombardei) von 568 bis 774 ein eigenes Reich hatten.

Wenn die Sachsen auch ein kämpferisches Volk waren, worauf die erwähnte Namensdeutung hinweist, so lassen Siedlungsgrabungen, z.B. auf der Feddersen Wierde bei Bremerhaven, doch vermuten, daß die Durchdringung der südlichen Gebiete und Stämme vielfach friedlich erfolgt ist.

Eroberung Englands und Aussendung von Missionaren zum Festland

Im 5. Jahrhundert hatten die Sachsen zusammen mit den Angeln die britischen Inseln erobert und dort 7 angelsächsische Königreiche errichtet, darunter Sussex, Essex und Wessex, durch Krieger, die u.a. aus dem Unterelbe- und Unterwesergebiet kamen. Die Namen der Königreiche sind inzwischen zu Landschaftsnamen geworden, in denen das Wort "Sachsen" (-sex) überdauert hat. Die Sachsen nahmen auf der Insel das Christentum an und gründeten um 600 das Bistum Canterbury. Insbesondere im 8. Jahrhundert sandten sie Missionare mit der neuen Heilslehre zu ihren festländischen Stammesbrüdern. Zu nennen sind Winfrid, besser bekannt als Bonifatius, der Apostel der Deutschen, oder Lebuin, der 770 auf der sächsischen Stammesversammlung in Marklo für das Christentum warb, sowie der Angelsachse Wille-

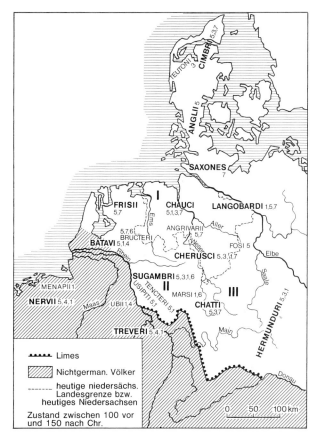

Stammesgruppen nach Tacitus: I Ingvaeones, II Istvaeones, III Herminones; Autoren: 1 Caesar, 2 Velleius Paterculus, 3 Plinius d. Ä., 4 Josephus Flavius, 5 Tacitus, 6 Strabo, 7 Ptolemaeus.

Abb. 6: Das Gebiet des heutigen Niedersachsen im Bereich der germanischen Stämme des 1. und 2. Jahrhunderts n. Chr. nach dem Zeugnis antiker Autoren (n. SCHMITZ; aus: BRANDT 1964: Focke-Museum Bremen).

had, der 787 von Karl dem Großen als erster Bischof des großen Bistums Bremen eingesetzt wurde.

Größter Machtbereich um 700 n. Chr.

Auf dem Festland erreichte das Stammesgebiet der Sachsen um 700 n. Chr. seine größte Ausdehnung. Es erstreckte sich damals weit über die Grenzen des heutigen Bundeslandes Niedersachsen von Holstein und der Ostsee entlang der mittleren Elbe bis an die Saale, Unstrut und Fulda und erreichte im Westen den Niederrhein und die Ijssel (vgl. Abb.7).

Sonderstellung der Friesen

Ausgenommen blieb im niedersächsischen Bereich lediglich ein verhältnismäßig schmaler Küstenstreifen, der sich von der Wesermündung in westlicher Richtung über das Gebiet des heutigen Landkreises Friesland und über Ostfriesland verbreiterte und über das niederländische Friesland nach

Flandern reichte. Es war das *Stammesgebiet der Friesen,* die in den sturmflutgefährdeten Marschen auf künstlich aufgeschütteten Wohnhügeln ("Wurten") lebten. Der Name des Landes Wursten (= Land der Wurtsassen) leitet sich von dieser Siedlungsweise ab. Archäologische Funde und schriftliche Berichte beweisen, daß die Friesen nicht nur Marschenbauern, sondern auch tüchtige Händler, Handwerker und Seefahrer waren, die sich von den Sachsen durch ihre Sprache, durch ihr Volkstum und durch ihr ausgeprägtes Stammesbewußtsein unterschieden.

Erste Organisationsform des Stammesgebietes im Mittelalter

Das Gebiet der Friesen und der Altsachsen bildete noch keine geschlossene staatliche Einheit. An der Stelle einer übergreifenden Herrschaft stand ein lockerer Verband kleinräumiger und selbstverwalteter Siedlungsgebiete. In Sachsen waren es 60 bis 80 sogenannte "Gaue", deren Vertreter sich nur einmal im Jahr auf dem berühmten sächsischen Allthing von Marklo (vielleicht heutiges Marklohe bei Nienburg) versammelten.

Die Gaue waren zu vier Stammeslandschaften ("Heerschaften") zusammengeschlossen, nämlich zu Westfalen, Engern, Ostfalen und zu der Heerschaft der Nordleute (vgl. Abb.7). Sie wurden im Kriegsfall von selbstgewählten Herzögen geführt.

Der bedeutendste Herzog war der Westfale Widukind. Während der über 30 Jahre dauernden Eroberungszüge Karls des Großen gegen die Sachsen (772 bis 804), die ihren Höhepunkt in dem berüchtigten Blutgericht von Verden (782) fanden, gelang es Widukind, den Gesamtstamm zu einen, so daß man erstmalig von einem sächsischen Stammesherzogtum sprechen kann. Es verfiel allerdings wieder mit der vernichtenden Niederlage an der Hasefurt bei Osnabrück und mit Widukinds Unterwerfung und Taufe (785). Die bis 804 dauernden Aufstände, insbesondere in Wigmodien zwischen Elbe und Weser, die mit der Deportation zahlreicher sächsischer Familien nach Süddeutschland verbunden waren, lassen keine große übergeordnete Führung mehr erkennen.

2.2. Eingliederung in das Frankenreich

Im Frankenreich: Erhaltung von Gebiet, Stammesrecht und Sprache - aber Umstrukturierung durch Steuern, Verwaltung und Landeserschließung

Die Eingliederung der Sachsen und auch der Friesen in das fränkische Reich war mit tiefgreifenden Umstrukturierungen, z.B. mit der Einführung des Zehnten als Kirchensteuer und mit einer Straffung der Verwaltung, verbunden. Sie ließ aber das Ge-

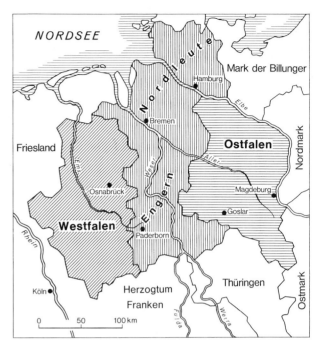

Abb. 7: Der Raum Niedersachsen um das Jahr 750 (n. Das Bundesland Niedersachsen 1980, verändert).

biet der Sachsen als Einheit bestehen. Das Stammesrecht (Lex Saxonum) wurde übernommen, und auch das Altsächsische, die Sprache des Heliand (um 830), blieb erhalten. Aus ihr entwickelte sich mit der Zeit das Niederdeutsche, die plattdeutsche Sprache, die im Mittelalter von Ostfriesland bis zum Baltikum gesprochen wurde und dem Ober- und Mitteldeutschen durchaus ebenbürtig war.

Die Erschließung und politische Kontrolle des Landes wurde durch ein weitgespanntes Netz von anfangs noch unbefestigten *Heerstraßen* verbessert, die in ihrem Verlauf zum Teil heute noch bestehen. An den strategisch wichtigsten Knotenpunkten dieser Straßen wurden *Burgen* und *Königshöfe* errichtet und ihre Verwaltung zumeist einheimischen Adligen übertragen.

Seit dem 8. Jahrhundert war die Kirche der neue Herrschaftsträger

Zu einem bedeutenden Herrschaftsträger war die Kirche geworden, die durch die *Errichtung von Missionsstationen und Klöstern,* z.B. Meppen, Visbek bei Wildeshausen, Corvey, Hameln, Helmstedt und Gandersheim, ihren Machtbereich ausgedehnt hatte.

Stärkste Stützpunkte der kirchlichen Herrschaft wurden die *Bistümer.* 787 war die Gründung des Bistums Bremen erfolgt, das unter den Erzbischöfen Willehad, Ansgar und Adalbert zum Hauptträger der Mission und der politischen Entscheidungen in

Nordeuropa aufstieg. Um 800 war es zur Gründung der Bistümer Verden, Minden, Paderborn, Münster und Osnabrück gekommen, etwas später folgten Hildesheim und Halberstadt sowie 831 das Erzbistum Hamburg.

Mit den Bistümern entstanden im 10. und 11. Jahrhundert die *Diözesangrenzen* als erste lineare Grenzsetzungen im niedersächsischen Raum. Sie waren zumeist Grenzen entlang von Flußläufen, die Jahrhunderte überdauert haben und zum Teil heute noch in Kreis- und Gemeindegrenzen fortleben.

Im 9. Jahrhundert: Aufstieg sächsischer Adelsfamilien und Machtverfall der Karolinger

Mit dem Verfall der karolingischen Reichsgewalt seit der Mitte des 9. Jahrhunderts verstanden es einige der sächsischen Adelsfamilien durch geschickte Erweiterung des Besitzes, ihren Einfluß auszubauen und so die politische Führung zu übernehmen. Um Lüneburg waren es die *Billunger,* um Braunschweig die *Brunonen* und im Gebiet rings um den Harz vor allem die *Liudolfinger,* die als Verteidiger der sächsischen Marken gegen die Slawen und Ungarn im 10. Jahrhundert den größten Teil des Stammesbereiches unter ihre Führung brachten und damit das Stammesherzogtum Sachsen erneut bildeten, aber doch keine territoriale Einheit erreichten.

2.3. Sächsische Könige und Kaiser

Im 10. und 11. Jahrhundert war das südöstliche Niedersachsen Machtzentrum des Deutschen Reiches

Mit dem Übergang vom Fränkischen zum Deutschen Reich waren es die Liudolfinger, die 919 mit *Heinrich I.* den ersten deutschen König stellten. Von nun an trugen die sächsischen Herzöge von ihren Pfalzen aus, z.B. Werla bei Goslar, Grone bei Göttingen, Pöhlde bei Osterode, für ein Jahrhundert die Reichsgewalt. Es waren die drei "Ottonen" und Sachsenkaiser *Otto der Große* (936-973), der die von Heinrich I. zwischen Oder und Elbe neugewonnenen Ostgebiete durch die Errichtung von Markgrafschaften festigte und erweiterte; sein Sohn, *Otto II.* (973-983), der durch seine Heirat mit der byzantinischen Prinzessin Theophanu im Jahre 972 das sächsisch-weströmische Kaisertum gleichberechtigt neben das Oströmische Kaiserreich um Byzanz treten ließ, aber beim großen Slawenaufstand von 983 beträchtliche Teile des Ostlandes aufgeben mußte; schließlich *Otto III.* (983-1002), der sich durch seine nach Rom orientierte Politik stark vom sächsischen Stammland entfernte. Mit dem Tode *Heinrichs II.* auf der Pfalz Gro-

ne bei Göttingen (1024) ging die Führung des Reiches für nahezu ein Jahrhundert an die Salier über.

Die *Salier* bauten das erzreiche Harzgebiet zu einem Zentrum ihrer Macht aus. Goslar wurde unter *Heinrich III.* (1039-1056) zur bevorzugten Residenz des Kaisers (Kaiserpfalz, Dom). Doch als *Heinrich IV.* die Harzburg errichten ließ, wurde er im sogenannten "Sachsenaufstand" unter der Führung Ottos von Northeim vertrieben.

2.4. Das Herzogtum Sachsen unter Kaiser Lothar von Süpplingenburg und Heinrich dem Löwen (1106 bis 1180)

Vom sächsischen Herzogtum ging im 12. Jahrhundert die Ostkolonisation aus

Mit dem Aussterben des salischen Hauses übernahm im Jahre 1125 erneut ein sächsischer Herzog die Königsgewalt und machte Sachsen zum Zentrum des Reiches: *Lothar von Süpplingenburg,* der angesichts der starken Bevölkerungsvermehrung im Altsiedelland westlich der Elbe-Saale-Linie die von den Ottonen begonnene Ostpolitik weiter fortführte. Zu diesem Zweck setzte Lothar drei Dynastengeschlechter als Kolonisationsträger ein: Die *Schaumburger* in Holstein, die *Askanier* in der Altmark und die *Wettiner* in Meißen und in der Lausitz. Er wurde dadurch zum eigentlichen Wegbereiter der großen mittelalterlichen *Ostkolonisation.* Lothar starb 1137. Im "Kaiserdom" zu Königslutter liegt er begraben.

Festigung und Ende des Herzogtums Sachsen durch Heinrich den Löwen

Aus der Ehe der Tochter Lothars mit dem Welfenherzog Heinrich dem Stolzen von Baiern ging 1129 der wohl berühmteste und durchsetzungsfreudigste Herrscher hervor, der im alten Sachsenland je gewirkt hat: Heinrich der Löwe.

Die Übernahme eines umfangreichen Güterbesitzes in Schwaben und Baiern väterlicherseits und in Sachsen mütterlicherseits aus dem Erbe der Billunger, Brunonen und Northeimer machte Heinrich neben dem Kaiser zum mächtigsten Fürsten im Reich, der mit allen Mitteln versuchte, aus dem Streubesitz ein geschlossenes Herrschaftsgebiet zu machen, um damit einen sächsischen Staat zu bilden. *Braunschweig* wählte Heinrich zu seiner Residenz, wo er die einer Kaiserpfalz gleichende Burg Dankwarderode und den berühmten Bronzelöwen (1166) als Sinnbilder seiner Herrschaft und Machtfülle errichten ließ.

Nach einem lange währenden Zwist mit seinem Vetter Kaiser Friedrich I. Barbarossa, dem er wegen der Nichtbeleihung mit den Erzgruben und

der Stadt Goslar die Heeresfolge in Italien verwei-
gerte, kam es 1180 zum Sturz und zur Ächtung
des Herzogs.

Aufteilung des Herzogtums Sachsen

Damit hatte die staatliche Einheit des Sachsen-
tums ihr Ende gefunden. Das Herzogtum, das zuletzt von der Ostsee bis fast an den Rhein, von
der Grenze zu Friesland bis an Werra und Saale
gereicht hatte, wurde auf dem Reichstag zu Geln-
hausen (1180) in zwei Teile geteilt. Der Teil westlich der Weser und Hunte fiel als *Herzogtum Westfalen* an das Erzbistum Köln. Mit dem östlichen
Teil wurden die Askanier belehnt, mit denen der
Herzogtitel und die Kurwürde der Sachsen für
über 200 Jahre nach Wittenberg an die Elbe gelangten, bis beide mit dem Aussterben der Askanier (1422) von den Wettinern übernommen wurden und damit nach Meißen und schließlich nach
Dresden kamen.
Schon 1235 entstand im alten Stammesgebiet als
drittes *Herzogtum Braunschweig-Lüneburg,* das
nach der Versöhnung von Staufern und Welfen
vom Kaiser Friedrich II. dem Enkel Heinrichs des
Löwen übertragen wurde und die Gebiete der welfischen Eigengüter umfaßte.

2.5. Territoriale Zersplitterung im Hohen und Späten Mittelalter

*Zersplitterung in bis zu 40 Territorialstaaten mit
eigenen Burgen und Städten*

Mit der Zerschlagung des alten Stammesherzog-
tums im Jahre 1180 und dem Übergang des östlichen Teils an die Askanier wurde eine mehrhun-
dertjährige Periode der territorialen Zersplitterung
eingeleitet. Zahlreiche weltliche und geistliche Herren nutzten die offenkundige Führungsschwäche
der Askanier und der deutschen Kaiser aus, um
sich von ihren Burgen aus eigene kleine Herr-
schaftsbereiche zu schaffen und diese durch weitere Burgen und neugegründete Städte in Niedersachsen zu sichern. Die große Zahl der Burgen
und kleinen Städte in Niedersachsen sind heute
noch Zeugen dieser Zeit. Allein im Gebiet des heutigen Landes Niedersachsen gab es zeitweilig
über 40 Territorialstaaten. Die wichtigsten sollen
hier kurz behandelt werden.

Die Grafschaft Oldenburg

Im Grenzgebiet zwischen Sachsen und Friesen entwickelte sich die Grafschaft Oldenburg. In ständigem Kampfe gelang es den Grafen bis Ende des
16. Jahrhunderts die gesamte linke Wesermarsch,
Butjadingen und die Jademarsch in ihren Machtbereich einzubeziehen. Das verschaffte ihnen soviel

Ansehen, daß schon 1448 ein Oldenburger zum
König von Dänemark gewählt wurde. Die oldenbur-
gisch-dänische Verbindung hat mit Unterbrechun-
gen nahezu 300 Jahre bestanden und weitgehend
die oldenburgische Politik bestimmt.

*Eigenständigkeit im friesischen Stammesgebiet
bis zum ausgehenden Mittelalter*

Abgeschirmt durch einen Gürtel unzugänglicher
Moore entzog sich das friesische Stammesgebiet
lange Zeit erfolgreich den Machtansprüchen der benachbarten Herrschaften. Verbunden mit dem Gedanken der berühmten "Friesischen Freiheit", die
aus der Gemeinschaftsaufgabe des Deichbaus
(seit etwa 1000 n. Chr.) erwuchs, hatten die Friesen die größten Teile ihres Stammesgebietes behaupten und landeinwärts ausdehnen können, im
Ammergau sogar bis an die Hunte heran. Auch
das Saterland war friesisch. In dieser nördlich des
Küstenkanals mitten im Moor liegenden Siedlungs-
kammer befand sich bis vor zwei Generationen
die letzte Sprachinsel des allmählich bedeutungslos gewordenen Altostfriesischen.
Die Friesen organisierten sich in genossenschaftlich verfaßten *"Landgemeinden"* mit eigenständiger
Verwaltung und Tradition ("Bauernrepubliken"). Ihre Namen haben sich in den Landschaftsbezeich-
nungen Rheiderland, Norderland, Harlingerland, Jeverland, Östringen, Rüstringen und zum Teil auch
in den Gemeindenamen erhalten, wie z.B. Brock-
merland, Butjadingen, Stadland und Wangerland.
Symbol der friesischen Freiheit und verbindende
Einrichtung war die Gerichts- und Notabelnver-
sammlung am *Upstalsboom bei Aurich,* wo im 13.
und 14. Jahrhundert alljährlich Abgesandte aller
friesischen Seelande zusammenkamen und über
gemeinsame Belange berieten. Jedoch schon im
14. Jahrhundert verlor die Versammlung ihre rechtliche Grundlage, als Mitglieder einflußreicher Familien zu "Häuptlingen" wurden und im 15. Jahrhundert sogar regelrechte "Häuptlingsdynastien" die
Macht übernahmen. Zur bedeutendsten stieg das
Geschlecht der Cirksena auf, das die gesamte friesische Halbinsel mit Ausnahme des Jever-, Wan-
ger- und Harlingerlandes unter seine Herrschaft be-
kam und 1464 damit sogar vom Reich belehnt wurde ("Reichsgrafschaft Ostfriesland"). Emden wurde von den Cirksena zur Residenz ausgebaut.

*Hoheitsbereiche der Bistümer Bremen, Verden,
Münster, Osnabrück, Hildesheim und Mainz*

Im Gebiet zwischen Weser- und Elbmündung hatten auf der Grundlage der alten Grafschaft Stade
die *Erzbischöfe von Bremen* ihr Gebiet ausgedehnt. Sie bekamen nach und nach, teils nach heftigen Kämpfen, auch die sächsisch besiedelten

Marschländer Osterstade und Stedingen an der Unterweser sowie Kehdingen an der Unterelbe in ihre Gewalt. Die friesischen Freibauern im Lande Wursten konnten sich bis zum Jahre 1525 behaupten. Lediglich das benachbarte Land Hadeln blieb durch geschickte Bündnispolitik bis zum Jahre 1852 eine nahezu freie Bauernrepublik.

Südlich und östlich des Bistums Bremen lag das *Bistum Verden,* das sich über mehrere Jahrhunderte im Schatten des ungleich größeren Bistums Bremen halten konnte. Sein Hoheitsbereich umfaßte das Gebiet um Verden, Rotenburg an der Wümme und Visselhövede.

Zu einem ausgedehnten Herrschaftsgebiet war das *Bistum Münster* gekommen. Vom Kernbereich des Bistums aus verstanden es die Bischöfe, in nur 150 Jahren (1250 bis 1400) das gesamte Emsland, mit Ausnahme der eigenständigen Grafschaften Bentheim, Lingen und Tecklenburg, sowie die jetzigen Kreise Cloppenburg und Vechta des sogenannten Niederstifts Münster in ihren Herrschaftsbereich miteinzubeziehen und durch den Bau bzw. Ausbau von Burgen und Städten wie Meppen, Papenburg, Cloppenburg und Vechta zu sichern.

Zwischen dem münsterschen Niederstift und dem eigentlichen Münsterland erstreckte sich vom Wiehengebirgsvorland bis über den Teutoburger Wald hinaus das *Bistum Osnabrück,* das bis zum Reichsdeputationshauptschluß 1803 Bestand hatte.

Ein weiteres *Bistum,* das sich zu einer Territorialherrschaft entfaltete, war *Hildesheim,* das durch eine geschickte Burgenpolitik seinen Besitz zu wahren und zu mehren wußte, bis es in der blutigen Hildesheimer Stiftsfehde 1519 bis 1523 die ersten großen Einbußen erlitt, jedoch bis 1815 als selbständiger Staat bestand.

Das *Erzbistum Mainz* hatte seit dem 14. Jahrhundert (1334/42) das thüringische und das niedersächsische *Eichsfeld* und Duderstadt an sich gebracht, das es bis zur Säkularisation 1802/03 behielt. Diese mehrere Jahrhunderte dauernde Verbindung mit Mainz wirkt sich bis heute im katholischen Glauben, in der Sitte der Realerbteilung, im Baubestand und in manchen Traditionen aus.

Klein- und Kleinststaaten im Weser-Leine-Gebiet

In ein buntes Mosaik von Klein- und Kleinststaaten war das Weser-Leine-Gebiet zerfallen, wobei vor allem die naturräumliche Kleinkammerung diese Entwicklung begünstigte. Bereits seit dem 10. Jahrhundert schufen sich adelige Grundherren hier eine feste Territorialmacht, indem sie Höhenburgen und befestigte Städte als Stützpunkte gründeten und an den unbesiedelten Rändern der Höhenzüge sowie in versumpften Niederungen ihre

Ansprüche durch Neurodungen und Burgen geltend machten (Ortsnamen auf -hagen, -rode, -wald, -stein).

Durch eine solch geschickte Rodungspolitik haben es zum Beispiel die *Schaumburger Grafen* verstanden, von ihrer bei Rinteln gelegenen Stammburg und vom Wesertal aus ein Hoheitsgebiet aufzubauen, das sich bis an das Steinhuder Meer und bis nahe an den Bistumssitz Minden erstreckte. Die zahlreichen Hagenhufendörfer südlich des Steinhuder Meeres, die zwischen 1150 und 1250 in den Dülwald gerodet wurden, und die Städte Stadthagen und Bückeburg sind noch Zeugen der Gebietserweiterung.

Die Grafen von Schaumburg wurden schon 1110 mit den Grafschaften Holstein und Stormarn belehnt und übertrugen damit ihr Hauswappen, das Nesselblatt, nach dem Norden, wo es noch heute im schleswig-holsteinischen Landeswappen zu finden ist.

Im Gegensatz zur Grafschaft Schaumburg, deren östlicher Teil, Schaumburg-Lippe, bis 1946 seine Selbständigkeit bewahren konnte, blieben die übrigen Grafschaften und Herrschaften im Weser- und Leinegebiet verhältnismäßig unbedeutend. Am größten waren die *Grafschaften im Tiefland,* wie Wildeshausen, Diepholz, Bruchhausen und Hoya; klein blieben die Grafschaften Wölpe bei Nienburg, Peine und Wunstorf-Roden, zu der zeitweilig auch Hannover mit der Burg Lauenrode gehörte.

Im *Bergland* waren die Becken und Täler mit den randlichen Höhenburgen Ausgangspunkte der Territorialbildung. Hier entstanden die kleinen *Grafschaften* Hallermunt, Spiegelberg, Homburg, Everstein, Dassel und Pyrmont sowie ganz im Süden die *Herrschaften* Adelebsen, Hardenberg und Plesse, das nach dem Aussterben der Edelherren 1571 an Hessen fiel. Dazu kam ein ausgedehnter Klosterbesitz, wobei das Weserkloster Corvey als Territorialmacht lange Zeit an erster Stelle stand, gefolgt von Gandersheim und Helmstedt.

Den Westharz und sein Vorland teilten sich u.a. die Grafschaften Bodenburg, Wohldenberg, Schladen, Wöltingerode, Wernigerode, Scharzfeld, Blankenburg/Regenstein und Hohnstein, die zum Teil aus altem Reichsgut hervorgegangen waren. Hinzu kam das kleine Hoheitsgebiet des Zisterzienserklosters Walkenried, das durch seinen Grubenbesitz am Rammelsberg und im Oberharz und durch seine Hüttenwerke zeitweilig zu den reichsten Klöstern Norddeutschlands gehörte.

Ab 1235 entwickelte sich das welfische Hoheitsgebiet zum größten Territorium

Eine herausragende Stellung bei der Territorialbildung des späten Mittelalters nahmen bereits wieder die Welfen ein, nachdem auf dem Mainzer Reichstag von 1235 auf der Grundlage ihres reichen Güterbesitzes ein *Herzogtum Braunschweig-Lüneburg* neu gebildet worden war. Durch eine zielstrebige Heiratspolitik, durch Erbverträge, Lehnsverbindungen und Fehden hatten die Welfen nach und nach viele der benachbarten Kleinterritorien in ihren Machtbereich integriert, so daß das welfische Hoheitsgebiet schon im 14. Jahrhundert weit über die Kerngebiete um Lüneburg, Celle, Braunschweig und Königslutter hinausreichte, im Norden bis in das Wendland (alte Grafschaften Lüchow und Dannenberg), im Süden bis nach Northeim und Münden, wo die Oberweser zur Südwestgrenze gegen das Erzbistum Köln wurde. Das Herzogtum war damit auf dem Wege, sich zu einem nahezu geschlossenen Territorium zu entwickeln, in dem lediglich das Bistum Hildesheim zwischen Oker und Leine einen störenden Riegel bildete.

Dennoch war den Welfen ein den früheren Jahrhunderten vergleichbarer politischer Einfluß nicht beschieden. Zwar wurde durch die Übernahme des Sachsenrosses in das welfische Hauswappen (seit 1361) der Anspruch auf politische Führerschaft über das gesamte Sachsenland noch einmal deutlich gemacht, doch die Realität sah anders aus. Zwischen 1252 und 1635 zerbrachen mehrere Erbteilungen das Welfenland in verschiedene weitgehend selbständige Territorien, zunächst in die Fürstentümer Lüneburg und Braunschweig, das weiter geteilt wurde in die Fürstentümer Wolfenbüttel, Göttingen, Grubenhagen und Calenberg. 1635 bestanden nur noch drei Komplexe, die Fürstentümer Lüneburg, Calenberg-Göttingen-Grubenhagen und Wolfenbüttel.

2.6. Die Territorien in der frühen Neuzeit und im Frühabsolutismus (1500 bis 1618)

Veränderungen in den geistlichen Herrschaftsbereichen durch die Reformationsbewegung im 16. Jahrhundert

Im 16. Jahrhundert wurde auch Niedersachsen von der großen Reformationsbewegung ergriffen. Bis 1580 hatte sich der protestantische Glaube fast über das gesamte Gebiet ausgebreitet. Die Welfenlande sowie Oldenburg und Schaumburg bekannten sich zum Luthertum, die Grafschaft Bentheim und Teile von Ostfriesland, vor allem Emden wie auch Bremen, zum Calvinismus. Einige der geistlichen Herrschaftsgebiete wurden aufgelöst und fielen an weltliche Landesherren. Von den Bistümern wurden das Erzbistum Bremen und das Bistum Verden auf Dauer protestantisch, während das Niederstift Münster, das Eichs-

feld und Teile von Hildesheim durch die noch im 16. Jahrhundert einsetzende Gegenreformation zum katholischen Glauben zurückgeführt wurden.

Zusammenlegungen von Territorien zum Vorteil des Welfenhauses

Territorialpolitisch war das Reformationsjahrhundert durch Zusammenlegungen geprägt. Die Zahl der Landesherren ging von 25 in der Mitte des 16. Jahrhunderts auf nur noch 18 an seinem Ende zurück, was vor allem dem Welfenhause zugute kam. Durch den Erwerb der Grafschaften Hoya und Diepholz, die bis 1582 bzw. 1585 mit Ausnahme der hessisch gewordenen Ämter Uchte, Freudenberg und Auburg an die Welfen fielen, dehnte sich ihr Herrschaftsgebiet im Westen weit über die Mittelweser hin aus, und auch die Bistümer Min-

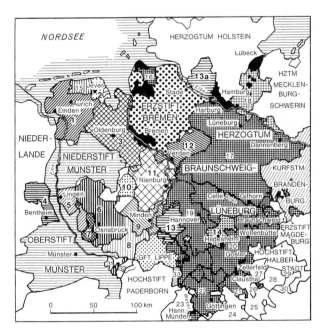

Reichsstädte ■   Strittige Gebiete und Kleinstherrschaften ☐

1 Gft. Ostfriesland, 2 Herrsch. Jever, 3 Gft. Oldenburg-Delmenhorst, 4 Gft. Bentheim, 5 Nieder/Obergft. Lingen, 6 Hochstift Osnabrück, 7 Gft. Tecklenburg, 8 Gft. Ravensberg, 9 Hochstift Minden, 10 Gft. Diepholz, 11 Gft. Hoya, 12 Hochstift Verden, 13 Gft. Schaumburg, 13a Herrsch. Schaumburg-Pinneberg 14 Kl. Stift Hildesheim 15 Harlingerland, 16 Land Hadeln, 17 Fstm. Lüneburg, 18 Hztm. Lauenburg, 19 Fstm. Calenberg, 20 Fstm. Wolfenbüttel, 21 Fstm. Grubenhagen, 22 Fstm. Göttingen, 23 Landgft. Hessen-Kassel, 24 Kurfstm. Mainz, 25 Gft. Honstein, 26 Stift Walkenried, 27 Gft. Wernigerode, 28 Gft. Regenstein-Blankenburg, 29 Stift Quedlinburg, 30 Fstm. Anhalt, 31 Herrsch. Rheda, 32 Gft. Rietberg, 33 Stift Corvey

Abb. 8: Der Raum Niedersachsen um 1580 (n. PISCHKE: Geschichtlicher Handatlas von Niedersachsen 1989).

den und Halberstadt gelangten im Zuge der Säkularisation zeitweilig unter welfischen Einfluß. Die Welfen waren endgültig zur Führungsmacht im Niedersächsischen Reichskreis aufgestiegen.

Auch im Nordwesten vollzogen sich im 16. Jahrhundert Gebietsänderungen, die bis in die neueste Zeit nachwirken. Oldenburg erbte mit dem Tode der berühmten jeverschen Regentin Fräulein Maria im Jahre 1575 das ehemalige Herrschaftsgebiet der Häuptlinge von Jever (Jeverland), während das benachbarte Harlingerland im Jahre 1600 mit Ostfriesland vereinigt wurde.

2.7. Dreißigjähriger Krieg und Absolutismus

Gebietsabtretungen an Schweden und Dänemark durch den Westfälischen Frieden 1648

Nach den Wirren des Dreißigjährigen Krieges kam es durch den Westfälischen Frieden (1648) erneut zu Gebietsveränderungen. Die in Herzogtümer umgewandelten ehemaligen geistlichen Staaten, das *Erzbistum Bremen* und das *Bistum Verden,* fielen an Schweden.

Mit dem Tode des großen Oldenburger Grafen Anton Günther (1603 bis 1667) übernahm der dänische König die natürliche Erbfolge. *Oldenburg* wurde damit für ein Jahrhundert dänisch. Die Nachfolge trat das Haus Holstein-Gottorp an (1773), das die 1774 zum Herzogtum und 1815 zum Großherzogtum erhobene alte Grafschaft bis zur Abdankung des letzten Monarchen (1918) regierte.

Teilung der Grafschaft Schaumburg 1647

Noch während des Dreißigjährigen Krieges war das Haus Schaumburg erloschen (1640). Die Grafschaft wurde 1647 in zwei Teile gespalten, von denen der nordwestliche Teil zwischen Bückeburg und dem Steinhuder Meer an die Grafen zu Lippe fiel und dadurch zur *Grafschaft Schaumburg-Lippe* wurde, die 300 Jahre bis zur Gründung des heutigen Landes Niedersachsen (1946) selbständig blieb. Der südöstliche Teil zwischen Rinteln und Nenndorf ging in Personalunion an den *Landgrafen von Hessen.* Aus dieser Zeit hat die Stadt Hessisch Oldendorf an der Weser ihren Namen.

Aus dem Fürstentum Calenberg entstand ab 1692 das mächtige Kurfürstentum Hannover

Einen steilen Aufstieg, der in der zweiten Hälfte des 17. Jahrhunderts begann und sich im 18. Jahrhundert fortsetzte, nahm das nach der welfischen Stammburg an der Leine benannte Fürstentum Calenberg. Es erhielt 1689 das nördlich der Elbe gelegene Herzogtum Lauenburg und erlangte 1692

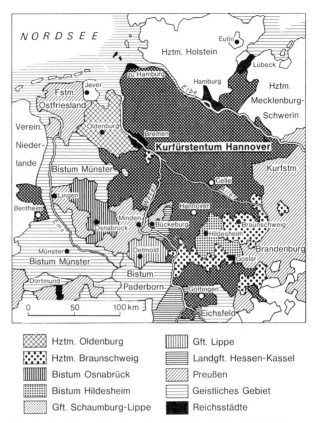

Abb. 9: Der Raum Niedersachsen am Ende des 18. Jahrhunderts (n. Das Bundesland Niedersachsen 1980, verändert).

die Kurwürde. Von nun an hieß es nach der Residenzstadt *Kurfürstentum Hannover.*

1705, mit dem Tode des letzten Heideherzogs Georg Wilhelm, wurde es um das Fürstentum Lüneburg erweitert, wodurch Celle seinen Status als Residenzstadt verlor. Den vorläufigen Höhepunkt brachte 1714 die Erlangung der englischen Krone durch Georg Ludwig, der als König Georg I. für 123 Jahre (bis 1837) die *Personalunion zwischen England und Hannover* begründete. Sie erleichterte auch den Ankauf der Herzogtümer Bremen und Verden (1715, 1719), die dem Hause Hannover den wirtschaftlich wichtigen Zugang zur Nordsee einbrachten.

Brandenburg-Preußen drängt nach Westen

Zugleich verstärkte sich der Drang Brandenburg-Preußens nach Westen. Schon 1648, mit dem Westfälischen Frieden, hatte der östliche Nachbar die Bistümer Minden und Halberstadt vereinnahmt und 1702 bzw. 1707 die Grafschaften Lingen und Tecklenburg erworben, bevor 1744, nach dem Tode des letzten Cirksena, auch Ostfriesland zu Preußen kam, das in der wieder aufblühenden Hafenstadt Emden ein Tor zur Nordsee und damit zum Weltmeer erhielt.

2.8. Säkularisation und Wiener Kongreß

1803 vergrößerten sich die weltlichen Staaten durch Aufhebung der geistlichen Fürstentümer

Der Beginn des 19. Jahrhunderts war in Niedersachsen wiederum durch umfangreiche Gebietsveränderungen gekennzeichnet. Durch den sogenannten *Reichsdeputationshauptschluß* von 1803, der die deutschen Staaten für die in den 1790er Jahren an Frankreich verlorenen Gebiete im Westen mittels einer tiefgreifenden Gebietsumverteilung entschädigen sollte, wurden die geistlichen Fürstentümer aufgehoben (säkularisiert) und den weltlichen Staaten zugeordnet, von denen die meisten erhebliche Gebietsgewinne erzielten.

Das *Herzogtum Oldenburg,* das dafür auf den seit 1623 bestehenden einträglichen Elsflether Weserzoll verzichtete, wurde um die münsterschen Ämter Vechta, Cloppenburg (das katholische "Oldenburger Münsterland") und um das ehemals hannoversche Amt Wildeshausen erweitert. Es erreichte damit fast das Doppelte seiner früheren Größe.

Das *Bistum Osnabrück* wurde nun endgültig Hannover zugesprochen. Das *Stift Hildesheim,* die bisherige *Reichsstadt Goslar* und das Kurmainzer *Eichsfeld* wurden dagegen von Preußen vereinnahmt, das dadurch für Hannover zu einem noch bedrohlicher werdenden Nachbarn wurde.

Gebietsneuordnung mit Reduzierung der Staaten durch den Wiener Kongreß

Nach den Wirren der napoleonischen Kriege und der Einrichtung eines kurzlebigen "Königreiches Westfalen" (1803 bis 1813) war es vor allem der *Wiener Kongreß* (1814/15), der nach der vernichtenden Niederlage Napoleons bei Waterloo (1815) die begonnene Gebietsneuordnung fortsetzte und vollendete.

Die Zahl der am heutigen Niedersachsen beteiligten Staaten reduzierte sich auf acht: 1. das 1814 zum *Königreich* erhobene *Hannover,* 2. das *Großherzogtum Oldenburg,* 3. das *Herzogtum Braunschweig,* 4. das *Fürstentum Schaumburg-Lippe,* 5. das *Kurfürstentum Hessen* mit seinem Anteil an der alten Grafschaft Schaumburg, 6. das *Fürstentum Waldeck* (Grafschaft Pyrmont), 7. die *Hansestadt Hamburg* (Amt Ritzebüttel bei Cuxhaven, einschließlich der Insel Neuwerk) und 8. die *Hansestadt Bremen.*

Ausdehnung des neuen Königreichs Hannover

Das Königreich Hannover konnte sich flächenmäßig erheblich vergrößern. Für den Verzicht auf das nördlich der Elbe gelegene Herzogtum Lauenburg wurde es mehr als reichlich entschädigt, vor allem durch Zugewinne im Westen. Hier erhielt es von

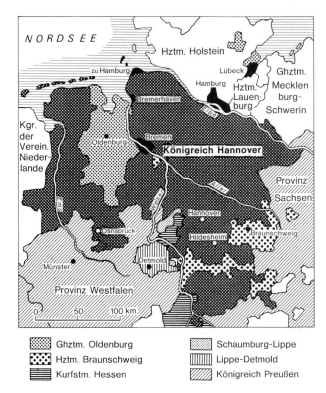

Abb. 10: Der Raum Niedersachsen nach dem Wiener Kongreß (1815) bis zum Jahre 1866 (n. Das Bundesland Niedersachsen 1980, verändert).

Preußen Ostfriesland und die Niedergrafschaft Lingen, außerdem das erst 1803 eingerichtete Herzogtum Arenberg-Meppen und die Grafschaft Bentheim. Weiterhin erwarb Hannover von Preußen das Stift Hildesheim, die Stadt Goslar und das Untereichsfeld und von Hessen die alten Exklaven Plesse bei Göttingen sowie Auburg, Uchte und Freudenberg bei Nienburg.

Oldenburg, das ebenso wie das Herzogtum Braunschweig in seinen niedersächsischen Grenzen unverändert blieb, wurde zum Großherzogtum erhoben.

2.9. Hannover wird preußische Provinz

Gebietsabtretungen für Bremerhaven 1827 und Wilhelmshaven 1853

Rund 50 Jahre hatten die Umgestaltungen des Wiener Kongresses Bestand. Nur einige wenige Gebietsänderungen wurden in dieser Zeit vorgenommen, die flächenmäßig zwar kaum ins Gewicht fallen, sich dafür aber in wirtschaftlicher und strategischer Hinsicht als bedeutend erwiesen. Zum einen war dies die Abtretung eines nur 89 ha umfassenden Geländes an der Unterweser durch Hannover an die Hansestadt Bremen (1827). Sie errichtete hier in den folgenden Jahren einen Vorhafen *(Bremerhaven)*, um der zunehmenden Versandung der Unterweser auszuweichen und den größer werdenden Schiffen einen Hafen bieten zu können. Die zweite wichtige Gebietsänderung war der Verkauf eines kleinen, zuvor oldenburgischen Küstenstreifens an der Jademündung an Preußen (1853), das mit der Anlage des Kriegshafens *Wilhelmshaven* seine alten Herrschaftsansprüche auf den Nordwesten mit dem Zugang zur See deutlich werden ließ.

Preußen annektiert das Königreich Hannover 1866

Der Weg zur endgültigen Vorherrschaft Preußens war dann auch nicht mehr weit. Im *preußisch-österreichischen Krieg* (1866) wurde das Königreich Hannover annektiert und als Provinz in den preußischen Staat einverleibt. Braunschweig, Oldenburg und Schaumburg-Lippe konnten dank einer vorteilhaften Unterwerfungspolitik ihre Selbständigkeit behaupten.

In der neuen Provinz Hannover gestaltete man die bisherigen Verwaltungseinheiten nach preußischen Vorbildern um. 1883 wurden die hannoverschen Landdrosteien in *Regierungsbezirke* umgewandelt. Die neue *Kreisordnung* trat am 1. April 1885 in Kraft. Sie schuf aus den hannoverschen Ämtern und selbständigen Städten die Grundlagen für unsere heutige Kreisgliederung.

2.10. Gebietsveränderungen zwischen den Weltkriegen

Abschaffung der Monarchien 1918

Nach der Errichtung der Weimarer Republik (1919) blieb Hannover preußische Provinz, während Braunschweig, Oldenburg und Schaumburg-Lippe mit der Abschaffung der Monarchien im Jahre 1918 zu eigenständigen Ländern wurden. Erst durch das *Gesetz über den Neuaufbau des Reiches* (1934) unter den Nationalsozialisten verloren sie ihre Selbständigkeit, blieben als Verwaltungseinheiten aber, ebenso wie Hannover, bestehen.

Reformbestrebungen nach 1918

Bereits 1918/19 gab es von dem damaligen Reichsinnenminister Hugo Preuß einen Plan, das erdrückende Übergewicht Preußens gegenüber den anderen Bundesstaaten des Reiches zu beseitigen. Er sah u.a. die *Schaffung eines Reichsgebietes Niedersachsen* vor, das Hannover, Oldenburg, Braunschweig und Schleswig-Holstein umfassen sollte. Doch erst 1930, unter dem Druck der allgemeinen wirtschaftlichen Notlage, beschloß ein von der Reichsregierung eingesetzter Reformausschuß die Auflösung Preußens in Reichsländer

neuer Art unter Zusammenschluß mit den unzeitgemäß gewordenen Kleinstaaten. Eine zweibändige Denkschrift des hannoverschen Geographen Kurt Brüning: "Niedersachsen im Rahmen der Neugliederung des Reiches" (1929 und 1931) gab erstmalig dem Namen Niedersachsen einen festen räumlichen Umriß. Er sollte erst 15 Jahre später, bei der Gründung des Landes Niedersachsen, wirksam werden.

Neuordnung von Kreisen und Gemeinden 1932 und 1933

Noch in der Weimarer Zeit wurden im Zuge der preußischen *Verwaltungsreform von 1932* in der Provinz Hannover 81 Stadt- und Landkreise zu 44 neuen zusammengefaßt. Damit sollte auch dem Drängen von Wirtschaft, Handel und Verkehr nach einer günstigeren Verwaltungsgliederung Rechnung getragen werden. Ein Vorläufer war die Abtretung Pyrmonts von Waldeck an Preußen (Provinz Hannover) im Jahre 1922 gewesen. Nach dem 1. August 1932 kam endlich der Landkreis Grafschaft Schaumburg von Hessen-Nassau zur Provinz Hannover. Im Gegenzug wurde der zum Regierungsbezirk Hildesheim gehörende Landkreis Ilfeld südöstlich des Harzes aufgelöst und an die Regierungsbezirke Magdeburg und Erfurt aufgeteilt. Die zum Kreis Gardelegen gehörigen Gebietssplitter Hehlingen und Heßlingen gingen mit dem bald bedeutsam werdenden Wolfsburg in diesem Zusammenhang an den Landkreis Gifhorn in der Provinz Hannover.

Durch die Verwaltungsreform von 1932 verloren allerdings auch viele Städte und Flecken ihren bisherigen Kreissitz und erfuhren damit einen erheblichen Bedeutungsverlust.

In *Oldenburg* wurden ein Jahr später (1933) Bestrebungen zur modernen Neugliederung der Ämter zu Kreisen und der Gemeinden zum Abschluß gebracht. Die heute fast noch unverändert bestehenden *Großgemeinden* wurden durch den Zusammenschluß von mehreren Dörfern, wie sie in den Kirchspielen und Bauerschaften bestanden, eingeführt. Die oldenburgischen Großgemeinden haben bei der späteren großen niedersächsischen Gebiets- und Verwaltungsreform der 70er Jahre als Vorbild gedient.

Parteigaue und geringe Gebietskorrekturen zur Zeit des Nationalsozialismus

Die Reformbestrebungen der Weimarer Zeit endeten 1933 mit der Machtergreifung der Nationalsozialisten. Ausschlaggebend wurden an die Reichstagswahlkreise angelehnte Parteigaue der NSDAP: Osthannover, Südhannover-Braunschweig und Weser-Ems, dessen Gauleiter Röver es sogar verbot,

das Wort Niedersachsen zu benutzen. Der Landkreis Schaumburg und das Land Schaumburg-Lippe wurden zum Gau Westfalen-Nord geschlagen.
Abgesehen von der grundlegenden Umorganisati-
on (Gaugliederung) brachte die kurze Zeit des Nationalsozialismus nur wenige bedeutende Gebietskorrekturen in Niedersachsen, darunter das *Groß-
Hamburg-Gesetz von 1937*. Die Stadt Hamburg
wurde durch dieses Gesetz um die inzwischen
zum Hamburger Siedlungsgebiet gewordene
Stadt Harburg und weitere Teile des Kreises Harburg erweitert, mußte aber das alte Amt Ritzebüttel mit Cuxhaven und Neuwerk an Hannover abtre-
ten. Lediglich der Cuxhavener Amerikahafen ver-
blieb bei Hamburg.

Das inzwischen zur Großstadt gewordene Wilhelmshaven fiel durch die Wirkung des gleichen
Gesetzes an Oldenburg, das seine holsteinischen
Gebietsteile Lübeck-Eutin sowie Birkenfeld abtre-
ten mußte.

1939 wurde auch das Bremer Stadtgebiet durch
Eingliederung der zum Bremer Wirtschaftsgebiet
gehörenden preußischen Nachbargemeinden Far-
ge, Blumenthal, Aumund, Grohn, Schönebeck, Lesum, Hemelingen und Mahndorf vergrößert, verlor
aber im Gegenzug Bremerhaven an Preußen, das
damit seine 1924 aus der Vereinigung des alten
Freihafens Geestemünde mit dem Vorort Lehe gebildete Stadt Wesermünde erweiterte. Nur der
Überseehafen blieb bremisch.

Wesentliche Veränderungen auf der Gemeindeba-
sis waren 1938 die Gründung der "Stadt des KdF-
Wagens" *(Wolfsburg)* und der Zusammenschluß
von 27 ländlichen Gemeinden und der Kleinstadt
Salzgitter zur Stadt *Salzgitter* (1942).

2.11. Frühe Nachkriegszeit und Gründung des Landes Niedersachsen

*Erzwungene Umorientierung durch Flüchtlings-
strom und "Eisernen Vorhang"*

Die Nachkriegszeit war für das niedersächsische
Gebiet die stärkste Umbruchphase seiner Geschichte. Zum einen strömten rd. 2,5 Millionen
Flüchtlinge und Vertriebene in das Land, wodurch
trotz aller Kriegsverluste die Einwohnerzahl von
4,5 Millionen (1939) auf 6,8 Millionen (1950) stieg.
Zum zweiten wurde an Niedersachsens Ostgrenze ein "Eiserner Vorhang" errichtet, der eine wirtschaftliche Umorientierung erforderlich machte. Waren bisher die Verkehrsströme, der Hauptachse
vor der Mittelgebirgsschwelle folgend, vom Ruhrgebiet über Hannover nach Magdeburg - Berlin und
weiter in östlicher und südöstlicher Richtung verlaufen, so wurden sie jetzt, mit Ausnahme des Berlin-
verkehrs, an der Ostgrenze unterbunden.

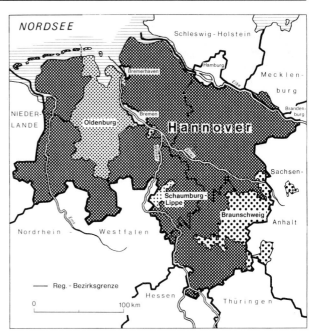

Abb. 11: Die Gründung des Landes Niedersachsen 1946 (n. Das
Bundesland Niedersachsen 1980, verändert).

*1945: Neubeginn mit alter Gebietsgliederung als
Übergang*

Auch verwaltungsmäßig machte das Kriegsende einen Neubeginn notwendig. Schon bald nach der
Kapitulation der deutschen Wehrmacht am 8. Mai
1945 fiel das nordwestdeutsche Besatzungsgebiet
der britischen Militärverwaltung zu. Die früheren
Länder Oldenburg, Bremen, Braunschweig und
Schaumburg-Lippe wurden vorübergehend wiederhergestellt und aus der ehemaligen preußischen
Provinz Hannover das Land Hannover gebildet.

*1946: Gründung des Bundeslandes Nieder-
sachsen*

Nur ein Jahr später, am 1. November 1946, wurden durch die Verordnung Nr. 55 der britischen Militärregierung die genannten Länder zum neuen
Land Niedersachsen vereinigt. Das geschah unter
wesentlicher Beteiligung des damaligen hannoverschen und ersten niedersächsischen Ministerpräsidenten Hinrich Wilhelm Kopf und dank der gutach-
terlichen Vorarbeiten insbesondere von Kurt Brüning, der durch seine langjährigen landeskundlichen Arbeiten die Grenzen des künftigen Landes
Niedersachsen abgesteckt hatte. Allerdings ließen
sich die Vorstellungen nicht verwirklichen, auch
das Land Lippe-Detmold, den Regierungsbezirk
Minden und den Landkreis Tecklenburg mit in das
Land Niedersachsen einzubeziehen. Sie wurden

am 1.11.1946 endgültig an Nordrhein-Westfalen angeschlossen.

Außerhalb der niedersächsischen Landesgrenzen bleiben mußten die alten hannoverschen bzw. braunschweigischen Landesteile Neuhaus nördlich der Elbe, Calvörde im Magdeburger Gebiet und der größte Teil des Kreises Blankenburg im Harz. Sie wurden in die sowjetische Besatzungszone eingegliedert, während umgekehrt Kaltenhof gegenüber Dömitz an der Elbe, Offleben bei Helmstedt und Bad Sachsa im Südharz an Niedersachsen fielen. Der Grenzverlauf des neuen Bundeslandes Niedersachsen entsprach somit über weite Teile im wesentlichen noch immer jener Linie, die mit dem welfischen Herrschaftsbereich bis 1815 erreicht worden war und vom Königreich Hannover ebenso ausgefüllt wurde wie von der preußischen Provinz Hannover in den Jahren 1866 bis 1934.

Die Freie Hansestadt Bremen, die als Nachschubhafen zur amerikanischen Besatzungszone gehörte, formierte sich im Januar 1947 zu einem eigenen und kleinsten Bundesland. Das geschah durch die Vereinigung des Bremer Stadtgebietes mit Bremerhaven, das um das Gebiet des niedersächsischen Stadtkreises Wesermünde erweitert wurde.

Das ebenfalls zum alten niedersächsischen Stammesgebiet zählende, zwischen Teutoburger Wald und Oberweser gelegene Land Lippe entschied sich für Nordrhein-Westfalen.

Wenig später (April 1947) wurde der *erste niedersächsische Landtag* gewählt, der am 1. Mai 1951 die *Vorläufige Niedersächsische Verfassung* verabschiedete. Als *Landeswappen* gab sich Niedersachsen im Jahre 1952 das im roten Feld plazierte weiße Sachsenroß, das schon die früheren Welfenlande Hannover und Braunschweig in ihrem Wappen geführt hatten. Es steht nun als Symbol für die historische Wurzel und für die gemeinsame Geschichte dieses alten norddeutschen Gebietes, das den Namen Niedersachsen trägt.

2.12. Gebiets- und Verwaltungsreformen seit 1963

Notwendige Reformen aufgrund der Entwicklung zur modernen Industrie- und Dienstleistungsgesellschaft

Die tiefgreifenden Wandlungen in der Bevölkerungsentwicklung und -verteilung, in der Verkehrs- und Siedlungsstruktur und in der sich stark verändernden wirtschaftlichen Situation zwangen zur Rationalisierung und Zentralisierung auch auf den verschiedenen Ebenen der Verwaltung und der Gebietsgliederung. Mit den sich wandelnden Raumansprüchen und den gestiegenen Leistungsanforderungen an die kommunalen Gebietskörperschaften (Gemeinden, Landkreise, Kreisfreie Städte) wuchs die Notwendigkeit umfassender, landesweiter kommunaler Gebiets- und Verwaltungsreformen.

Der Großraum Hannover vor der Neugliederung 1970.

Nach der Verwaltungs- und Gebietsreform 1978.

Abb. 12: Neugliederung der Gemeinden und Landkreise in der Umgebung Hannovers 1970 - 1978. Aus 193 Gemeinden sind 21 geworden (n. Unterlagen d. Niedersächs. Landesverwaltungsamtes).

Abb. 13: Niedersachsen vor der Gebietsreform (Stand: 1970) (n. Verwaltungsgrenzenkarte des Landes Niedersachsen).

1963: "Großraum Hannover" als Verband von Großstadt und Umland

Beispielgebend für die Reformen wurde die Einrichtung des Verbandes "Großraum Hannover", der sich am 1.1.1963 unter Beteiligung der Stadt Hannover, der Altkreise Hannover, Burgdorf und Neustadt am Rübenberge, vier Gemeinden am Südufer des Steinhuder Meeres vom Altkreis Schaumburg-Lippe sowie der Stadt Springe zu einer regionalen Planungsbehörde zusammenschloß. Als Ziele setzte sich der Verband, die in diesem Raum unkontrolliert ablaufenden Entwicklungsprozesse zu steuern, Freiflächen zu erhalten, Freizeiteinrichtungen auszubauen, ein Verkehrsverbundsystem "Großraum-Verkehr Hannover" zu entwickeln und eine gemeinsame Wirtschaftsförderung zu betreiben. Seit 1974 entspricht dieser Raum, der mit rd.

2200 km^2 fast so groß ist wie das Saarland und nahezu 15 % der Bevölkerung Niedersachsens umfaßt, verwaltungsmäßig der Stadt und dem Landkreis Hannover (vgl. Abb.12 a und b). Aufgabe des Verbandes (seit 1.7.1980: "Zweckverband Großraum Hannover") ist es weiterhin, angesichts der stark zugenommenen Nutzungskonflikte durch Besiedlung, Verkehr, Wirtschaft, Rohstoffgewinnung, Erholung, Natur- und Landschaftsschutz innerhalb und im Umland der Landeshauptstadt Hannover eine optimale Raumordnung und -entwicklung zu betreiben, die allen Beteiligten zugute kommt.

Ähnliche Ziele wie der "Großraum Hannover" verfolgte der Zusammenschluß der südniedersächsischen Großstadt Göttingen mit mehreren Randgemeinden, die im Jahre 1964 durch das sogenannte "Göttingen-Gesetz" vollzogen wurde.

Abb. 14: Niedersachsen nach der Gebietsreform (Stand: 1990) (n. Verwaltungsgrenzenkarte des Landes Niedersachsen).

1963: Samtgemeindeordnung für den ländlichen Raum

Auch im ländlichen Raum wurde die Verwaltung reorganisiert. Unter dem Gesichtspunkt, die Verwaltung der bis dahin viel zu kleinen Kommunen leistungsfähiger und übersichtlicher zu gestalten, wurde am 27.6.1963 die Samtgemeindeordnung erlassen. Sie ermöglichte den freiwilligen Zusammenschluß von Gemeinden zu größeren Gemeindeverbänden (Samtgemeinden), von denen bis 1970 etwa 250 neu geschaffen wurden. Allerdings änderte sich nur wenig daran, daß auch weiterhin die sehr ungünstigen Größenverhältnisse der niedersächsischen Gemeinden bestehen blieben.

Entwicklungshindernisse durch starke Unterschiede zwischen den Gemeinden

1972 hatte von den 3958 niedersächsischen Gemeinden fast die Hälfte (1904) weniger als 500 Einwohner. Die kleinste Gemeinde (Liepehöfen im Landkreis Lüchow-Dannenberg) wies nur noch 3 Einwohner auf, wodurch sie lange Zeit den Rang der kleinsten Gemeinde in der Bundesrepublik innehatte und damit der einwohnerstärksten kreisangehörigen Gemeinde in Niedersachsen, der Stadt Nordhorn (Kreis Grafschaft Bentheim), die damals 45100 Einwohner zählte, im Verhältnis 1 : 15 000 gegenüberstand.

Flächenmäßig waren die räumlichen Unterschiede (Disparitäten) nicht weniger schwerwiegend: So lag das Verhältnis zwischen der flächenmäßig kleinsten Gemeinde Dornumersiel (0,1 km², Altkreis

Norden) und der größten Gemeinde Westerstede (179 km², Landkreis Ammerland) immerhin bei 1 : 8000.

Verwaltungs- und Gebietsreform von 1972 bis 1977. Ziel: gleichwertige Lebensbedingungen in Stadt und Land

Die oben genannten Zahlen unterstreichen die Dringlichkeit einer landesweiten Verwaltungs- und Gebietsreform, die dann in den Jahren von 1972 bis 1977 nach einem von Landtag und Landesregierung gebilligten Konzept durchgeführt wurde.

Unter der Leitvorstellung, die Lebensverhältnisse im ländlichen Raum zu verbessern und in Stadt und Land möglichst gleichwertige Lebensbedingungen zu schaffen, wie das nach dem Grundgesetz (GG, Artikel 20) und im Raumordnungsgesetz des Bundes (BROG § 2) angestrebt wird, wurde die Gemeinde- und Verwaltungsgliederung tiefgreifend umstrukturiert.

Die 1972 bestehenden 3958 Gemeinden wurden teilweise zusammengelegt bzw. neue geschaffen und dadurch die Zahl auf ein Viertel verringert (1017) und die Zahl der Verwaltungseinheiten (Einheitsgemeinden, Samtgemeinden) sogar noch weiter zurückgenommen (425), wodurch sich die meisten Gemeinden stark vergrößert haben (vgl. Abb.12, 13 u. 14).

Größere Gemeinden bzw. Verwaltungseinheiten versprachen drei Vorteile: Erstens ermöglichten sie eine den zeitgemäßen Ansprüchen gerecht werdende zentrale Ver- und Entsorgung (öffentliche Wasserversorgung, Schmutzwasserbeseitigung, Müllabfuhr), zweitens durch den Einsatz von hauptamtlichen, qualifizierten Arbeitskräften eine effektivere zentralisierte Gemeindeverwaltung, drittens einen Grundbestand an kulturellen, sozialen und Bildungseinrichtungen (z.B. Schulen mit Schulbusverkehr, Kindergärten, Büchereien etc.).

Als *Richtzahlen* für die neuen Gemeinden wurden von einer durch das niedersächsische Innenministerium 1965 berufenen Sachverständigenkommission 7000-8000 Einwohner, in den dünn besiedelten Regionen mindestens 5000 Einwohner vorgeschlagen, wobei als zumutbare Entfernung der Ortsteile von den kommunalen Einrichtungen und Verwaltungen ein Radius von 7-8 km möglichst nicht überschritten werden sollte. Als Vorbild dienten die aus alten Kirchspielen hervorgegangenen oldenburgischen Großgemeinden.

Um den Richtwert von etwa 30 000 Einwohnern für *Mittelzentren* zu erreichen, entstanden z.T. riesige Gemeindeflächen, insbesondere bei den ehemaligen Kreisstädten mit den ihnen zugefallenen Dörfern, wie z.B. bei der Stadt Neustadt a. Rbge., deren Flächengröße die mancher Landkreise in

den anderen Bundesländern und vieler deutscher Großstädte übertrifft (vgl. Tab.5).

Tab. 5: Die zehn flächengrößten niedersächsischen Gemeinden (ohne Samtgemeinden) 1990.

Rang	Gemeinde	Fläche (km²)	Einwohner
1.	*Neustadt a. Rübenberge,* Stadt (Landkr. Hannover)	357	39 217
2.	*Walsrode,* Stadt (Landkr. Soltau-Fallingb.)	271	22 523
3.	*Melle,* Stadt (Landkr. Osnabrück)	254	41 209
4.	*Friesoythe,* Stadt (Landkr. Cloppenburg)	246	17 037
5.	*Schneverdingen,* Stadt (Landkr. Soltau-Fallingb.)	235	15 774
6.	*Wittingen,* Stadt (Landkr. Gifhorn)	225	11 807
7.	*Wittmund,* Stadt (Landkr. Wittmund)	210	19 519
8.	*Haren* (Ems), Stadt (Landkr. Emsland)	209	18 758
9.	*Soltau,* Stadt (Landkr. Soltau-Fallingb.)	203	19 507
10.	*Aurich,* Stadt (Landkr. Aurich)	197	36 571

Quelle: Niedersächs. Landesamt für Statistik

Neugliederung der Landkreise nach Einwohnerzahl und Fläche

Parallel mit der Gemeindereform wurde auch eine Kreisneugliederung durchgeführt. Ein großer Teil der Altkreise erwies sich als zu klein, um die stark angewachsenen Planungs- und Verwaltungsaufgaben wirtschaftlich und sachgerecht bewältigen zu können. Drei Viertel (44) der 60 Landkreise hatten unter 100 000 Einwohner bei einem Verhältnis von 1 : 17 zwischen dem bevölkerungsmäßig kleinsten (Landkreis Blankenburg: 14 600 E.) und dem größten niedersächsischen Landkreis Hannover, der vor der Reform 250 000 Einwohner zählte.

Durch die Reformen wurde nun die Zahl der Landkreise, aber auch die der Kreisfreien Städte stark verringert. Von den ehemals 15 Kreisfreien Städten blieben nur 9 erhalten. 6 wurden in die sie umgebenden gleichnamigen Landkreise eingegliedert: Am 1.7.1972 die Stadt Goslar, am 1.1.1973 die Städte Celle und Hameln, am 1.3.1974 die Städte Hildesheim und Lüneburg und am 1.8.1977 die Stadt Cuxhaven.

Diese Städte sowie die Stadt Lingen erhielten den Status einer *Großen Selbständigen Stadt*. Göttingen hatte bereits 1964 einen Sonderstatus bekommen, der höher einzuordnen ist, als der einer Großen Selbständigen Stadt. Schließlich können noch Gemeinden, die über 20 000 Einwohner zählen, auf Antrag eine *Selbständige Gemeinde* werden. Davon haben bisher 36 niedersächsische Gemeinden Gebrauch gemacht. Sie nehmen Aufgaben des übertragenen Wirkungskreises wahr, die sonst von den Landkreisen erfüllt werden.

Von den 60 Landkreisen wurden 26 Altkreise für immer aufgelöst und ihre Verwaltungsbereiche anderen Kreisen zugeordnet oder durch Zusammenlegung sogar völlig neue Kreise geschaffen. Hierfür bietet der Landkreis Emsland, der aus den Altkreisen Aschendorf-Hümmling, Lingen und Meppen zusammengefaßt wurde, ein gutes Beispiel. Mit einer Fläche von fast 2900 km² ist er nicht nur der größte niedersächsische Landkreis, sondern er behauptet unter den bundesdeutschen Landkreisen die Spitzenposition und ist sogar etwas größer als das ganze Bundesland Saarland. Mit seiner Einwohnerzahl von rund 250 000 liegt er jedoch nur etwas über den Richtwerten, die bei der Kreisreform für die Einwohnerzahl mit 150 000 bis 200 000, für die Flächengröße mit 1000 bis 1500 km² festgelegt wurden. Zusammen mit den Landkreisen Hannover, Hildesheim, Osnabrück und Göttingen zählt er heute zu den annähernd optimalen Planungsräumen.

Daß bei der Realisierung der Reformen neben Planungsgesichtspunkten auch die Zustimmung der Bevölkerung nötig war, zeigt das Beispiel der Landkreise Friesland und Wittmund. Eine im Zuge der Verwaltungs- und Gebietsreform zum 1.8.1977 durchgeführte Auflösung des Kreises Wittmund zugunsten eines größeren Kreises Friesland mußte nach dem Protest der Bevölkerung durch einen Beschluß des Staatsgerichtshofes in Bückeburg vom 14.2.1979 wieder rückgängig gemacht werden, obwohl man damit deutlich von den Ansprüchen und Zielen des Reformkonzeptes abrückte. Mit rd. 52 000 Einwohnern (1990) liegt der Landkreis Wittmund heute vor dem Landkreis Lüchow-Dannenberg (48 000 E.) auf dem vorletzten Platz unter den 38 niedersächsischen Landkreisen, der Fläche nach (656 km²) vor den Landkreisen Peine (540 km²) und Friesland (607 km²) an drittletzter Stelle.

Tab. 6: Anzahl der Bezirke, Kreise und Gemeinden sowie Gemeindegrößenklassen 1960, 1975 und 1990.

	1960	1975	1990
Regierungs- und Verwaltungsbezirke	8	8	4
Kreisfreie Städte	16	10	9
Landkreise	60	48	38
Verwaltungseinheiten[1]	4236	427	428
Gemeinden[2] mit Einwohnern	4270	1035	1031
unter 2000	3783	564	549
2000 bis unter 5000	316	185	183
5000 bis unter 10000	99	117	122
10000 bis unter 100000	66	160	169
100000 und mehr	6	9	8

[1] (Einheits-)Gemeinden, Samtgemeinden, gemeindefreie Gebiete
[2] einschl. bewohnter gemeindefreier Gebiete

Quelle: Niedersächs. Landesamt für Statistik

Insgesamt haben derzeit immerhin noch 16 Landkreise eine Flächengröße von unter 1000 km², und 12 Landkreise haben unter 100 000 Einwohner und bleiben damit deutlich unter den Richtwerten der Kreisreform.

1977/78: Bezirksreform als Schlußstein der jüngsten Verwaltungs- und Gebietsreform

Bleibt noch die große niedersächsische Bezirksreform der Jahre 1977 und 1978 zu erwähnen. Damals wurden die alten Regierungsbezirke (Aurich, Osnabrück, Stade, Lüneburg, Hannover und Hildesheim) sowie die beiden Verwaltungsbezirke Oldenburg und Braunschweig aufgelöst und zu 4 neuen Regierungsbezirken zusammengelegt. Der Zweck dieser Reform bestand primär darin, leistungsfähigere Gebietseinheiten auf der mittleren Verwaltungsebene zu schaffen (vgl. Abb. 13 u. 14 u. Abschnitt C. "Heutige Verwaltungsgliederung").

Foto 1: **Das Leineschloß in Hannover, Sitz des Niedersächsischen Landtages.** 1636-40 anstelle eines Minoritenklosters als Schloß für Herzog Georg von Calenberg erbaut. 1817-42 im klassizistischen Stil von Laves umgebaut, wobei der Portikus mit englischem Königswappen als neuer Eingang erstand. 1943 durch Bomben zerstört, 1956-62 Wiederaufbau. Aufn.: Hoffmann, Landeshauptstadt Hannover.

C. HEUTIGE VERWALTUNGSGLIEDERUNG

1. Grundlagen der Staatsgewalt (Landesverfassung)

Niedersachsen ist ein Gliedstaat der föderativ organisierten Bundesrepublik Deutschland. Nach Artikel 28 des Grundgesetzes muß die verfassungsmäßige Ordnung in den Ländern den Grundsätzen des republikanischen, demokratischen und sozialen Rechtsstaates entsprechen.

Dieses Verpflichtung hat das Land durch die *"Vorläufige Niedersächsische Verfassung"* (VNV) umgesetzt, die am 1.5.1951 in Kraft trat und in ihren wesentlichen Zügen noch heute gilt. Von besonderer Bedeutung ist das Prinzip der Gewaltenteilung nach Art. 2 Abs. 1 VNV: *"Alle Staatsgewalt geht vom Volke aus. Sie wird vom Volke in Wahlen und durch besondere Organe der Gesetzgebung, der vollziehenden Gewalt und der Rechtsprechung ausgeübt".* Die *Gesetzgebung* obliegt der Volksvertretung (= Landtag), die *Verwaltung* dagegen der Landesregierung und den ihr unterstellten Behörden, die *Rechtssprechung* unabhängigen und nur dem Gesetz unterworfenen Richtern.

2. Der Landtag als Volksvertretung

Der Landtag wird in der Regel aus 155 Abgeordneten gebildet, deren Zahl sich allerdings durch so-genannte Überhang- und Ausgleichsmandate etwas erhöhen kann (1982: 171 Sitze, 1986 und 1990: 155 Sitze).[1] Die Abgeordneten des Landtages werden vom Volke in allgemeiner, unmittelbarer, freier, gleicher und geheimer Wahl gewählt. Ihre Wahlperiode beträgt 4 Jahre. Den Vorsitz führt der aus ihrer Mitte gewählte *Landtagspräsident,* der zusammen mit den ebenfalls vom Landtag gewählten Stellvertretern und den Schriftführern das Präsidium bildet.

Die Aufgaben des Landtages liegen, neben seiner wichtigen Funktion als gesetzgebendes Organ, in der Wahl des Ministerpräsidenten sowie in der Bestätigung und Überwachung der Landesregierung. Der Landtag hat seinen Sitz im Leineschloß, der ehemaligen Residenz der Welfenkönige in Hannover.

Auch die Mitglieder des obersten Landesgerichts, des *Niedersächsischen Staatsgerichtshofes,* wer-

---

[1] Derartige zusätzliche Mandate sind notwendig, wenn durch das Mehrheitswahlrecht in den Wahlkreisen die Zahl der von einer Partei erreichten Sitze größer ist als ihr anteilig an der Gesamtzahl der im Lande abgegebenen Stimmen zustehen. Solche Überhangmandate werden durch die gleiche Anzahl von Ausgleichsmandaten, die dann den anderen Parteien zugute kommen, erhöht, so daß Stimmenanteil und Sitzanteil der im Landtag vertretenen Parteien wieder in Einklang gebracht sind.

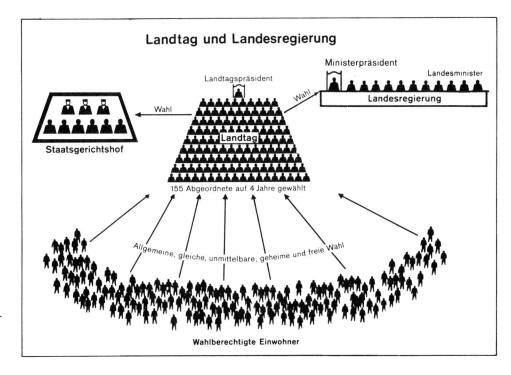

Abb. 15: Landtag und Landesregierung (n. Das Bundesland Niedersachsen 1980, verändert).

den durch den Landtag gewählt. Der Staatsgerichtshof ist als Hüter der Landesverfassung damit beauftragt, die Übereinstimmung von Landesrecht mit der Verfassung zu überprüfen und im Falle von Streitigkeiten über deren Auslegung eine Entscheidung zu treffen. Ferner entscheidet der Staatsgerichtshof über angefochtene Beschlüsse des Landtages, über Zuständigkeiten eines obersten Landesorgans sowie über Anklagen gegen Abgeordnete oder gegen Minister der Landesregierung.

Der Sitz des Niedersächsischen Staatsgerichtshofes ist die ehemalige schaumburg-lippische Residenz Bückeburg.

3. Die Landesregierung

Die vollziehende Gewalt liegt in den Händen der Landesregierung. Sie setzt sich zusammen aus den Ministern und dem Ministerpräsidenten. Der *Ministerpräsident* wird vom Landtag mit der Mehrheit der Abgeordneten über eine Legislaturperiode von 4 Jahren gewählt. Ihm untersteht als oberste Landesbehörde die *Staatskanzlei*. Der Ministerpräsident bestimmt und verantwortet die Richtlinien der

Politik und beruft die Minister, die wiederum ihren Geschäftsbereich, ihr "Ressort", selbständig und in eigener Verantwortung leiten.

Für Aufgaben, die weder dem Ministerpräsidenten noch den Ministern allein zukommen, sondern der gesamten Landesregierung, ist das *Landesministerium* (Kabinett) zuständig. Es berät und beschließt z.B. über einzubringende Gesetzesvorlagen, über die Abgrenzung von Geschäftsbereichen und über wichtige Personalien, insbesondere auch über die Bestellung von Vertretern und über die Stimmabgabe im Bundesrat.

Insgesamt gibt es *neben der Staatskanzlei 11 Ministerien:* Das Innenministerium, das Finanzministerium, das Sozialministerium, das Kultusministerium, das Ministerium für Wissenschaft und Kultur, das Ministerium für Wirtschaft, Technologie und Verkehr, das Ministerium für Ernährung, Landwirtschaft und Forsten, das Justizministerium, das Ministerium für Bundes- und Europaangelegenheiten, das Umweltministerium und das Frauenministerium. Die Aufgabe der Ministerien besteht darin, Grundsatzangelegenheiten (Richtliniensetzung, Lenkungsaufgaben) sowie landesweite Planungsaufgaben nach den vom Ministerpräsidenten auf-

Tab. 7: Aufgabenbereiche der niedersächsischen Ministerien
(angegeben sind in der Regel die Bezeichnungen der in dem jeweiligen Ministerium vorhandenen Abteilungen).

Ministerpräsident
Staatskanzlei
- Richtlinien der Politik, Ressortkoordination
- Recht, Verwaltung, Medien
- Planungsstab
- Presse- und Informationsstelle der Landesregierung

1. Innenministerium
- Allgemeine Angelegenheiten
- Öffentliche Sicherheit und Ordnung
- Kommunalangelegenheiten
- Verfassungsschutz
- Verwaltung
- Raumbezogene Aufgaben, Statistik, Zentrale Stelle für Organisationsangelegenheiten

2. Finanzministerium
- Haushalt und Finanzplanung
- Vermögen und Finanzierung
- Steuern
- Steuerverwaltung, Kassenverwaltung
- Grundsatzfragen der Finanz-, Steuer-, Beteiligungs- und Personalpolitik
- Staatlicher Hochbau

3. Sozialministerium
- Allgemeine Verwaltung, Personal, Haushalt
- Sozialhilfe, Wohlfahrtspflege, Rehabilitation, Kriegsopferversorgung
- Sozialversicherung, Arbeitsgerichtsbarkeit, Arbeit, Arbeitsschutz
- Bau- und Bodenrecht, Städtebau, Wohnungswesen, Bauaufsicht
- Gesundheit

4. Kultusministerium
- Allgemeine Verwaltung
- Schulformübergreifende Angelegenheiten
- Allgemeinbildende Schulen
- Berufliche Bildung
- Jugend, Sport, Schülerbeförderung, neue Technologien, Lehrerfort- und Weiterbildung

5. Ministerium für Wissenschaft und Kultur
- Allgemeine Verwaltung, öffentliches Dienstrecht, Haushalt
- Grundsatzangelegenheiten des Hochschulwesens, Hochschulplanung, Hochschulrecht, Ausbildungsförderung
- Hochschulverwaltung, Forschungsförderung
- Kunst, Kultur- und Denkmalpflege, Weiterbildung, Bibliotheken, Stiftungen

6. Ministerium für Wirtschaft, Technologie und Verkehr
- Verwaltung und Grundsatzfragen
- Wirtschafts- und Strukturpolitik, Technologie
- Wirtschaftsordnung
- Verkehr
- Staatlicher Straßenbau
- Mittelstand

7. Ministerium für Ernährung, Landwirtschaft und Forsten
- Verwaltung, Veterinärwesen, Lebensmittelüberwachung
- Landwirtschaft und Ernährung
- Agrarstruktur und Liegenschaften
- Forsten, Holzwirtschaft

8. Justizministerium
- Personal-, Haushalts- und Justizverwaltungsangelegenheiten
- Zivilrecht, Öffentliches Recht, Aus- und Fortbildung
- Strafrecht und Strafverfahren
- Justizvollzug und Forschung

9. Ministerium für Bundes- und Europaangelegenheiten
- Zentrale Aufgaben
- Europaangelegenheiten, Internationale Zusammenarbeit
- Aussiedler, ausländ. Flüchtlinge, Büro der Ausländerbeauftragten, Lastenausgleich
- Vertretung des Landes Niedersachsen beim Bund in Bonn

10. Umweltministerium
- Grundsatzfragen der Umweltpolitik, Ökologie, Ressourcenhaushalt und Umwelttechnik
- Wasserwirtschaft, Abfallwirtschaft
- Gewerbeaufsicht
- Immissionsschutz
- Chemikalien
- Kernenergie, Strahlenschutz
- Naturschutz

11. Frauenministerium
- Frauenangelegenheiten
- Familienpolitik
- Jugendschutz

Quelle: Niedersächs. Innenministerium 1991

Abb. 16: Verwaltungsaufbau (n. Das Bundesland Niedersachsen 1980, verändert).

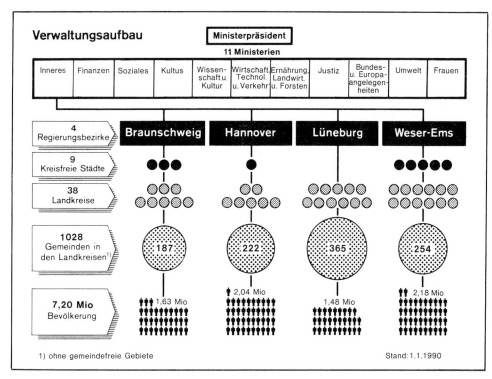

gestellten Richtlinien zu regeln. Die einzelnen Aufgabenbereiche der niedersächsischen Ministerien sind in Tab.7 aufgelistet.

Im Stufenbau der Landesverwaltung gehören die Behörden des Ministerpräsidenten (Staatskanzlei), der 11 Ministerien und des Landtagspräsidenten (Landtagsverwaltung) sowie der Landesrechnungshof zur *Stufe der obersten Landesbehörden.*

Der *Landesrechnungshof* überwacht und prüft die Haushalts- und Wirtschaftsführung des Landes; er hat eine beratende Funktion für Landtag und Landesregierung. Außerdem erstellt der Landesrechnungshof Gutachten und gibt nach der jährlichen Haushaltsprüfung Bemerkungen und eine Denkschrift heraus. Sitz des Landesrechnungshofes ist Hildesheim.

Den *Ministerien unterstellt* befinden sich auf der *Mittelstufe* der Verwaltung die vier Bezirksregierungen sowie verschiedene Behörden, die landesweite Entscheidungsbefugnisse haben. Als Sonderbehörden sind zu nennen: in Hannover das Landesverwaltungsamt, das Landesamt für Statistik, das Landesamt für Straßenbau, die Oberfinanzdirektion, das Landeskriminalamt, das Landesversorgungsamt, das Landesamt für Immissionsschutz, die Klosterkammer Hannover; in Celle das Justizvollzugsamt; in Hildesheim das Landessozialamt und das Landesamt für Wasser und Abfall; in Clausthal-Zellerfeld das Oberbergamt.

Auf der *Unterstufe* oder auch *Ortsstufe* sind Sonderbehörden mit regionalen bzw. lokalen Aufga-

benbereichen angesiedelt. Diese erstinstanzlichen Verwaltungsaufgaben werden wahrgenommen z.B. von Finanzämtern, Katasterämtern, Eichämtern, Schulaufsichtsämtern, Ämtern für Agrarstruktur, Ämtern für Wasser und Abfall oder Bergämtern.

4. Bezirksregierungen

Die Verwaltung der Mittelstufe wird vor allem durch die 4 Bezirksregierungen getragen, deren Einrichtung 1977/78 (vordem 8 Bezirksregierungen) den räumlichen Gegebenheiten eines Flächenstaates wie Niedersachsen Rechnung tragen sollte. In den Bezirksregierungen, die jeweils in 6 Abteilungen mit rund 50 Dezernaten gegliedert sind, werden alle Aufgaben der Landesverwaltung zusammengefaßt. Sie werden unter der Leitung eines *Regierungspräsidenten,* der Vertreter der Landesregierung ist, durchgeführt.

Alle niedersächsischen Regierungsbezirke sind flächengrößer als die Bundesländer Bremen, Hamburg, Berlin oder das Saarland. Der Regierungsbezirk Lüneburg erreicht fast die Flächengröße der Länder Schleswig-Holstein, Thüringen oder Rheinland-Pfalz.

Die 4 Regierungsbezirke in der Rangfolge ihrer Flächengröße sind: Lüneburg (15 340 km²), Weser-Ems (mit Sitz in Oldenburg, 14 949 km²), Hannover (9041 km²), Braunschweig (8094 km²). Bezogen auf ihre Bevölkerungszahl ist die Rangfolge: Weser-Ems (2,12 Mio.), Hannover (2,02 Mio.), Braunschweig (1,60 Mio.) und Lüneburg (1,47 Mio.) (Stand 1986, vgl. Abb. 16).

5. Landkreise und Kreisfreie Städte

Die Verwaltung auf der unteren bzw. Ortsebene obliegt den kommunalen Selbstverwaltungskörperschaften, von denen Landkreise und Gemeinden Gebietskörperschaften sind. § 1 der Niedersächsischen Landkreisordnung (NLO) lautet: "Die *Landkreise* sind Gemeindeverbände und Gebietskörperschaften, die ihre Angelegenheiten im Rahmen der Gesetze durch ihre Organe in eigener Verantwortung verwalten". Ebenso wie auf der Gemeindeebene wirken gewählte Vertreter des Volkes an der Verwaltung mit.

Im § 2 NLO sind die allgemeinen *Aufgaben der Landkreise* bestimmt: "Die Landkreise sind, soweit nichts anderes bestimmt ist, in ihrem Gebiet die Träger der öffentlichen Aufgaben, die von überörtlicher Bedeutung sind oder deren zweckmäßige Erfüllung die Verwaltungs- oder Finanzkraft der kreisangehörigen Gemeinden übersteigt. Sie fördern die Gemeinden bei der Erfüllung ihrer Aufgaben und vermitteln einen angemessenen Ausgleich der gemeindlichen Lasten". Daneben nehmen Landkreise und Kreisfreie Städte, in eingeschränktem Umfang auch die Großen Selbständigen Städte und die Selbständigen Gemeinden (36), die Aufgaben der unteren Verwaltungsbehörde des Staates in der allgemeinen Verwaltung - als sog. Auftragsangelegenheiten - weisungsgebunden wahr.

Die obersten Organe der Kommunalen Selbstverwaltung sind im Landkreis der Kreistag, in der Gemeinde der Rat. Ihre Mitglieder, die Kreistagsabgeordneten bzw. die Ratsherren, werden im Rahmen der Kommunalwahlen von den wahlberechtigten Einwohnern für jeweils 5 Jahre gewählt und wählen selbst wiederum aus ihrer Mitte den *Landrat,* in Kreisfreien und Großen Selbständigen Städten den *Oberbürgermeister* zum Vorsitzenden. Der Landrat ist kraft Amtes Vorsitzender des Kreisausschusses, der Oberbürgermeister Vorsitzender des Verwaltungsausschusses.

Der Kreisausschuß bzw. Verwaltungsausschuß sind wichtige Entscheidungsorgane. Sie werden von Kreistag bzw. Rat aus ihrer Mitte gebildet. Sie entscheiden über Angelegenheiten, für die nicht die Beschlußfassung des Kreistages bzw. des Rates notwendig oder - vor allem in den laufenden Verwaltungsgeschäften - der Oberkreisdirektor bzw. Oberstadtdirektor zuständig sind. Der *Oberkreisdirektor* in den Landkreisen, in Kreisfreien und Großen Selbständigen Städten der *Oberstadtdirektor* sind ebenfalls dem Verwaltungsausschuß zugehörig, als Leiter der Verwaltung und Wahlbeamte (für regelmäßig 12 Jahre) allerdings nur mit beratender Stimme. OKD und OStD haben Organstellung. Ihre wichtigste Aufgabe besteht in der Leitung der Verwaltungsgeschäfte, in deren Rahmen sie Beschlüsse der anderen Organe vorzubereiten und auszuführen haben.

Nach der Verwaltungs- und Gebietsreform hat Niedersachsen 38 Landkreise, die sich auf die Regierungsbezirke wie folgt aufteilen: Braunschweig 8, Hannover 7, Lüneburg 11, Weser-Ems 12. Der flächengrößte niedersächsische Landkreis Emsland ist größer als das Bundesland Saarland.

Abb. 17: Landkreise, Kreisfreie Städte und Regierungsbezirke 1990 (n. Niedersächs. Landesamt für Statistik).

Tab. 8: Die Landkreise und Kreisfreien Städte in Niedersachsen geordnet nach Rangfolge auf der Basis der Flächengröße (1), Flächengröße in km² (2), Einwohnerzahl (3), Rangfolge nach Einwohnerzahl (4) und Bevölkerungsdichte (5) (Stand: 1990).

Landkreis bzw. Kreisfreie Stadt Rangfolge n. Flächengröße 1	Flächengröße in km² 2	Einwohnerzahl 3	Rangfolge n. Einwohnerzahl 4	Bevölkerungsdichte in Einw./km² 5
1. Emsland	2 880	261 654	5.	91
2. Osnabrück, Ldkr.	2 121	307 536	3.	145
3. Hannover, Ldkr.	2 086	559 492	1.	268
4. Cuxhaven	2 072	191 106	9.	92
5. Rotenburg (Wümme)	2 070	140 487	21.	68
6. Diepholz	1 987	186 924	10.	94
7. Soltau-Fallingbostel	1 873	125 372	25.	67
8. Gifhorn	1 561	137 886	22.	88
9. Celle	1 544	168 950	12.	109
10. Uelzen	1 453	92 938	39.	64
11. Cloppenburg	1 417	118 959	27.	84
12. Nienburg (Weser)	1 398	115 805	31.	83
13. Aurich	1 283	169 710	11.	132
14. Northeim	1 266	150 059	18.	118
15. Stade	1 266	168 215	13.	133
16. Harburg	1 244	196 168	8.	158
17. Lüchow-Dannenberg	1 220	48 739	47.	40
18. Hildesheim	1 205	283 905	4.	236
19. Göttingen	1 117	256 723	7.	230
20. Leer	1 086	144 804	19.	133
21. Lüneburg	1 070	136 116	23.	127
22. Oldenburg (Oldb.), Ldkr.	1 063	102 658	34.	97
23. Grafschaft Bentheim	980	118 722	28.	121
24. Goslar	965	160 830	15.	167
25. Wesermarsch	822	90 047	41.	110
26. Vechta	812	104 678	33.	129
27. Hameln-Pyrmont	796	157 947	16.	198
28. Verden	788	116 468	30.	148
29. Ammerland	728	95 654	36.	131
30. Wolfenbüttel	722	117 392	29.	163
31. Holzminden	692	80 897	43.	117
32. Schaumburg	676	153 788	17.	228
33. Helmstedt	674	99 612	35.	148
34. Wittmund	656	52 935	45.	81
35. Osterholz	651	95 612	37.	147
36. Osterode am Harz	637	89 193	42.	140
37. Friesland	608	93 947	38.	155
38. Peine	534	119 522	26.	224
39. Salzgitter, Stadt	224	113 625	32.	507
40. Wolfsburg, Stadt	204	127 646	24.	626
41. Hannover, Stadt	204	509 834	2.	2 500
42. Braunschweig, Stadt	192	257 627	6.	1 341
43. Osnabrück, Stadt	120	161 192	14.	1 346
44. Emden, Stadt	112	50 393	46.	448
45. Wilhelmshaven, Stadt	103	90 241	40.	873
46. Oldenburg (Oldb.), Stadt	103	142 938	20.	1 388
47. Delmenhorst, Stadt	62	74 991	44.	1 203

Quelle: Niedersächs. Landesamt für Statistik

Die 9 Kreisfreien Städte Niedersachsens sind: Im Regierungsbezirk Braunschweig Wolfsburg, Salzgitter und Braunschweig, im Regierungsbezirk Hannover die Landeshauptstadt Hannover, im Regierungsbezirk Weser-Ems Delmenhorst, Emden, Oldenburg (Oldb.), Osnabrück und Wilhelmshaven (vgl. Abb.14). Im größten niedersächsischen Regierungsbezirk Lüneburg gibt es keine Kreisfreie Stadt. Einen der Kreisfreien Stadt angenäherten Sonderstatus hat die Stadt Göttingen.

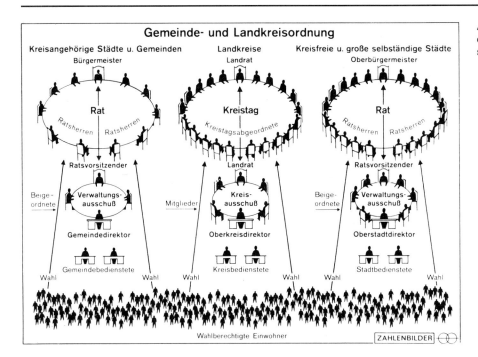

Abb. 18: Gemeinde- und Landkreis-ordnung (n. Das Bundesland Niedersachsen 1980).

6. Samtgemeinden und Gemeinden

Die Stufung der Verwaltungsgliederung endet schließlich bei den Samtgemeinden und Gemeinden, die als kleinste Körperschaften die unmittelbaren Eigenheiten eines bestimmten Gebietes repräsentieren. Dies bewirkt auch ihre grundlegende politische und demokratische Bedeutung, wie sie in § 1 der Niedersächsischen Gemeindeordnung (NGO) zum Ausdruck gebracht wird: "Die Gemeinde ist die Grundlage des demokratischen Staates. Sie verwaltet in eigener Verantwortung ihre Angelegenheiten im Rahmen der Gesetze mit dem Ziel, das Wohl ihrer Einwohner zu fördern" (= Kommunale Selbstverwaltung). Zu den Aufgaben der Gemeinden heißt es in § 2 NGO: "Sie stellen in den Grenzen ihrer Leistungsfähigkeit die für ihre Einwohner erforderlichen sozialen, kulturellen und wirtschaftlichen öffentlichen Einrichtungen bereit". Sofern ihre Leistungsfähigkeit (Verwaltungs- und Finanzkraft) überschritten wird, treten hierfür die Landkreise, denen alle Gemeinden zugeordnet sind, ein.

Die Organisation der Kommunalen Selbstverwaltung in Samtgemeinden und Gemeinden entspricht in ihrem Aufbau und Wirken jener der Landkreise und Kreisfreien Städte. Die wahlberechtigten Einwohner wählen für 5 Jahre den Rat der Gemeinde. Die Ratsmitglieder wählen aus ihrer Mitte den *Bürgermeister,* der zugleich Ratsvorsitzender und Vorsitzender im Verwaltungsausschuß ist. Dieser besteht weiter aus den Beigeordneten und dem *Gemeindedirektor,* dem die Leitung der Verwaltung und damit auch die Ausführung der in Rat und Verwaltungsausschuß gefaßten Beschlüsse

obliegt, der aber auch die Beschlüsse des Verwaltungsausschusses vorbereitet. Der Gemeindedirektor wird vom Rat in der Regel für eine 12jährige Amtsperiode als Beamter auf Zeit gewählt (vgl. Abb.18).

Im Zuge der Verwaltungs- und Gebietsreform der 70er Jahre entstanden im ländlichen Raum 142 Samtgemeinden mit 744 Mitgliedsgemeinden. In den *Samtgemeinden* als einem verbandsmäßigen Zusammenschluß rechtlich selbständig bleibender Mitgliedsgemeinden werden bestimmte Aufgaben der Mitgliedsgemeinden und die den Gemeinden obliegenden staatlichen Aufgaben, die sog. Aufgaben des übertragenen Wirkungskreises, wahrgenommen.

Aus den rund 4000 ehemals selbständigen Gemeinden sind durch die Gebietsreform von 1972 bis 1974 neben den 142 Samtgemeinden und 744 Mitgliedsgemeinden 284 *Einheitsgemeinden* hervorgegangen. Sie haben eine einheitliche Verwaltung. In Hannover und Braunschweig müssen, in den anderen Großstädten können Stadtbezirke, in allen anderen Einheitsgemeinden Ortschaften eingerichtet werden. In ihnen werden als Bürgervertretungen Stadtbezirksräte bzw. Ortsräte gewählt, in kleinen Ortschaften gibt es dagegen nur einen Ortsvorsteher.

Die Zahl der niedersächsischen Gemeinden (ohne Samtgemeinden), einschließlich der Kreisfreien Städte (9) und der Großen Selbständigen Städte (7), beträgt 1028. Sie verteilen sich auf die Regierungsbezirke Lüneburg: 365, Weser-Ems: 254, Hannover: 222 und Braunschweig: 187 (vgl. Abb. 16).

D. NATURRÄUMLICHE GRUNDLAGEN

1. Niedersächsische Landschaften

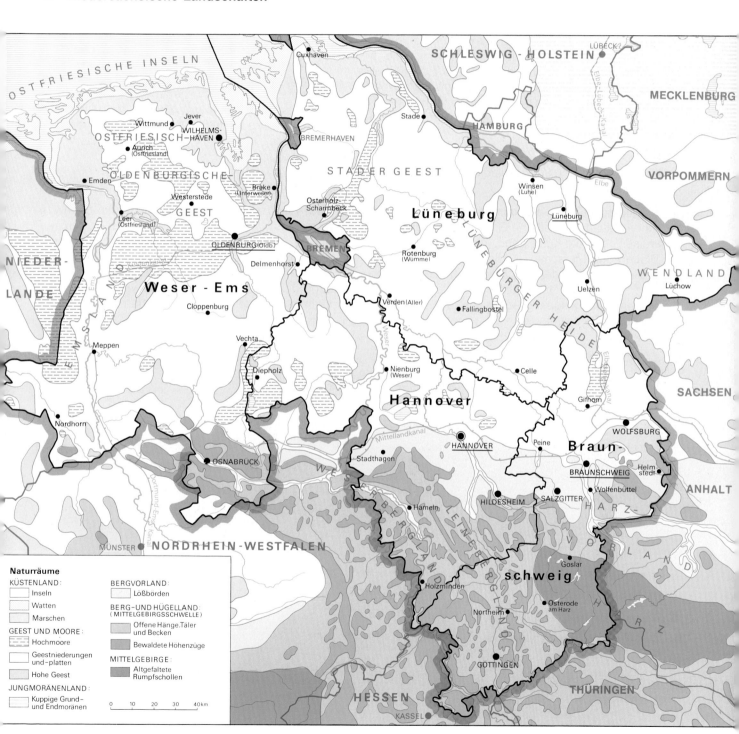

Abb. 19: Naturräume in Niedersachsen (n. SEEDORF & MEYER 1982).

1.1. Einführung und Überblick

Naturlandschaften

Landschaften sind, wenn man sie im Sinne von Naturräumen oder Naturlandschaften versteht, Ausschnitte der Erdoberfläche, die sich anhand ihrer natürlichen Landschaftselemente (Geofaktoren), wie Gesteine, Boden, Klima, Wasserhaushalt und Vegetation, als Räume weitgehend einheitlicher Ausstattung und Entstehung ausweisen. Naturlandschaften sind folglich vielschichtige, aber auch in Raum und Zeit veränderliche Gebilde. Sie sind das Ergebnis einer sich nach vielen Jahrtausenden und Jahrmillionen bemessenden erdgeschichtlichen Entwicklung (vgl. Kap. 2 "Geologie" und Kap. 8 "Pflanzendecke").

Fünf Großlandschaften - Vielfalt wie in keinem anderen Bundesland

Niedersachsen hat, wie kein anderes Bundesland, fünf recht unterschiedliche Großlandschaften aufzuweisen: 1. das *Küstenland,* gegliedert in Inseln, Watten und Marschen, 2. die *Geest* (Altmoränengebiet) mit ausgedehnten *Mooren,* 3. das Bergvorland, auch "*Lößbörden*" genannt, 4. das *Berg- und Hügelland* (Mittelgebirgsschwelle) und 5. den *Harz* als echtes Mittelgebirge.

Eingriffe des Menschen seit vier- bis fünftausend Jahren

In den letzten vier- bis fünftausend Jahren sind neben den Naturfaktoren zunehmend die Eingriffe des Menschen im Naturraum wirksam gewesen. Die Rodung und die Auflichtung der natürlichen Wälder, die Gründung und das Wachstum der Siedlungen, die Ausweitung der Landwirtschaft, das Aufkommen der Forstwirtschaft, die Industrialisierung und der Ausbau der Verkehrswege haben die *Naturlandschaften* aufgezehrt und aus ihnen *Kulturlandschaften* werden lassen. Reine Naturlandschaften sind in Niedersachsen nur noch an sehr wenigen Stellen im Watt, auf den Inseln und in den Mooren zu finden. Alle anderen Landschaften hat der Mensch in irgendeiner Weise beeinflußt und umgeformt.

Niedersachsen, ein Tieflandstaat

Das Küstenland, die Geest und das lößbedeckte Bergvorland gehören dem Tiefland an, das an keiner Stelle über 200 m Meereshöhe hinausreicht, jedoch nicht überall Flachland oder gar Tiefebene ist, wie man häufig lesen kann. Die Endmoränenzüge der Eiszeiten und auch die wenigen Festgesteinsrücken des Tieflandes haben ein bewegtes Relief.

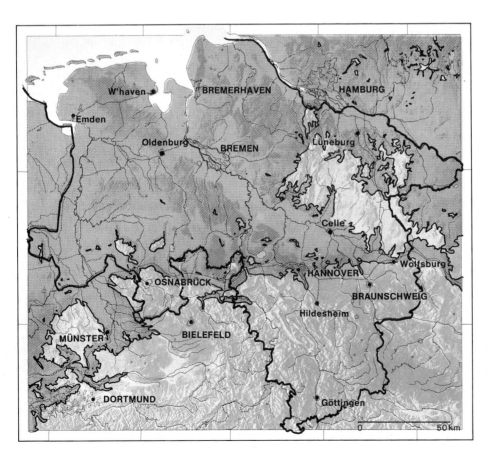

Abb. 20: Gebiete unter + 60 m NN, die bei einem Abschmelzen des antarktischen und grönländischen Eises überflutet würden (Umzeichnung n. Höhenschichtenkarte d. Niedersächs. Landesverwaltungsamtes - Landesvermessung -).

Die Kette der Ostfriesischen Inseln mit Spiekeroog, Langeoog, Baltrum und Norderney. 5 - 20 Kilometer vom Festland entfernt liegen die 7 Ostfriesischen Düneninseln, die ihre Entstehung den Gezeitenströmungen, der Brandung und dem Wind verdanken. In ihrem Schutz erstreckt sich bis zum links erkennbaren Festland das Watt. Aufn.: Nds. Landesverwaltungsamt - Landesmedienstelle.

Seeseite der Insel Wangerooge. Das Meer, breite, mit Strandkörben besetzte Sandstrände, hohe Dünenketten, in deren Schutz Häuser und kleine Inselwälder liegen, die Wiesen und Weiden der Inselmarsch und im Süden die zweimal täglich trockenfallenden Watten schaffen eine landschaftliche Vielfalt, die Grundlage eines regen Fremdenverkehrs, aber auch des Nationalparks Niedersächsisches Wattenmeer ist. Aufn.: Nds. Landesverwaltungsamt - Landesmedienstelle.

Sandwatt vor Norderney mit Rippelmarken und Pierwurmhaufen. Die Watten sind "amphibische" Schlick- und Sandflächen, die zweimal am Tag überflutet werden und wieder trockenfallen. Sie gehören mit ihrer ungewöhnlich großen Tierarten- und Individuenfülle zu den letzten noch weitgehend natürlichen Landschaften (Nationalpark Niedersächsisches Wattenmeer). Aufn.: Seedorf.

Alte Marsch im Jeverland bei Mederns Altendeich. Die nahezu waldlosen Marschen sind der wichtigste Landschaftstyp des Küstenlandes. Die tiefliegende Alte Marsch wird überwiegend als Grünland für die Milchvieh- und Bullenhaltung genutzt. Die von den heftigen Seewinden geschorenen Bäume und die von tief hinabgezogenen Dächern geschützten Gulfhäuser sind typisch für den friesischen Bereich. Aufn.: Seedorf.

Restheidefläche bei Amelinghausen (Ldkrs. Lüneburg). Noch vor rd. 200 Jahren wurden die Sandböden der Geest von riesigen Heideflächen eingenommen, die im Rahmen der Heidebauernwirtschaft für Schafweide, Buchweizenbrandbau, Plaggendüngergewinnung und andere Zwecke genutzt wurden. Nach der Einstellung der alten Nutzungsformen müssen die wenigen noch verbliebenen Heideflächen durch Schafweide künstlich offengehalten werden, weil sie sonst wieder verbuschen und verwalden. Aufn.: Seedorf.

Heidepodsolboden auf der Stader Geest bei Sittensen (Ldkr. Rotenburg). Podsolböden sind bezeichnend für die Sandgeest. Durch die jahrhundertelange Verheidung sind sie tiefgründig versauert und von den hohen Niederschlägen ausgewaschen und ausgebleicht. Der so hervorgerufene Nährstoffmangel, das geringe Wasserhaltevermögen und der schwer zu durchdringende Ortstein haben die Inkulturnahme dieser Böden vielfach verhindert. Aufn.: Seedorf.

Huntetal im Naturpark Wildeshauser Geest (Ldkr. Oldenburg). Die Hunte schlängelt sich mit großen Windungen in einem breiten, von Dünen gesäumten Tal durch die flachwellige Geest, die mit ihrem abwechselungsreichen Mosaik aus Wäldern, Acker- und Wiesenflächen zu den bevorzugten Naherholungsräumen in der Umgebung Bremens gehört. Aufn.: Nds. Landesverwaltungsamt - Landesmedienstelle.

Kiefernforsten in der Lüneburger Heide (Ldkr. Harburg). Mit dem Aufhören der Schafhaltung und Plaggendüngung sind die schlechtesten Böden der ehemaligen Heideflächen mit schnellwüchsigen und anspruchslosen Kiefern aufgeforstet worden, die als Monokulturen wegen ihrer Windbruch- und Waldbrandgefahr Probleme bereiten und heute zunehmend durch Mischwälder ersetzt werden. Das Bild zeigt den Staatsforst Rosengarten in den Schwarzen Bergen bei Harburg. Aufn.: Seedorf.

Wachsendes Hochmoor mit Bulten und Schlenken bei Neuenburg (Ldkr. Friesland). Reichliche Niederschläge und eine hohe Luft-feuchtigkeit haben im küstennahen Tiefland weitflächige und baumlose Hochmoore aufwachsen lassen. Heute befindet sich nur noch ein sehr geringer Teil in einem naturnahen Zustand, wie ihn das Bild zeigt, auf dem noch trockenere, mit Wollgras und Heidegewächsen be-standene Bulten und wassererfüllte Schlenken mit wachsenden Torfmoosen wechseln (vgl. Abb.185). Aufn.: J. Tüxen.

Fehnsiedlung Westerhauderfehn (Ldkr. Leer). Die nährstoffarmen Hochmoore sind erst spät besiedelt und kultiviert worden. In Ostfries-land und dem Emsland entstanden seit dem 17. Jahrhundert auf der Basis des Torfverkaufs entlang von Moorkanälen Reihensiedlungen mit langen und schmalen, weit in das Moor hineinreichenden Hufen von oft nur 2-4 ha Größe. Heute wohnen hier vor allem Arbeitspendler, die allenfalls im Nebenerwerb Landwirtschaft betreiben. Aufn.: Nds. Landesverwaltungsamt - Landesmedienstelle.

Innenstadt von Hannover mit Leineschloß im Vordergrund, Marktkirche, Hauptbahnhof und Stadtwald (Eilenriede). Dank ihrer konkurrenzlos günstigen Verkehrslage ist die Landeshauptstadt Hannover mit rund 500.000 Einwohnern zum herausragenden Verwaltungs-, Wirtschafts- und Kulturzentrum des Landes Niedersachsen geworden. Die im Bombenkrieg zu 92 % zerstörten Gebäude der Altstadt wurden größtenteils durch moderne Bauten ersetzt. Aufn.: Nahs, Landeshauptstadt Hannover.

Lößbördelandschaft bei Peine mit der Ilseder Eisenhütte. Verschiedene Bodenschätze (z.B. Eisenerze, Kalisalze, Braunkohle) sowie die hervorragenden Schwarzerden und Parabraunerden haben die Lößbörden vor der Mittelgebirgsschwelle zur Aktivzone Niedersachsens werden lassen. Intensiver Zuckerrüben- und Weizenanbau auf großen Feldern bringt hohe Erträge. Für eine Wald- oder Grünlandnutzung sind die Böden zu wertvoll. Aufn.: Nds. Landesverwaltungsamt - Landesmedienstelle.

Muschelkalkprallhang der Weser bei der Steinmühle (Ldkrs. Holzminden). Im engen und windungsreichen Wesertal liegen an alten Flußübergängen und Verkehrslinien Fachwerkdörfer und Städte, die entlang des traditionsreichen Wasserweges mit ihren Schlössern und Rathäusern die eigenständige Kunstlandschaft der Weserrenaissance hervorgebracht haben. Aufn.: Nds. Landesverwaltungsamt - Landesmedienstelle.

Leinebergland bei Einbeck/Vogelbeck. Gegenüber der fast waldlosen Weite der Lößbörden ist das Berg- und Hügelland eine kleinräumig gekammerte Landschaft mit zahlreichen Burgen und Städten. Bewaldete Höhenrücken und Bergkuppen aus Festgestein wechseln mit Becken und Tälern, die wegen ihrer fruchtbaren Lößauskleidung ertragreiches Ackerland abgeben. Hier liegen im Abstand von 2–3 km Haufendörfer und kleine Fachwerkstädte, die inzwischen die Hänge hinaufgewachsen sind. Aufn.: Seedorf.

Harzrand bei Seesen (Ldkr. Goslar). Der Harz erhebt sich als bewaldetes Mittelgebirge mit tiefer Randzertalung und zentralen Hochflächen 300-900 m über seine Vorländer. Die ihn umgebenden verkehrsreichen Randsenken sind seit früher Zeit wichtige Siedlungs- und Verkehrsleitlinien, an denen sich vor den Ausgängen der wasserreichen Täler Gewerbe- und Industrieorte aufreihen. Die meisten sind aus ehemaligen Hüttenorten des Harzer Bergbaus hervorgegangen. Aufn.: Nds. Landesverwaltungsamt - Landesmedienstelle.

Die Innerstetalsperre bei Langelsheim. Eine wichtige Aufgabe erfüllt der Harz als Regenfänger und natürliches Wasserreservoir für die benachbarten Großstädte und Industrieräume. Mit Niederschlägen, die um mehr als das Doppelte höher liegen als die des Vorlandes, und durch seine tief eingeschnittenen Randtäler ist der Harz für die Anlage von Talsperren hervorragend geeignet. Sie dienen teils der Trinkwasserversorgung, teils dem Hochwasserschutz, wie die 1966 fertiggestellte Innerstetalsperre. Aufn.: Seedorf.

Vom Lüneburger Geographen Hermann Wagner wurden in den 30er Jahren die bewegten und stark zertalten Endmoränenzüge mit "Niedergebirge" bezeichnet. Der Begriff hat sich allerdings nicht durchsetzen können. Das Tiefland nimmt etwa vier Fünftel der niedersächsischen Landesfläche ein. Es reicht in nordsüdlicher Richtung rund 150 km von der Küste und der Unterelbe landeinwärts bis südlich des Mittellandkanals und erstreckt sich in westöstlicher Richtung über die Landesgrenzen hinaus. Niedersachsen ist mithin ein Tieflandstaat, der seinen Namen "das niedrig gelegene Sachsen" zu Recht trägt.

In wie starkem Maße Niedersachsen ein Tieflandstaat ist, zeigt Tabelle 9; denn rund zwei Drittel der Landesfläche bleiben unter 60 m NN. Das heißt, wenn das gegenwärtig vorhandene Eis der Gebirgsgletscher und der Pole abschmelzen würde, müßten zwei Drittel der Landesfläche (30600 km²) im Meer versinken. Das jetzige Tiefland würde allerdings sehr inselreich sein und Osnabrück sowie Hannover, Braunschweig und Wolfsburg könnten Seehafenstädte werden (vgl. Abb.20).

Noch ein anderer Vergleich sei hier angeführt: Fast 7000 km², das sind 14 % der Landesfläche, würden bei schweren Sturmfluten vom Meer überspült werden, wenn es nicht die hohen Seedeiche gäbe, weil sie unter + 5 m NN bleiben (vgl.

Tab. 9: Höhenverhältnisse in Niedersachsen.

Höhen		in % der Landesfläche	Fläche in km²
unter	0 m NN	–	380
0 –	5 m NN	14	6 500
5 –	60 m NN	50	23 700
60 –	200 m NN	28	13 100
200 –	400 m NN	6	2 810
400 –	900 m NN	2	810
900 –	971 m NN	–	2
Gesamt		100	47 302

Quelle: Niedersächs. Landesverwaltungsamt - Landesvermessung 1987

Abb.21). Das sind vor allem die Marschen, die trotz des allmählich steigenden Meeresspiegels durch Landgewinnungsarbeiten, Deiche und Siele dem Meer abgerungen wurden. Darin findet der stolze Spruch der Friesen seine Berechtigung: "Gott schuf das Meer, der Friese die Küste" (vgl. Kap.7.7. "Küstengewässer").

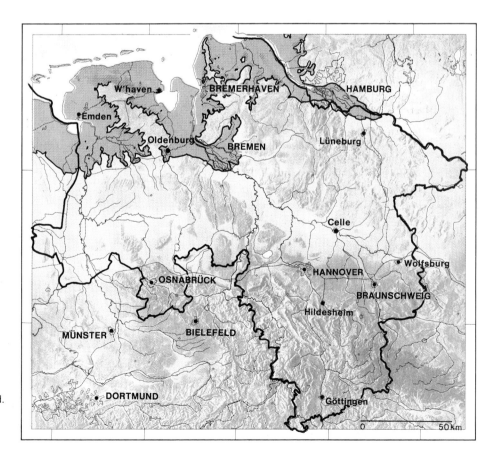

Abb. 21: Gebiete unter + 5 m NN, die ohne Deichschutz bei schweren Sturmfluten überschwemmt würden (Umzeichnung n. Höhenschichtenkarte d. Niedersächs. Landesverwaltungsamtes - Landesvermessung -).

1.2. Großlandschaften

1.2.1. Das Küstenland

Sieben Ostfriesische Inseln: geologisch sehr junge Gebilde der Nordsee

Am weitesten seewärts vorgeschoben erstreckt sich, 5 bis 20 km vom Festland entfernt, die Kette der 7 Ostfriesischen Inseln und einiger unbewohnter Sandplaten. Die Inseln sind sehr junge, vom Gezeitenstrom und dem Wind aufgebaute Gebilde, die ihre Existenz der ständigen Sandzufuhr von der See her und den Dünen verdanken, die den Sand festzuhalten vermögen.

Breite *Sandstrände* im Norden und Osten, inselwärts mit Strandhafer, Krähenbeeren und anderen Pflanzen bewachsene, bis zu 20 m hohe *Dünenketten,* in deren Schutz die Häuser und kleinen Inselwälder liegen und an den Südseiten sandige Inselwiesen, die in das von Prielen durchzogene Neuland und *Inselwatt* übergehen oder von ihm durch einen Deich getrennt sind, bilden das immer wiederkehrende Gliederungsschema der Inseln.

Die Ostfriesischen Inseln gehören zu den beliebtesten deutschen Feriengebieten

Wegen ihrer landschaftlichen Kontraste und wegen des heilenden Reizklimas zählen die Ostfriesischen Inseln heute zu den beliebtesten deutschen Feriengebieten. Einige der Inselsiedlungen, wie Borkum und Norderney, sind durch den Fremdenverkehr zu Städten geworden, mit großzügigen Kur- und Freizeiteinrichtungen, mehrstöckigen Hotels und weitläufigen Einkaufsstraßen.

Neuwerk vor Cuxhaven ist eine eingedeichte Marscheninsel

Einen anderen Inseltyp, den nordfriesischen Halligen vergleichbar, verkörpert die jetzt eingedeichte Marscheninsel Neuwerk vor Cuxhaven. Sie kann zu Fuß oder mit dem Pferdewagen über das Watt vom Festland aus erreicht werden. Neuwerk, wie auch die vorgelagerte *Sandplate Scharhörn,* gehören seit 1961 ("Cuxhaven-Vertrag") zu Hamburg, das hier einen Außenhafen anlegen wollte.

Das Watt: 5 bis 15 km breite Sand- und Schlickflächen im Gezeitenbereich

Als "amphibische Landschaften", die weder zum Meer noch zum Land zu rechnen sind, nehmen die Watten im Küstenland weite Flächen ein. Im Wind- und Strömungsschatten der Inseln (Rückseitenwatten), aber auch im strömungsarmen Gebiet zwischen Jade-, Weser- und Elbemündung (Offe-

ne Watten) sowie in den Buchten von Dollart und Jadebusen dehnen sie sich in durchschnittlich 5 bis 7 km, maximal bis zu 10 bis 15 km Breite aus. Es handelt sich um ebene, von Wellenschlag und Strömung geprägte Schlick- und Sandflächen, die zweimal täglich im Wechsel der Gezeiten überflutet werden und von zahlreichen, sich ständig verlagernden Wasserläufen (Prielen, Baljen) durchzogen sind. Die Watten sind weitgehend *Naturlandschaften* geblieben. Um sie als solche zu erhalten, hat das Land Niedersachsen seinen Anteil 1986 als "Nationalpark Niedersächsisches Wattenmeer" unter Schutz gestellt.

Geringe Eignung für Schiffahrt und Häfen

Wattküsten sind schiffahrtsfeindliche Küsten. Nur wo sie von größeren Strömen durchbrochen werden, wie von der Ems, Jade, Weser und Elbe, haben sich bedeutende Häfen entwickeln können. An der eigentlichen Wattküste finden sich nur kleine Sielhäfen und Küstenbadeorte, in denen flachgehende Krabbenkutter beheimatet sind.

Die Marschen: junge Ablagerungen des Meeres, die nur im Schutze der Deiche besiedelt werden können

Wichtigster Landschaftstyp des Küstenlandes sind die wegen der fruchtbaren Böden nahezu waldlosen und baumarmen See- und Flußmarschen. Sie erstrecken sich als 3 bis 17 km breite, vom Meer geschaffene Ebenen zwischen dem Geestrand und dem Watt. Ihre Herkunft vom Meer drückt sich auch im Namen aus, der mit dem lateinischen "mare" (= Meer) zusammenhängt. In Niedersachsen wird lediglich an zwei Stellen, am Jadebusen bei Dangast und in größerer Ausdehnung bei Cuxhaven-Duhnen, der Marschensaum unterbrochen. Dort stößt die Geest unmittelbar an das Meer vor und bildet belebte Sandstrände, die vom Binnenland aus leicht mit dem Kraftfahrzeug erreicht werden können.

Da die Marschen unter der Wirkung der Gezeiten in erdgeschichtlich sehr junger Zeit (Nacheiszeit, Holozän) entstanden sind, erheben sie sich kaum über den mittleren Meeresspiegel. Nur an wenigen Stellen sind sie höher als 2 m NN aufgeschlickt, zum Teil bleiben sie sogar unter NN. Ohne Deichschutz und ohne künstliche Entwässerung würden große Teile der Marsch ständig überflutet werden (vgl. Abb. 21).

Ackerbau auf der Hohen Marsch und Grünlandwirtschaft im Sietland

Die Marschen sind nicht völlig eben. Im deichnahen Bereich ist das Land der *Jungen Marsch* höher aufgespült und weniger gesackt ("Hochland") als weiter binnenwärts im Gebiet der Alten Marsch und der geestnahen Moormarsch, das auch *Sietland,* d.h. "niedrig gelegenes Land", genannt wird. Entsprechend kann auf dem Hochland Ackerbau mit anspruchsvollen Feldfrüchten (Weizen, Gerste, Raps, Gemüse) betrieben werden, während in der Alten Marsch und im Sietland trotz aller Entwässerungsmaßnahmen das Grünland mit Bullen- und Milchviehweiden dominiert.

In früheren Zeiten wertvolles Bauernland, heute wirtschaftliche Schwerpunkte in Hafen- und Industriestädten

Das Marschenland ist Bauernland. Auf dem Hochland und in der Alten Marsch liegen, häufig an ehemaligen Deichlinien aufgereiht, große Einzelhöfe, die in der Regel allerdings einst bessere Zeiten gesehen haben, als die Getreide-, Vieh- und Obstpreise noch zum Reichtum verhalfen. Heute sind die Marschen wegen der hohen *Wasserhypothek* weithin landwirtschaftliche Problemgebiete geworden, die ihre wirtschaftlichen Schwerpunkte in den Hafen- und Industriestädten Emden, Wilhelmshaven, Nordenham, Brake, Cuxhaven und Stade sowie in Bremen, Bremerhaven und Hamburg haben.

1.2.2. Geest und Moore

Die Geest: weiträumigste Naturlandschaft Niedersachsens mit geringer natürlicher Fruchtbarkeit

Die Geest, eine vom Eis und seinen Schmelzwässern geschaffene *Altmoränenlandschaft,* nimmt als 100 bis 170 km breiter Gürtel zwischen der Marsch im Norden und der Lößgrenze im Süden den größten Teil Niedersachsens ein. Rund drei Fünftel der Landesfläche sind Geestland, das dem Namen nach "unfruchtbares Land", "hochgelegener, trockener, sandiger Boden" heißt, im Gegensatz zum fruchtbaren Marschenland einerseits und den Lößbörden des Bergvorlandes andererseits.

Das Geestgebiet ist eine Bildung der Eiszeiten mit Moränen, Sandern und Urstromtälern

Im heutigen Geestgebiet haben während der Elster- und wirksamer noch während der Saale-Eiszeit vor rund 300 000 bzw. 200 000 Jahren die nordischen Gletscher in mehreren Vorstößen sog. *"Glaziale Serien"* aufgeschüttet, die jeweils aus vier Gliedern bestehen: 1. Grundmoränen, die lehmige Böden und große Steine (Findlinge) hinterließen, 2. Endmoränen, in denen überwiegend Sand und Kies zu Höhenzügen aufgetaucht und aufge-

schüttet wurden (z.B. Wilseder Berg 169 m NN), 3. Sander, das sind von den Eisschmelzwässern vor den Endmoränen ausgebreitete weite Sandflächen und 4. Urstromtäler, in denen sich die Schmelzwässer sammelten und zum Meer hin abflossen (vgl. Abb. 56).

Ein Nutzungsmosaik aus Ackerflächen, Grünland und Kiefernforsten

Trotz der lange zurückliegenden Entstehungszeit bestimmen diese "Glazialen Serien" noch heute das abwechselungsreiche Bild der Geest. Auf den *Grundmoränenflächen* finden sich die meisten Akkerflächen. Die *Endmoränenzüge,* auch als "Hohe Geest" bezeichnet, sind als zertalte Höhenrücken durchweg mit Kiefern-, seltener mit Buchenwäldern bestanden. Die *Sander* tragen wegen ihrer geringwertigen Böden in der Regel gleichfalls Kiefernforsten. Vor zwei Jahrhunderten dehnten sich auf ihnen riesige *Heideflächen* aus, die vielfach der Landschaft den Namen gegeben haben (z.B. Lüneburger Heide). Auf den kilometerbreiten Talböden der einstigen *Urstromtäler* von Elbe, Aller und Unterweser sind an die Stelle natürlicher Bruch- und Auewälder seit langem Wiesen und Weiden und bei hinreichendem Deichschutz auch wertvolle Akkerflächen getreten.

Durch landwirtschaftlichen Fortschritt heute große Überschußproduktion

Die wegen der unfruchtbaren Böden einst städtearme und wenig geachtete Geest hat seit der sog. Heidebauernzeit vor rund 200 Jahren eine Aufwertung sondergleichen erfahren. Die Bevölkerungszahl hat sich mehr als verfünffacht. Die großen gemeinschaftlich genutzten Flächen der Heidegebiete (Gemeinheiten, Allmenden) sind aufgeteilt und privatisiert, die zerstückelten Felder flurbereinigt ("verkoppelt") worden. Die Heideflächen hat man zu Grünland oder Ackerland umgebrochen oder aufgeforstet. Neue Düngungs- und Landbautechniken, Züchtungserfolge beim Getreide und Vieh haben zu erheblichen Ertragssteigerungen geführt, so daß heute die Geest zu den größten Überschußgebieten an landwirtschaftlichen Produkten gehört. Moderne und gut ausgebaute Straßen durchziehen nunmehr allenthalben das Land und lenken die Wirtschafts- und Pendlerströme täglich in die für die Geest typischen mittelgroßen Städte und Arbeitsorte, die sich als Kreissitze, als Verwaltungs-, Dienstleistungs- und Einkaufsorte zumeist erst in diesem Jahrhundert stärker entwickelt haben.

Vor 8000 Jahren entstanden Hoch- und Niedermoore

Große Flächen, insbesondere im Emsland, in Ostfriesland, Oldenburg und auf der Stader Geest werden von Hoch- und Niedermooren eingenommen. Sie bestehen aus *Torfen,* mithin aus den Resten von Wasser- und Sumpfpflanzen, unter denen Torfmoose (Sphagnaceen) die Hochmoore aufgebaut haben.

Die Moore sind unter dem Einfluß des feuchten ozeanischen Klimas überwiegend in den letzten 8000 Jahren der Erdgeschichte aufgewachsen. Sie nehmen teils die niedrig gelegenen Talsandflächen ein, teils liegen sie auch, wie zum Beispiel auf der Oldenburgisch-Ostfriesischen Geest, den schlecht dränierten Wasserscheiden der alten Geestplatten auf (''Scheitelhochmoore''). Die Torfmächtigkeiten erreichen in der Regel Werte zwischen 1,5 und 3 m, in Ausnahmefällen bis zu 10 m (vgl. Abb. 181).

Nutzungswandel vom Torfabbau zum Naturschutzgebiet

Da sich die Hochmoorpflanzen nur von Niederschlagswasser und eingewehtem Staub ernährt haben, sind die Torfe sehr *nährstoffarm.* Deshalb sind Hochmoore erst sehr spät und erst nach hohen Düngergaben in Kultur genommen worden. Ihre Hauptnutzung waren die Brenntorf- und die heute noch betriebene Düngetorfgewinnung. Auf der wirtschaftlichen Grundlage der Brenntorfgewinnung sind im 17. und 18. Jahrhundert die zahlreichen ostfriesischen, emsländischen und oldenburgischen *Fehndörfer* sowie die bremischen Dörfer im Teufelsmoor und in anderen Hochmooren entstanden.

Nachdem Brenntorf nicht mehr benötigt wird und infolge reichlicher Überschüsse landwirtschaftliche Nutzflächen aus der Produktion ausscheiden müssen, ist die Moorkultivierung eingestellt worden. Den noch verbleibenden Rest der Hochmoore kann man wieder sich selbst überlassen oder durch Schließung der Entwässerungsgräben *renaturieren.* Große Teile der Hochmoore sind wegen ihres hohen ökologischen Wertes in den letzten Jahren unter Naturschutz gestellt worden.

Nährstoffreiche Niedermoore sind Grünland seit dem Mittelalter

Anders als die nährstoffarmen Hochmoore sind die im Grundwasserbereich aufgewachsenen Niedermoore verhältnismäßig nährstoffreich. Deshalb haben schon größtenteils im Mittelalter die auf ihnen stockenden Erlenbruchwälder Wiesenflächen weichen müssen. Das gilt insbesondere für den Bereich der Geestrandmoore in Ostfriesland, Oldenburg und Hadeln, die hier Meeden oder Wolden genannt werden. Auch die vermoorten Talauen der häufig begradigten Geestflüsse sind seit langem in Grünlandnutzung genommen worden. Nur die Erlenreihen an den Wasserläufen und die aufkommenden Pappeln, Erlen und Weiden auf einigen brachgefallenen ehemaligen Wiesen erinnern noch an die ursprüngliche Vegetation.

Auenorientierung der Dörfer

Die Dörfer der Geest reihen sich vielfach, je nach den Bodenverhältnissen, oberhalb der Talauen am Rande der Niederterrasse auf (''Auenorientierung''), wo in der Talaue ihre Grünlandflächen (''Wischhöfe'') und auf der Geestplatte auf den anlehmigen Böden der Grundmoräne ihre Felder liegen, die sich mit der Verdichtung der Siedlung immer weiter in die ehemaligen Heidegebiete ausgedehnt haben.

1.2.3. Das Bergvorland (Lößbörden)

Gunstgebiet von Osnabrück bis Helmstedt

Südlich des Mittellandkanals geht die niedersächsische Geest in die Lößbörden über, die ihren *Namen* vom niederdeutschen ''bören'' (= ''tragen'', ''ertragreich sein'') haben, womit die feinkörnigen, steinfreien, leicht kalkhaltigen Lehmböden gemeint sind, die sich seit der letzten Eiszeit als Schwarzerden oder Parabraunerden auf den angewehten 0,5 bis 3 m mächtigen Lößstaubschichten entwickelt haben.

Die Lößbörden beginnen nördlich von Osnabrück zwischen Wiehengebirge und Mittellandkanal als schmales Band, das sich über die Schaumburger, Calenberger und Hildesheimer Börde nach Osten ständig verbreitert und sich im Salzgittergebiet sowie im Helmstedter Raum auf fast 40 km ausdehnt, um dann jenseits der Landesgrenze in die noch weitflächigere Magdeburger Börde überzugehen.

Ackerbaugebiet mit anspruchsvollen Feldfrüchten

Insgesamt nimmt das Lößbördengebiet einen leicht nach Norden abgedachten Übergangsbereich vom Berg- und Hügelland zum Tiefland ein, der nicht nur die wertvollsten Böden Niedersachsens, sondern der gesamten Bundesrepublik Deutschland aufweist, mit Bodenwerten bis zu 100 Punkten. Wegen dieser hervorragenden naturräumlichen Ausstattung ist die Bergvorlandzone von der natürlichen Waldvegetation völlig entblößt, so daß man von einer ''Kultursteppe'' gesprochen hat. Diese Bezeichnung ist jedoch unzutref-

fend, denn bei Steppen handelt es sich um ertrags-
arme weidewirtschaftlich genutzte Trockengebiete, während das Lößbördengebiet fast nur intensiv
bewirtschaftete Ackerflächen mit Höchsterträgen
aufzuweisen hat. Der Ackerbau mit anspruchsvollen Feldfrüchten, wie Weizen, Zuckerrüben, Gerste, Raps und Feldgemüse, nimmt nahezu alle Flächen ein. Fast 40 % des westdeutschen Zuckers
werden hier erzeugt. Grünland und Waldreste sind
nur noch auf nassen Standorten zu finden, die bisher nicht dräniert worden sind, oder auf den wenigen Festgesteinsrücken.

*Aktivzone Niedersachsens mit dichter Besiedlung
und oberflächennahen Bodenschätzen*

Die Siedlungen der Lößbörden, große Haufendörfer und Städte, liegen im Abstand von 1,5 bis 2 km
dicht beieinander und deuten damit schon die
hohe agrarische Tragfähigkeit an. Doch auch in anderer Hinsicht nimmt das Bördegebiet eine Spitzenstellung innerhalb Niedersachsens ein. Hier lagern
verschiedene Bodenschätze, die wegen der geringen eiszeitlichen Überdeckung vielerorts nahe an
die Oberfläche kommen, wie Kalisalze, Eisenerze,
Steinkohle und Braunkohle, Erdöl, Asphaltkalke,
Zementmergel, Kreidekalke und Ziegeleitone. Ihre
Erschließung hat zu einer frühen *Industrialisierung*
und damit zum Ausbau der Verkehrswege und
Siedlungen geführt.
So ist das Lößbördengebiet zur gewerblichen Ak-
tivzone Niedersachsens geworden mit der größten
Wirtschaftskraft, der höchsten Bevölkerungsdichte
und den wichtigsten Industrien sowie den größten
Städten, wie Hannover, Braunschweig, Salzgitter,
Hildesheim und randlich auch Wolfsburg.

1.2.4. Das Berg- und Hügelland (Mittelgebirgs- schwelle)

*Waldreiche Landschaft mit Tälern, Becken und
Höhenzügen in kleinräumiger Kammerung*

Gegenüber der fast waldlosen Weite der Lößbörden ist das Berg- und Hügelland eine durch Bekken, Täler, Höhenrücken, Hochflächen, Bergkuppen und Hügel kleinräumig gekammerte, waldreiche Landschaft. Hängiges Gelände ist hier häufiger als ebenes. Bei etwa 15° (= 25%) Neigung
oder bei Höhenlagen über 300 m NN wird der Boden in der Regel dem Wald überlassen, weil
Schlepper und Erntemaschinen bei stärkerem Gefälle nicht mehr eingesetzt werden können oder
aber Klima und Böden eine ertragreiche landwirtschaftliche Nutzung nicht mehr zulassen. So sind
etwa 45 % des niedersächsischen Berg- und Hü-

gellandes mit Wald bestanden. Die Bewaldung
nimmt von Norden nach Süden zu. Im Norden
wechseln die bewaldeten Höhenzüge mit ausgedehnten lößbedeckten Becken, Mulden und Tälern, in denen Ackerbau, seltener Grünlandwirtschaft betrieben wird. Im Süden dagegen werden
die Täler enger, die Becken kleiner, und die Höhenzüge bestehen aus zeitweilig sehr trockenen Bunt-
sandstein- und Muschelkalktafeln mit schwer zu
bearbeitenden Gesteinsböden.

*Formenreichtum durch komplizierte erdgeschicht-
liche Entwicklung*

Das Berg- und Hügelland verdankt seinen Formenreichtum verschiedenen erdgeschichtlichen Vorgängen. Tektonische Bewegungen haben die einst
durchweg im Meer abgelagerten Schichten in
Schollen zerlegt und in unterschiedlicher Weise gekippt, wobei der Aufstieg von Zechsteinsalzen aus
großer Tiefe mitgewirkt hat. Die abtragenden Kräfte der Erosion und Denudation haben dann den
Ausstrich der weichen Schichten ausgeräumt, zu
Becken und Tälern umgeformt, während die harten Schichten Schichtstufen, Schichtkämme, Einzelberge oder steinige Hochflächen bilden. Die Täler und Becken wurden während der letzten Eiszeit mit Löß ausgekleidet. Sie sind die ältesten
Siedlungskammern mit großen Haufendörfern und
alten Fachwerkstädten. Auf den fruchtbaren, wei-
zenfähigen Böden wird ertragreicher Ackerbau
und auf den feuchteren und überschwemmungsgefährdeten Talböden Grünlandwirtschaft und zunehmend auch Ackerbau betrieben.

*Reichtum an Rohstoffen ließ früh ein reges
gewerbliches Leben entstehen*

Der Holz- und Wasserreichtum, die Vorkommen
von Salzquellen, von Eisenerzen und Steinkohle
sowie anderen Mineralien, von Ziegelei- und Töp-
fertonen und zahlreichen Natursteinen waren die
Grundlage eines regen gewerblichen Lebens, das
noch vor der Industrialisierung eine bunte Vielfalt
an Werkstätten, Glashütten, Kalköfen, Eisenhütten und -hämmern, Papier- und Sägemühlen, Ziegeleien, Töpfereien hervorbrachte, aus denen sich
während der Gründerzeit Betriebe der Papier-,
Glas- und Möbelindustrie, Kalk- und Kaliwerke, Salinen, Eisenhütten, Stahlwerke und eisenverarbei-
tende Betriebe entwickelt haben, die besonders
im Osnabrücker Raum, im Wesertal, im Leinetal
und im Harzvorland zu finden waren. Viele dieser
Betriebsstätten sind inzwischen aufgegeben worden oder haben eine andere Nutzung erhalten.

Bedeutender Fremdenverkehr und zahlreiche Heilquellen

Die landschaftlichen Schönheiten des Berg- und Hügellandes, die sich auch in der Ausweisung der Naturparke Nördlicher Teutoburger Wald – Wiehengebirge, Weserbergland – Schaumburg – Hameln, Elm, Solling - Vogler und Naturpark Münden ausdrücken, haben den Fremdenverkehr zu einem wichtigen Wirtschaftszweig werden lassen. Seine besondere Bedeutung erhält er durch die Heilquellen von Bad Pyrmont, Bad Nenndorf, Bad Eilsen, Bad Rothenfelde, Bad Gandersheim, Bad Salzdetfurth und anderen Orten.

1.2.5. Der Harz, ein echtes Mittelgebirge

Eine große Rumpfscholle mit Höhen bis über 900 m NN und 400 Millionen Jahre alten Gesteinen

Der nur zu einem Drittel zum Land Niedersachsen gehörende Harz ist ein echtes Mittelgebirge, das sich nicht nur deutlich in seiner Höhe, sondern auch in seinen Oberflächenformen, in seiner fast geschlossenen Waldbedeckung und besonders in seiner erdgeschichtlichen Entwicklung deutlich vom Berg- und Hügelland unterscheidet, das man deshalb nicht als Mittelgebirge, sondern als Mittelgebirgsschwelle bezeichnen sollte.

Während die größten Höhen des niedersächsischen Berglandes kaum über 500 m NN hinausgehen (Große Blöße im Solling: 528 m NN als höchste Erhebung) erreicht der Harz auf niedersächsischem Gebiet Höhen von über 900 m (Wurmberg bei Braunlage 971 m NN) und auf dem benachbarten Brocken, der freilich nicht mehr zu Niedersachsen gehört, sogar 1142 m NN. Besteht das Berg- und Hügelland tektonisch aus zahlreichen gekippten, versenkten, gehobenen und durch Salzaufstieg verstellten Gesteinspaketen (= ”Saxonisches Bruchschollenland“), so ist der Harz demgegenüber als geschlossener Block von 30 km Breite und 90 km Länge aus rund 3000 m Tiefe allmählich aufgestiegen, wobei die bereits vor etwa 300 Millionen Jahren gefalteten Schichten (”Altfaltengebirge“) flächenhaft abgetragen, d.h. eingerumpft wurden. Deshalb kann man den Harz als große *Rumpfscholle* bezeichnen, in der die Gesteine, wie z.B. Granitintrusiva und Erze des Erdaltertums (Paläozoikum), an die Oberfläche treten (vgl. Kap. 2 ”Geologie“).

Aus den Talsperren wird Wasser bis nach Bremen geleitet

Die zum Teil vermoorten Hochflächen des Harzes sind Teile einer solchen Rumpffläche, die im West-harz in etwa 600 m Höhe liegt. In sie haben sich vom Gebirgsrand her die Täler tief eingeschnitten (”Randzertalung“), so daß es hier verhältnismäßig leicht war, große Talsperren anzulegen. Da die Niederschlagshöhen im Harz doppelt so hoch und die Abflüsse vierfach so ergiebig wie in den Vorländern sind, kann das Gebirge viel Trink- und Brauchwasser an die Bevölkerungs- und Industrieschwerpunkte des Berglandes und des Bergvorlandes oder von der Sösetalsperre aus sogar über fast 200 km bis Bremen abgeben.

Größtes geschlossenes Waldgebiet Niedersachsens

Wegen des mit der Höhe unwirtlicher werdenden Klimas, aber auch wegen der steilen Hänge und steinigen Böden kann im Harz keine ertragreiche Landwirtschaft betrieben werden. Deshalb findet sich hier das größte geschlossene Waldgebiet Niedersachsens. Bis etwa 500 m NN stehen besonders im Südharz Buchen; darüber hinaus bis zur Waldgrenze in rund 1100 m NN gibt es nur Fichtenforsten, die oberhalb von 700 m NN teilweise von baumfreien *Hochmooren* unterbrochen werden.

Wandel der wirtschaftlichen Basis vom Bergbau zum Fremdenverkehr

Die wirtschaftliche Basis der Harzer Siedlungen ist über Jahrhunderte der Bergbau auf Silber, Blei, Kupfer und Eisen gewesen, dem Goslar und die sieben Oberharzer Bergstädte sowie zahlreiche andere Orte ihre Gründung verdanken. Der Bergbau ist wegen mangelnder Rentabilität und Erschöpfung der Lagerstätten weitgehend zum Erliegen gekommen. Das geschichtlich bedeutendste und traditionsreiche Bergwerk im Rammelsberg bei Goslar, das über 1000 Jahre lang Erze gefördert hat, mußte 1988 geschlossen werden, so daß heute nur noch in Bad Grund Buntmetallerze gewonnen werden. Die Stelle des Bergbaus hat der Fremdenverkehr eingenommen, der mit Ausnahme der Universitätsstadt Clausthal-Zellerfeld in sämtlichen Harzorten dominiert. Unter allen niedersächsischen Landschaften, ja, im gesamten Bundesgebiet, weist der Harz die größte Fremdenverkehrsdichte auf.

Der Überblick mag gezeigt haben, daß Niedersachsen zahlreiche Landschaftstypen aufweist, die manche Veränderungen durchlaufen haben und viele Nutzungsmöglichkeiten bieten, wie sie in dieser Vielfalt von keinem anderen Bundesland erreicht werden. In den folgenden Kapiteln sollen sie weiter charakterisiert und erklärt werden.

2. Geologie und Erdgeschichte

2.1. Geologische Vorgänge: Erdkrustenbewegungen und Gesteinsbildung

Die Ausbildung der im vorhergehenden Kapitel besprochenen unterschiedlichen Landschaften ist in erster Linie eine Folge der in Jahrtausenden und Jahrmillionen ablaufenden geologischen Vorgänge. Deshalb sind deren Kenntnisse und die zeitliche Einordnung dieser Vorgänge in das erdgeschichtliche Geschehen wichtige Hilfen und Voraussetzungen für eine ganzheitliche, ökologische Erfassung eines Gebietes. Als wichtigste landschaftsformende Vorgänge sind hier die Bewegungen der Erdkruste und die Gesteinsbildung zu nennen.

Die Erdkruste ist die empfindliche Außenhaut unserer Erdkugel

Die Erdkruste ist in Niedersachsen etwa 30 Kilometer dick. Im Verhältnis zum Durchmesser der Erdkugel (12600 km) ist sie damit vergleichsweise dünner als die Schale eines Apfels und folglich bei Druck- und Zerrbeanspruchungen sehr leicht zu zerbrechen oder zu verbiegen.
Derartige Druck- und Biegekräfte werden vom darunterliegenden Erdmantel auf die Kruste ausgeübt: Anders als die starre Erdkruste sind die Gesteinsmassen des Erdmantels druck- und wärmebedingt in einem quasiplastischen, zähflüssigen Zustand. Physikalisch gesehen haben sie das Bestreben, das im Erdmantel von innen nach außen bestehende Temperaturgefälle sowie örtliche Temperaturunterschiede durch Zirkulationsbewegungen auszugleichen. Ähnlich wie Luft über einer Heizplatte steigen die Magmenströme über den heißeren Stellen auf, während sie in den etwas kühleren Regionen absinken (Wärmetransport nach dem Prinzip thermischer Konvektionszellen).
Die Bewegungen des Magmas im Erdmantel wirken sich auch auf die Kruste aus. Da die Erdkruste

in Form von einzelnen "Platten" auf dem Erdmantel "schwimmt", bewirken aufsteigende, in Erdkrustennähe auseinanderfließende Magmenströme, daß die darüberliegenden Platten mit der Wachstumsgeschwindigkeit eines Fingernagels voneinander forttreiben; dadurch werden im Laufe von Jahrmillionen Ozeane geschaffen und erweitert, wie der heutige Atlantik, dessen Meeresboden auf der Westhälfte von der amerikanischen und auf der Osthälfte von der eurasischen Platte gebildet wird (sog. "sea floor spreading"). Es kann aber auch ein Kontinent in sich zerrissen werden, wenn die Strömungsdivergenz genau darunter liegt. Dann reißen große Kontinentalgräben auf ("Lineamente"; Beispiel: Rotes Meer, Oberrheingraben).
Umgekehrt lassen Magmenströme, die in Krustennähe zusammentreffen (konvergieren) und dann wieder in die Tiefe absteigen, die darüberliegenden Plattenteile weiträumig absinken (z.B. Nordsee-Becken). Oder sie bewirken, daß zwei Platten kollidieren. Dadurch führen sie zur Entstehung der erdumgreifenden Faltengebirgs- und Erdbebenzonen (z.B. Alpen, Anden, Himalaya).- Die Gesamtheit der Plattenbewegungen und -veränderungen bezeichnet man als *Plattentektonik.*

Plattentektonik und Plattenwanderung sind auch in Niedersachsen nachweisbar

Die Plattentektonik verdeutlicht auch viele Ereignisse der niedersächsischen Erdgeschichte. Unser Bundesland ist nämlich durch seine Lage auf der europäisch-asiatischen Platte seit mehreren hundert Millionen Jahren in das erdgeschichtliche Geschehen in und auf dieser Platte eingebunden.
Eines der eindrucksvollsten Beispiele dafür ist die langfristige Bewegung der Platte vom Äquator in Richtung Pol (Plattenwanderung). Sie ist dafür verantwortlich zu machen, daß das Gebiet von Niedersachsen im Erdaltertum (Paläozoikum) und im Erdmittelalter (Mesozoikum) viel südlicher lag als heute. Wie die Art der Gesteine und die in ihnen enthaltenen versteinerten Lebewesen (Fossilien) er-

Abb. 22: Plattentektonik. Beispiel für die Plattenwanderung (n. SEYDLITZ-Weltatlas 1984, verändert).
Vor rd. 145 Millionen Jahren lag Niedersachsen etwa auf der Breite der heutigen Zentralsahara. Die amerikanische und die eurasische Platte hingen zusammen. Der Atlantische Ozean existierte noch nicht. Die amerikanische und die europäische Tierwelt (z.B. die Saurier) glichen sich noch weitgehend.

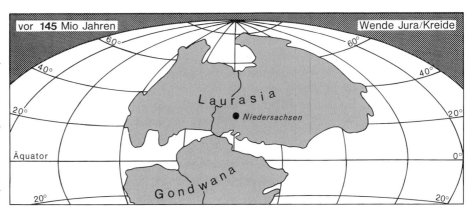

kennen lassen, ähnelte das Klima zeitweilig dem der jetzigen Tropen und Subtropen. Es war weitaus wärmer und teilweise wesentlich trockener als heute (Savannenklima, Wüstenklima) (vgl. Abb. 22).

Im Landschaftsbild besonders augenfällig zeigen sich die plattentektonischen Bewegungen in der sog. *Bruchschollentektonik:* In Brüchen und Verbiegungen, schollenartigen Verschiebungen, Anhebungen und Absenkungen der ehemals horizontal abgelagerten Gesteinsschichten, die sich im Niedersächsischen Bergland heute als Mosaik von Höhenzügen und Hochflächen, von Becken und Tälern widerspiegeln. Sie dokumentieren die kleinräumigen Pressungs- und Dehnungsvorgänge innerhalb der Kontinentalplatte (vgl. Abb. 23).

Auch an der *Bildung der Gesteine* selbst sind Erdkrustenbewegungen ursächlich beteiligt gewesen. Bruchbeanspruchungen der Erdkruste ließen glutflüssige Massen aus dem Erdmantel aufsteigen, um als *Vulkanite* über und als *Plutonite* nahe der Erdoberfläche zu Basalt, Porphyr und Diabas bzw. zu Granit und Gabbro zu erkalten. Die Bildung der meisten Erze steht mit solchen magmatischen Erscheinungen eng im Zusammenhang.

Andererseits führten Absenkungen des Festlandes zu Überflutungs- und Ablagerungsvorgängen und damit zur Bildung von *Sedimentgesteinen.* Wie das geologische Idealprofil und die erdgeschichtliche Zeittafel ausweisen, war der niedersächsische Raum während vieler Millionen Jahre Sen-

kungsgebiet. Erst das erklärt die über 10 000 m mächtigen Ablagerungen, die allein dem Mesozoikum und dem Paläozoikum angehören; nur bei anhaltender Senkung und nur bei Meeresbedeckung konnten derart große Schichtpakete entstehen.

Dabei wurden je nach Küstennähe und Temperatur des Meerwassers Salz, Kalk, Mergel, Ton und Sand sowie Strandgerölle abgelagert, die sich im Laufe der Jahrtausende und Jahrmillionen zu Kalk-, Mergel-, Ton- und Sandsteinen sowie Konglomeraten verfestigten. Dieser Vorgang wird *Diagenese* genannt. Unter starkem Gebirgsdruck und unter Erhitzung ging die Verfestigung noch weiter. Aus Tonstein wurden im Zuge einer solchen Metamorphose zum Beispiel Ton- und Kieselschiefer, aus Sandstein Quarzit, aus konglomeratischen Sandsteinen Grauwacken und aus Kalksteinen Marmor, die im Harz anzutreffen sind.

Dagegen waren Festlandsperioden stets Zeiten der Abtragung (*Erosion*) und der Umlagerung durch Wasser und Wind, wodurch ältere Schichten wieder freigelegt wurden, so daß in den geologischen Profilen *Schichtlücken* entstanden. Dokumente aus Festlandszeiten sind nur unter besonderen Bedingungen erhalten geblieben.

2.2. Erdgeschichtlich bedeutende Zeiten
(vgl. Tab. 10)

Die abgelagerten Sedimentgesteine, die metamorphen und magmatischen Gesteine sind für den Geologen erdgeschichtliche Urkunden. Die Gesteinsausbildung, die in den Gesteinen enthaltenen Fossilien und radioaktive Substanzen sowie die innere magnetische Ausrichtung der Gesteine lassen erkennen, in welchem Milieu die Gesteine gebildet wurden und welches Alter sie haben. Auf solche Altersbestimmungen gründet sich die erdgeschichtliche Zeittafel (vgl. Tab. 10 u. Abb. 25).

Erdaltertum (Silur bis Perm)

Niedersachsens älteste Gesteine sind 400 Millionen Jahre alt

Für Niedersachsen reicht eine solche geologische Tabelle allerdings "nur" rd. 400 Millionen Jahre zurück. Das ist etwa das Alter der ältesten im Harz vorkommenden Gesteine. Über die vorhergehende Zeit in der rund 4,5 Milliarden Jahre umfassenden Erdgeschichte läßt sich aus niedersächsischer Sicht kaum etwas beitragen, weil hier die älteren Ablagerungen in unerreichbarer Tiefe ruhen. Wie schon erwähnt, ist der Grund darin zu suchen, daß Niedersachsen in den letzten 400 Millionen Jahren der Erdgeschichte *vorwiegend Sen-*

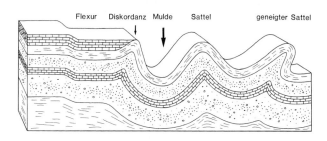

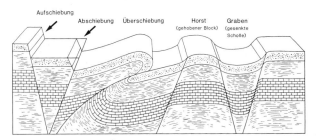

Abb. 23: Pressungs- und Dehnungsbelastungen in den Kontinentalschollen (aus: ROHDE 1985).
Die Belastungen führen als Folge der Plattenwanderung in den Gesteinen zu *Falten* (Flexuren, Mulden, Sättel) und zu *Brüchen* (Verwerfungen), wie sie für den Harz (Altfaltengebirge) und das Niedersächsische Berg- und Hügelland (Saxonisches Bruchschollenland) charakteristisch sind.

Tab. 10:   Erdgeschichtliche Zeittafel für Niedersachsen.

Zeit vor Mio. Jahren	Zeit-alter u. Dauer in Mio. Jahren	Formation	Abteilung	Stufe	Tektonik u. Vulkanismus	Gesteinsausbildung und -vorkommen	Mächtig-keit in m	Oberirdische	Unterirdische Lagerstätten
-1,7 –	Erdneuzeit oder Känozoikum (65)	Quartär	s. Tab. 11			Sand, Kies, Lehm, Torf	0–500	Sand, Torf	Kieselgur
-65 –		Tertiär 63	Pliozän Miozän Oligozän Eozän Paläozän		Harzhebung — Basaltvulkane Leine-graben-einbruch	Ton, Sand, Braunkohle, Sandstein, Quarzit	0–1000	Glassand bei Duingen, Töpferton, Basalt bei Dransfeld, Ziegelton	Braunkohle bei Duingen \ Braunkohle (Helmstedt)
	Erdmittelalter oder Mesozoikum (180 Mio.)	Kreide 80	Obere Kreide	Maastricht Campan Santon Coniac Turon Cenoman — Senon	Subher-zynische Phase	Mergelstein \ Plänerkalk	800–2000	Zement- und Branntkalk (Hannover) \ Ziegelton, Bruch- und Werksteine Ziegelton,	Eisenerze (Peine, Lengede) \ Eisenerze (Salzgitter)
-145 –			Untere Kreide	Alb Apt Barrême Hauterive Valangin Wealden — Neokom Gault	Jung-kimmeri-sche Phase	Ton- und Mergelstein Sandstein (Hils- und Osningsandstein) Ton- und Mergelstein \ Sandstein und Tonstein		Obernkirchener Sandstein	Steinkohle (Deister)
		Jura 65	Oberer (Malm)	Tithon Kimmeridge Oxford	Saxonische Bruchschollentektonik (Alpidische Faltungsära) Aufstieg der Salzstöcke (Halokinese)	Kalk- und Mergelstein, Tonstein, Gips und Salz, Kalkstein (Korallenoolith)	450–1600	Branntkalk Bruchsteine (Korallenoolith)	Eisenerz im Gifhorner Trog, Ölschiefer bei Braunschweig, Asphaltkalk (Ith)
			Mittlerer (Dogger)	Oberer Mittlerer Unterer		Tonstein, Sandstein (Porta- und Cornbrash-Sandstein)		Bruchsteine \ Ziegelton	
-210 –			Unterer (Lias)	Oberer Mittlerer Unterer		Tonstein mit Kalk- und Kalksandsteinbänken			Eisenerz b. Bad Harzburg, Bad Gandersheim, Göttingen
		Trias 35	Keuper	Oberer (Rhät) Mittlerer Unterer		Sandstein, Quarzit, bunte Tone, Mergelstein, (Gips)	300–450	Bruchstein, Ziegelton	
			Muschel-kalk	Oberer Mittlerer Unterer		Kalkstein (Trochitenkalk) Kalk- und Mergelstein, Gips Kalkstein (Wellenkalk)	200–300	Zement- und Branntkalk, Bruchstein (Elmkalk)	(Steinsalz)
-245 –			Bunt-sandstein	Oberer (Röt) Mittlerer Unterer		Tonstein, Gips, Salz Bausandstein, Rogenstein	500–1100	roter Solling- und Vogler-Sandstein	
	Erdaltertum oder Paläozoikum (325 Mio.)	Perm 45	Zechstein	Aller-Serie (Zechstein 4) Leine-Serie (Zechstein 3) Staßfurt-S. (Zechstein 2) Werra-Serie (Zechstein 1)		Kali- und Steinsalz, Gips, Anhydrit, Kalk, Dolomit, Salzton	400–1200	Gips, Anhydrit, Dolomit (Südharzrand)	Kalisalz, Steinsalz, Mineralquellen \ (Kupferschiefer)
-255 –			Rot-liegendes		Porphyr-Vulkanis-mus (Südharz)	Sandstein, Tonschiefer, Porphyr (Südharz) Konglomerate	250–1000	(Bruchsteine)	Steinsalz (Stade)
-290 –		Karbon 70	Ober-karbon	Stefan Westfal Namur	Variskische Faltung — Granit-In-trusionen (Brocken) — Harz	Sandstein (Piesberg) Brockengranit, Gabbro, Hornfels	400–2000	Bruch- und Werksteine: Sandstein, Granit, Gabbro, Grauwacke	(Steinkohle bei Osnabrück) Blei-, Zink-, Silbererz-, Schwerspat-gänge im Oberharz
			Unter-karbon (Dinant, „Kulm")			Acker-Bruchberg-Quarzit, Kulm-Grauwacke, Kulm-Tonschiefer, Kulm-Kieselschiefer,			
-360 –		Devon 50	Oberdevon	Adorf	Variskische Geosynklinale — Harz — sub-mariner Vulka-nismus (Harz)	Grauwacke, Kalkstein, Diabas, Ton- und Kieselschiefer, Wissenbacher Schiefer, Kahleberg-Sandstein,	1000–2000	Bruchsteine, Brannt- und Zuschlagkalk (Bad Grund), Dachschiefer (Goslar)	Blei-Zink-Silber-erze (Rammelsberg), Roteisensteine (Harz)
			Mitteldevon	Givet Eifel					
-410 –			Unterdevon	Ems Siegen Gedinne					
-440 –		Silur 30 (Gotlandium)			Kaledonische Faltungsära	dunkle Tonschiefer			
-510 –		Ordovicium 70							
-570 –		Kambrium 60				In Niedersachsen keine Ablagerungen nachgewiesen			
über 3000	Urzeit oder Eozoikum Azoikum	Präkambrium Algonkium Archäikum			mehrere Orogenesen				

(rechte vertikale Beschriftung: Erdöl- und Erdgas-Speichergesteine)

Quelle: SEEDORF 1977; verändert n. H. KREUZER & C. HINZE (1985, schriftl. Mitt.) u. HARLAND et al. 1990

kungsgebiet war, so daß sich hier Schichtgesteine von mehreren Kilometern Mächtigkeit über die sehr alten Gesteine des Kambriums und der Erdurzeit gelegt haben. Anders als bei den alten Schilden, die schon mehrere hundert Millionen Jahre in Hebung begriffen sind und in dieser Zeit der Abtragung unterlagen, treten in Niedersachsen kambrische und präkambrische Gesteine an keiner Stelle an die Oberfläche. Natürlich sind sie aber in großer Tiefe vorhanden.

Dennoch sind auch in Niedersachsen Zeugnisse der frühen Erdgeschichte unübersehbar: Die gewaltigen Mengen eiszeitlicher Geschiebe (*"Findlinge"*, *"Erratica"*), die in der Grundmoräne des skandinavischen Inlandeises z. T. über 1000 Kilometer weit bis nach Norddeutschland verfrachtet worden sind, spiegeln in ihrer Vielfalt über 1 Milliarde Jahre Erdgeschichte wider. Ihr Ursprung liegt in Mittel- und Südschweden, in der Ostseesenke oder in Finnland, wo auf dem sog. "Fennoskandischen Schild", dem ältesten Teil der europäischen Kontinentalplatte, Gneise, Granite und andere Gesteine aus der Erdurzeit durch jahrmillionenlange Aufstiegsbewegungen und Abtragungsvorgänge freigelegt worden sind.

Der Harz ermöglicht als "Geologisches Fenster" den tiefsten Blick zurück in die Erdgeschichte

Die ältesten in Niedersachsen anstehenden Gesteine entstammen, soweit bisher bekannt, dem Silur und Devon (vgl. Tab. 10). Daß sie überhaupt an die Erdoberfläche kommen, ist der kräftigen *Heraushebung des Harzes* zu verdanken: Seit mindestens 100 Millionen Jahren steigt nämlich mit dem Harz eine einzige rund 30 x 90 km große Scholle

wesentlich stärker als die anderen Schollen des niedersächsischen Berglandes empor. Insgesamt ist die Harzscholle um etwa 3000 m höher herausgehoben worden als die benachbarten Schollen. Da die Hebung allmählich erfolgte, konnte die Abtragung weitgehend mit der Hebung Schritt halten, so daß sich der Harzrand heute nur maximal etwa 400 m über sein Vorland erhebt.

Durch den Aufstieg und die damit verbundene Abtragung wurden die mesozoischen Deckschichten gänzlich abgeräumt, und es kamen nach und nach immer ältere Gesteine an die Oberfläche, darunter die vorher von jüngeren Schichten überdeckten Erze und alten Gesteine, wie Granit, Gabbro, Hornfels, Dachschiefer, Quarzite, Schwerspat und Flußspat. Der Harz erweist sich damit als *"Geologisches Fenster"*. Mit seinen magmatischen und Schichtgesteinen, die über 100 Millionen Jahre älter sind als jene, die in den anderen Teilen Niedersachsens an die Oberfläche kommen, gestattet der Harz den tiefsten Blick zurück in die Erdgeschichte unseres Bundeslandes.

Vor 400 bis 300 Millionen Jahren: Das Variskische Gebirge entsteht

Während über das *Silur* der niedersächsischen Erdgeschichte (vor ca. 440 bis 410 Mio. Jahren) noch verhältnismäßig wenig bekannt ist, läßt sich für das *Devon* (vor ca. 410 bis 360 Mio. Jahren) bereits ein recht zuverlässiges Bild zeichnen. Damals zog sich von Westfrankreich nach Schlesien quer durch Mitteleuropa die *"Variskische Geosynklinale"*, ein von einem warmen tropischen Meer eingenommener Senkungsbereich in der Erdkruste, in dem im Laufe der Zeit rd. 2500 m mächtige

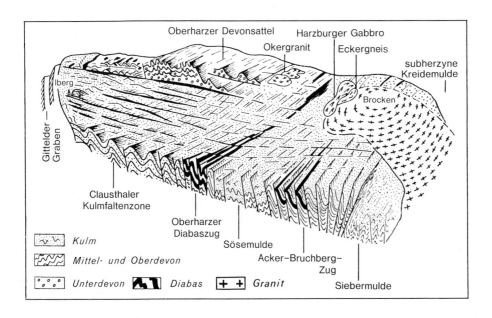

Abb. 24: Geologisches Blockbild des Westharzes (aus: MOHR 1984).
Die Harzscholle hat einen variskisch (SW-NE) streichenden Faltenbau und herzynisch (NW-SE) streichende Erzgänge.

Sedimente abgelagert wurden. Auf dem Boden des Beckens flossen aus submarinen Vulkanen zeitweilig Lavaströme und heiße, wässrige metallische Lösungen aus, während im Flachwasser Korallenriffe aufwuchsen. Die Oberharzer Diabase, die Rammelsberger Blei-Zink-Silber-Erze und die Riffkalke des Iberges bei Bad Grund stammen aus dieser Zeit.

Von den nutzbaren Gesteinen des Devons sind vor allem die dünnspaltenden *Wissenbacher Schiefer* zu nennen, mit denen die Dächer zahlreicher alter Gebäude in Goslar gedeckt sind, ferner die Grauwacken, der Kahlebergsandstein und der Ackerquarzit, die als Straßenbaumaterial und Eisenbahnschotter Verwendung finden. Kahlebergsandstein und Ackerquarzit treten darüber hinaus auch im Relief des Harzes deutlich hervor: Sie bilden wegen ihrer Widerstandsfähigkeit gegenüber der Abtragung *Härtlingsrücken,* die die benachbarten Hochflächen zum Teil um mehrere hundert Meter überragen (vgl. Kap. 3. "Heutige Oberflächenformen").

Aus der Variskischen Geosynklinale entstand im *Karbon* (vor ca. 360 bis 290 Mio. Jahren) das Variskische Gebirge. Damals bildete sich während der variskischen Faltung ein von der Eifel über das Rheinische Schiefergebirge und den Harz bis zum Flechtinger Höhenzug bei Magdeburg nachweisbares Faltengebirge *(Altfaltengebirge)* mit erzgebirgisch, d.h. SW-NE streichenden Ketten, die heute noch den Falten- und Schuppenbau und den Verlauf der meisten Täler des Harzes bestimmen. Die Hauptphase dieser *"Variskischen Orogenese"* fällt in das Oberkarbon (vgl.Tab. 10).

Der Harz ist eine eingerumpfte Bruchscholle des Variskischen Gebirges

Orogenesen (Gebirgsbildungsphasen) eines solch hohen Alters sind in Mitteleuropa nicht mehr als "echte" Gebirge, sondern nur noch an den geologischen "Strukturen" und der Art der Gesteine erkennbar.

Bedingt durch nachfolgende Abtragung und Krustenbewegungen ist das variskische Gebirge eingeebnet und zu großen Rumpfschollen zerbrochen worden. Nur einige dieser Schollen reichen heute direkt bis an die Erdoberfläche, wie der Harz und andere "Mittelgebirge" (z.B. Schwarzwald, Rheinisches Schiefergebirge, Erzgebirge). Die flächenmäßig weitaus größeren Verbindungsstücke liegen dagegen in großer Tiefe verborgen und bilden dort als variskisch verfaltetes *"Grundgebirge"* (engl. "basement") gewissermaßen den festen Sockel für die überlagernden jüngeren (mesozoischen) Schichten *("Deckgebirge").*

Granit, Erze und Steinkohle sind die wichtigsten Gesteinsdokumente der variskischen Gebirgsbildung

Während der variskischen Gebirgsbildung (Oberkarbon) kam es durch Störungen in der Erdkruste zu *Granitintrusionen* (Brocken- und Okergranit, Gabbro bei Bad Harzburg) und zur Bildung von Erzgängen, die mit ihren Kupfer-, Silber-, Blei- und Zink- sowie Eisen-, Schwerspat- und Flußspatfüllungen jahrhundertelang die Grundlage des Oberharzer Bergbaus waren.

Etwa zeitgleich mit den Faltungs- und Hebungsvorgängen setzte nördlich des Variskischen Gebirges, wahrscheinlich durch Ausgleichsbewegungen im Erdmantel bedingt, eine Absenkung der Erdkruste ein, die zur *Bildung einer Vorlandsenke* führte ("karbonische Saumtiefe"). Dort wurden während des Oberkarbons in mehreren Folgen Flußsande, Meerestone und Reste von tropischen Sumpfpflanzen abgelagert, aus denen im Laufe der Jahrmillionen Sandsteine, Tonschiefer und Steinkohle geworden sind.

Kohleführendes Oberkarbon (in Abb. 26: Westfal und Namur) tritt in Niedersachsen allerdings nur an einer einzigen Stelle an die Oberfläche: Die tektonische Aufwölbung des "Bramscher Massivs" in der Nähe von Osnabrück (Ibbenbürener Schafberg, Piesberg, Hüggel) bildet mit ihren karbonzeitlichen Sandsteinen und Steinkohleflözen die nördliche Fortsetzung des Ruhrkohlengürtels, der im Bereich des Münsterlandes und weiter im Norden unter mächtiger werdende Deckschichten taucht. Insgesamt ist das Osnabrücker Oberkarbon durch einen aufgedrungenen Magmenkörper um 1500 m aus den benachbarten Schichten horstartig herausgehoben worden. Im Norden lassen sich die Oberkarbon-Schichten anhand von Bohrungen bis nördlich der Elbe bzw. unter die Nordsee verfolgen, wo sie in rd. 5 km Tiefe als Muttergestein die Entstehung reicher Erdöl- und Erdgasvorkommen bewirkt haben. Aus den kohleführenden Ablagerungen stammen die chemischen Grundbausteine dieser Lagerstätten (Kohlenwasserstoffe) (vgl. Abb. 26 und Abb. 72).

Vor rd. 300 Millionen Jahren: Das Variskische Gebirge wird zu einer Rumpffläche abgetragen

Während der über 30 Millionen Jahre dauernden Zeit des Rotliegenden wurde das variskische Gebirge unter trocken-heißen bis warm-wechselfeuchten Klimabedingungen als Folge tiefgründiger Verwitterung und reißender Schichtfluten bis fast auf Meeresspiegelhöhe abgetragen. Es entstand eine sog. *Rumpffläche,* eine die gefalteten Schichten unterschiedslos schneidende Kappungsebene, die in dem berühmten Steinbruch der Fuchshalle im

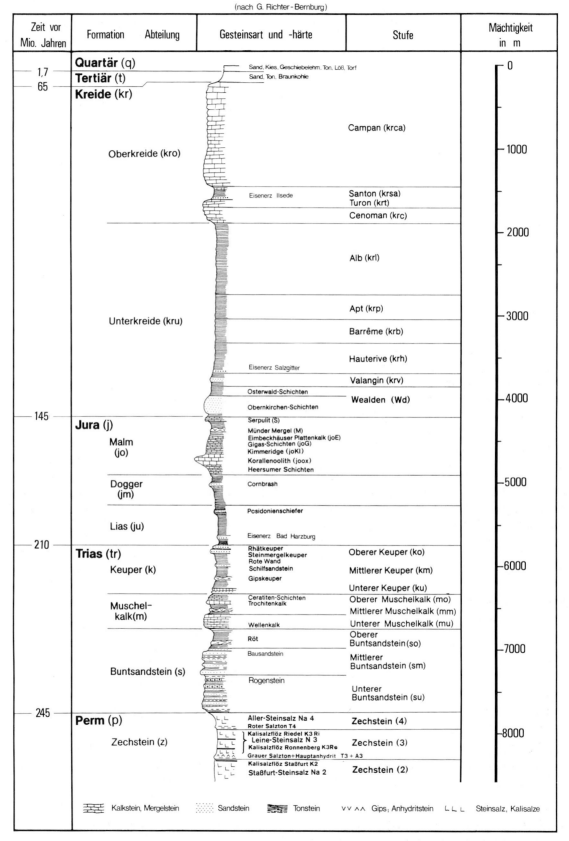

Abb. 25: Geologisches Idealprofil für den Raum Hannover (aus: Geologische Wanderkarte 1 : 100 000, Landkreis Hannover; hrsg. v.d. Naturhistorischen Gesellschaft zu Hannover, 2. Auflage 1979).

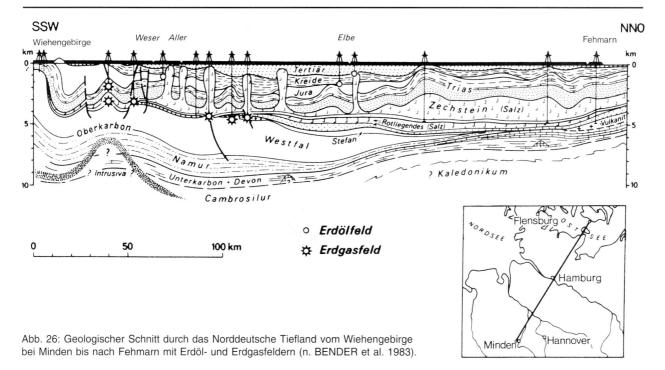

Abb. 26: Geologischer Schnitt durch das Norddeutsche Tiefland vom Wiehengebirge bei Minden bis nach Fehmarn mit Erdöl- und Erdgasfeldern (n. BENDER et al. 1983).

Stadtgebiet von Osterode noch gut zu erkennen ist ("Präoberpermische Rumpffläche").

Fast ganz Nordniedersachsen unterlag im Rotliegenden einer Senkungsbewegung. Ausgehend von der karbonischen Saumtiefe entstand allmählich ein neuer großer Ablagerungsraum zwischen den variskischen Faltenländern im Süden und dem Skandinavischen Schild im Norden: das *Germanische Becken.*

Das auf den variskischen Rumpfgebirgen verwitterte und abgetragene Material (Sand, Steine) wurde von breitsohligen Flüssen in das Zentrum dieses Beckens geschleppt oder auch in einzelnen Senken innerhalb des Gebirges abgelagert. Im Laufe der Jahrmillionen sind aus diesen Ablagerungen poröse, braune oder rotbraune Sandsteine und Konglomerate geworden, die heute als *Speichergesteine* von Erdöl und Erdgas eine große Rolle spielen (vgl. Kap. 4. "Nutzbare Lagerstätten und Rohstoffreserven"). Die im Beckentiefsten, im Unterelbe-Trog, ausgefällten Rotliegend-Salze erreichen im südlichen Schleswig-Holstein und bei Stade Mächtigkeiten von einigen hundert Metern: Sie werden im Salzstock Harsefeld durch die Stader Saline und die Chemische Industrie wirtschaftlich genutzt.

Vor rd. 250 Millionen Jahren: Das Zechsteinmeer hinterläßt mächtige Salzablagerungen

Eine kräftige Erweiterung erfuhr das Germanische Becken in der *Zechsteinzeit des Ober-Perm.* Damals wurde nahezu das gesamte Gebiet Niedersachsens einschließlich des Harzes, der als Teil

des Variskischen Gebirges ja weitgehend abgetragen war, von einem stark salzhaltigen tropischen Flachmeer überspült, das von England über Holland und Westdeutschland bis nach Nordostdeutschland und Dänemark reichte (vgl. Abb. 27). In landnahen, abgeschnürten Becken dieses Meeres unterlag das relativ flache Wasser einer abnorm hohen Verdunstung. Durch wiederholte Eindampfung entstand eine bis über 1000 m mächtige zyklenhafte Folge von Salzen, die heute in ganz Norddeutschland im Untergrund anzutreffen ist. Insgesamt sind im Raum Niedersachsen *vier Eindampfungszyklen* zu unterscheiden, die nach ihren Hauptverbreitungsgebieten benannt sind: Werra-, Staßfurt-, Leine- und Aller-Serie. Jede Serie beginnt mit festländischen Einschwemmungen (Kon-

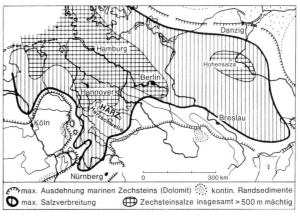

Abb. 27: Verbreitung der Zechsteinsalze in Norddeutschland (n. RICHTER-BERNBURG, aus: SEEDORF 1955).

glomeraten, Sanden oder Tonen). Dann folgen die schwerstlöslichen Verbindungen, nämlich Kalk und Dolomit, die am frühesten ausgefällt wurden, nachfolgend die leichter löslichen Salze: Sulfate (Anhydrit/Gips), Steinsalz und schließlich Kalisalz.

Zechsteinsalze spielen bei der Reliefbildung (Halokinese, Salzauslaugung) und als wertvolle Rohstoffe eine herausragende Rolle

Die Gesteine keiner anderen Formation sind von so großer Bedeutung für die Oberflächenformen geworden wie die Salze des Zechsteins. Salze haben die Eigenschaft, unter hohem Druck plastisch zu werden und dem geringsten Widerstand folgend an Schwächelinien (Klüfte, Verwerfungen) aus dem Schichtenverband abzuwandern. Der hohe Druck wird von den später abgelagerten, mehrere tausend Meter mächtigen Schichten des mesozoischen "Deckgebirges" und durch Erdkrustenbewegungen ausgeübt. Dabei entstehen kissen-, dom-, rücken- und mauerartige Strukturen (vgl. Abb. 28), die in Norddeutschland von Helgoland bis Göttingen als Salzkissen, Salzstöcke (Salzdiapire), Salzrücken und Salzmauern zweihundertfach verbreitet und durch den Aufstieg zum Teil in bergbaulich erreichbare Tiefen gelangt sind, wo sie durch Kali- und Steinsalzbergwerke sowie durch Salinen genutzt werden. Einige Salzstöcke wurden ausgesolt und dienen als künstliche *Speicherkavernen* für Erdöl und Erdgas (vgl. Abb. 26; s.a. Kap. 4. "Nutzbare Lagerstätten und Rohstoffreserven").

Bei der Aufwärtsbewegung der Salze wurden vielfach die Deck- und Nebengesteinsschichten mit aufgeschleppt, so daß in der Umgebung der Salzstöcke nicht selten mesozoische Gesteine an die Erdoberfläche treten (Helgoland, Lüneburg). Diese aufgerichteten Gesteine bildeten vielfach Aufstiegsbahnen für in der Tiefe vorhandenes Erdöl, das dann unter dem pilzartigen Dach der Salzstök-

ke aufgefangen wurde und sich mit der Zeit dort ansammelte. Die ersten Erdölfelder sind an solchen natürlichen Erdölfallen oberflächennaher Salzstökke erschlossen worden (Allertalzone, vgl. Abb. 26, 75).

Im Berg- und Hügelland sind die Bewegungen und Verlagerungen der Zechsteinsalze überdies erheblich an der schollenartigen Verstellung der dortigen Gesteinsschichten mitbeteiligt gewesen (vgl. Abb. 29). Im Einzelfall ist solche *Salztektonik (Halokinese)* allerdings meist nur schwer von echten endogenen (innenbürtigen) Erdkrustenbewegungen zu trennen: Das Zechsteinsalz reicherte sich bei der Aufwölbung der Gebirgssättel zu mächtigen Lagern an (Hildesheimer Wald, Rhüdener Sattel u.a.) und ließ durch Auslaugung die Sattelscheitel einbrechen (Asse-Sattel, Salzgitterer Höhenzug, Leinetalsattel bei Alfeld). Bei Abwanderung des Salzes bildeten sich Mulden (z.B. Ith-Hils-Mulde und Sackmulde bei Alfeld, vgl. Abb. 29), in denen in tertiärer Zeit stellenweise die später zu Braunkohlen verfestigten Torfe aufwuchsen (z.B. Wallensen-Thüste in der Ith-Hils-Mulde und Helmstedter Braunkohlenmulde).

Dort, wo Zechsteinsalze vom Grundwasser erreicht werden, unterliegen sie auch heute noch der Auslaugung. Es kommt zur Ausbildung breiter Wannen und Becken, die zuweilen von Seen eingenommen werden (Eichsfeld mit Seeburger See, Bodenteich bei Uelzen, vgl. Pkt. 3.3. "Salz- und Gipsauslaugung").

Am besten läßt sich die *Salzauslaugung* heute in Lüneburg studieren, wo zahlreiche Gebäudeschäden durch das Absinken der Erdoberfläche entstanden sind. Die bei der Auslaugung verbleibenden schwerer löslichen Rückstände (sog. "Gipshut") bauten früher den etwa 70 m hohen Lüneburger Kalkberg auf (eigentlich: Gipsberg), der jedoch durch Bruchsteingewinnung weitgehend abgetragen wurde.

Auch die sehr mächtigen *Anhydrite* und *Dolomite* der Zechsteinzeit unterliegen der Auslaugung. Das zeigt sich besonders deutlich am südlichen Harzrand. Der Anhydrit hat sich durch Wasseraufnahme durchweg in Gips verwandelt. Zehntausende von Jahren dauernde Lösungsvorgänge haben in den Gipsen und Dolomiten ein Labyrinth von Tunnelröhren und *Höhlen* geschaffen, wie die Jettenhöhle bei Osterode oder die Einhornhöhle und die Steinkirche bei Scharzfeld, und sie haben mit dem Einsturz solcher Hohlräume an der Erdoberfläche bombentrichterähnliche Gruben hervorgerufen. Derartige *Erdfälle* finden sich zu Hunderten und Tausenden auf den Gipsbergen am Harzrand. Die Harzflüsse, die die südliche Gipszone queren, verlieren in den Löchern und Klüften ihr Wasser (sog. *Flußschwinden*) und treten z.T. erst

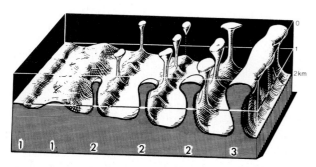

1. Salzkissen, 2. Salzstöcke, 3. Salzmauern

Abb. 28: Fortschreitende Entwicklung der Salzstrukturen (aus: HERRMANN 1981, n. TRUSHEIM 1975).

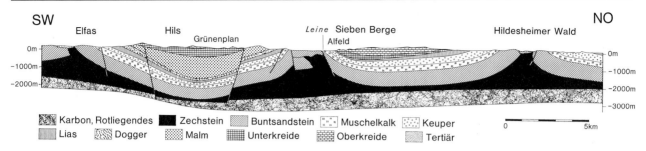

SW | NO
Elfas · Hils · Grünenplan · *Leine* Sieben Berge · Alfeld · Hildesheimer Wald

0m / -1000m / -2000m ... 0m / -1000m / -2000m / -3000m

Karbon, Rotliegendes · Zechstein · Buntsandstein · Muschelkalk · Keuper
Lias · Dogger · Malm · Unterkreide · Oberkreide · Tertiär
0 — 5km

Mulden: Hilsmulde, Sackmulde (Sieben Berge); *Sättel:* Elfas, Leinetal, Hildesheimer Wald; schwarz: Zechsteinsalze.

Abb. 29: Querschnitt durch das Leinebergland mit typischen, durch Salzabwanderung und -aufstieg bedingten Mulden- und Sattelstrukturen (n. Geologische Wanderkarte Leinebergland 1 : 100 000, 1979).

nach kilometerlangem, unterirdischem Lauf als Karstwasser in Quellen wieder zu Tage, wie z.B. in der sehr starken Rhumequelle (vgl. Kap.7. "Gewässer und Wasserwirtschaft" und Farbtafel 11).

Erdmittelalter (Mesozoikum): Trias bis Kreide

Vor rd. 240 Mio. Jahren: In der Zeit des Buntsandsteins war Niedersachsen abwechselnd Wüste und Meer

Zu Beginn des Erdmittelalters lag der größte Teil Niedersachsens zunächst noch unter dem Meeresspiegel. In einem warmen, kalkhaltigen Flachmeer wurden während der *Unteren Buntsandsteinzeit* bunte Tone und Mergel sowie ein rotbrauner, körniger Kalkstein gebildet *("Rogenstein"),* der wegen seiner besonderen Struktur und seiner rotvioletten Farbe seit dem Mittelalter als Werkstein viel verwendet wurde. Im Gelände ist er am Aufbau von Schichtrippen beteiligt (z.B. Salzgitterer Höhenzug, Asse).

Die roten Ton- und Sandsteine, die vor allem im südlichen Harzvorland und im Eichsfelder Becken anstehen, sind demgegenüber weich und erosionsanfällig. In ihnen finden sich viele Täler und junge Erosionsrisse (Schluchttäler und sog. Tilken; vgl. Kap. 3. "Heutige Oberflächenformen"), die nach der mittelalterlichen Rodung dieser Gebiete vor allem bei Starkregen tief eingeschnitten und teilweise wieder angefüllt wurden (vgl. Abb. 61).

In der *Mittleren Buntsandsteinzeit* verwandelte sich mit dem Rückzug des Meeres Norddeutschland bis hin nach Helgoland in eine wüstenartige Flachlandschaft. Auch der Harz war seit der Rotliegendzeit als Gebirge nicht mehr vorhanden. Flüsse und Schichtfluten schütteten von den umgebenden Randgebirgen der "Rheinischen" und "Böhmischen Masse" in dem Binnenbecken breite Sand- und Schotterebenen sowie an den Flußmündungen Deltas auf, deren Sande durch den Wind zu Dünen und Flugsanddecken umgeformt wurden.

Insgesamt sind diese Ablagerungen wegen der lange andauernden Senkung des Beckens besonders im Sollinggebiet bis über tausend Meter mächtig. Sie sind außerdem - typisch für Wüstengebiete - durch Eisenoxid auffällig rotbraun gefärbt (deshalb: Buntsandstein).

Im Laufe der folgenden rd. 240 Millionen Jahre ist aus dem ehemaligen Wüstensand durch Diagenese ein hochwertiger, dickbankiger und harter Werkstein geworden, der als "roter Bausandstein" besonders im Oberwesergebiet verbreitet ist. Berühmt sind auch die *Sollingplatten,* fingerdicke rote Sandsteinplatten, deren glimmerreiche Schichtflächen dem Gestein eine vorzügliche Spaltbarkeit verleihen. Als wetterfester Dachbelag, als Verkleidung von Hauswänden und als Gartenplatten bestimmen sie auch heute noch das Ortsbild vieler Dörfer in Südniedersachsen.

Die Widerstandsfähigkeit gegenüber der Abtragung bringt die Schichten des Mittleren Buntsandsteins darüber hinaus auch im Relief sehr augenfällig zum Ausdruck. Südlich der Linie Bodenwerder, Gandersheim und Seesen bestehen viele Bergzüge aus diesem Gestein: Neben dem schon erwähnten Solling der Bramwald sowie Reinhards- und Kaufunger Wald, Vogler, Elfas und Teile des Eichsfeldes. Die Gesteine sind an der Erdoberfläche zu nährstoffarmen Sandböden verwittert, die im wesentlichen forstlich genutzt werden (Nadelwald).

In der *Oberen Buntsandsteinzeit* (Röt) griff das Meer erneut auf weite Teile Niedersachsens über. Da das Klima weiterhin warm und wüstenhaft blieb - die laurasische Platte (vgl. Abb. 22) mit dem niedersächsischen Gebiet lag immer noch in tropischen Bereichen - wurden neben den roten Tonen des Röt in übersalzenen Lagunen vor allem Mergel, Gips und Steinsalz abgelagert. Alle diese Gesteine des Röt werden an der Erdoberfläche leicht abgetragen. Sie spielen daher bei der Bildung von Tälern, Becken und Senken eine große Rolle. Die Oberweser hat beispielsweise von Karlshafen bis Holzminden den Bereich der ausstreichenden Rötschichten am Rande des Buntsandsteingewölbes tief und weit ausgeräumt. Auch die Muschelkalkstufen des Göttinger Waldes, des Hildesheimer Waldes und andere Höhenzüge werden von Rötsenken begleitet, deren Lößdecke tiefgründige und fruchtbare Acker- und Grünlandböden hervorgebracht hat.

Das Muschelkalkmeer überspülte unser Gebiet

Während der Zeit des Muschelkalks lag Niedersachsen wegen der anhaltenden Senkung des sog. *Germanischen Beckens* weiterhin unter dem Meeresspiegel. Dieses Germanische Becken trat damals sogar durch die Oberschlesische und später durch die Burgundische Pforte mit dem alpinen Mittelmeer (Tethys) in Verbindung. Dort wie hier wurden vor allem graue Kalksteine und Mergel sedimentiert, die heute auch Teile der Kalkalpen und des fränkischen Schichtstufenlandes aufbauen.

Wie der Name Muschelkalk andeutet, sind die Ablagerungen außerordentlich reich an Schalentieren: Neben Muscheln finden sich darin Trochiten (Stielglieder von Seelilien), Ceratiten (spiralig eingerollte Vorläufer des Tintenfisches) und Terebrateln (muschelähnliche "Armfüßler"), die zum Teil so häufig vorkommen, daß einzelne Schichten des Muschelkalks danach benannt sind (vgl. Abb. 25).

Im Relief fallen die Ceratiten- und Trochitenschichten des Oberen Muschelkalks ebenso wie der Wellenkalk des Unteren Muschelkalks wegen ihrer Härte als Schichtstufen und Hochflächen ins Auge (z.B. Teile des Göttinger Waldes, der Dransfelder und Ottensteiner Hochfläche). Dank seiner Dickbankigkeit und Härte war der "Wellenkalk" darüber hinaus früher ein begehrter Werkstein, der vor allem am Elm abgebaut wurde ("Elmkalk"). Der romanische "Kaiserdom" Kaiser Lothars in Königslutter und das Grabmal Heinrichs des Löwen im Braunschweiger Dom sowie der Bremer Roland sind aus diesem Stein errichtet.

Für die landwirtschaftliche Nutzung sind die Böden des Muschelkalks ungünstig. Sie sind sehr steinig, flachgründig und zeitweilig recht trocken, also mit Eigenschaften behaftet, die durch die guten Wärmeverhältnisse nicht kompensiert werden können. Absolut vorherrschend sind daher ausgedehnte Buchenwaldungen.

Die Keuperzeit: Niedersachsen im Übergangsbereich zwischen Land und Meer

In der Keuperzeit ging die langandauernde Meeresüberflutung des niedersächsischen Gebietes zu Ende. Die starke Absenkung des Germanischen Beckens ließ vorübergehend nach, so daß Meeres- und Festlandsperioden mehrfach einander ablösten. Der Wechsel der Ablagerungsbedingungen dokumentiert sich heute in der wechselhaften Folge der Keupergesteine. Neben bunten (roten und graugrünen) Mergeln, Gips und Tonsteinen finden sich im heutigen Harzvorland auch Sedimente, die in Küstennähe unter Süß- und Brackwassereinfluß und warmfeuchten Klimabedingungen abgelagert wurden: Der *Schilfsandstein,* der nach seinen Pflanzenresten benannt ist, und die kohlenhaltigen Schichten des *Lettenkeupers,* die sich an einer flachen Sumpfküste gebildet haben. Sie sind hier ebenso zu nennen, wie der harte *Rhätquarzit,* der beispielsweise am Klüt bei Hameln oder in Velpke bei Braunschweig ansteht ("Velpker Stein"). Weitflächig sind Keupergesteine vor allem westlich der Weser im Lippischen Bergland verbreitet, wo sie außerhalb Niedersachsens den Köterberg (497 m), den "Brocken des Lipperlandes", aufbauen.

Vor 210 bis 145 Mio. Jahren: In der Jurazeit wuchsen Korallen im warmen Flachmeer

In der Jurazeit lag Niedersachsen wieder durchgängig unter dem Meeresspiegel. Noch immer dehnte sich in unserem Gebiet als Vorläufer der heutigen Nordsee das Germanische Becken aus. Es war über die damals schon bestehende Hessische Senke mit dem süddeutschen Jurameer verbunden.

Während der *frühen Jurazeit (Lias, Dogger)* wurden zunächst im warmen Flachwasser dunkle Tone und Sande sedimentiert (daher auch: "Schwarz"- und "Braun"-Jura). Sie waren reich an abgestorbenem Plankton, das wegen Sauerstoffarmut nicht verwesen konnte. Diagenetische Vorgänge haben die Sedimente im Laufe von Jahrmillionen zu Sand- und Tonsteinen verfestigt, die zum Teil ölhaltig sind, so der *Cornbrash-Sandstein* und der *Portasandstein,* die beide den Schichtkamm des Wiehengebirges und den südlichen Vorkamm des Wesergebirges aufbauen, sowie die ölhaltigen Posidonienschiefer ("Ölschiefer"). Große Vorkommen an *Ölschiefer,* die in Zukunft vielleicht einmal wirtschaftlich abgebaut werden können, sind in tagebaulich erreichbaren Tiefen aus dem Raum nördlich Braunschweig nachgewiesen (vgl. Kap. 4. "Nutzbare Lagerstätten und Rohstoffreserven").

Schon in der Lias-Zeit kam es überdies zur Bildung von *Erzlagerstätten.* In kleinräumigen Übertiefungen des Meeresbodens ("Erzfallen") reicherten sich Eisenerze an, die noch vor wenigen Jahrzehnten am nördlichen und westlichen Harzrand abgebaut wurden (z.B. Lias-Erze bei Rottorf am Klei und Bad Harzburg).

Zu Beginn des *Malm (Weißjura)* zog sich das Meer erneut nach Norden zurück. Nördlich der damaligen Küstenlinie, die etwa vom heutigen Harznordrand über die Hilsbucht nach Westen verlief, wurden im Flachwasserbereich weiße und graue Kalke abgelagert, bei Meerestemperaturen, die noch das Wachstum von Korallen ermöglichten (> 20° C).

Unter den Schichten des Malm tritt der harte *Korallenoolith* heute nicht nur als First- und Klippenbildner vieler Schichtkämme hervor (z.B. Wesergebirge, Süntel mit Hohenstein, Deister mit Bielstein, Ith), er liefert auch Rohstoffe für den Straßenbau und die Kalkindustrie. Bei Eschershausen ist der Kalk mit eingewandertem Erdöl versetzt und dadurch zu *Naturasphalt* geworden, der für die Herstellung von Baustoffen gewonnen wird. Es ist das einzige Vorkommen dieser Art in der Bundesrepublik.

Auch während der Malmzeit ist es auf dem Meeresboden örtlich zur Anreicherung von *Erzen* gekommen. Die bekannten Erzflöze an der Porta Westfalica, deren letzter Abbau noch bei Nammen (Nordrhein-Westfalen) betrieben wird, stammen ebenso aus dieser Zeit wie die zum Teil besonders mächtigen Eisenerzlagerstätten im nördlichen Harzvorland, die sich im Bereich des "Gifhorner Troges" in heute rd. 1000 m Tiefe angereichert haben (z.B. ehemalige Grube "Konrad" bei Salzgitter-Bleckenstedt). Ihr Abbau ist jedoch wegen der niedrigen Preise für Importerze gegenwärtig nicht lohnend (s. Kap. 4. "Nutzbare Lagerstätten und Rohstoffreserven").

Alle genannten Erzvorkommen aus dem Malm sind oolithischer Natur. Sie sind durch Ausflockung und Ablagerung von Eisenhydroxid um Mineralteilchen herum entstanden, die dann auf den Meeresboden abgesunken sind und sich dort verfestigt haben.

Vor 140 Mio. Jahren: Ein Binnensee nahm die Mitte Niedersachsens ein

Während der *Kreidezeit* verstärkte sich die Hebung des niedersächsischen Gebietes als Fernwirkung der Faltung und Hebung der Alpen. Zur Zeit der *Bückeberg-Formation (Wealden)* der Unterkreide wurden daher vorübergehend große Teile Niedersachsens Festland (vgl. Abb. 30).

Lediglich im mittleren Niedersachsen blieb ein Binnen- und Brackwassersee erhalten *("Niedersächsisches Becken")*, der im Norden etwa auf der Linie Cloppenburg-Nienburg durch die sog. Pompeckj'sche Schwelle, im Süden durch die Rheinische Masse und den aufsteigenden Harz, im Westen durch die Ostholländische Schwelle begrenzt wurde und nur im Osten zeitweilig mit dem offe-

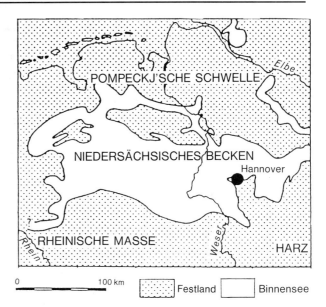

Abb. 30: Der Ablagerungsraum der Bückeberg-Formation (Wealden-Sandsteine) in Nordwestdeutschland. Zur Orientierung mit den heutigen Flüssen und Küstenlinien (n. HENDRICKS 1981).

nen Meer in Verbindung stand. In dieses Becken wurden von Flüssen mächtige helle Sande geschüttet. In küstennahen subtropischen Sümpfen mit Baumfarnen und Schachtelhalmgewächsen wurden Torfe gebildet, die sich im Laufe von 140 Millionen Jahren zu *Steinkohle* verfestigten. Auf den ufernahen Sand- und Schlickflächen hinterließen Saurier ihre "eindrucksvollen" Trittsiegel (z.B. im Rehburger Sandstein bei Münchehagen).

Unterkreidesandsteine der Bückeberg-Formation sind als Bau- und Ornamentsteine von Bentheim über den Teutoburger Wald und das Wiehengebirge, über die Bückeberge (Obernkirchen) und den Deister bis hin zum nördlichen Harzvorland in vielen Brüchen gewonnen worden. Mit ihnen wurden die kunstvollen Bauten der Weserrenaissance und die monumentalen Gebäude der Gründerzeit errichtet. Der über Bremen verschiffte *Obernkirchener Sandstein* hat unter der Bezeichnung "Bremer Stein" als Ornament- und Baustein Weltberühmtheit erlangt. Man findet diesen Stein in zahlreichen Renaissancegebäuden von Den Haag bis Kopenhagen.

Mit *Deisterkohle* wurde die aufkommende Industrie in Hannover-Linden beliefert (bis 1956), und auch in den Bückebergen und deren Vorland bei Obernkirchen und Minden, im Osterwald, Süntel und Hils wurde lange Zeit diese Kohle in geringmächtigen Flözen abgebaut. Die weit verbreiteten *Schiefertone* der marinen Unterkreide (insbesondere Neokom) wurden früher von vielen Ziegeleien im Bentheimer Gebiet, vor allem aber in der Bergvorlandzone um Stadthagen, Hannover und Braunschweig verarbeitet. Die Wealden-Tone im Hils waren einst Grundlage der berühmten Duinger Töpferei.

Bemerkenswert ist die Schwefelkiesführung aller Wealdenkohlen und -schiefertone. Durch die Zersetzung dieses Minerals erhält das Quellwasser einen deutlichen Schwefelgehalt, der den Heilquellen in Nenndorf, Eilsen und Bentheim eigen ist.

Zu den wirtschaftlich bedeutendsten Rohstoffen aus der Unterkreidezeit gehörten die *Eisenerze.* Es handelt sich dabei um sog. Trümmereisenerzlager, die im Brandungsbereich des Unterkreidemeeres am Fuße der sich hebenden Harzscholle durch die Aufarbeitung knollenartiger Toneisensteingeoden entstanden sind. Die Geoden stammen aus den abgetragenen jurazeitlichen Deckschichten des Harzes. Sie sind im Vorland zusammengeschwemmt und dort in einer gleichsam "natürlichen Erzwäsche" angereichert worden. Die Trümmererze und Basalkonglomerate haben meist nur eine geringe Mächtigkeit, doch im Salzgittergebiet und in Delligsen bei Alfeld wirkten ertrunkene Täler an der buchtenreichen Küste als Schuttfänger, in denen sich die Erze zu großen Lagern anhäuften (in Salzgitter bis über 100 m mächtig). Über 40 Jahre lang, von 1937 bis 1982, waren die Trümmereisenerz-Lager bei Salzgitter-Gebhardshagen Grundlage der dortigen Hüttenindustrie (Schacht Haverlahwiese). In Delligsen bestand schon seit 1735 eine Eisenhütte, die bekannt war für ihre gußeisernen Ofenplatten.

In der Oberkreidezeit war Niedersachsen ein letztes Mal weiträumig Meeresboden

Gegen Ende der Unterkreide (Alb) und während der Oberkreidezeit überflutete das Meer noch einmal den größten Teil Niedersachsens. Das Oberkreidemeer erstreckte sich in west-östlicher Richtung von Holland über die Norddeutsche Senke bis hin nach Polen, im Süden bis fast an den Vogelsberg sowie im Norden bis nach Dänemark und Südschweden. Damals kam es zur Ablagerung des weißen, weichen Kalksteins, der in Niedersachsen als *Schreibkreide* (daher der Name!) z.B. bei Wolfenbüttel, Hildesheim, Lüneburg und Hemmoor (Oste) angetroffen wird. Die bekannten Schreibkreideschichten von Möns Klint (Dänemark) und Rügen stammen ebenfalls aus dieser Zeit. Die eiszeitlichen Gletscher haben Kalk und Feuersteinknollen dieser Schichten in die niedersächsischen Geestgebiete verfrachtet und in den Grundmoränen (Geschiebemergeln) zurückgelassen. So rührt letztlich auch der Kalkgehalt des aus der Grundmoräne ausgeblasenen Lösses von den Kreidekalken her.

Die in Norddeutschland abgelagerten Kalke und Mergel bildeten bis vor wenigen Jahren die Rohstoffbasis einer umfangreichen *Zementindustrie* im Raum Hannover, wo heute nur noch in Misburg-Anderten produziert wird, sowie früher in Wunstorf und in Hemmoor bei Stade. Die ehemaligen Eisenerzbergwerke bei Damme (Senon), bei Ilsede-Peine und Lengede-Broistedt (beide Emscher-Santon) gründeten sich bis zu ihrer Einstellung in den 60er und 70er Jahren auf *Oberkreide-Erze* (Trümmer-Erze) (vgl. Kap. 4. "Nutzbare Lagerstätten und Rohstoffreserven").

Die vorwiegend kalkigen Ablagerungen der Oberkreide bilden je nach ihrem Verfestigungsgrad unterschiedliche *Geländeformen.* In den harten, stark zerklüfteten und deshalb gegenüber der Abtragung durch fließendes Wasser sehr widerstandsfähigen Plänerkalken des Cenomans und vor allem des Turons finden sich überall ausgeprägte Schichtstufen, -kämme und -rippen, sofern die Schichten genügend geneigt sind (Salzgitterer Höhenzug, Sackwald, Hainberg und andere Höhenrücken des nördlichen Harzvorlandes). Bei flacher Lagerung sind Hochflächen ausgebildet (Sieben Berge bei Alfeld, Oderwald). Wegen seiner Reinheit und Wasserdurchlässigkeit bildet der Pläner nur eine dünne Bodenkrume (Rendzina). Er eignet sich daher wenig als Ackerboden. Meist bleibt er dem Laubwald überlassen, in dem Buchen und Eichen ein gutes Holz liefern (vgl. Kap.5. "Böden").

Über den im Südteil des Tieflandes nahe an die Oberfläche kommenden Kreidetonen (Tonschiefern) werden im allgemeinen Vernässungszonen angetroffen, die entweder Wald oder doch zum größten Teil Grünland tragen. Beispiele bilden die Mindener und die Schaumburger Waldplatten, die Umgebung von Bad Bentheim, das Gebiet von Osterwald nördlich von Hannover und von Hämelerwald bei Peine.

Wende Jura/Kreide: Die Saxonische Gebirgsbildung und Bruchschollentektonik schufen die Grundstrukturen des heutigen Reliefs

Während der Perm-, Trias- und Jurazeit, d.h. rd. 150 Millionen Jahre lang, war die Erdkruste in Niedersachsen tektonisch verhältnismäßig ruhig geblieben. Lediglich schwache und weiträumige ("epirogenetische") Hebungen und Senkungen hatten wechselweise Meeresüberflutungen und Festlandsperioden gebracht, bei denen die bereits vorgestellten Schichtgesteine abgelagert wurden. Nun jedoch begannen noch in der späten Jurazeit und stärker werdend in der Unteren Kreide- und der nachfolgenden Tertiärzeit, als Fernwirkung der Alpenentstehung tiefgreifende *Bruchvorgänge* in der Erdkruste, die die Gesteinsschichten in einzelne

Abb. 31: Stark schemati-
sierter Schnitt durch die
Pultscholle des Harzes
mit der Harznordrand-
Überschiebung und der
Harzsüdrand-Flexur (n.
SEEDORF 1986).

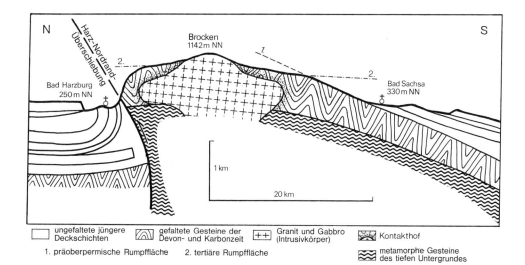

Schollen zerbrechen ließen, diese Schollen schräg stellten, anhoben oder absenkten ("Saxonische Bruchschollentektonik"). Zugleich führten Zerrungen (Dehnungen) zum Aufreißen von *Gräben,* wie dem Leinegraben, und Pressungen zu Überschiebungen und Aufwölbungen ("Sättel") (vgl. Abb. 23 und 29).

Schon für die *"jungkimmerische Phase"* (Wende Jura/Kreide) lassen sich deutliche Verstellungen am nördlichen Rand des Harzes nachweisen. Damals wurden die mesozoischen Schichten an der Bruchstufe der aufsteigenden Harzscholle aufgeschleppt, im flachen Winkel schräggestellt und anschließend im Brandungsbereich des Unterkreidemeeres zu einer Brandungsplattform abgetragen, deren Spuren sich in Steinbrüchen bei Oker und Bad Harzburg noch nachweisen lassen.

Zu kräftigen gebirgsbildenden Bewegungen kam es dann wieder in der Oberen Kreide. Während dieser sog. *"subherzynischen Phase"* stieg der Harz nunmehr unter Überkippung der am Nordrand gelegenen, vorher bereits schräggestellten mesozoischen Schichten weiter auf; gleichzeitig wurden große Teile des heutigen niedersächsischen Berglandes trockengelegt, wurden die Peiner ebenso wie die Münstersche Bucht endgültig landfest.

Überhaupt grenzten sich die Hochschollen der Mittelgebirge als "Rahmen" gegen die sinkenden Felder ab, verlagerte sich die Tiefenlinie des Niedersächsischen Beckens nach Norden.

Besonders markant äußerte sich die tektonische Aktivität in Schollenüberschiebungen, die vorwiegend an herzynischen Strukturen (WNW-ESE gerichtet) abgelaufen sind. Die markantesten Beispiele dafür sind die schon erwähnte nordvergente Harznordrandüberschiebung, die Vogler-Elfas-Störung bei Eschershausen sowie die südvergente Osning- (Teutoburger Wald-) Überschiebung (vgl. Abb. 31 und 43).

Im Falle des Harzes führten die Bewegungen zur Bildung einer *Pultscholle,* deren Südrand bruchlos aufgebogen wurde (Flexur), während am Nordrand eine Bruchstufe mit einer Sprunghöhe von insgesamt über 3000 m entstanden ist (vgl. Abb. 31).

Erdneuzeit (Tertiär und Quartär)

Im Tertiär: Lavaströme begleiteten den Einbruch des Leinegrabens

Im Tertiär gewannen Zerrungsformen (Gräben) in durchweg rheinischer Richtung (NNE-SSW, wie beim Oberrheingraben) die Oberhand: Der Einbruch des Leinegrabens ließ im nordhessisch-niedersächsischen Raum grabenparallele Spalten aufreißen, aus denen besonders im mittleren Miozän (vor 12-14 Mio. Jahren) basaltische Laven gefördert wurden (sog. Scharniervulkanismus). Von den *Vulkanen* sind nur noch die abtragungsresistenten Basaltergüsse und Schlotfüllungen als kuppige Härtlingsformen erhalten geblieben (z.B. Hoher Hagen, Backenberg, Ossenberg und Grefenburg bei Dransfeld, Bramburg bei Adelebsen; vgl. Abb. 32). Die harten, säulig erstarrten Basalte werden dort seit vielen Jahren in großen Steinbrüchen für den Straßen- und Küstenbau gewonnen. Der Leinegraben selbst ist Teil einer großen Bruchlinie in der Erdkruste, die als *Mittelmeer-Mjösen-Zone* 2000 km weit von der Rhonemündung in Südfrankreich über den Oberrheingraben und die Hessische Senke im Untergrund Norddeutschlands weiterzieht (wie die Nordsüdrichtung der Salzstöcke beweist) und bis zum Oslograben und den Mjösensee in Südnorwegen durchhält. Dieses große *"Lineament"* trennt die europäische West- von der Ostscholle. Es ist eine Schwächezone, an der sich die beiden Plattenteile verschieben, wie gelegent-

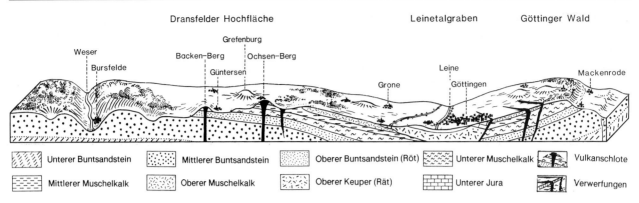

Abb. 32: Geologischer Schnitt von der Dransfelder Hochfläche mit ihren basaltischen Vulkanschloten über den Leinegraben zum Göttinger Wald (n. ROHDE 1984).

liche Erdbeben im Oberrheingraben bestätigen. Die Westscholle bewegt sich nach Süden.

Gleichzeitig mit der Grabenbildung vollzogen sich im Tertiär kräftige Hebungen, die die Schollen der *"Mittelgebirgsschwelle"* und des Harzes nahezu in ihre heutige Höhe brachten. Dabei sind die Hebungen und Verstellungen im Zuge der Saxonischen Gebirgsbildung viel größer gewesen, als man heute an den Oberflächenformen erkennen kann. Hätten nicht gleichzeitig Abtragungs- und Ablagerungsvorgänge für einen Ausgleich der entstehenden Reliefunterschiede gesorgt, hätten wir heute ein Gebirge mit Höhen von 3000 bis 4000 m vor uns; denn um etwa diesen Betrag sind einzelne Schollen seit Beginn der jungkimmerischen Phase im Malm vertikal zueinander versetzt worden. Selbst im Tiefland sind *Bruchlinien* mit Sprunghöhen von 1000 m und mehr durch Bohrungen nachweisbar (vgl. Kap. 4. "Nutzbare Lagerstätten und Rohstoffreserven").

Im Tertiär war das heutige Südniedersachsen mit Ausnahme weniger, sehr kurzer Meeresvorstöße weitgehend Festland und damit Abtragungsgebiet. Ein letztes Mal bestand im Oligozän über die Hessische Senke eine direkte Meeresverbindung mit dem Süddeutschen Becken und dem Oberrheingraben. In einigen marinen Becken und Rinnen kam es zur Bildung von Erdölmuttergestein und in vermoorten terrestrischen Senken und subtropischen Sumpfwäldern zur Entstehung von *Braunkohle,* wie bei Helmstedt und am Hils (Wallensen-Thüste).

Im Tiefland lagerte dagegen das Meer auch in den folgenden Jahrmillionen noch mächtige Ton- und Sandschichten ab, die dort überall unter den eiszeitlichen Bildungen zu finden sind. Im Vorland der Mittelgebirgsschwelle kommen sie nahe an die Oberfläche. Ebenso wie die kreidezeitlichen Tonschiefer wurden die tertiärzeitlichen *Tone* früher dort von zahlreichen Ziegeleien abgebaut (vgl.

Kap. 4. "Nutzbare Lagerstätten und Rohstoffreserven").

Vor rd. 1,7 Mio. Jahren: Mit dem Quartär begann ein Bruch in der jüngeren Erdgeschichte

Dem Tertiär folgt auf der geologischen Zeittafel (Tab. 11) das Quartär. Es ist die jüngste und mit seinen 1,7 Millionen Jahren Dauer zugleich die kürzeste Formation der Erdgeschichte. Andererseits ist es aber auch der Zeitabschnitt, der im heutigen Landschaftsbild die wohl augenfälligste Prägung hinterlassen hat.

Das Hauptereignis der Quartärzeit ist die *Entwicklung des Menschen* und seine rasche Ausbreitung über den Erdball. Das erdgeschichtlich bedeutendste ist jedoch die *radikale Klimaverschlechterung,* die sich bereits im Laufe der Tertiärzeit abzuzeichnen begann und dann in den rhythmischen Wechsel der Kalt- und Warmzeiten des Pleistozäns einmündete. Rechnet man in geologischen Zeiträumen, so ging das über Jahrmillionen recht ausgeglichene tropen- bis randtropenartige Klima geradezu schlagartig zu Ende: Noch während des Miozäns hatte die Jahresmitteltemperatur bei etwa 16° bis 18° C gelegen - dies entsprach etwa der heutigen Jahresmitteltemperatur auf den Kanarischen Inseln. Dann sank die Temperatur im Pliozän, d.h. im Verlaufe von nur einigen Jahrmillionen, auf etwa die heutigen Werte (9° - 12° C), um während der Eiszeiten zeitweilig in zum Teil weniger als hunderttausend Jahren tief unter den Gefrierpunkt abzufallen. Gleichzeitig wurde es vermutlich auch trockener. Die Folgen für die Pflanzen- und Tierwelt waren umwälzend: Die Palmengrenze verlagerte sich nach Süden ins Mittelmeergebiet. An die Stelle der "subtropischen" Wälder mit Mammutbäumen und Sumpfzypressen traten zunächst angesichts abnehmender Niederschläge Savannen. Schon im frühesten Pleistozän lassen sich dann als Folge der rapiden Temperaturabnahme erste boreale Nadelwälder (Kiefern-Birkenwälder) und sogar arktische Tundren nachweisen. Mit Recht nimmt man heute an, daß die Entwicklung des Menschen durch diese Veränderungen entscheidende Impulse erfahren hat: Seine große räumliche Mobilität und ökologische Anpassungsfähigkeit machten den Menschen allen anderen Lebewesen überlegen.

Mit Jahresmitteltemperaturen von -5° C und darunter waren die kältesten Abschnitte der *Kaltzeiten* (Stadiale) Zeiten mit Tundrenklima und Dauerfrostboden. Vergleichbare Verhältnisse findet man - freilich bei anderem Sonnenstand - heute nur in den kältesten Gebieten der Arktis (Sibirien, Kanada, Alaska) und der Antarktis. Das Landschaftsbild in den wärmeren Abschnitten der Kaltzeiten (Interstadiale) war dem der heutigen borealen Gebiete Skandinaviens und Kanadas vergleichbar: In Niedersachsen stockten damals ausgedehnte Nadelwälder.

Mit dem Anstieg der Temperaturen in den sogenannten *Warmzeiten* wanderten die Vegetationszonen nach Norden. Die Tundren und Nadelwälder folgten dem zurückweichenden Eisrand nach Skandinavien, und Niedersachsen wurde damals bei ähnlichen oder zum Teil sogar höheren Temperaturen als heute von einem dichten, wärmeliebenden Eichenmischwald eingenommen. Auch das gegenwärtige Holozän ist wohl als eine solche Warmzeit anzusehen.

Während der Eiszeiten: Tundrenklima und eiszeitliche Gletscher veränderten die Landschaft

Stärker als von den Warmzeiten sind die heutigen niedersächsischen Landschaften innerhalb des Pleistozäns von den Kaltzeiten geprägt worden. Wurden die Landschaften zusätzlich von Gletschervorstößen geformt, spricht man von "Eiszeiten".
Während der Eiszeiten häuften sich in den Hochgebirgen und Polargebieten der Erde riesige Schneemassen an, die sich zu Gletschereis verfestigten, weil im Winter mehr Schnee fiel als im Sommer abtaute. Als Folge der Temperaturerniedrigung lag die *Schneegrenze* in den Gebirgen Mitteleuropas um über 1000 m tiefer als heute. Nicht nur die Alpentäler waren deshalb von einem weitgespannten *Eisstromnetz* ausgefüllt, sondern selbst einige Mittelgebirge, wie der Schwarzwald, das Riesengebirge oder der Harz, trugen kleine Gletscher.

Ohne die Aufschüttung durch die nordischen Gletscher läge das heutige nördliche Niedersachsen in der Nordsee

Die bei weitem umfangreichsten Vergletscherungen Europas nahmen von Skandinavien ihren Ausgang (vgl. Abb. 33). Dort hatte sich in den Eiszeiten, ausgehend von den höheren Gebirgsregionen, mehrfach ein riesiger Eiskuchen entwickelt, dessen Zentrum sich mit zunehmender Mächtigkeit in das Gebiet des Bottnischen Meerbusens

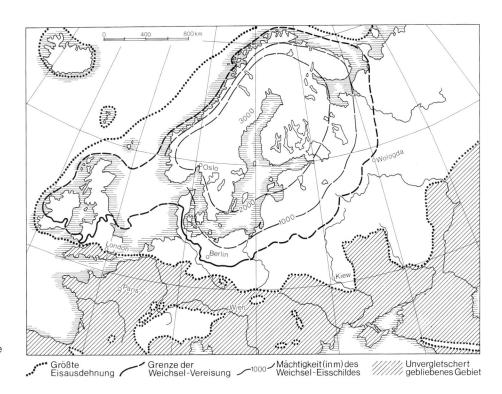

Abb. 33: Das nordeuropäische Vereisungsgebiet (n. WOLDSTEDT & DUPHORN 1974).

Größte Eisausdehnung   Grenze der Weichsel-Vereisung   1000 Mächtigkeit (in m) des Weichsel-Eisschildes   Unvergletschert gebliebenes Gebiet

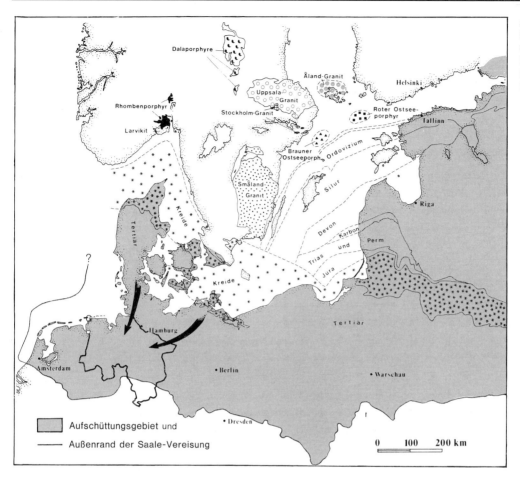

Abb. 34: Herkunftsge-
biete einiger skandinavi-
scher Leitgeschiebe im
Bereich der nordwesteu-
ropäischen Vereisungen
(n. EHLERS 1990).

verlagerte. Dort war das Eis zeitweilig über 3500 m dick. Unter dem gewaltigen Druck beweglich geworden, folgte der Gletscher dem vorgegebenen Relief über die Ostseesenke nach Süden, bis einerseits die höhere Wärme die Gletscherfront zum Abschmelzen brachte, andererseits der Eigendruck des auf wenige hundert Meter Mächtigkeit ausgedünnten Eises nicht mehr ausreichte, um das südwärts ansteigende Landrelief zu überwinden. Spätestens im niedersächsischen Bergland fanden die äußersten Eisvorstöße daher ihr Ende.

Zusammen mit dem Gletschereis wurden große Mengen an Bodenmaterial und Gesteinsschutt aus dem skandinavischen Raum nach Norddeutschland verfrachtet und dort als Grund- und Endmoränen, als Schmelzwassersande und Geschiebe zurückgelassen, mit Mächtigkeiten, die in Nordniedersachsen nicht selten 100 m überschreiten und in Extremfällen, wie der Reeßelner Rinne bei Lüneburg, bis zu 500 m betragen können.

Das alte (präglaziale) Relief wurde dadurch vollständig eingedeckt; gleichzeitig war das norddeutsche Tiefland weitgehend dem Zugriff des Meeres entzogen; denn infolge der Bindung erheblicher Wassermassen als Eis und Schnee war der Meeresspiegel um über 100 m abgesunken, so daß die Nordsee weitgehend trockenfiel und die skandinavischen Gletscher ihren Gesteinsschutt auch dort ablagern konnten. Wären die Eiszeiten nicht gewesen und hätten die skandinavischen Gletscher nicht die riesigen Mengen an Sand, Kies und Steinen nach Norddeutschland gebracht, läge heute der gesamte nördliche Teil Niedersachsens bis etwa nach Hannover und Braunschweig hin unter dem Meeresspiegel.

Herkunft und Weg der Eisströme lassen sich mit Hilfe der sog. *"Leitgeschiebe"* rekonstruieren. Leitgeschiebe sind Gesteine, die im skandinavischen Herkunftsgebiet nur eine begrenzte Verbreitung haben. Beispielsweise ist der braunrote Rhombenporphyr aus dem Oslogebiet mit seinen hellen rhombenförmigen Feldspatkristallen ein solches Leitgeschiebe. Rhombenporphyre sind besonders in den elstereiszeitlichen Grundmoränen Niedersachsens anzutreffen und weisen dort auf eine vornehmlich nord-südlich gerichtete Bewegungsrichtung des Elstereises hin. Demgegenüber bezeugt der rote Åland-Granit, der als "Rapakiwi-Granit" durch seine groben Feldspatkristalle zu den auffälligsten Leitgeschieben zählt und häufig in den saalezeitlichen Ablagerungen zu finden ist, eine eher baltische, d.h. südwestliche Bewegungsrichtung des Eises. Die in riesigen Mengen in den Grundmoränen enthaltenen Feuersteine sind dagegen als Leitgeschiebe zur Lokalisierung der Gletscherherkunft weniger gut geeignet. Sie stammen als ursprünglich knollenartige Kieselsäureausfällungen aus den Schichten der Kreidezeit, die sich in einem breiten Streifen von der Nordspitze Jütlands über die dänischen Inseln am Grunde der Ostsee bis über Rügen hinaus nach Ostpreußen und Weißrußland erstrecken (vgl. Abb. 34). Damit erlauben sie es nicht unmittelbar, die Eisbewegungsrichtung zu bestimmen.

Drei gut ausgeprägte Eiszeiten, getrennt durch zwei Warmzeiten

Sicher nachweisen lassen sich in Norddeutschland anhand der unterschiedlichen Gletscherablagerungen nur *drei*, jeweils durch eine Warmzeit voneinander getrennte *"Eiszeiten"*: Die Elster-Eiszeit, die Saale-Eiszeit und die Weichsel-Eiszeit, als Warmzeiten die Holstein-Warmzeit und die Eem-Warmzeit (vgl. Tab. 11).

Die Ablagerungen der ältesten, der Elster-Eiszeit, können heute fast nur noch in Bohrungen angetroffen werden (vgl. Abb. 35). Sie sind durch die Sedimente der nachfolgenden Saale-Eisvorstöße über-

deckt worden, deren weitester in Nordwestdeutschland südlicher gereicht hat als der südlichste Vorstoß der Elster-Eiszeit: Im Westen bis in das Ruhrgebiet, im Weserbergland etwa bis Hameln, im Osten bis an den nördlichen Harzrand. Demgegenüber haben die Vorstöße der Weichsel-Eiszeit die Elbe nicht mehr überschritten. Niedersachsen lag zu dieser Zeit im Vorland des Eises, im sog. *Periglazialgebiet,* und war dort den Formungskräften des Tundrenklimas ausgesetzt.

Während über die drei genannten Eiszeiten und die dazwischenliegenden Warmzeiten durch Bohrungen und Aufschlüsse (Sandgruben) verhältnismäßig viele geologische Erkenntnisse vorliegen, ist über die älteren Warm- und Kaltzeiten des Pleistozäns (Praetegelen bis Cromer, vgl. Tab. 11) noch wenig bekannt, obwohl sie von den rd. 1,7 Millionen Jahren des Eiszeitalters den weitaus größten Teil umfassen, nämlich fast 1,5 Millionen Jahre.

Die Warmzeiten: Sie brachten Niedersachsen Bewaldung und Vorstöße der Nordsee

Ebenso charakteristisch wie die Kaltzeiten mit ihren Gletschervorstößen sind für das Eiszeitalter die Warm- oder *Interglazialzeiten.* Ihr Klima ist durch Florenreste und Pollenanalysen ziemlich

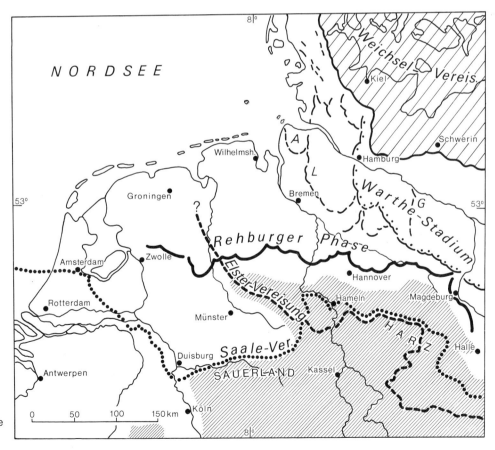

Abb. 35: Haupteisrandlagen in Nordwestdeutschland (n. WOLDSTEDT 1954, LIEDTKE 1981, K.-D. MEYER 1984).

Strichraster = Bergland,
A = Altenwalder Eisrandlage,
L = Lamstedter Eisrandlage,
G = Göhrde/Osthannoversche Kiesmoräne.

gut bekannt. Es ähnelte dem gegenwärtigen, doch waren die frühen Warmzeiten des Pleistozäns gegenüber unserer heutigen Warmzeit, dem Holozän, noch deutlich wärmer, so daß zahlreiche tertiäre, subtropische Florenelemente damals noch gedeihen konnten. In der ersten (Tegelen-) Warmzeit waren in Niedersachsen zum Beispiel vertreten: Tsuga (Hemlock-"Tanne"), Carya (Hickorynuß) und Pterocarya (Flügelnuß), vielleicht auch die Schirmtanne (Sciadopytis). Der Mammutbaum war bereits ausgestorben (vgl. Kap. 8. "Pflanzendecke").

Warmzeiten spiegeln sich geologisch vor allem als Torf, Ton, Faulschlamm, Kalk und Diatomeenerde *(Kieselgur)* wider, die sich in Becken ablagerten; an den Kalkquellen im Bergland kam es zur Ausfällung von Kalktuff. Doch diese Interglazialsedimente sind infolge ihrer lockeren Beschaffenheit und geringen Mächtigkeit meist in den folgenden Kaltzeiten wieder abgetragen worden. Deshalb sind Interglazialfunde ausgesprochen selten. Aus einem sehr frühen Interglazial (sog. Cromer-Komplex) stammen beispielsweise die bekannten Bekkentone von Bilshausen im Untereichsfeld oder auch ein Teil der Ablagerungen in der Einhornhöhle bei Scharzfeld, die vermutlich etwa 700 000 Jahre alt sind.

Flächenmäßig viel bedeutender als die terrestrischen Sedimente sind die Ablagerungen der warmzeitlichen *Meeresvorstöße.* In den Warmzeiten stand der Spiegel der Weltmeere, bedingt durch das Abschmelzen der Eismassen, um mehr als 100 m höher als während der Eiszeiten.

Obwohl der Meeresspiegel der beiden letzten Warmzeiten (Holstein, Eem) nicht ganz die jetzige Höhe erreichte, verlief die Küstenlinie damals ganz in der Nähe der heutigen Küste.

Das Niedersächsische Tiefland ist ein Spiegelbild der letzten 350 000 Jahre Erdgeschichte

Wenn die letzten 350 000 Jahre der Erdgeschichte hier etwas näher behandelt werden sollen, so rechtfertigt sich dies vor allem aus ihrer herausragenden Bedeutung für die Entwicklung des heutigen Landschaftsbildes im Niedersächsischen Tiefland und damit für mehr als zwei Drittel der niedersächsischen Landesfläche: Mit jedem Gletschervorstoß breitete das Eis in der Regel sog. "Glaziale Serien" über die Vorlandschichten aus: 1. unter dem Eis eine geschiebeführende Grundmoräne, 2. am Eisrand in der Stillstandslage eine Endmoräne, 3. davor von den austretenden Schmelzwässern aufgeschüttete Sander und schließlich 4. ein Urstromtal, in dem sich die Schmelzwässer und das Wasser der von Süden kommenden Flüsse sammelten und parallel zum Eisrand in das Meer abflossen

(vgl. Kap. 3. "Heutige Oberflächenformen", Abb. 56).

Am deutlichsten sind solche Glazialen Serien selbstverständlich im Jungmoränengebiet, dessen Schmelzwässer vom Elbe-Urstromtal aufgenommen wurden. In Niedersachsen, das nahezu ausschließlich von den Ablagerungen der Saale-Vereisung eingenommen wird, treten die Teilglieder der Glazialen Serie durch wiederholte Gletscherüberfahrungen und durch frostklimatische Abtragungsvorgänge nur noch bruchstückhaft auf, oder sie fehlen ganz ("Altmoränengebiet", s.a. Ausführungen über das Drenthe-Stadium). Auch aus der Elster-Eiszeit sind keine Glazialen Serien mehr überliefert, weil sie durch die Vorstöße der Saale-Eiszeit abgetragen und überdeckt wurden.

Vor rd. 350 000 Jahren: Elsterzeitliche Gletscher überfuhren erstmalig das Land

Während der Elster-Eiszeit war das nordische Inlandeis erstmals bis nach Niedersachsen vorgedrungen (vgl. Abb. 35). Der Gletscher erreichte den Harzrand und stieß im Leinetal bis nach Alfeld vor. Der Ithkamm konnte ebenso wie die Sieben Berge nicht mehr überwunden werden. Wahrscheinlich ragten Deister, Süntel, Osterwald und Hildesheimer Wald mit ihren höchsten Erhebungen aus dem Eis als "Nunataker" heraus. Im Wesertal kam das Eis bis in die Nähe von Bodenwerder. Westlich der Weser ist der Verlauf der Gletschergrenze unklar. Man nimmt an, daß die Grenzlinie quer über das Osnabrücker Bergland zum Emsland und dann in nordwestlicher Richtung in die Niederlande verlief.

Die beim Vordringen und beim Abschmelzen des Elster-Eises abgelagerte Glaziale Serie dokumentiert sich heute nur noch in der für Eisvorstöße typischen Abfolge der Sedimente: Über *Vorschüttsanden* folgt im Idealfall eine Decke aus *Grundmoräne* (Geschiebemergel), die oft wiederum von lückenhaften *Nachschüttsanden* der Abschmelzphase überlagert wird.

Einzigartige Hinterlassenschaften des Elstereises sind die zahlreichen *subglazialen Rinnen,* die durch den vorrückenden Gletscher und seine Schmelzwässer bis zu 400 m tief in den Untergrund eingeschnitten und mit einer mächtigen Folge aus Schmelzwassersanden verfüllt sind. In der Endphase der Elster-Eiszeit haben diese Rinnen, die sich an der heutigen Oberfläche nicht mehr zu erkennen geben, vor dem zurückweichenden Eisrand als Staubecken gedient, in denen der berühmte "Lauenburger Ton" abgelagert wurde.

Der *Lauenburger Ton* ist ein wichtiger geologischer Leithorizont: Es handelt sich um eine bis zu 100 m mächtige, erstaunlich gleichförmig ausgebil-

Tab. 11: Gliederung des Quartärs in Niedersachsen.

	Allgemeine Gliederung		Nordseevorstöße		Nordsee-spiegel	Vegetations-geschichte			Ablagerungen	Kulturstufen
+1000	Subatlantikum (Nachwärmezeit)	Dünkirchen / Flandrische Transgression / Calais	Pewsum-Schichten		±0 m NN	Zeit der Forsten Zeit der stark genutzten Wälder und Heiden	Marschenbildung	Hochmoorbildung / Niedermoortorf	Auelehm Dünensand	Neuzeit
						Buchenzeit			Jüngerer Sphagnumtorf (Weißtorf)	Mittelalter
Chr. Geb.			Midlum-Schichten		-0,8 m				SW-Kontakt („Grenzhorizont")	Völkerwander. Röm. Kaiserzeit Vorrömische Eisenzeit
-800						Eichenzeit				
	Subboreal (Späte Wärmezeit)		Dornum-Schichten		-2 m	Eichen-Haselzeit			Älterer Sphagnumtorf (Schwarztorf)	Bronzezeit
-3000					-5 m					Jungsteinzeit (Neolithikum) Megalithkultur im Geestgebiet → Frühe Bauern-kulturen
	Atlantikum (Mittlere Wärmezeit)		Baltrum-Schichten		Nordsee erreicht heutiges Küstengebiet -20 m	Eichenmischwald-Haselzeit (Eichen, Ulmen, Linden, Eschen, Hasel, Erlen)				← um 5000 v. Chr. erster Ackerbau =Bandkeramische Kultur der Löß-gebiete
-6000					engl. Kanal überflutet					
	Boreal (Frühe Wärmezeit)					Kiefern-Haselzeit				Mittlere Steinzeit (Mesolithikum)
-7000					-50 m	Kiefernzeit			Mudde	
	Präboreal (Vorwärmezeit)					Birken-Kiefernzeit			Flugsand	Jäger- und Sammlerkulturen
-8000										
-9000	Weichsel-Eiszeit	Spätglazial	Jüngere Dryas			Jüngere Parktundrenzeit			Flugsand und Altdünen	
			Alleröd-Interstadial			Birken-Kiefernzeit			Torf, Mudde	
-10 000			Älteres Spätglazial			Ältere Tundrenzeit			Flugsand Mudde	
-11 000			Hochglazial		unter -100 m	Kältewüste u. Tundra			Flugsand, Löß, Sandlöß, Talsand und Flußkies der Niederterrasse, Torf	
			Frühglazial			Tundra und Nadelwald				
ca. -115 000	Eem-Warmzeit								Torf, Kalkmudde, Kieselgur	
ca. -125 000	Saale-Eiszeit		Warthe-Stadium						Schmelzwassersand u. -kies, Geschiebelehm, Flußkies der Mittelterrasse, Beckenton	
			Drenthe-Stadium	Lamstedter Altenwalder Hamelner Rehburger	Eisrandlage					
ca. -235 000	Holstein-Warmzeit								Torf, Meereston, Kieselgur, Mudde	Altsteinzeit (Paläolithikum)
ca. -250 000	Elster-Eiszeit								Lauenburger Ton Geschiebelehm Sand, Kies	
ca. -350 000	Cromer-Komplex								Torf, Ton, Sand	Jäger- und Sammlerkulturen
ca. -750 000	Bavel-Komplex								Torf, Ton, Sand	
	Menap-Kaltzeit								Sand, Kies	
	Waal-Warmzeit								Ton	
	Eburon-Kaltzeit									
ca. 1,7 Mio.	Tegelen-Warmzeit / Prätegelen-Kaltzeit									
ca. 2,4 Mio.	Pliozän (Reuver-Stufe)								Sand, Kies, Ton	

Nacheiszeit (Holozän) — Eiszeitalter (Pleistozän)

Quelle: SEEDORF 1977; verändert nach K.-D. MEYER (mündl. Mitt. 1986), STREIF 1990 und OVERBECK 1975

dete Sedimentfolge aus Tonen und Feinsanden, deren Verbreitungsgebiet sich nördlich der Linie Groningen-Bremen-Hamburg von den Niederlanden bis nach Schleswig-Holstein (Lauenburg) erstreckt. Wirtschaftlich von Bedeutung ist der Lauenburger Ton für die Ziegelindustrie ("Oldenburger Klinker"; s. Kap. 4. "Nutzbare Lagerstätten und Rohstoffreserven").

Während der Holstein-Warmzeit entsprach das Klima weitgehend dem heutigen

Die Warmzeit zwischen Elster- und Saale-Eiszeit, das sog. Holstein-Interglazial, ist in Niedersachsen durch die Meeresablagerungen der *Holsteinsee* vertreten, deren Küstenlinie in der großen Niederelbebucht bis hinter Hamburg elbaufwärts sowie weit nach Schleswig-Holstein hinein gereicht hat (deshalb: Holstein-Warmzeit). Weiter im Binnenland sind als Zeugnisse der Holstein-Warmzeit vor allem organische Schichten erhalten (Kieselgur, Torf, Holzkohle, Pflanzenreste etc.). Sie lassen auf eine dichte Bewaldung und auf gleiche oder etwas höhere Temperaturen gegenüber heute schließen. Geschlossene, wärmeliebende Laubmischwälder boten eine ideale Umwelt für zum Teil längst ausgestorbene *Großtiere:* Der Altelefant (Palaeoloxodon antiquus), das Waldnashorn (Dicerorhinus kirchbergensis), der Rothirsch (Cervus elaphus) und der Riesenhirsch (Megaloceros gigantheus) waren in Niedersachsen zu der Zeit heimisch (vgl. Kap. 9. "Tierwelt").

Verglichen mit der Dauer der Kaltzeiten ist das Holstein-Interglazial bemerkenswert kurz gewesen: Nach Jahresschichtenzählungen der in der Lüneburger Heide bei Munster-Unterlüß abgebauten Kieselgurablagerungen (vgl. Kap. 4. "Nutzbare Lagerstätten und Rohstoffreserven") nur etwa 15 000 Jahre !

Vor etwa 200 000 Jahren: Die Saale-Eiszeit brachte die weitesten Gletschervorstöße

Die Ablagerungen der Saale-Eiszeit, deren Eisvorstöße bis an die Saale gingen, bestimmen heute weiträumig das Relief des niedersächsischen Tieflandes. Große Teile der Geestgebiete werden von den Grundmoränen, den Vor- und Nachschüttsanden und den End- und Stauchmoränen des Saale-Eises aufgebaut. Die Schmelzwässer dieser Zeit spülten das große Aller-Weser-Urstromtal aus.

In mehreren Vorstößen erreichte das Eis wieder den Höchststand der Elster-Vereisung und stieß westlich der Weser sogar weit darüber hinaus bis an den Nordrand des Rheinischen Schiefergebirges vor, rd. 1500 km von der Eismitte entfernt.

Insgesamt umfaßt das Saale-Glazial drei Vorstoßperioden, die in Niedersachsen einem älteren und einem jüngeren Abschnitt (sog. "Drenthe-Stadium" und sog. "Warthe-Stadium") zugeordnet werden (vgl. Abb. 35 und Tab. 11).

In den frühesten Abschnitt des *"Drenthe-Stadiums"* fällt der Vorstoß der sogenannten *"Rehburger Phase".* Er hinterließ einen der markantesten Endmoränenzüge, die es überhaupt in Norddeutschland gibt. Die Rehburger Eisrandlage zieht sich mit Höhen von zum Teil über 100 m vom mittleren Emsland nach Osten bis in das Gebiet von Magdeburg. Teilglieder dieser Randlage sind zum Beispiel die Uelsener Höhen bei Nordhorn, die Lingener und Ankumer Höhen, die Fürstenauer Berge, die Dammer Berge (146 m) und der Kellenberg am Dümmer, die Uchter Böhrde, die Rehburger und Schneerener Berge am Steinhuder Meer sowie die Brelinger und Mellendorfer Berge nördlich von Hannover.

Die Rehburger Eisrandlage dokumentiert nur einen kurzen Halt auf dem weiteren Weg des Eises nach Süden. Es überschritt dabei Wiehengebirge und Teutoburger Wald, hobelte in beiden Bergzügen die Pässe ("Dören") aus und kam erst auf einer Linie zum Halten, die von der Zuidersee über Niederrhein und Ruhrgebiet, Hameln, Freden/Leine, Rhüden, Goslar, Wernigerode nach Osten verläuft. Während dieses Vorstoßes (sog. *"Hamelner Phase"*) erreichte das Eis hier vermutlich seine größte Verbreitung im ganzen Pleistozän.

Zeugnisse späterer Eisvorstöße sind die prägnanten Endmoränenwälle zwischen Weser, Elbe und Aller: Zu ihnen gehören die *Altenwalder Randlage* mit der Hohen Lieth (31 m) und der Wurster Heide, die bei Cuxhaven-Duhnen mit einem Kliff unmittelbar an der Nordseeküste endet; ferner die *Lamstedter Randlage* mit der Wingst (74 m) und den Lamstedter Höhen (66 m) und schließlich die großen Endmoränenaufschüttungen der Lüneburger Heide, deren Hauptrandlage sich in weitem Bogen von den Schwarzen Bergen bei Harburg (156 m) über den Wilseder Berg (169 m), die Wierener Berge bei Uelzen (130 m) weiter nach Südosten erstreckt (vgl. Abb. 35).

Dieser große Endmoränenzug wurde früher mit seinen riesigen vorgelagerten Sanderflächen des Munsterer, Sprakensehler und des Bokeler Sanders dem jüngsten Abschnitt der Saale-Eiszeit zugerechnet (*"Warthe-Stadium"*). Heute wird dagegen aufgrund der Kies- und Geschiebezusammensetzung der Ablagerungen die Meinung vertreten, daß schon die Gletscher des späten Drenthe-Stadiums die Randlage mit den Sanderflächen aufgeschüttet haben und daß das nicht sehr dicke Warthe-Eis, das etwa gleichweit vorgestoßen ist, diese Randlage nur noch schwach überformt und wenig

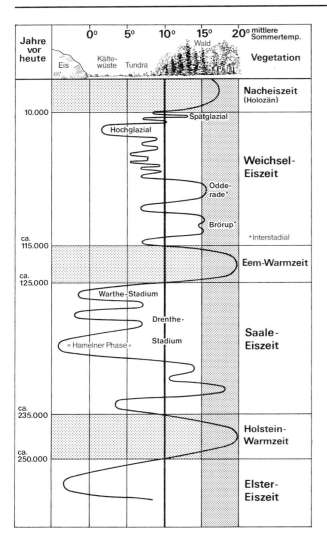

Abb. 36: Klimaschwankungen seit der Elster-Eiszeit in Nordwest-deutschland (n. BLOEMERS et al. 1986, BEHRE & LADE 1986). Dargestellt ist die Kurve der mittleren Sommertemperatur (ge-schätzt), an der auch die jeweilige Vegetation abgelesen wer-den kann (Kältewüste, Tundra etc.). Neben drei großen Eiszei-ten und zwei Warmzeiten fällt die hohe Zahl der kleineren Kälte- und Wärmeschwankungen auf (Stadiale, Interstadiale), die die sehr langen Zeiträume der Eiszeiten untergliedern .

bis gar nicht erhöht hat. Auch das früher dem War-the-Stadium zugeordnete *Aller-Urstromtal,* das als Teil des Breslau-Magdeburg-Bremer Urstromtales einst Schmelzwässer zur Nordsee abführte, ist nach dem heutigen Kenntnisstand hauptsächlich während des Drenthe-Stadiums in Funktion gewe-sen.

Die im Grenzgebiet zum Hannoverschen Wend-land folgende *"Osthannoversche Kiesmoräne",* die vom Elbsteilufer bei Hitzacker über den Drawehn (142 m) nach Süden zieht, ist nach der heutigen Auffassung ebenfalls drenthezeitlich angelegt und warthezeitlich überfahren worden.

In der Eem-Warmzeit eroberte der Wald erneut Niedersachsen

In der auf die Saale-Eiszeit folgenden, rund 10 000 Jahre dauernden Eem-Warmzeit, benannt nach dem holländischen Flüßchen Eem, waren die Tundrengebiete und borealen Nadelwälder als Folge der raschen Erwärmung dem zurückweichen-den Eis wieder nach Norden gefolgt und hatten bei ähnlichen Temperaturen wie heute einem ge-schlossenen, parkähnlichen Eichenmischwald Platz gemacht. In vermoorten Becken und Binnen-seen wurden Torfe, Mudden, Kieselgur und Süß-wasserkalke abgelagert und im Küstenbereich ma-rine Tone und Sande sedimentiert, die man heute in Bohrungen bis in die Hadelner Bucht, in das Ge-biet der heutigen Wurster und Stedinger Mar-schen sowie über die ganze Halbinsel Butjadingen hinweg verfolgen kann. In Ostfriesland entsprach die Küstenlinie weitgehend der gegenwärtigen.

Ähnlich wie die Ablagerungen des Eem-Meeres sind auch die terrestrischen Eem-Vorkommen des Binnenlandes durchweg unter jüngeren Sedimen-ten begraben. Man findet sie fast ausschließlich in Niederungsgebieten, wo sie der späteren Abtra-gung entgangen sind: Bekannte Fundstellen sind diejenigen im Becken von Quakenbrück, im Weser-tal bei Liebenau, im Emstal bei Haren sowie die Kieselgurvorkommen im oberen Luhetal in der Lü-neburger Heide (vgl. Kap. 4. "Nutzbare Lagerstät-ten und Rohstoffreserven").

Überdies ist aus der Eem-Warmzeit ein bedeuten-der archäologischer Fund überliefert: Der berühm-te *Fund von Lehringen* bei Verden, eine 2,5 m lan-ge Stoßlanze aus Eibenholz, die noch zwischen den Rippen eines Waldelefanten steckte. Sie ist ein Beleg dafür, daß der Mensch in den tierrei-chen Wäldern erfolgreich als Jäger lebte und die Jagd auf solche bis zu 4 m hohen Säuger nicht scheute.

In der Weichsel-Kaltzeit lag Niedersachsen im frostreichen Tundrenklima des Eisvorlandes. Es war Periglazialgebiet

In der Weichsel-Kaltzeit, der bisher letzten großen Kälteperiode (ca. 115 000 bis 10 000 Jahre vor heute), wurde Niedersachsen vom nordischen In-landeis nicht mehr erreicht. Die Gletscher drangen nur mehr bis zur Elbe vor. Weiter südwärts davon erstreckten sich spärlich bewachsene Tundrenge-biete und zeitweilig, in etwas wärmeren Abschnit-ten, auch Nadelwälder. In der kältesten Zeit, dem sog. Weichsel-Hochglazial (ca. 20 000 bis 15 000 Jahre vor heute), herrschte *Dauerfrostboden.* Unter diesen extremen klimatischen Bedingungen fanden weiträumige Abtragungs- und Umlagerungsvorgänge statt: Im Frühsommer begünstigte die breiartige Auftauschicht des Frostbodens das sog. *Bodenfließen (Gelisolifluktion)*. Reichliche Schneeschmelzwässer spülten während der kurzen sommerlichen Auftauperiode die Hänge ab und ließen in den Tälern breite Schwemmfächer entstehen. In trockenen Frostperioden erlangten hingegen die Ausblasung und Ablagerung durch den Wind wegen der lückenhaften oder gar fehlenden Vegetationsdecke hohe Beträge. Der Wind trieb den Sand über die kahlen Flächen und formte durch ein solches "Sandstrahlgebläse" die freiliegenden Steine zu *Windkantern* oder gab ihnen ein pockennarbiges Aussehen.

Die Abspülung und das Bodenfließen haben nicht nur im Bergland, sondern mehr noch in den Lokkermassen des Altmoränengebietes das Relief geglättet. Dabei wurden vornehmlich Sande abgetragen und in die Täler und Becken gespült, wo sie heute ausgedehnte *Talsandebenen* sowie Schwemmfächer und "Fußflächen" bilden. Insgesamt wurden dabei die Höhen der Endmoränen und die Buckel der Grundmoränen erniedrigt, die Niederungen und Talzüge aufgefüllt, ehemals vorhandene Seen beseitigt und Unebenheiten ausgeglichen.

Die windgebundenen *(äolischen) Vorgänge* erreichten besonders im Tiefland mit seinen ausgedehnten Schmelzwasser- und Geschiebesandflächen große Wirksamkeit. Die Deflation (Auswehung) führte die feinen Gemengteile fort, die sich im Bergland und Bergvorland, wo eine steppenartige Vege-

tation als "Staubfänger" wirkte, als *Löß* und Sandlöß ablagerten. Auf den Ausblasungsflächen blieben Steinsohlen mit vielen Windkantern und grobe Sande zurück. Während der ausgehenden Weichsel-Kaltzeit (Spätglazial) waren diese Flächen dann bei nachlassender Windwirkung und aufkommender Vegetation ("Sandfänger") nicht mehr Ausblasungs-, sondern sie wurden vielmehr Ablagerungsgebiete für *Flugsanddecken* und *Dünensande.* Eindrucksvoll sind die Dünenketten an den östlichen Talrändern der Weser und der Aller sowie an der Ems. Sie alle sind offensichtlich aus den Talsanden der Niederungen von Winden aufgeweht worden, die, ähnlich wie heute, vornehmlich aus westlicher bis südwestlicher Richtung geweht haben.

Das wertvollste Geschenk der Eiszeit ist zweifellos der *Löß,* jene staubfeine hellgraue und ursprünglich zumeist kalkhaltige Windablagerung, die Südniedersachsen mit einem 1 - 3 m, örtlich sogar bis zu 6 m mächtigen Schleier überzieht (vgl. Abb. 37). Auf ihm sind in der Nacheiszeit Parabraunerden und Schwarzerden entstanden, die die fruchtbaren Börden mit den besten Weizen- und Zuckerrübenböden auszeichnen (Calenberger, Hildesheimer, Braunschweiger, Helmstedter und Magdeburger Börde; vgl. Kap. 5. "Böden").

Innerhalb des Niedersächsischen Berglandes bekleidet der Löß die Becken, Talungen und Berghänge bis 300 oder 400 m Höhe. Die höheren Erhebungen sind lößfrei. Ob sie durch den Wind, durch die Niederschläge und das Bodenfließen von ihm

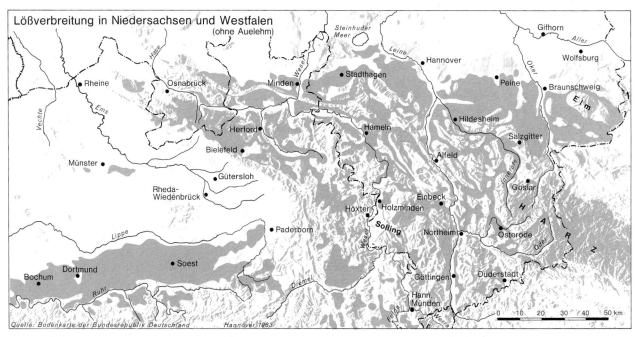

Abb. 37: Lößverbreitung in Niedersachsen und Westfalen (ohne Auelehmverbreitung) (n. Bodenkarte der Bundesrepublik Deutschland 1 : 1 Mio., Hannover 1963).

entblößt worden sind, oder ob der Löß mangels fehlender Pflanzendecke auf den Höhen gar nicht erst zum Absatz kam, ist ungeklärt.

Auch die Entstehung der erstaunlich scharfen nördlichen *Lößgrenze,* die etwa mit dem Verlauf des Mittellandkanals zusammenfällt, ist noch umstritten. Wahrscheinlich muß sie als eine Vegetations- und Bodengrenze gedeutet werden, bis zu der die Wuchsbedingungen gerade noch so günstig waren, daß sich südlich von ihr eine geschlossene Gras- und Krautsteppe ("Kältesteppe") entwickeln konnte, dessen Pflanzen den Lößstaub festhielten. Im ungeschützten Flachland mit seinen sandigen, mineralstoffarmen, trockenheitsanfälligen und daher spärlich bewachsenen Böden (Frostschutt-Tundra) konnte der Wind die feinen Bodenteilchen (Löß) zwar transportieren, jedoch nicht ablagern. Erst im Bergland und dort besonders in den Windschattenlagen der Osthänge und westlichen Talseiten (Westwinde) war die Lößablagerung möglich.

Der jüngste Abschnitt der Erdgeschichte:
das Holozän

Mit "Holozän" (griech.: das ganz Neue) wird der jüngste, etwa 10 000 Jahre umfassende Abschnitt der Erdgeschichte bezeichnet. Dieses ist eine verschwindend kleine Zeitspanne, die von jedem älteren Abschnitt an Dauer um ein Vielfaches, oft um ein Hundert- bis Tausendfaches, übertroffen wird. Selbst das Pleistozän dauerte rd. 200 mal länger als das Holozän. Wenn dem Holozän trotzdem in der geologischen Zeitskala ein dem Pleistozän vergleichbarer Rang beigemessen wird, so hängt das allein mit der guten Erforschung zusammen. Es gibt dafür keine geologischen Gründe. Streng genommen sind auch die synonymen Bezeichnungen als *"Nacheiszeit"* oder *"Postglazial"* nicht korrekt, da wir nicht wissen, ob und wann es zu einer neuen Eiszeit kommen wird, ob es sich also wirklich um eine "nacheiszeitliche" Periode handelt.

Trotz seiner Kürze haben sich im Holozän bedeutende Entwicklungen vollzogen. Im Küstengebiet überflutete das Meer, wie in allen Warmzeiten, weite Festlandsteile und schuf die fruchtbaren Marschen sowie die Düneninseln; in den feuchten, ehemaligen Urstromtälern, den Niederungen und Senken des Binnenlandes wuchsen Moore auf, und mit den Klimaänderungen wechselten die Wälder ihren Bestand: Die offenen, aus Birken und Kiefern bestehenden Wälder der frühen Nacheiszeit wurden rasch durch die wärmeliebenden Arten des Eichenmischwaldes verdrängt, an deren Stelle dann mit der erneuten Abkühlung des Klimas in den letzten 4000 Jahren verstärkt die Buche und

die Hainbuche traten (vgl. Kap. 8. "Pflanzendecke").

Viel stärker als das sich verändernde Klima hat jedoch der Mensch das Landschaftsbild der Nacheiszeit bestimmt. Bereits in der Jungsteinzeit und in der Bronzezeit wurden die natürlichen Wälder gerodet und durch das Weidevieh zurückgedrängt. An ihre Stelle traten weite, kärgliche Heideflächen, die bis an das Ende des vorigen Jahrhunderts große Teile der Geestgebiete einnahmen.

Der Mensch entblößte durch den Ackerbau den Boden, so daß Regen und Wind dessen feine Gemengteile fortführen konnten. Der leicht abschwemmbare Löß wurde in den Tälern als *Auelehm* abgelagert. In den Geestgebieten wurden die alten, zugewachsenen Dünen infolge der Zerstörung der Vegetationsdecke durch Beweidung und Plaggengewinnung wieder reaktiviert; die Böden wurden ausgelaugt und verändert. Die Niedermoore mit ihren Erlenbruchwäldern erfuhren durch Rodung, durch Beweidung und durch den Einsatz der Sense eine Umwandlung in Wiesen und Weiden, und die Hochmoore wurden nach Trockenlegung abgetorft, kultiviert und beackert oder zu Grünland.

Im Küstengebiet griff der Mensch durch den Deichbau und die Neulandgewinnung aktiv in das geologische Geschehen ein, und mit seinen Siedlungen, seinen Industrie- und Verkehrsflächen und seinen Rohstoffgewinnungsgebieten hinterließ er Spuren, die die Erdoberfläche in nur wenigen Jahrhunderten erheblich umgestaltet haben.

Der Meeresspiegelanstieg: eines der bedeutendsten geologischen Ereignisse des Holozäns

Zu den bedeutendsten geologischen Ereignissen des Holozäns gehört der Anstieg des Meeresspiegels. Er soll im folgenden anhand einer rekonstruierten Meeresspiegelkurve näher erläutert werden (vgl. Abb. 38).

Der Anstieg des Meeresspiegels hängt als weltweite Erscheinung sehr eng mit dem Klimageschehen auf der Erde zusammen. Dabei spielen die temperatur- und niederschlagsbedingten Änderungen im globalen Eis- und Wasserhaushalt eine wesentliche Rolle.

Im Verlaufe einer Kaltzeit werden bekanntlich riesige Wassermengen in Form von Schnee und Gletschereis auf dem Festland gebunden und damit dem Meer entzogen. Außerdem nimmt der Wasserkörper aufgrund der niedrigeren Temperatur ein geringeres Volumen ein als in den Warmzeiten. Der Meeresspiegel liegt folglich in den Kaltzeiten tiefer als in den Warmzeiten, wenn die großen Inlandeiskappen und Schneefelder abgeschmolzen sind und das Wasser sich erwärmt, so daß sich die Küstenlinie landwärts verlagert und in den Flachkü-

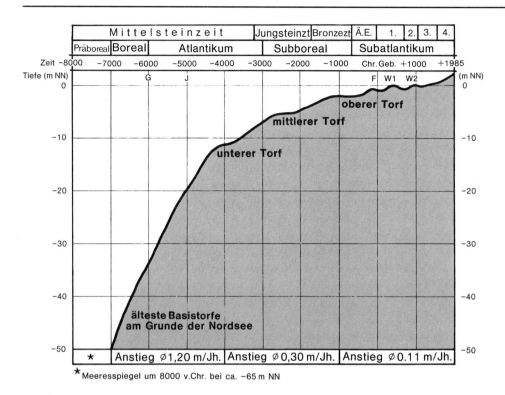

Abb. 38: Der Anstieg des mittleren Meeresspiegels für den Raum Wilhelmshaven im Holozän (n. BEHRE 1987).

G = Großbritannien wird vom Festland getrennt; J = erster Salzwassereinfluß an der Jade; F = Flachsiedlungsperiode vor der Zeitenwende; W1 und W2 = Perioden mit Wurtenbesiedlung. Altersangaben nicht in tatsächlichen Kalenderjahren, sondern in Radiokarbonjahren.

stenbereichen, wie der südlichen Nordsee, weiträumige Überflutungen stattfinden. Umgekehrt fallen mit dem Absinken des Meerespiegels in den Kaltzeiten große Flächen des warmzeitlichen Meeresbodens trocken, so daß in diesen Zeiten hier festländische geologische Vorgänge wirksam werden und Tiere und Pflanzen des Festlandes den Klimaverhältnissen entsprechend von diesen Flächen Besitz nehmen.

Das von den Änderungen des Eis-/Wasserhaushaltes gesteuerte wechselhafte Auf und Ab des Meeresspiegels bezeichnet man zur Unterscheidung von anderen möglichen Ursachen, die an der holozänen Nordsee-Entwicklung allerdings geringen Anteil haben (tektonische Senkungen und Hebungen der Erdkruste, Be- und Entlastung durch Eis, Sedimente, Wasser etc. ["Isostasie"]), als "eustatische" Meeresspiegelschwankungen.

Im Nordseegebiet sind diese Vorgänge durch die aus Bohrungen bekannten geologischen Schichtenfolgen beispielhaft überliefert. Ganz besonders gilt das für das holozäne Anstiegsgeschehen, das sich anhand sog. Basistorfe datieren läßt.

Basistorfe liefern Fixpunkte für die Kurve des Meeresspiegelanstiegs

Dank der Radiokarbonmethode und dank der Pollenanalyse lassen sich Basistorfe datieren, die man bei Bohrungen an der Basis der marinen Schlick- und Sandablagerungen gefunden hat (vgl. Abb. 38). Sie dokumentieren eine Phase zu-

nehmender Versumpfung des zuvor noch landfesten Nordseebodens: Mit dem Vordringen der Nordsee nach Süden schob sie einen breiten Vermoorungsgürtel vor sich her. Seewärts wurden diese Moore bald überflutet und mit Sand und Schlick überlagert oder durch Brandungserosion zerstört. Basistorfe liefern somit Fixpunkte für die Kurve des Meeresspiegelanstiegs.

Schwierig gestaltet sich die Rekonstruktion der älteren Meeresspiegelphasen, die weiter als etwa 9000 v.Chr. zurückliegen. Hier ist man überwiegend auf Vermutungen und Vergleiche mit Meeresspiegeldaten anderer Regionen, z.B. der nordamerikanischen Atlantikküste, angewiesen. Dies gilt schon für die Zeit des frühesten Holozäns (Präboreal), mehr noch für das Spätglazial und ganz und gar für das Weichselhochglazial, weil es aus diesen Zeiträumen vom Boden der Nordsee kaum datierbare Ablagerungen gibt, und weil die Untersuchungsbedingungen für die ältesten Spuren des Meeresspiegelanstiegs wegen der Notwendigkeit kostspieliger Unterwasserbohrungen sehr ungünstig sind. Hinzu kommt, daß die ältesten Sediment- und Erosionsspuren der frühen Nordseetransgression weit nördlich des deutschen Nordseesektors einsetzen (s.u.).

Vor 20 000 Jahren war fast der ganze Nordseeboden landfest

Vor 20 000 Jahren, während des Höchststandes der Weichsel-Eiszeit, als sich in Nordeuropa und

Nordamerika die großen kontinentalen Eisschilde aufgebaut hatten und die Hochgebirge von Gletscherkappen und Eisstromnetzen bedeckt waren, war der Meeresspiegel weltweit *um 110 bis 130 m* gegenüber dem heutigen Stand abgesunken. Fast die ganze Nordsee, deren heutige Wassertiefen meist weniger als 100 m betragen, ja überwiegend unter 50 m liegen (vgl. Abb. 156), war deshalb Festland, das von Treibsand- und Dünengebieten, von Binnenseen und schmelzwasserführenden Abflußrinnen und Urstromtälern eingenommen wurde. Unter ihnen ist das Elbe-Urstromtal noch heute am Grunde der Nordsee als eine 30 bis 40 Kilometer breite Mulde zu verfolgen, die an Helgoland vorbei weiter nach Nordwesten zieht.

Über den Verlauf des hochweichselzeitlichen Eisrandes im Bereich der Nordsee bestehen noch viele Unsicherheiten. Nach neueren meeresgeologischen Untersuchungen in den englischen und niedersächsischen Nordseesektoren bestand offensichtlich zwischen den skandinavischen und britischen Inlandeismassen kein Zusammenhang und damit, anders als früher angenommen wurde, keine Möglichkeit zur Bildung eines großen Eisstausees, sondern die Gletscher waren nur randlich auf den Nordseeboden vorgedrungen und beließen die gesamte zentrale Nordsee eisfrei. So konnten die Schmelzwasser nach Norden ungehindert zum Atlantik hin abfließen bzw. es konnte umgekehrt das mit der folgenden Klimaerwärmung ansteigende atlantische Salzwasser ebenso ungehindert in die Nordsee vordringen und dort nach und nach den Geestsockel überfluten.

Vor 13 000 bis 9 000 Jahren: Die rasch abschmelzenden Gletscher ließen den Meeresspiegel besonders stark ansteigen

In der Zeit des *Spätglazials* (ca. 13 000-10 000 Jahre vor heute) und des *Präboreals* (10 000 bis 9000 Jahre vor heute) ging der Anstieg des Meeresspiegels infolge der raschen Erwärmung und des schnellen Niedertauens der kontinentalen Eismassen besonders schnell vor sich. Man rechnet mit einem Anstieg von zeitweilig wahrscheinlich mehr als 2 m pro Jahrhundert. Noch verlief die Nordseeküste nördlich der Doggerbank. Eine schmale Bucht reichte im Gebiet der norwegischen Rinne bis zum Skagerrak (vgl. Abb. 39).

Vor 9000 bis 8000 Jahren: Im Boreal wurde die Doggerbank zur Insel und der englische Kanal überschwemmt

Auch im *Boreal* setzte sich der steile Meeresspiegelanstieg fort. Die überschlickten Basistorfe aus dieser Zeit liegen heute in einer Tiefe von ca. 45 bis 50 m unter Wasser. Die Küste war inzwischen

um mehr als 300 km nach Süden gewandert, so daß die Nordseiten von Dogger- und Jütlandbank Kliffküsten bildeten und die Doggerbank zur Insel wurde. Der Boden der südlichsten Nordsee blieb aber noch für einige Jahrhunderte Völkerbrücke zwischen England und Jütland, wie Funde mittelsteinzeitlicher Knochen- und Steingeräte, die von Fischern in ihren Grundnetzen heraufgeholt wurden, erkennen lassen. Gegen Ende des Boreals, vor etwa 8000 Jahren, wurde dann auch der englische Kanal überflutet und Großbritannien endgültig vom Festland getrennt. Der Meeresspiegel lag zu dieser Zeit noch etwa 30-35 m tiefer als heute.

Vor 8000 bis 5000 Jahren: Im Atlantikum hatte die Nordsee das heutige Küstengebiet erreicht

Nur wenig später, im *frühen Atlantikum,* nach Radiokarbondatierungen vor etwa 7500 Jahren, hatte die Nordsee das Gebiet unserer heutigen niedersächsischen Küste annähernd erreicht. Noch lag der Meeresspiegel etwa 20-25 m unter dem heutigen.

Die Nähe des Meeres machte sich als erstes in den tiefen, von der Geest herabführenden Flußtälern bemerkbar: In einer Phase des Grundwasserspiegelanstiegs wurde hier zunächst ein basaler *Schilftorf* gebildet, über den von Norden immer häu-

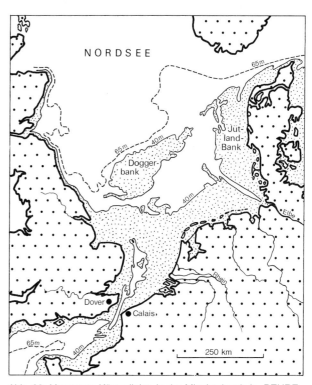

Abb. 39: Vermutete Küstenlinien in der Mittelsteinzeit (n. BEHRE 1987): zu Beginn der Nacheiszeit (um 8000 v.Chr. = -65 m NN) und im Boreal (6500 v.Chr. = -40 m NN).

figer bei Sturmfluten Schlick abgelagert wurde, bis die Rinnen schließlich ganz aufgefüllt waren.

Mit dem weiter steigenden Spiegel der Nordsee griff die Sedimentation bald auch auf die Ränder der Geesthöhen über, die selbst zu Halbinseln und Geestkerninseln wurden. Mit der Zeit wurden immer größere Flächen von Meeressedimenten bedeckt. Dabei schob die transgredierende Nordsee unter dem Einfluß von Seegang, Brandung und Gezeiten einen Saum sandiger Sedimente vor sich her, der sich landwärts nach und nach auf immer höher gelegene Positionen verlagerte. Diese Barrierezone lieferte das Material für Sandplaten, die bevorzugt im Strömungsschatten von Geestkernen aufwuchsen und später zu echten Barriereinseln, den Vorläufern der heutigen *Düneninseln,* wurden. Landwärts dieser Barrierezone wurden unter brandungs- und strömungsärmeren Bedingungen vornehmlich kalkreiche Feinsande und Wattenschlick, weiter landeinwärts tonige Brackwasserbildungen und Mudden abgelagert, die schließlich im wasserreichen, aber überflutungsfreien Saum am Rande zur Geest in *Niedermoortorfe* übergingen ("Küstenrandmoore").

Inzwischen hatte sich der Anstieg des Meeresspiegels stark verlangsamt. Seit etwa 6000 Jahren, also etwa seit der *zweiten Hälfte des Atlantikums,* betrug die Anstiegsrate im Durchschnitt nur noch rd. 30 cm pro Jahrhundert, wobei nun das kontinuierliche Vorrücken der Küstenlinie von deutlichen Schwankungen in Form von Vorstoß-, Ruhe- und sogar Rückzugsphasen abgelöst wurde, die wahrscheinlich klimabedingt waren. Erkennbar sind die Ruhe- und Regressionsphasen an Torflagen, die in die Schlickfolgen eingebettet sind und ein wiederholtes seewärtiges Vordringen der *Küstenrandmoore* in den Wattbereich hinein dokumentieren (vgl. Abb. 38 und 40: *Unterer, Mittlerer und Oberer*

Torf). Die überlagernden Schlicksedimente spiegeln dann die nachfolgenden Transgressionsphasen wider.

In diesem Zusammenhang mögen einige "Störfaktoren" erwähnt sein, die der Küstengeologe bei der Interpretation solcher Ablagerungen zu bedenken hat. So ist es keineswegs sicher, daß Torflagen als Dokumente des Moorwachstums wirklich immer Zeiten des (weltweiten) Meeresspiegelstillstands oder gar der (weltweiten) Regression gewesen sind, sondern ebenso könnte sich dahinter auch eine Veränderung der örtlichen Topographie verbergen (z.B. Schutzlage vor Sturmfluten durch Strandwall- und Haffbildungen). Umgekehrt können auch die Phasen des "Meeresspiegelanstiegs" vorgetäuscht sein: Eine Zunahme der Sturmfluthäufigkeit, Salzabwanderung und -auslaugung über Salzstöcken im Untergrund und die Setzung der Marsch- und Moorsedimente bei Alterung und Entwässerung könnten das Vordringen des Meeres örtlich begünstigt haben, was sich dann in den geologischen Profilen in Überschlickungen oder Brandungserosionsgrenzen erkennen läßt. Schichtenfolgen aus unterschiedlichen Gebieten können deshalb einen scheinbar unterschiedlichen Ablauf des Nordseespiegelanstiegs vortäuschen und sind darum nicht ohne weiteres miteinander vergleichbar.

Vor 5000 bis 2700 Jahren: Im Subboreal entstanden im Lande Wursten und im Jade-Gebiet Kliffküsten

Im Subboreal, als in Nordniedersachsen die Jungsteinzeit begann (vgl. Abb. 38), die Geest also erstmals von einer seßhaften bäuerlichen Bevölkerung besiedelt wurde, war der Meeresspiegel bereits so weit angestiegen, daß er nur noch etwa 5

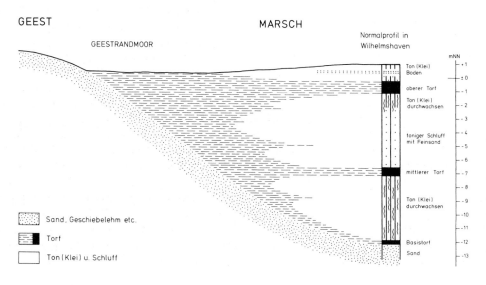

Abb. 40: Schematischer Schnitt durch die Marsch im Raum Wilhelmshaven (n. BEHRE 1987). Die von See her (rechts) vorstoßenden Kleischichten dokumentieren die Überflutungs-(Transgressions-) phasen. In den Ruhephasen breiteten sich die Moore in Richtung See aus, bis sie wieder von neuen Kleiablagerungen überdeckt wurden.

m unter NN lag, so daß das Meer stellenweise schon den heutigen Geestrand erreichte und dabei die davorliegenden Geestkerninseln überspülte. Damals entstanden im Lande Wursten und im Jade-Gebiet Kliffküsten und Strandwälle, deren Verlauf man zum Teil heute noch erkennen kann.

Seit etwa 700 v. Chr.: Im Subatlantikum wuchsen aus einer Reihe von Sandplaten die heutigen Düneninseln auf

Nach der Ablagerung des Oberen Torfes, mit Beginn des Subatlantikums (ca. 700 v. Chr.), drang die Nordsee erneut nach Süden vor. Sie riß dabei tiefe Buchten in das Land und erreichte in Ostfriesland wiederum den Geestrand.
Inzwischen hatte sich das bereits oben genannte *Sandriff ("Barriereriff")* in der seewärtigen Brandungszone so weit verstärkt, daß daraus eine Reihe von hochwasserfreien Sandplaten hervorging, auf denen sich nach Ansiedlung von sandfangenden Pflanzen allmählich die heutigen Düneninseln aufbauten.
Damit war zugleich aus dem offenen Watt im Schutze der Platen- und Inselreihe ein geschlossenes Watt geworden *(Rückseitenwatt)* mit starkem Schlickfall und Marschenbildung, aber auch mit größerem Schutz vor den Sturmfluten.

Bereits in der Älteren Eisenzeit wurde die Marsch besiedelt

Daß die Marschen am Anfang der subatlantischen Transgression (= Ältere Eisenzeit) bereits besiedelt waren, zeigen die langjährigen Ausgrabungen und Untersuchungen im Rheiderland südlich von Emden. Dort wurden auf dem linken Uferwall der Ems mehrere Siedlungsplätze aus dieser Zeit gefunden, die heute in einer Tiefe von -0,70 m NN, also gut 2 m unter dem heutigen mittleren Tidehochwasser liegen (= + 1,35 m NN; s. HAARNAGEL 1969 und BEHRE 1970).
Es handelte sich zunächst um *Flachsiedlungen.* Der anhaltende Meeresspiegelanstieg zwang ihre Bewohner jedoch bald, ihre Häuser auf flache Podeste zu setzen, um sie vor den immer höher auflaufenden Sturmfluten zu schützen, bis sie schließlich um etwa 300 v. Chr. ganz verlassen wurden.
Die erste subatlantische Überflutungsperiode kann nur kurze Zeit gedauert haben; denn schon 200 Jahre später, etwa seit 100 v. Chr., wurde die Marsch wiederbesiedelt, ohne Hochwasserschutz zu ebener Erde (Abb. 38: F = Flachsiedlungen). Die Marsch muß in dieser Zeit folglich erneut weitgehend sturmflutsicher gewesen sein.
Die Flachsiedlungen, die von nun an in großer Zahl in den höher aufgeschlickten Gebieten der Marsch und auf den Uferdämmen der Marschen-

flüsse entstanden, waren das ganze Jahr über von einer bäuerlichen Bevölkerung bewohnt, die die frischen Kleiböden nutzte, um dort ertragreich Viehzucht und Ackerbau zu treiben. Außerhalb der Siedlungen waren die Priel- und Flußufer noch von dichten, galerieartigen Auenwäldern bestanden, wie Pollenanalysen und andere paläobotanische Untersuchungen belegen. Da die Überschlickungen ausblieben, konnte sich weithin eine Verwitterungs- und Bodenoberfläche bilden, die im westlichen Ostfriesland als "Blauer Strahl", in anderen Gebieten als "Schwarze Schnur" erhalten geblieben ist.

Nach der Zeitenwende: Der anhaltende Meeresspiegelanstieg zwang zum Wurtenbau

Seit dem 1. Jahrhundert nach der Zeitenwende wurden Überflutungen wieder häufiger. Offensichtlich begann der Meeresspiegel wieder zu steigen, und die Sturmfluten liefen höher auf und bedrohten die Siedlungen. Einige Flachsiedlungen wurden daher verlassen; in anderen Siedlungen begannen die Bewohner, sich aktiv gegen die Fluten zu schützen, indem sie *Wohnhügel (Wurten)* bauten: Man häufte Klei- und Stallmistschichten übereinander und setzte darauf die Häuser (vgl. Abb. 38: W1).
Mehrfach machten die steigenden Flutstände eine Aufhöhung der Wurten erforderlich. Die Wurten erweisen sich dadurch als eine Art "prähistorischer Pegel", an deren Wohnhorizonten man die maximalen Sturmfluthöhen ablesen kann. In der Feddersen Wierde im Lande Wursten, die zwischen 1955 und 1963 von W. Haarnagel und P. Schmid ausgegraben wurde, sind insgesamt 7 solcher Wurtaufhöhungsphasen nachgewiesen, die alle in die *Römische Kaiserzeit* (etwa Chr. Geb. - 350 n.Chr.) gehören.
Die Aufhöhung der Wurten bricht im 4./5. Jahrhundert ab. Spätestens Mitte des 5. Jahrhunderts waren nahezu alle Wurten an der südlichen Nordseeküste wieder verlassen. Als Gründe für dieses Wüstwerden nennt man eine *Klimaverschlechterung* und eine damit einhergehende Verschlechterung der Ernten sowie Auswirkungen der *Völkerwanderung;* denn auch in den Geestgebieten wurden zu dieser Zeit zahlreiche Siedlungen aufgegeben. Gründe für das Wüstfallen könnten aber auch der anhaltende Meeresspiegelanstieg oder eine *Sturmfluthäufung* gewesen sein, in deren Folge eine Überschlickung und Versalzung der Felder und des Grünlandes eintrat. Diese Zerstörungen waren dann möglicherweise der Anlaß für die Marschensiedler, sich der großen Auswanderungsbewegung der Angeln und Sachsen nach England anzuschließen (n. BEHRE 1987).

Zwei Jahrhunderte blieben die Marschen unbewohnt, bis im 7./8. Jahrhundert n. Chr. Geb. friesische Siedler von Westen her in die Marschen vordrangen und die Marschengebiete in Ostfriesland, im oldenburgischen Friesland, in Butjadingen und im Lande Wursten in Besitz nahmen.

Bevorzugt wurden die fruchtbaren jungen Marschgebiete, wo neue Häuser anfangs auf ebener Erde errichtet wurden; zum Teil wurden aber auch die alten Wurten in den "Altmarschen" wiederbesetzt (vgl. Abb. 38: W2).

Steigende Sturmfluthöhen zwangen dann aber schon im 8. Jahrhundert die Marschenbewohner dazu, die Flachsiedlungen zu verlassen und erneut zum *Wurtenbau* überzugehen. Durch mehrfache Aufschüttungen erreichten die Wurten bald Höhen bis zu 6,50 m NN. Damit waren die Wohnplätze zwar gegen Überflutungen hinreichend gesichert; die Acker- und Weideflächen wurden dagegen immer häufiger von Hochfluten heimgesucht, die, wenn sie in den Sommermonaten auftraten, nicht selten große Vieh- und Ernteverluste mit sich brachten.

So wurden seit dem 11. Jahrhundert die ersten *Ringdeiche* um die Dörfer und ihre Fluren gezogen. Mit ihrer Hilfe wurde es bald möglich, auch tieferliegende Gebiete, die bis dahin nur als Sommerweiden genutzt wurden, in die Wirtschaftsflächen einzubeziehen und außerdem das Ackerland auf die frischen, kalkreichen Kleiböden im Bereich der Buchten und Priele auszudehnen.

Die ersten Ringdeiche waren noch niedrige *Sommerdeiche;* seit dem frühen 12. Jahrhundert wurden dann erstmals nach holländischen Vorbildern auch Deiche gebaut, die den stärkeren winterlichen Sturmfluten standzuhalten vermochten. Diese frühen *Winterdeiche* umgaben die sog. Marschhufendörfer, die in den Flußmarschen von Weser und Elbe von holländischen Siedlern in kammerartig aneinandergereihten Poldern errichtet wurden (s. Bd. II, Kap. "Siedlungen").

Anfangs waren die Deichkammern und Deichringe nicht miteinander verbunden, so daß das Meer bei Sturmfluten ungehindert in das Binnenland vordringen konnte. Im Laufe der Zeit wurden jedoch die einzeln bedeichten Gebiete miteinander verbunden und die Deiche so weit erhöht, daß im 13. Jahrhundert eine erste geschlossene *Seedeichlinie* entstand, die dem gesamten Binnenland während winterlicher Sturmfluten ausreichend Schutz bot (vgl. Kap. 7. "Gewässer und Wasserwirtschaft").

Der Deichbau und seine Folgen für die Küstenentwicklung

Mit der Schließung der Deichlinie wurde ein neues Kapitel in der Entstehung der Marschen aufge-schlagen. Von nun an griff der Mensch unmittelbar in die Küstenentwicklung ein. Einerseits verhinderte der Deichschutz jetzt zwar die regelmäßigen Überflutungen der Marsch; andererseits aber liefen die Sturmfluten immer höher auf, weil sich der allgemeine Meeresspiegelanstieg fortsetzte (vgl. Abb. 38) und die Marschgebiete nach der Eindeichung als Überflutungs- und Stauraum nicht mehr zur Verfügung standen. Die Deiche mußten daher immer weiter erhöht werden.

Außerdem war eine geregelte Binnenentwässerung notwendig geworden. Um die tiefliegenden Äcker und Weiden in den abgedeichten Groden und Poldern trockenzuhalten, mußte das Wasser entgegen dem natürlichen Gefälle durch *Deichsiele,* Kanäle und *Schöpfwerke* abgeführt werden. Besonders in den moorigen Sietlandgebieten kam es durch diese mechanische Entwässerung im Laufe der Jahrhunderte zu einem Wasserentzug der Böden und damit letztlich zu einer Absenkung der Oberfläche (Sackung) bis unter den Meeresspiegel (vgl. Tab. 9). Wenn einige niedersächsische Marschengebiete heute unter NN und sogar bis zu 2,30 m unter NN liegen, also unter dem mittleren Tideniedrigwasser, wie dies an wenigen Stellen im Rheiderland und auf der Halbinsel Krummhörn bei Emden der Fall ist, so ist das im wesentlichen auf die intensive Entwässerung der vergangenen Jahrhunderte zurückzuführen. Geringeren Anteil daran hatte freilich auch der weitere Anstieg des Meeresspiegels.

Die geologische Entwicklung der niedersächsischen Küstenlandschaft war mit dem Deichbau und den anderen Eingriffen des Menschen keineswegs abgeschlossen. Gewiß verhinderte nun die Deichlinie eine weitere Südwärtsverlagerung der Küste als Antwort auf den fortgesetzten Meeresspiegelanstieg; doch verursachten in der Folgezeit noch 500 Jahre lang verheerende *Orkanfluten* große Landverluste, von denen besonders die niedrig gelegenen Sietländer betroffen waren (vgl. Kap. 3. "Heutige Oberflächenformen"). Dort wurden tiefe Buchten und Priele ausgeräumt, die zum Teil bis unmittelbar an den Geestrand heranreichten. So schufen die Julianenflut von 1164, die Marcellusflut von 1362, die Cosmas- und Damianflut von 1509 und andere Sturmfluten die tiefen Einbrüche von Dollart und Jadebusen, von Harle- und Leybucht.

Doch dann nahm durch Neulandgewinnung und Festigung der Deiche der Anwachs gegenüber dem Abbruch ständig zu, obwohl sich der Meeresspiegelanstieg bis heute fortsetzte: Nach Pegelaufzeichnungen und alten Wasserstandsmarken in den letzten 300 Jahren möglicherweise um durchschnittlich 25 cm pro Jahrhundert.

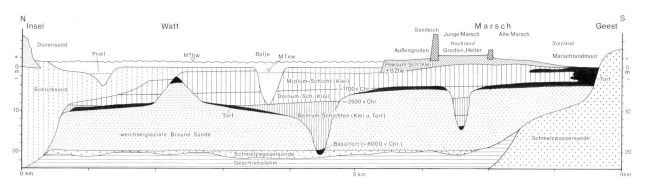

Abb. 41: Geologischer Idealschnitt von den Ostfriesischen Inseln über Watt und Marsch zur Geest (n. SINDOWSKI 1969 u. 1973, verändert).

Heute rechnen die Wasserbauer unter Einbeziehung eines Sicherheitszuschlages mit einem weiteren Anstieg von 25 cm pro Jahrhundert und möglicherweise sogar mehr. Die Märzflut von 1906, die Februarflut von 1962 und die Januarflut von 1976 haben die höchsten bisher in Niedersachsen gemessenen Wasserstände gebracht. Ohne Deichschutz wäre das gesamte Marschenland überflutet worden.

Ein geologischer Idealschnitt von den Ostfriesischen Inseln über Watt und Marsch zur Geest (vgl. Abb. 41)

Im folgenden soll der geologische Schichtenaufbau des Küstengebietes noch einmal zusammenfassend anhand eines geologischen Idealschnitts verdeutlicht werden. Dieses Profil, das freilich nur für Ostfriesland Gültigkeit hat, erstreckt sich in nord-südlicher Richtung von den Ostfriesischen Inseln bis an den Rand der Ostfriesischen Geest.

Den Untergrund der Sedimentabfolge bilden die Ablagerungen der Saaleeiszeit in Form von Vor- und Nachschüttsanden sowie Geschiebelehm. Sie bauen nicht nur den Kern der Ostfriesischen Geest auf, sondern kleiden auch im Küstengebiet den Boden der Nordsee aus, der während der frühen Saale-Eiszeit von den Inlandeismassen bedeckt war (s.o.).

Über den saaleeiszeitlichen Schichten folgen weichselzeitliche Sedimente ("Braune Sande"). Hierbei handelt es sich zum überwiegenden Teil um kaltzeitliche Flugsande, die auf dem trockengefallenen und fast vegetationsfreien Boden der Nordsee zusammengeweht wurden, zum Teil aber auch um Flußablagerungen, die während der Weichselkaltzeit von den von Süden her kommenden Flüssen hier zurückgelassen worden sind. Diese Sedimente entsprechen zeitlich und hinsichtlich ihrer Entstehung den Niederterrassen und Talsanden des Binnenlandes. Ablagerungen des weichselzeitlichen Eises und seiner Schmelzwässer feh-

len im niedersächsischen Küstengebiet, da der Rand des skandinavischen Eises damals viel weiter im Norden lag (vgl. Abb. 35).

Wie das Profil zeigt, war die später vom Meer überflutete Landoberfläche keineswegs eben. Einerseits hatten die von der Geest herabkommenden Flüsse tiefe Rinnen in den Sandsockel hineingeschnitten, die auf den tieferliegenden Meeresspiegel ausgerichtet waren, andererseits hatten die weichselzeitlichen Sandverwehungen Dünen hinterlassen.

Der holozäne Meeresspiegelanstieg machte sich zuerst in den von der Geest herabkommenden Rinnen bemerkbar. Basaltorfe künden von der zunehmenden Versumpfung, die in unserem Beispiel um etwa 6000 v. Chr., also zu Beginn des Atlantikums, unter dem Einfluß des Grundwasserstaus begann. Noch lag der Meeresspiegel mehr als 20 m tiefer als heute, verlief die Küstenlinie etwa im Bereich der heutigen ostfriesischen Inselkette. Die heutige Küstenlandschaft gehörte noch zur Geest.

Dies änderte sich jedoch bald. Mit dem ungebrochenen Anstieg des Meeresspiegels verlagerte sich auch die Küstenlinie immer weiter nach Süden. Zunächst drang das Meer in die Flußtäler und tiefen Rinnen ein und verwandelte sie in Priele. Die basalen Torfe, die anfangs nur bei Sturmfluten überschlickt wurden, wurden nun von Klei- und Sandschichten endgültig zugedeckt oder durch die Brandung wegerodiert (hier: Baltrum-Schichten). Gleichzeitig verlagerte sich der *Niedermoorgürtel* als Folge des Nordseespiegel-Anstieges immer höher auf die noch nicht überfluteten Oberflächen der Geest.

Schließlich waren die Rinnen ganz aufgefüllt. Das Meer überflutete nun in breiter Front den Geestsockel und hinterließ dabei mächtige Kleiablagerungen, die hier als Dornum- und Midlumschichten bezeichnet sind. Die Midlum-Schichten besitzen im ostfriesischen Küstengebiet die größte Verbreitung. Sie bauen dort im wesentlichen die Marsch

Die Entwicklung eines Hochmoores

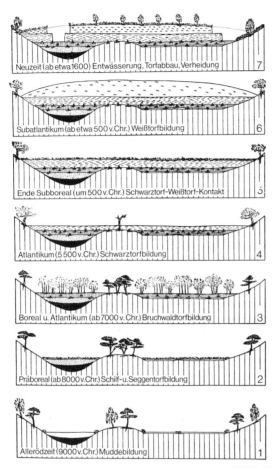

Neuzeit (ab etwa 1600) Entwässerung, Torfabbau, Verheidung 7

Subatlantikum (ab etwa 500 v. Chr.) Weißtorfbildung 6

Ende Subboreal (um 500 v. Chr.) Schwarztorf-Weißtorf-Kontakt 5

Atlantikum (5500 v. Chr.) Schwarztorfbildung 4

Boreal u. Atlantikum (ab 7000 v. Chr.) Bruchwaldtorfbildung 3

Präboreal (ab 8000 v. Chr.) Schilf- u. Seggentorfbildung 2

Allerödzeit (9000 v. Chr.) Muddebildung 1

Abb. 42: Entwicklung eines Hochmoores (aus: SEEDORF 1977, n. HAMM 1952).

1. *Gegen Ende der letzten Eiszeit,* etwa um 9000 vor Chr. Geb., hatten im Altmoränengebiet Birken und Kiefern die bisherige Tundra wiedererobert. Auf dem Grund von Flachseen, die als Austauseen oder Ausblasungswannen entstanden waren, bildete die Verlandungsvegetation aus Laichkräutern und Seerosen eine schwarze Mudde.

2. Im wärmer gewordenen Klima des *Präboreals* (etwa ab 8000 v. Chr.) verlandeten die Seen rasch unter Bildung von Schilf- und Seggentorfen (Niedermoor).

3. Ab etwa 7000 v. Chr., mit dem *Boreal und dem beginnenden Atlantikum,* als schließlich die Sommertemperaturen um mindestens 2-3° C höher la-

gen als heute (Klimaoptimum) und die vorrückende Nordsee das jetzige Küstengebiet erreichte, entstanden zunächst ausgedehnte Versumpfungsmoore in Erlenbruchwäldern.

4. Nach Ablagerung mächtiger Bruchwaldtorfe, die die Baumstubben konservierten, wurden die Bruchwälder *während des Atlantikums* von Torfmoospolstern erstickt. Es bildete sich unter dem Einfluß des feuchten und verhältnismäßig warmen Klimas der stark zersetzte Schwarztorf ("Älterer Hochmoortorf").

5. Im letzten Jahrtausend vor der Zeitenwende *(Subboreal)* wurde das Klima wieder kühler und trockener. Das Moorwachstum hörte zeitweilig auf, und Heide und Wollgräser überzogen die Flächen.

6. Während des *Subatlantikums* (ab 500 v. Chr. Geb.) gewannen infolge weiter sinkender Temperaturen und zunehmender Niederschläge ("Klimasturz") raschwüchsige Torfmoose (Sphagnum cuspidatum u.a.) die Oberhand und bildeten unter uhrglasförmiger Aufhöhung des Moorkörpers den schwach zersetzten Weißtorf ("Jüngerer Hochmoortorf").

7. Die in sieben Jahrtausenden um etwa 1 mm jährlich gewachsenen Hochmoore werden seit 300 Jahren zunehmend vom Menschen abgebaut. Durch die Entwässerung starben die Torfmoose auch auf den unberührten Restflächen ab. Glockenheide und Besenheide, aber auch Birke und Kiefer traten an ihre Stelle. Der Moorkörper sackte um fast ein Drittel seiner ursprünglichen Mächtigkeit zusammen. Riesige Torfmengen wurden von Hand für die Hausbrandversorgung oder mit Maschinen der Torfindustrie abgebaut. Bei der landwirtschaftlichen Nutzung gehen jährlich etwa 0,5 cm bei Grünlandnutzung und bis 1 cm bei Akkernutzung durch Torfschwund von der Moorsubstanz verloren. Nahezu sämtliche niedersächsischen Hochmoore stellen heute solche "toten", mehr oder weniger zerstörten Hochmoore dar.
In den letzten Jahren mehren sich die Bestrebungen, Restmoore zu erhalten und durch besondere Maßnahmen, wie die Entfernung des überhandnehmenden Baumwuchses (Entkusseln), durch künstliche Wiedervernässung und Unterschutzstellung wenigstens kleine Teile der Moore in einen naturnahen Zustand zurückzuführen ("Renaturierung" bzw. "Regeneration" von Hochmooren; vgl. Kap. 10. "Ökologie und Umweltschutz").

auf, reichen zum Teil sogar bis an den Geestrand heran und markieren den weitesten Vorstoß der Watten. In dieser Zeit waren die Moore bis auf den schmalen Saum der Küstenrandmoore zurückgedrängt worden. Dabei ist es immer wieder zu Verschiebungen der Grenze zwischen Watten und Moor gekommen.

Der Meeresspiegelanstieg hatte sich während der Ablagerung der Midlum-Schichten so stark verringert, daß das Höhenwachstum der geestrandnahen Moore mit dem Anstieg des Nordseespiegels mithalten konnte. Lediglich veränderte sich die Flächengröße der Moore in Abhängigkeit von der wechselnden Stärke des Anstiegs und der Sturmflutintensität. In Ruhephasen dehnten sie sich seewärts aus; in Zeiten stärkeren Anstiegs und größerer Sturmfluthäufigkeit verringerte sich ihre Fläche zugunsten der Watten. Am Außenrand des Wattgürtels begannen sich, z.T. angelehnt an submarine Hochlagen der Geest, *Sandplaten* zu bilden, aus denen etwa seit der Zeitenwende die Düneninseln wurden.

Inzwischen hatte sich der Meeresspiegelanstieg soweit verlangsamt, daß es zeitweilig sogar zu Meeresrückzügen (Regressionen) kam. Während dieser Phasen wurden die Wattgebiete erstmals wirklich hochwasserfrei und damit landfest, d.h. aus Watten wurden Marschen, die vom Menschen besiedelt werden konnten. Sicher spielte dabei auch die schützende Wirkung der neu entstandenen Inselkette eine Rolle.

Die bedeutendste Siedlungsphase und Zeit des Meeresspiegelrückgangs zeigt sich in der Ausbildung einer fossilen Bodenoberfläche um Christi Geburt, auf der in Ostfriesland anfangs Flachsiedlungen auf der ebenen Erde gegründet wurden.

Mit dem weiteren Anstieg des Meeresspiegels und der Häufung von Sturmfluten gingen die Menschen schließlich zum *Wurtenbau* über. Erneut wurden die Marschen überflutet und die sog. Pewsum-Schichten abgelagert, deren Sedimentation bis heute anhält. Nach Schließung der Deichlinie (um 1300) blieb die Sedimentation der oberen Pewsum-Schichten jedoch auf das Außendeichsland und das Wattenmeer beschränkt. Lediglich im Zuge der *Wiederverlandung* der großen mittelalterlichen *Meeresbuchten* kam es auch im Binnenland erneut zu weiträumigen Ablagerungen, deren Böden in den eingedeichten Groden heute die lockere, kalkhaltige und höher aufgeschlickte Seemarsch bilden (Junge Marsch, Hochland).

Die Moore: Zeugnisse des Grundwasserspiegelanstiegs und des ozeanischen Klimas im Holozän

Mit dem Anstieg des Meeresspiegels und dem Vorrücken der Küstenlinie nach Süden hatte sich seit Beginn des Holozäns in Niedersachsen auch das Klima verändert. Es wurde zunehmend atlantisch geprägt, d.h. durch hohe Luftfeuchtigkeit und reichliche Niederschläge.

Das maritime Klima sowie die Vernässung der Niederungen durch den Rückstau des steigenden Meeres boten für die Vermoorung geradezu ideale Bedingungen (vgl. Kap. 5. "Böden"). Auf fast einem Zehntel der heutigen Landesfläche (rd. 9 %) sind seitdem Moore aufgewachsen. Rd. 60 % davon sind *Hochmoore*, rund 40 % *Niedermoore* (Verlandungs- und Versumpfungsmoore).

Neben Kleinstmooren von wenigen 100 m² Fläche entstanden auch zusammenhängende Moorkomplexe von mehreren 100 km². Allein das riesige Bourtanger Moor umfaßte früher einschließlich des niederländischen Anteils etwa 1200 km², von denen in Niedersachsen noch ca. 160 km² erhalten sind. Weitere große Moorkomplexe bilden das Teufelsmoor mit 360 km² (davon 157 km² Niedermoor) und das Vehnemoor bei Oldenburg mit 180 km².

Die Moore als "Archiv" der Klima- und Vegetationsgeschichte

Da sich pflanzliche und tierische Großreste sowie Blütenstaub (Pollen) in dem huminsauren Wasser der Torfschichten unter Luftabschluß über Tausende von Jahren fast unzersetzt erhalten haben, sind Moore hervorragende "Archive" für die Klima- und Vegetationsgeschichte. Die frühen Kenntnisse über die Gliederung und Klimaentwicklung des Postglazials beruhen deshalb vornehmlich auf moorgeologischen und pollenanalytischen Studien.

Einen *Überblick über die Hochmoorentstehung* in ihrer Abhängigkeit von den klimatischen Verhältnissen verdeutlicht die Abbildung 42.

2.3. Geologische Übersichtskarte (vgl. Abb. 43)

Während die erdgeschichtlichen Tabellen den idealen Schichtenaufbau und das Alter der Gesteine angeben, verzeichnet die geologische Karte die Verbreitung der an der Erdoberfläche anstehenden Gesteine, wobei zwischen Festgesteinen und Lockergesteinen zu unterscheiden ist.

Drei Viertel des Landes bestehen aus Lockergesteinen des Quartärs

Etwa drei Viertel des Landes Niedersachsen werden von *Lockergesteinen* des Quartärs eingenommen. Das sind geologisch junge, unverfestigte eiszeitliche und nacheiszeitliche Bildungen, die im Tiefland in einer Mächtigkeit von zum Teil mehreren hundert Metern die älteren Schichten des Tertiärs und die *Festgesteine* des Mesozoikums verhüllen.

Erst im niedersächsischen Berg- und Hügelland (Mittelgebirgsschwelle) dominieren die Festgesteine. Es sind überwiegend Sand-, Kalk- und Tonsteine, die während der langen Meeresbedeckung Niedersachsens im Laufe des Mesozoikums abgelagert und verfestigt worden sind.

Eine gesonderte geologische Einheit bildet der *Harz mit seinen alten paläozoischen Gesteinen*, die auf der sehr kleinmaßstäbigen geologischen Karte stark vereinfacht als einheitlicher Block von 30 x 90 km Größe zum Ausdruck kommen. In Wirklichkeit weist die Harzscholle eine Vielzahl von rd. 245 bis 400 Millionen Jahre alten vulkanischen, metamorphen und Sedimentgesteinen auf: Tonschiefer, Kieselschiefer, Hornfels, Sandstein, Quarzit, Grauwacke, Kalkstein, Granit, Gabbro, Diabas, Porphyr, ferner Schwerspat, Flußspat, Quarz und andere Mineralien, dazu zahlreiche Erzgänge und einzelne größere Erzlager, die sonst nirgendwo in Niedersachsen auftreten. Wegen dieser Vorkommen wurde über 1000 Jahre lang im Harz der Erzbergbau auf Silber, Blei, Kupfer und Zink betrieben.

Am Südrand des Harzes sind die ehemals auch das Gebirge überspannenden Schichten des Zechsteins ausgewiesen, die hier mit ihren Gips-, Anhydrit- und Dolomitbergen und -stufen eine eigenartige Karstlandschaft bilden, während die einst darin enthaltenen Salzlager wegen ihrer Oberflächennähe schon lange der Auslaugung anheimgefallen sind. In den übrigen Teilen Niedersachsens sind diese Salzlager, z.T. in sehr großen Mächtigkeiten und Tiefen, noch vorhanden (Salzstöcke, Salzkissen etc.).

Im Unterschied zum Harz, der als geschlossener Block in seine heutige Höhe gehoben wurde (Brokken: 1142 m NN), wurden die *Festgesteinsschichten des Berg- und Hügellandes* in viele Bruchstücke zerrissen, die in den Zeiten großer Erdunruhe (*"Saxonische Bruchschollentektonik"*) in unterschiedlicher Weise gekippt, versenkt oder herausgehoben wurden, so daß ein unregelmäßiges Mosaik aus Schollen und Gräben entstanden ist, das sich in der Geologischen Karte durch das bunte Bild unterschiedlich alter Gesteine widerspiegelt. Dabei hat auch die Abtragung eine Rolle gespielt, denn die Verwitterung sowie Wasser und Wind haben die Festgesteine je nach ihrer Widerstandsfähigkeit mehr oder weniger stark abgeräumt und ältere Schichten freigelegt.

In der jüngeren Erdgeschichte: insgesamt eine Kippschollenbewegung mit Abtragung im Süden und Ablagerung im Norden

Insgesamt gesehen hat das Bergland während der Saxonischen Gebirgsbildung eine riesige südnördlich gerichtete Kippschollenbewegung erfahren, die wahrscheinlich bis heute anhält. Der Süden wurde früher Hebungs- und damit Abtragungsgebiet als der Norden. Dies erklärt die auffällige Verbreitung immer jüngerer Gesteine in nördlicher Richtung. Während im Süden die jüngeren kreide- und jurazeitlichen Schichten weitgehend abgeräumt oder gar nicht erst zur Ablagerung gekom-

men sind, so daß im südlichsten Niedersachsen vor allem Schichten des Buntsandsteins und des Muschelkalks an die Oberfläche treten, lagern weiter nördlich darüber Keuper- und Juraschichten und schließlich im Übergangsbereich vom Bergland zum Tiefland die Sedimente der Kreidezeit.

Um diese Zeit, vor rund 100 Millionen Jahren, war der Süden durchweg schon Festland. Der Norden wurde erst durch die gewaltigen Schuttmassen der Eiszeiten endgültig landfest. Heute ist der nördliche Nordseeboden das Hauptsenkungsgebiet, in dem unter Einfluß des Meeres, der Gezeiten und auch unter dem zunehmenden Einfluß des Menschen an der Küste vor allem Sand und Schlick der Watten, Marschen und Düneninseln abgelagert werden (vgl. Kap. 7. "Gewässer und Wasserwirtschaft").

Besonderen geologischen Gesetzmäßigkeiten unterlagen die *eiszeitlichen Bildungen im norddeutschen Tiefland*. Die Gletschervorstöße der Elster-, der Saale- und der Weichsel-Eiszeit haben dort große Massen an Sand, Kies und Steinen zurückgelassen, von denen die Ablagerungen der Saale-Eiszeit und die der Weichsel-Eiszeit noch recht gut die ursprüngliche Abfolge sogenannter "Glazialer Serien" erkennen lassen: Grundmoränenplatten, Endmoränenzüge, Sanderflächen und Urstromtäler.

Südlich der Elbe liegt das Gebiet der Saale-Vereisung mit seinem über 200 000 Jahre gealterten, ausgeglichenen Altmoränenrelief, nördlich der Elbe das Gebiet der Weichsel-Vereisung, das wegen seines Alters von nur 15 000 bis 20 000 Jahren noch überwiegend frische, reliefreiche Oberflächenformen aufweist (daher: "Jungmoränengebiet").

Bildungen der letzten Eiszeit sind auch die aus Grundmoränen, Sanderflächen und den ausgetrockneten Flußbetten ausgeblasenen (kalkhaltigen) Schluffe und Feinsande, die sich auf der Geest als Flugsand, Dünen und Sandlöß, im Bergvorland (Lößbördengebiet) sowie in den Becken und Tälern des Berglandes als Lößdecken absetzten und dort die älteren mesozoischen und älteren pleistozänen Schichten verhüllen.

Als Bildungen des Holozäns fallen auf der geologischen Karte neben den Ablagerungen der Küste (Watt, Marsch, Dünen) vor allem die Moore auf, die als Nieder- und Hochmoore in den küstennahen niederschlagsreichen Gebieten aufgewachsen sind, während in den sommertrockenen Gebieten Ost- und Südniedersachsens mit Ausnahme der regen- und schneereichen Höhenlagen des Harzes keine Moore vorkommen.

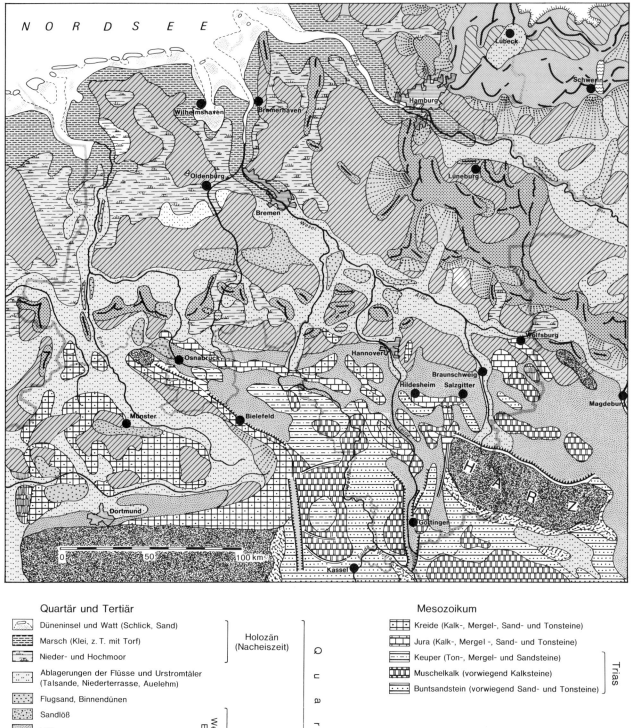

Quartär und Tertiär

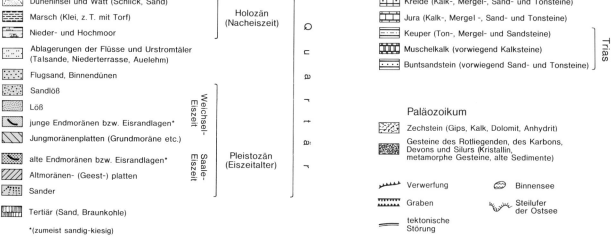 Düneninsel und Watt (Schlick, Sand)	}	Holozän (Nacheiszeit)
Marsch (Klei, z. T. mit Torf)		
Nieder- und Hochmoor		
Ablagerungen der Flüsse und Urstromtäler (Talsande, Niederterrasse, Auelehm)		
Flugsand, Binnendünen		
Sandlöß		
Löß		
junge Endmoränen bzw. Eisrandlagen*		
Jungmoränenplatten (Grundmoräne etc.)		
alte Endmoränen bzw. Eisrandlagen*		
Altmoränen- (Geest-) platten		
Sander		
Tertiär (Sand, Braunkohle)		

*(zumeist sandig-kiesig)

Weichsel-Eiszeit / Saale-Eiszeit

Pleistozän (Eiszeitalter)

Quartär

Mesozoikum

Kreide (Kalk-, Mergel-, Sand- und Tonsteine)

Jura (Kalk-, Mergel -, Sand- und Tonsteine)

Keuper (Ton-, Mergel- und Sandsteine)

Muschelkalk (vorwiegend Kalksteine)

Buntsandstein (vorwiegend Sand- und Tonsteine)

Trias

Paläozoikum

Zechstein (Gips, Kalk, Dolomit, Anhydrit)

Gesteine des Rotliegenden, des Karbons, Devons und Silurs (Kristallin, metamorphe Gesteine, alte Sedimente)

Verwerfung   Binnensee

Graben   Steilufer der Ostsee

tektonische Störung

Abb. 43: Geologische Übersichtskarte (n. Geologische Karte der Bundesrepublik Deutschland 1 : 1 Mio.; GOHL 1972: Deutsche Landschaften - Bau und Formen 1 : 1 Mio.).

3. Heutige Oberflächenformen

3.1. Einleitung

Oberflächenformen sind wesentliche Land-
schaftselemente, die ökologische Aufgaben
erfüllen

Die Oberflächenformen des Festlandes und des
Küstenmeeres bestimmen als Relief, als Berge
und Täler, als Ebenen und Gebirge weitgehend
den Lauf der Gewässer, das Klima und die Vegetation, aber auch die Wohn- und Wirtschaftsweise
der Menschen, die Standorte seiner Siedlungen
und den Verlauf der Verkehrswege und damit die
Belastung der Landschaft.

Am eindrucksvollsten sind die *Großformen,* wie
die Gebirge und Ebenen, die in Niedersachsen in
ihren Gegensätzen einerseits im Harz als echtem,
über 1100 m hoch aufragendem Mittelgebirge und
andererseits als fast absolute Ebenheiten in den
Marschen und Mooren vorhanden sind. Abwechs-
lungsreicher sind das Berg- und Hügelland mit seinen Schichtkämmen und Schichtstufen, seinen
Hochflächen, Becken und Talzügen oder auch die
wellige Geest mit ihren Grund- und Endmoränen,
Sandern und Urstromtälern.

Bei näherem Hinsehen weisen alle diese Großformen einen vielfältigen *Klein- und Mittelformen-*
schatz auf, der für die ökologische Differenzierung
der Landschaft ebenfalls von großer Bedeutung
ist. Genannt seien als Beispiele im Harz die Klippen, die Blockmeere und die tief eingeschnittenen
Kerbtäler, im Bergland die Flußterrassen in den Talungen, die Bergrutsche, die Erdfälle, Höhlen und

andere Lösungserscheinungen, auf der Geest die
Trockentäler, die vermoorten Ausblasungswannen
(Schlatts) und die Binnendünen, an der Küste das
"Hochland" und das "Sietland" der Marsch, die Gezeitenrinnen der Priele, Baljen und Seegaten in
den Watten, die Sandbänke und schließlich auf
den Inseln die von Strömung, Brandung, Gezeiten, Wind und Vegetation geschaffenene Folge
von Sandstrand, Dünen und Inselmarsch.

Diese Vielzahl der Landschaftsformen ist von unterschiedlichen formenden Kräften und zu unterschiedlichen Zeiten geschaffen worden. Im Relief
gibt es viele Vorzeitformen, die unter ganz anderen geologischen und klimatischen Bedingungen
als den gegenwärtigen entstanden sind und deshalb mit den heute hier ablaufenden Prozessen
nicht erklärt werden können. Da ist an erster Stelle
der eiszeitliche Formenschatz zu nennen, der
zwei Drittel und mehr des gesamten Landes geprägt hat. Andererseits sind z.B. die Hochflächen
des Harzes und anderer Höhenzüge sichtbare Zeugen tropischer Klima- und Abtragungsbedingungen. Sie aufzuzeigen und Verständnis für die gegenwärtigen Oberflächenformen und für die ehemals hier abgelaufenen Formungsprozesse in der
Natur zu wecken, soll ein Anliegen dieses Kapitels
sein.

Erdgeschichtlich betrachtet sind Oberflächen-
formen kurzlebige Gebilde

Im Vergleich zu Gesteinen und Lagerstätten, die
über Jahrmillionen die Beanspruchungen in der
Erdkruste überstehen können, wie das Beispiel

Foto 2: **Brockenblick vom Achter-**
mann. Die Granitkuppel des Brockens
mit der höchsten Erhebung des Harzes
(1142 m NN) ist von der Abtragung als
Härtling, Fernling oder Rumpftreppe her-
ausgearbeitet worden, während die
randlichen weicheren Schichten tiefer
verwittert und zu moorigen Gründen
ausgeräumt worden sind. Die Gipfelpy-
ramide des Achtermann (925 m NN) besteht aus kontaktgehärtetem Hornfels,
den die Frostverwitterung in Blöcke zerlegt hat. Aufn.: Nds. Landesverwaltungsamt - Landesmedienstelle.

der bis zu 400 Mio. Jahre alten Harzgesteine zeigt, sind die aus den Gesteinen herauspräparierten Oberflächenformen im geologischen Zeitmaßstab kurzlebige Gebilde. Schon in einem Jahrtausend, in Jahrhunderten oder in wenigen Jahren können sich hier Veränderungen, gelegentlich sogar in Stunden und Minuten, bemerkbar machen. Man braucht nur an einen extremen Starkregen, an eine Sturmflut oder an einen Vulkanausbruch zu denken, die das Relief in kurzer Zeit umgestalten können. Die Regel sind jedoch allmählich ablaufende Gestaltungsprozesse, die sowohl Gebirge und einzelne Höhenzüge schaffen als auch ganze Formengenerationen ("Reliefgenerationen") wieder auslöschen können.

Als Beispiel sei das *Variskische Gebirge* genannt, das sich vor rund 300 Mio. Jahren in Form eines mächtigen Kettengebirges (Faltengebirges) quer durch Europa erstreckte. Es wurde in rd. 30 Millionen Jahren zu einer "Fastebene" abgetragen, die man als "*Präoberpermische Rumpffläche*" bezeichnet (vgl. Abb. 31). Sie schnitt fast geradlinig alle gefalteten Schichten nahezu in Meeresniveau, so daß das vor 250 Mio. Jahren im Oberperm vordringende Zechsteinmeer das eingerumpfte ehemalige Gebirge ungehindert überfluten und darauf das Zechsteinkonglomerat und den Kupferschiefer absetzen konnte (vgl. Kap. 2 " Geologie"). Noch heute kann man Reste dieser Rumpffläche im berühmten Steinbruch der "Fuchshalle" bei Osterode erkennen. Freilich findet man dort nur noch deren geologische Spuren. Ihre Existenz als Landschaftsform ist längst ausgelöscht. Dafür sind aber Teile der wesentlich jüngeren tertiären Rumpfflächen im Harz als Hochflächen erhalten geblieben (s.u.).

Zahlreiche weitere Beispiele ließen sich für die *Vergänglichkeit von Landschaftsformen* anführen: Die Sümpfe der Karbonzeit, die Salzbecken der Permzeit, die Wüsten des Buntsandsteins und die weißen Strände der Bückeburg-Formation (Wealden), die einst in Niedersachsen vorhanden waren. Sie alle haben als Gesteine überdauert; als Landschaftsformen sind sie jedoch nicht mehr erkennbar.

Erdkrustenbewegungen und Klimaentwicklung haben entscheidenden Einfluß auf die Oberflächenformung

Die Hauptrolle bei der Gestaltung der Oberflächenformen spielen *Krustenbewegungen*. Durch Hebungen und Senkungen, durch Faltungen und Zerrungen entstehen Gebirge und Bruchschollenländer, Gräben und Becken, die ein mehr oder weniger bewegtes Relief haben. Die durch die tektonischen Bewegungen hervorgerufenen Höhenunterschie-

de sind in Verbindung mit der Schwerkraft der Motor für fast alle Abtragungsvorgänge.

Doch es werden je nach der *Widerstandsfähigkeit der Gesteine ("Petrovarianz")* und je nach der *Schichtneigung* oder den *Verwerfungen* im Gestein *("Tektovarianz")* engräumigere Reliefunterschiede herauspräpariert, wie sie in den Härtlingen des Harzes oder in den Schichtrippen, Schichtkämmen und Schichtstufen sowie in den Bruchstufen und gesteinsbedingten Hochflächen, oder in den ausgeräumten Tälern und Becken heute beispielhaft im südlichen Niedersachsen auftreten.

Außer durch die Erdkrustenbewegungen und durch die Gesteinshärte werden die Vorgänge der Oberflächenformung auch durch die Eigenschaften des Klimas bestimmt.

Rückblickend war das *Klima* im niedersächsischen Gebiet über viele Jahrmillionen durchweg wärmer als heute. Das lag einerseits an der äquatornäheren Lage, für die viele Fossilien Zeugnis ablegen, zweitens waren die Lufttemperaturen damals weltweit höher, weil die Zusammensetzung der Atmosphäre und die Einstrahlung der Sonne anders waren. Die Entwicklung der Niederschläge blieb dagegen uneinheitlich: Zeitweilig herrschten sehr trockene Bedingungen, unter denen dünenreiche Sandwüsten gebildet wurden (z.B. in der Buntsandsteinzeit). Zeitweilig, z.B. in der Karbonzeit und im älteren Teil des Tertiärs, war es aber auch tropenhaft heiß und feucht.

Während die in den älteren erdgeschichtlichen Epochen geschaffenen *Reliefunterschiede* im Laufe der Jahrmillionen ausgelöscht worden sind, haben sich die seit dem Tertiär gebildeten Oberflächenformen zum Teil als Vorzeitrelikte erhalten. Das gilt besonders für die *Rumpfflächenreste* im Harz, die unter tropisch-heißen Klimabedingungen gebildet wurden.

3.2. Formung und die heutigen Formenrelikte des tertiären Rumpfflächenklimas am Beispiel des Harzes

Voraussetzung der Flächenformung: chemische Tiefenverwitterung im warm-feuchten Klima

Im tropenartigen Klima des Alttertiärs bedeckten ausgedehnte sumpfige Urwälder ("Regenwälder") unser Gebiet. Im warmen, feuchten und sauren Moder ihres Wurzelraumes wurde eine starke chemische Verwitterung wirksam. Sie zersetzte auch solche Gesteine tiefgründig, die in unserem heutigen Klima als sehr hart und widerstandsfähig gelten, wie z.B. die quarzreichen Kristallingesteine und Sandsteine des Harzes (Granit, Gabbro, Kahlebergsandstein u.a.). Dabei wurden durch die *Silikat-verwitterung* nicht nur die leicht spaltbaren Schicht-silikate zerstört, z.B. Glimmer und Feldspäte, sondern auch die harten Quarzkristalle angelöst.

Im Laufe von Jahrmillionen entstanden so mächtige *Verwitterungsdecken* aus mürbem, leicht ausräumbarem Grus, aus Sand, Lehm, Kies und angewitterten Steinen, die heute jedoch nur noch zum geringen Teil in Restmächtigkeiten von einigen Dezimetern bis Metern an ihren Bildungsorten erhalten geblieben sind, da sie mit der Hebung des Harzes überwiegend abgetragen und weit in die Vorländer verfrachtet wurden.

Flächenbildung durch flächenhafte Abspülung: Zeugnis "tropisch"-wechselfeuchten Klimas

Die eigentliche Rumpfflächenbildung fand allerdings wohl weniger unter dauerfeuchten als unter (rand-)"tropisch" - *wechselfeuchten* Bedingungen statt, wie paläobotanische Untersuchungen (Pollen, Tier- und Pflanzenreste) für größere Abschnitte des Alt- und Mitteltertiärs belegen. Auch die Untersuchungen in den heutigen randtropischen *Savannenklimaten* Südamerikas, Afrikas, Südostasiens und Nordaustraliens, wo Rumpfflächen aktiv gebildet werden, deuten darauf hin.

Eine entscheidende Rolle spielte für die Flächenbildung der *Wechsel von ausgeprägten Trocken- und Regenzeiten.* Wenn nach wochen- oder monatelanger Trockenheit die Poren des Bodens mit Luft aufgefüllt sind, wird bei auftreffendem Starkregen ein *"Luftkisseneffekt"* wirksam. Er bewirkt, daß der größte Teil der Niederschläge oberflächlich abfließen muß, da sich die Bodenluft durch das einsickernde Wasser nur langsam verdrängen läßt. Das führt in den betroffenen Gebieten zu einem schichtartigen Abfluß mit einebnender Wirkung; denn die Verwitterungs- und Abtragungsmassen werden durch solche *Schichtfluten* gleichmäßig über die Fläche verteilt. Herausragende, durch die chemische Verwitterung vergruste Felsen und Bergrücken werden durch die hereinbrechenden Fluten von den Seiten her aufgezehrt, so daß die ebenen Flächen immer größer werden und schließlich von den Bergländern nur noch einzelne *"Inselberge"* übrigbleiben.

Die Bildung solcher *"Rumpfflächen"* setzt lange Zeiträume tektonischer Ruhe voraus, da sie bei Hebungen durch die dann einsetzende Zertalung rasch von den Rändern her zerstört werden ("Reliefenergie"). Man nimmt sogar an, daß die Rumpfflächen der Tertiärzeit ihre bemerkenswerte Ebenheit nicht zuletzt dem Umstand verdanken, daß sie ihre Hauptformung wahrscheinlich im Niveau des Meeresspiegels oder wenig darüber erfahren haben.

Rumpfflächen weisen eine besondere Eigenschaft auf, die sie von *Schichtflächen* unterscheidet. Anders als diese lehnen sie sich nicht oder kaum an härtere oder weichere Gesteinsschichten an, sondern sie schneiden die Schichten weitgegehend unabhängig von deren Härte und Einfallen als *"Kappungs-" oder "Schnittflächen".*

Relikte alter Rumpfflächen bilden die älteste "Reliefgeneration" in Niedersachsen

Reste tertiärer Rumpfflächen, die einst als geschlossene Ebenheiten sowohl das Gebiet des heutigen Harzes als auch große Teile des Berg- und Hügellandes überzogen haben sollen, gehören heute zu den ältesten und für Mittelgebirge typischen Formenrelikten in Niedersachsen.

Am eindrucksvollsten sind sie *in den harten paläozoischen Gesteinen des Harzes* in der Umgebung von Clausthal-Zellerfeld und St. Andreasberg erhalten geblieben (vgl. Abb. 44). Dort dehnt sich in einer Höhenlage von etwa 600 m NN die sog. *Oberharzer Hauptrumpffläche* aus, die allerdings erst durch die nachträgliche Hebung des Harzes in das hohe Niveau gekommen und durch die Zertalung zerstückelt ist. Im Gelände ist diese Hauptrumpffläche selbst für einen Laien leicht erkennbar, da sie in der Nähe der Siedlungen meist keinen Wald trägt. In der Umgebung von Clausthal-Zellerfeld liegen in ihrem Niveau zahlreiche alte Hüttenteiche aus der Bergbauzeit.

Weitere Reste ehemaliger Rumpfflächen werden im Zentralen Bergland zwischen Acker-Bruchbergzug und Brockenmassiv, in Höhen von 800 m bis über 1100 m vermutet. Sie sind meist so kleinflächig ausgebildet, daß man sie nur schwer von zufälligen Verebnungen unterscheiden kann. HÖVERMANN deutet sie als sog. *Rumpf(flächen)treppe* (s. Abb. 44).

Im *Berg- und Hügelland* sind die Relikte ehemaliger Rumpfflächen viel schwieriger zu erkennen. Kleinräumige Verebnungen von oft nur wenigen tausend Quadratmetern Flächengröße werden hier im Höhenbereich der Kammlagen von Schichtstufen und Schichtkämmen als Reste einer oder mehrerer ehemaliger Rumpfflächen angesehen, weil sie weitgehend im gleichen Niveau liegen (sog. "Scheitelflächen"). Wahrscheinlich sind auch die Solling- und die Ottensteiner Hochfläche aus ehemaligen Rumpfflächen hervorgegangen.

Möglicherweise entsprechen einige der Verebnungen im Niedersächsischen Berg- und Hügelland der Hauptrumpffläche des Harzes, die man sich dann räumlich als eine weit über Harz und Bergland hinweggreifende Ebenheit vorstellen muß. Ihre größere Höhenlage im Harz ergibt sich aus der stärkeren Heraushebung der Harzscholle, die

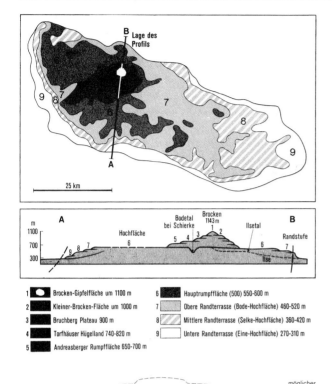

Abb. 44: Die Rumpfflächen und die Rumpftreppe des Harzes sowie Rumpftreppenbildung beiderseits eines aufsteigenden Gewölbes (n. HÖVERMANN und SPREITZER, aus: WILHELMY 1972).

Zum Teil war dies sicher ein Spiegelbild der *Gesteinsunterschiede*. Als Beispiel dafür wird immer wieder die mit dem Gesteinswechsel verbundene Stufung der Rumpfflächen im Harz angeführt (*"Härtlingshypothese"*, vgl. Abb. 45). Die morphologisch härtesten Gesteine bilden hier in der Regel auch die höchsten Erhebungen: Auf die weicheren Tonschiefer und Grauwacken der Harzhochfläche ("Hauptrumpffläche") folgen in einem nächsthöheren Stockwerk die abtragungsresistenteren Diabase und Kieselschiefer des Oberharzer Diabaszuges, dann der dauerhafte quarzitische Kahlebergsandstein des Oberharzer Devonsattels, der harte Acker-Bruchbergquarzit und schließlich die Hornfelsgranite des Brockenmassivs, in denen mit 1142 m NN die größte Erhebung in Norddeutschland liegt.

Rumpftreppen- und Fernlingshypothese

In der Literatur werden neben der "Härtlingshypothese" zwei weitere Entstehungsmöglichkeiten diskutiert: Die schon erwähnte Entstehung als "Rumpftreppe" und die Entstehung als "Fernling".
Die *Rumpftreppenhypothese* besagt, daß eine schildartige, phasenhafte (rupturelle) Aufwölbung die Harzscholle in ihrem Zentrum stärker als an ihrem Rande angehoben haben soll (vgl. Abb. 44 c). Dabei hätten tektonische Ruhephasen (Formung der Rumpfflächen) mit Phasen der Hebung (Stufenbildung) abgewechselt. Das Ergebnis sei eine Rumpfflächentreppe mit einzelnen nach unten hin jünger werdenden Rumpfstufen.
Die *Fernlingshypothese* führt demgegenüber die Entstehung der höherliegenden Rumpfflächen im Zentralen Bergland auf die größere Entfernung zum Harzvorland (zur "Erosionsbasis") zurück. Am Harzrand steigt der Harz mauerartig empor, so daß hier auch die größten Erosionsleistungen erreicht werden. Flußaufwärts werden sie geringer, da dort das Gefälle, die Wasserführung und damit auch die Erosionsleistung abnehmen. Doch mit dieser Hypothese läßt sich die Stufung der "Rumpftreppe" nicht erklären.

Im Spättertiär und frühen Eiszeitalter: Hebungsimpulse und Klimawandel leiten von der Flächen- zur Talformung über

Heute stellen die Rumpfflächen nur noch Reliktformen dar. Sie werden unter den gegenwärtigen klimatischen Bedingungen und den damit veränderten Abtragungsprozessen nicht mehr weitergebildet, sondern unterliegen zunehmend der Aufzehrung durch die vom Gebirgsrand in das Innere fortschreitende Zertalung (*"rückschreitende Erosion"*).

in der Tertiärzeit gegenüber dem Vorland um über 300 m angewachsen war.
Großräumig gesehen fällt auf, daß im südlichen Niedersachsen und Hessen die Höhenlage der Rumpfflächenreste in südlicher Richtung ansteigt: Von 350 bis 400 m NN im nördlichen Leine- und Weserbergland auf etwa 500 m NN im Gebiet des Oberweserberglandes. Wahrscheinlich ist dies eine Folge jener großräumigen "epirogenetischen" Krustenbewegungen, die auch heute noch den Süden Niedersachsens stärker anheben als den Norden (vgl. Kap. 2. "Geologie").

Rumpfflächen waren keine völlig ebenen Kappungsflächen

Freilich darf man sich die Rumpfflächen nicht als völlig ebene Flächen vorstellen. Höhenunterschiede waren durchaus vorhanden. Erhebungen (*"Rumpfschwellen"*) leiteten mit kilometerweiten Übergängen sanft in flachmuldenartige Täler über (*"Rumpfmulden"*).

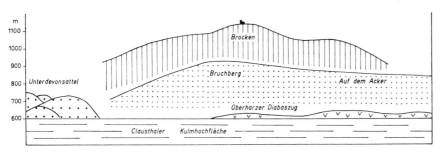

Abb. 45: Die Abhängigkeit der Großformen des Harzes von der Gesteinshärte und den geologischen Verhältnissen (n. MOHR 1984).

Zeitlich bildet das *Tälerrelief* gegenüber dem Rumpfflächenrelief demnach eine jüngere "Reliefgeneration", deren Formung nach einer Anlage im Spättertiär (ab Wende Mio-/Pliozän) vor allem in die Kaltzeiten des Pleistozäns fällt. Ursache war neben dem Klimawandel (s.u.) auch ein kräftiger Hebungsimpuls, der die Harzscholle und das Niedersächsische Berg- und Hügelland seit der Wende Mio-/Pliozän und im ältesten Pleistozän nahezu auf die heutige Höhe aufsteigen ließ. Die höhere "Reliefenergie" erhöhte die Erosionskraft der Flüsse beträchtlich.

Zum zweiten hatten sich die klimatischen Abtragungsbedingungen gegen Ende des Tertiärs nachhaltig geändert. Das warme, feucht- bis wechselfeuchte Klima mit den einebnenden Schichtfluten, das über lange Zeiträume im Alt- und Mitteltertiär die Formung der Rumpfflächen begünstigte, wurde vor rd. 10 Mio. Jahren, also gegen Ende des Miozäns, zunehmend trockener und vor allem kühler, bis schließlich vor rd. 2 Mio. Jahren das Eiszeitalter (Pleistozän) mit seinen Kalt- und Warmzeiten begann. Infolge dieses Klimawandels wechselten die Hangabtragung und die Wasserführung stark mit den Jahreszeiten; die aggressive chemische Verwitterung ließ nach.

Zunächst förderten Phasen mit ausgeprägtem Wechsel von Trocken- und Regenzeiten bei offener Steppen- oder Trockensavannen-Vegetation die Aus- und Abräumung der Verwitterungsdecken; nach und nach wurden dabei die Festgesteine freigelegt. In den Kältesteppen der frühen Kaltzeiten setzte sich diese Ausräumung fort, da nunmehr durch das Kaltklima in den Wintermonaten große Niederschlagsmengen in Form von Schnee gespeichert und während der Schneeschmelze innerhalb weniger Wochen freigesetzt wurden. Dieser schubartige Abfluß förderte die *Tiefenerosion*. Gleichzeitig wurden während der Hochwasserzeiten riesige Frostschuttmassen durch die reißenden Wässer talabwärts transportiert und am Harzrand sowie im Vorland der sich hebenden Bergzüge bei abnehmender Fließgeschwindigkeit abgelagert. Durch die *Aufschotterung* und die in die Breite gehende Erosion der Flüsse ("*Seitenerosion*") kam es dort zur Bildung sogenannter "*Fußflächen*", ursprünglich kilometerweiter Abdachungsflächen, die zwischen den Bergzügen (bzw. dem Harz) und den Beckenlagen und Vorländern vermittelten. Im Berg- und Hügelland sind sie fast überall erhalten und wegen ihrer Waldfreiheit (Ackernutzung über Löß) leicht erkennbar. Am Harzrand sind sie dagegen aufgrund der stärkeren Heraushebung des Harzes nur noch als schmale und lückenhafte Verflachungen der Randberge erhalten ("*Randterrassen*", vgl. Abb. 44), die sich in den Tälern z.T. in Resten älterer Talböden zumeist als Felsterrassen fortsetzen.

3.3. Entstehung der Schichtstufen- und Tälerlandschaften

Unterschiedliche Oberflächenformen im Harz und im Niedersächsischen Berg- und Hügelland

Sind Hochflächen, eine tiefe Randzertalung und ein scharfer Gebirgsrand die Hauptkennzeichen des Harzes und damit des Mittelgebirges, so wird das Niedersächsische Berg- und Hügelland durch breitere Täler und Becken geprägt, über die Schichtstufen und Schichtkämme sowie Bruchstufen und vereinzelt auch einige Basaltkuppen aufsteigen (vgl. Abb. 46). Es ist das im Kapitel "Geologie" bereits gekennzeichnete Bruchschollenland, in dem Gesteinspakete zerbrochen und verstellt worden sind, so daß unterschiedlich harte Schichten an die Oberfläche treten und hier den abtragenden Kräften ausgesetzt waren, und es auch heute noch sind.

Von der Rumpfflächenlandschaft zur Strukturformenlandschaft

Mit dem Klimawandel und den zunehmenden tektonischen Bewegungen war im Tertiär der Übergang von der Rumpfflächen- zur Talbildungszeit erfolgt. Damit hatte sich auch das Bild der Großformen besonders im Niedersächsischen Bergland grundlegend gewandelt. Aus der Rumpfflächen-landschaft war zunehmend eine *Strukturformen-landschaft* geworden (vgl. Abb. 46). Ihr mosaikhaf-ter, von den geologischen Strukturen geprägter Wechsel von Hochflächen, Schichtstufen und -kämmen, Bruchstufen, Einzelbergen, Becken, Mulden und scharf eingeschnittenen Talzügen be-stimmt das heutige Landschaftsbild viel stärker als die Relikte der Rumpfflächen, die hier im Ge-gensatz zum Harz flächenanteilig weit zurücktre-ten.

Anders als die Rumpfflächen lehnen sich die For-men der Strukturformenlandschaft sehr eng an die vorhandenen *Gesteinsunterschiede* ("Petrovari-anz") und die Unterschiede in der *Schichtneigung* und -störung an ("Tektovarianz").

Daneben haben die Bewegungen der Zechsteinsal-ze im Untergrund (*Salztektonik*, Halokinese) gro-ßen Anteil an der Ausbildung der Strukturformen gehabt (vgl. Abb. 28). Während im südlichen Nie-dersachsen wegen geringer Salzmächtigkeit und geringerer Auflast nur wenig geneigte Schichtta-feln vorherrschen, wie das weitgespannte Bunt-sandsteingewölbe des Sollings oder die *Schichtstu-fenflächen* des randlich auflagernden Muschel-

kalks auf der Dransfelder Hochfläche oder des Göt-tinger Waldes, überwiegen nördlich der Linie Bad Pyrmont - Einbeck - Osterode starke Schichtverstel-lungen und damit *Schichtkämme* als Folge zuneh-mender Salzmächtigkeit und lebhafter salinardyna-mischer Prozesse (vgl. Abb. 46). Sie haben hier zum Aufstieg von *Salzstöcken* und *Salzsätteln* ge-führt (vgl. Abb. 28). Dabei sind nicht selten die Sat-telscheitel aufgebrochen und die weicheren Gestei-ne aus dem Innern dieser Scheitel freigelegt wor-den, die dann besonders stark der Abtragung un-terlagen (vgl. Abb. 29).

Bekannte Beispiele von Schichtstufen oder Schicht-kämmen mit derart "umlaufendem Streichen" fin-den sich an den Rändern der Hilsmulde (Ith, Thü-ster Berg), an den Rändern der Sackmulde (Sie-ben Berge, Vorberge) und am Hildesheimer Wald (vgl. Abb. 46).

Hauptverantwortlich für das Herauspräparieren der Strukturformen waren die kaltzeitlichen For-mungsprozesse, die unten noch näher erklärt wer-den: Die Hangabspülung durch Schneeschmelz-wässer, der Spaltenfrost, das Bodenfließen (Geli-solifluktion) und die Tiefenerosion der Flüsse. An-ders als die Tiefenverwitterung und Flächenspü-

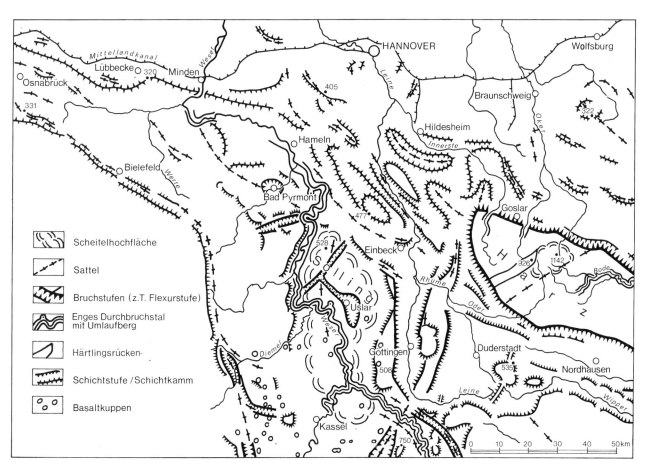

Abb. 46: Geologischer Bau und Oberflächenformen des Niedersächsischen Berg- und Hügellandes (n. GOHL 1972).

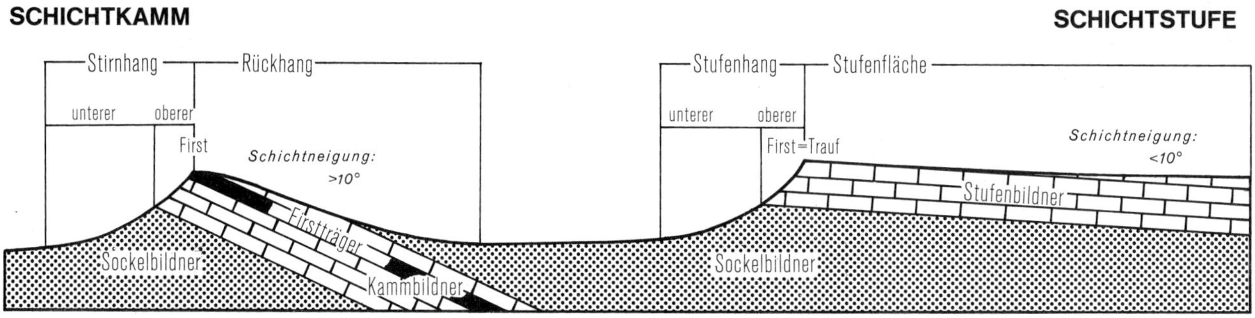

SCHICHTKAMM   **SCHICHTSTUFE**

Abb. 47: Schematischer Querschnitt durch einen Schichtkamm und eine Schichtstufe (n. SCHUNKE & SPÖNEMANN 1972).

lung der Rumpfflächenphase wirkten sie selektiv. Sie ließen die "härteren" Gesteine als Schichtstufen, Schichtkämme und Schichtrippen stehen, während die "weicheren" Gesteine ausgeräumt wurden und heute Täler, Mulden und breite Ausraumsenken bilden. Dazwischen vermitteln die schon erwähnten Fußflächen.

Die Ausräumung von Mulden, Tälern und Fußflächen ist an weiche, leicht verschwemmbare, quell- und rutschungsanfällige Ton- und Mergelsteine gebunden.

Hier sind besonders die Liastone, die Rötmergel und der Münder Mergel des Weißjuras zu nennen. Die Tone des Unteren Jura sind die Ursache für die großen *Lias-Ausraumsenken,* wie sie südlich des Wesergebirges bei Rinteln als Wesertal oder zwischen Ith und Osterwald sowie im Springer oder im Markoldendorfer Becken bei Einbeck vorkommen.

Der *Röt* des Oberen Buntsandsteins bildet beispielhafte Ausraumsenken auf den östlichen und westlichen Randabdachungen des Sollinggewölbes. In der westlichen Ausraumsenke verläuft das Tal der Oberweser zwischen Karlshafen und Holzminden. Der *Münder Mergel* des Oberen Jura bedingt in seiner Ausstrichzone zwischen dem Jurakamm des Wesergebirges und dem Kreidesandsteinrücken der Bückeberge die weite Ausraumsenke (Auetal), die heute u.a. von der Autobahn Köln-Hannover-Berlin benutzt wird.

Unterschiede in der Ausbildung von Schichtstufen, Schichtkämmen und Schichtrippen

In Abb. 47 sind Form und innerer Bau eines Schichtkammes und einer Schichtstufe schematisch dargestellt. Beide unterscheiden sich durch die *Schichtneigung* und damit durch die Rückhangneigung. Der Grenzwinkel zwischen Schichtstufe und Schichtkamm liegt bei einer Schichtneigung von etwa 10°.

Bei sehr starkem Neigungswinkel, bis hin zur Senkrechtstellung (Saigerstellung) spricht man von

Schichtrippen, wie sie z.B. in der Aufrichtungszone am Harznordrand auftreten, wo sie z.T. Klippen oder Mauern (Teufelsmauer) bilden (vgl. Abb. 31).

Kamm-, Rippen- bzw. Stufenbildner sind im allgemeinen reine, dickbankige und kluftarme Kalke sowie harte, quarzitische Sandsteine, die der Verwitterung und Abtragung den größten Widerstand entgegensetzen. Im Bergland sind das die *Dolomitbänke* des Zechsteins (Südharzrand), der *Bausandstein* des Mittleren Buntsandsteins (Vogler, Elfas, Ahlsburg), der *Wellenkalk* des Unteren Muschelkalks (Dransfelder Hochfläche, Göttinger Wald), der *Trochitenkalk* des Oberen Muschelkalks (Külf bei Alfeld), der *Korallenoolith* des Malm (Ith, Selter, Süntel, Deister), der *Obernkirchener Sandstein* der Unterkreide (Bückeberge, Deister) sowie die *Cenoman- und Campankalke* der Oberkreide (Sieben Berge bei Alfeld, Stemweder Berg am Dümmer) (vgl. Tab. 10).

Besonders deutlich sind Schichtstufen und Schichtkämme dort ausgebildet, wo unter dem harten, aber wasserdurchlässigen Stufenbildner als Sockel stark wasserstauende Tonsteine, Tone oder Mergel lagern. In ihrem Bereich tritt häufig an einem *Quellhorizont* Wasser aus, wodurch die Tone infolge Quellung breiig werden. Sie können dann die äußere Stufenstirn nicht mehr tragen. Diese sinkt, in Schollen zerlegt, in den Brei ein. Die Gesteinsschollen gleiten auf dem feuchten Hang langsam zu Tal, sofern sie sich in der Nässe nicht ganz auflösen, wie das z.B. bei reinen Kalken geschieht (vgl. Abb. 48). Durch das Nachbrechen und durch die Auflösung der abgestürzten Gesteinsschollen bleibt die Steilheit des Stirnhanges erhalten.

Ein bekanntes Beispiel für die Weiterbildung einer Schichtstufe bietet die Muschelkalkstufe des Göttinger Waldes bei der *Mackenröder Spitze* (vgl. Abb. 48). Dort stehen über den wasserstauenden Rötmergeln mehr als 30 m mächtige Kalke an, die Klippen bilden. Infolge der starken Durchfeuchtung des Mergels und des Druckes der überlagernden Kalke kommt der Mergel in eine Fließbewegung, wobei sich Kalkschollen lösen und langsam über den Mergelbrei zu Tal wandern. Die Bewegung erfolgt so langsam, daß sich auf dem etwa 200 m langen Weg zu Tal die bis 175 m langen und etwa 30 bis 60 m breiten Abrißschollen allmählich auflösen.

Ähnliche *Bergrutsche* findet man in den Oberjuraschichten, wo die festen Kalke des Korallenoolith von den mergeligen Heersumer Schichten und den Doggertonen unterlagert werden, die als durchfeuchtete Rutschbahnen dienen. Der Korallenoolith bildet an verschiedenen Stellen im Wesergebirge, im Süntel, Deister, Osterwald, Ith und im Selter *Klippen*. Die abgebrochenen Kalkschollen wandern langsam, jährlich meist nur einige Zentimeter oder Millimeter zu Tal, wobei an der Stufenstirn durch das Abscheren der Schollen *Klufthöhlen* entstehen (vgl. Abb. 49).

Bergstürze

In den Korallenoolithschichten sind auch große, spontan auftretende "Bergstürze" beobachtet worden. So rutschte am Thüster Berg 1926 eine 60 bis 70 m breite Scholle mitsam dem daraufstehenden niedrigen Wald 350 bis 400 m talabwärts. Ein noch größerer Erdrutsch erfolgte 1932 im Wellergrunde im Süntel, wo 16 Morgen Hochwald zu Tal fuhren. Kleinere aktive Abrisse mit hufeisenförmigen Abrißnischen und unteren Wülsten kann man an vielen Stellen des Stirnhanges feststellen.

Stärker als in der Gegenwart war das Herauspräparieren der Schichtstufen und Schichtkämme während der Eiszeiten (Pleistozän) im gletscherfreien Gebiet. Damals waren der Schutttransport und die Rutschungen über dem im Sommer oberflächlich auftauenden Dauerfrostboden ungleich größer.

Die Entstehung und Erhaltung von Klippen, Blockmeeren und Blockströmen

Klippen sind einerseits Reste von Inselbergen der tertiären Rumpfflächen, die durch das Bodenfließen über dem aufgetauten Dauerfrostboden vom Schuttmantel befreit wurden, wie das wohl vor allem im Harz der Fall ist. Andererseits handelt es sich um besonders harte Stirnpartien an Schichtkämmen und Schichtstufen mit steilem Unterhang, wo der Schutttransport besonders intensiv war und z.T. noch ist.

Klippenbildende Gesteine sind im Harz und im Bergland Granit, Hornfelse, Acker-Bruchbergquarzit und feste Sandsteine sowie Massenkalke und Dolomite.

Die Klüftung des Gesteins spielt eine entscheidende Rolle; denn je weitständiger die Klüfte sind und je weniger die Verwitterung diesen Klüften nachgehen kann, umso leichter bleiben Klippen als Reste der Verwitterung zurück. Das gilt besonders für die Granitklippen des Harzes, die z.T. als *Felsburgen* auf nur schwach geneigten Hängen stehen.

Welche entscheidende Rolle das Bodenfließen (Gelisolifluktion) über Dauerfrostboden während der Eiszeiten gespielt hat, mag Abbildung 49 verdeutlichen. Infolge tiefgreifender Kluftverwitterung und Vergrusung standen Festgesteine im Tertiär nur an wenigen Stellen an. Die Hänge waren fast steinfrei, die Täler bestanden aus flachen Mulden, in die sich die Bäche gegen Ende des Tertiärs und im frühen Pleistozän durch die Heraushebung des Gebirges und den Klimawandel (s.o.) nun stärker einschnitten. Eine gänzliche Umgestaltung erfuhren die Hänge erst mit der Ausbildung eines Dauerfrostbodens und des damit einsetzenden Bodenfließens, das selbst auf ganz schwach geneigten Hän-

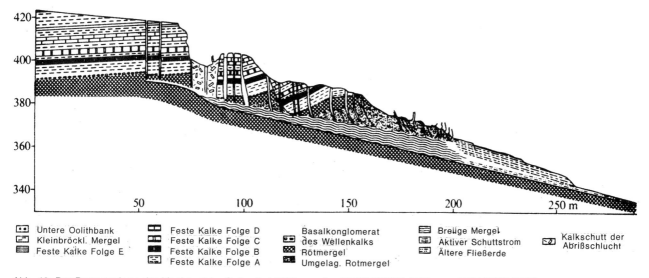

Abb. 48: Der Bergrutsch an der Mackenröder Spitze bei Göttingen (n. ACKERMANN 1953, aus: SEEDORF 1977).

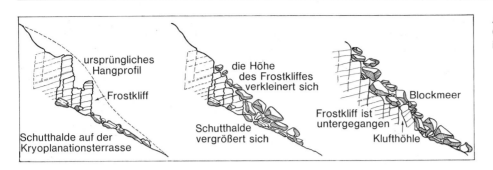

Abb. 49: Die Entstehung von Granitklippen und Blockmeeren im Harz (n. DEMEK 1963).

gen, bis 2° Neigung, das Verwitterungsmaterial in die Täler transportierte.

So wurden die vorher im Schutt steckenden Felspartien als Klippen frei- und der Fuß der Klippe durch die in das Festgestein hineinwirkende *Frostsprengung* ständig tiefer gelegt, so daß die Klippe immer deutlicher in Erscheinung trat. Erst mit dem Nachlassen der Solifluktion und bei anhaltendem Spaltenfrost sind viele Klippen in den eigenen Gesteinsmassen wieder ertrunken. Häufig treten sie nur noch als Blockmeere oder Blockströme in Erscheinung.

Blockmeere und Blockströme

Wie bereits angedeutet, ist die Ausbildung der Blockmeere und -ströme, die sich besonders zahlreich in den karbonzeitlichen Graniten, Hornfelsen, Quarziten und Grauwacken des Harzes finden, im wesentlichen ein Werk des kaltzeitlichen Frostklimas. Die Temperaturschwankungen sowie insbesondere das sich häufig wiederholende Eindringen der Schneeschmelzwässer in die Klüfte und Haarrisse des Gesteins und das anschließende Gefrieren sprengten und zermürbten die Klippenfelsen, so daß zuweilen nur noch große Anhäufungen von Felsblöcken und Grus übrigblieben. In den meisten Fällen wurde danach durch das Bodenfließen ein Teil der Blockmassen hangabwärts bewegt und das Feinmaterial vor allem durch Schneeschmelzwässer ausgespült. Eine solche Freispülung der oft kubikmetergroßen Blöcke dauert bis in die Gegenwart an (vgl. Foto 2).

Hangschuttbewegungen

Trotz der starken reliefformenden Kraft des Glazialklimas, das die meisten Hänge gestaltet hat, kann man auch heute noch beobachten, daß sich nach starken Regenfällen oder nach der Schneeschmelze über tonigen Gesteinen oder gefrorenem Boden Hangteile lösen und zu Tal rutschen (s.o.).

Von diesen mehr plötzlich ablaufenden Hangrutschungen sind *Hangschuttbewegungen* zu unterscheiden, die langsamer vonstatten gehen. Auch

sie finden sich bevorzugt an Geländekanten und Steilhängen über rutschungsfähigen Gesteinen (Mergel-, Tonstein, tonige Verwitterungsdecken). Beschränkt sich die Materialverlagerung auf eine dezimeterdicke Oberflächenschicht aus Feinboden und Gesteinsbrocken (Schuttdecken, "Gehängeschutt"), so spricht man von *Schuttkriechen*. Ihre Formungswirksamkeit ist im allgemeinen gering. Bei hinreichendem Gefälle und genügender Durchfeuchtung bewegen sich diese Decken langsam aber unaufhörlich jährlich um einige Zentimeter oder einige Millimeter hangabwärts, erkennbar an den Wuchskorrekturen der Bäume (Säbelwuchs, Baumknie). Die Kriechbewegung wird durch die Einwirkung der Schwerkraft, durch Frost, durch die Tätigkeit der Bodentiere und das Wachsen der Baumwurzeln hervorgerufen.

Die Bildung von Senken und Becken durch Salz- und Gipsauslaugung

In Niedersachsen gibt es viele auffällige Senken- und Beckenstrukturen, deren Entstehung auf die Auslaugung von löslichen Gesteinen (Salz und Gips) zurückzuführen ist. Da die Löslichkeit von Salz 100 bis 200mal größer ist als die des Gipses, sind die Salzlager auch weit stärker abgelaugt worden, meist bis zu Tiefen von 100-300 m, während Gipse an die Oberfläche treten, z.B. im Kalkberg von Lüneburg, in Stade, in Thiede, Neindorf und in der Asse bei Wolfenbüttel, im Salzgitterer Höhenzug, im Hildesheimer Wald, bei Osnabrück, im Hils und im Homburg-Wald bei Stadtoldendorf, besonders aber am West- und Südharzrand.

Man nimmt an, daß die Auslaugung der *Salze* vor allem in den Warmzeiten stattgefunden hat. In den Kaltzeiten wurde dieser Vorgang dagegen durch den zeitweilig bestehenden Dauerfrostboden so stark behindert, daß es über Salzstöcken vermutlich sogar eher zu Auftriebs- als zu Senkungserscheinungen gekommen ist, da die Aufstiegsbewegung der Salzstöcke nicht durch die Ablaugung kompensiert wurde.

Durch die Fortführung der Salze im Untergrund werden die Deckschichten allmählich abgesenkt, oft nur um wenige Zehntelmillimeter im Jahr, auf einigen Salzstöcken, besonders auf dem Lüneburger, um mehrere Millimeter oder gar Zentimeter pro Jahr. In der Lüneburger Altstadt sind diese Bewegungen an Gebäudeschäden leicht abzulesen. Über Salzauslaugungsgebieten entstehen allmählich *Senken,* die zuweilen von *Seen* eingenommen werden, wie beispielsweise der Seeburger See im Eichsfeld (5 m tief), das Zwischenahner Meer (9 m), die Sager Meere nördlich von Ahlhorn (26 m), das Große Heilige Meer bei Hopsten (15 m) und wahrscheinlich auch der Denkershäuser Teich bei Northeim.

Auch die Absenkungen im Bergland, wie z.B. im Leinetalgraben, haben vielfach ihre Ursache in der Auslaugung der Salze im Untergrund, wo dann völlig ebene, als *Salzspiegeltäler* oder -becken bezeichnete Flächen entstehen. Solche weitgespannten Mulden oder Senken sind z.B. das Salzspiegeltal der Leine zwischen Northeim und Salzderhelden, die Senken von Bodenteich bei Uelzen, die Becken des Eichsfeldes, die Ebenheit über dem Benther Salzstock u.v.a.m.

Im Gegensatz zur einebnenden Salzauslaugung besteht die Oberflächenwirkung der *Gipsauslaugung* in der *Erdfallbildung* (vgl. Abb. 50).

Im Gips bilden sich durch Lösung von den Klüften aus Hohlräume, die große Ausmaße annehmen können, z.B. die *Höhlen* am Südharzrand, die z.T. über 10 m hoch und mehr als 100 m lang sind. Durch den Einsturz der Decken solcher Hohlräume entstehen an der Erdoberfläche Erdfälle, deren Größe je nach Herdtiefe zwischen 1 m und 50 m schwankt. Am Südharzrand kann man einige Tausend Trichter zählen, im Homburg-Wald bei Stadtoldendorf sind es auf einer 1 1/2 km² großen Fläche etwa 200. Die Gipshöhlen und Erdfälle sind fast ausnahmslos im Holozän entstanden. Die tiefsten Erdfälle in Niedersachsen oder seiner unmittelbaren Nachbarschaft sind das "Meer", ein großer Erdfall bei Bad Pyrmont, der 1645 entstand und über 50 m tief ist; der "Nasse Wolkenbruch"

und der Jues-See in Herzberg (33,5 m tief, 4,7 ha groß) (vgl. Farbtafel 11).

3.4. Täler und Terrassen

Die Täler des Berglandes

Besondere morphologische Erscheinungen sind die Flüsse mit ihren Tälern, die eine wechselvolle Geschichte gehabt haben. Zu ihnen gehören im Bergland insbesondere die Täler der Weser und ihrer Nebenflüsse Werra und Fulda, das Leinetal und die Täler der vom Harz kommenden Flüsse Oder, Sieber, Söse, Innerste und Oker. Die Täler des Tieflandes haben demgegenüber eine abweichende Entwicklungsgeschichte. Sie werden in einem eigenen Kapitel behandelt.

Im Bergland weisen die Täler *zwei Besonderheiten* auf: 1. große Talschlingen im Festgestein (sog. *"Talmäander"* oder *"vererbte Mäander"*); 2. treppenartige Stufungen alter Talbodenreste an den Hängen (*"Terrassen"*).

Talmäander sind "vererbte" Flußschlingen aus der Frühphase der Talbildungszeit im Festgestein

Talmäander lassen einen weiten Rückblick in die Tal- und Flußgeschichte zu, da sie bereits zu einer Zeit angelegt wurden, als sich die Flüsse noch nicht sehr tief eingeschnitten hatten, sondern in der flachwelligen Landschaft der alten Rumpfflächen bei geringer Meereshöhe in Richtung Norden zur Küste hin entwässerten. Wegen des geringen Gefälles gerieten sie in Pendelschwingungen und bildeten dabei Flußschlingen aus (Mäander). Erst mit der Heraushebung des Berglandes und mit dem Einsetzen des Frostklimas (Wende Jungtertiär/Ältestpleistozän) begannen die Flüsse sich tiefer einzuschneiden. Sie übertrugen die damals vorhandene Form ihres Flußlaufes mit den zahlreichen frei pendelnden Mäandern wie auf eine Scha-

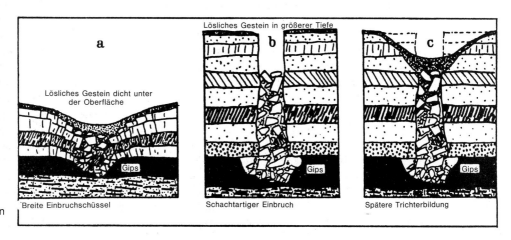

Abb. 50: Entstehung und Weiterbildung von Erdfällen (n. MIOTKE 1971).

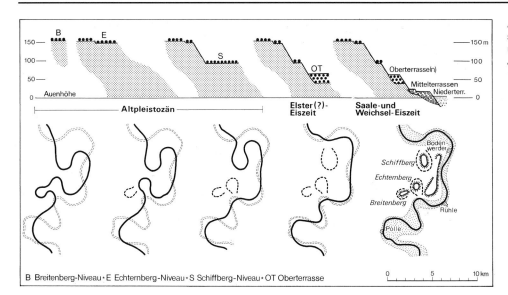

Abb. 51: Entwicklung der Wesermäander zwischen Polle und Bodenwerder seit dem Jungtertiär (n. HERRMANN 1950 u. ROHDE 1989).

blone in das Festgestein und legten so die Laufrichtung fest.

Allerdings war eine Festlegung nur in harten und tektonisch wenig verstellten Sand- und Kalksteinen möglich; in weichen Mergel- und Tonsteinen, in den sich entwickelnden Schichtkammlandschaften und in tektonischen Grabenzonen wurden dagegen breite Talzüge und Becken ausgeräumt, auf deren Talauen die Flüsse heute noch in "freien" Mäandern fließen. Damit erklärt sich zum Beispiel das Fehlen von Talmäandern im gesamten nördlichen Teil des Niedersächsischen Berglandes, im gesamten Leinetal und auch entlang einiger Talabschnitte der Oberweser (z.B. Rötausraumsenke am Rande des Sollings zwischen Fürstenberg und Holzminden).

Das Tal der *Oberweser* ist für seine Talmäander bekannt. Die Talmäander sind dort zwischen Münden bis unterhalb von Karlshafen (Mittlerer Buntsandstein) und zwischen Polle und Bodenwerder (überwiegend Muschelkalk) geradezu lehrbuchartig ausgebildet und machen nicht zuletzt den besonderen touristischen Reiz der Weserlandschaft aus.

Nicht alle Talmäander sind freilich dort bis heute in Funktion geblieben. Besonders in der Frühzeit der Taleintiefung waren Laufverlegungen infolge von *Mäanderdurchbrüchen* recht häufig. Solche Durchbrüche sind auf zwei verschiedene Arten denkbar. Zum einen kann die ständige Strömungsunterschneidung und -auskolkung an sich gegenüberliegenden "Prallufern" zum Durchbruch eines "Mäanderhalses" führen; wahrscheinlicher ist aber wohl eine Abschnürung, die im Zusammenhang mit dem Klimawechsel innerhalb der Eiszeiten gesehen werden muß. Wie weiter unten erläutert, ist es in den Eiszeiten wiederholt zu einem Wechsel von

Einschneidungs- und Aufschotterungsphasen gekommen, die noch heute innerhalb der großen Flußtäler in Form der Fels- und Schotterterrassen dokumentiert sind. Nach Aufschotterung eines Talbodens auf das Niveau eines Mäanderhalses konnte dieser dann durch den seinen Lauf nun verkürzenden Fluß von oben her relativ leicht zerschnitten werden.

In beiden Fällen kam es zur Einschneidung eines neuen Talstückes, während die alte Schlinge trocken fiel. Deutlich erkennbar sind solche alten verlassenen Weserschlingen mit den von ihnen umschlossenen "Umlaufbergen" z.B. noch westlich des heutigen Wesertales zwischen Polle und Bodenwerder (vgl. Abb. 51: Schiffberg, Echternberg, Breitenberg). Seit der Elster-Eiszeit war die Eintiefung so weit fortgeschritten, daß die Weser im heutigen Tal festgelegt war. Sie hat seitdem lediglich durch Seitenerosion an den Prallhängen die Mäanderbögen etwas umgestaltet.

"Flußterrassen" sind Dokumente phasenhafter Einschneidung

Flußterrassen sind Reste alter Talböden, die als simsartige Verebnungen an den Hängen der größeren Flußtäler zum Teil weit oberhalb der heutigen Flußbetten erhalten geblieben sind. Sie sind ein Beleg dafür, daß die Eintiefung der Flüsse nicht "in einem Stück" verlaufen ist, sondern daß Phasen der Einschneidung immer wieder mit Zeiten der Einschneidungsruhe und Aufschotterung gewechselt haben.

Diese "Terrassenflächen" sind dann mit wiedereinsetzender Tiefenerosion trockengefallen und schließlich durch Uferunterschneidung und nachfolgende Abtragungsvorgänge auf schmale Leisten reduziert worden ("Terrassenstufen"). Langfristig gesehen war dabei der Betrag der Einschneidung größer als die Aufschüttung. Dies erklärt, weshalb die Basis der jeweils jüngeren Terrasse (fast) immer tiefer liegt als die Basis der höheren, älteren Terrasse. Mit Ausnahme der untersten Terrassen (Mittelterrassen, Niederterrasse, Talaue) gibt es also keine ineinander verschachtelten Schotterkörper, sondern die Terrassen liegen stufenartig mit ihrer Basis jeweils im Festgesteinssockel.

Die ältesten Terrassen (Oberterrassen, Hochterrassen) sind durchweg nur noch schwach ausgebildete *Felsterrassen,* die lediglich von einer spärlichen Reststreu alter Flußschotter bedeckt sind; die tieferen und dementsprechend jüngeren Terrassen (Mittelterrassen, Niederterrasse) sind dagegen noch als echte *Kies-(Schotter)terrassen* ausgebildet. Besonders gut erhalten sind die alten Flußterrassen im Oberwesertal auf den geschützten Innenseiten der Talmäander ("Gleithänge") (vgl. Abb. 52).

Kaltzeitliche Klimawechsel und großräumige Hebungsvorgänge ließen die Terrassen entstehen

Schotterterrassen verdanken ihre Entstehung dem frostreichen Klima der Kaltzeiten: Das durch Frostsprengung und Temperaturwechsel zerfallene Gestein wurde durch Schneeschmelzwässer und besonders durch *Bodenfließen* über dem Dauerfrostboden (s.u.) hangabwärts in die Täler transportiert *("Wanderschutt").*

Da die Flüsse während vieler Monate im Jahr zugefroren waren oder durch Festlegung von Wasser (Eis, Schnee) trockenlagen, konnten sie trotz der wasserreichen Sommermonate derartige Schuttmassen nicht bewältigen. Deshalb wurden die Flußbetten immer mehr mit Sand, Kies und Ge-

röllen aufgefüllt. Gegen Ende der Kaltzeiten, als das Klima wärmer und feuchter wurde und sich die Vegetationsdecke zu schließen begann, erlahmte die Schuttzufuhr, so daß die Flüsse einen Teil des kaltzeitlichen Materials ausräumen und sich in die Talböden einschneiden konnten.

Das Abtauen des Dauerfrostbodens erleichterte den Flüssen das Einschneiden. Die seitlichen Reste des alten Talbodens blieben dann als Schotterterrassen zurück.

Heute wird angenommen, daß auch die schneereichen Frühphasen der *Kaltzeiten* bei noch geschlossener Pflanzendecke und fehlendem Dauerfrostboden Einschneidungsphasen gewesen sind. Die *Warmzeiten* werden dagegen eher als Zeiten der Formungsruhe angesehen: Bei ausgeglichenerer Wasserführung entsprach das Abflußverhalten weitgehend dem der heutigen Flüsse.

Terrassenbildung im Bergland war jedoch nicht allein die Folge des Klimawandels. Erst durch großräumige *"epirogenetische"* Hebungsvorgänge der Erdkruste wurde sie langfristig aufrechterhalten und immer wieder neu belebt. Einer solchen Hebungstendenz unterliegt bekanntlich der Bereich des Niedersächsischen Berglandes bereits seit vielen Jahrmillionen. Die Hebung hält auch heute an, während sich der Küstenraum und das Nordseegebiet weiterhin senken (vgl. Kap. 2. "Geologie"). Nicht zuletzt deshalb konnten sich dort keine Flußterrassen ausbilden.

Über die genaue *Zahl* und das *Alter* der im Niedersächsischen Bergland erhaltenen Flußterrassen bestehen bis heute zahlreiche offene Fragen. So ist unbekannt, welchen und wievielen Kaltzeiten die bisher entdeckten Terrassen zugeordnet werden müssen (vgl. THIEM 1988, ROHDE 1989). Auch bestehen Zweifel in der räumlichen Verknüpfung (Korrelation), da die Terrassenreste ähnlicher Hö-

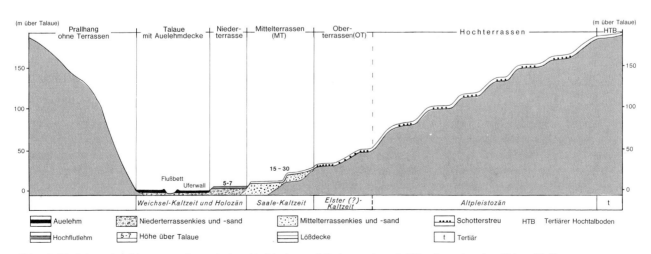

Abb. 52: Eintiefung des Oberwesertales zwischen Karlshafen und Bodenwerder mit Höhenlage der eiszeitlichen Flußterrassen (n. AMTHAUER 1972 u. ROHDE 1989).

henlage oft viele Kilometer weit voneinander entfernt liegen und durch örtliche Störungen (z.B. Salzauslaugung) verstellt sein können.

Wie kompliziert die Terrassenentwicklung gewesen ist, zeigt ein *schematischer Querschnitt durch das Oberwesertal* zwischen Karlshafen und Bodenwerder (vgl. Abb. 52). Dort sind bisher 11 pleistozäne Terrassenniveaus ausgewiesen (ROHDE 1989). Die höchsten, und damit die ältesten, liegen im Gebiet von Hehlen/Bodenwerder, Fürstenberg und Karlshafen/Bodenfelde in Höhen zwischen 130 und 160 m über der heutigen Talaue. Nach neueren Datierungen mit Hilfe der paläomagnetischen Methode sind sie mindestens 700.000 bis 1 Mio. Jahre alt, gehören also in die frühen Kaltzeiten des Pleistozäns (Menap und älter; vgl. Tab. 11). Für die jüngeren Kaltzeiten verbleiben damit 8 Terrassenniveaus, deren Altersstellung jedoch bis heute spekulativ bleibt.

Sicher ist allein das Alter der *"Niederterrasse"* und der *"Talaue."* Bei der Niederterrasse schließt man aufgrund des Fehlens einer Lößdecke und aufgrund von Funden kaltzeitlicher Tierknochen auf ein weichselzeitliches Alter. Für die Talaue gelten eine spätglaziale Anlage (Einschneidung einer *"Unteren Niederterrasse"*) und die holozäne Auflagerung des Auelehms als sicher.

Für die Schotterkörper der *"Mittelterrassen"* wird ein saalezeitliches Alter angenommen. Unklar bleibt, ob die Mittelterrassen zwei- oder mehrteilig sind. Für die im klassischen Schema folgenden *"Oberterrassen"* und den tieferen Teil der hier als *"Hochterrassen"* bezeichneten Niveaus ist ein el-

ster- und cromerzeitliches Alter wahrscheinlich, doch bleiben die genaue Zuordnung und die jeweilige Zahl der Terrassen ungeklärt.

Aus dem Alter der höchsten Terrassen und dem Gesamtbetrag der Eintiefung von etwa 160 m ergibt sich für das Oberwesertal eine Größenordnung der *Tiefenerosion* von mindestens etwa 20 cm pro Jahrtausend (ROHDE 1989), die Wiederausräumung der Schotterkörper nicht eingerechnet.

Die Terrassengliederung und Flußgeschichte im Tiefland

Im Gegensatz zu den Tälern des Berglandes haben die Täler des Tieflandes eine sehr wechselvolle Geschichte, die von den zwei großen Eisvorstößen der Elster- und der Saale-Eiszeit *direkt* beeinflußt wurde. Ältere Flußnetze wurden durch die mit dem Eis herantransportierten gewaltigen Moränen- und Schmelzwassermassen verschüttet. Außerdem wurden die von Süden kommenden Flüsse (Weser, Leine etc.) durch das in Nordniedersachsen liegende Inlandeis nach Westen oder Nordwesten abgedrängt, wodurch sich die Flußwässer mit den Schmelzwässern mischten. Jeder Eisvorstoß hat das Talnetz des Tieflandes neu gestaltet; keines der Tieflandtäler ist somit älter als (spät-)saalezeitlich (vgl. Tab. 11).

Die wechselvolle Geschichte des Mittel- und Unterwesertales

Das Wesertal bietet für die Talgeschichte der Tieflandflüsse ein gutes Beispiel (vgl. Abb. 53). Noch

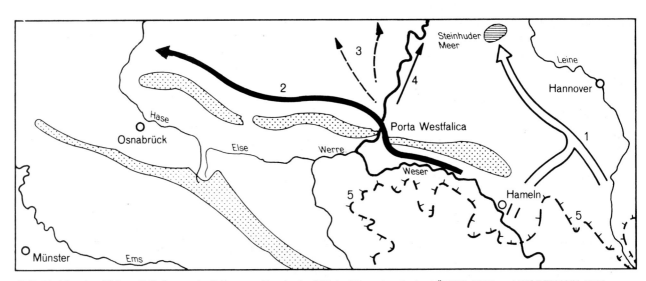

Abb. 53: Die eiszeitlichen Abflußwege der Weser am Rande der Mittelgebirgsschwelle (n. LÜTTIG 1954 und WORTMANN 1968; aus: LIEDTKE 1981, verändert).

1: vorelstereiszeitliche Weser; 2: spätelster- bis frühsaaleeiszeitlicher Verlauf; 3: frühsaaleeiszeitliche Abflüsse vor der Verstopfung der Porta Westfalica durch das Drenthe-Eis; 4: Verlauf der Weser seit dem Abtauen des Drenthe-Eises, heutiges Wesertal; 5: weitester Vorstoß während der Saale-Eiszeit (Drenthe-Stadium).

zu Beginn der *Elster-Eiszeit* soll die Weser nicht wie heute über Hameln und Rinteln durch die Porta Westfalica nach Norden geflossen sein, sondern von Hameln aus ihren Weg zunächst nach Nordosten in Richtung Hannover genommen haben, wie Reste alter Weserkiese in der Höhe der Deisterpforte und der Umgebung von Springe zu beweisen scheinen. Im Gebiet von Nordstemmen/ Sarstedt erreichte der frühe Weserlauf den damals schon ausgeprägten Nordrand der Mittelgebirgsschwelle und folgte weiter dem Gefälle nach Norden. Von dort ab sind die Ablagerungsspuren der Weser nicht mehr als "Terrassen" im geomorphologischen Sinne, d.h. als Oberflächenformen, nachweisbar, da sie von den Sedimenten der Elster- und Saale-Eiszeit überdeckt wurden. Die Weserschotter und -gerölle sind nur noch in Sand- und Kiesgruben aufgeschlossen oder zu erbohren.

Weserkiese kann man an ihrem Gehalt an Thüringerwald-Gesteinen erkennen, die durch die Werra zugeführt wurden. Sie sind dadurch von Kiesen der Leine und auch von Eisrandkiesen, mit denen sie im Tiefland häufig auf engem Raum nebeneinander vorkommen, recht gut zu unterscheiden. Die Weserkiese lassen sich über Hannover, Mellendorf, Hagen bei Neustadt weiter Richtung Nienburg verfolgen, wo sich ihre Spuren schließlich verlieren.

Der alte Weserlauf etwa über Hannover wurde durch die Ablagerungen des Elster-Eises verschüttet, das bekanntlich bis weit in das Niedersächsische Bergland vorstieß (vgl. Abb. 35) und die Pässe an der Deisterpforte sowie bei Coppenbrügge blockierte, so daß sich die Weser einen neuen Weg Richtung Nordwesten suchen mußte. Während des Eishöchststandes, als das gesamte Lipper und Osnabrücker Bergland unter einer Eisdecke lagen, sammelte sich das Wasser der Weser möglicherweise in Stauseen vor dem Eisrand. Später floß die Weser über Hameln in ihrem heutigen Tal bis zur Porta, von dort vermutlich südlich des Wiehengebirgskammes Richtung Osnabrück. Als dann auch die Eisbarriere an der Porta abgetaut war, trat sie über die schon bestehende Porta in das Norddeutsche Tiefland, folgte am Nordrand

des Wiehengebirges zunächst einer alten Senkungszone in Richtung Westen bis Bohmte, floß dann nach Nordwesten, wo sich ihre Ablagerungen im Dümmer-Gebiet (durch Bohrungen) sowie in den Stauchendmoränen der Dammer Berge (in Sandgruben) wiederfinden lassen. Weiter westlich verwischen sich schließlich die Weserspuren.

Mit dem Vordringen des *Saale-Eises* (Drenthe-Vorstoß) wurden erneut sämtliche Talnetze verschüttet, und die Weser mußte wahrscheinlich wieder über das Längstal Porta-Osnabrück in westlicher Richtung abfließen, weil ihr der Weg durch die Porta von den saalezeitlichen Eismassen verwehrt war. Während des Höchststandes des Drenthe-Vorstoßes *("Hamelner Phase")* war selbst dieser Weg durch Eis versperrt, so daß sich das Wasser vor dem Eisrand in Stauseen sammelte. Beckentone aus der Umgebung von Rinteln und nördlich von Hameln weisen darauf hin.

Nach dem Abtauen des Drenthe-Eises und dem Niedertauen der mächtigen Toteis- und Eisrandablagerungen zwischen Rinteln und Porta begann die bisher letzte große Etappe der Flußgeschichte mit dem Durchbruch der Geestschwelle nördlich von Minden und der Ausspülung des heutigen Flußtales nördlich davon in Richtung Bremen. Der Fluß bahnte sich durch die eisfrei gewordenen Grundmoränen- und Sandmassen den kürzesten Weg zur Nordsee. Vielleicht folgte er dabei bis zur heutigen Allermündung einem ehemaligen Schmelzwassertal, das einst unter dem Eis oder auch in Spalten zwischen den niedertauenden Toteisplatten angelegt war. Vom heutigen Verden ab entspricht das Wesertal der Fortsetzung des "Aller-Urstromtales" (s.u.).

Seine letzte entscheidende Prägung erfuhr das Wesertal in der *Weichseleiszeit*, z.T. wohl auch schon gegen Ende der Saale-Eiszeit im "Warthe-Stadium". Damals füllten die riesigen sommerlichen Schneeschmelzwässer den Talboden mit Sand und Kies auf. So entstand die *Niederterrasse (NT)*.

Mit dem Übergang zum Mäandrieren und Einschneiden des Flusses bis zum Niveau der Unteren Niederterrasse fiel die erstgenannte Terrasse gegen Ende der Weichsel-Eiszeit trocken, so daß

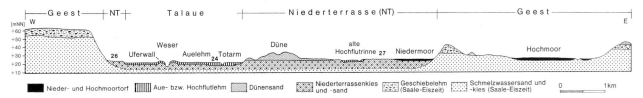

Abb. 54: Vereinfachter geologischer Querschnitt durch das Tal der Mittelweser bei Nienburg als Beispiel für Flußterrassen im Tiefland (n. Geol. Karte Niedersachsen 1 : 25 000, Bl. 3320 u. 3321 Liebenau u. Nienburg).

auf den östlichen Terrassenkanten von vorherrschenden Westwinden *Dünen* aufgeweht werden konnten, die das Wesertal bis Bremen und auch das gesamte Allertal begleiten (vgl. Abb. 54). Der Sand dieser Dünen stammt z. T. aus der Unteren Niederterrasse, deren Sandbänke in den Sommermonaten und im Hochwinter trockenfielen.

Im Postglazial lagerten Hochwässer auf der Unteren Niederterrasse den Auelehm ab; auf der Geest und in niedrig gelegenen geestrandnahen Bereichen der Niederterrasse wuchsen Moore auf (vgl. Abb. 54).

Die Niederterrasse der Weser: ein kaltzeitliches Flußbett

Der weichseleiszeitliche Talboden war um ein Mehrfaches breiter als das heutige Flußbett. In der Talweitung bei Stolzenau beträgt die größte Breite 18 km; nördlich von Verden unterhalb der Allermündung und im Bremer Becken beläuft sie sich sogar auf über 20 km. Freilich darf man sich den damaligen Fluß nicht wie die heutige Weser vorstellen; statt in einem einzigen mäandrierenden Flußbett war die Weser damals in eine Unzahl von Stromfäden aufgespalten, die sich oft über die ganze Breite des Tales zwischen Schotter- und Sandbänken dahinschlängelten, ihren Lauf ständig wechselten und im Frühsommer riesige Schmelzwassermengen und mit ihnen Sand und Kies mit sich führten.

Wenn man von der Talaue absieht, ist die (Obere) *Niederterrasse* die einzige Terrasse entlang der Weser, die man durchgehend vom Bergland bis in das Tiefland verfolgen kann. Auf ihr liegen in hochwasserfreier Lage die Siedlungen aufgereiht. Etwa ab Hoya wird allerdings der Höhenabstand zur Talaue aufgrund des stark verringerten Gefälles und des nacheiszeitlichen Meeresspiegelanstiegs immer kleiner, so daß beide fast ineinander übergehen.

Oberhalb von Bremen tritt die Weser in den *Tidebereich* ein. Dort taucht die Niederterrasse unter die Marschendecke ab. Im Untergrund läßt sie sich durch ihre Ablagerungen noch weit über Bremerhaven hinaus in Richtung Nordsee verfolgen.

Einen im Prinzip sehr ähnlichen Terrassenaufbau wie beim Wesertal findet man auch bei den anderen größeren Tieflandflüssen. Bei der *Ems* lassen sich oberhalb von Lathen bzw. Meppen zwischen der Talaue und der Niederterrasse örtlich noch zwei zusätzliche Terrassen unterscheiden, deren Alter bisher jedoch nur grob bekannt ist (Spätglazial). Unterhalb von Papenburg tauchen die Niederterrasse und die Talaue unter Marsch und Moor ab.

Talsandflächen: Schwemmebenen in den Geestgebieten aus der Niederterrassenzeit

Da sich die Ems und andere Tieflandflüsse im allgemeinen weniger stark eingeschnitten haben als die wasserreiche und strömungsstarke Weser, sind ihre Niederterrassen zum Teil wesentlich breiter und setzen sich in Form von flachen Schwemmfächern, Schwemmsäumen und Fußflächen unmerklich in die benachbarten Geestgebiete fort. Eine Erosionskante zur höher gelegenen Geest ist deshalb zumeist nicht ausgebildet. Wegen ihrer flächenhaften Erstreckung und ihres inneren Aufbaus (Sand statt Kies) werden solche Schwemmebenen auch als "Talsandflächen" bezeichnet.

Beide, "Talsandflächen" und "Niederterrassen", sind zeitgleich entstanden und gehen kontinuierlich ineinander über. Wie die Abb. 55 zeigt, werden große Teile des *Emslandes* entlang von Ems, Vechte und Hase und die *Küstenkanal-Niederung* zwischen Papenburg und Oldenburg von ausgedehnten Talsandflächen eingenommen. Auf ihren Uferwällen und Terrassenrändern sind gegen Ende der Eiszeit Dünen und Flugsande aufgeweht worden. Tiefergelegene Talsandflächen sind mit dem Grundwasseranstieg im Holozän vermoort (Bourtanger Moor, Küstenkanalmoore).

Eine weitere große Talsandebene im Gebiet westlich der Weser befindet sich im *Artland*, einem ehemaligen Gletscherzungenbecken nördlich der Fürstenauer und Dammer Stauchendmoränen, die das Becken während der Weichselkaltzeit über ausgedehnte Schwemmfächer mit Sand beliefert haben. Auch die *Dümmer-Niederung* wird weithin von Talsanden eingenommen.

Im Gebiet östlich der Weser sind unter den größten Talsandflächen vor allem die *Teufelsmoor-* und die *Wümme-Niederung* zu nennen. Große zusammenhängende Talsandflächen, die unmittelbar in die Niederterrasse der Elbe übergehen, finden sich weiterhin in der *Luhe-* und *Ilmenau-Niederung* zwischen Winsen und Lüneburg und im Hannoverschen Wendland *(Jeetzel-Niederung)*.

Mit Abstand die weiträumigsten Talsand-/Niederterrassenflächen weist jedoch die *Aller-Niederung* mit ihren nördlichen und südlichen Zuflüssen auf: Die nördlichen (Böhme, Örtze und Ise) brachten aus der Lüneburger Heide vornehmlich Sande, die südlichen (Leine/Wietze, Fuhse/Oker) neben Sanden auch Kiese aus dem Bergland mit. Bei einer Breite bis zu 25 Kilometern war das Allertal während der *Weichselkaltzeit* das größte Flußsystem im niedersächsischen Tiefland, wenn man von dem Urstromtal der Elbe absieht. Bezieht man das Wesertal zwischen Verden und Bremerhaven als Fortsetzung des Allertales mit ein, so kann man sich unschwer vorstellen, welche Wassermas-

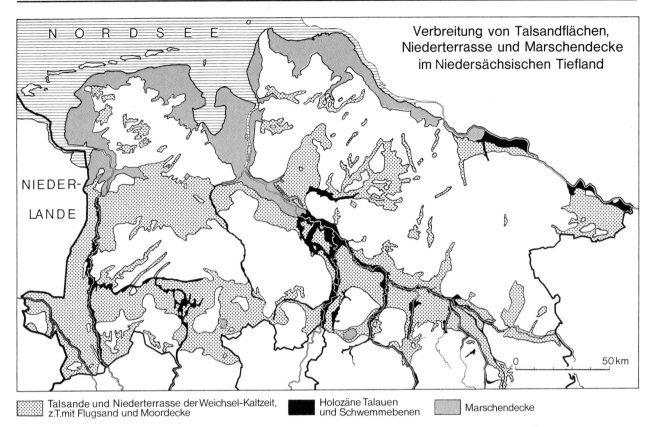

Abb. 55: Verbreitung von Niederterrasse, Talsanden und Marschendecke im Niedersächsischen Tiefland (n. Geol. Übersichtskarte v. Niedersachsen 1 : 500 000).

sen während der frühsommerlichen Schneeschmelzperioden über dieses Tal zur Nordsee abgegangen sind: Nahezu das gesamte schneereiche Niedersächsische Bergland und große Teile der Weser-Elbe-Geest wurden über das Allertal entwässert.

Viele Kleintäler auf der Geest sind eiszeitlichen Ursprungs

Für die vielen Kleintäler auf der Geest läßt sich die Entstehung nur vermuten. Viele von ihnen sind offensichtlich aus alten *Schmelzwasserrinnen* der Saale-Eiszeit hervorgegangen. Die Richtung der auffällig parallel verlaufenden Täler im Hümmling und auf der Ostfriesisch-Oldenburgischen Geest entspricht dabei weitgehend der Bewegungsrichtung des Drenthe-Eises und dem Verlauf der großen *Eisspalten,* in denen beim Abtauen des Gletschers die Schmelzwasser abflossen. Sie durchschnitten die Grundmoräne und tieften geradlinige Rinnen in den Untergrund ein.

3.5. Landschaftsformung durch eiszeitliche Gletscher und deren Schmelzwässer (Glaziale Formung)

Von herausragender Bedeutung für die Entstehung des heutigen Landschaftsbildes im Niedersächsischen Tiefland waren die glazialen Formungsprozesse. Auch im Bergland und im Harz finden sich ihre Spuren.

Die Glaziale Serie: Grundmoräne - Endmoräne - Sander - Urstromtal

Mit dem Vordringen der Gletscher lagerte sich auf dem Boden das ganze von ihnen mitgeführte Material ab und verschüttete das alte präglaziale Relief. Insgesamt sind es zwischen 10 und über 200 m mächtige Sedimentmassen, die uns das Eis als *"Geschenk des Nordens"* zuführte.
Das Eis schüttete mit seinem Gesteinsschutt ein eigenes neues Relief auf, dessen Formen häufig in gesetzmäßiger Folge der sog. *"Glazialen Serie"* auftreten (vgl. Abb. 56).
Am ehemaligen Eisrand blieb die *Endmoräne* zurück, d.h. ein Wall aus Sand- und Kiesmaterial und mit nordischen Findlingen. Ein großer Teil der Endmoränen rührt aus der Aufstauchung des eis-

randnahen Untergrundes her *(Stauchendmoränen)*. Teilweise handelt es sich aber auch um *Satzendmoränen,* die an einer lange festliegenden Gletscherzunge aus ausgeschmolzenem Material aufgebaut wurden; denn das abschmelzende, aber stets in innerer Bewegung befindliche Gletschereis befördert ständig Sand, Kiese und Steine an den Gletscherrand, darunter auch Findlinge, die z.T. im Eis einen bis über 1000 km langen Weg, z.B. von Südfinnland bis Niedersachsen, zurückgelegt haben.

Satzendmoränen sind in Niedersachsen nicht sehr häufig, da die Eismassen im Tiefland fast ungehindert vorrücken konnten, wodurch weit häufiger Sedimente des Untergrundes unter der Last und Bewegung der Gletscherfront abgeschert und (in gefrorenem Zustand !) zu schollenartigen Paketen aufgestaucht wurden. Fast alle Eisrandlagen des Tieflandes werden heute aus solchen "Stauchendmoränen" aufgebaut, in die meist auch voreiszeitliche Sedimente miteinbezogen sind (z.B. Kreide- und Tertiärtone, alte Flußkiese). Die Tone haben bei der Aufstauchung oft als "Schmiermittel" gewirkt (vgl. Abb. 56).

Stauchendmoränen zeugen von sehr dynamischen Eisrändern, die auch nach über 1000 Kilometer weitem Vorstoß Kraft genug hatten, um bis an den Rand des Berglandes und darüber hinaus vorzustoßen. Treffende Beispiele sind die Uelsener Höhen bei Nordhorn und die Fürstenauer und Dammer Berge nördlich von Osnabrück. Letztere umschließen ein markantes *Gletscherzungenbekken,* neben dem Uelzener Becken in der Lüneburger Heide das am besten erhaltene in Niedersachsen.

Satzendmoränen, die meist aus mehr oder weniger unsortiertem Sand- und Kiesmaterial aber auch aus unregelmäßigem Gesteinsschutt bestehen (sog. "Blockpackungen"), finden sich dagegen nur an wenigen Stellen, meist im Zusammenhang mit benachbarten Stauchendmoränen (z.B. Teile der Altenwalder Endmoräne bei Cuxhaven, der Neuenkirchener Endmoräne bei Soltau und der Osthannoverschen Kiesmoräne/Göhrde u.a.).

Eine ziemlich ebene *Grundmoränenlandschaft* wurde im weiteren Hinterland der Stauchendmoränen beim Niedertauen des Eises abgelagert, bestehend aus dem basalen Schutt (deshalb Grundmoräne) und der im Eis enthaltenen Innenmoräne (Ablations- oder Niedertaumoräne). Große Teile der Geest zwischen Weser und Ems werden von solchen "Grundmoränenplatten" aufgebaut (Ostfriesisch-Oldenburgische Geest, Meppen-Cloppenburg-Syker Geest); sie bilden dort eine ebene bis flachwellige Landschaft, die nur an den Rändern des Wesertales durch kleine Kerbtäler zergliedert wird. Östlich der Weser sind die Grundmoränenplatten aufgrund der stärkeren Durchsetzung mit ehemaligen Eisrandlagen kleinräumiger ausgeprägt (Stader und Verdener Geest, Teile der Südheide (Schmarloh, Boldecker Land, Werder), Burgdorf-Peiner Sandgeest, Papenteich bei Wolfsburg, Öring und Lemgow im Wendland).

In der Nähe der Endmoränen jedoch, wo immer wieder Eisvorstöße und -rückzüge gewechselt hatten und der Untergrund mehrfach aufgestaucht worden war, trat unter dem abschmelzenden Eis eine *kuppige Grundmoränenlandschaft* mit kurzen, ziemlich steilen Hügeln und ursprünglich zahllosen wassererfüllten Wannen hervor, die in besonders deutlicher Ausprägung im Jungmoränengebiet Schleswig-Holsteins auftritt, während sie in Niedersachsen während der letzten Eiszeit durch Bodenfließen und Abspülung mehr oder weniger eingeebnet worden ist.

Der *Schmelzwasserabfluß* des abtauenden Eises konzentrierte sich an bestimmten Stellen des Eisrandes und erfolgte hier mit großer Heftigkeit. Die mächtigen Ströme durchbrachen die Endmoränengürtel, spülten Rinnenseen aus, die später wieder aufgefüllt wurden, und breiteten sich dann fächerförmig aus, wobei das mitgeführte Material größtenteils abgelagert wurde. In der Nähe der Durchbruchsstellen setzten sich Kiese, im übrigen Sande ab. Die ebenen Sandfächer, nach dem isländischen Wort auch *"Sander"* genannt, sind besonders beispielhaft als saum- und fächerartige Formen in der südlichen Lüneburger Heide (Sprakensehler, Bokeler und Munsterer Sander) und westlich des Wilseder Berges (Wümme-Sander) ausgebildet.

Nach dem Passieren der Sanderflächen und weitgehender Ablagerung der mitgeführten Sandfracht sammelten sich die Schmelzwässer in *Urstromtälern,* um in diesen zum Meer hin abzufließen. Dabei wurden die Täler zu Breiten von bis zu 20 Kilometern ausgeweitet. Im Niedersachsen verläuft das Gefälle der "Urstromtäler" von Südosten nach Nordwesten bzw. von Osten nach Westen in Richtung des Meeres.

Umstritten ist die Verwendung des Begriffes "Urstromtal" und die konkrete Zuordnung zu bestimmten Tälern. Bei eng gefaßter Definition dürfte man nur solche Täler als "Urstromtäler" bezeichnen, die im Hinterland wirklich Anschluß an gleichaltrige Sanderflächen und an Eisrandlagen haben, wie z.B. das mittlere *Elbtal.*

Beim *Allertal* sind die Zusammenhänge recht kompliziert. Früher hat man die Entstehung des Allertals als Fortsetzung des Breslau-Magdeburger Urstromtals gedeutet, das die Schnee- und Eisschmelzwässer vor dem Eisrand von Mittelpolen bis zur Nordsee abführte und das auch aus der Südheide über breite Sanderflächen die Schmelz-

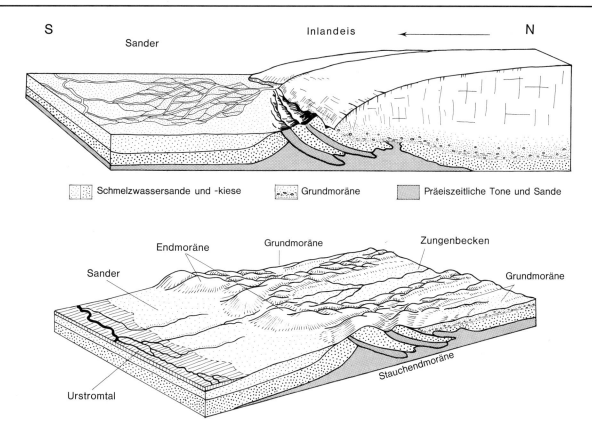

S Sander Inlandeis N

Schmelzwassersande und -kiese   Grundmoräne   Präeiszeitliche Tone und Sande

Endmoräne   Grundmoräne   Zungenbecken

Sander   Grundmoräne

Stauchendmoräne

Urstromtal

Abb. 56: Die "Glaziale Serie" am Gletscherrand mit Grundmoräne, Stauchendmoräne, Sander und Urstromtal vor und nach dem Abtauen des Eises (n. HAMM 1952 u.a., verändert).

wässer der warthezeitlichen Eisrandlage aufnahm. Aufgrund neuerer Kartierergebnisse diente das Tal schon den Schmelzwässern eines späten Drenthe-Vorstoßes der Saale-Eiszeit zum Abfluß, war warthezeitlich dann wieder als Urstromtal in Funktion und ist weichselzeitlich mit Talsanden aufgefüllt worden. Die ursprünglich dem Warthe-Stadium zugeordneten Sander haben sich als drenthezeitlich erwiesen, da sie auf recht großen Flächen von jungdrenthezeitlicher Grundmoräne überdeckt werden. Sie enden heute ca. 20 m über dem Allertal. Das Warthe-Eis, das zufällig bis zu den bereits drenthezeitlich angelegten Endmoränen der Zentralen Heide gereicht hat (z.B. Uelzener Becken) konnte angeblich keine großen Sander mehr hervorbringen, sondern lediglich über kleinere Täler, z.B. das Isetal bei Gifhorn, entwässern. Zusammen mit den von Osten kommenden Schmelzwässern ist dabei wohl der Rand des Allertals unterschnitten und das Tal überprägt worden (nach K.-D. MEYER 1983).

Für die großen Talniederungen westlich der Weser, für das früher so bezeichnete "Hunte-Leda-Urstromtal" und das "Weser-Hase-Ems-Urstromtal" ist ein Urstromabfluß nicht erwiesen. Nicht zuletzt fehlen nördlich von ihnen die zugehörigen Sander

und Endmoränen. Die Weser-Hase-Ems-Niederung wurde schon im Mittel- und Altpleistozän wiederholt von den mitteldeutschen Flüssen benutzt, die hier in einer alten Niederungszone parallel zum Nordrand der Mittelgebirgsschwelle nach Westen abflossen, zuletzt von der frühdrenthezeitlichen Weser (vgl. Abb. 53).

Toteisformen und Eisspaltenbildungen

Die dieser Gruppe zuzuordnenden Formen sind in Niedersachsen wenig augenfällig. Dies liegt wahrscheinlich daran, daß sie während der letzten Eiszeit durch Bodenfließen, Einspülung und durch spätere Vermoorung verschwunden sind und das drenthezeitliche Eis beim Abschmelzen überwiegend in große Toteisplatten zerfiel, die dann relativ langsam und gleichmäßig abtauten und dabei die schon erwähnten ebenen Grundmoränen zurückließen. Die Hauptmasse des Eises ging wahrscheinlich sogar durch Verdunstung (Sublimation) verloren, da sich in den Grundmoränen nur wenig Spuren von Schmelzwässern nachweisen lassen. Dort jedoch, wo sich der Eisrand nicht gleichmäßig zurückzog und wo das Eis unregelmäßiges Gelände überdeckte, zerbrach es in kleine Blöcke, die z.T. durch Geröll-, Kies-, Sand- und Tonmassen der Schmelzwässer verschüttet und so der Luftwärme entzogen wurden. Diese Toteisblöcke konnten sich oft jahrhundertelang erhalten, weit entfernt von dem Rand des inzwischen weiter zurückgewichenen Eises. Mit der Zeit schmolzen auch sie langsam ab und es bildeten sich abflußlose Hohlformen, Wannen und Becken, die *Sölle* genannt werden.

Sölle sind als Kennzeichen der Kuppigen Grundmoränenlandschaft in Niedersachsen selten, da sie größtenteils im Jungpleistozän (Weichsel-Eiszeit) wieder zugeschüttet wurden oder vermoorten. Nachweisen lassen sich die Sölle im Grundmoränengebiet heute noch an manchen Stellen durch Bohrungen, deren Moorabfolgen interessante Einblicke in die Klimaentwicklung ermöglichen. Von der äußeren Form her sind Sölle von Erdfällen und Windausblasungswannen oft schwer zu unterscheiden.

Neben den "Hohlformen" der Sölle sind verschiedene "Vollformen" aus Schmelzwassersedimenten ein weiteres Kennzeichen der Grundmoränenlandschaft. In ausgeweiteten Gletscherspalten wurden zuweilen Blöcke, Kiese und Sande aufgeschüttet oder aus dem Untergrund hochgepreßt, so daß nach dem Abschmelzen des Eises oft kilometerlange und sehr schmale Wallberge zurückblieben, die überdimensionalen Eisenbahndämmen sehr ähnlich sind. Derartige *"Oser"* (Aufschüttungs-Oser, Aufpressungs-Oser) sind in den Jungmoränengebieten nördlich der Elbe weit verbreitet, in der Altmöränenlandschaft Niedersachsens hat dagegen die weichselzeitliche Abtragung, ähnlich wie bei den Söllen, die ursprünglichen Formen verwischt. Lediglich aus dem Geestgebiet südlich von Cloppenburg sind sie bisher in größerer Zahl bekannt geworden ("Aufpressungs-Oser").

Ähnlicher Entstehung, in ihren Proportionen jedoch breiter und kürzer sind die *Kames,* gleichfalls Schmelzwasserschüttungen von Sand und Kies zwischen Eiswänden (in der Regel im Toteisbereich) und zwischen Eiswand und Festgesteinshang. Kames sind in größerer Zahl besonders in den Becken und hinter den Schichtkämmen des Teutoburger Waldes und des Wesergebirges beschrieben worden. Südlich der Porta zwischen Rinteln und Minden, bei Hameln, Freden an der Leine, des weiteren am Südrand des Teutoburger Waldes bei Iburg/Laer werden steilwandige Schmelzwasserschüttungen als Kames gedeutet. Doch ist ihre Unterscheidung von anderen Eisrandablagerungen im Gelände schwierig und teilweise umstritten, wie das bei den mächtigen Sand- und Kiesablagerungen südlich der Porta der Fall ist (vgl. Farbtafel 12).

Stellenweise erreichten die Schmelzwässer, von der Gletscheroberfläche die Spalten hinabstürzend, auch den festen Gesteinsuntergrund und strudelten darin mit Hilfe umherwirbelnder Steine Kessel aus (*Gletschertöpfe* und *-mühlen*). In Niedersachsen sind solche Formen in der Nähe von Peine und im Velpker Sandstein bei Wolfsburg gefunden worden.

3.6. Formungsprozesse und Formenrelikte im Vorland der eiszeitlichen Vergletscherung (Periglazialgebiet)

Das Vorland der eiszeitlichen Vergletscherungen nennt man "Periglazialgebiet", die dort im Kaltklima wirksame Formung "periglaziale" oder "periglaziäre" Formung. Während im Zusammenhang mit der Entstehung der großen niedersächsischen Tallandschaften die Bedeutung der periglaziären Großformung im speziellen erörtert wurde, sollen im folgenden die allgemeinen periglaziären Formungsvorgänge und die dadurch entstandenen Kleinformen vorgestellt werden.

Solifluktion und Abspülung: die wirksamsten Abtragungsvorgänge im Periglazialklima

Im eisfrei gebliebenen Gebiet wirkte das Klima während der Eishochstände in besonderer Weise auf die Oberflächenformen ein. Die Temperaturerniedrigung ließ in einem mehr als 100 km breiten Gürtel vor dem Eisrand keine oder nur eine sehr lückenhafte Tundrenvegetation zu. Der Boden war hier dauernd gefroren (Permafrost). Wohl tauten während des kurzen Sommers die oberen 1-2 m auf; doch der Untergrund blieb *Dauerfrostboden.* Im Sommer bildete der geringmächtige Auftauboden über der wasserundurchlässigen Ewigen Gefrornis einen weichen, wasserübersättigten *Schuttbrei (Mollisol),* der schon bei geringer Geländeneigung (oft weniger als 2°) allein unter dem Einfluß der Schwerkraft ins Fließen kam. Ausdehnungs- und Schrumpfungsvorgänge beim Wiedergefrieren bzw. Auftauen taten ihr übriges, daß sich das Material langsam hangabwärts verlagerte (sog. *"Frostkriechen"*). Den Gesamtvorgang bezeichnet man als *(Geli-)Solifluktion* (frostbedingtes Bodenfließen).

Der undurchlässige und erosionshemmende Dauerfrostboden und die dürftige Pflanzendecke begünstigten zugleich die *flächenhafte Abspülung,* durch die vor allem Sand oft kilometerweit verlagert wurde.

Das Bodenfließen und die flächenhafte Abspülung hatten größten Einfluß auf die Oberflächengestaltung des Berg- und Tieflandes. Alle aus lockerem Material aufgebauten schroffen Formen und Bö-

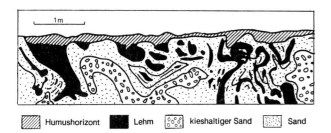

Abb. 57: Würgeboden mit tiefgründigen Kryoturbationen, die man auf der Geest in Sandgruben häufig antreffen kann (eigener Entwurf).

schungen wurden durch sie geglättet, die Täler angefüllt, die Steilufer und Terrassenkanten verwischt, die Hänge geebnet, die Endmoränenzüge und Geeststeilhänge abgeflacht und die Becken und Wannen zugeschüttet. Besonders im Tiefland entstand so eine stark nivellierte, reliefarme Landschaft, die man als *"Altmoränenlandschaft"* bezeichnet.

Kryoturbationen (Würge- und Taschenböden), Steinringe und Steinnetze

Während der Kaltzeiten kam es beim Wiedergefrieren im Spätsommer und Herbst zwischen der Neufrost-Oberfläche und dem Dauerfrostboden zu Spannungen, die häufig die zwischen den beiden Eisschichten liegenden Sedimente so lange verkneteten und verwulsteten, bis auch sie gefroren waren. Beim Wiederauftauen wurden sie dann aufgrund der unterschiedlichen Dichte und Wasserübersättigung weiter "verwürgt". Solche "Würgeböden" *("Kryoturbationen")*, bei entsprechender Form auch *"Taschenböden"* genannt, sind in zahlreichen Sand-, Lehm- und Tongruben aufgeschlossen (vgl. Abb. 57). Manche erreichen eine Vertikalerstreckung von bis zu 2 m.

Bei häufigem Wechsel von Gefrieren und Auftauen bildeten sich auf steinigen ebenen Böden durch Auffrieren des Grobmaterials und durch Auswehung Steinanreicherungen an der Erdoberfläche ("Pflasterböden", "Steinpanzer"), die sich bei Aufwölbung des durchfrierenden Feinbodens ("Frostwölbung") auf ebenen Flächen zu einzelnen Steinringen und bienenwabenartigen Steinnetzen, in Hanglage zu Steinstreifen weiterentwickelten. Einige dieser Strukturböden sind noch im Harz und auf dem Muschelkalk im Bergland erhalten geblieben.

Wichtig für die Lößentstehung

Kryoturbationen und das Bodenfließen haben für die Lößentstehung eine große Rolle gespielt.

A. Bildung von Eiskeilnetzen

1. aktive Eiskeile

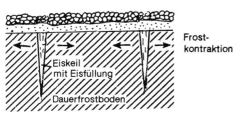

2. fossile Eiskeile

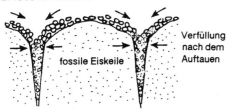

Abb. 58: Bildung und Erhaltung von Eiskeilnetzen (Eiskeilpolygone) (n. H.-H. MEYER 1984).
Ursache der Eiskeilbildung sind die regelmäßigen winterlichen Kälteeinbrüche im arktischen Klima, die durch Temperaturen von tief unter 0° C eine Schrumpfung (Frostkontraktion) des Dauerfrostbodens bewirken. Mit Sand aufgefüllte Eiskeilspalten sind zum Teil heute noch an Hand von Bodenverfärbungen und Unterschieden in der Zusammensetzung der Pflanzendecke im Luftbild erkennbar, wie hier das fossile Eiskeilnetz am Großen Meer bei Diepholz zeigt.

Ohne ihre in die Tiefe wirkenden Bewegungen wären die Geestflächen während der letzten Eiszeit bald von einem lückenlosen Steinpanzer bedeckt gewesen (s.o.); denn der Wind hätte das Feinmaterial weggeblasen, ohne neues vorzufinden. Doch durch die Frostturbulenzen in den Würgeböden und durch das Bodenfließen wurde ständig neues Feinmaterial an die Oberfläche befördert, das dann durch den Wind als *Lößstaub* in die südlichen Gebiete verfrachtet wurde, wo sich dieser Staub in den heutigen Lößbördegebieten an den Tundrenpflanzen und im Lee der Höhenzüge niederschlug und hier seitdem die guten Böden bildet.

Fossile Eis- und Frostkeile

Eine weitere Erscheinung des Frostbodens sind die fossilen Eis- und Frostkeile, keilförmige Spalten, deren Entstehung man heute noch in den arktischen Gebieten von Nordalaska, in Nordostsibirien und auf Spitzbergen studieren kann.

Die fossilen Eiskeile gehen auf ehemals eisgefüllte Spaltennetze zurück (Eiskeilpolygone), die sich nach dem Abtauen des Eises mit nachbrechendem oder eingewehtem Material gefüllt haben (vgl. Abb. 58 a). Eiskeilpolygone entstehen, wenn sich der Dauerfrostboden bei starker Abkühlung zusammenzieht (Frostkontraktion). In die sich dabei öffnenden Spalten dringt Schmelzwasser ein, das im Bereich des Dauerfrostbodens sofort gefriert. Da die Kontraktionsspalten alljährlich immer wieder an denselben Schwächestellen aufreißen, bilden sich im Laufe von Jahrzehnten und Jahrhunderten massive Bodeneiskörper von keilartigem Querschnitt und netzartigem Grundriß (vgl. Abb. 58 b), die nach dem Abtauen des Eises bei Klimaerwärmung durch die nachbrechenden Erdmassen und eingewehten Sand "konserviert" werden. Auf der Geest lassen sich fossile Eiskeile am unterschiedlichen Bodenfeuchtegrad und an Hand von Bewuchsunterschieden in Luftbildern an verschiedenen Stellen erkennen (vgl. Abb. 58 b). In südniedersächsischen Lößaufschlüssen und Kiesgruben, vor allem jedoch in den zahlreichen Sand- und Kiesgruben im Norden des Landes sind solche Eiskeile im Anschnitt weit verbreitet. Die Spalten sind mit Löß und Sand, mitunter auch mit Steinen und Kies ausgefüllt (vgl. Farbtafel 13). Vielfach sind sie von den sog. *Frostkeilen* nicht sicher zu trennen, deren Entstehung keinen Permafrostboden voraussetzt. Diese Keile entstanden als Frostspalten in einem oder in wenigen besonders kalten Jahren, ohne daß es zur Bildung eines massiven und dauerhaften Eiskernes kam. Die Spalten wurden meist schon in derselben Saison wieder mit Sand und Steinen aufgefüllt.

Austauformen des ehemaligen Bodeneises ("Thermokarst")

Das Abtauen des Permafrostbodens gegen Ende der Weichsel-Kaltzeit wird von manchen Forschern als eine von mehreren Ursachen für die Entstehung der beiden großen niedersächsischen Flachseen (Dümmer, Steinhuder Meer) angeführt. Früher hatte man diese Formen als kaltzeitliche Windausblasungsmulden gedeutet; doch ließen sich nicht alle geologischen Befunde damit erklären. Dagegen spricht vor allem die Größe der Seebecken, die flächenmäßig die bekannten Ausblasungswannen (Schlatts, s.u.) bei weitem übertreffen.

Nach der Austauhypothese ("Thermokarst") sollen die Gebiete der heutigen Seen von einem Dauerfrostboden unterlagert gewesen sein, der von zahlreichen Eislinsen durchsetzt war. Zur Bildung von Bodeneislinsen kam es besonders in den feuchten Niederungen. Mit der Verbesserung des Klimas gegen Ende der Kaltzeit sind die Eislinsen dann allmählich aufgetaut und haben flache Hohlformen hinterlassen, in denen sich Seen bildeten ("Austauseen"). Mit steigendem Grundwasserspiegel gegen Ende des Spätglazials vereinigten sich die Seen zu einer geschlossenen Seefläche (weitere Entstehungshypothesen s. Kapitel 7. "Gewässer": Ausblasung, Gletscherschurf, Toteiswanne, Abdämmung durch periglaziale Schuttmassen und Abdämmung durch Moorwachstum).

Trockentäler: Relikte aus der Zeit des Dauerfrostbodens

Auf der Hohen Geest und im Bergland, findet man zahlreiche Trockentäler, in denen wegen des durchlässigen Untergrundes (Kies, Sand, klüftige bzw. poröse Kalke und Sandsteine) heute kein Wasser mehr abfließt, die aber vom fließenden Wasser geschaffen worden sein müssen. Die Entstehungszeit dieser Täler fällt ebenfalls überwiegend in die Kaltzeiten, als Schmelz- und Niederschlagswässer wegen des dauernd gefrorenen Bodens nicht versickern konnten, sondern an der Oberfläche abfließen mußten. Besonders zahlreich sind Trockentäler in der Lüneburger Heide und in den Schwarzen Bergen bei Harburg anzutreffen; auch die eindrucksvollen "Gründe", wie Toten- und Steingrund bei Wilsede gehören wahrscheinlich dazu. Im Bergland sind die meisten Schichtkämme, Schichtstufen und Hochflächen von pleistozänen Trockentälern zerschnitten.

Oberflächenformung durch den Wind

Die Kaltzeiten waren im eisfreien und kahlen Vorland Perioden intensiver Windwirkung. Aus den Mo-

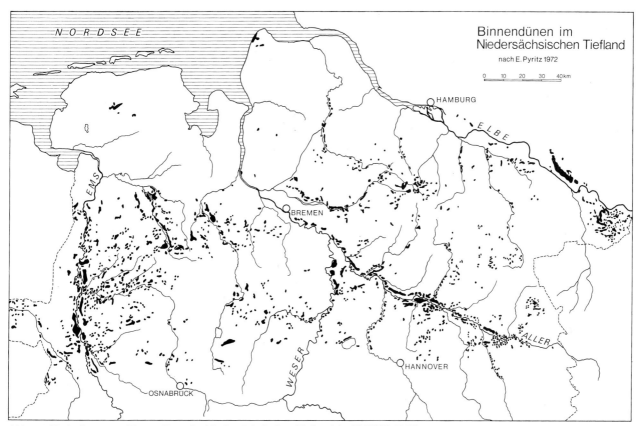

Abb. 59: Verbreitung von Binnendünen im Niedersächsischen Tiefland (n. PYRITZ 1972).

ränen- und Schmelzwasserablagerungen wurde das feinste Material ausgeweht, so daß nur gröbere Bestandteile liegenblieben, die man heute noch auf der Geest in vielen Straßenanschnitten oder Sandgruben antreffen kann ("Steinsohlen"). Vielfach sind die Steine vom Wind unter Mithilfe der ausgewehten Sandkörner wie von einem Sandstrahlgebläse kantig zugeschliffen worden (Windschliff). Solche oft fettig glänzenden oder narbigen Windkanter findet man vor allem in der Sandgeest im Hümmling und in der Lüneburger Heide, wo die Steinpanzer z.T. noch freiliegen.

Der ausgeblasene Sand wurde an anderer Stelle in Form bis zu 10 m hoher *Dünen* oder *Flugsanddecken* aufgeweht, während die feineren Staubkörner oft über Distanzen von 100 km und mehr durch die vorherrschenden Westwinde fortgeblasen wurden und als Sandlöß oder Löß weiter im Süden und Osten zur Ablagerung gekommen sind (vgl. Abschnitt 2.2. "Geologie").

Flugsanddecken und Dünen sind in den niedersächsischen Geestgebieten wegen des vorherrschend sandigen Untergrundes sehr weit verbreitet (vgl. Abb. 59). Bis in das Holozän hinein wurden sie an vielen Stellen, besonders im Hümmling und in der Lüneburger Heide, noch häufiger jedoch am Rande der Talsandflächen und Niederter-

rassen (s.o.) aufgeweht. Die Form der Dünen und ihre bevorzugte Lage an den östlichen Talseiten von Ems, Jümme, Leda, Hunte, Weser, Aller, Wümme, Elbe und anderen Flüssen beweist, daß sie ihre Entstehung ebenfalls vornehmlich Winden aus westlichen Richtungen verdanken. Vielfach sind diese Binnendünen durch Eingriffe des Menschen in die natürliche Pflanzendecke, vor allem durch die Zerstörung der Wälder und geschlossenen Heidekrautdecken, im Mittelalter und in den folgenden Jahrhunderten wieder reaktiviert worden.

Meist stehen die Binnendünen und Flugsandebenen mit *Ausblasungswannen* ("Deflationswannen") in enger Beziehung. Diese flachen Wannen, auch Schlatts genannt, wurden im lockeren Sand vom Wind bis in die Nähe des Grundwasserspiegels ausgeblasen und der ausgewehte Sand blieb dann häufig in Form von Dünen am Ostrand dieser Hohlformen liegen. Mit dem Ansteigen des Grundwasserspiegels in postglazialer Zeit wurden diese Wannen zu Seen. Zahlreiche Seen im Hümmling, in Ostfriesland, in Oldenburg, auf der Stader Geest und in der Lüneburger Heide, in Teilen wohl auch der Dümmer und das Steinhuder Meer (s.o.), haben ihr Dasein vermutlich der Windausblasung zu verdanken (vgl. Farbtafel 20).

3.7. Formungsprozesse und Formen der Nacheiszeit (Holozän)

Verglichen mit den Landschaftsveränderungen der Eiszeiten erscheint die Landschaftsformung der Nacheiszeit auf den ersten Blick wenig spektakulär. Besonders wenn man über die Zeitspanne einer Menschengeneration nach Veränderungen sucht, drängt sich leicht der Eindruck auf, als sei die Nacheiszeit eine Zeit der "Formungsruhe" und "Formenerhaltung" und nicht eine Zeit der aktiven Formenneubildung. Dabei sollte jedoch nicht vergessen werden, daß die Nacheiszeit nur eine Spanne von 10.000 Jahren, das Eiszeitalter aber einen 200fach längeren Zeitraum, nämlich von 2 Millionen Jahren, umfaßt.

Bei näherer Betrachtung erweist sich auch die Nacheiszeit sehr wohl als Zeitraum teils kräftiger landschaftsverändernder Vorgänge; denken wir beispielsweise an die komplizierten Gestaltungsvorgänge an der Nordseeküste, wo Inseln, Watten und Marschen ihre Entstehung dem nacheiszeitlichen Meeresspiegelanstieg verdanken; denken wir auch an die Formungsvorgänge im Binnenland bei extremen Witterungslagen: Bodenerosion und Hangrutschungen verursachen im Gefolge von Starkregen und Hochwässern besonders im Bergland immer wieder große Schäden. Denken wir aber auch an die weniger häufig oder weniger rasch ablaufenden Formungsvorgänge, deren Einwirkungen auf das heutige Landschaftsbild darum nicht weniger augenfällig sein müssen, wie z.B. die Bildung von Einbruchs- und Lösungsformen durch die Auslaugung von löslichen Gesteinen (Erdfälle, Dolinen, Karsthöhlen etc. vgl. Abb. 50).

Die bedeutendste aktive Rolle bei der Gestaltung der Oberflächenformen spielt gegenwärtig der *Mensch* selbst: Durch die Rodung der natürlichen Wälder, durch den Ackerbau und die Grünlandnutzung, durch den Bau von Siedlungen und Verkehrsanlagen, durch wirtschaftliche und bergbauliche Aktivitäten hat er eigene, künstliche Geländeformen geschaffen (Gebäude, Straßen, Kanäle, Sand- und Kiesgruben, Torfstiche, Tagebaue etc.); und er hat durch seine Eingriffe das Spiel der natürlichen Formungsprozesse in mannigfacher Weise verändert, so daß große ökologische Probleme entstanden sind (vgl. Kap. 10. "Ökologie und Umweltschutz").

Die Formung in den Talauen

Im Binnenland ergaben sich während des Holozäns die stärksten morphologischen Veränderungen in den Tälern der großen Flüsse.

Von verwilderten Stromfäden zum linienhaften Flußbett

Mit der nacheiszeitlichen Erwärmung und der dichter gewordenen Pflanzendecke, mit der Auflösung des Dauerfrostbodens und der allgemeinen Niederschlagszunahme (Bindung von weniger Wasser in Eis) vollzog sich im Spätglazial und im frühen Postglazial in den Tälern ein grundlegender Formungswandel. An die Stelle des schubweisen Abflusses mit winterlichen Trockenphasen und frühsommerlichen Schmelzperioden mit gewaltigen Wassermassen trat immer stärker eine ganzjährig ziemlich gleichmäßige Wasserführung, wie wir sie von unseren heutigen Fließgewässern her kennen.

Vor allem verringerte sich mit dem Übergang zum Holozän die Menge der durch Wasser und Erdfließen in die Täler eingebrachten Schutt-Schotter- und Sandmassen beträchtlich. Die breiten eiszeitlichen Schotterbetten konnten somit nicht mehr weiter aufgeschüttet werden. Der Abfluß konzentrierte sich auf einzelne Flußarme, die sich im Laufe der Zeit mit Mäanderschwingungen in die eiszeitlichen Schotterkörper immer tiefer einschnitten. Durch ständige Mäanderverlagerungen und -durchbrüche und durch die anhaltende Tiefenerosion entstand eine mehr oder weniger breite *Talaue,* die bis zu 5 m in das Niederterrassenniveau eingetieft wurde und dieses als seitliche Stufe (Obere Niederterrasse) stehenließ (vgl. Abb. 51).

Die verhältnismäßig große Breite der Talauen rührt daher, daß die Flüsse bei geringem Gefälle

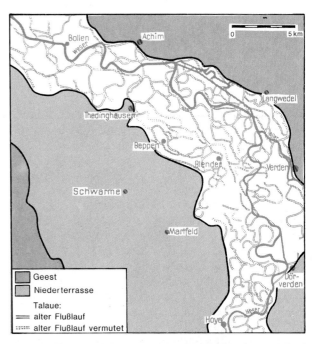

Abb. 60: Ehemalige Flußarme in der Weserniederung oberhalb von Bremen (n. JORZICK 1952; aus: SEEDORF 1977, verändert).

ihr Flußbett in Form von Pendelschwingungen ständig verlagert haben. Das geschah in Form von *Flußschlingen (Mäander)*, die im Querschnitt ein asymmetrisches Profil aufweisen: Mit *Prallhängen* an den Außenufern, wo das Wasser am schnellsten fließt, die durch Auskolkungen und Unterschneidungen entstehen, und mit *Gleithängen* an der Innenseite der Flußschlingen, wo sich bei geringerer Fließgeschwindigkeit Sand und Kies ablagern (vgl. Farbtafel 7). Durch diese Vorgänge waren aktive Mäander in ständiger Verlagerung begriffen. Berührten sich einzelne Schlingen und wurden die Mäanderhälse dabei durchbrochen, so kam es zu Laufverkürzungen und zur Ausbildung von Altarmen oder sogar zum Trockenfallen der alten Mäanderschlingen, die später durch das Pendeln des Flusses wieder aufgezehrt wurden (vgl. Abb. 60). Heute lassen sich derartige Vorgänge nur noch an kleinen Flüssen beobachten, da alle großen Ströme dauerhaft durch Buhnen, Randbefestigungen, Kanalisierungen, Deiche und andere moderne Wasserbauwerke stabilisiert worden sind.

Besonders reich an Mäandern und Altwässern sind heute noch: Der gesamte niedersächsische Emslauf von Rheine bis Papenburg, die Hase von Haselünne bis Meppen, der Unterlauf von Jümme und Leda bei Leer, das Huntetal nördlich von Wildeshausen, das Tal der Mittelweser von Stolzenau bis Bremen, das Leinetal nördlich von Hannover und das Allertal. Reich an Mäandern sind auch viele Küstenflüsse, weil hier die Ebenheit der Marschen und der Anstieg des Meeresspiegels diese Flüsse zu Pendelschwingungen gezwungen haben. Schöne Beispiele bieten dafür die von der Stader Geest in das Elbtal entwässernden Flüsse Medem, Oste, Schwinge (Name!), Lühe und Este.

Bodenerosion und Bodenabspülung: Landschaftsformung als Folge der Inkulturnahme

Eingriffe des Menschen in vorgeschichtlicher Zeit

Indem der Mensch die natürliche Vegetationsdecke zerstört und der Bodenerosion Vorschub leistet, ist er selbst schon seit vorgeschichtlicher Zeit zum geologischen Faktor geworden.

In der niedersächsischen Besiedlungsgeschichte sind die ersten größeren Landschaftsveränderungen durch den Menschen im Neolithikum (Jungsteinzeit) festzustellen, als ackerbautreibende Stämme in das Land einwanderten und die Wälder rodeten. Zu einer nennenswerten Bodenabspülung und Auswehung der Felder dürfte es damals zunächst jedoch kaum gekommen sein, da die Ro-

dungsflächen noch sehr klein und keineswegs völlig frei von Bäumen und Sträuchern waren.

Mit der stärkeren Verwendung des Pfluges im Neolithikum oder der frühen Bronzezeit trat insofern eine Wandlung ein, als die Felder sich ausdehnten und für die Beackerung jetzt von Büschen und Bäumen weitgehend gesäubert werden mußten. Damit dürfte im hängigen Gelände die kulturbedingte Bodenabspülung begonnen haben. In den Lößgebieten Südniedersachsens kam es zu einem ersten Absatz von *Auelehm,* der sich als tonig-lehmige Schicht über die sandigen bis kiesigen Ablagerungen der Talböden legte.

Auch auf der Geest war die Vegetationsdecke im Neolithikum und in der Bronzezeit stellenweise bereits so weit zerstört, daß der Sand ausgeblasen und zu neuen *Dünen* und Treibsandfeldern aufgehäuft wurde. Vor allem war dies auf den alten, verheideten spätglazialen Dünen in Flußnähe der Fall (Ems, Weser, Wümme, Aller, Elbe u.a.m.) aber auch auf den Geestplatten selbst, wo sich entlang von verheideten Viehtriften Treibsandfelder entwickelten. Heideflächen, deren Bestand sich seit der Jungsteinzeit bodenkundlich und archäologisch nachweisen läßt (vgl. Kap. 5. "Böden"), waren gegenüber solchen Zerstörungen besonders anfällig (s.u.).

Insgesamt gesehen war der Einfluß des Menschen auf die Landschaft und die geologischen Vorgänge in urgeschichtlicher Zeit jedoch aufgrund der äußerst dünnen Besiedlung (ca. 2-3 Einw./km^2) noch sehr gering (vgl. Bd. 2, Kap. "Bevölkerung").

Die Entwicklung seit dem Mittelalter

Die erste große Bevölkerungszunahme in historischer Zeit, die der mittelalterlichen Rodeperiode, wirkte sich demgegenüber erstmals weiträumig und mit schwerwiegenden Folgen für das Landschaftsbild aus.

Besonders in den Lößlandschaften Südniedersachsens aber auch in den Flottlehm- (Sandlöß-) gebieten im Norden des Landes wurden nun vielerorts schwere Böden in hängiger Lage in Kultur genommen, die leicht ausgespült werden konnten, da sie zur Hauptsache aus feinen Gemengteilen bestehen.

Eine verheerende Äußerung der mittelalterlichen Bodenerosion war das von stärkster flächenhafter Hangabtragung begleitete *Schluchtenreißen.* Dabei entstanden an den Hängen bis zu 10 m tiefe, kerben- oder kastenartige Einschnitte *("Tilken"),* von denen die meisten in den folgenden Jahrhunderten durch Rutschmassen und Einschwemmungen wieder verfüllt, mit der landwirtschaftlichen Nutzungsintensivierung im 18. und 19. Jahrhundert dann abermals zerschnitten wurden (vgl. Abb. 61).

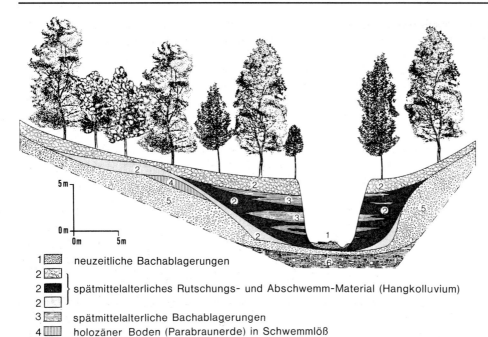

Abb. 61: Erosionsschlucht im Eichsfeld (n. BORK 1985). Schnitt durch das Tiefe Tal nördlich von Duderstadt als Beispiel einer "Tilke", die im Spätmittelalter eine Erosionsschlucht war, wieder aufgefüllt und in der Neuzeit abermals auserodiert wurde.

1 ▨ neuzeitliche Bachablagerungen

2 ▨
2 ■ } spätmittelalterliches Rutschungs- und Abschwemm-Material (Hangkolluvium)
2 ☐

3 ▤ spätmittelalterliche Bachablagerungen
4 ▥ holozäner Boden (Parabraunerde) in Schwemmlöß
5 ▨ eiszeitliche Fließerde (Solifluktionsdecke)
6 ▦ anstehender Buntsandstein

"Tilken" sind besonders im erosionsanfälligen Unteren Buntsandstein des Eichsfeldes nördlich von Duderstadt in großer Zahl und mit Längen von z.T. über 1 Kilometer anzutreffen.

Als Folge der kräftigen Abspülung im Lößgebiet kam es während des Mittelalters erstmals innerhalb des Lößgürtels zur allgemeinen Verbreitung und bedeutenden Ablagerung von *Auelehm* in den Talauen. Statt der bisherigen Tieferlegung erfolgte ab jetzt eine Aufhöhung der Talauen.

Nördlich der Lößgrenze wurde wegen der fehlenden feinkörnigen Bodenteilchen, aber auch wegen der geringen Hängigkeit des Geländes kaum Material für die Auelehmbildung in die Flüsse gespült. Doch die aus dem Bergland und der Lößbörde kommenden Flüsse haben die Schwebstoffe bis weit in das Tiefland hinein verfrachtet und sie bei Überschwemmungen als Auelehm in den Tälern abgesetzt. Allerdings wird hier die Auelehmdecke immer dünner und sandiger und geht schließlich in reine Auesande über. Im Okertal liegt die Auelehmgrenze in Höhe der Mündung in die Aller. Nur im Leinetal besteht eine durchgehende Auelehmdecke über die Aller zur Weser.

Die Neuzeit: Die Bodenerosion erreicht ihren Höhepunkt

Beginnend mit dem 16. und anhaltend bis in das 20. Jahrhundert erreichte die Bodenerosion ein zuvor nicht gekanntes Ausmaß. Die intensivere Bodenbearbeitung, die Zunahme der Pflugtiefe, die Ablösung des Ritzpfluges durch den Wendepflug,

die Beseitigung der abspülungshemmenden Raine sowie der Busch- und Gehölzstreifen an den Feldgrenzen und Wegen, die besonders während der Verkoppelung verschwanden, die Beackerung steiler Hänge in Gefällsrichtung, die allgemeine Einführung des Hackfruchtanbaues seit der Mitte des 19. Jahrhunderts und schließlich der verstärkte Zuckerrübenanbau seit 1870 und der Maisanbau beschleunigten die Erosionsvorgänge beträchtlich. Heute sind die Bodenabspülung und die Auelehmbildung wahrscheinlich stärker als zu irgendeiner anderen Zeit. Die Wirksamkeit der Bodenabspülung läßt sich am besten an den Flüssen und Bächen im Lößgebiet erkennen, die nach Starkregen oder Dauerregen von den abgeschwemmten feinen Bodenteilchen eine lehmgelbe Farbe annehmen.

Als *Formen der Bodenerosion* kann man heute Spülflächen und Rinnen verschiedener Größe beobachten. Bei Dauerregen und Schmelzwasserabfluß erfolgt die Abtragung häufig flächenhaft. Bei stärkerer Abschwemmung durch Starkregen und bei größerer Hangneigung geht die Flächenspülung in die intensivere Rinnenspülung über, bei der in den Rinnen die Muttererde bis zur Beackerungstiefe ausgespült wird. Da der Unterboden fester ist als die Krume und manchmal sogar eine verdichtete Pflugsohle vorhanden ist, wird die Tiefenerosion gehemmt, andererseits aber die Seitenerosion gefördert, so daß die Rillen sich immer mehr verbreitern. In kleinen Mulden, aber auch auf Wegen, wo bei Starkregen viel Wasser auf engstem Raum abfließt, wird zuweilen der Untergrund so weit aufgerissen, daß tiefe "Grabenrisse" entstehen können (vgl. Farbtafel 13).

Jungdünen: Wanderdünen in den Heidegebieten

Wenn in Südniedersachsen die Bodenabspülung und die Auelehmbildung die auffälligsten und am stärksten verbreiteten formenbildenden Vorgänge in historischer Zeit gewesen sind, so sind es in Nordniedersachsen die Bodenverwehungen in den ehemaligen Heidegebieten, die durch den Menschen verursacht wurden. Es wurde schon erwähnt, daß es bereits im Neolithikum und in der Bronzezeit Heideflächen (und Dünen) gab, die durch die menschliche Wirtschaftsweise entstanden waren. Ihre wesentliche Ausdehnung erfuhren die Heideflächen und die auf ihnen entwickelten Dünen jedoch erst im Mittelalter und in der Neuzeit. Die Gründe für die starke Ausweitung der Heideflächen werden an anderer Stelle näher erörtert (vgl. Kap. 5. "Böden" und 8. "Pflanzendecke"). Genannt seien hier nur die zunehmende Waldweide, die den Jungwuchs nicht hochkommen ließ,

so daß die Flächen verheideten und nur noch als Schafweide dienen konnten, und die *Plaggenwirtschaft*, d.h. das Abschälen von Rasen- und Heidesoden für die Einstreu in den Ställen. Die Heideflächen wurden außerdem oft absichtlich von den Schäfern in Brand gesetzt, weil dadurch die Weide auf der jungen Heide verbessert wurde. Auch brannte man die Heide, um einen mit Asche gedüngten Buchweizenacker zu erhalten.

Der Plaggengewinnung und der Viehhaltung in den Heidegebieten ist die Wiederbelebung und die Neubildung zahlreicher Dünen zuzuschreiben. Man bezeichnet sie zur Unterscheidung von den späteiszeitlichen Altdünen als *"Jungdünen"*. Es ist bekannt, daß schon im Hochmittelalter Dünen vereinzelt reaktiviert wurden und sogar Ackerflächen in ihrer Umgebung versandeten und aufgegeben werden mußten. Ihren Höchststand erreichten die Verwehungen allerdings erst im 18. und 19. Jahrhundert: Die Kartenblätter der Topographischen Landesaufnahme des Kurfürstentums Hannover (1764 bis 1786) verzeichnen auf zahlreichen Heideflächen besonders westlich der Weser Dünenfel-

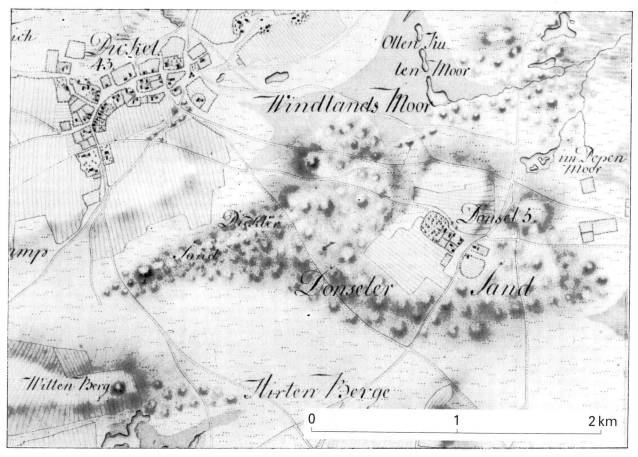

Abb. 62: Jungdünen bei Diepholz (aus: H.-H. MEYER 1984).
Vor 200 Jahren gab es in den Geestgebieten noch vielfach wandernde Wehsande, wie hier der "Dönseler Sand", die heute bewaldet sind. Ausschnitt aus der Kurhannoverschen Landesaufnahme von 1773, Bl. 47b, vervielfältigt mit Erlaubnis des Niedersächs. Landesverwaltungsamtes - Landesvermessung - B5-478/91.

der, die größenteils vegetationslos waren ("Sandwehen", *"Wehsände";* vgl. Abb. 62). Sie bildeten
für ihre Umgebung eine ständige Gefahr, und es
sind Fälle bekannt geworden, daß im Binnenland
Orte wegen der wandernden Sandwehen aufgegeben werden mußten. Wahrscheinlich ist die zunehmende Versandung von Weser, Ems und Elbe in
dieser Zeit ebenfalls mit den Sandverwehungen in
Zusammenhang zu bringen.

Im Hümmling, wo etwa ein Viertel des Landes aus
Dünenflächen besteht, und an anderen Stellen
der Sandgeest ließen sich bis ins 20. Jahrhundert
hinein noch gelegentlich Neubildungen von kleinen Dünen beobachten. Auf Schaftriften und Wegen wurde durch den Tritt der Tiere oder durch die
Wagen die Heidenarbe verletzt. Damit fand der
Wind Angriffsflächen, die sich ständig vergrößerten.

Zum Teil entstanden in den Dünen weite Ausblasungswannen, die sog. *Windrisse,* deren Boden
oft mit einem dichten Pflaster aus Windkantern bedeckt ist.

Die Jungdünenbildung ging in der zweiten Hälfte
des 19. Jahrhunderts durch obrigkeitliche Beschränkungen des Plaggenhiebs und der Beweidung, durch künstliche Abdeckungen und durch
Buschzäune und vor allem durch Aufforstungen
mit Kiefern und Birken zu Ende.

3.8. Inseln, Watten und Marschen

Allgemein betrachtet verdankt die niedersächsische Küstenlandschaft ihren heutigen Formenschatz geologischen Bedingungen und Vorgängen, die in ihrer Kombination einmalig sind:
1. spiegelt die niedersächsische Küste in ihren Sedimenten und in ihrer Formgestaltung den anhaltenden kräftigen *Meeresspiegelanstieg* der Nacheiszeit wider. Übersandete Torfbildungen auf dem
Grunde der Nordsee bezeugen diesen Anstieg
ebenso wie die mächtige Folge der Marschensedimente (max. 25 bis 35 m Klei, Sand und Torf).
Ohne den nacheiszeitlichen Meeresspiegelanstieg
würde die Küstenlinie viele hundert Kilometer weiter nördlich verlaufen. Die heutigen Marschen wären reine Geest- oder Moorgebiete.
2. verdankt die niedersächsische Küste ihre Entstehung und Gestaltung der *reichlichen Zufuhr von
Sand und Schlick,* die einerseits aus dem Boden
der Nordsee stammen (eiszeitlicher Sand), andererseits aus der Sedimentfracht der von den Festländern kommenden Flüsse herrühren (Schwebstoffe, Sand). Ohne ständige Zufuhr solcher Sedimente und ihre Ablagerung durch Gezeiten- und Kü-
stenströmungen (s.u.) wäre die Bildung von Watten und Marschen undenkbar; ohne sie wäre die

Küste unter dem Anstieg des Meeresspiegels zu einer "Abtrags-(Abrasions-)küste" geworden.
3. Als "Gezeitenküste" unterliegt die niedersächsische Küste durch die Stauwirkung in der Deutschen Bucht einer besonders kräftigen Formung
durch die *"Gezeitenströmungen"* (vgl. Kap. 7. "Gewässer und Wasserwirtschaft"). Ohne Gezeiten,
ohne das tägliche Wechselspiel von Ebbe und
Flut und die dabei erfolgende Verlagerung und Ablagerung von Sanden und Trübstoffen, gäbe es keine Watten.
4. Im weitesten Sinne ist die niedersächsische Küste auch eine *"Ausgleichsküste".* Die von West
nach Ost ziehende Küstenströmung bewirkt einen
küstenparallelen Sandtransport, der für die langgestreckte Form der Ostfriesischen Inseln und für
ihre Entstehung als Barriere-Inseln verantwortlich
ist. Die starken Gezeitenströmungen haben dabei
eine Schließung der Inselkette zu einem geschlossenen Strandwall mit Nehrungen und Haffgebie-
ten verhindert. Sie setzen erst weiter im Norden,
an der jütländischen Küste bei wesentlich geringerem Tidenhub ein. Erst dort kann man von einer
echten Ausgleichsküste sprechen.

*Watten und Inseln: Gestaltungsvorgänge im
dynamischen Gleichgewicht*

Die Watten und Inseln rechtfertigen an dieser Stelle nicht nur deshalb eine gemeinsame Betrachtung, weil sie heute im Küstengebiet die aktivsten
Formungsräume darstellen, sondern auch, weil
sie miteinander in einer dynamischen Wechselwir-
kung stehen: Ohne den Brandungs- und Strömungsschatten der Inseln wären die Watten (und
Marschgebiete) viel stärker den zerstörenden Kräften des Meeres ausgesetzt. Umgekehrt geben die
Außenränder der Watten mit dem ihnen vorgelagerten Barrieregürtel aus Küstensand heute gewissermaßen den "Sockel" ab, dem die Düneninseln auf-
sitzen. Schließlich sind auch die Flut- bzw. Ebbströme, die durch die Seegaten im sechsstündigen
Wechsel in die Wattgebiete hinein- und wieder hin-
ausdrängen und in ihrer Räumkraft von der Größe
der Wattgebiete abhängen, sehr wesentlich an
der Formung der Inseln beteiligt (s.u.).

Die Watten

Die Watten sind als 7-10 km und maximal 20 km
breite Streifen amphibischen Landes nahezu der
gesamten niedersächsischen Nordseeküste vorgelagert: Im Schutze der Düneninseln werden sie als
"Rückseitenwatten" bezeichnet; als *"Buchten-
watten"* liegen sie in den brandungs- und strömungsarmen Meeresbuchten (Dollart, Jade), und als *"Ästu-
ar-"* und *"offene Watten"* liegen sie fast unge-

schützt zur offenen See an bzw. zwischen den großen Flußmündungen (Ems, Weser-Elbe).

Watten entstehen im stetigen Wechsel der Gezeiten, die sie im Abstand von etwa 6 Stunden zweimal am Tag überfluten und wieder trockenfallen lassen (vgl. Kap. 7. "Gewässer und Wasserwirtschaft"). Mit jeder Flut werden Trübstoffe und
Sand herangeführt, die sich im "Scheitelpunkt"
des Hochwassers bei nachlassender Strömung absetzen und dabei Schlick- oder Sandwatt bilden.
In den Bereichen starker Strömung wird vor allem
Sand abgelagert; in geschützten Lagen in der
Nähe der Tidehochwasserlinie und im Strömungsschatten der Inseln kommt es dagegen bevorzugt
zur Schlicksedimentation.

Ein Teil dieser Ablagerungen wird durch den Ebbstrom wieder fortgerissen, ein anderer Teil wird
von neuen Schichten überdeckt, so daß sich das
Watt an diesen Stellen erhöht und im Schutze von

natürlichen Buchten und in Lahnungen (Landgewinnungsfelder) schließlich zu Festland werden
kann. Dazu ist die Gegenwart des Quellers notwendig, der mit seinen Wurzeln den Schlick bindet
und mit der Zeit über die Linie des mittleren Tidehochwassers (MThw) aufwachsen läßt. Dann ist
aus dem Watt definitionsgemäß die Marsch geworden.

Außerhalb dieser natürlichen oder künstlichen Ver-
landungszonen sind dagegen die Umlagerungen
und Umgestaltungen so stark, daß sich das Relief
des Wattbodens stetig verändert. Dies belegen Vergleiche von verschiedenaltrigen Luftbildern und
auch von Seekarten, die zur Sicherheit der Küsten-
schiffahrt immer wieder aktualisiert werden müssen.

Stärkste Veränderungen zeigen in den Wattgebie-
ten die *Rinnensysteme* (vgl. Foto 8, Farbtafel 19
und Abb. 63). Ähnlich wie in der Marsch herr-

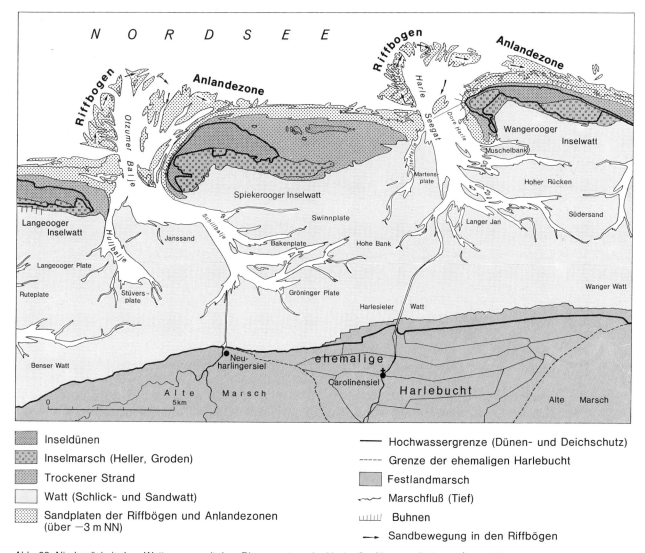

Abb. 63: Niedersächsisches Wattenmeer mit dem Rinnensystem der Harle. Großformen, Strömungen und Sandtransport zwischen Langeoog, Spiekeroog und Wangerooge (n. Topograph. Wattkarte 1 : 25 000, Nr. 7; Zeichnung: Endler).

schen zwar auch die Ebenheiten vor; doch wird der Wattboden von einem wurzelartigen (dendritischen) Netz aus Fließrinnen zerschnitten, die als fein verästelte *"Priele"* auf den Wattwasserscheiden oder in Landnähe beginnen, mit zunehmendem Querschnitt in *"Baljen"* übergehen und schließlich als *"Seegats"* zwischen den Inseln hindurch auf die offene See hinausführen.

Während die großen Gezeitenrinnen der Seegats relativ ortsfest sind, unterliegen Baljen und vor allem die kleineren Priele sehr starken Verlagerungen, die mehrere Zehnermeter bis hundert Meter pro Jahr betragen können.

Die Einschneidungstiefe kann bei den Seegats zwischen den Inseln 20 m, ja sogar bis zu 30 m betragen, so daß ihre Sohle im pleistozänen Untergrund verläuft. Die große Einschneidungstiefe erklärt sich durch die hohe Räumkraft der Flut- und Ebbströme, die hier Geschwindigkeiten von 6 Kilometern pro Stunde erreichen. Selbst die Priele können bis zu mehreren Metern tief sein und besonders bei schnell auflaufendem oder ablaufendem Wasser Wattwanderer und Schwimmer gefährden. Einige Priele setzen sich auf dem Festland in Marschenflüssen fort. Die größeren unter ihnen sind während der Flut schiffbar und ermöglichen so Krabbenkuttern und Seglern den Zugang zu den Sielhäfen.

Von den Festlandsflüssen unterscheiden sich die Wattrinnen vor allem dadurch, daß sie im Gezeitenrhythmus von jeweils sechs Stunden abwechselnd in landwärtiger Richtung vom Flutstrom und in seewärtiger Richtung vom Ebbstrom durchflossen werden. Dies führt dazu, daß die Tiefenlinien kein gleichsinniges Gefälle haben, sondern zahlreiche übertiefe Bereiche aufweisen, die mit Untiefen *(Barren)* wechseln. Zum Teil haben sich für beide Stromrichtungen sogar eigene Rinnen ausgebildet, die bevorzugt entweder vom Ebbstrom oder vom Flutstrom durchflossen werden (vgl. Kap. 7. *"Gewässer und Wasserwirtschaft"*). Mit den Festlandsflüssen gemeinsam haben die Priele Mäanderschlingen mit steilen Prall- und flachen Gleithängen.

Neben den erwähnten Rinnen wird der Wattboden durch zahlreiche *Kleinformen* gegliedert, die meist wellen- und strömungsabhängig sind, wie die bekannten Rippelmarken (Wind-, Seegangs- und Strömungsrippeln). Nach der Größe kann man Kleinrippeln und Großrippeln mit mehr als 1/2 m Breite und mehreren hundert Metern Längserstreckung unterscheiden.

Eine interessante winterliche Kleinform sind die Eisliege- und Schurfmarken, die entstehen, wenn Eisschollen bei ablaufendem Wasser auf dem Wattboden stranden.

Die Ostfriesischen Inseln: überwiegend Düneninseln

Eine für die Küstenlandschaft ungewohnte Vielfalt an Oberflächenformen bieten die niedersächsischen Inseln. Ihre bis über 20 m hohen Dünen bilden zugleich markante Erhebungen, wie man sie eigentlich erst viel weiter südlich in den Geestgebieten erwartet.

Allgemein ist zwischen hochwasserfreien Platen, Schwemmsand-Düneninseln und (außerhalb Niedersachsens gelegenen) Marscheninseln (Halligen bzw. Insel Neuwerk) zu unterscheiden. Die *Platen* entwickeln sich noch frei im Spiel der Kräfte unter Ebbe und Flut, unter Wellen, Strömung und Wind, wie die Vogelinseln Mellum, Memmert und Lütje Hörn, die soeben erst mit einigen kleinen Dünen aus dem Platenstadium herauswachsen (vgl. Farbtafel 19).

Alle anderen niedersächsischen Inseln sind dagegen *Düneninseln:* Inseln aus Strand- und Wattsanden, auf denen größere Dünenareale aufgeweht worden sind. Entstanden sind die Düneninseln sehr wahrscheinlich aus einer Kette von Strandwällen und Sandbänken eines ausgedehnten Riffsystems, das sich auch heute noch an der südlichen Nordseeküste von der Rhein-Maas-Mündung entlang der west- und ostfriesischen Küste bis zur Nehrungsküste Westjütlands erstreckt. Lediglich in den Flußmündungen von Weser und Elbe bestehen seit jeher größere Lücken, weil hier starke Gezeitenströmungen und große Tidenhübe die Ausbildung eines geschlossenen Barrieresystems verhindern.

Nahezu alle heutigen Düneninseln sind dem seewärtigen Rand der Küstenwatten aufgesetzt. Einige von ihnen (Borkum, Juist, Norderney, Baltrum und Langeoog) sind zusätzlich an ehemalige *Geesthochlagen* im Untergrund angelehnt, was darauf hinweist, daß diese Inseln einst das Stadium einer Geestkerninsel durchlaufen haben, wie dies heute noch bei Sylt, Föhr, Amrum und Texel der Fall ist (vgl. Abb. 64).

Die Ostfriesischen Inseln wandelten sich dagegen im jüngeren Atlantikum und im Subboreal mit dem weiteren Meeresspiegelanstieg zu reinen Barriere-Inseln um, indem sich an den Geestkerninseln zunächst Sandplaten anlagerten und zum Teil auch unabhängig davon aufbauten, die sich dann später unter Mitwirkung von Wind und Vegetation zu den heutigen Düneninseln weiterentwickelt haben.

Der jetzige Verlauf der Inselkette zeigt somit keine Beziehung mehr zu der ursprünglichen Abdachung der Geest und ist damit offensichtlich allein auf die marinen Gestaltungsprozesse zurückzuführen (STREIF 1986).

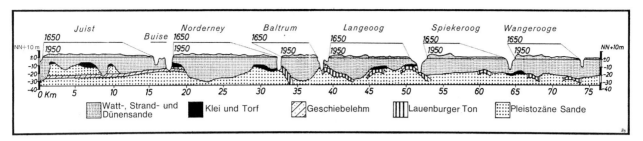

Abb. 64: Geologischer Längsschnitt durch die Ostfriesischen Inseln von Juist bis Wangerooge (n. SINDOWSKI 1969).
Das West-Ost-Profil zeigt die durch Schmelzwasserrinnen zerschnittene Pleistozänoberfläche mit Geesthochlagen unter den Inseln, darüber Angabe der Insellängen von 1950 und 1650.

Wie der geologische Längsschnitt zeigt, schließt das prämarine Relief ein generelles West-Ost-Wandern der Inseln aus, wie das früher zum Teil angenommen wurde; denn in einem solchen Fall müßten die Pleistozänaufragungen durch die dann ebenfalls verlagerten Seegaten tiefgehend abradiert worden sein.

Dies schließt freilich Formveränderungen und sogar *Verlagerungen* keinesfalls aus, wie alte Karten und andere historische Quellen insbesondere bei Baltrum, Spiekeroog und Wangerooge belegen. Diese Inseln haben im Laufe der letzten Jahrhunderte deutliche Landverluste an ihren Westenden hinnehmen müssen, während sich die Ostenden durch Anlandung verlängerten. Besonders drastisch war der Landabbruch im Westen auf den Inseln Baltrum und Wangerooge. Beide Inseln haben im Westen soviel Land verloren, daß ihre Dörfer zweimal verlegt werden mußten.

Außerdem läßt sich auch ein Südwärtsrücken der Inseln nachweisen. Langeoog und Wangerooge haben sich zum Beispiel in den zurückliegenden 2000 bzw. 1500 Jahren um mindestens 2 km nach Süden verlagert und sind dabei auf vormalige Wattgebiete aufgewandert, deren Schlick- und Torfschichten heute an den Nordstränden zwischen Strand- und Dünensanden wieder ausgewaschen werden. Auch Juist hat sich in 800 Jahren mindestens um 1,2 km nach Süden verlagert.

Mehrfach sind bei Sturmfluten die Inseln auch durchbrochen und geteilt worden (so 1671 Juist und Borkum, 1717 Langeoog). Andere Inseln sind völlig verschwunden, wie Buise, das zwischen Juist und Norderney, und Bant, das südlich von Juist lag.

Heute sind die Inseln durch Deiche, Strandmauern und Buhnen weitgehend festgelegt (vgl. Kap. 7. "Gewässer und Wasserwirtschaft"). Selbst die früher so verheerenden Sturmfluten können diesen massiven Befestigungen kaum mehr etwas anhaben. Das gilt beispielhaft für Wangerooge. Dort hat man zwischen 1938 und 1940 eine 1500 m lange Strombuhne gebaut, die als bedeutendstes Buhnenbauwerk an der ostfriesischen Küste die Dove Harle durchdämmt (vgl. Abb. 63), um ein weiteres Vorrücken des Harle-Seegats gegen die Insel zu verhindern. Allerdings sind damit auch ungewollte Veränderungen in den Strömungsverhältnissen des Seegats eingetreten. So hat sich die Wassertiefe seitdem von 22 m auf die extreme Wassertiefe von 32 m erhöht.

Schematischer Schnitt durch eine Düneninsel (vgl. Abb. 65)

Noch heute kann man den Vorgang der Inselbildung an den neu aufwachsenden Eilanden Mellum und Memmert beobachten. In einem idealen Profil durch eine der ostfriesischen Düneninseln folgen von der Seeseite her nacheinander: Unterwasserriffe, Strandriffe und Strandwall; daran schließen sich die Strandebene, die Dünen und hinter den Dünen noch häufig etwas Marschengrünland an, das in die Wattflächen übergeht. Die inselaufbauenden Faktoren an der niedersächsischen Flachküste sind die Strömung (Küsten- und Gezei-

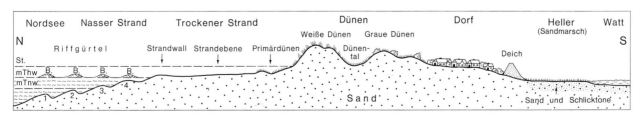

Abb. 65: Schematischer Schnitt durch eine ostfriesische Düneninsel (n. SIEBELS 1969 u. SEEDORF 1977).
St. = Wasserstand bei Sturmflut, mThw = mittlerer Hochwasserstand, B = Brandung, mTnW = mittlerer Niedrigwasserstand, 1–4 = Riffe.

tenströmung), die Brandung und der Seegang, der Wind und die Vegetation.

Von der auflaufenden Tideströmung und Brandung werden der Küste ständig Sandmassen zugeführt, die bei vorherrschendem Westwind in östlicher Richtung vor den Inseln entlangwandern. Im Brandungsbereich berühren die auflaufenden Wellen den Meeresboden, stauen sich, überstürzen sich in der Brecherzone, formen den Untergrund zu *küstenparallelen Strandprielen und -riffen* (1 bis 4) und laufen teilweise als Gischt weiter strandaufwärts, wo sie aus dem mitgeführten Material (Sand, Kies, Muschelschalen, Tang u.a.) einen flachen *Strandwall* aufspülen (vgl. Farbtafel 19).

Da im Bereich der Inseln ein mittlerer Tidenhub von 2,40 m herrscht, verschiebt sich die Brandungszone ständig, so daß bei Niedrigwasser ein oder zwei Riffe trockenfallen *("Nasser Strand")*, während die dazwischenliegenden Strandpriele ideale Bademöglichkeiten bieten (vgl. Farbtafel 1).

Der auf den Strandwall aufgeworfene Sand wird, mit Muschelgrus und organischen Teilchen vermengt, über die *Strandebene* geblasen. Der Trockene Strand wird nur gelegentlich bei erhöhten Wasserständen überflutet, so daß sich kleine kurzlebige Sandanhäufungen, zum Teil in Form von *Strandbarchanen,* bilden. Die eigentliche *Dünenbildung* erfolgt allerdings erst unter Mithilfe der Vegetation (vgl. Kap. 8. "Pflanzendecke"). Als erster Sandfänger ist die Strandquecke (Binsenquecke, Strandweizen, Agropyrum junceum) zu nennen, die gelegentliche Überflutungen verträgt. Sie mindert die Windgeschwindigkeit, was zur Ablagerung von Sand führt, und hält den Sand mit ihren Wurzeln fest, so daß *Primär- oder Vorlanddünen* (Queckendünen) aufgebaut werden. Der Quecke folgt in den höheren Partien der Strandroggen (Blauer Helm, Elymus arenarius). Doch der eigentliche Aufbau der bis über 20 m hohen Hauptdünen (*Weiße Dünen,* Sekundärdünen, Strandhaferdünen) beginnt erst mit der Ansiedlung oder Anpflanzung des Strandhafers (Helm, Ammophila arenaria), der mit seinen dichten Büscheln der beste Sandfänger ist, aber eine regelmäßige Zufuhr von nährstoffreichem Sand verlangt (vgl. Farbtafel 23). Das Alter der Weißen Dünen geht selten über hundert Jahre hinaus. Nur durch ihren Schutz sind die Inseln bewohnbar geworden. Sie haben sich vor oder über älteren Dünenzügen aufgebaut, von diesen häufig durch ein *Dünental* mit ebenem Boden getrennt, in dem Sanddorn-, Dünenrosen- und Weidengebüsche, aber auch Sumpf- und Moorpflanzen anzutreffen sind. Diese älteren *Grauen Dünen* ("Tertiärdünen") sind infolge Auswaschung und mangelnder Nährstoffzufuhr nur noch mit Kleingräsern, besonders mit Silbergras, Sandschwingel, Straußgras sowie mit Krähenbeeren und Büschen

bewachsen. Nicht selten ist der Sand in Windrissen freigelegt.

Insgesamt sind die heutigen Dünen jedoch stark durch die Eingriffe des Menschen gestaltet. Vor den ersten planmäßigen Bepflanzungs- und anderen Dünenschutzmaßnahmen waren die Dünenzüge viel lückenhafter. Sturmfluten hatten breite Durchbrüche in sie hineingerissen (sog. Schlopps oder Legden), die früher zum Beispiel auf Juist im Bereich des Hammersees und auf Langeoog existierten. Heute sind sie noch auf Spiekeroog zwischen dem alten Dünenkern um das Dorf und den Dünen der Ostplate anzutreffen.

An der Wattseite der Inseldünen schließt sich in 1-2 m NN die sandige, von Prielen durchzogene *Inselmarsch* mit Salzbinsen- und Andelwiesen an, auf der neben Marschenschlick Dünensande abgelagert werden. Ein Teil dieser Marsch ist heute durch Deiche geschützt. Vor ihnen liegen, wie auf der Festlandseite, Landgewinnungsfelder, auf denen neben anderen Salzpflanzen als erster und bester Schlickfänger der Queller zu finden ist. Es schließen sich dann die *Wattflächen* an, die ihre Entstehung dem Strömungs- und Brandungsschatten der Inseln verdanken (sog. "Rückseitenwatt").

Die Sandbewegungen in den Riffbögen und der Anwachs im Osten

Wichtig für den dauerhaften Bestand und das Wachstum der Inseln ist ihre Versorgung mit ausreichend Sand. Die Sandversorgung wird zu einem erheblichen Teil durch die Vorgänge in den Seegaten gesteuert: Zum einen sind hier durch die kräftigen Gezeitenströmungen Sandzufuhr und -umlagerungen am größten; zum zweiten wird an den Ausgängen der Seegats, wo die Strömung schnell nachläßt, besonders viel Sand abgelagert. Im Gegenspiel von Gezeitenströmung (Nord-Süd) und Küstenströmung (Ost-West) kommt es vor den Ausgängen der Seegats zur Bildung von bogenförmig aneinandergereihten untermeerischen Sandbänken *("Riffbögen"),* die von den Inselostseiten quer über die Seegats an die Nordseiten der Nachbarinseln ziehen. Bei Ebbe fallen sie trocken, doch sind sie auch bei Hochwasser sichtbar, weil dann über den Untiefen verstärkte Brandung auftritt. Sie sind deshalb auf Wassertiefenkarten und Luftbildern deutlich zu erkennen (vgl. Abb. 63 u. Farbtafel 19).

Aus der unterschiedlichen Richtung von Ebbe- und Flutstrom und der Ostverlagerung durch die Küstenströmung ergibt sich eine Sandbewegung entlang der Riffbögen, die nach den Beobachtungen der Inselbewohner mit einer mehr oder weniger rhythmischen Anlandung von Sand an der Nordseite der Inseln verbunden ist. An der Nord-

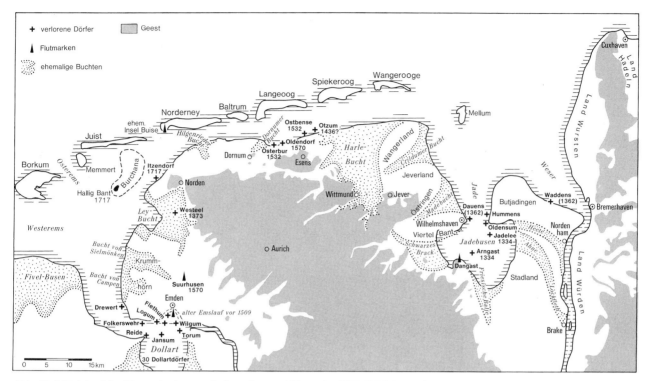

Abb. 66: Mittelalterliche Meeresbuchten zwischen Ems und Weser (n. SINDOWSKI 1962).

seite von Wangerooge landet beispielsweise im Durchschnitt etwa alle 7 Jahre eine Plate an und wird dort zum Strandriff.

Allerdings ist aus diesen Beobachtungen nicht generell auf eine Wanderung individueller Platen zu schließen. Vielmehr durchwandert der Küstensand in sehr komplizierten Zick-Zack-Bewegungen in Abhängigkeit vom Strömungsverlauf die Zone der Riffe nach Osten, die selbst zwar auch ihre Form und Lage verändern, jedoch unabhängig von der Verlagerung der einzelnen Sandkörner.

Teile des an den Nordstränden anlandenden Sandes werden von der Brandung auseinandergezogen und mit der Küstenversetzung weiter nach Osten getrieben, wo sie die langgestreckten Vorstrand- und Strandriffe und schließlich die großen Sandflächen der *Ostplaten* bilden, die noch häufig überflutet werden. Ein anderer Teil des anlandenden Riffsandes wird von dem Flutstrom wieder aufgenommen und nach Süden in die Seegaten hineinbewegt, woraus die sogenannten *"Fluthaken"* im Südwesten der Inseln hervorgehen. Im Falle der besonders abbruchgefährdeten Westköpfe von Norderney und Wangerooge hat man allerdings diese natürlichen Strömungsvorgänge durch lange Unterwasserbuhnen beeinflußt, die den Ebbstrom von den Inselsockeln abdrängen sollen und zugleich den Drehpunkt der wandernden Riffe nach Westen schieben (s.o.).

Die Marschen: der Unterschied von Hochland und Sietland

Der Formenschatz der Marschen beschränkt sich auf weite Ebenheiten, die als gürtelförmige Küsten- oder bandförmige Flußmarschen heute mehrere tausend Quadratkilometer unserer Küstenlandschaft prägen. Und doch gibt es auch Reliefunterschiede: Der Unterschied zwischen Hochland und Sietland ist als bedeutendster in fast allen niedersächsischen Marschgebieten anzutreffen.

Das *Hochland,* das in der Regel etwa 2 m höher liegt als das Sietland, begleitet als seewärtige Aufhöhung der Marsch über große Strecken den niedersächsischen Küstensaum und setzt sich als Uferwall (Dammufer) in den Flußmarschen fort.

Das *Sietland* dagegen folgt binnenwärts. Mit seinen z.T. sogar unter dem Meeresspiegel liegenden wasserreichen Böden leitet es in die Marschrandmoore über oder grenzt unmittelbar an die Geest.

Die Entstehung von Hochland und Sietland ist auf Sedimentationsunterschiede zurückzuführen. Und zwar wurden seewärts gröbere Sedimente abgelagert (vor allem Feinsande), da hier die Wirkungen von Brandung, Seegang, Küsten- und Gezeitenströmungen stärker sind; landwärts dagegen kamen im ruhigeren Wasser die Trübstoffe zur Ablagerung (Tone, Schluffe). Auch war die Menge des abgelagerten Materials seewärts am größten. Da-

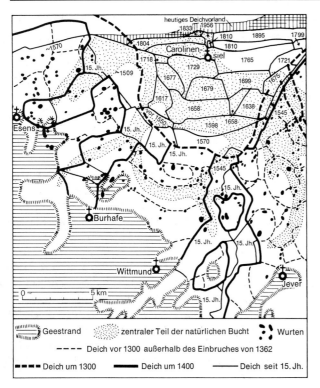

Abb. 67: Wiedereindeichung der Harlebucht 1545 bis zur Gegenwart (n. HOMEIER 1969).

durch kam es zu einer stärkeren Aufhöhung des Küstensaumes in Form des sog. Hochlandes, während das Sietland so langsam wuchs, daß es an einigen Stellen sogar unter den Meeresspiegel geriet, weil sich die abgelagerten Sedimente durch ihr Eigengewicht und insbesondere durch die Graben- und Schöpfwerkentwässerung verdichteten (Setzung), und weil sich die Torfe zersetzten.

Sehr anschaulich läßt sich das Ausmaß der *Setzung* in Butjadingen verdeutlichen, wo die alten Weserrinnen der Ahne und Heete heute nicht mehr Rinnen, sondern flache *"Inversionsrücken"* bilden, die früher sogar beackert wurden. Die flachen Erhebungen von oft nur wenigen Dezimetern erklären sich dadurch, daß die Ablagerungen in den Rinnen sandiger und damit weniger sackungs-

fähig sind als die feinkörnigeren Schlickablagerungen außerhalb der Rinnen.

Setzungsvorgänge einerseits sowie der langfristig noch immer andauernde Meeresspiegelanstieg andererseits sind auch für die treppenartige Stufung nacheinander eingedeichter Poldergebiete verantwortlich zu machen (*"Poldertreppe"*, vgl. Abb. 68).

Landgewinnung als Gestaltungsfaktor

Erheblichen Anteil an den Jungen Marschen haben die Landgewinnungsflächen, die seit dem späten Mittelalter in den großen Meeresbuchten des Dollart, der Ley-, Harle-, Maade- und Jadebucht angelegt wurden: Im westlichen Ostfriesland und im Rheiderland werden sie "Polder" genannt; im östlichen Ostfriesland und Oldenburg nennt man sie "Groden". Verheerende Sturmfluten, wie die Julianenflut von 1164, die Marcellusflut von 1362, die Dionysiusflut von 1374 und die Cosmas- und Damianflut von 1509, hatten diese Buchten in die Alte Marsch hineingerissen und dabei zum Teil bis an den Geestrand ausgespült. Die heutigen Geestrandorte Norden, Esens, Wittmund und Jever waren dadurch zeitweilig zu Seehafenorten geworden, die mit seegängigen Schiffen erreicht werden konnten (vgl. Abb. 66, 67, 69).

Heute dokumentieren die ehemaligen Deichlinien und die hinter ihnen liegenden regelmäßigen Felder der Polder und Groden den stetigen Fortschritt der Landgewinnung.

Der steigende Meeresspiegel sowie die mit abnehmendem Alter geringeren Setzungsbeträge bedingen eine sukzessiv höhere Lage des jeweils jüngeren, seewärts folgenden Polders in Form einer sog. "Poldertreppe" (vgl. Abb. 68).

Am tiefsten liegen die ältesten Polder, die wegen ihrer Vernässung in der Regel nur die Grünlandnutzung zulassen. Ihre Entwässerung erfolgte früher gegen das natürliche Gefälle durch "Trockenmahlen" mit Windmühlen, heute wird sie durch elektrische Schöpfwerke gewährleistet.

Die jüngsten Polder bilden mit ihren nährstoffreichen, ackerfähigen Kleiböden die oberste Stufe

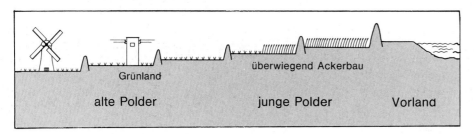

Abb. 68: Schema einer Poldertreppe (n. BEHRE 1987).

Mit steigendem Meeresspiegel liegen die jeweils jüngeren Polder höher. Zusätzlich hat sich die Oberfläche der älteren Polderböden durch Entwässerung gesenkt. Die künstliche Entwässerung erfolgt gegen das natürliche Gefälle. Früher besorgten Windmühlen das "Trockenmahlen" der Polder; heute haben leistungsfähige elektrische Schöpfwerke diese Aufgabe übernommen.

Die Kästeklippen im Okertal bei Goslar. Oberhalb des tief eingeschnittenen Okertales erheben sich Granitklippen, die deutlich die fast rechtwinklig aufeinanderstehenden Klüfte und im stärksten Verwitterungsbereich wollsackförmige Blöcke zeigen, wie sie für Granitgesteine typisch sind. Aufn.: Nds. Landesverwaltungsamt - Landesmedienstelle.

Die Bodensteiner Klippen im Hainberg bei Bockenem. Im Berg- und Hügelland ist die Klippenbildung an widerstandsfähige Sedimentgesteine mit weitständigen Klüften gebunden (Kalksteine, Sandsteine), wo sich Klippen besonders im Firstbereich der Schichtstufen und Schichtrippen ausgebildet haben. Hier sind es Sandsteinklippen der Unterkreide (Hilssandstein). Aufn.: Kröber.

Schichtkamm des Wesergebirges mit Kalksteinbruch bei Rinteln. Durch steilstehende harte Kalk- und Sandsteinschichten gebildete Schichtkämme sind ein Charakteristikum des Niedersächsischen Berglandes, während die benachbarten Mulden und Becken in weicheren Mergel- und Tongesteinen ausgeräumt worden sind. Das Bild zeigt den durch Quertäler gegliederten Schichtkamm des Wesergebirges mit dem Steinbruch im Korallenoolith an der Arensburg. Aufn.: Nds. Landesverwaltungsamt - Landesmedienstelle.

Basaltsteinbruch mit Sechsecksäulen. Unweit des Leinetalgrabens und etwa zeitgleich mit diesem entstanden liegen auf der Dransfelder Hochfläche die einzigen Basaltvorkommen Niedersachsens. Diese Gesteine sind im Tertiär in Vulkanschloten aufgestiegen und später als Härtlingskuppen freigelegt worden. Dank ihrer säulenartigen Erstarrung (fünf- bis sechseckige Säulenbasalte) sind sie besonders geeignet für den Bau von auswaschungs- und unterspülungsfesten Ufer-, Küsten- und Hafenbefestigungen. Aufn.: Kröber.

Bachschwinde im Gipsgestein am Südharzrand (Ldkr. Osterode). In löslichen Gesteinen, wie Gips, Kalk und Dolomit, bildet eindringendes Oberflächenwasser durch Lösung entlang von Klüften Hohlräume aus, die sich im Laufe der Jahrtausende zu Höhlen und kilometerweiten Gängen erweitern und über Schluklöcher ganze Bäche verschwinden lassen können. Das Bild zeigt eine Bachschwinde am Kleinen Trogstein bei Tettenborn. Aufn.: Kröber.

Der Dillsgraben bei Bockenem, Erdfall mit See. Durch die Auslaugung von Steinsalzen im Untergrund und durch den Einsturz von Hohlräumen im Deckgips kommt es an der Erdoberfläche zur Bildung von steilwandigen "Erdfällen", die bei hochstehendem Grundwasserspiegel ertrinken. Aufn.: Kröber.

Der Giebichenstein bei Nienburg. Dieser größte Findling Niedersachsens gehört mit seinem Gewicht von 330 t zu den eindrucksvollsten Hinterlassenschaften des Saaleeises. Von Südschweden aus ist dieser große Granitblock über 600 km durch den eiszeitlichen Gletscher nach Süden bis in die Nähe von Nienburg verfrachtet worden. Schon die eiszeitlichen Rentierjäger haben im Windschutz des großen Steins ihre Arbeits- und Zeltplätze gehabt, wie Ausgrabungen beweisen. Aufn.: Seedorf.

Kiesabbau im Wesertal bei Möllenbeck (Ldkr. Schaumburg). Große Mengen an Sand und Kies hat das saalezeitliche Eis auf seinem Weg nach Süden in Gestalt von Endmoränen, Sanderkegeln und anderen Eisrandformen zurückgelassen. An der Porta bei Möllenbeck sind diese Ablagerungen bis zu 60 m mächtig. Da die Porta durch das von Norden vordringende Eis verstopft war, bildete sich hier ein großer Stausee, in dem die Eis- und Schneeschmelzwässer das mitgeführte Material ablagerten. Aufn.: Kröber.

Eiskeil im Sand der Uelsener Berge (Ldkrs. Grafsch. Bentheim). Eiskeile sind aufgerissene Spalten des Dauerfrostbodens, in denen sich das sommerliche Schmelzwasser gesammelt hat und wieder gefror. Nach der Klimaerwärmung ist das Eis aufgetaut und durch eingewehten oder eingespülten Sand ersetzt worden. Aufn.: Kröber.

Bodenerosion im Leinetal (Bruchhof bei Alfeld). Die Hänge des lößbedeckten Berglandes sind im hohen Maße erosionsanfällig, insbesondere auf den Flächen, die mit spät auflaufenden Feldfrüchten wie Zuckerrüben und Sommergetreide bestellt worden sind. Die stärksten Schäden treten im Frühsommer bei Starkregen auf, durch die wertvolle Teile des Oberbodens und der Kulturen abgespült und Furchen, Rillen, Rinnen und selbst Gräben und Schluchten in den Boden eingerissen werden. Aufn.: Seedorf.

Kiesgewinnung im Leinetal bei Northeim. Die Kieslagerstätten in den großen Flußtälern werden zumeist im Naßauskiesungsverfahren abgebaut, wodurch weiträumige Wasserflächen entstehen, wie das Beispiel der Northeimer Seenplatte zeigt. Als Folgenutzung sind die unweit der Nord-Südautobahn (A7) gelegenen Kiesseen nicht nur gerne aufgesuchte Segel-, Surf-, Bade- und Fischgewässer geworden, sondern sie erfüllen auch Aufgaben als Vogelschutzgebiete. Aufn.: Nds. Landesverwaltungsamt - Landesmedienstelle.

Torfabbau am Ems-Jade-Kanal (Ldkr. Wittmund und Aurich). Niedersachsen ist das moorreichste Bundesland, aus dem rd. 90 % der im Bundesgebiet abgebauten Torfe stammen. Das Bild zeigt den Weißtorfabbau auf einer Moorrestfläche in der Gemeinde Friedeburg. Die Häuser gehören zur Hochmoorkolonie Marcardsmoor (Gemeinde Wiesmoor), die auf der Grundlage der Deutschen Hochmoorkultur gegründet wurde. Aufn.: Giese, Detern, freigegeben Bez.-Reg. Weser-Ems 272-386-27.

Ältere Seemarsch im Lande Wursten. Die grauen entkalkten Kleischichten kennzeichnen Überflutungsperioden, die schwarzen Humusbänder Festlandszeiten ohne nennenswerte Überflutungen. Die Böden der Seemarsch zählen mit ihrem günstigen Mischungsverhältnis von Ton, Sand und organischen Bestandteilen zu den fruchtbarsten Böden des Landes, die in früheren Zeiten die drei- bis vierfachen Ernteerträge der Geestböden brachten. Aufn.: Seedorf.

Schwarzerdeboden bei Asel in der Hildesheimer Lößbörde. Ein mächtiger tief- bis grauschwarzer Humushorizont (Ah-Horizont) kennzeichnet die sog. Schwarzerde (russ. Tschernosem). Ein reiches Bodenleben, das auch durch die schwarzen Grabgänge von Maulwürfen und Hamstern (Krotowinen) angedeutet wird, sorgt für eine Auflockerung des Bodens und eine gleichmäßige Verteilung der Nährstoffe. Der natürliche Kalkgehalt und die Steinfreiheit bestimmen die hohe Bodengüte von über 80 Punkten. Aufn.: Kröber.

Eisenhumuspodsol mit Überwehung in einem Dünengebiet nördlich von Diepholz. Während der Heidebauernzeit vor 200 bis 300 Jahren waren Landschaftszerstörungen durch Sandverwehungen auf der Geest weit verbreitet. Als Ursachen sind die Zerstörung der Heidevegetation durch Plaggengewinnung, Schaftritt und -verbiß zu nennen. Das Bild zeigt die Überlagerung einer späteiszeitlichen Flugsanddecke durch junge Wehsande der Heidebauernzeit, die auch alte Wagenspuren aufgefüllt haben. Aufn.: H.-H. Meyer.

Hochmoorprofil mit Schwarztorf und Weißtorf. Unter dem warm-feuchten Klima des Atlantikums wurde seit etwa 7000 Jahren der stark zersetzte "Schwarztorf" gebildet. In der trockenen Zeit des Subboreals setzte die Torfbildung aus. Seit etwa 500 v. Chr. begann unter dem feucht-kühlen Klima des Subatlantikums der weniger stark zersetzte "Weißtorf" zu wachsen. Häufig sind Schwarz- und Weißtorf, wie auf diesem Bild, durch eine scharfe Grenzfläche, den "Schwarztorf-Weißtorf-Kontakt", getrennt. Aufn.: Freudenberg.

der Poldertreppe. Sie zeigen vergleichbare Standortbedingungen und Nutzungsmöglichkeiten wie ein natürlich aufgewachsenes Marschenhochland: In beiden Fällen prägt dank guter Wasserzügigkeit der Ackerbau das Nutzungsbild (vgl. Abb. 68).

Inzwischen ist die Landgewinnung als Gestaltungsfaktor an der niedersächsischen Küste fast bedeutungslos geworden. Unter den veränderten Wirtschaftsbedingungen der letzten Jahrzehnte und dem Überangebot an agrarischen Nutzflächen lohnt diese kostspielige Arbeit nicht mehr; auch sprechen gewichtige ökologische Gründe dagegen (Schutz des Wattenmeeres). Wenn Landgewinnung heute dennoch in stark reduzierter Form weiter betrieben wird, so geschieht dies allein unter veränderter Zielsetzung: Nicht mehr die Gewinnung von ackerfähigem Boden, sondern der Küstenschutz steht heute an erster Stelle.

Veränderungen des Küstenverlaufs in den letzten beiden Jahrtausenden

Wie oben aufgezeigt, erweist sich die Küstenlinie, die seewärtige Grenze der Marsch zum Watt, als eine sehr veränderliche Grenze. Dies gilt besonders dann, wenn man ihre Entwicklung zum Abschluß dieses Kapitels noch einmal über einen längeren Zeitraum vergleicht (vgl. Abb. 69).

Obwohl in den letzten 2000 Jahren der Meeresspiegel nur um etwa 3 m angestiegen ist, haben Sturmfluten in dieser Zeit großräumige Buchten ausgewaschen, sind alte Meeresbuchten verlandet und Inseln neu entstanden und wieder erloschen.

Zur *Römerzeit (um Chr. Geb.)* existierten an der damals noch schmalen Emsmündung die ehemaligen Buchten von Campen (1.) und Sielmönken (2.) und die Leybucht (3.). Im Norden der ostfriesischen Halbinsel bestanden die Hilgenrieder Bucht (4.), die Nesse-Bucht (5.) und die Dornumer Bucht (6.); und im Jadegebiet fehlte noch der große Einbruch des Jadebusens, so daß die von zwei schmalen und tiefen Meereseinbrüchen (7.) gegliederte Wangerländer Küste am Mündungstrichter der Weser lag. Im Land Wursten reichte die Küstenlinie zum Teil bis an die Geest; im Land Hadeln verlief sie nur wenig weiter südlich als heute. Unter den Inseln war die südlich von Juist gelegene Hallig Burchana, das spätere Bant (8.), über die schon Plinius (47 n. Chr.) berichtet, kurz zuvor mit anderen Halligen vom Festland abgetrennt worden. Sie war die größte der Ostfriesischen Inseln. Borkum, Juist, Buise, Baltrum, Langeoog, Spiekeroog und Wangerooge bestanden noch als Platen, auf denen sich zum Teil erste Dünen entwickelten.

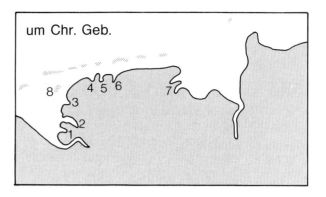

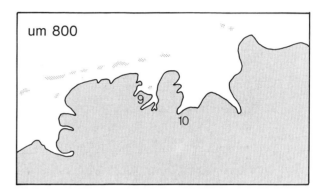

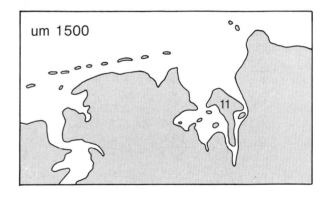

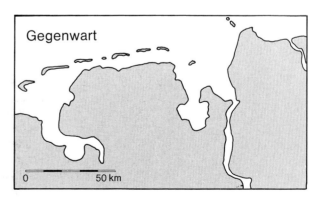

Abb. 69: Veränderungen der niedersächsischen Küstenlinie von Chr. Geb. bis zur Gegenwart (n. KOSSACK, BEHRE & SCHMID 1984). Erklärungen der Ziffern im Text!

Der Zustand zur *Karolingerzeit (um 800 n. Chr.)* zeigt den Verlauf der Küstenlinie kurz vor dem Bau der ersten Deiche (um 1000 n. Chr.). Damals waren einige Buchten bereits verlandet, andere noch offen, wie die Bucht von Sielmönken, die Leybucht oder die Bucht von Nesse, an der Ostfriesen im 10. Jahrhundert einen frühen Handelsplatz gründeten. Auch die Hallig Bant wird in dieser Zeit noch in alten Schriften erwähnt. Große Veränderungen hatten sich dagegen im Harle- und Jadegebiet ergeben: Dort war die Harlebucht (9.) 20 km weit bis an den Geestrand eingebrochen, und beim heutigen Wilhelmshaven hatten Sturmfluten die etwa 10 km tiefe Maadebucht (10.) ausgespült. Der Jadebusen bestand noch nicht.

Der *Zustand um 1500* skizziert die niedersächsische Küste nach den großen mittelalterlichen Meereseinbrüchen. Der Dollart war entstanden; die Leybucht weitete sich kräftig aus, und der Jadebusen war tief in die Marschen und Moore der Wesermarsch eingebrochen. Zeitweise bestand durch die Weserarme der Ahne und Heete eine direkte Verbindung zwischen Weser und Jade, so daß die heutige Halbinsel Butjadingen (11.) eine Insel bildete. Im Raum Cuxhaven war die Küstenlinie etwas über die heutige hinausgeschoben.

Von den Inseln war die Hallig Bant bis auf einen geringen Rest abgetragen (und um 1780 ganz verschwunden). Der Salztorfabbau zur Gewinnung des im Mittelalter begehrten Friesensalzes hatte dabei wohl eine entscheidende Rolle gespielt.

Auch in der *Gegenwart* erweist sich die niedersächsische Küste als sehr buchtenreich. Der Dollart ist durch schrittweise Landrückgewinnung um mehr als die Hälfte verkleinert worden. Bis auf einen kleinen Rest ist auch die Leybucht verlandet. Die Harlebucht ist ebenso wie die Maadebucht Festland. Vom Jadebusen existiert noch ein stattlicher Teil, der der Spülung des Jadefahrwassers dient. Im Land Wursten ist die Küstenlinie weiter meerwärts gewachsen und bei Cuxhaven landeinwärts gewandert. Die Insel Buise zwischen Juist und Baltrum und die Hallig Bant sind untergegangen.

3.9. Rückblick und Ausblick

Zusammenfassend läßt sich der Oberflächenformenschatz Niedersachsens als sehr vielfältig charakterisieren. Flächenanteilig dominieren die durch die eiszeitlichen Gletscher und deren Schmelzwässer geschaffenen Formen. Die Gletscher schütteten auf mehr als zwei Drittel des Landes End- und Grundmoränen aus Sand, Kies und Lehm auf, und die Schmelzwässer verteilten das aus dem Norden mitgebrachte Material südlich davon zu großen Sandebenen (Sandern) und flossen in Urstromtälern, wie dem Elbe- und Allertal, zur Nordsee. Später schnitten sich Bäche und Flüsse mit ihren Tälern ein; im Tundrenklima der Kaltzeiten wurden Dünen und Flugsanddecken aufgeweht.

Im Küstenbreich überprägte das vorrückende Meer im Holozän die eiszeitlichen Formen. Es schuf die Marschen und Watten und baute mit Hilfe des Windes Düneninseln auf, bis der Mensch mit Deichen, Landgewinnungsflächen und Inselschutzwerken in das natürliche Geschehen eingriff.

Voreiszeitliche Formen finden sich nur im südlichen Niedersachsen. Da ist einerseits die weit herausgehobene, 30 x 90 km große Festgesteinsscholle des Harzes zu nennen, die ein echtes Mittelgebirge ist mit Hochflächen, Härtlingskuppen und einer tiefen Randzertalung. Da sind andererseits die Höhenzüge, Täler und Becken der Mittelgebirgsschwelle, auch Berg- und Hügelland genannt, zu finden, das ein Bruchschollenland mit Kalk- und Sandsteinhochflächen, -schichtstufen und -schichtkämmen ist, die auch heute noch mit erdgeschichtlicher Geschwindigkeit, d.h. sehr, sehr langsam in einer großen Formenfülle abgetragen werden.

Die stärkste formende Kraft ist seit tausend Jahren der Mensch geworden, der mit seinen Verkehrswegen, Abbaugruben und Hochbauten das Relief zwar punkt- und linienhaft, aber doch zunehmend stärker umgestaltet und der durch die Rodung der natürlichen Wälder und durch den Ackerbau erosive Kräfte ausgelöst hat, die das natürliche Maß bei weitem überschreiten. Überall ist heute der Mensch Gestalter der Landschaft geworden, wenn auch Regen und Wind, Frost und Schnee immer noch ihren Teil dazu beitragen.

4. Nutzbare Lagerstätten und Rohstoffreserven

Niedersachsen, ein führendes Rohstoffland

Es gibt in der Bundesrepublik wohl kaum ein weiteres Land, das über eine so große Vielfalt an abbauwürdigen Bodenschätzen (Lagerstätten) verfügt wie das Land Niedersachsen.

Seit dem Oberkarbon, also seit mehr als 300 Millionen Jahren, sind große Teile Niedersachsens ein Senkungsgebiet, in dem sich im Laufe der Zeit eine mehrere tausend Meter mächtige Abfolge verschiedener Sedimentgesteine und mineralischer Rohstoffe bilden konnte, wie Kalk-, Sand- und Tonsteine, Stein- und Braunkohle, Erdöl und Erdgas, Kalisalze und Eisenerz (vgl. Abb. 26).

Daß viele dieser Bodenschätze heute durch den Bergbau erschlossen werden können, verdanken wir freilich erst der Einwirkung der *saxonischen Bruchschollentektonik*. Sie hat seit dem Ende der Jurazeit die Gesteine des Erdmittelalters und der Erdneuzeit ebenso wie die erzreiche paläozoische Harzscholle aus großen Tiefen emporgedrückt, zerbrochen, schräggestellt und gemeinsam mit den Vorgängen der Verwitterung und Abtragung die rohstoffhaltigen Schichten in Oberflächennähe gebracht und zum Teil sogar freigelegt.

Schwieriger ist die Zugänglichkeit vieler Rohstoffe im Norden Niedersachsens. Dort sind die Festgesteinsschichten durch 50 bis über 200 m mächtige, eiszeitliche Sand- und Kiesmassen verhüllt, die eine Erschließung der tiefer gelegenen Bodenschätze erschweren bzw. unrentabel machen. Andererseits sind die eiszeitlichen Ablagerungen aber selbst zu einem wichtigen Rohstoffaktor geworden: Als Baustoffe für den Haus- und Straßenbau sind z.B. Sand und Kies unverzichtbar und im Umland der Großstädte knapp und dementsprechend teuer.

Seit Jahrhunderten hat die Gewinnung von Bodenschätzen in Niedersachsen eine wichtige wirtschaftliche Rolle gespielt. Städte wie Goslar oder Lüneburg verdanken ihre einstige herausragende Stellung ihren Bodenschätzen. In Goslar war es der blühende Bergbau nach Silber, Kupfer und Blei im Rammelsberg, der die Stadt zeitweilig zum wirtschaftlichen und politischen Zentrum des Deutschen Reiches aufsteigen ließ; Lüneburg war durch seine Saline berühmt, die jahrhundertelang Salz als Konservierungsstoff vor allem zur Haltbarmachung von Fisch in die Hansestädte des Ostseegebietes und nach Norwegen ausführte.

Bis in die heutige Zeit ist Niedersachsen ein bedeutendes Rohstoffland geblieben (vgl. Abb. 70). Niedersachsen trägt nicht unerheblich dazu bei, daß der große Bedarf unserer Industriegesellschaft an mineralischen Rohstoffen gedeckt wird (vgl. Tab. 12).

Heute sind es die sogenannten "Primär-Energieträger" Erdöl und Erdgas sowie die in nahezu unerschöpflichen Mengen verfügbaren Vorkommen an Kali- und Steinsalz, deren Nutzung unser Land gleich hinter Nordrhein-Westfalen zum zweitwichtigsten bundesdeutschen Bergbauland machen. Abgebaut werden in Niedersachsen neben den genannten Bodenschätzen aber auch Braunkohle, eine Vielzahl von Industriemineralen, Steinen und Erden sowie die Torfe in den Hochmooren des norddeutschen Tieflandes. Der einst bedeutende Abbau der Harzer Edel- und Buntmetallerze ist dagegen aus wirtschaftlichen Gründen fast zum Erliegen gekommen.

Tab. 12: Was jeder Mensch in 70 Lebensjahren rein rechnerisch an mineralischen Rohstoffen verbraucht.

Sand und Kies	427 t	Gipssteine	6,0 t
Erdöl	166 t	Dolomitstein	3,5 t
Erdgas	60 840 m³	Rohphosphate	3,4 t
Hartsteine	146 t	Schwefel	1,9 t
Braunkohle	145 t	Torf	1,8 t
Kalkstein	99 t	Naturwerksteine	1,8 t
Steinkohle	83 t	Kalisalze	1,6 t
Stahl	39 t	Aluminium	1,4 t
Tone	29 t	Kaolin	1,2 t
Industriesande	23 t	Stahlveredler	1,0 t
Steinsalz	13 t	Kupfer	1,0 t

Quelle: BECKER-PLATEN 1987

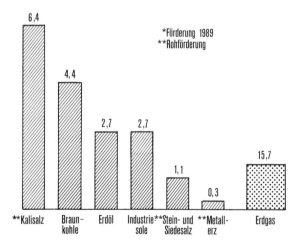

*Förderung 1989
**Rohförderung

| **Kalisalz | Braun-kohle | Erdöl | Industrie-sole | **Stein- und Siedesalz | **Metall-erz | Erdgas |
| 6,4 | 4,4 | 2,7 | 2,7 | 1,1 | 0,3 | 15,7 |

Anteil Niedersachsens an der Gesamtförderung**im Bundesgebiet in %

| 10,9 | 1,1 | 72,9 | 50,0 | 11,4 | 34,0 | 81,7 |

Abb. 70: Wichtige Bodenschätze in Niedersachsen und ihr Anteil an der Gesamtförderung im Bundesgebiet (n. Unterlagen d. Niedersächs. Landesamtes f. Bodenforschung).

4.1. Unterirdische Lagerstätten und Rohstoffvorkommen (vgl. Abb. 71)

Wie die Übersichtskarte (Abb. 71) zeigt, sind die unterirdischen Lagerstätten recht gleichmäßig über das ganze Land verteilt; dennoch ist die Ausstattung der einzelnen Regionen, wenn man die jeweiligen Lagerstätten für sich betrachtet, sehr ungleichwertig.

Lediglich die *Salzvorkommen,* die von der Eindampfung des Zechsteinmeeres herrühren, sind in fast allen Teilen Niedersachsens verbreitet. Sie sind unter der Last der jüngeren Gesteine und als Folge von Gebirgsbewegungen zu Salzkissen, Salzmauern und zu Salzstöcken aufgepreßt worden (vgl. Abb. 28). Sie werden heute zum Teil in Kali- und Steinsalzbergwerken abgebaut oder ausgesolt und dienen auch als Kavernenspeicher.

Im Süden zeichnen die Salzstrukturen die unregelmäßige Bruchschollenstruktur des Berglandes nach, während sie im nördlichen Niedersachsen und unter dem Boden der Nordsee als längliche Salzmauern überwiegend der hier vorherrschenden tektonischen Nord-Süd-Richtung folgen.

Sehr begrenzte Verbreitung haben die meisten anderen unterirdischen Lagerstätten in Niedersachsen. Dies liegt in vielen Fällen daran, daß sie unter besonderen, räumlich begrenzten geologischen Bedingungen entstanden sind, wie zum Beispiel die Braunkohlenvorkommen bei Helmstedt, die Erdöl- und Erdgasvorkommen im mittleren Niedersachsen und die Eisenerze, die im Gebiet zwischen Salzgitter und Gifhorn ("Gifhorner Trog"), bei Sulingen, Diepholz und an anderen Stellen jeweils scharf abgegrenzte Lagerstätten bilden.

So entstanden die bedeutenden *Braunkohlenlager bei Helmstedt* in zwei vermoorten Salzabwanderungsmulden an den Flanken eines Salzstocks während des Tertiärs (vgl. Abb. 79).

Die reichen *Erdöl- und Erdgasvorkommen* treten dort auf, wo Kohleschichten oder bituminöse Gesteine im tieferen Untergrund vorhanden sind, aus denen die Kohlenwasserstoffverbindungen, also die chemischen Bausteine dieser Lagerstätten, stammen (sog. "Muttergesteine"), wo außerdem bestimmte geologische Strukturen vorliegen, die den Aufstieg und die Ansammlung dieser Stoffe ermöglicht haben (Verwerfungen und Fangpositionen), und schließlich, wo sog. "Speichergesteine" vorhanden sind, die das Erdöl und Erdgas in ihren Porenräumen aufnehmen (poröse Sandsteine, kluftreiche Kalke und Dolomite) (vgl. Abb. 75 u. 76). Alle diese günstigen Bedingungen treffen im Untergrund eines breiten Gebietsstreifens zusammen, der vom mittleren Emsland bis ins Hannoversche Wendland und in den Braunschweiger Raum quer durch Niedersachsen zieht.

Die *Eisenerze* sind großenteils während des Erdmittelalters unter Meeresbedingungen als chemische Ausfällungen (Oolithe) oder als Brandungsgerölle (Trümmererze) in ehemaligen Buchten- und Beckenpositionen zum Absatz gekommen. Die bedeutendste dieser Lokalitäten, wo rd. 1,4 Mrd. t Eisenerz vermutet werden, ist der sog. Gifhorner Trog, der sich von Salzgitter über Gifhorn bis in die Südheide zieht.

Zu ergänzen ist die Reihe der Lagerstätten räumlich begrenzter Entstehung weiterhin um die *kreidezeitlichen Steinkohlen* bei Stadthagen und am Deister (Wealden), die aus küstennahen Moorablagerungen der Unterkreidezeit hervorgegangen sind.

Auch die *Ölschiefer* sind hier anzuführen, die während der Jurazeit an der nehrungs- und buchtenreichen Küste des Lias-Meeres in Form organischer Mudden und Schlämme abgelagert worden sind. Nach ihrer Verfestigung wurden sie während der saxonischen Gebirgsbildung zusammen mit den anderen Schichten zerbrochen und schräggestellt, so daß sie heute überwiegend als schmale Schichtbänder an den Rändern der Ith-Hils- und der Sackwaldmulde ausbeißen. Die größten Vorkommen sind freilich durch Bohrungen nordöstlich von Braunschweig nachgewiesen.

Schließlich müssen auch noch jene Lagerstätten auf der Übersichtskarte berücksichtigt werden, die ihre oberflächennahe Lage besonders kräftigen Heraushebungen zur Zeit der saxonischen Gebirgsbildung (Kreide, Tertiär) verdanken, wie die Erz- und Mineralgänge des Harzes und die karbonzeitlichen Steinkohlen bei Osnabrück.

So war während der Kreide- und Tertiärzeit die Harzscholle ein Gebiet mit starker Hebung. Deren paläozoische Gesteine, Erze und Mineralien sind als ein Block aus dem in 3000 m Tiefe gelegenen variskischen Grundgebirgskörper emporgedrückt worden (vgl. Abb. 31). Damit erklärt sich, daß nur im Harzgebiet und an keiner anderen Stelle in Niedersachsen die historisch bedeutenden *Buntmetallerze* bergbaulich erreichbar waren. Nach dem Niedergang des Oberharzer Bergbaus und der Schließung der Rammelsberggrube im Jahre 1988 (s.u.) fördert zur Zeit nur noch das Blei-Zink-Bergwerk in Bad Grund. Außerdem werden bei Bad Lauterberg *Schwerspatlager* abgebaut.

Die Osnabrücker Steinkohlen gehören zu den gleichen *karbonzeitlichen Steinkohlenschichten,* auf denen im Ruhrgebiet seit mehr als einem Jahrhundert der Bergbau umgeht. Diese Schichten verlaufen in 2-3 Kilometer und zum Teil in noch größerer Tiefe im Untergrund Niedersachsens bis weit unter den Boden der Nordsee (vgl. Abb. 26 u. 72). Die oberflächennahe Lage der Osnabrücker Karbonkohlenschichten ist dabei auf die besonders

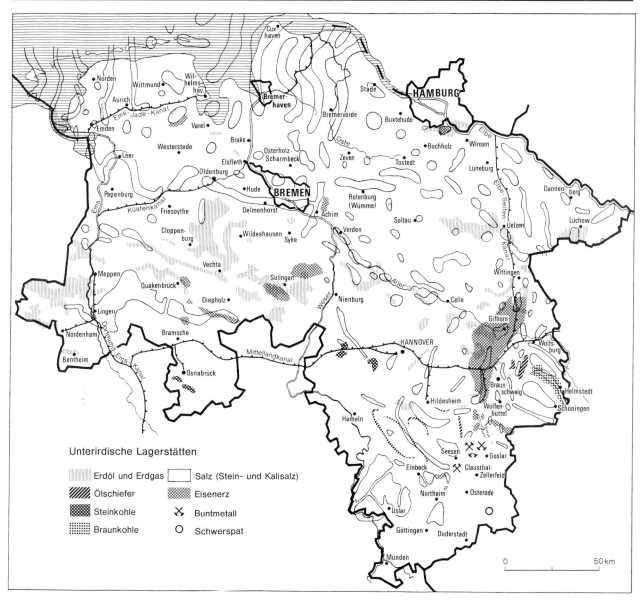

Abb. 71: Verbreitung unterirdischer Lagerstätten in Niedersachsen (n. Unterlagen d. Niedersächs. Landesamtes f. Bodenforschung).

starke Hebung über der sog. Piesberg-Pyrmonter Achse zurückzuführen.

Erdöl und Erdgas

Führend bei der heimischen Förderung von Erdöl und Erdgas

Bei der Gewinnung von Erdöl und Erdgas nimmt Niedersachsen bundesweit eine Spitzenstellung ein. Über 70 % der bundesdeutschen Gesamtproduktion an Erdöl kommen aus niedersächsischen Quellen. An der deutschen Förderung von Erdgas hat Niedersachsen sogar einen Anteil von über 80 %. Freilich liefern niedersächsische Öl- und Gasquellen nur einen bescheidenen Beitrag zur

Deckung des inländischen Gesamtbedarfs: Erdöl unter 4 %, Erdgas immerhin fast 30 %. Auch fast alle bekannten und mittelfristig wirtschaftlich gewinnbaren Erdgasvorräte liegen in Niedersachsen.

Was sind Erdöl und Erdgas ?

Erdöl und Erdgas sind sehr kompliziert aufgebaute natürliche Kohlenwasserstoffe, die bei der Verdichtung und thermischen Umwandlung von organischen Sedimenten in großer Erdtiefe unter den dort herrschenden hohen Druck- und Temperaturbedingungen entstehen.
Ausgangsstoff des Erdöls sind in der Regel Faulschlämme, die sich aus abgestorbenem Plankton

und anderen Kleinlebewesen unter Luftabschluß auf einem See- oder Meeresboden gebildet haben. Anaerobe Bakterien, die diese Schlämme zur Energiegewinnung nutzen, verändern sie zu einer chemisch schwer angreifbaren Erdölmuttersubstanz, dem "Kerogen", aus dem später bei steigenden Temperatur- und Druckbedingungen Erdöl und Erdgas freigesetzt werden.

Diese Bedingungen treten ein, wenn die Erdölmuttersubstanz durch Überlagerung jüngerer Schichten in immer größere Tiefen gerät. Bei etwa 50 Grad beginnt sich dann zunächst Erdöl abzuspalten, dessen Bildung schließlich bei über 120 Grad zunehmend von Erdgas abgelöst wird.

Das wichtigste Muttergestein des Erdgases sind jedoch nicht die oben genannten Faulschlämme, sondern die im tieferen Untergrund Norddeutschlands in reichlicher Menge vorhandenen Steinkohlen. Bekanntlich entsteht Kohle aus Torfen, die sich bei zunehmender Absenkung in größere Erdtiefen unter Druck- und Hitzeeinwirkung über Braun- und Steinkohle in Anthrazit umwandeln. Bei diesem Vorgang, den man auch als "Inkohlung" und "Anthrazitisierung" bezeichnet, geben sie Methan und andere Gase ab, die sich dann in den Lagerstätten in wechselnder Zusammensetzung zu "Erdgas" vermischen.

Erdgeschichtliche Gunstfaktoren erklären das häufige Vorkommen von Erdöl und Erdgas

Erdöl- und Erdgaslagerstätten können nicht an beliebigen Stellen im Untergrund entstehen, sondern sind an bestimmte geologische Vorbedingungen geknüpft, die in Niedersachsen in günstiger Weise zusammentreffen.

Wichtigste Vorbedingung, damit sich Erdöl und Erdgas überhaupt bilden und sich dann in Lagerstätten sammeln können, ist das Vorhandensein von Schichtgesteinen. Nur Schichtgesteine enthalten die oben genannten organischen Muttersubstanzen in ausreichender Menge und in der richtigen chemischen Ausgangsform ("Muttergesteine", s.u.); außerdem verfügen sie über genügend Hohlräume in Form von Poren und Klüften, die als Speicherraum dienen können ("Speichergesteine", s.u.). In manchen Gesteinen machen sie bis zu 30 Prozent des Gesteinsvolumens aus.

Umgekehrt bieten Umwandlungsgesteine und magmatische Gesteine so gut wie keine Möglichkeiten für die Erdöl- und Erdgasentstehung. Sie sind nicht höffig, denn einerseits hat die Hitzeeinwirkung in diesen Gesteinen die Kohlenwasserstoffe vernichtet, andererseits verhindert meist auch der mangelnde Porenraum ihre Einwanderung und Speicherung. Selbst in solchen Umwandlungsgesteinen, die aus ehemaligen Sedimentgesteinen

hervorgegangen und durch hohe Drücke und Temperaturen zu Schiefern, Glimmerschiefern und Gneisen verändert ("metamorphisiert") worden sind, ist der Porenraum weitgehend verschwunden.

In diesem Zusammenhang ist es ein glücklicher Umstand, daß weite Teile Niedersachsens im Untergrund aus einer mächtigen Folge von Schichtgesteinen aufgebaut werden, die genügend Mutter- und Speichergesteine enthalten, während nur der Harz als aufgestiegene Grundgebirgsscholle aus Umwandlungs- und magmatischen Gesteinen besteht. Weite Teile Niedersachsens sind also prinzipiell erdöl- und erdgashöffige Gebiete.

Diese günstige geologische Ausgangssituation verdankt Niedersachsen seiner besonderen erdgeschichtlichen Entwicklung. Seit über 250 Millionen Jahren liegt es im Bereich eines großen epirogenetischen Senkungsgebietes, das sich einst zwischen dem baltisch-skandinavischen Schild im Norden und dem ehemaligen Rande des variskischen Gebirges im Süden (Rheinisches Schiefergebirge, Harz) quer über Nordwesteuropa erstreckte: Von England im Westen über mehr als 1000 Kilometer bis nach Polen (sog. "Nordwesteuropäisches Bekken").

Seit dem Oberkarbon wirkt dieses Gebiet infolge der Absenkung als "Sedimentfalle", d.h. es wurde viele Male von Flachmeeren überflutet (heutige Reste: Nord- und Ostsee) sowie in landfesten Zeiten von Schwemmsanden und Dünen überschüttet, die eine heute regional über 5000 Meter mächtige Schichtenfolge aus Salz-, Gips-, und Kalkgestein, aus Sand- und Tonstein zurückgelassen haben (vgl. Abb. 26). Darin sind auch die Muttergesteine der Erdöl- und Erdgaslagerstätten enthalten (s.u.).

Wichtige Muttergesteine in Niedersachsen

Da die flüchtigen Bestandteile des Erdgases unter höheren Druck- und Temperaturbedingungen freigesetzt werden als die flüssigen Stoffe des Erdöls (s.o.), stammen die chemischen Grundstoffe der Erdöl- und Erdgaslagerstätten aus Muttergesteinen unterschiedlicher Tiefe.

So kommen die Kohlenwasserstoffe der Erdgaslagerstätten vor allem aus den mächtigen *Kohlenflözen des Oberkarbons,* die in Tiefen von etwa 4-7 km fast ganz Norddeutschland, Holland und sogar die südliche Nordsee unterlagern (vgl. Abb. 26 u. 72). Es sind die gleichen Kohlenflöze wie im Ruhrgebiet. Ihre weite räumliche Verbreitung im nördlichen Niedersachsen ist im übrigen einer der wesentlichen Gründe dafür, daß die dortigen Erdgasfelder räumlich so weit gestreut sind.

Demgegenüber sind die Muttergesteine der Erdöllagerstätten ebenso wie die Ölfelder selbst räum-

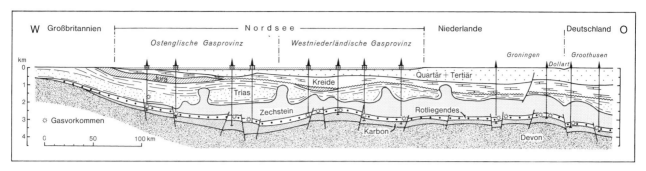

Abb. 72: Schematischer geologischer Schnitt von England bis Ostfriesland mit Darstellung der Gasförderung aus dem Rotliegenden im sog. Unteren Stockwerk (n. SCHÖNEICH 1985).

lich stärker konzentriert (vgl. Abb. 74). Sie liegen auch durchweg höher als jene der Erdgaslagerstätten, und zwar in den jüngeren Schichten des Erdmittelalters in Tiefen von nur etwa 500 m bis maximal etwa 2000 m.

In Niedersachsen ist das wichtigste Erdöl-Muttergestein der *Posidonienschiefer oder Ölschiefer* des Lias epsilon der frühen Jurazeit. Große zusammenhängende Vorkommen, die in Zukunft vielleicht einmal wirtschaftlich abgebaut werden können, sind seit langem aus der Umgebung von Braunschweig bekannt (s.u.). Die Erdöllagerstätten im östlichen Niedersachsen (Gifhorner Trog) haben ihre organischen Substanzen wahrscheinlich aus diesen Schichten erhalten.

Im mittleren Niedersachsen und in Teilen des östlichen Emslandes wurden einige Erdöllagerstätten auch von den kohlen- und asphalthaltigen Schichten des *"Wealden"* und des Malm gespeist.

Speichergesteine

Eine der Grundvoraussetzungen für die Bildung von Erdöl- und Erdgaslagerstätten ist das Vorhandensein poröser oder klüftiger Schichten, die als Speicherraum für die freigesetzten Kohlenwasserstoffe dienen können. Besonders gut dazu eignen sich Sandsteine sowie klüftige Kalksteine und Dolomite.

Wichtige Speichergesteine im "Unteren produktiven Stockwerk"

Ähnlich wie die Muttergesteine sind auch die Speichergesteine stockwerkartig angeordnet. Das "Untere produktive Stockwerk" (Sandsteine des Oberkarbon, des Rotliegenden und des Buntsandstein, Zechsteindolomit, vgl. Abb. 72 u. 73) führt in Tiefen zwischen 2000 m bis über 5000 m ausschließlich Erdgas. Wie erwähnt, ist Erdöl in diesen Tiefen wegen der hohen Drücke und Temperaturen nicht beständig. Wegen der großen Ansprüche an die Explorations- und Fördertechnik werden diese

Vorkommen erst seit etwa 30 Jahren systematisch erschlossen und in Produktion genommen.

Besonders die Sandsteine des Rotliegenden und die Karbonate des Zechsteins haben sich dank ihrer Mächtigkeit - teilweise weit über 100 m - als sehr ergiebig erwiesen. *Rotliegend-Gaslagerstätten* erstrecken sich vom Emsmündungsgebiet (Groningen, Groothusen, Leybucht etc.) - mit Unterbrechung in der Region zwischen Aurich und Bremen - bis in das Wendland (Raum Wustrow-Salzwedel). Das Gebiet an der Emsmündung zählt bereits zur Gasprovinz der südlichen Nordsee (vgl. Abb. 72 u. 73).

Die *Zechsteinlagerstätten* treten schwerpunkthaft in Südoldenburg und im Raum westlich Nienburg auf. Sie stehen dort in Beziehung zu einem ausgedehnten Riffgürtel des Zechsteinmeeres.

Zusammen mit den Zechsteinlagerstätten bilden im Emsland und in Südoldenburg die *Sandsteine des Oberkarbon* oft gemeinsame Gasprovinzen. Sie haben bislang jedoch keine wirtschaftliche Bedeutung, da ihre geringe Durchlässigkeit eine wirtschaftliche Production verhindert.

Abschließend sind noch die Erdgaslagerstätten im *Mittleren Buntsandstein* zu nennen. Sie konzentrieren sich auf den Raum südlich von Bremen, auf Südoldenburg und auf das Emsland.

Wichtige Speichergesteine im "Oberen produktiven Stockwerk"

Das sich zwischen 300 und 2500 m Tiefe erstreckende "Obere produktive Stockwerk" umfaßt aus den schon genannten Gründen bis auf wenige Ausnahmen nur Öllagerstätten.

Hauptspeichergesteine sind hier die *Sandsteine der Unterkreide,* insbesondere der Bückeberg-Formation (Wealden) des Emslandes und der Weser-Ems-Provinz, sowie die *Sandsteine des Braunjura* (Dogger beta, *Cornbrash-Sandstein*), der vorwiegend in der Hannoverschen Provinz ölführend ist (vgl. Abb. 74).

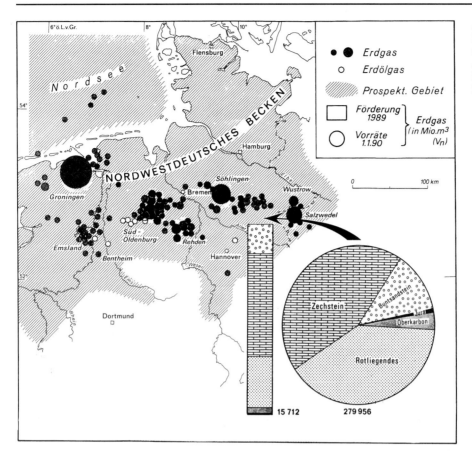

Abb. 73: Erdgas in Nordwestdeutschland. Förderung 1989, Speichergesteine und Vorräte in Mio. m³ (n.
Jahrbuch f. Bergbau etc. 1991; Unterlagen d. Niedersächs. Landesamtes f. Bodenforschung, Hannover).

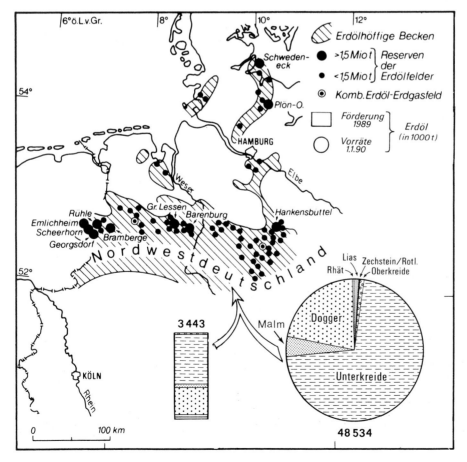

Abb. 74: Erdöl in Nordwestdeutschland. Förderung 1989, Speichergesteine und Vorräte in Mio. t (n. Jahrbuch f. Bergbau etc. 1991).

Alle diese Speichergesteine sind in ihrer Entstehung und Verbreitung an ein ehemaliges Flachmeerbecken gebunden, das sich einst vom Emsland in östlicher Richtung bis zum Gifhorner Trog erstreckte und zur Zeit des Weißjura (Malm) und der Unterkreide von den umgebenden Festländern her mit sandigen Sedimenten verfüllt wurde ("Niedersächsisches Becken", vgl. Kap. 2. "Geologie"). Im Westen dieses ehemaligen Flachmeerbeckens finden sich heute dementsprechend einige der größten deutschen Erdöllagerstätten, die nach über vierzigjähriger Produktionsdauer immer noch maßgeblich zum Förderaufkommen Niedersachsens beitragen.

Viel länger bekannt sind freilich die Lagerstätten im Bereich des Gifhorner Troges, wo die niedersächsische Erdölförderung ihren Anfang nahm. Hier sind die Förderbedingungen besonders günstig, da entlang der Trogachse eine Kette länglicher Salzstöcke verläuft, an deren Flanken und in deren Dach zahlreiche "Fangpositionen" auftreten (vgl. Abb. 75). Die meisten dieser Lagerstätten, die zu den ältesten Fördergebieten der Welt gehören (s.u.), sind inzwischen erschöpft oder haben an Ergiebigkeit stark nachgelassen.

Aufstiegswege, Barriereschichten

Potentielle Speichergesteine sind im Untergrund Niedersachsens zwar in großer Vielfalt vorhanden, doch eignet sich nur ein geringer Teil davon auch wirklich für die Bildung einer Lagerstätte. Dazu müssen nämlich noch weitere Bedingungen erfüllt sein.

Zunächst sind geeignete Aufstiegswege notwendig, über die die flüssigen und gasförmigen Substanzen nach ihrer Freisetzung nach oben in die Speicherschichten migrieren können. Meist sind dies tiefreichende Gesteinsbrüche (Verwerfungen) oder auch Schichtgrenzen. Zum zweiten müssen die Speichergesteine durch undurchlässige Barriereschichten aus Salz-, Ton- oder Mergelgesteinen abgedichtet sein, die verhindern, daß die flüchtigen Substanzen weiter bis an die Erdoberfläche vordringen können und dort entweichen.

Besonders die Steinsalzschichten des Zechsteins eignen sich wegen ihrer weiträumigen Verbreitung und ihrer extrem geringen Gasdurchlässigkeit hervorragend für die Abdichtung von Erdgaslagerstätten, deren große räumliche Streuung sich u.a. dadurch erklärt. In geringerem Umfang spielen aber auch die Salze des Röts und des Rotliegenden als Barriereschichten eine Rolle.

Bei den im allgemeinen höherliegenden Öllagerstätten (s.u.) übernehmen verschiedene Ton- und Mergelgesteine aus der Keuper- und der Kreidezeit die Barrierefunktion.

Fangstrukturen

Eine sehr wichtige geologische Vorbedingung für die Bildung von Erdöl- und Erdgaslagerstätten sind schließlich die sog. "Fangstrukturen". Dies sind kuppelförmige Aufwölbungen der Barriereschichten, unter denen Öl und Gas gewissermaßen "hängenbleiben". Nur in solchen Fangstrukturen treten ergiebige Lagerstätten auf, da hier Erdöl und Erdgas auch an einem seitlichen Entweichen gehindert werden.

Fangstrukturen entstehen auf verschiedene Weise. In Niedersachsen gehören zum Beispiel die domartigen Schichtaufschleppungen und die "Hutränder" von Salzstöcken dazu, aber auch tektonische Schichtaufbiegungen von Sattelstrukturen (Antiklinalen), Kippschollen, Horste und andere Bruchstrukturen. Häufig bilden auch Sandlinsen in tonigen Gesteinen Fangstrukturen (vgl. Abb. 75). Auch Korallenriffe eignen sich als Fangstrukturen, da sie oft von speicherfähigen Hohlräumen durchzogen werden.

Salzstöcke bieten Fangstrukturen für Erdöl

Salzstöcke bieten durch ihren überkragenden "Hut" und durch "halokinetische" Aufschleppungen der Nachbargesteine geradezu ideale "Fangpositionen" für Erdöl. Vor allem östlich der Weser, wo entlang von tektonischen Störungen, wie der Allertal-Störung oder dem Gifhorner Trog (s.u.), besonders viele solcher pilzartigen Salzstrukturen auf-

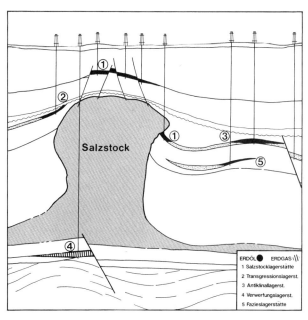

Abb. 75: Wichtige Fangstrukturen für Erdöl- und Erdgaslagerstätten (schematisiert) (n. Veröff. d. Niedersächs. Akad. d. Geowiss., H. 3, 1989).

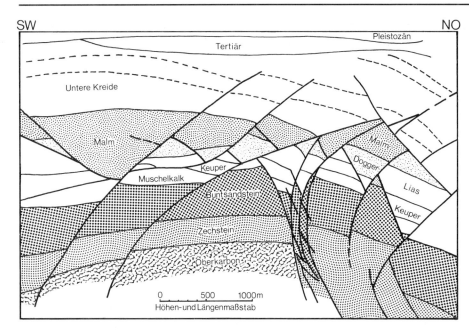

Abb. 76: Geologischer Schnitt durch das Erdgasfeld Rehden bei Diepholz mit tiefreichenden Brüchen (Verwerfungen) sowie Schollen- und Stockwerkbau der Speichergesteine (n. ROESE 1963, verändert; aus: H.-H. MEYER 1984).

Erdgasspeichergesteine: Sandsteine des Oberkarbon, Zechsteindolomite, Buntsandstein. Erdölspeichergesteine: Sand- und Kalksteine des Dogger und Malm. Die Tonschiefer der Unterkreide bilden die nötige undurchlässige Deckschicht.

treten (s. a. Abschnitt "Stein- und Kalisalz"), sind Erdöllagerstätten an derartige Fangpositionen gebunden.

Westlich der Weser stehen die Ölvorkommen dagegen häufiger mit Schichtenaufwölbungen *(Antiklinalstrukturen)* in Beziehung. Die meisten Öl- und Gaslagerstätten sind dort außerdem an tiefreichende tektonische Störungen geknüpft, deren Klüfte bei zum Teil mehreren tausend Metern Sprunghöhe als bevorzugte Aufstiegsbahnen für Erdöl und Erdgas gedient haben.

Ein gutes Beispiel für derartige Fangstrukturen mit geradezu "alpinen" Störungsdimensionen und zugleich ein Beispiel für den in Niedersachsen typischen Stockwerkbau der Lagerstätten (s.u.) bietet die *"Struktur Rehden"* bei Diepholz, aus der sowohl Erdöl als auch Erdgas gewonnen werden (vgl. Abb. 76). Speichergesteine für Erdgas sind hier die Sandsteine aus dem Oberkarbon, Zechsteindolomite und vor allem Buntsandstein. Sie liegen in Tiefen zwischen 1600 und 2300 m und werden von undurchlässigen Kalkmergel- und Tonsteinschichten der Muschelkalk- und Keuperzeit überdeckt. Die Erdöllagerstätten konzentrieren sich im dargestellten Beispiel auf die Sand- und dolomitischen Kalksteine der Juraformation (Dogger, Malm) in Tiefen zwischen 700 bis 1000 m. Die Funktion der Deckschicht übernehmen hier die undurchlässigen Tonschiefer der Unterkreide.

Die industrielle Erdölgewinnung begann im Allertal: ein geschichtlicher Rückblick

Niedersachsen ist eines der ältesten "Ölländer" der Welt. Im Gebiet nordöstlich von Hannover, wo das Erdöl entlang von Schwächezonen über Salz-

stöcken bis an die Erdoberfläche aufdringen kann, wurden ölführende Wasserlöcher schon vor beinahe 1000 Jahren erstmals erwähnt (1013). Jahrhundertelang wurde das Öl aus diesen "Heidenbrunnen" oder *"Teerkuhlen"*, z.B. bei Hänigsen, für allerhand nützliche und kuriose Zwecke genutzt, als Wagenschmiere, Imprägnierstoff für Holz, Fässer, Taue und Schiffe, als Wegbefestigung und sogar als Heilmittel zur Behandlung von Wunden und anderen Beschwerden. Man brauchte das Schweröl, das sich in den Löchern in geringen Mengen ansammelte und dann auf dem Wasser schwamm, nur regelmäßig abzuschöpfen. Weder Grabungen noch Bohrungen waren dazu notwendig. Die Mengenerträge blieben freilich gering.

Die weltweite Suche nach Erdöl begann im Allertal

Dies änderte sich erst mit dem Einsatz der neuzeitlichen Bohrtechnik. Als 1858 der Professor Hunäus von der Königlich Hannoverschen Regierung den Auftrag erhielt, bei *Wietze* im Allertal die Herkunft des Teers mit Hilfe von Bohrungen aufzuklären, ergab sich daraus die erste Erdölbohrung der Welt.

Schon 1859, einige Monate übrigens, bevor in den USA die ersten unterirdischen Petroleumlager Pennsylvaniens angebohrt wurden, war Prof. Hunäus bei der ersten, 35 m tiefen Bohrung fündig geworden. Daraufhin begann ein regelrechter Ölrausch. Von 1880 bis 1883 brachten im benachbarten Peiner Gebiet über 100 Ölgesellschaften fast 600 Bohrungen nieder, z.T. nur in 1,50 m Abstand. Ein Wald von Bohr- und Fördertürmen prägte in dieser Zeit die Landschaft (s. a. Foto 3); Umweltschäden durch ausfließendes Öl und Bitumen waren an der Tagesordnung, und die Spekulation blühte. Das überfüllte Grand-Hotel in Peine erhielt den Namen "Neu-Pennsylvanien", und der Förderort selbst wurde in Oelheim umbenannt (RÜHLE 1984).

Die Früchte dieses frühen Ölbooms waren zwar kurzlebig: Wassereinbrüche führten zum rapiden Förderrückgang; auch kam es durch den Verfall der Grundstückspreise und Aktienkurse zum "Oelheimer Börsenkrach". Dagegen entwickelte sich das Feld in Wietze zu einem der bedeutendsten in Europa. Zeitweilig wurde das Fördervolumen dieses Feldes durch den Betrieb eines *Ölbergwerks* noch gesteigert. Zwischen 1920 bis 1963 wurden in dieser einzigartigen Anlage über 1,5 Mio. t Öl durch Sickerölabschöpfung und Ölsandabbau gewonnen.

In den 30er und 40er Jahren wurde Niedersachsen zum wichtigsten deutschen Erdöl- und Erdgasproduzenten

Wietze wurde zum Ausgangspunkt einer lebhaften Erschließung in anderen Gebieten Norddeutschlands. Völlig neue Möglichkeiten eröffneten die raschen technologischen Fortschritte der Erdölprospektion. Die Ablösung der Schlagbohrtechnik durch das leistungsfähigere amerikanische *Rotary-Tiefbohrverfahren* und die Einführung moderner geophysikalischer Erschließungsverfahren (*Geoseismik, Geoelektrik* etc.) brachte in den 30er und 40er Jahren dieses Jahrhunderts zahlreiche neue erdölhöffige Strukturen ans Tageslicht. Allein zwi-

schen 1937 und 1938 wurden im Rahmen des sog. *"Reichsbohrprogramms"* 107 neue ölführende Strukturen in Norddeutschland entdeckt. Schon 1935 begann die Förderung im sog. Gifhorner Trog auf den Feldern von Mölme und Gifhorn, denen nach dem Kriege Felder wie Hankensbüttel, Hardesse, Hohne und Örrel folgten.

Bis Ende der 40er Jahre hatte man mit Hilfe von Refraktions- und Reflexionsseismik auch fast alle großen und bedeutenden *Ölfelder des Emslandes* gefunden (z.B. vor 1945 die Felder Dalum, Georgsdorf, Emlichheim, 1946 bis 1949 die Felder Rühle, Adorf und Scheerhorn). Weitere ergiebige Erdölfelder wurden in den 50er, 60er und 70er Jahren im mittleren Oldenburg, im Raum Diepholz-Sulingen und in der Südostheide entdeckt und in ihrer Nachbarschaft z.T. auch große Erdgasvorkommen nachgewiesen.

Unter den genannten Funden nehmen die emsländischen Großstrukturen Rühle, Georgsdorf und Bramberge sowie das Feld Hankensbüttel hinsichtlich der Produktionsmenge bis heute eine Spitzenstellung ein. Ein gutes Drittel der niedersächsischen Gesamtölförderung haben diese Felder seit 1950 beigesteuert (vgl. Tab. 13 u. 15 u. Abb. 74).

Auch die Entdeckung der *Erdgasvorkommen* ist erst mit den modernen, leistungskräftigen Erschließungsmethoden möglich gewesen. Nach dem ersten niedersächsischen Gasfund bei Bentheim (1938) wurden während der 50er, 60er und 70er Jahre im Emsland und in der Weser-Ems-Provinz zahlreiche Gasfelder erschlossen, darunter die bedeutenden Strukturen an der Emsmündung und im Oldenburger Raum (vgl. Tab. 14).

Foto 3: **Erdölfeld von Wietze-Steinförde um 1930.** In Wietze wurden von 1859 bis 1963 aus rd. 1.600 fündigen Bohrlöchern und aus dem Ölsand der Schachtanlage fast 3 Mio. t Erdöl gewonnen. An diese Zeit erinnern noch die 1 Mio. m³ große Schachthalde und das bekannte Erdölmuseum. Aufn.: Nds. Landesverwaltungsamt - Landesmedienstelle.

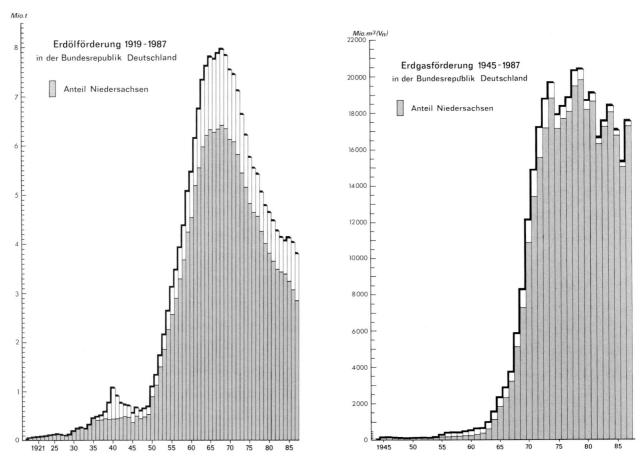

Abb. 77: Entwicklung der Erdöl- und Erdgasförderung in der Bundesrepublik Deutschland und in Niedersachsen von 1919 bzw. 1945 bis 1987 (n. SCHRÖDER 1989).

Anfang der 80er Jahre brachte die Exploration der tiefliegenden, aber besonders ergiebigen Rotliegend-Sandsteine weitere große Erfolge, nachdem man 1966 in diesen Schichten bereits bei Wustrow im Hannoverschen Wendland reichlich fündig geworden war. Der Gasfund von Groothusen, der zu der riesigen niederländischen Gasprovinz von Groningen gehört, zählt ebenso dazu wie der

Gasfund Söhlingen bei Rotenburg (Wümme) (vgl. Abb. 73).
1963 erreichte die Erdgasproduktion in Niedersachsen energiemäßig erstmals eine der Erdölproduktion vergleichbare Größenordnung. Seit 1969 übersteigt sie den Energiewert der Erdölförderung. Seit 1971 bewegt sie sich in einem Bereich von 15 bis 20 Mrd. Normkubikmetern jährlich.

Tab. 13: Die bisher ergiebigsten niedersächsischen Erdölfelder nach gesamter (kumulativer) Produktion, Fundjahr und aktueller Förderung.

Erdölfeld	kumul. Prod. in Mio. t	Fundjahr	Förderung 1988 in t
1. Rühle	25,7	1949	619 000
2. Georgsdorf	15,0	1944	274 000
3. Bramberge	14,8	1958	293 000
4. Hankensbüttel	13,4	1954	136 000
5. Nienhagen	8,3	1861	27 500

Quelle: Wirtschaftsverband Erdöl- und Erdgasgewinnung e.V., Hannover 1990

Tab. 14: Die bisher ergiebigsten niedersächsischen Erdgasfelder nach gesamter (kumulativer) Produktion, Fundjahr und aktueller Förderung.

Erdgasfeld	kumul. Prod. in Mrd. m³	Fundjahr	Förderung 1988 in Mrd. m³
1. Emsmündung	59,6	1965/78	1,32
2. Hengstlage	45,7	1963	1,35
3. Siedenburg	32,3	1963	1,01
4. Visbek	19,6	1963	1,30
5. Dötlingen	16,9	1965	0,43

Quelle: Wirtschaftsverband Erdöl- und Erdgasgewinnung e.V., Hannover 1990

Demgegenüber ist die Erdölförderung inzwischen stark rückläufig (vgl. Abb. 77). 1968 hatte sie mit rd. 7,3 Mio. Jahrestonnen in Niedersachsen ihren Höhepunkt erreicht. Im Jahre 1987 wurde mit 3,8 Mio. Tonnen erstmals die Grenze von 4 Millionen Tonnen unterschritten, obwohl mit modernen tertiären Fördertechniken (z.B. Heißdampffluten, s.u.) versucht wird, die bisher nicht nutzbaren Ölreserven verfügbar zu machen und die Ausbeute der Felder zu steigern.

Auch in Zukunft wird Niedersachsen ein wichtiges Förderland bleiben

Da wegen des hohen Erkundungsgrades des niedersächsischen Untergrundes in Zukunft kaum noch größere Erfolge zu erwarten sind, wird die Ölfördermenge kontinuierlich weiter zurückgehen. Bei der Förderung von Erdgas wird man dagegen die derzeitige Förderkapazität noch eine Reihe von Jahren aufrecht halten können. Niedersachsen wird also noch bis über das Jahr 2000 hinaus bei der Versorgung mit einheimischem Erdgas eine bedeutende Rolle spielen, wenngleich weniger spektakulär, als man früher angenommen hat: Im Festlandsockel der deutschen Nordsee, auf den man angesichts der lukrativen Funde in den niederländischen, britischen, norwegischen und dänischen Produktionsgebieten große Hoffnungen gesetzt hatte, ist bisher jeglicher wirtschaftliche Erfolg ausgeblieben. Obwohl zwischen 1964 und 1987 über 50 Bohrungen in diesem Bereich abgeteuft wurden, ist es hier zu keiner Produktion gekommen.

So beschränkt sich die wirtschaftliche Bedeutung der Nordseefelder für Niedersachsen heute im wesentlichen auf den Standort Emden, wo die große Pipeline endet, die *Erdgas aus* den rd. 400 Kilometer entfernten *norwegischen Feldern* um Ekofisk und aus dem in der nördlichen Nordsee gelegenen Feld Heimdal bezieht (vgl. Abb. 78). In Emden wird das herangeführte Naturgas aufbereitet, bevor es in das deutsche Erdgasverbundnetz eingespeist wird.

Große Bohrtiefen versprechen neue Funde

So hat sich das Schwergewicht der Explorationstätigkeit inzwischen auf tiefliegende Speicherhorizonte im Binnenland verlagert. Die Schichten des Zechsteins und des Rotliegenden und vielleicht sogar die karbonatischen Gesteine des Karbons und des Devons versprechen hier noch manche interessanten Funde. Auch sucht man nach neuen, bisher unbekannten Fangstrukturen, die *unter* den Salzstöcken erwartet werden. Voraussetzung sind für alle diese Unternehmungen jedoch weiter ver-

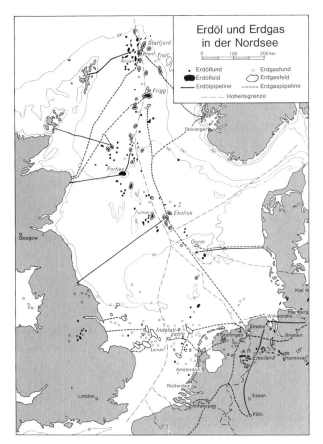

Abb. 78: Erdöl und Erdgas in der Nordsee (n. Jb. f. Bergbau etc. 1991).

besserte Erkundungs- und Bohrmethoden und hohe Investitionen.

Neue Gewinnungsmethoden erweitern die Vorräte

Daß Niedersachsen mindestens noch einige Jahrzehnte ein Produktionsland von Erdöl und Erdgas bleiben wird, dafür sorgen neben der Suche nach neuen Lagerstätten auch neue Gewinnungsmethoden, mit denen die Ausbeute aus den schon bekannten Feldern zum Teil beträchtlich erhöht werden kann.

Eine große Rolle spielen dabei die sog. *tertiären Gewinnungsverfahren,* die heute schon im Emsland (Heißdampffluten) und im Gifhorner Trog (Polymerfluten) angewendet werden. Während die üblichen primären und sekundären Gewinnungsmethoden (eruptiv oder durch Pumpen bzw. Gas- und Wassereinspritzung) unter optimalen Bedingungen durchschnittlich ein Drittel der in den Lagerstätten enthaltenen Ölmengen freisetzen, erlauben es diese tertiären Gewinnungsverfahren mittels Heißwasser-, Heißdampf- und Polymereinpressung, den Entölungsgrad auf 40 - 60 % anzuheben. Doch ist ihre Anwendung zur Zeit nur bei wenigen Feldern wirtschaftlich rentabel. Mit anderen Worten: Etwa die Hälfte des Erdöls ist wirtschaftlich nicht gewinnbar und verbleibt in der Lagerstätte ! Auch seien noch die von mehreren Stellen in Süd- und Südostniedersachsen bekannten Vorkommen von Ölschiefer erwähnt, die bei Verknappung bzw. Verteuerung des Importöls einmal wirtschaftlich verwertet werden könnten, entweder durch Verbrennung und gleichzeitige Verstromung oder durch Verschwelung. Durch die bei der Verschwelung ablaufende thermische Zersetzung ließe sich direkt Rohöl gewinnen.

Die größten und bekanntesten Ölschiefervorkommen sind die in der Nähe von Braunschweig bei Schandelah bzw. Hondelage-Wendhausen (Posidonienschiefer des Weißjura). Weitere, kleinere Vorkommen liegen im Ith-Hils-Gebiet und am Sackwald sowie im Raum Salzgitter-Bockenem. Die Gesamtmenge der in Niedersachsen aus Ölschiefern gewinnbaren Ölmenge umfaßt nach Schätzungen mit rund 150 - 180 Mio. t mehr als das Dreifache der in Niedersachsen nachgewiesenen Erdölvorräte.

Niedersachsens ergiebigste Erdöl- und Erdgasquellen

Abschließend möge ein Blick auf die Tabellen 15 und 16 noch einmal verdeutlichen, wo in Niedersachsen die bisher ergiebigsten Erdöl- und Erdgasfelder liegen. Das meiste *Erdöl* ist demnach im Zeitraum der letzten vierzig Jahre im Emsland gefördert worden, gefolgt vom Elbe-Weser-Gebiet und

dem Gebiet Weser-Ems. Deutlich zurückgegangen ist der Anteil der älteren Felder im Elbe-Weser-Gebiet, wo die Förderung zum Teil bereits 80 Jahre und länger anhält. Beim *Erdgas* dominiert mit weitem Abstand das Weser-Ems-Gebiet, gefolgt von der erst in den sechziger Jahren erschlossenen Provinz an der Emsmündung, der Provinz Elbe-Weser mit ihren ergiebigen Neufunden im Rotliegenden und dem Emsland, dessen Anteil allerdings stark rückläufig ist. Die 5 bislang förderstärksten Erdgasstrukturen sind in der Reihenfolge der Gesamtsumme ihrer Förderung ("kumulative Förderung") der Tabelle 14 zu entnehmen. Von ihnen wurden bislang rd. 45 % der Gesamtgasförderung aufgebracht.

Naturasphalt

Naturasphalt wird nur in Niedersachsen gewonnen

Diese besondere Form kohlenwasserstoffhaltiger Gesteine wird im Bundesgebiet nur noch in Niedersachsen gewonnen. Rohstoffgrundlage sind asphaltgetränkte Kalksteine der Juraformation, die an mehreren Stellen im Bergland und bei Hannover auftreten. Bei Limmer-Ahlem wurden asphalthaltige Kalkschichten aus dem Weißjura (Malm) zwischen 1843 und 1925 abgebaut, in Hannover-Linden asphalthaltige Kalke des Doggers bis 1909. Hauptabnehmer war seit 1869, mit dem Aufkommen von Asphaltstraßen, vor allem der Straßenbau.

Tab. 15: Erdölförderung in der Bundesrepublik Deutschland in den Jahrzehnten 1950 bis 1989 (in 1000 t).

Jahrzehnt	Nördl. Elbe		Elbe-Weser		Weser-Ems		Emsland		Oberrhein		Alpenvorland		Gesamt	
	1000 t	%	1000 t	%	1000 t	%	1000 t	%	1000 t	%	1000 t	%	1000 t	%
1950–1959	2 915	10,0	10 911	37,4	4 476	15,3	9 938	34,0	748	2,5	238	0,8	29 226	14,1
1960–1969	7 837	10,6	22 972	30,9	16 168	21,7	22 065	29,7	2 173	2,9	3 036	4,1	74 251	36,1
1970–1979	5 815	9,5	17 026	27,7	16 770	27,4	17 262	28,1	1 489	2,4	2 994	4,9	61 356	29,8
1980–1989	4 914	12,0	9 350	22,7	9 351	22,7	14 029	34,2	1 073	2,6	2 400	5,8	41 117	20,0
1950–1989	21 481	10,4	60 259	29,2	46 765	22,7	63 294	30,8	5 483	2,7	8 668	4,2	205 950	100,0

Quellen: BOIGK 1981 und Jahrbücher Bergbau etc. 1980 ff

Tab. 16: Erdgasförderung in der Bundesrepublik Deutschland in den Jahrzehnten 1950 bis 1989 (in Mio. m³).

Jahrzehnt	Elbe-Weser		Weser-Ems		Emsmündung		Emsland		Oberrhein		Alpenvorland		Gesamt	
	Mio m³	%	Mio m³	%	Mio m³	%	Mio m³	%	Mio m³	%	Mio m³	%	Mio m³	%
1950–1959	33	1,6	734	36,1	–	–	882	40,4	290	14,3	138	6,6	2 077	0,6
1960–1969	439	1,6	13 657	51,8	3 630	13,8	4 768	18,1	622	2,3	3 268	12,3	26 384	7,0
1970–1979	6 519	3,3	111 539	62,7	33 824	18,7	15 998	9,0	109	0,1	10 216	5,7	178 205	47,0
1980–1989	25 568	14,8	111 399	64,7	23 167	13,5	9 011	5,2	9	–	3 019	1,8	172 173	45,4
1950–1989	32 559	8,6	237 329	62,6	60 621	16,0	30 659	8,1	1 030	0,3	16 641	4,4	378 839	100,0

Quellen: BOIGK 1981 und Jahrbücher Bergbau etc. 1980 ff

Heute stehen nur noch die malmzeitlichen Asphaltkalke bei Eschershausen-Vorwohle am Südwestrand des Hils im Abbau (seit 1868). Die Kalke werden im oberflächennahen Stollenbetrieb gewonnen, anschließend zu Naturasphaltrohmehl mit 2-3 % Ölgehalt zerkleinert und mit Erdölbitumen auf einen Asphaltgehalt von 10 % angereichert. Aus diesem Grundprodukt werden dann Bodenbeläge von hoher Belastungsfähigkeit und Dauerhaftigkeit hergestellt, die in der Industrie Verwendung finden.

Kohle

In Niedersachsen wird keine Steinkohle mehr gewonnen

Der Abbau der in Niedersachsen vorhandenen *Steinkohlenvorkommen* ist unter den gegenwärtigen wirtschaftlichen Bedingungen unrentabel. Ein Grund liegt darin, daß die mächtigen *flözführenden Schichten des Oberkarbon,* die im Ruhrgebiet Grundlage des Bergbaus sind, in Niedersachsen unter einer drei- bis viertausend Meter mächtigen Gesteinsdecke verborgen liegen. Nur im Osnabrükker Land haben kräftige tektonische Hebungsvorgänge sie bis nahe an die Oberfläche aufdringen lassen (vgl. Abb. 26).

Am *Piesberg,* 5 km nördlich von Osnabrück, wurde bereits seit der Mitte des 16. Jahrhunderts anthrazitische Kohle abgebaut, die als Hausbrand- und Schmiedekohle sehr geschätzt war. Zwischen 1889 bis zur Stillegung 1898 ging ein großer Teil der Förderung an die nahegelegene Georgsmarienhütte. Am Hüggel ist nie der Bergbau umgegangen. Der noch heute betriebene Abbau am *Schafberg bei Ibbenbüren* liegt in Nordrhein-Westfalen. Bedeutender war der Bergbau in den unterkreidezeitlichen Sandsteinschichten der "Bückebergformation" *("Wealdenkohlen").* In diesen Schichten wurden zwischen Osnabrück und Hannover an zahlreichen Stellen vor allem seit der Gründerzeit aus bis zu 16 kohlenführenden Flözen Steinkohlen gewonnen: Bei Bohmte und Borgloh-Oesede

am Nordrand bzw. im Süden des Osnabrücker Berglandes, am Hang der Bückeberge bei Bückeburg-Stadthagen, in der Schaumburger Kreidemulde nördlich von Stadthagen, im Osterwald, im Deister, am Nesselberg, im Süntel und im Hils.

Die "Wealdenkohlen" lieferten einen wesentlichen Beitrag zur Frühindustrialisierung Hannovers. Über 100 Jahre lang (seit 1831) wurden die dortigen Industriebetriebe mit Deisterkohle versorgt. Wegen der komplizierten Lagerungsbedingungen und der geringen Flözmächtigkeiten war der Abbau der niedersächsischen Steinkohlen von Anfang an schwierig und wegen der hohen Gewinnungskosten wenig konkurrenzfähig. Auf vielen Flözen ging der Bergbau daher nur in Notzeiten um. Ein letztes Mal wurde er wegen des akuten Brennstoffmangels während der frühen Nachkriegsjahre kurzfristig belebt. Seit den 50er Jahren ließen die niedrigen Importkohlepreise, die Konkurrenz des billigen Erdöls und die wachsenden Lohnkosten den Bergbau unrentabel werden. Damals wurden die letzten niedersächsischen Gruben bei Barsinghausen am Deister (1956), bei Obernkirchen (1960) und Stadthagen/Lüdersfeld (1961) geschlossen.

Aus Helmstedter Braunkohle wird Strom gewonnen

Günstiger ist die Rohstoffsituation bei der niedersächsischen Braunkohle. *Braunkohlenlager* sind an geologische Mulden- und Grabenstrukturen gebunden, die als Folge der saxonischen Bruchschollentektonik und als Salzabwanderungs- oder Salzauslaugungsmulden in Niedersachsen recht häufig vorkommen. In ihnen hatten sich, zumeist unter dem feuchtwarmen Klima der Tertiärzeit, Sümpfe entwickelt, deren Torfe und Pflanzenreste im Laufe der Jahrmillionen zu Braunkohle geworden sind. Beispiele dafür finden sich an verschiedenen Stellen im Niedersächsischen Bergland: In der sog. Ith-Hils-Mulde (Abb. 29) wird nach der Stillegung des Tagebaues bei Wallensen heute noch bei Duingen pliozäne Braunkohle in geringen Men-

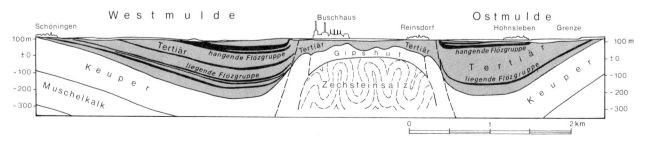

Abb. 79: Geologischer Schnitt durch das Helmstedter Braunkohlengebiet mit Salzstock und seitlichen Salzabwanderungsmulden (n. LOOK 1984).

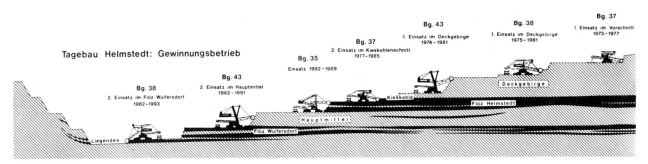

Abb. 80: Gewinnung der Braunkohle im Tagebau bei Helmstedt (n. Unterlagen d. Braunschweigischen Kohlenbergwerke 1988).

gen beim Abbau von Quarzsanden mitgewonnen. Sie wird als Ausbrennstoff an Ziegeleien geliefert. Weitgehend erschöpfte oder nicht mehr abbauwürdige Braunkohlenlager existieren ferner in den tertiären Einbruchsgräben des Sollings (Uslar, Delliehausen) und in den Auslaugungsbecken im westlichen Harzvorland (Düderode, Bornhausen bei Seesen). Darüber hinaus sind auch aus dem nördlichen Niedersachsen unter der eiszeitlichen Sedimentdecke vereinzelt tertiäre Braunkohlen nachgewiesen, die aber alle nicht wirtschaftlich genutzt werden.

Das einzige in großem Umfang in Abbau stehende Vorkommen an Braunkohle findet sich im *Helmstedter Revier*. Es ist der nördlichste Ausläufer des mitteldeutschen Braunkohlengebietes. Eozäne Braunkohle verteilt sich dort auf zwei Salzabwanderungsmulden an den Flanken eines Salzsattels (vgl. Abb. 79).

Man unterscheidet in diesen Mulden zwei, durch etwa 200 m mächtige braunkohlenfreie Sandschichten voneinander getrennte Flözgruppen, von denen die *Hangende Flözgruppe* schon seit über 100 Jahren in großen Tagebaugruben (und bis 1925 sogar im Tiefbau) abgebaut wird. Die geförderte Rohkohle wurde früher vor allem brikettiert und als Brennstoff abgesetzt oder verschwelt, um daraus Öl, Teer und Phenolerzeugnisse herzustellen. Seit 1974 dient sie nur noch für die Verstromung in den Kraftwerken Offleben (Nettoleistung: 460 MW) und neuerdings auch in Buschhaus (300 MW).

Zur Zeit findet der Abbau in den Tagebauen Helmstedt und Alversdorf statt. Riesige Schaufelradbagger sind dort eingesetzt, um die in unterschiedlicher Höhe ausbeißenden Flöze abzuräumen. Dabei müssen das Deckgebirge und die mächtigen sandigen Zwischenlagen beseitigt werden (vgl. Abb. 80). Die durch den Tagebau entstandenen Gruben sind über 100 m tief und messen jeweils über 1 Kilometer im Durchmesser. Mehrere Dörfer haben im Zuge der Tagebauwanderung umgesiedelt bzw. neu errichtet werden müssen. Im Bereich des Tagebaus Helmstedt bestanden darüber hinaus Nutzungsschwierigkeiten durch den Ver-

lauf der ehemaligen innerdeutschen Grenze, wo ein sog. "Grenzpfeiler" bestehen blieb, dessen Abbau mit der DDR vertraglich geregelt worden war (1976).

Die aufgelassenen Tagebaue unterliegen heute zum Teil der Verkippung (Treue, Viktoria); zum Teil werden sie nach Rekultivierung auch schon wieder land- oder forstwirtschaftlich genutzt (Wulfersdorf).

Da die Vorräte der Hangenden Flözgruppe zur Neige gehen, hat man in den letzten Jahren auch die sog. *Liegende Flözgruppe* in den Abbau einbezogen. Aus ihr wird bei Schöningen-Esbeck in einem großen Tagebau Braunkohle gewonnen. Diese sog. "Salzkohle" stellt mit ihren relativ hohen Gehalten an Alkalioxiden und Schwefel erhöhte technologische Anforderungen an das eigens dazu neu errichtete Kraftwerk Buschhaus, das nach dem Einbau einer Entschwefelungsanlage diese Kohle nunmehr für die Verstromung verwendet.

Stein- und Kalisalz

Nahezu unerschöpflich sind in Niedersachsen die Salzvorkommen in Form von Kali- und Steinsalz. Sie unterlagern in großer Tiefe fast das gesamte Gebiet Niedersachsens. Die Mehrzahl dieser Vorkommen sind Hinterlassenschaften des Zechsteinmeeres, das vor rund 250 Millionen Jahren große Teile Niedersachsens überflutete und durch wiederholte, fast vollständige Eindampfung des salzhaltigen Wassers eine mehrfache Abfolge sog. Salzserien hinterließ (Zechstein 1-6; vgl. Tab. 10).

In Abhängigkeit von der Löslichkeit wurden dabei in jeder Salzserie folgende Salze ausgefällt: Zuerst Kalk ($CaCO_3$) und Dolomit ($CaMg[CO_3]_2$), dann Gips ($CaSO_4$ x 2 H_2O) bzw. Anhydrit ($CaSO_4$), Steinsalz (NaCl), Kieserit ($MgSO_4$ x H_2O), schließlich Kalisalze: Sylvin (KCl), Kainit (KCl + $MgSO_4$ x 2,75 H_2O), Carnallit (KCl + $MgCl_2$ x 6 H_2O) und Bischofit ($MgCl_2$ x 6 H_2O) und nach dem Austrocknen der Meeresbecken Ton.

Im Raum Hannover liegt der Schwerpunkt des Kalibergbaus

Die Zechsteinsalze sind wirtschaftlich nur dort nutzbar, wo sie in Form von Salzstöcken oder Salzsätteln in bergbaulich erreichbare Tiefe aufgestiegen sind: In Niedersachsen ist dieses vor allem im nördlichen Teil des Niedersächsischen Berg- und Hügellandes, im unmittelbaren Bergvorland und im Niedersächsischen Tiefland der Fall.

Im *Hannoverschen Kalirevier,* das gegenwärtig neben dem Werra-Fulda- und dem Südharzer Kalirevier das einzige große Kalifördergebiet in der Bundesrepublik ist, findet die Salzgewinnung in einem Tiefenbereich zwischen 400 und 1500 m statt.

Dem Abbau in noch größeren Tiefen sind wegen der hohen Temperaturen, die in 1500 m Tiefe auf über 50° C ansteigen können, und wegen der dann beträchtlich wachsenden Förderkosten unter den gegenwärtig sehr niedrigen Weltmarktpreisen für Kali Grenzen gesetzt, obwohl die Basis der meisten Salzstöcke erst bei etwa 3000 bis 4000 m erreicht wird (vgl. Abb. 26 u.75).

Auch in den herkömmlichen Fördertiefen ist der Abbau mit Schwierigkeiten verbunden. Dabei bereitet weniger die Standfestigkeit der Salze Probleme - im Salz lassen sich mehrere hundert Meter hohe Hohlräume herstellen ("Kavernen", s.u.) -, sondern die große Wasserlöslichkeit von Kali- und Stein-

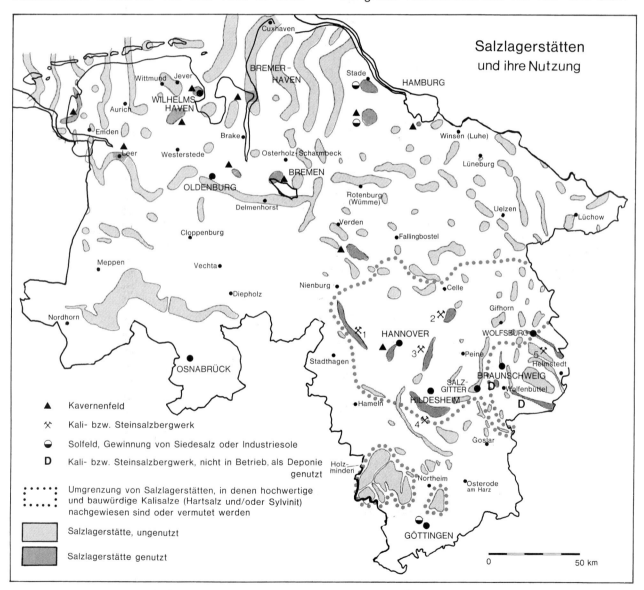

Abb. 81: Salzlagerstätten in Niedersachsen und ihre Nutzung durch Kali-, Steinsalz- und Solebergwerke sowie durch Kavernen und Deponien (n. Jb. f. Bergbau etc. 1991).

1 Kaliwerk Sigmundshall in Bokeloh bei Wunstorf, 2 Kali- und Steinsalzwerk Niedersachsen-Riedel in Wathlingen bei Celle, 3 Kaliwerk Bergmannssegen-Hugo in Lehrte, 4 Kaliwerk Salzdetfurth in Bad Salzdetfurth, 5 Steinsalzbergwerk Braunschweig-Lüneburg in Grasleben bei Helmstedt.

salz erfordert strenge Sicherheitsmaßnahmen, die verhindern sollen, daß es zu den gefürchteten Wassereinbrüchen kommt; denn in den letzten 100 Jahren sind zahlreiche Anlagen durch den Einbruch von Grundwasser und Lauge zum Erliegen gekommen.

Darüber hinaus ist auch der Abbau selbst kompliziert; denn die Salzschichten treten infolge der Aufstiegsbewegung, anders als im thüringischen und hessischen Kalirevier an der Werra und Fulda, wo die Steinsalz- und Kaliflöze flachgelagert sind, in außerordentlich schwankenden Mächtigkeiten und intensiver Verfaltung auf (vgl. Abb. 82). Deshalb wird in den niedersächsischen Bergwerken in übereinanderliegenden Strecken abgebaut, die in den steil anstehenden Lagern miteinander durch serpentinenartige Fahrwendeln verbunden sind. Hochleistungsfähige Gewinnungs- und Transportgeräte werden in diesen zum Teil haushohen Gängen bewegt. Abgebaut werden vorwiegend Sylvinite ($NaCl + KCl$) und Hartsalze ($NaCl + KCl + MgSO_4$ x H_2O) mit 12 bis 20 Prozent K_2O, zum Teil auch carnallitische Mischsalze (Carnallit = KCl x $MgCl_2$ x 6 H_2O).

Da die Salze nie in chemisch reiner Form vorkommen, ist über Tage eine Aufbereitung notwendig, bei der die verschiedenen Salzminerale zudem mit Hilfe von Heißlösung, elektrostatischen und Flotationsverfahren voneinander getrennt werden. Dabei bleiben oft mehr als drei Viertel der geförderten Rohsalzmenge als Rückstand unverwendbar. Sie bilden, sofern sie nicht unter Tage als Versatz deponiert werden können, die weißen Halden, die für die Kalireviere so charakteristisch sind.

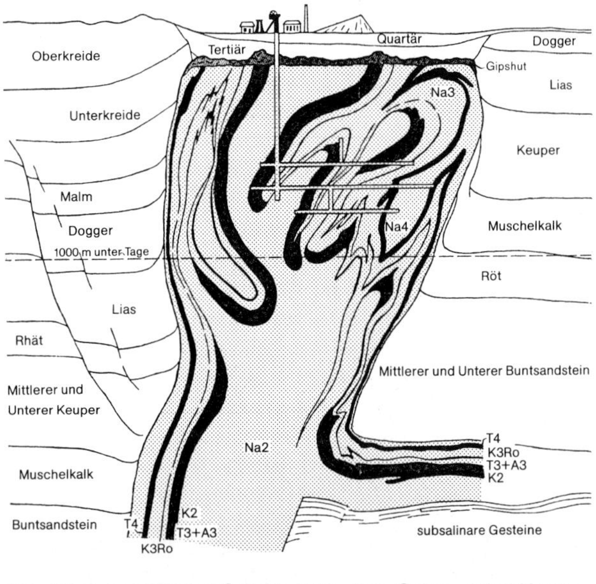

Niedersachsens Salzstöcke liefern Kali- und Steinsalz

Das Hauptgewicht des niedersächsischen Salzbergbaus liegt bei der *Produktion von Kalisalz*. Rd. 11 Prozent der jährlichen Kalirohförderung der Bundesrepublik (1989, einschließlich der neuen Bundesländer) stammt aus den fünf großen niedersächsischen Kalibergwerken, die fast alle ihren Standort im Raum Hannover haben (vgl. Abb. 81). Kalisalz wird in Niedersachsen seit über einem Jahrhundert in Bergwerken abgebaut, vor allem als Düngemittel (basierend auf der von Justus von Liebig 1840 nachgewiesenen Bedeutung des Kaliums als Pflanzennährstoff), aber auch als chemischer Grundstoff in der pharmazeutischen und der metallurgischen Industrie.

Manche Kalirohsalze, wie Sylvinit und Kainit, haben einen so hohen Kaligehalt, daß sie nach entsprechender Mahlung unmittelbar als Düngesalz verwendbar sind. Der weitaus größere Teil der Rohsalze muß aber erst in Aufbereitungsprozessen zu hochprozentigem Chlorkalium und Sulfaten angereichert werden. Chlorkalium ist das wichtigste Düngesalz. Es enthält je nach den Kundenwünschen zwischen 40 und 60 % K_2O.

Steinsalz wird einerseits als Gewerbe-, Industrie-, Speise- und Auftausalz im festen Zustand abgebaut (Bergwerke "Niedersachsen-Riedel" in Wathlingen bei Celle und "Braunschweig-Lüneburg" in Grasleben bei Helmstedt), oder es wird als Sole gelöst und zu Siedesalz bzw. in der Chemischen Industrie weiterverarbeitet (Salinen Stade und Göttingen, Aussolungsbergwerk Ohrensen bei Stade). Wegen seiner hohen Reinheit kann es in der Regel ohne weiteres als Rohstoff z.B. für die Herstellung von Soda, Salzsäure, Natronlauge, Natriumsulfat und als Speisesalz verwendet werden. In Stade dient das aus der Sole von Ohrensen gewonnene Chlor als Grundstoff für die Kunststoffherstellung im dortigen Chemiewerk, während die anfallende Natronlauge im Stader Aluminiumwerk in der Produktion von Aluminiumoxid weiterverarbeitet wird.

Unter Gewerbesalz versteht man im wesentlichen Salze für Gerbereien, Fischereisalz, Salz zur Wasserenthärtung, als Futterzusatz oder als Zusatz zu Bohrspülungen in der Mineralölindustrie sowie zur Entschwefelung von Erdölerzeugnissen.

Abb. 82: Schematischer Schnitt durch einen Salzstock bei Hannover (n. RICHTER-BERNBURG, in: Lehrbuch der Angewandten Geologie von A. Bentz & H.-J. Martini, Bd.II, 1968).

A3 = Hauptanhydrit, K2 = Kalisalzflöz Staßfurt, K3Ro = Kalisalzflöz Ronnenberg, Na2 = Staßfurt-Steinsalz, Na3 = Leine-Steinsalz, Na4 = Aller-Steinsalz, T3 = Grauer Salzton, T4 = Roter Salzton.

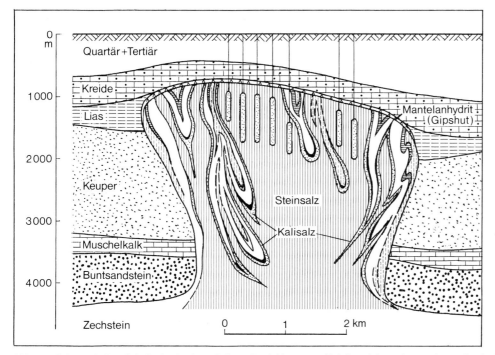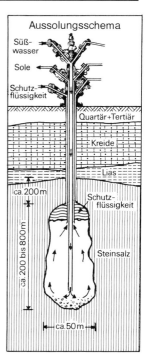

Abb. 83: Schematischer Schnitt durch einen Salzstock mit Kavernen (links) und Aussolungsschema (rechts) (n. Unterlagen der Bundesanstalt f. Bodenforschung 1974).

Siedesalzgewinnung

Diese älteste Form der Salzerzeugung hat in Niedersachsen wirtschaftlich heute zwar nur noch eine geringe Bedeutung, dafür hat sie in früheren Jahrhunderten eine um so größere Rolle gespielt. Besonders gilt dies für Lüneburg, das seinen Aufstieg zu einer der bedeutendsten europäischen Fernhandelsstädte des Hochmittelalters der Siedesalzgewinnung verdankt.

Die *Lüneburger Saline* war zeitweilig einer der größten Industriebetriebe Europas. Das aus 4000 bis 5000 m Tiefe bis auf 50 m unter der Oberfläche aufgestiegene Salz des Lüneburger Salzstocks lieferte über Quellen jahrhundertelang die konzentrierteste Sole in Norddeutschland, deren Salz besonders im Ostseeraum und in Nordeuropa in großen Mengen abgesetzt wurde, um damit Heringe und andere leicht verderbliche Lebensmittel zu konservieren.

Die Lüneburger Saline war zwar die größte, aber nicht die einzige in Norddeutschland. Auch andere Orte nutzten in früherer Zeit natürliche Solquellen für die Salzgewinnung. Manche verwenden sie sogar heute noch für Heilzwecke bzw. tragen den Namen "Salz" als historisches Erbe in ihrem Namen. Das gilt für Salzderhelden, Sülbeck, Salzdetfurth, Salzdahlum, Salzgitter, Salzhemmendorf, Sülze bei Celle, Schöningen am Elm, Bad Harzburg, Heyersum, Rhüden, Bad Münder, Badenstedt bei Hannover, Bodenfelde, Bad Essen und Bad Rothenfelde.

Die industrielle Siedesalzgewinnung hat in den letzten vier Jahrzehnten einen starken Rückgang erfahren. Bedingt durch die Überproduktion auf dem Weltmarkt und durch das Vordringen des billigeren Steinsalzes aus den Bergwerken, haben von den in den 50er Jahren noch arbeitenden 9 Salinen nur zwei überlebt: Die *Salinen in Stade* und *Göttingen* (Luisenhall). Alle anderen mußten ihren Betrieb einstellen, darunter auch die Lüneburger Saline. Sie wurde im Jahre 1980 nach über 1000jährigem Betrieb stillgelegt.

Künstliche Hohlräume im Salz (Kavernen) dienen als Großspeicher

Stein- und Kalisalz finden sich in Niedersachsen in rund 200 Salzstöcken mit nahezu unerschöpflichen Vorräten. Daher ist es wirtschaftlich vertretbar, Teilbereiche von Salzstöcken auszuspülen, um in ihnen große Hohlräume anzulegen, die als unterirdische Speicher dienen ("*Tiefspeicher*", "Kavernen"; vgl. Abb. 83). Man macht sich dabei ihre Undurchlässigkeit zunutze.

Seit den 60er Jahren sind in 10 verschiedenen Salzstöcken bisher über 120 Kavernen ausgesolt worden, darunter viele von gewaltigen Ausmaßen, mit Vertikalerstreckungen bis zu 400 m und Fassungsvermögen bis zu 500 000 m^3. 85 % der bundesdeutschen Kavernenkapazität liegen in Niedersachsen !

Eingelagert werden in den Kavernen: Rohöl (Kavernenanlagen Blexen/Unterweser, Etzel und Rüstrin-

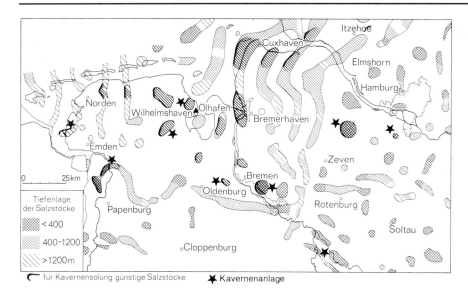

Abb. 84: Salzstöcke in Norddeutschland, die für eine Kavernenaussolung günstig sind (n. Unterlagen der Bundesanstalt f. Bodenforschung 1974).

gen bei Wilhelmshaven, Sottorf), Erdgas (Kavernenanlagen Huntorf bei Oldenburg, Krummhörn bei Emden, Nüttermoor bei Leer, Empelde bei Hannover), Flüssiggas (Äthylen, Propylen; Kavernen im Salzstock Harsefeld bei Stade) sowie Druckluft für den Betrieb eines Spitzenlast-Gasturbinenkraftwerks (Neuenhuntorf bei Elsfleth).

Der größte Teil der Kavernenanlagen ist in Küstennähe angelegt worden, weil hier die bei der Aussolung anfallenden Solemengen unmittelbar in die See bzw. in die Flußmündungen abgeleitet werden können, ohne ökologische Schäden durch Übersalzung befürchten zu müssen. Zum anderen beinhaltet die Küstennähe natürlich auch einen wichtigen verkehrsgeographischen Gunstfaktor: Die Nähe zu den Häfen. Von dort bezieht man die einzulagernden Rohstoffe, die überwiegend aus Übersee hereinkommen. Beispiel: Kavernenanlage von Etzel, wo in der Nähe des Ölhafens Wilhelmshaven 7,3 Mio. t Erdöl der sog. Bundesrohölreserve eingelagert sind.

Doch es sind nicht nur die ausgesolten Kavernen, die man als Speicherräume nutzt, sondern auch stillgelegte Salzbergwerke. In der Nähe von Rethem an der Aller dient die stillgelegte Schachtanlage Wilhelmine-Carlsglück ebenfalls der Öllagerung.

Zusätzlich werden in Niedersachsen neben den beschriebenen Salzspeichern sog. *Porenspeicher* betrieben, die sich die Speicherkapazität poröser Sandsteine zunutze machen: Bei dem schon 1953 in der Nähe von Engelbostel bei Hannover eingerichteten Porenspeicher dient Wealdensandstein für die Speicherung von Erdgas. Der seit 1982 in Betrieb befindliche Erdgas-Großspeicher Dötlingen bei Oldenburg wurde im porenreichen Buntsandstein eines ausgebeuteten Erdgasfeldes angelegt.

Salzstöcke: Endlager radioaktiver Abfälle ?

Sehr umstritten ist die mögliche Nutzung der niedersächsischen Salzstöcke für die Endlagerung radioaktiver Abfälle. Von den Befürwortern dieser Art der Entsorgung werden Salzstöcke mit folgenden Argumenten als besonders geeignet für die Endlagerung angesehen: 1. haben die Salze in großer Tiefe keinen Kontakt mit dem Grundwasser, so daß bei der Endlagerung keine radioaktiven Verunreinigungen des Grund- und Oberflächenwassers zu erwarten sind; 2. besitzen Salze eine hohe Wärmeleitfähigkeit, so daß bei Einlagerung von radioaktiven Stoffen kein unkontrollierbarer Wärmestau auftreten soll; 3. reagieren Salze, wie vielfache Beispiele in Niedersachsen zeigen, auf tektonische Beanspruchungen nicht durch Brüche, sondern plastisch. Sie passen sich dadurch den veränderten Druckbedingungen an, ohne zu reißen und ihren Inhalt freizugeben.

Dennoch bestehen in der Öffentlichkeit und unter Wissenschaftlern scharfe Kontroversen, wie das Projekt um die geplante Endlagerung hochradioaktiver Abfälle im *Salzstock von Gorleben* im Hannoverschen Wendland zeigt. Angesichts des geforderten Zeitraums von 1 Million Jahren (!) für den sicheren Abschluß des Endlagers bestehen besonders hinsichtlich der Ablaugungsgefährdung (Subrosion) unterschiedliche Auffassungen, die eine Fortsetzung des seit 1979 in Gorleben laufenden geologisch-hydrologischen Standorterkundungsprogramms notwendig gemacht haben.

Im ehemaligen *Salzbergwerk Asse* bei Wolfenbüttel wurden bis Ende 1978 bereits vorübergehend schwach- und mittelradioaktive Abfälle eingelagert. Derzeit werden hier ausschließlich Forschungs- und Entwicklungsarbeiten über die Endlagerung in Salzstöcken durchgeführt. Auch die

Schachtanlage Konrad bei Salzgitter, deren Erzabbau 1976 eingestellt wurde, ist für eine Endlagerung vorgesehen.

Eisenerze

Eine riesige, zur Zeit unwirtschaftliche Rohstoffreserve

Eisenerzvorkommen sind in Niedersachsen viel weiter verbreitet als man gemeinhin annimmt (vgl. Abb. 85). Sie sind, der Menge nach gerechnet, neben den Kali- und Steinsalzlagern und den im tiefen Untergrund Norddeutschlands vorhandenen Steinkohlen (s.u.) wohl die bedeutendsten Rohstoffe. Nach systematischen Untersuchungen werden die niedersächsischen Eisenerzvorräte auf mehrere Milliarden Tonnen geschätzt.

Die Vorkommen enthalten zumeist *Brauneisenerz* (Goethit FeO [OH]). Es kommen aber auch *Roteisenerz* (Hämatit Fe_2O_3) und *Magneteisenerz* (Magnetit Fe_3O_4) vor. Eine untergeordnete Rolle spielen Eisenkies (Pyrit FeS_2) und Spateisenerz (Siderit $FeCO_3$).

Oolithe, Trümmererze, Gangerze

Die Mehrzahl der niedersächsischen Erzvorkommen ist unter Meeresbedingungen entstanden. In der geologischen Vergangenheit wurden teils vom Lande stammende eisenreiche Verwitterungslösungen in die einstigen Meere geführt und hier chemisch ausgefällt, zumeist in Form kleiner kugelschalenartiger Körner ("Ooide"; Gestein: *Oolith*), oder es wurden durch die Brandung des Meeres

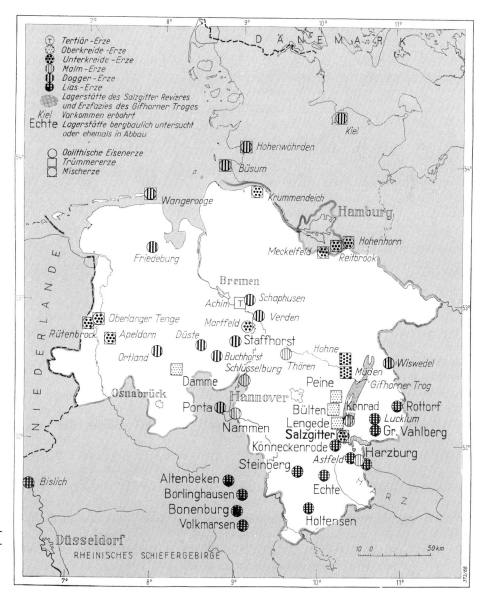

Abb. 85: Mesozoische Eisenerz-Vorkommen in Nordwestdeutschland (n. BOTTKE et al. 1969). Nicht dargestellt sind die paläozoischen Eisenerze des Harzes.

Tonschiefer, die Eisensteingeoden enthielten, aufbereitet. Dadurch wurden Tonsteine und Geodenbruchstücke voneinander getrennt und letztere als mächtige Masse von Brandungsgeröllen der damaligen Meeresküste in breiter Zone vorgelagert (konglomeratische "Trümmererze"). Zum Teil kommen in den Erzlagern aber auch "Mischerze" vor, an denen sowohl Oolithe als auch Konglomerate Anteil haben.

Alle diese "marin-sedimentären" Erze entstammen dem Mesozoikum, jenem Zeitraum, in dem der niedersächsische Raum durch seine Lage im Senkungsbereich des Germanischen bzw. Niedersächsischen Beckens jahrmillionenlang Meeresboden war. Die meisten Erze gehören der Jura- und Kreideformation an. Sie treten räumlich konzentriert auf, und zwar in Becken- und Grabenstrukturen, die auf dem damaligen Meeresboden durch tektonische Bewegungen oder auch durch Abwanderung von Zechsteinsalzen entstanden waren. Die örtlich über 100 m mächtigen Erzlager von Salzgitter bieten dafür ein gutes Beispiel.

Seltener finden sich Eisenerze, die ihre Entstehung magmatischen Vorgängen verdanken (sog. Gang- und Lagererze). Die Oberharzer Erze, die vor allem in den Lagern des Oberharzer Diabaszuges in der Umgebung von Altenau, Lerbach und Buntenbock sowie in den Gängen von St. Andreasberg, Bad Lauterberg ("Knollengrube") und Zorge auftreten (Roteisenerze), sind aus heißen wäßrigen Lösungen ausgefällt worden; teilweise hat das Eisen dabei andere Mineralien verdrängt (Verdrängungserze). Auch die Erze in den Zechsteinkalken am Hüggel in der Nähe von Osnabrück, mit denen lange Zeit die Georgsmarienhütte beschickt wurde, sind solche Verdrängungserze. Am Hüggel ist der Kalk von Siderit verdrängt worden und letzterer teilweise zu Brauneisenerz verwittert (oxidiert).

Groß ist die historische Bedeutung der Harzer Erze. Schon im frühen Mittelalter wurden sie in primitiven herdartigen "Rennfeuern" zu schmiedbarem Eisen verarbeitet. Noch Anfang des 18. Jahrhunderts bestanden im Harz 18 Eisenwerke mit 16 Hochöfen, und um 1800 lieferte dieses Gebiet etwa ein Drittel der deutschen Eisenerzförderung. In den 20er Jahren dieses Jahrhunderts wurden die letzten acht Eisenerzgruben des Westharzes stillgelegt.

Als besondere Form von Eisenerzen sind schließlich noch die Raseneisenerze in den Feuchtniederungen des Tieflandes zu erwähnen, die trotz ihrer geringen Mächtigkeit von nur 10-20 cm seit vorgeschichtlicher Zeit für die Eisengewinnung abgebaut und verhüttet wurden (z.B. im Emsgebiet, in der Teufelsmoorniederung sowie besonders im Aller- und im Wietzetal; vgl. Kap. 5. "Böden").

Eisenerze aus Niedersachsen sind nicht mehr konkurrenzfähig

Niedersächsische Eisenerze haben verhältnismäßig geringe Eisengehalte (meist zwischen 20 und 40 %). Sie sind außerdem reich an Phosphor und Schlackenträgern (Kieselsäure, Kalk und Tonerde). Zudem sind die meisten Vorkommen geringmächtig und, wie man an den bis zu 90° einfallenden Flözen am Salzgitterschen Höhenzug leicht erkennen kann, oft (salz)tektonisch stark verstellt. Alle diese Nachteile bedingen, daß zur Zeit in Niedersachsen kein Eisenerz gefördert wird. Das heimische Erz kann nicht mehr mit den hochwertigen Importerzen aus Südamerika, Afrika, Australien und Skandinavien konkurrieren, die zum Teil doppelt so hohe Fe-Gehalte haben (60 % und mehr) und zugleich wegen ihrer geringen Gehalte an Phosphor und Schlackenbildnern einfacher und kostengünstiger zu verhütten sind. 1982 wurde die letzte von in den 50er Jahren noch gut 20 niedersächsischen Eisenerzgruben stillgelegt (Schacht Haverlahwiese bei Salzgitter). Lediglich im benachbarten Nordrhein-Westfalen wird zur Zeit noch im Wesergebirge bei Nammen (Grube Wohlverwahrt-Nammen) Erz aus dem Korallenoolith mit nur 13-15 % Fe gewonnen, das als kalkreiches Zuschlagerz in nord- und westdeutschen Hüttenwerken eingesetzt wird.

Wichtige Erzvorkommen

Wenn man von den Harzer Erzen und von den Raseneisenerzen absieht, liegen die früher abgebauten Erzvorkommen ausnahmslos im niedersächsischen Berg- und Hügelland bzw. in dessen nördlichem Randbereich (Bergvorland, Lößbörden). Sie sind dort durch Hebungen und Kippungen der erzführenden Gesteinsschichten in bergbaulich erreichbare Tiefen gelangt und durch Mithilfe der Erosion zum Teil sogar auf natürliche Weise freigelegt worden. Einige dieser Erzlager wurden schon vor Jahrhunderten im Tage- und Tiefbau ausgebeutet. Aus dem *Unteren Jura (Lias)* sind oolithische Eisenerze vor allem im westlichen und nördlichen Harzvorland weit verbreitet, so die früheren Tiefbaugruben "Friederike" bei Bad Harzburg (1861-1963) und "Echte" (südl. Bad Gandersheim; 1937-62). In den Gruben "Steinberg" bei Markoldendorf (1940-49), "Ernst-August" in Rottorf am Klei bei Helmstedt (1937-50) und "Marie-Caroline" in Holtensen bei Göttingen (1940-1961) wurde das Erz im Tagebau gewonnen. Die Verhüttung fand zuletzt in Salzgitter und im Ruhrgebiet statt. Oolithische Eisenerze aus dem *Oberen Jura (Malm)* werden, wie erwähnt, heute noch bei Nammen am Nordrand des Wesergebirges abgebaut

(Korallenoolith). Bis zur Einstellung des Förderbetriebes wurden sie auch in der Grube "Hansa" bei Harlingerode (1960 stillgelegt) bzw. in der Grube "Konrad" bei Salzgitter-Bleckenstedt (eingestellt 1976) gefördert.

Oolith- und Trümmer-Eisenerze der *Unterkreide* treten vor allem im Bereich des Salzgitterschen Höhenzuges auf, wo die Erze seit Jahrhunderten im Tagebau gewonnen wurden. Wegen ihres hohen Kieselsäuregehaltes ("saure Erze") konnten sie aber lange Zeit nur in begrenztem Umfang genutzt werden. Seit Mitte des vorigen Jahrhunderts wurden sie von der Ilseder Hütte mit den basischen (kieselsäurearmen) Oberkreide-Erzen von Peine-Ilsede "gemöllert" verhüttet. Erst nach der Entwicklung des "sauren Schmelzverfahrens" durch Paschke und Peetz (1934) war eine alleinige Verhüttung möglich, für die das große Hüttenwerk in Salzgitter errichtet wurde. Die Gewinnung der Erze erfolgte bis 1982 (letzte Grube: Haverlahwiese).

Auch der Abbau der *oberkreidezeitlichen Trümmererze*, die seit der Mitte des vorigen Jahrhunderts im Tage- und Tiefbau im Peine-Ilseder Revier gewonnen und verhüttet wurden, zuletzt in den Gruben Peine, Bülten und Lengede zur Beschickung der Hüttenwerke von Salzgitter und Groß-Ilsede, ist in den 70er Jahren eingestellt worden (Bülten-Adenstedt: 1976; Lengede-Broistedt: 1977). Die Grube in Damme bei Osnabrück, die seit dem 2. Weltkrieg oberkreidezeitliches Trümmer-Eisenerz zur Verhüttung in das Ruhrgebiet lieferte, wurde bereits 1967 stillgelegt.

Es gibt noch beträchtliche Eisenerzreserven

Große, noch überwiegend unerschlossene Eisenerzvorkommen, die in Zukunft einmal bei höheren Erzpreisen und weiter fortgeschrittenen Gewinnungs- und Verhüttungstechnologien genutzt werden könnten, wurden in jüngerer Zeit im Niedersächsischen Tiefland nachgewiesen. Sie lagern in Tiefen von über 1000 m, ja teilweise bis über 2000 m. Durch die rege Bohrtätigkeit nach Erdöl und Erdgas wurden sie dort erst in den letzten Jahrzehnten entdeckt, meistens im Bereich der Randsenken von Salzstöcken bzw. in ehemaligen Beckenstrukturen des Meeresbodens.

Zu den bedeutendsten gehören die Vorkommen der mittleren Jurazeit (Dogger) im Weser-Ems-Gebiet: Die Erzlager von *Staffhorst-Windhorst* bei Nienburg, Ortland bei Quakenbrück, Schaphusen bei Bremen und Friedeburg bei Wilhelmshaven enthalten für niedersächsische Verhältnisse beachtliche Mengen an oolithischen Erzen (660 Millionen Tonnen). Bei geringen Kalk- und Kieselsäureanteilen erreichen diese Erze Eisengehalte bis zu 48

%. In den Jahren 1964 und 1965 wurde das Vorkommen Staffhorst in einer 1030 m tiefen Schachtanlage untersucht.

Weitaus größer noch sind die Vorräte, die im insgesamt 60 km langen und 8-15 km breiten sog. Gifhorner Trog in Teufen von 900 bis 1300 m lagern (mehr als 1,4 Mrd. t). Eisenerzflöze mit bis zu 20 m Mächtigkeit bzw. 25-39 % Fe treten hier auf. Es sind Eisenoolithe des Korallenoolith, die zwischen 1961 und 1976 in der 1200 m tiefen Schachtanlage Konrad bei Salzgitter-Bleckenstedt bereits gefördert und in Salzgitter verhüttet wurden.

Nichteisenmetalle (Buntmetalle)

Niedersachsen besitzt zwar vielfältige, aber überwiegend nicht mehr abbauwürdige Vorkommen von Nichteisenmetallen. Anders als die Eisenerze treten diese einschließlich der Edel- und Seltenmetalle nur im Harz sowie in geringen Vorkommen auch im Gebiet von Osnabrück (Hüggel, Silberberg) auf, wo sie in früherer Zeit auch gewonnen wurden. Sie sind an die altgefalteten, von Gangspalten durchsetzten Gesteine des paläozoischen

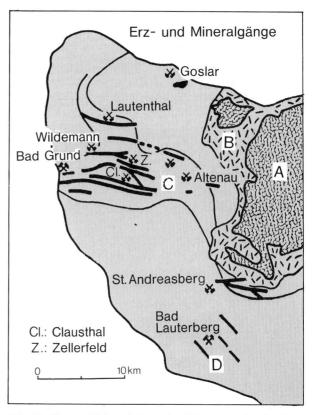

Abb. 86: Erz- und Mineralgänge des Westharzes (n. SIMON 1955; aus: SEEDORF 1977, verändert).

A = Brockengranit, B = Kontakthof des Brockengranits, C = Zone mit silberhaltigen Blei- und Zinkerzen, D = Schwerspat- und Flußspatzone.

Grundgebirges gebunden, in denen durch Magmenaufstieg heiße, metallhaltige wäßrige ("hydrothermale") Restlösungen aus dem Erdinnern emporgestiegen sind, die sich dann mit der Abkühlung vor allem als Spaltenfüllungen niedergeschlagen haben ("Gangerze").

Gangerze waren einst die Grundlage des traditionsreichen Oberharzer Bergbaus

Im Oberharz konzentrieren sich die Erzvorkommen vor allem auf die herzynisch (WNW-ESE) streichenden *Gangstörungen* und *Gangzüge* mit ihren silberführenden Blei-Zinkerzen (vgl. Abb. 86). Allein im Gebiet zwischen Goslar, Bad Grund, Clausthal und Altenau sind nicht weniger als 34 Gangzüge bekannt, die sich z.T. über Längen bis zu 20 km erstrecken. Meist liegen kompliziert gebaute Spaltenbündel vor, so daß innerhalb der Gänge erzführende und taube Partien stark miteinander wechseln. Die bauwürdigen Gänge haben Mächtigkeiten von 1 - 40 m. Nach der Tiefe nimmt im allgemeinen die Erzführung ab.
Auf fast allen Gängen ging ehemals der Bergbau um. Das treibende Moment war dabei anfangs die Gewinnung von Silber, das im Verwitterungsbereich der Erze angereichert war (Zementationssilber). Die Nachfrage nach Silber und später dann auch nach Kupfer- und Bleierzen sorgte für eine Blütezeit des Oberharzer Bergbaus vor allem im 16. und 17. Jahrhundert. In nur 40 Jahren (1521 bis 1560) wurden die *sieben Harzer Bergstädte* gegründet: Zellerfeld, Clausthal, Grund, Wildemann, Lautenthal, Altenau und St. Andreasberg. Zeitweilig waren allein bei Clausthal-Zellerfeld 65 Gruben in Betrieb.
Bis zum Ende des 19. Jahrhunderts wurde die Förderung dank der technischen Weiterentwicklungen noch erheblich ausgebaut. Allein zwischen 1850 und 1900 wurde die Blei- und Silbererzeugung verdoppelt. Wesentlichen Anteil an den technischen Fortschritten hatte die 1775 gegründete Bergschule, spätere Bergakademie und heutige Technische Universität Clausthal.
Doch der billige Import von Erzen aus Übersee und der damit verbundene Preisverfall brachten den Harzer Bergbau in immer größere Schwierigkeiten. In St. Andreasberg wurde 1910 die letzte Grube geschlossen. Im Clausthaler und Lautenthaler Revier mußten während der Weltwirtschaftskrise 1930 die Bergwerke ihre Förderung einstellen. Nachdem 1967 die Bleihütte in Clausthal und die Silberhütte in Lautenthal stillgelegt und abgebrochen worden sind, befindet sich zur Zeit (1991) die letzte befahrene Grube auf dem Silbernaaler Gangzug in *Bad Grund* ("Grube Hilfe Gottes"). Mitte der 80er Jahre wurde hier noch die drei- bis vier-

fache Menge von dem gewonnen, was alle Oberharzer Gruben zusammengenommen im Jahresdurchschnitt vor ihrer Einstellung in den zwanziger und dreißiger Jahren gefördert hatten (1988: 330 000 t). Es wird Roherz mit einem Gehalt von etwa 6 % Zink und 4 % Blei gefördert, die mit Quarz, Kalkspat und anderen Gangarten verwachsen sind. An Silber sind bis 130 g in der Tonne Roherz enthalten. Die Erzaufbereitungskonzentrate werden in der Blei-Zinkhütte in Nordenham verhüttet.

Das Erzlager des Rammelsberges

Eine andere Entstehung und ein höheres Alter als die Oberharzer Gangerze haben die Blei-Zink-Silber-Erze des Rammelsberger Erzlagers bei Goslar. Dieses ist zu einer Zeit, als das Harzgebiet noch zum variskischen Senkungsbecken gehörte ("Variskische Geosynklinale"), unter dem Meeresspiegel durch Ablagerung (sedimentär) entstanden. Damals, im Devon, flossen auf dem Boden dieses Meeres metallbeladene hydrothermale Lösungen aus, aus denen Erze ausgefällt wurden, die sich zusammen mit dem umgebenden Meeresschlamm (heute: Wissenbacher Schiefer) absetzten: Schwefelerz, Kupfererz, Braunerz, Blei-Zinkerz und zuletzt Grauerz, in denen die Hauptmineralien Pyrit, Kupferkies, Zinkblende, Bleiglanz-Zinkblende und Schwerspat sind (vgl. Tab. 10). Im Zuge der variskischen Gebirgsbildung sind diese Ablagerungen dann in variskischer Streichrichtung (SW-NE) gefaltet, steilgestellt und sogar überkippt worden (vgl. Abb. 87).
Der Metallgehalt des kompakten Reicherzes belief sich auf durchschnittlich 18 % Zink, 8 % Blei, 9 % Eisen, 1,3 % Mangan, 1,3 % Kupfer. Neben 1 g Gold und 75 g Silber pro Tonne waren aber auch Antimon, Cadmium, Platin, Wismut, Thallium, Indium, Arsen, Quecksilber, Gallium, Germanium, Tellur und andere Seltenmetalle enthalten.

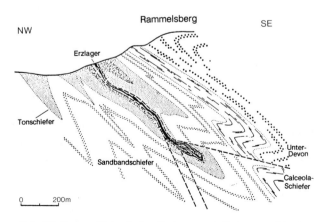

Abb. 87: Querprofil durch das Erzlager und die Lagermulde des Rammelsberges bei Goslar (n.HANNAK 1978).

Die im Rammelsberg gewonnenen Erzkonzentrate wurden in Metallhütten in Oker und in Harlingerode verhüttet. Dabei wurden neben Schwefelsäure Zink, Weich- und Hartblei, Kupfer sowie geringere Mengen an Silber, Gold, Cadmium, Wismut und Thallium erzeugt. Ja, selbst Indium, das im Erz des Rammelsberges nur in einer Konzentration von 0,0008-0,0018 % vorhanden ist, wurde daraus in reiner Form gewonnen.

Rammelsberger Silbererze machten Goslar zu einer der mächtigsten Städte Europas

Bereits 968 werden der Bergbau und die Verhüttung am Rammelsberg erwähnt. Harzer Silbermünzen und gediegenes Silber lassen sich um die gleiche Zeit selbst in den weit entfernten wikingischen Handelsplätzen Nordeuropas in großer Zahl nachweisen. Nach neueren archäologischen Forschungen wurde das Rammelsberger Erz sogar schon über 500 Jahre früher genutzt.

Der gewinnträchtige Bergbau dürfte auch der Grund dafür gewesen sein, daß Kaiser Heinrich II. um 1000 die wichtige Pfalz Werla nach Goslar verlegte und Heinrich III. Goslar zum "clarissimum regni domicilium", zur berühmtesten Residenz im Reich, ausbaute. Goslar entwickelte sich dank des Rammelsberger Erzes und der daraus geprägten Silbermünzen zu einer der größten und mächtigsten Städte Europas. Das Kupfer wurde im Mittelalter von Goslar bis nach Lüttig, Köln und Bamberg und das Blei bis nach Böhmen exportiert. In der jüngsten Zeit war die Grube Rammelsberg bis zu ihrer Schließung im Jahre 1988 der wichtigste Buntmetall-Lieferant Deutschlands.

Vornehmlich aus bergbaugeschichtlichen Gründen erwähnenswert sind abschließend die *Kupferschiefervorkommen* in den Ablagerungen des Unteren Zechsteins am westlichen und südlichen Harzrand, die trotz ihres sehr niedrigen Erzgehaltes zeitweilig bei Seesen, Osterode, Bad Lauterberg und Walkenried abgebaut wurden.

Schwerspat

Mit den bei Bad Lauterberg im Südwestharz auftretenden Schwerspatlagerstätten (Baryt) verfügt Niedersachsen über eines der bedeutendsten Vorkommen dieser Art in Europa. Schwerspat tritt im Südwestharz in überwiegend herzynisch (NW-SE) streichenden Gängen auf (vgl. Abb. 86). In diesen ursprünglichen Dehnungsspalten der Harzscholle wurden wahrscheinlich während der Kreidezeit als Folge der Hebung des Harzes aus mineralhaltigen, z.T. hydrothermalen Tiefengrundwässern Schwerspat, aber auch Calcit, Quarz und andere Mineralien ausgefällt.

Man nimmt an, daß sich die Schwerspatlagerstätten vor allem deshalb im Südwestharz konzentrieren, weil dort die mineralführenden Wässer mit den chlorid-(NaCl-)haltigen Zechsteinsalzen in Berührung gekommen sind. Die chloridhaltigen Wässer lösten Barium, daneben aber auch Calcium, Strontium und Fluor besonders leicht aus den Nebengesteinen.

Zur Zeit konzentriert sich die Gewinnung von Schwerspat auf den Wolkenhügeler Gangzug bei Bad Lauterberg (Grube Wolkenhügel). Der dort im Tiefbau gewonnene und anschließend zermahlene Baryt findet als wetter- und säurefester Füllstoff vielseitige Verwendung. Fast alle Farben und Lacke enthalten Schwerspat als Farbstoffträger. Kleinere Mengen gehen an die Papier-, Kunststoff- und Gummiindustrie sowie in den Fahrzeugbau (Schallschutzmittel). Auch werden Zusätze für Strahlenschutzbaustoffe und Röntgen-Kontrastmittel aus Baryt hergestellt.

4.2. Oberirdische Lagerstätten und Rohstoffvorkommen (vgl. Abb. 88)

Der Bedarf an oberflächennahen Rohstoffen, insbesondere an Sand und Kies, Kalk, Gips und Ziegelton hat mit der Steigerung der Bautätigkeit nach dem Zweiten Weltkrieg einen ungeahnten Anstieg erfahren.

Flächenanteilig besitzt Niedersachsen recht ausgedehnte oberirdische Lagerstätten, wie die Übersichtskarte zeigt. Sie umfassen neben Festgesteinen (Kalk- und Sandsteine, Kreide, Gips- und Anhydritstein und andere Hartsteine), die im Berg- und Hügelland, im Harz und im Bergvorland (Lößbörden) abgebaut werden, vor allem die ausgedehnten Vorkommen an Sand und Kies, Ton und Torf der niedersächsischen Geestgebiete und der großen Flußtäler. Kieselgur kann hingegen nur an wenigen Stellen aus zwischeneiszeitlichen Schichten in der Lüneburger Heide gewonnen werden.

Sand und Kies

In der Gruppe der oberirdischen Rohstoffe sind an erster Stelle die riesigen Mengen an Sand und Kies zu nennen, die große Teile des norddeutschen Tieflandes in Form eiszeitlicher Schmelzwassersande und Moränen aufbauen, aber auch als sand- und kieshaltige Flußterrassen die großen Talzüge sowohl im Bergland als auch im Tiefland begleiten.

Sandgewinnung erfolgt an vielen Stellen auf der Geest. Die wirtschaftlich wichtigsten *Kiesvorkommen* in Niedersachsen finden sich dagegen räumlich konzentriert in den Talabschnitten der Ober- und Mittelweser, der oberen Leine, oberen Oker,

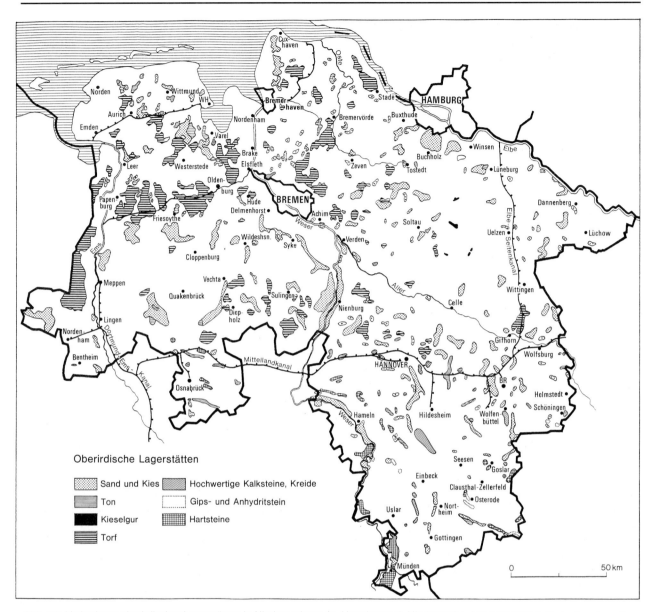

Abb. 88: Verbreitung oberirdischer Lagerstätten in Niedersachsen (n. Unterlagen d. Niedersächs. Landesamtes f. Bodenforschung).

Oder, Sieber und Rhume am Südharz. Die Abbau-schwerpunkte liegen in der Nähe der Ballungszen-tren an Weser, Leine und Oker.

Auf der Geest sind abbauwürdige Kiesvorkommen nur in einigen wenigen Endmoränen zu finden, z.B. in den Brelinger Bergen bei Hannover, in den Dammer Bergen und in der Itterbecker Stauchzo-ne im westlichen Emsland.

Sand und Kies sind nicht unerschöpflich

Jeder Bürger der Bundesrepublik verbraucht rein rechnerisch in 70 Lebensjahren 420 t an Sand und Kies, d.h. etwa 6 t pro Jahr. Die Sand- und Kiesproduktion Niedersachsens wird zur Zeit auf über 40 Mio. t/Jahr geschätzt. Die Verwendung ist vielfältig: 95 % gehen an die Bauindustrie. Einsatz-

bereiche sind dort der Hoch- und Tiefbau (Trans-portbeton, Betonerzeugnisse, Mörtel, Kalksandstei-ne etc.); die anderen 5 %, vorwiegend Sand, ge-hen an die Eisen-, Stahl-, Glas-, Keramik- und die Chemische Industrie sowie in den technischen Be-reich (z.B. Filter- und Strahlmaterial).

Angesichts des großen Verbrauchs zeichnet sich jedoch schon für die nächsten Jahrzehnte eine Ver-knappung dieser Massenrohstoffe ab, die in der Nähe der Verdichtungsräume Hannover und Braun-schweig wahrscheinlich Probleme bereiten wird. Dies gilt besonders für die Kiesversorgung. Die Ge-samtvorräte an Kies belaufen sich dort auf nur noch etwa das Dreißigfache der Jahresproduktion, von denen allerdings nur rund ein Drittel auch wirk-lich genutzt werden kann. Das bedeutet für die Zukunft wachsende Transportentfernungen und höhere Preise und wird dazu führen, daß Kies in einigen Anwendungsgebieten durch andere Materialien wie Natursteinsplitt ersetzt werden wird.

Knapp und dementsprechend teuer sind heute schon die bei der Glasherstellung sowie bei der Feinkeramischen und Chemischen Industrie verwendeten *qualitativ hochwertigen Quarzsande* (s. a. Kapitel "Wirtschaft" in Bd. 2). Diese Sande, die einen Quarzgehalt von mehr als 99 % aufweisen, dürfen nur sehr geringe Eisengehalte besitzen, um bei der Herstellung von farblosem Glas und hochreinen optischen Gläsern Verwendung finden zu können, denn schon schwache Eisenbeimengungen färben Glas grün.

Von höchster Qualität sind die tertiärzeitlichen Quarzsande, die im Landkreis Helmstedt und bei Duingen am Hils im Abbau stehen. Qualitativ gute plio-/pleistozäne Quarzsande werden ferner in den Landkreisen Leer, Grafschaft Bentheim, Vechta, Nienburg und Stade abgebaut.

Neben der Glasindustrie und der Feinkeramischen Industrie sind die Chemische und die Gießereiindustrie wichtige Abnehmer der Quarzsande, die sie bevorzugt für die Herstellung von Scheuermitteln bzw. unter Zusatz von "synthetischen" Bindemitteln für die Herstellung von Kernen und Formen für die Stahl- und Metallgießerei einsetzen ("Formsande"). Durch geänderte Gießverfahren, durch Rückgewinnung (Recycling) und durch den verstärkten Einsatz von Ersatzstoffen (Substitution) ist der Verbrauch an Gießereisanden in den letzten Jahren zurückgegangen.

Als weitere Verwendungsbereiche von Quarzsanden sind noch anzuführen: Strahlsand, Filtersand, Sand für feuerfeste Massen, Lokomotivstreusande u.a.m.

Ton und Tonsteine

Seit Jahrhunderten Rohstoff der niedersächsischen Ziegelindustrie und Töpferei

Ton umfaßt als Sammelbegriff Lockergesteine, die einen sehr geringen Korndurchmesser (> 0,002 mm), eine hohe Bindefähigkeit für Wasser und im feuchten Zustand eine deutliche Plastizität besitzen. Durch Gebirgsdruck verfestigte Tone nennt man Tonsteine oder bei blättrigem Gefüge Tonschiefer.

Ihre typischen Eigenschaften verdanken die Tone den sog. *Tonmineralen*. Dieses sind mehrschichtige, bei Wasseraufnahme quellfähige "Schichtsilikate", die auch bei der Wasser- und Nährstoffspeicherung und -versorgung der Böden eine große Rolle spielen (vgl. Kap. 5. "Böden").

Je nach der Zusammensetzung an Tonmineralen unterscheiden sich die Eigenschaften und die Verwendung der Tone (und Tonsteine): Der weißbrennende Kaolin-Ton wird für die Herstellung von hochwertiger Feinkeramik (Porzellan) bevorzugt. Als Ziegel- und Töpfer-Tone dienen vorwiegend die dunkel- und dichtbrennenden illithaltigen Tone. Reine Tone kommen in der Natur sehr selten vor. Die in der Ziegelindustrie verwendeten Tone (und Tonsteine) enthalten häufig auch Schluff, Feinsand und sogar organische Anteile, welche die keramischen Eigenschaften ungünstig beeinflussen können.

Lagerstätten rot brennender, vorwiegend klinkerfähiger Tone und Tonsteine finden sich in Niedersachsen besonders im nördlichen Oldenburg, in Ostfriesland, bei Osnabrück und im Eichsfeld. Lagerstätten gelbbrennender, klinkerfähiger Tonsteine bleiben dagegen auf Gebiete im Hils und im Osterwald begrenzt.

Obwohl die Zahl der niedersächsischen Ziegeleien in den vergangenen 40 Jahren um rd. 90 % zurückgegangen ist - von fast 500 Ziegeleien Mitte der 50er Jahre sind heute nur noch etwa 50 Werke übriggeblieben - nimmt Niedersachsen in dieser Branche immer noch eine Spitzenstellung ein. Produktionsschwerpunkte liegen in den Landkreisen Friesland und Ammerland, Osnabrück, Göttingen und Hildesheim.

Vor 40 Jahren noch verarbeiteten allein über 100 Ziegeleien den *Marschenklei* in der Elbe- und Ostemarsch, im Gebiet der Unterweser und der unteren Ems. An zweiter Stelle folgte der wertvolle *Lauenburger Ton.* Dieser elstereiszeitliche Becken-

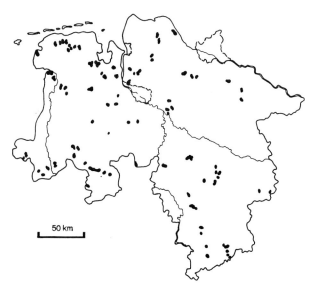

Abb. 89: Verbreitung von Tonen und Tonsteinen für die Ziegelindustrie (n. Niedersächs. Landesamt f. Bodenforsch., Hrsg., 1987).

ton wurde in mehr als 70 Ziegeleien, besonders auf der Friesischen Wehde bei Bockhorn, Zetel und Varel und bei Delmenhorst, am Nordrand der Ostfriesischen Geest und vereinzelt auch auf der Stader Geest abgebaut und zu Dachziegeln und zu Klinkern verarbeitet. Wegen ihrer Härte und warmen roten Farbe waren sie als Mauersteine geschätzt. Viele alte Gulfhäuser wurden in Ostfriesland aus diesen Steinen errichtet und viele Straßen damit gepflastert.

Ein wertvolles Ziegelgut waren früher außerdem (und sind es z.T. auch heute noch) die *Tertiär-Tone,* die *Schiefertone* des Keupers, des Juras und der Unteren Kreide. An der Weser von Minden bis Bremen, an der Leine und an der unteren Aller wurde ferner an vielen Stellen *Auelehm* verziegelt. Selbst der sandige eiszeitliche Geschiebelehm und der weichselzeitliche Lößlehm dienten in mehr als 30 kleinen Ziegeleien der Ziegelherstellung.

Heute sind die meisten dieser Vorkommen aufgelassen. Von modernen Ziegeleien werden an die Qualität und Gleichmäßigkeit der Tone und Tonsteine hohe Anforderungen gestellt, die insbesondere von den Geschiebelehmen und den Marsch- bzw. Auetonen zum Teil nicht erfüllt werden. So werden die Ziegeltone heute nicht nur zu grobkeramischer Massenware (Mauerziegel, Dachziegel), sondern auch zu hochwertigen Klinkern, Vormauerziegeln, zu Spaltplatten, zu Fliesen, Kacheln und anderen feinkeramischen Artikeln verarbeitet.

Die berühmten Bockhorner Klinker und andere keramische Erzeugnisse

Ein Schwerpunkt der Ziegelproduktion ist nach wie vor Ostfriesland und das nördliche Oldenburg, wo seit Jahrhunderten in der Friesischen Wehde der *elstereiszeitliche Lauenburger Ton* für die Klinkerherstellung abgebaut wird. In der Eem-Warmzeit unterlag dieser Ton in Oberflächennähe der Verwitterung. Diese bis zu 2 m mächtige Verwitterungszone liefert den Rohstoff für die bekannten "Bockhorner Klinker", die als Hochbau- und Wasserbauklinker, in bester Qualität auch als Straßen- und Spezialklinker Verwendung finden und wegen ihrer Härte, Druckfestigkeit, Säurebeständigkeit und Farbe geschätzt sind. Im 18. Jahrhundert war der stark verwitterte Ton auch die Rohstoffgrundlage für Fayence-Fabriken (Wittmund, Friedeburg).

Tertiäre Tone stehen als Rohstoff für die Ziegelindustrie sowohl im Tiefland als auch im Niedersächsischen Bergland an verschiedenen Stellen im Abbau. Im Tiefland sind sie vornehmlich in den Moränenzügen verschuppt: In den Endmoränen der Rehburger Eisrandlage finden sich alte Ziegelei-

standorte, so vor allem vom Emsland bis zum Dümmer-Gebiet; auch in der Lamstedter Eisrandlage und in den Endmoränen der Lüneburger Heide werden die Tone heute noch von Ziegeleien abgebaut.

Fast bedeutungslos geworden ist die Nutzung tertiärer Tone inzwischen im Niedersächsischen Bergland, wo in Randsenken der Salzstrukturen und in tektonischen Gräben Tone aus der Tertiärzeit früher zusammen mit den schon erwähnten Quarzsanden oder Braunkohlen an mehreren Stellen abgebaut und wegen ihrer besonderen Qualität für die Herstellung feinkeramischer Erzeugnisse verwendet wurden, z.B. die Töpfertone von Duingen am Hils sowie die Kaolintone und andere feinkeramischen Tone im und am Solling (Silberborn, Neuhaus, Uslar). Die nach Meißen zweitälteste Porzellanmanufaktur Deutschlands in Fürstenberg an der Oberweser (gegründet 1747) und auch die große niedersächsischen Porzellanfabrik Friesland in Varel am Jadebusen verarbeiten heute auswärtige Rohstoffe.

Die hellgrauen kaolinhaltigen Wealdentone von Duingen am Hils wurden schon im Mittelalter für die Herstellung von Keramik verwendet. In der Blütezeit der berühmten *Duinger Töpferei* zwischen 1750 und 1800 ging die hergestellte Tonware über Hamburg und Bremen bis in die USA und über Duderstadt nach Osteuropa. Heute findet hier kein Abbau mehr statt. Die bekannten *Töpfertone von Fredelsloh* am Solling (Oberpliozän) bilden dagegen heute noch die Rohstoffgrundlage eines Majolika-Werkes, in dem Gebrauchsgeschirr, Kacheln und kunstkeramische Erzeugnisse hergestellt werden.

Recht große Bedeutung für die Ziegelindustrie haben heute noch die Vorkommen unterkreidezeitlicher Schiefertone (insbesondere des Neokom). Sie werden insbesondere am nördlichen Rand der Mittelgebirgsschwelle gewonnen, wo sie unter einem nur dünnen Schleier eiszeitlicher Sedimente verborgen liegen. Traditionelle Standorte von Ziegeleien sind der Raum Hannover, ferner der sich zwischen dem Wiehengebirge und den Rehburger Bergen erstreckende Bereich der Schaumburger Kreidemulde aber auch das mittlere Emsland, wo kreidezeitliche Schiefertone am Rande des Bentheimer Höhenzuges an die Oberfläche treten.

Tonsteine älterer geologischer Zeitabschnitte werden innerhalb des Niedersächsischen Berglandes noch an verschiedenen Stellen gewonnen; Tonsteine aus der Jurazeit (Lias, Dogger, Malm) bei Sarstedt-Sehnde, an den Rändern von Lappwald und Elm, im Osnabrücker Bergland und am Rande des Wiehengebirges, im Bereich des Leinetal-Grabens besonders zwischen Einbeck und Göttingen, Tonsteine aus der Keuperzeit bei Sottrum im Ambergau und bei Schöningen am Elm, Tonsteine des Buntsandsteins vor allem im Eichsfeld bei Duderstadt und im Osnabrücker Raum.

Kieselgur

Kieselgurgewinnung in der Lüneburger Heide ist die älteste der Erde

Mit den Kieselgurvorkommen in der Lüneburger Heide verfügt Niedersachsen zwar nicht über die einzigen Lagerstätten dieser Art in Deutschland, aber über die größten und die einzigen, die derzeit im Abbau stehen. Auch ist der niedersächsische Kieselgurbergbau der älteste der Welt: Die gewerbsmäßige Gewinnung begann schon in den sechziger Jahren des vorigen Jahrhunderts.

Kieselgur besteht aus den mikroskopisch kleinen Panzern abgestorbener Kieselalgen (Diatomeen), die sich während der warmen Holstein- und Eem-Interglaziale auf dem Boden ehemaliger, kieselsäurereicher Becken- und Rinnenseen unter Süßwasserbedingungen abgelagert haben. Die Seen existieren nicht mehr. Jahrtausendelange Verfüllungsvorgänge und (im Falle der Holsteingur) die Verschüttung und Aufpressung durch die saalezeitlichen Eisvorstöße haben ihre Spuren verwischt, so daß man heute nur noch aus der geologischen Schichtenfolge auf sie zurückschließen kann.

Die wichtigsten Diatomit-Vorkommen liegen, wie Abb. 90 zeigt, im Luhetal bei Bispingen (1), bei Munster-Breloh (2), bei Hermannsburg-Bonstorf (3) sowie im Gebiet von Unterlüß (Neu-Ohe, Ober-Ohe; 4). Zur Zeit wird die Kieselgur nur in der Nähe bei Hermannsburg und in Neuohe abgebaut

und in Unterlüß im einzigen Kieselgurwerk der Bundesrepublik verarbeitet.

Die Gur wird in offenen Gruben gewonnen, getrocknet, von organischen Substanzen befreit, schließlich vermahlen und kommt in Pulverform in den Handel.

Kieselgur hat besondere technische Eigenschaften. Sie beruhen auf ihrer großen inneren Oberfläche, die durch den Aufbau aus den winzig kleinen und mehr oder weniger feinstrukturierten kugel- oder schachtelartigen Kieselschalen der Diatomeen bedingt ist. Auf dieses stark porige Gefüge ist das hohe Adsorptionsvermögen von Flüssigkeiten (ein Teil Kieselgur kann 4 Teile Flüssigkeit aufnehmen) und das große Dämmvermögen gegen Hitze, Kälte und Schall zurückzuführen. Kieselgur ist dadurch unverbrennbar und explosionsverhindernd. Alfred Nobel nutzte als erster diese Eigenschaften für die Herstellung seines Sicherheitssprengstoffes Dynamit (= Nitroglyzerin + Kieselgur).

Vor Beginn des Kunststoffzeitalters verwendete man Kieselgur auch für Isolierzwecke (Dampfrohre) und während des Zweiten Weltkrieges als Katalysator-Gur bei der Gewinnung synthetischen Benzins.

Heute liegt der wichtigste Anwendungsbereich in der Filtration und Klärung von Getränken, wie Bier, Wein, Sekt, Mineralwässern und Fruchtsäften. So werden in der Getränkeindustrie pro Hektoliter Bier 0,2 kg Kieselgur benötigt. Auch in der Chemischen Industrie und im Umweltschutz spielt die Gur als Filterstoff eine große Rolle, beispielsweise zum Filtrieren von Fetten, Ölen, Pharmazeutika, Wasser und Altölen. Daneben wird Kieselgur als Füll- und Zusatzstoff verschiedensten chemischen Produkten beigegeben (z.B. Kunststoffen, Kautschuk, Kosmetika, Farben, Lacken, Klebstoffen, Waschmitteln etc.). Ferner dient Kieselgur zur Herstellung von Leichtbausteinen, Polier- und Putzmitteln und nach wie vor auch als Trägersubstanz bei Katalysatoren, Explosivstoffen und Zündköpfen von Streichhölzern.

Torf

Neun Zehntel der abbauwürdigen Torflagerstätten liegen in Niedersachsen

Niedersachsen ist das moorreichste Bundesland. 67 % aller Hochmoore und 18 % aller Niedermoore liegen in Niedersachsen (vgl. Tab. 17). Unbestritten ist die führende Stellung Niedersachsens folglich auch bei der Torfgewinnung: Rd. 90 % der im Bundesgebiet abgebauten Torfe kommen aus Niedersachsen. Das sind zur Zeit jährlich rd. 6 Mio. m^3 Weißtorf und 5 Mio. m^3 Schwarztorf. Außer-

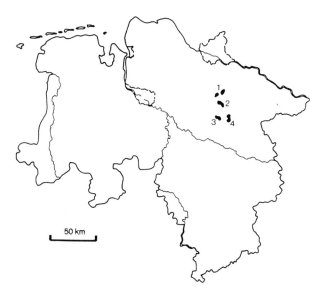

50 km

Abb. 90: Kieselgurlagerstätten. Numerierung s. Text (n. Niedersächs. Landesamt f. Bodenforsch., Hrsg., 1987).

Tab. 17: Moorflächen in der Bundesrepublik Deutschland und Anteile der einzelnen Bundesländer in Prozent.

Land	Hochmoor		Niedermoor		Moorflächen insgesamt	
	km²	%	km²	%	km²	%
Niedersachsen + Bremen	2492	67,0	1848	17,5	4340	30,6
Bayern	550	14,8	1250	11,9	1800	12,7
Schleswig-Holstein + Hamburg	250	6,7	1250	11,9	1500	10,6
Baden-Württemberg	200	5,3	400	3,8	600	4,2
Nordrhein-Westfalen	40	1,1	360	3,4	400	2,8
Rheinland-Pfalz + Saarland	10	0,3	20	0,2	30	0,2
Hessen	8	0,2	22	0,2	30	0,2
alte Bundesländer	3550	95,5	5150	48,9	8700	61,3
neue Bundesländer	165	4,5	5385	51,1	5500	38,7

Quelle: GÖTTLICH 1990

dem liegen dort neun Zehntel der abbauwürdigen Torfvorräte des Bundesgebietes.

Torfabbau findet gegenwärtig auf 13 Prozent der niedersächsischen Hochmoorflächen statt (vgl. Tab. 18); das ist deutlich weniger als der Anteil der land- und forstwirtschaftlichen Nutzung (67 %) und auch weniger als der Anteil der ungenutzten Moore, die als naturnahes baumloses Hochmoor, als verlandete Torfstiche und als verbuschte oder bewaldete Hochmoore flächenmäßig rd. ein Fünftel der Hochmoore umfassen.

Torf ist eine aus abgestorbenen Pflanzenresten bestehende Humusbildung. Unterschieden wird zwischen Hochmoor- und Niedermoortorf (vgl. Kap. 5. "Boden"). Während Niedermoortorf überwiegend aus stark zersetzten Resten verschiedenar-

Tab. 18: Hochmoornutzung (in Prozent) in Niedersachsen.

Naturnahes, baumloses Hochmoor	3
Verlandete Torfstiche	1
Verbuschte – bewaldete Hochmoore	16
Summe ungenutzter Moore	20
Grünland auf Hochmoor	59
Ackerland auf Hochmoor	6
Aufgeforstete Hochmoore	2
In Abtorfung, Deponie u. ä.	13
Summe genutzter Moore	80

Quelle: KUNTZE 1990

tiger Verlandungs- und Sumpfpflanzen besteht (Schilftorf, Seggentorf, Bruchwaldtorf), werden die Hochmoortorfe sehr einheitlich vor allem aus abgestorbenen Resten von Torfmoosarten (Sphagnum) und Wollgras (Eriophorum) aufgebaut, die aus klimageschichtlichen und standortökologischen Gründen jedoch unterschiedlich stark zersetzt sein können (vgl. Abb. 42 und Kap. 8. "Pflanzendecke").

Der *Schwarztorf,* dessen pflanzliche Strukturen weitgehend zersetzt sind, ist im getrockneten Zustand schwarzbraun, wogegen der weniger stark zersetzte *Weißtorf,* in dem sich die Pflanzenreste meist noch recht gut erkennen lassen, getrocknet eine hellbraune Farbe besitzt. Nur die Schwarz- und die Weißtorfe werden zur Torfgewinnung herangezogen, während sich Niedermoortorfe aufgrund ihrer wechselnden Beschaffenheit, ihrer starken Schwankungen im Mineralstoffgehalt und im pH-Wert dazu nicht eignen. Sie werden nur in der Balneotherapie verwendet.

In Niedersachsen liegen die größten geschlossenen Moorgebiete

Dank des ozeanischen Klimas weist das Niedersächsische Tiefland innerhalb der Bundesrepublik Deutschland die größten geschlossenen Moorgebiete auf (vgl. Abb. 91 u. Tab. 19). Die meisten liegen im niederschlagsreichen Norden und Nordwesten des Landes, darunter das Teufelsmoor bei Bremen (360 km²), das Vehnemoor bei Oldenburg (183 km²), das Bourtanger Moor an der niederländischen Grenze (160 km²) und die Esterweger Dose am Küstenkanal (112 km²), um nur die flächenmäßig bedeutendsten zu nennen.

Von den insgesamt rd. 2500 km² Hochmoorflächen in Niedersachsen wären bei rein wirtschaftlicher Betrachtung mehr als zwei Drittel (1875 km²) abbauwürdig. Sie sind verteilt auf über 90 Lagerstätten. Das Volumen umfaßt rd. 850 Mio. m³ Weißtorf und rd. 1500 Mio. m³ Schwarztorf. Aufgrund ökologischer und anderer Interessenkonflikte ist davon jedoch jeweils nicht einmal ein Zehntel zum Abbau freigegeben (1989).

Schwerpunkträume der Torfgewinnung

Hauptgewinnungsgebiete für Torf sind in Niedersachsen in der Reihenfolge ihrer geographischen Verbreitung: 1. das Bourtanger Moor im Emsland; 2. die Küstenkanalmoore zwischen Papenburg und Oldenburg; 3. der Raum Wiesmoor-Westerstede (z.B. Lengener Moor); 4. das Gebiet zwischen Vechta und Uchte (z.B. Wietingsmoor, Großes Moor bei Barnstorf, Großes Moor bei Uchte), Nienburg (Lichtenmoor) und Neustadt am Rüben-

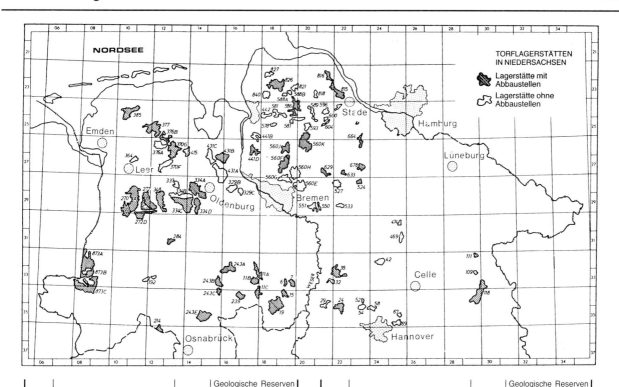

Nr.	Name	Fläche km²	Geologische Reserven Weißtorf Mio m³	Schwarztorf Mio m³
6	Hochmoor bei Sieden	5,3	3,3	
7	Gr. Borsteler Moor	11,1	11,5	10,8
11A	Nördl. Wietingsmoor	19,8	6,2	11,7
11B	Mittl. Wietingsmoor	15,8	8,5	8,2
11C	Südl. Wietingsmoor	15,8	13,9	6,4
15	Hohes Moor b. Kirchdorf	11,6	7,2	2,5
19	Gr. Uchter Moor	53,1	49,9	33,1
24	Totes Moor	23,5	22,7	7,0
29	Schneerener Moor	6,1	1,1	1,6
32	Krähenmoor	5,0	8,3	
35	Lichtenmoor	22,2	11,7	1,4
42	Ostenholzer Moor	17,1	17,5	8,9
52	Helstorfer Moor	3,2	0,7	
54	Ottenhagener Moor	8,4	6,9	1,7
58	Bissendorfer Moor	6,5	11,7	2,4
67	Oldhorster Moor	4,6	1,6	
69	Altwarmbüchener Moor	13,8	12,1	2,5
109	Ochsenmoor	2,8	1,7	
111	Schweimker Moor	2,6	2,7	
118	Gr. Moor bei Gifhorn	48,7	2,3	30,7
192	Hahnenmoor	11,9	2,4	9,6
214	Vinter Moor	5,1	1,0	
239	Geestmoor	13,7	5,5	1,2
243A	Gr. Moor b. Barnstorf	31,2	18,6	30,2
243B	Lohner Moor	17,7	13,6	22,5
243C	Diepholzer Moor	9,5	3,4	5,6
243E	Campemoor	42,5	33,2	30,1
270A	Moor östl. Papenburg	68,6	8,7	52,3
270B	Moor westl. Papenburg	26,1	4,9	19,8
272B	Westermoor	37,7	17,9	49,0
272C	Dose	38,8	21,0	63,3
272D	Timpemoor	19,7		4,8
284	Ginger Dose	8,1	2,0	12,0
329B	Pfahlhauser Moor	19,2	6,5	6,5
329C	Bookholzberger Moor	12,4	4,7	7,1
334A	Gr. Wildenlohsmoor	45,9	23,2	48,6
334B	Langes Moor	25,4	5,1	37,8
334C	Westl. Vehnemoor	64,2	38,4	87,8
334D	Östl. Vehnemoor	27,5	15,1	31,7
337	Fintlandsmoor	8,1	2,9	10,9
348	Ostermoor	47,7	5,9	33,1
364	Vehnhusener Königsmoor	7,2	2,0	3,2
370F	Ihausener Moor	20,3		18,5
370G	Lengener Moor	39,0	9,3	39,3
376A	Auricher Wiesmoor	20,2		19,0
376B	Friedeburger Wiesmoor	12,3		10,1

Nr.	Name	Fläche km²	Geologische Reserven Weißtorf Mio m³	Schwarztorf Mio m³
377	Wiesmoor-Nord	39,8	6,2	32,1
385	Gr. Moor b. Aurich	33,0	1,1	20,7
415	Jürdener Moor	10,9	1,5	9,5
431A	Ipweger Moor	58,2	45,4	59,1
431B	Rüdershausener Moor	35,5	11,4	20,0
431C	Jader Kreuzmoor	15,4	3,8	22,0
441B	Hahnenknooper Moor	16,8	9,1	14,3
441D	Moor am Grienenberg	15,1	4,3	9,9
442	Wildes Moor	7,7	13,9	5,2
469	Gr. Moor b. Wietzendorf	11,5	2,7	2,7
474	Wietzenmoor	2,6	0,4	0,8
524	Büschelmoor	4,8	1,0	
527	Borchelsmoor	14,8	6,5	11,8
533	Weißes Moor	4,8	3,8	
550	Hellweger Moor	5,3	1,4	
551	Posthausener Moor	15,8	8,8	16,8
560E	Kurzes Moor	32,9	8,0	9,0
560F	Moor westl. der Hamme	36,6	11,4	38,6
560G	Langes Moor West	24,7	8,3	6,5
560H	Langes Moor Ost	30,3	8,1	8,4
560J	Rummeldeis Moor	18,9	1,5	11,8
560K	Gnarrenburger Moor	59,5	44,8	86,6
578	Bülter Moor	4,6		5,3
581	Moor im Geeste-Tal	13,7		6,8
586	Langes Moor	28,4	9,4	33,0
588A	Bachenbrucher Moor	4,6	0,4	1,7
588B	Hörner Moor	5,1	3,0	6,4
589	Moor im Oste-Tal	9,0	0,4	4,3
593	Oereler Moor	9,1	1,5	6,9
596	Hohes Moor	7,8	1,0	7,7
600	Schwinge Moore	8,9	1,5	7,3
604	Esseler Moor	3,9	1,9	4,6
629	Gr. Moor b. Wehldorf	9,2	11,5	2,0
633	Moor bei Sothel	5,5	2,8	1,0
664	Sauensieker Moor	8,2	2,2	8,1
678	Ekelmoor	12,1	3,2	3,6
815	Kehdinger Moor Süd	30,9	21,7	21,1
816	Kehdinger Moor Nord	14,6	11,4	1,3
818	Gr. Ehlandmoor	4,6	1,7	3,2
821	Wildes Moor	10,3	4,0	5,7
826	Ahlen-Falkenberger Moor	37,1	41,0	37,0
827	Moor bei Wanna	9,9	2,9	2,0
840	Hymenmoor	13,4	7,3	11,6
873A	Bourtanger Moor Nord	30,2	4,0	37,4
873B	Bourtanger Moor Mitte	43,9	28,2	47,3
873C	Bourtanger Moor Süd	83,3	42,1	81,4

Abb. 91 und Tab. 19: Verbreitung, Größe und Vorräte der wichtigsten Torflagerstätten in Niedersachsen (aus: BIRKHOLZ, SCHMATZLER & SCHNEEKLOTH 1980).

berge (Totes Moor) und schließlich 5. das Elbe-Weser-Dreieck zwischen Stade, Cuxhaven und Bremervörde (z.B. Ahlen-Falkenberger Moor, Gnarrenburger Moor, Kehdinger Moor).

Für die Reihe der wirtschaftlich bedeutendsten Moore, anteilsmäßig an der gesamten niedersächsischen Torfgewinnung, ergibt sich an der Spitze die folgende Reihe (SCHNEEKLOTH 1983): 1. das Bourtanger Moor; 2. die Esterweger Dose am Küstenkanal; 3. das Vehnemoor bei Oldenburg.

Wichtigste Abnehmer sind der Erwerbsgarten- und der Landschaftsbau

Vielseitig sind die Einsatzgebiete und Verwendungszwecke der niedersächsischen Torfprodukte. Längst sind die Zeiten vorbei, in denen Torf als billiges Brennmaterial in Kraftwerken verheizt oder als "Düngetorf" massenweise in Gärten verstreut wurde. Heute dient Torf zwar immer noch vorwiegend als Bodenverbesserungsmittel, doch sind die Verwendungszwecke spezieller und effektiver geworden. Wichtigster Abnehmer sind der Erwerbsgarten- und der Landschaftsbau, die für die Aufzucht von Gemüse, Zierpflanzen, Stauden und Gehölzen die sogenannten Torfkultursubstrate benötigen. Dieses sind aufbereitete Torfe, denen alle für das Pflanzenwachstum erforderlichen Nährstoffe nachträglich beigegeben wurden. Etwa 60 % der Schwarz- und Weißtorfproduktion werden für diese Zwecke verwendet. Weitere 20 % gehen als herkömmlicher Gartentorf an private Kleinabnehmer.

Die Verwendung als Bodenverbesserungsmittel beruht auf den besonderen Eigenschaften vor allem des *Weißtorfes*: Sie liegen in der hohen Wasser- und Luftkapazität, in der guten Strukturstabilität und in der Schadstofffreiheit. Durch ihre einheitliche chemische und physikalische Zusammensetzung lassen sich Weißtorfe entsprechend den Bedürfnissen der zu kultivierenden Pflanzen gezielt im pH-Wert einstellen und ebenso gezielt aufdüngen.

Mit Weißtorf allein läßt sich dagegen keine Düngung erzielen, da dieser Torf aufgrund seiner ombrogenen Entstehung (= Zufuhr von Nährstoffen durch Staub und Niederschläge) außerordentlich arm an Pflanzennährstoffen ist. Im Durchschnitt beträgt der Mineralgehalt im Hochmoortorf, bezogen auf die Trockensubstanz, nur etwa 1-6 % !

Auch der stark zersetzte *Schwarztorf* findet heute als Kultursubstrat und Bodenhilfsstoff Verwendung. Dieser Torf muß allerdings durchfroren sein, um in seinen Eigenschaften denjenigen des Weißtorfes nahezukommen. Ein beachtlicher Teil des Schwarztorfes wird heute ferner im technischen Bereich eingesetzt, zumeist zur Herstellung von Torf-

koks und Aktivkohle, zum geringeren Teil auch noch als Badetorf.

Torfkoks und Aktivkohle finden wegen ihrer günstigen Filter- und Austauschereigenschaften vor allem als Katalysator- und Filterstoffe Verwendung. Einsatzgebiete sind der Umweltschutz, hier z.B. die Rauchgas- und die Abwasserreinigung, die Chemische und Pharmazeutische Industrie, die Trinkwasseraufbereitung und auch die Lebensmittelherstellung. Torfkoks dient zur Härtung von Metallen.

Brenntorfgewinnung: die älteste Form der Torfnutzung

Bedeutungslos ist heute die Brenntorfgewinnung, die älteste und früher wichtigste Form der Torfnutzung, für die der kohlenstoffreiche Schwarztorf verwendet wurde.

Schon vor rd. 2000 Jahren berichtete der römische Reiseschriftsteller Plinius, wie die Küstenbewohner Frieslands ihren Brenntorf aus den Mooren gewannen. Im Mittelalter und in der frühen Neuzeit nahm der Brenntorfabbau ein immer größeres Ausmaß an, weil durch das Bevölkerungswachstum und die um sich greifende Verwüstung der Wälder Holz knapp geworden war. Seit dem 17. Jahrhundert entstanden dann auf staatliche Initiative ganze Dörfer neu in den Hochmooren, die wirtschaftlich auf die Brenntorfgewinnung ausgerichtet waren ("Fehndörfer").

Noch bis in unser Jahrhundert hinein herrschte diese Form der Torfnutzung vor; denn Kohle und später auch Erdöl waren teuer und Brennholz insbesondere in den waldarmen Marsch-, Moor- und Geestgebieten nicht immer und überall verfügbar. In den Kriegszeiten erreichte die Gewinnung von Brenntorf ihren Höhepunkt. Seitdem und nach der Stillegung der letzten großen Torfkraftwerke (Wiesmoor 1964; Rühle bei Meppen 1974) ist die Brenntorfnutzung jedoch auf ein Minimum zurückgegangen. Nur gelegentlich wird noch in kleinen bäuerlichen Torfstichen für den Privatgebrauch gestochen.

Badetorf

Mengenmäßig unbedeutend ist auch die Badetorfgewinnung. Rd. 50 traditionsreiche Moor- und Bauernbäder nutzen heute im Bundesgebiet Schwarztorf und Niedermoortorf für unterschiedliche Heilzwecke in Moorbädern und Moorpackungen. Unter anderem beruht die balneologische Wirkungsweise offensichtlich auf dem Überwärmungseffekt des auf 40 bis 42° C aufgeheizten Moorbades. Doch sind viele positive Wirkungen des Torfes noch unbekannt. Neben Moorbädern und Moorpackungen werden auch Badezusätze, Pasten und Salben auf Torfbasis zur äußeren Anwendung und Moortrinkkuren und Kohletabletten zur inneren Anwendung abgegeben (GÜNTHER 1990).

Torfveredlung und Torfersatzstoffe bestimmen die Zukunft der Torfindustrie

In den kommenden Jahren hat die Torfwirtschaft schwierige Probleme zu lösen, denn zum einen ist bei gleichbleibender Produktion eine baldige Erschöpfung der Vorkommen abzusehen; zum anderen führen die Belange des Naturschutzes zu wachsenden Interessenkonflikten zwischen Ökonomie und Ökologie (s.a. Kap. 10. "Ökologie und Umweltschutz").

Zwischen 1969 und 1983 hatte das Niedersächsische Landesamt für Bodenforschung (NLfB) in einer großen *moorgeologischen Bestandsaufnahme* die geologischen Torfreserven noch mit rd. 850 Mio. m^3 Weißtorf und rd. 1500 Mio. m^3 Schwarztorf ermittelt. Tatsächlich gewinnbar ist jedoch nur ein geringer Teil dieser geologischen Vorräte, da vor ihrer Nutzung ökologische und wirtschaftliche Gesichtspunkte zu berücksichtigen sind. Unter Beachtung dieser Vorbehalte ist zur Zeit weniger als

ein Zehntel der theoretisch gewinnbaren Reserven zum Abbau freigegeben (knapp 200 km^2). Dies entspricht einem Mengenvolumen von rd. 60 Mio. m^3 Weißtorf und knapp 140 Mio. m^3 Schwarztorf. Ob in Zukunft weitere Vorräte erschlossen werden können, bleibt unsicher und hängt entscheidend von der Genehmigungspraxis ab.

Würde das gegenwärtige Abbauvolumen beibehalten (rd. 6 Mio. m^3 Weißtorf und 5 Mio. m^3 Schwarztorf pro Jahr, s.o.), so würden die Vorräte nur noch wenige Jahre reichen. Tatsächlich ist aber eher mit sinkenden Abbaumengen zu rechnen, da in wachsendem Umfang Torfzuschlagstoffe und Torfersatzstoffe auf den Markt kommen werden (z.B. Kompost, Rindenmulch, Blähton, Reisspelzen, Kokosfasern). Sie werden die "Lebensdauer" der niedersächsischen Torflagerstätten auch über das Jahr 2000 hinaus verlängern.

Hochwertige Kalksteine, Kreide

Kalkstein: ein vielseitig verwendbarer Rohstoff

Fast kein Rohstoff findet so viele unterschiedliche Abnehmer wie die karbonatischen Gesteine (vgl. Abb. 92). Die Zement- und Baustoffindustrie, die Ei-

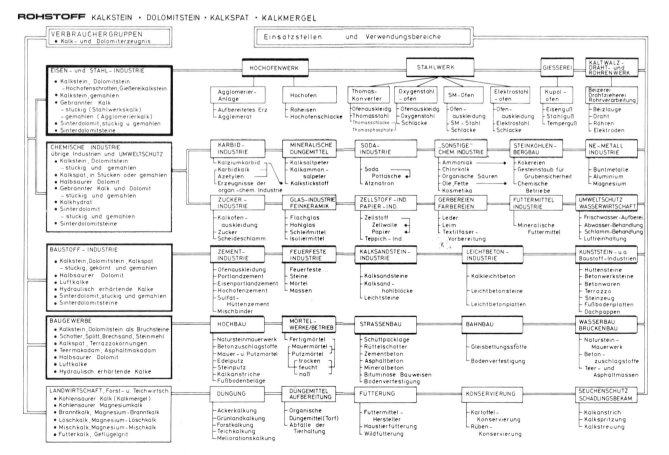

Abb. 92: Verwendungsbereiche ungebrannter und gebrannter Erzeugnisse aus Kalk- und Dolomitstein (n. Unterlagen d. Bundesverbandes d. Deutschen Kalkindustrie e.V., 1991).

sen- und Stahlindustrie, die Chemische Industrie, aber auch die Landwirtschaft, sie alle nutzen Kalksteine in natürlicher und in unterschiedlich aufgearbeiteter Form.

In Reinform besteht Kalkstein aus Calciumcarbonat ($CaCO_3$). Häufig ist er darüber hinaus als dolomitischer Kalkstein, d.h. mit mehr oder weniger hohem Magnesiumcarbonatgehalt ($MgCO_3$) ausgebildet.

Ein wichtiger Abnehmer von Kalk ist die Bauindustrie, die ihn in gemahlener kohlensaurer Form ($CaCO_3$) und als Branntkalk (CaO) zur Herstellung von Mörtel, Edelputz und Kalksandsteinen verwendet. Die Landwirtschaft benötigt Kalkmergel, gemahlenen kohlensauren Kalk, Branntkalk und Kalkstickstoff zur Verbesserung und Düngung des Bodens; auch zur Entsäuerung und Düngung ausgelaugter Forstböden wird (Magnesium-)Kalk in letzter Zeit verstärkt herangezogen. Die Eisen- und Stahlindustrie verbraucht für die Erschmelzung von einer Tonne Roheisen bis zu 500 kg Kalkstein (Zuschlagkalk). Bei sauren Erzen liegt der Kalkverbrauch besonders hoch. Bei der Stahlerzeugung wird der Schmelze ein Zuschlag von 10-15 % Branntkalk beigegeben. Die Chemische Industrie benötigt rohen Kalkstein und Dolomit, Brannt- und Löschkalk für die Herstellung einer Vielzahl wichtiger Erzeugnisse: Kalk ist Ausgangsmaterial für die Karbidherstellung, für die Produktion von Farbstoffen, Chlorkalk, Ammoniak, Soda, Pottasche, Ätznatron, Ölen, Fetten und Kosmetika, und er ist für die Herstellung von wichtigen Düngemitteln wie Kalkstickstoff und Kalkammonsalpeter notwendig. Weitere Verwendungsgebiete für Kalk ergeben sich im Umweltschutz bei der Rauchgasentschwefelung von Kohlekraftwerken und Ziegeleien, bei der Abwasserreinigung, in der Zuckerindustrie (Scheidung des Zuckers; sog. Carbonatation), in der Zellstoff- und Papierindustrie und in der Glasindustrie. Die tonhaltigen Kalksteine (Mergel) werden in großen Mengen in der Zement- und Betonindustrie verbraucht.

Kalkstein ist der Grundstoff aller Zemente

Die Zementindustrie verarbeitet Kalke und Kalkmergelsteine zu Portlandzementklinkern, dem Grundstoff aller Zemente. Im Gegensatz zu dem aus reinem Kalkstein gebrannten Weißkalk ist der Zement ein Bindemittel, das die Fähigkeit besitzt, auch unter Wasser hart zu werden und hart zu bleiben.

Zu seiner Herstellung benötigt man außer dem dominanten Kalkanteil (im ofenfertigen Rohmehl 77-80 Prozent $CaCO_3$) auch bestimmte Anteile an Kieselsäure (SiO_2), Aluminiumoxid (Al_2O_3) und Eisenoxid (Fe_2O_3), die in idealen Fällen im Kalkmergel

enthalten sind, sonst aber in Form von Ton, Sand und einer geringen Beigabe von Eisenerz zugeführt werden müssen. Die kreidezeitlichen Kalkmergel z.B. in Höver bei Hannover sind ein derartiger optimaler Rohstoff, der sich unkorrigiert als Naturzement weiterverarbeiten läßt. Das in Steinbrüchen gewonnene Rohgut (Kalkstein) wird zunächst gemahlen, bei etwa 1450° C in Drehöfen bis zur Sinterung gebrannt (Zementklinker) und schließlich unter Zugabe von Rohgips in großen Rohrmühlen zu Zement vermahlen.

Derzeit stellen noch drei Werke aus natürlichen Rohstoffen Zemente her: Das Teutoniawerk in Anderten östlich von Hannover und das Werk Alemannia der Nordcement AG in Höver bei Sehnde, die beide Kalkmergel und Kalksteine aus der Oberkreidezeit (Campan, Cenoman) verarbeiten, und das Werk Hardegsen der Nordcement AG in der Nähe von Göttingen, welches Mergelgestein aus der Zeit des mittleren und unteren Muschelkalks als Kalkträger verwendet. Alle drei Zementwerke verarbeiten zusammengenommen jährlich rd. 2,8 Mio. Tonnen Kalkgestein zu Zement.

Kalk- und Dolomitsteine

Kalk- und Dolomitsteine werden in Niedersachsen an vielen Stellen abgebaut. Die wirtschaftlich wichtigsten Kalksteinvorkommen für die Erzeugung von kohlensaurem und von Branntkalk und zugleich auch die wichtigsten niedersächsischen Standorte von Kalksteinbrüchen und Kalkwerken liegen in den oolithischen Schichten des Weißjura *(Korallenoolith),* die als harte "Kammbildner" in vielen Schichtkämmen und Schichtrippen des Niedersächsischen Berglandes zu finden sind, z.B. im Thüster und Duinger Berg (Salzhemmendorf, Marienhagen), im Wesergebirge (Steinbergen), im Teutoburger Wald (Bad Iburg) und in der Schichtenaufrichtungszone der Harznordrandverwerfung bei Oker (Kalkwerk Oker).

Ein weiterer bedeutender Rohstoff für die Kalkindustrie ist der harte *Wellenkalk* des Unteren Muschelkalks, der z.B. am Elm und bei Göttingen abgebaut wird.

Höchstwertige Kalksteine liefert das devonzeitliche *Riffkalkvorkommen* des Iberges bei Bad Grund (Kalkwerk Winterberg), das bei höchster Reinheit hervorragende Natursteine abgibt, die zu Branntkalk weiterverarbeitet werden.

Hochwertige *Dolomitvorkommen* finden sich in Niedersachsen einerseits in der Zechsteindolomitstufe am südwestlichen Harzrand (s.a. Kap. "Geologie"), wo sie bei Herzberg am Harz (Scharzfeld) abgebaut werden, andererseits in der Schichtstufe des Thüster Berges bei Salzhemmendorf. Dort tritt der "Korallenoolith" des Weißjura (Malm) als dolomitischer Kalkstein und auch als reiner Dolomit auf.

Die Dolomitwerke in Scharzfeld und Salzhemmendorf stellen sowohl rohe als auch gebrannte Dolomiterzeugnisse her, die u.a. in der Chemischen Industrie, in der Glas- und Bauindustrie, in der Futtermittelindustrie, der Land- und Forstwirtschaft sowie in der eisen- und metallerzeugenden Industrie vielseitige Verwendung finden (z.B. als Magnesiumdünger, Schachtofensinterdolomit, Abdeck- und Raffinationssalze für die NE-Metallverhüttung u.a.m.).

Söhlder Schreibkreide: eine Lagerstätte mit Seltenheitswert

Als Besonderheit sind abschließend noch die Schreibkreidevorkommen der Oberen Kreide bei Söhlde nördlich von Salzgitter zu nennen. Ein Betrieb erzeugt dort Staub- und Schlämmkreide, die u.a. in der Chemischen und in der Papierindustrie als Zuschlagstoffe verwendet werden.

Das Vorkommen ist einzigartig in Niedersachsen. Eine ähnliche Lagerstätte gibt es in der Bundesrepublik sonst nur in Schleswig-Holstein (Lägerdorf).

Gips- und Anhydritstein

Niedersächsische Gipsprodukte gehen in über 60 Länder der Welt

Die abbauwürdigen Anhydrit- und Gipsvorkommen gehören in Niedersachsen überwiegend den Zechsteinschichten an, in denen zwei Anhydritlager von etwa 200 m bzw. 35 m Mächtigkeit angetroffen werden. Wo diese Anhydritlager ($CaSO_4$) an die Erdoberfläche oder in Oberflächennähe gelangen, wie am West- und Südharzrand oder bei Stadtoldendorf, aber auch im Salzgitterer Höhenzug, im Hildesheimer Wald oder über den Salzstöcken von Lüneburg, Thiede, Wallensen (Hils) und Stade, sind sie unter Wasseraufnahme in Gips ($CaSO_4 \times 2 H_2O$) umgewandelt worden.

Gipsvorkommen, die zur Zeit im Abbau stehen, liegen einerseits am südwestlichen bzw. südlichen Harzrand bei Osterode und Walkenried, wo sie in Wechsellagerung mit Dolomitgesteinen die den Harzrand begleitenden Schichtstufen aufbauen, andererseits im Weserbergland bei Stadtoldendorf und in Weenzen am Hils.

Seit Jahrzehnten ist Niedersachsen bei der Produktion von Gips- und Anhydritstein führend im Bundesgebiet. Rd. 30 % (1,3 Mio. Tonnen) der jährlichen bundesdeutschen Produktion kommen aus Niedersachsen. Bei den Spezialgipsen hat Niedersachsen sogar einen Anteil von 80 bis 90 % (über 200 000 t).

Die Verwendung von Gips ist vielseitiger und die wirtschaftliche Bedeutung größer als vielfach angenommen wird: Hauptabnehmer ist zwar die Bau- und Baustoffindustrie (Wandbau- und Dämmplatten, Gipsputze, Spachtelmassen), doch findet Gips auch als Form- und Modellgips sowie als Zusatz- und Füllstoff in der Porzellan-, Steingut-, Ziegel-, Eisen-, Papier-, Farben-, Kosmetik- und sogar in der Lebensmittelindustrie Verwendung. Außerdem wird Gips bei der Herstellung von Zement als Abbindeverzögerer beigemischt, mit dem sich die Erstarrungszeiten von Beton regeln lassen. Anhydrit, also die wasserfreie Form des Gipses, dient als wesentlicher Grundstoff für die Erzeugung von Schwefelsäure, Ammoniumsulfat und verwandten Chemikalien.

Niedersächsische Spezialgipse haben einen weltweiten Ruf

Marktführend sind niedersächsische Betriebe bei der Herstellung von Spezialgipsen. Wegen der hervorragenden Qualität eines Teils der Harzrandgipse, deren Sulfatgehalt lagenweise bis zu 100 % beträgt, hat die Verarbeitung zu Spezialgipsen heute große Bedeutung. Auch durch die reichlich anfallenden Rauchgasentschwefelungsgipse können die Spezialgipse in der Regel nicht ersetzt werden, weil die synthetischen Gipse infolge ihrer abweichenden Kristallgröße und Kristallausbildung völlig andere Eigenschaften besitzen. Zu den wichtigsten Abnehmern gehören die Feinkeramische Industrie, die Gießerei- und die Ziegelindustrie (Formgipse) sowie der medizinische Sektor (Verband- und Dentalgipse). Über 60 Länder der Welt werden mit niedersächsischen Gipsprodukten beliefert.

Die Schwerpunkte der niedersächsischen Spezialgips-Industrie liegen in Osterode und Walkenried, die der Baugips-Industrie in Stadtoldendorf (z.B. Gebr. Knauf) und in Bodenwerder (Rigips).

Natursteine, Werksteine

Begehrte Steine für Straßen-, Wasserbau und Denkmalschutz

Die Verwendung von Natursteinen im Straßen-, Wege- und Wasserbau sowie die Verarbeitung als Naturwerksteine verlangt wetterbeständige, druck- und schlagfeste Hartsteine.

Ein für diese Zwecke bevorzugtes Material geben die Erstarrungsgesteine und die metamorphen Gesteine des Erdaltertums ab, die im Harz und im Piesberg bei Osnabrück aus großer Tiefe emporgehoben und später durch Verwitterung und Abtragung freigelegt worden sind. Im Harz sind es vor allem die *Diabas- und Gabbrogesteine,* die südlich von Bad Harzburg in großen Steinbrüchen abgebaut werden. Am Piesberg ist es der karbonzeitliche *Quarzit.*

Auch die dichten und kompakten tertiären *Basalte* der Dransfelder Hochfläche, die einst aus Vulkanschloten ausgeflossen und anschließend von Verwitterung und Abtragung zu Härtlingsformen herausmodelliert worden sind, liefern ein begehrtes Schotter- und Splittmaterial und einen hervorragenden Baustein. Die Basalte bilden massige Vorkommen, die sich in großen und tiefen Steinbrüchen rationell abbauen lassen, wie z.B. in der Bramburg bei Adelebsen. Aufgrund ihrer säulenartigen Erstarrung (fünf- oder sechseckige "Säulenbasalte") sind sie prädestiniert für den Bau von auswaschungs- und unterspülungsfesten Ufer-, Küsten- und Hafenbefestigungen (vgl. Farbtafel 10).

Aber es sind nicht nur die Erstarrungs- und die metamorphen Gesteine, die als Natursteine Verwendung finden. Auch verschiedene harte und kompakte Sedimentgesteine werden gebrochen und zu Splitten oder Schottern für den Straßen-, Wasser-, Bahn-, Beton- und Wegebau aufbereitet. Die wichtigsten dieser Gesteine in der Reihenfolge ihres Alters und ihre Abbauorte sind in Niedersachsen: Der *Trochitenkalk* des Oberen Muschelkalks (z.B. auf der Ottensteiner Hochfläche), der jurazeitliche *Korallenoolith* (z.B. im Thüster und Duinger Berg bei Marienhagen und Salzhemmendorf, im Wesergebirge und Süntel bei Steinbergen und Segelhorst) und der unterkreidezeitliche *Wealdensandstein* der Bückeberg-Formation (z.B. Rehburger und Obernkirchener Sandstein, Deister- und Nesselberg-Sandstein).

Ein geringer Teil der in Niedersachsen gewonnenen Natursteine findet heute entsprechend der jahrhundertealten Tradition noch als *Naturwerksteine* Verwendung. Dazu eignen sich in erster Linie solche Gesteine, die in großen Blöcken gewinnbar sind. In Abbau stehen zur Zeit: Harzer Granit, der Zechsteindolomit bei Osterode (Nüxeier Dolomitstein), der hellgraue Untere Muschelkalk (Wellenkalk) am Elm, der rote Bausandstein im Solling, im Vogler und im Bramwald, der Rhätquarzit bei Velp-

ke (östl. Wolfsburg) und der Unterkreidesandstein in den Bückebergen (Obernkirchener Sandstein), in den Rehburger Bergen (Münchehagener Sandstein) und im Bentheimer Berg (Bentheimer Sandstein).

Die Werksteine werden gesägt bzw. gespalten und unterschiedlich weiterverarbeitet: zu Mauer- und Treppensteinen, zu Platten mit geschliffenen oder polierten Oberflächen oder auch zu Pflaster-, Bord- und Grenzsteinen. Für bildhauerische Bearbeitungen und bei Denkmalsrestaurierungen wird vor allem der Obernkirchener Sandstein heute noch viel verwendet.

Der *Obernkirchener Sandstein* ist ein sehr reiner und feinkörniger Quarzsandstein von weißlicher bis goldgelber Farbe. Die Dickbankigkeit und Kluftarmut erlauben die Gewinnung sehr großer Werkstücke. Als Werk-, Ornament- und Bildhauerstein hat der Obernkirchener Sandstein in ganz Deutschland, aber auch in Holland (Friedenspalast in Den Haag), Belgien (Rathaus in Antwerpen), Skandinavien (Börse in Kopenhagen, Schloß Kronborg am Öresund), Rußland (Zarenschloß Zarskoje Selo) und der Schweiz (Münster in Bern), ja selbst in den USA und Brasilien Abnehmer gefunden. Der Transport des schweren Steins erfolgte anfangs über Rinteln auf dem Wasserwege nach Bremen, wo er verbaut oder umgeschlagen wurde (deshalb: "Bremer Stein").

Fast so berühmt wie der Obernkirchener Sandstein ist der *Bentheimer Sandstein,* auch Gildehäuser Sandstein genannt. Der weißgraue bis gelbliche oder bräunliche, vorwiegend feinkörnige Sandstein wird schon seit dem 13. Jh. gewerblich gebrochen. Frühestes Zeugnis aus diesem Stein ist der sogenannte "Herrgott von Bentheim" im Hof des Bentheimer Schlosses aus dem 9. Jahrhundert. Der Bentheimer Sandstein fand sowohl in den benachbarten deutschen Gebieten als auch in dem an Natursteinen armen Holland zahlreiche Abnehmer. Bezeichnende Bauten aus Bentheimer Sandstein sind das Bentheimer Schloß, das Justizgebäude in Osnabrück, das Königliche Palais in Amsterdam, die Michaeliskirche in Zwolle, das Theater in Antwerpen und die Griechisch-Orthodoxe Kirche in Kopenhagen.

5. Böden

5.1. Einführung:

Der Boden als Voraussetzung für das Leben auf der Erde

Als *Boden* bezeichnet man die oberste belebte, mit Wasser, Luft, Nährstoffen und Lebewesen durchsetzte Verwitterungsschicht der Erde, auf welcher höhere Pflanzen wachsen können und die damit Voraussetzung für unser Leben auf der Erde ist. Je nach der natürlichen Fruchtbarkeit kann der Boden mehr oder weniger Menschen ernähren.

Bodengüte und Tragfähigkeit

Mithin ist die *Tragfähigkeit* eines Gebietes abhängig von der Bodengüte. Das gilt auch für Niedersachsen. Besonders deutlich zeigen das die Volkszählungsergebnisse des vorigen Jahrhunderts, als noch drei Viertel der Bevölkerung von der Landwirtschaft und damit vom Boden lebten.

Tabelle 20 verdeutlicht, daß 1821 in den Marschen mit den fruchtbaren, aber feuchten Böden doppelt soviele Menschen lebten wie auf den vorherrschend sandigen Böden der Geest und dort wiederum doppelt soviele wie in den nassen und nährstoffarmen Mooren. Den höchsten Wert erreichten schon damals die Lößbörden sowie die

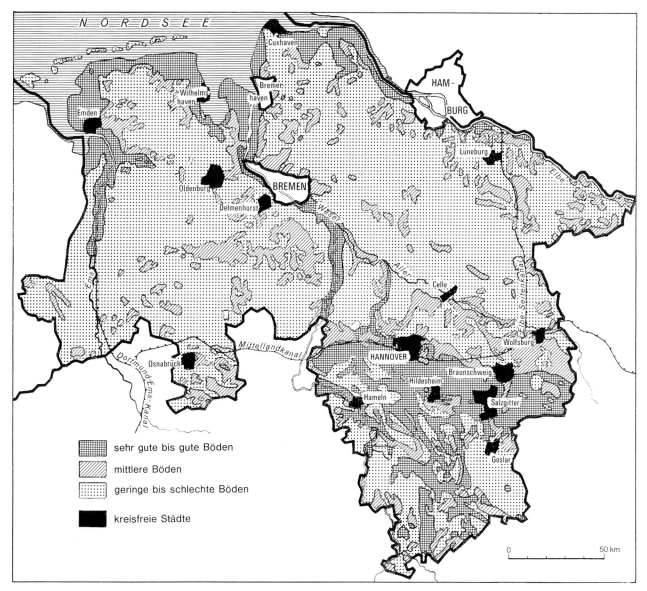

sehr gute bis gute Böden

mittlere Böden

geringe bis schlechte Böden

kreisfreie Städte

Abb. 93: Die natürliche Bodengüte in Niedersachsen (n. Bodenkundlicher Atlas von Niedersachsen 1938, verändert).

Tab. 20: Die Abhängigkeit der Bevölkerungsdichte von der
Bodengüte 1821 (Annäherungswerte) im Vergleich
zu 1980.

Landschaft	mittlerer Bodenwert nach Punkten	mittlere Einwohner- dichte je km²	
		1821	1980
Harz	15	(35)	50
Lößgebiete	85	85	250
Geest	30	20	90
Moore	15	10	70
Marschen	55	40	110

Quelle: Mittelwerte der Bodenschätzung und der Volkszäh-
lung 1821, SEEDORF & MEYER 1982

lößbedeckten Senken und Täler mit 85 Einw./km²,
während der Harz mit seinen Gesteinsböden und
Mooren nur einen Wert von durchschnittlich 35
Einw./km² erzielte. Das ist im Verhältnis zur mittleren Bodengüte des Harzes (15 Punkte) ein hoher
Wert, der seine Ursachen darin hatte, daß der größte Teil der Bevölkerung nicht vom Boden, sondern
vom Bergbau und damit von den Bodenschätzen
lebte (vgl. Kap. ”Bevölkerung“ in Bd. 2).
Die bodenbedingten Unterschiede in der Bevölkerungsdichte sind auch heute noch deutlich spürbar, obgleich durch die Fortschritte in der Landtech-
nik und durch den starken Bedeutungszuwachs
der gewerblichen Wirtschaft inzwischen ein erheblicher *Wertwandel* eingetreten ist. Dennoch schlagen die alten Verhältnisse noch überall durch;
denn landwirtschaftliche Gunstgebiete sind auch
für die anderen Wirtschaftsbereiche und für die Be-
völkerungskonzentration Aktivräume geworden.

In der Fläche dominieren geringwertige Böden

Der mittlere Bodenwert (”Landwirtschaftliche Ver-
gleichszahl“; s. Abschnitt 5.5.) erreicht in Niedersachsen nur etwa 35 Punkte in der 100teiligen Bo-
denwertskala. Eine der Ursachen liegt in der weiten Verbreitung von nährstoffarmen Sand- und
Moorböden vor allem im Norden und in der Mitte
Niedersachsens.
Weil das Inlandeis mehr als drei Viertel des Landes überfahren und seine Ablagerungen in Form
von Sanden, Kiesen und Geschiebelehm hinterlassen hat (vgl. Kap. 2. ”Geologie“), haben sich die
Böden dort überwiegend auf diesen Ablagerungen
der Eiszeit entwickelt. Häufig fehlen hier die feinen
Gemengteile mit ihren Nährstoffen, die von den
Schmelzwässern in das Meer abgeführt oder später vom Wind von den eisfrei gewordenen Flächen
fortgeblasen und vom Regenwasser ausgewa-

schen wurden. So blieben überwiegend Sand,
Kies und Steine zurück, die allenfalls mäßige bis
schlechte Acker- und Grünlandstandorte abgeben
(vgl. Abb. 93), während die ärmsten Böden aufgeforstet worden sind.
Wenn in der Karte der natürlichen Bodengüte (vgl.
Abb. 93) im Geestgebiet auch mittlere Böden verzeichnet sind, so hängt das in der Regel mit Vorkommen von Sandlöß, lehmiger Grundmoräne
oder von Niedermooren zusammen, die ein höheres Nährstoffangebot haben als die Sand- oder
die Hochmoorböden. Entlang der großen Flüsse
sind sogar sehr gute bis gute Böden eingetragen,
die aus Auelehm, dem verschwemmten Löß aus
dem Bergland, oder aus Flußmarsch bestehen,
die hier wie die Seemarschen hoch bewertet sind.
Im Bergvorland, der Lößbördenzone, sind weitflächig die wertvollsten Böden Niedersachsens verbreitet. Es sind die aus dem kalk- und nährstoffreichen eiszeitlichen Staub hervorgegangenen Lößböden, die auch weiter südlich im Bergland in den
Becken, Tälern und auf den unteren Hängen der
Höhenzüge anzutreffen sind, während die lößfrei-
en Festgesteinsrücken mit ihren steinigen Böden,
ebenso wie der Harz, nur geringe bis schlechte Böden aufweisen.

5.2. Funktion und Stellenwert der Böden im Landschaftshaushalt

*Der Boden: relativ dünne belebte Verwitterungs-
rinde der Erde*

In räumlicher Definition ist der Boden die sog. *Pedosphäre* (griech. pedon = Boden; vgl. Abb. 94),
der Überschneidungs- und Durchdringungsbereich der Lithosphäre (Gesteine der Erdkruste) mit
der Biosphäre (lebende Pflanzen und Tiere), der
Hygrosphäre (Oberflächen- und Bodenwasser)
und der Atmosphäre (Gase, Staub und Wasser-
dampf der Luft).
Gemessen an der Dicke der Erdkruste (30 km) ist
die Stärke der Pedosphäre mit 1/2 bis 2 m geradezu hautartig dünn. Dennoch erfüllen die Böden
im ökologischen Wirkungsgefüge sehr viele
Schlüsselfunktionen: Sie liefern den höheren Pflanzen, darunter auch unseren Kulturpflanzen, die lebensnotwendigen Nährstoffe und Wasser und geben ihren Wurzeln Halt. Darüber hinaus versorgen
sie eine Vielzahl von tierischen Kleinlebewesen
und Mikroorganismen, wie Bakterien und Pilze,
mit Nährstoffen und Sauerstoff (vgl. Tab. 21). Ferner sorgen sie dafür, daß die beim Abbau mineralischer und organischer Stoffe freigesetzten Mineral-
salze und elektrisch geladenen Teilchen (Katio-
nen, Anionen) keine giftigen Konzentrationen errei-

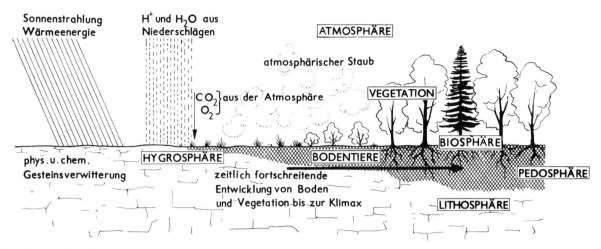

Abb. 94: Der Boden als Durchdringungsbereich von Gestein (Lithosphäre), Wasser (Hygrosphäre), Lebewesen (Biosphäre) und Luft (Atmosphäre) (n. GANSSEN 1972).

chen *(Pufferung)*. Diese Teilchen werden nämlich durch Ionenbindungen an die Feinstsubstanz des Bodens (Ton, Humus; = Bodenkolloide) gebunden.

Weiterhin regulieren die Böden als Speicher mit ihren Porenräumen die Wasserversorgung der Pflanzen, und sie entziehen als *Filter* dem Wasser gelö-

Tab. 21: Ungefähre Menge und Gewicht der Kleinlebewesen in der obersten, 15 cm dicken Bodenschicht eines Ackerbodens mittlerer Qualität.

Mikroflora	**Anzahl** je g	**Lebend-gewicht** (kg/ha)
Bakterien	600 000 000	10 000
Strahlenpilze	400 000	10 000
Algen	100 000	140
Mikrofauna (0,02-0,2mm)	**je 1000 cm³**	
Geißeltiere Wurzelfüßler (Protozoen) } Wimperntiere	1 500 000 000	370
Mesofauna (0,2-2 mm)	**je 1000 cm³**	
Fadenwürmer	50 000	50
Springschwänze	200	6
Milben	150	4
Makrofauna (2 mm-100 mm)	**je 1000 cm³**	
Tausendfüßler	14	50
Insekten, Käfer, Spinnen usw.	6	17
Mollusken	5	40
Regenwürmer	2	4000

Quelle: SCHEFFER-SCHACHTSCHABEL 1976

ste Stoffe und binden sie vorübergehend an ihre festen Bestandteile. Das Bodenwasser gelangt dadurch in der Regel gereinigt in das Grundwasser.

5.3. Grundlagen der Bodenbildung

Bodenhorizonte: Dokumente jahrhunderte- bis jahrtausendelanger Klima- und Vegetationsentwicklung

Da die an der Bodenbildung beteiligten chemischen und biologischen Vorgänge sehr langsam ablaufen, sind vollentwickelte Böden etwas über Jahrhunderte und Jahrtausende Gewachsenes. Im Laufe der Zeit bilden sich dabei stockwerkartig übereinander liegende "Horizonte" aus, die sich durch ihre Färbung, ihre chemische Zusammensetzung und ihr Gefüge unterscheiden.

Der oberste Horizont ist der aus Blätter- oder Nadelstreu unterschiedlichen Zersetzungsgrades bestehende "organische Auflage-Horizont" ("O-Horizont"; "O"= organisch).

Unter dem O-Horizont folgt der *Mineralboden*. Dieser wird vornehmlich aus mineralischer Substanz aufgebaut, die sich je nach Ausgangsgestein und dessen Verwitterung aus sehr unterschiedlichen Korngrößen zusammensetzt: z.B. aus Feinsand, lehmigem Sand, sandigem Lehm. Die Korngrößenzusammensetzung wird auch als *"Bodenart"* bezeichnet (vgl. Tab. 22).

Den obersten Teil des Mineralbodens nennt man in Anlehnung an die Reihenfolge des Alphabets *"A-Horizont"*. Der A-Horizont ist in Oberflächennähe durch komplizierte Humusverbindungen, die aus dem O-Horizont stammen und durch Bodentiere mit dem Mineralboden vermischt wurden, dunkel gefärbt (A_h, "h" von "Humus").

Unter dem A_h-Horizont schließt sich oft eine durch Versauerung und Auswaschung bedingte Aufhel-

Tab. 22: Bodenarten nach vorherrschenden Korngrößen oder Mischungen (vereinfachte Form).

Bodenart	vorherrschende Korngröße (Durchmesser)	
Tonboden	< 0,002	mm
Schluffboden (z.B. Lößböden)	0,06 – 0,002	mm
Sandboden	2 – 0,06	mm
Kiesboden	63 – 2	mm
Geröllboden	> 63	mm
Blöcke	> 200	mm
Lehmboden	Sand, Schluff und Ton zu etwa gleichen Teilen	
Kleiboden	toniger Schluff	

Quelle: Arbeitsgruppe Bodenkunde 1982

lung an (Bleichzone). Sind von der Auswaschung vornehmlich die farbkräftigen Eisen- und Manganoxide ("Sesquioxide") und Humus betroffen, trägt der dadurch entstandene meist asch- bis violettgraue Bleichhorizont den Namen *"Eluvialhorizont"* (= A_e-Horizont). Ein solcher Auswaschungsvorgang wird als *Podsolierung* bezeichnet (vgl. Abb. 95 u. Farbtafel 3). Unterliegen demgegenüber nur die weniger farbkräftigen Tonteilchen der Auswaschung, dann entsteht der schwach gebleichte, hell- bis gelblichbraune *Tonverarmungshorizont* der Parabraunerden (A_l, "l" von "lessivé" = ausgewaschen). Diesen Vorgang nennt man *Lessivierung.*

Unter dem A-Horizont liegt meist ein *B-Horizont,* der die in den darüberliegenden Horizonten ausgeschwemmten Bestandteile aufgenommen hat. Bei den Podsolen trägt dieser Horizont den Zusatz "B_s" bzw. "B_h", wobei "s" für "Sesquioxidanreicherung" und "h" für "Humusanreicherung" stehen. Häufig ist der B-Horizont der Podsole zu *"Ortstein"* bzw., bei geringerer Härte, zu *"Orterde"* verfestigt. Bei Parabraunerden tritt an die Stelle des B_h- bzw. B_s-Horizontes der B_t-Horizont. In diesem ist Ton angereichert ("t" von Ton). Fehlt eine Anreicherung von verlagerten Stoffen im B-Horizont weitgehend und unterscheidet sich dieser vom A-Horizont durch einen geringeren Gehalt an Humus bei gleichzeitiger Rostfärbung durch Eisenoxidation ("Verbraunung"), so spricht man vom *"B_v"-Horizont* ("v" von "verwittert"). Ein derartiger Horizont ist typisch für Braunerden.

Mit zunehmender Tiefe geht der B-Horizont zumeist ohne scharfe Grenze in das unverwitterte oder angewitterte Ausgangsgestein *(C- bzw. C_v-Horizont)* über.

Bodenprofile und Bodentypen

Die genannten Horizonte treten stockwerkartig in bestimmten Folgen zusammen, die man als *Bodenprofile* bezeichnet. Unter gleichen Ausgangsbedingungen (gleiches Gestein, Klima, Wasserhaushalt, Vegetation etc.) und bei gleicher Entwicklungsdauer ergeben sich immer die gleichen Bodenprofile, die man aus Ordnungs- und Vergleichbarkeitsgründen in sog. *"Bodentypen"* klassifiziert.

Bodentypen umfassen demnach Böden mit gleichen Profilen und gleicher Entstehung. Die wichtigsten Bodentypen in Niedersachsen lassen sich nach der Systematik von MÜCKENHAUSEN (1970) wie folgt gliedern:

1. Podsole, Braunerden und Parabraunerden weisen als Zeichen fortgeschrittener Bodenentwicklung vollständige *A-B-C-Profile* auf. Es handelt sich bei diesen Böden um Landböden (terrestrische Böden).

2. Bei Schwarzerden, Rendzinen, Regosolen und Rankern sind nur der A- und der C-Horizont vorhanden *(A-C-Profile).* Auch sie sind terrestrischer Entstehung.

3. Eine dritte Gruppe umfaßt die unter Einfluß von Grund-, Stau- und Oberflächenwasser entstandenen *hydromorphen Böden:* Gley und Pseudogley, Moor und Anmoor, Marschen- und Auenböden.

4. Als vierte und besondere Gruppe sind schließlich noch die vom Menschen geschaffenen bzw. veränderten Böden zu nennen *(Kulturböden* oder Kultosole: z.B. Plaggenböden).

5.4. Die wichtigsten Bodentypen in Niedersachsen

5.4.1. Podsole

Podsole sind in Niedersachsen in außerordentlich weiter Verbreitung und in zahlreichen Varianten und Übergangsformen anzutreffen (vgl. Abb. 111). Ihr größtes Verbreitungsgebiet liegt auf den sauren und nährstoffarmen Flug- und Schmelzwassersanden der niedersächsischen Geest. Doch finden sie sich auch im Berg- und Hügelland, wo sie auf sauren, durchlässigen und nährstoffarmen Verwitterungsdecken über quarzreichen Festgesteinen (Sandstein, Quarzit, Granit etc.) auftreten.

Saure Bodenreaktion und atlantisches Klima begünstigen die Bildung von Podsolen

Das markante Profil der Podsole entsteht durch *Auswaschungsvorgänge,* bei denen insbesondere Eisen-, Mangan- und Aluminiumverbindungen (sog. Sesquioxide) sowie Huminstoffe in die Tiefe verlagert werden. Zwei Voraussetzungen sind dazu notwendig: eine saure Bodenreaktion und ein niederschlagsreiches Klima.

Eine *saure Bodenreaktion* - erforderlich ist ein pH-Wert unter 5 - wirkt sich in zweierlei Hinsicht fördernd auf die Podsolierung aus. Zum einen werden durch die beschleunigte chemische Zersetzung der Bodenteilchen vermehrt Eisen-, Mangan- und Aluminiumoxide freigesetzt, die an die organischen Moleküle von *Huminsäuren* gebunden werden und dann verhältnismäßig leicht ausgewaschen werden können.

Zum zweiten verschlechtert der hohe Bodensäuregrad die Lebensbedingungen für die im Boden siedelnde Kleinlebewelt. Dadurch verzögert sich der mikrobielle Abbau der organischen Substanz. Im O-Horizont reichert sich infolgedessen Rohhumus an, aus dem verstärkt Huminsäuren freigesetzt werden. Die Huminsäuren wiederum tragen, neben dem sauren, quarzreichen Ausgangsgestein (Quarz = Kieselsäure), wesentlich zur Versauerung des Bodens bei. Besonders kräftige Rohhumusbildner (und Bodensäureproduzenten) sind Heidesträucher (Besenheide, Wacholder, Glockenheide etc.) und Nadelhölzer.

Das *atlantische Klima* mit seinen ganzjährig hohen Niederschlägen und seiner im Vergleich dazu geringeren Verdunstung ist dafür verantwortlich zu machen, daß die Bewegung des im Boden vorhandenen Wassers während der meisten Zeit des Jahres nach unten gerichtet ist. Erst dadurch ist die Auswaschung von Bodenteilchen und ihre Verlagerung in den Unterboden möglich. Rasch und effektiv erfolgt sie in porösen Sanden, z.B. in Dünen- und Schmelzwassersanden. An solchen Standorten finden sich daher auch die tiefgründigsten Podsol-Profile (vgl. Farbtafel 3).

Bleichhorizont und Ortstein: unverwechselbare Kennzeichen der Farb- und Nährstoffauswaschung

Podsole weisen im Idealfall ein O-A_h-A_e-B_h-B_s-C-Profil auf: Unter einer bis zu 10 cm dicken Rohhumusauflage (O) und einem wenige Zentimeter starken, schwarzgrauen A_h-Horizont folgt der aschgraue A_e-Horizont (= Bleichhorizont). Dieser Horizont, der gebleichte Sandkörner enthält, hat dem Podsol seinen Namen gegeben (russ. "Ascheboden"). Die Dicke des *Bleichhorizontes* schwankt in der Regel zwischen 10 und 20 cm. Mit mehr oder weniger scharfer Grenze wird der Bleichhorizont vom *Einwaschungshorizont* unterlagert (= B-Horizont, Illuvialhorizont). Im oberen Teil ist dieser als Folge der Humusanreicherung tiefschwarz bis

braunschwarz gefärbt (B_h). Nach der Tiefe zu und mit Abnahme der kräftigen Farbüberdeckung durch die angereicherten Huminstoffe nehmen als Folge der Ausfällung von Eisenoxiden bräunliche Farbtöne zu (B_{sh}). Schließlich überwiegt ein Rot- bis Rostbraun (B_s). Die Mächtigkeit des Einwaschungshorizontes schwankt zwischen 20 und 60 cm. Oft setzt sich der Horizont nach unten hin in Form von millimeterdünnen Eisen-Humusbändern weiter fort und leitet so allmählich in das angewitterte Ausgangsgestein (C) über. Mitunter kann man in senkrechten Profilschnitten keilförmige "Ortsteinzapfen" und rundliche "Wurzeltöpfe" beobachten, die auf Ortsteinbildung im Bereich ehemaliger, inzwischen zersetzter Baumwurzeln schließen lassen. In der Regel handelt es sich dabei um Pfahlwurzeln und Stubben der Kiefer.

Je nach der Zusammensetzung des B-Horizontes unterscheidet man zwischen Eisen-, Eisenhumus- und Humuspodsolen. Reine *Eisen-Podsole,* die einen rötlich-braun gefärbten B-Horizont, in dem vornehmlich Eisen angereichert ist (B_s), besitzen, sind in Niedersachsen selten, da sie sich nur dort bilden können, wo genügend eisenhaltige Silikate (Feldspat, Glimmer) im Untergrund zur Verfügung stehen und wo außerdem die farbliche Überdeckung des B_s-Horizontes durch eingewaschene Huminstoffe gering bleibt.

Die Regel sind im nördlichen Niedersachsen Eisenhumuspodsole; denn die meisten Sande der Geest, insbesondere die Flug- und Dünensande, sind arm an Silikaten. Sie bestehen vornehmlich aus Quarzkörnern, d.h. aus reiner Kieselsäure. Was die Produktion von Huminstoffen betrifft, so fallen diese unter den niedersächsischen Klima- und Vegetationsbedingungen in so reicher Menge an, daß sich in unserem Raum überwiegend nur humusreiche Podsolvariationen haben bilden können: Eisenhumus- und sogar Humuspodsole.

Eisenhumus-Podsole (vgl. Abb. 95) sind mit ihrer typischen Zweigliederung des B-Horizontes (B_h

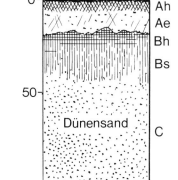

Abb. 95: Eisenhumus-Podsol auf Dünensand unter Heidevegetation. Schematisches Bodenprofil (Erklärung der Bodenhorizonte s. Text).

und B_s) auf den trockenen, mäßig silikatführenden Schmelzwassersanden der Geest die übliche Bodenbildung.

Humuspodsole sind dagegen bezeichnend für die etwas feuchteren Sandstandorte, wo unter dem Einfluß von Zuschuß- und Stauwasser der mikrobielle Abbau der Huminstoffe verzögert wird, so daß sie sich anreichern und dem B-Horizont (B_h) die tiefschwarze Farbe geben. Ein typisches Merkmal ist auch die mächtige Rohhumusauflage.

Podsole sind wichtige Zeugen der Vegetationsgeschichte und der Kulturlandschaftsentwicklung

Zwar lassen sich Podsolierungsvorgänge in Niedersachsen schon für die Zeit des Weichsel-Spätglazials nachweisen. Damals hatten sich in der nur rd. 800 Jahre dauernden kurzfristigen und relativ feuchten Warmphase des *Alleröd-Interstadials* (11 800 bis 11 000 Jahre vor heute) unter einem lichten Birken-Kiefernwald in Norddeutschland verbreitet bereits schwache Podsolböden gebildet, die als fossile "Zwergpodsole" in weichselspätglazialen Flugsanden und Dünen vielerorts noch angetroffen werden können.

Unzweifelhaft fällt die Hauptphase der Podsolausbreitung jedoch mit den landschaftsverändernden Eingriffen des Menschen in die natürlichen Wälder zusammen. Solche Eingriffe sind frühestens für den Beginn der *Jungsteinzeit,* vor rund 5000 Jahren, feststellbar. Mit der Übernahme bäuerlicher Wirtschaftsformen (Ackerbau, Waldweide) wurden die natürlichen Wälder erstmals durch Rodung, Viehverbiß und Brand weitflächig zerstört. An ihre Stelle trat die Zwergstrauchheide. Ihre bleichsandhaltigen Plaggen haben beim Aufschichten der jungsteinzeitlichen und bronzezeitlichen Hügelgräber Verwendung gefunden. Zahlreiche jungsteinzeitliche Großsteingräber sind außerdem über Podsolprofilen errichtet worden.

Alle diese Befunde weisen darauf hin, daß schon in dieser frühen Zeit der bäuerlichen Besiedlung der Geestgebiete Podsolböden unter Heide weitflächig bestanden haben. In den meisten Fällen handelt es sich um "Sekundärpodsole", die aus bereits existierenden älteren Bodenbildungen hervorgegangen sind. Solche älteren Böden sind häufig "Bänderparabraunerden" (s.u.). Die rötlich-braunen Tonanreicherungsbänder dieser Parabraunerden sind meist noch erhalten und werden an ihrer Obergrenze von schwarzbraunen Auflagen aus Humus- und Eisen-Manganverbindungen überlagert, die von der späteren Podsolierung herrühren.

Besonders mächtige Podsolprofile müssen nicht unbedingt sehr alt sein. Neben der Einwirkungsdauer der Podsolierungsvorgänge spielen nämlich auch die Körnung des Bodens und die dadurch bedingte Durchlässigkeit für Sickerwasser bei der Geschwindigkeit und Stärke der Podsolierung eine wichtige Rolle. In grobkörnigeren Sanden sind in der Regel bei gleicher Vegetation tiefgründigere Podsole entwickelt als in dichten Feinsanden. Für die Ausprägung eines Podsol-Profils mit den üblichen kräftigen Bleichsand- und Ortsteinhorizonten darf man wohl eine Mindestzeit von mehreren Jahrhunderten annehmen.

Nährstoffarmut, Trockenheitsgefährdung und hoher Bodensäuregrad begrenzen die Erträge

Von Natur aus haben Podsolböden durch ihre Nährstoffarmut und ihren hohen Bodensäuregrad nur eine geringe Ertragskraft. Der für die Pflanzenwurzeln schwer zu durchdringende Ortstein behindert zusätzlich die Inkulturnahme. Früher wurden Sandböden mit stark ausgeprägten Podsolen aus diesem Grunde der *extensiven Nutzung* überlassen: Sie dienten als *Heideflächen* der gemeinschaftlichen Schafweide und Bienenhaltung, und die für die Düngung so wichtigen Heideplaggen wurden auf ihnen gewonnen. Diese über viele Jahrhunderte hindurch betriebene Wirtschaftsform fand bekanntlich in der zweiten Hälfte des 19. Jahrhunderts ihr Ende. Mit dem Niedergang der Heidebauernwirtschaft und der Privatisierung der Allmenden wurden die Podsolböden in land- oder forstwirtschaftliche Kultur genommen. Kuppiges und hängiges Gelände der Endmoränen wurde aufgeforstet; Sandböden in ebener, trockener Lage wurden mit Hilfe von Tiefpflügen umgebrochen und in Ackerland umgewandelt. Auf staunässe- und grundwasserbeeinflußten Feuchtpodsolen wurden Grünlandflächen angelegt.

Die Anwendung von Mineraldünger, Flüssigmist (Gülle) und Kalk sowie die Beregnung haben es möglich gemacht, daß selbst die ärmsten Sandböden heute bei Beackerung Erträge abwerfen, die denen der besseren Grundmoränenböden und sogar denen der Lößböden nicht viel nachstehen. Allerdings ist die Anbauflexibilität aus wirtschaftlichen Gründen enger als bei den letztgenannten Böden und wesentlich vom Wasserhaushalt und der Tiefenlage und Härte des Ortsteins abhängig: Hohe Erträge lassen sich nur unter kostspieligem Arbeitskraft-, Maschinen- und Düngereinsatz erzielen. Feuchtere Lagen erreichen allgemein höhere Bodenwerte als Standorte mit Trockenpodsolen. Im sommertrockenen Ost- und Südostniedersachsen mindern künstliche Beregnungsmaßnahmen die relativ hohe Trockengefährdung.

5.4.2. Braunerden (vgl. Abb. 96)

Braunerden sind auf der Geest insbesondere über Geschiebelehm und silikatreicheren Schmelzwasser- und Geschiebesanden anzutreffen. Innerhalb des Berglandes findet man sie vor allem über silikathaltigen Sandsteinen sowie über lehmigen silikathaltigen Verwitterungsdecken und Fließerden.

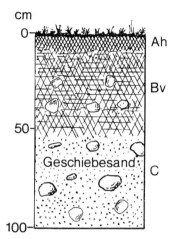

Abb. 96: Braunerde aus Geschiebedecksand unter Gras (Erklärung der Bodenhorizonte s. Text).

Die Braunfärbung beruht auf Verwitterung

Braunerden lassen sich am A_h-B_v-C_v-C-Profil erkennen. Unter einem braungrau gefärbten, humushaltigen A_h-Horizont, der nur selten über 20 cm Dicke erreicht, folgt als wesentliches Merkmal der Braunerde der bis zu 150 cm tiefreichende sepia- bis okkerbraun gefärbte B_v-Horizont. Dessen Braunfärbung ist durch feinverteilte Eisenoxide bedingt, die bei der Verwitterung von Silikaten freigesetzt werden und die Bodenteilchen mit einer mikroskopisch feinen Kruste umhüllen bzw. in flockiger Form zwischen den Mineralkörnern liegen. Im A_h-Horizont ist diese Braunfärbung auch vorhanden, jedoch durch den Humusgehalt überdeckt. Aus der Verwitterung der Silikate gehen auch Tonteilchen hervor. Sie verleihen dem A_h- und B_v-Horizont eine fühlbare Bindigkeit, die besonders in Sandböden die Wasser- und Nährstoffbindung verbessert. Dagegen ist die Verlagerung von Ton in den Unterboden (sog. Tondurchschlämmung), die bei der Entstehung von Parabraunerden eine Schlüsselrolle spielt, bei der Braunerdeentwicklung nur von untergeordneter Bedeutung, da sie erst bei fortschreitender Bodenreife und Versauerung einsetzt (pH-Wert zwischen 6,5 und 5, s. Unterabschnitt "Parabraunerden").

Braunerden auf Geschiebelehm sind häufig Ackerland seit der Jungsteinzeit

Die *Nutzungsmöglichkeiten* von Braunerden hängen in erster Linie von ihrer Wasser- und Nährstoffversorgung ab. Im allgemeinen bleiben die besonders trockenen und hängigen Lagen über Sand und Sandsteinen (Sand-Braunerden) bei geringem Nährstoffgehalt der Forstwirtschaft vorbehalten; Ackerbau erfordert hohe Düngerzugaben und Bewässerung, um die Erträge zu sichern. Lehmige Braunerden erreichen dagegen deutlich höhere Bodenwerte, sofern Grundwasser oder Staunässe im Unterboden die Gefahr von Trockenschäden verringern.

Die Braunerden auf den anlehmigen Grundmoräneninseln der Geest werden deshalb bei mittleren bis guten Bodengüten z.T. schon seit der Jungsteinzeit beackert, zumal in den Grundmoränen auch die Findlinge vorhanden sind, mit denen die ackerbautreibenden Großsteingrableute ihre monumentalen Grabdenkmale errichteten.

5.4.3. Parabraunerden (vgl. Abb. 97, 98)

Tonauswaschung schafft Parabraunerden

Parabraunerden zeichnen sich im Profil durch eine A_h-A_l-B_t-C-Horizontfolge aus. Sie sind das Resultat einer *Tonverlagerung* in den Unterboden *(Lessivierung)*: Unter dem geringmächtigen, humosen A_h-Horizont liegt ein humusarmer, fahlbrauner, durch Auswaschung von Tonteilchen entstandener Tonverarmungshorizont (Lessivierungshorizont, A_l); diesem folgt in Tiefen zwischen 40 und 80 cm ein tiefbrauner Tonanreicherungshorizont (B_t), der in seiner Farbe dem B_v-Horizont von Braunerden ähnelt (deshalb die Vorsilbe "Para"). Der B_t-Horizont kann zwischen 40 cm und über 1 m mächtig sein (max. 4 m).

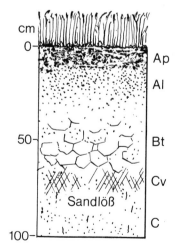

Abb. 97: Parabraunerde aus beackertem Sandlöß (Erklärung der Bodenhorizonte s. Text).

Parabraunerden wurden früher oft zu den Braunerden gestellt, zumal sie auch ökologisch den nährstoffreicheren Braunerden nahe stehen. Viele sind aus solchen hervorgegangen, sobald durch Karbonatauswaschung und schwache Versauerung eine Tonverlagerung möglich wird. Bei stärkerer Versauerung (pH-Wert unter 5) können auch Fe- und Mn-Oxide freigesetzt werden, so daß sich die davon betroffenen Parabraunerden dann über die Stufe der Podsol-Parabraunerde zum Podsol weiterentwickeln. Bei starker Tonanreicherung im Unterboden können Parabraunerden unter Stauwassereinfluß zunehmend die Merkmale von Pseudogleyen annehmen, die dann die Horizontmerkmale der Parabraunerde oft ganz überdecken (s.u.).

Parabraunerden nehmen in Niedersachsen im Vergleich zu Podsolen die etwas silikatreicheren, oft schwach lehmigen und nur mäßig sauren Lagen ein. Silikate sind vor allem bei fehlendem primären Tonanteil notwendig, weil durch ihre Verwitterung jene Tonteilchen freigesetzt werden, die dann durch Lessivierung in den B_t-Horizont verlagert werden.

Hauptverbreitungsgebiet in den Lößbörden und lößerfüllten Becken des Berglandes

Im *Tiefland* haben Parabraunerden ihre Verbreitungsschwerpunkte vor allem auf sandigem Geschiebelehm, auf Sandlöß und Geschiebedecksand (vgl. Abb. 111).

Über stärker sandigem Untergrund, wie z.B. in tonarmem Geschiebedecksand, in Schmelzwassersanden, in Sandlöß mit hohem Sandanteil und z.T. auch in Flugsand, treten durch die stärkere Auswaschung und den geringeren primären Tonanteil an die Stelle des geschlossenen Tonanreicherungshorizontes häufig dünne, rötlichbraune Bänder mit erhöhtem Ton- und auch Eisengehalt, die mehrere Meter tief in noch weitgehend unbeeinflußte Schichten hineinreichen können (C_t-Horizont). Böden mit derartigen Bänder-Profilen werden als *Bänder-Parabraunerden* bezeichnet (vgl. Abb. 98). Sie haben sich nach Auffassung des Pflanzensoziologen Reinhold TÜXEN unter dem einst natürlichen Buchen-Stieleichen-Birken-Mischwald entwickelt,

sind dann nach Rodung des Waldes unter Heidevegetation und später unter Nadelholzforsten allerdings oft durch Podsolierungen überprägt worden (s.o.).

Ein weiteres Hauptverbreitungsgebiet der Parabraunerden, mit wesentlich höheren Bodenwertzahlen als auf der Geest, sind die *Lößablagerungen* in den Lößbörden und in den lößerfüllten Becken des Berglandes. Zum Teil lassen sich Parabraunerden dort auf Schwarzerden zurückführen, deren mächtige Humusanreicherungen und Karbonate im Laufe des feuchten Mittel- und Jungholozäns ausgewaschen wurden (vgl. Pkt. 5.4.4. "Schwarzerden"). Zum Teil sind sie aber auch im ehemals kalkhaltigen Löß aus Pararendzinen (A-C-Karbonatböden) bzw. aus Braunerden hervorgegangen, nachdem die stabilisierenden Bindungen der Tonteilchen im Oberboden durch Karbonatauswaschung und schwache Versauerung aufgelöst worden waren. Die Entkalkungstiefe beläuft sich in Parabraunerden über weichselzeitlichem Löß auf max. etwa 1,5 m.

Parabraunerden über Löß: Böden mit überdurchschnittlicher Fruchtbarkeit

Parabraunerden weisen je nach Ausgangsgestein und Verwitterungsgrad sehr unterschiedliche Eigenschaften und *Nutzungsmöglichkeiten* auf. Bänder-Parabraunerden leiden, namentlich auf Sand, in niederschlagsarmen Sommern stark unter Austrocknung. Da sie außerdem nur wenig Pflanzennährstoffe enthalten, liefern sie nur mäßige Ackerböden, auf denen früher vor allem Roggen und Kartoffeln angebaut wurden. Heute dominieren Gerste, Grünfutter und Mais, die unter hohen Düngergaben und Feldberegnung durchschnittliche bis gute Erträge liefern.

Demgegenüber zeichnen sich Parabraunerden auf Löß und Sandlöß schon im natürlichen Zustand durch eine überdurchschnittlich hohe Bodenfruchtbarkeit aus, die bei Bodenwerten zwischen 50 und 90 Punkten ein weites Anbauspektrum ermöglicht. Anspruchsvolle Feldfrüchte, wie Weizen, Zuckerrüben und Raps stehen dort an erster Stelle. Negativ zu beurteilen sind allerdings die Gefahr übermäßiger Bodenverdichtung durch Verschlämmung sowie die erhöhte Erodierbarkeit, insbesondere beim Anbau in hängigen Lagen (vgl. Farbtafel 13).

5.4.4. Schwarzerden (vgl. Abb. 99)

Starker Humusgehalt verursacht Schwarzfärbung

Schwarzerden (russ. Tschernosem) sind der Gruppe der A-C-Böden zuzuordnen. Ihr auffälligstes Merkmal ist die 50 bis zu 80 cm mächtige Ah-Ho-

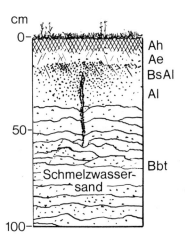

cm

0 —

Ah
Ae
BsAl
Al

50 —

Bbt

Schmelzwassersand

100 —

Abb. 98: Podsolierte Bänder-Parabraunerde aus Schmelzwassersand unter Trockenrasen und Heide (Erklärung der Bodenhorizonte s. Text).

rizont, der wegen seines hohen Gehaltes an organischer Substanz (Humus) im feuchten Zustand grauschwarz gefärbt ist. Bezeichnend sind die zahlreichen Wurmgänge sowie Grabgänge (Krotowinen) von Maulwürfen, Hamstern oder Wühlmäusen, die vom A_h-Horizont oft tief in die liegenden Lößsedimente hineinreichen und mit grauschwarzem Humusmaterial bzw. im A_h-Horizont mit gelblichem Löß verfüllt sind. Sie weisen auf die intensive Wühlarbeit durch die Bodenorganismen hin, die sehr wesentlich ist für die hohe Fruchtbarkeit der Schwarzerden (vgl. Farbtafel 15). Die Wühlarbeit sorgt für die ständige Wiederauflockerung des Bodens und für eine gleichmäßige Verteilung der in der Schwarzerde vorhandenen Nährstoffe. Häufig ist innerhalb des oberen C-Horizontes der im Löß natürlich vorhandene Kalk sekundär in Form von wurzelartigen Strukturen (Pseudomycel), als knollenförmige Konkretionen *(Lößkindeln)* oder auch in Gestalt eines durchgehenden Horizontes (C_{ca}) angereichert.

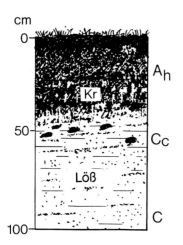

Abb. 99: Beackerte Schwarzerde (Tschernosem) aus Löß mit Krotowinen (Kr) und Kalkanreicherungen (Cc) (Erklärung der Bodenhorizonte s. Text).

Hauptverbreitungsgebiet: ostniedersächsische Lößbörden

Schwarzerden treten in Niedersachsen ausschließlich über Löß oder lößähnlichen Sedimenten auf. Sie haben ihr Hauptverbreitungsgebiet in den ostniedersächsischen Bördegebieten in der Umgebung von Braunschweig, Wolfenbüttel und Helmstedt. Nach Osten setzen sie sich weiter in der Magdeburger Börde fort. Ihre westlichsten Vorkommen liegen in der Hildesheimer Börde.
Aus den genannten Verbreitungsmerkmalen wird eine Bindung der Schwarzerden an bestimmte klimatische Schwellenwerte offensichtlich: In Niedersachsen kommen Schwarzerden heute nur in Gebieten vor, die sich durch ein *kontinental getöntes Klima* auszeichnen (s.u.).

Relikte des trockeneren Klimas im Frühholozän

Die Entstehung der niedersächsischen Schwarzerden läßt sich nun aber nicht unmittelbar auf das heutige Klima zurückführen; gegenwärtig werden Schwarzerden nämlich nur in den kontinentaltrockenen, grasreichen Steppen Osteuropas und Nordamerikas (weiter)gebildet: Sommertrockenheit und Winterkälte hemmen dort die mikrobiellen Abbauvorgänge im Boden und sorgen damit für die Anreicherung von schwarzfärbenden Huminstoffen im A_h-Horizont. Außerdem verhindern die Trockenheit und die Winterkälte, daß diese Stoffe schnell ausgewaschen werden.
Zeitlich wird die Entstehung der niedersächsischen Schwarzerden vielmehr in das frühe Holozän gestellt, das im Vergleich zu heute ein kontinentaleres Klima mit kälteren Wintern und trockeneren Sommern aufwies (Präboreal, Boreal). Spätestens seit dem feuchteren Atlantikum unterliegen die Schwarzerden durch Auswaschung von Kalk, Ton und Humus der "Degradation". Besonders in den westlichen Randgebieten des Schwarzerdegürtels ist es auf diese Weise zur Bildung von Parabraunerden gekommen. Morphologisch unveränderte, "reliktische" Schwarzerden sind in Niedersachsen daher heute verhältnismäßig selten. Sie konzentrieren sich häufig (z.B. in der Hildesheimer Börde) auf staunasse Lößböden über Ton oder Geschiebelehm, wo Staunässe die Lessivierung verhindert hat.

Hohe Bodengüte führt zu Spitzenwerten der Ertragskraft

Schwarzerden besitzen im allgemeinen eine hohe *Bodenfruchtbarkeit*. Sie sind steinfrei und dank ihres krümeligen Gefüges gut belüftet und leicht durchwurzelbar. Die dunkle Farbe der Huminstoffe erhöht besonders in den Übergangsjahreszeiten die Bodentemperaturen und verlängert dadurch die Vegetationsperiode. Das große Speichervermögen für Pflanzennährstoffe, die im allgemeinen gute bis sehr gute Basensättigung, die hohe kapillare Leitfähigkeit und große Speicherfähigkeit für das in den Boden gelangende Wasser und nicht zuletzt auch die Steinfreiheit und leichte Bearbeitbarkeit bedingen Bodengütezahlen, die über 80 Punkten liegen und in der Hildesheimer Börde Spitzenwerte von 100 Punkten erreichen.
Dementsprechend liegt der Schwerpunkt der Nutzung im Anbau anspruchsvoller Feldfrüchte: Weizen, Zuckerrüben, Brau- und Wintergerste, Raps und in den großstädtischen Randgebieten auch Gemüse. In der Ertragskraft nehmen die Schwarzerden unter allen niedersächsischen Böden die höchsten Werte ein: Die langjährigen Mittel der Ernteerträge pro Hektar Ackerland liegen beispielsweise

beim Weizen durchschnittlich bei mehr als 80 dt, bei Zuckerrüben bei über 550 dt (zum Vergleich unbewässerter Sandboden der Geest: 50 dt bzw. 370 dt).

5.4.5. Rendzinen, Ranker und Regosole

Frühe Stadien in der Bodenentwicklung auf jungen Oberflächen

Diese drei zu den *A-C-Böden* zu zählenden Bodentypen repräsentieren jeder für sich ein frühes Stadium in der Bodenentwicklung auf *jungen* Oberflächen und aus jeweils unterschiedlichem geologischen Ausgangsmaterial. Typische Standorte derartiger Böden finden sich innerhalb des Berglandes an Steilhängen und in Kamm- und Kuppenlagen aus Festgestein, wo das Verwitterungsmaterial immer wieder abgespült wird. Im Tiefland konzentrieren sie sich im wesentlichen auf junge oder noch in Umbildung begriffene Lockergesteine, wie die neuzeitlichen Dünen und Flugsandfelder aus der Heidebauernzeit und die Küstendünen.

Rendzina auf Kalk, Ranker auf Sandstein, Regosol auf Sand

Auf basenreichen, karbonathaltigen Gesteinen wie Kalkstein, Dolomit-, Gips- und Mergelstein sowie auf kalkschuttführenden Schuttdecken des Berg- und Hügellandes ist die *Rendzina* die charakteristische Bodenbildung. *Auf sauren, kalkfreien Festgesteinen* wie Sandstein, Quarzit, Grauwakke, Tonschiefer, Granit und Gneis ist der *Ranker* das Pendant der Rendzina. *Auf sauren, kalkfreien Lockergesteinen* (insbesondere Flug- und Dünensande) ist der entsprechende A-C-Boden der *Regosol.*
Das Profil der *Rendzina* (vgl. Abb. 100), deren Name sich aus dem Polnischen ableitet (rzedzic = Geräusch beim Pflügen des kalksteinhaltigen Bo-

dens), besteht im oberen Teil aus einem stark humosen, schwarzgrauen und meist sehr steinigen A_h-Horizont, der nach der Tiefe zu in zerklüftetes, karbonat- bzw. sulfathaltiges Festgestein (C-Horizont) übergeht, wie Kalk, Dolomit, Gips und Anhydrit. Frost- und Wurzelsprengung haben die Festgesteinsoberfläche zerrüttet, Niederschlags- und Sickerwässer die Karbonate und Sulfate abgeführt, so daß sich die weniger bzw. unlöslichen Stoffe im Laufe der Zeit angereichert haben (Tonminerale, Quarz, Eisenoxide). Sie bauen zusammen mit Huminstoffen den (anlehmigen) A_h-Horizont auf. Je nach dem Gehalt an unlöslichen bzw. schwerlöslichen Bestandteilen weisen die A_h-Horizonte daher sehr unterschiedliche Mächtigkeiten auf. Von einem Kalkstein mit einem Gehalt von 95 % $CaCO_3$ muß beispielsweise eine rd. 2 m dicke Gesteinsschicht verwittern, damit ein 20 cm starker, kalkfreier Lösungsrückstand übrig bleibt.
Die Tiefgründigkeit der Bodenbildung hängt aber auch von weiteren Faktoren ab: von der spezifischen Löslichkeit des jeweiligen Kalk- und Dolomitgesteins, von der Kompaktheit und der Porosität der Gesteine und nicht zuletzt vom Niederschlagsüberschuß. Höhere Niederschläge bedingen intensivere Lösungsvorgänge; Rendzinen an sonnigen Südhängen sind meist geringmächtiger als Rendzinen auf schattigen, besser durchfeuchteten Nordhängen.

Lage, Bodenart und Gründigkeit bestimmen die Nutzung

Wegen ihrer Flachgründigkeit, Steinigkeit und Trockengefährdung bleiben die Rendzinen meist dem Wald überlassen. Die Forstwirtschaft bevorzugt neben Eichen und Rotbuchen auch Schwarzkiefern, die aufgrund ihrer Trockenheitstoleranz auf diesen Standorten recht gut gedeihen. In nennenswertem Umfang ackerbaulich genutzt werden nur die tiefgründigeren Rendzinen, sofern sie feuchter und verlehmt sind. In hängigen Lagen werden sie dagegen überwiegend von wüchsigen Kalkbuchenwaldgesellschaften eingenommen (vgl. Kap. 8. "Pflanzendecke").
Ranker (österr. "Rank" = Steilhang) bzw. *Regosole* (griech. "rhegos" = Decke) sind im Gegensatz zu Rendzinen die A-C-Böden auf karbonat- und sulfatfreien Gesteinen. Ranker sind dabei definitionsgemäß die flachgründigen Böden auf Festgesteinen. Ihnen entsprechen die Regosole auf Lockergesteinen (vgl. Abb. 101).
In Abhängigkeit von der Körnung und der mineralischen Zusammensetzung des Ausgangssubstrats sind die Nutzungsmöglichkeiten von Rankern und Regosolen sehr beschränkt. Über den in Niedersachsen vorherrschenden quarz- (kieselsäu-

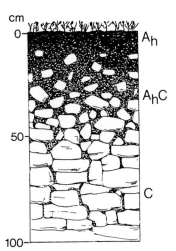

cm

Abb. 100: Rendzina aus Kalk unter Ackerrain-Vegetation (Erklärung der Bodenhorizonte s. Text).

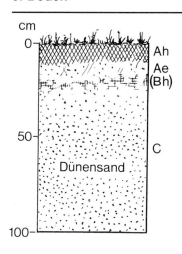

Abb. 101: Podsolrego-
sol aus Jungdünen-
sand (Erklärung der Bo-
denhorizonte s. Text).

re-) reichen Gesteinen (z.B. Flug- und Dünensand, Sandstein, Quarzit oder Granit) sind die Böden mäßig bis stark sauer und bei Mangel an Silikaten und Tonmineralen außerdem nährstoffarm.
Ranker mit solchen Eigenschaften werden deshalb überwiegend forstwirtschaftlich (Eichen, Fichten, Kiefern) oder als Grünland genutzt. Nur die Regosole, die tiefgründiger und leichter durchwurzelbar sind, tragen gelegentlich auch Ackerland von
sehr geringer Bodengüte (z. B. auf den jungen,
neuzeitlichen Flugsanddecken der Geest).
Bei genügender Bodenstabilität und bei ausreichender Zeitdauer (Jahrhunderte) können sich die A-C-
Böden zu vollständigen A-B-C-Profilen fortentwik-
keln: Aus der Rendzina wird dann - besonders bei
Lößbeimengung - über die Zwischenstufe der
Braunerde-Rendzina eine Braunerde bzw. Parabraunerde; Ranker und Regosole reifen je nach
Quarz- und Silikatgehalt des Ausgangsgesteins
und je nach der auf ihnen stockenden Vegetation
entweder zu Braunerden oder zu Podsolen.

5.4.6. Stau- und Grundwasserböden

Zu dieser Gruppe zählen die *Gley-, Pseudogley-
und Stagnogleyböden,* ferner die *Aueböden* sowie
die Böden der *Marschen.* Der Einfluß von Stau- und
Grundwasser äußert sich bei diesen Böden in
verschiedener Weise: Zum einen verursacht der
zeitliche und räumliche Wechsel von Vernässung
(Luftabschluß) und Austrockung (Luftzugang) Reduktion bzw. Oxidation des im Boden gebundenen
Eisens und Mangans; zum zweiten werden im Wasser unter Sauerstoffmangel Eisen, Mangan aber
auch Kalk gelöst und umgelagert. Zum Teil geschieht dies innerhalb der Horizonte, zum Teil
aber auch über größere Distanzen, wobei dann
meistens in Senken und Tälern eine Anreicherung
stattfindet (*Raseneisenstein,* Wiesenkalk).
Eine besondere Gruppe der Stau- und Grundwas-
serböden bilden die Auen- und die Marschböden.

Bei diesen wird die Bodenbildung durch periodi-
sche oder gelegentliche Überflutungen unterbrochen, durch die immer wieder neue Sediment-
schichten abgelagert werden. Auf diese Weise
geht die Bodenbildung häufig nicht über das Stadium des Rohbodens hinaus.

Gleyböden

*Schwankender Grundwasserstand verursacht
Oxidation und Reduktion*

Beim Gley führen Redoxvorgänge (Reduktion und
Oxidation) infolge wechselnden Grundwasserstandes zur Ausbildung von zwei eigenständigen, übereinanderliegenden Horizonten: Im oberen rostflek-
kigen Oxidationshorizont (G_o) ist Eisen im Schwankungsbereich des Grundwassers (Grundwasseram-
plitude) zu rostfarbigen Verbindungen des dreiwer-
tigen Eisens oxidiert worden. Außerdem hat infolge der Wasserbewegung eine Verlagerung der Ei-
sen- und häufig auch der Manganverbindungen
stattgefunden, die sich in der Fleckigkeit und nicht
selten auch im Vorkommen von stecknadel- bis
faustgroßen Eisenkonkretionen (Raseneisenstein)
dokumentiert. Die Obergrenze dieses Horizontes
zeigt den Grundwasserhöchststand (einschließlich
Kapillarsaum) an, die untere Begrenzung des G_o-
Horizontes den Grundwassertiefststand.
Unter dem Oxidationshorizont folgt der ständig nasse, fahlgraue, graugrüne oder blauschwarze Re-
duktionshorizont (G_r).
Typische Gleye (vgl. Abb. 102) besitzen folglich
ein A_h-G_o-G_r-C-Profil. Liegt der mittlere Grundwasserspiegel sehr hoch und erreicht er bei geringen
Jahresschwankungen zeitweilig die Bodenoberfläche, so entfällt der G_o-Horizont. Dann bilden sich
sog. Naßgleye oder, wenn Sauerstoffmangel den
Abbau organischer Substanz hemmt, *Anmoorgleye* und unter ständiger Vernässung *Niedermoortorfe.*

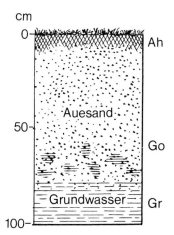

Abb. 102: Auengley aus
Auesand in einem Fluß-
tal auf der nieder-
sächsischen Geest (Er-
klärung der Bodenhori-
zonte s. Text).

Befindet sich der mittlere Grundwasserstand tiefer als 1 m, so läuft die Vergleyung nur im Unterboden ab, während sich im Oberboden eine "terrestrische" Bodenbildung vollzieht. Dann entstehen Übergangs- bzw. Doppelprofile: Braunerde- und Parabraunerde-Gleye, Podsol-Gleye, Gley-Podsole etc.

Die Breite der *landwirtschaftlichen Nutzungsmöglichkeiten* hängt bei Gleyen in erster Linie von der Intensität und der Dauer der Vernässung ab. Die Höhenlage und die Schwankungen des Grundwasserspiegels sowie die Beweglichkeit des Wassers im Boden spielen dabei eine entscheidende Rolle. Bei hohen Grundwasserständen leiden vor allem feinkörnige, schluffreiche oder stark humushaltige Böden mit hohem Wasserhaltevermögen unter langanhaltender *Vernässung,* die lediglich Grünlandnutzung zuläßt. Dagegen werden Gleyböden mit tiefliegendem Grundwasserstand bei Graben- und Dränentwässerung auch beackert.

Pseudogleyböden (vgl. Abb. 103)

Oxidation und Reduktion durch Stauwasserschwankungen

Pseudogleye, die einen ähnlichen Profilaufbau zeigen wie die Gleyböden (daher die Vorsilbe "Pseudo"), liegen im Gegensatz zu diesen nicht im Niveau des Grundwassers. Statt eines hochliegenden Grundwasserspiegels ist bei ihnen zeitweiliger *Stauwassereinfluß* für Redoxvorgänge verantwortlich zu machen, die sich in einer auffälligen rostbraunen (Oxidation) bzw. fahlgrauen (Reduktion) Fleckung und *Marmorierung* äußern.

Entscheidend für die Profilausprägung ist ein in geringer Tiefe vorhandener stark verdichteter Unterboden (S_d = "dichter Staunässehorizont" oder "Staukörper"). Er behindert das Einsickern des Regenwassers in den Untergrund. "Primäre" S_d-Horizonte werden beispielsweise von der dichten, leh-

migen Grundmoräne der Saale-Eiszeit und vom elsterzeitlichen Lauenburger Ton gebildet. "Sekundäre" S_d-Horizonte sind dagegen erst das Resultat fortgeschrittener Toneinschwemmung in den Unterboden infolge einer Parabraunerdedynamik (B_t-Horizont). Oft treten primäre und sekundäre S_d-Merkmale gleichzeitig auf: z.B. bei dichten B_t-Horizonten über lehmiger Grundmoräne.

Die Dauer der Naßphase bestimmt die Nutzbarkeit

Nach stärkeren Niederschlägen oder regenreicher Witterung staut sich das Wasser über dem S_d-Horizont im wasserdurchlässigeren Oberboden (S_w-Horizont = "w" von *"Wasserleiter"*). Die Folge ist eine zeitweilige Vernässung, die sich bei langer Dauer der Naßphase in der Regel sehr ungünstig auswirkt: Es kommt durch Luftmangel und Versauerung zu einer Behinderung des für die Bodenfruchtbarkeit so wichtigen Bodenlebens. Hohe Adhäsions- und Kapillarkräfte im S_d-Horizont erschweren andererseits in regenarmen Sommern die Wassernachlieferung aus dem Unterboden, so daß dann Pseudogleye mit flachgründigen S_w-Horizonten unter starkem Wassermangel leiden. Pseudogleye in solcher Ausprägung sind daher verhältnismäßig unsichere Pflanzenstandorte. Bei tiefergelegenem und/oder weniger dichtem Staukörper wirkt sich die Staunässe dagegen in der Regel relativ günstig aus.

Einen wichtigen Einfluß auf den Wasserhaushalt haben darüber hinaus naturgemäß das Relief und die jeweilige Nutzungsart. Unter Wald ist die Vernässung wegen der hohen Verdunstung der Blätter während der Vegetationsperiode durchweg geringer als bei Anbau landwirtschaftlicher Kulturpflanzen. Lange frühjährliche Naßphasen verzögern die Bodenbestellung und mindern die Erträge. Viele Pseudogley-Standorte sind folglich entwässerungsbedürftig. Pseudogleye mit günstiger Naßphase während der Vegetationsperiode geben recht gutes Ackerland ab. Stark vernäßte Pseudogleye in Senken und Mulden mit fehlender oder unzureichender Entwässerung bleiben dagegen der Grünlandnutzung vorbehalten.

Stagnogleyböden

Saure Vernässung führt durch Auswaschung von Farbstoffen zur Naßbleichung

Bei den Stagnogleyböden begünstigen langanhaltende Vernässung und Versauerung die Lösung von Eisen, Mangan und teilweise auch von Aluminium. Anders als bei der Podsolierung werden diese Stoffe dann jedoch nicht durch senkrechte, sondern durch seitliche Bodenwasserströme abge-

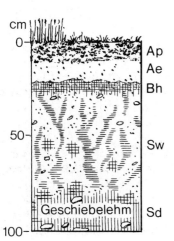

cm

0 —
Ap
Ae
Bh

50 —
Sw

Geschiebelehm   Sd

100 —

Abb. 103: Podsol-Pseudogley aus lehmigem Geschiebesand auf der Geest unter Ackervegetation (Erklärung der Bodenhorizonte s. Text).

führt. Das Ergebnis ist eine starke Bleichung des Oberbodens (sog. Naßbleichung). Im Solling werden solche Böden aus diesem Grunde auch als Molkenböden bezeichnet.

Raseneisenstein und Wiesenkalk

Anreicherung und Ausfällung in den Zuflußgebieten des Grundwassers

Den Lösungs- und Verlagerungsvorgängen stehen in der Regel in den Zuflußgebieten des Grundwassers, d.h. in Niederungen und an Unterhängen, Anreicherungsvorgänge gegenüber, denen besonders Eisen und Mangan aber auch die leicht löslichen Karbonate unterliegen können.

Eisen und Mangan werden in der Nähe der Bodenoberfläche durch Oxidation ausgeschieden. Sie bilden unter Verhärtung in einer Tiefe von etwa 20 cm unter der Grasnarbe den sog. *Raseneisenstein,* der trotz seiner geringen Mächtigkeit von nur 10 - 20 cm früher in vielen Niederungsgebieten Norddeutschlands als Erz abgebaut und verhüttet wurde. Auch als Baustein hat das Erz bei der Errichtung von Kirchen (z.B. Isernhagen), Mauern und Wohnhäusern Verwendung gefunden.

Die Entstehung von Raseneisenstein ist zu einem gewissen Teil der menschlichen Kultur zuzuschreiben; denn erst durch die Verheidung und durch die damit einhergehende Versauerung der Böden wurde das Eisen in verstärktem Maße mobilisiert, so daß es vom Grundwasser fortgeführt werden konnte. Noch vor 100 Jahren sollen sich die ausgebeuteten Lagerstätten in 2 - 3 Jahrzehnten wieder neu gebildet haben.

Unter den leicht löslichen und auch wieder leicht ausscheidbaren Mineralstoffen steht der kohlensaure Kalk an erster Stelle. In Grundwässern mit hohem Gehalt an Calciumhydrogencarbonat $[Ca(HCO_3)_2]$ wird Kalk bei Luftzutritt im Niveau des Oxidationshorizontes von Gleyböden (G_o) als sog. *Wiesenkalk* wieder ausgeschieden. Dieser bildet dann einen eigenen karbonatreichen Horizont (G_c).

Marschenböden

Marschenböden weisen eine den Gleyen vergleichbare Horizontierung auf $(A_h\text{-}G_o\text{-}G_r)$. Ausgangsmaterial ist der *Marschenschlick* (Klei) der Wattenküsten und Flußmündungsbereiche. Er besteht in wechselnder Zusammensetzung aus sehr feinkörnigen, teils mehr tonigen, teils mehr sandigen Bestandteilen, zu denen kalkige und organische Beimengungen hinzutreten. Je toniger ein frischer Klei ist, um so größere Kalkgehalte weist er im allgemeinen auf. Der Kalkgehalt schwankt im marinen Schlick zwischen 3 % und 10 %, im Brackwassergebiet sinkt er erheblich ab. Er stammt zum großen Teil aus zertrümmerten Muschelschalen.

Der Humusgehalt kann in frischen Schlicken bis zu 15 % betragen. Sehr humusreich ist der Schlick der Brackwasser- und Stauwasserzone mit ihrem reichen Pflanzenwuchs und Tierleben. Fast immer enthält der Schlick durch mikrobielle Reduktion von Sulfaten des Meerwassers und Eisenoxiden entstandenes Schwefeleisen, das die schwarzblaue Farbe des wasserbedeckten Schlicks bedingt und bei Luftzutritt mit Verbraunung oxidiert. Gelbe, schmierige Nester, die reich an Schwefeleisen sind, werden als *Maibolt* bezeichnet (= Eisen-III-Kaliumsulfatverbindung), solche, die aus grau-schwarzen, puffig lockeren Schwefeleisenverbindungen bestehen, nennt man *Pulvererde.* Beide finden sich nur im tieferen Untergrund der Böden. In der Regel sind die beteiligten Schwefelverbindungen aus der anaeroben, d.h. unter Luftabschluß erfolgten, unvollständigen Zersetzung von Sumpfpflanzen hervorgegangen. Als Kuhlerde und Grabenaushub sind sie wegen ihrer Giftigkeit gefürchtet, da sie an der Luft durch Oxidation Schwefelsäure freisetzen (pH-Werte bis 2 !) und dadurch Pflanzenwachstum oft über mehrere Jahre verhindern.

Ablagerung von frischem Schlick findet heute nur meerwärts vor der geschlossenen Deichlinie statt: auf den Ebbe und Flut unterworfenen Wattflächen und auf den Außendeichswiesen, die bei höher auflaufenden Fluten überschwemmt werden.

Von der Salz-, zur Kalk- und zur Kleimarsch

Sobald der Schlick über Mittelhochwasser aufgewachsen ist oder der Mensch durch Deichbauten die Ablagerung frischen Schlicks verhindert, beginnt nach künstlicher Entwässerung durch die Verwitterung und die Bodenbearbeitung eine Änderung in der mechanischen und chemischen Zusammensetzung des Bodens. Sehr schnell wird das leicht lösliche Kochsalz durch die Niederschläge ausgewaschen: Aus der Salz- wird die *Kalkmarsch.* Dann folgen allmählich Kalk und Magnesia, die reduzierten Eisenverbindungen werden in rostrotes Eisenhydroxid verwandelt, und die Zersetzung der Silikate beginnt. Gleichzeitig erfolgt durch die Entwässerung der Sedimente eine Setzung, die das Porenvolumen des Marschenbodens zum Teil bis um die Hälfte verringert.

So entsteht schließlich aus der Kalkmarsch die *Kleimarsch.* Aus dem milden, dunkelblauen, kalkhaltigen Schlick wird je nach Zusammensetzung ein dichter, rostbrauner, kalkarmer bis kalkfreier eisenschüssiger Ton oder Lehm, der sehr undurchlässig werden kann. Diese Bodenart, die in den Marschen weit verbreitet ist, wird *Knick* genannt. Besonders dicht ist der Knickhorizont in der Nähe des Grundwasserspiegels, wo sich Eisenverbindungen, Humus und Tonteilchen absetzen und so fest werden, daß Wasser und Wurzeln den Horizont nur schwer durchdringen können. Unter dem Knick liegt der unverwitterte Klei.

Häufig sind die Bodenprofile der Marschen von dunklen Humusstreifen durchzogen, die als alte Vegetationsoberflächen später durch erneute Überflutung überschlickt worden sind. Solche "fossilen" Böden werden *Dwog* oder *Humusdwog* genannt (vgl. Farbtafel 15).

Je nach Salzgehalt und Entstehungsbedingungen unterscheidet man bei den Böden Seemarsch, Brackmarsch, Flußmarsch und Moormarsch (Organomarsch) (s. Abschnitt 5.6. "Bodenlandschaften").

Seemarschböden: hohe Ertragskraft aufgrund günstiger chemischer und bodenphysikalischer Eigenschaften

Die Böden der *Seemarsch* sind in der Nähe der Küstenlinie aus kalkreichem, marinem Schlick gebildet worden. Der ursprüngliche Salzgehalt betrug über 2 %. In der Regel sind diese Böden aufgrund unruhiger Sedimentationsbedingungen verhältnismäßig grobkörnig, d.h. sie sind reich an Schluff und Feinsand, während der Tonanteil zurücktritt, und sie sind höher aufgeschlickt als die küstenferneren Gebiete der Marsch, wo vornehmlich feinkörnige, tonreiche Sedimente zum Absatz gekommen sind (Brackmarsch, Organomarsch). Überdies werden die Seemarsch-Profile oft durch grobkörnigere Feinsandstreifen gegliedert *(Sturmflutschichtungen)*.

Die junge Seemarsch hat aus den genannten Gründen ein lockeres, stabiles Bodengefüge mit guter Wasserdurchlässigkeit und Durchlüftung. Entsprechend sind die Böden tief durchwurzelbar und intensiv belebt: Regenwurm und Maulwurf sind in Seemarschböden in großer Individuenzahl anzutreffen. Wegen ihres jungen Alters ist die Auswaschung noch nicht weit fortgeschritten; sie sind deshalb oft noch reich an Kalk und aus dem Meerwasser stammenden Ionen (z.B. Na, Mg, Cl, S, B).

Unterschiede ergeben sich aus dem Alter der Sedimente, das um mehrere Jahrhunderte schwanken kann. So sind die jüngsten, noch regelmäßig überfluteten (Roh-)Seemarschböden auf den Außendeichsflächen durchaus noch salzhaltig, so daß sie nur vom Andelgras, vom Strandwegerich und anderen salztoleranten (halophilen) Pflanzen besiedelt werden (daher auch: "Salzmarsch"). Nach der Eindeichung geht der Salzgehalt durch Auswaschung in wenigen Jahren verloren.

Ältere Seemarschböden haben einen geringeren Kalkgehalt und durch altersabhängig zunehmende *Setzung* auch ein verschlechtertes Bodengefüge (höhere Lagerungsdichte). Die chemische Reaktion der Seemarschböden ist in Abhängigkeit vom Alter neutral bis schwach sauer. Die Basensättigung ist vergleichsweise hoch.

Dank ihrer günstigen chemischen und physikalischen Eigenschaften besitzen die Seemarschböden eine hohe Ertragskraft. Im küstennahen, höher aufgeschlickten *"Marschenhochland"* (s.a. Abschnitt 5.4. "Bodenlandschaften") gibt die Seemarsch gute bis sehr gute Ackerböden ab, auf denen anspruchsvolle Feldfrüchte wie Weizen und Gerste mit hohen Erträgen gedeihen. Bodenwerte bis zu 85 Punkten, die zum Beispiel Spitzenerträge an Weizen über 80 dt ermöglichen, rücken sie in die Nähe der Lößböden.

Tonreiche Seemarschen werden nur dann beackert, wenn sie kalkreich sind, wie z.B. die jungen Polderböden am Dollart oder bei Emden. In den älteren Groden und Poldern, deren Böden meist weniger hoch aufgeschlickt sind und deren Setzung fortgeschritten ist, herrscht Grünlandnutzung vor. Neben der Dränung bringt die Kalkung der Seemarschböden Ertragssteigerungen. Sie wirkt gefügestabilisierend und verbessert dadurch, wie die Dränung, den Wasser- und Lufthaushalt. Je nach Bedarf werden dem Boden zwischen 200 und 400 dt Kalkmergel pro Hektar oder Düngekalk zugeführt (sog. *Meliorationskalkung*), oder es wird kalkiger Schlick *(Blausand)* durch maschinelles "Kuhlen" oder "Wühlen" aus Tiefen bis 3,5 m an die Oberfläche gebracht und mit dem Oberboden vermengt (sog. Blausandmelioration).

Brackmarschböden: überwiegend nur grünlandfähig

Im Gegensatz zur Seemarsch sind die Sedimente der *Brackmarsch* im Mischbereich von Süß- und Salzwasser abgelagert worden (Brackwasser; ursprünglicher Salzgehalt zwischen 2 und 0,025 %). In solchen Mischwasserzonen sind kolloidchemische Prozesse wirksam, die feine und feinste Schwebstoffe (Tontrübe und Plankton) ausflocken lassen. Dadurch entstehen schwere und dichtgelagerte Böden, deren Wasserzügigkeit und Durchlüftung zusätzlich durch ausgeprägte Knickschichten von 20 bis 40 cm Dicke behindert werden.

Je nach der Stärke des Seewassereinflusses und des Alters sind die Brackmarschböden mehr oder weniger schwach kalkhaltig, außerhalb der Priele praktisch kalkfrei. Kalkhaltig sind lediglich junge Vorlandböden in Außendeichlage an den Unterläu-

Foto 4: **Bodengrenze zwischen Marsch und Geest bei Ochtersum im Landkreis Wittmund.** Hier ist das Meer über die geschichteten eiszeitlichen Sande hereingebrochen und hat seine Kleischichten darüber abgelagert. Aufn: Heinze, Esens.

fen der großen Flüsse, die noch unter kräftiger Gezeitenwirkung liegen (Kalkbrackmarsch; z.B. an der Weser oberhalb von Bremerhaven).

Ältere Brackmarschböden sind tiefreichend versauert und besonders bei hohem Grundwasserstand und Staunässe biologisch inaktiv: Infolgedessen werden die organischen Bestandteile nur langsam und unzureichend abgebaut. In flachen Senken oder in Marschrandgebieten gehen Brackmarschböden häufig in *Moormarsch* und in Marschrandmoore über.

Die Nutzungsmöglichkeiten der Brackmarsch bleiben im wesentlichen auf die Grünlandwirtschaft beschränkt. Wegen der Dichte der Böden läßt sich die vielfach auftretende Staunässe nur schwer beseitigen. Üblich sind die traditionellen Methoden der Oberflächenentwässerung durch Kleingräben, Grüppen und Beetwölbungen.

Höherliegende, knickfreie Kalkbrackmarschen außerhalb des Sietlandes werden, wenn der Knick fehlt oder tiefer als 60 cm liegt, gelegentlich auch beackert. Diese Böden setzen als sog. "Minuten-" oder *"Stundenböden"* hohes ackerbauliches Können voraus, da sie oft nur während weniger Tage bei ausreichend tiefem Grundwasserstand bestellt

werden können. Stets ist Entwässerung notwendig.

Süßwassermarsch: Ackerbau auf den Dammufern der Flüsse

Im Gegensatz zu den See- und Brackmarschen entstehen die Flußmarschen überwiegend ohne Einfluß des Meerwassers im Süßwasser (= Süßwassermarschen). Da die Flüsse in ihren Unterläufen meist schon die gröberen Bestandteile verloren haben und im wesentlichen nur noch tonigschluffige Trübe mitschleppen, sind die Flußmarschböden tonreiche, schwere Böden. Sie sind überwiegend kalkarm bis kalkfrei. In ihrer Ertragskraft liegen sie günstiger als die extremen Knick- und Brackmarschböden, erreichen aber nicht die Bodengüten der Seemarsch, da aufgrund des meist fehlenden Kalkes das Gefüge schlechter entwickelt ist. Auf schweren tonigen Böden herrscht die Grünlandwirtschaft vor. Auf den leichteren Flußmarschen, die immer auf den hohen Ufern der Flüsse liegen (Uferdämme), wird nach Entwässerung und Meliorationskalkung aber auch mit Erfolg Ackerbau betrieben.

Moormarsch: Problemgebiete mit eingeschränkter landwirtschaftlicher Nutzungsmöglichkeit

Die schwierigsten Bedingungen für die Landwirtschaft bieten die Moormarschen. Man bezeichnet damit die aus überschlickten Torflagen bestehenden Böden, sofern die Kleidecke über dem Torf mindestens 2 und höchstens 4 dm mächtig ist. Moormarschböden sind vornehmlich in den tiefgelegenen, geestrandnahen Bereichen der Marschen (Sietland) anzutreffen, wo ein extrem hoher Grundwasserspiegel das Moorwachstum begünstigt. Die starke Versauerung infolge des Zuflusses saurer Geestwässer (pH unter 4,5), Kalkfreiheit, Nährstoffverarmung und schlechte Durchlüftung der tonigen Kleidecken sowie das häufige Auftreten von Maibolt (s.o.) schränken die landwirtschaftliche Nutzung ein. In der Regel umfaßt die Moormarsch nur mäßige bis mittlere Grünlandböden.

Aueböden

Böden auf nährstoffreichen Schwemmsedimenten der Talauen

Das Ausgangsmaterial der meisten Aueböden ist abgeschwemmter Löß aus dem Bergland, der als *Auelehm* bezeichnet wird und sich als ein sehr nährstoffreiches, tonig-schluffiges Sediment mit hohem Humusanteil während der alljährlichen Überschwemmungen der Talauen in millimeterdünnen Schichten besonders auf den Grünlandflächen abgelagert hat. Weiträumige Überschwemmungen, wie sie früher häufig vorgekommen sind, sind heute allerdings durch Flußregulierungen, Eindeichungen, Talsperrenbau und andere wasserwirtschaftliche Maßnahmen seltener geworden, so daß in den höheren Bereichen der Talauen kein Auelehm mehr abgesetzt wird. Alle Aueböden werden jedoch mehr oder weniger stark vom Grundwasser und seinen Höhenschwankungen beeinflußt.

Aueböden unterscheiden sich nach der Häufigkeit ihrer Überflutung und durch die Korngröße ihres Ausgangssediments. In den Talauen von Weser, Leine, Elbe und kleinerer aus den Lößgebieten kommender Nebenflüsse ist der erwähnte tonig-schluffige und zum Teil noch kalkhaltige Auelehm das Ausgangsmaterial für die Bodenentwicklung (vgl. Abb. 111). Die genannte Verbreitung und die auffallende Ähnlichkeit mit dem Löß kennzeichnen ihn als verschwemmten Löß, der infolge der Sortierung durch das fließende Wasser etwas gröber geworden ist. Die Farbe ist gelbbraun bis rötlich. Die Rotfärbung des Weserauelehms rührt vom Buntsandstein des Weserberglandes her, aus dem er Eisenhydroxide zugeführt bekommt. Wo die Auelehme unterhalb des Grundwasserspiegels liegen,

findet man graue Farbtöne, die von Reduktionsvorgängen herrühren.

In den Flußtälern ohne Lößhinterland, zu denen zum Beispiel alle kleineren Flüsse der Geest, das Emstal, das Tal der Hunte sowie das mittlere und obere Allertal gehören (bis zur Einmündung der Leine), sind vornehmlich *Auesande* sedimentiert worden.

Autochthone und allochthone Vega

Häufig überschwemmte Aueböden weisen *(A)-C-Profile* auf, bei denen ein schwach humoser A-Horizont die beginnende Bodenbildung anzeigt. Sie wird immer wieder von Phasen neuerlicher Sedimentation unterbrochen. Halten die Zeiten der Bodenbildung länger an, z.B. auf den höher gelegenen Niveaus der Talauen, dann kommt es durch die einsetzende Verwitterung der im Boden vorhandenen eisenhaltigen Silikate wie bei der Braunerdebildung zur Verbraunung des Oberbodens und damit zur Ausprägung eines Verbraunungshorizontes, der dann häufig noch von einem rostfleckigen Oxidationshorizont im Bereich des schwankenden Grundwasserspiegels unterlagert wird. Verbraunte Aueböden mit dieser Horizontfolge $(A_h$-B_v-$G_o)$ werden nach dem spanischen Wort für Schwemmlandböden (Vega) als "autochthone Vega" bezeichnet. "Autochthon" steht hier für "an Ort und Stelle gebildet". Ältere Vegen können sich durch Tonausschlämmung zu Parabraunerden weiterentwickeln.

In der Regel wird aber bei der Überflutung der Talauen auch schon verbrauntes Material abgelagert, das von Böden stammt, die flußaufwärts erodiert worden sind. Derartige, nicht am Ort ihrer Ablagerung verbraunte Bodensedimente bezeichnet man im Gegensatz zur autochthonen Vega als "allochthone" Vega (griech. "an anderer Stelle entstanden"). Der tiefreichend braungefärbte Horizont trägt den Namen "M-Horizont" ("M" von lat. migrare = wandern). Das Profil lautet: A_h-M-G_o.

Die *Nutzung* der Aueböden hängt in erster Linie vom Bodenwasserhaushalt ab. Je nach der Höhe des Grundwasserspiegels, der Überflutungsgefährdung, der Durchlüftung und möglicher Staunässeeinflüsse herrschen Grünland oder Ackerland vor (s. Abschnitt 5.6. "Bodenlandschaften").

5.4.7. Moorböden

Böden aus Torf: Wasserbedeckung verhindert die Zersetzung

Moorböden werden anders als die oben vorgestellten Mineralböden überwiegend aus organischer Masse aufgebaut. Diese organischen Anreicherungen bezeichnet man als *Torf*. Moorböden bestehen aus einem meist dunklen, kohlenstoffreichen, sauren Gemenge unvollständig zersetzter Pflanzen oder Pflanzenteile. Die unvollständige Zersetzung ist eine Folge des Luftabschlusses, der durch Wasserbedeckung hervorgerufen wird, zumal Moore nur dort entstehen, wo Wasserüberschuß herrscht.

Nach der geologischen und bodenkundlichen Definition handelt es sich erst dann um Moorböden, wenn die Torfe mindestens 30 % organische Substanz enthalten und deren Mächtigkeit mindestens 30 cm (im entwässerten Zustand mindestens 20 cm) beträgt. Man unterscheidet Niedermoor-, Übergangsmoor- und Hochmoorböden. Liegt der Anteil an organischer Substanz nur zwischen 15 und 30 %, so spricht man von Anmoor.

Nieder- und Übergangsmoor: Torfe aus anspruchsvollen und aschereichen Pflanzenarten

Für die Differenzierung der Moorböden ist die *Herkunft des überschüssigen Wassers* ausschlaggebend. *Niedermoore* und Übergangsmoore bilden sich in Höhe oder unterhalb des Grundwasserspiegels zumeist durch Verlandung oder Versumpfung von Seen und Altwässern der Flußläufe (deshalb: "topogene Moore" oder "Grundwassermoore"). Im Gegensatz zu den sauren und nährstoffarmen Hochmooren ("Regenwassermoore", s.u.) kann ihr natürlicher Nährstoff- und Kalkgehalt relativ hoch sein, sofern sie durch Grund- und Oberflächenwasser Mineralstoffe und Kalk aus der Umgebung zugeführt bekommen. In Niedermooren wachsen daher im Vergleich zu den Hochmooren' anspruchsvollere Pflanzenarten, die mit dem Wasser die mineralischen Nährstoffe aufnehmen und nach ihrem Absterben den relativ mineralstoffreichen Niedermoortorf aufbauen. Das sauerstoffhaltige Grundwasser sorgt außerdem für eine schnellere Zersetzung der abgestorbenen Pflanzen als im Hochmoor.

Aufgrund der wechselnden Wasserhaushalts- und Nährstoffbedingungen sind die Niedermoore in ihrem Aufbau und ihrem Chemismus sehr heterogen. Ihre pH-Werte schwanken zwischen dem stark sauren und neutralen Bereich (4-7), und auch ihr Nährstoffgehalt und ihre physikalische Beschaffenheit sind sehr unterschiedlich, je nachdem, aus welchen Pflanzenresten sie bestehen und wie stark zersetzt diese sind.

Die *Niedermoortorfe* werden nach den in ihnen enthaltenen Pflanzenresten unterteilt. Der *Schilftorf*, der in Niedersachsen weit verbreitet ist, besteht aus einer meist homogenen schwarzen Grundmasse, in der viele wohlerhaltene Wurzelstöcke und Wurzeln des Schilfs anzutreffen sind. Weitere Nie-

dermoortorfarten sind *Braunmoostorf* (Laubmoostorf), *Schachtelhalm-Torf, Seggentorf* und *Bruchwaldtorf* (Erlenbruchwald- bzw. Birkenbruchwaldtorf), in dem zahlreiche Holz-, Rinden- und Wurzelteile, aber auch ganze Stämme eingeschlossen sind.

Zu den *Übergangsmoortorfen,* die etwa in Höhe des Grundwasserspiegels gebildet werden und zum Hochmoortorf überleiten, gehören der Birken- und Kiefernmoostorf, in dessen Grundmasse aus Weißmoosen (Sphagnen) neben Baumwurzeln und -stämmen besonders die weißen Birkenrinden zu finden sind, und weiterhin der Reisermoostorf.

Bezeichnend für die unter Einfluß von Grund- und Oberflächenwasser stehenden Niedermoore ist der merkliche Gehalt an mineralischen Beimengungen. Dazu gehören neben Schlick und Sand verschiedene Eisen- und Manganverbindungen, wie z.B. "Weißeisenerz" (weißliches oder graues Eisenkarbonat), das sich in den ständig im Grundwasserbereich liegenden Torfschichten bildet und bei stärkerer Anreicherung früher sogar abgebaut wurde. In den oberen, zeitweilig durchlüfteten Torfschichten kommen häufig schwarze Manganoxide oder rostige Eisenoxide vor, die zu harten Konkretionen oder Bänken verkittet sein können ("Raseneisenerz").

Hochmoor: Genügsame Torfmoosarten bauen sehr asche- und nährstoffarme Torfe auf

Im Gegensatz zu den Niedermoor- und Übergangsmoortorfen werden Hochmoortorfe oberhalb des Grundwasserspiegels gebildet. Hochmoore werden ausschließlich vom Niederschlagswasser gespeist. Sie werden deshalb auch "Regenwassermoore" oder "ombrogene Moore" genannt. Haupttorfbildner sind die genügsamen Bleich- oder Weißmoosarten *(Sphagnen),* die in der Lage sind, sich allein von den aus der Luft eingebrachten Mineralstoffen zu ernähren. Infolgedessen sind Hochmoortorfe asche- und nährstoffarm. Im Durchschnitt enthalten Niedermoortorfe 85 % verbrennliche Stoffe und 15 % Mineralstoffe, Hochmoortorfe dagegen 98 % bzw. 2 %. Auch fehlt ihnen der Kalkeintrag. Durch die freigesetzten Huminsäuren sinken die pH-Werte in den stark sauren Bereich (2,5 bis 3,5). Nur die anspruchslosen hochmoortypischen Pflanzenarten tolerieren diese lebensfeindliche Umwelt. Freilich kann der Anteil der verschiedenen Pflanzenarten (insbesondere Torfmoose, Wollgras, Heidekraut) standortabhängig sehr verschieden sein. Häufig findet man in den Moorprofilen Birken- und Kiefernholz- sowie Heidekrauthorizonte, die auf trockenere Bedingungen hinweisen.

Der Moorkartierer trennt die Hochmoor-Torfarten nach der Zusammensetzung der wichtigsten Torfbildner: Im westlichen Niedersachsen ist dies meist ein schwach bis mäßig zersetzter Torf aus breitblättrigen Sphagnen der Sektion Cymbifolia (Sphagnum imbricatum, S. Papillosum u.a.; = Cymbifolia-Torf). Im östlichen Niedersachsen tritt an seine Stelle ein Torf aus schmalblättrigen Sphagnen der Sektion Acutifolia (meist Sphagnum fuscum). Beide Torfarten sind als sog. *Bulttorfe* aus ehemaligen Torfhügeln hervorgegangen (Bulte). Von ihnen zu unterscheiden sind die sog. *Schlenkentorfe,* die in den tieferen Bereichen der Moore gebildet wurden: Cuspidata-Torf (meist S. cuspidatum), Scheuchzeria-Torf (benannt nach der Blumenbinse Scheuchzeria palustris), Carex limosa-Torf u.a.m. (vgl. Abb. 185).

Jährlich wachsen die Torfmoose um bis zu 20 cm und mehr. Ihre basalen Stämmchen sterben dabei ab und verdichten sich, bleiben aber durch die Wasserbedeckung (Luftabschluß) weitgehend vor der Zersetzung geschützt. So liegt der jährliche Torfzuwachs im Durchschnitt bei etwa 1 mm. Anders als die ebenen oder in der Mitte sogar eingesenkten Niedermoore ("Flachmoore") wachsen Hochmoore in der Mitte, bedingt durch den Was-

serstau, stärker und wölben sich daher uhrglasförmig auf (deshalb: "Hochmoor").

Wie bereits im Kapitel 4. "Nutzbare Lagerstätten" erwähnt, lassen sich die Hochmoortorfe in zwei Gruppen untergliedern, die sich durch ihren Zersetzungsgrad (vgl. Abb. 106) voneinander unterscheiden: Torfe mit einem niedrigen Zersetzungsgrad von H1 bis H6 (zehnteilige Skala nach dem schwedischen Moorgeologen VON POST, vgl. Tab. 23) werden als "Weißtorf", diejenigen mit hohem Zersetzungsgrad (H7 bis H10) als "Schwarztorf" bezeichnet.

Der zumeist ältere und tiefer liegende *Schwarztorf* weist infolge starker Zersetzung eine überwiegend schmierige Konsistenz auf. Beim Pressen in der Faust quillt der Torf zwischen den Fingern durch. Die Farbe ist urspünglich rotbraun bis schwarz und dunkelt beim Trocknen rasch nach (deshalb: "Schwarztorf"). Pflanzenteile sind meist nur noch schwer erkennbar. Lediglich die Blattscheiden des Wollgrases sind als Fasern erhalten geblieben.

Der zumeist jüngere *Weißtorf* ist dagegen durchweg nur schwach bis mäßig stark zersetzt, so daß man die enthaltenen Pflanzenreste recht gut unterscheiden kann (Sphagnen, Wollgras etc.). Wegen der geringeren Zersetzung ist die Farbe des Weißtorfes im feuchten Zustand hellgelblichbraun, im trockenen Zustand graubraun bis grauweiß. Pressen in der Faust setzt hellbraun gefärbtes Wasser frei, während die pflanzliche Struktur erhalten bleibt.

Die Begriffe Weißtorf und Schwarztorf lassen sich von den Erfahrungen der Torfstecher herleiten. Mit Weißtorf kann man sich die Hände reinigen, während Schwarztorf feine kolloidale Torfsubstanz in den Fingerrillen hinterläßt.

Moorböden und ihre Nutzung

Nach der in den Jahren 1969 bis 1981 flächendeckend für ganz Niedersachsen durchgeführten Moorkartierung des Niedersächsischen Landesamtes für Bodenforschung gibt es in unserem Bundesland ca. 1000 Nieder- und Hochmoore mit einer Gesamtfläche von 4340 km^2. Berücksichtigt sind hierbei nur die Flächen mit einer Moorauflage von mehr als 30 cm. Davon sind fast 2500 km^2 Hochmoore und rd. 1850 km^2 Niedermoore. Niedersachsen ist damit das moorreichste Bundesland: 67 % aller Hochmoore und rd. 18 % aller Niedermoore liegen in Niedersachsen (vgl. Tab. 24).

Nach Art und Umfang ihrer Nutzung unterscheiden sich Nieder- und Hochmoore erheblich: So werden in Niedersachsen 96 % der *Niedermoore* land- und forstwirtschaftlich genutzt. Die verbleibenden 4 % sind überwiegend als Naturschutzgebiete ausgewiesen. Zur Herstellung von Torfprodukten

Tab. 23: Zersetzungsgrade von Torfen nach VON POST (vereinfachte Form).

Humositätsgrad nach v. Post	Bezeichnung des Torfes	Farbe des zwischen den Fingern austretenden Wassers	Anteil des zwischen den Fingern austretenden Torfbreies	Rückstand in der Hand	
				Form	Pflanzenstruktur
H 1	völlig unzersetzt	farblos, klar	es tritt kein Torfbrei zwischen den Fingern durch	nicht breiartig	deutlich erkennbar
H 2	beinahe völlig unzersetzt	schwach gelbbraun, fast klar			
H 3	sehr schwach zersetzt	deutlich braun, deutlich trübe			
H 4	schwach zersetzt	stark braun, stark trübe			
H 5	ziemlich zersetzt		etwas	stark breiartig	noch deutlich erkennbar
H 6			ein Drittel		
H 7	stark zersetzt	stark trübe	die Hälfte		noch ziemlich erkennbar
H 8	sehr stark zersetzt		zwei Drittel	hauptsächlich aus widerstandsfähigen Wurzelfasern, Holz usw.	
H 9	fast völlig zersetzt		fast alles		
H 10	völlig zersetzt	alles tritt als Torfbrei zwischen den Fingern durch		keine Rückstände in der Hand	

Quelle: Arbeitsgruppe Bodenkunde 1982

Abb. 104: Nutzung bzw. Naturzu-
stand der in Niedersachsen vorhandenen Hochmoore 1986 (n.
Unterlagen der Torfforschung
GmbH, Bad Zwischenahn).

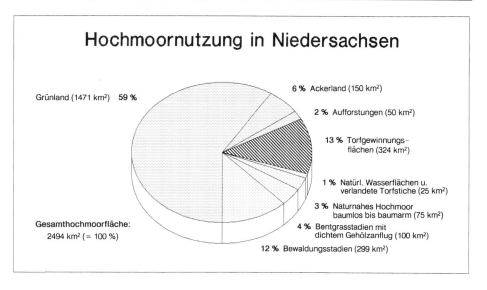

Hochmoornutzung in Niedersachsen

Grünland (1471 km²) **59 %**

6 % Ackerland (150 km²)

2 % Aufforstungen (50 km²)

13 % Torfgewinnungs-
flächen (324 km²)

1 % Natürl. Wasserflächen u.
verlandete Torfstiche (25 km²)

3 % Naturnahes Hochmoor
baumlos bis baumarm (75 km²)

4 % Bentgrasstadien mit
dichtem Gehölzanflug (100 km²)

12 % Bewaldungsstadien (299 km²)

Gesamthochmoorfläche:
2494 km² (= 100 %)

werden sie in Deutschland nicht eingesetzt. Bei
den *Hochmooren* stehen rd. 65 % unter landwirtschaftlicher Nutzung. Weitere 13 % entfallen auf
Torfgewinnungsflächen, 2 % auf Aufforstungen
und rd. 20 % auf naturnahe oder der Natur über-
lassene Flächen (vgl. Abb. 104).
Wie diese Zahlenvergleiche zeigen, spielen die niedersächsischen Moore eine weitaus dominierende
Rolle als Nutzflächen für die Landwirtschaft. Die
Flächeninanspruchnahme durch Wiesen, Weiden
und Äcker ist wesentlich größer als diejenige von
Torfwirtschaft oder Naturschutz, auch wenn sich in
der jüngsten Vergangenheit die Nutzungsansprü-

che immer stärker zugunsten des Naturschutzes
verschoben haben und angesichts der Flächenstillegungen in der Landwirtschaft auch in den kommenden Jahren weiter dahin verschieben werden.
Dennoch werden die Moore bei realistischer Ein-
schätzung auch in Zukunft eine wichtige Produk-
tionsgrundlage für die Landwirtschaft bleiben. Um
so wichtiger wird die Frage nach ihrer wirtschaftlich sinnvollen und ökologisch verträglichen Nutzung (s.a. Kap.10. "Ökologie und Umweltschutz").

*Moore als Kulturflächen: Wasserhaushalt und
Nährstoffversorgung bestimmen die natürliche
Nutzungsbreite*

Unter den Moorböden geben nur die Niedermoortorfe und der Weißtorf bei entsprechender Kultivierung ertragfähige Kulturböden ab. Niedermoor-
und Übergangsmoorböden sind bevorzugte *Grünlandstandorte* mit guter Wüchsigkeit. Allerdings ist
ihr landwirtschaftlicher Nutzwert in Abhängigkeit
vom Wasserhaushalt, vom Gehalt an Pflanzennährstoffen sowie vom Zersetzungsgrad der Torfe sehr
wechselhaft. Die Grasnarbe auf nassen und stark
zersetzten Niedermoortorfen ist häufig nicht tritt-
fest genug, um sie als Dauerweide zu nutzen. Gräben und Dränungen verbessern ihren Wasserhaushalt so weit, daß überschwemmungsfreie und mi-
neralreiche Niedermoore heute nicht selten sogar
in Ackerland überführt worden sind (z.B. Großes
Bruch, Landkreis Helmstedt).
Jedoch wird durch die ackerbauliche Nutzung die
Torfmineralisation stark beschleunigt. Im Durchschnitt geht bei Beackerung pro Jahr eine etwa 1
- 2 cm dicke Schicht des Niedermoortorfes an der
Oberfläche verloren *("Torfschwund")*. In langen
Trockenperioden erhöht sich außerdem, insbeson-

Tab. 24: Moorflächen in der Bundesrepublik Deutschland und
die Anteile der Moore an der jeweiligen Landesfläche.

Land	Hochmoor		Niedermoor		Moorflächen insgesamt	
	km²	%	km²	%	km²	%
Niedersachsen + *Bremen*	2492	5,3	1848	3,9	4340	9,2
Bayern	550	0,8	1250	1,8	1800	2,6
Schleswig-Holstein + Hamburg	250	1,6	1250	8,0	1500	9,6
Baden-Württemberg	200	0,6	400	1,1	600	1,7
Nordrhein-Westfalen	40	0,12	360	1,05	400	1,17
Rheinland-Pfalz + Saarland	10	0,05	20	0,10	30	0,15
Hessen	8	0,04	22	0,10	30	0,14
alte Bundesländer	3550	1,4	5150	2,1	8700	3,5
neue Bundesländer	165	0,1	5385	5,0	5500	5,1

Quelle: GÖTTLICH, Hrsg., 1990

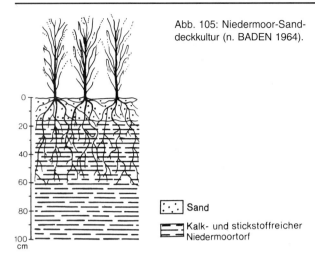

Abb. 105: Niedermoor-Sand-
deckkultur (n. BADEN 1964).

⬚ Sand

≡ Kalk- und stickstoffreicher
Niedermoortorf

dere unter den Halbbrachefrüchten Rüben und
Mais, die Winderosionsgefahr der ausgetrockneten und nur schwer wiederbenetzbaren Torfe. Günstig für die Beackerung wirken sich daher natürliche Schlick- bzw. Sandgehalte aus. Sie vermindern nicht nur die Verwehungsanfälligkeit solcher
Niedermoorschwarzkulturen, sondern verbessern
auch ihre Trittfestigkeit.

Einen vergleichbaren Effekt hat die sog. *Sanddeckkultur* (vgl. Abb. 105). Mit Kuhlmaschinen wird bei
dieser Methode eine 10 - 20 cm mächtige Sand-
schicht auf die Torfoberfläche aufgetragen. Derartig meliorierte Moorböden sind auch bei höheren
Grundwasserständen ausreichend tragfähig. Außerdem werden die Torfe im feuchten Untergrund gut
konserviert. Vor allem in Ostfriesland hat sich die
Sanddeckkultur bei der Melioration vieler Nieder-
und Übergangsmoorflächen bewährt.

Während die Nieder- und Übergangsmoore zum
Teil schon im Mittelalter entwässert und in Wiesen-
und Weideland umgewandelt wurden, weil sie
auch ohne Düngung eine gute Futterbasis lieferten, erfolgte die Kultivierung der nährstoffarmen
Hochmoore erst verhältnismäßig spät und mit sehr
unterschiedlichen Methoden.

Von der Fehnkultur zur Deutschen Hochmoorkultur

Die aus den Niederlanden stammende *Holländische Fehnkultur* (vgl. Abb. 106), bei der eine Ver-
kehrserschließung durch schiffbare Kanäle, Brenntorfgewinnung, Besiedlung und landwirtschaftliche
Nutzung Hand in Hand gingen, wurde vor allem im
Emsland, in Ostfriesland und im Bereich der Hochmoore des heutigen Küstenkanals betrieben. Das
älteste Beispiel bietet dafür die 1630 gegründete
Fehnkolonie Papenburg.

Bei der Fehnkultur wurde das Moor zunächst bis
fast auf den Sanduntergrund abgetorft, nachdem
man vorher die oberen verwitterten Weißtorfschich-
ten, die sog. *Bunkerde,* abgeräumt und in die Torf-
pütte geworfen hatte (vgl. Abb. 106). Der unten liegende "Schwarztorf" wurde als Brenntorf in den
Städten und brennstoffarmen Marschen verkauft.
Bei der nachfolgenden Kultivierung des Leegmoo-
res wurde der Abbunk mit Sand aus dem Untergrund, aber auch mit Marschenschlick, städti-
schem Abfall und Stallmist bedeckt und umge-
pflügt. Es entstand daraus ein guter Ackerboden.
Jedoch blieb der wirtschaftliche Erfolg der Fehn-
siedlungen bescheiden. Die geringen Einkünfte
aus der Brenntorfgewinnung, die langen und um-
ständlichen Transportwege auf den Kanälen und
nicht zuletzt der hohe Handarbeitsaufwand beim
Stechen des Torfes (Spatenkultur) begrenzten die
Erträge. "Dem ersten der Tod, dem zweiten die
Not, dem dritten das Brot", so lautet ein bekanntes
Sprichwort, das von den frühen Moorsiedlern geprägt wurde.

Eine Verbesserung, aber auch einen starken Raubbau an der Torfsubstanz brachte seit Mitte des 17.
Jhs. die ebenfalls aus den Niederlanden stammende *Buchweizenbrandkultur.* Bei dieser extensiven
Methode, einer Art Wanderfeldbau, wurden die
oberflächlich aufgelockerten und flach entwässerten Hochmoore nach Abtrockung im Frühjahr auf
ca. 5 - 10 cm Tiefe abgebrannt. Die in der frischen
Aschenschicht angereicherten Mineralstoffe boten

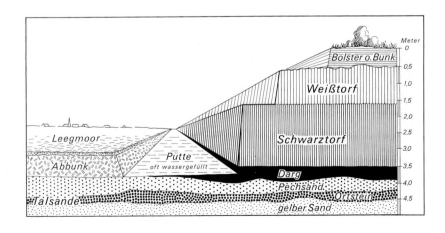

Abb. 106: Torfstich in einer Fehnkolonie
(n. WINTERBERG 1957, verändert).

einen ausreichenden Dünger für die nachfolgende Buchweizenaussaat. Doch blieben die Erträge gering. Spätfröste führten nicht selten zu Mißernten. Vor allem aber waren für den Anbau große Flächen und lange Brachzeiten notwendig.

Durch das generationenlange Moorbrennen wurde der vorher bis 2 m mächtige Weißtorf vielerorts fast ganz heruntergebrannt, und staunasse, ackerbaulich wertlose Böden blieben zurück, so daß hier nur noch bei hinreichender Entwässerung Torfstich betrieben werden konnte. Auch waren die Umweltbelastungen durch das Moorbrennen so enorm, daß weite Teile des norddeutschen Tieflandes damals oft wochenlang von schmutzigen Rauchschwaden verhüllt gewesen sein müssen und in hohen Luftschichten der "Höhenrauch" in weiten Teilen Europas während der Dämmerungszeit den Himmel verfärbte (OVERBECK 1975).

Die totgebrannten Moore wurden oft über Jahrzehnte zur Regeneration liegengelassen und anschließend erneut in die Brandkultur einbezogen. Nahezu alle Hochmoore Niedersachsens sind von dieser Methode wohl irgendwann erfaßt und damit von wachsenden in Stillstandsmoore (Heidemoore) überführt worden.

Die wirtschaftlichen Unsicherheiten und Rückschläge förderten schon frühzeitig die Suche nach zuverlässigeren und einträglicheren Kultivierungsmethoden. So wurde seit 1750 bei der Erschließung der großen Hochmoore um Bremen unter Leitung des hannoverschen Moorkommissars *Findorff* die Inkulturnahme der nichtabgetorften Moorflächen überwiegend durch Aufbringung von tierischem Dünger betrieben. Dies war allerdings nur möglich, weil dort Grünlandflächen auf Niedermoor für die Viehhaltung in ausreichender Menge zur Verfügung standen.

Die entscheidenden Fortschritte in der Hochmoorkultivierung ergaben sich jedoch erst in der zweiten Hälfte des 19. Jahrhunderts. Angeregt durch die Erfolge der Naturwissenschaften, insbesondere durch die bahnbrechenden Nährstofftheorien des berühmten Chemikers *Justus von Liebig,* wurde im Jahre 1877 auf Initiative des "Nordwestdeutschen Vereins gegen das Moorbrennen" die Preußische *Moorversuchsstation* in Bremen gegründet. Aufgabe dieser weithin bekannten Forschungsstelle, die heute im Bodentechnologischen Institut Bremen des Niedersächsischen Landesamtes für Bodenforschung (NLfB) weiterlebt, bestand darin, auf naturwissenschaftlich-technischer Grundlage optimierte Kultivierungsverfahren für die verschiedenen Moortypen zu entwickeln. Sowohl die *Deutsche Hochmoorkultur* als auch die *Deutsche Sandmischkultur* sind aus diesen Forschungen hervorgegangen.

Ursprünglich wurde, ähnlich wie das in den Moormarschen der Fall war, "gekuhlt". D.h. es wurde das tiefer liegende wertvolle Material, in den Marschen der Klei, in den Hochmooren der Sand, mit dem Spaten an die Oberfläche gebracht und dort verteilt bzw. mit dem Torf vermengt. Diese Form der Hochmoor-Sanddeckkultur, auch Rigolen genannt (vgl. Abb. 107), war sehr arbeitsaufwendig.

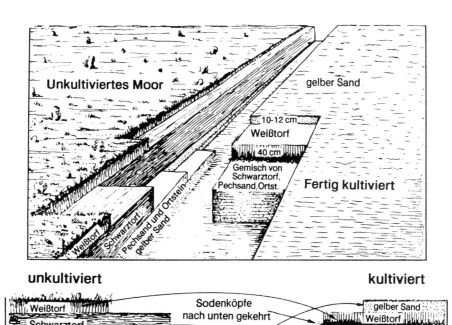

Abb. 107: Hochmoorkultivierung durch Kuhlen, wie sie von den Moorsiedlern und vom Reichsarbeitsdienst betrieben wurde (n. BADEN 1964).

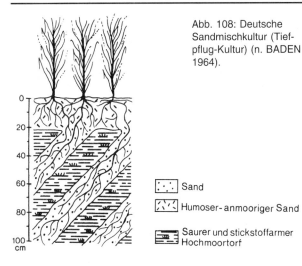

Abb. 108: Deutsche Sandmischkultur (Tiefpflug-Kultur) (n. BADEN 1964).

⬚ Sand

◣◥ Humoser- anmooriger Sand

☰ Saurer und stickstoffarmer Hochmoortorf

Bei der weiterentwickelten Form der *Deutschen Sandmischkultur* (vgl. Abb. 108) wurde die schwere Handarbeit durch den Einsatz von Maschinen abgelöst. An Drahtseilen gezogene Riesenpflüge mit bis zu 2 m Tiefgang brachten nun den Sand an die Oberfläche. Dabei entstand eine Schrägbalkenschichtung, deren Wechsel von Torf- und Sandbalken für eine gute Durchlüftung und natürliche Dränung nach Regenperioden (Sandbalken) sowie für eine ausreichende Wasserspeicherung in Trockenperioden (Torfbalken) sorgen. Nach vorausgegangener Düngung mit den Grundnährstoffen und nach einer Grundkalkung ist auf Sandmischkulturen sogar der Anbau von Gerste und Zuckerrüben möglich.

Von 1948 bis 1980 sind im Weser-Ems-Gebiet auf die beschriebene Weise, zumeist mit den legendären Ottomeyer-Dampfpflügen, rund 30 % aller Hochmoorflächen tiefgepflügt worden. Wegen der begrenzten Tiefenreichweite der Pflüge blieb die Anwendung der Deutschen Sandmischkultur auf Hochmoore mit Torfmächtigkeiten von weniger als 1,00 - 1,20 m beschränkt.

Für tiefgründigere Moore kamen die *Sanddeckkultur,* bei der eine 10 - 15 cm mächtige, aufgetragene Sanddecke mit den oberen Torflagen beim Pflügen vermischt wurde, oder die Deutsche Hochmoorkultur zur Anwendung.

Die *Deutsche Hochmoorkultur* beruht auf der Inkulturnahme des unabgetorften Moores, wobei der Weißtorf im Gegensatz zur Sandmischkultur in seiner natürlichen Lagerung belassen wird. Die Nährstoffarmut als der wesentliche ertragsbegrenzende Faktor bei der Hochmoorkultivierung wird durch hohe Düngergaben ausgeglichen: Nach der Entwässerung, die ursprünglich mit Hilfe von Gräben, heute dagegen zum Zweck der rationelleren Bewirtschaftung in der Regel durch unterirdische Dränrohre vorgenommen wird, werden die oberen 20 cm

des Torfbodens durch Fräsen aufgelockert, durch Zufuhr von Kalk neutralisiert und mit Kali, Phosphat und Spurenelementen angereichert. Der gute Wasser- und Lufthaushalt des Weißtorfs macht in Verbindung mit der intensiven Düngung und Kalkung dann sowohl Ackerbau als auch Grünlandnutzung möglich. Dabei ist der Grünlandnutzung der Vorzug zu geben.

Bei Grünlandnutzung gehen jährlich nur etwa 0,5 cm durch biochemischen Abbau von der Hochmoorsubstanz verloren; bei Beackerung liegen die Verluste, gefördert durch Entwässerung, Kalkung und Düngung, dagegen bei 1 - 2 cm. Dieser sog. *Torfschwund* wirkt zusätzlich zur Sackung, die nach der Entwässerung eine Schrumpfung der ursprünglichen Torfmächtigkeiten um bis zu einem Drittel verursacht. Die einsetzende Vernässung kann nur durch neue, intensivierte Entwässerungen beseitigt werden. Ein Teufelskreis entsteht, der mit jeder Rekultivierungsmaßnahme immer wieder neu beginnt. Innerhalb eines Jahrhunderts werden so bis zu drei Entwässerungsschritte erforderlich.

5.4.8. Kulturböden

Der Mensch verändert die Böden

Mit der Schaffung der Kulturlandschaft hat der Mensch vielerorts mittelbar und unmittelbar in die Entwicklung der Böden eingegriffen. *Mittelbar* hat er die Böden verändert, indem er auf das Spiel der natürlichen bodenbildenden Prozesse Einfluß genommen hat, etwa durch die Zerstörung oder Umwandlung der Vegetationsdecke oder durch Eingriffe in den Bodenwasserhaushalt (Beispiele: Podsolierung unter Heidevegetation und Nadelwald, Bodenerosion auf brachliegenden winterlichen Akkerflächen, Entwässerung und Bewässerung).

Zweitens hat der Mensch unter der Maßgabe der Ertragssteigerung und -sicherung mit mechanischen Mitteln *unmittelbar* auf die Struktur der Böden eingewirkt. So wurden und werden wasserstauende, verdichtete Horizonte und Ortsteinlagen durch Tiefumbruch beseitigt oder aufgelockert (Rigosole), Moorböden, wie soeben dargestellt, abgetragen oder mit dem mineralischen Untergrund vermischt und ertragsschwache Böden je nach Bedarf mit Sand-, Mergel-, Kalk- oder Düngergaben verbessert. Auch der Scharpflug hinterläßt seine Spuren in Form des schon erwähnten Pflughorizontes (A_p).

Auffällige Veränderungen in den Bodenprofilen ergeben sich darüber hinaus durch spezielle Düngungsmethoden. Durch sie sind besondere Formen von Auftragsböden entstanden, wie die *Plaggenböden* (s.u.), und die *Hortisole.* Jahrhundertelange intensive gärtnerische Nutzung mit Kompost-, Torf- und Mistdüngung führte bei den letztgenannten Böden zur Bildung eines stark humosen und biologisch aktiven A-Horizontes, den man vor allem in alten Stadt- und Klostergärten findet.

Alle vom Menschen unmittelbar veränderten Böden, deren gesamtes Profil durch menschliche Eingriffe neu geformt oder aufgebaut ist, bezeichnet man auch als *anthropomorphe* (= vom Menschen gestaltete) *Böden*. Von ihnen sollen die Plaggenböden wegen ihrer weiten Verbreitung im norddeutschen Tiefland näher beschrieben werden.

Plaggenböden

"Ewiger Roggenbau" erforderte Plaggendüngung

Die Methode der Plaggendüngung war über viele Jahrhunderte auf der Geest und ihren Randgebieten im Zusammenhang mit Dauerackerbau und Heidebauernwirtschaft gebräuchlich. In der Regel wurde auf den gleichen Flächen über Jahre hinweg ohne Einschaltung einer Brache stets dieselbe Frucht angebaut (sog. "ewiger Roggenbau").

Wichtigste Anbaufrucht war der Winterroggen. Mit Abstand folgten Hafer (meist Sandhafer) und Flachs, seit dem 14./15. Jh. auch Buchweizen. Durch die einseitige und ganzjährige Nutzung, bei der die winterlichen Ruhezeiten entfielen (Roggenernte Anfang August und neue Aussaat bereits Anfang Oktober), wurden dem Boden große Mengen an Nährstoffen entzogen. Außerdem unterblieb durch das Fehlen der Brachzeit die Rückführung der Nährstoffe. Ohne Düngung konnte man folglich keine dauerhaften Erträge erwirtschaften.

Da es noch keinen Mineraldünger gab und weil tierischer Dung in der grünlandarmen Geest nur begrenzt zur Verfügung stand, war eine Bodenverbesserung nur mit Hilfe von pflanzlichen Dungstoffen möglich. Diese lieferte die Plaggendüngung.

Heideflächen: für die Plaggendüngung unverzichtbar

Die Methode der *Plaggendüngung* bestand aus mehreren Einzelschritten. Zunächst wurden in der Feldmark - auf Gemeinheitsland - mit Spaten oder Hacken Heideplaggen "gestochen" oder "geschält". Meist wurde dabei auch eine flache Schicht des obersten Mineralbodens mit abgehoben. Ein Teil der Plaggen wurde anschließend futterweise auf die Höfe gebracht und dort in den Viehställen als Einstreu verwendet. Die mit Dung angereicherten Plaggen wurden im Herbst oder im Frühjahr auf den Äckern untergepflügt.

Wegen der riesigen Plaggenmengen, die eine derartig extensive Düngungsmethode erforderte, mußte ein Teil "gestreckt" werden: Frisch gestochene Plaggen wurden bis zu 2 Jahre lang zusammen mit Stallmist und anderen organischen Abfällen in Mieten kompostiert und danach ebenfalls untergepflügt.

Um einen Hektar Ackerland mit genügend Dünger zu versorgen, waren je nach den Bodenverhältnissen zwischen 2 und 8 Hektar Heideflächen nötig. Als Zeit für die Regeneration der abgeplaggten Heideflächen rechnete man je nach der Tiefe und Häufigkeit des Plaggenhiebs zwischen 4 und 40 Jahren. Stellt man weiterhin die Tatsache in Rechnung, daß sich auch die Qualität und Menge der Plaggen bei jedem Zyklus verringerte, so dürfte in ungünstigen Fällen der reale Flächenbedarf bei einem Vielfachen der genannten Zahlen gelegen haben. Im Extremfall waren dies für 1 Hektar Ackerland bis zu 40 Hektar Heide. Die Folge war eine beträchtliche Vergrößerung der Heideflächen, die vor allem auf Kosten des Waldes ging.

Standen nicht genug Heideflächen zur Verfügung, so mußten entweder Brachzeiten eingeführt werden, oder es kamen bei der Plaggendüngung auch Grassoden zur Anwendung, die in den Grünlandniederungen und Wäldern gewonnen wurden. Plaggenstich war in diesen Gebieten jedoch nur dann möglich, wenn genügend Wiesenland vorhanden war, das für die Winterfuttergewinnung (Heu) dringend benötigt wurde. Auf der Sandgeest war der Mangel an Grünlandflächen und Wäldern meist der limitierende Faktor. In solchen Fällen mußte dann zusätzlich auf Wald- oder Torfstreu zurückgegriffen werden.

Da die Plaggendüngung im Vergleich zur modernen Mineraldüngung lediglich einen Bruchteil an Nährstoffen lieferte, mußte die Düngung alljährlich, mindestens aber alle zwei oder drei Jahre wiederholt werden, um Ertragseinbrüche zu verhin-

Abb. 109: Plaggenesch über Parabraunerde in Geschiebesand (Bodenhorizonte: E - Plaggenhorizont, Al und Bt - Tonauswaschungs- und -anreicherungshorizont der Parabraunerde, C - Geschiebesand).

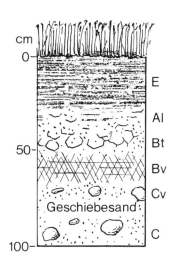

dern. Neben der organischen Substanz, die sich nach und nach zersetzte, wurde dadurch immer wieder Sand aufgebracht. Dies führte mit der Zeit zur Aufhöhung der Plaggenauflage und zu dem für Plaggenböden typischen sandigen, schmutziggrauen Horizont (E), der bei sehr alten Plaggenböden über 1 m mächtig werden kann. Nicht selten folgt darunter dann noch der ursprüngliche Boden, z.B. eine Parabraunerde, eine Braunerde oder ein Podsol (vgl. Abb. 109).

Anfänge im frühen Mittelalter

Plaggendüngung wurde über tausend Jahre lang betrieben. Nach Pollenanalysen, Radiokarbondatierungen und archäologischen Funden fällt die Hauptausbreitung dieser Methode in den Zeitraum zwischen dem 10. und dem 11. Jahrhundert. Sie wurde ausgelöst durch die Einführung des intensiven Roggenbaus.

Durchweg liegen die ältesten Plaggenböden mit den für sie bezeichnenden mächtigen Humusprofilen in unmittelbarer Nähe der Dörfer und alten Hofstellen auf den sog. "Eschen" oder "Gasten" (sing. "Esch", "Gaste"), den alten Ackerflächen, deren Anlage zum Teil bis in das frühe Mittelalter zurückreicht. Mit der Bevölkerungszunahme im Hochmittelalter wurden dann jedoch auch entfernter gelegene Flächen (sog. Kämpe) unter den Pflug genommen und die Plaggendüngung auf diese Flächen ausgedehnt.

Erst in der zweiten Hälfte des 19. Jahrhunderts wurde die Plaggendüngung durch die moderne Fruchtwechselwirtschaft und die auf den Erkenntnissen der Pflanzenernährungslehre beruhende Kunstdüngung (Kali- und Phosphatdüngung) abgelöst. Dies führte bekanntlich zu beträchtlichen Veränderungen in der Kulturlandschaft: Die ehemaligen Plaggengewinnungsflächen wurden entweder in landwirtschaftliche Nutzung überführt oder, angesichts steigender Nachfrage nach Holz, aufgeforstet.

Das *Zentrum der Plaggenwirtschaft* umfaßt nach dem heutigen Kenntnisstand *das nordwestliche Niedersachsen* und die angrenzenden Gebiete: Belgien, die Niederlande und Irland im Westen, im Osten die Altmark sowie im Norden Schleswig-Holstein und Dänemark. Ihre größte Häufigkeit und beste Ausprägung haben die Plaggenböden in Ostfriesland, Oldenburg und im Emsland.

Plaggenböden bleiben in ihrer Verbreitung aber nicht auf die sandige Geest beschränkt. Inzwischen wurde der Nachweis ehemaliger Plaggenwirtschaft auch für die im Tiefland verbreiteten Sandlößgebiete und für Randgebiete des Lößgürtels erbracht. So sind zum Beispiel im Osnabrück-

ker Bergland und in der Calenberger Börde bei Hannover Plaggenprofile gefunden worden.

Die Herkunft der Plaggen bedingt ihre Bodeneigenschaften

Generell weisen die Plaggenböden im Vergleich zu natürlich gewachsenen nährstoffarmen Geestböden einen erhöhten Humusgehalt auf und eine dadurch bedingte Graufärbung. Auch ihr Phosphorgehalt ist durch die erfolgte Düngung im allgemeinen höher. Im einzelnen sind die Eigenschaften der Plaggenböden jedoch in Abhängigkeit von der Art der verwendeten Plaggen sehr unterschiedlich: Den sandigen, nährstoffarmen und sauren violettstichig-dunkelgrauen *Heideplaggen* und graubraunen *Waldplaggen* stehen die rötlich-braunen Gleyplaggen und die braunen, lehmig-sandigen *Sandlößplaggen* gegenüber, die im Wasser- und Nährstoffhaushalt etwas günstiger sind. Die Bodengüte von Plaggenböden schwankt dementsprechend je nach Plaggentyp und Bodenart zwischen 25 und mehr als 45 Punkten.

5.5. Bodenfruchtbarkeit und Bodenbewertung

Von großer Bedeutung für die landwirtschaftliche Praxis ist die *Bodenfruchtbarkeit*. Aus ökonomischer Sicht versteht man darunter die Fähigkeit eines Bodens, pflanzliche Substanz zu produzieren (Ertragsfähigkeit). Je mehr ein Boden produzieren kann, je mehr Kulturpflanzenarten auf dem Boden wachsen können, je geringer die Ertragsschwankungen sind und je besser die Qualität der Erträge ist, um so fruchtbarer ist der Boden, um so höher ist seine *Ertragsfähigkeit*. Neuerdings werden auch ökologische Merkmale bei der Bestimmung der Bodenfruchtbarkeit verstärkt berücksichtigt: z.B. das Haltevermögen für Wasser, Luft, Wärme und Nährstoffe, die biologische Aktivität (Bodenlebewesen) sowie die Eigenschaften der Böden als Puffer und Filter für Nähr-, Gefahr- und Schadstoffe.

Einheitliche Kriterien für die Beurteilung der Bodenfruchtbarkeit wurden erstmals im Jahre 1934 durch das sog. *Bodenschätzungsgesetz* verbindlich festgelegt. Damit wurde ein ökonomischer Bewertungsmaßstab geschaffen, der vor allem für die wirtschaftlich gerechte Besteuerung der Acker- und Grünlandflächen dienen sollte. Innerhalb weniger Jahre wurden große Teile Niedersachsens im Rahmen dieser "Reichsbodenschätzung" flächendeckend kartiert und die Kartierergebnisse auf der Basis der Deutschen Grundkarte im Maßstab 1 : 5000 veröffentlicht. Bis heute sind die *"Bodenkarten auf der Grundlage der Bodenschätzung"* eines der wichtigsten bodenkundlichen Kartenwerke ge-

Tab. 25: Bodenzahlen des Acker-Schätzungsrahmens (stark gekürzt).

Boden-art[1]	Geolog. Entst.[2]	Zustandsstufe						
		1	2	3	4	5	6	7
Sand (S)	D		41-34	33-27	26-21	20-16	15-21	11- 7
	Al		44-37	36-30	29-24	23-19	18-14	13- 9
	V		41-34	33-27	26-21	20-16	15-12	11- 7
Lehm (L)	D	90-82	81-74	73-66	65-58	57-50	49-43	42-34
	Lö	100-92	91-83	82-74	73-65	64-56	55-46	45-36
	Al	100-90	89-80	79-71	70-62	61-54	53-45	44-35
	V	91-83	82-74	73-65	64-56	55-47	46-39	38-30
Ton	D		71-64	63-56	55-48	47-40	39-30	29-18
	Al		74-66	65-58	57-50	49-41	40-31	30-18
	V		71-63	62-54	53-45	44-36	35-26	25-14
Moor				45-37	36-29	28-22	21-16	15-10

[1] mittlere Bodenart im Wurzelraum, hier nur S, L, T und Moor aufgeführt; im ungekürzten Schätzungsrahmen 8 Bodenarten und Moor unterschieden

[2] D = diluviale (pleistozäne) Lockersedimente außer Löß, z.B. Geschiebesand, Geschiebelehm, Geschiebemergel, Schmelzwassersand, Beckenton
Al = alluviale (holozäne) Lockersedimente, z.B. Talsand, Schlick, Auenlehm
Lö = Löß
V = Verwitterungsmaterial aus festen Gesteinen, z.B. Sandstein, Kalkstein, Schieferton, Granit, Basalt, Gneis

Quelle: SCHRÖDER 1984

blieben. Sie werden ständig überarbeitet und auf den neuesten Stand gebracht.

Beurteilungskriterien (vgl. Tab. 25) sind bei der *Akkerschätzung* die Bodenart, die geologische Entstehung (Ausgangsgestein) und die sog. Zustandsstufe, die die Bodentypen und ihre Variationen berücksichtigt (vgl. Abb. 110).

Anhand eines Schätzungsrahmens (vgl. Tab. 25) läßt sich dann die Wertzahl des Ackerbodens relativ einfach bestimmen. Diese *Bodenzahl* ist eine Verhältniszahl. Da sie die Ertragsfähigkeit im Verhältnis zum fruchtbarsten Boden in Deutschland angibt (Schwarzerde der Magdeburger Börde = 100), kann sie nie größer sein als die Zahl 100.

Bei Abweichungen von den "Normalbedingungen" (600 mm mittlere Jahresniederschläge, 8° C mittlere Jahrestemperatur, ebene Lage, Grundwasserstand bei Sand 1 m, Lehm 1,50 m, Ton 2 m) ergibt sich durch Zu- oder Abschläge von der Bodenzahl die sog. Ackerzahl[1]. Sie ist für die große Schwankungsbreite der Bodenwerte innerhalb der einzelnen Bodentypen verantwortlich.

In Tabelle 26 wurden die Bodenwerte für die wichtigsten Bodentypen in Niedersachsen auf der Grundlage des Acker-Schätzungsrahmens zusammengestellt. Höchste Bodenfruchtbarkeit besitzen die Schwarzerden in den Lößbörden und den Lößbecken des Berglandes mit Spitzenwerten zwischen 85 und 100 Punkten. Es folgen die Löß-Parabraunerden, die Auenböden und die Böden der Seemarsch, die mit bis zu 85 Punkten in günstigen Lagen nahe an die Bodenwerte der Schwarzerden herankommen. Die geringste Fruchtbarkeit zeigen die Eisenhumuspodsole der Geest (5-25 P.), die Hochmoore (10-25 P.) sowie die steinigen und trockenen Ranker- und Rendzinaböden des Berglandes (unter 15 P.).

Insgesamt erweisen sich die Lößlandschaften, deren Bodenwerte nur an wenigen Stellen unter 60 Punkten liegen, als die landwirtschaftlich am meisten begünstigten Räume in Niedersachsen. Ihnen folgen in der Rangskala der küstennahe Streifen der Seemarsch, die Talauen mit Auelehm, dann die Grundmoränengebiete mit ihren Braunerden, Parabraunerden und Eschböden, die zum Teil Durchschnittswerte von über 50 Punkten erreichen (Parabraunerden über Sandlöß), und ganz am Ende liegen die stark vernäßten und versauerten Moormarschen, die nährstoffarmen Hochmoore, die trockenen und podsolierten Sandgebiete der Geest sowie, mit der geringsten Ertragskraft, die hängigen Lagen und Hochflächen des Berglandes und des Harzes. Die Berglandböden bleiben daher zu Recht unter den gegenwärtigen Wirtschaftsbedingungen im wesentlichen der Forstwirtschaft überlassen.

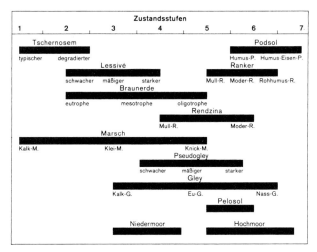

Abb. 110: Die wichtigsten Bodentypen Niedersachsens, zugeordnet den Zustandsstufen der Bodenschätzung (n. SCHRÖDER 1984).

Zustandsstufe 1: nährstoffreicher, humoser, tiefgründiger, nicht entkalkter Boden mit besten physikalischen Eigenschaften; *Zustandsstufe 7:* sehr schwach entwickelter, flachgründiger, roher Boden oder Boden mit starken Verdichtungserscheinungen oder stark verarmter und versauerter Boden.

[1] Ihr entspricht auf Grünland die sog. Grünlandzahl. Im Gegensatz zum Acker-Schätzungsrahmen (s.o.) entfällt bei der Berechnung der Grünlandzahl in der Schätzungstabelle (Grünland-Schätzungsrahmen) das Kriterium des Ausgangsgesteins. An seine Stelle treten die Wasserverhältnisse und das Klima (nähere Ausführungen dazu s. ARBEITSGRUPPE BODENKUNDE 1982: Bodenkundliche Kartieranleitung).

5.6. Verbreitung der wichtigsten Bodentypen in Niedersachsen (Bodenlandschaften)
(vgl. Abb. 111)

Je nach der Art des geologischen Untergrundes, der Gestaltung des Reliefs, den Bodenwasserbedingungen und den Einflüssen von Klima und Pflanzendecke haben sich in Niedersachsen sehr unterschiedliche Böden und Bodengesellschaften entwickelt, deren flächenhafte Verbreitung die Übersichtskarte in starker Vereinfachung wiedergibt.

Die Karte unterscheidet durch die Wahl ihrer Rasterflächen zwischen Tiefland- und Berglandböden. Zu letzteren gehören neben den reinen Festgesteinsböden der Höhenzüge und des Harzes auch die Schwarzerden, Parabraunerden und Braunerden der Lößbörden und des offenen Berglandes, die bei geringer Lößmächtigkeit vielerorts noch durch das unterlagernde Festgestein beeinflußt werden.

Im *Tiefland* bestimmt neben der Art des geologischen Untergrundes, der hier fast ausnahmslos durch Lockergesteine (Sand, Lehm, Klei u.a.) gebildet wird, in erster Linie der Bodenwasserhaushalt die Differenzierung der Böden. So finden sich vornehmlich Podsole auf den trockenen und wasserdurchlässigen Sandgebieten der Geest, Braunerden, Parabraunerden und Pseudogleye auf den lehmigen, besser mit Wasser versorgten und örtlich staunassen Grundmoränenplatten und Sandlößflächen, Nieder- und Hochmoore in den ausgedehnten Niederungsgebieten und schließlich Gleye und Überschwemmungsböden (Auenböden) in den Tälern von Ems, Weser und Elbe sowie ihrer größeren Nebenflüsse. Eine besondere Gruppe von Böden stellen im Gezeitenbereich die Marschenböden dar, die als Seemarsch, Brackmarsch, Flußmarsch und Moormarsch die Küstenlandschaft und die Unterläufe der großen Flüsse prägen. Schließlich sind noch die Inselböden zu nennen, deren junge Strand-, Dünen- und Marschböden als Rohböden allenthalben noch durch Wind und Wasser überformt werden.

5.6.1. Die Bodenlandschaften des Küstengebietes

Inseln und Watten

Junge geologische Vorgänge bedingen junge Oberflächen mit Rohböden

Geologisch gesehen ist dies die jüngste aller Naturlandschaften in Niedersachsen. Auch heute laufen hier vor unseren Augen unter der Wirkung von Brandung, Strömung, Gezeiten und Wind geologische Vorgänge ab: Sandbänke werden aufgespült und verlagert, Priele eingeschnitten, Strände vorgebaut oder abgetragen, Wattenschlick zu Salzmarsch aufgehöht und Sand zu Dünen aufgeweht. Besonders deutlich lassen sich diese Veränderungen auf den Ostfriesischen Inseln beobachten.

Die jungen Oberflächen tragen noch keine ausgeprägten Böden. Auf den Sandplaten, die der Gezeitenwirkung unterliegen, auf den vegetationslosen Stränden, auf den mit Binsenquecken erst spärlich bewachsenen Primärdünen (Vordünen) und auf den jungen, mit Silbergras bestandenen Sandaufwehungen der Inselmarsch (Heller) finden sich bestenfalls humusfreie, kalkhaltige *Rohböden* aus reinem Strand- oder Dünensand, die noch keine Horizontgliederung aufweisen (vgl. Abb. 112).

Auch die vorderen Aufsandungsbereiche der Weißdünen, die nur sehr locker von Strandhafer und Strandroggen besiedelt sind, zeigen Rohböden ohne sichtbare Graufärbung durch Humus (deshalb auch: "Weißdünen"). Ihr Kalkgehalt rührt von fein zerriebenen Muschel- und Schneckenschalen her, der jedoch mit zunehmendem Alter der Ober-

Tab. 26: Ausgewählte Leitböden der Bodenlandschaften und ihre durchschnittlichen Bodenwertzahlen in Punkten auf der Grundlage der Ackerschätzung.

A. Böden der Marschen, Flußtäler, Moore und Niederungen	
1. Moormarsch	30 – 40 P.
2. Flußmarsch	30 – 50 P.
3. Brackmarsch	45 – 70 P.
4. Seemarsch	65 – 85 P.
5. Gley	25 – 40 P.
6. Gley-Podsol	15 – 35 P.
7. Anmoor(gley)	30 – 40 P.
8. Niedermoor	25 – 40 P.
9. Hochmoor	10 – 25 P.
10. Auenboden mit Auelehm	40 – 85 P.
B. Böden der Geest	
1. Eisenhumuspodsol	5 – 25 P.
2. Humuspodsol	30 – 45 P.
3. Podsol-Braunerde	25 – 50 P.
4. Parabraunerde	30 – 55 P.
5. Eschboden	25 – 40 P.
C. Böden der Lößbörden und des offenen Berglandes	
1. Schwarzerde	85 – 100 P.
2. Parabraunerde	65 – 85 P.
3. Braunerde	50 – 70 P.
D. Böden der Höhenzüge und des Harzes	
1. Braunerde (flache Hänge, Täler)	25 – 50 P.
2. Podsol-Braunerde	15 – 30 P.
3. Braunerde-Ranker	< 10 P.
4. Rendzina	< 15 P.
5. Stagnogley (Molkenboden)	< 30 P.

Quelle: eigener Entwurf

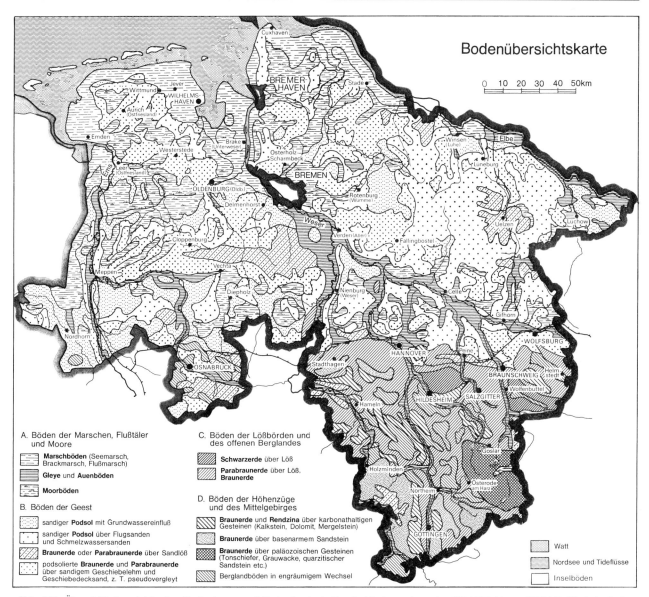

Bodenübersichtskarte

0 10 20 30 40 50km

A. Böden der Marschen, Flußtäler und Moore

Marschböden (Seemarsch, Brackmarsch, Flußmarsch)

Gleye und Auenböden

Moorböden

B. Böden der Geest

sandiger Podsol mit Grundwassereinfluß

sandiger Podsol über Flugsanden und Schmelzwassersanden

Braunerde oder Parabraunerde über Sandlöß

podsolierte Braunerde und Parabraunerde über sandigem Geschiebelehm und Geschiebedecksand, z. T. pseudovergleyt

C. Böden der Lößbörden und des offenen Berglandes

Schwarzerde über Löß

Parabraunerde über Löß, Braunerde

D. Böden der Höhenzüge und des Mittelgebirges

Braunerde und Rendzina über karbonathaltigen Gesteinen (Kalkstein, Dolomit, Mergelstein)

Braunerde über basenarmem Sandstein

Braunerde über paläozoischen Gesteinen (Tonschiefer, Grauwacke, quarzitischer Sandstein etc.)

Berglandböden in engräumigem Wechsel

Watt

Nordsee und Tideflüsse

Inselböden

Abb. 111: Übersicht der wichtigsten Bodentypen und Bodenlandschaften in Niedersachsen (n. KELLER, Hrsg., 1978/79: Hydrologischer Atlas d. Bundesrepublik Deutschland, verändert).

flächen durch die Einwirkung des Regenwassers nach und nach ausgewaschen wird. Die (binnenwärtigen) Windschattenlagen der hinteren Weißdünen sind dementsprechend oft schon kalkfrei. Mehrere Jahre anhaltende Bodenbildung hat hier die Entwicklung schwacher A$_h$-Horizonte eingeleitet, die in den feuchten und dichter bewachsenen Dünentälern unter einem dichten Rohhumusfilz bereits einige Zentimeter mächtig sein können.

Die älteren, sich landeinwärts anschließenden *Graudünen* sind in der für die Pflanzen wichtigen Durchwurzelungstiefe nahezu völlig entkalkt. Auch auf diesen Standorten geht die Bodenbildung meist nicht über das Stadium der *Dünenregosole* hinaus; mit zunehmendem Alter der Bodenentwicklung lassen sich aber besonders in den Windschat-

tenlagen mit ihrer geschlossenen Gehölzvegetation Anfangsstadien der Braunerdebildung beobachten. In ihren Eigenschaften sind diese flachgründigen *Dünen-Braunerden* den Rohböden noch sehr ähnlich. Stark vernäßte Lagen innerhalb der Graudünentäler weisen unter dichtem Birken- und Erlengehölz geringmächtige Versumpfungstorfböden auf.

Durch ihren ursprünglich vorhandenen Kalkgehalt unterscheiden sich die Küstendünen übrigens sehr wesentlich von den spätglazialen und holozänen Dünen und Flugsanddecken im Binnenland, die ausschließlich aus kalkfreien, sauren Quarzsanden aufgebaut werden. Auch die Vielfalt an Mineralen ist bei den Küstendünen im allgemeinen höher. Dank der verhältnismäßig hohen pH-Werte

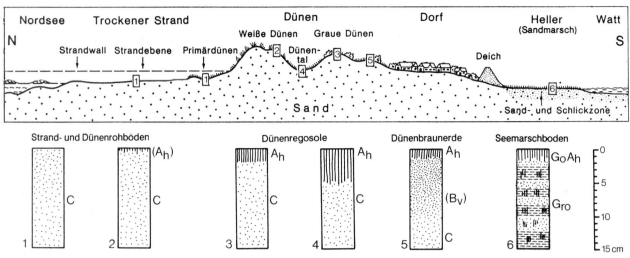

Abb. 112: Schema der Bodenentwicklung auf einem Nord-Süd-Profil durch eine ostfriesische Düneninsel (n. VENZKE 1988).

der Küstendünensande, die selbst bei den Graudünen nur in den schwach bis mittelmäßig sauren Bereich fallen, treten Podsolierungen im Gegensatz zu den fast immer podsolierten Binnendünen stark zurück. Unter Besen- und Krähenbeerenheide, aber auch unter den vielerorts als Windschutz angelegten Kiefernforsten (Dünenwäldchen) mit ihrer Sauerhumus liefernden Streu weisen schwache Bleichhorizonte jedoch auf beginnende *Podsolierungen* hin.

Marschen (vgl. Abb. 113)

Die differenzierte Entstehungsgeschichte erklärt die Vielfalt an Böden

Flächenmäßig bedeutenden Anteil an der Bodenlandschaft der Küste haben die Marschböden. Die Marschen sind der Geest küstenwärts in Gestalt eines bis zu 15 km breiten Gürtels vorgelagert. Nur an zwei Stellen fehlt dieser Gürtel: in der nördlichen Fortsetzung der Altenwalder Eisrandlage (Wurster Heide) bei Cuxhaven-Duhnen und am Jadebusen bei Dangast. Dort stößt die Geest mit sandigen Ufern direkt ans Meer. Entlang von Elbe, Weser und Ems setzen sich die Marschen als Flußmarschen fort und gehen dann in die Talauen über, die definitionsgemäß jenseits der Gezeitengrenze liegen.

In den Marschen sind die Bodenverhältnisse unerwartet vielfältig. In erster Linie sind dafür geringe, mit dem Auge kaum wahrnehmbare Höhenunterschiede und schwache Körnungsunterschiede verantwortlich, die sich aus der Entstehung der Marschensedimente erklären: Durch den Wechsel der Gezeiten wurde Schicht um Schicht fruchtbarer Wattenschlick abgelagert und mit der Zeit über

den mittleren Hochwasserstand aufgehöht. Die Erhöhung erfolgte nicht gleichmäßig. Die schwersten Teilchen, vor allem Feinsande, sanken schon in Strandnähe zu Boden und ließen diesen schneller aufwachsen als das Hinterland, wohin nur die feineren, tonigen Teilchen gelangten. Auf diese Weise entstand ein *"Uferwall"*, der sich ganz allmählich landeinwärts abdacht. Die höher aufgeschlickten Teile dieses Uferwalles nahe der Wattkante werden als *"Hochland"* oder *"Hohe Marsch"* bezeichnet; das zwischen 1,5 und 3 m niedriger gebliebene Hinterland vor dem Geestrand wird *"Sietland"* genannt. Es liegt an den tiefsten Stellen auf der Krummhörn bei Emden und im Land Hadeln unter NN (tiefster Punkt bei Freepsum, Gemeinde Krummhörn: -2,3 m NN) und muß daher heute mit Stufenschöpfwerken "bergauf" entwässert werden.

Die räumliche Vergesellschaftung der Böden hängt eng mit den eben skizzierten Ablagerungsverhältnissen zusammen. Die Böden des Hochlandes sind durch ihren höheren Sandgehalt im allgemeinen lockere, gut entwässerte und durchlüftete Ackerböden. Im Sietland finden sich dagegen vornehmlich schwere, unter Nässe leidende tonreiche Böden, die schwer zu entwässern sind und unter Luftmangel leiden. Sie eignen sich allein für die Grünlandnutzung.

Dieses sich vornehmlich nach den Ablagerungsräumen richtende Grundmuster der Bodenverbreitung in der Marsch wird im Rahmen der heute üblichen Bodenkartierung weiter untergliedert nach den chemischen Eigenschaften des schlickanliefernden Wassers (Salzgehalt), da diese die späteren Eigenschaften des Bodens wesentlich mitbestimmen. Wie bereits in den Ausführungen über die Marschböden erwähnt, unterscheidet man die Bodenty-

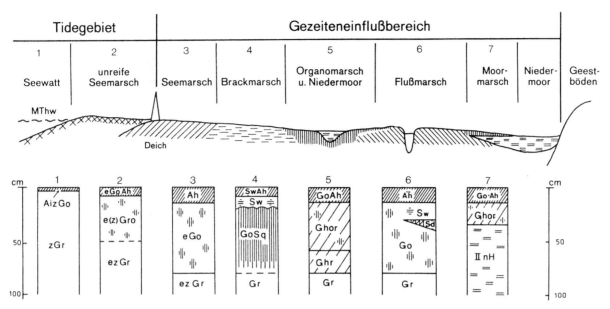

Abb. 113: Typische Abfolge der wichtigsten Böden vom Watten- zum Marschengebiet. Stark schematisiert (n. ROESCHMANN; aus: KUNTZE, ROESCHMANN & SCHWERDTFEGER 1988).

Symbole der Bodenhorizonte: **1. Wattboden:** salzhaltig (z), **g**rundwasserbeeinflußt (G), oben unter Luftzufuhr **o**xidiert, unten unter Luftabschluß **r**eduziert (Go, Gr), **i**nitiale Bodenbildung mit beginnender Anhäufung von organischer Substanz (Ai). **2. Unreife Seemarsch:** in tieferen Lagen noch salzhaltig (z), oberflächennah ausgewaschen (e = eluvial), im gesamten Profil **G**rundwassereinfluß mit **R**eduktions- und **O**xidationserscheinungen (Gr, Go, Gro), schwache **H**umusanreicherung im Oberboden (Ah). **3. Seemarsch:** durch Auswaschung weitgehend entsalzt (e = eluvial), im tieferen Unterboden noch salzhaltig (z), **O**xidations- und **R**eduktionshorizonte bei schwankendem **G**rundwassereinfluß (Go, Gr), deutliche **H**umusanreicherung im Oberboden (Ah). **4. Brackmarsch:** **St**auwassereinfluß (Sw) über wasserstauendem Knick-Horizont (Sq), **G**rundwassereinfluß mit **O**xidations- und **R**eduktionshorizonten (Go, Gr), im Oberboden saure **H**umusanreicherung (Ah). **5. Organomarsch:** gesamtes Profil im **G**rundwassereinfluß mit **O**xidations- und **R**eduktionshorizonten (Go, Gr, Gro), **h**umushaltiger Ober- und Unterboden (h). **6. Flußmarsch:** **H**umushaltiger Oberboden (Ah), **O**xidations- und **R**eduktionshorizonte im **G**rundwassereinfluß (Go, Gr), örtlich **St**auwassereinfluß (Sw) über wasserstauenden Horizonten (Sd). **7. Moormarsch:** stark **g**rundwasserbeeinflußter, **h**umushaltiger, **o**xidierter bzw. **r**eduzierter Marschboden (GoAh, Ghor) über separater Schicht (II) aus **N**iedermoor (nH).

pen Seemarsch, Brackmarsch, Flußmarsch und Moormarsch.

Seemarsch: küstennaher Saum mit junger Anlandung

Seemarschböden, deren Ausgangssedimente im Meerwasser abgelagert worden sind und demzufolge in den jungen Stadien hohe Salz- und Kalkgehalte aufweisen (Salz- und Kalkmarsch), nehmen den in seiner Breite stark wechselnden küstennahen Saum der Marschgebiete mit den jungen Landgewinnungsflächen (Polder und Groden) ein. Vor den weit herausragenden Geestspornen bei Norden/Norddeich, bei Esens, bei Dangast und bei Cuxhaven-Duhnen ist der Seemarschgürtel z.T. nur wenige hundert Meter breit; in den großen ehemaligen Meeresbuchten in Ostfriesland und im Lande Hadeln (Dollart, Leybucht, Harlebucht, Jadebusen und Hadelner Bucht) erweitert sich der Gürtel dagegen örtlich auf über 10 km und spaltet sich binnenwärts in viele kleine Arme und

unregelmäßige Kleinbuchten auf, die früher von Prielen und tiefen Meeresarmen eingenommen wurden (vgl. Abb. 113). Städte wie Norden, Esens, Wittmund und Jever konnten dadurch im späten Mittelalter mit Seeschiffen erreicht werden. Durch natürliche Sedimentation im Schatten der Küstenströmung und durch die systematische Landgewinnung in den Poldern und Groden sind diese Gebiete im Laufe der Jahrhunderte landfest geworden.

In Abhängigkeit vom Alter der Sedimentation und der damit zusammenhängenden Dauer der Bodenbildung lassen sich die Standorte der Seemarschböden weiter differenzieren (s.a. Pkt. "Marschböden"): Die Salzwiesen im Vorland der Hauptdeichlinien tragen den Bodentyp der salzhaltigen, *unreifen Seemarsch* (Rohseemarsch), da sie allenfalls von niedrigen Sommerdeichen geschützt sind und daher in unregelmäßigen Abständen immer wieder überflutet werden. Wegen der Versalzung und der ständigen Überflutungsgefahr bleibt die landwirtschaftliche Nutzung dieser Böden auf die sommerliche Schaf- und Rinderweide beschränkt.

Hinter den Deichen schließt sich die überflutungsfreie *Kalkmarsch* an. Dieser Bodentyp ist durch die Auswaschung des Kochsalzes ausgesüßt. Der schwerer lösliche Kalk ist noch vorhanden. Er sorgt für eine günstige, porige Struktur der Bodenteilchen, weshalb sich die Kalkmarsch insbesondere im Bereich des sandigeren Hochlandes durch eine gute natürliche Entwässerung und Durchlüftung auszeichnet. Da in dem jungen Sediment außerdem noch alle wichtigen Nährstoffreserven enthalten sind, liefert die Kalkmarsch bei geregelter Entwässerung vorzügliche und vielseitig nutzbare Ackerböden, deren Bodenwerte (65 bis 85 Punkte) fast mit denen der Schwarz- und Parabraunerden auf Löß vergleichbar sind. In den tonreicheren Seemarschen erschweren die hohen Wasserbindungskräfte der Tonteilchen dagegen die Entwässerung. Bei hohem Nährstoffgehalt bieten diese Böden aber wuchskräftige Grünlandstandorte für Milch- und Mastvieh.

Brackmarsch: salzarme Übergangsbereiche in Geest- und Flußnähe

Auch die Verbreitungsgebiete der Brackmarschböden stehen wie die Seemarsch in enger räumlicher Übereinstimmung mit dem Sedimentationsgeschehen: Bei Sturmfluten hat sich das einbrechende Seewasser mit dem von der Geest stammenden (süßen) Grund- und Oberflächenwasser bzw. mit dem von den großen Flüssen herangeführten Süßwasser gemischt und dabei von Natur aus salzarme Sedimente abgesetzt.

Brackmarschböden sind deshalb innerhalb der Marsch in zwei typischen Lagen anzutreffen: An den Unterläufen der großen Flüsse vermitteln sie als Übergangs- und Kalkbrackmarschen und als unreife Außendeichs-Brackmarschen zwischen der flußabwärts folgenden Seemarsch und der flußaufwärts sich anschließenden Süßwassermarsch (Flußmarsch); fast die gesamte Emsmarsch von der Ledamündung bis Emden besteht zum Beispiel aus solcher flußnahen Brackmarsch. Auf der Halbinsel Butjadingen werden die alten mittelalterlichen Fließrinnen der Weser, die einst in den heutigen Jadebusen mündeten, von Brackmarsch eingenommen (vgl. Abb. 113).

Innerhalb der Küstenmarsch sind Brackmarschböden zwischen Seemarsch und Geestrand diesem in Form eines unregelmäßigen, wechselnd breiten Saumes vorgelagert, der zum Teil unmittelbar an den Geestrand stößt, zum Teil aber auch binnenwärts in Moormarsch und Marschrandmoore übergeht. Größere Flächen dieses Brackmarschsaumes liegen innerhalb des Sietlandes (vgl. Farbtafel 15). Beispielhaft ist dieser Saum in den ostfriesisch-oldenburgischen Marschen, im Land Wursten und Land Hadeln ausgebildet. Infolge jahrhundertelanger Setzung und Tonausschlämmung sind die Böden dort meist zu knickiger, kalkfreier Brackmarsch oder Knick-Brackmarsch verdichtet, die angesichts hoher Grundwasserstände und hartnäckiger Haft- und Staunässe sehr schwer zu entwässern sind. Wegen der großen Wasserhypothek bleiben sie fast überall der Grünlandnutzung vorbehalten.

Überschlickte Moore im Sietland bilden die Moormarsch

Innerhalb der tiefsten Bereiche des Sietlandes sind in die Ablagerungen der Brackmarsch häufig Torfe eingeschaltet (Moor- oder Organomarsch). Sie zeugen davon, daß sich auf den ausgesüßten und grundwassernahen (da tiefliegenden) Standorten bevorzugt Moore entwickelt haben, die dann bei Sturmfluten wieder überschlickt wurden. Zum Teil leitet die *Moormarsch* in reine Moore (Marschrandmoore) über. Moormarsch ist im allgemeinen nur weidefähig. Nasse Moormarschen sind wegen der Gefahr des Durchtretens als Viehweide nur beschränkt nutzbar.

Als Beispiele für größere zusammenhängende Moormarschflächen mögen genannt sein: Im Emsgebiet der alte, tiefliegende Kernbereich des Rheiderlandes (Ditzumerhammrich, Bunderhammrich) sowie die uferfernen Streifen der Leda-Jümme-Marsch, nördlich von Emden Riepsterhammrich, Victorburer Meede und andere vor dem Geestrand gelegene Gebiete, im Jadegebiet größere Moormarschflächen in der Jader Marsch und am Südende des Jadebusens, im Elbegebiet das Hadelner Sietland.

In der Jader Marsch und im Land Hadeln liegen die Moormarschen in enger Nachbarschaft mit Hoch- und Niedermooren *(Marschrandmooren)*, die dort im Staubereich zwischen höher gelegener Marsch und Geestrand aufgewachsen sind. Die größten und bekanntesten solcher Marschrandmoore sind das zwischen der Wesermarsch und der Oldenburger Geest liegende Ipweger Moor (Moorriem) sowie das Ahlen-Falkenberger Moor, das den Südteil der Hadelner Sietlandsbucht einnimmt.

Flußmarsch: reine Süßwassermarschen an den Unterläufen der großen Flüsse

Im Vergleich mit den eben skizzierten See- und Brackmarschgebieten treten die reinen Süßwassermarschen *(Flußmarsch)* in Niedersachsen flächenmäßig deutlich zurück. Lediglich im Tidebereich der großen Flüsse Elbe und Weser mit ihrer starken Süßwasserführung kommen Flußmarschböden in größerer flächenhafter Ausdehnung vor: Nahezu die gesamte Wesermarsch vom Hemelinger Wehr (Tidegrenze) im Süden bis nördlich von Elsfleth wird von ihnen eingenommen (Werder Land, Land Stedingen). Auch das untere Huntetal bis zur Tidegrenze in Oldenburg besteht durchweg aus Flußmarschböden. An der Elbe erstreckt sich die Flußmarsch stromaufwärts über Hamburg hinaus bis in die Winser Elbmarsch. Im Emsgebiet sind lediglich bei Papenburg und an der Jümme kleinere Flußmarschflächen ausgebildet.

Die sandigeren Hochufer der Flußmarsch sind nach Entwässerung und Meliorationskalkung vielerorts unter den Pflug genommen worden. Sie geben gute bis mittlere Ackerböden ab. Flußfernere, schwere und tonige Böden bleiben dagegen der Grünlandwirtschaft vorbehalten.

5.6.2. Die Bodenlandschaft der Talauen

Aueböden: Schwemmlandböden außerhalb des Tideeinflusses

Jenseits der Tidegrenze schließt sich in den Talauen von Elbe, Weser, Ems und ihrer Nebenflüsse die Gemeinschaft der Aueböden an. Aueböden sind in allen Flußtälern anzutreffen, in denen die alljährlichen Überschwemmungen eine Talaue, d.h. eine junge holozäne Schwemmlandebene aus sandigen bis lehmigen Hochflutablagerungen aufgeschüttet haben. In den Oberläufen der Bergland- und der Harzflüsse setzen sich die Talauen in unregelmäßig gestaltete, geröllreiche Schotterfluren fort, die nach der Schneeschmelze und nach Starkregen starken Umlagerungen unterliegen und deshalb bestenfalls steinige Rohböden tragen.

In der Regel sind die Talauen bei den größeren Flüssen um mehrere Meter in die weichselzeitlichen Sand- und Kieskörper der Niederterrassen eingeschachtelt: Zum Ausgang der Weichsel-Kaltzeit und im Laufe des frühen Holozäns hatten sich als Folge stärkerer Niederschläge und der verringerten Kies- und Sandzufuhr die Flüsse zunächst in die kaltzeitlichen Schotterkörper eingeschnitten. Seit der Jungsteinzeit (jüngeres Atlantikum) setzte dann jedoch mit der Rodung der Wälder, beginnend in den Lößgebieten, ein verstärkter Bodenabtrag ein, so daß die vom Wasser mitgeführten Sande und Schwebstoffe in den Tälern abgesetzt und die Talböden von Mal zu Mal weiter aufgehöht wurden. Auf diese Weise wuchs eine im Durchschnitt 1-2 m mächtige Sedimentdecke heran, die vornehmlich aus Sand *(Auesand)* oder tonig-schluffi-

gem, z.T. noch kalkhaltigem Lehm *(Auelehm)*, aber auch wechselweise aus Sand und Lehm aufgebaut sein kann. In den aus den Lößgebieten kommenden Flußtälern (Elbe, Leine, Weser) sind vornehmlich Auelehme abgelagert worden, während im Emstal und in den Tälern der reinen Geestflüsse meist Auesande, selten auch schluffig-sandige Auensedimente zum Absatz gekommen sind (s. Pkt. "Aueböden"). Die Auesande der Geest sind stets kalkfrei.

Es gibt jedoch nicht nur Bodenunterschiede zwischen den verschiedenen Flußgebieten. Auch innerhalb einer einzelnen Talaue sind die Böden in Abhängigkeit von den Ablagerungs- und Wasserverhältnissen von Ort zu Ort unterschiedlich. Neben der Korngröße der Sedimente spielen bei der Bodendifferenzierung vor allem die Oberflächennähe und die Höhenschwankungen des Grundwassers sowie die Häufigkeit und Dauer der Überflutungen eine wichtige Rolle.

"Uferwall" und "Sietland"

In der Regel werden die gröbsten Auesedimente (Sande bis feinsandige Lehme) in Ufernähe der Flüsse oder in der Nähe von Hochwasserrinnen abgelagert, da dort bei Überflutungen die höchsten Fließgeschwindigkeiten erreicht werden. Abseits davon nehmen die Fließgeschwindigkeiten rasch ab, so daß nur noch feinkörnige Schwebstoffe, vor allem Ton und Schluff, transportiert und schließlich abgelagert werden können. Ähnlich wie bei der Entstehung von Hochland und Sietland der Marschen ergeben sich daraus Höhenunterschiede: Das gröbere Material höht sich rascher auf als das feinere. Dadurch kommt es in Ufernähe zu einer dammartigen Aufhöhung von mehreren Metern bis Zehnermetern Breite, die als *"Uferdamm"* oder *"Uferwall"* bezeichnet wird. Der Uferwall entspricht dem Hochland der Marsch. Er liegt häufig 1-2 m höher als das binnenwärts folgende *"Sietland"*, das meist an seinen tiefsten Stellen in der Nähe des Terrassenrandes vermoort ist.

Häufig wird das eben geschilderte Höhenprofil durch einen engräumigen Wechsel der Höhen- und Bodenverhältnisse abgewandelt, der in den früher sehr häufigen Laufverlegungen der Flüsse seine Ursache hat (vgl. Abb. 60, Kap. 3. "Heutige Oberflächenformen"). Vom offenen Altwasser bis zu völlig aufgefüllten, verlandeten "Totarmen" reichen diese Überreste alter Flußschlingen und Fließrinnen, die bei den Böden in unterschiedlichen Entwicklungsstadien (von Braunen Aueböden bis zu Rohböden) und in unterschiedlichem Wasserhaushalt (Pseudogley-, Gley- und Moorböden) zum Ausdruck kommen.

Uferdämme tragen ackerfähige Auelehmböden von hoher Ertragskraft

Die besten Böden haben sich auf den höher aufgeschlickten, ufernahen Auelehmen entwickelt. Auf Grund ihres Sandgehaltes und ihres größeren Abstandes zum Grundwasserspiegel sind sie von Natur aus gut entwässert und durchlüftet. Leitboden ist hier der oft schwach *kalkhaltige Braune Aueboden (Vega)*. Bei ausreichendem Hochwasserschutz liefern diese Böden hervorragende Standorte für anspruchsvolle Ackerkulturen (Weizen, Gerste, Raps etc.). Die Bodenwertzahlen kommen denen der Lößböden sehr nahe (40-85 Punkte). Der Ausbau der Flußdeiche und die zahlreichen wasserwirtschaftlichen Eingriffe der letzten Jahrzehnte (Talsperren, Wasserrückhaltebecken) haben die Häufigkeit und Intensität der Überflutungen herabgesetzt, so daß die Ackerflächen erheblich zugenommen haben.

Mit der Entfernung vom Ufer verschlechtern sich die Bodeneigenschaften und damit auch die Nutzungsbedingungen. Die Böden werden schwerer (tonreicher); der Kalkgehalt setzt aus (Typ des *kalkfreien Braunen Auebodens*); durch die fortdauernde Setzung des Sediments und durch die Verschlämmung von Ton- und Schluffteilchen sind vielerorts Verdichtungshorizonte entstanden, die die Böden undurchlässig machen und die natürliche Entwässerung zum Teil erheblich behindern. Ein großer Teil dieser tonigeren Aueböden leidet infolge der Verdichtungen bei nasser Witterung oft wochenlang unter Staunässe, bei Dürre unter Trokkenschäden. Besonders im Winter steht auf vielen dieser "Marsch"-Böden das Wasser, das die Versauerung fördert und das Bodenleben hemmt. Eine Beackerung ist auf diesen Standorten oft nur nach Dränung möglich. Durch Kalkung und Düngung mit Phosphaten, Kali und Stickstoff lassen sich die Erträge wesentlich erhöhen und weitgehend denjenigen des kalkhaltigen Braunen Auebodens angleichen.

Sumpf- und Moorböden: überwiegend Grünland mit Nutzungseinschränkungen

Nahezu ausschließlich der Grünlandnutzung vorbehalten bleiben die tiefliegenden Ränder der Talaue und die verlandeten Böden der ehemaligen Altarme. Wegen der hohen Grundwasserstände und setzungsbedingten Bodenverdichtungen herrschen in diesen Lagen *Gleyböden* vor. In stark vernäßten Senken mit hohem, wenig schwankendem Grundwasserstand verzögert sich bei Sauerstoffmangel die Zersetzung, so daß Humusanreicherung im Oberboden zur Ausbildung von Anmoorgleyen und schließlich zu reinen Versumpfungsniedermooren geführt hat. Gley- als auch *Moorböden*

bleiben wegen ihrer starken Vernässung auch nach Entwässerung der Grünlandwirtschaft vorbehalten. Die Torfböden sind nur als Wiese oder Mähweide nutzbar, da bei Beweidung die Grasnarbe schnell vom Vieh zertreten würde.

Auesande: Der Grundwasserhaushalt bestimmt die Bodendifferenzierung

Den eben skizzierten Bodenverhältnissen der lehmigen Talauen sind die Bodengesellschaften in den *sandigen Talauen* gegenüberzustellen. Böden auf Auesanden kommen westlich der Weser vor allem in den Tälern von Ems, Hase und Hunte, östlich der Weser im Allertal und in den Wümmewiesen bei Bremen in größerer Verbreitung vor.

Bei der Differenzierung der Böden auf diesen Standorten spielen, anders als bei den Auelehmböden, Körnungsunterschiede nur eine untergeordnete Rolle, da in den Auesanden im wesentlichen die Sandkorngrößen vertreten sind. Entscheidend ist vielmehr die Standhöhe des Grundwassers. Im allgemeinen sinkt der Grundwasserstand nicht tiefer als 80 cm unter Flur, so daß flächenanteilig die Gleyböden vorherrschen. Auf Standorten, die früher verheidet waren, sind diese Böden häufig podsoliert (podsolige Gleye, *Podsolgleye*), oder sie gehen in grundwasserferneren Lagen bei Dominanz der Podsolmerkmale sogar in Gley-Podsole oder reine Podsole über. Stark vernäßte Lagen werden von *Naß- und Anmoorgleyen* oder von *Niedermoortorfen* mit meist geringer Mächtigkeit eingenommen.

Je nach Podsolierungsgrad geben die Gleyböden der sandigen Auen geringe bis mittlere Grünlandböden ab; hochwasserfreie Flächen mit tieferem mittleren Grundwasserspiegel werden auch beakkert, doch sind zur Sicherung der Erträge Entwässerungsmaßnahmen und erhöhte Düngergaben notwendig. Die Niedermoore stehen fast überall unter Grünlandnutzung, da der oberflächennahe Grundwasserstand und die Gefahr des "Vermullens" (Verlust der Wiederbenetzbarkeit nach Austrocknung) eine ackerbauliche Nutzung nicht zulassen. Örtlich sind die Niedermoortorfe daher künstlich übersandet und nach Art der Sanddeckkultur bewirtschaftet (s. Pkt. "Moorböden").

5.6.3. Die Bodenlandschaften der Geest
(vgl. Abb. 114)

Das weichselkaltzeitliche Frostklima: ein tiefgreifender Einschnitt für die Bodenentwicklung

Auf der Geest sind Sand und Lehm die häufigsten Bodenarten. Zu einem geringeren Teil handelt es sich dabei um unveränderte Ablagerungen des Ei-

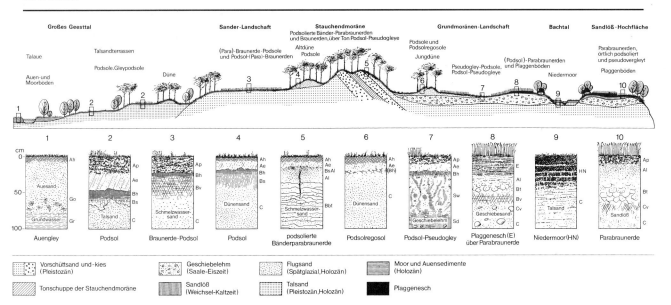

Abb. 114: Die Bodenlandschaften der Geest und ihre Leitböden (n. ROESCHMANN 1971, verändert und ergänzt; Zeichnung: Endler).

ses und seiner Schmelzwässer (Sand, Kies, Grundmoräne), zum wesentlichen Teil dagegen um Hinterlassenschaften des weichselzeitlichen Tundrenklimas, das die saaleeiszeitlichen Formen und Ablagerungen überprägt hat: mit Flugsand- und Sandlößdecken, Dünen, Steinsohlen, "Geschiebedecksand", "Brodelböden" ("Kryoturbationen") u.a.m.

Diese "periglazialen Deckschichten" waren im niedersächsischen "Altmoränengebiet" das wichtigste Ausgangsmaterial für die nacheiszeitliche Bodenbildung. Das bedeutet, daß die nacheiszeitliche Bodenbildung vielerorts völlig neu einsetzen mußte, da durch die periglazialen Abtragungs- und Umlagerungsvorgänge, durch Wind, Abspülung und Bodenfließen, die ehemals vorhanden gewesenen älteren Böden entweder ganz abgetragen oder überschüttet worden waren. Die Entwicklung begann also meist mit einem Rohboden. Dort freilich, wo Relikte älterer Böden an der Oberfläche überdauert haben, wurden sie durch die jüngeren Bodenprofile meist so kräftig überdeckt, daß ihr Einfluß auf die heutige Bodenbildung nur schwer zu bestimmen ist.

In der Bilanz sind die Einflüsse des weichselkaltzeitlichen Frostklimas durchaus positiv gewesen. Durch Frostwechsel (Tauen und Wiedergefrieren) wurden Sand, Kies und Steine zerkleinert (Frostsprengung) und die dadurch entstehenden feinen Korngrößen (vornehmlich Staub) entweder ausgeblasen oder durch "Frostbrodeln" ("Kryoturbation") in den Boden eingearbeitet (vgl. Kap. 3. "Heutige Oberflächenformen"). Auf diese Weise wurden Nährstoffe angereichert, von dem unsere Pflanzen heute noch zehren. Der ausgeblasene Staub wurde weiter im Süden abgelagert und bildet dort seitdem die fruchtbaren Lößgebiete.

In Abhängigkeit von der Lage des Grundwasserspiegels und vom Ausgangsmaterial der Bodenbildung lassen sich auf der Geest nach ROESCHMANN (1970) vier große Teilräume unterscheiden: 1. die sandige Hohe Geest und die sandigen Geestplatten; 2. die Hohe Geest und die Geestplatten mit Geschiebelehmdecke; 3. die Hohe Geest und die Geestplatten mit Sandlößdecke und 4. die tieferliegende, häufig vermoorte und durch hohen Grundwasserstand beeinflußte, meist sandige Niedere Geest.

Die Böden der sandigen Hohen Geest und der sandigen Geestplatten

Ertragsgefährdung durch Trockenheit und Winderosion

Die sandige Geest besteht überwiegend aus den nährstoffarmen, sandig-kiesigen Schmelzwasserablagerungen der Saale-Eiszeit, die als Oberflächenformen Endmoränenzüge (Hohe Geest) und ebene bis leicht wellige Geestplatten aufbauen. Vielerorts sind diesen Formen Flugsanddecken und Dünen aufgesetzt.

Die hier der sandigen Geest zugeordneten Teile des Niedersächsischen Tieflandes umfassen weite Bereiche der Lüneburger Heide, die im Wilseder Berg auf bis zu 169 m ü. NN ansteigt. Sie schließen aber auch die "Hochlagen" weiter östlich bzw. westlich und südlich davon ein: den Drawehn (Osthannoversche Kiesmoräne) sowie die Endmoränenzüge der Rehburger, Altenwalder und Lamstedter Eisrandlage (vgl. Kap. 2. "Geologie").

Gemeinsam ist den Böden dieser Landschaftsräume ihre grundwasserferne Lage und ihre starke

Wasserdurchlässigkeit (Sande und Kiese). Sie sind deshalb besonders trockengefährdet. Künstliche Beregnung ist weithin üblich, um die Erträge zu sichern. Die rasche Austrocknung des Sandbodens begünstigt zudem die Auswehung durch den Wind.

Podsole und Bänderparabraunerden als Leitböden

Als Leitböden herrschen auf der Sandgeest Podsole und Bänderparabraunerden vor. *Podsole* sind auf ehemaligen Heideflächen verbreitet (Heidepodsole). Wie erwähnt, wird der Vorgang der Podsolierung unter Heidevegetation, aber auch unter den nachfolgend angelegten Nadelholzforsten durch den reichlich anfallenden sauren Rohhumus gefördert.

In Abhängigkeit vom Alter der Bodenbildung, von der Bestandesdichte und Geschichte der Heidevegetation, von der Menge und Art der Rohhumusstreu, von der Körnung und vom Silikatgehalt sowie von der Lage im Relief wechseln die Ausbildungsformen und Mächtigkeiten der Podsolprofile auf engem Raum: Die größte Verbreitung besitzen Eisen-Humuspodsole, die sich auf altverheideten Flächen durch mächtige Orterde- bzw. Ortstein-Horizonte auszeichnen (vgl. Farbtafel 3). Auf extrem silikatarmen, eisenarmen Sanden (einige Flug- und Dünensande), vor allem aber an Feuchtstandorten mit hoher Rohhumusproduktion finden sich Humus-Podsole mit vorherrschender Humusanreicherung im B-Horizont (B_h). Reine Eisenpodsole, die an silikatreiche (eisenhaltige) Sande gebunden sind, kommen dagegen nur sehr selten vor, da in den Schmelzwasser- und Dünensanden in der Regel die Quarzanteile dominieren. Junge Dünen und Flugsandfelder, die zum Teil nicht einmal hundert Jahre festliegen, tragen unter Kiefern oder Heide meist einen schwachen Podsolregosol (vgl. Farbtafel 16). In den Niederungen finden sich lückenlose Übergänge in Gley-Podsole, die wiederum in reine Gleye, Anmoorgleye und Niedermoortorfe überleiten.

Bänder-Parabraunerden mit unveränderten Horizontmerkmalen nehmen auf der Sandgeest heute nur noch kleine Flächen ein. Offensichtlich sind sie unter dem einst hier natürlich vorhanden gewesenen Eichen-Birken-Buchen-Mischwald gebildet worden. Vor der Heidezeit müssen sie weit verbreitet gewesen sein, doch haben dann Podsolierungsvorgänge infolge jahrhundertelanger Heidebestockung die Profile der Bänder-Parabraunerden so weit überdeckt, daß aus ihnen Podsol-Bänderparabraunerden und Podsole geworden sind. Meist ist im Unterboden solcher "Sekundärpodsole" die ehemalige Bänderstruktur noch erhalten.

Die Böden der Hohen Geest und der Geestplatten mit Geschiebelehmdecke

Bodenentwicklung auf tiefgründig entkalkter Grundmoräne und auf Geschiebedecksand

Die Böden über Grundmoräne und lehmigem Geschiebedecksand haben ihre weiteste Verbreitung auf den großen ebenen bis flachwelligen *Grundmoränenplatten*: zwischen Mittelems und Mittelweser im Hümmling und auf der Cloppenburg-Syker Geest, östlich der Weser auf der Verdener Geest, auf der Osterholzer Geest und der Stader Geest sowie im Uelzener Becken. Eine Sonderstellung nehmen die Ostfriesisch-Oldenburgische Geestplatte sowie die marschrandnahen Teile der nördlichen Stader Geest ein, deren Ränder flach unter die Kleidecke der Marschen abtauchen und wegen ihrer niedrigen Höhenlage überwiegend durch grundwasserbeeinflußte Böden gekennzeichnet sind.

Anders als in den Jungmoränengebieten sind die alten Grundmoränen in Niedersachsen durch die seit nahezu 200 000 Jahren wirksame Auswaschung bis in eine Tiefe von 1,5 - 2,5 m tiefgründig entkalkt; die drenthezeitlichen Moränen sind in der Regel völlig kalkfrei. Gleichzeitig hat durch die Verwitterung der Silikate eine Anreicherung von Tonmineralen (Verlehmung) stattgefunden: Aus dem ehemals kalkhaltigen *Geschiebemergel* ist ein kalkfreier, häufig verdichteter *Geschiebelehm*, bei höherem Sandanteil ein (lehmiger) *Geschiebesand* geworden. Verbreitetes Ausgangsmaterial für die Bodenentwicklung ist dann der oberflächenbildende steinhaltige, sandige bis sandig-lehmige *"Geschiebedecksand"* (s.o.).

Die Leitböden der Geestplatten mit Geschiebelehmdecke sind je nach Körnung und Mineralgehalt des Geschiebedecksandes überwiegend *Braunerden* und *stark steinhaltige Podsole,* die mehr oder weniger durch Staunässe beeinflußt sind: Auf Kuppen und Hochflächen aus sandigem Geschiebelehm bzw. Geschiebesand überwiegen mäßig trockene bis frische Braunerden und Parabraunerden, die nach ehemaliger Verheidung Podsolierungsmerkmale unterschiedlicher Entwicklungsstadien tragen können. An Unterhängen, in Senken, und bei dichtem Geschiebelehm auch in ebener Lage, gehen sie in frische bis feuchte Pseudogleye über (Parabraunerde- und Braunerde-Pseudogleye, Podsol-Pseudogleye); grundwassernahe Talböden werden auch auf den Geestplatten von Gleyen, Anmoor und Moorböden eingenommen.

Die landwirtschaftliche Eignung der Grundmoränenböden ist in Abhängigkeit von Stau- und Grundwassereinflüssen sowie vom Jahresgang des Bodenwassers unterschiedlich. Die ackerbauliche Nutzung ist auf den unter *Staunässe* leidenden Standorten vielfach durch die lang anhaltende Naßphase im Spätwinter und Frühjahr eingeschränkt, die zu Schwierigkeiten bei der Bestellung und zu Ertragsverlusten führen kann. Beackerte Geschiebesandböden mit tiefliegender Lehmschicht sind demgegenüber oft durch eine ökologisch günstige, relativ lange Feuchtphase gekennzeichnet.

Ackernutzung seit der Jungsteinzeit

Im Gegensatz zu den trockenen, nährstoffarmen Sandböden, die nach langer Verheidung zum Teil erst gegen Ende des letzten Jahrhunderts unter den Pflug genommen worden sind, werden die nicht zu schweren, silikathaltigen lehmigen Sandböden der niedersächsischen Grundmoränenplatten (Braunerden, Parabraunerden) zum Teil schon seit vor- und frühgeschichtlicher Zeit beackert. Sie gehören damit nach den fruchtbaren, steinfreien und deshalb leicht zu bearbeitenden Parabraunerden (und Schwarzerden) über Löß und Sandlöß zu den ältesten Ackerböden in Niedersachsen.

Die Böden der Hohen Geest und der Geestplatten mit Sandlößdecken

Sandlöß: ein lößartiges Windsediment der Weichselkaltzeit

Der auf der Geest inselhaft verbreitete Sandlöß bezeichnet ein lößartiges, staubhaltiges Windsediment aus der letzten Kaltzeit, das im Vergleich zum Löß einen etwas höheren Sandgehalt aufweist und dadurch in der Körnung zwischen Löß und Flugsand vermittelt. Sandlöß wurde an jenen Stellen abgelagert, wo sich die Windgeschwindigkeiten so stark vermindert hatten, daß sich neben Sand auch Staub (Korngröße: Schluff) absetzen konnte. Derartige Bedingungen waren vor allem im Windschatten der Endmoränen gegeben. Die Sandlößinseln an den Rändern der Dammer und Fürstenauer Berge bei Osnabrück bieten dafür ein gutes Beispiel.
Die Sandlößablagerung wurde aber auch durch Vegetationsunterschiede beeinflußt. Auf Böden mit guter Wasser- und Nährstoffversorgung "kämmte" eine dichte Grastundra den Staub aus der Luft und wirkte so gewissermaßen als "Staubfänger". Sandlößdecken treten deshalb auch auf lehmigen Grundmoränenplatten bevorzugt auf (z.B. Goldenstedt-Syker Sandlößgebiet).

Parabraunerden und Braunerden: Leitböden mit überdurchschnittlicher Bodengüte

Die Leitböden der Sandlößgebiete sind Parabraunerden und Braunerden, die bei geringmächtigen Sandlößdecken über Geschiebelehm sowie bei besonders schluff- und tonreichem Sandlöß pseudovergleyt sind. Auf ehemaligen Heideflächen tragen sie zusätzlich Podsolmerkmale.
Besonders groß ist der Staunässe-Einfluß naturgemäß in ebener Lage und in flachen Senken. Wegen Luftmangel und Haftnässe, die sich durch Dränung nur schwer beseitigen lassen, bleibt auf solchen Standorten die Nutzung auf die Grünlandwirtschaft beschränkt.
Parabraunerden auf Sandlöß geben im allgemeinen recht gute Ackerböden ab. Bei ausreichender Düngung liefern sie Erträge an Zuckerrüben und Weizen, die mit denen von Löß-Parabraunerden vergleichbar sind. So erreichen die Bodengüten im Zuckerrübenanbaugebiet des Uelzener Beckens Höchstwerte bis zu 65 Punkten.
Allerdings leiden Böden mit hohen Schluffgehalten bei Beackerung leicht unter Verschlämmung (Einschwemmung und Verdichtung der Schluffkörner im Unterboden) sowie unter der mechanischen Verdichtung (Bildung von Pflugsohlen). Da Regenwasser in solchen Fällen nur schwer in den Boden eindringen kann, sondern überwiegend oberflächlich abfließt, sind Hanglagen mit Sandlößdecke durch flächen- und linienhafte Abspülung besonders gefährdet.

Die Böden der Niederen Geest

Die *Bodengemeinschaft der Geestniederungen* umfaßt räumlich die ausgedehnten, wohl überwiegend durch eisrandnahe Schmelzwasserströme ausgeräumten Niederungsgebiete innerhalb der Geestlandschaft: die Aller-Weser-Niederung, die Hamme-Wümme-Niederung bei Bremen, die Jeetzel-Niederung im Hannoverschen Wendland sowie westlich der Weser zwischen Papenburg und Oldenburg die Hunte-Leda-Jümme-Niederung, westlich von Osnabrück die Ems-Vechte-Niederung und nördlich von Osnabrück bei Diepholz die Dümmer-Niederung.
Ausgangsmaterial der Bodenbildung sind in diesen Niederungsgebieten sandige bis sandig-lehmige Tal- und Terrassensande, die zumeist unter Grundwassereinfluß stehen. Sie sind während der letzten Kaltzeit durch Wasserläufe und flächenhaft abfließendes Wasser von den vegetationslosen Höhen abgeschwemmt und mit nachlassender Fließgeschwindigkeit in den Becken und Niederungen in Form weiter Schwemmlandebenen abgelagert worden. In der Nähe der Flüsse und Bäche, die

sich mit schmalen Talauen in diese Ebenen eingeschnitten haben, werden die Sande von sandigen bis schluffigen Hochflutsedimenten überlagert. Stellenweise schaffen auch spätglaziale und neuzeitliche Flugsandfelder und Dünen ein für das Auge fast unmerkliches Relief.

In tieferer Lage haben sich im Laufe des Postglazials Nieder- und Hochmoore entwickelt. Die bedeutendsten sind im Emsland das Bourtanger Moor, in der Hunte-Leda-Jümme-Niederung die Moore entlang des Küstenkanals, in der Dümmerniederung das Große Moor bei Barnstorf und das Große Diepholzer Moor, ferner die Moore in der Teufelsmoorniederung bei Bremen, das Lichtenmoor auf der Talsandterrasse der Aller bei Nienburg, das Große Moor in der Iseniederung bei Gifhorn und schließlich die Moore der Drömlingniederung bei Wolfsburg.

Leitböden sind die mehr oder weniger grundwassernahen Sand- und Moorböden

Der wichtigste Faktor bei der Bodenentwicklung sind in diesen Gebieten die Höhe und Schwankungsbreite des Grundwasserspiegels. In höherer Lage herrschen *Braunerden* vor, die im Unterboden je nach der Höhe des Grundwasserspiegels mehr oder weniger stark vergleyt sind (Gley-Braunerden). In tieferer Lage dominieren bei geringen Grundwasserschwankungen und oberflächennahem Grundwasserstand *Naßgleye, Anmoorgleye und Moorböden,* bei etwas tieferem Grundwasserspiegel typische Gleye, z.T. mit Raseneisenstein-Konkretionen. Zusätzlich ergeben sich auf ehemals verheideten Standorten Übergänge zu Podsolen (Braunerde-Podsole, Gley-Podsole, Podsol-Gleye). Die Flugsanddecken und Dünen tragen je nach Dauer der Bodenentwicklung überwiegend Eisen-Humus-Podsole unterschiedlicher Mächtigkeit und Reife.

Junger Nutzungswandel

Durch leistungskräftige Graben- und Dränentwässerungen ist der Grundwasserspiegel der Niederungsgebiete in den letzten Jahrzehnten zum Teil so weit abgesenkt worden, daß Flächen, die sich einst ausschließlich zur Grünlandnutzung eigneten, heute vielfach beackert werden. Die Dümmer-Niederung mit ihren Maisäckern bietet dafür ein sehr problematisches Beispiel.

Niedermoore bleiben auch heute noch überwiegend der Grünlandnutzung vorbehalten. Auf den Hochmooren wechseln industrielle Torfgewinnungsflächen mit landwirtschaftlichem Kulturland (Äcker, Wiesen, Weiden) und einem inzwischen wieder wachsenden Anteil an naturnahen Ökotopen in Natur- und Landschaftsschutzgebieten.

5.6.4. Die Bodenlandschaft der Lößbörden

Lößstaub: eine Hinterlassenschaft eiszeitlicher Kältesteppen

Verglichen mit anderen niedersächsischen Bodenlandschaften hat sich die Entwicklung und Differenzierung der Böden in den Lößbörden in einem weithin sehr einheitlichen geologischen Ausgangsmaterial vollzogen.

Während der zurückliegenden Kaltzeiten wurde der Lößstaub aus den Grundmoränen- und Sanderflächen im Vorland des Eises sowie aus den sommertrockenen Flußniederungen in großen Mengen ausgeblasen, z.T. über viele Kilometer weit durch die Luft getragen und dann bei vorherrschendem Westwindeinfluß überwiegend in Windschattenlagen von einer steppenartigen Vegetation aufgefangen und festgelegt. Da der Löß schwebend durch die Luft transportiert wurde, besteht er vornehmlich aus Staub- (Schluff-) und Feinstsandkorngrößen. In der Nähe der Flußtäler und im Übergangssaum zu den Flugsanden des Tieflandes wird der Löß sandiger und geht dort in Sandlöß und schließlich in Flugsand über. Im Windschatten der Bergzüge und mit zunehmender Entfernung von den Auswehungsgebieten (Flußtäler, Sander- und Geschiebesandflächen) nehmen dagegen die Staub- und die Tonanteile zu, so daß der Löß in solchen Lagen insgesamt bindiger und dichter wird. Fast überall haben die sehr intensiven Verwitterungs- und Auswaschungsvorgänge im atlantischen Klima die oberen Lößschichten entkalkt und durch Tonanreicherung und -verlagerung in Lößlehm umgewandelt.

Die Dicke der Lößdecke bestimmt die Bodenunterschiede (vgl. Abb. 115)

Von größerer Bedeutung für die Bodenbildung in den Lößgebieten als die Unterschiede in der Körnung des Ausgangsmaterials ist die Stärke der Lößdecke. Der Löß ist als dünner Schleier abgesetzt worden, der ursprünglich wahrscheinlich auch die niedrigeren Höhenzüge mehr oder weniger flächendeckend verhüllt hat. Im feuchten Tundrenklima der ausgehenden Weichsel-Kaltzeit und unter Beackerung im Holozän sind die Lößdecken dann jedoch vor allem auf den steileren Hängen durch Abspülung beseitigt oder zumindest ausgedünnt worden, so daß die Lößmächtigkeiten heute zwischen mehreren Metern in den Talungen und Becken und nur wenigen Zentimetern in höheren Lagen wechseln.

Je nach der Dicke des Lößschleiers haben die Eigenschaften der darunterliegenden Gesteine auf die Bodenbildung im Löß unterschiedlich Einfluß genommen. Weit verbreitet ist die Staunässewir

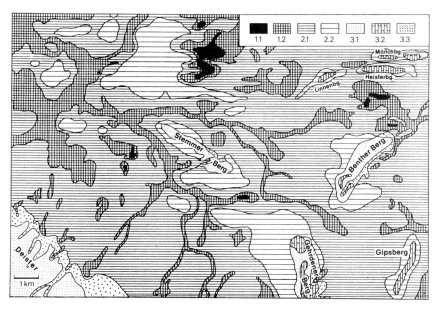

Abb. 115: Verbreitung unterschiedlicher Böden in der Calenberger Lößbörde südwestlich von Hannover (n. DIERSCH-KE 1985, Bodenkundliche Standortkarte 1 : 200 000, Bl. Hannover).
1. Grund- und Stauwasserböden: 1.1. Naßgleye bis Anmoorgleye in Mulden und Quellmulden; 1.2. Gleye und Pseudogleye in den Talniederungen;
2. Lößbestimmte Böden: 2.1. Pseudogley-Parabraunerden der niederen Lößplatten; 2.2. Parabraunerden der etwas höheren, gut dränierten Lößplatten;
3. Festgesteinsböden, z.T. mit geringer Lößdecke: 3.1. basenarme Braunerden über Sandstein mit Übergängen zu Parabraunerden lößüberkleideter Hänge; 3.2. Rendzinen und Kalkstein-Braunlehme über Kalk- und Mergelsteinen; 3.3. Pseudogleye und Pseudogley-Parabraunerden über Gehänge- oder Geschiebelehm mit geringer oder fehlender Lößdecke.

kung über jura-, kreide- oder tertiärzeitlichen Tonschiefern und Mergeln, die in den Lößbörden vielerorts nahe an der Erdoberfläche liegen. In solchen Gebieten sind Staunässeböden (Pseudogleye) und Übergangsformen zu den für die Lößböden sonst typischen Parabraunerden und Schwarzerden sehr häufig anzutreffen. Wie erwähnt (vgl. Pkt. 5.4.4. "Bodentypen") verdanken die *Schwarzerden* als Reliktböden Staunässestandorten ihre Erhaltung, da der Wasserstau die Entkalkung und Tonausschlämmung verzögert oder sogar verhindert hat.

Das größte zusammenhängende Schwarzerdegebiet liegt bei Hildesheim

Insbesondere richtet sich die Verbreitung der Schwarzerden aber auch nach den klimatischen Gegebenheiten. Schwarzerden sind nur östlich des Leinetals anzutreffen, d.h. im niederschlagsarmen, kontinentalen Klimabereich Ostniedersachsens mit Ausnahme kleiner inselhafter Areale westlich von Hannover (Döteberg-Harenberg) und südwestlich von Schulenburg/Leine. Das größte zusammenhängende Schwarzerdegebiet erstreckt sich zwischen Hildesheim, Sarstedt, Rethen im Westen und Ilsede-Lahstedt im Osten. Es fällt mit dem äußerst fruchtbaren und von großen Haufendörfern besetzten Kernbereich der Hildesheimer Börde zusammen. Östlich davon treten Schwarzerden erst wieder jenseits des Okertales auf: im südlichen Vorland der Asse bis an den Rand der Schiffgrabenniederung, in der Schöppenstedter Lößbörde, im Jerxheimer Hügelland und im Gebiet von Helmstedt.
In der Regel handelt es sich bei den Schwarzerden der niedersächsischen Lößbörden um mehr

oder weniger degradierte, pseudovergleyte Böden, die in tieferen Lagen der Täler und Senken in Gley-Schwarzerden übergehen. Standortbedingt leiden diese Böden nach niederschlagsreicher Witterung besonders in ebener Lage und in Tälern oft unter länger anhaltender Vernässung, die zu landwirtschaftlichen Ertragseinbußen führen kann.

Höchste Bodengüten von Westdeutschland

Insgesamt gehören die Schwarzerden der Hildesheimer und Braunschweig-Helmstedter Börde jedoch wegen ihres hohen Bindevermögens für Pflanzennährstoffe, ihrer Steinfreiheit und leichten Bearbeitbarkeit zu den besten Böden Westdeutschlands, wie ihre fast lückenlose landwirtschaftliche Inkulturnahme und die idealen Bodenwertzahlen der Reichsbodenschätzung unterstreichen. In der Gemarkung Machtsum (Gemeinde Harsum) wird der höchste Bodenwert in Westdeutschland erreicht (100 Punkte).

Parabraunerden: Staunässe und Bodenerosion gefährden die Erträge

Auch den *Parabraunerden* der Lößbörden lassen sich in der Regel hohe bis sehr hohe Bodenwerte zuordnen (70-95 Punkte), doch weisen diese Böden im Verhältnis zu Schwarzerden eine verschlechterte Bodenstruktur auf. Entkalkung, Verlehmung und Durchschlämmung von Tonteilchen und Huminstoffen führten dort zur Bildung von Verdichtungs- und Tonanreicherungs- (B_t-) horizonten, die die Böden anfällig gegenüber Staunässe machen. Verbreitet treten deshalb in den Unterböden der Parabraunerden Merkmale von Pseudogleyen auf, deren Intensität von der Oberflächengestaltung und der Art der Untergrundgesteine abhängt.

Über Tonsteinen und toniger Grundmoräne können sich bei sehr flachgründiger Lage schwere staunasse Böden entwickeln, die im Frühjahr bei wochenlanger Vernässung die Feldbestellung erschweren und auch nach stärkeren Regenfällen im Sommer unter Staunässe leiden. Derartige Böden, deren mangelhafte Durchlüftung während der Vegetationszeit zu Ernteverlusten führen kann, stellen an den Landwirt hohe Anforderungen, so daß sie überwiegend als Grünland genutzt werden.

Pflügt man einen solchen schweren, tonreichen Boden in zu nassem Zustand, so bricht er in schollig-klumpiger Form, die Bodenporen verstopfen, und es bildet sich durch die ständige Pflugarbeit und den Reifendruck der Ackerfahrzeuge eine wasserundurchlässige Pflugsohle aus. Nach starker Austrocknung bricht der Lehm beim Pflügen in harte, dichte Brocken. Die für die Bereitung eines Saatbeetes notwendige Krümelung wird nur während einer kurzen Zeitspanne erreicht. In der landwirtschaftlichen Praxis bezeichnet man diese Böden daher als "Stunden-" oder "Minutenböden".

Zusätzlich tritt das Problem der Bodenerosion auf. Auf Kuppen und an Hängen sind die Bodenprofile häufig durch flächen- oder runsenhafte Abspülung gekappt. Der Grund liegt in der leichten Verschlämmbarkeit des schluffreichen, tonarmen Oberbodens, der besonders in der vegetationsfreien Zeit und in hängiger Lage bei Starkregenfällen kräftiger Abspülung unterliegen kann (vgl. Kap. 10. "Ökologie und Umweltschutz" u. Farbtafel 13). In hängigen Lagen werden dadurch großflächig die Oberböden abgetragen, so daß Beackerung und Einsaat schließlich in dem schweren und oft staunassen Unterboden erfolgen müssen.

Im ganzen gesehen bieten die Parabraunerden der Lößbörden auf trockenen Standorten gute Böden mit hohem landwirtschaftlichen Nutzwert. Staunasse Lagen blieben bisher der Grünlandnutzung vorbehalten, werden aber zunehmend dräniert und damit ackerfähig.

"Paradebeispiel" einer ausgeräumten Ackerbaulandschaft

Mit ihren Schwarzerden und Parabraunerden gehört die Bodenlandschaft der *Lößbörden* zu den landwirtschaftlichen Gunstgebieten in Deutschland (ndt. "bören" = tragen, ertragreich). Weizen, Gerste und Zuckerrüben sind die Leitkulturen, doch ist wegen der hohen Anbauvariabilität der Lößböden prinzipiell auch der Anbau fast aller anderen Ackerfrüchte möglich. Weil sich auf den gut entwässerten Böden Grünlandwirtschaft nicht lohnt - stattdessen wird das Blatt der Zuckerrübe siliert und verfüttert - ist der Lößgürtel in Niedersachsen das "Paradebeispiel" einer ausgeräumten Akkerbaulandschaft. Traditionell bestimmt eine äußerst baum- und straucharme Weite das Bild der Lößbörde.

5.6.5. Die Bodenlandschaft des Berg- und Hügellandes

Die Bodenlandschaft des Berg- und Hügellandes ist durch drei übergeordnete Bodengesellschaften gekennzeichnet: 1. durch Lößverwitterungsböden, 2. durch Sandsteinverwitterungsböden (auf den Sandsteinhöhenzügen) sowie 3. durch Karbonatverwitterungsböden (auf den Kalksteinhöhenzügen). In Abhängigkeit von Gesteinsart, Gesteinshärte und Hangprofil ist die Ausbildung der Böden auf Abb. 116 idealisiert dargestellt.

Lößverwitterungsböden

In den Becken, Talungen und auf den Fußflächen des Berg- und Hügellandes setzt sich die Bodenlandschaft der Lößbörden mit ihren Parabrauner-

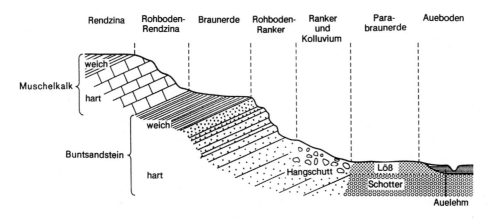

Abb. 116: Beispiel für eine Bodenabfolge mit Karbonatverwitterungsböden, Sandsteinverwitterungsböden und Lößverwitterungsböden im Berg- und Hügelland (n. SCHRÖDER 1984).

den, Schwarzerden und Pseudogleyen fort. Auf den Höhenrücken und auf den Hochflächen dünnt die Lößdecke dagegen mit zunehmender Höhe und Hangneigung aus, so daß Festgesteine und ihre Verwitterungsbildungen bzw. Umlagerungen in Form eiszeitlicher Fließerden und Wanderschuttdecken mehr und mehr Einfluß auf die Verbreitung und Profilausprägung der Böden nehmen. Die obere Lößgrenze liegt im Bergland je nach Hangneigung und -ausrichtung bei etwa 300 m.

Leitböden: Parabraunerden und Schwarzerden mit Bodenwerten bis über 80 Punkten

Die Leitböden über Löß sind, wie in den Lößbörden, Parabraunerden und Schwarzerden, die bei dichter Lagerung des Lösses und bei Unterlagerung durch tonige Gesteine (Geschiebelehm, Tonstein) in Pseudogleye und Gleye übergehen. Schwarzerden kommen innerhalb des Berglandes nur in geringer flächenhafter Verbreitung vor: Inselhaft finden wir sie im Regenschattengebiet des Leinetals bei Gronau und bei Göttingen und vereinzelt im regenarmen Vorland des Harzes.

In ebener oder muldiger, staunässebeeinflußter Lage bleiben diese Böden häufig der Grünlandnutzung vorbehalten. An frischen, staunässefreien Standorten bieten sie dagegen hervorragende Akkerböden, die bei Bodenwerten bis über 80 Punkten den Anbau anspruchsvoller Feldfrüchte mit hohen Erträgen ermöglichen: Weizen, Zuckerrüben, Brau- und Wintergerste, Raps, Gemüse.

Bodenerosion und Kolluvium

Stärker noch als in den Lößbörden sind die Lößböden im Bergland durch Bodenerosion gefährdet. Häufig treten an mäßig steilen Hängen gekappte Bodenprofile auf, bei denen das Material der oberen Horizonte durch Flächen- und Runsenspülung abgetragen und talwärts wieder abgelagert worden ist (vgl. Farbtafel 13). Auf den Unterhängen, in Hangfußlagen und auf den Sohlen der Täler bilden diese "Bodensedimente" Schwemmfächer oder saumartige Aufschüttungen, die man als *Kolluvium* bezeichnet (= lat. "Zusammengeschwemmtes"). Im Anschnitt lassen sich derartige Ablagerungen meist durch ihre schmutziggraue Humusfärbung erkennen (vgl. Abb. 214).

Festgesteinsverwitterungsböden

Auf den lößfreien Höhenzügen bestimmen die Körnung und die mineralische Zusammensetzung der Festgesteine weitgehend die Verteilung der jeweiligen Leitböden. In der Regel werden die Kämme der Höhenzüge, die Stirnbereiche der Schichtstu-

fen und die Kuppen der Hochflächen aus harten Sand- oder Kalksteinen gebildet, die Unterhänge dagegen oft aus leichter erodierbaren Mergel- oder Tonsteinen, an denen vielerorts Austritte von Schicht- und Überlaufquellen zur Vernässung führen. Mäßig geneigte Hänge werden von lückenhaftem Schwemmlöß oder von kaltzeitlichen Frostschuttdecken und Fließerden überzogen, die einen gewissen Ausgleich der Gesteinsunterschiede bewirken.

Grundsätzlich zu unterscheiden sind im Berg- und Hügelland zwei Gruppen von Festgesteinsböden: Karbonatverwitterungsböden (Ausgangsgestein: Kalkstein, Gips, Dolomit) und Silikatverwitterungsböden (Ausgangsgestein: Sandstein, Quarzit, Tonschiefer).

Karbonatverwitterungsböden

Karbonatverwitterungsböden sind in Niedersachsen über den kalkigen Gesteinen des Muschelkalks, des Juras und der Kreide sowie über den Gipsen und Dolomiten des Zechsteins verbreitet anzutreffen. Kalksteinverwitterungsböden finden wir in Steilhang- und Kammlagen folgender bekannter niedersächsischer Bergzüge: Teutoburger Wald, Wesergebirge, Süntel, Kleiner Deister, Nesselberg, Osterwald, Ith, Thüster und Duinger Berg, Külf, Sieben Berge, Salzgitterer Höhenzug, Hainberg sowie in den Hochlagen des Elm und des Göttinger Waldes. Die Verbreitungsgebiete der Gips- und Dolomitverwitterungsböden beschränken sich auf die Schichtstufenlandschaft des Südharzer Zechsteingürtels und auf kleinere Flächen z.B. bei Stadtoldendorf.

Aus Rendzinen werden Braunerden

Der vorherrschende Bodentyp in den genannten Hochlagen aus Karbonatgestein ist die flachgründige, stark steinige Rendzina, die in steilhängiger Lage ausschließlich dem Wald überlassen bleibt. Auf flacher geneigten Unterhängen, auf denen sich in der Regel mächtigere lehmige bis tonige Verwitterungdecken entwickelt haben, und über Mergelgestein werden die Rendzinen lehmiger und tiefgründiger und gehen schließlich in "Kalksteinbraunlehme" (Typ der sog. *Terra fusca*) bzw. in Braunerden über. Bei hohem Tongehalt zeigen sie Übergänge zu Tonböden (Pelosole, s.u.) und zu Pseudogleyen.

Geschätzte Waldstandorte, aber eingeschränkte Ackernutzung

Wegen ihrer neutralen bis basischen Bodenreaktion und ihrer recht hohen Nährstoffverfügbarkeit sind besonders die frischen, tonführenden Rendzinen geschätzte Waldstandorte, auf denen die anspruchsvolle Rotbuche oft dichte Reinbestände bildet. Geringmächtige Rendzinen neigen dagegen zu Austrocknung, da das Regenwasser in den zahlreichen Klüften des Kalksteins rasch versickert.

Die ackerbauliche Nutzung wird auf flachen Rendzinen durch den hohen Steingehalt behindert. Beackerte Rendzinen sind durch das Aufpflügen des darunter liegenden Kalksteins oft übersät mit harten Kalksteinbrocken. Stark tonige Rendzinen neigen bei Ackernutzung und regenreicher Witterung schnell zu Vernässung, besonders wenn durch Beackerung eine verdichtete Pflugsohle entstanden ist. Eine schwache, tonärmere und steinfreie Lößüberdeckung wirkt sich günstig auf die Güte solcher Böden aus.

Silikatverwitterungsböden

Silikatverwitterungsböden (vgl. Abb. 117) finden sich im niedersächsischen Berg- und Hügelland vornehmlich über den sandigen bis tonig-feinsandigen Gesteinen des Buntsandsteins, des Keupers, des Juras und der Kreide. Auf Buntsandstein zeigen sie größere Verbreitung im Solling, im Bramwald, im Kaufunger Wald und im Vogler sowie auf den Sandsteinkuppen des Eichsfeldes und des Salzgitterer Höhenzuges; über keuper- und jurazeitlichen Sand- und Tonsteinen treten sie verbreitet im Lippischen Keuperbergland und im Helmstedter Gebiet auf (Dorm, Lappwald); im Hils sowie auf den Kämmen von Bückeberg und Deister finden wir sie über den Sandsteinen der Unterkreide.

Vielfalt an Bodentypen

Körnung und Mineralgehalt der Sand- und Tonsteine, ihre Lage im Relief, die Mächtigkeit der Deckschichten (Löß, Fließerden etc.), aber auch die jeweilige Vegetationsgeschichte bestimmen den unterschiedlichen Profilaufbau und die unterschiedlichen Eigenschaften der Böden im Einzelfall.

Leitböden des Sandsteinberglandes sind *Braunerden* in verschiedenster Ausprägung sowie aus ihnen durch Lessivierung (Tondurchschlämmung) hervorgegangene *Parabraunerden.*

Steilhang- und Kuppenlagen, die mehr oder weniger der Abtragung unterliegen, tragen überwiegend *Rohböden, Ranker* oder *flachgründige Braunerden;* bei flacherer Neigung und zunehmender Mächtigkeit der Verwitterungsdecke werden die Braunerden tiefgründiger und lehmiger; häufig zeigen sie infolge Tondurchschlämmung und Bodenverdichtung Übergangsstadien zu Parabraunerden unterschiedlichen Vernässungsgrades (Pseudogley-Parabraunerden, Parabraunerden-Pseudogleye). In gut entwässerten, lößhaltigen Verwitterungsdecken treten auch reine Parabraunerden auf.

Stark vernäßte Mulden und Unterhänge mit kräftigem Hang- oder Quellwasserzufluß werden von Pseudogleyen oder sogar von Gleyen eingenommen. Auf niederschlagsreichen Hochflächen, wie im Solling oder im zentralen Teil des Hils-Berglandes, kommen in abflußlosen Wannen und schlecht entwässerten Niederungen über undurchlässigen Tonschichten hellgefärbte *Stagnogleye (Molkenböden)* und Kamm-Moore vor.

Über reinen und dichten Tonen, wie sie in den Röt-, Keuper- und Kreideschichten häufig auftreten, haben sich in Unterhanglagen infolge anhaltender Durchfeuchtung durch Aufweichung und Quellung der Gesteinsstruktur sog. *Pelosole,* d.h. Tonböden (griech. pelos = Ton), entwickelt. Im feuchten Zustand zeigen solche Böden Quellungserscheinungen, durch die Luftmangel hervorgerufen

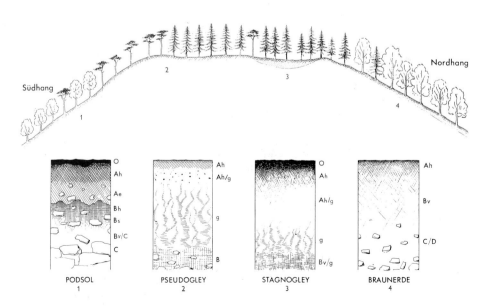

Abb. 117: Querschnitt durch ein Sandsteinbergland in Südniedersachsen (z.B. Solling) (n. GANSSEN & HÄDRICH 1965).

1. Bodentyp: *Podsol;* trockener Südhang mit geringwüchsigem Kiefern-Eichenwald;
2. Bodentyp: *Pseudogley;* kühlfeuchte Hochebene, staunaß, besserwüchsiger Kiefern- und Fichtenwald;
3. Bodentyp: *Stagnogley;* feuchte Mulde in der Hochfläche mit Lößauflage, besserwüchsiger Fichten-Kiefernwald;
4. Bodentyp: *frische Braunerde;* kühl-feuchter Nordhang mit Lößresten, Fichten-Buchenwald.

wird. Bei Trockenheit bilden sich starke Schrumpfungsrisse; außerdem verringert sich mit zunehmender Austrocknung als Folge der hohen Saugkräfte dieser Böden die Menge des pflanzenverfügbaren Wassers rapide. Ungeachtet der meist recht guten Nährstoffversorgung werden Pelosole daher fast ausschließlich als Grünland oder Wald genutzt.

Forstwirtschaftliche Nutzung durch Nadelhölzer verstärkt Auswaschungsvorgänge

Schon von Natur aus zeigen die Sandsteinverwitterungsböden durch ihren hohen Quarz-(Kieselsäure-)gehalt eine saure Bodenreaktion, die sich bei forstwirtschaftlicher Nutzung unter saurer Nadelstreu von Fichtenwäldern weiter verstärkt. Nicht selten werden deshalb unter Nadelholzbeständen pH-Werte von 3,5 bis 4 gemessen. Die Versauerung des Bodens hat durch die Auswaschung von Humus und löslichen Eisenverbindungen podsolierte Braunerden, in Kuppen- und Kammlagen auch Ranker-Podsole entstehen lassen.

Mäßige bis mittlere Ackerböden

Die Nutzungsmöglichkeiten der Silikatverwitterungsböden hängen vor allem von der Gründigkeit und der Geländeneigung ab. Die flachgründigen Kamm- und Kuppenlagen sind in der Regel relativ trocken und nährstoffarm und daher ausschließlich forstwirtschaftlich nutzbar. Steile Hänge schränken den Einsatz von Maschinen ein (Schleppergrenze: ca. 15°) und erhöhen bei unsachgemäßer Beackerung die Gefahr der Bodenerosion. Diese Gefahr ist unter Wald und bei Grünlandnutzung in der Regel nicht gegeben. In ebener Lage geben die Silikatböden mäßige bis mittlere Ackerböden ab, die hohe Düngergaben erfordern. Ein schwacher Lößgehalt verbessert das Gefüge und wirkt sich auf das Bindungsvermögen für Pflanzennährstoffe günstig aus.

5.6.6. Die Bodenlandschaft des Harzes

Relief und Klima bestimmen die Böden

Wegen seiner überwiegend silikatreichen paläozoischen Gesteine weist der Harz vornehmlich Böden auf, die der großen Gruppe der Braunerden zuzuordnen sind. Unterschiede in der Horizontausprägung ergeben sich weniger aus dem Wechsel und der verschiedenartigen mineralischen Zusammensetzung der Gesteine als aus der Höhenlage, der Hangneigung und aus dem Unterschied von Unter- und Oberhängen.

Stark geneigte Oberhänge und Kammlagen unterliegen durch Abspülung und Bodenrutschungen auch unter dem gegenwärtigen Klima trotz Waldbedeckung ständigen Abtragungs- und Umlagerungsvorgängen, die zu einer fortlaufenden "Verjüngung" der von diesen Vorgängen betroffenen Oberflächen führen. Infolgedessen verharrt die Bodenentwicklung an diesen Stellen in den stark verkürzten Profilen von *Rohböden* bzw. im Stadium der steinigen *Ranker-Braunerde*. Rohböden und Ranker-Braunerden finden sich vor allem an den steilen Talhängen des Nordwestharzes. Das von den Hängen abgeschwemmte Material sammelt sich auf den Unterhängen und auf den Talsohlen als "Bodensediment" *(Kolluvium)* an und ist dort erneut einem Bodenbildungsprozeß unterworfen, der jedoch durch neue Aufschwemmungen immer wieder unterbrochen wird. Wo die Aufschwemmungen feinkörnig sind, entstehen gute Böden für Wald- und Grünlandnutzung (Gley- und Pseudogley-Kolluvium). Die steilen Talflanken und Kammlagen eignen sich ausschließlich für die Forstwirtschaft.

Die Hochflächen des Harzes um Clausthal-Zellerfeld, um Braunlage und St. Andreasberg sowie schwach bis mäßig steile, von der Abtragung weniger betroffene Hanglagen werden dagegen von ziemlich tiefgründigen *Gebirgsbraunerden* eingenommen, die sich in mächtigen, verlehmten Verwitterungsdecken bzw. in kaltzeitlichen Wanderschuttdecken und Fließerden entwickelt haben. Diese Böden geben auf Ebenheiten und in nicht zu hohen Gebirgslagen noch ein mäßiges Ackerland ab (Bodenwerte: 25 - 40 Punkte); doch werden sie heute mit der Aufgabe vieler landwirtschaftlicher Betriebe im Harz mit Fichten aufgeforstet oder extensiv als Weide genutzt. In vernäßten Hochmulden schließen sich oft *Pseudogley-* und *Gleyböden* an, die ebenfalls häufig mit Fichten bestanden sind.

Nicht selten sind solche Standorte angesichts des regenreichen Klimas aber auch vermoort. Auf den Wasserscheiden und in den Hochmulden im Zentrum des Oberharzes sind zwischen Bruchberg und Brocken an verschiedenen Stellen nährstoffarme (oligotrophe), niederschlagsgespeiste (ombrogene) *Hochmoore* aufgewachsen, die hier bei gemäßigten Sommertemperaturen, hoher relativer Luftfeuchtigkeit und starken Niederschlägen optimale Wachstumsbedingungen vorfinden (vgl. Kap. 10. "Ökologie und Umweltschutz").

Fruchtbarste Böden auf Diabas und Gabbro, saure Böden auf Grauwacke, Kieselschiefer und Granit

Obwohl sich die Böden des Harzes ziemlich einheitlich dem Typ der Braunerden zuordnen lassen, so treten doch in Abhängigkeit vom Mineralgehalt der Ausgangsgesteine gewisse Unterschiede in der Nährstoffzusammensetzung auf, die für die (hier überwiegende) forstwirtschaftliche Praxis von Bedeutung sind. Basische Gesteine wie Diabas und Gabbro sind reich an Alkalien, Erdalkalien und Eisen und deshalb bei genügender Mächtigkeit der Krume sehr fruchtbar. Sie tragen, selbst wenn sie flachgründig sind, gute Wiesen und Forsten. In tieferer, ebener Lage bieten sie auch für den Ackerbau vergleichsweise günstige Bedingungen (Bodenwertzahlen 15-30, max. 40).

Im Gegensatz dazu neigen die über silikatreichen Gesteinen wie Grauwacke, Kieselschiefer, Granit und Sandsteinen entwickelten Braunerden zu mäßig bis stark saurer Bodenreaktion. Die saure Nadelstreu des Fichtenwaldes verstärkt diesen Effekt. Besonders in den sommerkühlen, niederschlagsreichen Höhenlagen oberhalb 600 m NN treten deshalb podsolierte Braunerden auf, die in ihren Oberböden schwache Bleichhorizonte aufweisen. Doch in der Regel sind hier die klimatischen Bedingungen so ungünstig und die Besitzflächen so klein, daß, wie z.B. bei Hohegeiß, der Ackerbau im Oberharz überall aufgegeben worden ist.

6. Klima, Witterung und Wetter

Drei Begriffe mit unterschiedlicher Bedeutung

Das *Wetter* bezeichnet den augenblicklichen Zustand der Atmosphäre an einem bestimmten Ort. Dieser Zustand läßt sich durch Messungen und Beobachtungen unmittelbar beschreiben. Zum Wetter gehören z.B. der Niederschlag und die Temperatur, der Luftdruck, der Wasserdampfgehalt der Luft, die Windrichtung und -geschwindigkeit, aber auch Sicht und Bewölkung.

Als *Witterung* bezeichnet man demgegenüber einen zwar noch direkt zu beobachtenden Zustand der Lufthülle, der allerdings im Gegensatz zu dem sich ständig neu gestaltenden Wetter über eine Zeit von mehreren Tagen oder sogar Wochen beständig bleibt.

Das *Klima* ist dagegen nur durch statistisch errechnete Mittel- und Extremwerte faßbar, die auf langjährigen Wetterbeobachtungen beruhen. Es umschreibt den mittleren Ablauf des atmosphärischen Geschehens in einem größeren Raum und über eine Zeitspanne, die in der Regel mehrere Jahrzehnte umfaßt. Für dessen Berechnung sollte eine Datenreihe von mindestens 30 Jahren vorliegen. Nur die Beschreibung des Klimas vermag für ein bestimmtes Gebiet ein objektives Bild von den herrschenden langfristigen meteorologischen Bedingungen zu geben. Das Klima bestimmt letztlich, welche Pflanzen, auch Kulturpflanzen, in einer Landschaft gedeihen oder nicht, es beeinflußt die Bodenbildung, den Wasserkreislauf, die Tierwelt, schlichtweg die Umwelt des Menschen.

Bedeutung für den Menschen

Viele Aktivitäten des Menschen sind von Klima, Witterung und Wetter abhängig. Dies gilt für die Land- und Forstwirtschaft ebenso wie für die Wasserwirtschaft, für gewisse Bereiche der Industrie, für den Straßen-, Eisenbahn-, Schiffs- und Flugverkehr und nicht zuletzt auch für den Fremdenverkehr. Man denke nur an einen *strengen Winter,* wenn Glatteis und Schneefall auf den Straßen zu erheblichen Verkehrsbehinderungen und zu Unfällen führen, wenn Eisgang die Kanäle blockiert und wenn längere Frostperioden das Getreide auswintern lassen und die Frühjahrsbestellung verzögern. Auch heiße und *trockene Sommer* bleiben uns mit ihren angenehmen oder unliebsamen Begleiterscheinungen oft lange in Erinnerung. Während sich die Feriengäste in den Küstenbadeorten in solchen Zeiten an der Sonne erfreuen, verursachen Waldbrände in den ausgetrockneten Kiefernforsten des Tieflandes große wirtschaftliche Schäden; die niedrigen Pegelstände unserer Flüsse bringen die Binnenschiffahrt zum Erliegen; und mit der Senkung

des Grundwasserspiegels geht mancherorts, besonders im regenarmen Ostniedersachsen, eine zunehmende Verknappung an Trink- und Brauchwasser einher.

Klimaschwankungen

Folgenschwerer als die kurzfristigen klimatischen Extreme sind die langfristigen Schwankungen des Klimas, die sich in Jahrhunderten, Jahrtausenden oder in noch längeren Zeiträumen messen lassen. Sie haben die Landschaften Niedersachsens immer wieder tiefgreifend verändert, von "tropischen" Wäldern und Sümpfen bis zu den kaltzeitlichen Tundren und Lößsteppen (vgl. Abschnitt 2.2. "Erdgeschichtlich bedeutende Zeiten").

6.1. Klimaübersicht

Niedersachsen im System der globalen Klimazonen: Westwindklima

Niedersachsen gehört aufgrund seiner geographischen Lage dem *feucht-gemäßigten Westwindgürtel* der Nordhalbkugel an. Demzufolge weist das Klima unseres Bundeslandes folgende allgemeine Züge auf: (a) *den rhythmischen Wechsel von vier ausgeprägten Jahreszeiten* (abhängig vom Jahresgang der Sonne); (b) *vorherrschende Westwinde;* (c) den *häufigen Durchzug von Tiefdruckgebieten,* die einen schnellen Wechsel der Witterung hervorrufen.

Von entscheidender klimatischer Bedeutung ist weiterhin Niedersachsens *nachbarliche Lage zur Nordsee* und darüber hinaus zum Atlantischen Ozean. Die vorherrschenden Westwinde transportieren Luftmassen heran, die über dem Meer Feuchtigkeit aufgenommen haben und durch die Wassertemperaturen (Golfstrom) beeinflußt sind. Diese ozeanischen (maritimen) Luftmassen bringen Niederschläge zu allen Jahreszeiten und wegen der ausgleichenden Wirkung des Meerwassers milde Winter und verhältnismäßig kühle, regnerische Sommer.

Dem ozeanischen Einfluß (Golfstrom) ist es zuzuschreiben, daß die Luftwärme im Winter in unserem Gebiet im Jahresmittel um rd. 5° C höher liegt als es der Breitenlage entspricht. Die Folge ist, daß die Seen und Kanäle in den Wintermonaten meist nur wenige Tage oder Wochen zufrieren und die größeren Flüsse in der Regel nur Eisschollen führen. Auch die Häfen an der Nordseeküste sind selbst in den schärfsten Wintern eisfrei (vgl. Kap. 7. "Gewässer" u. Farbtafel 18).

Andererseits läßt sich der *Einfluß der östlich anschließenden Kontinentalmasse* nicht verkennen. In östlicher und südöstlicher Richtung wirkt sich ei-

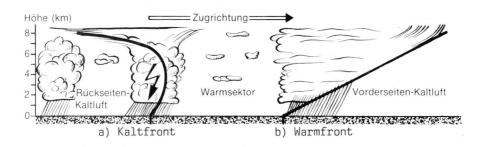

nerseits nämlich in zunehmendem Maße das regelmäßige Auftreten des russischen Kältehochs aus, das im Winter oft wochenlang stabil bleibt und dann auch in unserem Gebiet zu grimmiger Kälte und Schneearmut führt. Im Sommer bringen typische Ostwetterlagen Hitze und Trockenheit mit sich. Die höchsten und niedrigsten Lufttemperaturen werden deshalb bei solchen kontinentalen Wetterlagen gemessen.

Kampfgebiet zwischen atlantischen und kontinentalen Luftmassen

Im großen gesehen ergibt sich ein Bild, in dem unser Raum charakterisiert werden könnte als ein nahezu ständiges "Kampfgebiet" zwischen den vom Ozean kommenden feuchten Luftmassen und den vom osteuropäischen Festland stammenden trockenen Luftmassen. Bei diesem Kampf sind jedoch die ozeanischen Luftmassen über das Jahr gerechnet im Vorteil, besonders im Frühsommer, wenn durch die Erwärmung des Festlandes der sog. *"Europäische Sommermonsun"* wirksam wird und kühle Meeresluft in das Binnenland zieht. Im Sommer ist das *Westwetter* folglich ein Ausdruck des planetaren wie des monsunalen Geschehens, weil beide Winde im Gleichklang von Westen nach Osten gehen. Im Winter dagegen wirkt das russische Kältehoch mit seinen Ostwinden häufig gegen das planetare Westwindsystem. Das führt dann dazu, daß sich niederschlagsbringende Westwinde und trockenere sowie kühlere Ostwinde immer wieder abwechseln.

Tiefdruckgebiete bestimmen das atlantische Wettergeschehen

Die eigentlichen "Träger" des Wettergeschehens bei Westwetterlagen sind die *Tiefdruckgebiete (Zyklonen),* die wie riesige Schaufelräder die Luft an sich ziehen und sich dabei auf der Nordhalbkugel stets in entgegengesetzter Richtung des Uhrzeigers drehen. Dies ist eine Folge der Ablenkung durch die Erddrehung (sog. *Corioliskraft).*
Die Zyklonen gehen aus Turbulenzen hervor, die über dem Nordatlantik entlang der sog. "Polarfront", der Grenzlinie zwischen subtropischen Warmluftmassen im Süden und der polaren Kalt-

luft im Norden, immer wieder neu entstehen ("Islandtief"). Mit der vorherrschenden Westwindströmung ziehen sie dann nach Osten. Mit ihren Warmluftsektoren und ihrer Rückseiten-Kaltluft sind sie für den so typischen *wechselhaften Witterungsablauf* verantwortlich zu machen.
An den Grenzen der Sektoren bilden sich sog. "Fronten" aus: Stößt die leichtere Warmluft (Typ der *"Warmfront")* auf kältere (dichtere) und damit schwerere Luftmassen ("Vorderseiten-Kaltluft"), so kommt es zum langsamen Aufgleiten der Warmluft und damit zur Abkühlung, die dann meist lang anhaltende und ergiebige Aufgleitregen verursacht ("Landregen"; vgl. Abb. 118b). Umgekehrt werden *"Kaltfronten"* von heftigen Schauern begleitet, weil sich die kälteren Luftmassen aufgrund ihrer größeren Dichte und Trägheit entlang einer verhältnismäßig steilen Aufgleitfläche unter die wärmeren schieben und diese dabei ruckartig zum Aufsteigen (Abkühlen) zwingen ("Labilisierung", vgl. Abb. 118a).

Die Wirkung der Oberflächengestaltung: Einflüsse von Luv, Lee und Höhenlage

Das Bild des Großklimas wird durch Geländeunterschiede in mannigfacher Weise modifiziert. Die unterschiedliche Höhenlage und die Lage gegenüber den regenbringenden Winden (Regenseite [Luv] und Regenschatten [Lee]) spielen dabei die entscheidende Rolle.
Die *Höhenlage* äußert sich klimatisch in einer Abnahme der Monats- oder Jahresmitteltemperaturen von durchschnittlich 0,6° C pro 100 Meter Höhenanstieg ("thermische Höhenstufung") sowie in einer Zunahme der Niederschlagsmengen. Die Auswirkungen sind besonders gut am Beispiel des Harzes zu beobachten.
An keiner anderen Stelle in Deutschland stößt ein Gebirge mit einem so prägnanten Höhenklima soweit gegen das Meer vor wie der Harz in Niedersachsen. Dort macht sich die *Temperaturabnahme* mit der Höhe bekanntlich in der ausgeprägten Höhenstufung der Vegetation bemerkbar (vgl. Kap. 8. "Pflanzendecke"). Über der Buchen- und Buchenmischwaldstufe in den niedrigen, wärmebegünstigten Lagen des Harzrandes folgt in den hö-

heren, sommer- und winterkühleren Lagen bis 1100 m die Fichtenwaldstufe, die heute den größten Teil des Harzes einnimmt; darüber schließt sich dann im Brockengebiet bei Höhen von über 1100 m die kleinflächig ausgebildete Stufe alpiner Matten an. Die häufigen Fröste und die starken Winde lassen hier keinen Baumwuchs mehr aufkommen. Die *höhenbedingte Zunahme der Niederschläge* dokumentiert sich am deutlichsten in der Verbreitung der Moore, die fast ausschließlich im Gebiet zwischen Acker-Bruchberg und Brocken, d.h. in Höhen von über 800 m, auftreten.

Auch für die Unterschiede von Regenseite und Regenschatten bieten der Harz und sein Vorland ein gutes Beispiel, wie im Abschnitt über die Niederschläge noch näher gezeigt werden soll (vgl. Abb. 125).

Makroklima, Mesoklima, Mikroklima

Wenn man die klimatischen Grundzüge Niedersachsens betrachtet, so darf man die *räumliche Größenordnung* nicht außer acht lassen, auf die sich die Merkmale des Klimas beziehen. Ein großer Unterschied besteht nämlich zwischen dem sog. *Makroklima,* mit dem das Klima eines größeren Raumes gemeint ist (= "Großklima") und das meist von den amtlichen Klimastationen erfaßt wird (z.B. Küstenklima, Tieflandklima, Berglandklima, Mittelgebirgsklima, vgl. Abb. 119), und den klimatischen Merkmalen von Räumen kleinerer Flächengröße, die durch das sog. *Mesoklima* (z.B. Berg- und Tallagen) und das sog. *Mikroklima* (= "Kleinklima") charakterisiert werden. Letzteres beschreibt die klimatischen Bedingungen auf einem Raum von oft

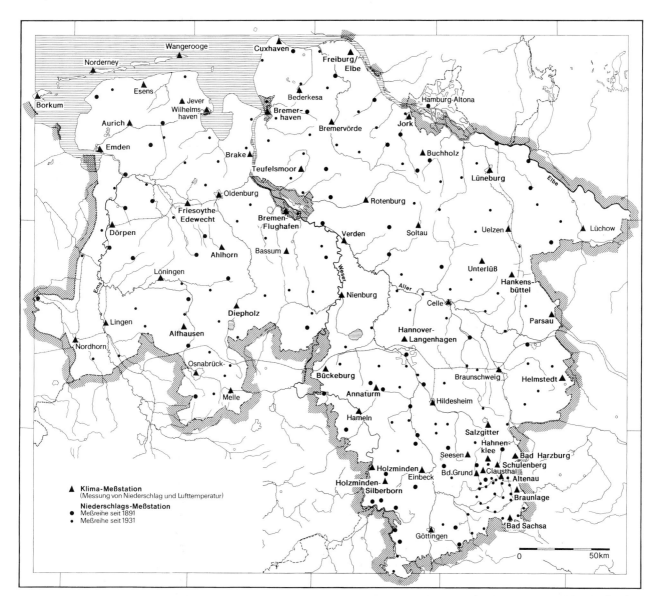

Abb. 119: Wichtige Klima- und Niederschlagsstationen in Niedersachsen (aus: KELLER, Hrsg., 1978/79: Hydrologischer Atlas der Bundesrepublik Deutschland).

nur wenigen Quadratzentimetern oder -metern bzw. von Ökotopgröße. Auf derart kleinen Bezugsflächen beeinflussen vor allem Vegetations- und reliefbedingte Einstrahlungsunterschiede das Klima und schaffen ein *Standortklima* (= Topoklima), das je nach der Dichte, Höhe und Form der Einzelpflanzen, der Strahlungsreflexion und Transpiration ihrer Blätter, aber auch in Abhängigkeit von Farbe und Wasserhaushalt des Bodens sowie von kleinsten Geländeunterschieden ("Bodenrauhigkeit", Hangneigung) Schwankungen in einer Größenordnung zeigt, die beim "Makroklima" z.T. erst auf räumlichen Entfernungen von 500 und mehr Kilometern pol- oder äquatorwärts auftreten.

Klimadiagramme

Es gibt unterschiedliche graphische Formen, mit denen man die klimatischen Grundzüge eines Gebietes veranschaulichen kann. Die gebräuchlichste Darstellungsform ist neben der Karte, die Klimaunterschiede flächenhaft erfaßt, das Klimadiagramm (vgl. Abb. 120).

Im Gegensatz zur Karte bezieht sich das Klimadiagramm zwar nur auf einen einzelnen Ort. Seine besondere Aussagekraft liegt aber darin, daß eine größere Zahl von wichtigen klimatischen Merkmalen für den jeweiligen Ort in einem engen graphischen Zusammenhang dargestellt ist: Am Beispiel der Abb. 120 sind dies der Jahresgang von Temperatur und Niederschlag auf der Grundlage langjähriger Monatsmittel, die Dauer der frostfreien Zeit und die Dauer der Vegetationsperiode, die beide vor allem für die Landwirtschaft wichtig sind, sowie die Dauer der geschlossenen Schneedecke. Auch die mittleren Jahrestemperaturen und die mittleren Jahresniederschläge sind angegeben. Auf einen Blick läßt sich so das Klima eines Ortes in seinen Grundzügen erfassen.

Klimadiagramme eignen sich aber auch zur Verdeutlichung regionaler Klimaunterschiede. Die in Abb. 120 erfolgte Gegenüberstellung der Klimadiagramme von drei ausgewählten Orten in Niedersachsen ist dafür ein Beispiel.

Die Station *Borkum* (5 m ü. NN) zeigt ein ausgeprägtes *Küstenklima* mit milden Wintern und nicht zu heißen Sommern, einer langen frostfreien Zeit und einer langen Vegetationsperiode. Hier macht sich die ausgleichende Wirkung des nahen Meeres bemerkbar.

Bezeichnend für die Stadt *Hannover* (55 m) ist ein *Binnenklima.* Hannover liegt rd. 200 km von der Nordsee entfernt in einem Übergangsgebiet vom Meeres- zum Kontinentalklima. Die Temperaturkurve zeigt stärkere Ausschläge als in Borkum. Sie dokumentiert kältere Winter und wärmere Sommer.

Die Niederschläge weisen ein ausgeprägtes Hoch im Juli aus ("Gewitterregen", "Europäischer Sommermonsun", s.u.), gleichzeitig liegt die Jahressumme niedriger als an der Küste. Die Dauer der frostfreien Zeit ist mit nur noch 190 Tagen sieben Wochen kürzer als in Borkum.

Die Station *Clausthal-Zellerfeld* (560 m) repräsentiert ein *Gebirgsklima.* Bezeichnend sind fast doppelt so hohe Niederschläge im Vergleich zu den Flachlandstationen ("Harz als Regenfänger"), wobei neben einem Sommermaximum ein ausgeprägtes Wintermaximum auftritt, das den Höhenlagen im Harz im Januar und Februar schneereiche Monate bringt. Deutlich abgesenkt verläuft die Temperaturkurve: Dauerfrost im Winter und kühle Sommer spiegeln den temperaturdämpfenden Effekt der größeren Höhenlage wider. Die Dauer der frostfreien Zeit ist um 3 Wochen kürzer als in Hannover und sogar um 2 1/2 Monate kürzer als auf Borkum. Die Vegetationsperiode ist gegenüber Hannover um etwa einen Monat verkürzt.

So birgt jede Landschaft und jeder Ökotop eine Fülle von klimatischen Besonderheiten, die man als räumliche Abwandlungen des Großklimas betrachten muß. Diesen Zusammenhängen und ihren Ursachen nachzugehen, ist die Zielsetzung des folgenden Abschnittes, in dem die wichtigsten Klimaelemente, wie Temperatur, Niederschläge, Bewölkung, Sonnenschein und Wind näher behandelt werden sollen.[1]

6.2. Die Klimaelemente

6.2.1. Temperatur

Die Ursache von Wetter, Witterung und Klima ist letztlich die Sonnenstrahlung. Sie heizt die Luft nicht nur direkt, sondern auch auf dem Umweg über die Erdoberfläche auf. Dadurch werden in der Regel bei Sonnenschein die höchsten Temperaturen am Erdboden gemessen; auch nachts

---

[1] Als Grundlage der Ausführungen dienen die von den amtlichen Wetterbeobachtungsstationen (Abb. 119) in Niedersachsen über einen Zeitraum von meist 30 Jahren ("Internationale Standardperiode") ermittelten Durchschnittswerte der einzelnen Klimaelemente, die im Klimaatlas von Niedersachsen (Hrsg.: Deutscher Wetterdienst, 1964) und im Hydrologischen Atlas der Bundesrepublik Deutschland (Hrsg.: R. KELLER, 1978/79) in Form von Verbreitungskarten veröffentlicht sind. Der Klimaatlas von Niedersachsen basiert im wesentlichen auf den Daten der Klimakunde des Deutschen Reiches mit einer Meßperiode für die Temperatur von 1881-1930 und für den Niederschlag von 1891-1930, dazu Sondermessungen und Beobachtungen. Für den Hydrologischen Atlas wurden Klimawerte der Standardperiode 1931-1960 verwendet. Sofern nicht anders angegeben, wurden im vorliegenden Text Werte aus der jüngeren Standardperiode (1931-1960) bevorzugt.

Abb. 120: Jahresgang der Niederschläge und Temperaturen in Borkum, Hannover und Clausthal-Zellerfeld (aus: Das Klima der Bundesrepublik Deutschland, Deutscher Wetterdienst 1979; Klimaatlas von Niedersachsen, Deutscher Wetterdienst 1964; Monatliche Witterungsberichte 1965 bis 1984, Deutscher Wetterdienst).

[1] Durchschnittliche Monats- und Jahreswerte 1931 bis 1960; [2] 1881 bis 1940; [3] 1881 bis 1930; [4] 1965 bis 1984.

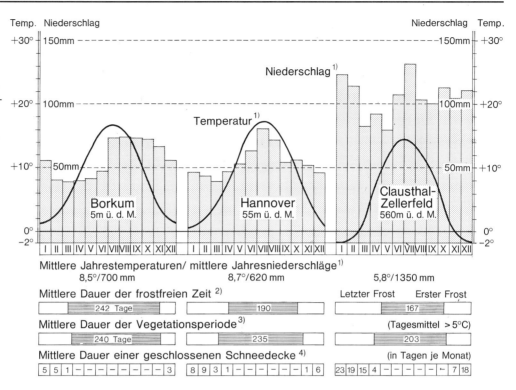

Mittlere Jahrestemperaturen/ mittlere Jahresniederschläge[1]
8,5°/700 mm   8,7°/620 mm   5,8°/1350 mm

Mittlere Dauer der frostfreien Zeit [2]   Letzter Frost   Erster Frost
242 Tage   190   167

Mittlere Dauer der Vegetationsperiode[3]   (Tagesmittel > 5°C)
240 Tage   235   203

Mittlere Dauer einer geschlossenen Schneedecke [4]   (in Tagen je Monat)

sorgt die noch im Boden gespeicherte Wärme dafür, daß die unmittelbar auf der Erdoberfläche gemessenen Temperaturen in der Regel höher sind als in wenigen Zentimetern Höhe darüber.

Soll die Lufttemperatur für einen größeren Raum Gültigkeit haben, so muß sie folglich unter vereinheitlichten Bedingungen gemessen werden. Man mißt heute in der standardisierten Höhe von 2 m über dem Erdboden. In dieser Höhe vermeidet man weitgehend die Einflüsse des Bodens und der Pflanzenbedeckung auf den Temperaturverlauf. Die Messung der Lufttemperatur erfolgt bei allen Klimastationen des Deutschen Wetterdienstes (vgl. Abb. 119) an den drei Meßterminen 7, 14 und 21 Uhr mittlerer Ortszeit in einer vor Strahlung und Niederschlag schützenden Wetterhütte. Aus den Messungen wird eine Tagesdurchschnittstemperatur ermittelt, welche dann über die schon erwähnte Zeitspanne von 30 Jahren (Internationale Standardperiode) die Grundlage für die Berechnung der Monats- und Jahresdurchschnittswerte abgibt.

Tab. 27: Temperatur- und Niederschlagsverhältnisse sowie Dauer der Schneedecke in den verschiedenen niedersächsischen Landschaften (Klimaregionen).

Klimaregion	Seehöhe m	Durchschnittliche Monatsmittel der Lufttemperatur (°C)		Mittlere Dauer eines Tagesmittels der Lufttemperatur von mindestens		Mittlere Jahressummen des Niederschlags (mm)	Mittlere Zahl der Tage mit Schneedecke ≥ 0 cm
		Januar	Juli	5° C	10° C		
				(in Tagen)			
Ostfriesische Inseln	0 – 20	1.0 – 1.5	16.0 –16.5	230 – 235	155 –160	650 – 700	10 – 15
Niedersächsische Nordsee-Küste	0 – 20	0.5 – 1.0	16.0 –16.5	225 – 230	155 –160	650 – 750	20 – 25
Niedersächsisches Flachland	0 – 50	0.0 – 1.0	16.0 –17.0	220 – 230	150 –160	650 – 800	20 – 35
Elbniederung	0 – 50	-0.5 – 0.0	17.0 –17.5	215 – 225	150 –160	600 – 700	30 – 40
Lüneburger Heide	10 – 150	-0.5 – 0.5	16.0 –17.0	210 – 225	145 –160	600 – 750	30 – 45
Weser-Aller-Gebiet	10 – 150	0.0 – 0.5	17.0 –17.5	225 – 235	155 –165	600 – 700	25 – 35
Ems-Hunte-Gebiet	5 – 100	0.5 – 1.0	16.5 –17.0	225 – 235	155 –160	650 – 750	25 – 35
Unteres Weserbergland	50 – 450	-1.0 – 1.0	15.5 –17.0	205 – 235	140 –165	650 –1100	30 – 60
Oberes Weserbergland	80 – 500	-2.0 – 0.0	14.5 –16.5	195 – 225	130 –160	600 –1000	35 – 75
Oberes Leinebergland	100 – 500	-2.0 – 0.0	15.0 –17.0	195 – 225	135 –160	600 – 900	35 – 60
Unteres Leinebergland	75 – 400	-1.0 – 0.5	15.5 –17.0	210 – 230	145 –165	600 – 900	35 – 50
Braunschweigisches Hügelland und nördliches Harzvorland	75 – 300	-1.0 – 0.0	16.0 –17.5	210 – 230	145 –165	550 – 750	35 – 70
Harz	250 –1100	-4.5 – -0.5	14.5 –18.0	140 – 220	50 –155	600 –1600	50 –150

Quelle: Deutscher Wetterdienst: Klima-Atlas von Niedersachsen, Offenbach 1964

Jahresmittel der Lufttemperatur

*Im größten Teil Niedersachsens
zwischen 8° und 9° C*

Das wirkliche Jahresmittel der Lufttemperatur liegt nach diesen Berechnungen im weitaus größten Teil des Landes zwischen 8° C und 9° C. Auf den Höhen des Berglandes sinkt das Jahresmittel auf Grund der Temperaturabnahme mit der Höhe (im Mittel 0,6° C/100 m) und der stärkeren Wolkenbildung an den Höhenzügen stellenweise auf unter 7° C (Solling), im Zentralen Bergland des Harzes in rd. 800 m Höhe auf unter 5° C ab, so daß für die Brockenstation (1142 m) das Jahresmittel sogar nur 2,9° C beträgt. Dies entspricht in etwa der Jahresmitteltemperatur von Narvik im nördlichen Norwegen.

Zu den wärmebegünstigten Gebieten mit Jahresmitteltemperaturen zwischen 9° und 10° C zählen in unserem Bundesland die Ostfriesischen Inseln als Folge des im Winter mäßigenden Einfluß des Meeres. Weiterhin gehört dazu das ausgeprägte Wind- und Regenschattengebiet des Oberwesertals zwischen der Porta Westfalica und Holzminden, wo Föhnerscheinungen durch Wolkenauflösung und Bildung von Aufheiterungszonen (längere Sonnenscheindauer) zur Temperaturerhöhung beitragen. Schließlich bilden die großen Städte wie Hannover, Braunschweig, Osnabrück, Bremen etc. mit ihren wärmespeichernden Stein-, Asphalt- und Betonoberflächen regelrechte Wärmeinseln, deren Temperaturen im Jahresmittel um 1-3° C über denen der Umgebung liegen (vgl. Abschnitt 6.5. "Stadtklima").

Monatsmittel der Lufttemperatur

Wärmstes Winterklima auf den Ostfriesischen Inseln, höchste Sommerwerte und größte Winterkälte im kontinentalen Ostniedersachsen

Während das Jahresmittel der Lufttemperatur nur einen Überblick über einen verhältnismäßig langen Zeitraum gibt, in dem die Einzeltemperaturen sehr stark voneinander abweichen können, geben die verschiedenen Monatsmittel Aufschluß über den Jahresgang der Temperatur.

Im allgemeinen ist in Niedersachsen der Januar der kälteste und der Juli der wärmste Monat des Jahres (vgl. Abb. 120). Dabei variiert der Schwankungsbereich zwischen den beiden Monatsmitteln (Temperaturamplitude) in Abhängigkeit von der Entfernung zur Nordsee, deren Wassermassen in den küstennahen Gebieten für eine gewisse Milderung der Temperaturextreme sorgen.

Dementsprechend weisen die Ostfriesischen Inseln und die Küstenbadeorte mit positiven Januartemperaturen zwischen +1° und +2° C innerhalb von Niedersachsen das wärmste Winterklima auf. Auch im Weser-Ems-Gebiet und im Elbe-Weser-Dreieck liegen die Temperaturen noch über 0° C. Östlich einer Linie Hamburg-Verden-Celle-Peine macht sich dann aber die zunehmende *Kontinentalität* (Winterkälte) bemerkbar, indem die Mitteltemperaturen für den *Januar* in der Lüneburger Heide, auf der Verdener Geest, im Hannoverschen Wendland und im Raum Braunschweig-Helmstedt leicht unter den Gefrierpunkt fallen (0° bis -1° C). Auch die tieferen und mittleren Lagen des Weser- und Leine-Berglandes weisen vergleichbare Januartemperaturen auf, während die Temperaturen der Hoch- und Kammlagen deutlich niedriger liegen, z.B. auf Deister, Süntel, Ith, Solling und Göttinger Wald zwischen -1° und -2° C, auf der Harzhochfläche bei Clausthal-Zellerfeld in rd. 600 m Höhe zwischen -2° und -3° C und sogar unter -3° C auf der Brockenkuppe (1142 m NN: -4,4° C). In diesem Zusammenhang verdient noch Erwähnung, daß zwar die tiefsten Mittelwerte für den Januar verzeichnet, daß aber die tiefsten Einzelwerte in Kälteperioden des Februar gemessen wurden.

Im *Juli* treten die höchsten Temperaturmittel im Binnenland auf, während die niedrigsten im Küstengebiet verzeichnet werden. Der mäßigende Einfluß des Meeres läßt die Monatsdurchschnittstemperatur in Küstennähe nicht über 16° bis 17° C ansteigen. Die Ostfriesischen Inseln, die Marschen aber auch noch Gebiete weiter im Binnenland, wie die Ostfriesisch-Oldenburgische Geest, die Küstenkanalniederung, das mittlere Emsland, der Hümmling sowie die Geestgebiete des Elbe-Weser-Dreiecks gehören zu diesem ozeanisch geprägten Raum mit gemäßigten Sommertemperaturen. Niedrigere Mittelwerte weisen lediglich die mittleren und höheren Lagen des Berg- und Hügellandes und der Harz auf, wo das Temperaturmittel im Zentralen Bergland auf unter 14° C absinkt. Die höchsten Sommerwerte werden im kontinental getönten Ostniedersachsen und in den sonnenreichen Tälern des Berglandes erreicht (17-18° C).

So wichtig auch die Mittelwerte der Jahres- und Monatstemperaturen für das Erkennen der großen Züge im Klimageschehen sein mögen, für den Menschen und seine Wirtschaft, für die Lebensbedingungen der Pflanzen- und Tierwelt sind letzten Endes die wahren Temperaturen entscheidender. Was sagen zum Beispiel hohe Temperaturmittel zwischen 10° und 14° C für den Monat Mai viel aus, wenn in der gleichen Zeit noch Nachtfröste auftreten, die in den Obst- und Frühkulturen verheerende Folgen haben. Bei der Betrachtung der wahren Temperaturen soll daher von den Extremen ausgegangen werden.

Fröste und Frostgefährdung

Die frostfreie Zeit

Wohl die wichtigste Temperaturgrenze ist der Gefrierpunkt. Wird er erreicht, dann sterben zahlreiche Pflanzen ab (z.B. Kartoffeln, Tomaten, Gurken, viele Blumen u.a.), und die meisten anderen stellen ihr Wachstum gänzlich ein. Doch nicht nur die Landwirtschaft, auch das übrige Wirtschaftsleben (z.B. das Bau- und Transportgewerbe, insbesondere die Schiffahrt) wird durch starke Frosteinbrüche in Mitleidenschaft gezogen.

Von Bedeutung ist es daher, die Länge der Zeit zu kennen, in der im statistischen Durchschnitt keine Fröste mehr auftreten können. Diese frostfreie Zeit liegt in Niedersachsen, gemessen in 2 m Höhe über dem Erdboden, im Mittel zwischen 170 und 180 Tagen, wobei sich jedoch in Abhängigkeit von der Meeresnähe bzw. -ferne (Kontinentalität) sowie von der jeweiligen Geländesituation (Höhenlage, Exposition, Wasser- und Bodenverhältnisse) Unterschiede von regionaler und örtlicher Größenordnung bemerkbar machen (vgl. Abb. 121).

Eine sehr lange frostfreie Zeit weisen die *Ostfriesischen Inseln* und die Küste auf, wo unter dem mildernden Einfluß des Meeres die Zahl der frostfreien Tage im Mittel zwischen 200 und über 230 Tagen liegt. Auf der Geest beläuft sich diese Zahl auf 160-200 Tage. Die hochgelegenen Geestflächen und besonders die Moorgebiete sind stark be-

nachteiligt. In der zentralen Lüneburger Heide, auf der Cloppenburger Geest sowie in der Dümmerniederung und in den emsländischen Mooren währt die frostfreie Zeit wie im zentralen Oberharz sogar weniger als 160 Tage.

Aus den Zahlen läßt sich ablesen, daß die Frostgefährdung nicht nur von der Höhenlage abhängt, sondern in noch engerer Beziehung steht zur Entfernung vom Meer (Kontinentalität) sowie zur Bodenart, zur Bodenbedeckung und zur Bodenfeuchtigkeit. Besonders die trockengelegten Moore und die trockenen und sandigen Geesthochflächen unterliegen infolge ihres geringen Wärmespeichervermögens einer erhöhten Frostgefährdung, stärker als Lehmböden.

Moore als "Frostlöcher"

Die Moore gelten überall auch deshalb als "Frostlöcher", da sich in ihnen die von der Geest herabfließende bodennahe Kaltluft sammelt, dort häufig als *Bodennebel* sichtbar wird und dadurch zusätzlich zur Frostgefährdung beiträgt. In Mooren und Niederungsgebieten können daher gelegentlich sogar in der statistisch ausgewiesenen "frostfreien Zeit", also selbst in den Sommermonaten, Nachtfröste auftreten, die empfindliche Schäden an gärtnerischen Kulturen hervorrufen können. Wie bei WILMERS (1969) beschrieben, sind bei einem solchen Fall im Raum Oldenburg-Bremen mindestens 150 000 Azaleen erfroren.

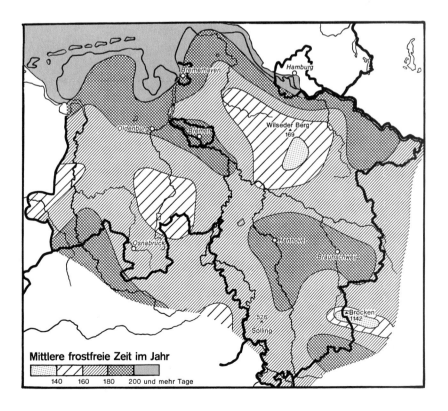

Abb. 121: Die durchschnittlich frostfreie Zeit in Niedersachsen (n. SINGER & FLIEDNER 1970).

Mittlere frostfreie Zeit im Jahr

140   160   180   200 und mehr Tage

Der *erste Frost* tritt in der Regel ab Mitte Oktober/ Anfang November, in den Höhenlagen des Oberharzes Ende September, auf den Ostfriesischen Inseln und im Küstengebiet dagegen erst Anfang bis Mitte November auf. Das mittlere Datum des *letzten Frostes* schwankt zwischen Ende März/Anfang April im Küstengebiet und Mitte Mai in den Höhenlagen des Harzes und der Zentralen Lüneburger Heide.

Insgesamt ergibt sich daraus für die Ostfriesischen Inseln die geringste mittlere Zahl an *Frosttagen* (unter 60), während in der Zentralen Lüneburger Heide zwischen 100 und 120, im Oberharz sogar bis über 160 Tage gezählt werden.

Die bisher genannten Zahlen beziehen sich auf Meßhöhen von 2 m über dem Erdboden. In Bodennähe dürften sich dagegen die ersten Frühfröste und die letzten Spätfröste um rd. 10 bis 20 Tage verfrühen bzw. verspäten; denn Spät- und Frühfröste treten zumeist als *Strahlungsfröste* in klaren und windstillen Nächten auf. Dadurch ist im Durchschnitt die Temperatur über dem unbewachsenen Boden um 3° geringer als in 2 m Höhe, über Grasboden aber nochmals um etwa 2° niedriger. Wenn also in der Wetterhütte eine Temperatur von +4° C gemessen wird, kann bei Strahlungswetter die Bodentemperatur über einer Wiese oder über einem stark verunkrauteten Acker -1° C betragen. Wie erwähnt, können Bodenfröste in den Mooren dann selbst in den Hochsommermonaten Juli und August auftreten. Heute richten sie dort kaum noch Schäden an. Anders war das im 19. Jahrhundert, als ein einziger Sommerfrost die ganze lebenswichtige Buchweizenernte vernichten konnte.

Der Frost dringt im Winter normalerweise bis etwa 30 cm Tiefe in den Boden ein. In besonders kalten und schneearmen Wintern sind allerdings schon Eindringtiefen bis 1,20 m beobachtet worden.

Weit verheerender als die angeführten Strahlungsfröste, die wegen ihrer Abhängigkeit von den Bodenverhältnissen meist örtlich beschränkt bleiben, sind späte *Advektiv-Fröste*, bei denen kalte Luftmassen aus polaren oder kontinentalen Kältegebieten herangeführt werden. Solche späten Kälteeinbrüche, wie sie immer wieder vorkommen, verursachen an Obstblüten, bei Frühkartoffeln, Tomaten, Bohnen, Gurken, Blumen u.a. große Schäden. Als Beispiel dafür seien die schweren *Spätfröste* vom Mai 1957 genannt, als zwischen einem ausgeprägten Hoch über den britischen Inseln und einem Tief über der mittleren Ostsee kalte Polarluft von Norden her nach Mitteleuropa geführt wurde. In den klaren Nächten während dieser 6 Tage anhaltenden Witterungsperiode sank das Thermometer am Erdboden bis unter -6° C. Schwerste Schädigungen der Obstblüte waren die Folge (vgl. Abb. 122).

Vegetationsperiode

Sie umfaßt jenen Zeitraum, an dem die mittleren Tagestemperaturen den Wert von 5° C nicht unterschreiten. Anfang, Ende und Dauer der Vegetationsperiode spielen besonders in der Landwirtschaft für die Festlegung der Pflanz- und Aussaattermine und für die Auswahl der anzubauenden Kulturpflanzen eine wichtige Rolle. Das Wachstum der meisten Pflanzen beginnt und endet bei uns im allgemeinen, wenn im Frühjahr bzw. Herbst eine mittlere Tagestemperatur von 5° C erreicht wird.

In der Regel erstreckt sich die Vegetationsperiode von etwa Mitte März bis Anfang November (vgl. Abb. 133). Dies entspricht einer Dauer von etwa 220 bis 240 Tagen. In den wärmebegünstigten Becken und Talungen des Berglandes, im Wind- und Regenschatten des nördlichen Bergvorlandes (Lößbörden) sowie im maritimen Küstengebiet dauert sie mit 230 bis 240 Tagen am längsten. Kürzere Vegetationszeiten weisen die höheren Lagen des Berglandes und die zentrale Lüneburger Heide mit 210 bis 220 Tagen auf. Die Vegetationszeit beginnt dort durchschnittlich erst nach dem 30. März. Am kürzesten ist sie mit unter 200 Tagen Dauer auf den Hochflächen des Sollings und im Harz. Im Oberharz liegt sie stellenweise bei unter 190 Tagen (Anfang April bis Ende Oktober) und auf der Brockenkuppe sogar bei unter 160 Tagen (Anfang Mai bis Mitte Oktober). Dies entspricht etwa der Vegetationsperiode von Südfinnland.

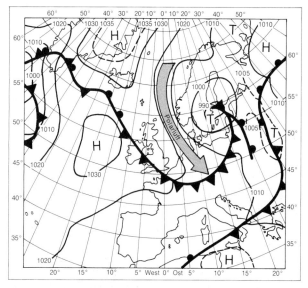

Abb. 122: Die Wetterlage vom 4. Mai 1957, 7.00 Uhr als Beispiel für einen Spätfrosteinbruch (aus: HÄCKEL 1985).

Extreme Sommer und Winter

Sie sind für die Wirtschaft, besonders für die Landwirtschaft, von außerordentlicher Bedeutung. Man
denke nur an die *heißen, trockenen Sommer,*
wenn Dürreschäden auf den Feldern entstehen,
die Brunnen versiegen, Wasserklemmen die Fluß-
schiffahrt stillegen und durch Wald- und Moorbrände große Verheerungen angerichtet werden. In diesem Zusammenhang sei an die großen Waldbrände von 1975 und 1976 erinnert, die in Niedersachsen über 8000 ha Wald vernichteten. Besonders
der Sommer des Jahres 1976 erwies sich als einer der trockensten seit dem Beginn regelmäßiger
Messungen (vgl. Pkt. 6.2.2. "Niederschläge").
Stark prägen sich *strenge Winter* ein, in denen die
Wasserläufe wochenlang zugefroren sind, Obstbäume und Sträucher in den Gärten erfrieren und
das Getreide auswintert. In früheren Jahrhunderten ist in strengen Wintern sogar Vieh in den Ställen erfroren (1739/40, 1829/30). Sehr streng war
der Winter 1900/1901. In schlechter Erinnerung
sind auch der "Steckrübenwinter" 1916/17 und der
Winter von 1928/29. Einer der hartnäckigsten Winter seit der Jahrhundertwende war der von 1946/
47. Die Weser hatte damals von Mitte Dezember
bis Mitte März *Eisgang.* Bei der herrschenden Le-
bensmittel- und Brennstoffnot wurde er für viele
Städter, Ausgebombte, Flüchtlinge und Vertriebene ein Hungerwinter ersten Grades. Streng waren
auch die Winter von 1955/56, 1962/63, 1969/70,
1978/79, 1984/85 und 1986/87.

Foto 5: **Eiswinter an der Wurster Küste 1962/63 (Ldkr. Cuxhaven).** Wenn der Eisdruck wächst, bemühen sich die Krabbenfi-
scher täglich, ihre Kutter mit Äxten und Schaufeln freizuhalten.
Aufn: Ahrens.

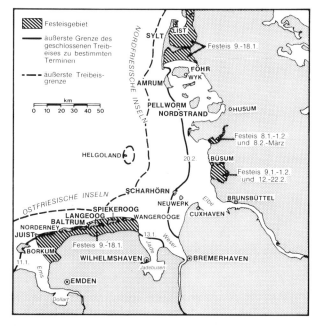

Abb. 123: Eisverhältnisse an der Deutschen Nordseeküste in
den extrem kalten Wintermonaten Januar und Februar 1985 (n.
VENZKE 1985).

Der Winter 1984/85 brachte besonders in den Monaten Januar und Februar als Folge eines dauerhaften osteuropäisch-nordwestrussischen Kältehochs sprichwörtliche sibirische Kälte und eine starke Vereisung der gesamten deutschen Nordseeküste, die die küstennahe Schiffahrt zum Erliegen
brachte (vgl. Abb. 123). In Cuxhaven verzeichnete
man in beiden Monaten 32 Eistage, d.h. Tage mit
Lufttemperaturen durchgängig unter dem Gefrierpunkt (Durchschnitt pro Winterhalbjahr: 15-20);
Mitte Februar erreichte das Wasser im Ostfriesischen Wattenmeer und in den Mündungsberei-
chen von Elbe, Weser, Jade und Ems Temperaturen von -1° C. Das Ostfriesische Wattenmeer überzog sich zwischen Juist und der Leybucht sowie
zwischen Wangerooge und Schillig mit flächendek-
kendem, z.T. überschobenem, bis zu 50 cm dik-

kem Festeis und die restlichen Bereiche des Wattenmeeres einschließlich der Elbmündung, des Großen Knechtsandes, des Jadebusens, des Dollarts und der Außenems mit bis zu 40 cm dickem Treibeis. An den Stränden der Ostfriesischen Inseln bildeten sich *Eiswälle,* die über mehrere Wochen Bestand hatten.

6.2.2. Niederschläge

Messung und Ursachen von Niederschlägen

Der Niederschlag ist neben der Temperatur das wichtigste Klimaelement. Denn viele Wirtschaftszweige und nicht zuletzt auch das ökologische Gleichgewicht sind irgendwie vom Wasser und damit von ausreichenden Niederschlägen abhängig. Diese fallen in Form von Regenschauern, Landregen, Sprühregen, Schnee, Graupel oder Hagel und können als Wolkenbrüche, Hagelschläge, Eisregen und heftige Schneefälle erhebliche Schäden anrichten.

Der Niederschlag wird im allgemeinen einmal täglich um 7 Uhr MOZ (mittlerer Ortszeit) in standardisierten Auffangbehältern und meist in 1 m Höhe gemessen. Die Maßeinheit des Niederschlags ist Millimeter. Eine Niederschlagshöhe von 1 Millimeter Regenwasser entspricht dabei einer Wassermenge von 1 Liter pro Quadratmeter, d.h. bei einer gemessenen Höhe von 10 mm würde der Erdboden 10 mm hoch mit Wasser bedeckt sein, wenn es nicht abfließen, verdunsten oder versickern würde. Ausgangspunkt für die folgenden Betrachtungen ist der Meßzeitraum von 1931 bis 1960.

In Niedersachsen sind Winde aus westlichen Richtungen die Hauptregenbringer. Die Luftmassen haben sich auf ihrem Weg über den Atlantik mit Feuchtigkeit beladen und geben diese nun über dem Festland wieder ab. Die Niederschläge haben dabei *verschiedene Ursachen.*

Aufgleitniederschläge

Einerseits entstehen sie an der Grenze zwischen zwei verschiedenen Luftmassen, wenn sich schwerere Kaltluft entlang einer Kaltfront unter leichtere Warmluft schiebt oder wenn Warmluft entlang einer Warmfront auf Kaltluft aufgleitet (Frontale Regenfälle, "Aufgleitniederschläge", vgl. Abb. 118). Es bilden sich dann Niederschlagsbänder, die im allgemeinen 50 bis 100 km breit sind und parallel zur Front verlaufen.

Konvektive Niederschläge

Ferner entstehen Niederschläge, wenn bodennahe Luft durch Sonneneinstrahlung aufgeheizt und damit zu raschem Aufstieg (Abkühlung) veranlaßt wird ("Konvektive Niederschläge"); meist gehen diese Niederschläge schauerartig oder als Gewitterregen nieder.

Stau- und Steigungsniederschläge

Auch die Geländeformen beeinflussen die Niederschlagshöhe und -häufigkeit: Erhebungen zwingen die Luftmassen zum Aufsteigen und damit zur Abkühlung. Es bilden sich Wolken, die bei Wasserdampfsättigung abregnen ("Stau-" und "Steigungsniederschläge"); im Regenschatten erwärmt sich die absteigende Luft wieder rasch und führt so zur Wolkenauflösung, die stets mit einer Abnahme der Niederschläge verbunden ist (vgl. Abb. 125).

Die räumliche Verteilung der Niederschläge
(vgl. Abb. 124)

Die Küstenkonvergenzzone: Anstieg der Niederschläge durch Stauwirkung und Reibung des Festlandes

Schon in unmittelbarer Nähe der Küste wird der Einfluß der Geländeformen wirksam. Fallen über der offenen See im Schnitt etwa 450 mm, so vollzieht sich infolge des Luftmassenstaus aufgrund der plötzlich zunehmenden Bodenreibung über den Inseln ein sprunghafter Anstieg (650-750 mm), der sich über dem Festland fortsetzt ("Küstenkonvergenzzone").

Insbesondere der Geestrand mit seinem Baumbewuchs und niedrige Endmoränenzüge lassen dort die Niederschläge weiter ansteigen. Bei auflandigen Winden ist der Höhepunkt des Aufstaues in etwa 10-20 km Entfernung von der Küste erreicht. Hier fallen im Jahr noch einmal etwa 50 bis 100 mm mehr Niederschlag als unmittelbar an der Küste. Besonders ausgeprägte Beispiele solcher Küstenkonvergenzgebiete mit jährlichen Niederschlagssummen von über 800 mm sind in der Niederschlagskarte (Abb. 124) auf der Scheitellinie des Oldenburgisch-Ostfriesischen Geestrückens (15 m NN), in der Wingst und in der Lamstedter Börde (74 m bzw. 65 m NN) sowie auf der Osterholz-Scharmbecker Geest dargestellt.

Im Lee der Küstenstauzone nehmen die Niederschläge infolge der dort auftretenden divergierenden Strömung, die mit einem Absinken der Luftmassen einhergeht, wieder ab. Im Windschatten der Oldenburger Geest (westliche Wesermarschniederung, Küstenkanalniederung) und im Bremer Becken fallen die jährlichen Niederschlagsmittel z.T. auf unter 700 mm.

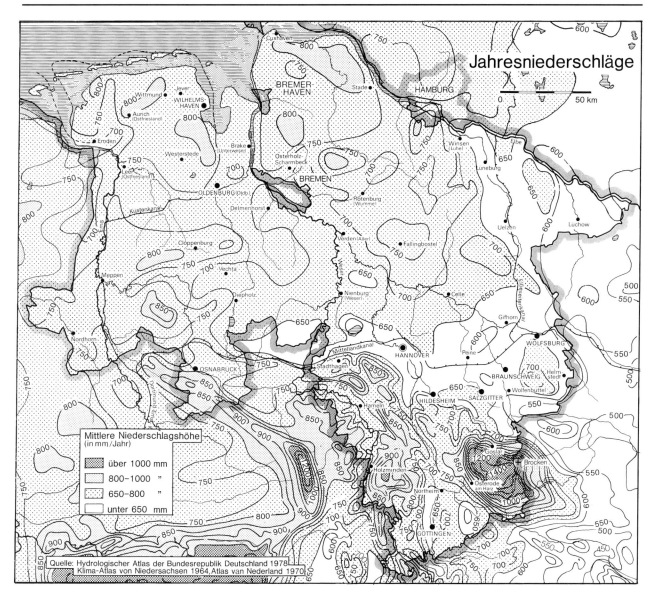

Abb. 124: Durchschnittliche jährliche Niederschlagssummen (in mm), Meßzeitraum 1931 bis 1960 (n. Hydrologischer Atlas der Bundesrepublik Deutschland 1978, Klimaatlas von Niedersachsen 1964, Klimaatlas van Nederland 1970).

Regenstau- und Regenschattengebiete im Binnenland

Merkbare Unterschiede zwischen Regenstau- und Regenschattengebieten treten auch weiter im Binnenland auf, wo höher gelegene Geestplatten und Endmoränenzüge bei Höhendifferenzen von nur 20-50 m und über Entfernungen von nur wenigen Kilometern Niederschlagsdifferenzen von 100 mm und mehr verursachen (z.B.: Schwarze Berge bei Harburg, Göhrde östl. Lüneburg, Hümmling und Meppen-Cloppenburger Geestplatte, Fürstenauer Berge nordwestl. Osnabrück).

Der Harz als "Regenfänger"

Viel deutlicher wirksam werden diese Stau- und Steigungsregen jedoch erst auf den quer zur Strömungsrichtung der Luftmassen verlaufenden Höhenzügen des Berglandes und im Harz, wo im Akker-Bruchberg-Gebiet (ca. 900 m NN) und auf dem Brocken (1142 m NN) die höchsten jährlichen Niederschlagsmittel von über 1400 mm gemessen werden (vgl. Abb. 125).
Auch viele Höhenzüge des Berglandes fallen in der Niederschlagskarte als "Regenfänger" auf, mit Niederschlagsmengen, die z.T. über 1000 mm liegen, wie Eggegebirge und Solling (vgl. Abb. 124).

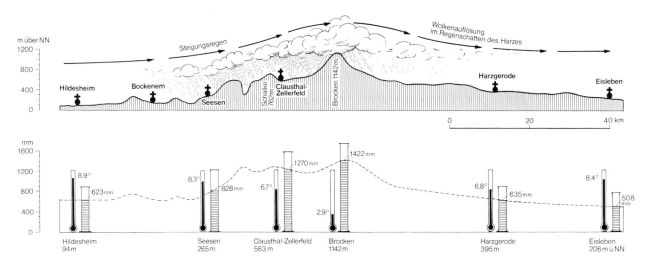

Abb. 125: Der Harz als "Regenfänger".
Bezugszeitraum 1931-1960 (aus: Monatlicher Witterungsbericht f. d. östliche Niedersachsen 1978; MÜLLER 1980) und Bezugszeitraum 1951-1980 (aus: Klimadaten der DDR, R.B, Bd. 14).

"Trockengebiete"

Die ausgeprägtesten Regenschattengebiete mit Niederschlägen unter 750 mm, ja z.T. sogar unter 600 mm, finden sich ebenfalls vornehmlich im Weser- und Leinebergland sowie im nordöstlichen Bergvorland: Im Leinebergland macht sich bereits der kontinentale Einfluß durch die nach Osten fortschreitende Abregnung (Trocknung) der Luftmassen bemerkbar. So sinkt im Leinetalgraben südlich von Göttingen, der im Westen durch Bramwald und Dransfelder Hochfläche, im Osten durch den Göttinger Wald abgeschirmt wird, die im Jahresdurchschnitt fallende Niederschlagsmenge auf unter 650 mm, im östlich davon gelegenen Eichsfelder Becken, das zusätzlich im südlichen Regenschatten des Harzes liegt, sogar auf unter 600 mm.

Als größtes zusammenhängendes "Trockengebiet" mit Niederschlägen unter 650 mm bzw. unter 600 mm tritt das nordöstliche Bergvorland in Erscheinung, das bei vorherrschenden Südwest-Wetterlagen im Regenschatten des Berglandes liegt. Es beginnt im Westen schon im Mindener Land, setzt sich dann über das Steinhuder-Meer-Gebiet, die Calenberger und Hildesheimer Lößbörden bis in das Börden- und Hügelland um Braunschweig, Wolfenbüttel und Helmstedt fort, um jenseits der Landesgrenze im Bereich der Magdeburger Börde in das mitteldeutsche Trockengebiet überzugehen. Der östliche Teil dieses Gürtels ist das trockenste Gebiet Niedersachsens, in dem die Niederschlagssumme unter 550 mm absinkt. Ursache dieser Trockenheit ist nicht nur die Leewirkung des Harzes bei Südwest-Wetterlagen, sondern auch bei West- und Nordwestwinden empfängt dieser Raum im Gegensatz zum harznahen Vorland sehr

wenig Niederschläge, weil hier bereits die Stauwirkung des nördlichen Harzrandes aufgehört hat und das Gebiet außerdem von niederschlagsabhaltenden Höhen umgeben ist. So ergibt sich die bemerkenswerte Situation, daß das *trockenste und das niederschlagsreichste Gebiet* Niedersachsens (Hochharz) *nur etwa 40 km* Luftlinie voneinander *entfernt* liegen. Auch das Hannoversche Wendland im Regenschatten der Göhrde gehört mit unter 600 mm zu den niederschlagsärmsten Gebieten.

Unterschiede in der jahreszeitlichen Verteilung

Im Mittel regnet oder schneit es jeden zweiten Tag

Durch seine Lage im Hauptdurchzugsgürtel der Tiefdruckgebiete erhält unser Bundesland das ganze Jahr hindurch Niederschläge, wenn auch mit gewissen Unterschieden in der jahreszeitlichen Verteilung.

Im statistischen Mittel fallen in Hannover an 178 Tagen im Jahr Niederschläge; d.h. im Mittel regnet oder schneit es bei uns jeden zweiten Tag, wenngleich mindestens die Hälfte der Niederschläge in Ereignissen mit sehr geringer Intensität fällt (unter 0,1 mm). Die ergiebigsten Regenfälle mit Tageshöhen von mindestens 10 mm kommen dagegen wesentlich seltener vor: Ihre Zahl liegt im westlichen Tiefland zwischen 10 und 15, in Ostniedersachsen unter 15, im Harz bei 50 Tagen.

Monats- und Tagesextreme

Die *größten Niederschlagssummen innerhalb eines Monats* belaufen sich im Küstengebiet auf

200-260 mm, im Binnenland auf 160-200 mm und
auf den Höhenzügen des Berglandes und im Harz
auf 300 bis 400 mm.
Die *größten Tagessummen* schwanken im allgemeinen zwischen 60 und 80 mm; doch werden bei
Stark- oder Dauerregen (s.u.) nicht selten Beträge
von über 100 mm gemessen.

*Sommerregenmaxima begünstigen das Pflanzen-
wachstum*

Da die Sommerniederschläge wegen ihrer überwiegend konvektiven Entstehung (Gewitterregen) ergiebiger sind als die Winterniederschläge, fällt ein
Drittel bis ein Viertel der gesamten Jahresnieder-
schlagsmenge während der Hauptwachstumsperi-
ode (Anfang Mai bis Ende Juli). Für die Vegetationsentwicklung erweist sich dies als günstig. Die
Maxima liegen im Juli und August, doch ist die Niederschlagsverteilung im einzelnen regional unterschiedlich.

*Küstentyp, Binnenlandstyp und Mittelgebirgstyp
der Niederschlagsverteilung*

Im ozeanisch geprägten Küstengebiet besteht
eine Tendenz zu Herbst- und Winterregen (Küstentyp). Vielfach erscheint das Maximum im August
oder Juli/August, während im Frühjahr (Februar
bis Mai) als Folge des dann noch kühlen Meerwassers (absinkende Luftmassen!) ein breites Minimum auftritt.
Landeinwärts wird der Küstentyp sehr rasch vom
Binnenlandstyp (Sommerregentyp) ersetzt. Da im
Binnenland in den Sommermonaten konvektive
Niederschläge in Form ergiebiger Gewitterregen
eine große Rolle spielen (s.o.), besteht hier eine
Neigung zu Regenmaxima in den Monaten von
Juni bis August, also z.T. bis zu einem Monat früher als im Küstengebiet. Dieser Typ ist in Niedersachsen flächenmäßig am weitesten verbreitet.
Das Minimum fällt auf den Februar oder März,
wenn sich häufig Ostwetterlagen einstellen.
Auf den Oberharz beschränkt bleibt der *Mittelgebirgstyp*. Bei diesem konzentriert sich das Nieder-
schlagsmaximum in den Wintersportmonaten Dezember und Januar (Winterregen), weil dann die
winterlichen Schlechtwetterlagen infolge der feuchten Luftmassen und der niedrigen Wolkenhöhe
ausgeprägte Stauerscheinungen verursachen. Außerdem bedingt die verzögerte Erwärmung der Gebirgslagen (Schneedecke) eine Verlängerung der
darauffolgenden niederschlagsarmen Zeit bis in
den Mai hinein, ähnlich wie beim Küstentyp.

Nässeperioden und Trockenzeiten

Die bisherigen Ausführungen stellen gewissermaßen den Idealtyp der jährlichen Niederschlagsver-

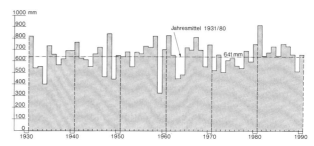

Abb. 126: Schwankungen der jährlichen Niederschlagssummen
1930-1983 in Hannover-Langenhagen (n. Angaben des Deutschen Wetterdienstes).

teilung dar. In keinem Jahr ist aber diese Idealver-
teilung auch nur einigermaßen erfüllt. Stets treten
in den einzelnen Monaten mehr oder weniger große Abweichungen auf, wie sie den schwankenden
Abläufen der Großwetterlage entsprechen.
In extrem nassen Jahren können deshalb regional
2-3 mal so viele Niederschläge fallen wie in sehr
trockenen Jahren (vgl. Abb. 126). In sehr nassen
Jahren wurden im Landesdurchschnitt Niederschlagssummen zwischen 800 und 1100 mm verzeichnet, im Harz von mehr als 2000 mm. Immer
wieder wechseln extrem nasse mit extrem trockenen Jahren ab. Völlig niederschlagsfreie Monate
hat es bisher nur sehr selten gegeben, wohl aber
schon mehrfach Monate, in denen nur 2 mm gemessen wurden. Solche Trockenzeiten liegen zumeist im April, im Juni oder in den Herbstmonaten.
Eine der folgenschwersten *Dürre- und Hitzeperi-
oden* brachte der *Sommer 1976*. Damals reichte
eine langgestreckte Hochdruckzone von den Azo-

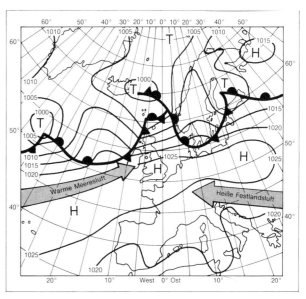

Abb. 127: Wetterlage vom 27. Juni 1976, 7.00 Uhr als Beispiel
für einen Dürresommer (aus: HÄCKEL 1985).

ren über Norddeutschland bis ins Baltikum (vgl. Abb. 127). Diese Wetterlage hielt von Mitte Juni bis in den August hinein an. Die Folge war eine längere Dürreperiode, bei der in großen Teilen Niedersachsens 6 Wochen lang kein Tropfen Regen fiel. Die große Trockenheit und hohe Temperaturen führten damals zu einer der größten Waldbrandkatastrophen seit Menschengedenken (vgl. Kap. 10. "Ökologie und Umweltschutz").

Art und Stärke der Niederschläge

Man unterscheidet bei der Art der Niederschläge je nach ihrer flüssigen oder festen Form zwischen Regen, Schnee, Hagel, Graupel und "Eisregen". Unterschiede in der Stärke der Niederschläge verdeutlicht am besten die Gegenüberstellung von Stark- und Dauerregen.

Stark- und Dauerregen

Bei einem Starkregen fallen per Definition innerhalb von 5 Minuten mindestens 5 mm Niederschlag, während es bei einem Dauerregen 6 Stunden lang mit einer Stundenintensität von mindestens 0,5 mm regnet. Stark- und Dauerregen treten in Niedersachsen zwar nur in einigen wenigen Ereignissen pro Jahr auf (vgl. Abb. 128), doch werden durch sie besonders im Bergland durch Bodenabspülungen und Überschwemmungen immer wieder große Schäden verursacht (vgl. Kap. 3. "Heutige Oberflächenformen" u. Kap. 10. "Ökologie und Umweltschutz").

Als Beispiel dafür soll hier der *Starkregen vom 3. Juni 1981* genannt werden, der im Untereichsfeld

und im Harz an einem einzigen Tag über 100 mm Niederschlag (= 100 l/m²) brachte (vgl. Abb. 129). Dies entspricht etwa einem Siebentel der durchschnittlichen Jahressumme. Die Hochwasserwelle im Gartetal bei Göttingen erreichte zeitweilig den 120fachen Wert des normalen Abflusses (vgl. Abb. 143). Sie überschwemmte Dörfer, unterspülte Ufer und Brücken und riß Bäume und Gebäude um.

Als ein Extrem-Beispiel für *Dauerregen* können die Niederschläge gelten, die das bekannte Katastrophen-Hochwasser der Weser vom 10. bis 13. Februar 1946 verursachten. Damals regnete es vom 4. bis zum 10. Februar jeden Tag. Im Oberwesergebiet fielen in einer Woche bis über 300 mm Niederschlag, das heißt ein Drittel bis fast die Hälfte des Jahresniederschlages. Wegen des gefrorenen Bodens kam annähernd die gesamte Regenmenge zum Abfluß und verursachte das bisher höchste Hochwasser der letzten 100 Jahre (vgl. Kap. 7. "Gewässer und Wasserwirtschaft").

Schnee

Sind die Temperaturen in einer Wolke tief genug, so kommt es durch Gefrieren von unterkühltem Wasser an Gefrierkernen zur Bildung von Schneekristallen und damit zu Schneefällen. In ganz Niedersachsen fallen während der Wintermonate Teile des Niederschlags als Schnee. Sein Anteil am Gesamtniederschlag steigt, ebenso wie auch die Zahl der Schneefälle und die Dauer der Schneedecke, entsprechend den kälter werdenden Wintern von der Küste nach Osten bzw. mit zunehmender Höhe nach Süden an.

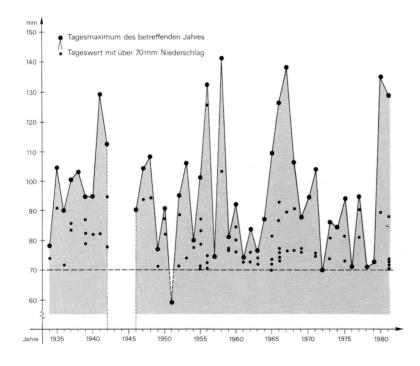

Abb. 128: Starkregen mit Tageswerten von über 70 mm in Niedersachsen 1934 - 1981 (n. Deutschen Meteorologischen Jahrbüchern).

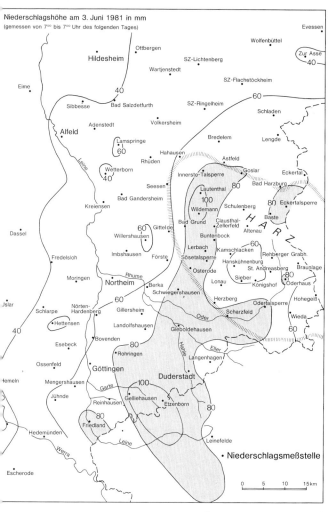

Niederschlagshöhe am 3. Juni 1981 in mm
(gemessen von 7⁰⁰ bis 7⁰⁰ Uhr des folgenden Tages)

Abb. 129: Niederschlagshöhen des Starkregens vom 3. Juni 1981, der im Untereichsfeld und im Harz an einem Tag über 100 mm Niederschlag brachte (n. eigenen Erhebungen und Unterlagen des Deutschen Wetterdienstes).

Während die Inseln nur an durchschnittlich 12 Tagen im Jahr eine Schneedecke tragen, weisen die Geestgebiete 20 bis 30 Schneetage, die höheren Teile der Lüneburger Heide und das nördliche Bergland 30-40, das südliche niedersächsische Bergland sogar 50 bis 70 Schneetage auf. Nur im Oberharz hält sich der Schnee noch länger. Hier liegt an 100 und mehr Tagen (Brocken: 134 Tage) eine geschlossene Schneedecke, deren Dicke zwei Monate im Jahr mehr als 10 cm beträgt. Während dieser Zeit bestehen die besten Wintersportmöglichkeiten. In Clausthal-Zellerfeld werden die größten mittleren Schneehöhen Mitte Februar mit 50 cm erreicht.

Der *erste Schnee* fällt im Tiefland durchschnittlich Mitte November, der letzte Ende April/Anfang Mai. Im Oberharz beginnen die Schneefälle schon Ende Oktober und reichen bis Anfang Juni. Allerdings sind im Tiefland von Jahr zu Jahr große

Schwankungen in der Zahl der Schneefalltage zu verzeichnen.

Grundsätzlich ist die Zahl der *Tage mit Schneefall* nicht mit der Dauer der geschlossenen Schneedecke gleichzusetzen (Schneetage). Voraussetzung zur Erhaltung einer frisch gefallenen Schneedecke sind niedrige Temperaturen und eine erhöhte Luftfeuchtigkeit, welche die Abtau- bzw. Verdunstungsrate verringern. Da ein Teil des gefallenen Schnees unter günstigen Umständen oft noch viele Tage bis sogar mehrere Wochen liegen bleiben kann, ohne daß erneut Schnee fällt, übersteigt die Zeitdauer der geschlossenen Schneedecke in den Wintersportgebieten des Harzes die Zahl der Schneefalltage zum Teil um über 30 Tage. Im Tiefland ergeben sich die umgekehrten Verhältnisse. Dort bleibt der Schnee oft nur Stunden liegen, so daß die Zahl der Schneefalltage höher liegt als die Zahl der Tage mit geschlossener Schneedecke.

Große Schäden für die Forstwirtschaft bewirken sog. *"Großschneefälle"*, bei denen innerhalb von 24 Stunden eine Niederschlagsmenge von mindestens 15 mm Wasser in Form von Schnee gemessen wird. Besonders bei Feuchtschnee führt dies in den Forsten des Berglandes und des Harzes zu *Schneebruch-Katastrophen*, mit denen in Niedersachsen etwa alle 8-10 Jahre zu rechnen ist.

Hagel

Enthält eine Wolke sehr viel unterkühltes Wasser und wenig Eiskeime, die durch starke Aufwinde lange in der Luft gehalten werden, so daß sie kräftig anwachsen können, dann entstehen mehr oder weniger große Eiskugeln. Die dadurch bedingte Niederschlagsform wird als Hagel bezeichnet. Eine Vorstufe des Hagels sind die *Graupelfälle,* die vorwiegend im Frühjahr bei Aprilschauern niedergehen. Die Grenze zwischen Frostgraupel und Hagel ist durch den Durchmesser von 5 mm definiert. Der Hagel tritt im Sommer an die Stelle der Graupeln. Hagelfälle sind in der Regel an Gewitter gebunden. Deshalb treten sie wie diese strichweise, d.h. örtlich und zeitlich begrenzt, in den Monaten Mai bis August auf, also zu einer Zeit, wenn auf den Feldern besonders beim Getreide beträchtliche Schäden verursacht werden können.

In großen Schauer- und Gewitterwolken, in denen eine starke Turbulenz herrscht und Aufwinde die einzelnen Körner immer wieder in große Höhen schleppen, können Hagelkörner in Ausnahmefällen zu Tauben- ei-, ja Hühnerei-, in ganz seltenen Fällen sogar zu Faustgrößen heranwachsen, die dann mit Geschwindigkeiten bis zu 100 km/h auf die Erdoberfläche auftreffen. Hierdurch erklärt sich die große Zerstörungsgewalt dieser Körner.

"Eisregen"

Auch "Eisregen" kann erhebliche Schäden hervorrufen. Freilich ist es kein wirklicher "Eis"-Regen, sondern "unterkühlter Regen", der dann entsteht, wenn Niederschlag in Form von Regen in Bodennähe eine Schicht sehr kalter Luft passieren muß und dabei bis nahe an den Gefrierpunkt abgekühlt wird. Trifft dieser Regen anschließend auf gefrorene Oberflächen, gefriert er sofort und überzieht alle Gegenstände, Bäume, Häuser, Autos und Straßen mit einem Eispanzer ("Glatteis").

Am 2. März 1987 kam es in einem ausgedehnten Niederschlagsband, das vom Emsland über den Osnabrücker und Lippischen Raum bis in das Gebiet von Kassel reichte, zu einem solchen Eisregen von bisher nicht bekanntem Ausmaß. Damals drang Warmluft aus dem Mittelmeerraum gegen extreme Kaltluft im Nordosten und Osten Niedersachsens vor und glitt auf diese auf. Der Eisregen verursachte vor allem in der Forst- und Elektrizitätswirtschaft Eisbruchschäden in Millionenhöhe. Ein durchschnittlich 1,5 bis 3 cm dicker Eismantel überzog die Zweige der Bäume, die dadurch bis zum 80fachen ihres Eigengewichtes zu tragen hatten, was zu katastrophalen Schäden durch Kronenbrüche führte oder junge Bäume ganz umdrückte.

In den ersten Dezembertagen des Jahres 1988 waren erneut erhebliche Eisbruchschäden zu beklagen. Damals ging Eisregen mit stürmischen Winden einher, die in den höheren Lagen des Sollings, des Weserberglandes und im westlichen Teil des Göttinger Raumes vor allem jüngere Buchen- und Eichenbestände zerstört haben. Die Fichtenwälder des Harzes blieben dagegen wegen der dort herrschenden Windruhe weitgehend verschont.

Nebel, Dunst

Tritt bei feuchtegesättigter Luft durch Abkühlung eine Kondensation des Wasserdampfes ein, so entstehen Wassertröpfchen, die eine Streuung des Lichtes bewirken und damit die Sichtverhältnisse verschlechtern. Man spricht von Nebel, wenn die Sichtweite geringer als 1 km ist, von Dunst, wenn die Sicht behindert ist, aber Gegenstände in Entfernungen von über 1 km noch zu erkennen sind.

Als stark verkehrsbehindernd erweist sich, ähnlich wie Glatteis und Schneeglätte, immer wieder der Nebel, der nicht nur dem Landverkehr, sondern in erhöhtem Maße auch der Luft- und Schiffahrt gefährlich werden kann.

Am nebelreichsten sind die feuchten Niederungen und Moore. Dies ist weniger eine Folge der hohen Bodenwassergehalte mit starker Verdunstung, sondern im wesentlichen das Ergebnis der dort besonders tiefen Nachttemperaturen, bei deren Entstehen absinkende Kaltluft und Wärmeverluste durch Ausstrahlungsvorgänge eine große Rolle spielen. Man spricht deshalb auch von Strahlungsnebel. Dieser ist in der Regel nur wenige Meter dick und daher recht kurzlebig. Die Strahlung der Morgensonne reicht meist schon aus, um ihn in wenigen Stunden aufzulösen.

Auch die Höhenzüge des Berglandes und der Harz verzeichnen eine hohe Zahl an Nebeltagen (40 bis über 50 Tage pro Jahr). Die höchsten Werte erzielt dabei der Harz (Clausthal 80; Brocken 274 Nebeltage jährlich), weil hier die Wolken häufig die Berge umhüllen (sog. orographische Nebel).

Ein sehr dauerhafter Nebel, der vornehmlich im Winterhalbjahr entsteht, wenn feuchte Warmluft aus dem südatlantischen oder aus dem Mittelmeerraum in unsere Breiten strömt und dabei über bodennahe Kaltluftschichten streicht, ist der sog. Advektionsnebel. Die Advektionsnebelschicht kann mehrere hundert Meter mächtig sein und kann deshalb durch die Sonne allein meist nicht aufgelöst werden, so daß tiefgreifende Luftmassenwechsel notwendig sind, um ihn wegzuräumen. Oft kann ein solcher Nebel als Boden- oder Hochnebel tage- und sogar wochenlang anhalten. Advektionsnebel treten vor allem während der Frühjahrsmonate im Küstenbereich und über den größeren Binnenseen des niedersächsischen Tieflandes in Erscheinung, wenn das Wasser noch verhältnismäßig kalt ist. Darüberströmende Warmluft kühlt sich ab und bildet dann Nebel.

Gewitter

Die Entstehung von Gewittern ist an kräftigen Luftmassenaufstieg (Konvektion) in labiler, feuchter Luft gebunden. Man unterscheidet nach den meteorologischen Bedingungen in Niedersachsen vor allem zwei Gewitterarten: Luftmassengewitter und Frontgewitter.

Luftmassengewitter, die man auch als Wärmegewitter bezeichnet, werden ausgelöst, wenn feuchtwarme Luft durch starke Sonneneinstrahlung vom Boden her aufgeheizt wird und dadurch in eine kräftige Aufwärtsbewegung gerät. Typische Wärmegewitter treten daher meist erst in den Nachmittags- und Abendstunden auf, wenn eine "drückende Gewitterschwüle" einsetzt und sich am Himmel starke Quellbewölkung entwickelt ("Amboßwolken"). Nach Ende eines Gewitters herrscht dann meist das sonnige Wetter fort. Durch den kalten Niederschlag hat es sich allerdings deutlich abgekühlt.

Frontgewitter treten demgegenüber meist an der Grenze anrückender Kaltluft, den sog. Kaltfronten

auf, wenn Warmluft durch die unterlaufende Kaltluft verdrängt wird und erstere dabei eine starke
und rasche Hebung erfährt (vgl. Abb. 118). Plötzliche Quellbewölkung und einsetzende Schauer mit
Gewittern und kräftigen Böen sind vielfach das Zeichen für derartige Frontgewitter, in deren Gefolge
merkliche Abkühlung, z.T. sogar regelrechte Tem-
peraturstürze erfolgen. Im allgemeinen treten die
heftigsten Frontgewitter auf, wenn im Sommer
feuchtwarme Mittelmeerluft durch kühle Polarluft
abgelöst wird. Im Winter sind sie im Gefolge von
Kaltluftvorstößen die einzige Ursache von Gewittern.

Eine seltenere Form von schweren Schadensgewit-
tern sind die sog. "Warmlufteinschubgewitter", die
entstehen, wenn wärmere Luft unter eine kältere
(schwerere) Oberströmung gedrückt und dadurch
die Schichtung labilisiert wird. Die Gewittertätigkeit
kann unter solchen Bedingungen mehrere Stunden andauern. Dabei treten sehr starke, schlotarti-
ge Aufwinde auf, die mit schwersten Hagel- und
Windbruchschäden verbunden sein können. Ein
bemerkenswertes Beispiel dafür ist die Gewitterlage vom 7. Juni 1964, deren schmale Zugbahn von
Uchte über Sulingen, Bremen bis fast nach Bremervörde über mehr als 100 Kilometer zu verfolgen
war. Hagel bis zu Hühnereigröße hinterließ in wenigen Minuten ungewöhnlich schwere Schäden insbesondere an landwirtschaftlichen und gärtnerischen Kulturen. Felder mit Hackfrüchten wurden
zerschlagen, die Getreidehalme ausnahmslos ab-
geknickt, Glasscheiben und Dachziegel zertrüm-
mert, Hühner und Küken getötet und Fahrzeuge
zerbeult.

Bewölkung und Sonnenschein

Sonnigster Monat ist der "Wonnemonat" Mai

Die Dauer und Stärke der Sonnenstrahlung hängt
außer von der jahreszeitlich sich verändernden Ta-
geshöhe der Sonne unmittelbar von der Lufttrü-
bung sowie vom Zustand und Betrag der Himmels-
bedeckung (Bewölkung) ab.

Die *Bewölkung* wird nach einer achtteiligen Skala
geschätzt. 0/8 bedeutet, daß der Himmel wolken-
los ist; 8/8 gibt an, daß acht Achtel der sichtbaren
Himmelsfläche von Wolken eingenommen werden. Dann ist der Himmel ganz bedeckt und sonnenscheinlos.

In den Wintermonaten November und Februar
bleibt durchschnittlich jeder zweite Tag trübe und
sonnenscheinlos. Die Zahl der heiteren, sonnen-
scheinreichen Tage mit Bewölkungsgraden von 2/
8 und weniger ist im Mittel der Jahre gering. Am
häufigsten sind solche Tage im Mai und September. Der Mai ist in der Regel der sonnigste Monat;

auch aus diesem Grunde trägt er seinen Namen
als "Wonnemonat" zu Recht.

6.2.3. Winde

Windrichtungen

Winde sind Ausgleichsbewegungen von Luftmassen, die ihre Ursache in Luftdruckunterschieden haben (Gegensatz zwischen Hoch- und Tiefdruckgebieten), die ihrerseits wiederum auf Temperaturunterschiede zurückgehen.

Entsprechend seiner Lage im *Westwindgürtel* herrschen in Niedersachsen Winde aus südwestlichen
bis nordwestlichen Richtungen vor (vgl. Abb. 130).
Die moos- und flechtenbewachsenen Wetterseiten
der Bäume und die besonders im Küstengebiet verbreitete Aushagerung der Baumkronen auf der
Windseite *(Windschur)* läßt dies ebenso erkennen
wie die Gestalt vieler Binnenseen, bei denen die
vom vorherrschenden Südwest getriebenen Wellen die Ostufer unterspülen und die Seefläche allmählich ostwärts wandern lassen (vgl. Farbtafel
2).

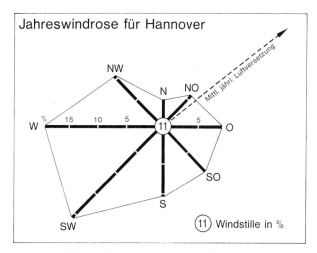

Abb. 130: Mittlere jährliche Verteilung der Windrichtungen (in %)
für Hannover-Herrenhausen (n. Klima-Atlas von Niedersachsen
1964).

Nicht immer dominieren Westwinde

In der Häufigkeit der Windrichtungen treten allerdings *im jahreszeitlichen Ablauf Verschiebungen*
auf. Im Frühling liegt das Maximum bei den NW-
Winden. Dies ist eine Folge der typischen Aprilwet-
terlagen mit ihren Kaltlufteinbrüchen aus dem Bereich des Nordmeeres. Doch auch östliche bis nordöstliche Winde sind für diese Jahreszeit bezeichnend. Sie bringen Kälte und Trockenheit, im Mai
gelegentlich sogar noch Nachtfröste (Spätfröste).
Auch im Juni, Juli und August bleiben nordwestli-

che neben südwestlichen Winden noch vorherrschend. Darin kommen allgemein die Wetterlagen des *"Europäischen Monsuns"* zum Ausdruck, für die das Vordringen von Meeresluft gegen das erwärmte Festland charakteristisch ist. Im Herbst dominieren Südwestwinde ebenso wie im Winter. Dann haben die Südwestwinde allgemein ihre größte Häufigkeit. Sie bringen in der Regel milde, feuchte Meeresluft heran, die während des Hochwinters oft zu Tauwetter führt.

Windstärken

Hohe Windgeschwindigkeiten auf den Inseln und im Oberharz

Ebenso wie die Richtung der Winde unterliegt auch ihre Stärke sowohl im Verlaufe der Jahreszeiten als auch in den einzelnen Landschaften Niedersachsens größeren Schwankungen. Die höchsten Windgeschwindigkeiten treten in der Regel auf den Ostfriesischen Inseln und im Oberharz auf. Weiter landeinwärts wird die Kraft der Winde durch die Reibung an der unregelmäßigen Erdoberfläche gebrochen, so daß in ausgeprägten Windschattenlagen des Berglandes und der Geest (Hannoversches Wendland) die geringsten Windgeschwindigkeiten gemessen werden. So beträgt die mittlere Windgeschwindigkeit auf offener See in 10 m Höhe rd. 8 m/s, auf den Ostfriesischen Inseln 6 m/s und in Oldenburg nur mehr 4 m/s.

Dezember bis Februar sind die windreichsten Monate

Im Jahresablauf werden die größten Windgeschwindigkeiten in der Regel in den Winter- und Frühjahrsmonaten erreicht (Dezember bis Februar), wenn die Luftdruckgegensätze zwischen der kalten Polarluft im Norden und der warmen Luft über dem Atlantik besonders stark sind. Die Windstärken sind bei SW- und NW-Winden, die vom reibungsarmen Atlantik her wehen, am größten.

Stürme und Orkane

Stürme sind durch Windgeschwindigkeiten gekennzeichnet, die über 20,8 m/s bzw. 75 km/h liegen. Dies entspricht mindestens Windstärke 9 auf der Beaufort-Skala. Ab 32,7 m/s bzw. 118 km/h (= Windstärke 12) spricht man von einem *Orkan*. Stürme gibt es in unserem Gebiet zu jeder Jahreszeit und aus allen Richtungen, sie häufen sich aber in den Wintermonaten und kommen vorwiegend aus westlichen Richtungen. Selten sind heftige Stürme in den Sommermonaten. Am sturmreichsten ist das Winterhalbjahr von Oktober bis April. Dann treten an der deutschen Nordseeküste

häufige und schwere Sturmfluten auf, die sich vor allem bei westlichen und nordwestlichen Winden verhängnisvoll auswirken können, weil dann der Windstau in den Trichtermündungen von Weser und Elbe die Wasserstände hochtreibt.

Windstau in der Deutschen Bucht: Die großen Sturmfluten von 1962 und 1976 verursachten Jahrhunderthochwässer

Die bekanntesten Beispiele dafür sind die drei großen *Sturmfluten* vom 16./17. Februar 1962 bzw. vom 3. und vom 20. bis 22. Januar 1976, als das Wasser im Unterelbegebiet bis zu 4,60 m (1976) höher auflief als das mittlere Tidehochwasser (MThw). Deichbrüche und schwere Überschwemmungen waren die Folge. Selbst im Binnenland erreichten die Windgeschwindigkeiten damals zeitweilig Orkanstärke.

Gefährliche Sturmfluten treten nur *bei bestimmten Wetterlagen* auf. Da hohe Windgeschwindigkeiten in der Regel an kräftige Tiefdruckgebiete gebunden sind, kann es je nach der Lage dieser *"Sturmtiefs"* zu benachbarten Hochdruckgebieten und in Abhängigkeit von Wanderrichtung und Wandergeschwindigkeit der Tiefs zu Stürmen unterschiedlicher Stärke, ja auch zu Orkanen über der Nordsee kommen, deren Winde wegen der Linksdrehung der Luftwirbel (entgegengesetzt dem Uhrzeigersinn) überwiegend aus westlicher und nordwestlicher Richtung wehen und dadurch das Wasser der Nordsee in die Deutsche Bucht treiben.

Besonders gefährlich sind Zugbahnen, bei denen sich die Kerne der Tiefs von Mittelengland über Jütland nach Südschweden (*"Jütland-Typ"*) oder von Island nach Südnorwegen bewegen (*"Skandinavien-Typ"*). Tiefs des Jütland-Typs ziehen meist sehr schnell. Sie verursachen für kurze Zeit starke Stürme über der Nordsee, die zunächst aus Südwesten kommen, dann aber nach Westen und später nach Nordwesten drehen. Vor allem die schleswig-holsteinische Westküste und die Elbmündung weisen bei solchen Wetterlagen hohe Sturmflutpegel auf, weil aufgrund des Verlaufs der Küstenlinie hier die größten *"Windstauwerte"* erreicht werden. Besonders gefährlich wird es dann, wenn hohe Windstauwerte mit dem Springtide-Hochwasser zusammenfallen, wie das bei der *schweren Sturmflut vom 3. Januar 1976* der Fall war. Daraus ergaben sich die allerhöchsten bisher überhaupt jemals gemessenen Wasserstände in der Elbe und an den meisten Orten der schleswig-holsteinischen Westküste. An der Ems, der gesamten ostfriesischen und der oldenburgischen Küste sowie an der Weser blieben die Scheitelwasserstände jedoch mehrere Dezimeter unter dem Scheitel von 1962.

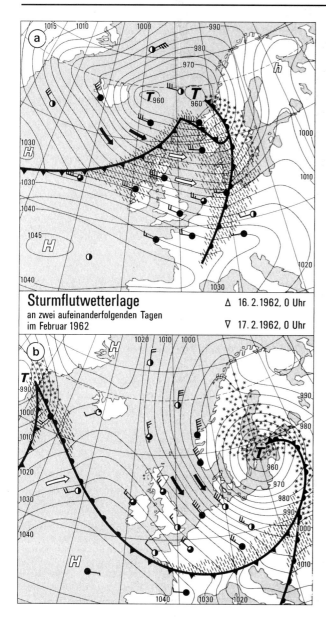

Sturmflutwetterlage
an zwei aufeinanderfolgenden Tagen
im Februar 1962

△ 16. 2. 1962, 0 Uhr

▽ 17. 2. 1962, 0 Uhr

Abb. 131: Sturmflutwetterlage am 16. und 17. Februar 1962 (n. ALEXANDER-WELTATLAS 1982).

Die verheerende *Februarsturmflut von 1962* und die Flut vom 20. bis 22. Januar 1976 sind Sturmtiefs des Skandinavien-Typs zuzuordnen (vgl. Abb. 131). Tiefs dieses Typs verursachen sehr lang anhaltende Stürme aus Nordwest über der Nordsee, die zwar nicht die Stärke erreichen wie die beim Jütland-Typ; doch halten sie durchweg länger an, besonders dann, wenn sich die Tiefs vor dem norwegischen Gebirge festsetzen. Da der Wind dabei oft tagelang in gefährlicher, stauwirksamer Richtung weht, trifft hoher Windstau in der Regel auch mit einem oder mehreren Tidehochwassern zusammen.

Aber nicht nur an der Küste verursachen Stürme und Orkane große Schäden. Auch das Binnen-land ist immer wieder von Zerstörungen betroffen, die der Wirtschaft und den Menschen zum Teil erheblichen Schaden zufügen. Vor allem die Forstwirtschaft hat unter ihnen zu leiden. Durch Spitzenböen bis zu 170 km/h (= Bft 15) wurden z.B. während der *Sturmkatastrophe vom 13. November 1972* in den niedersächsischen Forsten an einem einzigen Tag 16 Mio. Festmeter Holz geworfen sowie beträchtliche Gebäude- und Personenschäden angerichtet.

Besonders im Frühjahr kommt es auf den unbewachsenen Äckern der Geest außerdem häufig zu *Bodenverwehungen,* bei denen die wertvollsten Bestandteile des Bodens, Feinsterdeteilchen, Humus und z.T. auch Saat und Mineraldünger ausgeweht werden. In kaum zwei Jahrzehnten können so 10-15 cm Mutterboden verloren gehen. Windschutzhecken und Gehölzgruppen in der Flur bilden gegen Bodenverwehungen immer noch den wirksamsten Schutz.

Lokalwinde

Neben dem großen überregionalen Luftmassenaustausch treten in Teilen Niedersachsens Lokalwinde auf, die ihre Ursache in kleinräumigen Luftdruckunterschieden (Temperaturunterschieden) haben. Durchweg sind Stärke und Richtung dieser Winde durch einen ausgeprägten Tagesgang gekennzeichnet.

Das Land-See-Windsystem: täglicher Temperatur- und Luftmassenausgleich zwischen Festland und Meer

Eine der wirkungsvollsten Erscheinungen dieser lokalen Windsysteme ist das Land-See-Windsystem an der Nordseeküste. Es erstreckt sich bei sonniger, windruhiger Wetterlage etwa 10-20 km weit ins Binnenland. Seine Höhe erreicht tagsüber einige hundert Meter, in der Nacht z.T. nur wenige Zehnermeter. Der Land-See-Wind wird durch Temperaturunterschiede zwischen Land und Meer verursacht. Das Festland ist tagsüber nach Sonneneinstrahlung deutlich wärmer als das Meer. Über dem Festland steigt die Luft folglich auf, über dem Meer sinkt sie ab. An der Erdoberfläche sind beide Bewegungen mit einem *landwärtigen Seewind,* in der Höhe mit einem *seewärtigen Landwind* verbunden. Nachts stellen sich die umgekehrten Verhältnisse ein, vorausgesetzt, daß zwischen Festland und Meer Temperaturunterschiede von mindestens 5-10° C vorliegen. Dann ist die Meeresoberfläche wärmer als der Boden des Festlandes, der sich aufgrund seines geringeren Wärmespeichervermögens stärker abkühlt als das Meerwasser. Nachts wird der bodennahe Seewind daher von einem seewärtigen, allerdings wesentlich schwächeren Landwind abgelöst, der meist bis in die frühen Vormittagsstunden anhält.

Während sonniger und windschwacher Sommernachmittage ist der tägliche Seewind besonders intensiv. Er erreicht seinen Höhepunkt zwischen 14 und 16 Uhr, wenn die Temperaturunterschiede zwischen dem kühlen Meer und dem erwärmten Festland am stärksten sind. Die Seebrise verhindert an der Küste extrem hohe Temperaturen und macht den Strandaufenthalt an heißen Tagen so angenehm, da die Temperaturen um 5 und mehr Grad abgesenkt werden.

Die Hangwindzirkulation und das Berg-Tal-Windsystem: Berghänge als "Heizplatte"

Auch das niedersächsische Bergland hat ausgeprägte lokale Windsysteme. Verbreitet sind hier die Hangwind-Zirkulation und das Berg-Tal-Windsystem, die beide darauf beruhen, daß sich Berghänge bei Sonneneinstrahlung aufheizen und dadurch zu aufsteigender Luftbewegung führen, während sich bei nächtlicher Ausstrahlung die kalte, schwere Luft am Boden sammelt und dem Gefälle folgend hang- oder talabwärts fließt.

Die *Hangwind-Zirkulation* erfaßt nur eine dünne, dem Boden aufliegende Lufthaut. Sie bildet ein geschlossenes System, bei dem der tagsüber bestehende Hangaufwind in der Höhe durch eine zur Talmitte oder zum unbesonnten Hang ziehende gegenläufige Strömung ausgeglichen wird. Gegen Abend und in der Nacht kehren sich die Verhältnisse um.

Besonders kräftige Hangaufwinde, die an quer zur Windrichtung liegenden Höhen vor allem durch Luftstau entstehen, werden neben den thermischen Aufwinden von Segelfliegern sehr geschätzt (z.B. am Ith bei Eschershausen).

Im Vergleich zur Hangwind-Zirkulation erfaßt das *Berg-Tal-Windsystem* den gesamten Tallängsschnitt. Auch hier steht eine tagsüber hang- und talaufwärts verlaufende Luftströmung (Talwind) einer nachts talabwärts gerichteten Luftströmung gegenüber, die als Bergwind gerade in sehr warmen Sommernächten für die ersehnte Abkühlung sorgt. Das Berg-Talwindsystem ist in den tiefeingeschnittenen Tälern des Harzes besonders ausgeprägt, weil dort die Aufheizungs- bzw. Abkühlungsflächen der Talhänge im Verhältnis zur aufgeheizten Luftmenge sehr groß sind. Im Radautal bei Bad Harzburg bringen im Sommer nächtliche Bergwinde bis zu 6° niedrigere Temperaturen als auf dem 180 m höher gelegenen benachbarten Burgberg. Sie erhalten dadurch besondere heilklimatische Bedeutung.

Föhn

Als weiterer Lokalwind muß der Föhn genannt werden, der als Windsystem unabhängig vom tageszeitlichen Wechsel überall an jenen Stellen auftritt, wo der Luftstrom auf einen Gebirgsrücken trifft, der die Luftmassen zum Aufsteigen und damit häufig zum Abregnen zwingt. Mit absinkender Luft auf der Windschattenseite (Lee) entsteht dann meist ein warmer und trockener, böiger Fallwind, der in Gebirgsrandnähe eine schmale Aufheiterungszone hervorruft mit den für sie typischen linsenartigen Föhnwolken. Diese Wolken sind die Folge von Luftwirbeln ("Leewirbel"), die ein nochmaliges Anheben der Luft und damit Wolkenbildung verursachen.

Föhnerscheinungen treten, wenn auch in schwacher Ausbildung, im nördlichen und südlichen Harzvorland, nordöstlich des Deisters und des Hildesheimer Waldes sowie im oberen Leinetal auf. Sie äußern sich klimatisch in einer gering erhöhten Jahresmitteltemperatur und örtlich auch in höherer Sonnenscheindauer.

6.3. Heilklimate

See-, Höhen- und Waldklima

Klimatische Bedingungen, die sich auf das Befinden und die Genesung des menschlichen Organismus günstig auswirken, werden als Heilklimate bezeichnet. Besonders bewährte Heilklimate stellen in Niedersachsen das Seeklima, das Höhen- und das Waldklima dar.

Das *Seeklima* ist ein Reizklima. Seine Heilwirkung beruht vor allem auf der kochsalz- und jodhaltigen Seeluft, auf der großen Luftreinheit, auf der bräunenden ultraviolettreichen Strahlung und auf den frischen, massierenden, fast ständig wehenden Winden, die überdies für einen als angenehm empfundenen Temperaturausgleich sorgen. Alle Ostfriesischen Inseln, aber auch die Küstenbadeorte haben Teil an diesen klimatischen Vorzügen.

Das *Höhenklima* zeichnet sich in Niedersachsen dank seiner Kombination mit dem Waldklima als ein mehr oder weniger ausgeprägtes Schonklima aus. Es eignet sich besonders gut für die Behandlung von Nerven-, Kreislauf- und Atmungsbeschwerden.

Heilwirksam sind die auf der Filterwirkung des *Waldes* beruhende rauch- und staubarme Luft, die gleichmäßige Luftfeuchtigkeit, die Abschwächung von Strahlung und Licht, die Luftruhe, die Geräuscharmut, die Milderung der Temperaturschwankungen und schließlich auch das belebende Aroma der Waldluft. Das Höhenklima im Oberharz und im höher gelegenen Niedersächsischen Bergland (z.B. im Solling) ist das ideale Klima für Luftkurorte und Sanatorien.

6.4. Geländeklima und Kleinklima

Von großer Bedeutung für Gartenbau, Landwirtschaft und Technik

Die Formgestaltung der Erdoberfläche, die Dichte und Zusammensetzung der Pflanzendecke, die Farbe und der Wassergehalt der Böden, die Art der Landnutzung u.a.m.: Alle diese Faktoren bewirken regionale und örtliche Klimaunterschiede.

Täler, Hänge, Berge, Siedlungen und Verkehrswege, Wald-, Moor- und Ackerflächen sowie die Ufer von Seen und Flüssen, alle haben ihr eigenes Geländeklima (Hangklima, Stadtklima, Waldklima etc.). Durch die großklimatischen Messungen der amtlichen Klimastationen läßt sich dieses Klima wegen der Weiträumigkeit und Lückenhaftigkeit des Stationsnetzes in der Regel nicht erfassen.

Noch engräumiger wechselt das Kleinklima (Mikroklima), das zum Beispiel unter einem Baum anders ist als auf einem frischgepflügten Acker oder im Schatten einer Mauer.

Geländeklima und Kleinklima zu erforschen ist das Aufgabengebiet der Gelände- und Mikroklimatologie, der Agrar- und Forstmeteorologie und in wachsendem Umfang auch das Aufgabenfeld der Geoökologie (Landschaftshaushaltsforschung). Ihre Ergebnisse sind für Gartenbau, Landwirtschaft und Technik mindestens von ebenso großer Bedeutung wie die großklimatischen Erscheinungen.

Sonnenhänge als klimatische Gunststandorte

Ein bekanntes Beispiel für einen geländeklimatischen Effekt ist die wärmeklimatische Bevorzugung der Sonnenhänge. In einem Ost-West ziehenden Tal kann auf einem nach Süden geneigten Hang (Sonnhang) infolge stärkerer Einstrahlung und Temperaturerhöhung die Vegetationsentwicklung und auch die Blühphase ein bis zwei Wochen früher einsetzen als auf dem nach Norden gerichteten Hang (Schatthang). Derartige Beobachtungen sind im Frühjahr in vielen Tälern des Niedersächsischen Berglandes möglich, besonders gut am Südhang des Wesergebirges bei Todenmann, wo die stärkere Besonnung den bekannten Obstbaumkulturen zugute kommt. Im Harz reicht die Höhengrenze der Buche an Südhängen infolge der Wärmebegünstigung wesentlich höher hinauf als auf den sonnenabgewandten Schatthängen im Nordharz (vgl. Kap. 8. "Pflanzendecke").

"Frostlöcher"

Ein weiterer Effekt des Mesoklimas ist die Frostgefährdung der Talböden und unteren Talhänge ("Frostlöcher"). Nicht selten herrscht z.B. am Boden von Tälern und Mulden Frost, wenn zur selben Zeit in 2 m Höhe Temperaturen um den Gefrierpunkt oder sogar darüber gemessen werden. Wiederholt ist im Alten Land beobachtet worden, daß an Obstbäumen die unteren zwei Drittel erfroren waren, während das obere Drittel unbeschädigt blieb, oder daß die auf dem Deich stehenden Bäume vom Frost verschont wurden. Auch benachbarte Wasserflächen tragen wesentlich zur Frostmilderung bei (Elbe im Alten Land). Andererseits fördern entwässerte Moore, Kahlschläge, Brachflächen oder Wiesen die Kaltluftbildung, da die nächtliche Ausstrahlung dort weitgehend unbehindert verläuft; in Wäldern wirkt das Blätterdach als Ausstrahlungsschutz.

6.5. Stadtklima

Hochhäuser, Straßenzüge, Parkplätze, Industrie, die Luftverunreinigung durch Abgase, Ruß und Staub sowie die künstliche Wärmeproduktion schaffen ein stadteigenes Klima, das sich vom Klima des städtischen Umlandes z.T. deutlich unterscheidet. In unserem Gebiet hat man in den letzten Jahren besonders die dichtbebauten "Stadtlandschaften" von Hannover, Bremen und Osnabrück näher untersucht.

Die Städte als Wärmeinseln

Es ist heute allgemein bekannt, daß Städte Wärmeinseln sind. Sie bleiben zu allen Tages- und Jahreszeiten wärmer als die Umgebung. An windschwachen, wolkenlosen Tagen sind die Temperaturen 1° bis 3° C, ja in Extremfällen bis zu 10° C höher als im Freiland. Dies liegt vor allem daran, daß die Häuserwände durch Reflexion tagsüber die Wärmestrahlung verstärken, während sie nachts viel gespeicherte Wärme abgeben und dadurch die Nachttemperaturen hochhalten. Eine Rolle in der Anhebung der Temperaturen spielen darüber hinaus die rückstrahlende Dunsthaube der Stadt *(Glashauseffekt),* die tagsüber allerdings auch die Einstrahlung verringert, die künstliche Wärmeerzeugung durch Industrieabwärme, Hausbrand, Kraftverkehr etc. und die verringerte Verdunstungskälte. Weil das meiste Wasser durch die Kanalisation abgeführt wird, kommt die Verdunstungskühlung in den Städten kaum zum Tragen.

Besonders nachts entstehen bemerkenswerte räumliche Temperaturunterschiede. Bei abendlichen Messungen in Hannover fiel die Temperatur

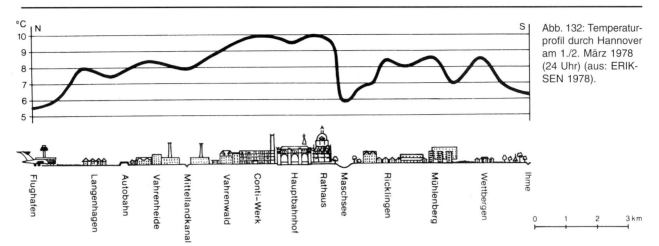

Abb. 132: Temperatur-profil durch Hannover am 1./2. März 1978 (24 Uhr) (aus: ERIKSEN 1978).

des Stadtzentrums in ausstrahlungsreichen Mai-Nächten nicht unter 6° C, während im Stadtrand-bereich nur 2° bis 4° C gemessen wurden. In den Grünzonen (Eilenriede, Maschseebereich, Herren-hausen) lag die Lufttemperatur nur geringfügig über den Werten des Freilandes. Ein vergleichba-res Temperaturprofil, das in der Nacht vom 1./2. März 1978 bei geringer Bewölkung und Windstille aufgenommen wurde, zeigt die Abb. 132. Bei die-ser Meßreihe wurden Temperaturunterschiede zwi-schen dem (wärmeren) Stadtzentrum, dem Masch-see und den Stadtrandgebieten von fast 5° C fest-gestellt.

Die ökologischen Folgen des höheren Temperatur-niveaus in der Stadt sind vielfältig. Die geringere Frosthäufigkeit und -intensität, die geringere Schneefallhäufigkeit und die Verkürzung der Schneedeckendauer sowie die Verlängerung der Vegetationsperiode wirken sich günstig auf die Wachstumsbedingungen der innerstädtischen Pflanzendecke aus, was sich zum Beispiel durch den früheren Blühbeginn vieler Arten (Roßkasta-nien, Forsythien u.a.) nachweisen läßt. Ungünsti-ge Auswirkungen hat dagegen die besonders im Sommer in den Abend- und Nachtstunden auftre-tende Überwärmung, die bei Stadtbewohnern Herz und Kreislauf belastet sowie zu Atmungs- und Schlafstörungen infolge des Wärmestaus führt.

"Düsenwirkung" und "Flurwind"

Eine bezeichnende Eigenschaft des Stadtklimas besteht ferner darin, daß die Windgeschwindigkeit in Städten durch die Bebauung zwischen 10 und 30 % kleiner ist als auf dem Land. Allerdings bewir-ken Leewirbel hoher Gebäude und die "Düsenwir-kung" dicht bebauter Straßen örtlich stärkere Win-de. In windschwachen Zeiten macht sich durch die Überhitzung über dem Stadtkern ein stadteinwärts gerichteter "Flurwind" bemerkbar, der aber nur schwache Wirkungen zeigt. Insgesamt führt der

geringere Luftaustausch bei gleichzeitig höherer Wärme im Sommer zu der für Städte typischen Schwüle, zu schlafraubender Hitze und natürlich auch zu erhöhten Luftverunreinigungen durch Ab-gase und Staub. Gewitter sind bei diesen schwü-len Wetterlagen recht häufig.

6.6. Vegetation und Witterung im Jahresablauf

Aus dem Zusammenspiel der behandelten Klima-elemente ergibt sich über einen Zeitraum von meh-reren Tagen bis Wochen die Witterung oder Wet-terlage. Ihr idealer Jahresablauf soll im folgenden behandelt werden, wobei jedoch ausdrücklich be-tont werden muß, daß die aufgeführten Witterungs-folgen und Zeiten keineswegs für alle Jahre Gültig-keit haben. Dennoch ergeben sich immer wieder zu bestimmten Terminen im Jahr bestimmte wieder-kehrende Muster von Wetterlagen, die sich auch statistisch belegen lassen. Man bezeichnet diese Erscheinungen als *Singularitäten*.

Neben der zu erwartenden Witterung in den einzel-nen Jahreszeiten werden die Daten der Ausfüh-rung witterungsgebundener landwirtschaftlicher Ar-beiten und sog. phänologische Werte aufgeführt. Das sind die mittleren Daten der Blüte, Fruchtrei-fe, Ernte und anderer Entwicklungsstadien verbrei-tet zu findender Pflanzen. Sie sind nicht nur von ei-nem oder mehreren, sondern von einem ganzen Komplex meteorologischer Faktoren abhängig und erfassen deshalb den Witterungsrhythmus im Jahreslauf besser als die einzeln gemessenen Kli-maelemente. Mit ihnen läßt sich der sog. Phänolo-gische Kalender aufstellen (vgl. Abb. 133).

6.6.1. Der Phänologische Kalender

Der Phänologische Kalender kennt zehn Jahres-zeiten

Im Gegensatz zu den vier astronomischen Jahres-zeiten Frühling, Sommer, Herbst und Winter, die streng berechenbar auf Tag, Stunde und Minute nach dem Sonnenstand bestimmt werden können, besteht der Phänologische Kalender aus zehn von den Erscheinungsformen der Pflanzen abzuleitenden Jahreszeiten: Der *Vorfrühling* beginnt mit der Blüte der Schneeglöckchen. Der *Erstfrühling* setzt ein, wenn die Salweide ihre gelben Staubbeutel zeigt. Der *Vollfrühling* ist mit der Apfelblüte eingezogen. Der Beginn des *Frühsommers* fällt mit der Blüte des schwarzen Holunders zusammen. Der *Hochsommer* wird durch den Duft der blühenden Winterlinde angekündigt. Mit der Winterroggenernte setzt der *Spätsommer* ein. Die blaß-lila Kelche der Herbstzeitlose zeigen den Beginn des *Frühherbstes* an. Die Kastanienreife vermeldet den *Vollherbst*. Der *Spätherbst* beginnt mit der Laubverfärbung der Rotbuche. Und schließlich leitet das Ende der Vegetationszeit zur *Winterruhe* über.

Klima- und Witterungsschwankungen beeinflussen die Vegetationsentwicklung

Anders als die astronomisch bestimmten Jahreszeiten, deren Termine überall auf der Welt unverrückbar festliegen, unterliegen die phänologischen Jahreszeiten Klima- und Witterungsschwankungen: Von Jahr zu Jahr kann sich der Frühling bis zu einem Monat verspäten oder auch verfrühen. Dagegen sind die späteren Jahreszeiten in ihrem Eintreffen pünktlicher. Der Spätherbst kommt beispielsweise fast immer auf eine Woche genau. Verspätungen oder Vorsprünge aus dem Frühjahr werden folglich im Laufe des Jahres durch die Natur wieder ausgeglichen.

Der Beginn der Apfelblüte läßt sich bemerkenswert zuverlässig vorhersagen: Man muß für jeden Tag ab Neujahr die Zahl der Stunden ausrechnen, an denen die Temperatur höher als 6° C war. Addiert man die gefundenen Werte und nähert sich die Summe der Zahl 3000, so ist mit hoher Wahrscheinlichkeit damit zu rechnen, daß die Apfelblüten aufbrechen.

Selbstverständlich setzen die phänologischen Jahreszeiten nicht überall zur gleichen Zeit ein. Auch sind sie nicht überall gleich lang. So wandert der *Beginn der Apfelblüte,* der den Vollfrühling ankündigt, auf seinem langen Weg von Spanien nach Skandinavien mit einer Tagesstrecke von etwa 30 Kilometern durch unser Bundesland: Die Apfelblüte beginnt in Sevilla bereits im März, im Südtiroler Etschtal Mitte April, im Oberrheintal Ende April, in Hannover durchschnittlich am 8. Mai, in Bremen und Hamburg am 11. Mai, in Flensburg nach dem 20. Mai und erst um den 30. Mai im schwedischen Stockholm. Auch für das Erklimmen von Bergen braucht der Frühling seine Zeit: Um im Bergland

100 m höher zu klettern, benötigt er drei bis vier Tage. Die Apfelblüte setzt folglich in Clausthal-Zellerfeld (560 m ü. NN) gut 2 Wochen später ein als im Harzvorland bei Osterode oder Goslar.

Während der Frühling mit ziemlich konstanter Geschwindigkeit nach Norden voranschreitet und Berge erklimmt, ist seine Dauer keineswegs überall gleich. Im Küstengebiet dauert er etwa doppelt so lang wie im niedersächsischen Binnenland. Die temperaturausgleichende Wirkung des Meerwassers verhindert nämlich, daß sich die Küste sehr rasch erwärmt, wogegen die Erwärmung des Binnenlandes viel schneller vor sich geht und entsprechend rasch zum Frühsommer überleitet.

6.6.2. Der Jahresablauf der Witterung

Der ideale Witterungskalender von Januar bis Dezember

Januar

Nach Neujahr wechselt die Witterung meist zwischen Westwetterlagen mit veränderlichem, feuchtem, nicht sehr kaltem, aber recht ungesundem Wetter einerseits und winterlichem Strahlungswetter andererseits mit Frost und Ostwind bei klarem Himmel. Jetzt, in den ersten Januartagen, entscheidet sich häufig der weitere Charakter des Winters. Auf mildes, feuchtes Westwetter zu dieser Zeit folgen mit großer Wahrscheinlichkeit auch ein milder

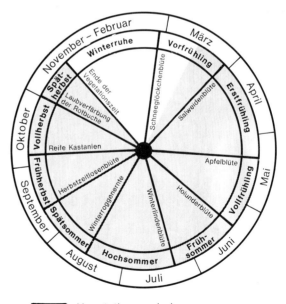

Abb. 133: Phänologische Jahreszeiten der Klimastation Bremen (aus: Landwirtschaft im Unterricht, IMA-Kalender '89/90).

Januar und Februar. Friert es dagegen um die Zeit des *Heilige-Drei-Könige-Tages* (6. Januar), so soll es vierzig Nächte frieren, wie eine alte Bauernregel besagt. Auch nach anfangs mildem Wetter zum Jahresbeginn stellt sich zwischen dem 20. und 24. Januar oft eine Hochdruckwetterlage ein, der sog. *Hochwinter,* der Ende Januar/Anfang Februar häufig wieder von Westwetterlagen abgelöst wird.

Februar

In der ersten Februarhälfte folgt meist der *Spätwinter.* Um diese Zeit bildet sich häufig im Anschluß an einen Polarlufteinbruch und in Verbindung mit dem osteuropäischen Kältehoch ein ausgeprägtes Frostgebiet über Mitteleuropa aus. Durch nächtliche Ausstrahlung, vor allem bei einer schon länger vorhandenen Schneedecke, treten starke Fröste auf. In dieser Zeit wurden die bisherigen Kälterekorde gemessen. Die Westwetterlagen gehen stark zurück. Die Niederschläge fallen zumeist als Schnee, sind aber nicht sehr ergiebig, so daß der Februar meist nach dem März der niederschlagsärmste Monat des Jahres ist.

Nach einem strengen *Nachwinter* verspäten sich Frühjahrsbestellung und Vegetationsbeginn, weil sich dann der Boden nur zögernd erwärmt. Wenn Ende Februar milde Witterung eintritt, blühen in den tieferen Lagen schon Hasel und Schneeglöckchen. Anfang März kommen Huflattich, Kornelkirsche und Schwarzerle hinzu, der Vorfrühling hat begonnen.

März

Im ersten Märzviertel, z.T. schon Ende Februar, schlägt das Wetter häufig um. In der ersten Märzwoche tritt oft noch eine mit Schneefall verbundene Kälteperiode auf. Als Folge dieses Märzwinters kann sich die ganze Frühjahrsentwicklung auf den Feldern hinausschieben. Oft sorgen dann Mitte März *anhaltende Hochdruckwetterlagen,* die mit trockenkalten Winden aus dem Osten verbunden sind, dafür, daß der März im langjährigen Mittel auch der trockenste Monat ist.

Warmluft aus dem Südwesten bringt höhere Temperaturen und Niederschläge. Um diese Zeit kommen deshalb viele unserer Zugvögel aus wärmeren südlichen Gefilden zurück. In den Wäldern blühen die Buschwindröschen. Die inzwischen schon etwas wärmer scheinende Sonne hat zur Zeit des *Erstfrühlings,* Ende März/Anfang April, die überschüssige Winterfeuchtigkeit des Ackerbodens nach und nach so weit zum Verdunsten gebracht, daß der Landwirt mit den Feldarbeiten beginnen kann. Tagsüber ist es schon angenehm warm, während es nachts oft noch friert. Der Hafer wird jetzt

ausgesät. Der Aussaattermin kann sich bis Mitte April verschieben, wenn strenge Nachwinter gewesen sind. Nur wenn der März warm und trocken ist, können Höchsterträge beim Getreide erwartet werden. Der März hat nach dem Volksmund "9 Sommertage" zu liefern.

April

Im April ist das Wetter meist ausgesprochen veränderlich. Es herrscht das sprichwörtlich gewordene *"Aprilwetter"* mit Wechsel von Hochdrucklagen und Kälterückfällen, die durchweg mit heftigen Schauern verbunden sind, z.T. mit Graupeln und Schnee vermischt, bei stark wechselnder Bewölkung und meist guter Sicht. "Der April macht, was er will". Der Regen wirkt sich günstig auf die Saaten aus. Die zeitweilige Kälte während dieser Zeit schadet nicht. Der Landwirt möchte es noch nicht zu warm haben: "Quakt de Poggen Anfang April, sünd se Maidag wedder still". Der Storch ist aus Afrika zurückgekehrt. Die Feldarbeit geht weiter, Sommerweizen und -gerste werden in den Boden gebracht. In den Gärten entfalten Stachel- und Johannisbeeren und Ende des Monats die Süßkirschen ihre Blatt- und Blütenknospen. In der zweiten Aprilhälfte pflegt es oft schon recht warm zu werden. Überhaupt sind Schönwetterperioden für den April keine Seltenheit. Doch bisweilen kommt es auch zu stärkeren Kälterückfällen, die Temperaturen unter -5° C bringen können.

Bei warmem Wetter werden Kartoffeln und Erbsen gepflanzt, die beide zum Keimen eine hohe Bodentemperatur von 7° bis 9° C benötigen. Gegen Ende April werden auch die Samen der Futter- und Zuckerrüben in den Boden gebracht. Birke und Kastanie brechen auf, und auf dem Grünland zeigen sich die ersten Blüten der Sumpfdotterblumen und des Wiesenschaumkrautes, die im Mai zusammen mit der Kuckuckslichtnelke das Bild unserer Wiesen bestimmen.

Mai

Anfang bis Mitte Mai beginnt mit der Apfelblüte und dem Eintreffen des Kuckucks der *Vollfrühling.* Am frühesten setzt die Apfelblüte durchschnittlich um den 5. Mai an den sonnenreichen Südhängen des Wesertals ein (zwischen Minden und Rinteln), am spätesten beginnt sie an der Küste sowie in den höheren Lagen der Geest und des Berglandes (um den 15. Mai). Im Obstbaugebiet des Alten Landes liegt ihr Beginn durchschnittlich in der zweiten Maiwoche.

Auch Flieder und Kastanien öffnen im Mai ihre Blüten. Das Wintergetreide beginnt mit dem Längenwachstum und schiebt schließlich die Ähren; der Besenginster (Bram) an den Sandwegen der

Geest "leuchtet wie Gold", und die Kiefer verteilt ihren Blütenstaub.

Oft erfolgt in der ersten Maihälfte, zur Zeit der *"Eisheiligen"* (11.-14. Mai), zumeist aber etwas früher, ein Kaltlufteinbruch. Nach der vorhergegangenen Erwärmung des Festlandes stellen sich nördliche bis nordwestliche Winde ein, die häufig Regen-, Schnee- und Graupelböen bringen und die Luft stark abkühlen. Wenn dann gegen Abend der Himmel aufklart, wie es für diese Art Witterung typisch ist, wird es nachts so kalt, daß Frost und Reif einsetzen können. Sie gefährden empfindliche Gartenfrüchte (Tomaten, Kartoffeln, Bohnen) sowie die jungen Saaten. Häufig hält sich der Temperatursturz allerdings auch nicht an den Termin der "Eisheiligen"; ja, 1917 fiel sogar der heißeste Tag des Jahres ausgerechnet in diese Zeit; aber an dem Auftreten des Kälterückfalls ist nicht zu zweifeln. Der Saat- und Pflanztermin frostgefährdeter Gewächse richtet sich weitgehend nach ihm. Bohnen und Gurken werden deshalb nicht vor dem 10. Mai gelegt. Auch die Kühe werden meist erst danach auf die Weide getrieben. Allerdings schwankt der Weideauftrieb von Jahr zu Jahr stark: Im Tiefland liegt er zwischen dem 10. April und dem 15. Mai.

Mit *Spätfrühling* bezeichnet man eine zweite Schönwetterperiode, die etwa von Ende Mai bis Anfang Juni zu erwarten ist und hochsommerliche Temperaturen bringen kann. In dieser Zeit beginnt stellenweise schon die Heuernte. Für sie bestehen im allgemeinen Ende Mai günstigere Witterungsbedingungen als in den üblichen Heumonaten Juni und Juli, wenn häufige Gewitterschauer das gemähte Gras vernässen.

Juni

Die starke Erwärmung im Spätfrühling gibt Anfang Juni vielfach Anlaß zu einer Umgestaltung der Großwetterlage, indem das erwärmte Festland vom Meer her kühle Luftmassen ansaugt, die mit kräftigen Gewittern den sog. *"Europäischen Sommermonsun"* einleiten. Er wirkt sich neben teilweise erheblicher Abkühlung besonders durch eine lebhafte Schauertätigkeit wie beim "Aprilwetter" aus und verursacht Anfang oder Mitte Juni die *"Schafskälte"*, so genannt, weil in dieser Zeit die erst kurz vorher geschorenen Schafe besonders frieren. Die Schafskälte bedeutete in den Moorgebieten Frostgefahr für den in früherer Zeit viel angebauten Buchweizen.

Danach wechseln im Juni häufig feuchtigkeitsbringende Westwetterlagen mit trockenem Hochdruckwetter. Der *Frühsommer* ist ins Land gekommen. Auf den Höfen blühen und duften Holunder und Linde, über die Roggenfelder treibt der Wind den

Blütenstaub, und die ersten Johannisbeeren sind reif geworden.

Ende Juni entscheidet sich oft, ob sich durch den Einbruch einer weiteren regenbringenden "Monsunwelle" die kühle Witterung durchsetzt oder ob unter der Herrschaft einer mitteleuropäischen Hochdruckzelle des weit nach Norden ausgedehnten Azorenhochs warmes, sonniges Wetter anhält. Diese Beobachtung steckt als wahrer Kern in der sog. *Siebenschläferregel,* die besagt, daß es in den folgenden 7 Wochen regnen soll, wenn am Siebenschläfertag (27. Juni) Niederschläge fallen. Ähnlich heißt es vom Johannistag (24. Juni): "Gifft dat to Johanni Regen, hett de natte Ärnt keenen Segen". Ist dagegen das Juniende trocken, so ist auch mit einem trockenen Sommer zu rechnen. An der Küste beginnt zu dieser Zeit die Badesaison.

Juli

Dieser Monat ist der wärmste des Jahres, obwohl die Sonne bereits ihren höchsten Stand überschritten hat. Die Temperaturgegensätze zwischen Land und Meer sind nicht mehr so stark wie im Frühsommer und die "Monsunwellen" schwächer und von kürzerer Dauer.

Auch bei monsunaler Wetterlage liegen mit gewisser Regelmäßigkeit zwischen den einzelnen regenreichen Abschnitten kürzere oder längere Schönwetterperioden, so einigermaßen häufig um den 25. Juni (Frühsommer), Mitte Juli *(Hochsommer)* und um den 10. August *(Hundstage)*. Im allgemeinen überwiegt in dieser Zeit eine wechselhafte Witterung, die für die Landwirtschaft Vor- und Nachteile bringt. Der Regen wirkt sich günstig auf das Wachstum der Hackfrüchte und des Grases aus. Für die *Getreideernte,* die etwa Mitte des Monats beginnt (Wintergerste), ist dagegen ein beständiges trockenes Wetter erwünscht. Der Mähdrescher ist bei Regen und Tau nicht einsatzbereit, und bei anhaltenden Niederschlägen ist ein Auswachsen des Getreides zu befürchten. In den Gärten sind Himbeere und Stachelbeere reif geworden, in den Wäldern die Bickbeere (Heidelbeere).

August

Im Durchschnitt der Jahre bringt der August nicht das erwünschte dauerhafte sonnige und trockene Erntewetter, sondern eine wechselhafte Witterung, bei der die Sonnentage häufig von Gewitterschauern oder Dauerregen unterbrochen werden, die den August neben dem Juli zum niederschlagsreichsten Monat machen. Die Westwetterlagen haben jetzt ihren größten Einfluß.

Etwa Mitte August beginnt die Winterroggenernte, gefolgt von der Hafer- und der Weizenernte. Ziemlich regelmäßig stellt sich zwischen Mitte und Ende August eine Hochdruckwetterlage ein, die als *Spätsommer* oder *"Hundstage"* bezeichnet wird und sich nicht selten bis in den September hinein erstreckt. Diese Zeit wird vielerorts zum zweiten Grasschnitt genutzt. Die ersten Frühkartoffeln werden gerodet. In den Mooren und in den Sandgebieten der Geest blüht das Heidekraut. Der 24. August *(Bartholomäustag)* gilt als Abreisetermin für unsere Störche.

September

Der Spätsommer wird in der Regel etwa um den 8. September (Mariä Geburt) durch eine einschneidende zyklonale Wetterlage, die zumeist einen empfindlichen Temperatursturz bringt, beendet. Die Schwalben verlassen ihre Sommerquartiere. Häufig tritt in der zweiten Septemberhälfte, zur Zeit der Spätkartoffel- und Zwetschenernte, der *Frühherbst* ein, der als eine der beständigsten Wetterlagen des ganzen Jahres unter dem Namen *"Altweibersommer"* bekannt ist. Es herrscht dann ein warmes, sonniges, wenn auch etwas dunstiges Wetter mit Frühnebelbildung vor, das oft weit in den Oktober hinein anhält. In klaren Nächten kann es schon recht kühl werden. Kastanien, Eicheln und Bucheckern fallen von den Bäumen, und Ende des Monats wird die Wintergerste gesät.

Oktober

Die *frühherbstliche Schönwetterperiode* wird in der ersten Oktoberhälfte zur Aussaat des Winterroggens und -weizens genutzt. Die Zeit von der Ernte bis zur Aussaat (etwa 75 Tage) rechnet man als Zeit des Zwischenfruchtanbaues. Danach wird normalerweise das $10°$-Tagesmittel der Lufttemperatur unterschritten, so daß ohnehin kein wesentlicher Zuwachs mehr erfolgt. Das Ende des Wachstums wird mit den ersten Frösten erreicht, die im Tiefland durchschnittlich Ende Oktober zu erwarten sind, in höheren Lagen bis zu 4 Wochen früher. Mitte des Monats dringen oft noch warme Luft-

massen mit Temperaturen von $20°$ C in unser Gebiet vor und schaffen eine Hochdruckwetterlage, den sog. *Vollherbst,* mit z.T. recht diesigem Wetter. Die *Laubverfärbung* beginnt; zunächst bei der Kastanie und Linde. Es folgen Buche, Ahorn, Birke, Eiche und Esche. Westwetterlagen mit Regen und stürmischen Winden leiten zum Winter über. Damit wird auch der Weidegang des Viehs größtenteils beendet, weil die Nachttemperaturen zeitweilig unter den Gefrierpunkt sinken, allerdings noch nicht in Küstennähe, wo das warme Meerwasser frühe Fröste verhindert.

November

In den ersten Novembertagen kommt es häufig noch zu einer kurzfristigen herbstlichen Schönwetterlage *(Spätherbst),* in der die Futterrüben geerntet werden und der Winterroggen aufläuft. Dann setzt eine Schlechtwetterperiode ein, und die Feldarbeiten werden größtenteils beendet. Mitte November herrscht noch einmal charakteristisches *Hochdruckwetter.* Windstille und Nebel, der bis mehrere hundert Meter Dicke erreichen kann, sind seine Kennzeichen. Nachtfröste sind schon häufig, und auch an einzelnen Tagen bleibt die Temperatur unter $0°$ C. Dann folgen wieder Westwetterlagen mit Regen und einzelnen Schneeschauern oder seltener kältebringendes Ostwetter.

Dezember

Der winterliche Witterungswechsel setzt sich fort. Die Westwetterlagen erreichen in diesem Monat ihr zweites Maximum im Jahresverlauf (Maximum im August). Ab Mitte des Monats bildet sich fast alljährlich eine Hochdruckwetterlage aus *(Frühwinter),* die kalte Tage und die Hoffnung auf "weiße Weihnachten" bringt. Es stellt sich jedoch meist das sog. *"Weihnachts-Tauwetter"* ein, das oft die Weihnachtszeit verregnen läßt. Eine Kälteperiode mit Schnee und Frost beginnt häufig erst in der Zeit zwischen Weihnachten und Neujahr.

7. Gewässer und Wasserwirtschaft

7.1. Grundlagen des Wasserhaushaltes

7.1.1. Die Bedeutung des Wassers

Träger allen Lebens

Wasser ist an nahezu allen biochemischen und biophysikalischen Prozeßabläufen in Organismen beteiligt. Am Aufbau von Mensch, Tier und Pflanze hat Wasser einen Anteil von 60 % - 90 %.

Die Existenz menschlicher Gemeinschaften ist an das Vorhandensein von Wasser gebunden. Jede Siedlungtätigkeit und jede wirtschaftliche Entwicklung des Menschen war und ist davon abhängig, ob Wasser in ausreichender Menge und Qualität verfügbar ist. Deshalb sind an und in den Flußtälern auch die ältesten Siedlungen zu finden. Ganze Wirtschaftszweige leben vom Wasser, wie die Schiffahrt, die Fischerei und die Wasserkraftgewinnung, die in der Zeit der vielen Wassermühlen eine wesentlich größere Rolle spielte.

In der Landwirtschaft: Bewässerung und Entwässerung

Für die Landwirtschaft kann die Bedeutung des Wassers kaum hoch genug eingeschätzt werden. Wasser wird von den landwirtschaftlichen Nutzpflanzen in großen Mengen benötigt. Wassermangelgebiete sind auch landwirtschaftliche Problemgebiete, die nur in beschränktem Maße durch Bewässerung aufgewertet werden können. In umgekehrter Weise haben die niedriggelegenen Gebiete, wie z.B. die Marschen, Moore und Niederungen, mit Wasserüberschuß zu kämpfen. Um optimale Bedingungen für das Pflanzenwachstum zu schaffen, müssen sie einerseits vor Überflutungen geschützt (Deiche, Talsperren) und andererseits mittels eines dichten Grabennetzes teilweise im Anschluß an Deichsiele und Schöpfwerke entwässert werden. Das ist mit erheblichen Kosten verbunden. Man spricht deshalb häufig von der Belastung durch eine Wasserhypothek.

Auch unverzichtbar in der modernen Industriegesellschaft

Auch in modernen Industriegesellschaften besteht eine unveränderte Abhängigkeit vom Wasser. Sie hat sogar zugenommen, da Wirtschaftswachstum und stetig steigender Lebensstandard ohne die ausreichende Verfügbarkeit qualitativ hochwertigen Wassers undenkbar sind. Die Nutzungen der ober- und unterirdischen Wasservorkommen beschränken sich jedoch nicht auf einen *Verbrauch des Wassers* als Trink- und Tränkwasser, sondern

sie bestehen in weitaus höheren Anteilen in einem *Gebrauch des Wassers* in den Haushalten, vor allem aber in der Industrie, für die Kühlwasserentnahme, Schiffahrt, Wasserkraftgewinnung, zur Einleitung von Abwässern sowie für die Erholung und Freizeitgestaltung.

Einige Gewässernutzungen, insbesondere die mit dem Gebrauch des Wassers verbundene Rückleitung mehr oder weniger geklärter Abwässer in offene Gewässer, führen zu einer Minderung der *Wasserqualität.* Bestimmte andere Nutzungen der Gewässer, wie beispielsweise die Trinkwassergewinnung, sind deshalb trotz des großen Selbstreinigungsvermögens der Fließgewässer bereits stark eingeschränkt und z.T. überhaupt nicht mehr möglich (vgl. Kap. 10. "Ökologie und Umweltschutz").

Geordnete Verhältnisse durch die Wasserwirtschaft

Damit das Wasser den zahlreichen Nutzungsansprüchen gerecht werden kann, ist eine geordnete Wasserwirtschaft erforderlich, wobei man als Aufgabenfeld der Wasserwirtschaft "die zielbewußte Ordnung aller menschlichen Einwirkungen auf das ober- und unterirdische Wasser" (DIN 4049.1.13) versteht. Sie trägt dafür Sorge, daß Wasser in ausreichender Menge und in geeigneter Qualität am richtigen Ort in allen Teilen Niedersachsens zur Verfügung steht. Das erfordert häufig langfristige wasserwirtschaftliche Planungen und weitgespannte Rohrleitungsnetze, um einen überregionalen Ausgleich zwischen Wassermangel- und Wasserüberschußgebieten sowie zwischen Bereichen qualitativ hochwertigen und geringwertigen Wassers herstellen zu können. Die ca. 200 km lange Leitung der Harzwasserwerke nach Bremen ist dafür ein gutes Beispiel.

In den wasserwirtschaftlichen Rahmenplänen, die nach langjährigen gewässerkundlichen Beobachtungen aufgestellt werden, geht es nicht nur um die Versorgung mit Trink- und Brauchwasser, sondern auch um die Reinhaltung und Renaturierung der Gewässer sowie um die Abflußregelung durch Rückhaltebecken und Talsperren und um die Deckung des Wasserbedarfs für die Landwirtschaft.

7.1.2. Wasserkreislauf und Wasserbilanz

Zwei Drittel der gefallenen Niederschläge verdunsten wieder

Niederschlag, Verdunstung und Abfluß sind die bestimmenden Größen des Wasserhaushaltes. In Abb. 134 sind deren Jahresmittelwerte für Gesamtniedersachsen angegeben. Als *Niederschlag* fallen im langjährigen Durchschnitt 35 Mrd. m³ Wasser auf die niedersächsische Landesfläche oder,

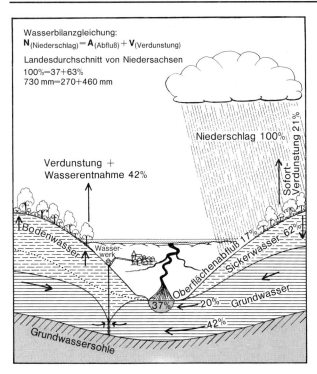

Wasserbilanzgleichung:
$N_{(Niederschlag)} = A_{(Abfluß)} + V_{(Verdunstung)}$
Landesdurchschnitt von Niedersachsen
100%=37+63%
730 mm=270+460 mm

Niederschlag 100%

Sofort-Verdunstung 21%

Verdunstung +
Wasserentnahme 42%

Bodenwasser

Wasser-werk

Oberflächenabfluß 17%

Sickerwasser 62%

37%

20% Grundwasser

42%

Grundwassersohle

Abb. 134: Schema des Wasserkreislaufs und der Jahreswasser-bilanz im Landesmittel (n. BRÜNING 1956, verändert).

anders ausgedrückt: 730 mm Niederschlag bzw. 730 l Wasser je m² und Jahr. Rund zwei Drittel (22 Mrd. m³ = 63 %) verdunsten wieder, während nur etwa ein Drittel der gefallenen Niederschläge (13 Mrd. m³ = 37 %) sich in oberirdischen und unterirdischen Abflüssen sammelt und in das Meer gelangt, wo das Wasser erneut verdunstet und mit den Wolken in Form von Regen, Schnee und Tau wieder auf das Festland kommt. Damit ist der Wasserkreislauf geschlossen.

Die *Flüsse,* die diese Wassermengen abführen, erfüllen vielfältige Aufgaben, beispielsweise die Ableitung der Hochwasserwellen sowie des Überschußwassers von landwirtschaftlich genutzten Flächen. Sie dienen als Wasserstraßen für die Schiffahrt und sind unverzichtbar als Verdünnungs-, Regenerations- und Transportmittel für eingeleitete Stoffe. Die *Sofortverdunstung* beträgt rund ein Fünftel der gefallenen Niederschläge (21 %), die von dem Kronendach der Bäume oder von der Bodenvegetation zurückgehalten werden (Interception) und nicht auf den Boden gelangen. Etwa 17 % der Niederschläge fließen an der Erdoberfläche zu den Flüssen hin ab, während 62 % als Sickerwasser vom Boden aufgenommen werden (Infiltration). Die überschüssige Bodenfeuchte sickert zum Grundwasser durch, das damit aufgefüllt wird, so daß 20 % der gefallenen Niederschläge über das Grundwasser bzw. über das Sickerwasser (Interflow) die Flüsse unterirdisch speisen können.

Wie aus Abbildung 134 ersichtlich, stehen rund 42 % der gefallenen Niederschläge über das Grund- und Bodenwasser der natürlichen Vegetation bzw. den Kulturpflanzen auch in niederschlagsfreien Zeiten zur Verfügung, die es größtenteils durch Verdunstung wieder an die Atmosphäre abgeben bzw. für den Aufbau der Pflanzenmasse benötigen. Die Flüsse werden ebenfalls während der niederschlagsfreien Zeit aus dem Grundwasser gespeist. Auch die Wasserwerke zehren von den *Grundwasservorräten.* Doch es werden derzeit nur rd. 9 % der jährlich gefallenen Niederschläge bzw. rd. 16 % des Abflusses für die Wasserversorgung der Bevölkerung, der Industrie und Landwirtschaft in Anspruch genommen. Zur Verfügung stehen dafür mehr als die doppelten Mengen. Allerdings ist dabei zu beachten, daß auch hier nur Gesamtwerte für Niedersachsen angegeben sind. In den industrialisierten und dichtbevölkerten Gebieten liegen die Werte der Wasserentnahmen selbstverständlich wesentlich höher als im Landesdurchschnitt, so daß dort echte Wasserversorgungsprobleme auftreten können.

Im Harz ist das Wasserdargebot zwanzigfach höher als im Helmstedter Raum

Die in Abbildung 134 wiedergegebenen Zahlen der Jahreswasserbilanz für Niedersachsen können nur grobe Mittelwerte sein, die sich aus regional sehr unterschiedlichen Zahlen zusammensetzen. Von Gebiet zu Gebiet treten große Abweichungen auf, die besonders abhängig von den Jahresniederschlägen sind (vgl. Abb. 124). Die geringsten Niederschlagswerte werden im nördlichen

Tab. 28: Jahreswasserbilanz im Landesmittel sowie in niederschlagsreichen und niederschlagsarmen Gebieten.

Wasserbilanz-gleichung:	Niederschlag	=	Verdunstung	+	Abfluß
	N	=	V	+	A
Niedersachsen im Mittel	730 mm	=	460 mm	+	270 mm
in Prozent	100 %		63 %		37 %
dagegen:					
Nördliches Harz-vorland (Schöppen-stedter Börde)	550 mm	=	500 mm	+	50 mm
	100 %		91 %		9 %
Harzhochfläche	1350 mm	=	450 mm	+	900 mm
	100 %		33 %		67 %
Kammlagen des Harzes	≥ 1500 mm	=	500 mm	+	1000 mm
	100 %		33 %		67 %

Quellen: Niedersächs. Minist. f. Ernährung, Landwirtschaft u. Forsten 1985; KELLER 1978

Harzvorland in der Schöppenstedter Börde mit 550 mm erreicht, die höchsten am nur 40 km entfernten Brocken (>1400 mm) und auf der Harzhochfläche (1300 mm) (vgl. a. Abb. 125).

Entsprechend unterschiedlich ist das *Wasserdargebot*. Während im Schöppenstedter Gebiet nur 50 mm, das sind 50 l Wasser je Quadratmeter, im Jahr für den Abfluß zur Verfügung stehen, sind es auf der Harzhochfläche etwa 900 l, in den Kammlagen sogar 1000 l, also die achtzehn bis zwanzigfache Menge. Daran wird deutlich, ein wie wichtiges Wasserüberschußgebiet der Harz und wie lohnend dort der Talsperrenbau ist, während im Regenschatten des Harzes großer Wassermangel herrscht und die dort entspringenden Gewässer im Sommer und Frühherbst nahezu austrocknen (vgl. Abb.125: "Der Harz als Regenfänger").

Die Vorgänge des Wasserkreislaufes sind naturgemäß wesentlich komplexer, als sie hier dargestellt werden können. Das gilt z.B. für die Sickerwasserrate, aus der die Pflanzenverdunstung größtenteils erfolgt, und nicht aus dem Grundwasser. Die Vorgänge des Wasserkreislaufs unterliegen, geologisch und (klein-) klimatisch bedingt, einem kleinräumigen Wandel und schließen auch Mensch, Tier und Pflanze mit in ihr Wirkungsgefüge ein. Da die kleinräumigen und häufig wechselnden Verhältnisse jedoch meßtechnisch nur schwer zu erfassen sind und auch recht unterschiedliche Werte in der Literatur genannt werden, mag dieser kurze Hinweis genügen.

7.1.3. Niederschlag und Abfluß

Viele Faktoren bestimmen den Abfluß

Die Wasserführung der Flüsse ist nicht nur bedingt durch die unterschiedliche Höhe der Jahresniederschläge in den einzelnen Landesteilen, sondern entscheidender für die schwankende Wasserführung sind die wechselnde Intensität der Niederschläge, die Aufnahmefähigkeit des Bodens und die Reliefverhältnisse.

Hochwasser und Bodenerosion

Wenn die Niederschlagsintensität größer ist als das Aufnahmevermögen des Bodens *(Infiltrationsrate),* wie das bei Starkregen und bei Dauerregen der Fall ist, erfolgt ein mehr oder weniger starker Oberflächenabfluß, wodurch Hochwasser entstehen können. Dabei kann der Oberflächenabfluß auf vegetationsfreien Ackerflächen derart ansteigen, daß Teile des Oberbodens mit fortgespült werden. Geschieht das in Form eines flächenhaften Abtrags, so spricht man von Schichtfluten oder *Denudation* (engl. "sheet erosion"). Werden dagegen

Rinnen ausgespült, nennt man das *Erosion* (engl. "channel erosion") (vgl. dazu Abschnitt "Bodenerosion", Kap. 10. "Ökologie und Umweltschutz").

Das Verhältnis von Sommer- zu Winterabfluß kann 1 : 2 betragen

Auch die Temperatur und die dadurch bedingte Vegetationsperiode nehmen einen entscheidenden Einfluß auf Verdunstung und Oberflächenabfluß. Die Flüsse haben nicht im Sommer, wenn die größten Niederschlagsmengen zu verzeichnen sind, ihre stärkste Wasserführung, sondern im Winter. Das Verhältnis von Sommer- zu Winterabfluß kann bei manchen niedersächsischen Flüssen grob gerechnet sogar etwa 1 : 2 betragen (vgl. Tab. 29). Die Ursache des hohen Winterabflusses ist weniger in den niedrigeren Lufttemperaturen als vielmehr in der Vegetationsruhe mit der geringen Verdunstung der Pflanzen zu suchen.

Wie stark die Verdunstung der Laubbäume ist, mag ein Beispiel zeigen. Ein Hektar *Buchenwald* entzieht dem Boden durchschnittlich an jedem Tag 20 000 l Wasser. Das entspricht im Jahr der Verdunstung eines Niederschlags von 360 mm Wassersäule. Deshalb kann man durch eine Anpflanzung von "pumpenden Holzarten" (z.B. Pappeln, Erlen, Weiden, Birken, Eschen) vernäßte Flächen trockenlegen.

Tab. 29: Mittlere Abflüsse und Niederschlagshöhen im Sommer- und Winterhalbjahr an Weser, Ems und Elbe.

Pegel	Weser Dörverden [1]	Ems Versen [2]	Elbe Neu- Darchau [3]
Stromkilometer	308	243	536
Sommerhalbjahr			
Mittlerer Abfluß in m³/sec	**154** [7]	**45** [8]	**587** [9]
in Prozent des Jahresabflusses	37 %	29 %	40 %
Niederschlag in mm [4]	**404** [5]	**406** [6]	–
in Prozent des Jahresniederschlages	52 %	53 %	–
Winterhalbjahr			
Mittlerer Abfluß in m³/sec	**260** [7]	**112** [8]	**865** [9]
in Prozent des Jahresabflusses	63 %	71 %	60 %
Niederschlag in mm [4]	**366** [5]	**358** [6]	–
in Prozent des Jahresniederschlages	48 %	47 %	–

[1] 8 km südlich Verden [2] 4 km nordwestlich Meppen [3] 30 km östlich Lüneburg
[4] mittlere Niederschlagshöhe der Einzugsgebiete oberhalb der Pegel
Jahresreihen: [5] 1961 – 1986; [6] 1941 – 1986; [7] 1954 – 1986; [8] 1941 – 1986; [9] 1926 – 1983

Quellen: Deutsches Gewässerkundliches Jahrbuch, Weser- und Emsgebiet, Abflußjahr 1986; Unteres Elbegebiet, Abflußjahr 1983

7.2. Grundwasserverhältnisse

Insgesamt gesehen ist Grundwasser in Niedersachsen in ausreichender Menge und Qualität vorhanden. Nur rd. ein Drittel der nutzbaren Grundwasservorräte werden genutzt. Ein ständiger Grundwasserstrom fließt von den höher gelegenen Gebieten in die Täler, wo das Grundwasser als Oberflächenwasser in Quellen wieder austritt oder sich in den Flüssen und Bächen mit dem oberirdisch abfließenden Wasser vereinigt. Der Trockenwetterabfluß der Flüsse wird sogar ganz aus dem Grundwasser gespeist. Da die Niederschlagswerte in Niedersachsen jedoch in den verschiedenen Landschaften erheblich voneinander abweichen, gibt es auch Wassermangelgebiete, wo die Grundwassermenge und -qualität für die Wasserversorgung der Bevöl-

kerung und Industrie nicht ausreichen, so daß durch Fernleitungen ein Ausgleich geschaffen werden muß (vgl. Abb. 139, 140).

7.2.1. Bildung und Speicherung
(vgl. Abb. 135)

Hohlräume im Gestein bestimmen das Speichervolumen

Das Grundwasser füllt die Hohlräume der Erdrinde zusammenhängend aus. Es bildet sich durch die Versickerung von Niederschlagswasser (vgl. Abb.134). Die Menge des in den Untergrund eindringenden, dort gespeicherten oder weiterfließenden Wassers ist vom Vorhandensein von Hohlräumen im *Grundwasserleiter* abhängig. Je nach Art

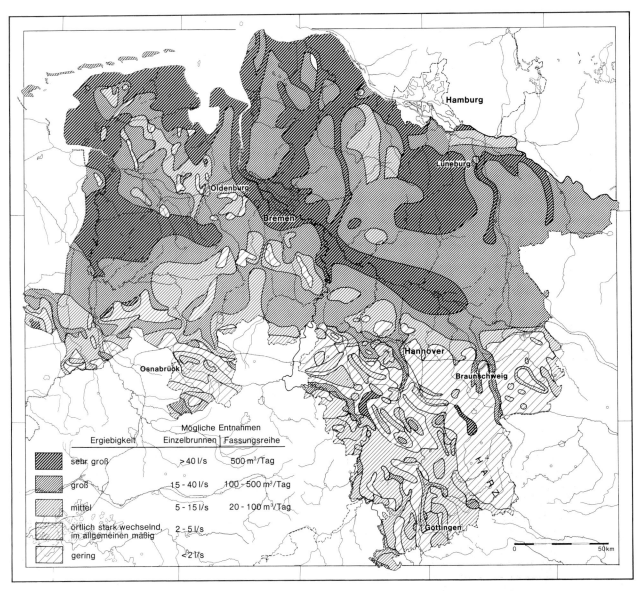

Abb. 135: Die Grundwasserhöffigkeit in niedersächsischen Landschaften (n. VIERHUFF, WAGNER & AUST 1981).

des Gesteins kann es sich um Poren, Fugen (Klüfte) oder größere Höhlungen handeln.

Lockergesteine wie Sand, Kies und Geröll enthalten zahlreiche Porenhohlräume, die beträchtliche Wassermengen aufnehmen können. Sehr feine Lockergesteine wie Schluff, Löß oder Ton verfügen ebenfalls über einen hohen Porenanteil (bis 50 %). Jedoch wird hier die Wasserabgabe durch die geringe Größe der Poren und die darin herrschenden hohen Bindungskräfte gehemmt oder sogar weitgehend unterbunden.

Bei Festgesteinen ist häufig ein ursprünglich vorhandener Porenanteil durch Auffüllung mit Bindemitteln (z.B. Kalk, Kieselsäure) verlorengegangen. Dennoch kann in Klüften Wasser gespeichert werden. In Kalk- und Dolomitgestein sind die Klüfte und Spalten vom durchlaufenden Wasser durch Lösungsvorgänge sogar beträchtlich erweitert worden.

Enthalten die Festgesteinsschichten Gips oder Steinsalz, so werden diese Salze durch in den Untergrund eindringendes Wasser noch stärker als Kalk gelöst. Dieses ist häufig mit einer starken chemischen Beeinflussung des Grundwassers verbunden, die dessen Nutzungsmöglichkeiten als Trinkwasser einschränken (vgl. Pkt. 7.2.3.).

Grundwasserstockwerke und Grundwasserspiegel

Das im Untergrund befindliche Wasser ist in Abhängigkeit von Gesteinsaufbau und Schichtenfolge in einem oder mehreren Grundwasserhorizonten (Stockwerken) gespeichert, die in der Regel durch undurchlässige Gesteinsschichten voneinander getrennt sind.

Der *Grundwasserspiegel* ist im Flachland auf die Wasserläufe ausgerichtet. Im Bergland ist seine genaue Lage oft schwer feststellbar. Er ist abhängig von der Lagerung und Beschaffenheit der geologischen Schichten (Grundwasserleiter). Lediglich Quellen, in denen Grundwasser zu Tage tritt, lassen erste Rückschlüsse auf die Lage des Grundwasserspiegels zu.

Schwankungen und Temperatur des Grundwassers

Die Lage und die *Schwankungen* des Grundwasserspiegels sind für die Land- und Forstwirtschaft von größter Bedeutung. Insbesondere die ackerbauliche Nutzung kann durch natürliche oder künstliche Grundwasserspiegelschwankungen größeren Schaden nehmen. Liegt der Grundwasserspiegel zu niedrig, d.h. weit unterhalb der Durchwurzelungstiefe, erleiden die Pflanzen Trockenschäden. Bei einem sehr hohen Grundwasserstand erschwert dagegen die mangelnde Bodendurchlüftung das Wachstum und schließt die ackerbauli-

che Nutzung weitgehend aus. In beiden Fällen besteht jedoch die Möglichkeit, mit wasserbaulichen Maßnahmen die Höhe des Grundwasserspiegels zu beeinflussen.

Die *Temperatur* des Grundwassers weist ab einer bestimmten Tiefe kaum jahreszeitliche Schwankungen auf. Das gilt auch für die Quellen, an denen man die mittlere Jahrestemperatur des betreffenden Ortes ablesen kann.

Der Gehalt des Grundwassers an gelösten Stoffen ist höher als der des Oberflächenwassers. Das Sickerwasser nimmt vor allem leicht lösliche Mineralien wie Kochsalz oder Kalk auf dem Weg durch das Gestein auf und belädt sich auch mit anderen Stoffen sowie Gasen (Schwefelwasserstoff, Kohlensäure u.a.). Sie können den Wert des Grundwassers für die menschliche Nutzung erhöhen (Mineral- und Heilwässer; vgl. Pkt. 7.2.4.), aber auch deutlich einschränken (z.B. hoher Kalk-, Eisen- oder Mangangehalt bzw. Nitrat- und Pestizidgehalte durch überhöhte Gülledüngung und zu starken Einsatz von Schädlingsbekämpfungsmitteln) (vgl. Kap. 10. "Ökologie und Umweltschutz").

7.2.2. Grundwasserlandschaften

Gesteine haben in Abhängigkeit von ihrem Gefüge (Porenraum, Klüftung) jeweils unterschiedliche spezifische Wasserspeichermöglichkeiten. In ihrer räumlichen Verbreitung charakterisieren sie damit bestimmte Grundwasserlandschaften. Hierbei handelt es sich um Räume unterschiedlicher Grundwasserergiebigkeit und -qualität, die für die wasserwirtschaftliche Planung von erheblicher Bedeutung sind.

Ostfriesische Inseln, Watten und Marschen

Die drei Teillandschaften des Küstengebietes stellen im hydrologischen Sinne eine Besonderheit dar, weil hier versalztes Grundwasser auftritt, das sich mit einer im allgemeinen recht scharfen Grenze gegen die "süßen" Grundwässer des Binnenlandes abgrenzt (vgl. Abb.136).

In den durchlässigen Schwemm- und Dünensanden der *Inseln* hat das Niederschlagswasser sogar regelrechte *Süßwasserlinsen* aufgebaut, die aufgrund ihres geringeren spezifischen Gewichtes auf dem schwereren salzhaltigen Grundwasserkörper "schwimmen". Die Form und Dicke der Süßwasserlinsen ist Ausdruck eines ständigen Fließgleichgewichtes zwischen der Grundwasserneubildung (Niederschläge) und der kontinuierlichen Grundwasserabgabe, die durch den Abfluß des süßen Grundwassers zur Nordsee bzw. zum Watt hin erfolgt. Der Rand der Linsen ist dementsprechend auf das Tidemittelwasser eingestellt (ungefähr NN), während ihre Oberfläche je nach der Höhe

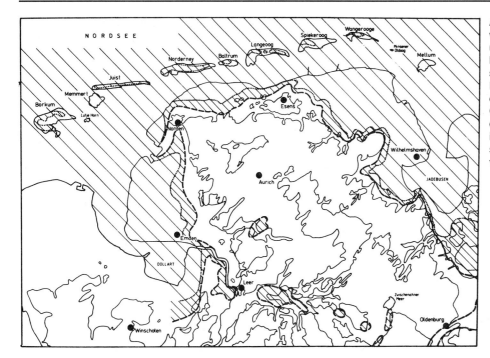

Abb. 136: Verlauf der Salz-/Süß-
wassergrenze auf dem Festland
und Ausdehnung der Süßwasserlinsen auf den Ostfriesischen Inseln (aus: STREIF 1990).
In den eng schraffierten Bereichen ist nur der untere Teil des
Grundwasserleiters versalzt, in
den weit schraffierten Bereichen
ist der Grundwasserleiter vollständig oder fast vollständig
versalzt.

der Dünen über dieses Niveau hinausragt und bei etwa + 1 bis + 2 m NN liegt. Dadurch kann der Grundwasserspiegel in tiefen Dünentälern bis nahe an die Erdoberfläche reichen und dort Vermoorungszonen oder sogar dauerhafte, flache Süßwasserseen bilden, wie im Falle des etwa 30 ha großen Hammersees auf Juist, der freilich erst seit den 30er Jahren unter Mitwirkung des Menschen (Dünenbaumaßnahmen) entstanden ist (vgl. Abb. 137 und Farbtafel 19).

Schon in früherer Zeit hat das aus den Süßwasserlinsen geförderte Trinkwasser neben dem in Zisternen gesammelten Niederschlagswasser für die

Wasserversorgung der Inselbewohner eine große Rolle gespielt. Bei einer Dicke von durchschnittlich 30 bis 40 m, auf Norderney sogar 70 m, enthalten die Süßwasserlinsen der Inseln im allgemeinen so viel Trinkwasser von guter Qualität, daß sie auch heute noch ausreichen, um den Trink- und Brauchwasserbedarf der Inseln selbst in der Hauptsaison zu decken. Lediglich Baltrum und Wangerooge sind über Rohrleitungen an Wasserversorgungsnetze des Festlandes angeschlossen.

In den *Marschen* ist die Grundwasserergiebigkeit zwar sehr groß (vgl. Abb.135), infolge der absoluten Ebenheit des Geländes ist jedoch kein nennenswerter unterirdischer Grundwasserstrom festzustellen. Deshalb regeneriert sich das vorhandene Grundwasser unter natürlichen Verhältnissen nur sehr langsam.

Da zudem ständig Meerwasser infolge der notwendigen Entwässerung durch Schöpfwerke in die Grundwasserschichten der Marsch eindringt und aufgrund seiner größeren Dichte das vorhandene Süßwasser unterschichtet bzw. sich mit ihm vermischt, ist das oberflächennahe Grundwasser der ständigen Gefahr einer Verunreinigung und *Versalzung* ausgesetzt und als Trinkwasser nicht nutzbar (vgl. Abb.136). Deshalb ist lange Zeit in den Marschen die Trinkwasserversorgung für Mensch und Tier ein großes Problem gewesen, das z.T. nur durch das Auffangen des Regenwassers in Zisternen gelöst werden konnte. Heute erfolgt die Trinkwasserversorgung der Marsch weitgehend mit Fernwasserleitungen von der Geest her (vgl. Pkt. 7.2.5. "Wassergewinnung und -versorgung").

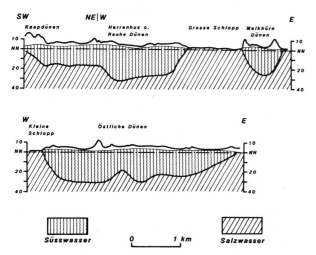

Abb. 137: Form und Ausdehnung der Süßwasserlinse auf Langeoog (n. RÜLKE 1969 und GERHARDY 1970, aus: STREIF 1990).

Die Geest

Die niedersächsische Geest verfügt als Lockermaterialgebiet mit verhältnismäßig hohen Niederschlägen (vgl. Abb.124) durchweg über *ergiebige Grundwasservorkommen*. In den gut durchlässigen pleistozänen und tertiären Sand- und Kiesschichten ist Grundwasser sowohl oberflächennah als auch in Tiefen bis zu ca. 400 m zu finden.

Die Qualität des Grundwassers ist wegen der fast ausschließlich aus reinen und schwer löslichen Silikaten (Kieselsäure) bestehenden Sande, die eine gute Filterwirkung zeigen, im allgemeinen gut. Das Grundwasser der Geest dient daher auch der Trink- und Brauchwasserversorgung des angrenzenden Küstenraumes (Marschgebiete).

Hohe Geest (Endmoränengebiete und Grundmoränenplatten)

Von besonderer Bedeutung für die Trinkwassergewinnung sind die saaleeiszeitlichen *Geesthochgebiete* der Lüneburger Heide, des Hümmlings und der Cloppenburger Geest. Sie zeichnen sich durch besonders günstige Versickerungsverhältnisse, aufnahmefähige Grundwasserspeicher und mäßigen Oberflächenabfluß aus. Diese Voraussetzungen erfüllen auch die hochgelegenen Geestrandbereiche in Ostfriesland und Oldenburg. Sie verfügen mit über die großflächigsten und ergiebigsten Grundwasservorkommen Niedersachsens.

Die rd. 70 bis 150 m mächtigen pleistozänen Sande der küstennahen Geest sind durch eingelagerte Beckentone (Lauenburger Ton) und Geschiebelehme in mehrere ergiebige Grundwasserstockwerke untergliedert. Es fließt ein ständiger Grundwasserstrom mit einem Gefälle von 1 : 1000 bis 1 : 2000 (KELLER & DE HAAR 1979) von den höher gelegenen Geestrücken in Richtung auf die tiefer liegenden Marschgebiete und küstennahen Flußniederungen.

Die Grundwasservorkommen in den mächtigen pleistozänen Sand- und Kiesschichten der höheren Geestgebiete werden durch leistungsstarke Einzelbrunnen erschlossen, wobei insbesondere den tiefreichenden eiszeitlichen *Schmelzwasserrinnen* eine besondere Bedeutung zukommt. Die etwa Nord-Süd gerichteten, nur im Untergrund nachweisbaren Rinnen (vgl. Kap. 2. "Geologie") sind häufig weit in die unterlagernden tertiären Schichten eingeschnitten und erreichen Tiefen bis zu -400 m NN. Mit Breiten von wenigen hundert Metern bis zu einigen Kilometern wirken sie mit ihrer vielfach aus gröberem Material bestehenden Füllung dränierend auf die durchschnittenen Grundwasserleiter und sind in der Regel sehr ergiebige Grundwasserreservoire, die auch auf der Abb.135 deutlich in Erscheinung treten.

Niedere Geest (Talsandniederungen und Urstromtäler)

Die *Talsandniederungen* der Niederen Geest zwischen Ems und Weser unterscheiden sich zwar hinsichtlich ihres geologischen Aufbaues nicht grundsätzlich von der Hohen Geest, sie sind jedoch wasserwirtschaftlich weniger bedeutend. Einerseits ist die Grundwasserergiebigkeit aufgrund der weniger mächtigen pleistozänen Auflage geringer, andererseits mindert die weitreichende Vermoorung, die besonders in den oldenburgischen und ostfriesischen Talsandniederungen groß ist, die Qualität des Trinkwassers. Das Grundwasser weist bis in größere Tiefen vergleichsweise niedrige pH-Werte und geringe Karbonathärten, aber erhöhte Gehalte an organischen Substanzen sowie Eisen und Mangan (z.T. an Huminsäuren gebunden) auf. Diese Eigenschaften des oberflächennahen Wassers schränken seine Verwendung als Trinkwasser stark ein und machen es z.T. sogar ungenießbar.

In den *Urstromtälern* von Aller-Weser und Elbe liegt der Spiegel des obersten Grundwasserstockwerkes wie in der Marsch oberflächennah. Doch infolge der mächtigen Talsandfüllung und des den Flüssen folgenden Grundwasserstroms ist die Ergiebigkeit sehr groß.

Die Talsande und -kiese der Urstrom- und größeren Flußtäler sind gute Grundwasserleiter. Sie erreichen z.T. Mächtigkeiten von 20 m und mehr. Die Elbabschnitte zwischen Schnackenburg und Hamburg, der Unterlauf der Ilmenau, die Bereiche der unteren Leine, Oker, Aller und die Ems zwischen Meppen und Leer bieten gute Möglichkeiten zur Gewinnung eines qualitativ hochwertigen *Uferfiltrates*. Die hohe Schadstoffbelastung der Elbe (vgl. Kap.10. "Ökologie und Umweltschutz") macht jedoch eine ständige Qualitätskontrolle des Wassers erforderlich und schränkt die Nutzung ufernaher Brunnenanlagen ein.

Eine schlechte Grundwasserqualität in Flußtälern und Niederungsgebieten ist örtlich auch auf *Versalzung* zurückzuführen. Die Ursachen für das Auftreten salzhaltigen Wassers in den Aquiferen (Grundwasserspeichern) sind Subrosionsvorgänge (Lösungsvorgänge) an hochreichenden Salzstöcken (vgl. Kap. 2. "Geologie"). In Talniederungen und eiszeitlichen Schmelzwasserrinnen kommt es auch zum Aufstieg von salzhaltigem Tiefenwasser bis in oberflächennahe Grundwasserstockwerke (u.a. in der Elbe-, Aller-, Jeetzel- und Wümmeniederung). Auch in anderen Teilen der Geest (z.B. Lüneburg, Stade), ebenso wie im Niedersächsischen Berg- und Hügelland (z.B. Teilbereiche der Täler von Weser, Leine und Innerste), kommt es örtlich zu einer Beeinträchtigung der Grundwasserqualität durch im Untergrund befindliche Salinarfolgen.

Lößbörden

Die Grundwasserhöffigkeit in der südlich des Mittellandkanals liegenden Lößbördenzone ist im allgemeinen mäßig bis gering (vgl. Abb.135). Aufgrund der geringmächtigen Auflagerung pleistozänen Materials über dem anstehenden mesozoischen Festgestein ist die Grundwasserspeicherkapazität des Untergrundes hier wesentlich geringer als im Bereich der Geest. Ebenso wie die Geest ist auch die Lößbörde arm an Quellen. Lediglich in den Talniederungen der die Lößbörde durchfließenden Flüsse (Weser, Leine, Oker, Innerste) ist die Entnahme größerer Wassermengen aus dem Schotterbett möglich. Sie entspricht jedoch vielfach durch die Belastung der Flüsse mit Schadstoffen nicht mehr den heutigen Qualitätsanforderungen, so daß uferfiltriertes Wasser nur noch in geringem Maße gewonnen wird. In der Weser-Talaue ist zudem die Trinkwassergewinnung durch die hohe Salzfracht des Flusses (vgl. Pkt. 8.7.5.) stark eingeschränkt bzw. unmöglich.

Talauen und Senken des Berglandes

Die Grundwasservorkommen in den Talniederungen des Berg- und Hügellandes sind aufgrund der vergleichsweise geringen Mächtigkeit der pleistozänen bzw. holozänen Schotter über dem anstehenden Gestein des Talbodens in der Regel gering und nur von begrenzter Ergiebigkeit (vgl. Abb.135). In Bereichen, in denen keine Auelehmdecke vorhanden ist, besteht aufgrund der nicht hinreichenden Filtrierung zudem die Gefahr der Grundwasserverunreinigung von der Oberfläche her.

Lediglich dort, wo große Schotter- bzw. Kiesmächtigkeiten im Flußbett erreicht werden, wie beispielsweise an der Leine bei Northeim und an der Weser bei Holzminden, Höxter und Hameln, was meist mit Salzauslaugungen im Untergrund und mit damit verbundenen Absenkungen zusammenhängt, ist auch die Grundwasserergiebigkeit höher. Dieses gilt auch für plötzliche Verengungen des Talquerschnitts, die zu einer mächtigeren Ausfüllung des Talbodens mit Schottern führen können. Ein Beispiel hierfür ist das Okertal bei Schladen.

Das Bergland mit mesozoischen Gesteinen

Die Höhenzüge des Niedersächsischen Berg- und Hügellandes sind geologisch bedingt ein grundwasserarmes Gebiet. Die Festgesteinsformationen haben zumeist eine geringe Wasserspeicherkapazität. Lediglich in Sandsteinen und in klüftigen Kalk- und Mergelsteinen sind größere Grundwassermengen, örtlich z.T. als Karstwasser, vorhanden. Wo wasserstauende Schichten ausbeißen, treten *Schichtquellen* auf. Häufig sind auch Spaltenquellen oder Überlaufquellen.

Die Quellschüttungen sind jedoch in der Regel für die größere wasserwirtschaftliche Nutzung zu gering und periodischen Schwankungen unterworfen. Wassergewinnungsmöglichkeiten sind vor allem dann gegeben, wenn ein geeignetes Speichergestein (z.B. Bausandstein) in günstiger Schichtung im Untergrund ansteht. Die Wassergewinnung erfolgt in der Regel durch zahlreiche flache Brunnen oder durch die Fassung leistungsfähiger Quellen.

Die Gipskarstgebiete

In den Gipskarstgebieten des südlichen und südwestlichen Harzvorlandes, des Voglers sowie über dem Salzsattel der Asse bewegt sich Wasser unterirdisch in Klüften, Schloten und Höhlungen als *Karstwasser.*

Im Südharzvorland fließt das aus den sauren Harzgesteinen kommende aggressive Wasser unterirdisch durch das lösungsfähige Gips- und Anhydritgestein, erweitert die Klüfte und bildet Tunnel und andere Hohlräume, worauf zahlreiche Höhlen, Erdfälle und Einsturzdolinen hindeuten. Zum Teil versinkt das oberirdisch fließende Wasser in *Flußschwinden* und Schlucklöchern in den Bachbetten, wie z.B. im Bachbett der Uffe unter dem Sachsenstein und im Bachbett der Wieda unterhalb von Walkenried, um weit entfernt in starken Karstquellen zutage zu treten (z.B. Rhumequelle südlich von Herzberg, Salzquelle bei Nordhausen) (vgl. Farbtafel 11).

Die Karstquellen weisen in der Regel in Abhängigkeit von den gefallenen Niederschlägen eine stark wechselnde Schüttung auf. Ihr Wasser ist sehr hart (vgl. Pkt. 7.2.3.). Da das Karstwasser nicht durch Lockermaterialschichten versickert und gefiltert wird, werden häufig von der Oberfläche her Verunreinigungen eingetragen. Die Karstquellen werden deshalb kaum zur Trinkwasserversorgung herangezogen.

Der Harz, Bergland mit paläozoischen Gesteinen

Der Harz ist als paläozoisches Gebirge ohne Grundwasser im eigentlichen Sinne. Festgesteine vulkanischen Ursprungs oder magmatische Tiefengesteine haben praktisch keinen Porenanteil, der eine Wasserspeicherung ermöglichen würde, und auch die alten, durch Druck und Erdwärme verdichteten Schichtgesteine sind porenarm. Das in den Gesteinskörpern eingedrungene Wasser bewegt sich deshalb entlang von Klüften sowie Verwerfungsspalten und tritt in meist wenig ergiebigen Quellen zutage. Die Qualität des Wassers ist ausgesprochen gut und meist aufgrund des Fehlens an gelösten Karbonaten sehr weich.

Der größte Teil des Niederschlagswassers versikkert lediglich bis zur Gesteinsoberfläche und tritt dann häufig in *Schuttgrundquellen* aus. Die Schüttung dieser Quellen ist stark niederschlagsabhängig.

Aufgrund der großen Ergiebigkeit der Niederschläge (vgl. Kap. 6. ”Klima”) und der seit Jahrhunderten betriebenen Wasserwirtschaft (Teiche, Talsperren) ist die Wasserversorgung im Harz jedoch kein Problem. Das Talsperrenwasser aus dem Harz trägt zur Versorgung zahlreicher niedersächsischer Städte bei und wird z.B. über 200 km bis nach Bremen geleitet (vgl. Abb.139).

7.2.3. Grundwasserbeschaffenheit

Natürliche Einschränkungen der Grundwasserqualität

Das Grundwasser ist in Niedersachsen im allgemeinen von guter Qualität. Doch kann die Qualität durch menschliche Einflußnahme, wie Nitrateinträge (vgl. Kap. 10. ”Ökologie und Umweltschutz”), aber auch durch natürliche Prozesse, wie Versalzung, so weit gemindert werden, daß seine Nutzung für den menschlichen Gebrauch oder für bestimmte industrielle Zwecke ausgeschlossen ist. Während nördlich der Mittelgebirgsschwelle ca. 80 % der Grundwasservorkommen von guter Qualität sind, unterliegen ca. 50 % der ohnehin geringen Grundwasservorkommen im niedersächsischen Bergland Einschränkungen in der Wasserqualität.

Chlor, Eisen, Mangan und Schwefel vermindern die Grundwasserqualität

Wie bereits erwähnt, ist der *Chlorgehalt* des Wassers in den als Meeresablagerungen entstandenen Marschen und über den oberflächennahen Salzstöcken am größten.

In Mooren, Marschen und im Bereich der Niederungen mit hohen Grundwasserständen zeigt das Grundwasser hohe *Eisengehalte,* die häufig mit hohen *Mangangehalten* einhergehen. Obgleich Eisen und Mangan nur bei hohen Konzentrationen eine gesundheitsschädigende Wirkung zeigen, leidet doch die geschmackliche Qualität des Wassers erheblich. Hohe Eisengehalte verleihen dem Wasser eine charakteristische Färbung und in Verbindung mit Schwefel einen unangenehmen Geruch. Grundwasser mit hohen Eisen-, Mangan-

oder Schwefelgehalten findet deshalb als Trinkwasser keine Verwendung, oder das Wasser wird aufbereitet.

Die Härte des Wassers

Das Niedersächsische Berg- und Hügelland weist dort, wo kalkhaltige Gesteine des Muschelkalkes, des Jura, der Kreide oder auch Gipse und Dolomite des Zechsteins anstehen, Grundwasser mit einer hohen *Gesamthärte* auf.

Unter Gesamthärte versteht man den Gehalt des Wassers an gelösten Kalk- und Magnesiumverbindungen. Die Härte des Wassers wird in Graden Deutscher Härte (DH) gemessen, wobei $1°$ DH 10 mg gelöstem Kalk (CaO) in einem Liter Wasser entspricht. Eine hohe Gesamthärte des Wassers führt zu Kalkablagerungen in den Wasserleitungssystemen und Kochgeräten (Kesselstein). Sie verursacht z.T. erhebliche Enthärtungskosten und schränkt den Wirkungsgrad von Waschmitteln ein.

Eine für niedersächsische Verhältnisse hohe Gesamthärte (teilweise über $30°$ DH; Härtestufe 4) ist am West- und Südharzrand zu verzeichnen. Die Ursache hierfür sind größere Vorkommen von lösungsfähigem Gips und Anhydrit in den Zechsteinablagerungen (vgl. Kap. 2. ”Geologie”). Auch die Kalkhöhenzüge des Berglandes, der Nordteil der Schaumburger Kreidemulde und die kalkreichen Seemarschen führen ein verhältnismäßig hartes Wasser. Hohe Wasser-Härtegrade werden auch im Lößgebiet mit den kalkreichen Böden und in der Umgebung von oberflächennahen Salzhorsten, wie beispielsweise am Benther Salzstock bei Hannover, erreicht. Teilweise tritt hier eine Versalzung des Grundwassers ein, die jegliche Trinkwassergewinnung ausschließt.

Sehr weiches Wasser läßt sich in kalkarmen Geestgebieten und vor allem in Gebirgen mit sauren Gesteinen gewinnen, so im Buntsandstein des Sollings, des Bramwaldes und des Eichsfeldes oder in den paläozoischen Gesteinen des Harzes. Im Granitgebiet des Brockens wird noch nicht einmal $1°$ DH gemessen. Das Talsperrenwasser des Harzes ist deshalb von guter Qualität und als Trinkwasser begehrt.

7.2.4. Mineral- und Heilwässer

Was sind Mineral- und Heilwässer ?

In Niedersachsen gibt es Grundwasservorkommen, deren Gehalt an gelösten Mineralien und anderen medizinisch wirksamen Bestandteilen aufgrund besonderer geologischer Gegebenheiten qualitativ von den üblichen, als Trink- und Brauch-

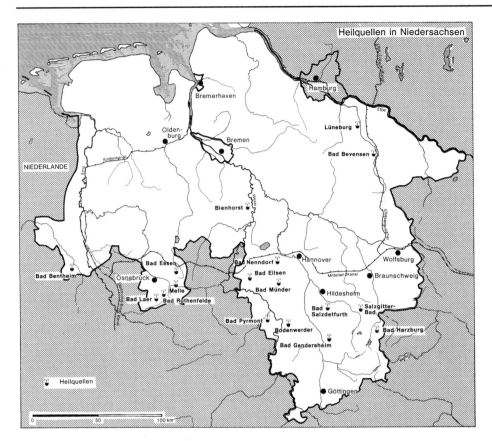

Abb. 138: Heilquellen in Niedersachsen (n. DIENEMANN & FRICKE 1961 und Unterlagen des Fremdenverkehrsverbandes Niedersachsen 1985).

wasser genutzten Vorkommen abweicht. Diese aus ursprünglichen oder künstlichen Quellen (z.B. Bohrungen) gewonnenen natürlichen Mineral- und Heilwässer müssen auf Grund ärztlicher Erfahrungen "nachgewiesene krankheitslindernde oder -verhütende (gesundheitsfördernde) Eigenschaften haben und mehr als 1 g pro Liter gelöste feste Mineralstoffe enthalten. Auch unabhängig vom Gesamtgehalt an gelösten festen Mineralstoffen werden u.a. solche Wässer als Heilwässer bezeichnet, die 10 mg/kg Fe oder 1 mg/kg titrierbaren Schwefel führen (eisenhaltige oder schwefelhaltige Wässer). Bei Solen müssen das Natrium- und das Chlorid-Ion den Grenzwert von je 260 mval überschreiten; dieser Grenzwert entspricht 9230 mg Chlorionen und 5980 mg Natriumionen in 1 kg Mineralwasser" [gem. Deutscher Bäderverband].

Das Wasser der Mineralquellen entstammt zum größten Teil dem allgemeinen Wasserkreislauf, d.h. letztlich den Niederschlägen. Es durchfließt in seinem Kreislauf als Grundwasser mehr oder weniger tiefe Stockwerke der Erdkruste und löst dabei Mineralstoffe aus dem Gestein.

Niedersachsen ist reich an Heilquellen

Niedersachsen weist z.Zt. über 35 anerkannte Heilquellen auf, in den Natrium-Chlorid-Wässer, Hydrogencarbonatwässer, Sulfatwässer, Schwefelwäs-

ser und kohlensäurehaltige Mineralquellen für Heilzwecke zur Verfügung stehen (vgl. Kap. "Fremdenverkehr" in Bd. 2).

Das Vorkommen der niedersächsischen Mineral- und Heilquellen konzentriert sich auf den Bereich des Osnabrücker Berglandes und des Weserberglandes. Mineralquellen sind aber auch im Leinebergland und Harz erschlossen (vgl. Abb. 138). Ein Großteil der Mineralquellen fördert seine Heilwässer aus den im Untergrund befindlichen Schichten der Kreide-, Jura- und Zechstein-Formationen, da diese lösliche Karbonate und Salze führen (vgl. Kap. 2. "Geologie").

Wo diese Festgesteinsschichten mit eiszeitlichen Materialien überdeckt sind, gibt es keine Heilquellen. Eine Ausnahme bilden hier lediglich solche Heilbadeorte, in deren Untergrund Salzstöcke aufgestiegen und durch Bohrungen erschlossen sind (z.B. Bad Bevensen, Bad Pyrmont, Bad Salzdetfurth, Salzgitter-Bad, Lüneburg, Blenhorst bei Nienburg u.a.). Sie verfügen über *Natrium-Chlorid-Wässer (NaCl)* und *Solen*, die z.T. hohe Eisen-, Schwefelwasserstoff- und Jodgehalte (z.B. Bad Bevensen) aufweisen. Auf das Vorkommen von Solquellen, die aus hochreichenden Salzlagern des Untergrundes schütten, weisen viele Ortsnamen hin, wie Salzhemmendorf, Salzderhelden, Salzbergen, Salzhausen, Soldorf, Soltau, Sülbeck, Sulte, Sülze u.a. Weitere Salzlager in verschiedenen geologischen Formationen lassen auch in Blenhorst, Bad Nenndorf, Bad Eilsen, Bad Münder, Bad Essen, Bad Laer, Bad Rothenfelde, Melle, Bodenwerder sowie in Bad Gandersheim und Bad Harzburg Natrium-Chlorid-Wässer für den Heilbadebetrieb nutzen. In Bad Pyrmont hat die 1856/58 in 230 m Tiefe erbohrte Salinenquelle einen Kochsalzgehalt von 4,2 % und wird für Solbäder verwendet. Der Salzgehalt rührt von Zechsteinsalzen her, die in über 200 m Tiefe liegen und dort von dem aufsteigenden kohlensäurehaltigen Wasser ausgelaugt werden.

Die *Hydrogencarbonatwässer* (HCO_3) sind meist Säuerlinge, die gemeinsam mit Schwefel-, Sulfat- und Chloridwässern auftreten. Abhängig von der Gesteinsart (Schiefer, Kalke u.a.) gibt es zahlreiche Übergangs- und Mischformen, die balneologisch bedeutend sind. Größere Vorkommen an Hydrogencarbonatwässern werden u.a. in Bad Rehburg, Bad Nenndorf und Bad Münder genutzt.

Sulfatische Wässer (-SO_4) bilden sich vorwiegend bei Anwesenheit von Gips, Anhydrit oder auch sulfidischen Erzen im Untergrund. Sie treten selten in reiner Form auf und zeigen zahlreiche Übergänge zu den Hydrogencarbonat- und Salzwässern. Am Deister (Bad Münder) sowie an den Bückebergen und in ihrem Vorland (Bad Eilsen, Bad Nenndorf, Bad Rehburg) treten sulfatische Wässer gemeinsam mit Schwefel- und Chloridwässern zutage. Die Heilbäder Bad Bentheim, Bad Pyrmont, Salzgitter-Bad und Bad Harzburg verfügen ebenfalls über Quellen mit sulfatischem Wasser.

Der *Kohlensäuregehalt* (CO_2) einiger Mineralquellen (Säuerlinge) ist juvenilen (magmatischen) Ursprungs, d.h. das Gas gehört zu den Begleitern eines tätigen oder erloschenen Vulkanismus. In Niedersachsen findet es sich als "postvulkanische" Erscheinung in den Bereichen hochaufragender Magmenkörper der sog. Piesberg-Pyrmonter Achse (Bad Bentheim, Bad Laer, Bad Rothenfelde, Bad Pyrmont). Auf dieser Achse aufgedrungenes basaltisches Magma ist vermutlich in 3000 - 4000 m Tiefe erstarrt. Bei dem bis heute andauernden Abkühlungsprozeß werden Kohlensäure, Eisen, Mangan und andere Schwermetalle in wäßriger Lösung freigesetzt. Allein das Heilbad Bad Pyrmont besitzt acht salzarme Säuerlinge, einen Kohlensäureaustritt und vier Kochsalzsäuerlinge.

Auch *Schwefelwasserstoff* (H_2S) kann vulkanischen Ursprungs sein. In den meisten Fällen ist jedoch der Gehalt an H_2S auf Gips- und Anhydritvorkommen zurückzuführen. Aber auch aus organischen Substanzen, wie Torf oder Ölschiefer, kann durch Reduktionsvorgänge Schwefelwasserstoff freigesetzt werden. Schwefelhaltige Wässer sind in Bad Nenndorf, Bad Eilsen, Blenhorst und Salzhemmendorf erschlossen.

7.2.5. Wassergewinnung und Wasserversorgung

Wassernutzung in früherer Zeit

Seit der Seßhaftwerdung des Menschen ist die ausreichende Versorgung mit Trinkwasser eine Vorbedingung für die Lage menschlicher Siedlungen.

Mit der Einrichtung erster Dauersiedlungen vor etwa 6500 Jahren wurde das Trinkwasser zunächst ausschließlich oberirdischen Gewässern und Quellen entnommen. Im Mittelalter gelangte die Technik des Brunnen- und Zisternenbaues z.B. in den Burgen zu großer Vollkommenheit, doch wurde das meiste Trinkwasser auch damals noch aus oberirdischen Gewässern geschöpft. In Gebieten mit hochliegendem Grundwasserspiegel ging man jedoch schon sehr früh, insbesondere bei Einzelhöfen, zum Bau von *Hausbrunnen* mit Wippbaum oder Eimerwinde über, und in den Marschen gehörte zu fast jedem Haus bzw. zur Dorfwurt eine *Zisterne* (Fething), in der das Regenwasser aufgefangen wurde.

Erste Ansätze für eine gemeinschaftliche Trinkwasserversorgung waren in bergigem Gelände bei der Wassergewinnung aus Quellen vorhanden. Dabei verwandte man bis in das 20. Jahrhundert hinein Holzrinnen oder durchbohrte Baumstämme als Wasserleitungen. In den Städten, wie beispielsweise in Hannover, wurde an *Wasserkünsten* Flußwasser in Hochbehälter gepumpt und dann durch Holzleitungen, ab Mitte des 19. Jahrhunderts über gußeiserne Rohre zu den Zapfstellen geleitet.

Häufig sind die Abwässer denselben Gewässern zugeführt worden, aus denen wenig unterhalb erneut Trinkwasser gefördert wurde. Zahlreiche bakterielle Infektionskrankheiten und verheerende Epidemien und Seuchen, wie Typhus, Paratyphus und epidemische Gelbsucht, waren die Folge.

Mit Beginn des Industriezeitalters in der Mitte des vorigen Jahrhunderts stieg der Wasserbedarf schnell an. Die Ursache hierfür war nicht nur in dem zunehmenden Bedarf an Wasser für industrielle Produktionsprozesse zu suchen, sondern auch in dem starken Bevölkerungsanstieg, der durch medizinische und hygienische Fortschritte ermöglicht wurde (vgl. Abschnitt "Bevölkerungsentwicklung" in Bd. 2). Die vermehrte Wasserentnahme führte allerdings auch zu einer stärkeren Einleitung von verschmutztem Abwasser, wodurch die Wasserqualität des Oberflächenwassers weiter verringert wurde. Nachdem erste wissenschaftliche Erkenntnisse über den Zusammenhang von Trinkwasserverunreinigungen und dem Verbreitungsweg von Epidemien gewonnen waren, wurden in den Städten einfache Aufbereitungsverfahren für das Trinkwasser entwickelt und eingesetzt. Als selbst diese Lösung nicht mehr genügte, um die an Wasser gebundenen Infektionswege zu unterbrechen, begann man damit, *Grundwasserwerke* zu errichten, in Hannover ab 1878.

Frühe Wasserwirtschaft im Bergland und im Harz

Gegen Ende des vorigen Jahrhunderts gewann auch in den Kleinstädten und Dörfern die zentrale Wasserversorgung zunehmend an Bedeutung. Im niedersächsischen Berg- und Hügelland hatte die Entwicklung zu einer zentralen Wasserversorgung bereits früher begonnen. Wegen der hier verbreitet anstehenden Festgesteine und des überwiegend tiefen Grundwasserstandes konnte der einzelne nur selten mit eigenen Quellbrunnen genügend Trink- und Brauchwasser gewinnen. Man schloß sich daher auf verbandlicher, gemeindlicher oder genossenschaftlicher Basis zusammen, um gemeinsam Wasser zu suchen, zu fassen und zu verteilen. Die Voraussetzungen für die Anlage eines zentralen Wasserversorgungsnetzes waren im Bergland günstig, da das Wasser durch eigenes Gefälle von den hochgelegenen natürlichen oder erbohrten Quellen in die Dörfer oder Städte geleitet werden konnte.

Besonders früh setzte die Entwicklung einer zentralen Wasserversorgung bzw. *Wasserwirtschaft im Harz* ein. Der bereits im Mittelalter hochentwickelte Bergbau benötigte für den Betrieb der *Wasserräder* von Pochwerken, Mühlen und Förderanlagen sowie für die Erzwäschereien usw. ständig Brauchwasser. Mit der Wiederaufnahme des Bergbaues im 16. Jahrhundert begann man zahlreiche *Stauteiche* sowie künstliche Zu- und Überleitungen anzulegen, die immer größere Dimensionen annahmen. Viele der alten Hüttenteiche sind heute noch vorhanden und werden teilweise genutzt. Nachdem der Bergbau erloschen ist, tragen die Stauanlagen mit zur regionalen Trinkwasserversorgung und zum Hochwasserschutz, aber auch zur Belebung der Landschaft im Harz bei.

Nach dem verheerenden Hochwasser um die Jahreswende 1925/26 und der Typhusepidemie im Leinegebiet kam es 1926 zur Gründung des Westharz-Talsperrenverbandes, aus dem 1928 die *Harzwasserwerke* der Provinz Hannover und nach dem 2. Weltkrieg schließlich die "Harzwasserwerke des Landes Niedersachsen" hervorgingen.

Von den unter Leitung der Harzwasserwerke in den vergangenen 60 Jahren errichteten sechs großen Harztalsperren, die wegen der hohen Niederschläge sehr ergiebig sind, dienen die Söse-, Ecker- und Granetalsperre der Trinkwasserversorgung des wasserarmen, z.T. dicht besiedelten und stark industrialisierten nördlichen Vorharzgebietes. Sie sind Ausgangspunkte von Fernwasserleitungen. Die *Sösetalsperre* gibt beispielsweise jährlich

etwa 17 Mio. m^3 Wasser ab, das über ein 240 km langes Leitungsnetz zur Versorgung der Städte Bremen, Göttingen und Hildesheim und zahlreicher anderer Orte beiträgt.

Zusätzlich betreiben die Harzwasserwerke vier Grundwasserwerke. Entlang der Söse-Fernwasserleitung liegen Schneeren, Liebenau und Ristedt und nördlich Hannover das Wasserwerk Ramlingen, die zusammen insgesamt jährlich weitere 21 Mio. m^3 Trinkwasser u.a. für die Versorgung der Hansestadt Bremen und anderer Abnehmer bereitstellen.

Die *Granetalsperre* ist über Fernwasserleitungen mit den Verbrauchszentren Hannover und Hildesheim sowie zusammen mit der *Eckertalsperre* mit Braunschweig und Wolfsburg verbunden (vgl. Abb. 139). Die Gewinnung von weiterem Trinkwasser aus dem Okergebiet ist durch den Bau des Oker-Grane-Stollens ermöglicht worden, der den Oker- mit dem Granestausee verbindet (vgl. Pkt. 7.3.3. "Natürliche und künstliche Seen").

Die *Harzwasserwerke* beliefern durch das überregionale System von Fernwasserleitungen mit 419 km Länge insgesamt mehr als 20 gewerbliche und industrielle Großabnehmer und rd. 100 Gemeinden bzw. Verbände mit Trink- und Brauchwasser.

Wasserversorgung der Lößbörden

Die Lößbörden empfangen verhältnismäßig geringe Niederschläge (vgl. Tab. 28: Schöppenstedter Börde). Sie haben demgemäß ein geringes Wasserdargebot und gehören teilweise zu den Wassermangelgebieten. In den ländlichen Bereichen wechselten noch zu Beginn der 50er Jahre je nach den örtlichen Gegebenheiten Grund- und Quellwasserversorgung miteinander ab. Einzel- und Gruppenwasserversorgungen traten nebeneinander auf, wobei in zahlreichen Orten das Wasser qualitativ nicht den Mindestansprüchen genügte. Erst der Anschluß eines Großteils der Gemeinden im Raum Hildesheim und Braunschweig an die zentral für die ehemaligen Reichswerke Salzgitter angelegten Wasserwerke an der Oker brachte hier Verbesserungen. In den genannten Städten tragen ebenfalls die von den Harztalsperren ausgehenden Fernwasserleitungen zur Trinkwasserversorgung bei, und auch die nahe der Harzfernwasserleitungen gelegenen Gemeinden der Lößbörde erhalten ihr Trinkwasser aus dem Harz.

Wasserversorgung im Tiefland

Im Bereich der niedersächsischen *Geestlandschaften* war qualitativ hochwertiges Grundwasser aufgrund der günstigen hydrologischen Verhältnisse früher bereits mit Flachbrunnen in ausreichender Menge und Qualität zu gewinnen. Lediglich in

Abb. 139: Westharz-Talsperren und große Fernwasserleitungen der Harzwasserwerke (n. Unterlagen der Harzwasserwerke 1989).

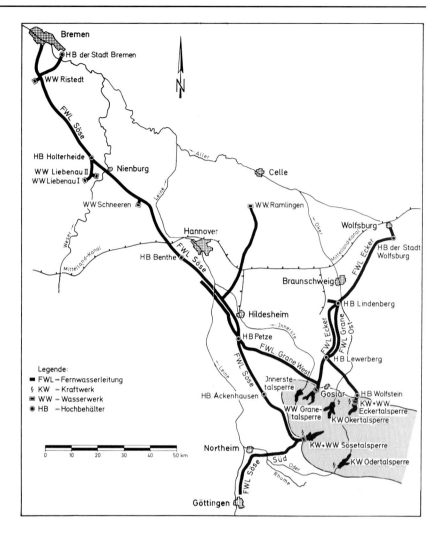

Moorgebieten und über hochaufragenden Salzstökken war die Nutzung aus qualitativen Gründen eingeschränkt. Grundsätzlich war eine zentrale Wasserversorgung hier nicht unbedingt notwendig. Wenn sie dennoch in den 50er Jahren verstärkt ausgebaut wurde, so diente sie hauptsächlich auch der besseren hygienischen Überwachung des Trinkwassers.

Hauseigene Brunnen können bei unsachgemäßer Anlage leicht durch Oberflächenwasser verschmutzt sein und damit krankheitsgefährdend wirken. Noch heute werden in den weniger dicht besiedelten Geestgebieten vereinzelt Einzelwasserversorgungsanlagen betrieben, die allerdings einer amtlichen Kontrolle unterliegen.

Im Gegensatz zu den übrigen niedersächsischen Geestlandschaften gestaltete sich die Trinkwasserversorgung der höher gelegenen Teile der Lüneburger Heide schwieriger. Hier lag das Grundwasser bis zu 80 m tief und konnte mit einfachen Einzelbrunnen nicht erreicht werden. Die Besiedlung dieser Gebiete hat sich deshalb zum Teil lange hinausgezögert, bis neue Brunnenbohrtechniken und

leistungsfähigere, elektrische Pumpenanlagen eine sichere Wasserversorgung ermöglichten.

Die niedersächsischen *Flußmarsch- und Küstenmarschgebiete* sind trotz großer Grundwasservorkommen aufgrund ihrer Versalzung oder *Versalzungsgefahr* für die Trinkwassergewinnung überwiegend ungeeignet (vgl. Abb. 136). Auch in den Moorgebieten der Geest ist die Wasserqualität durch hohe Gehalte an schwer ausfällbarem Eisen und organischen Verbindungen stark beeinträchtigt. Das unter den Moorflächen gelegene qualitativ hochwertigere Wasser war lange Zeit mit den vorhandenen einfachen technischen Möglichkeiten nicht zu erreichen. Sowohl in den Marsch- als auch in den Moorgebieten war die Bevölkerung deshalb gezwungen, Zisternen zum Sammeln des Regenwassers anzulegen. Insbesondere in den trockenen Sommermonaten traten häufig Versorgungsengpässe auf. Noch in den 50er Jahren erfolgte die Trinkwasserversorgung in niederschlagsarmen Zeiten in der Krummhörn oder im Rheiderland z.T. mit Tankwagen.

Die Trinkwasserversorgung in der Marsch galt lange Zeit als die schlechteste in ganz Deutschland. Erst nach dem 2. Weltkrieg begannen hier große Verbände, wie der *Ostfriesisch-Oldenburgische Wasserverband,* mit dem Ausbau überregionaler Wasserversorgungsanlagen. Das im Küstengebiet fehlende Trinkwasser wird jetzt mit überörtlichen Leitungen von den benachbarten Geestgebieten in die küstennahen Bedarfsgebiete der Marsch geleitet. Im Bereich des Ostfriesisch-Oldenburgischen Wasserverbandes werden heute beispielsweise etwa 130 000 Haushalte über ein insgesamt etwa 7400 km (!) langes Leitungsnetz mit Wasser versorgt. Moderne, leistungsfähige Tiefbrunnen und Rohrmaterialien, die den aggressiven Bodenverhältnissen widerstehen, ermöglichen einen überregionalen Wasserausgleich dieser Größe.

Der *Gesamtanschlußgrad der Bevölkerung* an die öffentliche Wasserversorgung hat sich seit Bestehen des Landes Niedersachsen ständig erhöht. Waren gegen Kriegsende weniger als die Hälfte der Gesamtbevölkerung an eine öffentliche Wasserversorgung angeschlossen, beträgt der Versorgungsgrad heute 98 % (vgl. Tab. 30). Eigene Haustrinkwasserversorgungsanlagen bilden somit heute die Ausnahme.

Tab. 30: Stand der öffentlichen Wasserversorgung und personenbezogener Wasserbedarf (1948 - 1990).

Jahr	1948	1960	1970	1980	1990
Versorgungs-grad in %	48	68	86	95	98
Wasserverbrauch in l/Einw./Tag	–	92	117	132	140

Quelle: Niedersächs. Minist. f. Ernährung, Landwirtschaft u. Forsten 1991

Die Entwicklung des Wasserverbrauches

Der personenbezogene Wasserbedarf hat sich in Niedersachsen von 1960 bis 1984 zwar kontinuierlich erhöht (vgl. Tab. 30 und Abb. 141), ist jedoch seitdem konstant geblieben. Das ist einerseits bedingt durch den Einbau wassersparender Systeme in den Haushalten. Andererseits wird aber auch bei der Industrie gegenwärtig ein abnehmender Bedarf verzeichnet, da zunehmend Wasser eingespart und mehrfach genutzt wird, wie das zum Beispiel in den Zuckerfabriken, die zu den größten gewerblichen Wasserverbrauchern gehören, heute der Fall ist. So wird in der Zuckerfabrik Rethen

jeder Kubikmeter Wasser 68 mal genutzt (1989). Statt 25 m^3 vor 20 Jahren werden nur noch 0,3 m^3 Wasser je Tonne Rüben benötigt. Auch im Bereich der Landwirtschaft läßt sich durch exakt gesteuerte Beregnungszeiten und Ausnutzung der technischen Möglichkeiten Wasser in erheblichem Maße sparen.

Die z. Zt. in Anspruch genommene Grundwassermenge (einschl. des Quell- und Talsperrenwassers) entspricht nur etwa 37 % des insgesamt (geschätzten) nutzbaren Grundwasserdargebotes (vgl. Tab. 31). Insbesondere auf der Geest sind bei Wasserwerken z.T. Grundwasserentnahmen von vielen Millionen Kubikmetern im Jahr möglich. Selbst bei steigendem Wasserverbrauch bleibt die Trinkwasserversorgung aus dem Grundwasser somit gesichert.

Tab. 31: Derzeit genutztes und geschätztes Trinkwasserdargebot in Niedersachsen (Mio. m^3/Jahr) - Stand 1983.

Wasserdargebot	derzeit genutzt	insgesamt nutzbar (geschätzt)
Grund- und Quell-wasser	815 Mio m^3/a	2290 Mio m^3/a
Talsperrenwasser	ca. 73 Mio m^3/a	ca. 110 Mio m^3/a
gesamt	888 Mio m^3/a	2400 Mio m^3/a

Quelle: Niedersächs. Minist. f. Ernährung, Landwirtschaft u. Forsten 1984

Da das Grundwasser in der Regel in größeren Tiefen entnommen wird, gewährleistet die vergleichsweise lange Zeitspanne zwischen Versickerung und Entnahme eine Reinigung des Wassers. Im Niederschlag oder an der Bodenoberfläche aufgenommene Schadstoffe werden beim Durchsickern der Bodenschichten festgehalten und größtenteils abgebaut. Es wird jedoch befürchtet, daß der Abbau von Nitrat nur teilweise und von Pestiziden kaum eintritt (vgl. auch Kap.10. "Ökologie und Umweltschutz").

Durch die *gestiegenen Qualitätsanforderungen* an das Trinkwasser wird von den Wasserwerken, die bisher aus den Uferbereichen der Flüsse (uferfiltriertes Wasser) gewonnen haben, die Förderung eingestellt oder gedrosselt. Das gilt besonders für die mit Chloriden und Bromiden stark belastete Weser und auch für die Leine, die außerdem eine hohe Gesamthärte aufweisen. In anderen Bereichen zwingt der Nachweis von Nitrat und Pestiziden zur besonders sorgfältigen Beobachtung des Wassers aus allen Wasserwerken.

7.2.6. Das Beispiel: Die Wasserversorgung der Hauptstadt Hannover

Zentrale Wasserversorgung schon im 14. Jahrhundert

Urkundlich erwähnt ist 1352 die direkte Flußwasserentnahme aus der Leine mittels eines Schöpfrades und die Belieferung der Bürger durch drei Wasserwagen. Als die Wasserlieferung mit Fässern nicht mehr ausreichte, wurde eine "Wasserkunst" mit Pumpen erbaut, die ab 1535 das Leinewasser durch ausgehöhlte Baumstämme zu den Zapfstellen in der Stadt und dem zentralen Marktbrunnen drückte. Die Fernwasserkunst versorgte Hannover bis zur Mitte des vorigen Jahrhunderts.

Anlage des ersten Grundwasserwerkes in der Leineaue im Jahre 1878

Mit der sprunghaften Bevölkerungszunahme einhergehende hygienische Probleme und die Kenntnis der damit verbundenen Seuchengefahr führten 1878 zur Anlage eines ersten Grundwasserwerkes in der Leineaue bei Ricklingen. Es wurde im Jahre 1899 mit einem zweiten Grundwasserwerk in Grasdorf verbunden (vgl. Abb. 140). Schon wenige Jahre später konnte in Trockenjahren mit geringerer Grundwasserführung die Versorgung der Bevölkerung nur dadurch aufrechterhalten werden, daß in Ricklingen und Grasdorf zur Erzielung

einer höheren Förderleistung ausgedehnte Wiesenflächen berieselt und schließlich mit Flußwasser beschickte Filterbecken gebaut wurden.

In diesem Jahrhundert: Steigender Trinkwasserbedarf erforderte neue Brunnen in der Aller-Niederung

Im Jahre 1926 verlor die Leine nach einer Typhusepidemie als Trinkwasserspender an Bedeutung. Durch Überschwemmung der Leineniederung waren einige Brunnen verseucht worden. Auf der Suche nach zusätzlichen ergiebigen Grundwassergewinnungsflächen war man bereits 1910 im Talsandgebiet der Allerniederung bei Elze fündig geworden. Angesichts eines weiter steigenden Trinkwasserbedarfs wurden 1930 in Berkhof und schließlich 1968 in Fuhrberg weitere Wasserwerke in den grundwasserhöffigen Talsanden im Mündungswinkel des Wietzetales mit dem Allerurstromtal eingerichtet (vgl. Abb. 140).

Das Wasserwerk Ricklingen mußte 1974, kurz vor seinem 100jährigen Jubiläum, aufgegeben werden (vgl. Abb.141). Die künstliche Grundwasseranreicherung durch Einleitung von Leinewasser in Filterbecken, über mehrere Jahrzehnte betrieben, wurde eingestellt, da die Qualität des Leinewassers durch die Einleitung von Abwässern oberhalb Hannovers so schlecht geworden war, daß eine Beeinträchtigung des natürlichen Grundwassers zu

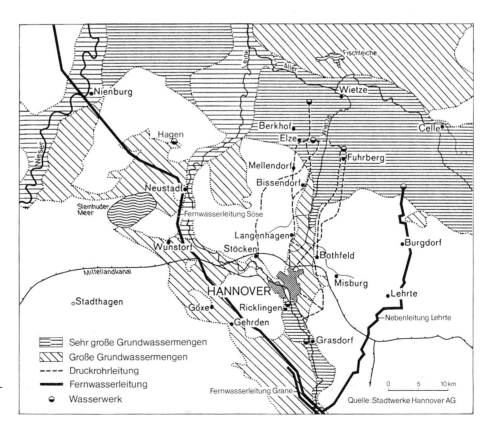

Abb. 140: Hydrogeologische Karte von Hannover und Umgebung (n. Unterlagen der Stadtwerke Hannover AG).

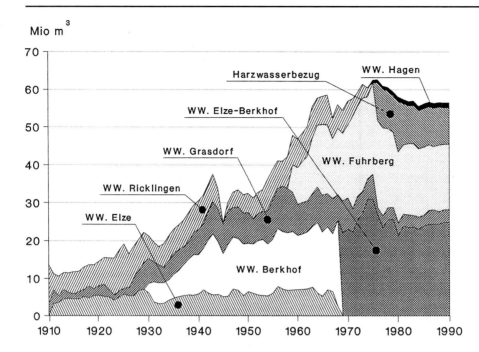

Abb. 141: Gesamtförderung aller Wasserwerke der Stadtwerke Hannover AG 1910 - 1990 (n. Unterlagen der Stadtwerke Hannover AG).

befürchten war und außerdem inzwischen wesentlich höhere Qualitätsanforderungen gestellt wurden. Auch im Werk Grasdorf mußte die künstliche Grundwasseranreicherung eingestellt werden, wodurch dort die Förderleistung um etwa 50 % zurückging. Mit dem Anschluß an die Grane-Fernwasserleitung der Harzwasserwerke und der Mischung des weichen Harzwassers mit dem härteren Leinewasser konnte das Wasserwerk Grasdorf jedoch seine alte Bedeutung für die Trinkwasserversorgung der Stadt teilweise wiedererlangen.

7.2.7. Der heutige Wasserbedarf

Der derzeitige Wasserbedarf Niedersachsens beträgt jährlich mehr als 5 Mrd. m³. Sieht man von dem größtenteils aus den Flüssen gedeckten Kühlwasserbedarf der Wärmekraftwerke ab, erfordert die Bereitstellung von Wasser für die Industrie, die Landwirtschaft und die Trinkwasserversorgung eine Menge von jährlich etwa 1,4 Mrd. m³ (vgl. Tab. 32).

Während die Industrie in Niedersachsen ihren Wasserbedarf zu etwa 65 % aus dem Oberflächenwasser deckt, erfolgt die Wasserversorgung der Landwirtschaft unter anderem und die Trinkwassergewinnung nahezu ausschließlich aus Grund-, Quell- und Talsperrenwasser (90 %).

Etwa 87 % des jährlichen *Trinkwasserbedarfes* (etwa 500 Mio. m³) werden über zentrale Wassergewinnungsanlagen aus den Grund- und Quellwasservorkommen gedeckt. Die Harztalsperren und

wenige kleine Stauanlagen liefern zusätzlich insgesamt etwa 73 Mio. m³/Jahr, d.h. etwa 12 % des Trinkwasserbedarfs. Die direkte Entnahme von Flußwasser spielt keine Rolle mehr.

Tab. 32: Trink- und Brauchwasserbedarf in Niedersachsen (Mio. m³/Jahr) - Stand 1983.

Verbraucher bzw. Nutzer	insgesamt	davon aus Oberflächenwasser	aus Grund-, Quell- und Talsperrenwasser
Trinkwasser davon:	526	1	525 Mio m³/a
– für zentrale Versorgung der Bevölkerung in Niedersachsen	429		
– Eigenversorgungsanlagen in Niedersachsen	7		
– Abgabe an Wasserversorgungsunternehmen außerhalb Niedersachsens	50		
– sonstige in Niedersachsen	40		
Industrie	736	485	251
Landwirtschaft	124	12	112
Wärmekraftwerke	4386	4386	–
Wasserbedarf gesamt	5772	4884	888

Quelle: Niedersächs. Minist. f. Ernährung, Landwirtschaft u. Forsten 1985

7.2.8. Abwasserwirtschaft

Größere Bevölkerungsdichte und gestiegener Lebensstandard erhöhen Wasserbedarf und Abwassermengen

Mit dem raschen Anstieg der Bevölkerungsdichte in Niedersachsen, vor allem aber mit der Erhöhung des Lebensstandards stieg der personenbezogene Wasserbedarf von weniger als 90 Litern in den Nachkriegsjahren auf etwa 140 Liter zu Beginn der 80er Jahre an (vgl. Pkt. 7.2.6.). Er spiegelt die Anschaffung wasserverbrauchender Sanitäreinrichtungen (u.a. Toilettenspülung, Badewannen, Duscheinrichtungen) und Haushaltsgeräte (u.a. Waschmaschinen, Geschirrspüler; vgl. Tab. 33) wider, die inzwischen für eine breite Bevölkerungsschicht zur Grundausstattung gehören. Der persönliche Wasserverbrauch hat sich seit Beginn der 80er Jahre nicht weiter erhöht, weil auch im Haushalt zunehmend wassersparende Technik Verwendung findet.

Tab. 33: Wasserbedarf pro Person im Haushalt (Anhaltswerte) - Stand 1982.

Verwendungszweck	l/Tag	% des Bedarfs
Toilettenspülung	43	32
Baden/Duschen	39	29
Wäschewaschen	16	12
Geschirrspülen	8	6
Körperpflege	8	6
Kleinstgewerbe	7	5
Hausgartenbewässerung	5	4
Trinken/Kochen	3	2
Raumreinigung	3	2
Autopflege	2	2
Gesamtverbrauch	134	100

Quelle: Niedersächs. Minist. f. Ernährung, Landwirtschaft u. Forsten 1985

Mit dem steigenden Wasserverbrauch in privaten Haushalten sowie in Industrie und Gewerbe erhöhte sich auch die Menge des anfallenden Abwassers. Die Abwässer wurden in den ländlichen Gebieten ungeklärt den Gräben und Vorflutern zugeleitet. Im Jahre 1954 verfügten von den insgesamt rd. 4250 Gemeinden des Landes nur 375 über eine Vollkanalisierung, und nur 90 (!) Gemeinden besaßen eine Kläranlage. Nur etwa 30 % aller Wohnungen in Niedersachsen waren an eine Kanalisation angeschlossen (vgl. Tab. 34).

Die Entsorgung der privaten Abwässer

In den Städten wurde noch in den 50er und auch noch in den 60er Jahren das Abwasser zwar in zentralen Mischkanälen (gemeinsamer Transport von Regen und Abwasser) gesammelt und Kläranlagen zugeführt, doch fand hier in der Regel lediglich eine *mechanische Reinigung* statt (Klärstufe I). Alle gelösten Stoffe gelangten in die natürlichen Vorfluter. Sie wurden hier der biologischen Selbstreinigungskraft der Fließgewässer überlassen.

Tab. 34: Anschlußgrade der niedersächsischen Einwohner an Kanalisation und Biologische Kläranlagen (1948 -1990).

Anschlüsse in % der Einwohner	1948	1960	1970	1980	1990
Kanalisation	30	51	66	79	88
Biologische Kläranlagen	13	36	55	77	88

Quelle: Niedersächs. Umweltministerium 1991

Vollbiologische Kläranlagen, die auch organische Kohlenstoffverbindungen biologisch (bakteriell) abbauen (Klärstufe II), arbeiteten in den 50er Jahren lediglich in Hannover, Göttingen und Salzgitter-Lebenstedt. Die Abwässer anderer Städte, wie Braunschweig, Lüneburg, Goslar und Bremen, leitete man nach einer Vorklärung über Rieselfelder. In Braunschweig und Wolfsburg wurden die Abwässer sogar auf landwirtschaftlichen Nutzflächen verregnet, ohne daß man sich der erst später mit Hilfe neuer Analysentechnik erkannten Gefahr der Schwermetallanreicherungen auf den Riesel- bzw. Verregnungsfeldern bewußt war.

Die *Abwasserüberlastung der Flüsse* mit organischen Verunreinigungen führte besonders in der warmen Jahreszeit häufig zu Sauerstoffmangelsituationen, da der bakterielle Abbau der organischen Schadstoffe sehr sauerstoffzehrend ist. Die Folge waren Fischsterben größeren Ausmaßes.

Die industriellen Abwässer: Hauptquellen sind die Zucker- und die Kaliindustrie

Eine zusätzliche Belastung bildeten die Abwassereinleitungen der Industrie. In Niedersachsen waren es in erster Linie die Zuckerindustrie und die Kaliindustrie, die große Abwassermengen weitgehend ungeklärt den Flüssen zuleiteten. Bei den *Zuckerfabriken* wirkte sich besonders ungünstig aus, daß sich die Kampagne auf nur wenige Wochen im Herbst konzentrierte. Zudem führten die Flüsse gerade zu dieser Zeit wenig Wasser. Die Oker beispielsweise war in den 50er Jahren auf weiten Strecken durch die neben den üblichen Hausabwässern zusätzlich eingeleiteten Abwässer der Zuckerfabriken derart belastet, daß sie "umkippte", d.h. der Sauerstoffvorrat des Wassers war durch bakterielle Abbauvorgänge weitgehend aufgebraucht und Fäulnisprozesse setzten ein. Die Wiederherstellung der ökologischen Selbstreinigungskraft der Oker dauerte bisweilen mehrere Monate, in der Regel bis zum Frühjahrshochwasser (vgl. Kap.10. "Ökologie und Umweltschutz").

Aber auch andere Flüsse wie die Leine, Werre, Fuhse, Örtze sowie die Burgdorfer und Sachsenhäger Aue zeigten durch die ungeklärten Abwassereinleitungen aus Industriebetrieben, Molkereien und privaten Haushalten immer wieder die für einen stark abwasserüberlasteten Fluß typischen Erscheinungen, wie Flockenbildung durch Massenentwicklung von Abwasserpilzen, hohe Gehalte an Bacterium coli sowie anderen krankheitserregenden Keimen, Faulschlammbildung am Gewässergrund u.a.m.

Die Abwässer der *Kaliindustrien* belasten noch heute vor allem die obere Werra bzw. Weser und das Leinegebiet (vgl. Kap.10. "Ökologie und Umweltschutz"). Die eingeleiteten Salzlösungen versalzen und verhärten das Wasser, wodurch das ökologische Gleichgewicht der Fließgewässer erheblich gestört wird. Im Innerstetal stellen die bleihaltigen Auswaschungen aus den Halden der Oberharzer Bergwerke und Pochwerke besonders bei Hochwasser eine Gefahr dar.

Moderne Kläranlagen und Kanalisationssysteme

In den vergangenen 40 Jahren ist es gelungen, den Anschlußgrad der Einwohner an eine zentrale Kanalisation mit Biologischen Kläranlagen auf 88 % zu erhöhen. Die verbleibenden 12 % entfallen auf dünnbesiedelte Gebiete. Die in den letzten Jahren zu verzeichnenden Verbesserungen der Wasserqualität in niedersächsischen Fließgewässern sind in erster Linie auf die Reinigungsleistung der Biologischen Kläranlagen zurückzuführen. Ihre Arbeitsweise erlaubt es, die Abwässer auch von organischen Verbindungen zu befreien (vgl. Tab. 34).

Bei den in den letzten Jahrzehnten neu angelegten Kanalisationen handelt es sich ausschließlich um *Trennkanalisationssysteme,* in denen für Regen- und Abwasser eigene Leitungssysteme bestehen. In vielen niedersächsischen Gemeinden und den Innenstadtbereichen der meisten Groß- und Mittelstädte sind vor mehreren Jahrzehnten jedoch *Mischwasserkanalisationsnetze* angelegt worden. In ihnen wird im Gegensatz zum Trennsystem das häusliche, gewerbliche und industrielle Schmutzwasser mit dem Regenwasser gemeinsam in einem Kanal abgeleitet. Dadurch wird der Wirkungsgrad der Biologischen Kläranlagen stark herabgesetzt und das gereinigte Abwasser entspricht nicht mehr den Forderungen des Gewässerschutzes. Bei Starkregenfällen und Schneeschmel-

ze muß ein Großteil des Kanalisationswassers sogar ungeklärt an den Vorfluter abgegeben werden. Die kostspielige Erneuerung dieser veralteten Kanalisationssysteme ist aus der Sicht des Gewässerschutzes unverzichtbar und wird noch mehrere Jahre in Anspruch nehmen.

Nicht alle Kläranlagen haben den gleichen Wirkungsgrad

Die Herkunft der Abwässer verteilt sich gegenwärtig etwa zu gleichen Teilen auf die Haushalte, das Gewerbe und die Industrie. Der weitaus größte Teil der häuslichen und gewerblichen Abwässer wird kommunalen Kläranlagen zugeführt, die eine durchschnittliche Abbauleistung von 91 % erzielen. Lediglich von Haushalten und einigen Gewerbebetrieben unterhaltene Kleinkläranlagen erzielen noch einen Wirkungsgrad von nur etwa 20 %. Er genügt nicht mehr den gestiegenen Ansprüchen an die Qualität der Oberflächengewässer.

Die von den privaten Haushalten betriebenen Kleinkläranlagen stellen eine besondere Gefährdung dar, da der größte Teil ihrer Restschmutzfrachten im Untergrund versickert und damit die Möglichkeit einer Grundwasserverunreinigung gegeben ist. Das hieraus resultierende Problem der Nitratbelastung im Grundwasser wird im Kapitel 10. "Ökologie und Umweltschutz" näher erläutert.

Wichtigste Aufgabe der Abwasserwirtschaft: Verbesserung der Gewässergüte

Obgleich gegenwärtig jährlich immer noch eine Schmutzfracht von etwa 10 % des gesamten jährlichen Abwasseraufkommens den Oberflächengewässern zugeführt wird, hat sich die Gewässergüte in den letzten 15 Jahren merklich gebessert, so daß die Zahl der Wanderfische (z.B. Lachse, Aale) wieder zugenommen hat.

Ausgehend von einer vierstufigen Gewässergüteskala hat sich die Schadstoffbelastung niedersächsischer Fließgewässer im Mittel um ein bis zwei Güteklassen verbessert (vgl. Kap.10. "Ökologie und Umweltschutz"). Das ist in erster Linie auf den verstärkten Anschluß auch vieler ländlicher Gemeinden an zentrale Abwasserbeseitigungsanlagen mit einer mechanisch-biologischen Grundreinigung zurückzuführen. Auch in der Industrie hat sich der Abwasseranteil durch moderne Fertigungs- und Reinigungsmethoden erheblich verringert, so daß die Abbauleistung der industriellen Kläranlagen nunmehr über 93 % beträgt.

Obgleich zumindest größere Fließgewässer heute nur noch selten durch akuten Sauerstoffmangel "umkippen" und Fischsterben größeren Ausmaßes selten auftreten, erreichen noch nicht alle Fließgewässer in Niedersachsen die Gewässergüteklasse

II, d.h. den Verschmutzungsgrad "mäßig belastet". Um hier Verbesserungen zu erzielen, reicht der weitere Ausbau mechanisch-biologisch arbeitender Kläranlagen nicht aus. Deshalb sind der Neubau und die Nachrüstung bestehender Kläranlagen mit *Anlagen zur chemischen Ausfällung von Phosphaten und Nitraten (Klärstufe III)* notwendig; denn zunehmend gelangen auch schwer abbaubare Stoffe wie Schwermetalle, chlorierte Kohlenwasserstoffe, Nitrate, Reinigungs- und Schädlingsbekämpfungsmittel u.a. mit dem Abwasser oder mit den Vorflutern in den Wasserkreislauf, die mit den herkömmlichen Abwasserreinigungsverfahren nur unter hohem finanziellen Aufwand oder überhaupt nicht beseitigt werden können.

Insbesondere auf die Schwermetallbelastung der Abwässer ist es zurückzuführen, daß die früher betriebene Verregnung von Abwässern und Ausbringung von Klärschlamm auf die Felder (siehe oben) stark eingeschränkt worden ist.

7.3. Das Gewässernetz (Flußgebiete)

7.3.1. Niedersächsische Stromgebiete im Überblick

Niedersachsen hat Anteil an 5 Flußgebieten, an dem der Elbe, der Weser, der Ems und der Küstenflüsse sowie, mit dem kleinen Vechtebereich, auch an dem niederländischen Küstenflußgebiet (vgl. Abb. 142, Tab. 35). Die Stromgebiete sind durch *Wasserscheiden* voneinander getrennt.

Das *Wesersystem* als größtes Stromgebiet mit einem niedersächsischen Einzugsgebiet von 26 729

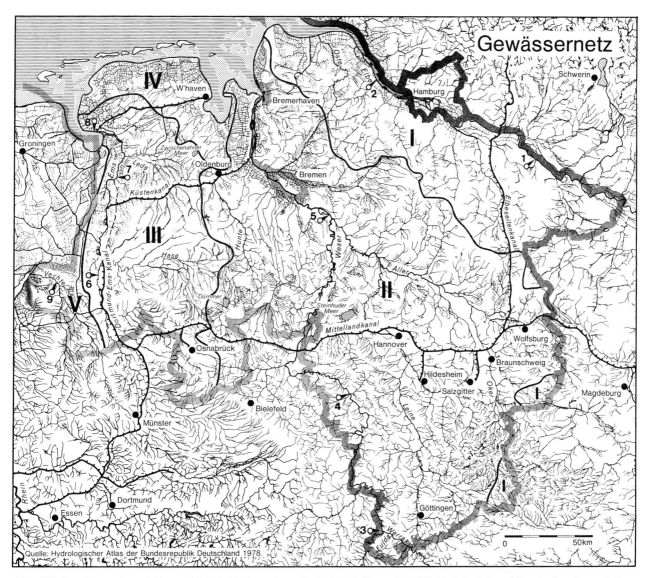

Abb. 142: Gewässernetz und Stromgebiete in Niedersachsen (n. KELLER, Hrsg., 1978/79: Hydrologischer Atlas der Bundesrepublik Deutschland, verändert).
I = Elbe, II = Weser, III = Ems, IV = Gebiet der Küstenflüsse, V = Vechtegebiet; Name und Lage der Pegel 1 - 9 vgl. Tab. 37.

Tab. 35: Wichtige Flüsse in Niedersachsen, ihre Länge und Einzugsgebiete.

Strom bzw. Fluß	Gesamt- länge	Länge	Einzugs- gebiet	Anteil an der Lan- desfläche	schiff- bare Länge
			in Niedersachsen		
	km	km	km²	in %	km
Elbe	1165	238	8962	19	238
Jeetzel	78	35	861	1,8	–
Ilmenau	85	85	2837	6,0	29
Oste	153	153	1711	3,6	80
Weser	477	353	26729	56	353
Aller	263	205	14561	31	117
Oker	125	125	1576	3,3	–
Leine	279	247	6054	12,8	112
Innerste	99	99	1264	2,6	–
Ems	396	241	9036	19	212
Hase	193	193	2997	6,3	–

Quelle: Niedersächs. Minist. f. Ernährung, Landwirtschaft u. Forsten 1985

km² bildet dabei das ”hydrographische Rückgrat“ des Landes. Mit den großen Nebenflüssen Leine, Aller, Oker, Wümme und Hunte entwässert das Weserstromgebiet insgesamt 56 % der niedersächsischen Landesfläche.

Das *Emsstromgebiet* mit den Nebenflüssen Hase und Leda umfaßt in Niedersachsen ein Einzugsgebiet von 9036 km². Das Gesamteinzugsgebiet der Ems ist bedeutend größer (21000 km²), es wird jedoch durch die Grenzen zu Nordrhein-Westfalen und den Niederlanden geteilt.

Die *Elbe* bildet auf einem Fünftel ihrer Gesamtlänge die Landesgrenze Niedersachsens. Ihr niedersächsisches Einzugsgebiet umfaßt lediglich 8962 km² (ca. 19 % der Landesfläche). Das Gesamteinzugsgebiet ist dagegen 97464 km² groß. Bedeutende Nebenflüsse der Elbe auf niedersächsischem Gebiet sind die Jeetzel, Ilmenau, Luhe und Oste.

Das *Küstenzuflußgebiet* mit Harle und Jade hat in Niedersachsen eine Größe von 5363 km² bzw. 11,5 % der Landesfläche. Es entwässert die ostfriesisch-oldenburgischen Geest- und Marschgebiete. Das flächenkleinste niedersächsische Stromgebiet, das der *Vechte,* umfaßt lediglich 1743 km² (ca. 3,5 % der Landesfläche). Der Fluß entwässert auf einer Lauflänge von 80 km den Landkreis Grafschaft Bentheim, bevor er in die Niederlande eintritt.

7.3.2. Abflußverhältnisse

Flußdichte und Untergrund

Reichlicher Oberflächenabfluß hat in Niedersachsen ein feingliedriges Gewässernetz geschaffen

Weil es in Niedersachsen hinreichend regnet und im Landesdurchschnitt ein Drittel der gefallenen Niederschläge weder von den Pflanzen aufgenommen wird noch verdunstet, hat das abfließende Wasser ein *feingliedriges Gewässernetz* ausgebildet (vgl. Abb. 142). Es folgt den Tiefenlinien des Landes, beginnt mit Rinnsalen und Gräben, die sich zu Bächen vereinen, die wiederum zu Flüssen und die Flüsse zu Strömen werden, bevor sie in die Nordsee münden.
Die Flüsse in Niedersachsen folgen der großen Abdachung nach Norden und Nordwesten. Dabei haben sie ihre Quellgebiete zum überwiegenden Teil im Bergland oder erhalten zumindest den Hauptzuwachs ihrer Abflußmenge von dort.
Das niedersächsische Gewässernetz läßt *vier Typen von Flußsystemen* mit jeweils charakteristischen Talformen erkennen, die weitgehend abhängig sind von der Niederschlagsmenge sowie den Relief- und Untergrundverhältnissen (vgl. Tab. 36).

Der Harz weist die größte Flußdichte Niedersachsens auf

Der Harz verfügt aufgrund der hohen Jahresniederschläge (über 1000 mm) und der dichten Gesteine über ein sehr feingliedriges Gewässernetz. Das Gebirge weist die höchste Flußdichte Niedersachsens auf. Infolge der großen Höhenunterschiede herrschen wasserreiche, schnellfließende Bäche vor, die sich durch eine hohe Erosionskraft und starke Wasserstandsschwankungen auszeichnen. Die Bäche haben sich in schotterreichen Kerbtälern z.T. bis über 300 m tief in das anstehende Gestein eingeschnitten und die Harzschotter weit in das Vorland hineintransportiert. Dort werden sie vielfach in Kiesgruben als begehrtes Baumaterial, insbesondere für Betonarbeiten, gewonnen.

Im Niedersächsischen Berg- und Hügelland bestimmen die geologischen Verhältnisse die Gestaltung des Gewässernetzes

Im Niedersächsischen Berg- und Hügelland überwiegen ebenfalls relativ engmaschige Gewässernetze. Sie spiegeln den Verlauf der Höhenzüge und Talungen wider. Dabei ist der kleinräumige Wechsel des anstehenden Gesteins und der tektonischen Verhältnisse bestimmend für dessen Gestaltung.

Tab. 36: Das Abflußverhalten der Flüsse bei unterschiedlichen Untergrundverhältnissen.

Fluß/ Bach	Pegel	Nieder- schlags- gebiet in km²	Beobach- tungs- zeitraum	Untergrund des Einzugsgebietes	Verhältnis der Abflußmengen	
					Sommerhalb- jahr zu Winterhalbjahr	niedrigstes Niedrig- wasser zu höchstem Hochwasser
Lehrde	Lehringen bei Verden	100	1955 – 86	durchlässige Sande	1 : 1,39	1 : 43
Aue	Wendeburg b. Braunschweig	109	1957 – 86	Lößlehm, Kies und Sand in der Talung	1 : 1,26	1 : 62
Hunte	Bohmte am Wiehengebirge	179	1961 – 86	z. T. schwer durchlässiges Gestein, z. T. Sand und Torf	1 : 2,32	1 : 522
Sieber	Hattorf am Südharzrand	129	1951 – 86	undurchlässiges Gestein	1 : 1,97	1 : 11250
Innerste	Lindthal bei Lautenthal	98	1967 – 86	undurchlässiges Gestein, ausgleichende Stauteiche	1 : 1,26	1 : 276

Quelle: Dt. Gewässerkundl. Jb., Weser- und Emsgebiet, Abflußjahr 1986

In tonigen, weitgehend undurchlässigen Gesteinen findet sich ein engständigeres Gewässernetz als in klüftigen, durchlässigen Sandsteinschichten und Kalkgesteinen. Dort tritt das in den Untergrund versickernde Wasser zumeist erst an den Rändern der Hochflächen und den Flanken der Höhenzüge an Schichtgrenzen zutage (Schicht- und Verwerfungsquellen). Die Muschelkalkhochflächen des Göttinger Waldes, der Dransfelder und der Ottensteiner Hochfläche oder die Sandsteinhöhenzüge, wie Solling und Vogler, sind deshalb trotz der hohen Jahresniederschläge die Gebiete mit der geringsten Flußdichte innerhalb des Niedersächsischen Berg- und Hügellandes.

Die Täler zeigen in Abhängigkeit vom anstehenden Gestein und Relief einen Wechsel in Breite und Tiefe. Im Bereich der Sandstein- und Kalkberge findet man tief eingeschnittene Täler mit steilen Hängen. Die Entstehung solcher Täler setzt jedoch immer die tiefe Lage eines Vorfluters voraus. In tonigen Gesteinen sind dagegen breite Talauen und Becken ausgebildet, die bei der überwiegenden Lößbedeckung wertvolle Ackerflächen tragen. Beispiele hierfür sind die Liasausraumsenken südlich des Wesergebirges, das Markoldendorfer Becken bei Einbeck sowie die Senke zwischen Ith und Osterwald.

Im Tiefland ist die Flußdichte unterdurchschnittlich

Im *Flachland* zeigen die Einzugsgebiete der Wasserläufe langgestreckte Formen und eine durchschnittliche bis geringe natürliche Flußdichte. Im *Lößbördegebiet* ist sie normal, in den *Geestgebieten* der Lüneburger Heide und der Meppen-Nienburger Geest dagegen sehr gering.

In den vorherrschenden Sanden der Geest geht ein erheblicher Teil des Niederschlagswassers durch Versickerung von der Oberfläche verloren, da der Grundwasserspiegel oft niedriger liegt als die Sohlen der auch dort zahlreich vorhandenen Kleintäler. Besonders ist dies in den höher gelegenen Endmoränengebieten der Fall. Derartige heute nicht mehr durchflossene Täler, die ihre Entstehung dem Dauerfrostbodenklima der letzten Eiszeit verdanken (vgl. Kap. 3. "Heutige Oberflächenformen"), bezeichnet man als Trockentäler.

Ein weiterer Grund für das weniger dichte Flußnetz der Geest im Vergleich zum Bergland ist die jährliche Niederschlagshöhe, die in den meisten Geestgebieten deutlich geringer ist als in den durch Stau- und Steigungsregen beeinflußten Teilen des Niedersächsischen Berg- und Hügellandes oder gar im Harz (vgl. Kap. 6. "Klima").

Marsch- und Moorgebiete mit dichtem Grabennetz, das der Entwässerung dient

Eine Sonderstellung nehmen die Hoch- und Niedermoorgebiete ein. Aufgrund des hohen natürlichen Grundwasserspiegels weisen sie außer den natürlichen Wasserläufen ein enges Netz von künstlichen Entwässerungsgräben auf, das hinsichtlich der Dichte nur noch von den Marschgebieten übertroffen wird. Wegen seiner Feinmaschigkeit konnte das Grabennetz der Marschen und Moore auf der Abb. 142 nicht dargestellt werden. Einen Eindruck von der Vielzahl der Gräben in der Marsch und der geringen Gewässerdichte der sandigen Geest mag Abb. 167 vermitteln, obwohl auch darin nur die Hauptgräben eingezeichnet sind.

Die Wasserführung der Flüsse

Die Elbe führt doppelt soviel Wasser wie die Weser und fünfzehnmal mehr als die Ems

Die Wasserführung der Flüsse ist vor allem abhängig von der Größe des Einzugsgebietes und der Menge der in diesem Gebiet fallenden Niederschläge. Da das Elbegebiet mit 144 055 km² etwa dreimal größer als das Wesergebiet und sogar fast zwölfmal größer als das Emsgebiet ist, verhält sich auch die mittlere Wasserführung von Elbe : Weser : Ems an der Tidegrenze wie 15 : 6 : 1 (vgl. Tab. 37).

Jahreszeitlich ist die Wasserführung im Winterhalbjahr größer als im Sommerhalbjahr, obwohl im Sommer deutlich mehr Niederschläge fallen als im Winter (vgl. Tab. 29). Die Gründe sind bereits genannt worden (s. Seite 243). Wenn keine Wasserrücklagen, insbesondere an Grundwasser aus den Wintermonaten, vorhanden wären, würden in den niederschlagsarmen Gegenden des Landes die Flüsse im Sommer und im Herbst austrocknen; denn die Verdunstung übersteigt dann den Niederschlag.

Die größten Wasserstandsschwankungen werden im Tidebereich registriert

Die Unterschiede in den Wasserständen zwischen Niedrigstem Niedrigwasser (NNW) und Höchstem Hochwasser (HHW) betragen an der Weser 7 bis 7,5 m, an der Elbe gleichfalls ca. 7 m und an der mittleren Ems etwa 3 m, während im Tidebereich der drei Ströme extreme Wasserstandsschwankungen in der Elbe zwischen Harburg und Cuxhaven von 9 - 9,5 m, in der Weser zwischen Bremerhaven und Bremen von 8,5 bis 9,5 m und in der Ems bei Emden von 9 m registriert worden sind (vgl. Tab. 37).

Hochwasser: Ereignisse und Folgen

Die Zahl der Hochwasser hat trotz Wasserbau nicht wesentlich abgenommen

Zwar wird versucht, die Hoch- und Niedrigwasserstände durch Talsperren, Rückhaltebecken und Staustufen auszugleichen, doch hat dadurch die Zahl der Hochwasser nicht wesentlich abgenom-

Tab. 37: Bisher gemessene höchste und niedrigste Wasserstände sowie mittlere Abflüsse von Elbe, Weser, Ems und Vechte.

Pegel	Höhen-lage über NN	Strom-kilometer	Niedrigstes Niedrigwasser NNW bzw. NTnw	Datum	Höchstes Hochwasser HHW bzw. HThw	Datum	Mittl. Abfluß (MQ) in m³/s	Mittl. Hochwasser-abfluß in m³/s
Elbe								
Neu-Darchau	5,60 m	536	0,70 m	02.10.1947	7,24 m	07.04.1895	725 [2]	1890 [2]
Hamburg-Harbg. [1]	0,00 m	615	− 3,31 m	26.01.1937	6,25 m	03.01.1976	−	−
Stadersand [1]	0,00 m	655	− 3,44 m	21.01.1937	6,07 m	03.01.1976	−	−
Cuxhaven [1]	0,00 m	724	− 4,00 m	06.03.1881	5,12 m	03.01.1976	−	−
Weser								
Hann. Münden	114,95 m	0,65	0,59 m	13.10.1921	7,66 m	10.02.1946	114 [3]	621 [3]
Hameln	59,48 m	135	0,32 m	30.11.1921	7,66 m	09.02.1946	−	−
Intschede	4,81 m	331	0,21 m	26.08.1976	7,62 m	29.02.1940	323 [3]	1170 [3]
Bremen [1] (Gr. Weserbrücke)	0,00 m	−	− 3,08 m	08.12.1959	5,41 m	17.02.1962	−	−
Bremerhaven [1]	0,00 m	−	− 4,19 m	15.03.1964	5,35 m	16.02.1962	−	−
Ems								
Dalum	12,40 m	212	1,31 m	22.08.1973	4,58 m	25.02.1970	48 [4]	147 [4]
Papenburg [1] (Emsschleuse)	0,00 m	−	− 1,94 m	08.12.1959	4,29 m	04.01.1976	−	−
Emden [1]	0,00 m	−	− 3,80 m	15.03.1964	5,18 m	13.03.1906	−	−
Vechte								
Emlichheim	8,00 m	10,4 [6]	0,79 m	16.06.1971	4,98 m	02.01.1987	18 [5]	106 [5]

[1] Tidebereich   [2] Jahresreihe 1926–1983   [3] 1941–1986   [4] 1965–1986   [5] 1950–1987   [6] oberhalb der deutsch-niederländischen Grenze

Quelle: Dt. Gewässerkundl. Jb., Weser- und Emsgebiet, Abflußjahr 1986; Rheingebiet III, Abflußjahr 1987; Unteres Elbegebiet Abflußjahr 1983

men, während man Niedrigwasserstände und auch extreme Hochwasserstände früheren Ausmaßes durch solche Maßnahmen weitgehend vermeiden kann (vgl. Tab. 39). Hochwasser mit Ausuferungen, d.h. mit Überschwemmung der Talauen, treten besonders im Winterhalbjahr auf, wenn z.B. plötzlich *Schneeschmelze* eintritt oder wenn der Boden gefroren ist, so daß bei Dauer- oder Starkregen die Niederschläge sofort abfließen, wie bei dem verheerendsten Hochwasser der Nachkriegszeit vom 9. bis 14. Februar 1946, als große Teile von Hannover, darunter auch die Buch- und Urkundenbestände des Hauptstaatsarchivs, unter Wasser standen (vgl. Tab. 37).

In den undurchlässigen Festgesteinsgebieten des Harzes und des Berglandes entstehen die gefährlichen Hochwasserwellen

Wenn der Boden hingegen nicht gefroren ist, bleibt die Speicherfähigkeit des Gesteinsuntergrundes entscheidend für die Wasserführung des Flusses und damit für die Hochwassergefährdung. In den Festgesteinsgebieten im Harz oder im Bereich des Berg- und Hügellandes, wo die Wasserstandsschwankungen besonders groß sind (vgl. Tab. 36), entstehen Hochwasserwellen, die an den Austrittsstellen aus dem Gebirge häufig große Schäden anrichten. Dort werden nicht nur weithin Flächen überschwemmt, sondern auch die mitgeführten Schotter abgelagert, Ufer unterspült und neue Wasserrisse geschaffen.

Das Beispiel Sieber: Schwankung der Wasserführung im Verhältnis 1 : 3500

Das Beispiel der Sieber, deren Wasserführung durch keine Talsperre ausgeglichen wird, zeigt ein Verhältnis zwischen dem Niedrigsten Niedrigwasser und dem Höchsten Hochwasser von 1 : 3500. Das sind Werte, die zeigen, wie unter natürlichen Bedingungen auch bei den anderen Harzflüssen die Abflußverhältnisse am Harzrand sein würden. Neuere Werte haben sogar ein Verhältnis von 1 : 11 250 ergeben. Dabei muß allerdings berücksichtigt werden, daß der Pegel Hattorf im Gipsauslaugungsgebiet liegt, wo die Sieber durch unterirdische Abflüsse Wasser zur Rhumequelle hin verliert. Das wirkt sich besonders bei niedrigen Wasserständen aus, da die Schlucklöcher im Sieberbett auch dann beliefert werden.

Im Sommerhalbjahr sind Starkregen die Hauptursache von Hochwassern

Im Sommerhalbjahr, wenn normalerweise das Niederschlagswasser durch die Pflanzendecke verbraucht wird, treten Hochwasser vornehmlich bei

Starkregen auf, die an einem Tag über 30 - 50 mm (= l/m^2) hinausgehen. Obwohl Starkregen mit hoher Intensität in der Regel auf verhältnismäßig eng begrenzte Gebiete beschränkt sind, können sie katastrophale Ausmaße annehmen, bei denen es durch Überschwemmungen zu Viehverlusten auf den Weiden und in den Ställen und sogar zu Menschenverlusten kommen kann.

Starkregen und Hochwasser im Juni 1981: große Schäden durch Überschwemmungen und Bodenabtrag

Als Beispiel seien hier die Wasserstandsschwankungen bei einem Starkregen angeführt, der im Untereichsfeld und Harz an einem einzigen Tag über 100 mm Niederschlag (l/m^2) brachte. Das ist etwa ein Siebentel der durchschnittlichen Jahressumme. Die Abb. 143 zeigt den Verlauf der Hochwasserwelle im Hauptschadensgebiet. Sie erreichte am 4. Juni zeitweilig den 120fachen Wert des normalen Abflusses, überschwemmte schlagartig die Dörfer am Rande der Talaue, unterspülte Ufer und Brücken, riß Bäume und Gebäude um und verlief sich innerhalb eines Tages wieder. Zurück blieb außer den Gebäudeschäden und Viehverlusten allenthalben eine Schlammkruste, selbst in den Gebäuden sowie in den überflutet gewesenen Schrän-

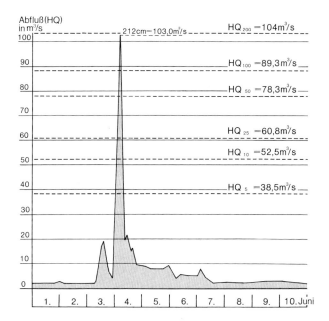

Abb. 143: Hochwasserwelle der Garte bei Göttingen nach einem 100 mm - Tagesniederschlag. Ganglinien des Abflusses am Pegel Gartemühle 1.-10. Juni 1981. Einzugsgebiet: 87,5 km^2 (n. Unterlagen d. Wasserwirtschaftsamtes Göttingen).

HQ5 = Hochwasserabfluß mit einem wahrscheinlichen Wiederkehrintervall von 5 Jahren; MQ = Mittelwert 0,87 m^3/s; Jahresreihe 1984 - 1988.

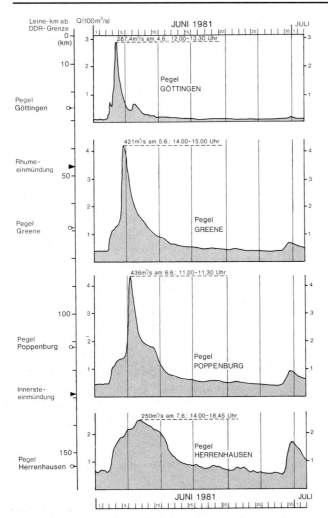

Abb. 144: Verlauf eines Sommerhochwassers im Leinetal zwischen Göttingen und Hannover, dargestellt am Beispiel der Abflußganglinien der Leinepegel beim Junihochwasser 1981 (eigener Entwurf n. Unterlagen d. Wasserwirtschaftsämter Göttingen, Hildesheim und Hannover).

ken und Kraftfahrzeugen, womit deutlich wurde, wie stark bei solchen Ereignissen der *Bodenabtrag* ist.

Durch ähnliche Starkregenfälle sind bei anderen Bewirtschaftungsmethoden in früherer Zeit im Eichsfeld die jetzt noch vorhandenen Schluchten eingerissen worden, die gegenwärtig infolge der dichten Buschbewachsung nicht mehr weitergebildet werden (vgl. Kap. 3. "Heutige Oberflächenformen").

Den weiteren Verlauf der durch den Junistarkregen 1981 ausgelösten *Hochwasserwelle* im Leinetal zwischen Hannover und Göttingen zeigt Abbildung 144. Der Hochwasserscheitel hat dabei die 150 km lange Strecke mit einer Durchschnittsgeschwindigkeit von lediglich 1,6 km/h zurückgelegt, wobei sich die Wellenspitze immer mehr abflach-

te. Die Hochwasserwellen der Weser sind fast doppelt so schnell, fast 3 km/h. Das heißt, ein Hochwasserscheitel von 6 m über Pegelnull (= 4,10 m über dem Mittelwasser) in Hann. Münden erreicht einen Tag später Hameln, nach 3 Tagen Nienburg und Baden bei Verden gar erst nach 4 Tagen.

Die Leine bei Hannover: Die Schwebstoffe eines Hochwassertages würden über 1000 Güterwagen füllen

Die infolge der weitflächigen Überflutung der Talauen geringer gewordene Strömungsgeschwindigkeit und die dadurch abgeschwächte Transportkraft des Flusses führen zur Ablagerung der mitgeführten Schwebstoffe als *Auelehm* in den Tälern. Das angeführte Beispiel (Abb. 144) mag auch das verdeutlichen. In Hannover führte die Leine beim Eintreffen des Hochwasserscheitels am 7. Juni ein bereits weitgehend geklärtes Wasser. Die Tagesfracht betrug trotz des fünffachen Abflußwertes lediglich etwa 2000 t Schwebstoffe (die Gewichtsan-

Tab. 38: Schwebstoff-Fracht der Elbe, Weser, Aller, Leine und Ems.

Meßstelle (Meßreihe)	durchschnittl. Abfluß (MQ) in m^3/s	durchschnittl. Schwebstoff-Fracht in t/Jahr	in t/Tag	Mittl. Schwebstoffanfall im Einzugsgebiet in t/km^2/Jahr
Elbe Hitzacker (1964 – 1983)	770	850 000	2329	6,54
Weser Fulda: Hann. Münden (1966 – 1986)	66	72 000	197	10,35
Werra: Hann. Münden (1966 –1986)	53	120 000	329	21,79
Bodenwerder (1965 –1986)	155	290 000	795	18,22
Intschede bei Verden (1970 –1986)	306	501 000	1373	13,37
Aller Rethem (1974 –1986)	111	104 000	285	7,16
Leine Herrenhausen (1966 –1986)	52	128 000	350	24,11
Ems Versen (1967 –1986)	78	66 000	181	7,83

Quelle: Dt. Gewässerkundl. Jb., Unteres Elbegebiet, Abflußjahr 1983; Weser- und Emsgebiet, Abflußjahr 1986

gabe ist in Trockensubstanz umgerechnet). Das ist auch nur das Fünffache des Normalwertes (350 t/Tag). Bei einem pegelnahen Starkregen von lediglich 50 mm/Tag, der am 3. Juni 1981 das Gebiet um Hannover betraf (vgl. Abb. 144), führte die Leine hingegen 33 400 t Schwebstoffe an einem Tage. Das entspricht einer Menge, die 1200 Güterwagen (je 28 t) oder 24 Güterzüge mit je 50 Wagen füllen würde. Damit ist ein Maß gegeben, wieviel von dem im Hauptschadensgebiet abgespülten Material sich in den Tälern bei Hochfluten absetzt.

Höchster Bodenabtrag in den hängigen Löß-gebieten

Die Höhe des Bodenabtrags und damit die Höhe der Schwebstoff-Fracht hängt von den Bodenver-hältnissen und vom Relief im Einzugsbereich ab. Die höchsten Beträge werden im hängigen Lößge-biet erreicht (vgl. Tab. 38, s. Leine und Werra). Nach langjährigen Untersuchungen sind seit dem frühen Mittelalter von den Hängen des Eichsfeldes flächenhaft gesehen die oberen 2,5 m abgetragen worden. Das entspricht einem mittleren jährlichen Abtrag von 48 t/ha (BORK 1985). Hingegen wer-den von den bewaldeten und durchlässigen Sand-steinhängen im Einzugsgebiet der Fulda und aus den Sandgebieten der Geest (Aller, Ems) nur we-nige Schwebstoffe in die Flüsse geliefert.

Zunehmende Hochwassergefährdung durch Gewässerausbau und Auelehmabsatz?

Der Gewässerausbau erhöht durch beschleunig-ten Abfluß die Hochwassergefahr

Durch den Ausbau der Gräben in den Einzugsbe-reichen, durch Dränungen und durch Begradigun-gen der Bäche, durch Mäanderdurchstiche und Be-seitigung von Totarmen, durch Uferbefestigungen und Ausräumung der Flußbetten ist insbesondere in den Mittel- und Unterläufen der Flüsse wegen des beschleunigten Abflusses im Oberlauf die Ge-fahr von Überschwemmungen ständig gewach-sen. Trotz des Baues von Talsperren und Rückhal-tebecken sowie von Staustufen ist z.B. die Mittel-weser allein im Jahre 1981 siebenmal über die Ufer getreten, wobei jeweils im Grasland Hochflut-lehm (Auelehm) abgelagert wurde.

Verstärkte Auelehmablagerung ließ die Hoch-wasserpegel seit dem Mittelalter ansteigen

Neben dem Gewässerausbau ist es der verstärkte Absatz von Hochflutlehm (Auelehm) und -sand, der die Talauen aufhöht und damit die Böschun-gen der bebauten und besiedelten Niederterras-sen immer niedriger werden läßt, so daß bei ho-hen Wasserständen auch die Talränder mit den darauf befindlichen Siedlungen in Gefahr geraten oder überschwemmt werden (vgl. Abb. 145). Sie müssen zunehmend durch Deiche geschützt wer-den. In den Tälern der Elbe, Weser und Leine gibt es dafür viele Beispiele.
Wie stark die Aufhöhung der Talauen ist, zeigen die im frühen Mittelalter einst auf dem hohen Ufer der Niederterrasse erbauten Kirchen, wie die Klo-sterkirchen von Kemnade bei Bodenwerder, von Hameln (Münsterkirche), Fischbeck und Möllen-beck an der Weser, die durch den Auelehmauftrag inzwischen so tiefliegend sind, daß man über meh-rere Treppenstufen nach unten steigen muß, wenn man in das Innere gelangen will. In Hameln kann man mit einem Auelehmauftrag seit dem frü-hen Mittelalter von 3 m rechnen. Unter der Hollen-stedter Leinebrücke bei Northeim setzte sich seit

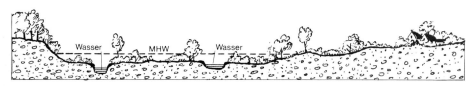

A) Hochwasserfreie Siedlungsanlage zu Beginn verstärkter Auelehmbildung im frühen Mittelalter

Abb. 145: Zunehmende Hoch-wassergefährdung der Dörfer und Städte durch Auelehmab-satz in den Tälern des Berg- und Hügellandes (n. MENSCHING 1951, verändert).

B) Hochwassergefährdung durch starken Auelehmauftrag in der Neuzeit

░ Niederterrassenschotter bzw.-kies   ▮ Auelem (Hochflutlehm)   MHW Mittleres Hochwasser

1952 innerhalb von 18 Jahren 1,50 m Auelehm ab. Ein großer Teil der Schwebstoffe wird sich bei Hochwasser nunmehr in dem seit 1970 in Betrieb befindlichen großen Rückhaltebecken bei Salzderhelden niederschlagen.

Wasserklemmen und Eisdecken

Wasserklemmen: Folge von Trockenphasen und Grundwasserabsenkung

Wasserklemmen, d.h. Zeiten besonders geringer Wasserführung, treten vorwiegend in den Sommer- und Herbstmonaten auf, wenn bei hoher Verdunstung längere Zeit die Niederschläge ausbleiben oder nur unbedeutend sind. Sie werden zusätzlich durch eine starke Absenkung des Grundwasserspiegels (z.B. infolge eines niederschlagsarmen Winters) begünstigt, da in diesem Falle keine nennenswerte Grundwasserabgabe in die oberirdischen Wasserläufe erfolgen kann.

Vereinzelt treten Wasserklemmen mit ihren negativen Folgen für die Binnenschiffahrt auch im Winterhalbjahr auf (vgl. Tab. 37). Die Voraussetzungen hierfür sind dann gegeben, wenn das Niederschlagswasser längere Zeit in Form von Schnee gebunden ist oder wegen eines langanhaltenden Einfrierens der oberen Bodenschichten kein Wasserabfluß in die Grundwasserleiter erfolgt.

Geschlossene Eisdecken sind auf unseren Flüssen selten geworden

Geschlossene Eisdecken sind in ihrer Entstehung an niedrige Temperaturen und geringe Strömungsgeschwindigkeiten gebunden. Diese Voraussetzung erfüllen unter den großen Flüssen lediglich die Elbe, die Mittelweser und die mittlere Ems. Dennoch sind auch hier geschlossene Eisdecken sehr selten. Bei der Mittelweser verhindert zudem der hohe Salzgehalt weitgehend die Eisbildung (vgl. Kap. 8. "Ökologie und Umweltschutz").

Im Einflußbereich der Tide, aber auch der Staustufen ist nur die Bildung von Scholleneis möglich. Auch die schnellfließenden Flüsse und Wasserläufe des niedersächsischen Berg- und Hügellandes zeigen nur Randeis. Geschlossene Eisdecken sind ungewöhnlich. Eine besondere Hochwassergefahr ist allerdings dann gegeben, wenn nach einer längeren Frostperiode bei schnell einsetzender Temperaturerhöhung die Eisdecke gehoben wird und Eisschollen entstehen, die in Krümmungen und Engstellen einen *Eisstau* entstehen lassen.

7.4. Die großen niedersächsischen Flüsse und ihre Niederschlagsgebiete

7.4.1. Die Weser und ihre Nebenflüsse

Die Weser mit ihren Nebenflüssen bildet das größte und bedeutendste Flußgebiet Niedersachsens (vgl. Abb. 142).

Der Strom weist von Hann. Münden bis zur Mündung bei Bremerhaven eine Gesamtlänge von 477 Stromkilometern auf. Das Gefälle auf dieser Strecke beträgt 116 m (vgl. Abb. 146). Das Einzugsgebiet (einschl. Werra und Fulda) ist 45 800 km² groß und erreicht damit fast die gleiche Größe wie das gesamte Land Niedersachsen.

Geographisch gliedert sich die Weser

a) in eine freifließende *Oberweser* von Hannoversch Münden bis Minden, die lediglich eine Staustufe bei Hameln hat,

b) in die mit Hilfe von 7 Staustufen kanalisierte *Mittelweser,* die bis zum Hemelinger Weserwehr und weiter bis Bremen zur Wilhelm-Kaisen-Brücke reicht,

c) in die bei Blexen und Bremerhaven endende *Unterweser* und

d) in die bereits zu den Küstengewässern zählende *Außenweser,* deren Endpunkt die Bremer Schlüsseltonne in der Alten Weser ist.

Die Quellflüsse: Werra und Fulda

Der Strom entsteht, wie der Reim auf dem Weserstein in Hannoversch Münden sagt, durch den Zusammenfluß von Werra und Fulda. Früher ist die Werra, die mit 292 km der längere Quellfluß ist, als Oberlauf der Weser angesehen worden, da Werra und Weser (Wisera) vom Ursprung her dasselbe Wort sind. Nur ist das erste dem fränkischen, das zweite dem (nieder-)sächsischen Dialekt gefolgt.

Die *Werra* entspringt bei Eisfeld im Porphyrgebiet des niederschlagsreichen Thüringer Waldes. Von dort bringt sie als Flußgerölle den charakteristischen *Thüringerwald-Porphyr* mit, der bis in den Bereich der Mittelweser verbreitet ist und abseits des Stromes als Kennzeichen ehemaliger Weserläufe gilt. Bei Bad Salzungen-Vacha durchfließt sie das hessisch-thüringische Kalibergbaugebiet und wird dort mit einer hohen Fracht von Kaliabwässern belastet. Bei Hedemünden tritt die Werra auf 12 km Länge in niedersächsisches Gebiet ein, wo sie durch Wehr und Schleuse "Am letzten Heller", tief unter der Autobahnbrücke, auf eine schiffbare Tiefe gebracht worden ist. Diese Staustufe und das Werrawehr mit Schleuse in Hann. Münden waren die Vorläufer einer einst geplanten *Werrakanalisierung* mit 18 Staustufen, die den Fluß minde-

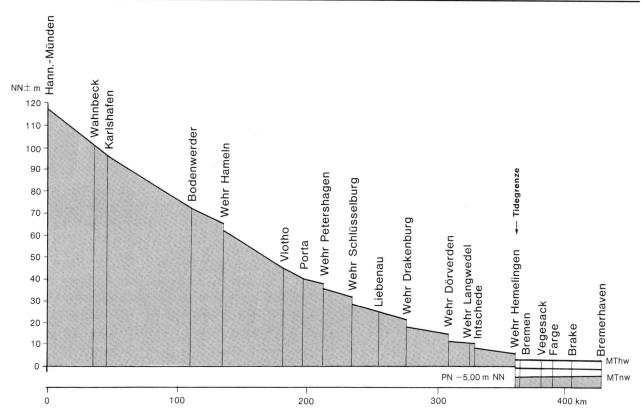

Abb. 146: Hydrologischer Längsschnitt der Weser von Hann. Münden bis Bremerhaven (n. Dt. Gewässerkundl. Jb., Weser- und Emsgebiet, Abflußjahr 1986).

stens bis zum hessisch-thüringischen Kali-Bergbaugebiet vollschiffig erreichbar machen sollte.

Im Mittelalter und der frühen Neuzeit spielte der Warenaustausch mit dem Thüringer Raum über die Werrahäfen Eschwege, Wanfried, Treffurt und Vacha eine große Rolle. Noch 1872 fuhren zwischen Wanfried und Münden 97 Schiffe. Vor dem letzten Kriege galt die Werra auf 89 km Länge als schiffbar. Kalisalze und Steinkohle waren hier die Hauptfrachtgüter. Nach der verstärkten Konkurrenz der Eisenbahn, besonders aber mit der Schließung der "Zonengrenze" kam die Schiffahrt gänzlich zum Erliegen. Vielleicht wird sie als Personenschiffahrt durch das burgengekrönte Werrabergland wiederbelebt werden.

Der zweite Quellfluß der Weser, die *Fulda,* entspringt auf der Wasserkuppe in der Rhön und erreicht nach 154 km über Fulda und Kassel die Weser in Hann. Münden. Von Kassel bis zur Mündung war die Fulda durch 7 Nadelwehre und Schleusen aufgestaut. In den letzten Jahren (bis 1990) sind sie durch 5 neue Staustufen ersetzt worden, so daß kleine Schiffe (bis 500 t) Kassel erreichen können. So können Personenschiffe in dem landschaftlich schönen, tief eingeschnittenen Tal jederzeit zwischen Kassel und der Oberweser verkehren.

In trockenen Sommern ist die Oberweser-Schiffahrt auf die Fulda angewiesen, die durch ihren Nebenfluß, die Eder, aus der *Edertalsperre* (202 Mio. m³) Zuschußwasser erhält, das zumindest zeitweilig Wasserklemmen im Oberweserbereich zu mindern vermag. Die Fulda bildet auf den letzten 18 Kilometern die Landesgrenze zwischen Hessen und Niedersachsen.

Die Oberweser

Ein enges und windungsreiches Tal in einem historischen Grenzland

Die von Hann. Münden bis zur Porta Westfalica und Minden reichende Oberweser windet sich mit vielen großen Schleifen auf einer Gesamtlänge von 198 Stromkilometern durch ein Gebirgstal von vielfach wechselnder Breite. Infolge der vielen Mäander ist der Stromabschnitt damit fast doppelt so lang wie die Luftlinienentfernung (107 km). Die Windungen, die Talenge und der wechselnde Verlauf der hessischen, preußisch-westfälischen, braunschweigischen und hannoverschen Landesgrenzen waren die Ursachen dafür, daß sich hier keine durchgehenden Eisenbahnlinien oder Fernverkehrsstraßen entwickelt haben.

Trotz schwieriger Verkehrsverhältnisse einst ein bedeutender Kulturraum

Zudem war das enge Oberwesertal gegenüber dem geradlinigen und breiten Leinetal für den Fernverkehr bereits im Mittelalter benachteiligt. Und auch die *Schiffahrt* hat auf der Ober- und Mittelweser nie eine ähnliche Bedeutung erlangen können wie etwa die auf dem Rhein oder auf der Elbe. Trotzdem war der Schiffsverkehr für die örtlichen Verhältnisse beachtlich, und ganze Dörfer und auch manche Städte, wie Münden und Hameln, lebten davon. Doch die Weser erlaubte aufgrund ihrer Stromschnellen, die hier Köpfe und Pfuhle genannt werden, und wegen der sich stets verlagernden Kies- und Sandbänke sowie infolge der stark schwankenden Wasserstände keinen Verkehr mit tiefgehenden Schiffen.

Daß die Weserschiffahrt dennoch, besonders im Mittelalter, eine große und verbindende Rolle spielte, zeigen die romanischen und frühgotischen Klöster, die sich von Hann. Münden bis Minden entlang des Stromes aneinanderreihen und mit Hilwartshausen, Bursfelde, Lippoldsberg, Helmarshausen, Corvey, Kemnade, Hameln, Fischbeck, Möllenbeck, Vlotho und Minden eine eigene Kunstprovinz geschaffen haben. Diese wurde noch einmal, nunmehr auf weltlicher Ebene, im 16. und 17. Jahrhundert deutlich mit den prächtigen Schlössern, Gilde- und Bürgerhäusern der Weserrenaissance.

Die Flößerei: Vorgänger der Schleppschiffahrt

Bis zum Aufkommen der Schleppschiffahrt wurde auf der Weser die Flößerei stark betrieben. Selbst vom Thüringer Wald schwammen Flöße werraabwärts, und auch von der Fulda kamen sie, deren Zahl im Oberwesergebiet vom holzreichen Reinhardswald, Bramwald und Solling her nochmals erheblich vermehrt wurde.

Die Weserschiffahrtsakte von 1823: Mit ihr begann der planmäßige Ausbau der Weser

Ein planmäßiger Ausbau der Weser erfolgte erst nach Abschluß der *Weserschiffahrtsakte* im Jahre 1823, in der sich die Anliegerstaaten verpflichteten, die stärksten Behinderungen, wie die Boffzener Köpfe, die Latferder Klippen und die Liebenauer Steine, zu beseitigen und dem Fluß eine stetige und gemeinsame Pflege angedeihen zu lassen. Ferner sollten die Stapelrechte, Umladezwang, Gildenrechte und andere die Schiffahrt hindernden Maßnahmen fallen. Zunächst begann man, die größten *Felsbarren* und Geschiebeanhäufungen zu beseitigen, die den Schiffsverkehr bei niedrigen Wasserständen lahmlegten. Durch den Bau von

Buhnen und anderen Uferbefestigungen konnte der Strom soweit eingeengt und die Spülkraft verstärkt werden, daß eine mittlere Wassertiefe zwischen Münden und Hameln von 90 cm erreicht wurde, während sie vorher häufig unter 45 cm gelegen hatte.

Talsperren verbessern die Schiffbarkeit

Durch die Errichtung der *Edertalsperre* mit einem Fassungsvermögen von 202 Mio. m^3 und der kleinen *Diemeltalsperre* (20 Mio. m^3) in den Jahren 1912/14, die für die Speisung des Mittellandkanals bei Minden gebaut wurden, konnten zusätzlich die Bedingungen für die Schiffahrt im Oberweserbereich verbessert werden. Trotz der zahlreichen wasserbaulichen Maßnahmen ist die Oberweser in den Sommermonaten nicht uneingeschränkt schiffbar. Teilweise muß der Verkehr von Lastschiffen und größeren Fahrgastschiffen wegen der niedrigen Wasserstände eingestellt werden.

Einst ein fischreicher Fluß

Vor dem Ausbau bot der Strom mit seinen Kolken und Flachwasserbereichen den Stand- und Wanderfischen günstige Brut- und Ernährungsmöglichkeiten. Die gesamte Oberweser war bekannt für ihren Fischreichtum u.a. an großen Wanderfischen, wie *Lachs* und *Stör* (vgl. Kap.9. "Tierwelt"). Zahlreiche Berufsfischer lebten davon. Durch den Ausbau, besonders auch durch die Kanalisierung der Mittelweser und durch die schwankende Salzfracht sind die Fischbestände sehr stark zurückgegangen, obwohl die Anglervereine durch Besatzfische die Bestände ständig auffrischen.

Das *Gefälle* der Weser erreicht im oberen Abschnitt von Münden bis Karlshafen mit einem Betrag von 47 cm je 1000 m seinen höchsten Durchschnittswert. Es verflacht sich bis zur Porta Westfalica auf 30 cm und bleibt im Flachland stets darunter (vgl. Abb. 146).

Der Oberweserlauf von Münden bis Porta Westfalica

Im Mündungswinkel von Werra und Fulda hat sich durch die Schiffahrt und den Flußübergang von Fernhandelswegen mit den daraus fast 600 Jahre fließenden Einnahmequellen die Stadt *Münden* entwickelt. Die Schiffskontrolle, die Zollerhebung und das seit 1247 bezeugte *Stapelrecht* wurden durch eine natürliche Felsbarre in der Werra (Werrahohl) und durch ein Lachswehr in der Fulda erzwungen. Erst 1823, mit dem Abschluß der *Weserschiffahrtsakte,* fielen diese Vorrechte. Noch heute zeugen die alte Stadtummauerung sowie die prachtvollen Sandstein-Bauten der Weserrenaissance und

Fachwerkhäuser von den wirtschaftlichen Blütezeiten der Stadt.

Zwischen Münden und der hessischen Hugenottensiedlung *Karlshafen* durchfließt die Weser in einem engen, bis 300 m tief eingeschnittenen Tal ein Buntsandsteingewölbe, das von Reinhardswald, Bramwald und Solling gebildet wird. Die bewaldeten Prallhänge fallen steil zur Weser ab, so daß die Straße z.T. in den roten Sandsteinfelsen hineingesprengt werden mußte. Auf den Gleithängen sind im oberen Bereich Nieder- und Mittelterrassenflächen ausgebildet, die von Wiesen und Äckern eingenommen werden und in hochwasserfreier Lage mit dörflichen Siedlungen und kleinen Städten besetzt sind.

In Karlshafen mündet die aus dem östlichen Sauerland kommende *Diemel* in die Weser ein. Sie ist mit einem Einzugsgebiet von 1762 km² der größte Nebenfluß der Oberweser, der häufig von Hochwassern heimgesucht wird, obwohl er in seinem Oberlauf durch die kleine Diemeltalsperre gefaßt ist. Die Diemel ist im 18. Jahrhundert vom hessischen Landgrafen Karl ausgebaut worden, um unter Umgehung von Münden mit einem Kanal Kassel zu erreichen.

Zwischen Karlshafen und Beverungen verläßt die Weser das Buntsandsteingewölbe und tritt in die weichen Grenzschichten zwischen Buntsandstein und Muschelkalk ein (Röt), die von ihr zu einer breiten Senke ausgeräumt worden sind. Hier haben sich auf den lößbedeckten Hängen größere Siedlungen entwickeln können, wie die Kreisstädte *Höxter* und *Holzminden* oder das bereits 822 gegründete *Kloster Corvey*. Wo die Muschelkalkfelsen unmittelbar an den Fluß herantreten, stehen Burgen, wie die *Burg Polle,* der Stammitz der Grafen von Everstein. Dort findet man auch noch alte Weinberge und Fachwerkdörfer, wie in der sog. Rühler Schweiz und im *Vogler,* die heute Hauptanziehungspunkte des Fremdenverkehrs sind, der sich in dieser waldreichen, abgeschiedenen Landschaft u.a. seit der Ausweisung des Naturparkes Solling-Vogler zu einer bedeutenden Erwerbsquelle der Region entwickelt hat (vgl. Farbtafel 7).

Der Strom windet sich zwischen Polle und *Bodenwerder* durch ein unruhiges Relief. Die stark zertalten Hänge und Einzelberge steigen 100 bis 200 m über der Weseraue auf. Manche von ihnen lassen alte Weserläufe erkennen, die sich seit der Tertiärzeit in ein sich hebendes Gebirge eingeschnitten haben. Durch Laufverlegungen blieben verlassene Mäander und *Umlaufberge* (Schiffberg, Echternberg, Breitenberg) zurück, die weit über dem heutigen Talniveau liegen (vgl. Kap. 3. "Heutige Oberflächenformen", Abb. 51). Bei *Bodenwerder* mündet die aus dem Vogler und Ith kommende schotterreiche Lenne ein. Ihre Schotterkegel sind von der We-

ser zu Inseln (Werdern) umgeformt worden. Auf einer von ihnen hat sich die Stadt Bodenwerder ausgebreitet, die häufig von Hochwassern heimgesucht worden und auch weiterhin hochwassergefährdet ist. Nördlich der Stadt wird die Landschaft offener und das Tal breiter. Hier bestimmen zahlreiche Kiesgruben und Kiesseen zunehmend das Landschaftsbild.

An einer Felsbarre und mehreren Inseln im Strom wurde schon im 9. Jahrhundert das Bonifatiusstift, eine Keimzelle der Stadt *Hameln,* gegründet und recht bald durch eine Weserbrücke mit dem westlichen Ufer verbunden, über die der mittelalterliche Straßenverkehr ging (heutige B 1). Durch den Straßen- und noch mehr durch den Schiffsverkehr begünstigt, wuchs die Stadt mit Hilfe von Zoll-, Münz-, Stapel- und Marktrechten zu einer bedeutenden Hansestadt heran, deren Sandsteinbauten und Fachwerkhäuser noch heute Zeugen des einstigen Reichtums sind.

Die Hamelner Bürger hatten die Felsschwelle, das natürliche Stromhindernis, bereits im 11. Jahrhundert durch ein Wehr verstärkt, das die Schiffer zwang, ihre Waren auszuladen, um ihr Schiff durch das berüchtigte "Hämelnsche Loch" an der Stadtmauer zu bringen. Erst die hannoversche Regierung ermöglichte es, dieses Hindernis zu meiden, indem sie 1732/33 im Werder eine Schleuse bauen ließ. Das heutige, schräg ausgelegte Wehr ist im linken Weserarm 201 m, im rechten Weserarm 148 m lang. Beide Wehre haben bei Niedrigwasser eine Fallhöhe von etwa 3 m, bei Mittelwasser von etwa 2 m. Bei hohem Hochwasser sind sie ausgespiegelt. Der Schiffsverkehr wird durch eine 1933 erbaute 225 m lange Schleppzugschleuse geleitet. Hameln ist der Heimathafen der weißen Personenschiffe, die bis Hann. Münden fahren und in den bekanntesten Ferienorten Anlegestellen haben.

In Hameln, wie auch in Hann. Münden, gibt es zuverlässige *Hochwassermarken* aus früheren Jahrhunderten, deren höchste von einem sehr ungewöhnlichen Sommerhochwasser aus dem Jahre 1342 stammen, als beide Städte gänzlich überflutet waren und in Bodenwerder 72 Menschen ertranken. In der Tabelle 39 sind die höchsten Hochwasser aufgeführt, denen in der Regel äußerst seltene

Tab. 39: Höchste Hochwasser der Oberweser in Hann. Münden und Hameln (in m über der heutigen Talaue).

Pegel bzw. Jahr:	1342	1643	1682	1841	1946
Hann. Münden	5,42	4,87	4,62	3,59	2,56
Hameln, Unterpegel	3,72	3,60	3,28	2,82	2,36

Quelle: BREMER 1959

meteorologische Bedingungen zugrunde liegen. Seit der Errichtung der Edertalsperre sowie des Diemelstaubeckens und seit der Beseitigung der Felsschwellen und Kiesbarren im Strom sind Weserhochwasser seltener geworden. Dennoch werden beispielsweise Bodenwerder oder Rinteln aufgrund ihrer überschwemmungsgefährdeten Lage immer wieder, zumeist im Frühjahr, vom Wasser umschlossen. Menschenleben sind hierbei im Gegensatz zu vergangener Zeit jedoch nicht mehr in Gefahr.

Unterhalb Hamelns hat sich die Weser in einer Liastonsenke ein weites Tal geschaffen, das während der Saaleeiszeit teilweise wieder mit bis zu 80 m mächtigen Sanden und Kiesen angefüllt worden ist. Diese werden in zahlreichen Gruben und Baggerseen zwischen *Rinteln* und der Porta Westfalica abgebaut. Die Kiesseen von z.T. beträchtlichen Ausmaßen (z.B. Doktorsee bei Rinteln) dienen heute der Freizeitgestaltung (Baden, Camping, Segeln, Surfen) oder sie stehen dem Biotopschutz zur Verfügung.

Die ehemalige Festungs- und Universitätsstadt Rinteln liegt in überschwemmungsgefährdeter Lage auf der Niederterrasse unmittelbar am Strom. Sie ist häufiger von Hochwassern heimgesucht worden, jetzt aber durch Deiche geschützt.

Oberhalb von *Vlotho* durchschneidet die Weser auf nordrhein-westfälischem Gebiet in einem weiten Bogen den Rhätquarzit als Teil des Lippischen Keuperberglandes. Als "Vlothoer Enge" war diese Weserstrecke ein gefürchtetes Schiffshindernis. Unterhalb der Stadt nimmt die Weser mit der *Werre* einen bedeutenden Nebenfluß auf, der bei Bad Meinberg entspringt und zu den besonders hochwassergefährdeten Nebenflüssen zählt, da die Werre die Abflüsse des regenreichen Teutoburger Waldes und des Wiehengebirges sammelt.

An der *Porta Westfalica,* die schon immer eine Verkehrspforte und natürliche Verbindung zwischen dem Berg- und Hügelland und dem Norddeutschen Tiefland war, durchbricht die Weser den etwa 200 m höher aufragenden Weser-Wiehengebirgszug, auf dem im westlichen Teil im Jahre 1896 das weithin bekannte Kaiser-Wilhelm-Denkmal errichtet wurde.

In der Porta wurde in früheren Jahrhunderten der *Portasandstein* gewonnen und verschifft, mit dem bereits im 11. Jahrhundert die Dome in Minden, Bremen und Verden errichtet worden sind. Auch mancher Stein der ehemaligen Burgen und Schlösser des Mittel- und Unterwesergebietes ist an der Porta gebrochen worden. Ein Stein, der durch die Weser noch berühmter wurde als der Portasandstein, ist der *Obernkirchener Sandstein,* auch "Bremer Stein" genannt, weil er von Bremen aus besonders im 17. und 18. Jahrhundert bis in die Ostsee-

länder und die Niederlande, ja selbst bis nach Nordamerika und Brasilien verschifft wurde. Er ist der am häufigsten verwendete Ornamentstein der Weserrenaissance, der von verschiedenen Häfen und Ladestellen aus auf Weserschiffen verfrachtet wurde.

Die Mittelweser

Nördlich der Porta Westfalica, am Pegel *Minden,* beginnt die Mittelweser, wo der Mittellandkanal in einem 250 m langen Trog über die 14 m tiefer fließende Weser geführt wird und 2 Schleusen die Verbindung zwischen Kanal und Fluß herstellen.

Tieflandfluß mit breiter Talaue und alten Fließrinnen

Die Mittelweser reicht bis Bremen. Sie ist ein typischer *Tieflandfluß,* der sich mit zahlreichen Mäandern durch eine rd. 2-5 km breite Talaue windet. In ihr zeigen Flutrinnen, Totarme und alte Mäanderbögen an, daß der Strom früher seinen Lauf häufig verlagert hat (vgl. Abb. 60). Erst durch den Ausbau mit Buhnen, Leitdämmen und anderen Uferbefestigungen ist das Strombett festgelegt worden. Vor den Ausbauarbeiten gab es im Bereich starker Krümmungen oder dort, wo Findlingsblöcke im Flußbett lagen, vereinzelt Stromschnellen. Gefürchtet waren die Liebenauer Steine beim Stromkilometer 255/256.

Deiche schützen vor Hochwassern

Das natürliche Hochwasserbett der Mittelweser, d.h. die Talaue, die unter natürlichen Voraussetzungen bei größtem Hochwasser überstaut würde, hat bei Petershagen eine Breite von ca. 2 km. Sie nimmt jedoch rasch zu und erreicht in Höhe der Allermündung bereits ca. 7 km und oberhalb von Bremen rd. 15 km.

Diese breite Talaue ist mit einer 1,5 - 3 m mächtigen Auelehmdecke aufgefüllt (vgl. Abb. 145). Sie wird wegen ihrer großen Bodenfruchtbarkeit zunehmend beackert. Das ist seit längerem möglich, weil die Talsperren in den Oberläufen der Nebenbäche Hochwasserspitzen abfangen und von Petershagen bis Hoya längere *Sommerdeichstrecken* den Fluß begleiten. *Winterdeiche* sind auf der linken Seite erst unterhalb von Hoya und auf der rechten Weserseite ab Dörverden vorhanden. Die Deiche sind an verschiedenen Stellen mit Überfällen versehen, über die bei hohen Hochwassern ein Teil der Fluten schadlos abgeführt werden kann.

Mit der Beackerung der Talaue und der im Zuge der Mittelweserkanalisierung durchgeführten Flurbereinigungen sind häufig die für das Wesergebiet

Abb. 147: Weserwehr mit Kraftwerk bei Dörverden, das 1914 zur Stromerzeugung für die Mittellandkanalpumpen errichtet wurde (Zeichnung: E. Wessel).

charakteristischen Hecken beseitigt worden, wie auch durch die Regelung der Vorflutverhältnisse beiderseits des Flusses Feuchtbiotope verschwunden sind, wodurch z.B. der Lebensraum des früher häufigen Weißstorches so stark beschnitten wurde, daß es dort nur noch wenige Brutpaare gibt.

Die überschwemmungsfreien Talränder als Leitlinien der Siedlungsentwicklung

Die überschwemmungsfreien Talränder werden von eiszeitlichen Niederterrassen gebildet, die im Abstand von etwa 1 - 2 km mit Dörfern, Städten und Einzelhöfen besetzt sind. Die Städte und Flekken haben sich in Verbindung mit Flußübergängen und Furten entwickelt. Als solche bedeutenderen Siedlungen reihen sich stromabwärts von Minden Petershagen, Stolzenau, Nienburg, Hoya, das etwas abseits an der Aller gelegene Verden und Achim auf.

Vor dem ersten Weltkrieg wurden die ersten Stauwehre geschaffen

Durch den Ausbau des Stromes, insbesondere durch die Unterweserkorrektion, wurde auch im Mittelweserbereich die *Sohlenerosion* unerwartet stark belebt. Die dadurch bedingte Senkung des Grundwasserspiegels ließ Brunnen trockenfallen und hatte ein Absinken der landwirtschaftlichen Erträge beidseitig des Flusses zur Folge. Um dies auszugleichen und ein weiteres Absinken zu verhindern, erbaute die Stadt Bremen in den Jahren 1906 bis 1911 das *Hemelinger Weserwehr* mit einem Wasserkraftwerk und einer 70 m langen Schleuse für Einzelfahrer sowie einer 350 m langen Schleppzugschleuse.

Zur gleichen Zeit erfolgte der Bau des 1914 eröffneten Wehres *Dörverden*, ebenfalls mit Kraftwerk und Schleppzugschleuse ausgerüstet, dessen besondere Aufgaben es waren, den Strom für die großen Pumpen zu erzeugen, die in Minden Weser-

wasser in den 14 m höher gelegenen Mittellandkanal drücken, und durch den Aufstau den 5000 ha großen Meliorationsverband Bruchhausen-Syke-Thedinghausen mit Bewässerungswasser aus der Weser zu versorgen.

Die Mittelweserkanalisierung (1936-1961)

Die stärkste Umgestaltung erfuhr die Mittelweser jedoch in den Jahren 1936 - 1961 durch die Mittelweser-Kanalisierung, die als Voraussetzung für das Befahren mit 1000 t-Schiffen galt. Um ganzjährig im gesamten Mittelweserbereich eine Mindesttiefe von 2,40 m zu erreichen, war außer den bereits vorhandenen Staustufen Dörverden und Hemelingen der Bau von weiteren 5 Staustufen bei Petershagen, Schlüsselburg, Landesbergen, Drakenburg und Langwedel notwendig geworden (vgl. Abb. 146). Damit wurde der seit dem Bestehen des Mittellandkanals vorhandene Gegensatz zwischen der unter einer unzureichenden Wasserführung leidenden Weser und dem durchweg mit 1000 t-Schiffen zu befahrenen Mittellandkanal beseitigt. Jede Staustufe besteht aus einem Wehr mit Schiffahrtsschleusen und Kraftwerk sowie Nebenanlagen (u.a. mit einem Fischpaß) (vgl. Farbtafel 17).

Bei der Errichtung der Staustufen wurden durch die gleichzeitige Anlegung von Schleusenkanälen große Flußschleifen, wie beispielsweise die Doppelschleife von Drakenburg-Rohrsen oder die Schlüsselburger Schleife, abgeschnitten. Hierdurch konnte die Entfernung Minden - Bremen von bislang 97 auf 80 Stromkilometer verkürzt werden.

Vor dem Bau der Staustufen war die Strömung bis zur Allermündung stark genug, um Kies und feines Schottermaterial (Grand) mitzuführen. Unterhalb davon wurde nur noch Sand allerdings in großen Mengen mitgeschleppt. Er kam vorwiegend aus dem Allergebiet und baute im Strom oft Inseln (Werder) auf, die große Schiffahrtshindernisse waren. Diese *Versandung der Weser* war vor allem in der bis zum 1. Weltkrieg andauernden sog. Heidebauernzeit wirksam, in der die zahlreichen Schafherden der Lüneburger Heide und der anderen Geestgebiete die Dünen in Flußnähe und die Heidewege freitraten, so daß der Sand in die Aller und deren Nebenbäche gelangte und weiter stromabwärts transportiert wurde. Die Weser in Bremen war bereits im 17. Jahrhundert soweit versandet, daß große Frachtschiffe die Schlachte nicht mehr erreichen konnten, sondern im 1619/22 ausgebauten Hafen Vegesack oder im 1827 gegründeten Bremerhaven ihre Ladung löschen mußten.

Die Unterweser

Stromstrecke im Tideeinfluß

Die 67 km von Bremen stromabwärts bis Bremerhaven reichende Unterweser beginnt an der Gezeitengrenze, die künstlich an der Hemelinger Stauanlage aufrechterhalten wird, obwohl hier mit 3,91 m (1971/80) der *größte Tidehub* der deutschen Nordseeküste gemessen wird. Das ist erst seit 100 Jahren so; denn bei Beginn der Unterweserkorrektion (1887) betrug dieser erst 0,20 m. Der rapide angestiegene Tidehub und die dadurch ausgelöste starke Sohlenerosion veranlaßten bereits 1906/11 den Bau der Staustufe Hemelingen, die nunmehr infolge der starken Tidebelastung erneuert werden muß.

Aus der Talaue wird die Marsch

Unterhalb von Bremen-Hemelingen weitet sich die Talaue der Weser zu einer Marschenebene aus. Der Strom wird in der Regel von 7 m hohen Deichen begleitet. Lediglich im Bereich der Bremer Altstadt verläuft ein hochwasserfreier *Dünenzug*. Und unterhalb der Lesummündung tritt noch einmal die Geest mit einem hohen Ufer auf etwa 8 km Länge an die Weser heran. Hier liegen die Bremer Vororte Lesum, Vegesack und Blumenthal.

Platen und Sände behinderten die Schiffahrt

Noch in historischer Zeit, bis in die zweite Hälfte des vorigen Jahrhunderts, war die Unterweser verwildert, durch zahlreiche Platen und Sände verästelt. Reste davon sind z.B. der Elsflether Sand, der Harriersand, die Strohauser Plate, die Tegeler Plate und die Große Luneplate. Die zunehmende *Versandung der Weser* war bereits um 1600 soweit fortgeschritten, daß nur noch kleine Schiffe Bremen erreichen konnten. 1620 wurde an der Lesummündung, wie schon erwähnt, Vegesack als Ausweichhafen für größere Schiffe angelegt. Um 1750 betrug die Fahrwassertiefe zwischen Vege-

sack und Bremen lediglich 80 cm. Die größeren Seeschiffe fuhren nur bis Brake oder Elsfleth, von wo die Waren in Leichtern nach Bremen gebracht wurden. Die Gründung von Bremerhaven im Jahre 1827 brachte angesichts des zunehmenden Seeverkehrs keine Entlastung.

Die Unterweserkorrektion: Seit hundert Jahren sichern Ausbauarbeiten den Bestand des Welthafens Bremen

Da die Verwilderung bzw. Versandung der Unterweser ständig weiter fortschritt, entschloß sich Bremen, nach den Plänen seines Strombaumeisters *Ludwig Franzius* in den Jahren 1887 bis 1895 die ʺUnterweserkorrektionʺ durchzuführen. Es galt, die Gezeiten, insbesondere die räumende Kraft des Ebbstroms, nach Bremen zurückzuholen und sie zu verstärken.

Alle Stromspaltungen durch Sände, Inseln und Nebenarme wurden beseitigt und die Strombreite durch Ufereinfassungen (Buhnen, Leitwerke) verringert. Damit erhöhte sich die Fließgeschwindigkeit und Erosionskraft, insbesondere des ablaufenden Wassers, so stark, daß bereits im Jahre 1895 wieder Schiffe mit bis zu 5 m Tiefgang Bremen anlaufen konnten. Das war auch nötig, denn Bremen setzte seine berechtigten Hoffnungen für den wirtschaftlichen Aufschwung auf den Neubau von Häfen (Europahafen 1887, Überseehafen 1898 usw.). Die Ausbauarbeiten sind in den Jahren 1913 bis 1916 für Schiffe bis 7 m Tiefgang, in den Jahren 1925 bis 1929 für Schiffe bis 8 m Tiefgang und 1973 bis 1977 für Schiffe bis 9 m Tiefgang fortgeführt worden, so daß Bremen als Welthafen heute unter Ausnutzung der Flutwelle von Schiffen bis 10,5 m Tiefgang, von über 200 m Länge und mit bis zu 35 000 t Ladung an Bord angelaufen werden kann.

Aufgaben für Landschaftspflege und Naturschutz

Der zweifellos notwendige Ausbau der Unterweser zur leistungsfähigen Schiffahrtsstraße und Industriegasse mit den Seehäfen Bremen, Elsfleth, Brake, Nordenham und Bremerhaven und auch der lebenswichtige *Sturmflutschutz* der Bevölkerung durch hohe Deiche und 3 große Mündungssperrwerke an Ochtum, Hunte und Lesum haben zu einer völligen Umgestaltung der natürlichen Landschaft geführt. Nunmehr wird versucht, mit den Mitteln der Landschaftspflege unter Mitwirkung der Bevölkerung wieder naturnahe Bereiche herzustellen und der an der Küste vielfältigen Tierwelt, aber auch dem Fremden- und Erholungsverkehr neue Entfaltungsmöglichkeiten zu geben.

Die Nebenflüsse der Weser

Wie die Karte des Gewässernetzes (Abb. 142) erkennen läßt, fehlt es der *Oberweser* auf niedersächsischem Gebiet an größeren Nebenflüssen, wenn auch nicht an reizvollen Tälern; denn gerade die kleinen Bäche schaffen im Weserbergland eine naturnahe landschaftliche Vielfalt. Unter den größeren Bächen wären hier zu nennen die zwischen Bramwald und Solling bei Bodenfelde mündende *Schwülme,* der nördlich des Sollings bei Bevern in die Weser gehende *Beverbach,* die bei Bodenwerder mündende *Lenne* und die aus dem Pyrmonter Bergland kommende *Emmer.* 6 km nördlich davon mündet die *Humme,* in deren Tal die Bundesstraße 1 verläuft. Von der östlichen Seite kommt die *Hamel,* nach der die Stadt Hameln ihren Namen hat. In Rinteln mündet die aus dem Lippischen Bergland kommende *Exter.*

Die *Mittelweser* hat, abgesehen von der *Aller* mit Leine und Oker, ebenfalls nur wenige bedeutende Nebenflüsse. Von rechts kommen die *Bückeburger Aue,* die *Gehle* und der in Nienburg mündende *Meerbach,* der das Steinhuder Meer entwässert. An der linken Seite mündet 3 km vor Nienburg die *Große Aue* (auch Warme Aue genannt), die ein großes Entwässerungsgebiet hat, das sich in nordsüdlicher Richtung über 70 km erstreckt. Der Quellbach entspringt am Südhang des Wiehengebirges und tritt durch den tief eingeschnittenen Paß von Holzhausen in das weitflächige und tiefgelegene Flachland ein, das früher häufig unter Überschwemmungen litt. Durch Begradigungen der Wasserläufe und Verbreiterung ihrer Betten hat man seit der Jahrhundertwende eine Grundwasserregulierung erreicht, die heute kritischer gesehen wird als damals, da man stärker unter wirtschaftlichen Zwängen stand. In der Weserniederung zwischen Hoya und Kirchweyhe haben sich linke Nebenbäche mit breiten Talungen entwickelt, wie *Eiter, Süstedter Bach* und *Ochtum,* die früher zweifellos alte Weserarme waren.

Die Aller: bedeutendster Nebenfluß der Weser

Die Aller ist in ihrer ganzen Länge ein typischer *Tieflandsfluß* mit einem breiten Tal, mit vielen Totarmen und Flutrinnen, mit randbegleitenden Mooren und Dünen.

Die Aller entwässert ein Gebiet von insgesamt 15600 km², in Niedersachsen rd. ein Drittel der Landesfläche. Ihr Einzugsgebiet reicht von der zentralen Lüneburger Heide und mit der Oker und Leine bis über den Harz hinaus in das Eichsfeld hinein, wo es an das Werraeinzugsgebiet grenzt.

Die Allerquelle liegt bei Seehausen in der Magdeburger Börde in nur 160 m NN. Im *Oberlauf* werden Teile der lößbedeckten Magdeburger Börde durchquert, die sehr erosionsanfällig sind. Die abgeschwemmten Bodenteilchen lagern sich z.T. in der Talaue als Auelehm ab (vgl. Abb. 145).

Der *Mittellauf* beginnt in der ehemaligen Sumpflandschaft des *Drömlings,* die zwar größtenteils kultiviert ist, jedoch immer noch als Rückzugsgebiet für seltene Tiere und Pflanzen dient. Im Drömling mündet der Fluß in das breite *Aller-Weser-Urstromtal* ein, in dem während der Saale-Eiszeit die Gletscherschmelzwässer und das Wasser der von Süden kommenden Warthe, Oder, Elbe und schließlich auch der Oker, Leine und Weser nach Nordwesten abflossen. Als das Eis geschmolzen war und der alte Talboden durch Tieferlegung des Flußbettes trockenfiel, wurden die Talsande gegen Ende der Weichsel-Eiszeit besonders am Nordrand des Aller- und des Wesertales zu *Dünen* aufgeweht, die das Allertal von Oebisfelde bis Bremen begleiten (vgl. Kap. 3. "Heutige Oberflächenformen"). Als sie in den vergangenen Jahrhunderten von Schafen intensiv beweidet wurden, ist viel von ihrem Sand in die Aller und Weser gelangt, der in Form von Sandbänken und Platen die Schiffahrt behinderte (s.o.).

Das ansonsten weitgehend vermoorte breite Allertal verengt sich in *Wolfsburg, Gifhorn* und *Celle.* Hier bestanden am Talübergang seit dem 12. Jahrhundert Burgen. Das Volkswagenwerk hat in der Allerniederung ein Erholungsgebiet mit einem großen *Allersee* geschaffen.

Unterhalb Wolfburgs fließt die Aller in einer sehr weiten Talung. Darin verläuft linksseitig des Flusses der 1873 ausgeworfene 19 km lange *Allerkanal,* der zur schnellen Ableitung größerer Hochwasser und zur Bewässerung der umliegenden Ländereien angelegt wurde. Aus dem Oberlauf stammende Aller-Hochwasser können bei Vorsfelde (östlich von Wolfsburg) auch in den das Tal querenden Mittellandkanal abgeführt werden.

Die bedeutendsten Nebenflüsse des bis Celle reichenden Allermittellaufes sind linksseitig *Oker* und *Fuhse* und rechtsseitig die kleineren *Ise* und *Lachte.*

Die mittlere und untere Aller

Rd. 25 km unterhalb der Oker nimmt die Aller in Celle linksseitig die *Fuhse* auf. Diese hat ihr Quellgebiet im Oderwald bei Salzgitter, durchfließt Peine und entwässert auf ihrer ca. 100 km langen Laufstrecke ein reliefarmes, aber überschwemmungsgefährdetes Gebiet.

Der *Allerunterlauf* und damit die *Schiffbarkeit* des Flusses beginnen in der ehemaligen Residenz- und Handelsstadt Celle. Im Mittelalter gingen die Schiffahrtswege noch weiter, auf der Oker bis Braunschweig und auf der Leine bis Hannover.

Die neuzeitliche Schiffahrt sollte durch die im Ersten Weltkrieg erfolgte *Kanalisierung* der Aller zwischen Celle und der Leinemündung mit dem Bau der 4 Staustufen Oldau, Bannetze, Marklendorf und Hademstorf verbessert werden. Doch infolge der Konkurrenz des Mittellandkanals und der starken Allerversandung blieb der Erfolg aus. Nach dem Zweiten Weltkrieg wurde noch einmal die Aller auf eine schiffbare Tiefe von etwa 1,50 m gebracht. Die Frachtschiffahrt mußte bald jedoch wieder eingestellt werden, während der Verkehr mit Sportbooten ständig zugenommen hat.

Unterhalb von Celle dehnt sich das von Grünlandflächen, Mooren und kiefernbestandenen Dünenzügen eingenommene Aller-Urstromtal bis zu einer Breite von 20 km aus. In ihrem Unterlauf bis Verden nimmt die Aller von rechts die von den Kanufahrern geschätzten Heideflüsse *Örtze, Meiße, Böhme* und *Lehrde* auf.

Linksseitig mündet nördlich von Schwarmstedt die *Leine* ein, die mit einem Einzugsgebiet von 6054 km² nicht nur der bedeutendste Nebenfluß der Aller ist, sondern diese sogar in ihrer Gesamtlänge übertrifft (vgl. Tab. 35).

Durch den Zufluß der Leine wird die Wassermenge der Aller mehr als verdoppelt, so daß die Schiffahrt günstige Möglichkeiten hätte. Sie ist jedoch wegen der vielen Flußschlingen und auch wegen der ständigen Umlagerung von Sandbänken für die Frachtschiffahrt uninteressant. Eine gewisse Bedeutung hat die Allerschiffahrt noch bis *Verden*, das im Rückstau der Weserstaustufe Langwedel liegt und deshalb mit 1000 t-Schiffen erreichbar ist.

Die Oker: Gebirgs- und Tieflandsfluß

Die am Bruchberg im Oberharz in 839 m NN entspringende Oker ist der unausgeglichenste Fluß des Wesersystems. Ihr Einzugsgebiet ist mit 1576 km² (vgl. Tab. 35) bedeutend größer als das der Aller oberhalb der Okermündung. Diese Tatsache, die großen Niederschlagsmengen im Harz (1000 - 1400 mm im Jahr) und das starke Gefälle im Oberlauf bewirken, daß die Oker einen erheblichen Einfluß auf die Wasserführung der Aller besitzt. Das gilt besonders für die *Hochwasserführung* in Zeiten der Schneeschmelze, nach heftigen Gewittern und längeren Landregenfällen. Deshalb sind seit langem an der Oker Rückhaltebecken, Deiche und Regulierungsarbeiten geplant oder bereits fertiggestellt bzw. durchgeführt worden.

Eine Dämpfung der Hochwasserspitzen und eine Verbesserung der Wasserführung in den abflußarmen Jahreszeiten ist vor allem durch den Talsperrenbau, d.h. durch den Bau der Eckertalsperre (1943) und mehr noch durch die 1956 fertiggestell-te *Okertalsperre* erreicht worden. Sie ist mit einem Speichervolumen von 47,5 Mio. m³ die größte Talsperre Niedersachsens, die sowohl dem Hochwasserschutz als auch der Stromerzeugung und dem Wassersport dient. Unterhalb der Talsperre, von Romkerhall bis zur Ortschaft Oker, findet sich eines der schönsten Harztäler.

Beim Austritt aus dem Gebirge erweitert sich das Tal zu einer mit Harzschottern und Kiesen angefüllten Mulde, die einen bis 50 m tiefen *Grundwasserspeicher* darstellt. Dieses sog. "Steinfeld" ist für die Trinkwasserversorgung des nördlichen Harzvorlandes, insbesondere für den Raum Salzgitter, von großer Bedeutung.

Mit dem Verlassen des Harzes nimmt die Oker weitere Gebirgsflüsse auf, bei Goslar die *Gose*, bei Vienenburg die *Radau*, bei Wiedelah die *Ecker* und bei Börßum die *Ilse*, in deren mächtigen Schotterbetten gleichfalls ergiebige Wassergewinnungsgebiete liegen. Die am Brocken entspringende Ekker erlangt durch die 1943 fertiggestellte *Eckertalsperre* (12,6 Mio. m³ Speicherraum) eine besondere Bedeutung für die Trinkwasserversorgung der Stadt Braunschweig und des 84 km entfernten Wolfsburg. Weiterhin fließt die Oker durch die ehemalige Residenzstadt Wolfenbüttel und durch Braunschweig und mündet bei Müden in die Aller.

Die Leine mit ihren Nebenflüssen: Die Hauptwassermengen kommen aus dem Harz

Die Leine entspringt nördlich von Leinefelde im thüringischen Eichsfeld und folgt in ihrem Lauf unterhalb von Friedland über Göttingen, Northeim bis Einbeck dem mehrere Kilometer breiten Leinetalgraben (vgl. Abb. 46).

Aus den hängigen Lößgebieten des Ober- und Mittellaufes nimmt der Fluß sehr viele Schwebstoffe auf, die sich bei Hochwasser größtenteils als Auelehm absetzen (vgl. Abschnitt "Hochwasser" und Abb. 143 bis 145 sowie Tab. 38).

Rhume und *Innerste* sind die einzigen bedeutenden Nebenflüsse der Leine. Ihre Hauptwassermengen kommen aus dem Harz. Die Rhume wird aus einer der stärksten *Karstquellen* Deutschlands gespeist, die durchschnittlich 2500 l pro Sekunde schüttet. Der Zufluß stammt größtenteils von der *Oder* und *Sieber*, die aus dem Harz kommen und in den Gipsgesteinen des Harzvorlandes in Schlucklöchern viel Wasser verlieren, das z.T. in weiter Entfernung in der Rhumequelle wieder zutage tritt.

Der bedeutendste Nebenfluß der Rhume ist die *Oder*, deren Quelle in den wasserreichen Mooren des Brockenfeldes liegt. Im Oberharz wird ihr Wasser in dem bereits 1714-1721 angelegten *Oder-*

teich aufgestaut und durch den Rehberger Graben nach St. Andreasberg geleitet, wo das Wasser zum Antrieb der Fördereinrichtungen und Pochwerke und bis in die Gegenwart hinein zur Gewinnung elektrischer Energie diente.

Von der Oder ging eine erhebliche Hochwassergefahr für das untere Leinetal aus. Deshalb wurde die *Odertalsperre* bei Bad Lauterberg errichtet und 1934 in Betrieb genommen. Sie faßt 30,6 Mio. m^3 Wasser und dient neben dem Hochwasserschutz, wie alle Talsperren, auch der Gewinnung elektrischer Energie.

Die *Sieber* ist der wichtigste Zubringer der Oder. Sie entspringt am Bruchberg (Oberharz) und führt reichlich Wasser und viel Schotter mit sich. Auch sie verliert am Südharzrand in dem Gips des Untergrundes beträchtliche Wassermengen.

Am Bruchberg entspringt ebenfalls die *Söse,* die 7 km oberhalb von Northeim in die Rhume mündet. Ihr Wasser wird seit 1931 in der *Sösetalsperre* (Stauraum: 25,5 Mio. m^3) aufgestaut und aufbereitet, um dann als Trinkwasser u.a. bis zum 200 km entfernten Bremen geleitet zu werden (vgl. Abb. 139).

Die Harzzuflüsse der Rhume haben während der Eiszeiten riesige Schottermengen in das Leinetal geschüttet, die im Mündungsbereich der Rhume, wo die Autobahn das Leinetal überquert, in großen Kiesgruben ausgebeutet werden. Dort ist eine regelrechte Seenlandschaft entstanden, die sog. *"Northeimer Seenplatte"* (vgl. Farbtafel 14).

Nördlich von Salzderhelden verengt sich das Leinetal auf ca. 300 m Breite. Hier ist 1986 ein von Deichen eingefaßtes 6,5 km langes und 1,5 km breites *Hochwasserrückhaltebecken* mit großem Sperrwerk fertiggestellt worden, das bei den jährlich eintretenden Überschwemmungen einen kontrollierten Ausgleich schaffen soll.

Die Innerste

Bei Sarstedt mündet die Innerste in die Leine. Da auch sie aus dem Harz kommt, wird das Abflußverhalten der Leine durch sie maßgeblich beeinflußt. Die Innerste ist der größte Nebenfluß der Leine. Ihr Quellgebiet liegt auf der Clausthaler Hochfläche, wo zahlreiche Stauteiche bei Buntenbock mit Innerstewasser gespeist werden. Kurz bevor der Fluß den Harz in einem engen und 300 m tiefen Kerbtal verläßt, hält die *Innerstetalsperre* (Stauraum: 20,0 Mio. m^3) seit 1966 Hochwasserwellen zurück, die vornehmlich bei der Schneeschmelze entstehen (vgl. Farbtafel 8). Bei Langelsheim nimmt die Innerste rechtsseitig die *Grane* auf, die ebenfalls seit 1969 in einer *Talsperre* aufgestaut ist (Stauraum 45 Mio. m^3) . Sie dient vor allem der

Trinkwassergewinnung und der Versorgung bis nach Göttingen und Hannover hin.

Das Innerstewasser selbst kann wegen seiner bis heute andauernden Belastung mit Schwermetallen, die aus den Abraumhalden des seit Jahrhunderten im Einzugsbereich des Flusses betriebenen Erzbergbaues stammen, nicht als Trinkwasser verwendet werden (vgl. Kap. 10. "Ökologie und Umweltschutz").

Weitere Nebenflüsse der Innerste sind *Neile* und *Nette,* die heute noch einen wertvollen Fischbestand aufweisen (vgl. Kap. 9. "Tierwelt"). Weiter unterhalb wird *Hildesheim* durchflossen, das an einem alten Innersteübergang entstanden ist und heute durch Hochwasserentlaster und Deiche vor schweren Überschwemmungen geschützt ist.

Untere Leine und untere Aller

Der *Leineunterlauf* beginnt an der Innerstemündung bei Sarstedt, wo der Fluß schon in das Tiefland eingetreten ist. Das Flußbett ist weit in den sandigen und kiesigen Untergrund eingeschnitten. Die Leine ufert deshalb erst bei größeren Hochwässern aus, überflutet dann aber das Tal vielfach in einer Breite von mehr als 1 km. Bei *Hannover* ist der Hochwasserstrom stark eingeengt. Er wird zum größten Teil durch den Schnellen Graben und die eingedeichte und verbreiterte Ihme links der Leine abgeleitet.

Die unteren 112 km der Leine von Hannover über *Neustadt* bis zur Mündung in die Aller werden formal als schiffbar gerechnet und auch entsprechend unterhalten. Sie haben tatsächlich für die Frachtschiffahrt jedoch keine Bedeutung mehr, wohl aber für die Sportschiffahrt.

Die Talauen der unteren Leine und auch der unteren Aller haben eine besondere Bedeutung; denn der im Ober- und Mittellauf der Leine bzw. im Einzugsgebiet ihrer Nebenflüsse abgeschwemmte Löß wird bei Hochwasser in der Leinetalaue und auch im unteren Allertal als *Auelehm* abgelagert. Die Talauen sind hierdurch bis weit in die Geest hinein von hoher natürlicher Fruchtbarkeit und werden selbst im gesetzlichen Überschwemmungsgebiet vielfach ackerbaulich genutzt.

Die Nebenflüsse der Unterweser: Der bedeutendste ist die Hunte

Die Quellbäche der Hunte entspringen im Osnabrücker Hügelland am Südfuß des Wiehengebirges, das von ihrem Oberlauf durchquert wird. Im weitflächigen und vermoorten Wiehengebirgsvorland wird der *Dümmer* durchflossen. Der Dümmer kann infolge seiner Eindeichung die Hochwasser der Hunte auffangen und damit die weite Dümmer-niederung vor den üblichen Überschwemmungen bewahren. Der Mittellauf ab Diepholz wird als typischer Geestfluß von Dünenufern begleitet (vgl. Farbtafel 4). Er durchquert den Naturpark Wildeshauser Geest und erreicht am alten Hunteübergang in *Oldenburg* die Tidegrenze. Auf dieser Strecke ist der Fluß ein bedeutender Vorfluter für zahlreiche Be- und Entwässerungsgräben, die in dem größtenteils vermoorten Flußrandbereichen angelegt worden sind.

In Oldenburg mündet der vom Dortmund-Ems-Kanal abzweigende *Küstenkanal,* der mit dem Europaschiff (1350 t) befahren werden kann, mit einer Schleuse in die unter Tideeinfluß stehende Untere Hunte. Die Untere Hunte ist zwischen Oldenburg und Elsfleth im Laufe der letzten zwei Jahrhunderte von 39 km auf 25 km verkürzt worden. Dadurch hat sich in Oldenburg der Tidehub auf durchschnittlich 2,50 m erhöht, so daß Seeschiffe bis über 2 m Tiefgang in Anpassung an die Tide Oldenburg erreichen können. Die Eindeichung und das 1979 bei Elsfleth fertiggestellte Huntesperrwerk, das nur bei Sturmfluten geschlossen wird, haben die Deichbruch- und Überschwemmungsgefahr gebannt.

Die ebenfalls der Unterweser von links zufließende *Ochtum* kommt aus dem Kirchweyher See bei Bremen. Sie nimmt zahlreiche Bäche der Vorgeest auf, verbleibt aber selbst in der Weserniederung und mündet bei Brake in die Unterweser. Wegen des Tideeinflusses ist sie weitgehend durch Deiche eingefaßt, die durch das *Ochtum-Sturmflutsperrwerk* entlastet werden.

Auf der rechten Weserseite sind die *Wümme* und *Hamme,* die sich zur nur 10 km langen Lesum vereinigen, bedeutende Zubringer für die Unterweser. Etwa 1,5 km oberhalb der Mündung liegt das Lesum-Sperrwerk mit Schleuse. Auf Lesum, Hamme und Wümme verkehren im wesentlichen nur Kleinfahrzeuge und Sportboote.

Die Wümme entspringt am Wilseder Berg in der Lüneburger Heide und fließt in einem ungewöhnlich breiten, eiszeitlich geprägten Tal, das in früherer Zeit häufig unter Überschwemmungen litt. Durch die Unterweserkorrektion hat der Tidehub in der Wümme, ebenso wie in der Lesum und der Hamme, erheblich zugenommen, so daß die Flüsse zum Schutz des Bremer Gebietes und des Teufelsmoores von Deichen eingefaßt sind.

Die wesentlich kleinere *Hamme* entspringt nördlich von Osterholz-Scharmbeck und durchfließt das Teufelsmoor, wo sie zahlreiche Torfkanäle aufnimmt, die in früherer Zeit wichtige Torftransportwege waren.

Nach der etwas kleineren *Lune,* die in Bremerhaven mündet, ist die gleichfalls in Bremerhaven mündende *Geeste* der letzte Nebenfluß der Weser. Im Mündungsbereich schützt ein Sperrwerk vor Sturm-

fluten, die in früherer Zeit häufig die Niederung und tiefgelegene Teile Bremerhavens heimgesucht haben. Das gerade fertiggestellte *Geeste-Sperrwerk* hatte bei der Februarflut 1962 in Bremerhaven große Schäden verhindert.

7.4.2. Die Ems

Die Ems ist ein 370 km langer *Flachlandsfluß,* der nur von der rechten Seite größere Zuflüsse erhält. Sein Niederschlagsgebiet umfaßt insgesamt 12 360 km². Davon entfallen auf Niedersachsen 9036 km² (einschließlich der großen Nebenflüsse Hase und Leda/Jümme) oder fast ein Fünftel der Landesfläche (vgl. Abb. 142 und Tab. 35).

Die Ems entspringt in nur 134 m Meereshöhe nördlich von Hövelhof in der Senne, südlich des Teutoburger Waldes, und durchfließt dann das nördliche Münsterland. Erst nach einer Laufstrecke von 155 km tritt sie am Wehr Bentlage zwischen Rheine und Salzbergen in niedersächsisches Gebiet ein (vgl. Abb. 148).

Die mittlere Ems: teilweise ein kanalisierter Fluß

Aus gewässerkundlicher Sicht endet in Rheine die nicht schiffbare Obere Ems. Von dort folgt bis zum Wehr Herbrum, und damit bis zur Tidegrenze, die Mittlere Ems. Sie wird bis *Meppen* vom parallel verlaufenden *Dortmund-Ems-Kanal* begleitet und ist von Meppen bis Herbrum teilweise staugeregelt und kanalisiert. Die *Unterems* rechnet von Herbrum bis zur Emdener Hafeneinfahrt, während die zu den Küstengewässern zählende *Außenems* bis zur Ansteuerungstonne *Westerems* bei Borkum geht.

Von der niedersächsischen Landesgrenze an ist die Mittlere Ems ein beidseitig von Dünenketten und Totarmen begleiteter Fluß mit vielen Mäandern, wandernden Sandbänken und ständig wechselnden Flußbreiten, Wassertiefen und Strömungsgeschwindigkeiten.

Diese ungünstigen Bedingungen für die Schiffahrt zwangen im Jahre 1892 - 1899 zum Bau des Dortmund-Ems-Kanals, der bis zur Hasemündung in Meppen als ein von den Wasserständen der Ems unabhängiger Seitenkanal ausgebaut wurde.

Bei Gleesen, 10 km oberhalb von Lingen, fließt von rechts die *Große Aa* in die Ems, die das Aabecken, ein weites Sand- und Moorgebiet an der niedersächsisch-westfälischen Grenze, entwässert (vgl. Abb. 142). In gleicher Höhe mündet auch der Dortmund-Ems-Kanal in den Fluß ein, um bereits nach etwa 1,5 Stromkilometern, wo der inzwischen bedeutungslos gewordene Ems-Vechte-Kanal bei *Hanekenfähr* nach Westen die Ems verläßt, rechtsseitig wieder abzuzweigen.

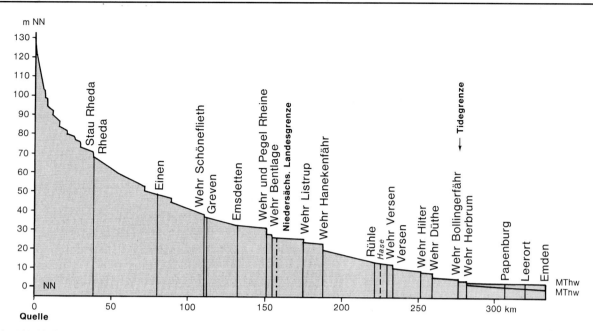

Abb. 148: Hydrologischer Längsschnitt der Ems von der Quelle bis Emden (n. Dt. Gewässerkundl. Jb., Weser- und Emsgebiet, Abfluß-jahr 1986).

Die Hase: der bedeutendste Nebenfluß

Dort, wo die Hase, der bedeutendste Nebenfluß, in die Ems fließt, hat sich im Mündungswinkel an einem ehemaligen wichtigen Flußübergang *Meppen,* die alte Festungsstadt und das heutige Verwaltungszentrum des Emslandes, entwickelt.

Die Hase entspringt im Teutoburger Wald am Hankenüll bei Dissen. Nördlich des Quellgebietes liegt bei Gesmold die bekannte *Hase-Else-Flußbifurkation,* wo die Hase etwa ein Drittel ihres Wassers an die Else abgibt, die der Weser zufließt. Bis *Osnabrück* ist die Wasserführung der Hase gering, da ihr größere Wassermengen zur Versorgung der Stadt Osnabrück und zahlreicher Industriebetriebe unterirdisch entzogen werden. Unterhalb von Osnabrück nimmt die Hase die aus dem südlichen Bergland kommende *Düte* auf, bevor sie im Paß von Bramsche das Wiehengebirge quert. Dort wird auch der Mittellandkanal über die Hase hinweggeführt. Anschließend tritt sie in das *Artland,* ein weitflächiges Tiefland, ein und verzeigt sich im Bereich der Flußübergänge *Bersenbrück* und *Quakenbrück* in viele Arme und Nebenbäche. Da die Hase aus dem Bergland kommt und in der weiten Niederung leicht über die Ufer tritt, kam es hier immer wieder zu verheerenden Überschwemmungen und Ernteverlusten. Selbst durch den Ausbau des Gewässernetzes, durch die Anlage von Entwässerungskanälen und durch die Aufschüttung von Deichen konnten sie nicht verhindert werden. Deshalb wurden an der Hase seit 1971 verschiedene *Hochwasserspeicherpolder* angelegt, unter ihnen das 21 Mio. m³ fassende Rückhalte-

becken bei Alfhausen-Rieste *(Alfsee),* das auch einen 3 km langen Dauersee enthält (vgl. Abb. 155 u. Tab. 42).

Die unteren 50 Flußkilometer der Hase können mit kleineren Schiffen bis zu 80 t Ladung befahren werden. Wegen der relativ starken Versandung des Flusses ist der Schiffsverkehr jedoch unbedeutend.

Die Ems von Meppen bis zur Tidegrenze

Während die Ems bei Dalum unterhalb von Lingen nur einen mittleren Abfluß von 48 m³/s aufweist (vgl. Tab. 37), wächst die mittlere *Abflußmenge* unterhalb der Hasemündung am Wehr Versen auf 77 m³/s (Jahresreihe 1941/80) an.

Der rd. 60 km lange Flußabschnitt von Meppen bis Herbrum ist sehr windungsreich. Demgegenüber beträgt die Luftlinie nur 38 km. Da der Dortmund-Ems-Kanal diesen Flußabschnitt benutzt, sind zur Streckenverkürzung verschiedene Durchstiche und Schleusenkanäle ausgebaut worden, die 5 Wehre erforderlich machten.

In dem etwa 2 - 4 km breiten Emstal wechseln anmoorige Partien mit Dünenkuppen und inselhafte Terrassenreste mit Tiefenrinnen ab. Zahlreiche Altwässer und trockengefallene Totarme des Flusses zeigen an, daß er in der Vergangenheit häufig seinen Lauf verändert hat. Entsprechend des sich kleinräumig ändernden Untergrundes wechseln Auenwaldbestände, Grünland und Nadelholzforsten im Vegetationsbild des Tales miteinander ab (vgl. Abb. 148 u. 149).

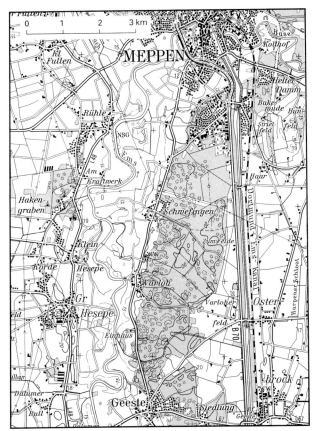

Abb. 149: Die Ems zwischen Meppen und Lingen (Ausschnitt aus: Topogr. Karte 1 : 100 000, Blatt C 3506 Nordhorn 1989, vervielfältigt mit Erlaubnis des Niedersächs. Landesverwaltungsamtes - Landesvermessung - B5-478/91).

Die Terrassenkanten des Emstales werden beidseitig von *Dünenstreifen* begleitet, wobei die rechte Talseite wesentlich stärker mit Dünen besetzt ist als die linke. Das ist eine Folge der vorherrschenden späteiszeitlichen Westwinde, die den Sand aus dem damals zeitweilig trockengefallenen Flußbett ausgeblasen und am Terrassenrand wieder abgelagert haben. Auf dem rechten Talrand sind deshalb zwischen dem Grünland der Talaue und den dürftigen Böden der übersandeten Terrassen nur vereinzelt kleinere Dörfer und Streusiedlungen zu finden. Die noch vor einem Jahrhundert mit Heide bedeckten und z.T. offenen Dünen sind seit der Zeit weitgehend mit Kiefern aufgeforstet worden. Der westliche Talrand weist demgegenüber als Altsiedelland eine Kette von Dörfern in typischer auenorientierter Lage auf, zwischen denen ebenfalls aufgeforstete Dünenrücken liegen.

Weiter im Hinterland dehnen sich beidseitig der Ems weite *Moorgebiete* aus, im Westen das Bourtanger Moor und im Osten die Moore des Hümmlings und der Küstenkanalniederung, die von einem dichten Graben- und Kanalnetz durchzogen werden. Sie entwässern zur Ems und waren für die Moorkolonisten oft die einzigen Verkehrs- und damit Torfabsatzwege.

Unterhalb von *Dörpen,* wo der Küstenkanal abzweigt, treten die Dünenketten des Emstales zurück und das Überschwemmungsgebiet des Flusses weitet sich stark aus. Am Wehr Herbrum wird die Tidegrenze erreicht. Damit beginnt die von Deichen eingefaßte Untere Ems.

Die Unterems von Herbrum bis Emden

Infolge Ausbaues der Außen- und Unterems haben sich, wie an Elbe und Weser, die *Gezeiten* weiter flußaufwärts verlagert und erhöht.

Am Wehr Herbrum beträgt der Tidehub bereits 2,08 m (1971/80), an der Seeschleuse in Papenburg 2,40 m. Unter dem Einfluß der Tide verbreitert sich die Ems bis zum Dollart ständig. Beträgt ihre Breite bei *Papenburg* schon 90 m, sind es bei Leerort ca. 210 m und an der Mündung in den Dollart etwa 700 m.

Spielten in früherer Zeit die *Schiffahrt* und der Schiffbau auf und an der Ems wegen der widrigen Fahrwasserverhältnisse und wegen der geringen Wirtschaftskraft des Emslandes nur eine bescheidene Rolle, das Regelschiff war die kleine Harener Emspünte, so wurde durch den Bau des Dortmund-Ems-Kanals (1892/99) der Wirtschaftsraum bis in das östliche Ruhrgebiet ausgeweitet und durch den späteren Bau des Rhein-Herne-Kanals (1915) auch auf das Rheingebiet ausgedehnt. Nunmehr erfolgten nacheinander erhebliche Baumaßnahmen zur Belebung des Emsverkehrs, wie 1901 die Eröffnung des Seehafens Emden als Endpunkt des Dortmund-Ems-Kanals, 1902 bzw. 1903 der Bau der Seeschleusen Papenburg und Leer, 1911 - 1929 Nachregulierungen in der Unterems mit verschiedenen Durchstichen, 1973 und 1976 die Erweiterung der Seeschleusen in Papenburg und Leer, 1984/88 der Ausbau der Unterems zwischen Papenburg und Emden, so daß unter Ausnutzung des Tidehochwassers Papenburg von 4,8 m und Leer von 6 m tiefgehenden und bis zu 120 m langen Seeschiffen angelaufen bzw. solche Schiffe dort in den Werften gebaut werden können. Der gegenwärtige Ausbau (1990) erstreckt sich auf Schiffe bis 5,7 m Tiefgang, 200 m Länge und 26 m Breite, begrenzt durch die Seeschleusen und durch die Eisenbahnbrücke bei Weener.

Leda und Jümme

Bei Leer mündet als zweiter und letzter großer Nebenfluß die *Leda* in die Ems. Sie entwässert mit ihren zahlreichen Zubringerflüssen ein 3000 km² großes Niederungs- und Moorgebiet mit sich anschließenden Geestplatten zwischen dem Hümmling und dem Ammerland mit dem Zwischenahner

Meer (vgl. Abb. 142). Der äußerste Quellfluß, die Soeste, entspringt auf der Cloppenburger Geest. Sie ist durch die 1927 fertiggestellte *Soestetalsperre* bei Thülsfeld aufgestaut (Stauraum 9,5 Mio. m^3), die sowohl der Speisung des Küstenkanals als auch dem Hochwasserschutz dient, aber heute weitgehend ein Naturreservat geworden ist.

Bei Loga mündet von rechts die *Jümme* ein, die zahlreiche Tiefs aus den ostfriesisch-oldenburgischen Zentralmooren aufnimmt. Der untere Teil des Leda-Jümme-Systems liegt im Tidebereich, der trotz der Deiche häufiger überschwemmt wurde, insbesondere dann, wenn Sturmfluten und hohes Oberwasser zusammenkamen. Bis zu 75 000 ha wurden hier großflächig überflutet. Mit der Fertigstellung des *Leda-Tidesperrwerkes* (1954) sind nicht nur riesige Überflutungen mit Deichbrüchen bei den großen Sturmfluten von 1962 und 1976 vermieden, sondern auch die Voraussetzungen für eine ertragsorientierte Entwässerung und Kultivierung dieses nur 0,5 - 1 m über NN gelegenen Gebietes geschaffen worden (vgl. Farbtafel 19).

Das Leda-Jümme-Gebiet verfügt über ein ausgedehntes *schiffbares Gewässernetz,* das neben Leda und Jümme aus zahlreichen Verbindungs- und Fehnkanälen einschließlich des Hunte-Ems-Kanals besteht und eine Länge von insgesamt 114 km hat. Es kann allerdings nur mit Kleinschiffen bis zu 20 t Tragfähigkeit, die früher dem Torftransport dienten, befahren werden. Diese sind inzwischen von Sportbooten abgelöst worden. 1,7 km oberhalb der Mündung liegt in einer alten Ledaschleife, die durch eine Seeschleuse abgetrennt ist, der *Hafen Leer.* Er kann mit rd. 5000 tdw großen Seeschiffen erreicht werden.

7.4.3. Die Elbe und ihre Nebenflüsse

Der Elbelauf: einer der bedeutendsten Ströme Europas im Überblick

Mit der Elbe hat Niedersachsen Anteil an einem der bedeutendsten Ströme Mitteleuropas, der die Nordsee und Hamburg auf dem Wasserwege mit Berlin, mit dem mitteldeutschen Raum und der

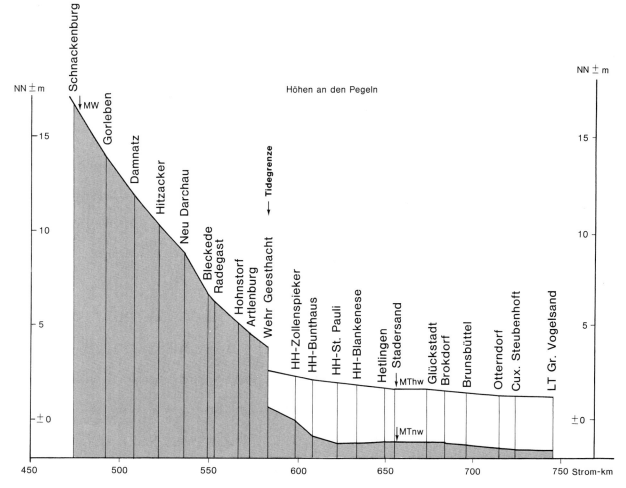

Abb. 150: Hydrologischer Längsschnitt der Mittleren und Unteren Elbe von Schnackenburg bis Cuxhaven (n. Dt. Gewässerkundl. Jb., Unteres Elbegebiet, Abflußjahr 1983).

Tschechoslowakei verbindet. Die Elbe entspringt in 1360 m NN auf dem böhmischen Riesengebirgskamm, durchfließt das Böhmische Becken und tritt vor dem Elbsandsteingebirge in Deutschland ein. Von der Grenze an zählt die *Stromkilometrierung.* Die Elbe nimmt die Saale und Havel als größte Nebenflüsse auf und erreicht erst nach einem Lauf von 918 km in der Höhe der Alandmündung bei Schnackenburg die niedersächsische *Landesgrenze,* die sie anschließend auf einer Länge von 238 km bis zur Einmündung in die Nordsee bei Cuxhaven bildet. Insgesamt beträgt die Stromlänge 1165 km. Auf 864 km, bis Melnik, 25 km nördlich von Prag, ist die Elbe mit 1000 t-Schiffen befahrbar, wegen der unregelmäßigen Wasserführung allerdings nur an 130 Tagen im Jahr.

Die Elbe hat im Mittellauf durchschnittlich eine *Breite* von 250 m. An der Staustufe Geesthacht setzen die Gezeiten ein, unter deren Einfluß sich bei Hamburg das Strombett im Hauptarm auf 500 m verbreitert hat, um sich elbeabwärts in dem 110 km langen Mündungstrichter schließlich auf etwa 15 km Breite bei Cuxhaven auszudehnen.

Das Gefälle der Elbe beträgt in Niedersachsen auf der rd. 250 km langen Strecke bis zur Mündung nur noch 17 m (vgl. Abb. 150). Die Folge ist eine *weitflächige Stromlandschaft* mit einem sehr großen natürlichen Überschwemmungsgebiet, das jedoch überall durch Deiche stark eingeengt worden ist (vgl. Farbtafel 17).

Ein besonderes Problem der Elbe ist gegenwärtig noch ihre starke *Verschmutzung* und Belastung durch Abwässer aus dem Gebiet der Tschechoslowakei und der ehemaligen DDR, die zu erheblichem Fischsterben und anderen Umweltschäden geführt haben (vgl. Kap.10. "Ökologie und Umweltschutz"). Ein großer Teil der 850 000 t Schwebstoffe, die der Fluß jährlich bei Hitzacker führte (1964/83), war mit umweltgefährdenden Stoffen beladen, die nach der Vereinigung der beiden deutschen Staaten wesentlich reduziert werden konnten.

Der niedersächsische Mittelelbe-Abschnitt: Stromstrecke von Schnackenburg bis zur Staustufe Geesthacht im Urstromtal

Der niedersächsische Anteil an der Mittelelbe erstreckt sich über 110 km Länge von Schnackenburg bis zur Staustufe Geesthacht, wo die unter Gezeitenwirkung stehende Unterelbe beginnt.

Das landschaftsbestimmende Kennzeichen der Mittelelbe ist ein bis über 20 km breites *Urstromtal* mit zahlreichen Totarmseen, Flutmulden, Moorniederungen, Dünenrücken und Geestinseln, durch das sich der Strom in großen Windungen schlängelt. Die Elbe tritt an der Havelmündung, 40 km

oberhalb von Schnackenburg, in dieses Weichsel-Oder-Elbe-Urstromtal ein, das sie bis zur Mündung durchläuft. Es wurde während der letzten Eiszeit von den Gletscherschmelzwässern der bis in das Warschauer und Berliner Gebiet vorstoßenden Inlandeismassen und als Sammelrinne der von Süden kommenden Flüsse, wie Bug, Weichsel und Oder, ausgestaltet. Bis Hamburg schwankt die Talbreite zwischen 8 km und 30 km.

Besonders breit ist das Elbe-Urstromtal dort, wo sich das abfließende Wasser vor den querverlaufenden Endmoränen staute, wie vor der Osthannoverschen Kiesmoräne (Hoher Drawehn), die jetzt in den *Elbhöhen* mit einem bis zu 70 m hohen Steilabfall zum Elbufer abbricht. In ihrem Staubereich wurde fast das ganze Hannoversche Wendland bis Salzwedel überflutet und mit Talsanden überschüttet. Der Staubereich der warthestadialen Endmoräne der Harburger Schwarzen Berge führte zur Überflutung und Einebnung der sog. Lüneburger Elbmarsch. Nach dem Eisrückzug und der Freigabe der Weichsel- und Odermündung blieben weite Talsandflächen zurück, deren Sand z.T. zu Dünen aufgeweht wurde, die besonders den Nordrand des Urstromtales begleiten, aber auch in der Flußebene anzutreffen sind.

In der Nacheiszeit hat die Elbe in dem zu weit gewordenen Urstromtal ihren Lauf häufig verlagert und Altwässer, Flutrinnen und Moorsenken hinterlassen, die heute ökologisch wertvolle Bestandteile einer weiträumigen Flußlandschaft sind. Kennzeichnend ist auch die Laufrichtung der Nebenflüsse, die bei ihrem Eintritt in das Urstromtal alten Elbarmen folgen und über viele Kilometer parallel zur Elbe fließen, bevor sie durch einen Geestsporn gezwungen werden, in den Hauptstrom einzumünden. An der linken Stromseite sind das Aland und Seege sowie Neetze und Ilmenau und auf der mecklenburgischen Seite Löcknitz, Rögnitz und Sude. Das bei Überschwemmungen immer höher aufgewachsende *Dammufer* der Elbe hat zumeist ihre rechtwinklige Einmündung verhindert.

Da die Elbe über weite Strecken durch die mitteldeutschen Lößbörden fließt und mit Schwemmlöß beliefert wird, hat sie bei Überschwemmungen über den eiszeitlichen Talsanden in ihrem alten Urstromtal *Auelehm* abgesetzt. Er gibt im Bereich der Geest den wertvollsten Boden ab und zog deshalb früh den wirtschaftenden Menschen an, der sich in hochwasserfreier Lage auf Geestinseln, Dünenrücken, alten Uferdämmen oder auf Wurten in der Elbniederung ansiedelte. Bereits im 12. Jahrhundert wurde hier der *Deichbau* begonnen, um Ackerbau treiben zu können. Schon im 13. Jahrhundert bestand eine durchgehende Deichlinie, die allerdings die Mündungen der Nebenflüsse aussparte.

*Eindeichungen verstärkten das Hochwasser-
problem*

Die Folge der zunehmenden Eindeichungen waren einerseits das immer höhere Auflaufen der
Hochwasser, so daß alte Siedlungsplätze wieder
geräumt werden mußten, und andererseits die Ausweitung der Überschwemmungsgebiete an den Nebenflüssen, die nunmehr nicht nur das eigene
Rückstauwasser aufnehmen mußten, sondern
auch noch mit Wasser von der Elbe her überflutet
wurden. In der Jeetzelniederung wurden zum Beispiel noch 1950 oberhalb von Hitzacker bei einem
Wasserstandsanstieg der Elbe um 1 m über Mittelwasser fast 9 km^2 überflutet; bei 2 m weitete sich
die Überschwemmungsfläche auf über 40 km^2
aus, bis durch das Jeetzelprojekt in den Jahren
1950-1965 durch Eindeichungen, neue Kanäle
und Schöpfwerke auch hier das Hochwasserpro-
blem gelöst werden konnte.

Wichtig war es auch, wie in den Seemarschen,
das von der Geest kommende Wasser von den
überschwemmungsgefährdeten Niederungen fernzuhalten. Deshalb wurden am Rande der Lüneburger Elbmarschen in den 80er Jahren des vorigen
Jahrhunderts der Neetze- und der Ilmenaukanal ge-
graben, die das Flußwasser auf geradem Wege
bei Winsen in die Elbe leiten.

Ein weiteres Problem an der Elbe war und ist das
Qualmwasser. Darunter versteht man Grundwasser, das in einer Niederung durch höherstehendes
Wasser von außen unter dem Deich hindurch hoch-
gedrückt wird. An der Elbe wird das in den durchlässigen Talsanden abfließende und mit dem
Strom in Verbindung stehende Grundwasser des
Urstomtales bei hohen Elbwasserständen im Abfluß gehindert bzw. nimmt sogar eine gegenläufige Abflußrichtung ein, so daß die Niederungen ertrinken und oft wochenlang unter Wasser stehen,
sofern man sie nicht, wie das in neuerer Zeit geschieht, durch Schöpfwerke trockenpumpt.

Hochwasser und Deichbrüche

Die Hochwasser der Elbe kommen in unregelmäßiger Folge, wenn sie auch im Frühjahr, zur Zeit der

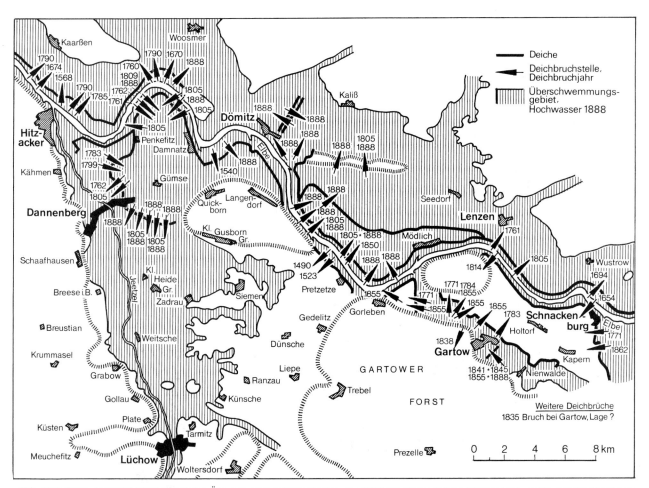

Abb. 151: Karte der Deichbrüche und des Überschwemmungsgebietes von 1888 im Kreis Lüchow-Dannenberg und in der mecklenburgischen Elbniederung (n. PUFFAHRT 1980/81).

Schneeschmelze, am häufigsten sind. Doch auch Sommerhochwasser, ausgelöst durch Stark- und Dauerregen im Böhmischen Becken und im Erzgebirge, können die Talaue für mehrere Wochen unter Wasser setzen; denn die mittlere Geschwindigkeit des Hochwasserscheitels beträgt im niedersächsischen Bereich im Durchschnitt nur noch 1,1 km/h. Das höchste bisher gemessene Hochwasser wurde am 7. April 1895 registriert (vgl. Tab. 37). Sein Wasserstand lag am Pegel Neu-Darchau 4,09 m über dem Mittelwasser. Trotzdem brachen keine Deiche, wie das in den vorhergehenden Jahrzehnten und Jahrhunderten häufig der Fall gewesen war (vgl. Abb. 151). Inzwischen hatte man, im Zusammenhang mit dem Ausbau der Elbe zur Hauptschiffahrtsstraße, die Deiche entsprechend verstärkt und erhöht. Das Märzhochwasser von 1981, dessen Anstieg 12 Tage und dessen Abklingen ganze 30 Tage dauerten, blieb nur 35 - 60 cm unter den Pegelmarken des Aprilhochwassers von 1895. Zehn und mehr Tage waren im März 1981 die Deichwachen im Einsatz.

Deichbrüche wurden in früherer Zeit häufig durch *Eisversetzungen* hervorgerufen, wenn zusammengetriebene Eisschollen an Engstellen große Barrieren auftürmten, vor denen sich das Wasser staute und den Deich durchbrach. Das war auch 1888 der Fall, als nach den Deichbrüchen riesige Gebiete überschwemmt wurden (vgl. Abb. 151). Im Kreis Lüchow-Dannenberg waren das die letzten Deichbrüche; denn mit der Einrichtung eines Eisbrecherdienstes auf der Elbe seit 1889 und durch den Ausbau des Stromes mittels Buhnen wurden die Gefahren wesentlich verringert. Zeugen ehemaliger Deichbrüche sind die zahlreichen wassergefüllten Strudellöcher (*Bracks* bzw. Kolke) hinter den heutigen Hauptdeichen, die wertvolle Feuchtbiotope und Nahrungsquellen für den Storch und andere Tiere sind. Man konnte sie auch nach der seit 1974 erfolgten Erhöhung der Elbdeiche größtenteils erhalten.

Die Elbe als Schiffahrtsstraße

Die Elbe als Schiffahrtsstraße hat für Städte wie Hamburg, Magdeburg und Dresden, aber auch für die abseits gelegenen Städte, wie Berlin und Leipzig, stets eine große Rolle gespielt. Doch lange Zeit blieben Staatsgrenzen und zahlreiche Zölle sowie Stromspaltungen, Inseln und Sandbänke Verkehrshindernisse.

Erst nach Unterzeichnung der *Elb-Schiffahrtsakte von 1821* durch die Anliegerstaaten fielen die Zollschranken, und es begannen ab 1840 koordinierende Maßnahmen, die zur Einengung des Stromes durch den Bau von vielen tausend Buhnen führten, wodurch die Elbe eine Mindesttiefe von 1 m erhielt. Seit 1934 wurde die Elbe neu reguliert und damit für 1000 t-Schiffe befahrbar gemacht, die nunmehr einen vollschiffigen Anschluß an das Berliner Wasserstraßennetz, an den Mittellandkanal und an den Elbe-Lübeck-Kanal gewinnen konnten. Im niedersächsischen Abschnitt bestehen *Flußhäfen* in Schnackenburg, Hitzacker-Tießau, Bleckede, Artlenburg und Tespe.

Nach dem letzten Kriege wurde die Mittelelbe im niedersächsischen Bereich für über 40 Jahre zu einem umstrittenen *Grenzfluß* zwischen der Bundesrepublik und der Deutschen Demokratischen Republik (DDR), so daß ein weiterer Ausbau unterblieb. Die unsicheren politischen Verhältnisse, der vernachlässigte Strom und die zunehmenden Schiffsgrößen führten zum Bau des *Elbe-Seitenkanals* (1968-1976), der im Stau des Wehres Geesthacht bei Artlenburg von der Mittelelbe abzweigt und von der Binnenschiffahrt zwischen Magdeburg und Hamburg bevorzugt wird (vgl. Abschnitt 7.3.). Der Elbe-Seitenkanal findet nördlich der Elbe bei Lauenburg Anschluß an den Elbe-Lübeck-Kanal und damit an die Ostsee.

Die Jeetzel

Im niedersächsischen Abschnitt oberhalb von Hamburg fließen der Elbe nur zwei größere Flüsse zu, die Jeetzel und die Ilmenau. Die nur 78 km lange Jeetzel mündet bei Hitzacker in die Elbe (vgl. Tab. 35). Sie entspringt in der Altmark und heißt dort Jeetze. Nach 43 km erreicht der Fluß über Salzwedel bei Wustrow die niedersächsische Grenze, wo er den aus dem Arendsee kommenden *Landgraben* aufnimmt. Dieser entwässert eine breite überschwemmungsgefährdete Niederung im alten Elbe-Urstromtal, die sich linksseitig in der *Dummeniederung* fortsetzt, die ebenfalls der Jeetzel zufließt.

Die Jeetzel fließt weiter über Lüchow und Dannenberg nach Hitzacker, in deren Bereich sie weite Niederungsgebiete und damit den größten Teil des Hannoverschen Wendlandes entwässert. Infolge des gewundenen Laufes und der niedrigen Lage des Ufergeländes wurde die Jeetzelniederung bis 1950 häufiger von weitflächigen Überschwemmungen heimgesucht. Insbesondere wirkte sich bei Elbehochwasser der Rückstau des Jeetzelwassers bis Lüchow aus (vgl. Abb. 151). Seit Beginn des 19. Jahrhunderts wurde versucht, durch wasserbauliche Maßnahmen die Jeetzel-Niederung vor lange andauernden Überschwemmungen zu schützen. Der Lucie-Kanal und andere Kanäle, die heute längst als natürliche Wasserläufe angesehen werden, zeugen von diesem Bemühen. Erst nach Gründung des Jeetzel-Deichverbandes und Durchführung der *Jeetzel-Melioration* in den Jahren

1950 - 1965 konnte die Niederung durch die Bedeichung des Flusses und des Lucie-Kanals auf 35 km Länge sowie durch das Ausheben eines Entlastungskanals (heute die "Jeetzel") abseits der alten Jeetzel, ferner durch die Installation von Schöpfwerken trockengelegt und Grünland in Akkerland umgewandelt werden. An der Mündung ist als Hochwasserspeicherbecken der Hitzacker-See entstanden.

Die Ilmenau

Aus dem Gebiet der Lüneburger Heide ist mit 106 bzw. 85 km Lauflänge die Ilmenau der bedeutendste Zufluß der Elbe. Ihr südlichster Quellbach, die Aue, entspringt etwa 20 km südlich von Uelzen. Die eigentliche Ilmenau entsteht erst durch den Zusammenfluß vieler Bäche im Uelzener Becken. Sie quert anschließend mehrfach den Elbe-Seitenkanal, der bis Bad Bevensen im Ilmenautal verläuft, erreicht dann Lüneburg, wo der Fluß schiffbar wird und in früherer Zeit für den Salz- und Holztransport von großer Bedeutung war. Nach dem Bau des Elbe-Seitenkanals spielt die Ilmenau nur noch für die Sportschiffahrt eine Rolle. Nördlich von Bardowick tritt der Fluß in die Elbniederung ein. Von hier ab wird er von Deichen eingefaßt und hat in dem geradlinig bis zur Luhemündung bei Winsen geführten *Ilmenaukanal* ein neues Bett erhalten, das die Winsener Elbmarsch vor Überschwemmungen bewahrt.

Die Unterelbe: Stromstrecke im Tideeinfluß

An der 1960 in Betrieb genommenen *Staustufe und Schleuse von Geesthacht* liegt heute die Gezeitengrenze fest und damit die Grenze zwischen Mittel- und Unterelbe. Der Tidehub beträgt derzeit am Wehr 2 m. Er hat sich durch die Vertiefung der Unterelbe und den Ausbau der Hamburger Häfen für Seeschiffe bis 13,5 m Tiefgang ständig erhöht und wird sich bei dem angestrebten Ausbau auf 15 m weiter erhöhen.

Gegenwärtig erreicht der Tidehub in der Elbe sein Maximum mit 3,38 m (1971-80) in Hamburg-St. Pauli. Vor dem Bau der Staustufe machte sich die Tide bei Sturmfluten bis Boizenburg bemerkbar. Wie an der Weser bei Bremen, so machte auch an der Elbe die durch den Strom- und Hafenausbau stark beschleunigte Sohlenerosion und Absenkung des Grundwasserspiegels die Errichtung der Staustufe erforderlich, zumal die Absenkung der Sohle und die Verminderung der Wassertiefe zu schweren Schäden am Strom selbst und an den Schleusen des Elbe-Lübeck-Kanals bei Lauenburg führten. Durch die Staustufe konnte der Wasserspiegel auf 4 m NN gehoben werden (vgl. Abb. 150). Dadurch wurde nicht nur eine weitere Absenkung des Grundwasserspiegels in der Mittelelbe verhindert, sondern vor allem auch die Befahrbarkeit mit Europa-Schiffen (1350 t) bis zu den Einmündungen des Elbe-Seitenkanals und des Elbe-Lübeck-Kanals gesichert. Das Passieren der Staustufe erfolgt durch eine *Schiffsschleuse,* die in ihren zwei Kammern je vier Europaschiffe aufnehmen kann. Mit der Staustufe ist ein Elektrizitätswerk mit Pumpspeicherwerk verbunden, dessen Speicherbecken 80 m über dem Strom auf dem schleswig-holsteinischen Ufer liegt.

Ehemals reich an Stromspaltungen und Inseln

Zwischen Geesthacht und Hamburg gabelte sich früher die Elbe in zahlreiche Arme, deren größte heute noch in den hamburgischen Vierlanden die Bezeichnung Dove Elbe und Gose Elbe tragen. Sie sind abgedeicht. Obwohl man im 15. Jahrhundert erste *Stromregulierungen* durchgeführt hatte, war die Elbe in diesem Stromabschnitt bis 1860, als man den Hauptstrom durch Buhnen festlegte, stark verwildert. Viele Stromspaltungen und Inseln, die in den Namen noch erkennbar sind, wie Ochsenwerder, Georgswerder, Altenwerder und Finkenwerder, sind inzwischen voll in das Hamburger Hafengebiet mit Hafenbecken, Flethen und Kanälen einbezogen worden, während die Elbe auf zwei große Stromrinnen beschränkt wurde, die sich als Norder- und Süderelbe an der Mündung des Köhlbrands bzw. westlich von Finkenwerder vereinigen und die einheitliche Stromrinne der *Unterelbe* bilden. Hier, an der Estemündung, verläuft auch die hamburgische Landesgrenze.

Nach der Vereinigung der alten Süderelbe mit der Norderelbe unterhalb von Hamburg ist der Strom etwa 2,5 km breit. Er verengt sich noch einmal bei Twielenfleth, ehe er dann unterhalb der Schwingemündung bei Stade an Breite zunimmt. An der Mündung des Nord-Ostsee-Kanals bei Brunsbüttelkoog beträgt die Strombreite bereits 4 km. Sie wächst auf 15 km bei Cuxhaven an.

Stromregulierungen halten den Fluß auch für große Seeschiffe in Hamburg schiffbar

Das *Fahrwasser der Unterelbe* wird durch ständige Ausbaggerung auf einer Tiefe von 13,5 bzw. 15 m (bei mittlerem Niedrigwasser) gehalten. Seeschiffe bis 110 000 tdw können deshalb problemlos Hamburg erreichen. Mit dem Baggergut wurden neue Industrieflächen am seeschifftiefen Wasser geschaffen und die Deiche sowie deren Vorland verstärkt. Ein Beispiel dafür ist die Industrieansiedlung in Stade-Bützfleth mit Bau eines Hafens (1971-1973), über den vor allem Massenrohstoffe und Endprodukte der dort ansässigen Großindustrien umgeschlagen werden.

Auch an der Unterelbe hat man - ähnlich wie bei der Weser - natürliche Stromspaltungen weitgehend beseitigt und die Sände mit dem Festland verbunden oder durch Buhnen, Leitdämme und Deiche festgelegt, da sich in ihrem Bereich die Fahrrinnen ständig verlagern oder zumindest verflachen. Jedoch sind bei der Breite des Stromes große Sände und Barren im Strom verblieben, wie der Lühesand bei Stade, der Pagensand und die Rhinplate.

Seit der Stromregulierung friert die Unterelbe nicht mehr zu. Durch die verstärkte Tideströmung werden die Eisschollen in Bewegung gehalten, so daß keine großflächigen Vereisungen entstehen können. Lediglich zwischen Krautsand und dem Pagensand treten häufiger Eisstauungen auf.

Deichschutz und Sturmfluten

Die Deiche der Unterelbe entsprechen in ihrer Höhe und Festigkeit den Seedeichen. Sie ziehen sich auf niedersächsischem Gebiet von der Landesgrenze Hamburgs bis Cuxhaven in einer Länge von rd. 95 km an der Elbe entlang. Ihre Kronen liegen zwischen + 8,00 m und + 7,00 m NN, da die Sturmfluten wegen des Staus in der Elbe hoch auflaufen. Die Deiche sind seit der Hollandsturmflut von 1953 und den schweren Sturmfluten von 1962 und 1976 im Rahmen des niedersächsischen Küstenprogramms überall verstärkt, erhöht und z.T. auch neu gezogen worden.

In der Vergangenheit hat es bei Sturmfluten immer wieder *Deichbrüche* und Überflutungen gegeben, die im Jahr 1717 in den Ländern Kehdingen und Hadeln und im Amt Ritzebüttel über 1000 Menschen das Leben kosteten. Noch im Jahre 1962 sind während der Februarsturmflut bei einem Hochwasserstand von + 5,70 m NN in Hamburg (St.Pauli) Deiche gebrochen, wodurch allein 315 Menschen im Hamburger Stadtgebiet den Tod fanden. Bei der höchsten bislang im Elbegebiet registrierten Sturmflut am 3.1.1976 wurde sogar ein Hochwasserstand von + 6,25 m NN in Hamburg-Harburg verzeichnet (vgl. Tab. 37). Doch inzwischen waren die Deiche verstärkt und erhöht worden. Lediglich bei Drochtersen kam es noch zu einem Deichbruch.

Die niedersächsischen Nebenflüsse der Unterelbe

Linksseitig münden die *Este,* die *Lühe,* die *Schwinge,* die *Oste* und die *Medem* in die Elbe ein. Auch sie sind zum Schutz des tiefgelegenen Sietlandes beidseitig mit Deichen von insgesamt 195 km Länge eingefaßt, deren Stärke geringer ist als die der Elbdeiche. Deshalb sind auch 1962 an verschiedenen Stellen die Flußdeiche gebrochen. Abhilfe haben hier die seit 1965 errichteten großen Mün-

dungssperrwerke an Este, Lühe, Schwinge und Oste, ferner bei Abbenfleth, Wischhafen und Freiburg geschaffen, die bei hochauflaufenden Fluten geschlossen werden (vgl. Abb. 162).

Die *Oste* ist der bedeutendste linksseitige Nebenfluß der Unterelbe. Sie entwässert ein wesentlich größeres Gebiet als Este, Lühe und Schwinge. Ihre Quellen befinden sich 153 km von der Mündung entfernt am Rande des Naturschutzparks Lüneburger Heide, wo auch die Este und Wümme entspringen. Die Tidegrenze liegt in Bremervörde, das einen kleinen Hafen besitzt. Von hier an gilt die Oste auf 80 km Länge als schiffbar.

Die *Schwinge* ist mit nur 26 km Lauflänge zwar der kürzeste linksseitige Nebenfluß der Unterelbe. Ihr kommt jedoch eine besondere Bedeutung als Schiffahrtsweg zu, da sie den Schiffsverkehr (1000 t-Schiffe) zwischen Stade und der 5 km entfernten Elbe vermittelt.

Die *Medem,* der letzte linke Nebenfluß der Elbe, entsteht bei Ihlienworth im Hadeler Sietland aus der Vereinigung mehrerer Quellbäche und mündet bei Otterndorf in die Unterelbe. Einige der Medem-Quellbäche sind zur Entlastung durch den *Hadelner Kanal* unmittelbar mit dem Außentief der Medem verbunden. Der Kanal stellt die Verbindung zum Bederkesa-Geeste-Kanal her und kann von Kleinschiffen befahren werden. Die Kanäle und auch die Medem selbst leisten einen wichtigen Beitrag zur Entwässerung des z.T. unter dem Meeresspiegel liegenden Sietlandes. Bei Otterndorf schützen starke Siele, Schleusen und Schöpfwerke vor hohen Außen- und Binnenfluten, die vor dem Bau des Hadelner Kanals das Sietland oft wochenlang unter Wasser setzten.

7.4.4. Die niedersächsischen Küstenflüsse

Die Küstenflüsse entwässern die küstennahen Geest- und Marschgebiete

Das Küstenzuflußgebiet entwässert die ostfriesisch-oldenburgischen Geest- und Marschgebiete (vgl. Abb. 142). Es ist nach dem Vechtegebiet das flächenkleinste Einzugsgebiet Niedersachsens, in dem die meisten natürlichen Gewässer zu Entwässerungsgräben und Kanälen umgestaltet worden sind, um rasch das Wasser durch die Deichsiele abführen zu können. Größere Wasserläufe sind lediglich die Jade und die Harle, die auch Wittmunder Tief heißt. Die kleinen Küstenflüsse haben ihre Quellgebiete in den Marschrandmooren oder direkt in der Marsch.

Hierzu zählen beispielsweise das *Norder Tief,* das *Neue* oder *Dornumsieler Tief,* das *Benser Tief* und das *Neuharlinger Sieltief* in Ostfriesland und das

Horumer Tief, das *Crildumer* und das *Hooksieler Tief* sowie die *Made* nördlich von Wilhelmshaven, außerdem das *Ellenserdammer Tief* und das *Vareler Tief,* die in den Jadebusen münden.

Die Jade

Die Jade entspringt in den Mooren nördlich von Oldenburg und mündet durch das Wapeler Siel bei Varel am südlichsten Punkt des Jadebusens. Das insgesamt 22 km lange, nichtschiffbare Gewässer war namengebend für den durch Sturmfluten tief in das Festland eingebrochenen Jadebusen. Der Jadeoberlauf nimmt verschiedene Bäche aus der Oldenburger Geest auf und ist damit ein wichtiger Vorfluter für die nordoldenburgischen Hoch- und Niedermoore. Zur Vermeidung der vorher häufigen Überschwemmungen im Jadeeinzugsgebiet wurde 1952 ein Geestrandkanal angelegt sowie ein Sperr- und Schöpfwerk am Jader Vorwerk errichtet.

Die Harle

Die Harle entspringt im Pfalzdorfer Moor nordöstlich von Aurich und mündet nach 40 km langem Lauf am Harlesiel in die See. Die Gewässerbezeichnung "Harle" ist verhältnismäßig neu. In früherer Zeit war im Marschgebiet die Bezeichnung "Wittmunder Tief" dafür gebräuchlich. Sie durchfließt die etwa 9 km tiefe ehemalige Harlebucht, die von 1545 bis 1895 in mehreren Etappen bedeicht wurde. Entsprechend mußten die Sielhafenorte verlegt und erneuert werden, Altfunnixsiel, Neufunnixsiel, Carolinensiel und schließlich Harlesiel, von denen die älteren bis 1870 durch ihre Getreideausfuhr bedeutend waren. Die Hafenanlagen bei Harlesiel entstanden in ihrer jetzigen Größe erst in den 50er und 60er Jahren. Die Gesamtanlage des Harlesiels besteht heute aus einer Schiffsschleuse, Flut-, Sturm- und Ebbetoren sowie einem Pumpwerk. Harlesiel ist Fährhafen für die Nordseeinsel Wangerooge.

7.4.5. Die Vechte

Quelle in Westfalen, Mündung im Ijsselmeer

Der niedersächsische Anteil am Einzugsgebiet der Vechte beträgt lediglich 1743 km². Ihr gesamtes Gebiet, das sich teils auf Nordrhein-Westfalen, größtenteils jedoch auf die Niederlande erstreckt, umfaßt 2530 km². Die Vechte entspringt in den Baumbergen im westfälischen Münsterland, erreicht nach 35 km langem Lauf niedersächsisches Gebiet, wo sie die Grafschaft Bentheim entwässert.

In Nordhorn treffen mehrere Kanäle auf die Vechte, unter ihnen der Ems-Vechte-Kanal, der Nordhorn-Almelo-Kanal und der Nord-Süd-Kanal. Nachdem sie in einem sehr windungsreichen Lauf eine etwa 80 km lange Strecke in der Grafschaft Bentheim zurückgelegt hat, tritt sie in die Niederlande ein und mündet nach einer Gesamtlänge von 195 km in das Ijsselmeer. In den Niederlanden ist sie an ein gut ausgebautes Kanalnetz angeschlossen.

Einst Verkehrsweg für die Grafschaft Bentheim

Aufgrund ihres windungsreichen Laufes hat sich kein bedeutender Schiffsverkehr auf der Vechte entwickeln können. Vor dem Bau der Eisenbahnen wurden auf ihr jedoch Bentheimer Sandsteine nach Holland verschifft und von der Zuidersee her Kolonialwaren, holländische Möbel und Gebrauchsgüter bis nach Nordhorn transportiert.

7.5. Schiffahrtskanäle

In Niedersachsen sind die größeren natürlichen Wasserstraßen durch Kanäle miteinander verbunden. Die bedeutendsten sind der *Mittellandkanal,* der *Dortmund-Ems-Kanal,* der *Küstenkanal* und der *Elbe-Seitenkanal* (vgl. Abb. 152 u. Tab. 40).
Mit Ausnahme des 1976 fertiggestellten Elbe-Seitenkanals entstand das niedersächsische Kanalnetz am Ende des vorigen und in der ersten Hälfte dieses Jahrhunderts. Zuvor hatte die Einführung der Dampfmaschine zu einem stürmischen Ausbau des Eisenbahnnetzes geführt. Das Interesse an der Förderung der Binnen-Schiffahrt war deshalb gering geblieben. Erst das Bedürfnis nach einer billigen Transportmöglichkeit für Massengüter, unter anderem für die im Ruhrgebiet geförderte Kohle bzw. für die importierten Eisenerze, lenkten wieder den Blick auf die Wasserstraßen und auf den Ausbau eines deutschen Kanalnetzes.
Der Vorteil der Schiffahrt beruht neben der Großräumigkeit der Schiffe im wesentlichen auf dem geringen Kraftaufwand für die Beförderung der Güter auf dem Wasser. Ein PS bewegt auf der Straße rd. 200 kg, auf der Schiene rd. 500 kg, auf der Wasserstraße jedoch rd. 4000 kg. Deshalb konnten in früherer Zeit selbst größere Schiffe beim üblichen Treideln von Menschen bzw. von Pferden gezogen werden. Ferner besteht bei Schiffen ein günstiges Verhältnis von Nutzlast zu toter Last. Sie verursachen auch nur relativ geringe Personalkosten und sind umweltfreundlich. Dank dieser Vorteile hat die Binnenschiffahrt im Gegensatz zur Eisenbahn in den letzten 60 Jahren keine wesentlichen

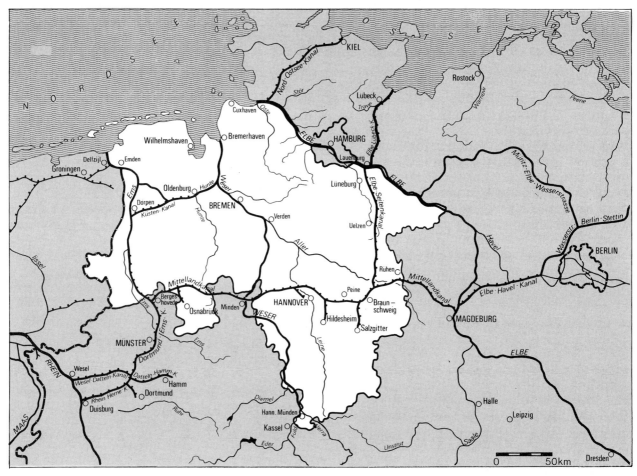

Abb. 152: Schiffahrtskanäle in Norddeutschland (n. BRAUN 1979).

Einbußen erlitten. Rund ein Viertel der Güter bewegt sich nach wie vor auf Wasserstraßen (vgl. Kap. "Verkehr" in Bd. 2).

7.5.1. Der Dortmund-Ems-Kanal

Die älteste westdeutsche Kanalverbindung (1892-1899)

Als älteste westdeutsche Kanalverbindung für große Binnenschiffe entstand in den Jahren 1892 - 1899 der insgesamt 267 km lange Dortmund-Ems-Kanal. Zwei Jahre später (1901) wurde auch der Seehafen Emden als Endpunkt des Kanals in Betrieb genommen.

Ohne den erst später geschaffenen Rhein-Herne-Kanal lag die ursprüngliche Bedeutung dieser Wasserstraße in der unmittelbaren Verbindung zwischen dem Seehafen Emden mit den Ruhrhäfen Dortmund und Herne. Unter Umgehung der niederländischen Rheinmündung konnten damit auf dem Wasserwege die von den Ruhr-Hüttenwerken benötigten schwedischen Eisenerze bezogen und den Zechen gleichzeitig ein kostengünstiger Ab-

satz von Bunker- und Exportkohle über den Hafen Emden ermöglicht werden. Die obere und mittlere Ems selbst waren aufgrund ihrer unzureichenden Wasserführung und zahlreichen Untiefen als Transportweg für die Frachtschiffahrt nicht geeignet (vgl. Pkt. 7.4.2. "Die Ems").

Viele westdeutsche Kanäle nehmen ihren Anfang am Dortmund-Ems-Kanal

Nach dem Ausbau des Dortmund-Ems-Kanals entwickelte sich von ihm aus bald das west- und mitteldeutsche Kanalnetz. So wurden in den Kohlerevieren an der Ruhr von 1908 - 1914 der *Rhein-Herne-Kanal* und die Verbindung von Datteln nach Hamm (heute *Wesel-Datteln-Kanal*) ausgebaut, die eine durchgehende Verbindung zum Rhein brachten. Beide Kanäle dienten zugleich zur Speisung des Dortmund-Ems-Kanals. Der bereits 1906 in Angriff genommene Bau des bei Bergeshövede abzweigenden *Mittellandkanals* verband bis zum Ersten Weltkrieg den Dortmund-Ems-Kanal mit der Mittelweser und mit Hannover. Er konnte

Tab. 40: Bedeutende Kanäle in Niedersachsen.

Kanäle	Länge insgesamt km	davon in Niedersachsen km	Tragfähigkeit t	Zahl der Schleusen insgesamt	davon in Niedersachsen	Beförderte Güter 1984 1000 t
Mittellandkanal	325 [1]	195	1350	2	2	13353 [2]
Dortmund-Ems-Kanal	267	147	1350	19	14	7865 [3]
Elbe-Seitenkanal	115	115	1350	1	1 [4]	4541
Küstenkanal	70	70	1350	2	2	2589

[1] Gerechnet vom Dortmund-Ems-Kanal bis zur Elbe. Der Mittellandkanal (2 Doppelschleusen, dazu in Minden: Nordabstieg [1,3 km, 1 Schleuse], Südabstieg [1,4 km, 2 Schleusen]) hat Kanäle nach Osnabrück (15 km, 2 Schleusen), Hannover-Linden mit Leineabstieg (11 km, 2 Schleusen), Hildesheim (15 km, 1 Schleuse), Salzgitter (18 km, 2 Schleusen). – [2] Mittellandkanal von Minden bis Braunschweig. – [3] Dortmund-Ems-Kanal von Bergeshövede bis Herbrum. – [4] Sowie ein Schiffshebewerk in Scharnebeck.

Quellen: Angaben der Wasser- und Schiffahrtsdirektion Mitte; Statist. Jb. f. d. Bundesrepublik Deutschland 1986

erst bis 1938 zur Elbe weitergeführt werden, wo der Anschluß sowohl nach Hamburg als auch an das Berliner und an das ostdeutsche Kanalnetz erfolgte. In den Jahren 1927 bis 1934 wurde der Kampe-Dörpen-Kanal, der spätere *Küstenkanal,* ausgebaut. Er brachte die Verbindung des Dortmund-Ems-Kanals über die untere Hunte mit der Unterweser und damit nach Bremen und Bremerhaven.

Der Dortmund-Ems-Kanal erfüllt somit auch eine wichtige Funktion als Verbindungsstück zwischen den Kanälen des Ruhrgebietes, dem Rhein und den übrigen norddeutschen bzw. mitteleuropäischen Wasserstraßen.

Streckenführung des Kanals von Dortmund bis Emden

Der Kanal beginnt im Hafen von Dortmund und führt an verschiedenen Zechen vorbei nach Henrichenburg, wo die Schiffe 14 m durch das Schiffshebewerk oder durch die Schachtschleuse absteigen (vgl. Abb. 153). Hier wird auch der 36 km lange Rhein-Herne-Kanal aufgenommen. Bei Datteln münden von rechts der 47 km lange Datteln-Hamm-Kanal und von links der 48 km lange Wesel-Datteln-Kanal ein. Die nächste Schleusengruppe wird nach 34 km bei Münster erreicht, wo der Abstieg 6 m beträgt. Nach 36 km zweigt bei Bergeshövede der *Mittellandkanal* ab. Hier durch-

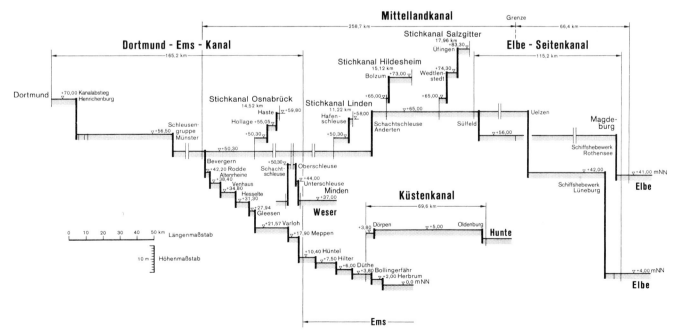

Abb. 153: Längsschnitte der Schiffahrtskanäle in Niedersachsen (n. Unterlagen d. Wasser- und Schiffahrtsdirektion West).

quert der Kanal den westlichen Ausläufer des Teutoburger Waldes. Dann beginnt der insgesamt 30 km lange Abstieg zum 16 m tiefer gelegenen Emstal, der mit sechs Schleusenanlagen bei Bevergern, Rodde, Altenrheine, Venhaus, Hesselte und Gleesen bewältigt wird.

Nördlich von Rheine erreicht der Kanal niedersächsisches Gebiet. Der Schiffahrtsweg benutzt hier die Ems nur auf etwa 2 km Länge, denn schon oberhalb des Emswehres bei Hanekenfähr verläßt er wieder den Fluß, um als Seitenkanal bis nach Meppen geführt zu werden (vgl. Abb. 149). Bei Hanekenfähr zweigt der heute kaum noch benutzte *Ems-Vechte-Kanal* ab. Die ca. 10 m Höhendifferenz auf der 28 km langen Teilstrecke bis Meppen wird mit drei Schleusenanlagen bei Varloh, Teglingen und Meppen überwunden. Unterhalb von Meppen mündet der Kanal wieder in die Ems ein. Der Ausbau des 112 km langen, sehr windungsreichen Stromabschnittes bis Emden machte die Anlage von fünf Staustufen und mehrere Durchstiche erforderlich.

Bei Dörpen zweigt der 70 km lange *Küstenkanal* ab. Wenige Kilometer unterhalb setzt bei Herbrum, 60 Stromkilometer südlich der Emdener Seeschleuse, bereits die Gezeitenwirkung ein. Sie bewirkt, daß unter Ausnutzung des täglichen Tidehochwassers die Häfen bzw. Werftbetriebe von Leer und Papenburg sogar von Seeschiffen mit bis zu 5,0 m Tiefgang erreicht werden können. Sonst ist der Kanal durchgehend für Schiffe mit 2,50 m Tiefgang befahrbar (1350 t-Europaschiff).

Als letztes Teilstück des Dortmund-Ems-Kanals wurde bereits von 1890 bis 1899 zwischen Leer und Emden der *Ems-Seitenkanal* angelegt, um Lastkähnen bei ungünstiger Tide oder schlechtem Wetter den Weg über die "offene Ems" zu ersparen. Durch den starken Rückgang der Schleppschiffahrt ist er heute lediglich noch für die Klein- bzw. Sportschiffahrt von Bedeutung.

7.5.2. Der Mittellandkanal

Der bedeutendste Wasserweg in Niedersachsen

Der Mittellandkanal ist der bedeutendste Wasserweg in Niedersachsen (vgl. Tab. 40). Die Wasserstraße zweigt 37 km nördlich der Stadt Münster bei Bergeshövede vom Dortmund-Ems-Kanal nach Osten ab und erreicht nach einer Gesamtlänge von 325 km die Elbe in Magdeburg. Die gesamte Kanalstrecke von Bergeshövede bis Magdeburg wird lediglich durch 2 Schleusenanlagen unterbrochen (vgl. Abb. 153 u. Farbtafel 18).

Verbindung wichtiger Wirtschaftsräume und Industriestandorte

Durch die Streckenführung am Nordrand der Mittelgebirgsschwelle verbinden der Mittellandkanal und seine Stichkanäle wichtige norddeutsche Wirtschaftsräume bzw. Industriestandorte, wie Osnabrück, Minden, Hannover, Hildesheim, Peine, Salzgitter, Braunschweig, Wolfsburg und Magdeburg, miteinander.

Gleichzeitig hat der Mittellandkanal zusammen mit dem Dortmund-Ems-Kanal eine zentrale Bedeutung für die Verbindung der großen Stromgebiete von Rhein, Ems, Weser und Elbe. Über den Elbe-Seitenkanal und durch den in Magdeburg sich anschließenden Elbe-Havel-Kanal können auch Hamburg, Berlin und die Ostsee erreicht werden (vgl. Abb. 142). Dadurch ist eine Verknüpfung der Seehäfen mit dem westeuropäischen und dem osteuropäischen Wasserstraßennetz gegeben.

Streckenführung von Bergeshövede bis Magdeburg

Der Bau der zunächst als *Ems-Weser-Kanal* bezeichneten Wasserstraße begann 1906. Das erste Teilstück bis Minden mit dem Zweigkanal nach Osnabrück wurde 1915 fertiggestellt. Im folgenden Jahr erreichte der Kanal Hannover. Wegen starker politischer Widerstände konnten Braunschweig erst 1932 und 1938, nach Fertigstellung des Schiffshebewerks Rothensee an der Elbe schließlich Magdeburg angeschlossen werden. Kurz darauf wurde auch der Stichkanal in das Industriegelände von Salzgitter gebaut (vgl. Abb. 152).

Auf niedersächsischem Gebiet durchschneidet der Kanal bei Bramsche die Ausläufer des Wiehengebirges, wo er nach Durchquerung des Hasetals auch den 14 km langen *Osnabrücker Stichkanal* aufnimmt, in dem die beiden Schleusen Hollage und Haste liegen. Der Kanal verläuft weiter am Nordhang des Wiehengebirges und erreicht die Weser in Minden. Für die Überquerung der Weser am *Wasserstraßenkreuz Minden* war der Bau eines 370 m langen Brückentroges notwendig. Den Abstieg zur Weser vermitteln eine Schachtschleuse (Nordabstieg) und eine Kammerschleuse (Südabstieg), die damit eine Höhendifferenz von ca. 14 m bewältigen.

Östlich der Weser geht der Kanal über Bückeburg und Stadthagen bis Seelze, wo der 10 km lange *Lindener Stichkanal* in Hannover durch zwei Schleusen den Abstieg zur Leine ermöglicht.

In Hannover-Anderten überwindet die *Hindenburgschleuse* die Differenz zum 15 m höher gelegenen, 62 km langen Teilstück nach Wolfsburg-Sülfeld. Damit endet am östlichen Stadtrand von Hannover ein 212 km langer schleusenloser Kanalabschnitt, der den Nachteil hat, daß sich bei starken Westwinden in Hannover ein Ansteigen des Wasserspiegels bis zu 50 cm bemerkbar macht, während im Bezirk Osnabrück ein Absinken bis zu 30 cm erfolgt. Dem kann man weitgehend durch Schließen einiger Sicherheitstore begegnen, die nachts heruntergelassen werden.

Östlich von Hannover zweigt bei Sehnde der 1928 fertiggestellte *Hildesheimer Stichkanal* ab, der 14 km lang ist. Die Schleuse von Bolzum führt zu der 8 m höheren Haltung hinauf (vgl. Abb. 153). Anschließend führt der Mittellandkanal durch den Industriebereich von Peine, in dem Massengüter anfallen und ausgeladen werden. Dort mündet auch der 18 km lange *Stichkanal von Salzgitter* ein, in dem die beiden Schleusen Wedtlenstedt und Üfingen je 9 m höher hinaufführen. 12 km nordöstlich vom Hafen Braunschweig zweigt ohne Schleuse bei Edesbüttel der 115 km lange *Elbe-Seitenkanal* nach Norden ab.

Unmittelbar danach steigt der Mittellandkanal in Wolfsburg in der *Schleusenanlage Sülfeld* zum 9 m tiefer liegenden Allertal hinab. Der Kanal beschreibt hier einen weiten Bogen nach Norden durch das vernäßte Niedermoorgebiet des *Drömlings*. Die Linienführung und die Kanalhaltung wurden so gewählt, daß der Kanalwasserstand mit dem mittleren Grundwasserstand zusammenfällt, um Vernässungs- und Austrocknungsschäden zu verhüten. So erfüllt der Mittellandkanal, wie fast alle Schiffahrtskanäle, auch *landeskulturelle Aufgaben*. Am Ende der 88 km langen schleusenlosen Strecke bis Magdeburg stellt das *Schiffshebewerk Rothensee* die Verbindung zur 15 m tieferen Elbe her.

Der Kanal wird vor allem im Pumpwerk Minden mit Wasser aus der Weser versorgt. Für die Stromversorgung der Pumpenanlage dient seit 1914 das Weserkraftwerk Dörverden. Zusätzlich wird der Kanal durch die Lippe über den Dortmund-Ems-Kanal und bei Sommerhochwasser durch die Aller gespeist.

Vier Fünftel der Wasserstraße sind bereits für das Europaschiff ausgebaut

Der Mittellandkanal war für 1000 t-Schiffe mit 9 m Breite und 2 m Tiefgang ausgelegt. Es bereitet deshalb große Schwierigkeiten, diesen von vielen Brücken überspannten und stark befahrenen Kanal entsprechend den Empfehlungen der Europäischen Wirtschaftskommission auf den Verkehr mit dem *1350 t-Europaschiff* von 80 m Länge, 9,50 m Breite und 2,50 m Tiefgang auszubauen. Seit 1964 werden am Kanal solche Arbeiten durchgeführt, die den vorher 33 m breiten Wasserspiegel auf 53 m bringen und die vorher muldenförmige Sohle zu

einer 30 m breiten Ebene machen, die 4 m tief liegt.

Gegenwärtig (1992) haben etwa vier Fünftel der Wasserstraße die neuen Abmessungen erhalten. Aufwendig und kostspielig ist die Verbreiterung um 20 m in Ortslagen, wo unschöne Spundwände gezogen werden müssen.

7.5.3. Der Küstenkanal

Ursprünglich ein Kanal für die Torfschiffahrt in den Oldenburger Mooren

Gegen Mitte des 19. Jahrhunderts begann der Ausbau eines Kanalsystems in den Oldenburger Mooren, das der notwendigen Entwässerung und der Torfschiffahrt diente. Hierzu gehörte auch eine in den Jahren 1855 bis 1893 vom Großherzogtum Oldenburg angelegte erste Weser-Ems-Verbindung, der *Hunte-Ems-Kanal,* die von Oldenburg in westlicher Richtung bis Kampe und von hier über Elisabethfehn zur Leda führte *(Elisabethfehnkanal).* Die Torfindustrie längs des lediglich mit 20 t-Kähnen zu befahrenen Hunte-Ems-Kanals hatte vor dem Ersten Weltkrieg bereits eine derart lebhafte Entwicklung erfahren, daß der Kanal an der Grenze seiner Leistungsfähigkeit angelangt war. Zudem reichten die kleinen Abmessungen nicht mehr zur vollständigen Entwässerung der noch zu erschließenden Hochmoorgebiete.

Im Jahre 1921 begann deshalb der Ausbau des alten Hunte-Ems-Kanals zu dem neuen Küstenkanal. Er wurde dabei nicht mehr wie bislang nach Nordwesten zur Leda, sondern nach Südwesten zur mittleren Ems bis Dörpen weitergeführt. Erst nach 14jähriger Bauzeit konnte der Kanal 1935 fertiggestellt werden. Ursprünglich war er lediglich für den 600 t-Kahn bemessen. Durch die damals schon großzügige Anlage der Schleusen (Länge 100 m, Breite 12,0 m) bereitete es jedoch keine großen Schwierigkeiten, den Kanal für das Europaschiff (1350 t) auszubauen.

Über den Küstenkanal verläuft die kürzeste Wasserverbindung zwischen den Unterweser- und den Ruhrgebietshäfen

Der 70 km lange Küstenkanal zweigt an der Schleuse Dörpen von der kanalisierten Ems ab, deren Wasserspiegel bei mittlerem Hochwasser 1,20 m tiefer liegt (vgl. Abb. 153). Auf der 63 km langen Strecke bis Oldenburg folgt keine weitere Schleuse. Die Oldenburger Schleuse führt zur Hunte hinab, deren mittleres Tidehochwasser hier 3,12 m unter dem Spiegel des Küstenkanals bleibt.

Der Küstenkanal verkürzt die Entfernung von der Huntemündung bei Elsfleth bis Bergeshövede an

der Einmündung des Mittellandkanals in den Dortmund-Ems-Kanal gegenüber der kanalisierten Mittelweser über den Mittellandkanal um rd. 86 km.

*Der Kanal dient auch der Entwässerung der
angrenzenden Moore*

Neben seiner Funktion als Bundeswasserstraße erfüllt der Kanal auch wichtige wasserwirtschaftliche
Aufgaben. Er wird durch die Hunte, aber auch
durch die Entwässerung angrenzender Moorgebiete gespeist. Die für die Kanalspeisung 1927 angelegte *Thülsfelder Talsperre* (Soestetalsperre) wurde für diesen Zweck nur selten in Anspruch genommen. Sie dient heute hauptsächlich dem Hochwasserschutz und ist ein wertvolles Naturschutzgebiet
(vgl. Abschnitt 7.6. ”Natürliche und künstliche
Seen“).

7.5.4. Der Elbe-Seitenkanal

*Die jüngste und modernste niedersächsische
Wasserstraße besteht seit 1976*

Als jüngste und modernste niedersächsische Wasserstraße verbindet der 1976 in Betrieb genommene Elbe-Seitenkanal die niedersächsischen Wirtschaftsräume Braunschweig-Salzgitter bzw. Hanno-
ver-Hildesheim mit dem Seehafen Hamburg. Vor
dem Bau des Elbe-Seitenkanals litt der Schiffsverkehr unter der unzureichenden Wasserführung
und dem schlechten Ausbauzustand der Elbe. Der
Strom ist nur an rd. 80 Tagen im Jahr vollschiffig
mit dem Europaschiff (2,50 m Tiefgang) befahrbar.
Der Schiffahrtsweg zwischen den Wirtschaftsräumen Braunschweig - Salzgitter und Hamburg verkürzte sich durch den Bau des Elbe-Seitenkanals
um 217 km. Das entspricht einer Zeitersparnis von
etwa 2 Tagen für eine Fahrt.

Paradebeispiel neuzeitlichen Kanalbaus

Die Gesamtlänge des Elbe-Seitenkanals beträgt
115 km. Auf dieser Strecke kreuzt der Kanal 37 Gewässer in Form von Durchlässen, Dükern und Ka-
nalbrücken sowie 73 Straßen- und Bahnüber- und
-unterführungen. Hierzu zählt u.a. auch die Kreu-
zung mit der Bundesbahnlinie Hannover-Wolfs-
burg-Oebisfelde, die den Bau des längsten Eisen-
bahntunnels des norddeutschen Raumes mit 965
m Länge erforderlich machte.
Der Regelquerschnitt des Kanals weist eine Spie-
gelbreite von 53 m auf, seine Sohlenbreite mißt
mindestens 26 m (vgl. Abb. 154). Die Wassertiefe
von mindestens 4,15 m ermöglicht den problemlo-
sen Verkehr von 1350 t-Schiffen und Schubverbän-
den.

Die Wasserbereitstellung für die Scheitelhaltung
des Kanals erfolgt von der Elbe aus. Gegebenenfalls wird der Kanal auch zur Wasserhaltung des
Mittellandkanals mit herangezogen.
Der Höhenunterschied zwischen der Scheitelhaltung des Mittellandkanals bzw. des Elbe-Seitenkanals (+ 65 m NN) und der Elbe in der Stauhaltung
Geesthacht (+ 4 m NN) wird über die *Schleuse Uelzen* mit 23 m Fallhöhe und über das *Schiffshebewerk Lüneburg/Scharnebeck* mit max. 38 m Hub-
höhe überwunden (vgl. Abb. 153). Das Schiffshebewerk ist z.Zt. das größte Bauwerk dieser Art in
Europa. Die für den neuzeitlichen Kanalbau typischen großen Fallhöhen erforderten hohe Kanal-
dämme und vergleichsweise große Erdbewegun-
gen. Die Überwindung des Anstiegs von der Elbe-
niederung zur Geest mit nur einem Hebewerk ist
deutlich weniger zeitaufwendig für den Frachtver-
kehr als mehrere kleinere Schleusenanlagen.
Am Beginn der Dammstrecken im Oberwasser der
beiden Schleusen sowie an beiden Flanken der Allerniederung stehen Sicherheitstore, die im Fall eines *Dammbruches* in diesen Kanalabschnitten geschlossen werden. Hierdurch kann das Auslaufen
des gesamten Kanals verhindert werden. Sie bewährten sich am 18. Juli 1976, als im Bereich einer Straßenbauunterführung bei Lüneburg-Nutzfel-
de der westliche Kanalseitendamm brach. Knapp
vier der insgesamt 8 Mio. m³ Wasser in der Kanalhaltung zwischen dem Schiffshebewerk Lüneburg
und der Schleusenanlage Uelzen sind dabei aus-
gelaufen und überfluteten 10 km² Landfläche, bevor die Ilmenau nördlich von Lüneburg die Wassermengen aufnahm. Menschenleben waren nicht zu
beklagen, allerdings entstanden Sachschäden in
Millionenhöhe.
Nach den Folgen dieses Dammbruches bereits
kurz nach der Inbetriebnahme des Kanals sind an
den Sicherheitsvorkehrungen weitere Verbesserungen vorgenommen worden. Dazu zählt auch, daß
ca. 90 km der insgesamt 115 km langen Kanalstrecke wasserundurchlässig - in der Regel mit As-
phaltbeton - ausgekleidet sind. Dadurch wird erreicht, daß u.a. die Wasserverluste durch Versickerung gering bleiben und ein Durchströmen der Ka-
naldämme unterbleibt.

Im Winter friert der Kanal gelegentlich zu

In den Wintermonaten friert der Kanal gelegentlich
zu, wobei Eisstärken von bis zu 40 cm erreicht werden. Für die Freihaltung des Wasserweges steht
die Eisbrecherflotte des Wasser- und Schiffahrts-
amtes Lüneburg/Elbe bereit. Priorität hat jedoch
der Eisbrecherdienst auf der Elbe, wo Eisstau und
Eisversetzung eine größere Gefahrenquelle darstellen.

Abb. 154: Regelquerschnitte des Elbe-Seitenkanals (n. FESKE 1986).

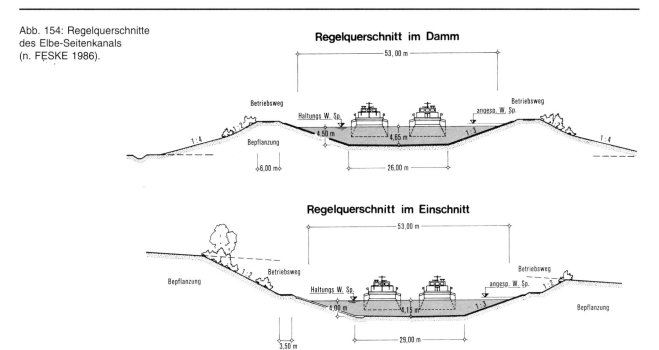

Regelquerschnitt im Damm

Regelquerschnitt im Einschnitt

Vielseitige Aufgaben auch für Wasserwirtschaft und Fremdenverkehr

Neben dem Gütertransport erfüllt der Elbe-Seitenkanal weitere Aufgaben. Er trägt zur Hochwasserentlastung bei und stellt in den Sommermonaten viel Wasser für landwirtschaftliche Beregnungsanlagen und z.T. auch für industrielle Zwecke zur Verfügung. Der Kanal steht zudem im Dienste der Sport- und Freizeitgestaltung bzw. des Fremdenverkehrs.

7.5.5. Niedersächsische Kanäle von regionaler Bedeutung

Der Ems-Jade-Kanal

Der in den Jahren 1880 - 1887 erbaute 72 km lange Ems-Jade-Kanal diente der Entwässerung der ostfriesischen Zentralmoore, der Anlage von Fehnkulturen und dem Torftransport. Gleichzeitig war er dafür bestimmt, nach dem Bau des Dortmund-Ems-Kanals die Verbindung zum Marinehafen Wilhelmshaven herzustellen, um für diesen mit Binnenschiffen die Kohleversorgung der deutschen Flotte sicherzustellen.

Der Kanal beginnt als Verlängerung des Emdener Hafenkanals und führt zum Auricher Hafen, wo die erste Schleusenanlage liegt. Zur Bewältigung des Höhenunterschiedes zwischen den Häfen Aurich und Wilhelmshaven wurde der Bau weiterer Abstiegsschleusen notwendig, so daß auf der nur 72 km langen Kanalstrecke insgesamt 8 Schleusenanlagen in Betrieb sind. Aufgrund der geringen Wassertiefe (2 m) und der unzureichenden Spiegel-

breite (16,5 m) können lediglich Kleinlastschiffe mit einer Tragfähigkeit bis zu 200 t den Kanal befahren. Das entspricht nicht mehr den heutigen Anforderungen. So dient der Kanal vornehmlich der Entwässerung. Er steht aber auch zunehmend im Dienste der Freizeitschiffahrt.

Der Nord-Georgsfehn-Kanal

Als sich anschließender Moorkanal mündet auf halber Strecke zwischen Emden und Wilhelmshaven der 30 km lange Nord-Georgsfehn-Kanal in den Ems-Jade-Kanal ein. In seinem Verlauf liegen 7 Schleusen. Im Süden hat er Anschluß an die schiffbare Jümme. Der Kanal ist lediglich mit 200 t-Schiffen befahrbar und damit für die Frachtschiffahrt unerheblich. Von Westen mündet der *Großefehn-Schiffahrtskanal* ein, der einen großen Teil der rechtsemsischen Fehnkanäle sammelt. Sie dienten alle ehemals dem Torftransport, erfüllen aber heute nur noch Entwässerungsaufgaben.

Das linksemsische Kanalnetz

Für die Entwässerung und Kultivierung der ausgedehnten Moorgebiete des Emslandes wurde das 112 km lange linksemsische Kanalnetz in den Jahren 1871 bis 1903 geschaffen. Der 1886 fertiggestellte *Nord-Süd-Kanal* wurde dabei der Stammkanal des künstlichen Gewässernetzes. Er beginnt bei Nordhorn an der Vechte, verläuft parallel zur Ems und mündet in den *Haren-Rütenbrocker-Kanal* ein, der die nördliche Verbindung zur Ems herstellt. Die südliche Verbindung des Nord-Süd-Kanals mit der Ems verläuft über den *Ems-Vechte-Kanal,* der im Westen seine Fortsetzung in dem niederländischen *Almelo-Nordhorn-Kanal* findet. In diesen Kanälen ist der Schiffsverkehr fast ganz zum Erliegen gekommen.

Kanäle im Weser-Elbe-Dreieck

Bereits im absolutistischen Zeitalter, als in vielen Ländern Schiffahrtskanäle gebaut wurden, sollte auch im Kurfürstentum Hannover eine Verbindung von der Weser zur Elbe hergestellt werden, die jedoch nie ganz verwirklicht wurde. Ein Ausdruck dieses Bemühens war der *Hamme-Oste-Kanal,* der bereits 1766 - 1772 vom Kolonisator des Teufelsmoores, Jürgen Christian Findorff, vornehmlich zur Entwässerung des Teufelsmoores und für die Torfschiffahrt angelegt wurde. Er sollte ursprünglich zur Schwinge und damit bis Stade weiterführen. Doch schon bald nach der Fertigstellung zeigte sich, daß dieser Kanal wegen Wassermangels nie eine binnenländische Schiffahrtsverbindung abgeben würde. Der 15 km lange Kanal ist seit langem nicht mehr schiffbar.

Von kleinen Binnenschiffen, die von der Weser in die Elbe wollen, wird hingegen zeitweilig noch der *Geeste-Elbe-Kanal* benutzt, der nördlich von Bederkesa auch *Hadelner Kanal* genannt wird. Er ist 32 km lang, durchschnittlich 25 m breit und nur 1,50 m tief. In ihm liegen zwei Schleusen. Er reicht von der schiffbaren Geeste über den Bederkesaer See bis Otterndorf an der Elbe. Der Hadelner Kanal wurde schon 1850-1860 angelegt, um das teilweise unter dem Meeresniveau liegende Hadelner Sietland von der alljährlich eintretenden Wassernot zu befreien.

Neben den genannten bestehen noch weitere Kanäle in Niedersachsen, die z.T. auch den Namen *"Schiffgraben"* führen, jedoch heute für die Schifffahrt bedeutungslos sind und ausschließlich der Entwässerung dienen.

7.6. Natürliche und künstliche Seen
(vgl. Abb. 155)

7.6.1. Natürliche Seen

Niedersachsen ist arm an natürlichen Seen

Verglichen mit Schleswig-Holstein oder Mecklenburg ist Niedersachsen verhältnismäßig arm an Seen. Ein Blick auf die Karte von Norddeutschland macht das deutlich.

Der Grund ist darin zu suchen, daß das Eis der letzten Eiszeit die Elbe nicht überschritten hat und damit die durch Gletscherschmelzwässer ausgestrudelten *Rinnenseen,* durch Endmoränenwälle abgedämmte *Zungenbeckenseen* oder durch Toteisblöcke bedingte *Sölle* hier nicht zu finden sind, wie sie

die Holsteinische oder die Mecklenburgische Seenplatte in großer Zahl aufzuweisen haben. So läßt sich an der Verbreitung der Seen ganz klar die Jungmoränenlandschaft nördlich der Elbe von der Altmoränenlandschaft südlich des Stromes unterscheiden.

Es gibt somit in Niedersachsen kaum eiszeitliche Restseen. Die vorhandenen sind in der Regel Windausblasungswannen *(Schlatts),* Marschrandseen, Hochmoorseen oder Altwasser sowie Erdfallseen.

Es dominieren Flachseen

Lediglich die Erdfallseen weisen eine größere Tiefe auf. Die anderen sind Flachseen. Sie erreichen selten eine Tiefe von mehr als 2 Metern und ihr Wasserkörper weist im Gegensatz zu tieferen Seen eine einheitliche Temperatur auf. Durch die vorherrschenden Westwinde wird das Wasser ständig durchmischt und gegen das Ostufer getrieben, wo Abbruchkanten und Steilufer entstehen, während die im Lee liegenden Westufer verlanden und in früherer Zeit vor Einsetzen der Entwässerungsarbeiten von breiten Schwingrasenflächen (Dobben), Schilf- und Schwimmblattgürteln umgeben waren (vgl. Kap.8. "Pflanzendecke").

Die Zahl solcher Flachseen ist früher wesentlich höher gewesen, wie alte Karten, z.B. die zweihundertjährige Kurhannoversche Landesaufnahme oder die gleichaltrige Oldenburgische Vogteikarte, aber auch viele Flurnamen zeigen. Die meisten der Seen sind trockengelegt worden, um neues Kulturland zu gewinnen. Das gilt insbesondere für die zahlreichen, einst wassergefüllten Windausblasungsmulden und für die Hochmoorseen Ostfrieslands, Oldenburgs und des Emslandes, wie auch für die einst weitflächigen Marschrandseen.

Niedersachsens Seen haben heute überwiegend Naturschutz- und Erholungsfunktionen

Neue Seen sind durch den Talsperrenbau, insbesondere aber durch die *Kiesgewinnung* in den Talauen der südniedersächsischen Flüsse oder durch die Sandgewinnung beim Autobahnbau in Nordniedersachsen entstanden (vgl. Farbtafel 14). Zunehmend werden auch Seen und Teiche für Erholungszwecke und zur Verschönerung des Ortsbildes angelegt. Die Ursachen liegen beim Wirtschaftswandel und einer Veränderung der Denkweise. In der Zeit der Nahrungsmittelknappheit bis 1950 sah man die Flachseen vielfach noch als mögliche neue Kulturflächen an, die nach der Entwässerung bei der Flurbereinigung mit aufgeteilt wurden. Im folgenden Zeitalter der ständig steigenden Agrarüberschüsse und des zunehmenden ökologischen Bewußtseins sind die natürlichen Seen

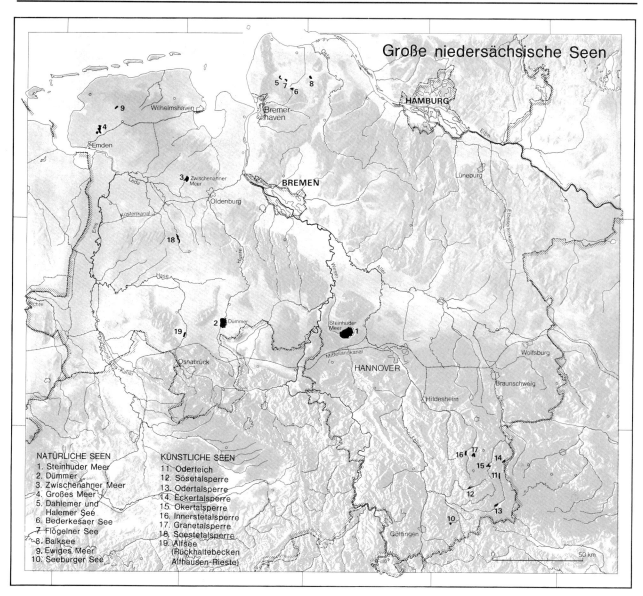

Abb. 155: Große niedersächsische Seen (n. Niedersächs. Landesverwaltungsamt - Landesvermessung; Topogr. Karte 1 : 100 000, Regionalkarten 1987).

Tab. 41: Die größten natürlichen Seen in Niedersachsen.

Nr. [1]	Fläche km²	Größte Tiefe m	Mittlere Tiefe m	Höhe des Wasserspiegels ü. NN (bei MW) m	Nr. [1]	Fläche km²	Größte Tiefe m	Mittlere Tiefe m	Höhe des Wasserspiegels ü. NN (bei MW) m
1. Steinhuder Meer	29,1	2,80	1,35	38	6. Bederkesaer See	1,7	1,20	0,95	−0,1
2. Dümmer	12,4	1,40	1,10	37	7. Flögelner See	1,5	− /	0,90	−0,6
3. Zwischenahner Meer	5,5	5,50	2,45	5,6	8. Balksee	1,5	3,20	1,00	−0,2
4. Großes Meer	4,2	1,50	1,00	0,9	9. Ewiges Meer	0,9	− /	1,00	8,2
5. Dahlemer und Halemer See	2,0	− /	0,90	−0,6	10. Seeburger See	0,9	4,20	2,20	156,6

/ Schätzwert   − kein Meßergebnis vorliegend   [1] Nr. auf Abb. 155

Quelle: Niedersächs. Minist. f. Ernährung, Landwirtschaft u. Forsten 1985

nicht mehr gefährdet. Im Gegenteil, es werden wieder ehemalige Seeflächen überstaut und in den Tälern und Niederungen auf den vernäßten Wiesen neue Seen und Fischteiche angelegt. Das gilt besonders für stadtnahe Bereiche, wo die künstlichen Seen zum Kern bevorzugter Erholungsgebiete werden.

Sowohl die natürlichen als auch die künstlichen Seen mit ihren vielfältigen Uferbereichen sind Lebensräume für selten gewordene und bedrohte Tiere und Pflanzen. Deshalb ist eine große Zahl der in Niedersachsen noch vorhandenen natürlichen Seen unter *Naturschutz* gestellt worden, zumal solche Wasserflächen als Anziehungspunkte für den Fremdenverkehr und den Freizeitsport zunehmend auch von anderen Nutzungsarten beansprucht werden.

Im Rahmen dieses Kapitels lassen sich aus Platzgründen nur wenige der typischen natürlichen und künstlichen Seen Niedersachsens behandeln. Es werden deshalb nur die größten sowie charakteristische Vertreter der nach ihren Entstehungsursachen unterschiedlichen Seen vorgestellt.

Die Entstehung der natürlichen Seen

Eiszeitliche Restseen

Zwar hat es glaziale Seen, wie sie das Jungmoränengebiet heute in großer Zahl aufweist, auch in Niedersachsen nach der vorletzten Eiszeit, der Saale-Eiszeit vor rund 200 000 Jahren, gegeben, doch sind die Seewannen in der Folgezeit, insbesondere während der letzten Kaltzeit ("Weichsel-Kaltzeit"), als Niedersachsen nicht mehr vom Eis erreicht wurde, durch Bodenfließen (Solifluktion), Sandeinschwemmungen und -einwehungen und später durch Vermoorungen wieder aufgefüllt worden (vgl. Kap. 2. "Geologie"). Ob einige der wenigen noch vorhandenen Seen Strudelkessel oder Reste von Zungenbeckenseen aus der Saale-Eiszeit sind oder als Wasserlöcher des Dauerfrostbodens (Austau-Seen) der letzten Eiszeit angesehen werden können, ist noch nicht endgültig geklärt. Das gilt sowohl für das *Steinhuder Meer* als auch für den *Dümmer* oder für andere Seen. Als eiszeitliche Restseen haben sich wahrscheinlich nur noch einige tiefe Strudellöcher in der Nähe der Wasserscheiden halten können, wie der *Wollingster See* und der *Silbersee* bei Bremerhaven oder der *Otterstedter See* und die *Bullenseen* bei Rotenburg, die trotz ihrer geringen Größe über 10 m tief sind.

Windausblasungswannen (Schlatts)

Da fast alle Seen in Niedersachsen eine sehr geringe Tiefe haben und an den Ost- und Nordufern häufig alte Dünen anzutreffen sind, kann man sie als Windausblasungsmulden ansprechen, die entstanden sind, als gegen Ende der letzten Eiszeit erst eine schüttere Vegetationsdecke vorhanden war und der Grundwasserspiegel wesentlich niedriger als heute lag (vgl. Farbtafel 20). Es gab sie einst in großer Zahl auf der Ostfriesischen und Oldenburger Geest sowie auf der Meppen-Nienburger Geest, aber auch auf der Stader Geest und in der Lüneburger Heide. Die ersten Landesaufnahmen von vor 200 Jahren haben sie verzeichnet. Durch Entwässerungsarbeiten sind die meisten trockengelegt worden oder sehr zusammengeschrumpft. Verblieben sind beispielsweise das *Theikenmeer* im Hümmling und andere "Meere", die trotz ihres Namens nur kleine Seen sind.

Dabei muß angemerkt werden, daß auf niedersächsischem Gebiet die offenen Wasserflächen links der Weser, wie in den Niederlanden, die *Bezeichnung "Meer"* tragen, unabhängig von ihrer Flächengröße oder Wassertiefe. Auch der Dümmer bildet da keine Ausnahme; denn sein Name leitet sich von der ursprünglichen Bezeichnung "Düm-Meer" ab. Die Bezeichnung "Meer" trägt hingegen rechts der Weser nur das Steinhuder Meer.

Marschrandseen

Marschrandseen haben sich in der Niedermoorzone zwischen der Geest und der Marsch gebildet. Der Meeresspiegelanstieg und die dadurch bedingte immer höhere Aufschlickung des küstennahen Marschenhochlandes haben die Entwässerung zum Meer hin nicht nur behindert, sondern die Marschrandzone in ein Niveau gebracht, das z.T. unter dem mittleren Meeresspiegel liegt. In dieser Vernässungszone bildeten sich über Hochmoor- und Niedermoortorf immer mehr Seen, bis der Mensch eingriff und die größte Zahl von ihnen durch Entwässerungsarbeiten verschwand. Verblieben sind lediglich Restseen.

Die größten Marschrandseen sind heute noch in Ostfriesland nördlich von Emden, wie z.B. das *Große Meer* oder die *Hieve*, und im Hadelner Sietland südöstlich von Cuxhaven zu finden, wo der *Dahlemer, Halemer, Flögelner* und *Bederkesaer See* mit dem *Balksee* eine ganze Kette bilden. Südlich davon lagen die Marschrandseen der Geesteniederung mit dem Ringstedter, Altluneberger und dem *Großen Sellstedter See,* von denen nur der letztgenannte erhalten blieb. An der unteren Hamme bei Bremen ist das unter Naturschutz stehende Breite Wasser ein Rest der einst ausgedehnten *Truper Blänken,* die rasch verlandet sind, seitdem Schleusen und Schöpfwerke die Wirkung von Ebbe und Flut aufgehoben und den Grundwasserspiegel gesenkt haben.

Hochmoorseen

Von den Marschrand- und Niedermoorseen sind die Hochmoorseen zu unterscheiden, die nur im atlantischen Klimabereich des Landes auf den dort wachsenden Hochmooren einst in großer Zahl anzutreffen waren. Sie sind zumeist durch Entwässerungsarbeiten verschwunden. Entstanden sind sie durch das unregelmäßige Aufwachsen der Torfmoose und durch den Wellenschlag des sauren Moorwassers. Auf den ostfriesisch-oldenburgischen Mooren sind das *Ewige Meer* und das *Lengener Meer* als große Moorseen noch vorhanden, im Elbe-Weser-Dreieck sind es der *Bülter See* und der *Huvenhoopssee,* die alle unter Naturschutz stehen. Kleine Hochmoorseen und -kolke sind hingegen noch vielfach anzutreffen.

Altwasser (Totarmseen)

Zahlreich waren in den Talauen der größeren Flüsse einst auch Altwasserseen, die durch Flußverlagerungen entstanden sind. Die größten von ihnen sind in Resten erhalten geblieben und eine für den Naturschutz wichtige Bereicherung der Landschaft. Besonders viele solcher Totarmseen liegen in der Elbniederung im Hannoverschen Wendland, aber auch an der Weser zwischen Hoya und Bremen sowie an der Ems und im Allertal sind sie vertreten.

Einige kleine Seen an den bedeichten Flüssen und in den Seemarschen sind allerdings keine Totarmseen, sondern *Deichbruchlöcher* (sog. "Wehle" oder "Bracks"), die durch hereinbrechende Wassermassen so tief ausgestrudelt wurden, daß sie nicht wieder zugeschüttet werden konnten (vgl. Farbtafel 20).

Erdfallseen

Die tiefsten Seen in Niedersachsen, wie der nur 7 ha große *Juessee* in Herzberg am Harz mit einer Tiefe von 33,5 m oder die *Sager Meere* südlich von Oldenburg mit Tiefen von 21,5 bzw. 9,0 m, aber auch der *Seeburger See* bei Duderstadt und das *Zwischenahner Meer* sowie der bereits in der Altmark gelegene *Arendsee* südlich von Gartow sind durch die Auslaugung von Salz und Gips im Untergrund und durch das Einstürzen von unterirdischen Hohlräumen entstanden. In größerer Zahl kommen sie im Berg- und Hügelland vor, wo auslaugungsfähige Gesteine anstehen, insbesondere im Gipskarstgebiet am Südharzrand (vgl. Farbtafel 11). Erdfallseen sind auch auf der Geest zu finden. Sie treten hier über Salzstöcken auf, sofern diese nicht durch zu mächtige eiszeitliche Sedimente überlagert und abgedichtet werden. Die Erdfallseen über Gipslagern entstehen meist plötzlich,

während die Senkung über Steinsalzlagern allmählich vonstatten geht. Der Seeburger See bei Duderstadt ist dafür ein Beispiel. Dabei kann die Verlandung mit der Ablaugung zeitweilig Schritt halten.

Große natürliche Seen in Niedersachsen
(vgl. Abb. 155)

Steinhuder Meer (vgl. Farbtafel 21)

Dieser nordwestlich von Hannover gelegene größte Binnensee Niedersachsens hat eine Wasserfläche von annähernd 30 km². Aufgrund seiner flachen Uferbereiche variiert die Flächengröße allerdings erheblich in Abhängigkeit vom jeweiligen Wasserstand.

Die höchsten Wasserstände werden in den Monaten Februar bis April registriert, wobei jährliche Spiegelschwankungen bis zu 1 m möglich sind. Die mittlere Wassertiefe beträgt lediglich 1,35 m, die max. Tiefe 2,80 m (vgl. Tab. 41). Der Untergrund besteht im Osten infolge der dortigen stärkeren Wellen- und Strömungsverhältnisse (Westwinde) größtenteils aus Sand, im Westen aus einer bis zu 2 m mächtigen Mudde. Der See erhält keine nennenswerten Zuflüsse. Er wird im wesentlichen durch das Grundwasser gespeist.

Im geologischen Sinne liegt das Steinhuder Meer zwischen den Mardorfer Stauchendmoränen im Norden (Schneerener Berge) und dem Kreidesattel der Rehburger Berge im Süden in einer eiszeitlich geformten Talniederung. Die *Entstehung des Sees* ist bislang umstritten. Die bestehenden älteren Theorien (Gletscher-Schmelzwasserausspülung, Windausblasung, Glazialerosion, Toteissakkung, Auslaugung über einem Salzstock) sind durch neuere ergänzt worden, die "Thermokarst-Vorgänge" für die Senkenbildung verantwortlich machen. Danach könnte die Seesenke während der ausgehenden Weichsel-Eiszeit durch das Auftauen von Bodeneislinsen des eiszeitlichen Dauerfrostbodens gebildet worden sein.

Am Westufer verlandet der See allmählich. Hier wird ständig Mudde abgelagert. Auf der Wasseroberfläche kommt es zur Bildung von Schwingrasendecken, die eine Torfbildung einleiten. Am Ostufer dagegen bricht das Moor ständig unter dem Schlag der vom Westwind aufgeworfenen Wellen ab, so daß am angrenzenden Toten Moor eine steile Abbruchkante geschaffen wurde.

Das Steinhuder Meer bildet das Kerngebiet eines 1975 gegründeten gleichnamigen *Naturparks.* Aufgrund seiner schönen Lage und der vielfältigen Wassersportmöglichkeiten reicht sein Einzugsgebiet für den Naherholungsverkehr weit über die benachbarte Landeshauptstadt hinaus. 1985 waren insgesamt 5900 Segelboote und etwa 1700 Segelsurfer auf dem Steinhuder Meer zugelassen. Die nordwestlichen und südöstlichen Uferbereiche bei Mardorf bzw. Steinhude sind von Gaststätten, Campingplätzen und Freizeitwohnheimen gesäumt. Dort hat man Sandaufspülungen für den Badebetrieb vorgenommen und vor Steinhude eine Badeinsel geschaffen. Die 1724-77 von Graf Wilhelm von Schaumburg inmitten des Sees auf einer künstlichen Insel angelegte *Festung Wilhelmstein* ist ein vielbesuchtes Touristenziel.

Die verschilften Verlandungsregionen im Westen und Südwesten des Sees sind aufgrund ihrer Bedeutung als Rast- und Brutstätten für die Vogelwelt unter *Naturschutz* gestellt worden. Insgesamt gehören damit etwa 50 % der Uferlänge des Sees der höchsten Schutzkategorie an (vgl. Kap. 10. "Ökologie und Umweltschutz").

Dümmer (vgl. Farbtafel 21)

Niedersachsens zweitgrößter Binnensee liegt in der Hunteniederung zwischen den Endmoränenzügen der Dammer Berge und des Kellenbergs im Norden sowie der Kreideschichtstufe des Stemweder Berges im Süden. Wie beim Steinhuder Meer schwankte früher auch die Oberflächengröße des Dümmers witterungsbedingt erheblich. Seit der Eindeichung des Gewässers liegt sie jedoch weitgehend fest und beträgt nunmehr etwa 12 km², einschließlich des durchfluteten Schilfgürtels. Die Tiefen sind noch geringer als beim Steinhuder Meer. Sie betragen im Mittel lediglich 1,1 m. Nur an wenigen Stellen wird die maximale Wassertiefe von 1,4 m erreicht (vgl. Tab. 41).

Der See ist weitflächig von Mooren umgeben, die im Westen unmittelbar an das Gewässer heranreichen. Der Untergrund wird hier von einer lockeren Mudde gebildet. Lediglich im Nordosten hat der von den Westwinden verursachte Wellenschlag den sandigen Untergrund freigelegt, wodurch der Badebetrieb in Lembruch begünstigt wird. Der Zufluß des Dümmers erfolgt hauptsächlich über die Hunte. Das Einzugsgebiet des Sees ist deshalb mit 426 km² auch bedeutend größer als das des Steinhuder Meeres. Die übrigen unmittelbar in den Dümmer einmündenden kleinen Bäche, wie beispielsweise die von den Stemweder Bergen kommende Gräfte, üben keinen nennenswerten Einfluß auf den Wasserstand aus.

Der Hauptausfluß ist die *Lohne,* die seit 1952 durch ein Stauwerk den Seespiegel reguliert. Nur Hochwasser wird noch über die alten Abflüsse *Hunte* und *Grawiede* abgeführt.

Die *Entstehung* des Dümmers ist, ähnlich wie die des Steinhuder Meeres, noch nicht eindeutig geklärt. Neben den bereits beim Steinhuder Meer genannten möglichen Entstehungsursachen (s.o.) wird als weitere Theorie der Aufstaueffekt eines nördlich des Sees von den Dammer Bergen herabgeschütteten Schwemmfächers diskutiert.

Vor der Fertigstellung eines *Ringdeiches* im Jahre 1953 war die Dümmer-Niederung ein häufig von Überschwemmungen heimgesuchtes Gebiet, das nur als Grünland genutzt, nach der Bedeichung aber beackert werden konnte. Neben dem Deich wurde auf der Westseite zusätzlich ein 9 km langer *Randkanal* angelegt, der überschüssige Wassermengen abführt. Oberhalb des Sees entlang der Hunte mindern ferner 3,5 km lange Rückstaudeiche die Überschwemmungsgefahr.

Zwar konnten die wasserwirtschaftlichen Probleme des Dümmergebiets durch die Eindeichung und durch den Randkanal weitgehend gelöst werden, doch bewirkten der Ausbau und der zunehmende Nährstoffeintrag durch die Hunte und die Randgewässer eine empfindliche Störung des natürlichen Gleichgewichts. Die *Eutrophierung* durch über Vorfluter in den See eingeschwemmte Natur- und Mineraldünger ist derart fortgeschritten, daß die Verschlammung des gesamten Gewässers stark zugenommen hat und der See künstlich offengehalten werden muß. Das macht alljährlich kostspielige Bagger- und Saugarbeiten und die weitere Umleitung von Randgewässern erforderlich.

Ähnlich wie das Steinhuder Meer ist auch der Dümmer aufgrund seiner reichhaltigen Freizeit- und Wassersportmöglichkeiten ein beliebtes Ziel von Erholungsuchenden aus dem westlichen Niedersachsen, aus Bremen und dem benachbarten Nordrhein-Westfalen, zumal die Autobahn "Hansalinie" nur wenige Kilometer entfernt am See vorbeiführt und eine gute Verkehrsanbindung schafft. In den Sommermonaten werden bis zu 2000 Segelboote und etwa 800 Windsurfer auf dem See gezählt.

Der Dümmer ist mit seinen breiten Binsen- und Schilfgürteln und den umliegenden Feuchtgebieten ein überregional bedeutendes Brut- und Rastgebiet für die Vogelwelt. Teile der Wasserfläche im Westen und Süden sowie mehr als 50 % der gesamten Uferlänge, insgesamt etwa 750 ha, stehen unter *Naturschutz*. Andere Bereiche sowie die umliegenden Niederungen sind zusätzlich als Landschaftsschutzgebiete ausgewiesen worden (vgl. Kap. 10. "Ökologie und Umweltschutz").

Zwischenahner Meer

Der mit 5,5 km² Wasserfläche drittgrößte niedersächsische See liegt 14 km nordwestlich der Stadt Oldenburg. Mit einer durchschnittlichen Wassertiefe von 2,45 m und einer größten Tiefe von 5,50 m ist er mehr als doppelt so tief wie die anderen

Seen (vgl. Tab. 41). Rechnet man zur Tiefe noch die Muddeablagerung hinzu, so kommt man auf eine ursprüngliche Tiefe von insgesamt etwa 9 m. Der See war somit zumindest vor der Ablagerung der Mudden kein Flachsee.

Das Gewässer verdankt seine Existenz vermutlich einem hoch aufgestiegenen Salzstock im Untergrund, der vom Oberflächenwasser ausgelaugt wird, wobei die eiszeitliche Sedimentdecke nachbricht. Das erklärt auch die im Vergleich zu anderen Flachseen relativ steil abfallenden Uferbereiche. Sie sind auch die Ursache dafür, daß der Verlandungsgürtel mit Seerosen, Binsen und Röhricht nicht so breit wie etwa am Dümmer ist.

Wie das Steinhuder Meer und der Dümmer, so ist auch dieser See vor den Toren Oldenburgs ein beliebtes Ziel des Naherholungsverkehrs. Das unmittelbar am See gelegene Bad Zwischenahn hat sich zu einem bekannten Kur- und Fremdenverkehrsort entwickeln können (vgl. Kap. "Fremdenverkehr" in Bd. 2). Teile des Nordufers stehen als Brutgebiete der Wasservögel und als Standort seltener Pflanzen unter Naturschutz.

Foto 6: **Torfabbruchufer am Dahlemer See.** Aufn.: Fahrenholtz.

Großes Meer

Das Große Meer, 8 km nordöstlich der Stadt Emden gelegen, ist mit einer Wasserfläche von 4,2 km² der größte Marschrandsee Niedersachsens. Sein Wasserspiegel (MW) liegt 90 cm unterhalb des Meeresspiegels. Der sehr flache See weist eine mittlere Tiefe von lediglich 1 m auf. Nur an wenigen Stellen werden 1,50 m Wassertiefe erreicht. Eine 80 bis 100 m breite Sand-Barre, in deren Bereich der See sehr flach wird, unterteilt das Gewässer in ein nördliches und südliches Becken. Der Seegrund besteht sonst weitgehend aus Darg (Schilftorf).

Das Überschußwasser des Sees wird über verschiedene kleine Tiefs (Hieve, Kurzes Tief, Trecktief) dem Emdener Stadtgraben und schließlich der Ems zugeleitet. Heute wirkt das Große Meer als *Ausgleichsbecken,* weil Siel- und Schöpfwerke den Wasserstand regulieren. Vor der Errichtung der Sielwerke wurde die Umgebung des Sees häufig überschwemmt.

Der See ist von einem breiten Verlandungsgürtel umgeben, den zahlreiche Vogelarten als Brut- und Rastplatz nutzen. Der Südteil des Großen Meeres ist deshalb auf einer Fläche von insgesamt 495 ha unter Naturschutz gestellt worden.

Dahlemer, Halemer und Flögelner See

Diese Seen reihen sich am Südrand der Hadelner Tieflandsbucht zwischen dem großen Ahlenmoor im Norden und dem Geestrand im Süden auf. Der Dahlemer und der Halemer See erreichen zusammen eine Größe von etwa 2,0 km². Sie werden lediglich durch eine in das Gewässer hineinragende Landzunge getrennt. Etwa 1 km weiter östlich schließt sich der 1,5 km² große Flögelner See an. Der Wasserspiegel der drei Seen liegt wie das sie umgebende Sietland etwa 60 cm unterhalb NN. Die Entwässerung der Seen erfolgt vom Westufer des Flögelner Sees über einen eingedeichten Seeabfluß und die Lehe in den Hadelner Kanal und damit in die Außenelbe.

Die Seen werden *allseitig von Mooren* umgeben. Nur im Süden tritt bei Flögeln ein Geestrücken an die Ufer heran. Im Norden steigt das Ahlenmoor bis zu 5 m über den Spiegel des Dahlemer Sees auf. Durch Wellenschlag ist hier eine eindrucksvolle Torfabbruchkante geschaffen worden, die ein Teil des 425 ha großen Naturschutzgebietes "Dahlemer See" ist (vgl. Foto 6). Durch die Humussubstanzen der Moore bedingt hat das Wasser der drei Seen eine tiefbraune Färbung. Der Ausflugsverkehr hat, trotz zahlreicher Auflagen, auch diese stillen Gewässer bereits erreicht und z.T. erobert.

Bederkesaer See

Der 1,7 km² große Bederkesaer See liegt etwa 15 km östlich von Bremerhaven gleichfalls am Rande des Hadelner Sietlandes. Auch sein mittlerer Wasserspiegel bleibt mit - 0,1 m NN unter dem mittleren Meeresspiegel. Als typischer Flachsee erreicht er maximal lediglich 1,2 m Wassertiefe (vgl. Tab. 41). Durch die Regulierung und Erweiterung des

Abflusses in den Hadelner Kanal ist der Seespiegel zusätzlich gesenkt worden.

Der Boden des Sees besteht aus Torf und Mudde, die zu einer starken Braunfärbung des Seewassers führen. Zwischen den liegenden Torfschichten sind verschiedene Kleilagen zu finden, die auf *wiederholte Meeresvorstöße* von der heute 25 km entfernten Unterelbe her hinweisen.

Die Seeufer bestehen aus einem breiten, mit Schilf, Binsen und Seerosen bestandenen Verlandungsgürtel, der ein wertvolles Refugium für die Vogelwelt ist. Das Nordostufer des Sees ist deshalb ein Teilbereich des 105 ha großen Naturschutzgebietes "Hörner Moor und Bederkesaer See".

Der See wird im Norden von Wald gesäumt. Im Westen grenzen die Bederkesaer Höhen und der Flecken Bederkesa an den See. Seine reizvolle landschaftliche Lage macht ihn zu einem beliebten, von zahlreichen *Segel- und Ruderbooten* belebten Naherholungs- und Freizeitziel.

Der Balksee

Der 1,5 km² große Balksee liegt südlich der Wingst, dem Endmoränenzug zwischen der Ostemarsch und dem Hadelner Sietland. Der 2,5 km lange und etwa 1 km breite Marschrandsee ist allseitig von Hoch- und Niedermooren umgeben. Ein breiter Schilfgürtel trennt das im Mittel etwa 1 m tiefe Gewässer von den angrenzenden weiten, aber kultivierten Moorflächen, die vor dem Bau des in die Oste mündenden Neuhaus-Bülkauer Kanals bis zur Mitte des vorigen Jahrhunderts häufig unter Wasser standen.

Der Spiegel des Balksees liegt bei mittlerem Wasserstand auf -0,2 m NN. Das *Naturschutzgebiet "Balksee und Randmoore"* gehört zu den wertvollsten und mit einer Größe von 472 ha gleichzeitig zu den größten binnenländischen Naturschutzgebieten Nordwestdeutschlands. Es enthält zahlreiche heute seltene oder andernorts bereits ausgestorbene Pflanzen der Gewässer, der Röhrichte, der Hoch- und Niedermoore sowie auch der extensiv genutzten Grünlandbereiche. Es gibt in Nordwestdeutschland kein anderes Gebiet, in dem heute in annähernd ähnlicher großflächiger Ausdehnung noch *Groß- und Kleinseggenrieder* wie hier erhalten sind und wo derartige Gesellschaften hektargroße Flächen einnehmen.

Ewiges Meer

Das Ewige Meer liegt 8 km nördlich von Aurich *inmitten eines Hochmoores* mit 2-3 m mächtigen Torfschichten. Der etwa 2 km lange und 800 m breite See erstreckt sich in der Hauptwindrichtung Südwest-Nordost und weist eine mittlere Tiefe von etwa 1 m auf. Der See besitzt keinen Zufluß, d.h.

seine Speisung erfolgt ausschließlich aus dem Niederschlagswasser bzw. aus dem Moorkörper. Der ursprünglich abflußlose See wird durch den künstlich angelegten Abelitz-Moordorf-Kanal entwässert, der das Wasser der Außenems zuführt.

Trotz der geringen Wassertiefe zeigt der See nur eine schmale Verlandungszone. Das saure Moorwasser verhindert einen ähnlich üppigen Pflanzenwuchs, wie er für andere Flachseen charakteristisch ist. Der See bildet als Standort z.T. sehr seltener Hochmoorpflanzen den Kernbereich des 360 ha großen gleichnamigen Naturschutzgebietes.

Seeburger See

Der etwa 1 km² große Seeburger See liegt rd. 9 km nordwestlich von Duderstadt im hügeligen Eichsfeld. Er ist ein verhältnismäßig tiefer See (max. 4,2 m), der durch die *Auslaugung* der im Untergrund liegenden *Zechsteinsalze* entstanden ist. Die Auslaugung und Absenkung hält wahrscheinlich noch an, sonst würde der See durch die Einschwemmmassen von den Hängen schon aufgefüllt sein.

Der See erhält durch die Aue, deren Einzugsgebiet oberhalb des Sees 31,5 km² groß ist, und durch Quellen kalkreiches Zuflußwasser, das die Entwicklung eines reichen Wasserpflanzenbestandes begünstigt und den See zu einem guten Fischgewässer macht.

Der gesamte See einschließlich eines Uferstreifens wurde 1976 zum Naturschutzgebiet erklärt, jedoch der Wassersport nicht ganz unterbunden; denn vom 1. Mai bis zum 15. Oktober ist das Segeln außerhalb der festgelegten Sperrzonen zugelassen.

7.6.2. Künstliche Seen

Historischer Rückblick

Mit der Einführung des Wasserrades und der Wassermühlen, die in Niedersachsen wohl in der Karolingerzeit im 8./9. Jahrhundert erfolgte, hatte man ein Mittel in der Hand, Menschenkraft durch effektiver arbeitende Wasserkraft zu ersetzen. Es waren vor allem die Klöster und Fronhöfe, an denen die ersten Wassermühlen entstanden. Mit ihnen wurden *Mühlenteiche* als Speicherseen angelegt, um jederzeit hinreichend Antriebskraft zur Verfügung zu haben. So finden sich denn bei allen Klöstern Mühlenteiche, die gleichzeitig dem Fischfang dienten, der für die Fastentage von großer Bedeutung war. Über die Mühlenteiche hinaus wurden für solchen Zweck bei den Klöstern und an zahlreichen anderen Stellen durch Staudämme und Wehre *Fischteiche* und künstliche Seen angelegt. Beim Kloster Walkenried waren es über hundert, von denen noch 20 vorhanden sind.

Bis zur Einführung der Dampfmaschine, die sich erst im 19. Jahrhundert durchsetzte, blieb die Wasserkraft die meistbenutzte Energiequelle, nicht nur für den Mühlenbetrieb, sondern für zahlreiche Maschinen. Einen absoluten Höhepunkt erreichte die Wasserkraftnutzung im Harzer Bergbau. Selbst in den Bergwerken liefen große Wasserräder. Durch die Erfindung des Krummen Zapfens konnte die Drehbewegung der Wasserräder in die Horizontalbewegung eines Gestänges transformiert werden, um damit über weite Entfernungen die Pumpen, die Förderanlagen und die Fahrkünste in den Bergwerken, die Blasebälge und Pochwerke in den Hütten und Erzwäschen zu betreiben.

Damit die Kraftversorgung solcher Maschinen sichergestellt war, wurden immer mehr und immer größere *Hüttenteiche* erforderlich. Allein auf der Clausthaler Hochfläche gab es im vorigen Jahrhundert über 70 Bergwerksteiche mit einem Fassungsvermögen von ca. 9,5 Mio. m³ Wasser, von denen die größten mit dem Oderteich und den Clausthaler Hüttenteichen erhalten geblieben sind. Für die Verteilung des gestauten Wassers war ein kompliziertes Damm- und Stollennetz erforderlich.

War die alte Wasserwirtschaft des Harzes ganz auf den Bergbau ausgerichtet, so dient die neue

Wasserwirtschaft weniger dem Gebirge als vielmehr dem Hochwasserschutz des Vorlandes und der Wasserversorgung weiter Teile Niedersachsens und Bremens (vgl. Abb. 139).

Außerhalb des Harzes sind Talsperren angelegt worden zur Speisung von Schiffahrtskanälen (z.B. Eder-, Diemel- und Soestetalsperre) oder als Hochwasserrückhaltebecken (z.B. Alfsee), um weitflächige Überschwemmungen zu vermeiden.

Die Harztalsperren

Wie bereits im Eingangsabschnitt erwähnt, liegt infolge der hohen Niederschläge und der geringen Verdunstungshöhe der Abfluß und damit das Wasserdargebot des Harzes um ein Vielfaches höher als im Landesdurchschnitt (vgl. Abschnitt 7.1. "Grundlagen des Wasserhaushaltes", Tab. 28). Dazu kommen günstige Relief- und Gesteinsverhältnisse, die den Harz geradezu für den Talsperrenbau prädestinieren.

Oderteich

Die große und frühe Bedeutung der Wasserwirtschaft für den Bergbau kommt auch darin zum Ausdruck, daß *Deutschlands älteste Talsperre,* der Oderteich, schon 1714 bis 1721 für den Betrieb der St. Andreasberger Bergwerke und Hütten erbaut wurde. Der Oderteich liegt im niederschlagsreichsten Teil des Harzes (1400 mm Jahresniederschlag) und hat ein Fassungsvermögen von 1,7 Mio. m³. Seine 18 m hohe Staumauer besteht ganz aus behauenen und eingepaßten Granitquadern, die nun schon über 270 Jahre dem Wasserdruck standgehalten haben. Vom Oderteich aus sind über den 7200 m langen Rehberger Graben, der teilweise in den Granit hineingehauen und mit Platten abgedeckt wurde, die Wasserräder und Erzwäschen in St. Andreasberg versorgt worden. Nach der Einstellung des Bergbaus im Jahre 1930 wird mit dem Wasser weiterhin im Schacht Samson Energiegewinnung betrieben.

Die in diesem Jahrhundert im Westharz erbauten sechs großen Talsperren sind nicht für den Bergbau angelegt worden, sondern sie erfüllen Aufgaben der Trinkwasserversorgung, der Abflußregelung und der Energiegewinnung. Da die Wasserführung der Harzflüsse und -bäche aufgrund der geringen Speicherfähigkeit der Gesteine und reliefbedingt in Zeiten der Schneeschmelze oder nach heftigen Regen den vielfachen Wert des Normalabflusses erreicht (vgl. Tab. 36), leisten die Talsperren einen wesentlichen Beitrag zum Hochwasserschutz des Gebirgsvorlandes sowie zur Niedrigwasseraufhöhung. Ohne die Harztalsperren würden die Sommerhochwasser der Leine und Oker noch verheerender sein. Bei Niedrigwasser trägt das Tal-

Tab. 42: Bedeutende Talsperren in Niedersachsen.
   Die Angaben für die Talsperren beziehen sich auf
   die jeweilige maximale Stauhaltung.

Nr. [1] Talsperre	Jahr der Inbetriebnahme	Fläche des aufgestauten Sees km²	Größte Stauhöhe m	Stauraum Mio m³	Einzugsgebiet km²
11. Oderteich	1721	0,3	18	2	11
12. Sösetalsperre	1932	1,2	49	25	50
13. Odertalsperre	1934	1,4	51	31	52
14. Eckertalsperre	1942	0,7	51	13	19
15. Okertalsperre	1956	2,3	60	47	85
16. Innerstetalsperre	1966	1,5	30	20	96
17. Granetalsperre	1969	2,2	60	46	23
18. Soestetalsperre	1926	1,7	2	3	132
19. Alfsee (Rückhaltebecken Alfhausen-Rieste)	1988	2,1	6	8	659

[1] Nummer auf der Abbildung 155

Quelle: Niedersächs. Minist. f. Ernährung, Landwirtschaft u.
       Forsten 1985

sperrenwasser dazu bei, die von den Klärwerken und anderen Einleitern ausgehenden Belastungen erträglicher zu machen. Darüber hinaus üben die Talsperren mit ihren großen freien Wasserflächen eine starke Anziehungskraft auf den Erholungs- und Fremdenverkehr aus.

Sösetalsperre

Der durch einen 56 m hohen und 500 m langen Erdschüttungsdamm mit Betonkern aufgestaute 2,8 km lange Talsperrensee bei Osterode ist nach dem schon 1721 fertiggestellten Oderteich die älteste Talsperre des Harzes, die bereits 1931 in Betrieb genommen wurde. Die Stauanlage dient in erster Linie der *Trinkwassergewinnung,* denn ihr weiches Wasser wird seit 1934 über eine 200 km lange Fernleitung bis nach Bremen gepumpt. Inzwischen versorgt die Talsperre auch verschiedene Orte in Niedersachsen (vgl. Abb. 139). Obwohl die Talsperre für den Fremdenverkehr ein beliebter Zielort ist, kann sie wegen der Trinkwassergewinnung für den Wassersport nicht freigegeben werden.

Odertalsperre

Auch die 1934 fertiggestellte Odertalsperre bei Bad Lauterberg hat einen Erdschüttungsdamm mit Betonkern, der 56 m hoch und 310 m lang ist. Die Talsperre dient dem *Hochwasserschutz* des südlichen Harzvorlandes und des Leinetals sowie der Energiegewinnung. Sie faßt in dem 5 km langen Stausee 31 Mio. m^3 Wasser. Zusätzlich wird auch Wasser der benachbarten Breitebeek und der Sperrlutter durch einen Stollen in den See geleitet, auf dem mit Ausnahme von Motorbootfahren sämtliche Wassersportarten ausgeübt werden können.

Eckertalsperre

Noch während des Krieges, 1943, wurde die Eckertalsperre fertiggestellt, die vor allem für die *Trinkwasserversorgung* der Industriestadt Wolfsburg angelegt worden ist. Die 226 m lange und 57 m hohe Schwergewichtsbetonmauer steht auf günstigem geologischen Untergrund, so daß die Anlage einer Staumauer möglich war. Mit einer maximalen Füllung von 13 Mio. m^3 ist die Eckertalsperre die Harztalsperre mit dem geringsten Stauraum. Das etwa 2 km lange Staubecken weist eine max. Wassertiefe von 51 m auf. Der Hauptzufluß erfolgt über die Ecker, deren Einzugsgebiet vor allem am Brocken liegt und 19 km^2 groß ist. Neben der Trinkwassergewinnung liegen die Aufgaben der Talsperre auch im Hochwasserschutz, der Niedrigwasseraufhöhung und der Stromerzeugung.

Okertalsperre (vgl. Foto 7)

Die mit einem Stauvolumen von 47 Mio. m^3 größte niedersächsische Talsperre wurde 1956 in Betrieb genommen. Zwei Jahre vorher wurde der im Tal gelegene Ort *Schulenberg* geräumt und oben am Hang wieder aufgebaut. Der bis zu 3 km lange stark gegliederte See wird durch eine 260 m lange und rd. 70 m hohe Bogen-Schwergewichtsmauer aufgestaut. Der Zufluß in den bis zu 2,3 km^2 großen und ca. 60 m tiefen Stausee erfolgt über die Bäche Oker, Kellwasser und Kalbe. Das Einzugsgebiet der Talsperre umfaßt damit etwa 85 km^2.
Da die Aufgaben der Okertalsperre im *Hochwasserschutz,* in der Niedrigwasseraufhöhung sowie in der Energiegewinnung und nicht in der Trinkwasserversorgung liegen, ist der See in beschränktem Maße für den Wassersport freigegeben worden. Zusätzlich kann Überschußwasser durch den 7,3 km langen durch die Berge getriebenen Oker-Grane-Stollen an die Granetalsperre abgegeben und dort zu Trinkwasser aufbereitet werden.

Granetalsperre

Die mit einem 61 m hohen und 600 m langen Erddamm aufgestaute Talsperre bei Goslar ist die jüngste des Harzes. Sie wurde 1969 in Betrieb genommen und dient hauptsächlich der *Trinkwasserversorgung.* Mit zwei Fernwasserleitungen versorgt sie Wassermangelgebiete des nördlichen Harzvorlandes und darüber hinaus andere Teile Niedersachsens (vgl. Abb. 139).
Gleichzeitig nimmt sie aber auch Aufgaben des Hochwasserschutzes und der Niedrigwasseraufhöhung wahr. Der etwa 2,5 km lange und bis zu 60 m tiefe Stausee faßt etwa 46 Mio. m^3 Wasser. Die Hauptzuflüsse sind die Grane und die Varley. Über den Oker-Grane-Stollen kann sie zusätzlich bis zu 30 Mio. m^3 Überschußwasser aus dem Oker-Einzugsgebiet und aus dem Gosetal aufnehmen.

Innerstetalsperre (vgl. Farbtafel 8)

Der Innerstestausee liegt nur 5 km von der Granetalsperre entfernt im Randbereich des nordwestlichen Harzes bei Langelsheim. Er ist etwa 3 km lang, bis zu 30 m tief und faßt ca. 20 Mio. m^3 Wasser. Die mit einem 32 m hohen und 750 m langen Erdschüttungsdamm versehene Talsperre wurde 1966 von der Innerste eingestaut. Die Talsperre dient dem *Hochwasserschutz* sowie der Niedrigwasseraufhöhung und ist deshalb für den Wassersport freigegeben worden. Über eine Pumpleitung kann Überschußwasser der Granetalsperre zugeführt werden.

Foto 7: **Okertalsperre im Harz.** Aufn.: Nds. Landesverwaltungsamt - Landesmedienstelle.

Soestetalsperre (Thülsfelder Talsperre): die einzige Talsperre im Tiefland

Die am Rande der Cloppenburger Geest zwischen Friesoythe und Cloppenburg gelegene Soestetalsperre ist die einzige Talsperre des niedersächsischen Tieflandes. Sie wurde 1926 in Betrieb genommen, um den 15 km nördlich verlaufenden *Küstenkanal* vor allem in den trockenen Sommermonaten mit Wasser zu versorgen. Zusätzlich dient die Stauanlage dem Hochwasserschutz der überschwemmungsgefährdeten Soesteniederung.

Das Einzugsgebiet der Soeste oberhalb der Stauhaltung beträgt 132 km². Im Sommer werden ca. 3 Mio. m³ gespeichert, im Winter sind es etwa 1,7 Mio. m³. Im Gegensatz zu den Harzstauseen ist das Staubecken der Soestetalsperre reliefbedingt sehr flach und weitgehend von einem Staudamm bzw. Deich umgeben. Selbst bei maximaler Füllung im Sommer wird selten eine größere Wassertiefe als 1,8 m erreicht. Im Sommer wird hierdurch die Erwärmung des Wasserkörpers begünstigt und eine starke Algenentwicklung eingeleitet. Die hohe Nährstoffbelastung der oberen Soeste, die

auf Düngemittelauswaschungen von den Feldern zurückzuführen ist, beschleunigt das Pflanzenwachstum im Wasser zusätzlich und führt zu sog. Algenblüten (vgl. Kap. 10. "Ökologie und Umweltschutz"). Die Folge sind Sauerstoffmangelsituationen, die den Fischbestand gefährden und für Stauseen dieser Größe ungewöhnlich sind.

Da die Talsperre für den vorgesehenen Zweck kaum genutzt wird, hat sie sich zu einem Naturreservat entwickelt, das unter Naturschutz steht und mit Booten nicht befahren werden darf.

Der Maschsee: Vorbild städtischer bzw. stadtnaher Seen

Ein bedeutender Vorläufer der für Erholungszecke und Wassersport angelegten künstlichen Seen im Stadtbereich ist der Maschsee in Hannover. Er hat eine Länge von 2,4 km, eine größte Breite von 530 m, eine mittlere Tiefe von 2 m und eine Wasseroberfläche von 78 ha. Die Arbeiten im ehemaligen Überschwemmungsgebiet der Leine wurden in den Jahren 1934 - 1936 durchgeführt. Um den Wasserstand etwa 1,50 m über dem der benachbarten Leine zu halten, mußte das Staubecken auf einer Fläche von mehr als 1,5 km^2 mit Ton abgedichtet werden. Der See wurde ursprünglich über ein Pumpwerk mit dem Wasser der benachbarten, durch einen Damm vom See abgetrennten Leine beschickt. Zum Schutz des Staugewässers vor einer übermäßigen Schadstoffbelastung aus der Leine wird seit 1960 nur noch Wasser aus den grundwassergespeisten Ricklinger Kiesteichen eingepumpt.

Auch andere Städte haben inzwischen ihre innerstädtischen bzw. stadtnahen Seen zur Freizeitnutzung erhalten, die gleichzeitig ein reiches Vogelleben aufweisen (Beispiele: Salzgittersee, Südsee bei Braunschweig, Allersee bei Wolfsburg, Gifhorner See, Vörder See in Bremervörde, Vechtesee in Nordhorn, Bornhorster Seen bei Oldenburg).

Der Alfsee: der jüngste künstliche Großsee in Niedersachsen

Der zwischen Bersenbrück und Bramsche im Osnabrücker Nordland in den Jahren 1971-1988 angelegte Alfsee hat als 210 ha große Wasserfläche die zweieinhalbfache Größe des hannoverschen Maschsees. Er dient zur Hauptsache als *Hochwasserrückhaltebecken* der Hase, liegt aber 1-2 km abseits des Hasetals. Der See wird durch einen 4,4 km langen Zuleiter bei Hochwasser beschickt. Das Becken gibt nach Ablauf der Hochwasserwelle das gespeicherte Wasser wieder langsam ab und höht in sommerlichen Trockenperioden durch Zuschußwasser das Niedrigwasser der Hase auf. Die von bis zu 9 m hohen Deichen eingefaßte Anlage beginnt mit einem 10 ha großen Absetzbecken, das, wie auch das nachgeschaltete Reservebecken, als Vogelreservat geschützt ist. Eine Überlaufschwelle führt zum 2,5 km langen Hauptbecken hinüber, in dem rd. 12,7 Mio. m^3 Wasser gespeichert werden können. Eine Mindesttiefe von 1,5 m wird immer gehalten, so daß Wassersport getrieben werden kann (Segeln, Surfen). Für Wettkämpfe steht eine 2 km lange Regattabahn zur Verfügung. Auf dem Ostufer ist bei Rieste ein Ferienpark mit Badesee, Campingplatz und Ferienhausanlage entstanden, wie sie auch andere künstliche Seen in Niedersachsen aufzuweisen haben (z.B. Tankumsee und Erikasee bei Gifhorn, Irenensee bei Uetze).

Kiesseen und -teiche

Die rege Nachfrage nach den Baustoffen Sand und Kies hat seit Ende des Zweiten Weltkrieges zur Anlage zahlreicher Teiche und Seen in den Talauen der großen Flüsse geführt. Insbesondere im Bereich der Leine, Innerste und Oker, der Ober- und Mittelweser sowie der Aller hat der Kiesabbau

in der Unteren Niederterrasse zahlreiche Wasserflächen entstehen lassen.

Die Kiesmächtigkeiten und damit auch die Wassertiefen der Kiesseen schwanken in der Regel zwischen 6 m und 15 m. Lediglich an einigen wenigen Stellen werden durch Salzauslaugungen im Untergrund und den damit verbundenen Absenkungen während der Sedimentierung wesentlich größere Mächtigkeiten erreicht, wie das beispielsweise an der Oker bei Vienenburg und an der Leine bei Northeim der Fall ist.

Häufig grenzen mehrere Baggerflächen in der Talaue unmittelbar aneinander, so daß größere zusammenhängende Wasserflächen und ganze Seenlandschaften entstehen, wie sie bei Northeim und südlich von Hannover an der Leine, im Okertal südlich von Wolfenbüttel, an der Weser bei Rinteln und bei Hoya anzutreffen sind (vgl. Farbtafel 14).

Da die in der Regel mindestens 2-3 m Meter tiefen Kiesseen vom Grundwasser gespeist werden, ist ihre Wasserqualität gut. Sie sind beliebte *Fischgewässer,* für die Angelsportvereine hohe Pachtpreise zahlen. Sie sind aber auch die Grundlage ausgedehnter Camping- und Naherholungsanlagen. Ihre gute Wasserqualität macht sie im Gegensatz zu den trübstoffbeladenen Flachseen und den schadstoffbelasteten Flüssen zu beliebten Bade- und *Freizeitgewässern.*

Dadurch entstehen nicht selten Nutzungskonflikte mit den Interessen des Arten- und Biotopschutzes; denn nach Beendigung der Auskiesungsarbeiten stellt sich häufig eine naturnahe Ufer- und Wasservegetation ein, die zahlreichen bedrohten Tier- und Pflanzenarten Lebensraum bietet. Die Kiesseen sind heute wichtige Ersatzbiotope für Tierarten, deren Lebensraum durch Flußregulierungen und Flächenmelioration zerstört worden ist (vgl. Kap. 10. "Ökologie und Umweltschutz"). Zahlreiche durch Sand- und Kiesabgrabungen in den Talauen entstandene Wasserflächen sind deshalb dem Biotop- und Artenschutz vorbehalten.

Was von den Kiesseen und -teichen gesagt wurde, gilt auch für die wassergefüllten *Sandgruben,* die an den in jüngerer Zeit gebauten Autobahnen, z.B. Bremen-Cuxhaven und Oldenburg-Wilhelmshaven, als *Autobahnseen* entstanden sind und naturnah eingegrünt wurden. Solche Seen sind auch beim Bau des Elbe-Seitenkanals ausgebaggert worden, die man als belebendes und vom Erholungsverkehr gerne angenommenes Element in der Landschaft bewußt offengehalten hat.

Weitere künstliche Seen sind durch vollgelaufene *Braunkohle-* und *Eisenerztagebaue* (z.B. bei Helmstedt, bei Bornhausen und im Ith (Erholungsgebiet Humboldtsee und Bruchsee), bei Ilsede und Salzgitter) oder in ehemaligen Zementmergelgruben

(Hemmoor, Misburg) und aus Klärteichen (Salzgitter, Damme, Goslar) entstanden.

Größere künstliche Wasserflächen bieten auch manche *Fischteiche* (z. B. Ahlhorner Teichwirtschaft bei Cloppenburg, Hüttensee und Meißendorfer Teiche sowie Aschauteiche bei Celle und die Forellenteiche der Lüneburger Heide im Luhe- und im Seevetal). Die genannten künstlichen Seen sowie zahlreiche bewußt gepflegte *Mühlenteiche* bereichern in erfreulichem Maße das Landschafts- und Ortsbild. Außerdem wird durch solche künstlichen Staubecken die Seenarmut Niedersachsens nicht unerheblich gemindert.

7.7. Küstengewässer

7.7.1. Die Nordsee

Ein Randmeer des Atlantischen Ozeans

Niedersachsen ist ein Küstenland. Auf 202 km Länge hat es eine offene Grenze (Hoheitsgrenze) gegen die Nordsee, deren Einfluß mit den Gezeiten, mit Wind und Wetter bis weit in das Binnenland hineinreicht. Dabei ist die Nordsee nur ein flaches Randmeer des Atlantischen Ozeans, allerdings das bedeutendste der Erde, denn durch keines der anderen Meere führen so viele und so stark frequentierte Schiffahrtswege, keines erreicht eine solche Bedeutung als Erholungslandschaft, als Nationalpark und Naturschutzgebiet, nirgends werden durch Bohrungen so große Mengen an Erdöl und Erdgas gewonnen und durch Rohrleitungen in die verschiedenen Anliegerstaaten geleitet (vgl. Abb. 78).

Die Nordsee hat eine durchschnittliche Breite von 600 km und eine Nord-Süd-Erstreckung von etwa 850 km. Als Abgrenzung zum Atlantik gilt im Norden eine Linie von Nordschottland über die Orkney- und Shetland-Inseln nach Ålesund im mittleren Norwegen und im Süden die Meerenge von Dover-Calais. Im Osten bildet das südliche Kattegat mit den Belten und dem Öresund den Übergang zur Ostsee. Anrainerstaaten und damit verantwortlich für die kritisch gewordenen Umweltbelange der Nordsee sind Großbritannien, Norwegen, Schweden, Dänemark, Deutschland, die Niederlande, Belgien und Frankreich (vgl. Abb. 3 im Kap. A. "Überblick").

Erdgeschichtlich ein Senkungsgebiet, das vom Eis und seinen Schmelzwässern überformt wurde

Erdgeschichtlich war das Nordseebecken ein zumeist vom Meer überflutetes Senkungsgebiet. Seit über 200 Mio. Jahren sind von den umgebenden Festländern Sedimente eingespült worden, die mehrere tausend Meter mächtige Schichtpakete bilden. Sie sind jedoch infolge tektonischer Bewegungen in Schollen zerbrochen, zu Sätteln aufgewölbt oder durch Salzstockbewegungen aufgestiegen, so daß z.B. der rote Buntsandsteinfelsen von Helgoland aus großer Tiefe aufgetaucht ist. Dadurch haben sich in verschiedenen Bereichen der Nordsee Aufstiegsbahnen und Fangpositionen für Erdöl und Erdgas ergeben, die seit 1968 zunehmend erbohrt und ausgebeutet werden (vgl. Kap. 4. "Lagerstätten", Abb. 78).

Während der *Eiszeiten* war das südliche Nordseebecken Festland; denn durch die Bindung des Wassers der Weltmeere in den riesigen Inlandeismassen war der Meeresspiegel jeweils um mehr als 120 m abgesunken, so daß die nordischen und schottischen Gletscher im Nordseebecken wie in Norddeutschland Sande, Geschiebemergel und Beckentone abgelagert und auch hier die eiszeitlichen Oberflächenformen der Glazialen Serie (vgl. Abb. 56) hinterlassen haben.

Als während der letzten Eiszeit der Rand des skandinavischen Inlandeises nur das mittlere Schleswig-Holstein erreichte und die Elbe als Urstromtal die mit Sand, Schluff und Ton angereicherten Gletscherschmelzwässer von Ostpreußen bis Schleswig-Holstein sowie die von Weichsel, Oder und Elbe herangeführten Schneeschmelzwässer aufnahm, lagerten sich im heutigen Nordseebereich weitflächig Talsande und Beckentone von großer Mächtigkeit ab. Sie verschütteten und ebneten das hügelige Moränengebiet der vorhergehenden Eiszeiten ein. Lediglich im Bereich der britischen Gletscher, die während der letzten Eiszeit als zusammenhängende Eismasse randlich auf das Nordseebecken vorrückten, findet man in den unregelmäßigen Untergrundverhältnissen das eisgeformte Relief mit großen und sehr geringen Tiefen wieder (vgl. Abb. 156).

Die ansteigende See ließ die Küste zurückweichen

Lagen während der letzten Eiszeit die Mündungen von Elbe, Weser und Ems weit nördlich der Doggerbank, so drang mit dem Abschmelzen der Inlandeismassen und dem damit verbundenen *Meeresspiegelanstieg* die See immer weiter in diese Flußmündungen ein und verbreitete sich über die Fläche, bis das heutige Nordseebecken ausgefüllt war (vgl. Kap. 2. "Geologie"). Die hochgelegene Doggerbank war noch lange eine Insel und Völkerbrücke zwischen England und Jütland, wie archäologische Funde und dort vorhandene Süßwassertorfe erkennen lassen. Der Meeresspiegelanstieg hält auch heute noch an. Ohne Deichschutz würden bei sehr schweren Sturmfluten die ganzen Marschen und darüber hinaus die Flußgebiete bis weit

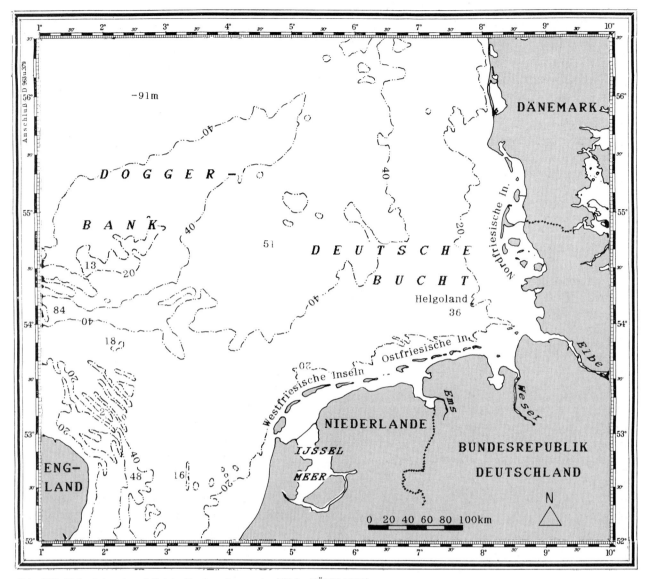

Abb. 156: Tiefenlinien der südlichen Nordsee in m unter NN (n. KÖHN 1991).

oberhalb von Hamburg, Bremen, Oldenburg, Leer und Papenburg überflutet werden.

Wegen der geringen Tiefe der südlichen Nordsee (vgl. Abb. 156) werden bei schwerem Seegang die eingangs erwähnten eiszeitlichen Sande, Schluffe und Tone auch heute noch in starkem Maße aufgearbeitet; denn auf der Doggerbank steht dann z.B. eine Brandung, und in der Deutschen Bucht werden Wellenhöhen bis 18 m, in der nördlichen Nordsee sogar bis 28 m für möglich gehalten (vgl. Abb. 157). Das aufgenommene Material wird gegen die Küsten getrieben. Zusammen mit den Sanden und anderen Sinkstoffen, die aus den Flüssen kommen, baut es die Düneninseln, Watten und Marschen auf. Insbesondere im letzten Jahrhundert konnte durch Seedeiche, Buhnen und Deckwerke der Küstenrückgang verhindert

werden. Die Deichvorländer, die Watten und die Inseln verändern aber weiterhin ihre Gestalt (vgl. Tab. 44 u. Abb. 169).

Durch die Gezeiten entstanden Inseln, Watten und Marschen

Neben dem windabhängigen Transport sind es vor allem *Gezeitenströme,* die die Sinkstoffe verdriften und die Küstenlandschaft formen. Das unterscheidet die Nordsee von der Ostsee; denn ohne Gezeiten bilden sich keine Watten und Marschen.

Die durch die Anziehungskräfte von Mond und Sonne sowie durch die Erdumdrehung entstehenden Gezeitenwellen werden nicht in der flachen Nordsee erzeugt. Sie sind vielmehr *Mitschwingungs-*

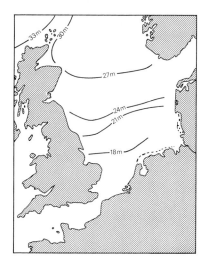

Abb. 157: Maximal mögliche Wellenhöhen in der Nordsee (n. DIECKMANN 1989).

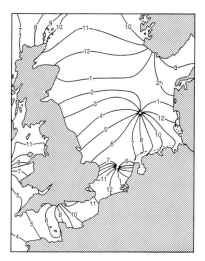

Abb. 158: Linien gleicher Hochwasserzeit (Drehtide) (n. REINECK 1970).

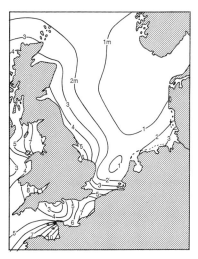

Abb. 159: Linien gleichen Tidehubs (n. REINECK 1970).

gezeiten, die aus dem Atlantik kommen. Eine um Schottland herumkommende und entsprechend der Corioliskraft rechtslaufend vor der englischen Küste dann nach Süden gehende *Tidewelle* erreicht mit mehr als zwölfstündiger Verspätung die Deutsche Bucht. Sie trifft an der Elbmündung bei Cuxhaven erst zwei Stunden später als in Norderney ein. Entsprechend der Küstengestalt bewegt sich die Tidewelle weiter nordwärts und wird vor der nordfriesischen und jütischen Küste von den Ostausläufern der folgenden Tidewelle erreicht. Die Folge ist eine *Drehtide* mit abnehmendem Tidehub, der vor der mittel- und nordjütischen Küste auf unter 1 m absinkt, so daß dort keine Watten und Marschen mehr gebildet werden. Eine andere Gezeitenwelle, die vom Atlantik durch den Kanal kommt und dort eine kleine Drehtide erzeugt, spielt für die deutsche Küste so gut wie keine Rolle (vgl. Abb. 158 u. 159).

Die Richtung der Gezeitenwelle vor der niedersächsischen Küste und die Hauptwindrichtung decken sich weitgehend. Sie gehen nach Osten. Entsprechend erfolgt der Sand- und Sinkstofftransport auch nach Osten, wie an der Gestalt der Ostfriesischen Inseln leicht zu erkennen ist.

Die Deutsche Bucht wird zweimal täglich im Abstand von durchschnittlich 12 Stunden und 25 Minuten von einer Gezeitenwelle (Ebbe, Flut) durchlaufen (vgl. Abb. 160). Durch den Stau des auflaufenden Wassers vor der Küste, insbesondere in den Trichtermündungen der Flüsse, erhöht sich der Tidehub. Der mittlere Tidehub der Deutschen Bucht liegt auf dem offenen Meer bei Helgoland um 2,30 m. In Wilhelmshaven erhöht er sich infolge der Trichterform des Jadebusens auf 3,75 m (1971/80). In Bremerhaven läuft das mittlere Tidehochwasser (MThw) um 3,62 m höher auf als das mittlere Tideniedrigwasser (MTnw) auf.

Durch Küsten- und Strombaumaßnahmen (Weserkorrektion und -ausbau) ist es gelungen, diese hohe Tidewelle 67 km stromaufwärts bis nach Bremen zu lenken und sie so zu verstärken, daß in Bremen an der Weserbrücke ein mittlerer Tidehub von 3,91 m (1971/80) herrscht gegenüber 20 cm vor dem Ausbau des Stromes (1870). Er ist damit der höchste an der deutschen Küste. Mit einer solchen starken Flutwelle, die mit einer Geschwindigkeit von etwa 30 km/h die Unterweser aufwärts läuft, können auch größere Schiffe weit stromaufwärts bis nach Bremen gelangen.

Auf der Abbildung 160 sind neben den Mittleren Tidewasserständen (MThw und MTnw) und dem Mittleren Tidehub von Wilhelmshaven auch die Mittleren Spring- und Nipptide-Wasserstände verzeichnet. *Springtiden* entstehen im 14tägigen Rhythmus, wenn bei Neu- bzw. Vollmond Erde, Sonne und Mond in einer Linie stehen und sich dadurch die gezeitenbildenden Kräfte summieren. Wenn hingegen Sonne, Erde und Mond im rechten Winkel zueinander stehen, schwächen sich die Anzie-

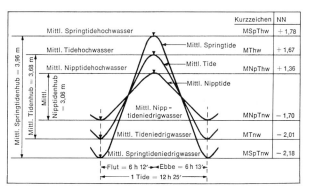

Abb. 160: Mittlere Tidekurven von Wilhelmshaven (n. TILLESSEN, aus: SEEDORF 1977).

hungskräfte gegenseitig. Daraus resultieren *Nipp-tiden,* die in Wilhelmshaven im Durchschnitt um 40 cm niedriger ausfallen als die Springtiden.

7.7.2. Die niedersächsische Küste

Eine dreigliedrige Landschaft

Unter Küste (plattdeutsch: *Waterkant*) wird das Übergangsgebiet vom Festland zum Meer verstanden, das sowohl die Inseln umfaßt als auch das Watt, die Marsch und die Abbruchkanten der Geest, z.B. bei Cuxhaven-Duhnen oder Dangast am Jadebusen.

Die See hat die Küste nicht nur geformt und das Land zerrissen, sondern die See hat durch die Gezeiten, durch den Sand- und Feinmaterialtransport und auch durch die Sturmfluten, die jeweils die stärksten Landaufhöhungen gebracht haben, die Küstenlandschaft geschaffen.

Die nach dem Abschmelzen des nordischen Inlandeises rasch ansteigenden Fluten hatten größtenteils schon um 6000 v. Chr. den Geestrand erreicht. Sie haben seit der Zeit Inseln, Watten und Marschen aufgebaut. Doch die Sturmfluten, die ständigen Rinnenverlagerungen und der noch anhaltende Meeresspiegelanstieg haben das vom Meer Aufgebaute wieder gefährdet oder sogar genommen. Die im Mittelalter tief in das Land eingebrochenen und z.T. jetzt noch vorhandenen Meeresbuchten, wie Jadebusen und Dollart, machen das deutlich.

Küstenschutz wird seit rd. 1000 Jahren betrieben

Zur Sicherung des Vorhandenen haben die Küstenbewohner seit dem Beginn des Deichbaues vor rd. 1000 Jahren Küstenschutz betrieben. Seit tausend Jahren haben sie nicht mehr passiv den Naturgewalten tatenlos zusehen müssen, sondern sie begannen, mit den Eindeichungen aktiv die Küsten zu verändern, Neuland zu gewinnen und eine Deichlinie nach der anderen zu ziehen, so daß die Friesen stolz von sich behaupten konnten: *Gott schuf das Meer, der Friese die Küste.*

So hat sich die niedersächsische Küste als Teil der südlichen Nordsee und der Deutschen Bucht, wie bereits in den Kapiteln ”Geologie“, ”Oberflächenformen“ und ”Pflanzendecke“ behandelt, unter den formenden Kräften der Gezeiten, des Windes und der Wellen in Verbindung mit der Vegetation und dem immer stärker werdenden Einfluß des Menschen zu einer dreigliedrigen Landschaft entwickelt. Sie besteht, wenn man einmal von der offenen See absieht, die ja keine eigentliche ”Landschaft“ ist, a) aus den Marschen, b) aus dem Watt-

gebiet und c) aus der Kette der Ostfriesischen Düneninseln (vgl. Abb. 166).

7.7.3. Die Marschen

Die niedersächsischen Marschgebiete bilden einen 5 bis 30 km breiten fruchtbaren Saum am Rande der von Sandflächen und Mooren eingenommenen Geest. Die Marschen und die küstennahen Geestniederungen werden heute (1991) durch eine insgesamt 611 km lange Hauptdeichlinie und 14 Sperrwerke vor der Überflutung geschützt (vgl. Abb. 162). Das geschützte Gebiet ist rd. 6000 km² groß, das sind etwa 12,5 % der niedersächsischen Landesfläche. Ohne Deiche und Siele würde ein großer Teil dieser Fläche täglich überflutet werden und damit zum Watt gehören. Das gilt insbesondere für das tiefgelegene Sietland.

Hochland und Sietland, Meeresspiegelanstieg und Sackung

Wenn die Marsch auch völlig eben erscheint, so ist sie es genau genommen doch nicht. Es gibt hier ein Hochland im Bereich des Seedeiches und ein Sietland vor dem Geestrand.

Die natürlichen und jetzt wasserfreien Geländehöhen der Marsch bewegen sich im Mittel zwischen + 1,4 m und - 0,5 m NN, in extremen Fällen zwischen + 2,5 m und - 2,4 m NN.

Die Höhenunterschiede erklären sich daraus, daß vor dem Bau großer Seedeiche bei Sturmfluten mitgeführtes grobkörnigeres Material schon in Küstennähe abgelagert wurde, während die feinen Tonteilchen erst weiter binnenwärts im ruhigen Wasser zu Boden sanken. Die Folge ist eine hochgelegene, tonärmere und leicht sandhaltige Marsch in Ufernähe, auch *Hochland* genannt, während sich binnenwärts das niedrig gelegene *Sietland* mit schweren und wasserstauenden Tonböden und Marschrandmooren anschließt (vgl. Abb. 161).

Die Unterschiede zwischen der Hohen Marsch und dem Sietland verstärkten sich noch durch die *Sackung.* Im Laufe der Jahrhunderte sind die sandigen Sedimente der Hohen Marsch weniger gesackt als die tonigen oder torfigen des Sietlandes, wobei sich die Entwässerung durch Gräben und Schöpfwerke besonders stark auswirkte. Insgesamt 380 km² der Marschen Ostfrieslands und des Landes Hadeln liegen deshalb heute unter dem Niveau des mittleren Meeresspiegels (NN). Bevor sie eingedeicht wurden, lagen sie 1-1,50 m darüber.

Die Höhenlagen der Marsch sind also auch durch ihr Alter und durch den Zeitpunkt der Bedeichung bedingt. Nach dem Beginn der Bedeichung und künstlicher Entwässerungsmaßnahmen, verbun-

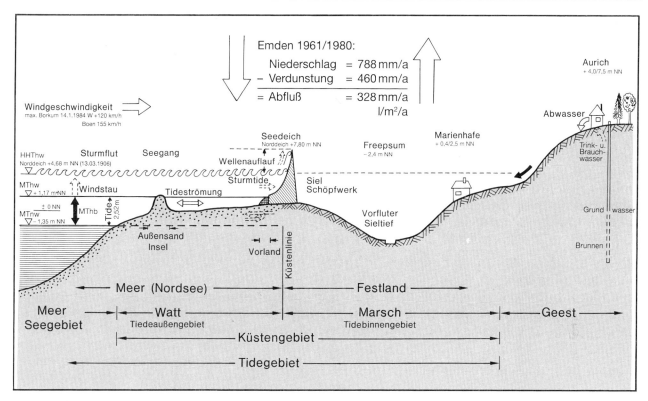

Abb. 161: Stark überhöhter und vereinfachter Schnitt durch das niedersächsische Küstengebiet vom Borkumer Watt bis Aurich (n. Wasserwirtschaftsamt Aurich, verändert).

den mit dem sich fortsetzenden *Meeresspiegelanstieg* und der dadurch bedingten immer höheren Aufschlickung des jeweiligen Deichvorlandes, kamen die älteren Marschgebiete, die schon vor der ersten Deichziehung bestanden hatten ("Alte Marsch") in eine noch tiefere Position. Sie vernäßten und konnten nur noch als Grünland genutzt werden, während die später eingedeichten Polder und Groden ("Junge Marsch") je nach ihrem Alter und der Aufwuchshöhe des Marschbodens zum Zeitpunkt der Eindeichung entsprechend höher liegen.

Diese sog. *"Poldertreppe"* läßt sich besonders gut am Schwarzen Brack, einem ehemals westlichen Ausläufer des Jadebusens, erkennen, der von 1615 bis 1880 in 6 Etappen bedeicht wurde. Dort ist der jeweils jüngere Groden um 20 bis 80 cm höher aufgeschlickt als der vorhergehende. Das heutige Deichvorland liegt um mehr als 2 m höher als das 1615 eingedeichte Gebiet (vgl. Tab. 43 u. Abb. 68).

Der *Meeresspiegelanstieg* setzt sich bis heute fort. Unter Einbeziehung eines Sicherheitszuschlages rechneten die Wasserbauer bisher mit etwa + 25 cm / Jahrhundert. Es wird befürchtet, daß sich als Folge von anthropogenen Änderungen des Weltklimas (Treibhauseffekt) der Anstieg des Meeresspiegels und des MThw an unseren Küsten beschleu-

nigen könnte. Sichere Prognosen sind noch nicht möglich.

Ein vereinfachter Schnitt durch das Küstengebiet

Zur Verdeutlichung der wasserwirtschaftlichen Probleme in den Marschen mag ein stark verkürzter und 5000fach überhöhter schematischer Schnitt vom Borkumer Watt bis Aurich auf der Geest dienen (Abb. 161). In der Natur beträgt die im Profil dargestellte Entfernung rd. 50 km. Die Höhenunterschiede gehen aber kaum über 2-3 m hinaus; wenn man einmal von der Krone des Seedeiches absieht, die in der Marsch die höchste Geländekante bildet.

Sichtbar werden durch den verkürzten Schnitt einerseits die *Sturmflutgefahr,* der das tiefgelegene Marschenland ausgesetzt ist, und andererseits die Entwässerungsprobleme des Küstengebietes. Die Sturmflutgefahr wird hervorgerufen durch auflandigen Sturm oder Orkan (s.a. Kap.6. "Klima, Witterung und Wetter"). Bei Borkum wurden während einer Sturmflut Windgeschwindigkeiten bis über 120 km/h gemessen. Der daraus resultierende Stau und Seegang machen einen starken und bis 8 m hohen Seedeich erforderlich. Bei *Sturmtiden* beträgt im dargestellten Fall der *Windstau* am Pegel Norddeich etwa 3,50 m. Dazu muß man am Deich mit einem zusätzlichen *Wellenauflauf* von stellenweise mehr als 2 m rechnen.

Das zweite große Küstenproblem bleibt die kostspielige *Entwässerung* der Acker- und Grünlandflächen. Jeder Quadratmeter Marschenland hat jährlich einen Wasserüberschuß (Abfluß) von im Mittel rd. 330 l, der über das dichte Grabennetz, durch Schöpfwerke und Deichsiele in die See abgeführt werden muß. Zum Eigenwasser der Marsch kommt noch das Zuflußwasser (oberirdischer Abfluß + Grundwasser) von der Geest hinzu, das in früherer Zeit zur Ausbildung von Marschrandseen und Mooren geführt hat und jetzt in Entwässerungsgräben abgeführt werden muß.

Schöpfwerke sind nötig, weil man das im Sietland in den Vorflutern zusammenlaufende Wasser durch die jüngere (höhere) Marsch hindurch und schließlich durch ein Deichsiel in das Deichvorland und damit in die See abführen muß. Auch der im Profil dargestellte tiefste Geländepunkt des Landes Niedersachsen, der sich bei Freepsum in der Krummhörn 2,4 m unter dem mittleren Meeresspiegel befindet, muß in das um 3 m höher gelegene Deichvorland entwässert werden. Ohne Schöpfwerke ist das nicht möglich.

....einst der "Goldene Saum" des Landes

Es war der fruchtbare, mit Nährstoffen und dem Kalk der Muschelschalen angereicherte Kleiboden, der die Menschen früh zur Besiedelung der Marschen führte; denn die Ernteerträge waren

hier um mehr als das Doppelte oder gar Dreifache höher als auf der benachbarten Geest. Der nach dem Deich- und Sielbau seit etwa 1000 n.Chr. möglich gewordene Anbau von Braugerste, Hafer, Weizen, Bohnen und später auch von Raps und anderen anspruchsvollen Feldfrüchten, dazu die Fettgräsung von Ochsen hatten im Mittelalter und in der frühen Neuzeit zu hohem Wohlstand geführt (vgl. Kap. "Landwirtschaft" in Bd. 2). Die Marschen waren lange Zeit der "Goldene Saum" des Landes. Hauptprobleme blieben die Entwässerung und die Überflutungsgefahr bei Sturmfluten. Wenn auch in den letzten beiden Jahrhunderten durch den Bau immer höherer Deiche und leistungsstarker Siele und Schöpfwerke die Überflutungsgefahr gebannt werden konnte, so haben diese Maßnahmen den Jahrhunderte währenden Reichtum der Marschgebiete nicht zurückbringen können; denn seit der zweiten Hälfte des vorigen Jahrhunderts setzte infolge Konkurrenz durch Überseeimporte ein Preisverfall bei Getreide ein. Aber auch durch die steigenden Entwässerungs- und Bewirtschaftungskosten sind die mit einer schweren *"Wasserhypothek"* belasteten Marschen zunehmend zu landwirtschaftlichen Problemgebieten geworden.

Sturmfluten und Deichbau

Anlaß des Deichbaues waren die immer höher auflaufenden Sturmfluten. Konnte man um die Zeitenwende und in den ersten beiden Jahrhunderten n. Chr. noch zu ebener Erde seine Häuser bauen, so

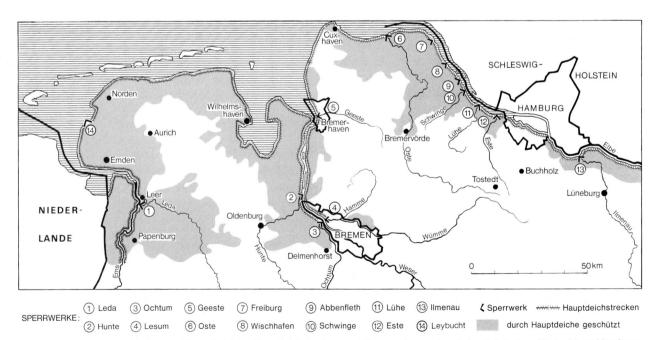

SPERRWERKE:
① Leda ③ Ochtum ⑤ Geeste ⑦ Freiburg ⑨ Abbenfleth ⑪ Lühe ⑬ Ilmenau ⟨ Sperrwerk ┉┉ Hauptdeichstrecken
② Hunte ④ Lesum ⑥ Oste ⑧ Wischhafen ⑩ Schwinge ⑫ Este ⑭ Leybucht ▓ durch Hauptdeiche geschützt

Abb. 162: Durch Hauptdeiche geschützte Gebiete, Hauptdeichstrecken und Sperrwerke an der niedersächsischen Küste (ohne Hamburg und Bremen) (n. Niedersächs. Minist. f. Ernährung, Landwirtschaft u. Forsten 1985, verändert).

Tab. 43: Die bedeutendsten Sturmfluten an der niedersächsischen Küste seit 800 Jahren.

17.02.**1164**	Erste Julianenflut	Erster Einbruch des Jadebusens; schätzungsweise 20 000 Tote
16.01.**1219**	Erste Marcellusflut	Schwere Schäden an der niedersächsischen Nordseeküste und in Holland, schätzungsweise 36 000 Tote
23.11.**1334**	Clemensflut	Erweiterung des Jadeeinbruches; Dörfer Arngast und Jadelee verlorengegangen; Butjadingen wird Insel, „Heete"-Verbindung zwischen Weser und Jade
16.01.**1362**	Zweite Marcellusflut	Sog. „Grote Manndränke"; erster Einbruch des Dollart; „Beginn des Untergangs der 30 Dollartdörfer"; Erweiterung der Leybucht bis nach Marienhafe; Emsschleife bei Jemgum durchgerissen, dadurch Untergang der Dörfer Jemgum und Osterwinsum; erneute Ausräumung der Dornumer Bucht; Erweiterung des Jadebusens („Ahne"-Weserarm, Lockfleth, Schwarzes Brack); Jade-Weser-Küstengebiet unter Wasser; etwa 100 000 Menschenopfer an der Nordseeküste
9.10.**1373**	Erste Dionysiusflut	Größte Ausdehnung der Leybucht bis zur Stadt Norden
9.10.**1377**	Zweite Dionysiusflut	Verheerende Deichbrüche in der Leybucht; schwere Schäden zwischen Flandern und Weser
26.09.**1509**	Cosmas- und Damianflut	Größte Ausdehnung von Dollart und Jadebusen, Emsdurchbruch bei Emden, dadurch Abschnürung der Emsschleife; Emden ist kein direkter Seehafen mehr
16.01.**1511**	Antoniusflut	„Eisflut"; Durchbruch zwischen Jade und Weser; Untergang des Kirchspiels Bant am Jadebusen
1.11.**1570**	Allerheiligenflut	Überflutung der Marschen von Flandern bis Eiderstedt; 13 km² Landverluste in Ostfriesland; Flutmarke an der Kirche von Suurhusen (Ldkr. Aurich) bei + 4,40 m NN; zwischen Ems und Weser rd. 10 000 Menschen ertrunken
24.12.**1717**	Weihnachtsflut	Schwerste bis dahin bekannte Sturmflut. Verheerende Deichschäden, ungeheure Verwüstungen und riesige Überschwemmungen bis zum Geestrand; Inseldurchbrüche auf Juist, Baltrum, Langeoog, Spiekeroog. Flutmarke in Dangast/Jadebusen + 4,89 m NN; über 12 000 Menschen ertrunken
3./4.02.**1825**	Februarflut	Südliche Krummhörn und nördliches Ostfriesland bis zum Geestrand überflutet, Durchbrüche auf den Inseln Baltrum, Langeoog und Spiekeroog, Flutmarken: Dangast: + 5,26 m NN, Bremerhaven + 5,04 m NN, Cuxhaven + 4,64 m NN
13.03.**1906**	Märzflut	Höchste bis dahin an der ostfriesischen Küste bekannte Flut; Flutmarke Dangast + 5,35 m
31.01./1.02.**1953**	Hollandsturmflut	An der deutschen Nordseeküste nur leichte Sturmflut, Emden + 5,18 m NN; im Mündungsgebiet von Rhein, Maas und Schelde Katastrophenflut; fast 20 000 Menschen starben; 1430 km² Marschenland überflutet; Anlaß für den niederländischen „Deltaplan" und für das Niedersächsische Küstenprogramm (ab 1954)
16./17.02.**1962**	Februarflut	Höchste Sturmflut ostwärts der Jade; 61 Deichbrüche in Niedersachsen, Flutmarken: Wilhelmshaven: + 5,22 m NN, Bremen: + 5,41 m NN, Hamburg (St. Pauli) + 5,70 m NN; schwere Deichbrüche im Elbegebiet, einige auch an der Ems und Weser; 340 Tote an der deutschen Nordseeküste, davon allein 315 im Hamburger Stadtgebiet
3./4.01.**1976**	Januarflut	Höchste Sturmflut im Elbegebiet; Pegelmarken: Cuxhaven + 5,10 m NN; Hamburg + 6,53 m NN; Deichbrüche und materielle Schäden
27.02.**1990**	Februarflut	Sturmflut an der deutschen Nordseeküste; Pegelmarken: Cuxhaven + 4,46 m, Hamburg (St. Pauli) + 5,75 m

Quelle: Niedersächs. Minist. f. Ernährung, Landwirtschaft u. Forsten 1985; STREIF 1990

setzte man sie vom 3. Jahrhundert an auf *Wurten*, verließ diese größtenteils wieder zwischen 500 und 750 n. Chr. und besetzte sie danach abermals oder baute neue Wurten, um von dort aus den fruchtbaren Marschenboden zu nutzen.

Doch als die Ackerflächen immer häufiger von Sturmfluten überspült wurden, begann man etwa um 1000 n. Chr. mit dem *Deichbau*, zunächst mit *Ringdeichen*, die um Ackerkomplexe und dann um ein Kirchspiel gezogen wurden. Ende des 11. oder zu Beginn des 12. Jahrhunderts wurden sie von einem durchgehenden, küstenparallelen *Seedeich* abgelöst. Damit konnte eine besser gesicherte, ertragreiche Landwirtschaft einsetzen. Dazu gehörten von Anfang an der erforderliche *Sielbau*, um das Binnenwasser schadlos abführen zu können, sowie die Einführung der *Marschhufenflur* mit einem dichten Grabennetz und aufgewölbten Akkerbeeten.

Bei hohen Sturmfluten kam es immer noch zu *Deichbrüchen*, wovon viele Wasserlöcher (Bracks, Kolke, Wehle oder Heeten) unmittelbar hinter dem ehemaligen Deich noch Zeugnis ablegen. Das bekannteste ist mit 8 ha das Große Brack, 8 km nördlich von Buxtehude gelegen. Hier brach 1756 auf 110 m Länge der Elbdeich, wobei ein 800 m langer und 15 m tiefer Kolk ausgestrudelt wurde. Die urkundlich belegten Katastrophenfluten mit verheerenden Deichbrüchen sind in Tabelle 43 aufgeführt.

Die ersten Deiche waren lediglich niedrige Erdwälle mit steilen Böschungen und von geringer Breite (vgl. Abb. 163). Sie wurden in ausreichendem Abstand von der Uferlinie angelegt, so daß sie über ein Vorland verfügten, das bei Sturmfluten die Kraft der auflaufenden Wellen dämpfen sollte. Wenn aber das Vorland durch Erosionsvorgänge weitgehend abgetragen war, versuchte man den Fuß des nunmehr scharliegenden Deiches durch senkrecht eingelassene Pfähle oder Bohlen zu schützen. Die Unterhaltung dieser kurzlebigen *"Holzdeiche"* war sehr kosten- und arbeitsaufwendig und verschlang viel Holz, das dadurch in den Marschen noch seltener wurde. Obgleich ihre Widerstandskraft gegen die angreifenden Fluten vergleichsweise gering war, wurden die Holzdeiche streckenweise bis gegen Ende des 18. Jahrhunderts beibehalten.

Als man erkannt hatte, daß senkrechte Holzwände die Ausräumung des Watts vor dem Deichfuß begünstigen und damit die gesamte Deichanlage gefährden, legte man nach dem Vorbild holländischer Deichbaumeister seit dem 17. Jahrhundert den Deichfuß flach geböscht an und bedeckte ihn mit Grassoden, die mit Strohbestick befestigt wurden. Jedoch erforderten diese strohbestickten Deiche, die an der gesamten Nordseeküste verbreitet waren, einen hohen jährlichen Unterhaltungsaufwand.

Bereits seit dem 18. Jahrhundert wurden deshalb die ersten *Schardeiche* (d.h. Deiche ohne Vorland) massiv als "Steindeiche" befestigt. In der zweiten Hälfte des 19. Jahrhunderts, nach dem Ausbau des transportgünstigen Eisenbahn- und Kanalnetzes, erhielten alle Schardeiche auf dem Festland und den Inseln Befestigungen aus Natur- oder Ziegelsteinen bzw. Beton.

Mit den immer höher auflaufenden Fluten sind die Abmessungen der Deiche gewachsen. Die Deichhöhe selbst wuchs von etwa 2,50 m über dem mittleren Tidehochwasser im 12. Jahrhundert auf heute etwa 5,5 bis 6,5 m über MThw. Dabei wurden die Außenböschungen der Seedeiche im Laufe der Jahrhunderte zunehmend flacher angelegt. Auf ihnen werden die auflaufenden Brandungswellen nicht plötzlich gestoppt, um ihre gesamte Energie schlagartig abzugeben, sondern die Wellen laufen auf der Deichaußenseite aus und richten somit geringere Schäden an der Grasnarbe und dem Erdkörper des Deiches an. Auch die Innenböschungen wurden immer flacher, um die bei überlaufendem Wasser durch Kappstürze bestehende Gefahr des rückwärtigen Auskolkens und der Zerstörung von hinten her zu vermeiden.

Die *Deichquerschnitte* haben sich seit Beginn des Deichbaues durch die Abflachung der Außen- und Innenböschungen um ein Vielfaches vergrößert. Während die ersten Deiche lediglich eine Breite von rd. 4 Metern hatten, erreichen moderne Deiche heute von Deichfuß zu Deichfuß im Querschnitt bis zu 70 m (vgl. Abb. 163).

Wegen der schwierigen und kostspieligen Kleigewinnung für Deiche mit solchen Abmessungen besteht der Kern gegenwärtig verstärkter oder auch neu gebauter Deiche im allgemeinen aus Sand. Der abschließende Kleimantel erreicht eine Mäch-

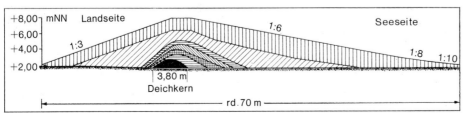

Abb. 163: Entwicklung der Deichquerschnitte seit dem Mittelalter (n. KRAMER 1967).

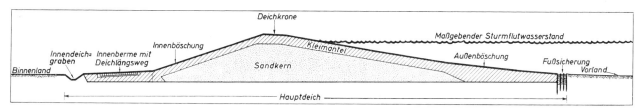

Abb. 164: Schematischer Querschnitt durch einen modernen Deich (n. KRAMER 1969).

tigkeit von 1,0 bis 1,5 m. Bereiche häufiger Beanspruchung, also mögliche Gefährdungsstellen am Deich, werden durch Deckwerke aus Natursteinen, Asphalt oder Beton und z.T. auch durch Buhnen und Pfahlreihen geschützt (vgl. Abb. 164).

Für die *Kronenhöhe* von Seedeichen ist der Bemessungswasserstand maßgebend, der auf den höchsten Sturmflutwasserstand und Wellenauflauf aufbaut und einen zusätzlichen Zuschlag für den säkularen Anstieg des Meeresspiegels erhält, der gegenwärtig mit 25 cm veranschlagt wird (Sicherheitszuschlag). Die *höchste Soll-Deichhöhe* der niedersächsischen Küste wird an der Jade gegenüber Wilhelmshaven mit + 8,90 m NN erreicht. Borkum weist die niedrigste Soll-Deichhöhe mit + 6,05 m NN auf.

An der niedersächsischen Küste sind vor den *Hauptdeichen,* die auch als Winter- oder Schaudeiche bezeichnet werden und Schutz vor Sturmfluten bieten sollen, häufig *Vordeiche,* auch Außendeiche, Sommerdeiche und Überlaufdeiche genannt, vorgelagert. Solche niedrigeren Deiche auf dem begrünten Vorland (Außengroden, Heller, "Neuland") dienen in erster Linie dem Schutz landwirtschaftlich genutzter Flächen (Sommergroden) gegen leichte Sturmtiden in den Sommermonaten (Windfluten) oder gegen die Sommerhochwasser der Flüsse. Zudem bilden Vordeiche und Sommergroden einen zusätzlichen Schutz für den Hauptdeich.

Mitteldeiche sind ehemalige Winterdeiche, die nach der Vorverlegung des Seedeiches die zweite Deichlinie bilden. Sie tritt in Funktion, wenn der Hauptdeich gebrochen ist. Dann hat der Mitteldeich den Schutz des Binnenlandes zu übernehmen, bis der Hauptdeich wiederhergestellt ist.

Schlafdeiche liegen noch weiter landeinwärts und haben keine Funktion mehr. In der Leybucht südlich Norden, die mit der Dionysiusflut von 1374 ihre größte Ausdehnung erreichte, lassen sich beispielsweise am Verlauf der Straßen sowie an den Flur- und Ortsnamen insgesamt 17 Wiedereindeichungen mit Resten von Schlafdeichen feststellen (vgl. Abb. 166).

Im Rahmen des Niedersächsischen *Küstenprogramms (Küstenplan),* das als Folge der schweren Holland-Sturmflut von 1953 und des nassen Som-

mers 1954 im Jahre 1955 gestartet wurde, gab es rd. 920 km See- und Flußdeiche, die es zu verstärken und zu erhöhen galt. Um die Flußdeiche zu entlasten, baute man 14 Mündungssperrwerke (vgl. Abb. 162). Als am 16./17. Februar 1962 die bis dahin schwerste Sturmflut die niedersächsische Küste heimsuchte, waren schon viele Deichstrecken erhöht und Sperrwerke fertiggestellt, so daß fast nur an Elbe und Oste die Deiche brachen, hier allerdings an 61 Stellen.

Neulandgewinnung, nur noch für den Deichschutz

Das Meer zerstört nicht nur die Küsten, sondern baut sie auch auf. Die täglich zweimal wiederkehrende Flut, vor allem aber die Sturmfluten, bringen eine große Menge an Sinkstoffen mit, die an Ruhigwasserstellen als Schlick oder Sand abgesetzt werden. Im Watt erhöht sich das Land im Laufe der Zeit, bis es über das mittlere Tidehochwasser hinausgewachsen ist. Salztolerante Pflanzen ergreifen schnell Besitz von dem neuen Lebensraum, so daß die Sand- und Schlicksedimentation zusätzlich beschleunigt wird. Sturmfluten erhöhen das Land weiter. Es ist deichreif, wenn es ca. 30 cm über das mittlere Tidehochwasser hinausgewachsen ist und der Weißklee die ersten Flächen besiedelt hat (vgl. Kap.8. "Pflanzendecke").

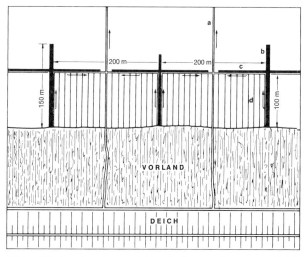

Abb. 165: Landgewinnungsfelder (Lahnungen) vor dem Deich (n. KRAMER 1969).

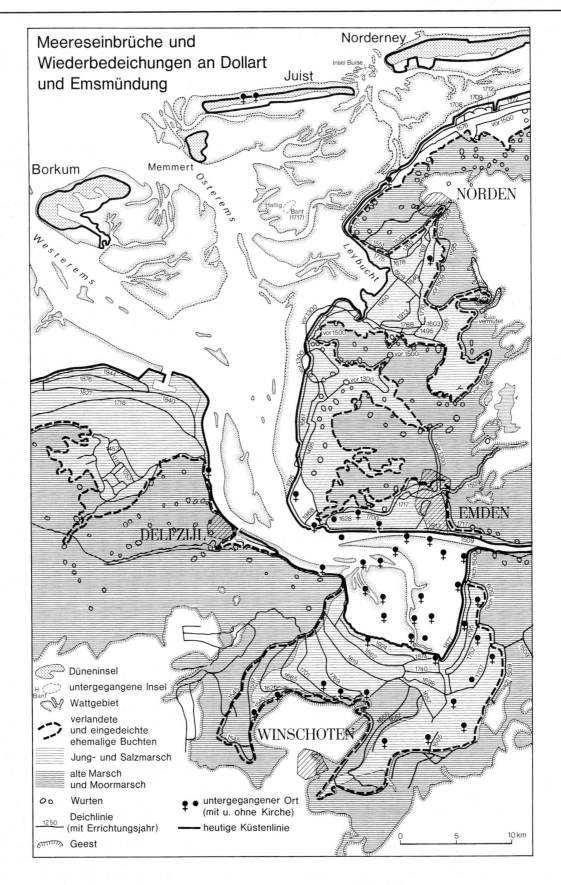

Abb. 166: Meereseinbrüche und Wiedereindeichungen an Dollart und Emsmündung
(n. Geol. Übersichtskarte 1 : 200 000, Blatt Emden). Zeichnung: Endler

Seit etwa 1500 greift der Mensch in diesen natürlichen Prozeß ein und beschleunigt ihn durch die Anlage von *Landgewinnungsfeldern,* die durch Pfahl- und Buschlahnungen unterteilt werden. Hier kommt das bei Flut einströmende Wasser rasch zur Ruhe und lagert die mitgeführten Sinkstoffe in etwa 0,5 m tiefen und etwa 2 m breiten *Grüppen* innerhalb der Lahnungsfelder ab, die schon nach zwei bis vier Jahren zugeschlickt sind (vgl. Abb. 165). Der Vorgang der Auflandung wird durch das sog. Schlöten (Räumen der Gräben) beschleunigt. Nach mehrmaligem Schlöten, das früher von Menschenhand in monatelanger Arbeit ausgeführt wurde und heute mit Grabenfräsen vorgenommen wird, ist das Watt zur Deichreife aufgewachsen und zu einem grünen Vorland (Außengroden) geworden. Häufig wird bereits vor dem Bau von Lahnungsfeldern auf dem höheren Watt Queller als Schlickfänger angesät, an tieferen Stellen das englische Schlickgras Spartina Townsendii.

Landgewinnung wurde seit Jahrhunderten mit Erfolg an der niedersächsischen Küste betrieben. Besonders im Bereich der großen Meereseinbrüche, wie dem Dollart, in der Leybucht, in der Harlebucht und im Jadebusen, konnten große Flächen fruchtbaren Bodens allmählich zurückgewonnen werden (vgl. Abb. 166). Es ging dabei um Schaffung hochwertiger landwirtschaftlicher Flächen. Durch Landgewinnungsarbeiten mit billigen Arbeitskräften wußten die Marschenbauern ihren Reichtum zu vermehren.

Heute nehmen Landgewinnungsarbeiten an der niedersächsischen Küste keinen breiten Raum mehr ein. Lediglich an wenigen Stellen, wie in der Leybucht bei Greetsiel und in der Harlebucht zwischen Carolinensiel und Schillig, werden noch Landgewinnungsfelder unterhalten. Dabei steht jedoch nicht mehr die Schaffung landwirtschaftlicher Nutzflächen im Vordergrund, sondern der *Deichschutz.*

Die günstige Wirkung des Vorlandes für den Deichschutz war zwar immer schon bekannt, sie wurde jedoch in früherer Zeit vielfach nur als Beigabe angesehen. Das Vorland bildet einen natürlichen Schutz für den Deichfuß, so daß die Kosten für schwere Deckwerke, wie sie zum Beispiel bei Schardeichen an der Butjadinger Küste und im südlichen Land Wursten notwendig sind, entfallen. Auch für die Deichunterhaltung und Deichpflege bringt ein Deichvorland entscheidende Vorteile. Für die Ausbesserung von Ausschlägen am Deichkörper eignen sich der auf dem Vorland gewonnene Klei und zur Abdeckung im unteren Deichbereich die ausschließlich im Vorland gestochenen Grassoden. Traditionelle Bauweisen, wie die Klei- oder Grassoden-Entnahme aus dem Deichvorland, werden heute allerdings mit Rücksicht auf

den Naturschutz und Entwicklungsziele des Nationalparks Niedersächsisches Wattenmeer (vgl. Kap. 10. "Ökologie und Umweltschutz") zurückgenommen.

Das Deichgesetz

Niedersachsen hat nach der Sturmflut von 1962 am 1. März 1963 ein eigenes Deichgesetz erlassen. Danach sind, wie es schon immer war, die Eigentümer aller im Schutze der Deiche gelegenen Grundstücke zur gemeinschaftlichen Deichunterhaltung verpflichtet *(Deichpflicht).*
Die Erhaltung und Unterhaltung der Deiche obliegt den einzelnen örtlichen *Deichverbänden.* Sie sind als Wasser- und Bodenverbände entsprechend der Wasserverbandsordnung von 1937 Selbstverwaltungskörperschaften des Öffentlichen Rechts. Aufsichtsbehörden sind die Landkreise und die Bezirksregierung. Die Kosten von Deichbau und Deichunterhaltung werden ganz überwiegend von Bund und Land getragen.

Ohne Entwässerung keine landwirtschaftlichen Erträge

Um den fruchtbaren Boden der Marschen nutzen und gute landwirtschaftliche Erträge erzielen zu können, muß der Grundwasserspiegel soweit abgesenkt werden, daß die Pflanzen für das Wachstum ideale Bedingungen vorfinden. Das geschieht durch ein dichtes Netz von *Entwässerungsgräben* (vgl. Abb. 167).
Seit der Inkulturnahme der Marschen in vorchristlicher Zeit mußte mit dem Ansteigen des Meeres- und damit des Grundwasserspiegels das Grabennetz immer dichter werden, bis erst in jüngerer Zeit durch technische Neuerungen (Dränage, Schöpfwerke) wieder größere Abstände gewählt und zu einem großflächigeren Anbau übergegangen werden konnte.
Ein extrem dichtes Grabennetz mit Aufhöhung der Ackerbeete durch den Grabenaushub wurde im 11./12. Jahrhundert von den eingewanderten Niederländern in den Elbe- und Wesermarschen durch die *Marschhufenkultur* eingeführt. Sie war zur Zeit der Getreidehochkonjunktur allgemein verbreitet, insbesondere im 18. Jahrhundert. Die damaligen Ackerbeete, die heute zumeist unter Grünland liegen, sind an den Wölbungen vielfach noch zu erkennen, während die meisten Gräben wieder zugewachsen oder aufgefüllt worden sind.
Die parzellenbegrenzenden Gräben führen das Wasser an *Vorfluter* ab. Die größeren werden in Ostfriesland und Oldenburg als *Zugschlote* und *Sieltiefs* bezeichnet, in Wursten als *Wasserlösen* und in Hadeln als *Wettern.* Nicht selten sind Schöpfwerke dazwischengeschaltet, um auch die

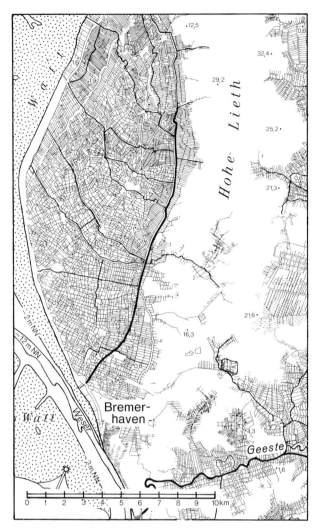

Abb. 167: Dichtes Entwässerungsnetz in einem Marschgebiet (Land Wursten bei Bremerhaven) und Gewässerarmut auf einem sandigen Geestrücken (n. SEEDORF 1968).

kann das Siel auch ganz geschlossen werden, damit das Wasser in den Gräben nicht zu stark absinkt und pflanzenverfügbar bleibt.

Da mit dem steigenden Meeresspiegel Watt und Vorland immer höher aufwachsen, wird der Sielzug zusehends schwieriger. Manches alte Siel kann wegen Zuschlickung des Außentiefs seine Aufgaben nicht mehr erfüllen und ist stillgelegt worden. Zur Unterstützung der Siele sind schon seit langer Zeit *Schöpfwerke* in Betrieb, die von Elektro- oder Dieselmotoren angetrieben werden. In früherer Zeit besorgten das Windmühlen, wie sie noch in Greetsiel stehen und vor einem Jahrhundert zum Landschaftsbild der Niederlande gehörten. Sie förderten das Wasser mittels Schrauben oder Wasserschnecken in ein höheres Niveau, so daß es in das Sieltief abfließen konnte. Die heutigen, häufig hinter dem Deich an einem Siel gelegenen Schöpfwerke regeln mit riesigen Pumpanlagen unabhängig von der Tide den Wasserstand im Binnenland. Zur Zeit arbeiten etwa 600 Schöpfwerke aller Größen an der niedersächsischen Küste. Davon sind rd. 200 große Mündungsschöpfwerke.

An der Rückseite einiger neuer Siele sind im Hauptdeich weite *Speicherbecken* geschaffen worden. Sie haben die Aufgabe, bei hohen Außenwasserständen und geschlossenen Toren das Binnenwasser zu sammeln, damit es selbst bei kurzfristiger Öffnung des Sieles sogleich abfließen kann. So wird ein Rückstau in die Abzugskanäle mit Vernässung und Versauerung des Bodens verhindert.

Seewärts der größeren Siele liegen am Außentief häufig kleinere *Sielhäfen,* wie Ditzumersiel, Greetsiel, Neßmersiel, Dornumersiel, Bensersiel, Neuharlingersiel, Harlesiel, Hooksiel und Dorumersiel, in denen z.T. Krabbenkutter beheimatet sind. Da ein Siel im Deichkörper verankert ist und die Deichkrone über das Durchlaßwerk hinwegläuft, sind Schiffsdurchfahrten nicht möglich, es sei denn, daß eine *Schleuse* eingebaut ist, wie das z.B. am Harlesiel der Fall ist.

Anders als Deichsiele sind *Sturmflut-Sperrwerke* große Bauten quer durch einen Tidefluß mit Verschlußeinrichtungen zum Schutz des Binnenlandes vor Sturmtiden. Die großen Sturmfluten, wie z.B. die Märzflut von 1906 und die Februarflut von 1962, haben wiederholt gezeigt, daß zwar die Seedeiche hielten, aber die Flußdeiche überspült wurden und brachen. Um nicht auch noch die Flußdeiche ständig erhöhen zu müssen, wurden bisher insgesamt 14 Hauptsperrwerke an den Mündungen der größeren Küstenflüsse und künstlichen Binnentiefs seit 1950 erbaut (vgl. Abb. 162). Die Absperrung erfolgt nur bei besonders hoch auflaufenden Tiden, z.B. ab 1 m über mittlerem Tidehochwasser (vgl. Farbtafel 19).

am tiefsten gelegenen Flächen entwässern zu können. Die Unterhaltung dieses künstlichen Entwässerungssystems ist genossenschaftlich geregelt. Die Landbesitzer in den zu entwässernden Gebieten haben sich zu *Sielachten* oder Sielverbänden zusammengeschlossen, die häufig mit Deichgenossenschaften zusammenarbeiten.

Siele öffnen sich im Deich, um das in den Binnentiefs gesammelte Wasser abzuführen. Der Sielbau ist so alt wie der Bau von Seedeichen, denn mit deren Errichtung mußten für die Binnenentwässerung Durchlässe angelegt werden. Siele sind mit Verschlußvorrichtungen (Tore, Klappen) ausgerüstet, die sich bei höherem Binnenwasserstand selbsttätig öffnen *(Sielzugzeit)* und unter dem Druck des Wassers wieder schließen, wenn das Außenwasser bei Flut höher ansteigt als der Binnenwasserstand *(Sielschlußzeit).* In Trockenzeiten

7.7.4. Gewässerkunde des Wattgebietes

Tideströme, Prielverlagerungen und Sedimentation

Das niedersächsische Wattgebiet umfaßt eine Fläche von 1975 km². Es dehnt sich als *Rückseitenwatt* vor allem im Wind- und Strömungsschatten der Düneninseln sowie im strömungsarmen Gebiet zwischen Jade-, Weser- und Elbemündung aus. Zwischen den Düneninseln und dem Festland erreicht das Wattgebiet eine Breite von etwa 6 - 8 km, vor Borkum und der Wurster Küste werden bis zu 20 km erreicht.

Das Watt wird von den Gezeiten bei einem durchschnittlichen Tidehub von etwa 2,2 m bei Borkum

bis etwa 3,8 m im Jadebusen zwischen mittlerem Tideniedrigwasser (etwa - 1,60 m NN) und mittlerem Tidehochwasser (etwa + 1,30 m NN) aufgebaut. Von der See herkommend werden in den Rinnen der Watten mit dem einströmenden Wasser Feststoffe transportiert. Läßt die Strömungsgeschwindigkeit nach, lagert sich zunächst Sand ab. Es folgen Schluff- und Tonteilchen. Wenn das steigende Wasser das hohe Watt in Küstennähe erreicht hat und der Flutstrom kentert, d.h. die Strömungsrichtung sich umkehrt, sinken die verfrachteten Schwebeteilchen zumeist zu Boden und bilden den fruchtbaren *Schlick,* zumal die Wellenwirkung im Bereich des flachen Wassers ebenfalls gering ist. Der Schlick besteht aus feinsten Ton- und

Foto 8: **Priele im Wurster Watt bei Dorum.** Aufn.: Koberg.

Kalkteilchen und ist mit organischen Stoffen angereichert. Aus dem Schlick ehemaliger Watten ist
der fruchtbare *Kleiboden* der Marschen entstanden. Schlickwatten sind schwer zu begehen. Man
unterscheidet nach der Konsistenz und Korngröße
Schlick-, Misch- und Sandwatt (vgl. Farbtafel 2).
Der größte Teil der niedersächsischen Wattflächen besteht aus *Sandwatten.* Der Anteil der
Schlickwatten ist aufgrund der begrenzten Menge
des zur Verfügung stehenden feinen Bodenmaterials verhältnismäßig gering (etwa 5 % der Gesamtfläche). Ausgedehnte Schlickwattflächen finden
sich in den großen strömungsarmen Buchten wie
dem Jadebusen, dem Dollart oder der Leybucht.
Der Ausfällungsprozeß der Schwebeteilchen im Bereich des Hohen Watts erhöht sich, wenn das Wasser in den Bereich salztoleranter Pflanzen wie Queller und Schlickgras (Spartina) gelangt (vgl. Kap.8.
"Pflanzendecke"). Durch die Pflanzen werden Stillwasserzonen geschaffen, die die Sedimentation
der mitgeführten Partikel begünstigen. In dieses
Wechselspiel von Anlandung und Abtrag greift der
Mensch ein, indem er durch den Bau von Buhnen
und Lahnungen, die bis zu 1 km in das Watt hin-
einragen, die Tide- und Driftströmungen unterbin-
det und zusätzlich Stillwasserzonen schafft (vgl.
Abb. 165).
Die vegetationslosen Wattflächen sind durch ein
stark verästeltes Netz von Flut- und Abflußrinnen
gegliedert. Die kleineren, zeitweilig trockenfallenden *Wattrinnen* vereinigen sich zu *Prielen,* die ständig Wasser führen. Sie gehen seewärts in breitere
und tiefere *Baljen* und *Seegaten* über, die schließlich in das offene Meer münden (vgl. Abb. 168).
Das bei Ebbe überall ablaufende Wasser sammelt
sich in den Prielen und fließt mit starker Strömung
ab, so daß, wie bei einem mäandrierenden Fluß,
Prall- und Gleithänge mit starken Erosionserschei-
nungen zu beobachten sind, die sich infolge des
weichen Materials und der täglich zweimaligen Ab-
flußvorgänge ungleich rascher verlagern als Bin-
nenlandsbäche und -flüsse. Es müssen deshalb
die *Pricken* (in das Watt gesteckte Birkenbäum-
chen), die den mit Schiffen befahrenen Priel zu
den Sielhäfen kennzeichnen, jedes Jahr umge-
steckt oder neu gesetzt werden. Nach Untersuchungen im Wangerooger Watt wurde im Laufe
von 70 Jahren mehr als die Hälfte der 127 km² großen Wattfläche durch mäandrierende Rinnen, Priele und Baljen umgelagert (REINECK 1970).
Einige der größeren *Priele* beginnen am Deich,
dort, wo einst kleine Flüsse und heute die Sieltiefs
das Niederschlagswasser der Marschen und der
angrenzenden Geest abführen. Hier haben sich,
wie schon erwähnt, kleine *Sielhäfen* entwickelt,
die Ausgangpunkte der Krabbenfischerei, teilweise auch des Fährverkehrs zu den Inseln und Sam-

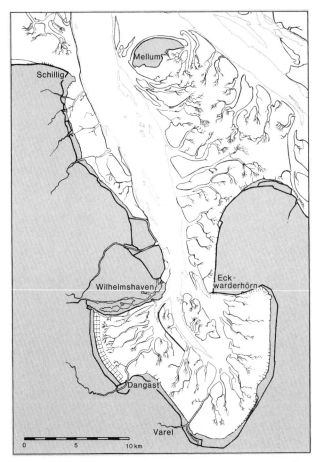

Abb. 168: Wattflächen im Jadebusen und an der Außenjade mit
verzweigtem Flutrinnensystem (n. REINECK 1982).

melpunkte des Fremdenverkehrs an der Festlandsküste sind.
Im Gegensatz zu den Prielen haben die *Baljen*
auch bei Tideniedrigwasser noch größere Wassertiefen. Von der Schiffahrt werden sie vielfach als
Fahrwasser benutzt und hierfür durch schwimmende Seezeichen gekennzeichnet, die den natürlichen Sandverlagerungen entsprechend häufig umgesetzt werden müssen. Die Baljen stehen unmittelbar oder durch Seegaten mit der offenen See in
Verbindung.
Durch die *Seegaten* zwischen den Inseln werden
während einer Halbtide in der Regel mehrere hundert Millionen bis über 1 Milliarde (Westerems) Kubikmeter Wasser in die Wattgebiete hinein- bzw.
hinaustransportiert. Die großen Gaten, wie beispielsweise die Osterems zwischen Borkum und Juist,
das Norderneyer Seegat oder die Accumer Ee zwischen Baltrum und Langeoog, haben sich über 20
m tief eingeschnitten. Ihre Stromrinnen sind bis
über 6 km weit in dem aus Schwemmsand bestehenden Untergrund zu verfolgen. Die Seegaten erreichen Breiten bis zu 2 km und mehr. Flutrinnen
dieses Ausmaßes können auf dem Festland nicht

entstehen, da die in einer Zeiteinheit in den Seegaten transportierten Wassermengen etwa 10mal so groß sind wie die von Elbe oder Weser.

Dort, wo Priele oder Baljen in ein Gat münden oder Gaten die offene See erreichen, verringert sich im unmittelbaren Mündungsbereich die Fließgeschwindigkeit. Hierbei lagert sich ein Teil der mitgeführten Sande ab, die *Barren* bilden (vgl. Farbtafel 19). Beispiele hierfür sind die von den Seehunden geschätzten Robbenplaten nordwestlich von Norderney und Langeoog. Je nach den örtlichen Strömungsverhältnissen können diese Barren zu offenen Riffbögen anwachsen, die sich ständig verlagern und zu gefährlichen Hindernissen für die Schiffahrt werden, wie etwa das Norder- und Westerriff nördlich der Insel Baltrum.

Flußmündungen und Fahrrinnen im Wattgebiet

Infolge des großen Tidehubs und der starken Gezeitenströme sowie in Verbindung mit der *Corioliskraft,* die auf der Nordhalbkugel alle Bewegungen nach rechts ablenkt, haben unsere Flüsse *Trichtermündungen* (Gezeitenästuare), indem der auflaufende Flutstrom stärker die Westufer abspült, der ablaufende kräftigere Ebbstrom aber die Ostufer angreift. Die Gezeitenströme halten nicht nur die Priele in den Watten und die Seegaten zwischen den Ostfriesischen Inseln offen, sondern auch die Fahrwasser in den Tideflüssen bis nahe an die Tidegrenze.

Außenems, Dollart, Außenjade, Jadebusen, Außenweser, Außenelbe

In der Außenems werden Tidehübe und auch Sturmflutwasserstände bis nach Emden hin gesteigert. Bei Borkum beträgt der Tidehub 2,3 m. Er erhöht sich bis Emden auf 3,1 m. Die Insel *Borkum* mit dem südlich gelegenen Randzel-Watt teilt die Außenems in die Wester- und Osterems (vgl. Abb. 166). Die Osterems, im 16. Jahrhundert noch Hauptfahrrinne nach Emden, verflachte mit der schrittweisen Eindeichung der Leybucht immer mehr. Ihre Funktion wurde von der Westerems übernommen. Auch aus Gründen der Stabilisierung des Ems-Fahrwassers ist der Westbereich von Borkum seit 1869 durch ein ständig in Verbesserung befindliches System von Deckwerken und Buhnen geschützt worden.

Südlich von Borkum ist der Hauptstrom durch zahlreiche Sände gespalten, die sich ständig verlagern, so daß die Hauptfahrrinne den veränderten Verhältnissen angepaßt oder durch Baggerungen freigehalten werden muß. Besonders dort, wo im Watt die ausräumende Kraft des aus der Ems kommenden Ebbstromes nachläßt, bilden sich Barren und wandernde Sände. Sie sind Gefahrenpunkte

für die Schiffahrt nach den Häfen Emden, Leer, Papenburg und Delfzijl, die nur durch ständige Ausbaggerung beseitigt werden können.

Im Ansatz des Mündungstrichters zwischen Delfzijl und der Knock westlich Emden verlagerte sich die Hauptströmung nach Osten. Die tiefsten Rinnen waren dort noch vor einem Jahrhundert die weiter westlich gelegene Alte Ems und die an Delfzijl vorbeiführende Rinne von Watum. In ihr verlief damals die Landesgrenze gegen die Niederlande, die infolge der Stromverlagerung jetzt umstritten ist.

Im *Dollart,* der als Spülbecken für die Offenhaltung der Außenems dient, konnte durch umfangreiche Strombaumaßnahmen, insbesondere durch den Bau des 1872 begonnenen rd. 12 km langen Geisedamms sowie durch Küstenbuhnen und Baggerungen, erreicht werden, daß der Seehafen Emden jederzeit von Schiffen mit 10,5 m Tiefgang (bis 45 000 tdw) unter Ausnutzung der Flutwelle angelaufen werden kann. Größere Schiffe bis zu 13,7 m Tiefgang (rd. 85 000 tdw) werden auf der Reede am Möwensteert südöstlich von Borkum geleichtert, bevor sie mit der Restladung Emden anlaufen. Das Projekt eines großen Dollarthafens wird vorläufig nicht weiterverfolgt, dafür aber ein Ausbau des jetzigen Hafens.

An der *Außenjade* ist Wilhelmshaven der einzige deutsche Tiefwasserhafen, dessen 47 km lange und 300 m breite Fahrrinne durch Strombaumaßnahmen und Baggerungen für Schiffe, insbesondere für Öltanker, bis 20 m Tiefgang (250 000 tdw) in tideabhängiger Fahrt offengehalten wird. Ein Eckpfeiler zur Jadeeinfahrt ist das östlich von Wangerooge gelegene mit Buhnen von 10,2 km Gesamtlänge besetzte Minsener Oog, das die räumende Kraft des Ebbstroms zusammenhält, um die Platen- und Riffbildung zu verhindern.

Im 17 x 14 km großen *Jadebusen* sind beim täglichen Hochwasser 166 km^2 überflutet, bei Niedrigwasser sind es nur 44 km^2. Die weiten Wattflächen mit ihrer charakteristischen Tier- und Pflanzenwelt stehen als ein Teil des Nationalparks Niedersächsisches Wattenmeer unter besonderem Schutz.

Der Jadebusen (vgl. Abb. 168) erfüllt seit der Gründung Wilhelmshavens im Jahre 1853 die wichtige Aufgabe, Spülbecken für die Freihaltung der Hafeneinfahrt und des Jade-Fahrwassers zu sein. Mit jeder Tide strömen etwa 450 Mio. m^3 Wasser in die Bucht, die z.T. durch einen 5 km langen Leitdamm gesammelt und in die Fahrrinne gelenkt werden. Um die Spülkraft zu erhalten, ist hier seit 1883 die Landgewinnung in größerem Umfang verboten. Anders sieht das an der Innenjade nördlich von Wilhelmshaven aus, wo mit Baggergut die großen Industriepolder (Heppenser, Rüstersieler und Voslapper Groden) aufgespült worden sind.

Zwischen Außenjade und *Außenweser* erstreckt sich die lange und breite Wattzunge des Hohen Wegs, an deren Nordrand die Vogelinsel Mellum liegt. Zwischen Mellum im Westen und der Wurster Küste im Osten führt das Fahrwasser der Weser durch die Watten. Die 65 km lange Außenweser ist anfangs bei Bremerhaven nur 1,5 km breit, um nördlich der Insel Mellum auf eine Breite von 27 km anzuwachsen. Die stellenweise nur 200 m breite Fahrrinne ist durch Baken, Tonnen und Leuchttürme für den Schiffsverkehr markiert. Die Einfahrt zur Weser wird schon seit 1664 durch die Bremer Schlüsseltonne angezeigt.

Die Außenweser spaltet sich im Watt in mehrere Stromarme auf. Durch künstliche Leitwerke ist es gelungen, einen Hauptarm derart zu stärken, daß er den Hauptteil des ausräumenden Ebbstromes aufnimmt und damit an Tiefe gewinnt. Die Weserfahrrinne ist deshalb auch innerhalb des Wattgebietes bis 20 km nordwestlich von Bremerhaven noch beidseitig durch Bauwerke (Leitdämme und Buhnen) begrenzt. Da hierdurch selbst bei Tideniedrigwasser noch eine Tiefe von 12 m erreicht wird, können auch größere Seeschiffe mit bis zu 13 m Tiefgang (80 000 tdw) Bremerhaven und bis 10,5 m Tiefgang (40 000 tdw) Bremen anlaufen. In west-östlicher Richtung wandernde Sandriffe erfordern jedoch auch hier eine ständige Ausbaggerung der Fahrrinne (vgl. Kap. 3. "Heutige Oberflächenformen").

Die *Außenelbe* reicht von der Ostemündung bis über Scharhörn hinaus. Sie weist wie Außenweser und Außenjade ebenfalls einen Mündungstrichter auf, der beidseitig von Watten und Inseln flankiert ist. Aber im Gegensatz zur Weser und Jade zieht die 20 m - Tiefenrinne von der See her in dem ehemals mächtigen Urstromtal noch 13 km elbaufwärts. Auch die anschließende Stromrinne der Unterelbe bleibt fast durchweg über 10 m tief, so daß selbst große Seeschiffe mit 13,5 m Tiefgang (110 000 tdw) nach entsprechenden Ausbauten Hamburg anlaufen können. Allerdings sind auch hier ständige Baggerungen erforderlich, besonders im Bereich der Platen vor den Flußmündungen.

Um der Versandung des Fahrwassers zu begegnen, hat man auch in der Außenelbe Leitdämme errichtet, die die Spülkraft des Ebbstromes erhöhen.

Die Elbmündung ist ein schwieriges Fahrwasser. Das zeigt sich in den ausgedehnten Sandwatten und -bänken zu beiden Seiten der Außenelbe, die schon manchem Schiff zum Verhängnis geworden sind. Im Südwesten dehnt sich das Neuwerker Watt mit den Inseln bzw. Platen Neuwerk, Scharhörn und dem Großen Knechtsand bis über 15 km

von der Festlandsküste entfernt aus. Im Nordosten liegt die Insel Trischen, die seit der Mitte des vorigen Jahrhunderts aus mehreren Sandbänken zu einer hochwasserfreien Plate emporgewachsen ist, nach der Besiedlung aber wegen zunehmender Sturmflutgefährdung wieder geräumt werden mußte.

7.8. Insel- und Küstenschutz, Umgestaltungsprozesse und Schutzwerke der Ostfriesischen Inseln

Ein Wechselspiel von Anlandung und Zerstörung

Die sieben Ostfriesischen Inseln bilden als Teil eines Barrieresystems, das sich von der Rhein-Maas-Mündung entlang der west-, ost- und nordfriesischen Küste bis an die Nehrungsküste Jütlands erstreckt, eine Kette von Düneninseln, die durch breite Gezeitenrinnen (Seegaten) voneinander getrennt werden. Im Mündungsbereich von Ems, Jade, Weser und Elbe wird diese Kette durch die veränderten Strömungsbedingungen unterbrochen, so daß hier nur noch *Platen*, d.h. großflächige Sandbänke ("Strandinseln"), vorhanden sind, wie Lütje Hörn, Memmert, Minsener Oog, Mellum sowie zwischen Weser- und Elbemündung Knechtsand und Scharhörn, die als Vogelbrut- und Vogelrastplätze unter Naturschutz stehen.

Durch die ständige Sandzufuhr von See her, die z.T. in Form von wandernden Sandriffen erfolgt, werden die Inseln aufgebaut und weiterentwickelt. Sie verdanken ihre Existenz einem labilen Gleichgewicht von ständiger Sandanlandung und ständigem Sandverlust (vgl. Kap. 3. "Heutige Oberflächenformen"). Die Festlegung des über die Strandebene geblasenen Sandes, d.h. die eigentliche Dünen- und Inselbildung, erfolgt erst unter Mithilfe der Vegetation (vgl. Kap. 8. "Pflanzendecke").

Im allgemeinen geht das Wechselspiel von Sandzufuhr und Sandverlust zu Lasten der westlichen Strände und Dünen (s. Kap. 3. "Heutige Oberflächenformen"). Ohne künstlichen Schutz der Westenden kommt es hier zu größeren *Landverlusten,* während an den Ostseiten angelagert wird, so daß sich dort bei den meisten Inseln Strandzunahmen ergeben. Tatsächlich haben die Ostfriesischen Inseln, bevor ihre Westköpfe durch Buhnen, Deckwerke und Strandaufspülungen festgelegt wurden, an den Westenden mit Ausnahme von Juist und Langeoog stets viel Land verloren. Die Verlagerungen der Inseln Spiekeroog und Wangerooge sowie der anderen Düneninseln seit 1650 sind der Abb. 169 bzw. der Tab. 44 zu entnehmen.

Insgesamt sind erhebliche Landgewinne an den Ostseiten zu verzeichnen. Die von natürlichen Ve-

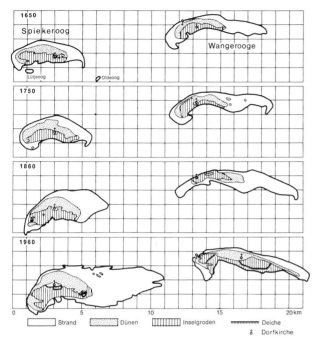

Abb. 169: Verlagerung und Vergrößerung der Inseln Spiekeroog und Wangerooge 1650 - 1960 (n. HOMEIER, aus: SINDOWSKI 1973).

Tab. 44: Lageveränderungen der Ostfriesischen Inseln 1650 - 1986.

Düneninsel	Abnahme im Westen (in km)	Zunahme im Osten (in km)
Borkum	0,6	1,7
Juist	0	4,5
Norderney	0	5,9
Baltrum	4,5	1,3
Langeoog	0,2	– 0,7
Spiekeroog	1,1	6,1
Wangerooge	2,0	3,0

Quelle: HOMEIER & LUCK (1969): Niedersächsische Küste. Historische Karte 1 : 50 000. Topographische Karte 1 : 50 000, Ausgabe 1988

getationsgesellschaften (vgl. Kap. 8. "Pflanzendekke") eroberten neuen Anlandungsbereiche stellen aufgrund ihrer Abseitslage von den touristisch genutzten Inselbereichen wertvolle Biotope für den Artenschutz dar.

Deckwerke und Buhnen als Inselschutz

Die einzelnen Ostfriesischen Düneninseln weisen je nach ihrer Sturmflutgefährdung und den Strömungsverhältnissen in den angrenzenden Stromrinnen (Seegaten), deren Querschnitte in Beziehung

stehen zur Größe der rückseitig gelegenen Wattflächen, unterschiedlich schwere Inselbefestigungen auf.

Nach großen Landverlusten (vgl. Abb. 169) wurde seit der Mitte des 19. Jahrhunderts damit begonnen, die Westenden der Inseln und weitere gefährdete Strand- und Dünenbereiche zu befestigen. Querlaufende *Buhnen* wurden errichtet, um den seitlichen Sandabtrag durch Wellen, Brandungs- und Längsströmungen zu mindern. In ihrer ältesten Form sind sie als Buschbuhnen ab 1818 von Wangerooge überliefert. Außerdem wurden *strandparallele Strandmauern, Deckwerke* und andere Längswerke gebaut, um bei hoch auflaufenden Fluten den Anprall der Wellen zu brechen und die Dünen vor Abbruch zu bewahren.

Um die uferparallelen Brandungsströmungen zu brechen und die Erosionskraft der Ebbströme in den Seegaten von den Westköpfen fernzuhalten, wurden seit der zweiten Hälfte des 19. Jahrhunderts im verstärkten Umfang Buhnen angelegt. Buhnen sind mit Steinpackungen befestigte Dämme, die senkrecht vom Strand fort in die See führen und die *Strandversetzung* unterbinden. Je nach den Strömungsverhältnissen, ihrem Alter und ihren Funktionen weisen sie auf den Inseln jedoch unterschiedliche Bauweisen auf (vgl. Abb. 170).

Flachbuhne

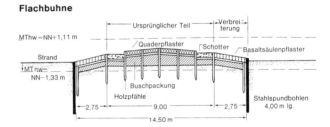

Kastenbuhne

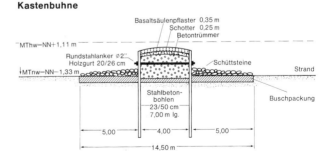

Geböschte Buhne

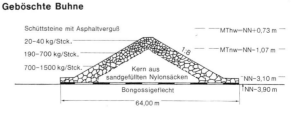

Abb. 170: Querschnitte von schweren Seebuhnen (n. KRAMER 1978).

Flachbuhnen sind in der Regel mit mehreren gerammten Pfahlreihen im Sandboden verankert. Sie bestehen aus einer Filterunterlage aus Faschinen ("Buschpackung"), aufgeschüttetem Schotter und einer Deckschicht aus Quadersteinen oder Basaltsäulenpflaster. Diese Buhnen waren ursprünglich zu den Seiten hin offen, wodurch sie sehr auswaschungsgefährdet und schadensanfällig waren. Man hat sie daher bei Instandsetzungsarbeiten durch dichte Spundwände gesichert und die Oberflächen mit einem kolloidalen Beton vergossen.

Andere Bauformen sind die *"Geböschten Buhnen"*, die einen Kern aus sandgefüllten Nylonsäcken aufweisen und mit asphaltvergossenen Schüttsteinen abgedeckt sind, sowie die Kastenbuhnen. Diese bestehen aus zwei senkrechten Wänden aus Stahlspund- oder Stahlbetonbohlen, deren Zwischenraum mit Sand vollgespült bzw. mit Schotter sowie Beton- und Ziegelbruch verfüllt und deren Oberfläche mit einem Pflaster aus Basaltsäulen oder Betonplatten abgedeckt wird.

Als *Strandmauern* bezeichnet man wandartige, selbsttragende Schwergewichtsmauern, die zur Sicherung von Steilkanten errichtet werden. Heute werden sie nur noch selten gebaut, da sie bei starkem Wellenauflauf aufgrund ihrer Steilheit Turbulenzen begünstigen, die letztlich zu gefährlichen Unterspülungen führen.

So werden heute flacher geneigte Deckwerke vorgezogen, die im Gegensatz zu den Strandmauern nicht selbsttragend sind, sondern durch ihren Verbund bzw. ihr Gewicht Böschungen abdecken. Die ersten *Dünendeckwerke* waren geschlossene oder offene Pfahlwerke. Ihre Lebensdauer war jedoch wegen der geringen Haltbarkeit des Holzes

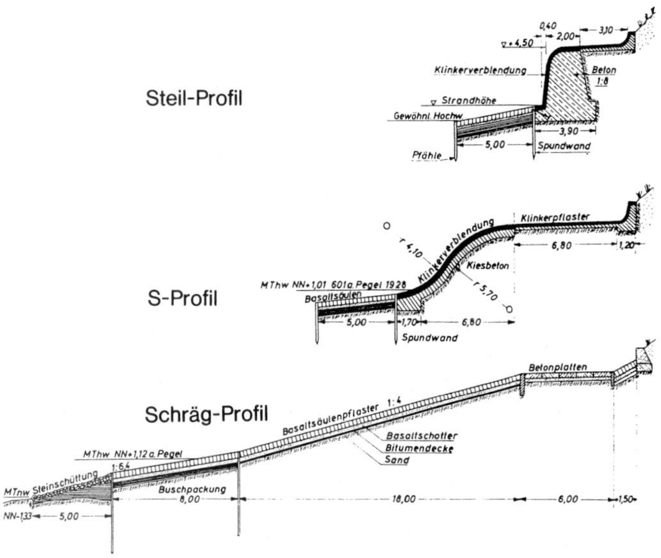

begrenzt. Deshalb ging man schon 1857 auf Norderney dazu über, schwere und massive Stein- und Betondeckwerke zunächst im Steil-Profil oder im bekannten "Norderneyer S-Profil" herzustellen (Abb. 171). Das S-Profil besteht im Kern aus Beton, auf den ursprünglich ein Mauerwerk aus behauenen Sandsteinquadern, später eine Verblendung mit Klinkermauerwerk aufgebracht wurde. Teilstücke dieser zum Teil über hundert Jahre alten Deckwerke sind an der Strandpromenade von Norderney noch erhalten. Ein typisches Beispiel eines Steilprofils ist die "Oldenburger Mauer", die einen Teil des Nordstrandes von Wangerooge schützt.

Auch bei diesen relativ steilen Deckwerken erweist sich der Sandverlust und die damit verbundene Gefahr der Unterspülung als ein ständiges Problem. Deshalb ist man in jüngerer Zeit zu flacheren Deckwerken mit Böschungsneigungen meist unter 1 : 6 und mit möglichst rauher Oberflächenstruktur übergegangen. Über einem Unterbau aus Kies, Sand und Magerbeton werden abdeckende Schichten aus Asphalt- bzw. Betondecken gegossen und/oder Basaltsäulenpflaster aufgebracht. Die Oberflächenrauhigkeit erreicht man durch besondere Formsteine, die aus der Oberfläche der Decken herausragen, oder auch durch gebrochene Natursteine, die mit Asphalt oder kolloidalem Zement- bzw. Kunststoffmörtel auf der Oberfläche befestigt werden.

Schon seit längerem hat man die Erfahrung gemacht, daß alle diese starren und massiven Bauwerke die Strömungsverhältnisse im Bereich der Inseln zum Teil erheblich verändert haben. Dadurch sind zahlreiche Folgemaßnahmen notwendig geworden, die man in ihrem Ausmaß zuvor nicht abschätzen konnte. Seit 1951 betreibt man deshalb aktiven Küstenschutz durch *Strandaufspülungen.* Anstatt durch neue Bauwerke in die bestehenden Strömungsverhältnisse einzugreifen, wird bei diesen Maßnahmen lediglich in den Sandhaushalt eingegriffen, wobei man Strandabschnitte mit negativer Sandbilanz durch künstliche Materialzufuhr erhöht. Wenn auch das Spülgut mit der Zeit wieder verloren geht, so ist ein hoher Strand immer noch der beste Dünenschutz.

Der Bestand ausreichend hoher und starker Randdünen ist eine weitere Voraussetzung für den Inselschutz. Die Dünen auf der Seeseite der Inseln sind bei schweren Sturmfluten gefährdet und befinden sich dann vielfach im Abbruch. Zu ihrer Sicherung müssen an den besonders bedrohten Strecken Schutzwerke und ggf. auch Buhnen angelegt werden, wenn Dünenabbrüche verhindert werden sollen.

Die Schutzeinrichtungen der Ostfriesischen Inseln beschränken sich nicht nur auf die der offenen

Abb. 171: Querschnitte von Dünendeckwerken auf den Ostfriesischen Inseln (n. KRAMER 1978).

See zugewandten Seiten. Auf der Wattseite haben die Düneninseln Marschenküsten, daher sind dort *Deiche* notwendig. Sie umschließen nicht nur die Siedlungen, sondern auch sturmflutgefährdete Verkehrsanlagen (Hafenteile, Bahnhöfe und Flugplätze). Die Hauptdeichstrecke auf den niedersächsischen Inseln umfaßt heute eine Gesamtlänge von 35,5 km (vgl. Tab. 45). Die Deichbauarbeiten gestalten sich auf den Inseln z.T. äußerst schwierig, da der zum Abdecken der sandigen Deichkerne benötigte Kleiboden nur in dünnen Schichten im Watt gewonnen werden kann oder über See vom Festland herangefahren werden muß.

Tab. 45: Hauptdeichstrecken auf den Ostfriesischen Inseln.

Insel	vorhandene Deichlänge (in km)
Borkum	4,9
Juist	5,3
Norderney	10,1
Baltrum	1,9
Langeoog	5,75
Spiekeroog	1,6
Wangerooge	6,0
zusammen	35,5 km

Quelle: Generalplan Küstenschutz Niedersachsen 1973 (mit Ergänzungen 1990)

Schutzwerke auf den einzelnen Inseln

Die Insel *Borkum* bestand nach einer schweren Sturmflut im Jahre 1657 nur noch aus zwei hufeisenförmigen Dünengruppen. Bei hohen Fluten konnte man den dazwischenliegenden Durchbruch, das "Tüskendoor", mit kleinen Schiffen befahren. Die Ursache für den folgenschweren Inseldurchbruch war, wie auch auf den übrigen Ostfriesischen Inseln, in dem schlechten Zustand der Inseldünen zu suchen, die einst in Zeiten großer Futterknappheit vom Vieh abgeweidet und zertreten wurden. Selbst der den Sand festhaltende karge Strandhafer wurde damals abgemäht.

Der erste Schritt zum Schutz der Inseln bestand deshalb in der Instandsetzung der Dünen. So pflanzten auf Borkum niederländische Dünenarbeiter Strandhafer und gruben Tausende von Strohbündeln ein, um die Sandablagerung zu fördern. Doch erst 1864 gelang es, einen haltbaren Damm aufzuschütten und damit das "Tüskendoor", die Lücke zwischen den beiden Inselkörpern, wieder zu schließen.

Von den zwei Dünenkernen Borkums ist insbesondere der westliche Dünenbogen stark der Abspülung durch den Gezeitenstrom des Randzelgats (Westerems) ausgesetzt. Die Inselstadt wird hier daher seit 1875/81 durch eine heute 6 km lange und 4,8 m hohe Strandmauer sowie durch 35 Strandbuhnen, die 200 bis 400 m lang sind, und durch 13 schwere Unterwasserbuhnen geschützt. Auch *Juist* ist wiederholt von hohen Fluten durchbrochen worden, wobei 1651 das Dorf im Gebiet des heutigen Hammersees zerstört wurde. Die Petriflut von 1671 überspülte die Juister Dünen in dem 3 km breiten "Großen Slop". Die Reste des Dorfes Loog sind hier 1715 zerstört worden. Die Weihnachtsflut von 1717 durchbrach dann die Dünen Juists erneut und zerstörte das Billdorf. Durch Dünenneubildungen haben sich die Deichdurchbrüche z.T. selbst wieder geschlossen. In den Jahren 1870 und 1927 errichtete Deiche sicherten die Einheit der Insel endgültig.

Der Westkopf von Juist wird im Gegensatz zu den übrigen Ostfriesischen Inseln durch anlandende Platen von der Osterems und der Juister Balje her mit Sand versorgt (vgl. Tab. 44), so daß die 1,4 km lange Strandmauer vor dem Ort Juist unter Sand liegt. Im Gegensatz zu anderen Inseln besitzt Juist, wie auch Langeoog, heute einen buhnenfreien Strand (vgl. Farbtafel 19).

Die heutige Insel *Norderney* ist offensichtlich aus Teilen der früheren Inseln Buise und Osterende hervorgegangen. Um 1400 führte die heute zweitgrößte Ostfriesische Insel noch den Namen Osterende. Um 1530 hieß sie schon Norder nye Oog (= Norder neue Insel). Bis um 1800 hielten noch Restteile der Insel Buise den Hauptwattstrom, das Busetief, von Norderney fern. Nachdem diese Reste gänzlich abgetragen waren und sich Busetief und Riffgat zu einer Hauptflutrinne vereinigt hatten, setzten am Westkopf Norderneys starke Abbrüche ein. Als im Jahre 1857 winterliche Sturmfluten bereits die westlichen Randdünen angriffen und das Dorf gefährdeten, ließ der hannoversche König, der Norderney zum Staatsbad erhoben und zu seinem Sommersitz gemacht hatte, erste Strandschutz-Deckwerke und drei große Buhnen errichten.

Die Inselschutzwerke Norderneys bestehen heute aus einer insgesamt 5,7 km langen Strandmauer und 32 Buhnen (vgl. Abb. 172). Am Westende der Insel wurde erstmalig in den Jahren 1951 - 1952 auf einer Länge von insgesamt 5,1 km eine künstliche Strandaufspülung vorgenommen. Sie ist seitdem im 4- bis 10jährigen Abstand wiederholt worden.

Baltrum hat von 1750 bis 1869 jährlich durchschnittlich fast 30 m Land an der Westküste verloren, d.h. insgesamt 3 km (!), so daß in dieser Zeit zwei-

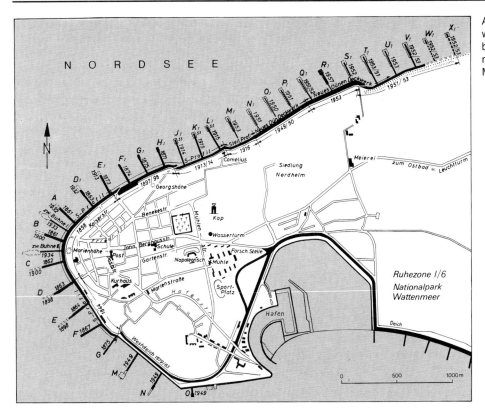

Abb. 172: Ausbau der Inselschutz-werke auf Norderney; angege-ben sind die Bauzeiten der Buh-nen und Deckwerke (n. KRA-MER 1978).

mal die Kirche und das Dorf verlegt werden muß-ten. Das Westende der Insel wurde deshalb be-reits im Jahre 1869 mit einer 1,8 km langen Strand-mauer und 15 schweren Buhnen festgelegt. Die seitdem am Ostende der Insel zu verzeichnenden natürlichen Anlandungen haben die am Westende aufgetretenen Verluste (vgl. Tab. 44) nicht ausglei-chen können, so daß Baltrum heute die flächen-kleinste Ostfriesische Insel ist.

Langeoog ist neben Juist die zweite Insel, die im Westen keine Deckwerke benötigt (vgl. Tab. 44). Hier wurde im Flinthörn sogar eine 2 km lange, nach Süden gerichtete große Sandbank, ein sog. Fluthaken, angespült. Die Stabilität Langeoogs, das wie Juist keine Strandschutzwerke benötigt, ist auf eine Geesthochlage im Untergrund (aufge-preßter Lauenburger Ton), die möglicherweise ein Ostwärtswandern des Seegats verhindert, und auf die Breite des Seegats zurückzuführen. Lediglich am nördlichen Badestrand treten Sandverluste auf. Hier werden seit 1971/72 Strandaufspülungen vorgenommen.

Der Westkopf *Spiekeroogs* ist seit 1894 durch 12 Buhnen und 1,6 km lange Deckwerke festgelegt, nachdem Sturmfluten die westliche Dünenkette durchbrochen hatten. Nach der schrittweisen Ein-deichung der Harlebucht ist allein in den vergange-nen hundert Jahren die Insel um nahezu 4 km in östlicher Richtung gewachsen, da mit der Verklei-nerung des rückseitigen Wattgebietes auch der Ti-

destrom zwischen Spiekeroog und Wangerooge deutlich an Spülkraft verloren hat (vgl. Abb. 169). Durch den starken Ostanwachs der Insel mußte die durch das Seegat führende ostfriesisch-olden-burgische Grenze wiederholt nach Osten verlegt werden.

Wangerooge hat seit dem Mittelalter den alten In-selkern durch die Ostverlagerung des Harle-See-gats verloren. 1559 zerstörten die Fluten die Kir-che des ersten Dorfes. In der Silvestersturmflut 1854/55 wurde das 1 km weiter östlich gelegene zweite Dorf von den Fluten fortgerissen. Etwa zwei Drittel der Insulaner siedelten sich hiernach auf dem Festland an. Mit dem nun einsetzenden staatlichen Inselschutz entstanden ein drittes Dorf, verschiedene Deiche, Strandmauern von insge-samt 4,3 km Länge und 23 Buhnen, unter ihnen eine 1460 m (!) lange Unterwasserbuhne, die den Ebbestrom der Harle vom Inselsockel abdrängt und den Drehpunkt der Sandwanderung im Harle-Riffbogen nach Westen verschiebt, so daß der Sand bereits am Nordweststrand anlandet. Die heutige Form der Insel Wangerooge ist somit im wesentlichen das Ergebnis des Seebaus. Sie ist die am stärksten befestigte Ostfriesische Insel.

In den ersten Nachkriegsjahren führten die prekä-re Ernährungslage der durch den Flüchtlingsstrom vermehrten niedersächsischen Bevölkerung und das Vertrauen auf die hohe Kunst der Küsten-Was-serbauer zu der Überlegung, die Kette der Ostfriesischen Inseln durch Deiche und Sperrwerke miteinander zu verbinden. Damit sollte das gesamte Wattgebiet trockengelegt werden, um zusätzliche Ernährungsflächen zu schaffen, wie das die Niederländer mit der Trockenlegung der Zuidersee getan hatten. Die Bodenuntersuchungen ergaben jedoch einen zu hohen Anteil an wenig ertragsfähigem und winderosionsgefährdetem Sandwatt. Auch aus Kostengründen und aus der sich rasch ändernden Ernährungssituation heraus wurde der Plan fallengelassen. Statt eines intensiv genutzten Landes ist der gleiche Bereich heute Nationalpark mit absolut geschützten Ruhezonen geworden.

7.9. Viele Grenzlinien und Zuständigkeiten im Bereich zwischen Seedeich und offenem Meer

Küstenlinie - Uferlinie - Wattlinie - Strandlinie - Seelinie

Bei der Behandlung der nachstehenden Karte des Küstengebietes (vgl. Abb. 173) muß zunächst festgestellt werden, daß *Gezeitenküsten* sehr weitflächige und offene Landschaften sind, die zudem in den Watten mit dem Wechsel von Ebbe und Flut eine amphibische Natur haben. Deshalb fällt es schwer, in diesen Ebenheiten *Grenzen* zu finden oder festzulegen, zumal hier, wie in keinem anderen niedersächsischen Gebiet, alle natürlichen Grenzen durch Verlagerungen, Abbrüche und Anlandungen ständigen Veränderungen unterworfen sind. Hingegen liegen die durch Gesetze geschaffenen künstlichen Grenzen für längere Zeiten fest. Für die Wasserwirtschaft bildet die *Küstenlinie* die Grenze zwischen Meer und Festland bzw. auf den Inseln die Grenze zwischen Strand und Dünenfuß. Sie liegt etwa 2 m über dem mittleren Tidehochwasser (untere Windflutgrenze) und fällt deshalb in der Regel mit der Hauptdeichlinie (Seedeich) bzw. mit der Begrenzungslinie zwischen trockenem Strand und Dünenfuß zusammen.

Rd. 2 m tiefer, zusammenfallend mit der Wasserstandslinie des mittleren Tidehochwassers (MThw), verläuft die *Uferlinie*. Sie ist die in die Land- und

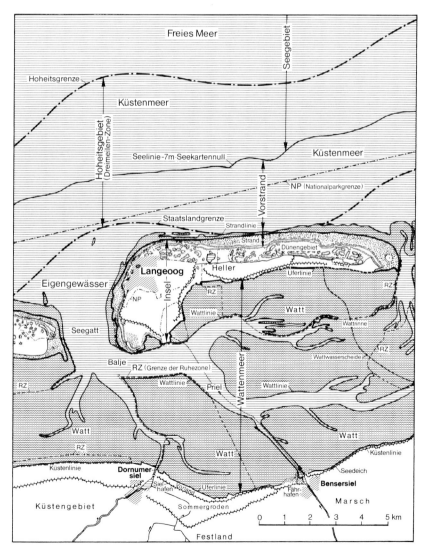

Abb. 173: Ausschnitt aus dem niedersächsischen Küstengebiet mit Naturraum- und Verwaltungsgrenzen (n. LÜDERS & LUCK 1976, verändert; Zeichnung: Endler).

Seekarten eingetragene Begrenzungslinie des Festlandes und der Inseln. In der Natur ist sie meist deutlich erkennbar als Grenze zwischen dem nackten oder nur mit Queller bewachsenen Watt und dem mit Andelgras begrünten Deichvorland. An der Seeseite der Inseln verläuft die Uferlinie als Grenze zwischen dem trockenen und dem täglich zweimal überspülten nassen Strand.

Nach der Uferlinie wird auch die *Küstenlänge* bestimmt. Sie beträgt in Niedersachsen 558 km, davon sind 341 km Festlandsküste und 217 km Inselküste (n. LÜDERS & LUCK 1976).

Die untere Begrenzung des nassen Strandes zum Vorstrand hin bildet die *Strandlinie*. Sie fällt mit dem Wasserstand bei mittlerem Springtideniedrigwasser (MSpTnw = *Seekartennull*) zusammen, das hier bei - 2 m NN liegt. Der Strandlinie entspricht auf der Wattseite die *Wattlinie* (MSpTnw), als Grenze zwischen den bei Niedrigwasser trockenfallenden Wattflächen und den ständig wasserführenden Seegaten, Baljen und Prielen.

Seewärts folgt schließlich noch die als *Seelinie* bezeichnete Grenze zwischen Vorstrand, auch Unterwasserstrand und Inselsockel genannt, und dem eigentlichen Seegebiet. Sie liegt bei -7 m Seekartennull. Das entspricht an der niedersächsischen Inselküste einer Tiefe von - 9 m NN. Auf dem durch Seelinie und Strandlinie begrenzten *Vorstrand* setzt in der Regel die Brandung ein, und hier vollzieht sich vor allem die durch Strömung und Brandung verursachte Sandbewegung, die zur Riff- und Platenbildung sowie zum Aufbau und zur Verlängerung der Inseln führt.

Staatslandgrenze - Hoheitsgrenze - Dreimeilenzone

Neben den behandelten natürlichen Grenzen sind es vor allem politische Grenzen, die im Küstengebiet für die Wahrung der Hoheitsrechte und für den Küstenschutz sowie für den Natur- und Umweltschutz von erheblicher Bedeutung sind.

Die *Staatslandgrenze* umschließt den Bereich, in dem der Staat seine uneingeschränkte Herrschaft ausübt. Gebildet wird die Staatslandgrenze durch den Wasserstand bei mittlerem Springtideniedrigwasser (= *Seekartennull*), wobei die Außenränder der dann freiliegenden Inselsockel, Außensände und Watten durch gerade Linien miteinander verbunden werden. Deshalb fallen die Bögen der wandernden Sandriffe vor den Seegaten mit in diesen Bereich hinein.

Mit Ausnahme der im Eigentum der Bundesrepublik Deutschland stehenden Marinehäfen und Bundeswasserstraßen (Seewasserstraßen und Binnenwasserstraßen), zu denen auch das Wattenmeer mit den Fährverbindungen nach den Inseln gehört, werden die innerhalb der Staatslandgrenze

anfallenden Aufgaben, wie z.B. der Insel- und Küstenschutz, Hafenausbau und -unterhaltung sowie die hafenpolizeilichen Aufgaben, vom Land Niedersachsen wahrgenommen. Dafür sind ein Bauamt für Küstenschutz in Norden, die Niedersächsischen Hafenämter in Emden, Norden, Wilhelmshaven und Cuxhaven sowie die Forschungsstelle Küste, Norderney, der Niedersächsischen Wasserwirtschaftsverwaltung eingerichtet worden.

Nach außen schließt sich an die Staatslandgrenze bis zur *Hoheitsgrenze* das nach den Normen des Völkerrechts und vornehmlich in der Verwaltung der Bundesbehörden liegende Hoheitsgebiet an, das auch *Dreimeilenzone* oder *Küstenmeer* genannt wird; denn die Hoheitsgrenze verläuft nach dem Seerecht 3 Seemeilen (= 5556 m) seewärts der Staatslandgrenze. In diesem Bereich liegen die Fangrechte, die Polizeiaufgaben (Gefahrenabwehr, Lenkung des Schiffsverkehrs) und auch die Nutzung des Meeresbodens allein beim Küstenstaat. Da die Bundesrepublik Deutschland kein nur ihr unterstehendes Territorium besitzt, sondern ihr gesamtes Gebiet in Bundesländer eingeteilt ist, bildet die Hoheitsgrenze auch gleichzeitig die *Landesgrenze* Niedersachsens.

Die Hauptaufgaben werden hier allerdings von der *Wasser- und Schiffahrtsverwaltung* des Bundes wahrgenommen, deren zuständige Direktion Nordwest ihren Sitz in Aurich hat. Ihr unterstehen die Wasser- und Schiffahrtsämter Emden, Wilhelmshaven, Bremerhaven und Bremen. Ihnen obliegt der Betrieb und die Unterhaltung der Seewasserstraßen (einschl. des Wattenmeeres), der Schiffahrtszeichen (Leuchttürme, Leuchtfeuer, Tonnen, Baken, Dalben, Pricken) sowie der Verkehrssicherheitssysteme (Radartürme und -ketten).

Nach außen folgt das *Freie Meer,* auch Hohe See oder offenes Meer genannt, das keiner Souveränität unterliegt und der freien Schiffahrt dient. Durch die Zunahme des Schiffsverkehrs und der Schiffsgrößen vervielfachen sich ihre Gefahren. Deshalb sind im Bereich der Deutschen Bucht, wo z.B. 1984 rd. 100 000 Schiffsbewegungen zu verzeichnen waren, zur Regelung des Schiffsverkehrs Verkehrstrennungsgebiete mit Einbahnwegen eingerichtet worden. Damit wurde 1985 der Zuständigkeitsbereich der Wasser- und Schiffahrtsverwaltung über die Dreimeilenzone und über Helgoland hinaus erweitert, um vor allem auch Maßnahmen gegen die Gefahr von Tankerunfällen und von Ölverschmutzungen des Meeres treffen zu können. In Cuxhaven ist dafür eine Sonderstelle des Bundes "Ölunfälle See/Küste" mit Ölbekämpfungsschiffen eingerichtet worden (vgl. Kap. 10. "Ökologie und Umweltschutz").

In das Freie Meer hinaus sind bezüglich des erdöl- und erdgashöffigen Festlandssockels schon früher die Abbau- und *Schürfrechte* der Bundesrepublik nach den Richtlinien der Genfer Konvention von 1958 mit einem sog. "Entenschnabel" bis zur Doggerbank ausgedehnt worden (vgl. Abb. 78). 1985 wurde die bundesdeutsche Überwachung der Ekofisk-Pipeline bis zum dänischen Festlandssockel der Wasser- und Schiffahrtsdirektion Nordwest in Aurich übertragen.

Nationalparkgrenzen

Außer den vielen Zuständigkeiten, die im Küstengebiet von den unterschiedlichen Bundesbehörden, von den Ländern Niedersachsen, Bremen, Hamburg und Schleswig-Holstein oder auch von internationalen Behörden und Gremien ausgehen, ist durch die Gründung des *"Nationalpark Niedersächsisches Wattenmeer"* eine neue Behörde mit neuen Zuständigkeiten hinzugetreten, deren Bereich sich vom Festland bis in die Dreimeilenzone hinein erstreckt und die in dem sehr ausgedehnten Gebiet der Ruhezonen besonders starke Nutzungseinschränkungen verlangt (vgl. Kap. 10. "Ökologie und Umweltschutz").

7.10. Landwirtschaftlicher Wasserbau

Aufgaben: Optimale Wachstumsbedingungen für die Kulturpflanzen durch Entwässerung, Hochwasserschutz und Beregnung

Niedersachsen ist ein Wasserüberschußgebiet. Es weist, anders als beispielsweise die südeuropäischen Länder, neben einer ausreichenden Niederschlagsmenge auch eine günstige Niederschlagsverteilung auf; denn die meisten Niederschläge fallen während der Vegetationsperiode in den Sommermonaten (vgl. Kap. 6. "Klima"). Trotzdem gibt es, besonders in den Frühjahrsmonaten und auch im Hochsommer, Trockenperioden, die auf leichten sandigen und auf steinigen Böden zu Dürreschäden führen können. Ihnen kann durch Beregnung und Staubewässerung begegnet werden. Häufiger als Trockenzeiten sind jedoch Nässeperioden. So sind die Hauptanliegen des landwirtschaftlichen Wasserbaues in Niedersachsen die Entwässerung von Flächen und der Hochwasserschutz, um optimale Wuchsbedingungen für die Nutzpflanzen zu schaffen.

Die Entwässerung der landwirtschaftlichen Flächen

Niedersachsen weist deutlich höhere Niederschlags- als Verdunstungswerte auf. Deshalb sammelt sich das oberirdisch abfließende oder das Grundwasser in den niedriggelegenen Talauen, Marschen und Mooren. Sie leiden unter Wasser-

überschuß und sind von Natur aus Sumpfgebiete, über deren weite Verbreitung in früherer Zeit schon die römischen Schriftsteller berichteten. Niedersachsen als moorreichstes Land der Bundesrepublik hatte einen besonders hohen Anteil an Sümpfen.

Sie blieben, mit Ausnahme der fruchtbaren Marschen, im ersten Jahrtausend n. Chr. ungenutzt liegen. Erst im Hochmittelalter führte die starke Bevölkerungsvermehrung zur Verknappung und Übernutzung der kulturfähigen Böden. So verstärkte sich der Zwang, auch die Naßgebiete zu besiedeln. Das konnte nur nach Entwässerungsmaßnahmen und Anlage eines dichten Grabennetzes mit Anschluß an einen Vorfluter geschehen. Sie setzten wasserbauliche Erfahrungen und eine lenkende Hand voraus, eine Grundherrschaft oder aber Genossenschaften, die Vorläufer der heutigen Wasser- und Bodenverbände gewesen sein könnten.

Binnenkolonisation durch Entwässerung

Die in diesen Naßgebieten, im sog. Jungsiedelland, im Hochmittelalter erfolgte Binnenkolonisation erstreckte sich zunächst auf die fruchtbarsten Böden in den Marschen, wo um 1100 n. Chr. in den Elbe- und Wesermarschen von den Niederländern das *Marschhufensystem mit dichtem Grabennetz* und gewölbten Ackerbeeten eingeführt wurde. Fast gleichzeitig besiedelten Adelige mit ihren Bauern die unter Stauwassereinfluß stehenden nährstoffreichen Böden der Feuchtgebiete südlich des Steinhuder Meeres, wo von Entwässerungsgräben durchzogene langgestreckte Hagenhufendörfer entstanden. Die schwieriger zu entwässernden küstennahen Niederungsgebiete des Sietlandes in Hadeln, Kehdingen, Oldenburg und anderen Marschrandbereichen wurden im 12. Jahrhundert ebenfalls in Form von Marschhufen besiedelt.

Die Marschhufenfluren mit ihrem engen Grabennetz waren die einzig mögliche Form, in den Naßgebieten Ackerbau zu betreiben und jedem Siedler die Freiheit zu geben, nach eigenem Ermessen auf der ihm zugeteilten Hufe zu kultivieren. Das Moor wurde abgegraben oder der unterlagernde Klei in mühsamer Arbeit durch Kuhlen an die Oberfläche gebracht. Dabei entstanden sehr schmale, beidseitig von offenen Entwässerungsgräben begrenzte Hufen, die sich vom Hof oder der Straße weit in das zu kultivierende Sietland hineinzogen. Durch den ständigen Grabenaushub wurden die Ackerflächen zu Beeten erhöht, die heute nach dem Niedergang des Ackerbaus in den Marschen weitgehend unter Grünland liegen.

In den ostfriesisch-oldenburgischen und den zwischen Weser und Elbe gelegenen Marschen entstand ein weitverzweigtes Netz offener Gräben (vgl. Abb. 167), das nicht allein der Regelung des Wasserhaushaltes diente, sondern die Gräben bildeten von jeher auch die Grenzen des aufgeteilten Landes und waren lange Zeit die einzige Tränkwasserquelle für das Vieh. Das Gefälle in den Gräben war meist gering und die Entfernung zu den Hauptvorflutern (den Schaugräben, Wettern, Tiefs, Fleeten) recht erheblich. Oft mußten auf kleinen Flächen sogar Grabensysteme mit entgegengesetzten Abflußrichtungen angelegt werden (sog. Sietwenden). Die niedriggelegenen Flächen waren zum Teil monatelang überschwemmt, wenn hohe Tiden mit starken Niederschlägen oder Schneeschmelzen zusammenfielen und der Sielzug oft über mehrere Tiden unterbrochen wurde.

Windmühlen, Schöpfwerke und Dränagen

Seit dem 17. Jahrhundert setzte man u.a. im Rheiderland *Windmühlen* ein, um Wasserschnecken nach dem Prinzip der archimedischen Schraube anzutreiben. Sie konnten wenigstens das bessere Land einigermaßen trockenmahlen.
Die Errichtung der *Schöpfwerke* geht teilweise bereits in das 19. Jahrhundert zurück. Besonders aber nach dem Ersten Weltkrieg erlebten die mit Diesel- oder Elektromotoren arbeitenden Schöpfwerke einen Aufschwung. Sie haben die Entwässerung der niedriggelegenen Gebiete erheblich verbessert. Das 1967 fertiggestellte Siel und Schöpfwerk in Pogum (Rheiderland) kann beispielsweise mit einer Schöpfwerksleistung von 10 m³/s das ganze westliche Rheiderland entwässern.
Heute sind die offenen Gräben überall dort, wo der Grundwasserstand nicht zu hoch ist, durch *Rohr- oder Schlauchdränagen* ersetzt, denn die offenen Entwässerungsgräben behindern die Bewirtschaftung. Auf einen Hektar Kulturland entfielen in der Wurster Marsch z.B. 1950 noch bis zu 700 m Gräben und Grüppen. Dadurch gingen bis zu 25 % der Nutzfläche verloren. Weiterhin verursachten sie Mindererträge an den Grabenrändern, erschwerten in einem erheblichen Umfang den Einsatz moderner landwirtschaftlicher Maschinen und belasteten die Betriebe durch die hohen Unterhaltungskosten. Die zunächst aus Ton, später aus Kunststoff gefertigten Dränageröhren und -schläuche dagegen werden heute maschinell verlegt und verursachen in der Regel keine größeren Folgekosten mehr.

Moorkultivierung

Während die Niedermoore und Moormarschen bereits im Mittelalter entwässert und besiedelt wurden, blieben die nährstoffarmen Hochmoore lange Zeit siedlungsleer. Erst in der zweiten Hälfte des 18. Jahrhunderts wurden sie aufgrund der wachsenden Landknappheit und der nicht mehr ausreichenden Lebensmittelerzeugung kolonisiert (vgl. Kap. 5. "Böden"). Eine Voraussetzung für die Schaffung landwirtschaftlicher Anbauflächen in den Mooren war ihre *Trockenlegung,* d.h. ihre Entwässerung. Der Ausweisung von Moorhufenstellen ging deshalb die Anlage von Entwässerungszügen voraus, die gleichzeitig als Schiffgräben dem Torftransport dienten (vgl. Pkt. 7.5.5.). Lange Zeit prägten die beidseitig von Entwässerungsgräben begrenzten schmalen *Moorhufenfluren* das Bild der kultivierten Hochmoore. Nach 1950 wurde auch hier im Rahmen von Flurbereinigungen ein großer Teil der offenen Entwässerungsgräben weitgehend durch Dränsysteme ersetzt. Der Abfluß des Niederschlagswassers erfolgt seitdem schneller und gleichmäßiger. Teilweise sind die anfänglichen Entwässerungserfolge durch umfangreiche Sackungen und Setzungen wieder verlorengegangen, so daß neue Dränagen erforderlich wurden. Auch bei den zahlreichen Entwässerungsmaßnahmen im Rahmen der Emslanderschließung, die in den Notjahren der Nachkriegszeit anliefen, ging es, wie 200 Jahre zuvor, um die Steigerung der Nahrungsmittelproduktion und um die Schaffung neuer landwirtschaftlicher Stellen. Das setzte den Ausbau der Vorfluter und die Schaffung neuer Entwässerungsgräben und Dränagen voraus.

Wasser- und Bodenverbände

Da bei Entwässerungsmaßnahmen die Schaffung einer genügend großen Hauptvorflut und die Ausführung der Meliorationen größere Geldmittel beanspruchen, sind solche Unternehmungen nur durch den Zusammenschluß der beteiligten Grundstückseigentümer auf verbandlicher Grundlage und unter Gewährung von Beihilfen aus öffentlichen Mitteln durchzuführen. Ein solcher Zusammenschluß erfolgt in Wasser- und Bodenverbänden, die öffentlich-rechtliche Körperschaften darstellen. Die Aufgaben solcher Verbände, die gesetzlich festgelegt sind und sehr verschieden sein können, erstrecken sich sowohl auf die Herstellung als auch auf die Unterhaltung der Verbandsanlagen.
In Niedersachsen gibt es zur Zeit rd. 1480 Entwässerungsverbände. Die Flächengröße der Verbände beträgt rd. 19 000 km², das sind 64 % der landwirtschaftlichen Nutzfläche des Landes (n. Angaben d. Niedersächs. Minist. f. Ernährung, Landwirtschaft u. Forsten 1985).
Hauptsächlich in den 50er und 60er Jahren, als es um die Erhöhung der Nahrungsmittelproduktion für die notleidende Bevölkerung ging, wurden zahlreiche Gewässer der I., II. und III. Ordnung ausgebaut, um die erforderliche Vorflut für die Kulturflächen zu schaffen und die unter Hochwasser leiden-

den landwirtschaftlichen Flächen vor Überflutungen zu schützen. Der Ausbau umfaßte in der Regel die Vergrößerung des Abflußquerschnittes durch Vertiefung und Verbreiterung des Wasserlaufes, Laufbegradigungen und Bedeichungen. Der Ausbau und die Unterhaltung der Gewässer obliegt in Niedersachsen insgesamt 113 Gewässerunterhaltungsverbänden mit einer beitragspflichtigen Gesamtfläche von 44061 km². Ein Teil der Gewässer I. Ordnung (333 km von insgesamt 616 km) und II. Ordnung (800 km von rd. 27 500 km) unterliegt der Unterhaltspflicht des Landes.

Veränderte Bedingungen durch Agrarüberschüsse

Heute werden kaum noch großflächige Dränungen vorgenommen. Vor dem Hintergrund einer landwirtschaftlichen Überproduktion ist die Schaffung neuer Kulturflächen hinfällig geworden. Unter Wasserüberschuß leidende landwirtschaftliche Nutzflächen werden heute vielfach aus der Produktion genommen und der Flächenstillegung zugeführt (vgl. Kap. ”Landwirtschaft” in Bd. 2). Da die umfangreichen Entwässerungs- und Dränvorhaben sowie der systematische Ausbau der Fließgewässer dazu geführt haben, daß natürliche Feuchtbiotope wie Hoch- und Niedermoorflächen, Feuchtwiesen und natürliche Fließgewässerabschnitte ihren ursprünglichen Charakter verloren haben, sind sie hauptsächlich für den auch in Niedersachsen zu verzeichnenden Artenschwund der Bewohner dieser Biotope verantwortlich. Heute werden deshalb zunehmend Feuchtwiesen der intensiven landwirtschaftlichen Nutzung und damit der Entwässerung entzogen und im Rahmen von Artenschutzprogrammen genutzt (vgl. Kap. 10. ”Ökologie und Umweltschutz”). Teilweise werden sogar früher im Rahmen der Kulturlandgewinnung entwässerte Flächen wieder künstlich vernäßt (z.B. Hochmoore, Niedermoorflächen), um für charakteristische Arten dieser Biotope verlorengegangenen Lebensraum zurückzugewinnen (vgl. Niedersächsisches Storchenprogramm; Kap. 10. ”Ökologie und Umweltschutz”).

Bewässerung durch Berieselung und Beregnung

Eine Bewässerung landwirtschaftlich genutzter Flächen ist dann erforderlich oder wirtschaftlich sinnvoll, wenn Anbaukulturen zeitweilig an Wassermangel leiden, so daß sie nicht ihr optimales Wachstum erreichen oder sogar Trockenschäden zeigen. Das ist vor allem dann der Fall, wenn der Grundwasserspiegel tiefer liegt als die Reichweite der Wurzeln und wenn der Boden ein geringes Wasserhaltevermögen aufweist, so daß die Niederschläge rasch versickern können. Besonders trocknisgefährdet sind sand- und kiesreiche Böden, deren

große Porenräume im Gegensatz zu feinkörnigen, tonreichen Böden in kurzer Zeit viel Niederschlagswasser aufnehmen und dann rasch in Richtung auf den Grundwasserspiegel ableiten. Regional gesehen besteht die größte Trocknisgefährdung im Osten Niedersachsens, wo neben den ungünstigen Sand- und Kiesböden der Südheide auch das kontinentalere Klima zu längeren Trockenperioden führt.

Rieselwiesen

Bereits um 1800 hatte man im Lüneburgischen begonnen, Bewässerungswiesen anzulegen, um höhere Heuerträge auf den trocknisgefährdeten Böden zu erzielen. Der sog. ”Lüneburger Rückenbau” für Rieselwiesen fand zwischen 1820 und 1900 insbesondere in der Lüneburger Heide und im Huntetal oberhalb von Oldenburg weite Verbreitung. Das Berieselungswasser wurde im Abstand von etwa 6 m in blind endende kleine Gräben geleitet, die sich auf den Firsten flacher, dachförmiger Rücken befanden. Von hier rieselte das Wasser die zu bewässernden Wiesenflächen herab bis zu den Entwässerungsgrüppen zwischen den Rücken, die es zum nächsten, tiefer gelegenen Rücken leiteten. Die bewässerten Wiesenflächen waren deshalb mit einem dichten Grabennetz überzogen. Der Lüneburger Rückenbau diente jedoch nicht nur der Bereitstellung von Bewässerungswasser, sondern ein wichtiger Zweck war auch die Düngung der Wiesen mit den Nährstoffen, die in dem auf die Wiesenflächen geleiteten Flußwasser enthalten waren. Ein dritter Vorteil lag in der erwärmenden Wirkung des Bewässerungswassers, da es im Frühjahr in der Regel wärmer war als der Boden und dadurch der Beginn der Vegetationsperiode vorverlegt wurde.

Im Jahre 1853 wurde die bekannte *Suderburger Wiesenbauschule* gegründet, die die Weiterentwicklung und Verbreitung der Rückenbaubewässerung zum Ziel hatte. In den Jahren 1845 - 1855 ließen die ”Suderburger Wiesenbaumeister” allein im Gebiet des heutigen Kreises Uelzen alle vorhandenen Bäche und Flüsse abnivellieren und auf ihre Eignung prüfen. Der Suderburger Wiesenbauschule ist maßgeblich die Erkenntnis zu verdanken, daß Bodenbearbeitung und Düngung auf dem Acker und dem Grünland nur dann ertragssteigernd wirken, wenn der Landwirt auch ”das Wasser beherrscht”.

Nach 1920 wurden keine neuen Rücken angelegt, da bei den gestiegenen Löhnen die Anlage und die Unterhaltung des dichten Grabennetzes zu kostspielig wurden und die düngende Wirkung des Wassers durch die Ausbringung von Mineraldünger ersetzt werden konnte. Schließlich erschwerten die zahlreichen Gräben die maschinelle Bearbeitung der Wiesenflächen.

Länger hielt sich die "Stauberieselung" der Wiesenflächen. Sie ist vor allem im Gebiet von Syke-Bruchhausen-Thedinghausen angewandt worden. Das Weserwehr bei Dörverden (vgl. Abb. 147) wurde auch zum Zweck eines gleichmäßig hohen Wasserstandes der Weser für diese Stauberieselungsanlagen gebaut. Durch lange Zuleitungskanäle wurde das Weserwasser in die einzelnen eingedeichten 90 ha großen "Reviere" geleitet, über die es langsam hinwegströmte und dabei Nährstoffe (Auelehm) absetzte. Entwässerungskanäle leiteten das überschüssige Wasser wieder ab. Ähnlich wie bei der Rückenberieselung ließen der hohe Arbeitskostenaufwand und die Ausschwemmung des eingebrachten Düngers auch die Stauberieselung in den letzten Jahrzehnten immer weniger Anwendung finden.

Beregnung

Seit den 50er Jahren macht man bei der landwirtschaftlichen Bewässerung in ständig zunehmendem Umfange von der Beregnung Gebrauch. Bei diesem Verfahren werden die Flächenverluste und die betriebswirtschaftlichen Schwierigkeiten, die durch die Grabensysteme der Rieselbewässerung bedingt sind, vermieden. Mit Beregnungsanlagen läßt sich mit der gleichen Wassermenge eine sehr viel größere Fläche ausreichend bewässern. Gegenwärtig werden insgesamt rd. 1600 km² landwirtschaftliche Flächen beregnet (vgl. Tab. 46). Insbesondere im Gebiet zwischen Aller und Elbe prägen im Sommer die großen Rollautomaten und Regensprinkleranlagen das Bild. Die Feldberegnung

Tab. 46: Landwirtschaftliche Bewässerung.

Art der Bewässerung	Anzahl der Betriebe bzw. Maßnahmen	Bewässerungs- fläche km²	Wasser- verbrauch Mio m³/a
Beregnung			
Entnahme aus			
– Grundwasser	5954	1377,98	111,875
– Trinkwasser	6	0,74	0,043
– Oberflächen- wasser	806	189,35	12,063
– Abwasser	512	106,67	8,244
Berieselung			
Entnahme aus Abwasser	19	2,80	0,028

Quelle: Niedersächs. Minist. f. Ernährung, Landwirtschaft u. Forsten 1985

Tab. 47: Beregnungszeiten und Regenhöhen.

Bestand	Wichtige Beregnungszeiten	Jährliche Regenhöhe mm
Halmfrüchte	2 bis 3 Wochen vor dem Schossen (Mai) je 15 bis 30 mm	30 – 50
Kartoffeln	Im Beginn der Blüte (Juni oder Juli) je 20 bis 30 mm	50 – 100
Zucker- und Futterrüben	Anfangend etwa 70 bis 80 Tage nach dem Auflaufen, fortlaufend bis September	70 – 150
Luzerne, Klee, Wiese	2 Wochen vor jedem Schnitt je 15 bis 30 mm	50 – 150
Dauerweiden	Während der gesamten Wachstumszeit	100 – 250
Sommerzwischenfrüchte	Während der gesamten Wachstumszeit	60 – 80
Möhren, Kohl	Verschieden bei Vor-, Haupt- oder Nachkulturen	60 – 120

Quelle: Niedersächs. Minist. f. Ernährung, Landwirtschaft u. Forsten 1985

ist in diesem Gebiet ein wichtiger Bestandteil landwirtschaftlicher Betriebstechnik geworden, denn die langjährigen mittleren Jahresniederschläge liegen hier mit 650 mm/Jahr niedriger als in den stärker ozeanisch beeinflußten Anbaugebieten westlich der Weser.

In Niedersachsen wurde die erste Feldberegnung 1938 im Raum Uetze/Dollbergen in Betrieb genommen. Nach dem Ende des Zweiten Weltkrieges ist in kaum 30 Jahren in dem Gebiet zwischen Aller und Elbe eines der größten zusammenhängenden Bewässerungsgebiete der Bundesrepublik Deutschland mit etwa 140 000 ha beregneter Fläche entstanden. Allein im Landkreis Uelzen werden rd. 40 000 ha von 70 000 ha landwirtschaftlicher Nutzfläche zeitweilig beregnet.

Heute steht nicht mehr die Wiesenbewässerung im Vordergrund, sondern im Rahmen der Feldbewässerung werden vor allem Hackfrüchte (Zucker- und Futterrüben, Kartoffeln), Halmfrüchte und Gemüsekulturen beregnet (vgl. Tab. 47). Insbesondere bei den ertragreichen Marktfrüchten wie Zuckerrüben, Kartoffeln und Gemüsekulturen ist die kostenintensive Feldbewässerung lohnend, denn in den regenarmen Heidegebieten mit den durchlässigen Böden ist das pflanzenverfügbare Wasser in den Sommermonaten der ertragsbegrenzende Faktor. Der Bewässerungszeitraum reicht dabei je nach der Niederschlagsmenge vom Vegetationsbeginn im Mai bis in den Spätsommer. Während einer Vegetations- bzw. Beregnungsperiode werden bei Hackfruchtkulturen beispielsweise künstliche Regenhöhen von bis zu 150 mm erreicht (vgl. Tab. 47).

Im Gegensatz zu der alten Rieselbewässerung werden die benötigten Wassermengen für die Sprinkleranlagen hauptsächlich dem Grundwasser entnommen (vgl. Tab. 32). Der derzeitige Bedarf an Wasser für die Feldberegnung wird für Niedersachsen mit insgesamt etwa 110 Mio. m^3/Jahr angesetzt. Das entspricht der gleichen Wassermenge, die für die Trinkwasserzwecke einer Bevölkerung von etwa 1 Mio. Menschen benötigt wird (BELLIN 1984). Nur ein vergleichsweise geringer Teil des benötigten Bewässerungswassers wird dem Oberflächenwasser entnommen. Von den in Tab. 46 aufgeführten rd. 12 Mio. m^3 Oberflächenwasser entstammt der größte Teil dem Elbe-Seitenkanal. Die früher häufig praktizierte Abwasserberegnung ist aufgrund der damit verbundenen Gefahr einer Schmermetallbelastung des Bodens (vgl. Kap. 10. "Ökologie und Umweltschutz") weitgehend eingestellt worden.

Die Grundwasserentnahme für landwirtschaftliche Bewässerungszwecke ist nicht unumstritten, da das entnommene Wasser durch Verdunstung dem unmittelbaren Wasserkreislauf verlorengeht. Die Verdunstungsrate beträgt im Mittel rd. 70 %. Bei der Nutzung des Grundwassers als Trinkwasser dagegen wird das benutzte Brauchwasser nach relativ kurzer Zeit über die Kläranlage wieder in den Vorfluter eingeleitet.

Um die flächendeckende Beregnung möglichst kostengünstig zu betreiben, sind in Niedersachsen rd. 150 Bewässerungsverbände gegründet worden. Davon sind allein 60 im Landkreis Uelzen zu finden. Sie erlauben den überbetrieblichen Einsatz auch leistungsstarker Beregnungsanlagen und sind damit maßgeblich an der starken Zunahme der Beregnungsflächen und der Hektarerträge beteiligt.

8. Pflanzendecke

8.1. Evolution, Klimageschehen und Waldgeschichte

Begriffsbestimmungen: "Pflanzendecke", "Pflanzengesellschaften", "Evolution"

Die Gesamtheit der Pflanzen, die ein Land in größerer oder geringerer Geschlossenheit bedecken, nennt man seine *Pflanzendecke* oder *Vegetation*. Sie setzt sich aus unterschiedlichen *Pflanzengesellschaften* zusammen, die jeweils den besonderen *Standortbedingungen* angepaßt sind, wie z.B. den Licht- und den Temperaturverhältnissen oder dem Nährstoff- und dem Wassergehalt des Bodens.

Neben den gegenwärtig gesellschaftsbestimmenden Standortverhältnissen spielte insbesondere die zeitliche Komponente für die Ausbildung der Arten eine große Rolle. Die Tier- und Pflanzenwelt Niedersachsens hat eine lange Entwicklungsgeschichte hinter sich, die wir *Evolution* nennen. Sie dokumentiert sich in den Pflanzen- und Tierresten (Fossilien), die in den geologischen Schichten zu finden sind. In den ältesten in Niedersachsen vorkommenden Schichtgesteinen, beispielsweise in 400 Millionen Jahre alten Schiefern des Harzes, lassen sich nur primitive Tier- und Pflanzenarten nachweisen. Erst in den folgenden Jahrmillionen entfaltete sich das Leben zu einer großen *Artenfülle*, besonders in den Zeiten, als hier tropische Klimaverhältnisse eine solche Vielfalt zuließen.

Waldgeschichte vom Eiszeitalter bis zur Gegenwart im Überblick

Den großen Einschnitt, sowohl im Artenbestand der Tiere als auch der Pflanzen, brachte das *Eiszeitalter*, das Eismassen bis in unser Gebiet vordringen ließ und durch das Absinken der Temperaturen um etwa 10° C die heimischen Tiere und Pflanzen bis über die Alpen hinaus nach Süden verdrängte oder in Europa ganz aussterben ließ.

Als Beispiel mögen die Funde aus einem tertiären Süßwassersee bei Willershausen am westlichen Harzrand dienen. Obwohl es zur Zeit der Ablagerung im ausgehenden Tertiär vor rd. 2 Millionen Jahren schon bedeutend kühler als in den vorhergehenden Zeiten geworden war, wuchsen hier noch Mammutbäume, Sumpfzypressen und Echte Zypressen, die heute entweder in den klimabegünstigten Regionen Nordamerikas oder in den warmen Gebieten Südeuropas vorkommen. In Amerika konnten sie beim Eisvorstoß nach Süden ausweichen und beim Temperaturanstieg wieder zurückwandern, deshalb gibt es in Nordamerika soviel mehr unterschiedliche Nadelhölzer; in Europa

war das infolge der Alpenschranke oder infolge des Aussterbens der Arten nicht möglich.

Verglichen mit Nordamerika oder Ostasien zeigt sich in der *relativen Artenarmut* der Fauna und Flora Mitteleuropas, daß diese sich von dem Kälteeinbruch der Eiszeit bis heute noch nicht vollständig erholt haben, obwohl das niedersächsische Gebiet seit dem Ende der Saale-Eiszeit, d.h. seit etwa 120 000 Jahren, wieder eisfrei ist. Ja, zwischen der Saale- und der Weichsel-Eiszeit, im *Eem-Interglazial* vor rd. 100 000 Jahren, wurden wieder Temperaturen erreicht, die sogar 2 - 3° C über dem heutigen Jahresmittel lagen, so daß sich dichte Wälder ausbreiteten, in denen Waldelefanten lebten. Doch die Flora blieb stark verarmt. Entscheidend für die noch größere Artenarmut wurde schließlich der letzte große Kältestoß vor rd. 20 000 Jahren während der kältesten Periode der *Weichsel-Eiszeit,* als selbst die Sommertemperaturen nur wenig über dem Gefrierpunkt lagen. Weite Flächen im nördlichen Niedersachsen waren damals vegetationslos, oder sie bestanden aus einer *baumlosen Moos-, Flechten- und Grastundra,* die nur im Sommer von kälteverträglichen Rentier- und Mammutherden sowie deren Begleitern aufgesucht wurde. Den Winter verbrachten die Tiere in der weiter südlich gelegenen *Parktundra* der windgeschützten Täler und Becken des Berg- und Hügellandes.

Erst im *Spätglazial* (vgl. Abb. 174), mit zunehmender Erwärmung, konnten sich Pflanzendecke und Tierwelt allmählich wieder entfalten. Als erste Bäume und Gebüsche stellten sich Weiden, Birken und Kiefern ein, die verhältnismäßig kältetolerant sind, große Mengen an Samen produzieren und zudem hochwirksame Verbreitungsapparate besitzen. Bei Kälterückfällen, wie in der Älteren und Jüngeren Dryas- bzw. Tundrenzeit, wurden sie erneut zurückgedrängt.

Um 7500 v. Chr. (Präboreal) war Niedersachsen wieder von einer Walddecke überzogen, die je nach den Boden- und kleinklimatischen Verhältnissen mehr oder weniger lückenhaft war. In ihr herrschten zunächst Kiefern und Birken vor, so daß von einer *Birken-Kiefern-Zeit* gesprochen wird. Das Waldbild dürfte so ausgesehen haben wie im heutigen Nordschweden oder Nordfinnland.

Mit der raschen Erwärmung in der Frühen Wärmezeit (Boreal), etwa 7000 - 6000 v. Chr., breiteten sich massenhaft wärme- und lichtbedürftige Haselsträucher aus. Man spricht deshalb von einer *Haselzeit* oder *Kiefern-Hasel-Zeit,* weil die Kiefer vorherrschende Baumart blieb.

In der folgenden *Eichen-Mischwald-Zeit* (Mittlere Wärmezeit, Atlantikum; etwa 6000 - 3000 v. Chr.) breiteten sich wärmebedürftige Baumarten aus, wie Ulme, Eiche und Linde, dazu Ahorn, Esche

Abb. 174: Nacheiszeitliche Klima-
perioden und Waldentwicklung
nach Hauptbaumarten in den niedersächsischen Geestgebieten
(n. BLOEMERS, KOOIJMANS
& SARFATIJ 1986, verändert).

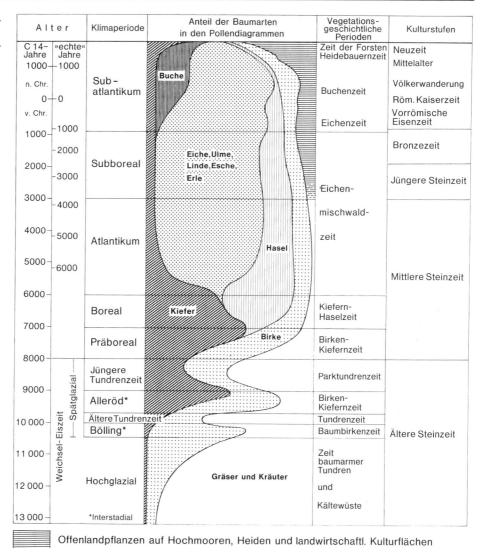

Offenlandpflanzen auf Hochmooren, Heiden und landwirtschaftl. Kulturflächen

und Erle, wobei besonders die Massenausbreitung der Erle in den Niederungen und Tälern hervorzuheben ist. Das Klimaoptimum mit Sommertemperaturen, die 2° - 3° C über den heutigen lagen, war erreicht. Eine üppige Wald- und Moorflo-
ra sind Kennzeichen dieser Zeit, die im archäologischen Kalender *Jüngere Steinzeit* heißt. In ihr erreichten um etwa 4500 v. Chr. die ersten Acker-
und Weidebauern niedersächsisches Gebiet. Sie
traten zunehmend als Konkurrenten der Naturlandschaft auf, indem sie auf den wertvollsten Böden
den Wald rodeten und dadurch insbesondere die
Linden und Ulmen verdrängten.

Mit dem Temperaturrückgang in der *Eichenmisch-
wald-Buchen-Zeit* (Späte Wärmezeit, Subboreal;
etwa 3000 - 1100 v. Chr.), der in den Pollendiagrammen besonders durch den starken Ulmenab-
fall gekennzeichnet wird, stellten sich auf ihrer langsamen Wanderung nach dem Norden allmählich
die Buche und vorher schon in den höheren und

niederschlagsreichen Lagen des Harzes die Fichte ein. Sie sollten die waldbeherrschenden Baumarten werden, die den gegenwärtigen klimatischen
Bedingungen am besten angepaßt sind.

Ab etwa 1100 v. Chr. rechnet man die *Buchenzeit*
(Nachwärmezeit, Subatlantikum), die dadurch gekennzeichnet ist, daß allmählich die heutigen klimatischen Verhältnisse erreicht wurden. In der natürlichen Vegetation hatten statt der Eichenmischwälder reine Buchenwälder im Berg- und Hügelland
und in der Lößbörde sowie buchenreiche Mischwälder auf der Geest die Vorherrschaft angetreten, sofern geeignete Standortbedingungen für Buchen
gegeben waren. Als letzter Einwanderer besetzte
die Hainbuche feuchte und lehmige Standorte.

Die Namen der Waldgeschichte geben die Massenausbreitung der betreffenden Baumart in der
Nacheiszeit wieder, die sich in den Pollendiagrammen ausdrückt. *Pollendiagramme* sind die Arbeits-

ergebnisse der *Pollenanalyse,* einer bewährten Methode zum Bestimmen der Vegetation früherer
Epochen. Sie basiert darauf, daß windblütige Pflanzen große Mengen an Blütenstaubkörnern (Pollen) produzieren. Man denke nur an ein blühen-
des Getreidefeld, durch das der Wind weht, oder
an einen Kiefernwald im Frühsommer, wenn auf
den Pfützen schwefelgelbe Pollenhäute schwimmen. Dieser Pollen wird auch in die Moore und
Seen geweht, wo er unter Luftabschluß in den verschiedenaltrigen Torf- und Tonschichten über Jahrtausende und Jahrmillionen erhalten bleibt und mit
Hilfe der *Radiocarbonmethode* (^{14}C-Methode)
dem Alter nach bestimmt werden kann (vgl. Abb.
174).

Eng verbunden mit der Waldgeschichte und mit
dem Wechsel der vorherrschenden Baumarten
war auch der *Wandel der Tierwelt,* die sich den jeweiligen Vegetationsverhältnissen und damit der
Futtergrundlage und der Konkurrenz anderer Tierarten anpassen oder weichen mußte.
Der starke Vegetations- und Tierartenwechsel seit
der ausgehenden Eiszeit macht einerseits deutlich, daß man nicht von einer ursprünglichen Fauna und von einem seit Urzeiten bestehenden *"Urwald"* in unserem Gebiet sprechen kann, wenn
man damit die natürliche Vegetation meint. Denn
auch ohne Zutun des Menschen hat jede der genannten Zeiten andere landschaftsbestimmende
Waldgesellschaften und andere Tierarten gehabt,
die an die jeweiligen klimatischen und örtlichen Gegebenheiten angepaßt waren.
Andererseits mag in den vorhergegangenen kurzen Ausführungen auch deutlich geworden sein,
daß die Pflanzendecke und der Tierartenbestand
von allen Naturgegebenheiten dem stärksten Wandel unterliegen. Sie reagieren am empfindlichsten
auf *Umweltveränderungen,* die nicht unbedingt klimatischer Art zu sein brauchen, sondern beispielsweise auch in einer natürlichen Veränderung der
Boden- und der Grundwasserverhältnisse liegen
oder von der immer stärker werdenden Einflußnahme durch den Menschen herrühren können.
Folgende Überlegung mag zeigen, daß die durch
den wirtschaftenden Menschen geschaffenen Umweltveränderungen nicht immer negativ sein müssen: Durch die Waldrodungen und durch die Aufnahme von Getreidebau und Grünlandwirtschaft
seit der Jungsteinzeit wurden zwar große Teile der
natürlichen Vegetation vernichtet; mit den *Kulturpflanzen* wurden andererseits aber auch viele
neue Arten der Unkraut- und Ruderalgesellschaf-
ten und unter den Tieren auch viele *Kulturfolger*
bei uns heimisch, welche die Zahl der durch die
Eiszeit verarmten natürlichen Arten beträchtlich erhöht haben.

8.2. Was heißt "natürliche Vegetation"?

*Definitionsvielfalt und Forschungsproblem:
"potentiell-natürliche Vegetation", "ursprüngliche
Vegetation", "heutige aktuelle Vegetation"*

Angesichts der weitreichenden Einwirkungen des
Menschen und seiner Wirtschaftsweise auf die Zusammensetzung und Verbreitung der Pflanzendekke ergibt sich zwangsläufig die Frage nach der "natürlichen Vegetation". Unter natürlicher Vegetation
wird einerseits die Pflanzendecke verstanden, a)
wie sie *vor dem Eingriff des Menschen* zu unterschiedlichen Zeiten bestanden hat, andererseits,
b) wie sie sich bei aufhörender Einflußnahme des
Menschen entsprechend den gegenwärtig herrschenden natürlichen Bedingungen als *Schlußge-
sellschaften (Klimax)* heute einstellen würde. Im
letztgenannten Fall spricht man auch von der *potentiell-natürlichen Vegetation.*
Die potentiell natürliche Vegetation entspricht häufig nicht der ursprünglichen Vegetation, die vor
dem Eingreifen des Menschen bestanden hat.
Zum einen (a) hat es nämlich seit der Aufnahme
des Ackerbaues, der in den südniedersächsischen
Lößgebieten bereits vor 7000 Jahren begann, die
schon genannten *Klimaänderungen* gegeben mit
entsprechenden Änderungen der natürlichen
Wuchsbedingungen (durch Änderungen der Tem-
peratur-, der Niederschlags- und der Bodenwasser-
verhältnisse u.a.), zum zweiten (b) sind die wuchskräftige Buche sowie die Hainbuche erst eingewandert, als Menschen schon diese Gegenden besiedelt hatten und potentielle Buchenstandorte für
ihre Ackerflächen beanspruchten.
Schließlich (c) haben sich durch die jahrhunderte-
und jahrtausendelange Nutzung des Bodens *Stand-
ortveränderungen* eingestellt, z.B. eine Nährstoffverarmung (Degradation) oder auch Veränderungen des Grundwasserhaushaltes durch Entwässerungsmaßnahmen. Auf diesen Standorten würden
sich wahrscheinlich nach Beendigung des menschlichen Einflusses Pflanzengesellschaften einstellen, die von der ursprünglichen natürlichen Vegetation erheblich abweichen würden.
Wenn im folgenden von *"natürlicher Pflanzendekke"* gesprochen wird, ist damit immer die "potentiell-natürliche Vegetation" gemeint. Das gilt auch
für Abbildung 175.

8.3. Unterschiede zwischen natürlicher und
heutiger Vegetation

*Zur Römerzeit war Niedersachsen ein Waldland,
heute ist nur ein Fünftel der Landesfläche Wald*

Vergleicht man das Bild der natürlichen Vegetation, wie es in Niedersachsen ohne Zutun des Men-

Abb. 175: Natürliche und heutige Pflanzendecke bzw. Bodennutzung in Gesamtniedersachsen (eigener Entwurf).

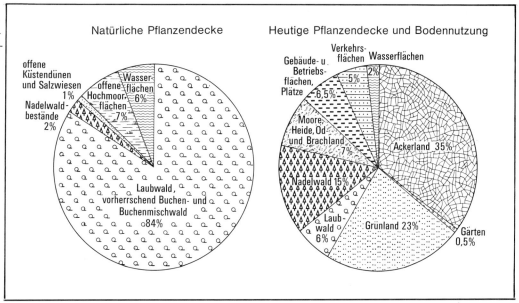

Natürliche Pflanzendecke

Heutige Pflanzendecke und Bodennutzung

schen aussehen würde, mit dem heutigen Zustand, so ist am auffälligsten der *geringe Anteil der Wälder* von zur Zeit nur 21 % im Vergleich zur natürlichen Vegetation, bei dem der Waldanteil etwa 86 % der Landesfläche betragen würde. Niedersachsen wäre also unter Ausschluß menschlicher Aktivitäten ein Waldland.

Auch in früh- und vorgeschichtlichen Zeiten traf das zu. Wenn die Römer das dünnbesiedelte Germanien als ein unwirtliches Land mit dichten Wäldern und vielen Sümpfen beschrieben haben, so galt das damals sicherlich auch für Niedersachsen. Doch die Wälder wurden gerodet oder durch Viehverbiß und Plaggenhieb vernichtet, weil immer mehr Menschen ernährt werden mußten.

Zunahme der Waldflächen seit 150 Jahren

Gegenwärtig hat Niedersachsen 7,2 Millionen Bewohner und weitere Millionen der benachbarten Hansestädte und bevölkerungsreichen Länder mit Nahrungsmitteln zu versorgen (vgl. Kap. ”Bevölkerung“ in Bd. 2). Fast 60 % der Gesamtfläche Niedersachsens sind deshalb heute landwirtschaftliche Nutzfläche *(Acker- und Grünland)*. Auch Verkehrs-, Gebäude- und Betriebsflächen forderten ihren Tribut vom Waldland und dienen damit der hochentwickelten Wirtschaft. Doch die Rodung der Wälder hat weitgehend aufgehört. Infolge der Agrarüberschüsse und der veränderten Wirtschaftsweisen erfolgt trotz der immer stärker werdenden Waldschäden seit 150 Jahren wieder eine *Zunahme der Waldfläche* (vgl. Kap. ”Forstwirtschaft“ in Bd. 2). Im Jahre 1848 betrug sie in Niedersachsen nur 663 300 ha, 1986 aber 1,07 Mio. ha. Die Zunahme bezog sich ausschließlich auf das wirtschaftlich besser verwertbare *Nadelholz*, während

der Laubwaldanteil nicht einmal mehr ein Drittel des Waldbestandes ausmacht, wenn auch die gegenwärtigen Bestrebungen der Forstwirtschaft und des Umweltschutzes dahin laufen, die Laubwaldbestände auf Kosten der anfälligen Fichten- und Kiefernmonokulturen wieder in naturnaher Weise zu fördern.

8.4. Pflanzendecke und Klima

Lage im Vegetationsgürtel der sommergrünen Laubwälder

Die Zusammensetzung der natürlichen Pflanzendecke wird weitgehend von vier Faktoren bestimmt, von Klima und Wasser, vom Boden und vom Relief. Dazu kommen die Konkurrenzverhältnisse der Pflanzen untereinander und andere biologische Faktoren.

Unter den genannten natürlichen Faktoren wirkt das Klima am weiträumigsten, wie die im Vorhergehenden behandelte nacheiszeitliche Waldgeschichte gezeigt hat. Das Klima schafft auf der Erde verschiedene *Vegetationsgürtel*, die sich annähernd breitenkreisparallel zwischen dem Pol und dem Äquator ausgebildet haben.

Unser Gebiet gehört zum Bereich des *sommergrünen mitteleuropäischen Laubwaldes*. Ausschlaggebend dafür ist die Lage in der kühlgemäßigten Zone der mittleren Breiten mit vorherrschenden vom Atlantik kommenden Westwinden und Regen zu allen Jahreszeiten. Da das Maximum der Niederschläge mit der warmen Jahreszeit zusammenfällt, ist die Vegetation Mitteleuropas nie oder nur selten längeren Dürreperioden ausgesetzt, so daß Pflanzen, die der Trockenheit angepaßt sind (Xerophyten), hier verhältnismäßig selten vorkommen.

Kennzeichnend für das Klima des mitteleuropäischen Laubwaldgürtels ist ferner der Wechsel von mäßig warmen, aber frostfreien Sommern und mehr oder minder kalten Wintern. Diese zwingen die meisten Gewächse zu einer monatelangen Vegetationsruhe und die Laubbäume zum Blattabwurf. Immergrüne Blätter würden bei länger anhaltenden Frösten erfrieren.

Die Übergangszeiten im Frühjahr und Herbst sind in dieser Klimazone verhältnismäßig ausgedehnt, so daß die Wachstumsperiode für viele Pflanzen verlängert ist und damit erhebliche Stoffreserven für den nächsten Winter und das folgende Jahr gebildet werden können.

"Buchenklima": die Rotbuche als vorherrschende Baumart

Ein solches Klima fördert allgemein den Baumwuchs und damit die *sommergrünen Laubwälder.* Charakteristischer Vertreter dieser laubabwerfenden Wälder, die, wie bereits behandelt, durch die Eiszeiten eine gewisse Artenarmut erfahren haben, sind im gegenwärtigen Klima die vorherrschende *Rotbuche* (Fagus sylvatica) - man spricht deshalb auch von einem *"Buchenklima".* Untergeordnet wären im Waldbild die Hainbuche (Carpinus betulus) sowie die Stieleiche (Quercus robur) am häufigsten vertreten.

Die natürliche Pflanzendecke wäre somit durch ausgedehnte Rotbuchen-Mischwälder gekennzeichnet. Die Buche ist, sofern die Böden nicht zu trocken, nicht zu nährstoffarm und sauer und nicht zu feucht sind, durch ihre dichte Laubkrone, die allen anderen Bäumen das Licht für den natürlichen Jungwuchs nimmt, im Konkurrenzkampf überlegen. Sie bevorzugt zwar die mittleren Höhenstufen des Gebirges, wäre aber ebenfalls im Tiefland von Natur aus am häufigsten anzutreffen, wenn ihre Standorte nicht seit langem als Ackerflächen genutzt würden oder die Baumartenzusammensetzung der verbliebenen Laubwälder durch die jahrhundertelang betriebene Nieder- oder Mittelwaldwirtschaft zugunsten der Eichen und Hainbuchen verändert worden wäre.

Die Buche ist nicht nur ein *Schattbaum,* sondern auch ein *Tiefwurzler.* Sie kann die häufig im Untergrund liegenden nährstoffreichen Schichten, wie z.B. die eiszeitliche Grundmoräne, nutzen. Nur in trockenen Dünengebieten und noch mehr in Bereichen mit schlecht durchlüfteten Böden, bei stauender Nässe oder gar bei wiederkehrenden Überschwemmungen sowie in Spätfrostlagen setzt die Buche aus und überläßt den widerstandsfähigeren Eichen und Kiefern, in den Naßgebieten auch den Erlen und Moorbirken oder Eschen den Platz (vgl. Abb. 176).

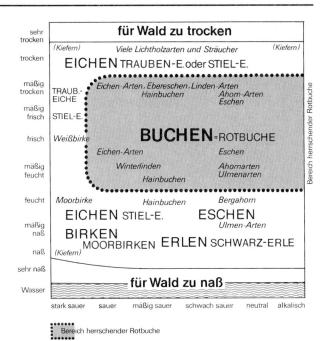

Abb. 176: Waldbildende natürliche Holzarten des Norddeutschen Tieflandes in Abhängigkeit vom Feuchtigkeits- und Säuregehalt des Bodens. Die Größe der Schrift drückt ungefähr den Grad der Beteiligung an der Baumschicht aus (n. ELLENBERG 1986).

Bodenfeuchte und Bodengüte bestimmen die Artenvielfalt

Das Vegetationsbild der natürlichen Laubmischwälder wird je nach Feuchtigkeitsverhältnissen und Bodengüte neben den stark vertretenen Rotbuchen, den Eichen und Hainbuchen insbesondere von Birken, Erlen, Weiden, Pappeln, Eschen, Ulmen, Ahornen, Linden, Ebereschen und Wildobstsorten aufgelockert, wie anschließend noch zu behandeln ist. In der Küstenmarsch würden von Natur aus Schwarzerlen und Weidenarten dominieren.

Die heute im Tiefland häufig landschaftsbestimmende *Kiefer* war früher, vor der Zeit der großen Aufforstungen, auf wenige Standorte am Rande von Hochmooren und auf trockene Binnendünen beschränkt, die für die anderen Bäume zu trocken oder zu nährstoffarm waren. Sie trat dort lediglich in Konkurrenz mit der Birke auf.

Die Höhenzüge des Berg- und Hügellandes wären vollständig mit Rotbuchenwäldern bedeckt. Die heute fast überall anzutreffende *Fichte* hat ihren natürlichen Standort lediglich in den höheren Regionen des Harzes.

Es gibt von Natur aus auch waldfreie Gebiete

Von Natur aus waldfrei sind nur relativ kleine Flächen, wie die *Sandstrände,* die salzhaltigen und

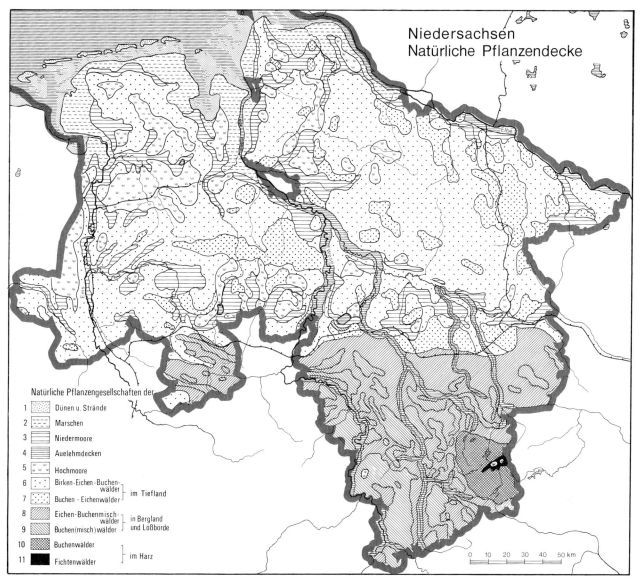

Niedersachsen
Natürliche Pflanzendecke

Natürliche Pflanzengesellschaften der

1 Dünen u. Strände
2 Marschen
3 Niedermoore
4 Auelehmdecken
5 Hochmoore
6 Birken-Eichen-Buchen-wälder ⎤
7 Buchen-Eichenwälder   ⎦ im Tiefland
8 Eichen-Buchenmisch-wälder ⎤ in Bergland
9 Buchen(misch)wälder ⎦ und Lößbörde
10 Buchenwälder ⎤
11 Fichtenwälder ⎦ im Harz

0 10 20 30 40 50 km

TYPISCHES NATÜRLICHES VEGETATIONSBILD:

1. Offene Gras- und Zwergstrauchfluren, in Dünentälern Erlen-Weiden-Bruchwald und Eichen-Birkenwald

2. An der Küste Salzwiesen, binnenwärts Erlen-Weiden-Auenwald, Eschenwälder und Eichen-Hainbuchenwälder

3. Erlenbruchwälder

4. Artenreiche Auenwälder

5. Baumfreie Torfmoosdecken

6. Birken-Eichen-Buchenwälder

7. Buchen-Eichenwälder

8. Eichen-Buchen-Mischwälder

9. Buchen(misch)wälder

10. Buchenwälder (im Harz)

11. Fichtenwälder

TYPISCHE HEUTIGE PFLANZENDECKE:

Offene Gras-und Zwergstrauchfluren, Sanddorn-Dünen-weidenbusch, z.T. kleine Inselwälder, z.T. Viehweiden

Im Deichvorland Salzwiesen, binnenwärts Weizen-, Gerste-, Raps-, Zuckerrüben- und Feldgemüseäcker, Obstbäume, jedoch überwiegend Fettweiden und Fettwiesen

Wiesen und Weiden, seltener drainiertes Ackerland mit Mais, Kartoffeln, Roggen und Hafer

Fettwiesen und -weiden, z.T. Getreide- und Zuckerrübenäcker

z.T. Moorbirken- und Krüppelkiefernwälder, Heidereste, z.T. Wiesen, Weiden und Mooräcker

z.T. Kiefernforsten, noch geringe Heidereste, z.T. Äcker mit Roggen, Gerste, Kartoffeln und Mais, z.T. Viehweiden

größtenteils Äcker mit Gerste, Weizen, Zuckerrüben, Hafer und Mais, z.T. gute Wiesen und Weiden, z.T. Buchen- und Fichtenforsten

zumeist Äcker mit Weizen, Zuckerrüben, Gerste, Raps, seltener Fettwiesen und -weiden, z.T. Buchenwälder und Fichtenforsten

Buchen- und Fichtenforsten

vorherrschend Fichtenforsten

Fichtenforsten

Abb. 177: Die natürliche Pflanzendecke in Niedersachsen (n. SEEDORF; aus: BRUNING 1956, verändert).

stark bewindeten Teile der *Küstendünen* sowie die Watten, ferner ein schmaler *Salzwiesen- und Schilfsaum* der Nordseemarschen. Die größten waldfreien Flächen waren in Niedersachsen einst die *Hochmoore* und offene Niedermoorflächen, die rd. 7 %, und Wasserflächen, die etwa 6 % der Landesfläche ausmachten (vgl. Abb. 175). Schließlich sind als waldfrei noch die höchste Kuppe des Harzes, der 1142 m hohe *Brocken,* und einige benachbarte hohe Bergrücken zu nennen, die jedoch alle nicht mehr in Niedersachsen liegen.

8.5. Naturlandschaft und Kulturlandschaft

Der Mensch als Gestalter der Landschaft

"....Mitteleuropa wäre deshalb ein eintöniges Waldland, wenn nicht der Mensch das bunte Mosaik der Äcker und Heiden, Wiesen und Weiden geschaffen und den Wald im Laufe von Jahrtausenden immer mehr zurückgedrängt hätte. Nur die salzigen Marschen und die windbewegten Dünen an der Küste, manche übernassen und nährstoffarmen Moore, einige Felsschroffen und Steinschutthalden in den Gebirgen ... sowie die Höhen oberhalb der klimatischen Baumgrenze würden auch dann waldfrei bleiben, wenn sich die Bäume ungehemmt entwickeln dürften. Überall sonst würden sich diese vermöge ihres hohen Wuchses schließlich gegen ihre Konkurrenten durchsetzen. Selbst auf den mageren Sandheiden Nordwestdeutschlands, die man noch um die Jahrhundertwende für waldfeindlich hielt, sind inzwischen allenthalben Aufforstungen gelungen und haben den letzten Zweifel am Waldcharakter der Naturlandschaft beseitigt. Dasselbe gilt für die "Steppenheiden" der Kalkgebirge, die fast alle mehr oder minder rasch verbuscht sind, wo man sie nicht mehr beweidete oder abbrannte." [1]

Die Kulturlandschaft, eine "Wirtschaftslandschaft"

Auf den Einfluß des Menschen und seines Viehs ist es zurückzuführen, daß seit mehr als 1000 Jahren allmählich aus der Naturlandschaft eine Kulturlandschaft oder, besser gesagt, eine *Wirtschaftslandschaft* geworden ist, die sich je nach den wirtschaftlichen Erfordernissen und technischen Möglichkeiten ständig verändert hat. Auf den Äckern werden in der Regel jene Kulturpflanzen angebaut, die die höchsten Reinerträge erzielen. Das Verhältnis von Grünland zu Ackerland ist je nach der Marktlage von tierischen und pflanzlichen Er-

zeugnissen Schwankungen unterworfen, und die Ausdehnung und der Holzartenbestand der Wälder sind weitgehend abhängig von den Nutzholzpreisen.

Trotzdem ist es dem wirtschaftenden Menschen nicht gelungen, das Pflanzenkleid ganz nach seinem Gutdünken umzugestalten. Vielmehr mußte er sich nach den von der Natur gegebenen Möglichkeiten und nach dem in jüngster Zeit erwachenden Umweltbewußtsein der Bürger richten.

Zu den natürlichen Gegebenheiten zählen neben dem bereits behandelten Klima insbesondere die *Boden-, Relief- und Wasserverhältnisse.* Im Gegensatz zum Klima sind sie für eine wesentlich kleinräumigere Ausprägung des Pflanzenkleides verantwortlich. Dadurch läßt sich auch heute noch die Pflanzendecke nach Vegetationsgebieten und -landschaften, nach Pflanzengesellschaften und Biotopen gliedern.

Das gilt nicht nur für die natürliche Pflanzendecke, sondern auch für die vom Menschen verursachten *Ersatzgesellschaften* der Äcker, Wiesen, Weiden und Forsten. Auch in ihrem Erscheinungsbild spiegelt sich der Einfluß der Naturfaktoren wider, so daß sie zur Rekonstruktion der potentiell-natürlichen Vegetation und damit zur Charakterisierung niedersächsischer Landschaften wesentlich beitragen.

8.6. Heutige Artenvielfalt und Neophyten

Ersatzgesellschaften bereichern den Artenbestand

Obwohl die Pflanzendecke in Nord- und Mitteleuropa durch die eiszeitliche Artenverdrängung stark verarmt ist, so ist doch andererseits der Artenbestand durch die mit der menschlichen Wirtschaft und Kultur verbundenen Ersatzgesellschaften außerordentlich bereichert worden. Die Anzahl der in Niedersachsen *wild wachsenden Pflanzenarten* wird heute auf etwa 15 000 geschätzt (vgl. Tab. 48).

Tab. 48: Anzahl der in Niedersachsen wild vorkommenden Pflanzenarten.

Pflanzenarten insgesamt etwa 15 000	
davon sind:	
etwa 1 850	Samen-(Blüten-)Pflanzen und Farne
" 750	Moose
" 1 100	Flechten
" 3 000	Großpilze
" 5 000	Algen
" 2 000	Blaualgen und Bakterien
Der Rest besteht aus Kleinpilzen und anderen Arten	

Quelle: Niedersächs. Minist. f. Ernährung, Landwirtschaft u. Forsten, Niedersächs. Landschaftsprogramm 1989

---

[1] aus: H. ELLENBERG: Vegetation Mitteleuropas mit den Alpen aus ökologischer Sicht. 4. verb. Aufl. - Stuttgart 1986, S. 20/21.

Die Elbe bei Schnackenburg im Hannoverschen Wendland. Mit der Elbe hat Niedersachsen Anteil an einem der bedeutendsten Ströme Europas, der die Nordsee und Hamburg mit Berlin, dem mitteldeutschen Raum und der Tschechoslowakei verbindet. Sie erreicht bei Schnackenburg die niedersächsische Grenze. Das Urstromtal der Elbe verfügt noch über viele Altwässer und Auwälder, die einer reichen Vogelwelt Brut- und Rastplätze bieten. Aufn.: Nds. Landesverwaltungsamt - Landesmedienstelle.

Schleusenkanal und Staustufe bei Landesbergen (Ldkr. Nienburg). 7 Staustufen ermöglichen nach Abschluß der Mittelweserkanalisierung (1961) eine durchgängige Befahrung mit 1000 t-Schiffen. Jede Staustufe besteht aus einem Wehr mit Kraftwerk und mit Schiffahrtsschleusen (im Vordergrund). Durch die Anlage von Schleusenkanälen wurden große Flußschleifen abgeschnitten und so die Entfernung von Minden bis Bremen von 97 auf 80 Stromkilometer verkürzt. Aufn.: Nds. Landesverwaltungsamt - Landesmedienstelle.

Treibeis auf der Aller und vereiste Talwiesen bei Wietze-Jeversen (Ldkr. Celle). Der größte Nebenfluß der Weser durchfließt, wie die Elbe, ein dünengesäumtes, breites eiszeitliches Urstromtal. Längere Frostperioden mit vereisten Kanälen und Flüssen sind wegen des vorherrschenden "atlantischen" Klimas in Niedersachsen selten. Wohl aber bilden sich häufiger nach winterlichen Überschwemmungen auf den Talwiesen Eisflächen, zur Freude der Schlittschuhläufer. Aufn.: Kröber.

Der Mittellandkanal bei Rühen (Ldkr. Gifhorn). Der 1916 von Westen her bis Hannover fertiggestellte Mittellandkanal beginnt bei Bergeshövede am Dortmund-Ems-Kanal und erreicht nach einer Gesamtlänge von 325 km die Elbe bei Magdeburg. Der Kanal verbindet wichtige Wirtschaftsräume am Nordrand der Mittelgebirgsschwelle miteinander, wie Osnabrück, Minden, Hannover, Hildesheim, Peine, Salzgitter, Braunschweig und Wolfsburg. Aufn.: Nds. Landesverwaltungsamt - Landesmedienstelle.

Wattenmeer mit wandernden Sandriffen und der Insel Juist. Im Bereich der Osterems zwischen Borkum und Juist liegen zahlreiche Sandplaten und Riffe sowie die Vogelinsel Memmert, deren bewachsene Billdünen rechts im Bild erkennbar sind. Juist ist neben Langeoog eine Insel, die am Westkopf nicht abbricht, sondern dort anlandet. In der Inselmitte der Hammersee, an dessen Stelle 1651 die Insel durchbrach. Aufn.: Kolde, Juist.

Leda-Sperrwerk bei Leer. Zum Schutz des tiefliegenden Binnenlandes vor hoch auflaufenden Fluten und zur Entlastung der Flußdeiche sind an den Mündungen der Küstenflüsse und großen Binnentiefs Sturmflutsperrwerke errichtet worden, die nur bei besonders hoch auflaufenden Tiden geschlossen werden. Während der Sperrzeit sammelt sich das Binnenwasser in Speicherbecken, wie hier in einer alten Ledaschleife. Aufn.: Nds. Landesverwaltungsamt - Landesmedienstelle.

Deichbruchstellen (Bracks bzw. Wehle) bei Hohenkirchen (Ldkr. Friesland). Als Zeugnisse ehemaliger Deichbrüche sind im Verlauf alter Deichlinien gelegentlich noch die sog. "Bracks" erhalten geblieben. Es handelt sich dabei um teichähnliche Strudellöcher, die einst bei überlaufendem Wasser durch Kappstürze auf der Deichinnenböschung ausgekolkt wurden. Meist bleiben solche alten Bracks über Jahrhunderte als Wasserlöcher erhalten. Aufn.: Kröber.

Schlatt mit kiefernbewachsenen Randdünen bei Haselünne (Ldkr. Emsland). In den sandigen Geestgebieten sind heute noch verschiedentlich kleine Flachseen vorhanden ("Schlatts"), die an ihren Nord- und Ostufern von kiefernbewachsenen Dünen umrahmt werden und deshalb in ihrer Entstehung auf Windausblasung im Tundrenklima zurückzuführen sind. Einst gab es sie in großer Zahl. Die wenigen verbliebenen sind heute meist wertvolle Naturschutzgebiete. Aufn.: Kröber.

Der Dümmer (Ldkr. Diepholz). Niedersachsens zweitgrößter Binnensee ist mit seinen breiten Binsen- und Schilfgürteln, den umliegenden Feuchtwiesen und Mooren ein international bedeutendes Brut- und Rastgebiet für die Vogelwelt, aber auch ein intensiv genutztes Wassersportrevier. In den Sommermonaten werden bis zu 2000 Segelboote auf dem See gezählt. Wegen zunehmender Eutrophierung muß der See künstlich offengehalten werden. Aufn.: Nds. Landesverwaltungsamt - Landesmedienstelle.

Das Steinhuder Meer, Niedersachsens größter Binnensee (Ldkr. Hannover). Der See bildet das Kerngebiet eines 1975 gegründeten gleichnamigen Naturparks. Die Uferbereiche in Mardorf bzw. Steinhude sind von Bootsanlegern, Campingplätzen, Gaststätten und anderen Freizeiteinrichtungen gesäumt. Mehrere tausend Segelboote befahren an Sommerwochenenden den See. Im Steinhuder Randbereich ist eigens eine Badeinsel aufgespült worden. Aufn.: Zweckverband Großraum Hannover.

Quellerwatt am Jadebusen bei Varel. Als erster Vorposten einer geschlossenen Pflanzendecke stellt sich etwa 20-40 cm unter dem mittleren Hochwasserspiegel der Queller (Salicornia herbacea) ein. Im ruhigen Wasser zwischen den buschartig verzweigten Salicornia-Pflänzchen werden Sand und besonders Schlick abgelagert, die den Boden rasch erhöhen, so daß dieser bald über die mittlere Tidehochwasserlinie aufwächst und dadurch aus dem Watt die Marsch wird. Aufn.: Kröber.

Salzwiese auf der Insel Baltrum (Ldkr. Aurich). Mit ihren selten gewordenen Pflanzen- und Tierarten gehören die Salzwiesen zu den besonders schützenswerten Biotopen in Niedersachsen. Sie sind zwischen der mittleren Tidehochwasserlinie und der Sturmflutlinie anzutreffen. Vorherrschend sind in natürlichen (unbeweideten) Salzwiesen salzduldende Pflanzen. Das Bild zeigt eine solche naturnahe Salzwiese mit blaugrünem Strandbeifuß und rötlich blühendem Strandflieder. Aufn.: Garve.

Erstlingsdüne mit Strandhafer und der Weißdünenkette im Hintergrund. Auf den Ostfriesischen Inseln nimmt die strandnahe Kette der Weißdünen, die noch regelmäßig mit weißem Seesand überweht werden und Höhen bis zu 20 m erreichen, relativ große Flächen ein. Auf den noch kalkreichen Sanden gedeiht der Strandhafer gut, der hier zusammen mit anderen Sandpflanzen, wie dem Strandroggen, lichte Bestände bildet. Sie sind als vorzügliche Sandfänger die eigentlichen Dünenbildner. Aufn.: Freudenberg.

Alter Torfstich mit Torfmoos und Wollgras im Naturschutzgebiet Bissendorfer Moor (Ldkr. Hannover). Das Torfwachstum setzt sich in wiedervernäßten Abbauflächen fort. Vorherrschende Pflanzenart sind die Torfmoose der sehr artenreichen Gattung Sphagnum, die an der Oberfläche von Jahr zu Jahr weiterwachsen, während die tieferliegenden Schichten absterben und in Torf übergehen. Ein häufiger und auffälliger Begleiter ist das Wollgras (Eriophorum) mit seinen weißen Fruchtständen. Aufn.: Kröber.

Heidefläche und Schafstall im Naturschutzpark Lüneburger Heide bei Niederhaverbeck. Mit dem Naturschutzpark ist ein typisches von den Eiszeiten geprägtes Geestgebiet unter Schutz gestellt worden, das in seinem Kernbereich um den Wilseder Berg (169 m NN), dem ältesten deutschen Naturschutzgebiet (seit 1921), noch die Züge einer einst weit verbreiteten Heidelandschaft trägt. Konflikte zwischen Erholungsnutzung und Naturschutz lassen sich hier nicht immer vermeiden. Aufn.: Kröber.

Naturschutzgebiet Oberharz mit Brocken (1142 m NN). Die höchstgelegenen Teile des Westharzes bilden mit ihren natürlichen, sich selbst überlassenen Fichtenwäldern und Bergmooren das Naturschutzgebiet Oberharz. Die von Grund- und Quellwasser sowie den reichlichen Niederschlägen ernährten Hochmoore weisen seltene eiszeitliche Reliktpflanzen auf, die in Norddeutschland fast nur noch hier anzutreffen sind. Aufn.: Garve.

Von den rd. *1850 Blütenpflanzen und Farnen* stehen allerdings jetzt schon wieder 835 Arten durch Eingriffe in den Naturhaushalt, nicht zuletzt durch sog. "Unkrautbekämpfungsmaßnahmen", als gefährdet oder gar verschollen auf der *Roten Liste* der Naturschutzbehörde. Diese Arten durch gezielte Maßnahmen, z.B. durch Schutzprogramme für Ackerwildkräuter u.a., durch Aufklärungsarbeit, durch Bereitstellung und Neuschaffung entsprechender Lebensräume zu erhalten, ist ein allgemeines Anliegen.

"Neophyten": Einwanderer aus anderen Erdteilen

Andererseits erfolgt eine weitere Zunahme der Artenzahl durch Gartengewächse und "Unkräuter" aus anderen Erdteilen, die teilweise in unseren Wäldern und noch mehr in den Gärten, auf den Äckern und an den Wasserläufen verwildern. Solche Pflanzen, die erst seit der Entdeckung Amerikas (1492) eingewandert sind, nennt man *Neophyten* im Unterschied zu den *Archaeophyten,* zu denen die ältesten Begleiter der Ackerkultur gehören, wie Kornblume, Klatschmohn, Hederich, Echte Kamille und Saat-Wucherblume. Sie stammen vorwiegend aus den Mittelmeerländern und aus dem Orient und sind wahrscheinlich zeitgleich mit dem Getreidebau nach Niedersachsen gekommen.

Beispiele für *Neophyten* sind die um 1840 aus Nordamerika eingeschleppte *Wasserpest* (Elodea canadensis), durch die innerhalb von 20 Jahren alle niedersächsischen Gewässer verkrauteten, oder das in Südamerika beheimatete *Franzosenkraut* (Galinsoga parviflora). Es tauchte hier erstmalig um 1840 auf. Andere Nordamerikaner sind die licht- und wärmeliebende *Nachtkerze* (Oenothera biennis), die eine typische Begleiterin der Eisenbahndämme ist, oder das allgemein verbreitete *Kanadische Berufkraut* (Conyza canadensis). Das heute in vielen Wäldern zu findende *Kleine Springkraut* (Impatiens parviflora) gibt es in Niedersachsen erst seit 1897. Es kam aus der Mongolei. Die gleichfalls aus Nordasien stammende *Strahlenlose Kamille* (Matricaria discoidea = Chamomilla suaveolens) wurde um 1903 erstmalig festgestellt. Für den Harz seien die aus Nordamerika stammende Gelbe *Gauklerblume* (Mimulus guttatus), die an Ufern und Gräben blüht, und der aus Österreich kommende *Punktierte Weiderich* (Lysimachia punctata) der Täler als Neophyten genannt. Das erst seit 1960 auftauchende und leuchtend gelb blühende *Moorkreuzkraut* (Senecio congestus) nimmt bereits große trockengefallene Flächen an Gewässern ein. Doch auch neue Kulturpflanzen, wie z. B. der seit etwa 1970 verstärkt angebaute *Mais,* der ursprünglich aus Süd- bzw. Mittelamerika kommt, haben die Pflanzendecke und damit das Landschaftsbild erheblich verändert. Unter den Bäumen sind die aus Nordgriechenland stammende *Roßkastanie* (Aesculus hippocastanum) und die volkstümlich als "Akazie" bezeichnete, aus dem Mittelmeergebiet stammende *Robinie* (Robinia pseudacacia) sowie in der Forstwirtschaft die vielfach angebauten Lärchenarten, Douglasien, Sitkafichten u. a. als "Neophyten" inzwischen vertraute Erscheinungen geworden.

8.7. Niedersächsische Vegetationslandschaften (vgl. Abb. 177)

Mosaik aus naturnahen Nutzpflanzengesellschaften

Entsprechend den unterschiedlichen Klima-, Boden-, Wasser- und Reliefverhältnissen, nach denen sich die Pflanzengesellschaften orientieren, lassen sich in Niedersachsen 11 oder mehr Vegetationslandschaften ausgliedern. In ihnen trifft man neben den heute noch spärlich vertretenen natürlichen oder *naturnahen Pflanzengesellschaften* auch typische *Nutzpflanzengesellschaften* an, weil sich die pflanzenden und säenden Land- und Forstwirte mit den Anbaufrüchten und Bäumen weitgehend den naturgegebenen Verhältnissen angepaßt haben und auch weiter anpassen. Die Vegetationslandschaften bestehen in Abhängigkeit von den kleinräumig wechselnden Standortverhältnissen jeweils aus einem bunten Mosaik von Pflanzengesellschaften mit großer Artenvielfalt, das auf der Übersichtskarte in derartiger Feingliederung aus Maßstabsgründen nicht dargestellt werden kann. Nachstehend können auch immer nur einige Hauptvertreter jeder Pflanzengesellschaft genannt werden.

8.7.1. Pflanzengesellschaften der Dünen und Strände

Lebensräume in Sand, Wasser und Wind

Die vor der ostfriesisch-oldenburgischen Küste liegenden Düneninseln werden vom Wind und der Gezeitenwelle aus Meeres- und Dünensand aufgebaut und verdanken ihre Existenz der ständigen Sandzufuhr von See her. Bezeichnend für die Ostfriesischen Inseln sind deshalb *Sandpflanzen,* Gräser und Sträucher, unter deren Mithilfe die eigentliche Sandbefestigung und Dünenbildung erfolgt.

Die Ostfriesischen Inseln weisen eine vergleichsweise hohe Zahl an Pflanzengesellschaften auf engem Raum auf. Eine Ursache für dieses enge räumliche Nebeneinander ist in dem fehlenden Wald und in der kleinräumigen Gliederung der Düneninseln zu suchen (vgl. Abb. 178). Häufig liegen hier salzhaltige und salzfreie, trockene, feuchte oder nasse, sandige und tonige Böden mit entsprechenden Übergangsformen sowie windexponierte und windgeschützte Biotope (Lebensräume) unmittelbar nebeneinander. Jeder dieser Biotope ist von bestimmten angepaßten Pflanzenarten erobert worden, wobei sich verschiedene spezialisierte Arten häufig zu charakteristischen Pflanzengesellschaften zusammengeschlossen haben.

Der Außenstrand: Biotop im Tideeinfluß

Der seewärts gelegene salzreiche höhere Außenstrand der Inseln ist bis zur Mitteltidehochwasserlinie weitgehend frei von höheren Pflanzen. Aber auf den ca. 1 m über das Mitteltidehochwasser emporgewachsenen Sandbänken und den nicht regelmäßig überfluteten Bereichen des Außenstrandes siedeln sich bereits einige wenige widerstandsfähige Vertreter der sog. *Spülsaum-Gesellschaft* an. Zwischen Streifen aus angespültem Seegras, Tangen und anderen Braun- und Grünalgen sind neben der *Strandmelde* (Atriplex litoralis) die *Spießblättrige Melde* (Atriplex hastata), der lilafarben blühende *Meersenf* (Cakile maritima) sowie das *Salzkraut* (Salsola kali) anzutreffen.

Vordünen: Pionierpflanzen auf kalk- und salzreichen Sanden

Die von See ständig zugeführten lockeren Seesande trocknen leicht und werden binnenwärts über den Strand getrieben. Die hierbei im Windschatten von Hindernissen, wie z.B. Muschelschalen, Treibholz oder Tangresten, entstehenden Sandaufwehungen bieten der *Binsenquecke* (Strandquecke, Agropyron junceum) einen Lebensraum. Sie vermag gemeinsam mit der *Salzmiere* (Honckenya peploides) den Sand mit ihren Wurzeln zu halten. Im Windschatten dieser Vertreter der Vordünengesellschaft beginnt sich der Sand anzuhäufen, erste *Primärdünen* entstehen, die selten eine Höhe von 2-3 m überschreiten. Sie wachsen oft zu kleinen Dünenfeldern zusammen. Dabei ist die ständige Überwehung mit frischem Sand für die Binsenquecke notwendig, da ihr die darin enthaltenen organischen Bestandteile, Muschelschalensplitter und Salze neben Licht und Wasser als Lebensgrundlage dienen.

Weiße Dünen: Strandhafer bindet den Sand

Wenn die Vordünen dem Einfluß der winterlichen Sturmfluten entzogen sind, werden sie durch das Niederschlagswasser allmählich entsalzt. Damit wird der Boden für weniger salztolerante Arten vorbereitet. Auf dem kalkreichen Sand gedeiht besonders an windexponierten Stellen der *Strandhafer* (Helm, Ammophila arenaria) gut.

Weitere Vertreter dieser artenarmen und lockeren Hauptdünen- (Helmdünen-) Gesellschaft sind u.a. der *Strandroggen* (Elymus arenarius) und die seltene *Meerstrandsdistel* (Eryngium maritimum). Sie sind vorzügliche Sandfänger und damit die eigentlichen Dünenbildner, weshalb der Strandhafer auch zur Festlegung der Dünen angepflanzt wird. Die ständig in Bewegung befindlichen Sekundärdünen, wegen ihrer humusarmen Sande und ihres lichten Bewuchses auch *Weiße Dünen* genannt, erreichen auf den Ostfriesischen Inseln Höhen bis zu 20 m. Sie nehmen auf der Luvseite der Inseln einen relativ großen Raum ein (vgl. Abb. 178: Strandhafer-Hauptdünen, Helmdünen und Farbtafel 23).

Graue Dünen: Kleingräser auf entkalkten humusgrauen Böden

Sobald sich vor die Weißen Dünen neue Dünenketten legen, gehen die älteren in sog. Graue Dünen über, die nicht mehr ständig mit weißem Seesand überweht werden. Humusstoffe verfärben den Sand grau, und die Niederschläge entsalzen und entkalken den Boden weitgehend. Dieser relativ nährstoffarme Standort bildet den Lebensraum der *Kleingras-Dünengesellschaft*. Typische Vertreter sind das anspruchslose *Silbergras* (Corynephorus canescens), die *Strandsegge* (Carex arenaria), der *Schafschwingel* (Festuca ovina) und das *Rote Straußgras* (Agrostis tenuis). Die Zusammensetzung der Pflanzendecke richtet sich dabei in starkem Maße nach der Windexposition der Dünenhänge, da Zufuhr bzw. Ausblasung nährstofffreier Sandschichten die spezifischen Wachstumsbedingungen maßgeblich beeinflussen.

Sanddorn-Dünenweiden-Busch: Strauchgesellschaft im Windschatten

An der Leeseite der älteren Dünen siedelt sich auf fast allen Düneninseln ein Sanddorn-Dünenweiden-Busch an (vgl. Abb. 178). Während der *Sanddorn* (Hippophae rhamnoides) im Luv niedrig bleibt, kann er im Lee 1-2 m hohe geschlossene Bestände bilden. Die Sonnenhänge der Dünen werden oftmals von *Dünenrosen* (Rosa rugos = Kartoffelrose) bedeckt, die hier ein dichtes Gestrüpp entstehen lassen. Die typische Begleitvegetation dieser Pflanzengesellschaft wird häufig von der *Kriechweide* (Salix repens), der *Krähenbeere* (Empetrum nigrum), dem *Gemeinen Labkraut* (Galium mollugo), dem *Rotschwingel* (Festuca rubra) sowie dem *Leinkraut* (Linaria vulgaris) gebildet.

Dünentäler: Sumpf- und Moorpflanzen über süßem Grundwasser

Zwischen den weißen und grauen Dünenzügen sind ausgeprägte Dünentäler entstanden. Da die

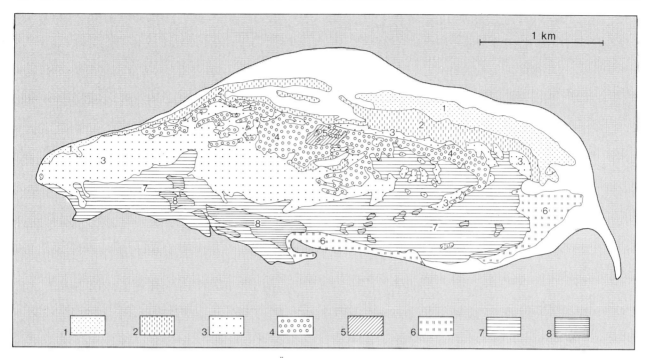

Abb. 178: Pflanzengesellschaften der Insel Baltrum (n. TÜXEN 1956).
1 Binsenquecke-Vordünen, 2 Strandhafer-Hauptdünen, Helm-Dünen, 3 Kleingras-Dünen mit Silbergras-Flur und Straußgras-Rasen, 4 Sanddorn-Dünenweiden-Busch, 5 Sumpfgesellschaften der Dünentäler, 6 Queller-Watt, 7 Salzbinsen-Wiese, 8 Andel-Wiese.

Talsohlen häufig nur wenig oberhalb des Grundwasserspiegels (Süßwasserkissen) liegen, entstehen hier nicht selten feuchte Teilräume mit einer Sumpfvegetation. Neben nässetoleranten (hygrophilen) Pflanzenarten, wie dem *Schilfrohr,* der *Wasserminze* (Mentha aquatica) und dem *Sumpfherzblatt* (Parnassia palustris), entwickeln sich auf dem sauren Substrat stellenweise *Dünenmoore.* Außer den *Torfmoosen* (Sphagnum-Moose) findet man hier eine den Mooren des Binnenlandes vergleichbare Pflanzendecke mit deren typischen Vertretern, wie der *Glockenheide* (Erica tetralix), der *Blutwurz* (Potentilla erecta), dem *Sonnentau* (Drosera rotundifolia), dem *Schmalblättrigen Wollgras* (Eriophorum angustifolium) sowie der *Moorbirke* (Betula pubescens), deren Biotop durch Grundwasserentnahme sehr gefährdet ist.

Vor rd. 100 Jahren fehlten auf allen Inseln dichtere Baumbestände, und auch heute noch sind sie recht spärlich. Das bedeutet jedoch keineswegs, daß die Inseln von Natur aus waldlos sind, obwohl die Bäume stark unter den Seewinden zu leiden haben (Aushagerung, Windschur). Vermutlich sind durch die Brennholzgewinnung und besonders durch die Schaf- und Ziegenweide alte *Inselwälder,* bestehend aus Weiden- und Erlenarten sowie Moorbirke, Faulbaum, Eberesche und Stiel-Eiche (Quercus robur), innerhalb der Grauen Dünen vernichtet worden. Seitdem die Beweidung und die Brennholzgewinnung aufgehört haben, sind ver-

schiedentlich für den Kurbetrieb Laub- und Nadelholzpflanzungen (Inselwäldchen) erfolgreich angelegt worden. Neben dem standortgemäßen bodensauren *Eichen-Birkenwald* und dem *Erlen- und Weidenbruchwald* kommen auch die kleinwüchsige *Bergkiefer* (Pinus montana) sowie stellenweise die *Schwarzkiefer* (Pinus nigra) gut voran.

Salzbinsen-Wiesen: Salzpflanzen in der Inselmarsch

Auf der Wattseite der Inseln ist die Sandbewegung wesentlich geringer als auf der Nordseite. Durch gelegentliche Überflutungen werden hier Dünenansätze eingeebnet. Das ist der Bereich der *Salzbinsen-Wiese* (Juncetum gerardii), der von den Grauen und Weißen Dünen her mit Sand überweht und vom Meer her mit Schlick versorgt wird. Die Salzbinsen-Wiese reicht bis etwa 25 cm über die Mittelhochwasserlinie hinab. Auch die anderen Vertreter der Salzbinsen-Wiese, wie z. B. *Strandsegge* (Carex extensa), *Strandnelke* (Armeria maritima), *Meerstrand-Dreizack* (Triglochin maritimum), *Meerstrand-Milchkraut* (Glaux maritima) und *Meerstrand-Wegerich* (Plantago maritima), vertragen als salztolerante Arten eine gelegentliche Überflutung. Der dichte, meist dunkelgrüne Rasen der Salzbinsen-Wiese nimmt nicht nur auf Baltrum (vgl. Abb. 178) große Flächen ein. Sie bestimmt maßgeblich das Bild der Wattseite aller Ostfriesischen Inseln.

Andel-Wiesen: Viehweide am Rande zum Watt

Auf dem Wattstrand folgen neben- und nacheinander, zum Teil jedoch nur fragmentarisch ausgebildet, Salzbinsen-Wiese, Andel-Wiese und Queller-Watt. Die Andel-Wiese breitet sich dicht über der Mittelhochwasserlinie aus. Der *Andel* (Puccinellia maritima) ist hier mit dem *Meerstrand-Wegerich* (Plantago maritima), dem *Strandbeifuß* (Artemisia maritima), dem *Meerstrand-Dreizack* (Triglochin maritimum), der *Strandaster* (Aster tripolium), dem *Englischen Löffelkraut* (Cochlearia anglica) sowie mit dem *Strandflieder* (Limonium vulgare) vergesellschaftet. Die Andel-Wiese ist eine gute Viehweide. Deshalb wird sie auf der Wattseite der Düneninseln mit in die Pferdekoppeln einbezogen. Einen reizvollen Anblick bieten die Wiesen im Sommer, wenn Strandnelke und Strandflieder blühen und einen Kontrast zu den spärlich bewachsenen Dünen bilden (vgl. Farbtafel 22).

Queller-Watt: Pionierpflanzen des Festlands unter der Mittelhochwasserlinie

Die *Quellerbestände* (Salicornia herbacea) schließen sich wasserwärts an die Andelwiese an. Der Queller ist eine einjährige dickblättrige Pflanze, die eine tägliche zweimalige Überflutung verträgt. Die Bestände reichen bis etwa 20-40 cm unter die Mittelhochwasserlinie (vgl. Abb. 179 u. Farbtafel 22) und lockern sich von regelrechten ufernahen Wiesen zum Wasser hin zu Einzelpflanzen auf, bis im Wattbereich wegen der langandauernden Überflutung keine Lebensmöglichkeit mehr besteht. Der Queller ist ausgesprochen salztolerant. Als Begleitvegetation tritt stellenweise das *Schlickgras* (Spartina townsendii bzw. anglica) auf.
Zwischen den Quellerpflanzen findet man häufig eine fleckenweise Besiedlung des Bodens mit Grünalgen. Der Queller ist im Watt der erste Pionier der Festlandsvegetation und ein bedeutender Schlickfänger. Im Wasser des Watts lebt infolge des reichen Nährstoffangebots eine Vielzahl von niederen Pflanzen und von speziell dem Watt und dem Meerwasser angepaßten Tieren, die im Abschnitt "Tierwelt" behandelt werden.

8.7.2. Pflanzengesellschaften der Marschen

Der wichtigste Landschaftstyp der Küste sind die See- und Flußmarschen, die sich als 3 bis 17 km breite Ebenen zwischen dem Geestrand und dem Watt erstrecken. Sie sind von allen Landschaften durch Landgewinnungs-, Bedeichungs- und Entwässerungsarbeiten am stärksten umgestaltet worden. Von Natur aus würde man hier eine durch tiefgreifende Meeresbuchten und Priele zerrissene Landschaft antreffen mit einem vielfältigen Wechsel von *Salzwiesen, Schilfdickichten,* offenen Wasserflächen, *Erlen- und Weidenbrüchern,* aber auch *Ulmen-Eichen-Eschen-Wäldern,* die den fruchtbaren Boden anzeigen. Trotz des großen Einflusses von Salzwasser und Wind würden von Natur aus Waldgesellschaften auch in den Marschen vorherrschen. Heute sind natürliche Pflanzengesellschaften nur noch im Strandbereich zu finden, wo sie sich unter dem Einfluß der Gezeiten zu Vegetationszonen anordnen (vgl. Abb. 179).

Salzwiesengesellschaften

Seegraswiesen: Wasserpflanzen im küstennahen Watt

Im ruhigen Wasser des Watts dringen neben verschiedenen *Grün- und Braunalgen* (z. B. Enteromorpha, Ulva und mehrere Blasentangarten) vor allem *Seegräser* am weitesten seewärts vor. Als Aufenthaltsort der Plattfische sind sie für die Küstenfischer von großer Bedeutung. Früher fanden die Seegräser auch als schädlingsresistentes Polstermaterial und auf den Düneninseln als Dünger Verwendung.

Queller- und Andelwiesen: Grenzsaum zwischen Watt und Marsch

Als erster Vorposten einer geschlossenen Pflanzendecke stellt sich etwa 20-40 cm unter dem mittleren Hochwasserspiegel, wie auch beim Inselwatt beschrieben, der *Queller* (Salicornia herbacea) ein. Im ruhigen Wasser zwischen den buschartig verzweigten Salicornia-Pflänzchen werden Sand

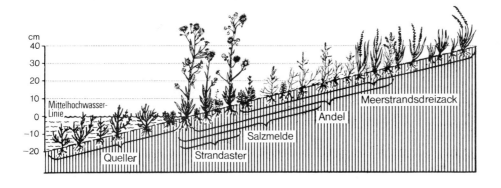

Abb. 179: Vegetationszonierung und Reihenfolge der Strandbesiedlung an der Marschenküste (n. W. MEYER 1937).

und besonders Schlick abgelagert, die den Boden rasch erhöhen, so daß dieser bald über die mittlere Tidehochwasserlinie aufwächst. Damit können sich auch andere Pflanzen ansiedeln, wie z.B. die *Salzmelde* (Suaeda maritima) und die stattliche *Strandaster* (Aster tripolium), deren Konkurrenz der Queller schließlich unterliegt. Wegen seiner schlickfangenden Wirkung werden der Queller sowie häufig auch das erst 1927 eingeführte *Englische Schlickgras* (Spartina townsendii) bei Landgewinnungsarbeiten auf dem höheren Watt planmäßig ausgesät (vgl. Farbtafel 22).

Ist das Watt über den normalen Hochwasserspiegel hinausgewachsen, dann stellt sich das *Andelgras* (Puccinellia maritima) ein, das mit seinen verzweigten, niederliegenden Stengeln die erste dauernde Strandwiese bildet, deren Gras vom Vieh gern gefressen wird.

Landwärts folgt auf die Andelwiese eine größere Mannigfaltigkeit von Gräsern und Kräutern, in der der *Meerstrand-Dreizack* (Triglochin maritimum), der ihm ähnliche *Strand-Wegerich* (Plantago maritima) und das *Strand-Straußgras* (Agrostis stolonifera (alba) maritima) den Ton angeben, unterbrochen durch Bestände des weißfilzigen und aromatischen *Strandwermuts* (Artemisia maritima), der *Strandaster* und des schönen *Strandflieders* (Limonium vulgare bzw. Statice limonium).

Strandnelken- und Süßgraswiesen: Süßgräser verdrängen die Pflanzen des Salzstrandes

Ist das Land durch Aufschlickung auf mehr als 50 cm über den mittleren Tidehochwasserspiegel aufgewachsen, so daß es nur noch bei Sturmfluten überschwemmt wird, dann kommen die Salzstrandpflanzen durch die stärkere Konkurrenz der Süßgräser an ihre Verbreitungsgrenze. An die Stelle des Andel treten zunächst noch salzertragende Arten, vorherrschend der *Rote Schwingel* (Festuca rubra; Rotschwingelwiese) oder die kleine *Salzbinse* (Juncus gerardii), die vor der Eindeichung der Marschen in der küstennahen Salzbinsenwiese weit verbreitet war. Am auffälligsten in dieser Gesellschaft ist jedoch die *Strand-Grasnelke* (Armeria maritima) mit ihren rosafarbenen Blütenköpfchen. Das unscheinbare *Meerstrand-Milchkraut* (Glaux maritima) und der *Erdbeer-Klee* (Trifolium fragiferum) sind weitere Kennarten dieser *Salzwiesengesellschaften*.

Mit der Abnahme des Salzgehaltes im Marschboden werden auch die salztoleranten Pflanzen schließlich sukzessiv durch gewöhnliche Wiesenpflanzen verdrängt, die sich in Artenvielfalt und -zusammensetzung nicht wesentlich von vergleichbaren Pflanzengesellschaften im Binnenland unterscheiden. Immer mehr *Süßgräser* (Wiesenrispen-

gras, Deutsches Weidelgras, Honiggras, Kammgras, Ruchgras) stellen sich ein, dazu Hahnenfußarten, Hornklee und *Weißklee* (Trifolium repens). Sobald früher der Weißklee als typischer Vertreter der nährstoffreichen Fettwiesen im Deichvorland auftrat, wurde das Land als deichreif angesehen.

Pflanzengesellschaften der Hohen Marsch und des Sietlandes

Die ursprüngliche Vegetation: Salzwiesen, Sumpf, Wald

Im heute eingedeichten Teil der Marsch kann hinsichtlich der Lage zum Meeresspiegel zwischen Hochland (Ackerbaumarsch) und Sietland (Grünland-, Moormarsch) unterschieden werden. Das küstennahe Hochland der jungen Marsch ist höher aufgeschlickt (bis + 2 m NN) und nährstoffreicher als das Sietland der alten Marsch, das durch zunehmende Sackung, Entkalkung und den damit verbundenen Anstieg des Grundwasserspiegels einen großen Teil seiner Fruchtbarkeit eingebüßt hat.

Vor dem Eingreifen des Menschen durch den Deichbau, der etwa um 1000 n. Chr. einsetzte, war auch dieses Gebiet von tief in das Land reichenden Prielen zerrissen, die im Einfluß der Gezeiten und damit im Bereich des Salzwassers und häufiger Überflutungen lagen. In ihrer Umgebung waren Salzwiesen und Brackwasserröhrichte die natürliche Vegetation. Doch bereits auf den prielbegleitenden Uferwällen und auf den Marschböden sowohl des Hochlandes als auch des Sietlandes würden von Natur aus Wälder stehen, in den tiefer liegenden Bereichen *Auenwälder*, beginnend mit Weidengebüschen, Erlenbruch- und Weidenwäldern. Auf den höher gelegenen Flächen würde man *Eschenwälder* antreffen mit einem hohen Anteil an Erlen, Eichen, Ulmen und Pappeln.

Marsch-Äcker und Fettweiden: Ersatzgesellschaften der Wirtschaftslandschaft

Von dieser natürlichen Waldvegetation der Marschen ist nichts erhalten geblieben. Die fruchtbaren Böden waren für eine Waldnutzung zu wertvoll, so daß in den Marschen seit vielen Jahrhunderten aus der Naturlandschaft eine ausgeräumte Kultur- und Wirtschaftslandschaft geworden ist, in der infolge des Küstenklimas und der feuchten Böden bei weitem das Grünland überwiegt. Fettweiden mit wertvollen Futtergräsern bestimmen das Bild, insbesondere in der alten Marsch des Sietlandes.

Auf den höher aufgeschlickten und besser durchlüfteten Böden der deichnahen jungen Marsch des Hochlandes wird demgegenüber viel Ackerbau betrieben. Selbst anspruchsvolle *Nutzpflan-*

zen, wie Weizen, Gerste, Raps, Zuckerrüben, Mais, Erbsen, Bohnen und andere Feldgemüse-, Gewürz- und Arzneipflanzen sowie Gartengewächse, Blumenzwiebeln und Kartoffeln für die Pommes frites - Herstellung bringen hier sehr hohe Erträge. Auch Obstbäume entwickeln sich gut auf dem Marschboden, weshalb an der Niederelbe, vor allem im Alten Land, das größte geschlossene Obstbaugebiet Deutschlands zu finden ist.

Auf den nährstoffreichen Böden gedeihen nicht nur die Nutzpflanzen, sondern auch die "Unkräuter" in großer Zahl, wie *Ackerdistel* (Cirsium arvense), *Huflattich* (Tussilago farfara), *Hederich* (Raphanus raphanistrum) und der ihm ähnliche *Ackersenf* (Sinapis arvensis) sowie das *Acker-Hellerkraut* (Thlaspi arvense), die *Echte Kamille* (Matricaria chamomilla) und die *Hundskamille* (Anthemis arvensis), um hier nur die am häufigsten vorkommenden zu nennen.

Pflanzen der Marschgräben: naturnahe Vegetation in Rückzugsgebieten

Da die Marschböden unter Feuchtigkeitsüberschuß leiden, setzt ihre landwirtschaftliche, insbesondere ackerbauliche Nutzung kostspielige Entwässerungsmaßnahmen voraus. Lediglich an den Entwässerungskanälen und -gräben findet man noch naturnahe Vegetationsrelikte, wie *Erlen, Weiden* (u.a. auch angepflanzte Korbweiden) und *Pappeln.* Auf dem Wasser bilden verschiedene Arten der *Wasserlinsen* (Lemna spec.) im Verein mit den Blättern des *Froschbisses* (Hydrocharis morsus-ranae) und der *Wassersternarten* (Callitriche spec.) eine schwimmende Decke. Im Wasser siedeln das *Hornblatt* (Ceratophyllum demersum) und das ihm ähnliche *Tausendblatt* (Myriophyllum spicatum), der *Wasserhahnenfuß* (Ranunculus aquatilis) und verschiedene *Laichkräuter* (Potamogeton spec.), ferner der *Tannenwedel* (Hippuris vulgaris) und in der Flußmarsch die *Schwanenblume* (Butomus umbellatus). An den Ufern wachsen das *Pfeilkraut* (Sagittaria sagittifolia), der blasenziehende *Gift-Hahnenfuß* (Ranunculus sceleratus), der *Froschlöffel* (Alisma plantago), die *Wasserschwertlilie* (Iris pseudacorus) und zahlreiche andere Kräuter, Gräser und Seggen. Weit verbreitet ist auch das *Schilfrohr* (Phragmites australis), das selbst auf dem benachbarten Ackerland zwischen dem Getreide auftritt.

Die Pflanzengesellschaften der Marschrandmoore: Aus Bruchwäldern wurden Wiesen

Im tiefsten, teils unterhalb NN gelegenen Teil des Marschensietlandes erstrecken sich zwischen der eigentlichen Marsch und dem Geestrand ausgedehnte *Niedermoore,* die landläufig mit "Meeden",

"Hammrich" oder "Wolden" bezeichnet werden, wobei Meede "Mähland", "Heuland", Hammrich ein großes Wiesengelände und Wold einen ausgedehnten Wald bedeutet. In den ersten beiden Begriffen wird der Charakter der weitflächigen offenen Wiesenlandschaft deutlich, die vor der tiefgreifenden Entwässerung wegen mangelnder Trittfestigkeit der Grasnarbe nur als Mähwiese und nicht als Weideland genutzt werden konnte. Im letzten Begriff spiegelt sich die urspüngliche Vegetation in Gestalt schwer zugänglicher Erlenbruchwälder und Weiden-Faulbaum-Gebüsche wider. Sie waren, wie zahlreiche Ortsnamen und zeitgenössische Berichte zu erkennen geben, im frühen Mittelalter noch vorhanden, wurden dann aber im Zuge der hochmittelalterlichen Binnenkolonisation größtenteils gerodet.

Verlandungsgesellschaften: Wasser und Sumpf als Lebensraum (vgl. Abb. 180)

Wo heute noch *offene Wasserflächen* zu finden sind, wie in den unter Natur- oder Landschaftsschutz stehenden Marschrandseen Ostfrieslands und des Hadelner Sietlandes, stellen sich verschiedene *Laichkräuter* (Potamogeton spec.), die *Weiße Seerose* (Nymphaea alba), die *Gelbe Teichrose* (Nuphar luteum), die früher zum Flechten verwendete *Teichbinse(-simse)* (Schoenoplectus [Scirpus] lacustris), *Rohrkolben* (Typha latifolia) sowie besonders das *Schilfrohr* (Phragmites australis [communis]) ein (vgl. Farbtafel 20).

Das bis zu 3 m hohe Schilfrohr hatte im Bereich der Marschrandmoore früher seine größte Verbreitung. Auf den verbliebenen Restflächen lieferte es bis in die jüngste Zeit hinein das wichtigste Bedachungsmaterial (Reetdächer) sowie Rohrmatten für Gipsdecken, Putzwände und andere Zwecke. Nach außen folgt ein selten erhalten gebliebener *Großseggengürtel* mit Carex gracilis, C. acutiformis, C. rostrata und anderen Seggenarten. Für den Röhricht- und Großseggengürtel sind als auffällige Begleiter *Fieber-* und *Bitterklee* (Menyanthes trifoliata), *Sumpfkalla* (Calla palustris), *Sumpf-Blutauge* (Comarum [Potentilla] palustre), der aus dem Orient kommende *Kalmus* (Acorus calamus), *Blutweiderich* (Lythrum salicaria), *Gilbweiderich* (Lysimachia thyrsiflora) und die gelbe *Wasser-Schwertlilie* (Iris pseudacorus) zu nennen, die ein reiches und buntes Pflanzenkleid abgeben.

Selten hat sich der von Natur aus nach außen anschließende Gürtel des *Weiden-Faulbaum-Busches* mit *Grauer Weide* (Salix cinerea) und *Öhrchen-Weide* (S. aurita), mit *Gagelstrauch* (Myrica gale), *Faulbaum* (Frangula alnus), *Schwarzerle* (Alnus glutinosa) und *Moorbirke* (Betula pubescens) halten können und noch weniger der einst weitflä-

Abb. 180: Verlandungsgürtel eines nährstoffreichen Gewässers (n. OVERBECK 1975).

HW = Hochwassergrenze;
NW = Niedrigwassergrenze;
1 = Characeen-Rasen; 2 = Laichkrautgürtel; 3 = Seerosengürtel; 4 = Röhrichtgürtel; 5 = Groß-Seggengürtel; 6 = Erlenbruchwald; a = Tonmudde; b = Kalkmudde; c = Feindetritus-Mudde; d = Grobdetritusmudde; e = Schilftorf; f = Seggentorf; g = Erlenbruchwaldtorf.

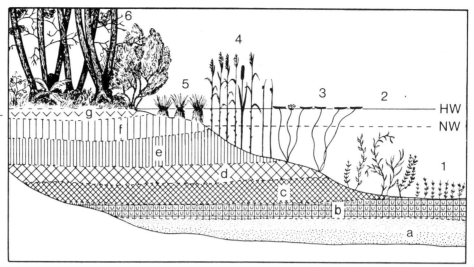

chig verbreitete Erlen-Bruchwald. Sie sind gänzlich durch Naßwiesen und in jüngster Zeit auch durch Viehweiden ersetzt worden.

Die *Naßwiesen* entfalten im Frühling und Frühsommer ein farbenprächtiges Bild. Im April und Mai überzieht das *Wiesenschaumkraut* (Cardamine pratensis) das Grasland mit einem zarten hellen Schleier. Danach tauchen *Sumpfdotterblume* (Caltha palustris), *Hahnenfußarten* (Ranunculus spec.) und *Klappertopf* (Rhinantus glaber und Rh. minor) die Wiesen in ein leuchtendes Gelb, und schließlich färbt die *Kuckuckslichtnelke* (Lychnis flos-cuculi) sie rosarot. Doch mit zunehmender Entwässerung und Düngung wird dieses Farbenspiel immer seltener.

Die Marschrandmoore setzen sich entlang der Flüsse und großen Talungen als Niedermoore bis weit in die Geest hinein fort.

8.7.3. Moore und Geest im Überblick

Landschaften und Artenvielfalt

Zwischen den Seemarschen und der Lößgrenze, die annähernd mit der Trasse des Mittellandkanals zusammenfällt, erstreckt sich als 100-170 km breites Band die Geest. Sie nimmt etwa drei Viertel der niedersächsischen Landesfläche ein und hat, wie der *Name* (güst = unfruchtbar) aussagt, vorwiegend Sand- und Moorböden mit geringem Nährstoffgehalt. Diese Böden waren in früherer Zeit nur fleckenweise für den Anbau geeignet und wurden deshalb größtenteils für die Schafhaltung genutzt. Die Folge war eine weitgehende Verheidung, wovon heute noch viele Landschaftsnamen, wie Lüneburger Heide, Verdener Heide, Engdener Wüste (Emsland) u.a., herrühren. Doch von Natur aus waren auch die Geest- und Moorgebiete, mit

Ausnahme der Hochmoore, ein Waldland mit Laubmischwäldern.

Während der Eiszeiten war auf der Geest durch Gletscher, Schmelzwässer und starke Winde ein abwechselungsreiches Relief mit Endmoränenzügen, Geestplatten, Tälern und Dünen entstanden. In ihm hatte sich mosaikartig ein Wechsel von vernäßten Talauen und trockenen, sandigen Rücken, von unfruchtbaren degradierten *Podsolböden* auf Sandflächen und ackerfähigen (Braunerde-)Böden auf Geschiebelehmdecken und Sandlößflächen eingestellt.

Zahlreiche Übergänge zwischen den jeweiligen Boden-, Grundwasser- und Reliefverhältnissen machen es unmöglich, diese im Vergleich zu den zuvor behandelten Naturräumen ausgesprochen vielgestaltige Naturlandschaft in ihrer Gesamtheit im Text und auf der Karte der natürlichen Pflanzendecke (vgl. Abb. 177) ausführlich darzustellen. Neben den natürlichen Faktoren Relief, Boden und Wasser, die im einzelnen die Pflanzendecke bestimmen, weist auf so großem Raum auch das Klima Unterschiede auf. In der küstennahen ostfriesisch-oldenburgischen Geest sind deutlich höhere Niederschläge zu verzeichnen als in der Lüneburger Heide oder dem Hannoverschen Wendland, wo sich die zunehmende Kontinentalität in den geringeren Niederschlagswerten, der stärkeren Trockenheit der Böden und den größeren Temperaturspannen zwischen den Sommer- und Wintermonaten äußert.

Sowohl aufgrund der Großräumigkeit der Moor- und Geestgebiete als auch aufgrund des Wandels der klimatischen Gegebenheiten, der Vielgestaltigkeit des Reliefs sowie der hiermit verbundenen unterschiedlich ausgebildeten Böden und der wechselnden Grundwasserverhältnisse ist die Geest reicher an Pflanzenarten als man gemeinhin erwartet.

Die natürliche Pflanzendecke der Geest

Trotz der kleinräumig wechselnden Wachstumsbedingungen würden die Geestgebiete mit Ausnahme der waldlosen Hochmoore von Natur aus weitgehend flächendeckend Laubmischwälder tragen mit vorherrschenden *Buchen,* Eichen und Birken. Auf besseren Böden, die heute fast alle beackert werden, würden sich eichen- und hainbuchenreiche Rotbuchenwälder einstellen. Die Rolle der Rotbuche in den natürlichen Waldgesellschaften der Geestgebiete ist lange unterschätzt worden, weil sie infolge der herrschenden Nieder- und Mittelwaldwirtschaft unterdrückt, die Eichen und Hainbuchen aber gefördert wurden. Deshalb sprach man auf den besseren Böden der Geest von Eichen-Hainbuchenwäldern als Schlußgesellschaft. Heute weiß man, daß sich die Buche nur dort von der Eiche, Hainbuche und Birke verdrängen läßt, wo der Boden unter Stauwassereinfluß steht oder gar sauer oder zu trocken wird, wie das die Abb. 176 verdeutlicht. Solche Bereiche, die der Buche nicht zusagen, finden sich am Rande von Talauen, wo Grundwasser austritt und die Hainbuche sowie Eichen und Eschen dominieren, ferner in den feuchten Niederungen, die von Natur aus Erlenbruchwälder und Weiden-Faulbaum-Gebüsche aufweisen, sowie in den ausgedehnten Mooren und auch auf den trockenen Dünenrücken und Sandplatten, wo von Natur aus Eichen-Birkenwälder, vereinzelt vermischt mit Kiefern, stehen würden.

Insgesamt zeigt sich das Vermögen der Baumarten und ihrer Begleitgesellschaften, auf jede sich aus dem Zusammenwirken unterschiedlicher natürlicher Faktoren ergebende spezifische Standortveränderung durch einen Artenwechsel zu reagieren und ökologische Nischen zu besetzen. Das ist letztlich die Ursache für die Artenvielfalt dieser Naturlandschaft.

Heutige Vegetation: Zeugnis vom Nutzungs- und Wertwandel

Die vor etwa 4000 Jahren einsetzende Besiedlung des Altmoränengebietes der Geest hat aber auch hier allmählich die natürlichen Pflanzengesellschaften weitgehend verdrängt und im Zusammenhang mit mehrfachen Nutzungswandlungen (vgl. Abb. 175) ein verändertes Vegetationsbild entstehen lassen. Wo beispielsweise einst weithin durch die Beweidung Heideflächen den natürlichen Wald verdrängt hatten, herrscht heute ein großflächiger Wechsel von Grünland, Feld und Wald vor.

Durch die Verwendung von Mineraldünger und Pflanzenschutzmitteln, durch die weit fortgeschrittene Pflanzenzüchtung sowie durch landbautechnische Maßnahmen (Dränung, Feldberegnung u.a.) können auf den einst dürftigen Äckern und Heide-

flächen auch wertvolle Feldfrüchte, wie Gerste, Mais und sogar Zuckerrüben, angebaut werden. Die Talungen und Niederungen tragen Wiesen und Weiden, und selbst die nährstoffarmen Hochmoore sind weitgehend kultiviert und in Grünlandflächen umgewandelt worden, während die trockensten Böden mit Kiefern aufgeforstet worden sind.

Betrachtet man das ehemalige und das heutige Vegetationsbild der Geest in den verschiedenen Teilräumen dieses Gebietes, dann wird ein Wertwandel deutlich, der von einer einst relativ unfruchtbaren Naturlandschaft über eine verheidete Weidelandschaft zu einer vom Menschen intensiv genutzten und z.T. schon übernutzten "Kulturlandschaft" geführt hat. Trotzdem gibt es auf der weitflächigen Geest und insbesondere in den Hochmooren immer noch naturnahe Bereiche, die bei einem Vergleich mit dem umliegenden Kulturland den Landschaftswandel deutlich machen. Sie sind kostbare Landschaftsrelikte, die es zu schützen und zu erhalten gilt.

8.7.4. Moore

Verbreitungs- und Entstehungsursachen

Meeresklima und Flachlandrelief als Gunstfaktoren

In keiner anderen Landschaft spielt die Vegetation eine so entscheidende Rolle wie in den Mooren, die ganz aus Pflanzenresten aufgebaut sind. Das feuchte, wintermilde und sommerkühle Klima sowie die ebenen Lagen des Tieflandes begünstigten das Wachstum von Moorpflanzen und damit die Moorbildung in Niedersachsen in besonderem Maße. Moore nahmen einst 13 % der Landesfläche ein. Die meisten von ihnen sind kultiviert und in Grünland oder Ackerland überführt worden.

Etwa die Hälfte der Moore sind *Niedermoore,* deren Torfe und Mudden sich aus Resten von Sumpfpflanzen im Bereich des Grundwassers gebildet haben. Als Verlandungsmoore, häufiger aber in Form von Versumpfungsmooren, sind sie infolge des gestiegenen Meeres- und Grundwasserspiegels im Flachland in fast allen Tälern und Niederungen aufgewachsen. Ein breiter Gürtel dieser Versumpfungsmoore erstreckt sich im Grenzbereich zwischen Geest und Marsch. Die Marschrandmoore wurden bereits bei der Marsch mit besprochen.

Im Gegensatz zu den Niedermooren erheben sich die *Hochmoore,* wie der Name schon sagt, über den Grundwasserspiegel. Ihre Vegetation ist ausschließlich auf das Niederschlagswasser angewiesen. Die hohe Luftfeuchtigkeit und der Nieder-

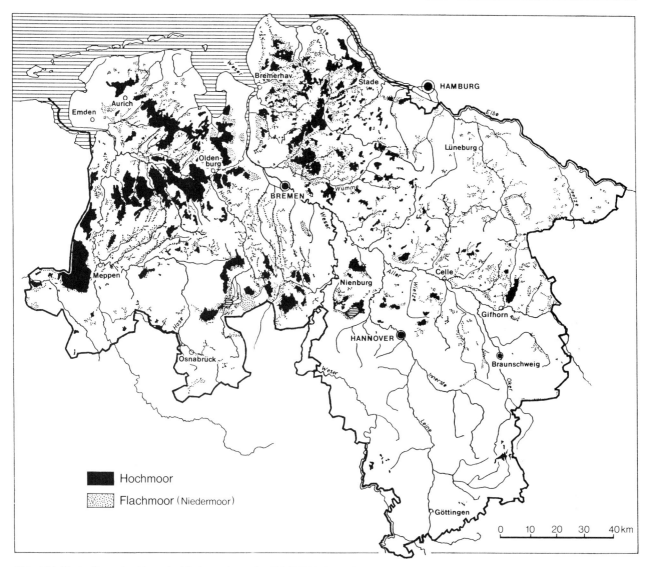

Abb. 181: Verbreitung der Moore in Niedersachsen (n. OVERBECK 1975).

schlagsreichtum des atlantischen Klimas im Nord-
seeküstengebiet begünstigen somit maßgeblich
die Entwicklung dieser Regenwasser- oder ombrogenen Moore. Die klimatischen Voraussetzungen
für die Hochmoorbildung sind in der Küstenkonvergenzzone, etwa 30 bis 70 km von der See entfernt, besonders günstig (vgl. Abb. 181). Die ostfriesisch-oldenburgische Geest und die Stader Geest,
aber auch das Emsland empfangen im Jahr rd.
100 mm (= 15 %) mehr Niederschlag als der unmittelbare Küstenstreifen oder der weiter östlich gelegene Bereich der Lüneburger Heide (vgl. Kap. 6.
"Klima").
Lebende Hochmoore sind von Natur aus schon insofern eine Besonderheit, als sie im sonst allenthalben bewaldeten Binnenland keinen Wald tragen.
Die Nährstoffarmut und die Durchfeuchtung sind
so groß, daß Bäume hier nicht gedeihen können.
Wenn Birken oder Kiefern durch Samenflug eine

trockene Stelle zum Keimen und zu kurzfristigem
Wachstum vorgefunden haben, so überwuchern
doch im Kronenschatten bald Torfmoose den Wurzelraum und verhindern mit ihren Wasserzellen
den Luftzutritt zu den Wurzeln, so daß der Baum
stirbt, wenn er nicht schon vorher an Nährstoffmangel eingegangen ist. Im Hochmoor können nur die
Kräuter, Sträucher, Moose und Flechten gedeihen, die den dort herrschenden Bedingungen angepaßt sind.

Pflanzengesellschaften der Niedermoore

*Verlandungsgürtel: Sukzessionsreihe verlan-
dender Gewässer*

Niedermoore setzen sich aus Torfarten zusammen, an deren Bildung gewöhnlich verschiedene
Pflanzengemeinschaften beteiligt sind. Je mehr

Nährstoffe ein Gewässer oder das Grundwasser von der Umgebung erhalten, um so üppiger gedeihen die beteiligten Pflanzen. Die Menge der hierbei alljährlich zu Boden sinkenden oder überwucherten abgestorbenen Pflanzenreste ist so groß, daß der Sauerstoff des Bodenwassers für die Oxidation der organischen Substanzen nicht mehr ausreicht. Es kommt zur Anhäufung von Pflanzenresten.

Da sich im offenen Gewässer die Uferflora entsprechend der Wassertiefe, der Lichtdurchlässigkeit und der Nährstoffgehalte zu bestimmten Uferzonen anordnet, ist auch bei den am Gewässerboden entstehenden Torfen eine Schichtung festzustellen. Entsprechend der Sukzessionsreihe von Algen-, Laichkraut-, Seerosen-, Röhricht-, Großseggen- und Erlenbruchwaldgürtel bilden sich am Boden über verschiedenen Muddeschichten Schilf-, Seggen- und Bruchwaldtorfe (vgl. Abb. 180).

Algen-, Laichkraut- und Seerosengürtel

Der *Freiwasserbereich* (Pelagial) eines stehenden Gewässers beherbergt eine große Fülle von im Wasser schwebenden Organismen, die in ihrer Gesamtheit als *Plankton* bezeichnet werden. Die im Wasser gelösten Nährstoffe - Phosphor-, Kaliumverbindungen usw. - und im Wasser gelöstes Kohlendioxid ermöglichen zusammen mit der Sonneneinstrahlung die Photosynthese und damit die starke pflanzliche Stoffproduktion.

Mikroskopisch kleine Algen verschiedenster systematischer Gruppen bilden das *Phytoplankton*. Die häufigsten Vertreter innerhalb der Algenzone gehören der Gruppe der Grünalgen an. Blaualgen treten häufig einzellig auf und verursachen bei günstigen Umweltbedingungen durch ihre Massenentwicklung, z. B. von Macrocystis aeruginosa, eine sog. Wasserblüte. Das Wasser ist dann deutlich blaugrün gefärbt und von einem Algenschleim überzogen.

Das *Zooplankton* ist in Süßwasserseen ungleich artenärmer als im Meer und wird im wesentlichen von Rädertieren (Rotatoria), die sich von Algen ernähren, sowie verschiedenen Kleinkrebsen gebildet.

Einen regelrechten *Characeen-Rasen* bildeten die Armleuchteralgen unter der Wasseroberfläche, der aufgrund der Nährstoffübersättigung heute meist unter Schlamm erstickt ist. Aber auch die *Cladophora-Arten* (Astalgen) schließen sich im Wasser zu dichten Fadenbüscheln zusammen.

Die Pflanzen des *Laichkrautgürtels* leben ebenfalls submers (untergetaucht) bis zu einer Tiefe von 4-6 m, und nur ihre Blüten reichen aus dem Wasser heraus (vgl. Abb. 180). Der Gruppe der eigentlichen Laichkräuter (Gattung *Potamogeton*) gehören rund 20 verschiedene Arten an. Während viele Laichkrautarten u. a. gemeinsam mit der aus Amerika eingeschleppten *Wasserpest* (Elodea canadensis) ausschließlich in tieferem Wasser und in Gräben untergetaucht leben, besiedeln andere Arten den Übergangsbereich.

Damit sind sie ein Bindeglied zum *Seerosengürtel,* der sein bezeichnendes Aussehen durch die Tausendblatt-Teichrosen-Gesellschaft (Myriophyllo-Nupharetum) erhält. Ihre Schwimmblattpflanzen sind mit Wurzeln bis zu einer Wassertiefe von 4-5 m (Gelbe Teichrose) im Boden verankert. Die Blätter liegen jedoch im Gegensatz zu den submers lebenden Pflanzen auf der Wasseroberfläche.

Charakteristische Vertreter dieser Vegetationsgesellschaft sind neben der schon genannten *Gelben Teichrose* (Nuphar lutea) die *Weiße Seerose* (Nymphaea alba), das *Schwimmende Laichkraut* (Potamogeton natans), der *Froschbiß* (Hydrocharis morsus-ranae), die *Krebsschere* (Stratiotes aloides, vgl. Abb. 182), das *Gemeine Hornblatt* (Ceratophyllum demersum), das *Quirlblättrige Tausendblatt* (Myriophyllum verticillatum), die *Wasserfeder* (Hottonia palustris) sowie verschiedene Laichkraut- und Wasserlinsenarten.

Der Seerosengürtel ist für die Ökologie eines Gewässers von großer Bedeutung, weil er der Lebensraum zahlreicher Kleintiere sowie der Laichplatz vieler Fischarten ist. Die Aufhöhung des Bodens

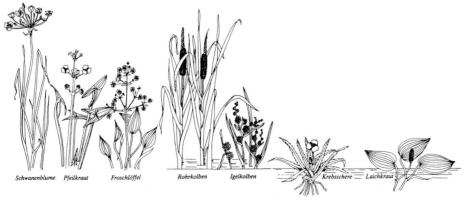

Schwanenblume Pfeilkraut Froschlöffel   Rohrkolben   Igelkolben   Krebsschere — Laichkraut

Abb. 182: Typische Pflanzen der Verlandungsgürtel (nicht maßstabsgetreu) (n. DIRCKSEN 1981).

durch Pflanzenreste ist hier erheblich. Gemeinsam mit den Pflanzenresten des Laichkrautgürtels werden sie bakteriell unter Faulgasbildung (Methan, Schwefelwasserstoff) zu einem stark zersetzten Schlamm, der sog. Torfmudde oder Detritusmudde (vgl. Abb. 180), abgebaut. Da die Mächtigkeit der Torfmuddenschicht von der anfallenden Pflanzenmasse im Seerosen- und Laichkrautgürtel abhängt, erlaubt deren Dicke damit auch indirekt Rückschlüsse auf den Nährstoffgehalt eines Gewässers.

Röhrichtgürtel

Mit zunehmender Verflachung des Wassers dringen immer mehr Pflanzen der Röhrichtzone in den Gürtel der Schwimmblattpflanzen ein, vorneweg die *Teichsimse* (Scirpus lacustris), auch Teichbinse oder Flechtbinse genannt. In der eigentlichen Röhricht- oder Schilfrohrzone, die bis zu einer Wassertiefe von 2-3 m hinabreicht, wachsen nur wenige Arten, da die dichten Bestände des *Schilfrohrs* (Phragmites australis) anderen Pflanzen keine Lebensmöglichkeiten lassen.
Weitere wichtige Vertreter des Röhrichtgürtels sind die z.T. in Abbildung 182 dargestellten *Breitblättrigen* und *Schmalblättrigen Rohrkolben* (Typha latifolia und Typha angustifolia), der *Ästige Igelkolben* (Sparganium ramosum), *Pfeilkraut* (Sagittaria sagittifolia), *Doldige Schwanenblume* (Butomus umbellatus), *Flußampfer* (Rumex hydrolapathum), *Kalmus* (Acorus calamus), *Wasserschierling* (Cicuta virosa), *Schlangenkraut* (Calla palustris) und *Gelbe Schwertlilie* (Iris pseudacorus).
Die vegetative Vermehrung des Röhricht- und des Seerosengürtels durch Rhizome, Ausläufer u.a. ist oft so stark, daß sich von hier aus ein dichter schwimmender Pflanzenfilz als sog. *Schwingrasen,* auch "Dobben", "Fledder" oder "Schaukelmoor" genannt, gegen das offene Wasser vorschiebt, den man in mehr oder weniger großer Ausdehnung an den im Lee liegenden Westufern fast aller größeren Moorseen antrifft. Seine Pflanzendecke setzt sich außer aus den genannten Vertretern des Röhrichtgürtels vor allem aus *Teichschachtelhalm* (Equisetum fluviatile), *Wasserschwaden* (Glyceria maxima), dem *Rohr-Glanzgras* (Phalaris arundinacea), *Wasserfenchel* oder *Roßkümmel* (Oenanthe aquatica) und dem *Blutweiderich* (Lythrum salicaria) zusammen.
Die Menge des alljährlich anfallenden abgestorbenen Pflanzenmaterials ist in der Zone des übermannshohen, dicht stehenden Schilfrohrs außerordentlich groß, so daß der Boden durch Torfbildung (Schilftorf) rascher als in den anderen Pflanzengürteln aufgehöht wird. Zudem wird das kieselsäurereiche Schilf nur langsam zersetzt.

Früher wurde die Verlandung der Niedermoorseen wegen der alljährlichen Aberntung des Schilfs durch Reetschneider hinausgezögert; denn Schilfrohr war das Hauptbedachungsmaterial.

Großseggengürtel

Sobald der Boden genügend aufgehöht und gefestigt ist, schließt sich dem Teichröhricht ein Großseggengürtel an. Im tiefen Wasser hinter dem Schilfgürtel bildet die *Steife Segge* (Carex elata) große, feste Horste aus, die als Seggenbülten bezeichnet werden (Abb. 180). An nährstoffreichen Gewässern sind die *Schlanke Segge* (Carex gracilis) und die *Sumpfsegge* (Carex acutiformis), an nährstoffärmeren die *Schnabelsegge* (Carex rostrata) und die *Blasensegge* (Carex vesicaria) als Charakterarten vertreten.
Die Seggenwiesen sind vielfach mit Pflanzenarten durchsetzt, die auch in der Schilfzone auftreten. Der aus ihren Pflanzenresten entstandene Seggentorf bildet die oberste Torfschicht eines reinen Niedermoores. Auf ihm stellen sich bereits die ersten Holzgewächse (Erlen, Weiden- und Faulbaumbüsche) ein.
Mit zunehmender Entfernung vom ehemaligen Uferbereich des Gewässers nehmen Torfmächtigkeit sowie dessen Gehalt an organischem Material ab. Sinkt der Anteil an organischer Substanz im Torf schließlich unter 30 %, geht das Niedermoor in das sog. Anmoor mit Bruchwaldtorf über, oder es wird bei der Ansiedlung von Torfmoosen (Sphagnen) zu einem Übergangsmoor.

Erlenbruchwald

Der Erlenbruchwald ist einerseits das *Endglied der Verlandung* eutropher, d.h. nährstoffreicher Gewässer, andererseits war er als *standorttypische Vegetation auf den vernäßten Flächen der Niederungen* und damit in fast allen Tälern der Geest sowie weitflächig in den Marschrandmooren zu finden. Das Erlenbruch (Alnetum glutinosae) wächst immer auf Bruchwaldtorf, während die verwandten, aber artenreichen Auenwälder der Flußtäler auf mineralischen Böden stocken, deren Grundwasserspiegel und Nährstoffgehalt starken Schwankungen unterworfen sind.
Auch im Erlenbruch hängt die Artenzusammensetzung von der Höhe und Schwankung des Grundwasserspiegels, vom Nährstoffgehalt und Säuregrad des Bodens ab. Gewöhnlich herrscht in der Baumschicht jedoch die *Schwarzerle* (Alnus glutinosa) vor. Vereinzelt sind auch *Vogelbeeren* (Sorbus aucuparia), *Moorbirken, Eschen* und *Eichen* eingesprengt.

Sein charakteristisches Aussehen gewinnt der Erlenbruchwald durch die *Bulten* und die *Baumfüße,* zwischen denen nasse Schlenken liegen.

In der lichten *Strauchschicht* stehen *Faulbaum* (Rhamnus frangula), *Schwarze Johannisbeere* (Ribes nigrum), *Grauweide* (Salix cinerea), *Ohrweide* (Salix aurita), *Gagel* (Myrica gale) und *Brombeere* (Rubus spec.). In der Krautschicht finden sich an nassen Stellen auch verschiedene *Seggen, Großer Hahnenfuß* (Ranunculus lingua), *Mädesüß* (Filipendula ulmaria) und *Baldrian* (Valeriana officinalis).

Das *Wiesenschaumkraut* (Cardamine pratensis), *Sumpfdotterblume* (Caltha palustris), *Sumpf-Vergißmeinnicht* (Myosotis palustris), *Große Brennessel* (Urtica dioica), *Gundelrebe* (Glechoma hederacea), *Wolfstrapp* (Lycopus europaeus) und *Klebkraut* (Galium aparine) weisen dagegen auf etwas trockenere Standorte hin.

Da der Boden im Erlenbruchwald durch Rohhumusbildung ständig aufgehöht wird, entwachsen die Pflanzen immer mehr dem nährstoffreichen Grundwasser. Der Gleyboden wird sauer und verarmt zusätzlich durch Auswaschung. Die Oberfläche des Moores wird trockener und an die Stelle der Erle tritt die anspruchslosere Moorbirke (Betula pubescens). Je nährstoffärmer der Boden wird, desto stärker breiten sich verschiedene Moose aus. Schließlich treten in Gebieten mit genügend hohen Niederschlägen im atlantischen Klima (nordwestliche Geest) die anspruchslosen Torfmoose die Vorherrschaft an und ersticken die Bäume. Damit beginnt die Bildung des nährstoffarmen Hochmoores (Regenwassermoor).

Kultivierte Niedermoore: Aus Bruchwäldern wurden Wiesen

Die einst weit verbreiteten Erlenbruchwälder der Niederungen sind selten geworden. Teilweise wurden sie im Laufe der Zeit von Hochmooren überwuchert, doch weit stärker haben die dauernde Beweidung der graswüchsigen Brücher, die bereits seit vorgeschichtlicher Zeit nachgewiesen werden konnte, und noch stärker die Mahd sowie der Holzeinschlag die Wälder beseitigt.

Die Niedermoore wurden wegen ihres verhältnismäßig günstigen Nährstoffangebots nach der Entwässerung in *Wiesen* umgewandelt, um sie als Heugewinnungsflächen für die stets problematische Winterfutterversorgung des Viehs zu nutzen. Seit der Jahrtausendwende sind mit der Einführung der Sense, die freie Flächen benötigt, die Erlenbruchwälder, wie auch die Auwälder, in Dorfnähe und schließlich auch in den entfernteren Gebieten gerodet worden. Hier finden sich die typischen Pflanzenarten des Niedermoores lediglich noch an

Entwässerungsgräben und in den Staunässezonen, die ihrem natürlichen Standort entsprechen. Der Graswuchs ist auf den grundwassernahen Böden relativ gut. Auf entwässerten Niedermooren liefern nach entsprechender Ansaat Weidelgräser, Wiesenschwingel, Lieschgras und Weißklee ein gutes Futter.

Auf sehr nassen Wiesen überwiegen dagegen statt der genannten Süßgräser vielfach Braunmoose und wertlose *Sauergräser,* auch Riedgräser (Cyperaceae) genannt. Unter ihnen treten die Seggen (Carex) sowohl nach der Zahl der Arten als auch mengenmäßig am stärksten hervor. Schon an dem grau- bis blaugrünen Farbton, der vielen Seggenarten eigentümlich ist, kann man die vernäßten Flächen recht deutlich von den mehr gelbgrünen Süßgraswiesen unterscheiden.

Unzureichend entwässerte Wiesen sind auch an weiteren Nässezeigern, wie der *Sumpfkratzdistel* (Cirsium palustre), dem giftigen *Sumpfschachtelhalm,* auch "Duwock" genannt (Equisetum palustre), der *Sumpfdotterblume* (Caltha palustris), dem *Wiesenschaumkraut* (Cardamine pratensis) und der *Kuckuckslichtnelke* (Lychnis flos-cuculi), zu erkennen, die im Frühsommer einen farbigen Teppich bilden und damit zu einem Erkennungsmerkmal der Niedermoorböden geworden sind.

Zur Zeit zeichnet sich in den Wiesengebieten, insbesondere in den Talauen, eine gegenläufige Entwicklung ab. Da Heu nicht mehr so begehrt ist und die Wiesenflächen in den schmalen Talauen für den Maschineneinsatz oft zu klein sind, breitet sich vielfach die natürliche Vegetation bis hin zum Erlenbruchwald wieder aus, vor allem, wenn diese Flächen unter Natur- oder Landschaftsschutz gestellt worden sind (vgl. Kap.10. "Ökologie und Umweltschutz").

Pflanzengesellschaften der Hochmoore

Aufbau und Lebensbedingungen

Hochmoore sind im nördlichen Niedersachsen weit verbreitet, während sie im Süden des Landes nur auf den höchsten und feuchten Erhebungen mit mehr als 1000 mm Jahresniederschlag, im Harz und im Solling, angetroffen werden (vgl. Abb. 181).

Die Torfe der Hochmoore bestehen fast ausschließlich aus Resten der *Torfmoose,* die der einzigen, jedoch sehr artenreichen Gattung *Sphagnum* angehören. Vor der Trockenlegung der Moore bildeten sie, soweit genügend Niederschläge und Luftfeuchtigkeit das zuließen, große Polster, die an ihrer Oberfläche von Jahr zu Jahr weiterwuchsen, während die tieferen Schichten abstarben und in Torf übergingen. Dies war nur möglich, wenn Luftab-

Abb. 183: Schematischer Schnitt
durch ein echtes Hochmoor, das
sich über Niedermoorablagerungen
aufgebaut hat (n. OVERBECK
1975).

c,d = Mudden; e = Schilftorf; f = Seggentorf; g = Erlenbruchwaldtorf, darüber Birken-Kiefern-Übergangswald-
torf; h = stark zersetzter Sphagnumtorf (Schwarztorf); i = schwach zersetzter Sphagnumtorf (Weißtorf).

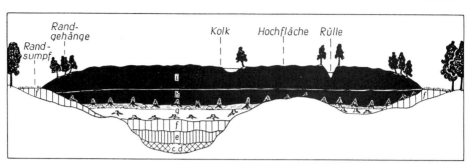

schluß (Vernässung) die Zersetzung der abgestorbenen Pflanzenteile verhinderte. Fielen die Niederschläge reichlich genug, dann schlossen sich die
einzelnen Polster zu weitflächigen Decken zusammen, deren abgestorbene untere Teile vom Wasser durchtränkt blieben, so daß die wachsende
Oberfläche immer höher verlagert werden konnte.
Allmählich erstickte die alte Vorvegetation, bei der
es sich häufig um Sukzessionsgesellschaften der
soeben beschriebenen Niedermoore gehandelt
hat.

Doch auch Geestrücken mit wasserstauenden
Schichten bzw. Bodenhorizonten sind von Torfmoosen überwuchert und die darauf stockenden Bäume zum Absterben gebracht worden (sog. "wurzel-
echte Hochmoore"). Die abgestorbenen Bäume,
meist handelte es sich um Kiefern, Birken und Erlen, wurden an der Berührungszone der nassen
Moospolster mit Luft und Holz morsch und stürz-
ten um. Heute noch findet man am Grunde nahezu aller niedersächsischen Hochmoore die kegel-
förmig zugespitzten Baumstümpfe solcher erstick-
ten Wälder (vgl. Abb. 183).

Da der Wasserreichtum in der Mitte des Hochmoores am größten war, fanden hier die Torfmoose
die günstigsten Wachstumsbedingungen. Das
Hochmoor erhielt seine typische *uhrglasförmige
Wölbung;* denn in den Randbereichen, d.h. im
Randgehänge, war infolge der natürlichen Entwässerung das Wachstum der Torfmoose schwächer.
Nur dort und am Ufer der Abflußrinnen *(Rüllen)*
auf der Hochmooroberfläche konnten sich niedrige krüppelige Bäume entwickeln. Zumeist waren
dies Birken und z.T. auch Kiefern und Erlen, die
vor dem Eingreifen des Menschen hier günstigere
Wuchsbedingungen vorfanden als auf der Geest
mit ihren konkurrenzstärkeren Buchen-Eichen-
mischwäldern.

*Torfmoose (Sphagnum) und Sonnentau (Drosera):
an Extremstandorte angepaßt*

Geobotanisch und ökologisch bilden Hochmoore
Extremstandorte und hochspezialisierte Lebensräume:

1. Die offenen, baumarmen Hochmoore unterliegen großen *Temperaturschwankungen.* Der hohe
Wassergehalt verzögert die frühjährliche Erwärmung und verkürzt dadurch die Vegetationsperiode. Entwässerte Moore sind überdies regelrechte
Frostlöcher, da die ausgetrocknete, wärmeiso-
lierende Oberflächentorfschicht in kalten, ausstrahlungsreichen Nächten die Wärmenachlieferung
aus dem Boden verhindert. Umgekehrt heizt sich
der dunkle und ausgetrocknete Torfboden an heißen Sommertagen wegen der fehlenden Wärmeab-
leitung viel stärker auf als ein Mineralboden.

2. Hochmoore sind durch einen *Mangel an Nährstoffen,* insbesondere an Stickstoff, gekennzeichnet (s.a. Kap. 5. "Böden").

3. Durch die Freisetzung von *Humussäuren* und
die fehlende Einschwemmung von neutralisieren-
dem Kalk sind die pH-Werte stets niedrig, d.h. die
Bodenreaktion bewegt sich im stark sauren Bereich
(pH 2,5-3,5; s.a. Kap. 5. "Böden").

4. Das Moorwasser ist extrem *sauerstoffarm.* Der
hohe Grundwasserspiegel engt den Wurzelraum
ganz erheblich ein.

Allen diesen Bedingungen sind die Torf- oder
Bleichmoose der Gattung *Sphagnum* am besten
angepaßt. Sie ertragen und überwinden die Nährstoffarmut, indem sie die lebensnotwendigen Mineralstoffe überwiegend durch Staub oder Regen
aus der Luft aufnehmen. Sie haben keine Wurzeln, sondern "schwimmen" regelrecht auf ihren abgestorbenen Torfpolstern oder auf dem Wasser.
Und sie vermögen sogar wochenlange Austrocknung zu überstehen. Außer den Torfmoosen sind
nur wenige Arten mit meist harten lederartigen
oder eingerollten Blättern einer so starken Beanspruchung gewachsen.

Die Feuchtigkeitsansprüche der Torfmoosarten
sind recht unterschiedlich. Beispielsweise sind die
Arten der Cuspidata-Gruppe sehr feuchtigkeitstole-
rant und daher auch raschwüchsig. Sphagnum
cuspidatum f. submersum weist Zuwachsraten von
5-6 cm im Jahr auf. Andere, weniger feuchtigkeits-
ertragende Arten bringen es dagegen nur auf 1,0
bis 1,5 cm. In jedem Jahr wachsen die Torfmoose
ein Stockwerk höher. Sie können sich gleichzeitig

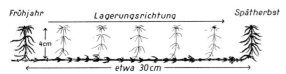

Abb. 184: Höhen- und Längenwachstum eines Torfmoos-Stämmchens (Sphagnum recurvum) im Laufe einer Vegetationsperiode (n. OVERBECK 1975).

bis etwa 30 cm in horizontaler Richtung ausdehnen (Abb. 184).

Die Torfmoose halten das Niederschlagswasser wie ein Schwamm fest. Sie vermögen etwa das zehn- bis zwanzigfache (!) ihres eigenen Gewichtes in besonderen wasserspeichernden Zellen (Hyalin- und Retortenzellen) sowie zwischen den Stengeln und Blättchen zu speichern. Das ermöglicht ihnen, wie erwähnt, längere Trockenzeiten zu überdauern. Auch die anderen Hochmoorpflanzen haben besondere Einrichtungen zum Verdunstungsschutz, die dann lebenswichtig werden, wenn die Pflanzen im Frühjahr dem spät auftauenden Moorboden nicht genügend Wasser entnehmen können.

Sonnentauarten umgehen die Nährstoffarmut ihres Standortes, indem sie Insekten mit besonderen Drüsenhaaren (Tentakeln) fangen und verdauen. Hierdurch gleichen sie den Stickstoff-, Kalium- und Phosphormangel des Hochmoorstandortes aus.

Bulten und Schlenken im zyklischen Wechsel

Unterschiedliche Wachstumsgeschwindigkeiten führen im Hochmoor zu polsterförmigen, flachen Erhebungen (sog. "Bulten") und wasserdurchtränkten Tiefen ("Schlenken", vgl. Abb. 185). Wegen ihrer höheren und daher trockeneren Lage sind die Bulten mit anderen Pflanzen besetzt als die Schlenken. Die Bulten verheiden und bleiben schließlich im Wachstum zurück. Die mit Flechten und Lebermoos bestandene Bult wird deshalb schließlich zur Schlenke, da die umliegenden feuchten Vertiefungen mit schnellwüchsigen Sphagnum cuspidatum-Arten bestanden sind und die alternden Bulten überwuchern. In genügend nassen Bereichen lebender Hochmoore wechseln somit Bulten und Schlenken räumlich und zeitlich zyklisch miteinander ab (vgl. Farbtafel 5).

Die Verlandung von Hochmoorgewässern

Bei der Verlandung von Hochmoorwasserflächen sind nicht, wie bei Niedermoorseen, üppig wachsende, nährstoffreiche Pflanzen beteiligt, sondern aufgrund der Nährstoffarmut und des hohen Huminsäuregehaltes des Hochmoorwassers ausgesprochen anspruchslose Gewächse.

Unter Wasser bilden *Torfmoose* (Sphagnum cuspidatum f. submersum) einen ersten lockeren Rasen, in dem auch das Moos Drepanocladus fluitans, die *Rasenbinse* (Juncus bulbosus) und der *Kleine Wasserschlauch* (Utricularia minor) Fuß fassen. Letztere wurzeln bereits im Torfschlamm (Dy). Die Rhizome des *Schmalblättrigen Wollgrases* (Eriophorum angustifolium) verdichten den Schwingrasen. Immer mehr Pflanzen können sich nun in dem sich verfestigenden Torfmoos-Wollgras-Rasen ansiedeln: Die *Schnabelsegge* (Carex rostrata), die *Weiße Schnabelsimse* (Rhynchospo-

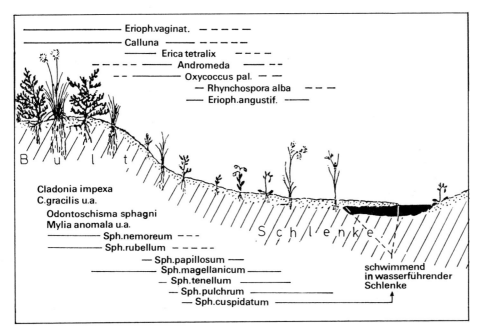

Abb. 185: Schema der Besiedlung von Bult und Schlenke im Hochmoor (n. OVERBECK 1975).

Bultvegetation: Scheiden-Wollgras, Besenheide, Glockenheide, Gränke (Rosmarinheide), Moosbeere, Becherflechten, Schlanksegge.
Schlenkenvegetation: verschiedene Torfmoose (Sphagnum), Weiße Schnabelsimse, Schmalblättriges Wollgras u.a.

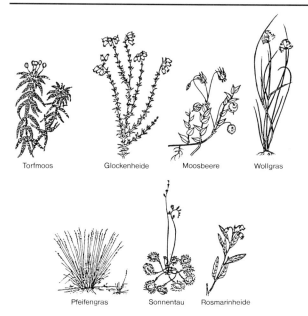

Abb. 186: Typische Hochmoorpflanzen (nicht maßstabsgetreu) (n. DIRCKSEN 1981).

ra alba), der *Fieberklee* (Menyanthes trifoliata), das *Schlanke Wollgras* (Eriophorum gracile), die selten gewordene *Blumenbinse* (Scheuchzeria palustris) und das *Weichblatt* (Malaxis paludosa). Auf dem höheren Torfmoosrasen bilden über dem Wasserspiegel wachsende Torfmoosarten (u.a. Sphagnum cuspidatum f. elatum, Sph. recurvum, Sph. magellanicum) schließlich Bulten, die aufgrund ihres geringeren Feuchtigkeitsgehaltes nun auch der *Moosbeere* (Vaccinium oxycoccus), dem *Sonnentau* (Drosera spec.) und einigen Holzgewächsen ein Fortkommen erlauben. Hierzu zählen die *Glockenheide* (Erica tetralix), die *Besenheide* (Calluna vulgaris), der *Gagel* (Myrica gale) und vereinzelt sogar kümmernde *Moorbirken* (Betula pubescens) und *Kiefern* (Pinus sylvestris).

Entwässerte Hochmoore: das Ende der Torfmoose

Viele in Naturschutzgebieten gelegene Hochmoore sind sowohl entwässert als auch weitgehend abgetorft. Bei der Entwässerung verdichtet sich die Torfmasse, der uhrglasförmige Moorkörper sackt zusammen. Eine *sekundäre Heidegesellschaft* (Ericetum tetralicis) breitet sich auf den ausgetrockneten und abgestorbenen Torfmoosen aus. Neben der Calluna und der Erica nimmt das *Pfeifengras* (Molinia caerulea) vorher gestörte Bereiche ein. Auch *Rosmarinheide* (Andromeda polifolia) ist häufig anzutreffen. Eine Charakterpflanze des entwässerten Hochmoores ist die schopfartige *Rasige Simse* (Scirpus [Baeothryon] caespitosa). Gemeinsam mit den Holzgewächsen Moorbirke, Heidelbeere, Vogelbeere und Gagel zeigt das Vorkommen

dieser Ersatzgesellschaften dem Beobachter, daß das vor etwa 5000 bis 7000 Jahren begonnene Wachstum der Hochmoore durch den Eingriff des Menschen abrupt beendet worden ist.

Die *wirtschaftliche Inwertsetzung* nichtkultivierter, entwässerter Hochmoore bestand in der Vergangenheit häufig darin, die trockene Weißtorfschicht abzubrennen und in dem aschehaltigen Boden Buchweizen auszusäen. Durch generationenlanges Moorbrennen brannte die Weißtorfschicht schließlich immer weiter herunter, wodurch das Moor wieder stärker vernäßte und schließlich auch für den Buchweizenanbau nicht mehr geeignet war.

Heute werden unabgetorfte kultivierte Hochmoore vorwiegend als *Grünland* genutzt. Ackerbau wird auf den nährstoffarmen Moorböden nur selten betrieben. Bei unzureichender Entwässerung gestaltet sich aber auch die Grünlandwirtschaft schwierig, da Kleinseggen, *Geknieter Fuchsschwanz* (Alopecurus geniculatus) und *Flatter-* sowie *Knäuelbinse* (Juncus effusus, J. conglomeratus) den Futterwert erheblich mindern. Zudem ist die Bearbeitung der Flächen mit den heute üblichen leistungsstarken, schweren Maschinen nur begrenzt möglich.

Viele ehemalige Hochmoore sind zwar entwässert und abgetorft, aber nicht kultiviert worden. In solchen verkuhlten Mooren stellen sich im Bereich der ehemaligen Torfstiche und der verbliebenen Moordämme Ersatzgesellschaften ein. Auf den geringmächtigen Torfresten wurzelt ein *Moorbirkenwald,* in dem neben der vorherrschenden Moorbirke auch Kiefer, Stieleiche, Zitterpappel, Vogelbeere, Faulbaum, Heidelbeere, Preiselbeere, Besenheide, Glockenheide, Pfeifengras u.a. vertreten sind. In den mit Wasser wieder vollgelaufenen ehemaligen Torfstichen siedeln sich das Wollgras und stellenweise das Torfmoos wieder an (vgl. Farbtafel 23).

Die Vielfalt dieser Ersatzgesellschaften trägt zum abwechselungsreichen Bild der Geest bzw. abgetorfter Moore bei. Da abgetorfte und zerstochene Moore auch ein Reservat für viele Wildtierarten sind, werden sie zunehmend unter Schutz gestellt.

8.7.5. Die Geest

Natürliche Waldgesellschaften und Landschaftswandel

Nutzungswandel auf der Geest vom frühen Mittelalter bis zur Gegenwart

Auf die recht unterschiedliche Naturausstattung der Geestgebiete und die dadurch bedingten verschiedenartigen Wuchsbedingungen für Pflanzen wurde bereits einleitend hingewiesen. Eine Vorstellung davon mag die Abbildung 187 vermitteln, die einen schematischen *Querschnitt durch ein breites Geesttal* zeigt. Hier wechseln auf verhältnismäßig engem Raum die Bodenarten miteinander: Lehmiger Sand, Lehm, Anmoor, Niedermoortorf, humoser Sand, Übergangsmoortorf, Hochmoor und Sand. In Verbindung mit dem jeweiligen Grundwasserstand würde sich dementsprechend im Talquerschnitt die *natürliche Vegetation* vom Eichen-Buchenwald über den Eichen-Hainbuchenwald, den Erlenbruch- und den Traubenkirschen-Erlenwald zum Gagelbusch, der Glockenheide- und Hochmoorvegetation, zum Birkenbruch und schließlich zum trockenen Eichen-Birkenwald hin verändern.

Unter dem Einfluß des Menschen und seines Viehs ist jedoch die natürliche Waldvegetation verschwunden und damit ein grundlegender Landschaftswandel erfolgt. Die Besiedlung in diesen Gebieten und damit die Verdrängung des natürlichen Waldes setzte bereits im frühen Mittelalter, wenn nicht schon in vorgeschichtlicher Zeit ein, und zwar im Bereich der bodengünstigen und hochwasserfreien Talrandlage, die einst vom Eichen-Hainbuchenwald eingenommen wurde.

Nach den Karten der Kurhannoverschen Landesaufnahme des 18. Jahrhunderts erstreckte sich um 1770 hinter den Höfen am Talrand auf guten Böden, kenntlich am ehemaligen Eichen-Rotbuchenwald, das Ackerland. Am feuchten, graswüchsigen Talhang unterhalb der Höfe sowie in der Talaue lagen die hofnahen Weiden und Wiesen. Auf den Torfen und Sanden der anderen Talseite dehnte sich weitflächig die Heide als extensiv genutzte Schaf- und Rinderweide aus. Sie gehörte, mit Ausnahme der Torfstichmoore, nicht Einzelbesitzern, sondern stand als Gemeinheit (Allmende, Mark) im Dienste der Allgemeinheit. Um 1770 waren die Gemeinheiten durch Überstockung mit Vieh, durch den Plaggen- und Holzhieb hoffnungslos übernutzt, so daß auf den talbegleitenden eiszeitlichen Dünen offene Sandwehen auftraten.

In den folgenden 200 Jahren hatte sich infolge der Gemeinheitsteilungen und Verkoppelungen, der Fortschritte in der Kulturtechnik und des Mineraldüngereinsatzes die Landschaft wiederum verändert: Insbesondere im Bereich der ehemaligen Heiden und Moore waren Viehweiden, Äcker und Kiefernforsten entstanden. Zwischenzeitlich wurde das Hochmoor durch bäuerlichen Torfstich genutzt, der nach der Einführung von Heizöl und Heizgas wieder aufgegeben wurde, so daß sich im Hochmoor ein Moorbirkenwald entwickeln konnte. Mit dem erreichten Zustand von 1970 ist der Kulturlandschaftswandel keineswegs abgeschlossen, sondern infolge Umstrukturierung der Land- und Forstwirtschaft noch voll im Gange, wie ein

Karten- oder Luftbildvergleich der letzten 20 Jahre leicht erkennen ließe. Teile der Talauen sind inzwischen brachgefallen, so daß sich wieder ein Erlenbruchwald entwickeln kann, alte Torfstichhochmoore werden wieder vernäßt, womit eine Neubelebung der Torfmoose erfolgt, und die Nadelwaldforsten werden zunehmend mit Laubbäumen durchsetzt.

Für die Geestgebiete konnten nur zwei *natürliche Waldgesellschaften* auf der kleinmaßstäbigen Karte der natürlichen Pflanzendecke in Niedersachsen (vgl. Abb. 177) neben den schon behandelten Hochmooren und Niedermooren ausgewiesen werden: a) die *Birken-Eichen-Buchenwälder* auf den trockenen Sandböden der Geest, die früher als natürliche Eichen-Birkenwälder angesehen wurden, und b) die *Buchen-Eichenwälder* auf den besseren anlehmigen und lehmigen Böden. Sie wurden ehemals zur Waldgesellschaft der Eichen-Hainbuchenwälder gerechnet, als man die Bedeutung der Rotbuche in den natürlichen Waldgesellschaften des Tieflandes noch nicht erkannt hatte.

Außerdem sind in die Übersichtskarte der natürlichen Vegetation noch die Pflanzengesellschaften der Auelehmdecken eingetragen worden, die ein verhältnismäßig geschlossenes Areal einnehmen würden.

Die Vegetationslandschaft der Sandgeest

Gesellschaften der natürlichen Birken-Eichen-Buchenwälder (früher: Gesellschaften der Eichen-Birkenwälder)

Das Kennzeichen der Geest sind Sandböden, auf deren geringe Fruchtbarkeit auch der Name hinweist. Auf ihnen wären von Natur aus Birken-Eichen-Buchenwälder zu finden, in denen je nach Nährstoffversorgung, Trockenheit oder Feuchtigkeit die eine oder die andere Baumart vorherrschen würde. Reste davon stocken als *Weißbirken*-(Betula pendula)-*Eichen-Buchenwald* auf den nährstoffarmen trockenen Böden, als *Moorbirken*-(Betula pubescens)-*Eichen-Buchenwald* auf den etwas feuchteren Sand- und Gleyböden, die sich im Grundwasserbereich entwickelt haben.

Die *Birke* als starker Samenproduzent und Lichtholzart herrscht dabei mehr in den jüngeren offenen, die *Eiche* mehr in den älteren Beständen vor. Die *Rotbuche* (Fagus sylvatica) wäre zwar nicht allgemein verbreitet, würde aber teilweise stark an der Zusammensetzung beteiligt sein, insbesondere dort, wo unter Sand die lehmige Grundmoräne anzutreffen ist. Mit ihrem tiefreichenden Wurzelwerk vermag die Buche aus den unterlagernden Schichten die benötigten Nährstoffe zu holen und ist damit den anderen Bäumen überlegen. Ja, die

Buche ist im Geestgebiet geradezu ein typischer Anzeiger dafür, daß im Untergrund lehmige Grundmoräne vorhanden ist. Jedoch sind die einst mit Buchen bestandenen Flächen zumeist gerodet worden, weil sie ackerwürdig sind.

Trotz ihres ehemals weiten natürlichen Verbreitungsgebietes sind nur noch wenige Restbestände der ursprünglichen Birken-Eichen-Buchenwälder zu finden. Seit dem Mittelalter und z.T. schon

in vorchristlicher Zeit wurden diese wegen ihrer geringen Wuchskraft empfindlichen Wälder durch Holzeinschlag, Viehverbiß, Plaggenhieb und Brand zu Zwergstrauchheiden heruntergewirtschaftet, wie anschließend noch zu erörtern sein wird. Später wurden sie zu Ackerland, Viehweiden oder vor allem zu Kiefernforsten.

Die *Charakterarten* des Birken-Eichen-Buchenwaldes sind auch heute noch auf ungenutzten Stel-

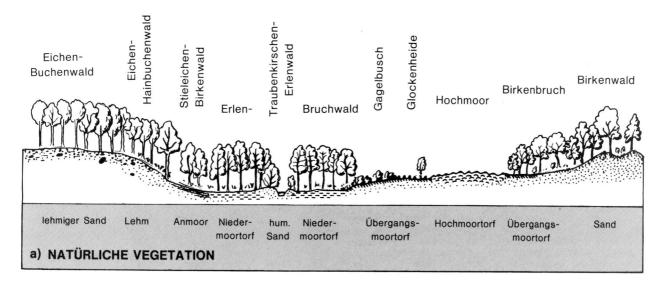

a) NATÜRLICHE VEGETATION

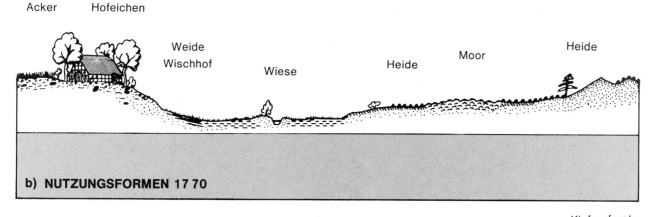

b) NUTZUNGSFORMEN 1770

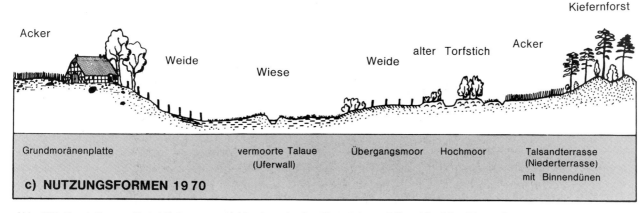

c) NUTZUNGSFORMEN 1970

Abb. 187: Vegetationsprofil und Nutzungswandel in einem breiten Geesttal vom frühen Mittelalter bis zur Gegenwart (n. TRAUTMANN 1966, verändert).

len, z.B. an Weg- und Feldsäumen (-hecken), zu finden. Neben der vereinzelt zur Baumschicht des Birken-Eichen-Buchenwaldes zählenden *Zitterpappel* (Populus tremula) gehören zur typischen Strauch- und Krautschicht dieser Pflanzengesellschaft der *Faulbaum* (Frangula alnus), die *Vogelbeere* (Sorbus aucuparia), der *Gemeine Wacholder* (Juniperus communis), verschiedene *Brombeerarten, Deutsches Geißblatt* (Jelängerjelieber, Lonicera periclymenum), *Heidekraut* (Calluna vulgaris), *Heidelbeere* (Blaubeere, Bickbeere, Vaccinium myrtillus), die *Preisel-* oder *Kronsbeere* (Vaccinium vitis-idaea), *Wiesen-Wachtelweizen* (Melampyrum pratense), *Waldweidenröschen* (Epilobium angustifolium), *Hundsveilchen* (Viola canina), *Siebenstern* (Trientalis europaea), *Zweiblättrige Schattenblume* (Majanthemum bifolium), *Tüpfelfarn* (Polypodium vulgare), *Adlerfarn* (Pteridium aquilinum), *Schafschwingel* (Festuca ovina), *Gemeines Straußgras* (Agrostis vulgaris) und die *Geschlängelte Schmiele* (Deschampsia flexuosa).

An atlantischen und subatlantischen Pflanzen sind die immergrüne *Stechpalme* (Ilex aquifolium), auch "Hülse" genannt, *Rankender Lerchensporn* (Corydalis claviculata) und vor allem der weit verbreitete *Besenginster* (Brahmbusch, Sarothamnus scoparius) vertreten. Hinzu kommt in feuchten Senken auch der *Gagel* (Myrica gale), der in der Lüneburger Heide "Postbusch" heißt und dessen Blätter früher statt des Hopfens dem Bier als Würze und Konservierungsmittel beigesetzt wurden.

Auf ausgelaugten sandigen Böden bildet der Adlerfarn dichte Bestände. Unter den zahlreichen Gräsern dieser Pflanzengesellschaft sind besonders die Geschlängelte Schmiele und das *Weiche Honiggras* (Holcus mollis) aufgrund ihres häufigen Auftretens hervorzuheben.

Die Heide als Waldersatzgesellschaft: an karge Böden angepaßt

Die trockenen und sehr trockenen Birken-Eichen-Buchenwälder wurden z.T. schon in vorgeschichtlicher Zeit durch Brandrodung und Viehwirtschaft schwer geschädigt. Vor allem aber die intensive Waldweidewirtschaft führte zur Vernichtung des Waldes, indem sie keinen oder nur wenig Jungwuchs aufkommen ließ. Lediglich stachelige und bittere oder giftige Sträucher und Bäume, wie *Wacholder* (Juniperus communis) und *Besenginster* (Sarothamnus scoparius), in Westniedersachsen auch die *Stechpalme* (Ilex aquifolium) sowie die vom Vieh gemiedenen Schmielen, Borstgräser und auch der Adlerfarn, konnten sich als *Verbißvegetation* behaupten.

Außerdem war die natürliche Regenerationskraft des Waldes auf den nährstoffarmen, trockenen Sandböden des Birken-Eichenwaldes nur gering. Die ständige Übernutzung dieses labilen Ökosystems durch den Menschen bzw. sein Vieh ließ aus dem Wald eine weithin offene Landschaft werden - die Heide. Sie war, wenn man von den Wacholderbüschen absieht, weitgehend baumlos und nur in feuchten Bereichen mit Buschwerk (Stühbüsche, Kratt) durchsetzt. Restbestände solcher Heideflächen findet man heute nur noch in den Gebieten, die regelmäßig von Schafen abgeweidet werden, wie im Naturschutzgebiet Lüneburger Heide (vgl. Farbtafeln 3 und 24).

Die Folge der Verheidung war eine verstärkte Auswaschung (Podsolierung) des nur durch spärlichen Pflanzenbewuchs geschützten sauren Bodens, die örtlich zur *Ortsteinbildung* führte. Pflanzenwurzeln vermögen die harte Ortsteinschicht oft nicht zu durchdringen, und stellenweise wird der Luft- und Wasserhaushalt durch Wasserstauungen gestört. Auf den durch Schafweide, Plaggenhieb und die Podsolierung zusätzlich entwerteten Böden können nur wenige anspruchslose Pflanzen Fuß fassen. Hier ist an erster Stelle die Besenheide (Calluna vulgaris) zu nennen, die in der *Gesellschaft der Trockenen Sandheide* (Calluna-Genistetum typicum) flächendeckende Bestände bildet. Sie tritt dort an die Stelle des ehemaligen Weißbirken-Eichen-Buchenwaldes.

Die *Besenheide* (Calluna vulgaris), aus der, wie der Name sagt, früher Besen und Bürsten angefertigt wurden, ist den trockenen Sandböden gut angepaßt. Die verhältnismäßig starken Winde auf den offenen Heideflächen bewirken eine hohe Verdunstungsrate. Die immergrüne Heide hat deshalb kleine, eingerollte Blätter, eine verdickte Blattaußenschicht (Cuticula) und Haare auf den Blattunterseiten, die die Windgeschwindigkeit reduzieren und dadurch die Wasserdampfabgabe an heißen bzw. windigen Tagen verringern. Der geringe Nährstoffgehalt des sauren Bodens genügt der Heide zum Wachstum, und auch dem ständigen Verbiß durch die Schafe widerstehen die Pflanzen ohne Schaden, ja sie benötigen ihn sogar; denn unterbleibt die ständige Verjüngung der Heide durch Verbiß, Abplaggung, Brand oder Mahd, so setzt nicht nur eine Wiederbewaldung der degradierten Böden mit Birken, Kiefern und Eichen ein, sondern sie wird auch "räudig", d.h. die Heide wächst bis in Brusthöhe auf, geschlossene Filze von Rentierflechten wuchern in ihrem Astwerk und schließlich stirbt sie - oft flächenhaft - ab.

Das niedersächsische Geestgebiet gehört noch zum Bereich der *Küstenheiden,* die auch als "atlantische Zwergstrauchheiden" bezeichnet werden, denn die Besenheide zählt noch zu den atlantischen Florenelementen. Einerseits erfriert sie in strengen Wintern bei länger andauernder starker Kälte und fehlender schützender Schneedecke; andererseits vertrocknet sie in extremen Dürrejahren, also bei Witterungsbedingungen, wie sie im weiter östlich liegenden kontinentalen Klimabereich häufiger vorkommen.

In die Bestände der vorherrschenden Besenheide, die im August weitflächig hellviolett blüht, mischen sich nur wenige andere Vertreter. Es sind vor allem niedrige Gräser: *Schafschwingel* (Festuca ovina), *Drahtschmiele* (Deschampsia flexuosa) und *Dreizahn* (Sieglingia decumbens). Spärlich sind auch *Englischer* und *Behaarter Ginster* (Genista anglica und Genista pilosa) zu finden. Zur typischen Vegetation gehören vor allem säulenförmige *Wacholder,* in deren Stachelschutz auch Vogelbeeren heranwachsen.

Im Küstenbereich und im Emsland bilden *Krähenbeeren* (Empetrum nigrum) stellenweise einen immergrünen Teppich. Flechten, besonders Becherflechten (Cladonia-Arten), darunter die *Rentierflechte* (Cladonia rangiferina), bedecken fleckenweise den mageren Boden. Moose sind auf dem trockenen Substrat selten.

In der aus dem Moorbirken-Eichenwald entstandenen *Feuchten Sandheide* sind Feuchtigkeit anzeigende *Glockenheide* (Erica tetralix) und das *Pfeifen-* oder *Bentgras* (Molinia caerulea) stärker vertreten. Dazu gesellt sich häufig noch die *Sparrige Binse* (Juncus squarrosus). An einigen nassen Stellen ist auch die *Moorlilie* (Beinbrech; Narthecium ossifragum) zu finden. Die Artenvielfalt und -zusammensetzung entspricht ansonsten in Abhängigkeit von der jeweiligen Standortgegebenheit weitgehend derjenigen der Trockenen Sandheide.

Aus der Lüneburger Heide wurde der Lüneburger Wald: Heideumbruch und Aufforstungen mit Kiefern seit 150 Jahren

Etwa um 1750 hatten durch die *Heidebauernwirtschaft* mit Schnuckenhaltung, Plaggenhieb und Heidebrennen die Heideflächen ihre größte Ausdehnung erreicht. Zwischen den vielen Dörfern der Lüneburger Heide, des Hümmlings, des Emslandes und anderer Geestgebiete nahmen sie bis zu drei Vierteln der Gesamtfläche ein. Erst mit der Aufteilung der großen, vorher gemeinsam genutzten Gemeinheiten (Marken, Allmenden) etwa seit 1820 und mit dem Preisverfall bei Schnuckenwolle und Honig sowie mit der Verwendung des "Kunstdüngers", der mit der Bahn kam, setzten *Kultivierungen* ein.

Auf den besseren Böden erfolgte der Heideumbruch zu Ackerland. Weit stärker war die Umwandlung zu Viehweiden. Sie ließen sich überall dort anlegen, wo die *Glockenheide* (Erica tetralix) die hinreichende Feuchtigkeit für den Graswuchs anzeigte.

Die stärkste Zunahme erfuhren jedoch in den Heidegebieten die Wälder. Sie wurden nicht als standortgemäße Birken-Eichen-Buchenwälder angelegt, sondern aus wirtschaftlichen Gründen entstanden durch *Aufforstung* mit standortfremden Kiefern Nadelwälder, die schon beim ersten Durchforsten als Grubenholz und anschließend als Bauholz abgesetzt werden konnten (vgl. Kap. 10. "Ökologie und Umweltschutz").

Im Jahre 1768 wurden in der *Lüneburger Heide* die ersten *Kiefernpflanzungen* vorgenommen, um 1900 war die Aufforstung im wesentlichen abgeschlossen. Heute sind dort etwa 40% der Bodenfläche mit Forsten bedeckt, die zu drei Vierteln Kiefernreinbestände sind. Damit ist aus der Lüneburger Heide im Verlauf von 150 Jahren *eines der größten Waldgebiete Deutschlands* geworden und die traditionelle Heidschnuckenzucht fast zum Erliegen gekommen. Ohne den Verbiß der Heidschnucken würde sich auf den noch verbliebenen Heideflächen, z. B. im Naturschutzpark Lüneburger Heide, sehr schnell wieder ein Anflugwald aus Birken, Kiefern, Eichen und z.T. auch Buchen ansiedeln. Die Existenz der Heideflächen ist somit eng an die extensive Form der Schafhaltung gebunden.

Die *Kiefernforsten* sind sehr artenarm. Die Charakterarten der Sandheide sind auch im Unterholz selten zu finden, da der dichte Kiefernbestand sowie die Nadelstreu durch Veränderung des Mikroklimas und des Wasserhaushaltes anderen Pflanzen keine Lebensmöglichkeit läßt. Lediglich an lichten Stellen des Bestandes findet man inselartig Besenheide. In der Bodenschicht herrschen Moose und Flechten, zumeist Cladonia-Arten, vor *(Cladonien-Kiefernforst).* Nur vereinzelt finden hier *Schafschwingel* (Festuca ovina), *Silbergras* (Corynephorus canescens), *Sandsegge* (Carex arenaria), *Langhaariges Habichtskraut* (Hieracium pilosella) und *Bergglöckchen* (Jasione montana) genügend Lebensraum. Lediglich an etwas feuchteren Standorten treten auch *Vogelbeere* (Eberesche, Sorbus aucuparia), *Besenginster* (Sarothamnus scoparius) und verschiedene Brombeerarten auf. Vereinzelt sind noch typische Vertreter des ehemaligen Birken-Eichen-Buchenwaldes anzutreffen, z.B. *Adlerfarn* (Pteridium aquilinum) und *Wiesen-Wachtelweizen* (Melampyrum pratense).

Die artenarmen Kiefernbestände sind als vom Menschen geschaffene (anthropogene) Ersatzgesellschaften ökologisch sehr labil. Ihre natürliche Abwehrkraft gegenüber Holzschädlingen (z.B. Kiefernspinner, Dendrolimus pini) ist wesentlich geringer als die des artenreichen natürlichen Birken-Eichen-Buchenwaldes. Auch die Anfälligkeit gegenüber starken Stürmen und Waldbränden ist nicht mit der einer natürlichen Pflanzengesellschaft zu vergleichen, wie u.a. die Sturmkatastrophe vom 13. November 1972 und die großen Waldbrände im Sommer 1975 im Bereich der Südheide gezeigt haben. Vermutlich besteht auch ein direkter Zusammenhang zwischen der Bestandsdichte in Monokulturen und dem Waldsterben.

Die Bestrebungen der Forstwirtschaft, bei Wiederaufforstungen Mischbestände von Laub- und Nadelhölzern anzulegen, lassen sich jedoch nicht in allen Fällen verwirklichen, da auf den sauren Sandböden der Binnendünen und Flugsanddecken nur die anspruchslose Kiefer ein wirtschaftlich befriedigendes Fortkommen zeigt.

Sandtrockenrasen: anspruchslose Rasengesellschaft auf Wehsanden und Binnendünen

Am eintönigsten und artenärmsten sind die auf fast reinen, stark sauren Quarzsanden der *Binnendünen* angelegten Kiefernforsten (vgl. Abb. 187). Erst mit Hilfe der Kiefern ist es gelungen, die zuvor durch die übermäßige Beweidung häufig in Bewegung befindlichen Dünensande wieder festzulegen. Auf diesen Binnendünen besteht die natürliche Vegetation aus einem *Sandtrockenrasen* mit kleinen bultenbildenden *Silbergrasfluren* (Spergulo-Corynephoretum). Deren Hauptvertreter sind das *Silbergras* (Corynephorus canescens), der *Frühlingsspörgel* (Spergula morisonii), die *Sandsegge* (Carex arenaria), der *Bauernsenf* (Teesdalia nudicaulis), das *Hundsstraußgras* (Agrostis canina), das *Schimmelkraut* (Filago minima), der *Kleine Sauerampfer* (Rumex acetosella) und andere Magerkeitsanzeiger.

Diese Pionierpflanzen verfestigen die durch Windriß, Viehtritt oder menschliche Einwirkung in Bewegung geratenen Dünensande immer wieder. *Rentierflechten* (Cladonia rangiferina) breiten sich mitunter derart stark aus, daß neben ihnen kaum andere Pflanzen hochkommen. Erst wenn die Sande festliegen, siedeln sich auch *Habichtskraut* (Hieracium spec.), *Bergglöckchen* (Jasione montana), *Gemeines Ferkelkraut* (Hypochoeris radicata) und *Schafschwingel* (Festuca ovina) an. Das Endstadium der Wiederbesiedlung ist ein charakteristischer Sandtrockenrasen mit den oben genannten Vertretern, der durch die Bepflanzung der Binnendünen mit Kiefern jedoch weitgehend verdrängt worden ist.

Ackerflächen auf Heideböden: Mineral- und Gülledüngung, Beregnung und Maisanbau bringen nie gekannte Erträge

In jüngster Zeit werden selbst die trockenen, geringwertigen Heideböden zunehmend ackerbaulich ge-nutzt. Mit Hilfe von Mineraldünger und künstlicher Beregnung lassen sich auch auf den dürftigen Sandböden zufriedenstellende Ernteerträge erzielen. Der Spargelanbau auf Dünen- und Flugsanddecken hat schon Tradition. Neben Roggen, Hafer und Gerste werden ausgesprochen gute und gesunde Kartoffeln auf den leichten Böden erzeugt. Hauptsächlich auf der Sandgeest zwischen Weser und Ems, zunehmend aber auch in anderen Geestgebieten hat der Anbau von Futter- (Silo-) mais im Zusammenhang mit der Veredlungswirtschaft und der hierbei anfallenden Gülle seit Ende der 60er Jahre eine beachtliche Ausweitung erfahren. Der Mais ist nicht nur ein besonders guter "Gülleverwerter", sondern er erzielt auf den Heideböden auch nie zuvor erreichte Erträge.

Die intensive landwirtschaftliche Nutzung jahrhundertelang extensiv bewirtschafteter Heideflächen verdeutlicht, das läßt sich abschließend feststellen, wie kaum ein anderes Beispiel, wie der Mensch eine vergleichsweise arme Naturlandschaft mit den heutigen technischen Mitteln in eine für ihn wirtschaftlich bedeutsame Kulturlandschaft umwandeln kann, sofern sich die Umwandlung finanziell lohnt. In nur 150 Jahren hat sich dadurch das Landschaftsbild tiefgreifend verändert: Aus weiträumigen Heideflächen ist ein Mosaik aus Waldgebieten, Feldern und Grünland geworden.

Vegetationslandschaften auf lehmiger Grundmoräne und Sandlöß: Gesellschaften der natürlichen Buchen-Eichenwälder (früher: Gesellschaften der Eichen-Hainbuchenwälder)

Der Rotbuchen-Eichenwald: Heute weitgehend Ackerland

Dort, wo die Grundmoräne nicht von Nachschütt-, Tal- oder Flugsanden überdeckt worden ist, oder wo auf der Geest Sandlößablagerungen auftreten, stockt auf mittelguten Braunerde- und Parabraunerdeböden ein artenreicher Buchen-Eichenwald. Auch die Sandlößflächen des Tieflandes bieten in größerer Verbreitung günstige Standorte derartiger Wälder. Zu nennen sind in diesem Zusammenhang vor allem die Sandlößflächen der Meppen-Nienburger Geest und des Uelzener Beckens. Die Buchen-Eichenwälder haben trotzdem ein wesentlich kleineres Verbreitungsgebiet als die Pflanzengesellschaften der Birken-Eichen-Buchenwälder (vgl. Abb. 177).

In den natürlichen Buchen-Eichenwäldern ist die *Rotbuche* (Fagus sylvatica) vorherrschend, die nach den Pollendiagrammen erst verhältnismäßig spät in Niedersachsen eingewandert ist (vgl. Abb. 174) und in der Zeit zwischen 500 und 850 n. Chr.

ihre größte Ausbreitung erreichte. Mit der sog. Landnahme in dieser Zeit und ersten Rodungsperiode wurden die Buchen-Eichenwälder wegen der guten Böden, auf denen sie stockten, weitgehend zu Ackerland. Doch auch schon 3000 - 2000 Jahre vorher wurden mit der Einführung des Ackerbaus in den Geestgebieten viele Flächen der Buchen-Eichenwälder in Ackerkultur genommen. Allerdings diente statt der damals noch fehlenden Buche vermutlich vor allem die Linde für die ersten Bauern als Anzeiger für gute, ackerfähige Böden, auf denen man den Wald rodete.

Wichtige Vertreter der natürlichen Buchen-Eichenwälder sind in der Baumschicht neben der dominierenden hochstämmigen Rotbuche die *Hainbuche* (Carpinus betulus), die gutwüchsige *Stieleiche* (Quercus robur) und die *Traubeneiche* (Quercus petraea), aber auch die *Winterlinde* (Tilia cordata), *Vogelkirsche* (Prunus avium) und *Esche* (Fraxinus excelsior). Eine dichte *Strauchschicht* bilden *Hasel* (Corylus avellana), *Weißdorn* (Crataegus monogyna), *Hartriegel* (Cornus sanguinea), *Pfaffenhütchen* (Euonymus europaeus), *Schneeball* (Viburnum opulus) und viele andere Arten.

Als Charakterpflanzen der *Krautschicht* treten *Buschwindröschen* (Anemone nemorosa), *Waldmeister* (Galium odoratum), *Efeu* (Hedera helix), *Scharbockskraut* (Ranunculus ficaria), *Zweiblatt* (Listera ovata), *Maiglöckchen* (Convallaria majalis), *Adlerfarn* (Pteridium aquilinum), *Sauerklee* (Oxalis acetosella), *Goldnessel* (Galeobdolon luteum) und andere anspruchsvolle Arten auf.

Wegen seiner stattlichen Eichen und seiner überdurchschnittlichen Regenerationskraft wurde der Buchen-Eichenwald bis in die Mitte des vorigen Jahrhunderts als *Hudewald* sehr geschätzt. Reste solcher Hudewälder stellen das Hasbruch bei Delmenhorst und der "Neuenburger Urwald" bei Varel sowie Teile des Baumwegs bei Ahlhorn dar, in denen die Eichen wegen der Eichelmast jahrhundertelang geschont wurden. Nachdem die Beweidung aufgehört hat, breitet sich kräftig die Buche aus.

Der frische Rotbuchen-Eichenwald war wegen seiner guten Nährstoffversorgung gegen die Beweidung weniger empfindlich als die Birken-Eichen-Buchenwälder. Hier kam es kaum zur Verheidung und Ortsteinbildung.

In der Regel sind an die Stelle des Waldes ertragreiche Äcker getreten, auf denen heute z. T. Weizen und Zuckerrüben angebaut werden. Auch Gerste, Mais und andere Futterpflanzen liefern gute Erträge. In den noch vorhandenen Wäldern findet man neben den Buchen und Eichen an Nadelgehölzen statt der Kiefern vor allem Fichten und Lärchen sowie Douglasien (Pseudotsuga menziesii) und Weymouths-Kiefern (Pinus strobus).

Der Feuchte Eichen-Hainbuchenwald: idealer Siedlungsstandort der alten Geestdörfer

An den Rändern der Geestplatten, zwischen den Erlenwäldern der Niederungen und den Buchen-Eichenwäldern der Grundmoränen, stockt bei guter Wasserversorgung durch austretendes, nährstoffhaltiges Grundwasser von Natur aus ein feuchter Eichen-Hainbuchenwald mit üppig wachsenden *Eichen, Hainbuchen, Linden, Eschen, Ulmen* (Ulmus minor), *Vogel-* und *Traubenkirschen* (Prunus padus), wilder *Birne* (Pyrus pyraster), *Haselsträuchern, Holunder* (Sambucus nigra), *Weißdorn, Wildrosen* sowie wilden *Johannis-* und *Stachelbeeren*. Der reiche Pflanzenbestand und die günstige hochwasserfreie Position dieser Waldstreifen an den oberen Talrändern ließen in prähistorischer Zeit in einer solchen *idealen Siedlungslage* (vgl. Abb. 187) die meisten Geestdörfer entstehen.

Der feuchte Eichen-Hainbuchenwald setzte infolge seiner starken Ausschlagfreudigkeit einer Verdrängung und Überführung in Kulturland einen deutlich größeren Widerstand entgegen als der Rotbuchen-Eichenwald. Noch heute sind Restbestände des feuchten Eichen-Hainbuchenwaldes im grundwassernahen und damit nicht ackerfähigen Übergangsbereich an den Rändern der Geestplatten und an Talhängen verschiedentlich anzutreffen. Sie sind die letzten Zeugen der seit nunmehr 4500 Jahren dauernden Umwandlung der Naturlandschaft mit ihren natürlichen Pflanzengesellschaften in eine Kulturlandschaft, deren Ersatzgesellschaften heute das Bild der Geest zu einem abwechslungsreichen Kulturlandschaftsmosaik umgeformt haben.

8.7.6. Pflanzengesellschaften der Talauen

Der Auenwald

Artenreiche Waldgesellschaft auf fruchtbarem Schwemmlöß

Bei den natürlichen Waldgesellschaften der zeitweilig überschwemmten Talauen und Niederungen ist zu unterscheiden zwischen Erlen- (bzw. Birken-) Bruchwäldern und Auenwäldern. Erlenbruchwälder (vgl. Abb. 187) sind charakteristisch für die nährstoffarmen Geest-, Moor- und Marschgebiete. In den Bruchwäldern bildet sich Torf, in den Auenwäldern nicht. Auenwälder sind bezeichnend für das Bergland und für die Lößbördegebiete, in deren Talauen Schwemmlöß (Auelehm, Hochflutlehm) ein nährstoffreiches Substrat für eine im Auenwald üppige und artenreiche Flora bildet (vgl. Abb. 188).

Da die von den Lößböden abgespülten Bodenteile als Schwebstoffe in den Flüssen weit nach Norden verfrachtet und teilweise in den Talauen der Geestgebiete wieder abgesetzt werden, finden sich einige wenige Auenwälder auch im Geestbereich an der Elbe, Aller, Oker, Fuhse, Leine und Weser (vgl. Abb. 177). Sie sind gewissermaßen mit dem Auelehm weit nach Norden getragene *Fremdlingsformen,* die für die Geestgebiete die besten Böden aufweisen und deshalb mit Ausnahme geringer Reste überall gerodet und in fruchtbares Kulturland überführt worden sind.

Aufgrund der unterschiedlichen Überschwemmungsebenen in einer Talaue weisen die natürlichen Pflanzengesellschaften des Auenwaldes in der Regel eine deutliche *Zonierung* auf. Diese ist in Abhängigkeit von der Mächtigkeit der Auelehmdecken sowie der Häufigkeit und Dauer der Überflutungen in den jeweiligen Talauen recht unterschiedlich ausgebildet. Deshalb kann hier am Beispiel des Wesertales lediglich eine mögliche - aber weit verbreitete - Zonierung der Auenwaldvegetation

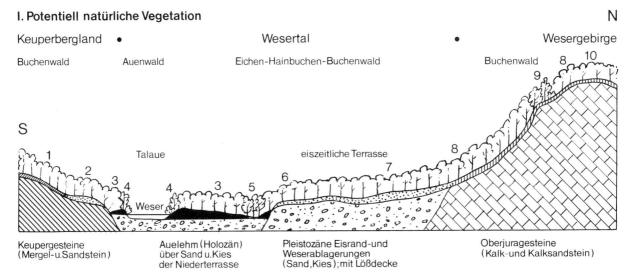

1 Hainsimsen-Buchenwald **2** Buchenmischwald **3** Stieleichen-Eschenwald, rein oder mit Übergang zum artenreichen Eichen-Hainbuchen-Wald (Hartholzaue) **4** Mandelweidengebüsch, Silberweiden-Wald (Weichholzaue) **5** Traubenkirschen-Erlen-Eschenwald, artenreicher feuchter Eichen-Hainbuchenwald **6** Artenarme u. -reiche Eichen-Hainbuchen- u. Buchenwälder (weicher, edaphisch u. klimatisch bedingter Übergang zum Buchenwald) **7** Hainsimsen-Buchenwald auf Lößlehm **8** Perlgras-Buchenwald **9** Orchideen-Buchenwald **10** Farn-Perlgras-Buchenwald

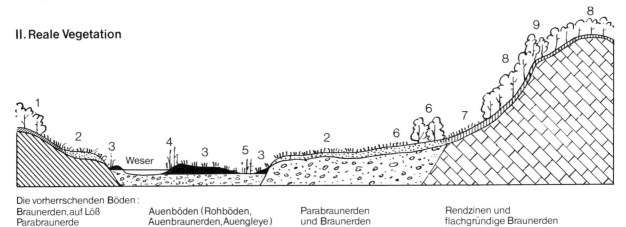

Die vorherrschenden Böden:
Braunerden, auf Löß   Auenböden (Rohböden,   Parabraunerden   Rendzinen und
Parabraunerde   Auenbraunerden, Auengleye)   und Braunerden   flachgründige Braunerden

1 Hainsimsen-Buchenwald **2** Kamillen- u. Erdrauch-Ackerfluren in armer u. reicher Ausbildung **3** Glatthafer-Wiesen oder Weidelgras-Weißklee-Weiden zum Teil in Abwechslung mit reichen Kamillen- u. Erdrauch-Ackerfluren **4** Flußmeldenflur, Platt-Binsen-Rasen, Rohrglanzgras-Röhricht **5** Großeggen-Sumpf oder Kohldistel-Wiese **6** Waldbestände oder Erdrauch- und Kamillen-Ackerfluren, Bergkamillengesellschaften **7** Kamillen- u. Acker-Frauenmantel-Erdrauch- u. Adonisröschen-Gesellschaften der Äcker **8** Perlgras-Buchenwald verschiedener Ausbildung **9** Orchideen-Buchenwald

◼ Auelehm   ▦ Lößlehm   ▨ Keuperverwitterungsdecken   ▥ Kalkverwitterungsdecken

Abb. 188: Schematisches Nord-Süd-Profil durch das Wesertal zwischen Wesergebirge und Lipper Keuperbergland mit ursprünglicher (potentiell-natürlicher) und heutiger (realer) Vegetation (n. LEIPPERT, aus: MIOTKE 1971, verändert).

vorgestellt werden. Bei dieser Betrachtung bleiben die in Abb. 188 gleichfalls ausgewiesenen Vegetationseinheiten der höher gelegenen Flußterrassen und oberen Talhänge unberücksichtigt. Sie werden bei den Pflanzengesellschaften des Berg- und Hügellandes mit behandelt.

Zonierung des Auenwaldes

Der bei Niedrigwasser trockenfallende Schlamm des Flußbettes wird von nitrophilen (stickstoffliebenden) Pionieren mit kurzer Vegetationsperiode besiedelt. Es handelt sich meist um Melden-Arten (Atriplex div. spec.).

In der Höhe der Mittelwasserlinie bilden *Korb-* und *Mandelweide* (Salix viminalis; S. triandra) häufig schmale Gebüschstreifen, die bei Hochwasser am stärksten der reißenden Kraft der Flut ausgesetzt sind. Die Weiden setzen durch Schmalblättrigkeit und Biegsamkeit ihrer Zweige dem strömenden Wasser jedoch nur geringen Widerstand entgegen und sind deshalb gut den spezifischen Standortgegebenheiten angepaßt.

Der uferbegleitende *Weidenbuschgürtel* bildet den Saum eines angrenzenden Weidenwaldes (Salicetum albofragilis), der hauptsächlich aus *Bruch-* und *Silberweiden* (Salix fragilis; S. alba) gebildet wird. Diese oft überflutete *Weichholzaue* steht im höheren Bereich des Überschwemmungsgebietes in engem Kontakt mit dem Stieleichen-Eschenwald (vgl. Abb. 188). Auch die Artenzusammensetzung dieses Auenwaldes wird weitgehend von der Häufigkeit, Dauer, Höhe und dem Zeitpunkt der Überschwemmungen geprägt. Zudem beeinflussen die chemisch-physikalischen Eigenschaften des angeschwemmten Bodenmaterials die jeweilige Artengemeinschaft. In der Regel gelten hier aber *Esche* und *Flatterulme* (Ulmus laevis) als bestandsbildende Baumarten. Häufig sind auch *Stieleiche* und *Feldahorn* (Acer campestre) vertreten. Die zugehörige Strauchschicht besteht u.a. aus *Rotem Hartriegel* (Cornus sanguinea), *Echtem Kreuzdorn* (Rhamnus cathartica), *Schneeball* (Viburnum opulus), wilder *Brombeere* und *Roter Johannisbeere*.

Auf den tiefgründigen und nährstoffreichen Böden entwickelt sich eine üppige *Krautschicht*. Vielfach handelt es sich um Geophyten (Pflanzen, deren Überdauerungsorgane unterhalb der Erdoberfläche liegen), von denen als wichtigste genannt seien: *Scharbockskraut* (Ranunculus ficaria), *Aronstab* (Arum maculatum), *Hohler Lerchensporn* (Corydalis cava) und *Moschuskraut* (Adoxa moschatellina). Zusätzlich bilden *Mädesüß* (Filipendula ulmaria), *Waldengelwurz* (Angelica sylvestris), *Brennessel* (Urtica dioica), *Giersch* (Aegopodium podagraria), *Winde* (Convolvulus sepium), *Labkraut* (Gali-

um aparine), *Lichtnelke* (Silene dioica), *Blutweiderich* (Lythrum salicaria), *Milzkraut* (Chrysosplenium alternifolium), *Waldveilchen* (Viola sylvestris), *Gelber Goldstern* (Gagea lutea), *Gelbes Windröschen* (Anemone ranunculoides), *Waldziest* (Stachys sylvatica), *Bärlauch* (Allium ursinum) u.a. einen flächendeckenden Vegetationsteppich.

Die *Hartholzaue des Stieleichen-Eschenwaldes* geht in den überschwemmungsärmeren bis -freien Randbereichen der Talauen, für den ungeübten Beobachter oft unmerklich, in einen feuchten, grundwasserbeeinflußten Eichen-Hainbuchenwald über, der nach Artenvielfalt und -zusammensetzung im wesentlichen dem Feuchten Eichen-Hainbuchenwald der Lößbörden entspricht.

Die Talauenvegetation erfährt durch die eigenständigen *Pflanzengesellschaften der Totarme und Hochflutmulden* eine zusätzliche Bereicherung. Hier kommt es zur Entwicklung von Niedermoorgleyen, die stark grundwasserbeeinflußt sind. Typisch für diese Standorte sind *Traubenkirschen-Eschenwälder*, die oftmals in *seggenreiche Erlenbruchwälder* übergehen. Ähnliche Bestände kommen auch außerhalb der Aue an Stellen mit Hangwasseraustritten vor.

Obgleich die Artenvielfalt der nährstoffreichen Talauen hier nicht näher erläutert werden kann, vermittelt das Vegetationsprofil der Abbildung 188 doch einen Eindruck von dem engen Nebeneinander verschiedener Untergesellschaften innerhalb der Talauenlandschaft. Bis zur Ausräumung durch den Menschen waren die Talauen mit ihrer vielgestaltigen Vegetation deshalb ein einzigartiger Großbiotop, der einer Vielzahl von Tieren, die heute bereits ausgestorben oder selten geworden sind, Lebensraum bot (vgl. Kap. 9. "Tierwelt" und 10. "Ökologie und Umweltschutz").

Das heutige Vegetationsbild

Kulturland seit dem frühen Mittelalter

Von der einstigen Artenvielfalt und -dichte ist im heutigen Vegetationsbild zumeist nicht viel geblieben. Wegen der hervorragenden Bodengüte der Auelehmdecken, die in den Tälern von Weser, Elbe, Leine, unterer Aller, um nur die wichtigsten zu nennen, auch die Geestgebiete durchziehen (vgl. Abb. 177), hat die natürliche Vegetation seit Beginn des frühen Mittelalters den Kulturpflanzen weichen müssen.

Lediglich die uferbegleitenden Weidenbüsche sind *letzte Zeugen des Auenwaldes*. Zwischen ihnen breiten sich unmittelbar am Wasser auf kiesigem Substrat eine Flußmeldenflur (Chenopodium fluviatile) oder Rasen von *Platt-Binse* (Juncus compressus) und *Straußgras* (Agrostis stolonifera) aus.

Uferwärts schließen sich *Rohrglanzgras* (Phalaris arundinacea) und *Stumpfblättriger Ampfer* (Rumex obtusifolius) an. Die Weidenbüsche sind häufig von *Brennesseln* (Urtica dioica), *Rüben-Kälberkropf* (Chaerophyllum bulbosum), *Zaunwinde* (Convolvulus sepium) und *Hopfenseide* (Cuscuta europaea) gesäumt.

Der Stieleichen-Eschenwald wurde größtenteils in Grünland umgewandelt. Es handelt sich dabei um fruchtbare *Fettwiesen,* die mit *Glatthafer* (Arrhenatherum elatius), *Wiesen-Rispengras* (Poa pratensis) und *Wiesenschwingel* (Festuca pratensis) bestanden sind. Unter den Kräutern fallen besonders *Großer Wiesenknopf* (Sanguisorba officinalis), *Wiesensilge* oder Silau (Silaum silaus) und *Beinwell* (Symphytum officinale) auf. Bei guter Stickstoffdüngung sind *Bärenklau* (Heracleum sphondylium) und andere Doldenblütler stark vertreten. Werden die Grünlandflächen als Weiden genutzt, dann sind hier wertvolle *Weidelgras* (Lolium perenne) - *Weißklee* (Trifolium pratense) - *Weiden* zu finden, die an Futterqualität und -ertrag ihresgleichen suchen. Eine mangelnde Grünlandpflege ermöglicht es jedoch der hartblättrigen, vom Vieh gemiedenen *Rasenschmiele* (Deschampsia caespitosa) größere Flächen einzunehmen.

An die Stelle der Traubenkirschen-Erlen-Eschenwälder sind vernäßte Wiesen mit *Sumpfdotterblumen* (Caltha palustris) und *Kohldistel* (Cirsium oleraceum) getreten.

Nicht nur der trockenere Teil der Aue, sondern auch überschwemmungsgefährdete Bereiche werden heute aufgrund des wertvollen Bodens beackert. Dabei wird das Risiko einer Überflutung der Saatflächen in Kauf genommen. Neben Weizen, Zuckerrüben und Raps ist auch der Futtermais in zunehmendem Maße auf diesen Ackerflächen vertreten.

Neben den Lößlehmflächen (s.u.) gehören die fruchtbaren Talauen mit ihrem Auelehm heute zu den am intensivsten bewirtschafteten Agrarräumen, deren natürliche Pflanzengesellschaften nahezu vollständig den Ersatzgesellschaften des Grünlandes und des Ackerlandes weichen mußten.

8.7.7. Pflanzengesellschaften der Börden und der Täler des Niedersächsischen Berg- und Hügellandes

Eichen-Buchenmischwälder auf Lößlehmdecken

Fruchtbare Böden auf eiszeitlichem Staub

Etwa südlich des Mittellandkanals wechselt die Bodenqualität und damit auch die Zusammensetzung sowohl der natürlichen Pflanzendecke als auch des Kulturlandschaftsmosaiks. Statt der

Sand- und Moorböden der Geest finden sich hier Lößlehmböden in Form von (Para-)Braunerden und Schwarzerden. Sie sind aufgebaut aus dem ursprünglich kalkreichen Staub, der aus dem Gletschervorfeld der letzten Eiszeit kam und sich in 150 und mehr Kilometern Entfernung vom Eisrand in der Vegetationsdecke der Lößtundra niederschlug und von den durchwachsenden Pflanzen gebunden wurde, wie man das heute noch auf Island, Neuseeland und anderen vergletscherten Gebieten beobachten kann.

Mit *Lößgrenze* wird der Trennungsraum zwischen Geest und Lößbörde bezeichnet. Er war in erster Linie eine eiszeitliche Klima- und Vegetationsgrenze zwischen den nördlichen Kahlflächen und der südlichen bewachsenen Tundra. Südlich der Lößgrenze wurde der Löß sowohl im Bergvorland als auch in den Becken und Tälern des Berglandes zwischen Sträuchern, Kräutern und Gräsern in Mächtigkeiten bis zu mehreren Metern abgelagert, während die Höhenzüge als damals kaum bewachsene und windexponierte Lagen lößfrei blieben.

Schon vor 6500 Jahren: beginnende Rodung der Wälder

Nach dem Wärmerwerden des Klimas trugen die Lößgebiete üppige Laubmischwälder. Doch seit 6500 Jahren wurden die Lößbörden und -becken wegen ihrer großen Bodenfruchtbarkeit zunehmend gerodet und landwirtschaftlich genutzt, so daß von den ursprünglichen Wäldern kaum noch Reste vorhanden sind.

Keine Landschaft ist so stark ausgeräumt wie der Bereich der Lößbörden. Aus einem von Natur aus dichtbewaldeten Gebiet ist eine eintönige Kulturlandschaft geworden, die zuweilen mit der nicht zutreffenden Bezeichnung "Kultursteppe" belegt wird, denn mit "Steppe" ist immer der Begriff der extensiven Weidennutzung verbunden. Hier handelt es sich aber um intensiv genutzte Ackerflächen, die hohe Erträge bringen und auch in den bunt blühenden Unkraut-Ersatzgesellschaften Zeugnis von der hohen Bodenfruchtbarkeit ablegen.

Auch auf Löß war die Rotbuche vorherrschend

Eichen-Buchenmischwälder bilden von Natur aus die Klimax-(Schluß-)gesellschaft der Lößbörden und der Niederungen des Berg- und Hügellandes (vgl. Abb. 177), soweit dort eine geschlossene Lößlehmdecke besteht.

Auf den tiefgründigen, gut entwickelten (Para-) Braunerden, wie sie im Lößgebiet die Regel sind, würden von Natur aus typische *Parabraunerde-Buchenwälder* stocken (vgl. Abb. 189). Neben der vorherrschenden Rotbuche würde man je nach den Standortverhältnissen mehr oder weniger häufig

Abb. 189: Natürliche Pflanzengesellschaften und heutige Bodennutzung auf einem lößbedeckten Hang (Schema einer Öko-
top-Anordnung) (n. DIERSCH-
KE 1975, verändert).

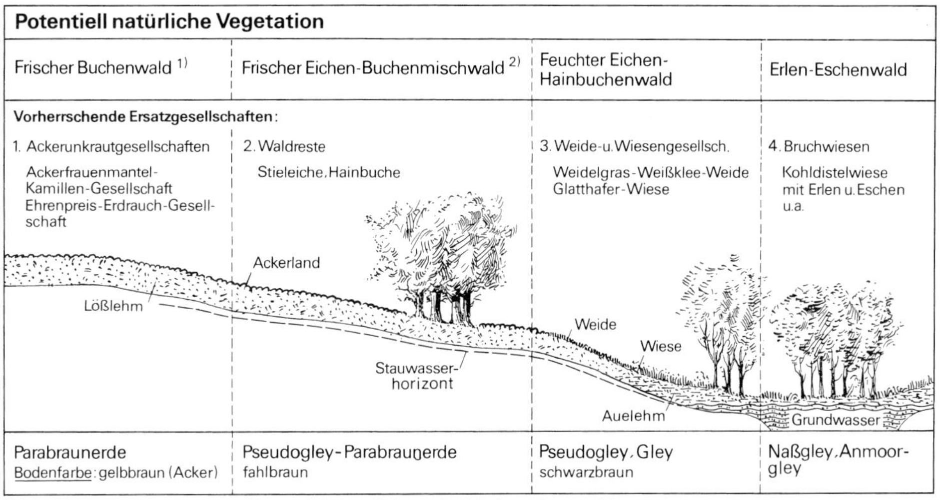

Potentiell natürliche Vegetation

| Frischer Buchenwald [1] | Frischer Eichen-Buchenmischwald [2] | Feuchter Eichen-Hainbuchenwald | Erlen-Eschenwald |

Vorherrschende Ersatzgesellschaften:

1. Ackerunkrautgesellschaften	2. Waldreste	3. Weide-u. Wiesengesellsch.	4. Bruchwiesen
Ackerfrauenmantel-Kamillen-Gesellschaft Ehrenpreis-Erdrauch-Gesellschaft	Stieleiche, Hainbuche	Weidelgras-Weißklee-Weide Glatthafer-Wiese	Kohldistelwiese mit Erlen u. Eschen u.a.

Ackerland

Lößlehm

Weide

Wiese

Stauwasserhorizont

Auelehm

Grundwasser

| Parabraunerde Bodenfarbe: gelbbraun (Acker) | Pseudogley-Parabraunerde fahlbraun | Pseudogley, Gley schwarzbraun | Naßgley, Anmoorgley |

1) Je nach unterlagernden Gesteins- und Bodenverhältnissen: Perlgras-oder Hainsimsen-Buchenwald.
2) Früher als typischer Eichen-Hainbuchenwald bezeichnet.

die Hainbuche und die Stieleiche antreffen. Dazu
kämen Eschen, Sommer- und Winterlinden, Bergahorn, Ulmen und verschiedene Wildobstarten.
Zur meist fehlenden, aber artenreichen Strauchschicht würden *Weißdorn* (Crataegus oxyacan-
tha), *Pfaffenhütchen* (Euonymus europaeus), *Hek-
kenrose* (Rosa canina), *Hasel, Brombeere, Schneeball* (Viburnum opulus), *Holunder* (Sambucus nigra) und *Efeu* (Hedera helix) zählen.
In der Krautschicht wären zu bestimmten Jahreszeiten in unterschiedlichen Blühaspekten *Märzenbecher* (Leucojum vernum), *Scharbockskraut* (Ranunculus ficaria), *Buschwindröschen* (Anemone nemorosa), *Aronstab* (Arum maculatum), *Bärlauch*
(Allium ursinum), *Maiglöckchen* (Convallaria majalis), *Waldbingelkraut* (Mercurialis perennis), *Waldmeister* (Asperula odorata) und schließlich *Sauerklee* (Oxalis acetosella), *Waldziest* (Stachys sylvatica), *Perlgras* (Melica uniflora) und *Waldgerste*
(Elymus europaeus) zu finden, um hier nur die
Hauptvertreter zu nennen.
Auf etwas ärmeren Standorten der *Täler des Berglandes* bleiben die anspruchsvolleren Arten aus,
und etwas genügsamere wie *Zweiblättriges Schat-
tenblümchen* (Maianthemum bifolium), *Hainsimse*
(Luzula luzuloides), *Waldgeißblatt* (Lonicera periclymenum) und die *Wald-* oder *Wiesenprimel* (Primula elatior oder P. veris) ersetzen sie. Eine geringe
Lößlehmauflage über Mergeln der niederen und
mittleren Lagen des Berglandes geht dabei mit
Staunässe des Standortes einher. Es haben sich
darauf alle Übergänge von Parabraunerden bis zu
Pseudogleyböden entwickelt. Auf diesen Böden
stocken meist Wälder, in denen die Buche zwar dominiert, aber Hainbuche und Stieleiche - seltener
der Bergahorn - stetige Begleiter sind. Man bezeichnet diese Wälder deshalb als *Eichen-Buchen-
mischwälder,* die floristisch und ökologisch den Ei-

chen-Hainbuchenwäldern sehr nahe stehen (vgl.
Abb. 189). Ein natürlicher Wald von ähnlicher Zusammensetzung (primelreicher Eichen-Hainbuchenwald) ist an wenigen Stellen des Berg- und
Hügellandes auf kalkreichen Lößböden in hängiger Lage noch anzutreffen. Ab einer Höhe von
etwa 200 m übernimmt hier jedoch die Rotbuche
die Vorherrschaft, d.h. es vollzieht sich ein Wechsel zur Pflanzengesellschaft der Buchen-(misch-)
wälder (vgl. Abb. 190).
Eine andere Variante, der sog. *Hainsimsenreiche
Eichen-Buchenmischwald,* stockt dagegen auf nur
geringmächtig bzw. nicht lößbedeckten Sandböden. Obgleich auch er zum Typus des Eichen-Buchenmischwaldes gehört, zeigt er doch in der
Kraut- und Strauchschicht eine andersartige Zusammensetzung.
Anhand dieser Beispiele wird ersichtlich, daß die
in Abb. 189 dargestellten Pflanzengesellschaften
nur eine starke Vereinfachung der tatsächlich nachgewiesenen natürlichen Vegetationsgesellschaften und -untergesellschaften darstellen können.

Ersatzgesellschaften des Ackerlandes

*Ackerland mit anspruchsvollen Feldfrüchten hat
die Wälder verdrängt*

Aufgrund der vorzüglichen Bodeneigenschaften
sind die natürlichen Wälder der Lößbörde und der
überwiegend lößbedeckten Niederungen und Bekken des Berg- und Hügellandes nahezu vollständig in Ackerland überführt worden. Hier sind die Böden mit den höchsten Bodenwertzahlen Niedersachsens zu finden, die sich durch eine hohe Anbauvariabilität auszeichnen. Es werden die Kulturpflanzen angebaut, die den höchsten wirtschaftlichen Ertrag bringen.

Sobald von der Geest her die Lößgrenze nach Süden überschritten wird, ändert sich deshalb das heutige Vegetationsbild abrupt. Im Gegensatz zur kleinräumig gegliederten Geestlandschaft dehnt sich eine weite, nahezu wald- und stellenweise sogar baumlose Kulturlandschaft aus. Die Reste des ehemaligen Eichen-Buchenmischwaldes sind lediglich auf lößfreien Höhenrücken oder an sehr feuchten, nicht ackerfähigen Stellen zu finden. Der feuchte Eichen-Hainbuchenwald (vgl. Abb. 189) ist nahezu vollständig in Wiesen und Weiden umgewandelt worden. Als charakteristische Ersatzgesellschaften sind hier wertvolle *Weidelgras-Weißklee-Weiden* (Lolio perennis-Cynosuretum-Gesellschaft) und *Glatthafer-Wiesen* (Arrhenatheretum-Gesellschaft) anzutreffen. Auch der in der grundwasserbestimmten Talaue auf Naß- und Anmoorgleyen stockende Erlen-Eschen-Wald ist in *Bruchwiesen* überführt worden. In diesen *Kohldistel-Weiden* (Angelico - Cirsietum oleracei - Gesellschaft), auch *Sumpfdotterblumen-Wiesen* (Calthion) genannt (TÜXEN 1936), prägen teilweise noch vereinzelt oder in Gruppen stehende Erlen und Eschen das Bild und erinnern an den verdrängten natürlichen Auenwald.

Die heutige intensive Nutzung der wertvollen Lößlehmböden spiegelt sich in den großen Anbauflächen der anspruchsvollen Weizen-, Gerste-, Zuckerrüben-, Raps-, Futterbohnen- und Feldgemüsekulturen wider. Sie bestimmen das Vegetationsbild der Bördelandschaft und haben die natürlichen Pflanzengesellschaften nahezu vollständig verdrängt.

Je nach Mächtigkeit der Lößlehmdecke gehören auch die ehemals mit Eichen-Buchenmischwäldern bestandenen Flächen in den *Tälern des Berg- und Hügellandes* - neben den heute mehr und mehr in Kultur genommenen Flußauen - zu den intensiv bewirtschafteten Agrarräumen. Auf ihnen dominieren ebenfalls Weizen-, Gerste-, Raps- und Zuckerrübenkulturen, wobei jedoch Roggen- und Futteranbauflächen das Gesamtbild der Agrarlandschaft auflockern. Letztere deuten in der Regel auf Standorte mit geringmächtigeren Lößlehmdecken bzw. niedrigeren Bodenwertzahlen hin.

Acker-"Unkräuter": letzte Zeugen des einstigen Artenreichtums

Auf den einst großen natürlichen Artenreichtum der Lößbörden weisen heute nur noch die Ackerunkräuter hin, die als nicht gern gesehene Vertreter in den Ersatzgesellschaften (vgl. Abb. 189) ökologische Nischen besetzen. Sie bilden artenreiche Acker-Frauenmantel-Kamillen- (Aphano-Matricarietum-) sowie Ehrenpreis-Erdrauch- (Veronico-Fumarietum-) Ersatzgesellschaften. Ihre Vertreter sind neben dem namengebenden *Acker-Frauenmantel* (Aphanes arvensis) und *Echter Kamille* (Matricaria chamomilla) vor allem *Ackersenf* (Sinapis arvensis), *Ackerkratzdistel* (Cirsium arvense), *Klatschmohn* (Papaver rhoeas), *Kornblume* (Centaurea cyanus), *Rote Taubnessel* (Lamium pupureum), *Acker-Hellerkraut* (Thlaspi arvense), *Kriechender Hahnenfuß* (Ranunculus repens) und *Ackerhahnenfuß* (Ranunculus arvensis), *Löwenzahn* (Taraxacum officinale), *Kleiner Huflattich* (Tussilago farfara), *Ackerveilchen* (Viola tricolor), *Erdrauch* (Fumaria officinalis), *Efeublättriger Ehrenpreis* (Veronica hederifolia), *Windhalm* (Apera spica venti), *Rittersporn* (Delphinium consolida), *Venuskamm* (Scandix pecten veneris) sowie stellenweise *Sommer-Adonisröschen* (Adonis aestivalis), wobei die letztgenannten ausgesprochen kalkliebend sind. Nitrathaltige Standorte werden u. a. vom *Pfirsichblättrigen Knöterich* (Polygonum persicaria), vom *Schwarzen Nachtschatten* (Solanum nigrum), von der *Vogelmiere* (Stellaria media), von *Disteln* u. a. bevorzugt.

Aufgrund der ständigen Verbesserungen der Kulturtechnik und "Pflanzenschutzmaßnahmen" (Herbizidausbringung, Saatgutreinigung und -beizung) sind zahlreiche, jahrhundertelang mit den Getreide-, Hackfrucht- und Futterpflanzenkulturen vergesellschaftete Wildunkräuter heute bereits selten geworden oder lediglich noch vereinzelt an Feldsäumen zu finden. Besonders augenfällig ist dies beispielsweise im Frühsommer (Mai-Juli) am weitgehenden Fehlen des Klatschmohns und der Kornblume zu beobachten, die sonst das eintönige Bild der Getreideschläge mit ihren kräftigen roten und blauen Blüten auflockerten.

Die immer größere Flächen einnehmenden Futtermaiskulturen werden heute sogar gänzlich frei von Acker-(Un-)kräutern gehalten. Auch die sonst krautreichen Hackfruchtkulturen bieten den Wildkräutern heute nach chemischen Pflanzenschutzmaßnahmen kaum noch Lebensmöglichkeiten. Neue Anbaumethoden und Kulturtechniken haben somit einerseits deutliche Ertragssteigerungen bewirkt, andererseits aber die Artenarmut der heutigen Vegetationsgesellschaften in den Lößbörden weiter verstärkt und damit auch die Lebensmöglichkeiten der hier lebenden (Wild-) Tierarten nachhaltig eingeschränkt (vgl. auch Kap. 9. "Tierwelt" u. Kap. 10. "Ökologie und Umweltschutz").

8.7.8. Die Pflanzengesellschaften der Höhenzüge des Niedersächsischen Berg- und Hügellandes

Kalkreiche Böden und kühles Klima: Sie fördern die Buche

Auf allen Höhenzügen des Niedersächsischen Berg- und Hügellandes stockt von Natur aus ein

Buchenwald (vgl. Abb. 177). Daran zeigt sich die Vorliebe der Buche für das Bergland, für gut durchlüftete, nährstoffreiche und besonders kalkreiche Böden und für ein niederschlagsreiches, kühles Klima. Erst in Höhen von 800 - 900 m NN wird die Buche in den Mittelgebirgen (Harz) durch die widerstandsfähigere Fichte verdrängt.

Der Buchenwald im Bergland ist auch heute noch im Gegensatz zu vielen anderen Vegetationsgesellschaften durch weitgehend naturnahe Bestände vertreten und vermittelt durch seine relative Geschlossenheit den Eindruck einer echten Waldlandschaft. Lediglich auf den nährstoffärmeren Böden der Sandsteinhöhenzüge, die von Natur aus ebenfalls Buchenwälder tragen würden, sind Nadelholzforsten (überwiegend Fichtenreinbestände) angelegt worden. Mit ihnen lassen sich auf den kargen Standorten höhere Erträge erwirtschaften.

Talwärts ist der natürliche Buchenwald durch die Ersatzgesellschaften der Äcker und Wiesen verdrängt worden. Besonders dort, wo die Hänge Lößlehmdecken und tiefgründige Böden aufweisen, hat der Wald auch an den steileren Hangpartien den Getreide- und Futteranbauflächen weichen müssen. Sind Grünlandflächen vorhanden, weisen sie auf feuchte, tonige Böden hin, wobei ab einer Neigung von etwa 15° (27%) lediglich noch Viehweiden anzutreffen sind; denn ein steileres Relief läßt eine maschinelle Bearbeitung der Wirtschaftsflächen nicht mehr zu.

Schattige Hallenwälder mit karger Strauchschicht

Die Buchenforsten werden vorwiegend als Hochwälder mit einer etwa 120jährigen Umtriebszeit bewirtschaftet, in denen vereinzelt auch Traubeneichen, Eschen, Berg- und Spitzahorn, Hainbuchen und Bergulmen stehen. Die gutwüchsigen Buchen bilden einen geschlossenen Schirm, durch den im Sommer nur etwa 0,5-1 % (!) des Außenlichtes bis in die bodennahen Schichten gelangt. Bei diesem überaus kargen Lichtangebot kann sich in den schattigen Hallenwäldern keine nennenswerte Strauchschicht entwickeln. Bestimmte Vertreter der Krautschicht dagegen haben sich diesen spezifischen Standortverhältnissen angepaßt und damit eine ökologische Nische erschlossen, die ihnen großen Konkurrenzdruck erspart und damit ein Fortkommen sichert. Durch eine Vorverlegung ihrer Wachstumsphase und der Blütenbildung in das zeitige Frühjahr, d.h. vor die Buchenbelaubung (z.B. Buschwindröschen, Lerchensporn, Aronstab) oder durch langandauernde Blätter (z.B. Leberblümchen) nutzen diese Arten Beginn und Ende der Vegetationsperiode intensiver aus und sind damit an ihrem Standort Vertretern anderer Pflanzengesellschaften überlegen. Das zeitige

Wachstum im Frühjahr wird dadurch erreicht, daß die Überdauerungsorgane dieser Pflanzen unterhalb der Erdoberfläche liegen und als Nährstoffspeicher dienen (Geophyten).

Gesteinsunterschiede bestimmen das Artengefüge

Die Pflanzengesellschaft der Buchenwälder zeigt auf den Sandsteinhöhenzügen eine andere Ausprägung als auf den Kalkhöhenzügen und -tafeln, da sich auf den unterschiedlichen Ausgangsgesteinen unterschiedliche Bodentypen entwickelt haben.

Die tonhaltigen, kalk- und basenreichen (Para-) Braunerden der Kalkhöhen bieten den Pflanzen günstigere Wachstumsbedingungen als die silikatreichen, sauren Podsol-Braunerden bzw. Ranker der Sandsteinrücken. So haben sich auf der Buntsandsteinhochfläche des Sollings auf dem sauren, nährstoffarmen Ausgangssubstrat sogar buchenfeindliche Hochmoore mit ihrer charakteristischen Begleitvegetation entwickelt, während die einst dicht mit Buchenwald bestandenen basenreichen Parabraunerden der lößbedeckten Kalkhöhenzüge im Mittelalter vielfach beackert wurden und auch heute noch, wie auf der Ottensteiner Hochfläche zwischen Polle und Bad Pyrmont, Ackerflächen tragen, wenn das Relief das gestattet.

Die unterschiedlichen Bodenverhältnisse schlagen sich jedoch weniger in der Zusammensetzung der natürlichen Baum- und der kaum vertretenen Strauchschicht nieder als vielmehr in der Artenvielfalt und der Artenzusammensetzung der Krautschicht.

Auf einem mäßig sauren *Kalkgestein* stockt beispielsweise die Untergesellschaft des *Perlgras-Buchenwaldes,* während die sauren Böden der *Sandsteinrücken* mit einem *Hainsimsen-Buchenwald* bestanden sind. Erst die durch die Forstwirtschaft eingeführten Fichtenkulturen weisen in der Baumschicht auf silikatreiches Ausgangsgestein hin, da sie hier ertragsmäßig dem natürlichen Buchenwald überlegen sind. Neben Bodenart und -typ beeinflussen aber auch Exposition und Bodenfeuchtigkeit die Zusammensetzung der jeweiligen Buchenwald-Untergesellschaften, wie im folgenden erläutert wird.

Die Buchenwälder der Kalkhöhenzüge

Der krautreiche Kalkbuchenwald (Bärlauch-Bingelkraut-Waldmeister-Buchenwald): verbreitet auf leicht feuchten Schattenhängen

Diese Pflanzengesellschaft ist im Bergland weit verbreitet. Sie kennzeichnet auch heute noch den typischen Buchenwald, der besonders auf den schattigen Nord- und Osthängen der Kalkhöhenzüge zu finden ist. Er zeichnet sich im Frühling und Frühsommer durch einen geschlossenen grünen Krautteppich aus, der wegen Lichtmangels bereits im Sommer wieder verschwunden ist. In dieser Pflanzengemeinschaft sind zahlreiche Arten vertreten, die einen leicht feuchten Boden bevorzugen.

Schon im März, d.h. vor der Belaubung der Buchen, blüht hier die Frühlingsknotenblume (Leucoium vernum), die auch *Märzenbecher* genannt wird. Bald folgen zwischen dem aufschießenden *Bingelkraut* (Mercurialis perennis) *Haselwurz* (Asarum europaeum), *Buschwindröschen* (Anemone nemorosa), *Gelbes Windröschen* (Anemone ranunculoides), *Scharbockskraut* (Ranunculus ficaria), *Schlüsselblume* (Primula elatior), *Waldveilchen* (Viola sylvatica), *Lungenkraut* (Pulmonaria officinalis), *Frühlingsplatterbse* (Lathyrus vernus), *Lerchensporn* (Corydalis cava) und schließlich der *Bärlauch* (Allium ursinum), dessen weiße Blütenpracht und Knoblauchgeruch sehr charakteristisch sind. Eine letzte Blütenperiode im Mai leiten vor der vollständigen Belaubung der Baumschicht der *Waldmeister* (Galium odoratum), die *Vielblütige Maiblume* (Polygonatum multiflorum), das *Maiglöckchen* (Convallaria majalis) und die *Goldnessel* (Galeobdolon luteum) ein. Ihnen folgen die Gräser: *Einblütiges Perlgras* (Melica uniflora), *Flattergras* (Milium effusum) und die *Waldsegge* (Carex sylvatica).

In der *Baumschicht* überwiegt deutlich die Buche, der vereinzelt oder in Gruppen *Esche* und *Bergahorn,* gelegentlich auch *Spitzahorn* sowie *Ulmen* beigesellt sind. An Bächen oder in Schluchten vermag die Esche aufgrund ihrer Vorliebe für feuchtere Standorte die Buche sogar zurückzudrängen. Häufig sind hier dann auch Bergahorn, *Sommerlinde* und Ulme anzutreffen. Das unter dem geschlossenen Kronendach verbleibende geringe Lichtangebot verhindert die Ausbildung einer geschlossenen Strauchschicht. Lediglich dort, wo das Kronendach vereinzelt Lücken aufweist und Licht den Boden erreicht, siedeln sich rasch Haselstrauch, Hartriegel u.a. an. Eine dichtere Strauchschicht ist im Buchenwald ansonsten lediglich entlang der lichten Waldränder und -blößen zu finden.

Der Perlgras-Buchenwald: grasreicher Kalkbuchenwald auf sonnigen und trockenen Hängen

Auf den sonnigeren und trockeneren Süd- und Westhängen der Kalkhöhenzüge geht der krautreiche Buchenwald in einen grasreichen über (vgl. Abb. 188). Nur im Vorfrühling und Frühling bestimmen Blütenpflanzen das Bild der Krautschicht, wie beispielsweise das *Leberblümchen* (Anemone hepatica), das *Ausdauernde Bingelkraut* (Mercurialis perennis), das *Buschwindröschen,* der *Sauerklee,* der *Waldmeister,* die *Goldnessel* und bei bodenfri-

schen Verhältnissen auch *Hohler Lerchensporn* (Corydalis cava) und *Aronstab* (Arum maculatum). Anschließend dominieren in der Krautschicht verschiedene *Gräser,* unter denen die *Wald-Haargerste* (Elymus europaeus) an lichten Stellen große Bestände bildet. Andere Charakterarten sind das *Einblütige Perlgras* (Melica uniflora), die *Waldzwenke* (Brachypodium sylvaticum), das *Hainrispengras* (Poa nemoralis) und *Knäuelgräser* (Dactylis glomerata und D. aschersoniana), die stellenweise im Sommer den Boden dicht bedecken.

Die Häufigkeit der verschiedenen Gras- und Krautarten wird gern zur Typisierung von Kalkbuchenwald-Untergesellschaften (z.B. Perlgras-Buchenwald; Bärlauch-Perlgras-Buchenwald) herangezogen, da sie Auskunft über die Boden- und Standortverhältnisse geben. Bereits an der charakteristischen Ausbildung und Zusammensetzung der jeweiligen Untergesellschaft vermag der Forstmann die Qualität eines Standortes zu beurteilen.

In der *Baumschicht* sind die buchenbegleitenden Arten Esche, Ulme, Berg- und Spitzahorn seltener anzutreffen als im krautreichen Buchenwald.

Orchideen-Buchenwald, Blaugras-Buchenwald und Eiben-Steilhang-Buchenwald: lichte, sonnen- und wärmebegünstigte Wälder an Steilhängen

Eine Besonderheit stellt der Orchideen-Buchenwald dar, der sich in Steilhanglagen unter anderem auf den Mullrendzinen der Jura- und Kreideschichten des Weser- und Wiehengebirges, des Deisters und anderer Kalkhöhenzüge entwickelt hat (vgl. Abb. 188). Bei Südlage sind solche Standorte wärmebegünstigt, aber auch trocken. Die Buche ist hier in ihrem Wachstum geschwächt und bildet mit der *Traubeneiche,* der *Hainbuche* und den *Ahornarten* nur aufgelockerte Bestände. Unter dem lichten Kronenschirm können deshalb *Haselnuß, Roter Hartriegel, Gewöhnlicher Schneeball* und *Weißdornarten* zu strauchigem Unterwuchs heranwachsen. Besonders hervorzuheben ist die Beteiligung der *Elsbeere* (Sorbus torminalis), die als submediterrane Pflanze im Wiehen- und Wesergebirge ihre nördliche Verbreitungsgrenze erreicht.

Aufgrund der thermischen Begünstigung und des verbesserten Lichtangebotes sind in der Krautschicht *floristische Kostbarkeiten* zu finden. Neben *Schwalbenwurz* (Vincetoxicum officinale) und *Sparriger Alant* (Inula conyza) gedeihen hier auch verschiedene *Orchideen,* wie das *Große Waldvögelein* (Cephalanthera damasonium), *Rotes Waldvögelein* (C. rubra), *Stattliches Knabenkraut* (Orchis mascula) u. a., die dieser Untergesellschaft ihren Namen gaben (Cephalanthero-Fagetum). Als weitere wärmeliebende Arten sind hier die *Duftende*

Schlüsselblume (Primula veris), *Gefingerte Segge* (Carex digitata), *Waldlabkraut* (Galium sylvaticum) und *Pfirsichblättrige Glockenblume* (Campanula persicifolia) anzutreffen.

Auf noch trockneren Kalkgesteinshängen findet sich zwischen Krüppelbuchen eine *Blaugras-Gesellschaft* ein (Sesleria varia. ssp. calcarea), die mit ihrem dichten Wurzelwerk das verwitterte Gestein festhält.

Unterhalb der Felswände ist fleckenhaft ein *Eiben-Steilhangbuchenwald* verbreitet, der, wie die vorgenannten Gesellschaften, seltene Arten enthält und deshalb vielfach unter Naturschutz gestellt worden ist.

Der Hainsimsen-Buchenwald der Sandsteinhöhenzüge

Artenarmer Hochwald auf dürftigen Böden

Auch die nährstoffarmen Böden der Kreide-, Keuper- und Buntsandsteinhöhenzüge in Deister, Hils, Hildesheimer Wald, Solling sowie anderen südniedersächsischen Höhenrücken tragen von Natur aus einen reinen Buchenwald, in dem mit zunehmender Bodenversauerung die Traubeneiche (Quercus petraea) häufiger auftritt. Stellenweise übernahm sie auf besonders armen Podsol-Braunerden bzw. Rankern sogar die Vorherrschaft. Esche, Bergahorn und Hainbuche sind auf den Sandsteinhöhenzügen nur selten anzutreffen. Lediglich die Vogelbeere und besonders die Birke spielen auf den feuchten und offenen Hochflächen des Sollings eine bedeutende Rolle, da sich ihre Bestände in der Nähe von hier aufwachsenden Hochmooren örtlich zu Birkenbruchwäldern verdichten.

Lichtmangel und Nährstoffarmut fördern anspruchslose Arten

Eine Strauchschicht ist im Sandsteinbuchenwald nicht ausgebildet. Auch die Krautschicht ist nur spärlich entwickelt, denn neben dem geringen Licht unter dem geschlossenen Buchenkronendach erschwert der karge Boden das Wachstum. Am häufigsten treten *Hainsimsen* (Luzula luzuloides), die der Gesellschaft den Namen geben, und *Drahtschmiele* (Avenella flexuosa) herdenweise auf. Dazu gesellen sich verschiedene *Farne,* wie z.B. Frauen-, Eichen-, Wurm- und Dornfarn und in feuchten Lagen auch *Widertonmoos* (Polytrichum attenuatum) und *Sternmoos* (Mnium hornum). Da Feuchtigkeit liebende Farne, wie z.B. Eichen- und Frauenfarn, ebenfalls in Schattenlagen gut gedeihen, machen sie auf den waldbaulich wertvollen Standort aufmerksam. Wo die Bodenunterlage von Natur aus besonders arm ist, wird dieses

durch das Vorkommen von *Weißmoos* (Leucobryum glaucum), *Kleingabelzahnmoos* (Dicranella heteromalla) und *Flechten* der Gattung Cladonia angezeigt.

Unter den Gräsern und Seggen sind das *Hainrispengras* (Poa nemoralis), die *Waldsegge* (Carex silvatica) und der *Waldschwingel* (Festuca altissima) vertreten.

In der Krautschicht haben sich *Sauerklee* (Oxalis acetosella), *Schattenblume* (Majanthemum bifolium), *Buschwindröschen* (Anemone nemorosa), *Waldmeister* (Galium odoratum), *Erdbeere* (Fragaria vesca) u. a. den dürftigen Standortverhältnissen angepaßt, bilden aber nur selten dichtere Bestände. Auf den armen sandigen Böden stellen sich auch schon *Besenheide* und *Heidelbeere* ein, die heute in Lichtungen der hier weit verbreiteten Ersatzgesellschaft, dem *Fichtenforst,* verschiedene Flächen einnehmen.

Veränderungen der natürlichen Buchenwälder durch den wirtschaftenden Menschen

Buchenwälder als Siedlungsraum und Rohstoffquelle

Die natürlichen Buchenwälder des Berglandes, besonders die der Sandsteinhöhenzüge, haben unter dem menschlichen Einfluß manche tiefgreifende Änderung erfahren. Da sind zunächst die mittelalterlichen Rodungen großer Teile der Bergwälder zu nennen, um Acker- und Wiesenflächen zu gewinnen. Die restlichen Wälder wurden beweidet und holzwirtschaftlich genutzt, wobei die für den Hausbau, für die Gerberlohegewinnung und besonders für Viehmast wichtige Eiche geschont und gefördert wurde.

Verarmte und wieder verlassene Rodeflächen wurden vielfach vom Heidekraut und bald auch von der raschwüchsigen und anspruchslosen Birke, auf besseren Böden auch von der Hasel, erobert. Erst in der Wüstungsperiode des 14. und 15. Jahrhunderts konnten sich nach der Aufgabe zahlreicher Bergdörfer die Buchenwälder allmählich wieder ausdehnen.

Doch die schonungslose Nutzung des Waldes ging weiter und verstärkte sich mit zunehmender Bevölkerungszahl und Wirtschaftätigkeit. Überall wurden die begehrten Buchen für die Köhlerei, für Glas- und Erzhütten, für den Bergbau und die zahlreicher werdenden Gewerbebetriebe geschlagen. Die Übernutzung der Wälder erreichte in der Mitte des 18. Jahrhunderts ihren Höhepunkt. Viele Buchenwälder wiesen große Blößen auf. Das lassen heute noch manche Bergnamen erkennen, wie Kalenberg im Deister, Bloße Zelle im Hils und Große Blöße im Solling. Manche Geländebezeichnung inmitten heutiger Buchenwälder erinnert auch noch an die einst stark betriebene Waldweidewirtschaft, wie "Ziegenbuche", "Schweinstallkopf" und "Rinderstall" im Deister.

Trockenrasenflächen: Folge starker Beweidung

Auf den trockenen Humuskarbonatböden der Kalkhöhen entstanden durch die dauernde Beweidung *Trockenrasenflächen,* die sog. *Dreische.* Sie zeichnen sich besonders an südexponierten Hängen durch eine Kalk, Sommerwärme und Trockenheit liebende Artengesellschaft aus, der viele sog. *Steppenheideelemente* beigemengt sind, wie *Schafschwingel* (Festuca ovina), *Gemeines Habichtskraut* (Hieracium pilosella), *Thymian* (Thymus serpyllum), *Stengellose Kratzdistel* (Cirsium acaule), *Schillergras* (Koeleria pyramidata), *Mauerpfeffer* (Sedum acre), *Fransen-Enzian* und *Deutscher Enzian* (Gentiana ciliata und G. germanica), *Dornige Hauhechel* (Ononis spinosa) und *Katzenpfötchen* (Antennaria dioica).

Auf verschiedenen alten Dreischflächen sind als Reste der *Verbißvegetation* noch *Wacholder* zu finden, wie am Altendorfer Berg bei Einbeck. Nachdem die Trockenrasenhänge nur noch wenig beweidet wurden, stellten sich dornige *Schlehen, Weißdorn, Rosen* und *Brombeeren* ein, denen nach Beendigung der regelmäßigen Beweidung bald *Blutroter Hartriegel* (Cornus sanguinea), *Salweide* (Salix caprea), *Heckenkirsche* (Lonicera spec.), *Schwarzer Holunder* (Sambucus nigra) u.a. folgten. Mit den Gemeinheitsteilungen und dem Verfall der Wollpreise seit der Mitte des 19. Jahrhunderts kam die extensive Schafhaltung auf den Dreischflächen allmählich zum Erliegen. Da gleichzeitig die Holzpreise stiegen, sind diese Flächen mit Lärchen, Schwarzkiefern, Fichten, Grauerlen und anderen Baumarten aufgeforstet worden.

Seit 200 Jahren: Die Fichte verdrängt die Buche

Erst mit der Einführung der *geregelten Forstwirtschaft* im 18. und 19. Jahrhundert hat sich die Vegetationsdecke der Sandsteinhöhen gänzlich gewandelt, indem standortfremde Nadelhölzer, allen voran die *Fichte,* gefolgt von *Kiefer* und *Lärche,* angepflanzt wurden. Im Solling haben die Fichten die Buche weitgehend verdrängt. Sie nehmen mehr als 60% der Waldfläche ein. Unter ihnen befinden sich inzwischen herrliche Fichtenhochwälder, die allerdings stark unter umweltbedingten Waldschäden zu leiden haben.

In einem solchen *Fichtenhochwald* sind wegen des geringen Lichtangebots und der sauren Nadelstreu (Freisetzung von Huminsäuren) nur wenige Pflanzen im Unterwuchs vertreten. Nur etwa ein Fünftel der Bodenfläche ist von ihnen bedeckt. Hier wachsen vor allem *Sauerklee* (Oxalis acetosella), *Gemeines Habichtskraut* (Hieracium vulgatum), *Rasenschmiele* (Deschampsia caespitosa) und *Drahtschmiele* (D. flexuosa), *Wurmfarn* (Nephrodium filix mas.) und *Frauenfarn* (Athyrium filix femina), *Waldschachtelhalm* (Equisetum sylvaticum) und zahlreiche *Moose* sowie stellenweise der *Rote Fingerhut* (Digitalis purpurea), *Waldveilchen* (Viola sylvestris) und *Waldmeister* (Galium odoratum).

Auf den *Kahlschlägen* des Fichtenwaldes der Sandsteinhöhen siedelt sich rasch das *Schmalblättrige Weidenröschen* (Epilobium angustifolium) an.

Vergleichbar den Kiefernforsten der sandigen Geestgebiete sind auch die Fichtenhochwälder der Sandsteinhöhenzüge artenarme, von Menschenhand geschaffene Ersatzgesellschaften, die ökologisch ausgesprochen labil sind. Ihre Anfälligkeit gegenüber Windbruch, Waldbränden, natürlichen Schädlingen (z.B. Buchdrucker, Ips typographus) sowie den Faktoren des Waldsterbens ist wesentlich höher als die des natürlichen Buchenwaldes. Zudem bietet ein naturnaher Buchenwald der tierischen Lebewelt mehr ökologische Nischen als die monotone Ersatzgesellschaft. Aus forstwirtschaftlicher Sicht erbringen Fichten auf den nährstoffarmen Ranker- und Podsolbraunerde-Böden der Höhenlagen jedoch wesentlich höhere Erträge als Buchen, die hier eine Umtriebszeit von 110-140 Jahren haben. Heute wird vielfach versucht, in Laubholz-Nadelholz-Mischkulturen die jeweiligen Vorteile der Natur- bzw. Ersatzgesellschaften miteinander zu vereinen.

8.7.9. Die Pflanzengesellschaften des Harzes

Mittelgebirge mit deutlicher Höhenstufung der Vegetation

Der Harz als Mittelgebirge unterscheidet sich auch pflanzengeographisch deutlich von den Höhenzügen des Berg- und Hügellandes, weil hier eine Vegetationsstufe vorhanden ist, die von der Eichenmischwaldstufe über die Buchenstufe zur Fichtenwaldstufe und schließlich auf dem Brocken sogar bis über die Waldgrenze reicht, so daß die kahle Brockenkuppe zur Höhenstufe des Krummholzgürtels bzw. der alpinen Matten gehört (vgl. Abb. 190 u. 191).

Ausschlaggebende Faktoren sind dabei die Temperaturabnahme mit der Höhe und die dadurch bedingte Verkürzung der Vegetationsdauer, die Zunahme der Niederschläge und der Windgeschwindigkeiten sowie die Zunahme extremer Witterungsbedingungen (Schnee- und Eisbruch), die den Baumwuchs schädigen bzw. verhindern.

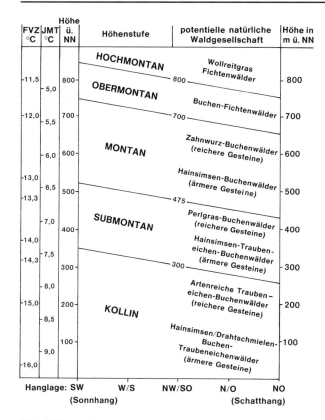

FVZ °C	JMT °C	Höhe ü. NN	Höhenstufe	potentielle natürliche Waldgesellschaft	Höhe in m ü. NN
-11,5	5,0	800	HOCHMONTAN	Wollreitgras Fichtenwälder	800
			OBERMONTAN	800	
-12,0	5,5	700		Buchen-Fichtenwälder	700
	6,0	600	MONTAN	700	600
-13,0	6,5	500		Zahnwurz-Buchenwälder (reichere Gesteine)	
-13,3				Hainsimsen-Buchenwälder (ärmere Gesteine)	500
	7,0	400	SUBMONTAN	475	
-14,0	7,5			Perlgras-Buchenwälder (reichere Gesteine)	400
-14,3		300		Hainsimsen-Trauben-eichen-Buchenwälder (ärmere Gesteine)	300
	8,0	200	KOLLIN	300 Artenreiche Trauben-eichen-Buchenwälder (reichere Gesteine)	200
-15,0	8,5				
	9,0	100		Hainsimsen/Drahtschmielen-Buchen-Traubeneichenwälder (ärmere Gesteine)	100
-16,0					

Hanglage: SW   W/S   NW/SO   N/O   NO
(Sonnhang)   (Schatthang)

FVZ= Mittlere Lufttemperatur in der forstl. Vegetationszeit (V – IX)
JMT= Jahresmitteltemperatur

Abb. 190: Übersicht über die klimabedingten Höhenstufen des Westharzes mit den wichtigsten potentiellen natürlichen Waldgesellschaften (n. SCHWIETERT 1989).

Die Buchenwaldstufe: heute weitgehend durch Fichten ersetzt

Auch die Berge des Harzes gehören bis zu den Höhen von 800 bis 900 m NN zum natürlichen Verbreitungsgebiet der Buche (vgl. Abb. 177, 190 u. 191), obwohl hier heute die Fichte bei weitem vorherrscht.
Die natürlichen Buchenwälder dieses Gebirges waren, da sie durchweg auf kalkarmen Böden stockten, den Buchenwäldern der Sandsteinhöhenzüge sehr ähnlich. Lediglich in den oberen Lagen waren den Buchen nicht nur Eschen, Bergahorne und andere Laubbäume, sondern vor allem auch Fichten beigemischt, die sich auf den höchsten Erhebungen zu Fichtenwäldern verdichteten.
Von diesen natürlichen Buchenwäldern sind nur noch Reste vorhanden, die besonders in den Kalkgebieten des Ostharzes zu finden sind, während im Westharz bis 500 m Höhe hinab die Fichte absolut vorherrscht. Häufig erreichen geschlossene Fichtenforsten sogar den Fuß des Gebirges.
Dieser Vegetationswandel vollzog sich gleichfalls unter dem Einfluß des Menschen, der bereits während der ersten Blütezeit des Bergbaues im 12. und besonders im 13. Jahrhundert zur Gewinnung von Holzkohle und zum Feuersetzen in den Abbaustollen die Buchenwaldungen weitgehend abtrieb. In der zweiten Bergbauperiode, vom 15. bis zum 18. Jahrhundert, wurden die Waldungen schließlich ganz vernichtet. Eine Folge der rücksichtslosen Nutzung der Wälder durch Einschlag, Viehweide und Brand war eine rasche Ausdehnung des Heidekrautes, dessen Humussäuren den Boden zusehends verschlechterten, so daß dieser nur noch Fichten einen zusagenden Standort bieten konnte. Sie stellten sich, von den höheren Lagen kommend, auch allmählich ein, jedoch ihre Massenausbreitung erfuhren sie in den letzten beiden Jahrhunderten durch die geregelte Forstwirtschaft mit eindeutiger Bevorzugung der Fichte.

Die Fichtenwaldstufe: natürliche Fichtenreinbestände in Höhen zwischen 800 und 1000 m

Der natürliche Fichtenwald ist im Harz wahrscheinlich auf die Höhenstufe zwischen 800 und 1000 m NN beschränkt (vgl. Abb. 190), wo die klimatischen Bedingungen, besonders die Dauer der Vegetationszeit und die Winterwärme, nicht mehr zum Fortkommen der Buche reichen, während sie der Fichte durchaus noch zusagen.
Im Gegensatz zu Laubbäumen zeichnen sich Fichten durch eine höhere Kältefestigkeit und Widerstandsfähigkeit gegenüber Frosttrocknis aus. Je kürzer die Vegetationsperiode ist und je plötzlicher diese beginnt, desto größer ist diese Überlegenheit der Fichte, weil sie schon nach wenigen warmen Tagen aus ihrer Winterruhe erwacht und CO_2 zu assimilieren vermag. Die winterkahlen Laubhölzer dagegen müssen erst in einem länger dauernden Prozeß ihre Knospen (Blattflächen) entfalten. Außerdem ist die Fichte mit ihren schmiegsamen Zweigen gegenüber den Laubbäumen und der Kiefer bei Rauhfrost, Eisregen und starker Schneelast wesentlich widerstandsfähiger.
Nur auf der Kuppe des Brockens, die nachstehend behandelt wird, finden auch die Fichtenwälder wegen der häufigen, stürmischen Winde sowie wegen der Rauhfrost- und Schneebrüche ihre obere Grenze. Lediglich verkrüppelte Kampfformen des Baumes erreichen vereinzelt die Spitze des Berges.
Die Wälder zwischen 800 und 1000 m NN sind Fichtenreinbestände, die ihr ursprüngliches Gesicht noch weitgehend bewahrt haben. Die Tanne als Begleiter der Fichte ist im Harz von Natur aus nicht heimisch, wenngleich der Volksmund die Fichte oft auch als Tanne bezeichnet, wie dies im bekannten Leitspruch der Harzer Bergleute zum Ausdruck kommt: "Es grüne die Tanne, es wachse

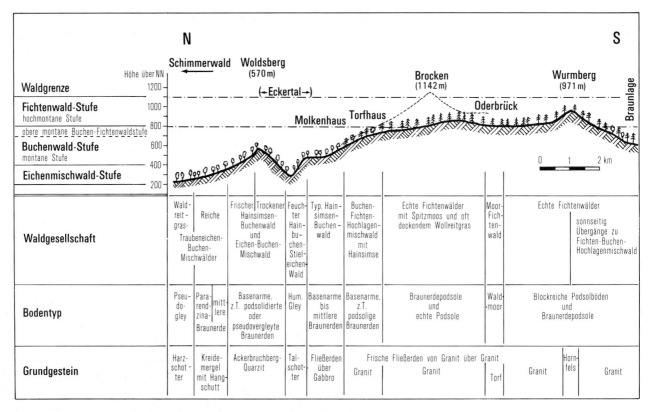

Abb. 191: Waldstufen und Waldgesellschaften im Harz. Schematischer Nord-Süd-Querschnitt von Bad Harzburg bis Braunlage (n. HART-MANN & SCHNELLE 1970, verändert).

das Erz, Gott schenke uns allen ein fröhliches Herz".

Am Boden des Fichtenwaldes halten sich nur wenige andere Pflanzen, meist *Moose, Pilze, Farne, Flechten* und *Heidelbeeren,* zu denen sich an lichteren, anmoorigen Stellen *Sphagnummoose, Wollgras, Seggen, Besenheide* und andere gesellen, während die trockeneren Fichtenwälder durch *Sauerklee, Wolliges Reitgras* (Calamagrostis villosa), *Wintergrün* (Pyrola minor), *Fichtenspargel* (Monotropa hypopitys) und Fingerhut charakterisiert werden.

Die Moore des Hochharzes: Rückzugsareale gefährdeter Pflanzen

Neben den Fichtenreinbeständen auf Gesteinsböden zählt der niedersächsische Teil des Oberharzes in den Bereichen, die über 1000 mm Jahresniederschläge erhalten, noch 31 waldfreie oder baumarme Moore und darüber hinaus zahlreiche "versumpfte", d.h. flachgründig vermoorte Fichtenwälder. Bei den Mooren handelt es sich meist um nährstoffarme, vom Niederschlag gespeiste Hochmoore, die nicht nur in Geländetiefen emporwachsen, sondern auch als *Plateau-, Hang-, Sattel-* und *Kammoore* auftreten.

Wie auch im Flachland ist die naturnahe Vegetation der Hochharzer Moore und vermoorten Wälder wegen der sauren Böden ausgesprochen arm an höheren Pflanzen. Es herrschen *Torfmoose* der Gattung Sphagnum vor, unter denen Sph. magellanicum und Sph. rubellum in der Hochmoorvegetation bestandsbildend sind. Auf den etwas höher gelegenen Bulten breitet sich häufig das rotviolett gefärbte Sph. nemoreum aus. Neben den genannten Torfmoosen ist das Vorkommen von 23 weiteren Sphagnumarten in den Mooren des Hochharzes bekannt. Einige dieser Torfmoose, wie z.B. Sph. flexuosum sowie Sph. majus, sind bereits selten geworden und werden in der "Roten Liste" der gefährdeten Pflanzenarten geführt.

Die trockeneren, randlichen Hochmoorflächen sind häufig mit *Zwergsträuchern* bestanden. Neben der *Besenheide* (Calluna vulgaris) sind *Heidelbeere* (Vaccinium myrtillus), *Rauschbeere* (Vaccinium uliginosum), *Preiselbeere* (Vaccinium vitisidaea), *Moosbeere* (Vaccinium oxycoccus) und Gränke oder *Rosmarinheide* (Andromeda polifolia) häufige Vertreter dieser vermoorten Randbezirke. In den angrenzenden moornahen Wäldern, Sumpfwäldern oder auch Waldinseln der Moore herrscht die *Fichte* vor, da der Buche die kalten, vernäßten Bereiche nicht zusagen. Aber auch die Fichten treten hier nur vereinzelt auf, da sie allmählich den wachsenden Torfmoosen zum Opfer fallen (vgl. Farbtafel 24). Eine Besonderheit stellt das Vorkommen der *Karpatenbirke* (Betula pubescens var. carpatica) dar, die in den Hochlagen des Harzes ein charakteristischer Baum im Randbereich der Nieder- und Hochmoore ist und im Tiefland meist übersehen wird. Auch sie wird in der Liste der seltenen bzw. gefährdeten Pflanzenarten geführt.

Aber nicht nur die Hoch-, sondern auch die Niedermoore des Harzes beherbergen floristische Kostbarkeiten. Während das *Pfeifengras* (Molinia coerulea), die *Geschlängelte Schmiele* (Avenella flexuosa), verschiedene *Seggen* (Carex nigra; C. rostrata; C. canescens), das *Scheiden-Wollgras* (Eriophorum vaginatum), das *Schmalblättrige Wollgras* (E. angustifolium) sowie die *Moorbinse* bzw. *Rasensimse* (Trichophorum cespitosum) zu den häufig anzutreffenden, bestandsbildenden Vertretern der Pflanzengesellschaft gehören, zählen beispielsweise die *Zwerg-Birke* (Betula nana), der *Rundblättrige Sonnentau* (Drosera rotundifolia), der *Sprossende Bärlapp* (Lycopodium annotinum) und die *Schlamm-Segge* (Carex limosa) sowie die *Wenig-*

blütige Segge (C. pauciflora) zu den stark gefährdeten bzw. vom Aussterben bedrohten Arten. Auch sie haben hier eines ihrer letzten *Rückzugsareale* und unterstreichen damit die besondere Schutzwürdigkeit der Moor-Pflanzengesellschaften des Hochharzes.

Die Brockenkuppe: Lebensraum alpiner und nordischer Arten oberhalb der Baumgrenze

Das waldfreie Gebiet des Brockenmassivs wird, soweit das die vielen militärischen und sonstigen Bauten und der starke Besucherstrom zulassen, von *subalpinen Zwergstrauch- und Rasengesellschaften* eingenommen, in denen das *Alpen-Windröschen* (Anemone alpina), die *Berg-Nelkenwurz* (Geum montanum), die *Lockerblütige Segge* (Carex sparsiflora) und andere Hochgebirgspflanzen oder nordische Arten vertreten sind. Absolut vorherrschend sind aber *Krons-* und *Heidelbeeren, Weiden-* und *Birkenbüsche, Krähenbeeren* (Brockenmyrte) und *Rosmarinheide* (Andromeda polifolia), *Arnika* (Arnica montana) und *Steinnelke* (Tunica saxifraga).

Abb. 192: Brocken und Wurmberg von Braunlage aus (aus: Amtl. Kreisbeschreibung Blankenburg 1971; Zeichnung: W. KRIEG).

9. Tierwelt

9.1. Die Bedeutung der Tierwelt für den Menschen

Vom nahrhaften Jagdwild zur Bedrohung von Feld und Vieh

Die längste Zeit, und das ist wahrscheinlich mehr als 1 Million Jahre, lebten die Menschen unseres Raumes als *Wildbeuter,* d.h. als Jäger und Sammler, ausschließlich von Wildtieren und Pflanzen. Mit der Vervollkommnung der Jagdgeräte und -methoden wurde der Anteil der Wildtiere, insbesondere der schmackhaften Großsäuger, an der Nahrung immer größer, wie die archäologischen Funde erkennen lassen.

Vor 130 000 Jahren wurden hier bereits 4 m hohe *Elefanten* gejagt, dann *Nashörner* und *Mammute,* und als diese infolge des Klimawandels ausgestorben waren, gehörten *Rentiere* und *Elche* und schließlich *Wildpferde, Auerochsen* und *Wisente, Bären* und *Biber, Wildschweine, Rothirsche* und *Rehe* zu den Hauptjagdtieren. Von ihnen war die Ernährung der Bevölkerung abhängig.

Erst vor 6500, in Nordniedersachsen erst vor 5000 Jahren ging man mit der Einführung des Ackerbaues und mit der *Haustierhaltung* von der aneignenden zur produzierenden Wirtschaftsweise über und wurde damit unabhängiger von den Wildtieren und der Jagd. Waren die Vorfahren über viele tausend Generationen nur Jäger und Sammler gewesen, die zwar durch Jagd und Brand in das Naturgeschehen eingegriffen und riesige Flächen (je Person etwa 20 km^2) zum Lebensunterhalt benötigt hatten, so konnten fortan durch den Ackerbau und durch die Waldweide der Haustiere (Rind, Schaf, Ziege, Hausschwein) auf wesentlich geringerer Fläche für die wachsende Bevölkerung die Nahrungsmittel erzeugt werden.

Einige *Wildtiere* wurden nun nicht mehr vorwiegend als nahrhafte Beute, sondern zunehmend als *Feinde der Felder und des Viehs* angesehen. Vögel fielen über die Saaten her, Wildschweine, Hirsche und Rehe fraßen Getreide und Gras weg oder zerwühlten die Felder. Und die großen Raubtiere dezimierten das Vieh.

Menschliche Einflußnahme zerstört und verändert Lebensräume

Mit der sich ständig verstärkenden Einflußnahme des Menschen und seiner Tiere auf den Naturraum, besonders seit der Zeit der hochmittelalterlichen Rodungen, Entwässerungen und des Siedlungsausbaues (ab etwa 1150), wurde vielen Waldtieren die Nahrungsgrundlage entzogen und durch die zunehmende Jagd auch unmittelbar der Tierartenbestand beeinflußt. Es setzte eine verstärkte Verfolgung der Großtiere wie Bär, Wolf, Luchs, Adler, Uhu u.a. ein, bis sie ausgerottet waren.

Mit der Auflockerung der Waldbedeckung durch Waldweide, Brand und Rodung für den Ackerbau wurden aber auch *neue Lebensräume* für solche Tiere geschaffen, die in der Halbsteppe, Steppe und Halbwüste heimisch waren. Sie kamen als *Kulturfolger* des Menschen in die neuentstandenen Wiesen, Weiden und Äcker, die von der heimischen Tiergemeinschaft des Laubmischwaldes gemieden wurden. Bekannte Vertreter dieser Kulturfolger sind vertraute Wildarten, wie z.B. auf den Feldern Hase, Kaninchen, Rebhuhn, Fasan oder die selten gewordene Trappe, aber auch Hamster, Feldlerche, Grauammer u.a., auf den Wiesen und Weiden der Storch und der Kiebitz. Einige Waldtiere (z.B. Rehe) paßten sich den veränderten Verhältnissen des Offenlandes an.

Dieser Wandel ist selbst gegenwärtig noch nicht abgeschlossen und äußert sich sowohl in großen Populationsverschiebungen als auch in dem Verschwinden oder in der weiteren *Zuwanderung* von einzelnen Tierarten. Man braucht dabei nur an die wildlebenden Tiere der Städte zu denken, die sich den jeweiligen Verhältnissen angepaßt haben (z.B. Mauersegler, Rauch- und Mehlschwalben, Turmfalken, Dohlen, Amseln, Haustauben, Türkentauben).

Die Verfolgung der heimischen Wildtiere, die dem Vieh und den Äckern Schaden zufügten, wäre im Mittelalter und der frühen Neuzeit noch stärker gewesen, wenn nicht ein *Jagdregal* bestanden hätte, das den Bauern und Bürgern das Jagen untersagte. Manche Großtierart wurde deshalb nicht ausgerottet, weil adelige Herren die Wälder als Jagdreviere schonten oder eigene Tiergärten anlegen ließen, um weiterhin dem Jagdvergnügen nachgehen zu können.

Als im Zuge der Bauernbefreiung und der Agrarreformen des 19. Jahrhunderts mit dem Hannoverschen Jagdgesetz vom 29. Juli 1850 die Ausübung der Jagd an die Grundbesitzer und Gemeinden überging, dezimierten die nunmehr vielen Jagdberechtigten die Wildbestände in erschreckender Weise.

Die Jagd erhält neue Aufgaben

Erst durch die Geistesbewegung der Romantik, die zusammen mit der Jugend- und Wandervogelbewegung eine starke Hinwendung zur Natur und ein gesteigertes Heimatbewußtsein brachte, erwachte eine Rückbesinnung auf den Wert und die Schonungsbedürftigkeit der Wildtiere. Die Jägerschaft nahm sich von nun an stärker der Hege jagd-barer Tiere an. Doch es dauerte lange, bis gesetz-liche Bestimmungen (wie die Jagd- und Natur-schutzgesetze von 1934/35) den Wildtieren wie-der einen hinreichenden Lebensraum zubilligten. Entscheidend war auch, daß mit den gestiegenen Ernteerträgen auf den Feldern und Wiesen die Wildschäden als nicht mehr so gravierend angese-hen wurden, zumal die Jagdinhaber dafür Entschä-digungen zahlten.

An die Stelle rücksichtsloser Ausrottung tritt Hege und Arterhaltung: Wildtiere als Glieder intakter Ökosysteme

In den letzten Jahrzehnten hat sich mit dem er-wachten *Umweltbewußtsein* ein neues Verhältnis zur Tierwelt entwickelt, das nicht nur die Großtie-re, sondern zunehmend die Kleintiere und die Kleinstlebewesen beachtet. Wildtiere sind notwen-dige Bestandteile einer intakten Umwelt, nämlich ei-ner jeden Landschaft mit eigenem Naturhaushalt (Ökosystem). Unter ökologischen Gesichtspunk-ten wird versucht, ihnen geeignete Lebensräume zuzuweisen oder neue für sie zu schaffen, seien es *Naturschutz-*, Landschaftsschutz- oder andere Gebiete. Verschiedene Behörden und Vereinigun-gen achten sorgfältig darauf, daß keine weiteren Tierarten mehr aussterben, sondern selten gewor-dene Tiere ihren Bestand vergrößern, um ihren An-teil im ökologischen Gleichgewicht der Natur wenig-stens teilweise wieder spielen zu können, soweit das die zunehmende Umweltbelastung zuläßt.

9.2. Artenvielfalt in Niedersachsen

Artenvielfalt durch Vielfalt an natürlichen Lebens-räumen: die niedersächsische Artenliste

Die meisten der über 40 000 Tierarten des deut-schen Raumes sind auch in Niedersachsen vertre-ten, weil dieses Land von der Küste bis zum Mittel-gebirge viele Landschaften und damit viele artge-mäße Lebensräume für Tiere aufzuweisen hat. In der vorläufigen niedersächsischen *Artenliste* ste-hen den rd. 880 Wirbeltierarten ca. 35 000 Arten von wirbellosen Tieren gegenüber.
Die Artenliste der Einzeller (Protozoen) und auch der anderen niederen Gruppen ist gegenwärtig noch keineswegs abgeschlossen. Das wird ver-ständlich, wenn man berücksichtigt, daß allein in ei-nem Gramm Boden 1000 bis 10 000 Einzeller (z.B. Vertreter der Stämme Geißeltierchen, Wurzel-füßer, Sporentierchen, Wimpertierchen u.a.) leben und etwa 1 Million bis 1 Milliarde Bakterien darin nachweisbar sind.
Infolge der Vielzahl der im niedersächsischen Raum vorkommenden höheren Tierarten können

Tab. 49: Anzahl der in Niedersachsen wild vorkommenden Tierarten.

Wirbeltierarten:		
Säugetiere		75
Vögel		460
davon 203 Brut- und 257 Rastvogelarten		
Kriechtiere (Eidechsen und Schlangen)		7
Lurche (Frösche, Kröten, Molche)		19
Fische, davon 52 Süßwasserfische	etwa	320
Wirbellose Tiere:		
Schnecken	etwa	250
Muscheln	"	80
Stachelhäuter (Seesterne, Seeigel)	"	28
Hohltiere (Nesseltiere, Korallentiere, Rippenquallen)	"	160
Schwämme	"	31
Großschmetterlinge	"	1 100
Hautflügler (Ameisen, Wespen, Bienen)	"	6 000
Zweiflügler (Fliegen und Mücken)	"	4 000
Käferarten	"	4 000
Libellenarten	"	67
Heuschrecken und Grillen	"	50
Spinnentiere	"	3 000
Würmer	"	3 000
Einzeller und Niedere Krebse	"	5 000

Quelle: Niedersächs. Minist. f. Ernährung, Landwirtschaft u. Forsten, Niedersächs. Landschaftsprogramm 1989

auch davon nur solche Vertreter erwähnt werden, die einerseits charakteristisch für Niedersachsen sind und andererseits in ihrer Verbreitung bzw. in ihrem Bestand direkt durch die menschliche Ein-flußnahme stark betroffen wurden.

Naturlandschaften und Ökosysteme als Lebens-räume

Wie in den vorhergehenden Kapiteln beschrieben, haben sich in Abhängigkeit von Relief, Ausgangs-gestein, Grundwasserstand und Niederschlägen im niedersächsischen Raum unterschiedliche *Na-turlandschaften* herausgebildet, wie Düneninseln, Watt, See- und Flußmarschen, Nieder- und Hoch-moore, Geestgebiete, Lößbörden, Berg- und Hügel-länder und der Harz als echtes Mittelgebirge. Jede Landschaft hatte von Natur aus ihre arteigenen Wälder bzw. Offenland und dementsprechend auch eine angepaßte Tierwelt, die mit der Pflanzen-decke zusammen ein Ökosystem bildete. Diese Landschaften werden im Abschnitt 9.5. näher be-handelt.
Ökosysteme als Lebensräume sind zwar in sich ge-schlossen (z.B. das Hochmoor), aber räumlich

nicht voneinander isoliert. Der enge Kontakt der Arten benachbarter Ökosysteme bedingt einen ständigen Wechsel der Artenzahl und Populationsdichte durch Wanderungen und Austausch. Bei sukzessiven Veränderungen eines Naturraumes (z.B. durch Verlandungsprozesse, Veränderungen des Grundwasserstandes etc.) ist ebenfalls eine dynamische Arten- und Populationsentwicklung gewährleistet.

Aber auch Klimaschwankungen und innere Faktoren (genetische Variabilität der Arten) halten die Tierverbreitung und die Populationsdichte in stetem Fluß und Wandel.

Der wichtigste Faktor für die Artenvielfalt und die jeweilige Individuenhäufigkeit der Tierwelt aber ist die Veränderung der Naturlandschaft zur Kulturlandschaft durch den wirtschaftenden Menschen. Seit der Seßhaftwerdung des Menschen vor etwa 6500 Jahren sind im niedersächsischen Raum die natürlichen Ökosysteme z.T. völlig zerstört (Auenwälder, Hochmoore) oder tiefgreifend verändert worden (Niedermoore, natürliche Laubmischwälder).

Mit der Entwicklung der *Kulturlandschaft* sind aber auch *neue Ökosysteme* wie Wiesen, Weiden, Äkker, Kulturforsten, Parklandschaften, Gärten, städtische und dörfliche Siedlungen usw. entstanden, die von bestimmten Tierarten als Lebensräume angenommen worden sind.

9.3. Entwicklung der Fauna durch Klimaänderungen

Die Fauna ist zusammen mit der Vegetation, von der die Tierwelt weitgehend lebt, in hohem Maße von den klimatischen Verhältnissen abhängig. Im Laufe der Erdgeschichte hat es immer wieder Klimaveränderungen gegeben, auf die sich Vegetation und Tierwelt in einem ständigen Prozeß der Artenwanderungen und Artendifferenzierung anpassen mußten.

Als in Niedersachsen noch Waldelefanten lebten

Während der letzten Zwischeneiszeit, dem *Eem-Interglazial,* lebten vor rd. 130 000 Jahren im niedersächsischen Raum noch Waldelefanten, von denen ein Skelett mit 4 m Schulterhöhe in einer Mergelgrube in Lehringen bei Verden gefunden wurde. Zwischen seinen Rippen steckte eine 2,15 m lange Eibenholzlanze als deutlicher Nachweis dafür, daß bereits damals *Großwildjäger* diesem kolossalen Tier nachstellten.

Arktische Jäger auf der Suche nach Mammut und Rentier

Während der letzten Eiszeit, dem *Weichsel-Glazial,* als das nordische Gletschereis nur bis zur Hol-

steinischen und Mecklenburgischen Seenplatte vorrückte und Niedersachsen eisfrei blieb, zogen während der Sommermonate *Mammut- und Rentierherden* aus der südlichen Lößtundra auf der Nahrungssuche durch die nordniedersächsischen Landesteile. Umherstreifende *Rentierjäger* stellten ihnen nach. In ihren Hinterlassenschaften findet man nicht nur die Knochen der häufig gejagten Rentiere und Mammute, sondern auch Relikte von anderen der Kälte angepaßten Tieren, wie vom Moschusochsen, dem Wollhaarigen Nashorn, vom Riesenhirsch, der eine Geweihspanne bis zu 4 m hatte, von Wildpferden und von Wölfen. In den Höhlen des Harzes und des südniedersächsischen Berglandes lebten damals noch Höhlenbären und Höhlenlöwen.

Aus dem Winterlager einer Mammut- und Rentierjägergruppe der Zeit um etwa 17 000 v. Chr. in *Salzgitter-Lebenstedt* wurden rd. 5000 Knochen geborgen, wovon 75 % Rentier- und 11 % Mammutknochen waren. Dem Knochen- und damit dem Fleischgewicht nach war das Mammut Hauptjagdtier. 8 % der Knochen gehörten Wildpferden, 2 % dem Wisent und 1 % dem Wollhaarigen Nashorn. Auch der Riesenhirsch, Wölfe und sogar der Höhlenlöwe sowie Schwan und Ohrengeier waren in der Knochenmasse vertreten (vgl. Abb. 193).

Die Waldtiere kommen zurück

Am Ende der Weichseleiszeit, vor rd. 10 000 Jahren, waren die Großtiere, wie Mammut, Wollhaariges Nashorn, Riesenhirsch, Steppenwisent, Höhlenlöwe und Höhlenbär, aus bisher ungeklärten Gründen ausgestorben. Doch die Tiere der Tundra bildeten neben der pflanzlichen Kost immer noch die Nahrungsgrundlage der Bevölkerung. Im *Rentierjägerlager* in der Höhle der Steinkirche von *Scharzfeld* am Südharzrand fanden sich die Reste von Rentieren, Schneehasen, Eisfuchs, Moor- und Alpenschneehühnern sowie Halsbandlemmingen, die heute in den nordeuropäischen und nordasiatischen Tundrengebieten vorkommen.

Vor etwa 10 000 Jahren setzte mit dem Temperaturanstieg auch die *Wiederbewaldung* ein. In den Tundren kam erster Baumwuchs mit Birken und Kiefern auf. Später dehnten sich über weite Strecken Kiefernwälder mit eingesprengten Haselsträuchern und zunehmend Laubbäume aus.

Schon um 7000 v. Chr., in der *Mittleren Steinzeit,* war eine höhere Jahresdurchschnittstemperatur als heute erreicht und eine nahezu geschlossene Laubwalddecke aus Eichen, Linden, Ulmen und Erlen vorhanden. Die Tiere der Tundra und Offenlandschaft waren nach Norden abgewandert. Stattdessen wurden die Wälder von typischen *Waldtieren* belebt, vom Rothirsch, Auerochsen (Ur), Wi-

Moschusochse · Mammut · Wollhaariges Nashorn · Rentier · Elch · Wisent · Riesenhirsch · Wildpferd

Abb. 193: Große Jagdtiere des Eiszeitalters, die z.B. von den Rentier- und Mammutjägern von Salzgitter-Lebenstedt um etwa 17 000 v. Chr. erlegt wurden (aus: HAMM 1952).

sent, Elch, Wildschwein und Reh, die alle Jagdtiere waren, aber auch noch von Wildpferden.

Dazu kamen Bär, Wolf, Luchs, Wildkatze, Fuchs, Marder, Iltis, Fischotter, Biber, die als Pelztiere geschätzt wurden. Biber verursachten durch ihre Dammbauten Wasserstauungen, so daß der Wald dort abstarb und Naturwiesen entstanden. Diese Wiesen konnten durch den Baum- und Jungwuchsverbiß von Hirschen und Rehen lange offengehalten werden. Auch die zahlreichen Seen und die wachsenden Hochmoore bildeten in dem sonst dichten Wald *Offenlandschaften* mit eigener Fauna, insbesondere mit einem reichen Vogelleben, wie Seeadlern, Uhus, Gänsen, Enten, Kranichen, Schnepfen und anderen Wasser- und Sumpfvögeln, dazu kamen immer mehr Fische und wirbellose Tiere.

Mit der Ausbildung eines nahezu geschlossenen flächendeckenden *Laubmischwaldes* verschwanden viele Tiere, die der halboffenen Landschaft angepaßt waren, wie z.B. das *Wildpferd* und auch der Elch. Der Mensch wird durch die Jagd auf diese Tiere dazu beigetragen haben. Etwa um 1000 v. Chr. wurden sie nicht mehr angetroffen. Andere Arten, wie der Rothirsch, konnten sich der veränderten Landschaft anpassen.

9.4. Veränderungen der Tierwelt durch den Einfluß des Menschen

9.4.1. Die Ausrottung der Großwildarten

Großtiere werden Kulturopfer

Aufgrund der von ihnen beanspruchten großen Areale und des zunehmenden Jagddruckes, ausgelöst durch die starke Bevölkerungs- und Kulturlandschaftszunahme, waren im Mittelalter die Großtiere erste Kulturopfer. Um 1400 war der letzte *Wisent* aus Niedersachsens Wäldern verschwunden. Seit etwa 1500 ist der *Auerochse* (Ur) ausgestorben. Die im Mittelalter stark ausgeübte und an den Höfen zu einer technischen Vollkommenheit geführte Jagd ist dafür sicherlich verantwortlich zu machen. 1240 wird vom Herzog Otto von Braunschweig berichtet, er habe Auerochsen und Wisente (zu Jagdzwecken) verschenkt. Im Gegensatz zum gänzlich ausgestorbenen Ur konnte sich der Wisent in kleinen Beständen in den polnischen Urwäldern behaupten, ehe seine Existenz durch gezielte Nachzucht in Zoologischen Gärten bzw. Wildparks (z.B. seit 1928 im Wisentgehege Springe) als gesichert gelten kann.

Der letzte *Bär* des Niedersächsischen Tieflandes wurde 1650 zwischen Celle und Uelzen erlegt, während sich der letzte Vertreter dieses größten europäischen Raubtieres im Harz bis 1725 halten konnte, ehe er in den Wäldern am nördlichen Harzrand getötet wurde. Die Gefährdung des Weideviehs, aber auch die Erlangung von geschätzten Jagdtrophäen, insbesondere durch adelige Herren, mögen die rücksichtslose Verfolgung erklären.

Die letzten *Luchse* Niedersachsens wurden 1817 bei Ilsenburg und 1818 bei Lautenthal im Harz erlegt, nachdem bereits 1677 der letzte Luchs der Göhrde und um 1780 der letzte des Deisters zur Strecke gebracht war.

Der heute noch bei Wittenberg an der Elbe vorkommende und sich wieder nach Westen ausbreitende *Biber* war im Mittelalter in Niedersachsen allgemein verbreitet. Daran erinnern noch viele Gewässer- und Ortsnamen, z.B. Bevern und Beber. Dem großen Nagetier wurde neben seinem Fleisch, das als Fastenspeise erlaubt war, vor allem der begehrte Pelz zum Verhängnis.

Der Wolf: lange Zeit der größte Feind des Menschen

Das meistgehaßte Raubtier war zweifellos der Wolf. Bis in das 18. Jahrhundert hinein war er in den meisten niedersächsischen Landschaften noch vertreten. Fast überall erinnern Flur- und Ortsnamen an seine ehemalige Anwesenheit. *Wolfsjagden* mit großem Aufwand wurden in fast allen Landesteilen durchgeführt. Wiederholt wird berichtet, daß die Wölfe nicht nur Schafe, sondern auch Rinder und große Hirsche getötet haben. Ein Sonderfall war sicher der 1948 in der Schotenheide (Ldkr. Soltau-Fallingbostel) erlegte "Würger vom Lichtenmoor". Dieser sechsjährige Wolfsrüde, der aus dem Osten eingewandert war, soll innerhalb von 4 Monaten "65 Stück Rindvieh und weit über 100 Schafe" im Bereich der damaligen Kreise Fallingbostel, Nienburg und Neustadt a. Rbge. gerissen haben, wie in F. HAMM's "Naturkundlicher Chronik Nordwestdeutschlands" (Hannover 1976) berichtet wird. Dabei sind vermutlich dem Wolf sog. nächtliche "Weideschlachtungen" der notleidenden Nachkriegsbevölkerung angelastet worden.

Bis 1870 wurden noch häufiger einzelne Wölfe, die damals wohl stellenweise noch Standwild waren, in der Lüneburger Heide und im Wendland geschossen. Dann war der Wolf ausgerottet. Aber bis in die jüngste Zeit hinein kommen Einzelgänger aus Polen über alte Fernwechsel in den Raum Südheide-Mittelweser-Nordheide. Der vorläufig letzte östliche Wolf wurde 1974 bei Rotenburg erlegt.

Fischräuber

Außer den Raubtieren, denen man hohe Viehverluste zuschrieb, wurden auch tierische Fischräuber stark bekämpft, bis auch sie fast ausgerottet waren. Um 1885 zahlte man für jeden *Fischotter* 6 Mark Prämie. Damals wurden allein im Regierungsbezirk Stade innerhalb von 2 1/2 Jahren 250 Fischotter getötet. Den Fischereiberechtigten war es ferner gestattet, *Graureiher, Eisvögel, Kormorane, Seehunde* sowie Wildenten und Wildgänse auch mit Lockenten und Schlagnetzen in großer Zahl zu jagen und zu fangen, bis 1935 das Reichsjagd- und das Reichsnaturschutzgesetz erlassen waren und sich die Bestände wieder etwas erholen konnten, obgleich infolge der vielen Flußbegradigungen und Trockenlegungsarbeiten die Nahrungsbasis dieser Tiere wesentlich geringer geworden war.

Großvögel und Auerwild: ausgerottete und gefährdete Vogelarten

Unter den großen Vögeln wurden Stein- und Seeadler und andere Greifvögel, Uhus, Kolkraben und Kraniche als Vieh- und Feldräuber verfolgt und teilweise ausgerottet. Auch hier geben Flur- und Ortsnamen häufig noch Hinweise auf ihr ehemaliges Vorhandensein. 1928 gab es in Niedersachsen bei den *Kranichen* nur noch 2 Brutpaare. Seit 1960 hat der Brutbestand aufgrund von Schutzmaßnahmen und Biotopverbesserungen wieder erfreulich zugenommen.

Verschwunden ist das ehemals im Harz und im Solling und stellenweise einst auch im Tiefland heimische *Auerwild*. Lediglich im Achtermann-Gebiet des Harzes konnte es in den 70er Jahren erfolgreich wieder eingebürgert werden. Die Aufforstung der alten Hudewälder mit Fichten und Kiefern, die Beseitigung der Waldblößen und die Trockenlegung der Moore und Brücher, die diesen Vögeln die Lebensgrundlagen entzogen, waren sicher genau so entscheidend wie der Abschuß durch Jäger und Wilderer. Aus ähnlichen Gründen sind auch die Bestände des kleineren *Birkwildes* trotz Aussetzens von Vögeln rapide zurückgegangen.

Vogelfang: Drosseln und Ammern als Delikatessen auf fürstlicher Tafel

Erwähnt werden sollte an dieser Stelle auch der früher fast überall betriebene *Vogelfang*, der besonders den Drosseln galt, die mit Vogelbeeren (Krammetsbeeren) angelockt wurden. Wacholderdrosseln (Krammetsvögel) und Rotdrosseln, die als Wintergäste aus dem Norden kommen, und angemästete Ammern (Ortolane) galten als Delikatessen, die weithin an fürstliche Hofhaltungen geliefert wurden. Im Harz gab es noch bis nach 1900 in jedem Forstamtsbezirk einen zugelassenen Vogelfangplatz (sog. "Dohnenstieg").

Kaviar und Lachs aus Niedersachsen

Unter den Fischen, die ausgeblieben sind, seien zunächst der bis über 2 m lange *Stör,* einst der größte Wanderfisch der heimischen Gewässer, und auch der Lachs angeführt. Sie kommen nicht mehr zum Laichen in unsere Ströme und Flüsse. Bis 1860 wurden jedes Jahr am Hamelner Weserwehr über 50 kg schwere Störe, im Amt Brake an

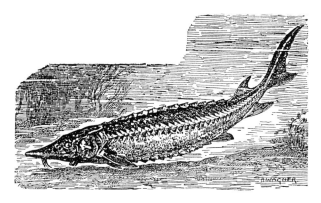

Abb. 194: Der Stör, einst der größte einheimische Wanderfisch, wurde bis zum Bau der Staustufen und -wehre und solange die Flüsse sauber waren mit Exemplaren von 2-3 m Länge in allen großen Flüssen Niedersachsens gefangen (n. SCHMEIL 1923).

der Unterweser mehrere hundert und in der Niederelbe im Jahre 1892 noch über 5000 Störe gefangen, jedoch im Jahre 1900 nur noch 1275. Auch in der Ems, in Hunte, Wümme und Oste wurden regelmäßig Störe an Land gebracht, bei denen neben dem Fleisch der Kaviar einen guten Gewinn abwarf. Ein 1962 im Wurster Watt erbeuteter 160 kg schwerer Stör lieferte z.B. 22 kg schwarzen Kaviar. Bevor in die Leine Mühlenwehre eingebaut waren, kamen Störe auch regelmäßig bis Hannover, wo bis 1656 im Kolk am Schnellen Graben wiederholt Störe von 7 - 9 Fuß Länge gefangen wurden.
Lachse schwammen, bevor die Flüsse durch Begradigungen und Stauwehre zu Schiffahrtswegen ausgebaut waren, regelmäßig zum Laichen die Flüsse hinauf, wo sie in Lachsfängen erbeutet wurden. Große Lachsfänge gab es entlang der Weser bis nach Hameln hinauf. 1881 wurden in einem einzigen Jahr in den beiden Lachsfängen von Baden und Dörverden noch 2100 Lachse gefangen. Auch in der Ems, Elbe und Oste, selbst in der Hunte und Hase, gab es ertragreiche Lachsfänge, die trotz der Einrichtung von Lachsbrutanstalten den Bestand erheblich dezimierten. Ausschlaggeben-

der als die Fischerei war für das Ausbleiben der großen Wanderfische neben der zunehmenden *Verschmutzung* der Ströme und Flüsse durch Abwässer zweifellos die Kanalisierung durch *Staustufen,* die Ende des 19. Jahrhunderts einsetzte und nicht nur die Schiffahrtsströme, sondern gleichfalls die kleineren Flüsse durch Stauwehre zur Wiesenbewässerung betraf. Wenn auch nach dem Fischereigesetz von 1874 an den großen Wehren *Lachstreppen* eingebaut werden mußten, so nahmen die Wanderfische bis auf den Aal diese Hilfen nicht an, weil inzwischen durch die Gewässerbelastung, z.B. der Weser durch die Kaliabwässer, und durch das Fehlen von ruhigen Laichplätzen diese Fische keine Lebensmöglichkeiten mehr fanden.
Das mag hinreichend sein, die sichtbarsten Eingriffe des Menschen in die natürliche Großtierwelt zu charakterisieren. Für die kleineren Lebewesen liegen darüber kaum zusammenfassende Untersuchungen vor.

9.4.2. Die Jagd heute

Gesetzliche Verpflichtung: Erhaltung eines artenreichen und gesunden Wildbestandes

Durch die Jagd werden heute keine Wildtierarten mehr ausgerottet. Im Rahmen der Bundesjagd-(Landesjagd-)gesetzgebung besteht im Gegenteil die Verpflichtung, durch hegerische und jagdliche Maßnahmen die Lebensgrundlagen des Wildes zu sichern. In einer Kulturlandschaft, wie sie der niedersächsische Raum darstellt, unterliegt auch das Wild nicht mehr den regulierenden Kräften eines ökologischen Gleichgewichtes. Zur *Erhaltung eines artenreichen und gesunden Wildbestandes* ist deshalb der menschliche Eingriff in Form der Jagdausübung nach wie vor notwendig. Eine strenge Gesetzgebung verhindert die weitere Dezimierung bedrohter Wildarten wie z.B. Wanderfalke, Habicht, Milan, Fischotter, Auerwild, Birkwild, Haselhuhn, Fischreiher u.a. Die übrigen Wildbestände werden durch Abschuß und Hege in möglichst vertretbaren Bestandsdichten gehalten.
Die Jagdstrecken von Rot-, Dam-, Schwarz-, Reh- und Muffelwild haben sich seit 1936, dem Jahr der erstmaligen statistischen Erfassung, deutlich erhöht (vgl. Tab. 50). Insbesondere der Schwarzwildbestand weist in den vergangenen 50 Jahren ausgesprochen hohe Zuwachsraten auf. Hierfür sind mehrere Ursachen verantwortlich. Zum einen wurde die *Hege als unabdingbarer Bestandteil der Jagdausübung* mit den 1934/35 erlassenen Jagdgesetzen gesetzlich abgesichert. Auch die

Tab. 50: Jagdstatistik des Landes Niedersachsen mit Jahres-
jagdstrecke einschließlich Fallwild.

	1936/39	1964/65	1987/88	1988/89
Seehunde	–	353	62	0
Rotwild	4705	4484	5949	6618
Damwild	–	1849	5172	5557
Rehwild	43638	79418	91624	95755
Schwarzwild	1954	5480	18412	25523
Muffelwild	–	198	494	620
Hasen	237418	293064	117034	144818
Kaninchen	168999	212872	90508	133599
Füchse	–	26799	28126	36661
Dachse	–	700	839	1008
Fischotter	–	31	0	0
Baum- und Steinmarder	–	1302	9971	8981
Iltisse und Wiesel	–	20789	16857	23210
Birkwild	–	422	0	0
Fasanen	70610	179717	64477	104890
Rebhühner	188922	90190	3890	6919
Ringeltauben	–	66194	140261	180130
Türkentauben	–	–	1919	–
Schnepfen	–	6543	4181	5061
Wildenten	49506	75558	135837	166306
Wildgänse	–	1925	1025	1014
Habicht und Sperber	–	5375	58	0
Rauhfuß- und Mäusebussarde	–	3937	111	0
Krähen und Elstern	–	65123	–	0
Wildernde Hunde	–	3683	–	–
Wildernde Katzen	–	51373	–	–
Waschbären	–	–	60	–
Marderhunde	–	–	1	1
Möwen	–	–	22200	19977

0   Keine Bejagung bzw. ganzjährige Schonung
–   keine Angaben

Quellen: Niedersächs. Minister f. Ernährung, Landwirtschaft
u. Forsten, Landesjagdverband Niedersachsen
und Deutscher Jagdschutz-Verband e.V.

Jagdzeiten wurden per Gesetz besser den biologischen Entwicklungszyklen des Jagdwildes angepaßt und trugen damit zu einer schonenden Bejagung bei.

Die *Rot-, Dam-* und *Rehwildbestände* sind seit
den Nachkriegsjahren aus einem falsch verstande-
nen Bemühen um gute und zahlreiche Trophäen
sowie Jagdstrecken oftmals künstlich, d.h. mit Hilfe intensiver Winterfütterung und zurückhaltender
Bejagung, über das forst- und landwirtschaftlich er-
trägliche Maß erhöht worden. Die in den Forsten
zu verzeichnenden Schälschäden an Nadelholz-
bäumen sowie die Verbißschäden an jungen
Baumkulturen sind u.a. auf die überhöhten Wildpopulationen zurückzuführen. Die Schadenshöhe in
den Waldgebieten ist von wirtschaftlicher Bedeutung und nicht zu unterschätzen.

Hoher Zuwachs bei Schwarzwild

Aber auch auf den Äckern sind die durch das
Schwarzwild verursachten Schäden nicht unerheblich. Der zunehmende Anbau von Futtermais
kommt den Wildschweinen entgegen, gewähren
die Schläge den Schwarzkitteln doch eine hervorragende Deckung und Mast. Die von den jeweiligen Jagdpächtern vorzunehmenden Schadensre-
gulierungen erhöhen die Kosten für die Reviere beträchtlich.

*Die Seehundjagd: abruptes Ende durch Virus-
infektion?*

Bis zum Sommer 1988 hatten die Seehundbestän-
de ständig zugenommen. Bei der Zählung am 10./
11. Juni des Jahres wurden an der niedersächsischen Küste 1947 Seehunde aufgenommen. Die
Bejagung dieses Wattbewohners war vergleichsweise maßvoll. Die Jagd erwies sich als schwierig,
und oftmals war hier nur wenigen erfahrenen Jägern Erfolg beschieden.
Die traditionsreiche *Seehundjagd* fand im Sommer
1988 ein abruptes Ende, als der Robbenbestand
vermutlich durch eine Virusinfektion und begünstigt durch eine zunehmende Wasserbelastung
mit Schwermetallen, chlorierten Kohlenwasserstoffen etc. erheblich zusammenschrumpfte. Inzwischen haben sich die Bestände wieder erholt.

*Rebhühner und Hasen: drastischer Rückgang
durch Entzug der Lebensräume*

Die *Niederwildstrecken* von *Rebhühnern* und *Hasen* haben sich in den letzten 20 Jahren drastisch
verringert (vgl. Tab. 50). Die Ursache hierfür ist jedoch weniger in einer stärkeren Bejagung als vielmehr im Strukturwandel der Landwirtschaft zu suchen. Durch technisch verbesserte bzw. intensivierte Saatgutreinigung und Unkrautbekämpfung wurde beispielsweise den Rebhühnern die Nahrungsgrundlage (”Unkraut“-Samen und -Keimlinge) weitgehend entzogen. Maßnahmen der Flurbereinigung hinterließen baum- und strauchlose Felder,
die dem Wild keine Deckung und Brutmöglichkei-
ten mehr bieten. Die großen, mit nur noch wenigen Hauptfruchtarten bestandenen Schläge lassen die Hasen kaum noch genügende und ab-
wechslungsreiche Äsung finden. Die Bearbeitung
der Flächen mit schlagkräftigen Großmaschinen
(Fräsen, Grubber, Saatbettkombinationen) fordert
hohe Verluste beim Jungwild.
Auch bei den *Fasanen* zeigen sich aus den oben
genannten Gründen in den letzten Jahren deutliche Populationseinbrüche. Infolge gelegentlicher
Bestandsergänzungen aus Fasanerien und der zunehmenden Schonung von Feldrainen und Gehölz-
rändern halten sich die Verluste in Grenzen.

Die Jagdstrecken der *Füchse* und *Kaninchen* sind weitgehend konstant geblieben, während die der Wildenten, vor allem der Stockente, deutlich zugenommen haben. Letzteres ist darauf zurückzuführen, daß Stockenten regelrechte Kulturfolger sind, die auch in städtischen Parkanlagen und Siedlungen ein sicheres Fortkommen finden. Die übrigen heimischen Wildentenarten (Löffel-, Tafel-, Knäkente u.a.) weisen keine vergleichbaren Zunahmen auf und sind in ihrem Bestand eher rückläufig.

Zur jagdlichen Streckenstatistik und ihrer Auswertung muß jedoch grundsätzlich angemerkt werden, daß sie nur Aufschluß über die jagdlichen Aktivitäten gibt und nicht unbedingt ein Maß für den Tierbestand ist, das gilt insbesondere für die Wildenten und andere jagdbare Vögel (Tauben, Rabenvögel etc.).

9.4.3. Der Artenwandel durch Neubürger

Artenwandel durch natürliche Zuwanderung

Während in erster Linie durch die Zerstörung natürlicher Biotope ständig Arten im Rückgang begriffen sind (z.B. Weißstorch, Eisvogel, Neuntöter, Goldregenpfeifer, Pirol, Blaurake u.a.), wandern andere Tierarten in den niedersächsischen Raum ein.

Als *ständige Brutvögel* sind *nach 1900* Girlitz, Gebirgsstelze, Wacholderdrossel, Schwarzkehlchen, Tafelente und Türkentaube zu beobachten, wobei letztere erstmals 1943 auftauchte. Im Rahmen der natürlichen Tierverbreitung bzw. Zuwanderung, deren Ursachen und Motive weitgehend unbekannt bleiben, sind auch verschiedene Fisch-, Insekten-, Schnecken- und Kleinsäugerarten im norddeutschen Raum seßhaft geworden, die hier zuvor nur sporadisch oder aber überhaupt nicht auftraten.

Neubürger "aus aller Herren Länder": der Mensch als Bereicherer der Tierwelt

Im Gegensatz zur natürlichen Tierverbreitung hat auch der Mensch teilweise gezielt, aber auch ungewollt, zur Vielfalt der heimischen Tierwelt beigetragen. Dazu einige Beispiele: Bereits 1149 sind dem Abt des Klosters Corvey zwei Paar zahme *Wildkaninchen* aus Südfrankreich geschenkt worden. Von ihnen soll ein bedeutender Teil der heutigen Wildkaninchenpopulation im norddeutschen Raum abstammen.

Im Jahre 1606 sind am Oldenburgischen Hof erstmals *Fasanen* ausgesetzt worden. Die bunten Jagdvögel vermehrten sich gut und sollen Ausgangspunkt für weitere gezielte Auswilderungen gewesen sein.

Der ursprünglich im vorderen Orient beheimatete *Damhirsch* ist gegen Mitte des 18. Jahrhunderts im westlichen Harzvorland erstmals als freilebendes Wild bejagt worden. Zuvor wurde er zunächst nur als Gatterwild, z.B. seit 1679 im Tiergarten bei Hannover, gehalten und ist vermutlich zur Bereicherung der herzoglichen Hofjagden gezielt ausgesetzt worden.

Das heute ebenfalls nicht nur in den Heiderevieren bejagte *Muffelwild* ist in Sardinien sowie Korsika beheimatet und wurde 1903 erstmals in der Göhrde sowie im Südost-Harz ausgesetzt.

Als ungewollte Bereicherung sind "Bisamratte", Waschbär und Enok (Marderhund) anzusehen. Der nordamerikanische *Bisam* ist 1905 bei Prag ausgesetzt worden und hat sich trotz stärkster Verfolgung (die Bisamratte gefährdet mit ihren Bauten Uferböschungen, Dämme und Deiche) binnen kurzer Zeit in Mitteleuropa ausgebreitet. Allein in Niedersachsen wurden in einem Jahr (1966) rd. 35 000 Bisame erlegt (n. HAMM 1976, S.32).

Auch der nordamerikanische *Waschbär* ist 1937 in Hessen in die freie Wildbahn gelangt und 1960 erstmals in Niedersachsen aufgetaucht. Das scheue Nachttier dürfte heute - trotz seltener Beobachtungen - den norddeutschen Raum mehr oder weniger flächendeckend besiedeln.

Der erste *Marderhund,* auch als japanischer Fuchs bezeichnet, wurde 1963 im Hümmling erlegt. Er stammt ursprünglich aus der Sowjetunion. Über seine Verbreitung in Niedersachsen lassen sich zur Zeit noch keine genauen Angaben machen.

Das gezielte bzw. ungewollte Aussetzen nicht heimischer Tierarten führt zu einer Faunenverfälschung, die zumeist negative Folgen hat und deshalb heute verboten ist. Insbesondere das oben genannte Raubwild stellt eine Gefährdung für die heimische Tierwelt dar. Da Waschbär und Enok keine natürlichen Feinde haben und nur schwer zu bejagen sind, richtet z.B. der Waschbär als Eier- und Nesträuber Schäden unter den heimischen Boden- und Baumbrütern an.

Wenn die Flüsse und Bäche durch Begradigungen und Verbauungen auch die meisten ruhigen Laichplätze verloren und durch die Umweltbelastung stark gelitten haben, so ist der Fischbestand insgesamt infolge der vielen Kiesseen, Forellen- und Karpfenteiche und dank der zahlreichen Sportfischereivereine kaum zurückgegangen. In Zuchtteichen herangewachsene Jungfische werden heute in fast allen Fischgewässern ausgesetzt, darunter auch Fische, die hier einst nicht heimisch waren.

Das früheste Beispiel ist der aus Südosteuropa und Asien eingeführte *Karpfen,* der bereits in den Fischteichen der Klöster gehalten wurde, nun aber in vielen Flüssen und Kanälen zu finden ist. Erfolgreich war auch die Einbürgerung von *Zandern* aus der Elbe, die erstmalig um 1900 im Steinhuder Meer und anschließend im Zwischenahner Meer,

im Seeburger See sowie in Ems und Weser ausgesetzt wurden und dort zu den beliebtesten Angel-
fischen gehören. Begehrte Speisefische sind ebenfalls die aus Nordamerika eingeführte *Regenbogenforelle* und der *Amerikanische Bachsaibling* sowie
aus Ungarn kommende *Welse,* die sich in unseren
Flüssen und Seen gut vermehren. Sie sind für den
Fischer und Angler ein gewisser Ersatz für die aus-
gebliebenen Wanderfische, wie Lachs, Maifisch,
Stint und Quappe.

9.4.4. Veränderungen der Individuenzahlen

*Umgestaltung der Landschaft zerstört und schafft
ökologische Nischen*

Viel stärker als im Artenwandel macht sich die wirtschaftsbedingte Umgestaltung der Landschaft in
der quantitativen Zusammensetzung unserer Tierwelt bemerkbar. Zur Erläuterung seien einige Beispiele angeführt.
Die *Kultivierung der Hochmoore* verdrängt das Birkwild, schafft mit den entstehenden Wiesen und
Weiden jedoch neuen Lebensraum für Brachvogel, Kiebitz und Braunkehlchen, die ihrerseits bei in-
tensiverer Grünlandnutzung wieder vertrieben werden. Mit den *Heideaufforstungen* verschwanden
Goldregenpfeifer und Triel weitgehend, während
Tannenhäher, Haubenmeise, Goldhähnchen und
Buchfink in den Nadelwaldforsten neue ökologische Nischen fanden.
Durch die intensive *chemische "Unkraut"-Bekämp-
fung* und die Saatgutbeizung ist den Rebhühnern
die Nahrungsgrundlage entzogen worden. Im Rahmen der *Flurbereinigungen* verschwanden Hek-
ken und Gebüsche aus den Feldmarken und mit ihnen auch Gold- und Grauammer, Rotrückenwür-
ger und viele andere Kleinvögel. Seit dem *Ausbau*
bzw. der *Begradigung von kleinen Wasserläufen*
sind Eisvogel, Teich- und Drosselrohrsänger praktisch verschwunden, die Stockenten als Kulturfolger dagegen zeigen steigende Populationszahlen.
Es ließen sich weitere Beispiele anführen. Der
Wandel unserer Kulturlandschaft als Folge der
scharfen Trennung in land- und forstwirtschaftlich
genutzte Flächen spiegelt sich in diesen Bestandsveränderungen wider. Erhalten bleibt auch in Zukunft die Tierwelt des Waldes, die mit dem stark erhöhten Anteil an Nadelbäumen jedoch teilweise einen deutlich borealen Charakter angenommen
hat. Durch die intensive landwirtschaftliche Nutzung wird die Tierwelt des offenen Kulturlandes,
der Wiesen, Weiden und Äcker, arten- und indivi-
duenärmer werden. Die Zunahme staatlich geförderter *Flächenstillegungen* könnte diesen Prozeß
allerdings wieder verlangsamen oder sogar teilweise aufheben.

Die schwerwiegendsten Arten- und Populationsver-
luste hat die Fauna der Moore und Feuchtgebiete
sowie der Heiden und Hutungen zu verzeichnen.
Die wirtschaftsbedingte intensive Nutzung bzw.
Veränderung dieser Ökosysteme ist weitgehend ir-
reversibel, so daß charakteristische Vertreter dieser Artengemeinschaften lediglich in wenigen unter Naturschutz stehenden Arealen eine (begrenzte) Überlebensmöglichkeit finden.
Eine Bereicherung der Fauna wird es in Zukunft
vermutlich nur noch in den Waldgebieten und den
menschlichen Siedlungen geben. Gerade letztere
bieten einer immer größer werdenden Zahl von *Kulturfolgern* einen Lebensraum. Als Beispiele seien
Rauch- und Mehlschwalbe, Haussperling, Haus-
und Gartenrotschwanz, Singdrossel, Turmfalke,
Schleiereule, verschiedene Fledermausarten, Ra-
benkrähe, Elster, Wildkaninchen, Steinmarder,
Haus- und Wanderratte sowie Haus- und Spitz-
maus genannt. Die im Vorderen Orient beheimatete Türkentaube ist der jüngste "Neuzugang" unter
den Kulturfolgern und mittlerweile in allen niedersächsischen Dörfern und Städten zu beobachten.
Teilweise sind aber auch einige Kulturfolger in ihrem Bestand stark rückläufig und zeigen, daß Kul-
turfolge nicht immer gleichbedeutend ist mit einer
Bestandssicherung. Als Beispiele hierfür seien der
Populationsrückgang der Mehlschwalbe, des Gar-
tenrotschwanzes und einiger Fledermausarten zu
nennen. Auch die Hausratte ist, im Gegensatz zur
häufig anzutreffenden Wanderratte, in Niedersachsen selten geworden.

9.4.5. Selten gewordene Tiere
(Die "Rote Liste")

In Niedersachsen sind ca. 30 000 - 40 000 Tierarten heimisch (vgl. Tab. 49). Die Zahl läßt sich nur
ungenau angeben, da zu wenig gesicherte Erkenntnisse vorliegen. Etwa 95 % dieser Tierarten zählen zu den Wirbellosen (u.a. Weichtiere, Insekten,
Krebse, Spinnentiere, "Würmer", Einzeller und andere Gruppen), von denen nur über den aktuellen
Bestand von ca. 1100 Arten genauere Informationen bekannt sind (Libellen, Heuschrecken, Groß-
schmetterlinge).
Im Rahmen des *Niedersächsischen Artenerfassungsprogrammes* ist man seit 1976 bemüht, den
Bestand und die Bestandsentwicklung aller heimischen wildlebenden Tierarten und seit 1983 das
Vorkommen wildwachsender Pflanzenarten zu ermitteln. Bis dahin war dieses nur für die heimischen Vogelarten genauer erfolgt.
Die Ergebnisse dieser Bestandsaufnahmen werden von der Fachbehörde für Naturschutz im Niedersächsischen Landesverwaltungsamt ausgewer-
tet und dienen u.a. der Aufstellung der *"Roten Li-*

Tab. 51: Statistische Übersicht über den Gefährdungsgrad der einheimischen Fauna (Stand 1985).

Tiergruppe	einheim. Arten in Nieders.	0 ausgestorben	1 vom Aussterben bedroht	2 stark gefährdet	3 gefährdet	0 – 3 Anzahl (%)	nach Rote Listen Nieders.	Bemerkungen
Säugetiere	74	9	9	16	8	45 (60 %)	Entwurf	ohne Elch, Wisent Auerochse
Brutvögel	203	12	34	33	25	113 (55 %)	3. Fass. Entwurf	nach dem Vogel-Atlas Nieders. (Stand 01.01.84)
Gastvögel	257	· · · · · · · · · · · 31 (12 %) · · · · · · · · · · ·						
Lurche	19	0	4	1	9	14 (73 %)	Stand 1979	nach Merkblatt Nr. 4 (1980)
Kriechtiere	7	0	1	1	3	5 (71 %)	Stand 1979	nach Merkblatt Nr. 4 (1980)
Fische	55	2	3	12	3	20 (36 %)	Stand 1979 (Entwurf)	(n. Gaumert 81), darunter 8 eingebürgerte
Libellen	59	2	13	9	13	37 (62 %)	1983	nach Merkblatt Nr. 15 (1983)
Heuschrecken	45	6	7	12	5	30 (66 %)	1983	nach Merkblatt Nr. 17 (1983)
Großschmetterlinge	1027	86	172	158	166	582 (57 %)		

Quelle: Niedersächs. Landesverwaltungsamt - Fachbehörde für Naturschutz

ste" (vgl. Tab. 51), in der für die verschiedenen Wirbeltierklassen (Säugetiere, Brut- und Gastvögel, Lurche, Kriechtiere, Fische) und unter den Wirbellosen für Libellen und Heuschrecken der Versuch unternommen wird, eine statistische Übersicht über den Gefährdungsgrad der einheimischen Fauna zu geben. Hierbei wird jede in ihrem Bestand bedrohte Tierart einer von fünf unterschiedlichen Gefährdungskategorien zugeordnet.

Da die Rote Liste ständig aktualisiert bzw. fortgeschrieben wird, erlaubt sie einen raschen Überblick über die positiven oder (häufiger) negativen Bestandsentwicklungen gefährdeter Tierarten in Niedersachsen. Die Rote Liste der in ihrem Bestand gefährdeten Brut- und Gastvögel ist bereits vor mehr als zwei Jahrzehnten erstmals aufgestellt und seitdem fortlaufend ergänzt worden.

Am stärksten gefährdet: Lurche und Kriechtiere

Die zur Zeit gültige Rote Liste verdeutlicht, daß unter den in Niedersachsen heimischen Wirbeltieren die Lurche und Kriechtiere in ihrem Bestand der *größten Gefährdung* ausgesetzt sind. Zu den vom Aussterben bedrohten Arten zählen Rotbauchunke, Gelbbauchunke, Springfrosch und Europäische Sumpfschildkröte; aber auch bekannte und

früher häufige Arten wie Feuersalamander, Laubfrosch, Moorfrosch, Zauneidechse, Ringelnatter und Kreuzotter stehen heute auf der Roten Liste, und man begegnet ihnen nur noch selten. Da sie wichtige Bindeglieder verschiedener Nahrungsketten sind, beeinflußt ihre Gefährdung auch den Bestand anderer Arten. Das bekannteste Beispiel hierfür ist der Weißstorch, dem unter anderem Lurche als Nahrungsgrundlage dienen.

Die *Ursache* für die Gefährdung von mehr als zwei Dritteln der heimischen Lurch- und Kriechtierarten ist in der Zerstörung ihrer Lebensräume zu suchen. Vornehmlich den aus wirtschaftlichen Gründen vorgenommenen Meliorationsmaßnahmen fielen zahlreiche Feuchtbiotope (anmoorige Wiesen, kleine Tümpel, Niedermoorseen) zum Opfer. Gerade sie sind als Laichplätze für die Lurche unersetzlich. Auch durch Flußregulierungen, Verrohrung von Vorflutern, Hochwasserschutzmaßnahmen und durch übermäßige Wasserentnahme kommunaler Beschaffungsverbände gingen zahlreiche Feuchtgebiete verloren und mit ihnen die charakteristische Artengemeinschaft der Pflanzen und Tiere dieser Biotope. Sehr oft fordern vielbefahrene Straßen zwischen den Sommerquartieren und den Laichplätzen hohe Verluste unter den Amphibienarten (Frösche, Kröten).

Heiden und sog. Mager- bzw. Trockenrasenbiotope mit warmen, trockenen und sandigen Plätzen sind ideale Lebensräume für Kriechtiere (z.B. Zauneidechse, Kreuzotter, Blindschleiche). Gerade diese Biotope sind wirtschaftsbedingt jedoch bis auf wenige Restareale aufgedüngt und in ertragreiches Grünland oder sogar Ackerland (teilweise mit künstlicher Bewässerung) überführt oder aufgeforstet worden. Hiermit verschwanden nicht nur charakteristische Pflanzen der Heide- und Trockenrasengesellschaften, sondern auch die vielfältige Insektenwelt dieser Biotope. Insekten jedoch bilden die Nahrungsgrundlage der heimischen Kriechtiere. In einer intensiv genutzten Agrarlandschaft haben die heimischen Schlangen und Eidechsen jedoch kaum eine Überlebenschance.

Ersatzbiotope sollen den Artenschwund aufhalten

In jüngster Vergangenheit werden insbesondere den Lurchen und Kriechtieren im Rahmen von besonderen Hilfsprogrammen seitens verschiedener Naturschutzbehörden und -verbände *Ersatzbiotope* in Sand- und Kiesgruben, Steinbrüchen und auf anderen geeigneten Flächen bereitgestellt.
Auch die zur Laichzeit vielerorts an vielbefahrenen Straßen aufgestellten Fangzäune und "Krötentunnel" zählen zu diesen Bemühungen und sollen den Tieren eine ungehinderte Wanderung zu den Laichgewässern ermöglichen. Für besonders gefährdete Lurche wie Laubfrosch, Wechselkröte, Gelbbauchunke und Rotbauchunke wurden eigens Hilfsprogramme entwickelt. Es bleibt zu hoffen, daß die Schutzmaßnahmen den Artenschwund der heimischen Lurche und Kriechtiere aufhalten bzw. gegebenenfalls eine positive Entwicklungstendenz einleiten werden. *Erste Erfolge* sind hier bereits zu verzeichnen und rechtfertigen den Ausbau und die Fortsetzung dieser Hilfsprogramme.

Gefährdete Säugetiere: Fledermäuse, Fischotter und Biber sind am meisten bedroht

In Niedersachsen sind etwa 60 % der insgesamt 74 heimischen Säugetierarten (vgl. Tab. 51) in ihrem Bestand gefährdet, und neun Arten gelten bereits als ausgestorben. Zu letzteren zählt die Fledermausart Kleinhufeisennase. Auch alle anderen 17 zur Zeit noch auftretenden einheimischen Fledermausarten sind nur noch selten zu beobachten.
Ebenso wie bei den Lurchen und Kriechtieren ist auch hier in erster Linie die Zerstörung des Lebensraumes durch die Ausdehnung von Industrie- und Siedlungsflächen, durch die intensive Bewirtschaftung der Agrarflächen und durch die Aufforstungen für den Artenschwund verantwortlich zu machen. Die *Fledermäuse* leiden z.B. unter dem Verlust von ruhigen Sommer- und Winterquartieren in älteren Gehöften, alten Stollenanlagen, zugänglichen Kellergewölben etc. und der Verringerung ihres Nahrungsangebotes, den Fluginsekten, infolge des Einsatzes von Insektiziden.
Den Fledermäusen werden durch die Erhaltung alter Stollen, durch die Öffnung von Kellern und Dachstühlen sowie durch die Aufhängung von speziellen Fledermauskästen neue Winter- und Sommerquartiere zur Verfügung gestellt. Die ersten Erfolge dieser Hilfsmaßnahmen lassen sich bereits feststellen und rechtfertigen ihre Fortsetzung sowie Ausweitung.
Die fast ausgestorbenen *Biber* und *Fischotter* sind nicht nur die Opfer der Veränderung ihrer Lebensräume durch die Begradigung von Flußläufen, die Zerstörung von Bruchwäldern und die Verschlechterung der Wasserqualität, sondern auch die jahrhundertelang betriebene intensive Verfolgung mit Fallen und Schußwaffen haben ihre Bestände dezimiert. Erst 1966 wurde eine ganzjährige jagdliche Schonzeit für den Fischotter verordnet, nachdem er in Südniedersachsen ausgestorben war.
Auch hier wird im Rahmen gezielter Hilfsprogramme (z.B. Niedersächsisches Fischotterprogramm 1989) von Naturschutzbehörden und -verbänden versucht, den beiden genannten Arten durch die Bereitstellung von naturnahen Flußläufen, u.a. an der Wümme und Oste, an den nördlichen Nebenflüssen der Aller, im Leda-Jümme-Gebiet und in Ostfriesland, neue Lebensräume zu erschließen.

Gefährdete Vogelarten: Frühindikatoren für Veränderungen des Lebensraumes

Rote Listen sind erstmals für die Vogelwelt aufgestellt worden, da hier Bestandsveränderungen zumeist eher und besser erfaßt werden als von anderen Tiergruppen und Vogelbeobachtungen und -erfassungen seit vielen Jahrzehnten vorliegen. Häufig kommt dem Artenwandel der Vogelwelt eine besondere Indikatorfunktion zu, lassen sich mit ihm doch frühzeitig Aussagen über negative Veränderungen eines Lebensraumes machen, von denen später auch andere Tierarten betroffen sein können.
Von den 203 einheimischen Vogelarten gelten bereits 12 in Niedersachsen als *ausgestorben.* Dazu zählen bekannte Arten wie Fischadler, Gänsegeier (der im Mittelalter ein häufiger Begleiter größerer Viehherden war), Großtrappe, Habichtskauz, Seggenrohrsänger, Blauracke, Doppelschnepfe, Raubseeschwalbe, Triel u.a. Neben anderen in der Bundesrepublik ausgestorbenen Arten werden einige von ihnen, wie Großtrappe oder Seggenrohrsänger, noch vereinzelt als *Gastvögel* oder, wie

der Fischadler, als *Durchzügler* beobachtet, zählen jedoch nicht mehr zu den Brutvögeln.

Auch bekannte heimische Arten wie Auerhuhn, Birkhuhn, Blaukehlchen, Drosselrohrsänger, Goldregenpfeifer, Haselhuhn, Kampfläufer, Kornweihe, Kranich, Schwarzstorch, Sumpfohreule, Wanderfalke, Weißstorch, Wiedehopf, Wiesenweihe u. a. zählen zu den vom Aussterben bedrohten Arten. Vertreter der übrigen Kategorien der Roten Liste können und sollen hier nicht genannt werden, obgleich auch unter ihnen zahlreiche allgemein bekannte Arten vertreten sind.

Bei den Vögeln ist der Artenrückgang in erster Linie ebenfalls in der Umgestaltung ihrer Lebensräume begründet. Manche Biotope sind teilweise vollständig verändert worden und bieten auch der Vogelwelt keinen Lebensraum mehr. Die Hochmoore sind beispielsweise bis auf wenige Restareale trockengelegt oder durch Torfabbau zerstört. Auwälder und Niedermoorgebiete sind im Rahmen von Meliorationsmaßnahmen und Flußbegradigungen trockengelegt und in landwirtschaftliche Nutzflächen überführt worden. Das Birkwild und der *Weißstorch* sind bekannte Arten, die von diesen Veränderungen direkt betroffen sind. Aber auch die zunehmend seltener werdenden Obstbaumwiesen beherbergen viele Vogelarten. Ehemals umgab nahezu jedes Dorf ein Obstbaumgürtel, der heute gerodet und in Acker- oder Grünland überführt worden ist. Mit den alten Obstbäumen verschwanden auch Steinkauz, Wiedehopf, Wendehals und andere früher häufiger in der Nähe von Siedlungen anzutreffende Vogelarten.

Für besonders schutzbedürftige Arten sind gesonderte *Hilfsprogramme* entwickelt worden. Im Rahmen dieser Projekte wird der Versuch unternommen, dem Populationsrückgang von Weißstorch, Schwarzstorch, Kranich, Goldregenpfeifer und Birkhuhn durch den Ankauf von möglichst naturnahen Flächen, *Schaffung neuer Feuchtbiotope,* Wiedervernässung von Hochmooren, Erhaltung von ursprünglichen Niedermooren usw. entgegenzuwirken und zumindest die bestehende Zahl an Brutvögeln zu erhalten.

Bei wenigen Arten der Roten Liste, wie der Hohltaube, dem Habicht, dem Sperber, dem Schwarzspecht, dem Kolkraben und dem Rotmilan, sind positive Bestandsveränderungen festzustellen, desgleichen bei der Graugans, dem Kranich und dem Schwarzstorch, die jedoch, wie vergleichbare Fälle aus der Vergangenheit zeigen, eine erneute Populationsgefährdung nicht ausschließen.

Einige Vogelarten sind inzwischen aus der Roten Liste entlassen und etliche in andere Kategorien eingestuft worden. Die Saatkrähe hat sich beispielsweise nach Aufnahme in die Bundesartenschutzverordnung und somit Einstellung der ganzjährigen Verfolgung mit der Waffe wieder im Bestand erholt. Die Graugansbestände gelten nach erfolgreichen Aussetzungsaktionen und intensiver Betreuung wieder als gesichert. Auch Habicht und Sperber sind nach der ganzjährigen Schonung der Greifvögel wieder häufiger auf ihren Jagdflügen zu beobachten. In der Dämmerung ist der Uhu u.a. im Harz, im Solling und im Wesergebirge nach erfolgreichen Wiedereinbürgerungsversuchen wieder aktiv.

Gefährdete Fischarten: Bestandsergänzungen durch Satzfische

Von den Wirbeltieren weisen die Fische die geringste Zahl an bedrohten Arten auf. Obgleich auch Seen und Flüsse in Niedersachsen durch Industrie- und Hausabwässer, Düngemittel und erwärmtes Kühlwasser von Kraftwerken belastet sind, scheinen die Veränderungen in diesen Lebensräumen doch weniger schwerwiegend zu sein als in den übrigen genannten Ökosystemen. Das Bild täuscht allerdings, da zahlreiche kleinere Flußläufe der Geest und des Harzvorlandes (Leda, Soeste, Wümme, Jeetzel, Fuhse, die Nebenflüsse der Innerste wie Nette, Lamme u.a.) noch einen vergleichsweise natürlichen Fischbestand aufzuweisen scheinen. Doch viele heimische Fischarten erfahren durch die Angelsport- und Fischereivereine eine intensive Betreuung u.a. durch regelmäßige Bestandsergänzungen mit jungen Satzfischen. Zu den gefährdeten heimischen Fischarten zählen heute Bachforelle, Mühlkoppe, Gründling, Bachschmerle u.a.

Gerade diese Arten reagieren besonders empfindlich auf Veränderungen der Wasserqualität, die sich in erster Linie in Schwankungen des Sauerstoffgehaltes sowie der Temperatur äußern und von den Tieren nur bedingt toleriert werden.

Von den Wirbellosen als einzige erfaßt: gefährdete Libellen- und Heuschreckenarten

Von den Wirbellosen werden lediglich Libellen und Heuschrecken in der Roten Liste erfaßt. Auch hier ist ein Großteil der Arten in ihrem Bestand gefährdet (vgl. Tab. 51).

Am stärksten vom Artenrückgang betroffen sind die in ihrer Larvalentwicklung an klare Fließgewässer und Hochmoore gebundenen *Libellenarten.* Durch die Beseitigung von Feuchtgebieten, den naturfremden Ausbau der Gewässer und die Nährstoffanreicherung bzw. Wasserverschmutzung werden der Blauflügel-Prachtlibelle, der Grünen Keiljungfer, der Torf-Mosaikjungfer und anderen die Möglichkeiten zur Eiablage und Entwicklung weitgehend genommen.

Die an Stillgewässer gebundenen Libellenarten dagegen haben in den zahlreichen wassergefüllten Kies- und Sandabgrabungsflächen der Talauen von Weser, Leine und anderen Flüssen *neue Lebensräume* erschließen können und sind daher in ihrem Bestand weitgehend gesichert.

Der vergleichsweise hohe Artenverlust der *Heuschrecken* (vgl. Tab. 51) ist in erster Linie auf die intensive Grünlanddüngung zurückzuführen. Die Aufdüngung von ursprünglich nährstoffarmen Standorten, wie Trockenrasen und mageren Sandböden, hat zu einer selektiven Anreicherung von stickstoffliebenden Gräsern auf den landwirtschaftlich genutzten Grünlandflächen geführt. Der Artenwandel in den Wiesengräsergesellschaften und die durch Herbizidausbringung verursachte Verdrängung der Ackerwildkräuter haben eine drastische Verringerung des Nahrungsangebotes für die Heuschrecken zur Folge.

Die Zurückdrängung der ”Ackerunkräuter“ hat auch die Zahl der *Schmetterlinge* deutlich reduziert, da diese in ihrer Entwicklung und Nahrungsaufnahme häufig an bestimmte Wirtspflanzen gebunden sind. Verschwindet eine solche Wirtspflanze durch chemische Bekämpfungsmaßnahmen weitgehend auf den Ackerflächen, so sind auch bei den von ihr abhängigen Schmetterlingsarten Populationseinbrüche festzustellen.

Andere an bestimmte Kulturpflanzen gebundene Insektenarten zeigen dagegen hohe Fortpflanzungsraten und werden häufig zu Schädlingen.

Insgesamt betrachtet vermittelt die Rote Liste einen guten Einblick in die ständigen Veränderungen in den Wildpopulationen unserer Kulturlandschaft. Sie ist ein Gradmesser für die Gefährdung heimischer Biotope und offenbart damit sowohl negative als auch positive Entwicklungstendenzen unserer Pflanzen- und Tierwelt.

9.5. Die niedersächsischen Landschaften und ihre Tierwelt

Wie im vorhergehenden behandelt, haben die niedersächsischen Naturräume durch die Tätigkeit des wirtschaftenden Menschen gravierende Veränderungen erfahren. Der Laubwald nimmt z.B. statt der natürlichen 84 % nur noch 6 % der niedersächsischen Landesfläche ein (vgl. Kap. 8. ”Pflanzendecke“: Abb. 175). Die Moore und Feuchtgebiete sind entwässert und die Auenwälder wegen der wertvollen Böden, auf denen sie stockten, gänzlich abgeholzt worden.

Einige der in den natürlichen Ökosystemen lebenden Tierarten haben sich diesen Veränderungen nicht anpassen können. Sie sind ausgestorben oder auf wenige naturbelassene Refugien abge-

Foto 9: **Seehunde auf der Robbenplate vor der Wesermündung.** Aufn.: Engler.

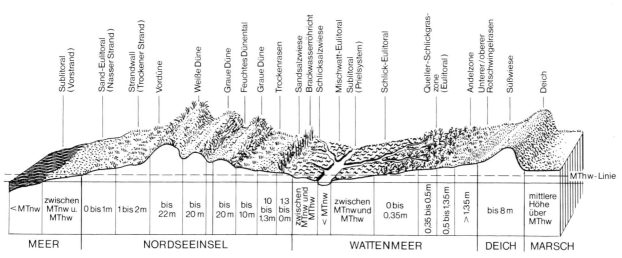

Abb. 195: Lebensräume der Tierwelt an der Nordseeküste. Querschnitt vom offenen Meer zur Marsch, im Wattbereich stark verkürzt (n. HEYDEMANN 1981, verändert). MThw = Mittleres Tidehochwasser, MTnw = Mittleres Tideniedrigwasser.

drängt worden. Viele Tierarten vermochten jedoch dem Wandel der Natur- und Kulturlandschaft zu folgen und bestimmen heute zusammen mit den zugewanderten Kulturfolgern die heimische Fauna. Deshalb sind auch gegenwärtig noch *charakteristische Artengemeinschaften* in den einzelnen niedersächsischen Landschaften zu finden. Sie sollen im folgenden kurz vorgestellt werden.

9.5.1. Die Tierwelt der Küstenlandschaft
(vgl. Abb. 195)

Düneninseln und Vorstrand

Vorstrand: idealer Lebensraum für Plattfische und Garnelen

Vorstrand nennt man den Bereich vor den Inseln, der sich bis 7 m unter dem mittleren Tideniedrigwasser erstreckt. In seinem Tang- und Seegrasgürtel halten sich viele Fische und andere Meeresbewohner auf, insbesondere die *Plattfische* (Seezunge, Scholle, Flunder, Steinbutt) sowie die schmackhaften *Garnelen* ("Krabben", "Granat"), aber auch Kabeljau, Schellfisch, Hering, Rotbarsch, Makrele und viele andere Arten, die früher für die Inselfischer die Lebensgrundlage waren. Insgesamt finden sich *mehr als 200 Fischarten* in der Nordsee, die vom Plankton und den vielen Kleintieren leben.

Nasser und trockener Strand: allerlei Strandgut

Im Küstengebiet kommen allein auf einen Kubikzentimeter Meerwasser bis zu 2000 Einzeller, dazu Pfeilwürmer, Ruderfußkrebse und andere Kleinlebewesen sowie Eier und Larven von den vielen Tieren, die im Wasser leben. An den Strand geworfen werden häufig verschiedene Arten von

Quallen, die Laichballen der *Wellhornschnecke* oder die dunkelbraunen Eikapseln vom *Nagelrochen* und vom *Katzenhai,* verschiedene *Muschelschalen,* insbesondere von Herzmuscheln, Sandklaffmuscheln, Miesmuscheln, Roter Bohne, Pfeffermuscheln, Amerikanischen Scheidenmuscheln, Amerikanischen Bohrmuscheln, Austern. Besonders dort, wo fester Untergrund vorhanden ist, an den Pfählen der Buhnen und Anleger, soweit diese unter halber Tide liegen, haben sich in großen Mengen die Miesmuscheln angeheftet oder Seepocken, die zur Gruppe der Krebse gehören. Große Muschelbänke säumen auch die Prielläufe.

Auf dem Strand findet man auch die Panzer der *Strandkrabbe,* der *Wollhandkrabbe* und des *Taschenkrebses,* häufig mit *Seepocken* besetzt, oder die Sepia-Schulpe vom *Tintenfisch* (Sepia officinalis), zuweilen auch *Seeigel* und *Seesterne,* die alle Zeugen des reichen Tierlebens an der Küste sind. Dazu kommen die vielen Vögel, die den Spülsaum absuchen oder, wie die Seeschwalben und Möwen, die im Sturzflug ihre Beute aus dem Wasser holen oder in Pulks vor der Küste schwimmen.

Strandbewohner sind auch gewisse halophile (salztolerante) Käfer oder Fliegen, die sich den besonderen Umweltbedingungen vortrefflich angepaßt haben.

Sandbänke: Kinderstube der Seehunde

Auf Sandbänken kann man die früher von den Fischern und Jägern stark verfolgten *Seehunde* beobachten, von denen es an der niedersächsischen Küste bereits wieder etwa 2000 gab, bevor sie im Sommer 1988 durch eine Virusinfektion starke Verluste erlitten. Inzwischen (1991) hat sich der

Bestand wieder erholt. Selten geworden ist aus dem gleichen Grunde ein anderer Meeressäuger, der nur 1-2 m lange Schweinswal, auch *Kleiner Tümmler* genannt.

Düneninseln: artenarm durch extreme Naturbedingungen und Isolierung vom Festland

Die Düneninseln selbst sind wegen der dürftigen Naturaustattung, insbesondere auch wegen der heftigen Winde, der geringen Sommertemperaturen und der Isolierung vom Festland artenarm, mit Ausnahme der *Vögel.* Sie können den reich gedeckten Tisch des Wattenmeeres und des ergiebigen Spülsaumes zur Nahrungssuche anfliegen und im trockenen Sand der Dünen und Platen ihre Nester haben, sofern der Mensch oder Tiere sie nicht stören. So finden sich denn auch auf den unbewohnten Inseln, wie Memmert, Mellum, Scharhörn und Knechtsand, die größten Vogelkolonien. Am häufigsten ist die *Silbermöwe,* der Charaktervogel der Nordseeküste. Wo sie ihre Gelege hat, verdrängt sie alle schwächeren Seevögel, deren Eier und Jungen sie verzehrt. Das trifft besonders die *Seeschwalben,* die ohne Bekämpfung der Silbermöwen an der Küste selten werden.

In den Dünen brüten die *Brandgans* und auch die *Regenpfeifer.* Auf den mit Gras bewachsenen Flächen der Inselheller (-groden) trifft man brütende *Austernfischer, Kiebitze, Uferschnepfen, Säbelschnäbler* und *Rotschenkel* an. Außerhalb der Brutzeit sind die Inseln wichtige Nahrungs- und Aufenthaltsorte verschiedener nordischer und auch einheimischer *Zugvögel* bzw. *Wintergäste.*

Das Wattenmeer gilt als Drehscheibe des *Vogelzugs,* der auf den Inseln stets ein besonderes Ereignis ist. Ende September ist sein Höhepunkt. Dann ziehen riesige Schwärme von *Alpenstrandläufern,* untermischt mit *Knuts, Sanderlingen, Zwergstrandläufern* und *Kiebitzregenpfeifern* wie Rauchfahnen über das Wasser dahin. Dazu kommen *Brandgänse, Stock-, Pfeif-* und *Krickenten* sowie *Ringel-* und *Nonnengänse,* die zu Tausenden aus ihren hochnordischen Brutgebieten zurückkehren. In den Dünen ruhen sich *Schwärme von Staren, Finken* und *Drosseln* aus, um nach kurzer Rast ihren Flug längs der Inselkette fortzusetzen. Auf den Inseln sind mit zunehmendem Bewuchs immer mehr Festlandsvögel heimisch geworden, zum einen die typischen Gartenbewohner, zum anderen sind auch *Wiesenpieper, Steinschmätzer, Hohltaube* und sogar der *Kuckuck* vertreten, der seine Eier gerne in die Wiesenpiepernester legt.

In den Inseldünen erreichen *Wildkaninchen* eine hohe Bestandsdichte. Wiederholt, so z.B. im Jahre 1869, wurde regierungsseitig ihre "Vernichtung" angeordnet, weil die Tiere Pflanzen bevorzugen,

die den Dünensand festhalten und durch ihre Bauten neue Dünenanrisse verursachen.

Ebenso wie das Wildkaninchen sind auch *Hase, Rebhuhn, Fasan, Rehwild* und auf Norderney sogar *Damwild* zu Jagdzwecken ausgesetzt worden. Wildkaninchen und Fasanen haben sich den Umweltbedingungen der Inseln gut angepaßt und erreichen z.T. höhere Bestände als auf dem Festland, wie z.B. die hohen Fasanenstrecken belegen. Die Ursache ist in dem weitgehenden Fehlen natürlicher Feinde zu sehen, wenn auch dann und wann einmal ein Fuchs über das gefrorene Watt herüberkommt. Ferner sind harte Winter, die sonst hohe Wildverluste fordern, hier selten. Dazu fehlt der Straßenverkehr, der sonst die Bestände dezimiert. Als bestandsregulierend für das Wildkaninchen hat sich allerdings die seit 1954 aus Frankreich gekommene Kaninchenpest (Myxomatose) erwiesen. Doch anscheinend haben sich inzwischen schon myxomatoseresistente Stämme herausgebildet.

Eine Besonderheit ist die auf manchen Inseln noch häufig vorkommende *Kreuzkröte,* die an warmen Sommerabenden zu hören ist. Da man sie auf dem Festland nur noch selten antreffen kann, steht sie auf der Roten Liste der gefährdeten Lurche.

Das Wattenmeer

Wenn der Fauna des Wattenmeeres mehr Raum gegeben wird als den Artengemeinschaften der übrigen niedersächsischen Landschaften, dann ist das mit der herausragenden Bedeutung und Einzigartigkeit dieses Großökosystems zu begründen, das neben dem Hochgebirge die letzte Naturlandschaft Mitteleuropas darstellt.

Extreme Lebensbedingungen und reichlich Nahrung

Auch wenn das Watt auf den ersten Blick als vegetationsloses, eher lebensfeindliches Gebiet erscheint, so ist es doch ein bevorzugter Lebensraum für Vögel, Fische und Seehunde, um nur die größeren Tiere zu nennen. Sie bilden häufig die Endglieder in einer *Nahrungskette.*

Eine solche Nahrungskette kann vom reichlich vorhandenen Plankton, also den tierischen und pflanzlichen Kleinstlebewesen, über Krebse (wie der Speisekrabbe) und weiter über Fische (wie der Flunder) zu den Seehunden führen, die wohlschmeckende Fische zu schätzen wissen. Vom Plankton leben auch die zahlreichen Würmer und Muscheln des Watts, die wiederum Nahrungsgrundlage der Vögel sind, wie z.B. flachsitzende Herzmuscheln für kurzschnäblige Silbermöwen und tiefsitzende Pierwürmer und Sandklaffmuscheln für die langschnäbligen Austernfischer.

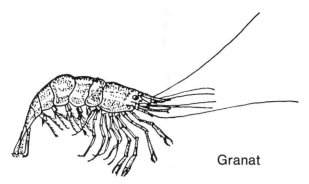

Granat

Abb. 196: Granat (Speisekrabbe, Crangon vulgaris).

Der Wattboden: Lebensraum mit großer Arten- und Individuenfülle

Da die Nahrungsversorgung der Lebewesen im Watt infolge der Gezeitenströmung, die ständig neue Nährstoffe heranführt, hervorragend ist, bietet der Wattboden eine *ungewöhnliche Individuen-*

fülle. Auf 1 km² leben in den Sommermonaten mindestens 1 Million Tiere der Makrofauna und auf nur 1 m² Watt bis 2,5 Millionen Individuen der Mikrofauna, d.h. Tiere, deren Körpergröße unter 1 mm liegt. Sie ernähren sich vor allem von der pflanzlichen Biomasse. Das sind vorwiegend Kieselalgen (Diatomeen), die im Sommer weite Flächen des Watts mit einem braunen Belag überziehen.

Auf 1 m² Wattfläche in unterschiedlichen Küstenbereichen haben Biologen 5000 bis 40 000 *Schlickkrebse* (Corophium spec.), bis 300 000 *Wattschnecken,* bis zu 4000 *Seeringelwürmer,* 10-150 *Sandklaffmuscheln,* 150-300 *Herzmuscheln,* einige hundert *Miesmuscheln* und 10-70 *Pierwürmer* (Arenicola marina) gefunden (vgl. Abb. 197).

Die Individuenfülle ist um so erstaunlicher, als im Watt *extreme ökologische Bedingungen* herrschen. Neben den Wasserstandsschwankungen (einschließlich des Trockenfallens der Wattflächen) müssen starke Temperaturunterschiede, Un-

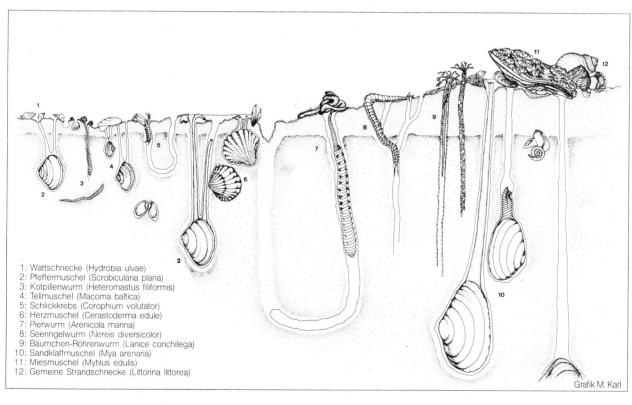

1: Wattschnecke (Hydrobia ulvae)
2: Pfeffermuschel (Scrobicularia plana)
3: Kotpillenwurm (Heteromastus filiformis)
4: Tellmuschel (Macoma baltica)
5: Schlickkrebs (Corophium volutator)
6: Herzmuschel (Cerastoderma edule)
7: Pierwurm (Arenicola marina)
8: Seeringelwurm (Nereis diversicolor)
9: Bäumchen-Röhrenwurm (Lanice conchilega)
10: Sandklaffmuschel (Mya arenaria)
11: Miesmuschel (Mytilus edulis)
12: Gemeine Strandschnecke (Littorina littorea)

Grafik M. Karl

Strandschnecke　　Wattschnecke　　Sandklaffmuschel　　　　Pfeffermuschel　　　　Herzmuschel

Abb. 197: Schlickbewohner des Watts (n. Broschüre "Nationalpark Niedersächsisches Wattenmeer" der Nationalparkverwaltung 1988).

Tab. 52: Fauna des freien Watts (Eulitoral).

1. Zooplankton	280 Arten
2. Bodenfauna	1 340 Arten
3. Fische	rd. 100 Arten
4. Vögel,	rd. 100 Arten
davon Brutvogelarten	25 Arten
5. Säugetiere (Seehund)	1 Art

Quelle: HEYDEMANN 1981.

terschiede im Wassergehalt des Bodensubstrats, Salzgehaltsschwankungen und Schwankungen der Lichtintensität überstanden werden.

Ein Charakteristikum des Watts ist die große Arten- und Individuenfülle der *Bodenfauna.* Krebse, Borstenwürmer und Schnecken fressen den nährstoffreichen Schlick und scheiden Kotballen ab, wodurch das Sediment entwässert und gefestigt wird. Besonders der etwa 1 cm lange *Schlickkrebs* (Corophium volutator) ist in dieser Weise tätig. Er verursacht auch den feinen singenden Ton des "gärenden Schlammes", indem in seine Wohnröhren bei Ebbe Luft eindringt, die bei der Erwärmung platzende Blasen abgibt. Unter den Krebsen ist die *Sandgarnele,* auch Speisekrabbe oder Granat genannt (Crangon vulgaris), von besonderer wirtschaftlicher Bedeutung. Dafür wird in den Sielhäfen eine ganze Krabbenkutterflotte unterhalten, die seit der Jahrhundertwende diesem schmackhaften Kleinkrebs nachstellt (vgl. Kap. "Fischerei" in Bd.2). In der wärmeren Jahreszeit wandert die Garnele von der See her in das nahrhaftere Wattengebiet ein, das infolge seiner geschützten Lage auch stärker besonnt und deshalb um einige Grade wärmer als die offene See ist.

Am bekanntesten unter den zahlreichen *Wattwürmern* ist der schon immer als Fischköder benutzte 20-40 cm lange *Sandpierwurm* (Arenicola marina), dessen Anwesenheit daran zu erkennen ist, daß er an einem Ende seiner Wohnröhre Kotballen als Sandwürste abscheidet (vgl. Farbtafel 2). An manchen Stellen hat sich die *Sandkoralle* (Sabellaria alveolata), die entgegen ihrem deutschen Namen ein röhrenbauender Wurm ist, angesiedelt. Sie bildet mit ihren Beständen kleine Bänke oder Rasen. Im schlickigen Watt ist mehr der *Seeringelwurm* (Nereis diversicolor) zu finden. Hier ist auch der Lebensraum der unzähligen Wattschnecken (Hydrobia uleae) und vieler *Muscheln,* die eng beieinander ganze Muschelbänke bilden können. Am größten ist die zumeist im Sandwatt lebende *Sandklaffmuschel* (Mya arenaria), die etwa 20 cm tief im Boden steckt und mit einer Nahrungsröhre (Sipho) bis an die Oberfläche reicht. Die von Kennern als Delikatesse geschätzten *Miesmuscheln* (Mytilus edulis) bleiben dagegen auf dem Wattboden. Sie

begegnen der Strömung, indem sie sich durch Byssusfäden aneinander festspinnen und weite Bänke bilden.

Muschelbänke, die durch Prielverlagerungen freigespült wurden und deren Tiere abgestorben sind, nennt man *Schillbänke.* Die durch Schillfischer gewonnenen Muschelschalen wurden früher schiffsladungsweise in Kalköfen, die z.T. noch hinter dem Deich stehen, gebrannt. Als Tierfutter spielen Muschelschalen auch heute noch eine Rolle.

Die Wattfische: Bewohner des Flachwassers

Insgesamt sind *102 Fischarten* aus dem Wattenmeer bekannt geworden, davon sind 19 in diesem Bereich häufig:

Aal	
Hering	Seequappe
Sprotte	Hornhecht
Stint	Stichling
Wittling	Kleine Seenadel
Dorsch/Kabeljau	Seeskorpion
Flunder	Steinpicker
Scholle	Großer Scheibenbauch
Seezunge	Strandgrundel
Aalmutter	Kliesche

Die vom Wattenmeer abhängigen Fischarten lassen sich bestimmten ökologischen Gruppen zuordnen. Die sog. *Standfische* durchlaufen den gesamten biologischen Zyklus (Eiablage, Jugend, Erwachsenenphase) im Wattenmeer. Zu diesen Arten gehören z.B. die Aalmutter (Zoarces viviparus) und der Stint (Osmerus sperlanus).

Eine Untergruppe der sog. *Saisonfischarten* verläßt das Wattenmeer nur zum Laichen in Richtung der offenen Nordsee (z.B. Flunder und Grundel). Eine zweite Untergruppe laicht in den Flüssen und benutzt das Wattenmeer nur als Nahrungsplatz, wie etwa die Meerforelle. Eine weitere Untergruppe, zu der die vier bedeutenden Fischarten Scholle, Seezunge, Hering und Sprotte gehören, ist vor allem fischereiwirtschaftlich von besonderem Interesse, weil sie in sehr großer Individuenzahl im Wattenmeer lebt. Die Arten dieser Gruppe wandern im Jugendstadium in das Wattenmeer ein, wachsen hier auf und benutzen es als Nahrungsraum.

Wahrscheinlich hat der Fischbestand durch die zunehmende Einbringung von Umweltgiften (Düngemittel, Schwermetalle, Chlorkohlenwasserstoffe) deutlich abgenommen. Die Fänge im Wattenmeer sind stark rückläufig, auch aus dem Grunde, weil seit etwa 1900 die Hochseefischerei mit ertragreichen Fängen den Wattfischern Konkurrenz macht (vgl. Kap. "Fischerei" in Bd. 2).

Für Vögel mehr als ein reich gedeckter Tisch

Der Reichtum des Wattenmeeres liegt vor allem in seiner unvergleichlichen *Vogelwelt*. Etwa 100 verschiedene Vogelarten sind hier anzutreffen. Für rd. 50 von ihnen ist das Wattenmeer lebensnotwendig. Das betrifft besonders die hochläufigen und schnellfüßigen *Watvögel* (Austernfischer, Regenpfeifer, Strandläufer, Säbelschnäbler, Schnepfen u.a.) sowie die Möwen und Seeschwalben. Doch auch für viele Zugvögel aus dem Norden ist das Watt mit seinen Sandbänken und Inseln ein unverzichtbares Rast- und Ruhegebiet.

Für die Vögel hat das Wattenmeer je nach der Art eine unterschiedliche Bedeutung. Für die einen ist es Nahrungsgebiet zur Brutzeit, für andere nur Nahrungsgebiet zur Zugzeit, für dritte Überwinterungsgebiet, für vierte Rast- und Ruhegebiet und schließlich auch noch Mausergebiet, wie der Knechtsand für die Brandgänse, die sich dort zur Mauserzeit, wenn sie zeitweilig flugunfähig werden, zu Zehntausenden versammeln. So wurden 1957 30 000 mausernde Brandgänse auf dem Knechtsand gezählt.

Typische *Brutvögel* des niedersächsischen Wattenmeeres und seiner Umgebung sind Silber-, Sturm- und Lachmöwen, Küsten-, Zwerg- und Brandseeschwalben, Austernfischer, Säbelschnäbler und Brandgänse. Auf den *Vogelinseln Memmert, Mellum* und *Scharhörn* findet man im Sommer bis zu 100 000 Brutpaare, die besonders vor touristischen Störungen geschützt werden müssen.

Da die meisten Vogelarten zur Nahrungsaufnahme lediglich auf den kurzen Zeitraum der Ebbe angewiesen sind, reagieren die Vögel während dieser Zeit ausgesprochen empfindlich auf Störungen (z.B. durch Wattwanderungen, Jagd u.a.). Eine räumliche Trennung von Naturschutzgebieten und Fremdenverkehr wurde deshalb im ”Nationalpark Niedersächsisches Wattenmeer“ vereinbart (vgl. Pkt. 10.2.5. ”Bedeutende Naturschutzgebiete in Niedersachsen“).

Das Wattenmeer und die Küste liegen im Bereich der großen Zugvogelstraßen. Im Frühsommer und im Herbst rasten hier etwa 300 000 bis 500 000 Zugvögel auf ihrem Weg vom Süden nach dem Norden und umgekehrt. Besonders im Herbst bevölkern oft riesige Vogelscharen Strand und Watt. Zu Tausenden kann man Strandläufer, Brachvögel, Schnepfen und Regenpfeifer als Durchzügler beobachten. Danach kommen die Enten und schließlich die Gänse, die oft Wintergäste bleiben und früher an der Küste stark bejagt wurden. Auch dafür hat der ”Nationalpark Niedersächsisches Wattenmeer“ neue Maßstäbe gesetzt.

Die Marschen

Armut an ökologischen Nischen bedingt geringe Artendichte

Die starke menschliche Einflußnahme auf die Marschlandschaft äußert sich in der Verdrängung des natürlichen Laubmischwaldes (vgl. Kap. 8. ”Pflanzendecke“) bis auf wenige Busch- und Baumbestände, die vorwiegend entlang der Entwässerungsgräben stehen. Weite Flächen unterliegen heute einer intensiven landwirtschaftlichen Nutzung. Die Marschen sind deshalb arm an ökologischen Nischen und weisen infolgedessen eine vergleichsweise geringe Artendichte auf.

An *Säugetieren* sind Hase, Igel, Iltis (der sich hauptsächlich von den Fröschen entlang der Marschgräben ernährt), Wasserratte, Maulwurf, mehrere Spitzmausarten, von den Mäusen insbesondere die Feldmaus, die hier bei Massenauftreten zuweilen großen Schaden auf landwirtschaftlichen Flächen anrichtet, sowie andere Kleinsäuger vertreten, die aber sämtlich auch auf der Geest zu Hause sind. Das Rehwild ist der einzige Vertreter des Schalenwildes und gleichsam auch das größte freilebende Säugetier dieses Naturraums.

Einige der für die Marsch charakteristischen Vertreter der *Vogelwelt* sind Kiebitz, Star, Feldlerche, der im Schilf der zahlreichen Gräben nistende Teichrohrsänger, die Rohrammer und die Weiße Bachstelze. In den Getreidefeldern nisten Rebhuhn und Lerche, die sich als ursprüngliche Steppenvögel gut an die Kulturlandschaft der Marsch angepaßt haben. Im übrigen lassen sich die Vogelarten nicht eindeutig von denen der benachbarten Geest abgrenzen, zumal zwischen beiden Naturräumen ein reger Austausch durch Wanderungen besteht und die landwirtschaftlich genutzten Intensivflächen in ihrer Gestaltung weitgehend denen der Geest gleichen.

Entwässerungsgräben als Rückzugsbiotope

Die charakteristischen Biotope der Marschgebiete sind die Entwässerungsgräben mit ihrer Ufervegetation (vgl. Kap. 8. ”Pflanzendecke“). Hier finden *Amphibien* gute Lebensbedingungen. Neben verschiedenen Kröten- und Molcharten sind Wasserfrösche in den vielen Wassergräben anzutreffen. Auch der Grasfrosch stellt auf den benachbarten Feldern Insekten nach und findet sich zur Laichzeit an den Gräben ein.

Der *Weißstorch* ist als Charaktervogel der Marsch selten geworden. Die Zurückdrängung der früher sehr üppigen Ufervegetation der Marschgräben und insbesondere die Trockenlegung der ehemaligen Feuchtwiesen und Niedermoore haben auch die Amphibien seltener werden lassen und damit dem Storch die Nahrungsgrundlage entzogen. Auf den intensiv genutzten Äckern und Grünlandflächen finden die Lurche und damit auch er kein Fortkommen mehr.

Bläß- und Teichhühner, Stock- und andere Entenarten brüten jedoch immer noch häufig an den Wassergräben und überwintern hier z.T. in großen Schofen.

Die Wassergräben sind aber auch die Brutstätten zahlreicher *Mückenarten*. Neben den Kriebelmücken werden auch die Bremsen, Dasselfliegen und Stechmücken der Gattungen Culex und Anopheles Mensch und Tier lästig. Letztere ist der Überträger der Malaria, die früher auch in den Marschgebieten verbreitet war.

Libellen sind zwar in ihrem Auftreten nicht nur auf die Marschgebiete beschränkt, stellen im Sommer aber eine typische Erscheinung der Marschgräben und angrenzenden Feldfluren dar.

Feuchtgebiete: Lebensraum für Vögel

Die *Binnenmarschen* von Elbe, Weser und Ems werden - soweit sie im Einflußbereich der Gezeiten liegen - von der *Vogelwelt* beherrscht. Auf den Sänden und Platen finden sich u.a. Schnepfen, Flußregenpfeifer, Kiebitz, Sandregenpfeifer, Rotschenkel, Kampfläufer u.a. ein. Verschiedene Entenarten, Bläß- und Teichhühner sowie Rohrsänger bevölkern das angrenzende Weidengebüsch und Röhricht. Auch der Graureiher bildet hier in hohen Baumgruppen Brutkolonien.

Im Winterhalbjahr unterstreichen viele nordische Strich- und Zugvögel die Bedeutung der Binnenmarschen als *Überwinterungsgebiet* für die Vogelwelt.

Charakteristische Bewohner offener Landschaften mit Gewässern und ausgedehnten Schilfbeständen sind auch Weihen, die durch ihre V-förmige Flugsilhouette von anderen Greifvögeln zu unterscheiden sind. Rohr-, Korn- und Wiesenweihe finden in den Binnenmarschen entlang der Marschengräben sowie in der Niedermoor-Ufervegetation nicht nur Beute (Lurche, Kleinsäuger und Kleinvögel), sondern sie sind als Bodenbrüter auch zur Aufzucht ihrer Jungen auf diese Biotope angewiesen. Leider sind Wiesenweihen, wie die Störche, direkt von der Entwässerung feuchter Niedermoorwiesen und der Verrohrung von Vorflutern bzw. anderen Entwässerungsgräben betroffen, so daß ihre Zahl in den vergangenen Jahren abgenommen hat.

9.5.2. Die Tierwelt der Moore

Die Tierwelt der Niedermoore

Erschwerte Lebensbedingungen begrenzen die Artenvielfalt

Die Niedermoore (Meeden, Hammriche, Wolden) sind heute meist offene, von Entwässerungsgräben durchzogene Wiesen- und Weidelandschaften. Die Armut an dichteren Baum- und Strauchbeständen sowie die grundwassernahen Böden erschweren die Lebensbedingungen für die Tierwelt, so daß die Niedermoorlandschaften relativ dünn besiedelte Biotope sind.

Unter den *Säugetieren* ist das *Rehwild* der größte Vertreter dieses Lebensraumes. Es hat in den Wiesen und Weiden der Niedermoorlandschaft seinen Einstand. Im Gegensatz zu den übrigen Schalenwildarten sind Rehe keine ausgesprochenen Waldbewohner und deshalb in fast allen Biotopen unserer Kulturlandschaft zu Hause.

Auf den Grünlandflächen mit dem grabensäumenden Buschwerk findet das Rehwild genügend Äsung (Rehwild verbeißt gern junge Triebe bzw. Knospen), wobei es jedoch nach den Grasschnitten gern in den benachbarten Getreidefeldern der Ackerbaumarsch bzw. Geest Deckung sucht.

Weitere Säugetiere der Niedermoore sind Fuchs, Steinmarder, Iltis, Hermelin, Mauswiesel, Fischotter, verschiedene Fledermausarten und Insektenfresser, wie Igel, Maulwurf und einige Spitzmausarten.

Die genannten Arten beschränken sich freilich nicht auf die Niedermoorlandschaften, sondern sind in allen niedersächsischen Naturräumen recht häufig vertreten. In den Wiesen und Weiden der Meeden leben Fuchs, Steinmarder, Iltis, Hermelin und Mauswiesel hauptsächlich von Mäusen, die ihre Gänge unterhalb der Grasnarbe graben

Abb. 198: Fischotter (Lutra lutra).

und in trockenen Sommern massenweise auftreten können. In feuchteren Sommern sind auf den grundwassernahen Böden bzw. Grünlandflächen jedoch kaum Mäuse zu finden, und das Raubwild ist gezwungen, vermehrt an den Entwässerungsgräben auf Beutefang zu gehen. Die entlang der Gräben anzutreffenen Frösche und selbst größere Insekten werden dann auch vom Fuchs nicht verschmäht. Insbesondere aber der selten gewordene Iltis hält sich gern an den Wassergräben auf.

Hase, Kaninchen und auch Dachse meiden die feuchten Bodenverhältnisse. Während der Hase trockene Ackerflächen bevorzugt (Lößbörde, Flußmarschen), haben Kaninchen und Dachse in den anmoorigen Böden keine Möglichkeit, trockene Baue zu graben. Sie sind deshalb nur als Wechselwild in den Meeden anzutreffen.

Fasanen sind in der Niedermoorlandschaft nur in geringen Stückzahlen zu finden, da hier Äcker, die mit ihren Getreide-, Mais- und Hackfruchtanbauflächen und deren jeweiligen Begleitkräutern ein reichhaltigeres Nahrungsangebot bieten, kaum vorhanden sind. Fasanen halten sich daher gern im Übergangsbereich zu den benachbarten Geeständern auf, während Rebhühner ebenso wie Hasen trockenere Bodenverhältnisse bevorzugen.

Die zahlreichen Wiesenblütenpflanzen sowie die Wassergräben sind der Lebensraum einer *reichen Insektenwelt,* die den verschiedenen Fledermausarten, den oben genannten Insektenfressern und zahlreichen Vogelarten als Nahrungsgrundlage dient. Trotzdem belästigen Schwärme von *Mükken* (Kriebelmücken, Stechmücken, Schnaken etc.) im Sommer häufig Mensch und Tier, wobei insbesondere große Kriebelmückenschwärme das Vieh peinigen und zu panikartiger Flucht veranlassen können.

Die Tierwelt der Niedermoorlandschaft wird besonders auch durch die *Vogelwelt* bestimmt. Natürliche Bewohner dieser Landschaft sind Weißstorch, Brachvogel, Uferschnepfe, Bekassine, Kiebitz, Rotschenkel, Kampfläufer, Fischreiher, Wiesenweihe, Stare u.a. Sie alle haben sich auf die spezifischen Nahrungs- und Lebensverhältnisse der Feuchtgebiete eingestellt.

Umfangreiche Meliorationsmaßnahmen haben, wie in den Binnenmarschen, den ursprünglichen Lebensraum jedoch zusehends verändert, und nur wenige Arten wie Kiebitz, Bachstelze sowie in gewisser Hinsicht auch der Fischreiher waren in der Lage, sich den neuen Biotopen (Äcker, intensiv genutzte Grünlandflächen) anzupassen.

Die übrigen genannten Charakterarten sind heute auf der Roten Liste der gefährdeten Tierarten zu finden. Das bekannteste Beispiel für den durch Veränderungen in diesem Lebensraum eintretenden *Artenschwund* ist der *Weißstorch.* Durch Entwässerung der Feuchtgebiete und Verrohrung von offenen Wassergräben hat sich die Zahl der Lurche (insbesondere der Frösche) derart verringert, daß den Störchen die Nahrungsgrundlage weitgehend entzogen ist.

Vergleichbares gilt auch für die *Schnepfen,* die auf den entwässerten, intensiv genutzten Grünlandflächen nicht mehr genügend Bodenlarven finden, die in anmoorigen Bodensubstraten leben, wo sie von den Vögeln mit ihren langen, stecherartigen Schnäbeln herausgeholt werden. Schnepfen sind auf Feuchtgebiete als ökologische Nischen angewiesen und können nicht wie Kiebitz, Bachstelze u.a. auf intensiv genutzte Grünlandflächen oder Akkerland als Lebensraum ausweichen.

Die Moorseen: wertvoller Lebensraum für Wasser- und Watvögel

Besonders hohe Arten- und Populationsdichten unter den Vögeln werden an den Marsch- und Niedermoorseen erreicht. Die in der Regel von weiten Wiesen- und Weidenflächen umgebenen Seen bilden mit ihren *Schilf- und Röhrichtgürteln ideale Nahrungs-, Brut- und Rastmöglichkeiten* für Zug-, Strich- und Standvögel. Regelmäßig anzutreffende Arten beispielsweise am Großen Meer in Ostfriesland oder am Dümmer sind Schilfrohrsänger, Drosselrohrsänger, Rohrammer, Wasserralle, Bläßhuhn, Teichhuhn, Alpenstrandläufer, Stock-, Krick-, Löffel-, Knäkente u.a. Selten geworden sind dagegen Sumpfohreule, Große Rohrdommel, Rohrschwirl, Seggenrohrsänger, Wiesen- und Rohrweihen.

Zur Zeit des Herbstzuges erscheinen viele nordische Vogelarten als Durchzügler bzw. *Wintergäste* an den Niederungsseen, wie die Bergente, die Reiherente, die Schellente, die Pfeifente, die Graugans, die Nonnen- und die Saatgans sowie seltener auch Gänsesäger, Mittel- und Zwergsäger, Samt- und Trauerente, Zwergschwan sowie Ringel- und Bläßgans.

Seit etwa Mitte der sechziger Jahre haben gemeinsame Anstrengungen der niedersächsischen und nordrhein-westfälischen Landesjägerschaft im Einvernehmen mit Naturschutzverbänden (u.a. Deutscher Bund für Vogelschutz) zum Ziel, die bis dahin stark zurückgegangenen *Graugansbestände* durch ein striktes Jagdverbot und gezielte Aussetzungsaktionen am Dümmer wieder zu erhöhen.

Diese Maßnahmen waren derart erfolgreich, daß heute die Graugans nicht nur am Dümmer, sondern auch an anderen Niedermoorseen und sogar auf Kiesteichen als Brutvogel auftritt. Die Bestandsdichten erlauben heute wieder eine maßvolle Bejagung. Am Dümmer werden den Landwirten sogar Ausgleichszahlungen für die durch Graugänse ent-

standenen Wildschäden auf Getreide- und Grünlandflächen angeboten.

Ähnliche Schutzmaßnahmen gestalten sich für andere bedrohte Bewohner der Niedermoore (wie
z.B. den Weißstorch) wesentlich schwieriger, da
die Bereitstellung von Ersatzbiotopen für verloren-
gegangene Lebensräume häufig mit erheblichen finanziellen und organisatorischen Aufwendungen
verbunden ist.

Die Tierwelt der Hochmoore

Kalt und wenig Nahrung: artenarm durch harte Lebensbedingungen

Das intakte Hochmoor zeichnet sich durch ein kühles Kleinklima aus. Früh- und Spätfröste sind häufig, da der Torf ein schlechter Wärmeleiter ist. Hinzu kommt die Verdunstungskälte in dem feuchten
Kernbereich des Moores. Da der Nährstoffgehalt
der Torfe gering ist, sind Hochmoore nicht nur wegen der für höhere Pflanzen, sondern auch für die
Tierwelt ungünstigen Lebensbedingungen ausgesprochen artenarme Ökosysteme.

Die Besetzung der ökologischen Nischen in diesem Lebensraum setzt ein hohes Maß an Anpassung bzw. Spezialisierung an die besonderen
Standortbedingungen voraus. Die wenigen in den
Hochmooren wachsenden Pflanzenarten bieten
nur eine schmale Futterbasis, und auch die *Artenarmut und geringe Individuendichte* der Moorfau-
na erfordert von den räuberisch lebenden Tierarten eine Spezialisierung auf ganz bestimmte Beutetiere. Die Moorwasserflächen (Kolke) beherbergen beispielsweise nur wenige Kleinlebewesen.
Die hohen Huminsäuregehalte des Wassers sind
für die meisten Wasserflöhe, -schnecken und -kä-
fer giftig, und der Sauerstoffgehalt ist durch Reduktionsvorgänge herabgesetzt.

Einige Tiergruppen sind in natürlichen Hochmooren gar nicht vertreten, wie die Schnecken und Muscheln, die wasserbewohnenden Krebstiere, die Fische und auch weitgehend die Amphibien und die
Säugetiere. Andere Gruppen, wie Käfer, Fliegen
und Mücken, Schmetterlinge, Spinnen und auch Libellen kommen in den Hochmooren dagegen relativ häufig vor.

Typische oder an das Hochmoor gebundene Säugetiere gibt es nicht. Demgegenüber dienen die
entwässerten Moore für viele Säugetierarten als
Rückzugsgebiete.

Die in fast allen übrigen Naturräumen beheimateten Wildarten, wie Rehwild, Hase, Kaninchen, Fasan, Rebhuhn, Fuchs, Dachs und andere, treten infolge der extremen Lebensbedingungen im Hochmoor nicht als Standwild auf. Sie sind lediglich als
Wechselwild zu beobachten.

Unter den Wirbeltieren der Hochmoore sind an erster Stelle die *Vögel* zu nennen. Zwar meiden die
meisten Vögel die nahrungsarmen Hochmoore.
Sie halten sich allenfalls als Durchzügler auf. Dennoch gibt es auch einige *Brutvogelarten,* die an
die Biotope der heute teilentwässerten, aber noch
baumfreien Hochmoore besonders gut angepaßt
sind und zum Teil hier sogar ihre Brutplätze haben, wie das Birkhuhn, die Bekassine, die Sumpfohreule, der Wiesenpieper, der Rotschenkel, das
Schwarzkehlchen, der Große Brachvogel und bisweilen auch der Kuckuck, der seine Eier vornehmlich in Wiesenpiepernester legt. Dagegen wählt
der Bruchwasserläufer, wie der Name schon sagt,
vor allem die feuchten Hochmoore mit ihren nassen, durch Wasserlachen und verlandete Torfstiche durchsetzten Torfmoosflächen und Wollgras-
wiesen für seine Brutplätze aus.

Aufkommendes Gebüsch und Gehölz ziehen Neuntöter, Raubwürger und Baumpieper an. Im Moor-
wald leben sogar Waldvogelarten. Auch der Kranich bevorzugt die unzugänglichen Waldhochmoo-
re und Bruchwälder, die seinem Sicherheitsbedürf-
nis am meisten entgegenkommen.

Artengefährdung durch Moorkultivierung: der Niedergang des Birkwildes

Durch die Kultivierung der Hochmoore sind die
oben genannten charakteristischen Hochmoorvö-
gel in ihrem Bestand stark gefährdet und mit Ausnahme des Kuckucks auf der Roten Liste bedrohter Tierarten zu finden. Infolge ihrer starken Spezialisierung auf die besonderen Bedingungen des
Hochmoores können sie bei der Zerstörung ihres
Lebensraumes (z.B. durch Moorkultivierung) nicht
auf andere Ökosysteme ausweichen. Die genannten Arten sind ausgesprochene Kulturflüchter. Sie
haben nur in unter Schutz gestellten, intakten
Hochmooren eine Überlebenschance.

Vor den seit der Mitte des 18. Jahrhunderts staatlich und auch kirchlich geförderten Moorkultivierungen war die Tierartengemeinschaft der Hochmoore weit verbreitet. Das heute in seinem Bestand
stark gefährdete *Birkwild* (vgl. Abb. 199) war beispielsweise als *Charaktervogel des Hochmoores*

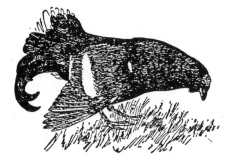

Abb. 199: Balzender Birkhahn (Lyrurus tetrix).

früher derart häufig, daß die ersten Moorsiedler die Eier der "Moorhühner" als willkommene Bereicherung der täglichen Mahlzeiten sammelten. Hunderte von "Moorhahnen" wurden Überlieferungen zufolge alljährlich für die fürstlichen Hofküchen geschossen.

Durch die Kultivierungsmaßnahmen der Moore und vor allem durch das weitflächige Moorbrennen im 18. und 19. Jahrhundert wurde das Birkwild stark dezimiert. Heute ist lediglich noch in wenigen intakten Hochmooren das imposante Balzspiel der "Moorhahnen" zu beobachten. Die Gesamtzahl des noch in niedersächsischen Mooren lebenden Birkwildes hat sich in den vergangenen Jahren trotz eines seit 1976 bestehenden Jagdverbotes ständig verringert und wird gegenwärtig auf etwa 290 Tiere geschätzt.

Um 1900 nisteten auch noch Kranich, Europäischer Goldregenpfeifer sowie der scheue Bruchwasserläufer in größerer Zahl in den Mooren Ostfrieslands. Sie sind bis auf wenige Brutexemplare, deren Standorte aus Rücksicht auf diese bedrohten Arten nur wenigen Eingeweihten bekannt sind, aus Niedersachsens Moorgebieten verschwunden. Lediglich als Durchzügler kann man sie gemeinsam mit Schwänen, Gänsen, Enten, Rotschenkeln, Grünschenkeln, Bekassinen u.a. insbesondere im Spätsommer an den größeren Hochmoorseen (Ewiges Meer, Lengener Meer u.a.) noch beobachten. Zu den Zugzeiten nutzen sie, wenn sie aus ihren nordischen Brutregionen in ihre südlichen Überwinterungsgebiete fliegen, die ruhigen Hochmoore als Rast- und Mauserplätze.

Die ungünstigen klimatischen Bedingungen des Hochmoores sagen auch den wärmeliebenden Kriechtieren nicht zu. In den vorentwässerten Mooren haben heute aber einige gefährdete Arten ihren Lebensraum ausgedehnt. So sind zum Beispiel die Schlingnatter, die Kreuzotter (Vipera berus), unsere einzige heimische Giftschlange, und die Moor- oder Bergeidechse (Lacerta vivipara), die in natürlichen Mooren vor allem in den Randbereichen vorkommen, inzwischen auch in den randfernen Moorteilen zu finden.

Die *Kreuzotter* ernährt sich hauptsächlich von dem in verlassenen Torfstichen und Moorseen lebenden Moorfrosch (Rana arvalis). Letzterer zählt ebenso wie die Kreuzotter zu den gefährdeten Tierarten der Roten Liste und ist außerhalb von Hochmoorflächen kaum anzutreffen.

Die Moore als Refugien

Unter den Insekten des Moores gibt es, wie bei den Pflanzen, glaziale Relikte, die zur Tierwelt der eiszeitlichen Tundra in unserem Gebiet gehörten.

Der *Moorgelbling* (Colias palaeno), auch Zitronengelber Tagfalter genannt, und die *Nordische Moorameise* (Formica picea oder Formica uralensis) zählen hierzu. Diese Ameisenart hat sich den besonderen Umweltbedingungen im Moor angepaßt. Sie baut breitangelegte Nester in den trockenen oberen Teilen der Torfmoosbulten, und sogar auf den Schwingrasen der Moorseen betreibt sie ihre Brutpflege.

Für viele *Libellen- und Schmetterlingsarten* sind die Hochmoore letzte Lebensräume. Hierzu gehören u.a. die Kleine Moosjungfer (Leucorrhinia dubia), die Nordische Moosjungfer (Leucorrhinia rubicunda), die Torf-Mosaikjungfer (Aeschna juncea) sowie die sehr seltene Hochmoor-Mosaikjungfer (Aeschna subarctica). Alle diese Arten sind in ihren Entwicklungs- und Nahrungsansprüchen (Larvalstadien, bestimmte Hochmoorpflanzen und bestimmte Beuteinsekten als Futterquelle) so weitgehend auf das Ökosystem Hochmoor spezialisiert, daß sie in anderen Lebensräumen nicht existieren können. Dies gilt auch für einige Schmetterlinge. Der Moosbeeren-Bläuling zeigt beispielsweise eine sehr enge Habitatbindung an die Moosbeere und an Vaccinium-Arten. Ihr Verbreitungsoptimum hat die Schmetterlingsfauna in den vorentwässerten und eventuell durch Birken windgeschützten Moorheiden.

Die Tierwelt der kultivierten Hochmoore

Mit der Trockenlegung bzw. Kultivierung der Hochmoore breiten sich andere Tierarten auf Kosten der natürlichen Hochmoorbewohner aus. Hierzu zählen in erster Linie die sog. *Grünlandvögel,* die nach der Aufdüngung des zuvor nährstoffarmen Standortes nun eine reichhaltigere Pflanzendecke und damit auch eine artenreiche Kleinlebewelt vorfinden. Typische Wiesenbewohner wie Kiebitz und Feldlerche sind nun häufiger zu beobachten. Auch den Großen Brachvogel und die Uferschnepfe trifft man als einzige ehemalige Hochmoorbewohner hier vereinzelt wieder an. Wiesenschmätzer und Steinschmätzer bewohnen gern alte Torfhaufen, und auch der Wiesenpieper zieht die mageren Moorwiesen den fetten Marschwiesen vor.

Ist das Hochmoor durch Tiefpflugkulturmaßnahmen oder andere Kultivierungstechniken in Ackerland umgewandelt worden, dann finden sich hier neben anderen Arten auch Feldmäuse und ihre Verfolger, wie Fuchs, Hermelin, Mauswiesel, Marder, Mäusebussard, Turmfalke, Schleiereule u.a., ein. Fasanen finden nun auf den Mooräckern genügend Nahrung und erobern wie das Rehwild den neuen, von Menschenhand geschaffenen Lebensraum.

Diese in unserer Kulturlandschaft weit verbreiteten Arten sind jedoch kein Ersatz für die in ihrer Anpassungsleistung bzw. Spezialisierung einmaligen typischen Moorbewohner. Letztere sind in ihrer Existenz an ein intaktes Hochmoor gebunden und können im Gegensatz zu den Kulturfolgern nur dann überleben, wenn auch ihr besonderer Lebensraum unverändert bleibt. Die Tierartengemeinschaft der Hochmoore ist wie die des Wattenmeeres charakteristisch für Niedersachsen und bedarf deshalb des besonderen Schutzes.

9.5.3. Die Tierwelt der Geest

Die Tierwelt der Heideflächen

Weite Bereiche der Geest waren einst mit einem geschlossenen Birken-Eichen-Buchenwald bedeckt, in dem nur baumfreie Hochmoore, mit Erlenbruchwäldern bestandene Niedermoore und die Auwälder der vernäßten Talauen inselartige Ökosysteme mit jeweils eigenen Tier- und Pflanzengemeinschaften bildeten (vgl. auch Kap. 8. "Pflanzendecke").

Heute sind die naturnahen Laubmischwälder lediglich noch auf Restbestände beschränkt. Auf den seit dem Mittelalter durch Waldweide und Holzgewinnung (u.a. für die Salinenbetriebe in Lüneburg, für die Köhlerei und den Bauholzeinschlag) entstandenen Kahlflächen entwickelte sich infolge der Beweidung dieser Flächen mit Heidschnucken und dem weit verbreiteten Plaggenhieb eine offene Heidelandschaft, die neben der dominierenden Heidekrautgesellschaft lediglich mit niedrigen Stühbüschen und einzelnen Birken bestanden war.

Artenarme Gemeinschaft auf karger Nahrungsgrundlage

In der durch menschliches Wirken entstandenen Kulturlandschaft der offenen Heide entwickelte sich eine eigene, bezeichnende Artengemeinschaft. Sie war relativ *artenarm* und aufgrund des kargen Nahrungsangebotes insgesamt auch *individuenarm*. Als Beispiel sei auf die Auszählung der durchschnittlichen Siedlungsdichte der Vogelwelt im Landkreis Gifhorn hingewiesen: Während im Erlenbruchwald 600-800 Brutpaare je Quadratkilometer und auf Grünland mit 2-3 % Gebüsch 36-75 Brutpaare auf gleicher Fläche registriert wurden, waren es auf Ackerflächen mit 2-3 % Gebüsch immerhin 40-60 Paare/km^2 und in der Schnuckenheide ohne Gebüsch lediglich 20-30 Paare/km^2 (NIEBUHR 1972, S.115).

Mit der Heidebauernwirtschaft untrennbar verbunden: Heidschnucke und Honigbiene

Zur landschaftstypischen Tierwelt der niedersächsischen Heidegebiete gehören vor allem Heidschnucke und Honigbiene. Obgleich sie keine Wildtiere sind, haben sie doch als bedeutende Haustiere (bzw. halbdomestizierte Tierarten) maßgeblich zur Entstehung und Erhaltung der Heide und ihrer charakteristischen Artengemeinschaft beigetragen, denn erst die Heidschnucken verhindern durch ihren ständigen Verbiß die Entstehung eines Anflugwaldes aus Birken, Kiefern, Eichen und anderen Bäumen und halten dadurch die Heide offen.

In der Wirtschaftsform der Heidebauern ging die Schnuckenhaltung untrennbar einher mit der Immenhaltung. Sie war ein zusätzlicher bedeutender Erwerbszweig bei der Bewirtschaftung der kargen Heideflächen. Der im Spätsommer blühende Calluna-Heideteppich mit seinen augenfälligen Begleitarten (vgl. Kap. 8. "Pflanzendecke") gewährleistete eine gute Tracht und damit ein zusätzliches Einkommen. Es wurde auch insofern von den Schnucken gesichert, als die streifenden Herden die unzähligen, für die Bienen lebensbedrohenden Spinnengewebe in der Heide zerstörten. Beide, Heidschnucke und Honigbiene, waren somit in idealer Weise ohne gegenseitige Konkurrenz in ihrer Existenz an die Vegetationsgesellschaft der Heide gebunden. Sie trugen durch ihren ökonomischen Wert zur Erhaltung dieser Wirtschaftslandschaft bei.

Zur typischen Lebensgemeinschaft (Biozönose) der Heiden gehören auch - in vergleichsweise geringer Individuenzahl - Nachtschwalbe, Ziegenmelker, Brachpieper, Heidelerche, Ortolan, der seltene Goldregenpfeifer sowie in der Nähe von Heidetümpeln Birkwild, Krickente, Weidenmeise, Moorfrosch und verschiedene, heute teilweise sehr selten gewordene Libellenarten.

Die oben genannten Arten als typische Vertreter der nordwestdeutschen Heidelandschaft fehlen auf den nährstoffreicheren Standorten Südniedersachsens vollständig. Das *Birkwild* bevorzugt beispielsweise wie andere Heidebewohner weitgehend offene, nur spärlich mit höheren Pflanzen bewachsene Biotope. Da sowohl das Hochmoor als auch die Heide in dieser Hinsicht einander entsprechen, werden beide Landschaftsräume vom Birkwild besiedelt. Nährstoffreichere Standorte mit üppiger Vegetationsdecke wie die Marsch oder die Lößbörde dagegen werden weitgehend gemieden.

Zu den genannten Tierarten der Heide kommen solche, die aufgrund ihrer breiten ökologischen Anpassungsfähigkeit in fast allen niedersächsischen Naturräumen zu finden sind. Rebhühner und Hasen als *ursprüngliche Steppenbewohner,* Wildkaninchen sowie verschiedene Mäuse- und Spitzmausarten fanden auf den offenen Heideflächen ideale Lebensbedingungen. Ihnen folgten Fuchs, Dachs, Hermelin, Mauswiesel, Eulen, Greifvögel und verschiedene Singvögel aus den benachbarten Birken-Eichen-Buchenwäldern.

Die trockenen, sandigen Heideböden werden auch von Kriechtieren geschätzt. Die *Kreuzotter* ist in den Heidegebieten allerdings selten geworden und wird oftmals mit der ähnlich gefärbten ungiftigen *Schlingnatter* verwechselt. Auch letztere zählt, wie die Kreuzotter, zu den gefährdeten Tierarten auf der sog. Roten Liste. Der *Blindschleiche,* die keine Schlange, sondern eine Eidechse ist, begegnet man an warmen Sommertagen noch häufiger auf den trockenen Sandböden, während die harmlose Ringelnatter eher in den feuchteren Geestwäldern Fröschen und anderem Kleingetier nachstellt.

Die wärmeliebende *Zauneidechse* bevorzugt ebenfalls die trockene Sandheide oder durchsonnte Kiefernbestände, wo man sie noch häufiger antreffen kann.

In unmittelbarer Nähe von Heidetümpeln sind *Gras- und Wasserfrosch* allgemein verbreitet, während Moor- und Laubfrosch nur sporadisch anzutreffen sind. Sie zählen zu den gefährdeten Lurcharten in Niedersachsen.

Die *Schwanzlurche* sind mit Berg- und Teichmolchen noch zahlreich vertreten, und auch die selten gewordenen Kammolche und Feuersalamander sind vereinzelt zu beobachten.

In der Heide ist auch die *Erdkröte* noch nicht selten, macht sich aber wenig bemerkbar. Auch sie gehört mit der heimlichen Knoblauchkröte zu den gefährdeten Tierarten in Niedersachsen und findet in manchen Heidekolken letzte Laichplätze.

Perlen aus der Lüneburger Heide

In dem kalk- und eisenarmen Wasser schnellfließender Heidebäche ist die *Flußperlmuschel* (Margaritana margaritifera) anzutreffen. Mit der zunehmenden Gewässerverunreinigung ist sie jedoch selten geworden. Für ihr ehemaliges häufiges Auftreten sprechen nicht nur zahlreiche schriftliche Überlieferungen, sondern auch aufwendige Perlenstickereien aus dem Mittelalter. Die Nutzung der Flußperlmuschelbestände gehörte seit alters her zu den Regalien und wurde u.a. zugunsten des Herzogs von Braunschweig und Lüneburg ausgeübt. Eigens dafür angestellte Perlenfischer hatten unter der Leitung eines herzoglichen Inspektors darüber zu wachen, daß nicht gefrevelt wurde.

Der Artenreichtum der kleinräumig gegliederten Geest

Mit der Aufteilung der Allmenden und dem Preissturz bei Wolle und Honig wurden die Heiden seit der Mitte des vorigen Jahrhunderts zunehmend in geschlossene Nadelwälder oder, bei besseren Bodenbedingungen, in Acker- und Weideland umgewandelt. Damit ist auch die Artengemeinschaft der Heide bis auf wenige, in Naturschutzgebieten erhaltene Reliktflächen verdrängt worden.

Die Tierartengemeinschaften der neu entstandenen landwirtschaftlichen Nutzflächen auf der Geest finden hier keine besondere Berücksichtigung, da sie sich nicht wesentlich von den Gemeinschaften auf Acker- und Grünland unterscheiden, die aus vergleichbaren Laubmischwaldökosystemen in den übrigen niedersächsischen Naturlandschaften hervorgegangen sind. Die Tierartengemeinschaften der Talauen sowie der Hochmoore werden an anderer Stelle ausführlicher erörtert.

Aufforstungen: künstlich geschaffene Ökosysteme mit borealen Faunenelementen

Erwähnenswert ist jedoch, daß sich insbesondere in der Zentralheide seit der Anlegung von ausgedehnten *Nadelholzforsten* gegen Ende des 19. Jahrhunderts (vgl. auch Pkt. 10.2.5. "Bedeutende Naturschutzgebiete in Niedersachsen", Abb. 208) zunehmend in Nordeuropa heimische *boreale Faunenelemente* angesiedelt haben. So brüten heute Rauhfußkauz und Wacholderdrossel hier, die ursprünglich ausgesprochene Taigabewohner waren. Auch die Rotdrossel und der Kiefernkreuzschnabel gehören zu den wenigen Arten, die diese neuen, künstlich geschaffenen Ökosysteme angenommen haben.

Landschaftliche Vielfalt bestimmt große Artenhäufigkeit und Individuendichte

Obgleich die Geest nur wenige Tierarten aufweist, die für sie bezeichnend sind, nimmt sie dennoch in ihrer Gesamtheit betrachtet bezüglich der Artenhäufigkeit und Artendichte eine herausragende Stellung gegenüber den übrigen Landschaftsräumen ein. Diese Sonderstellung erwächst aus dem engräumigen Wechsel von unterschiedlichen Biotopen, die unmittelbar ineinander übergehen. Auf vergleichsweise kleinem Raum können naturnaher Birken-Eichen-Buchenwald, geschlossene Nadelholzforsten, Ackerbaukulturen, Wiesen und Weiden in den Talauen, intakte Hochmoore oder abgetorfte, nun mit einem dichten Birken-Kiefern-Buschwerk bestandene ehemalige Hochmoorflächen miteinander abwechseln. Aus dem Nebeneinander dieser Kleinlebensräume mit ihren jeweiligen Vegetationsgesellschaften resultiert eine *Vielzahl ökologischer Nischen,* die von unterschiedlichen Tierarten besetzt werden. Im Gegensatz hierzu sind die geschlossenen Buchenwälder des Berg- und Hügellandes oder die intensiv genutzten landwirtschaftlichen Flächen der Lößbörde bzw. der Marschengebiete vergleichsweise artenarme Räume mit nur wenigen charakteristischen Biozönosen.

Wildreiche Jagdreviere

Die große ökologische Vielfalt der abwechslungsreich gestalteten Geest zeigt sich besonders auffällig in dem Wildreichtum. Es ist kein Zufall, daß z.B. in der Heide die teuersten Jagdreviere Niedersachsens zu finden sind. Neben stattlichen Rothirschen zählen auch Damwild und Schwarzwild in vielen Revieren zum Standwild. Das Rehwild findet in der halboffenen Landschaft ideale Lebensbedingungen und ist überall anzutreffen. Die inselartigen Gehölze und größeren Nadelholzdickungen bieten dem Wild ebenso wie die mit dichtem Buschwerk bestandenen abgetorften Hochmoore ideale Schutz- und Ruhezonen. Die häufig unmittelbar angrenzenden Äcker und Wiesen dagegen sind gute Äsungsflächen. Insbesondere der im Zusammenhang mit der Güllewirtschaft auch auf den ärmeren Geestböden zunehmende Maisanbau und die zahlreichen Kartoffelschläge kommen dem Schwarzwild entgegen, das teilweise beachtliche Schäden in diesen Kulturen anrichtet.

Der kleinräumige Wechsel von Deckungs- und Äsungsflächen behagt aber auch dem Niederwild. Feldhase, Kaninchen, Fasan, Rebhuhn, Ringeltauben und Dachs, Fuchs, Baum- und Steinmarder, Iltis, Hermelin, Mauswiesel u.a. sind in fast allen Geestrevieren anzutreffen.

Die Geest ist ein Beispiel dafür, wie die sich im Laufe von Jahrhunderten vollziehenden wirtschaftsbedingten Umgestaltungen einer Landschaft auch in der Zusammensetzung der Tierartengemeinschaft widerspiegeln. Obgleich auch heute noch die Biozönosen des natürlichen Birken-Eichen-Buchenwaldes sowie der Heiden, Hoch- und Niedermoore in der Geest anzutreffen sind, haben sie doch deutlich gegenüber den Lebensgemeinschaften des Ackerlandes, der Wiesen und Weiden sowie der abgetorften Hochmoore an Bedeutung verloren und sind teilweise in ihrem Bestand lediglich noch auf Restareale beschränkt.

9.5.4. Die Tierwelt der Lößbörden

Die von Natur aus flächendeckend mit Buchen- und Eichen-Buchen-Mischwäldern bestandenen Lößbörden vor der Mittelgebirgsschwelle sind zu weiten *fruchtbaren Ackerebenen* geworden, aus denen nur wenige mit Wald bestandene Festgesteinsrücken und Naßgebiete herausschauen (vgl. Kap. 8. "Pflanzendecke"). Mit dem Verschwinden des Waldes ist auch unter den Faunenelementen eine starke Verarmung eingetreten, da den Tieren des Waldes der natürliche Lebensraum entzogen wurde.

Steppentiere auf offenen Feldfluren

Die heute weitflächig ausgeräumten Ackerfluren haben *Steppentiere* östlicher und südöstlicher Herkunft besetzt. Feldhase, Hamster, Rebhuhn, Grauammer, Wachtel und in seltenen Fällen die Großtrappe als Wintergast sind typische Feldbewohner der Bördenlandschaften. Unter diesen ist der unterirdisch in Wohnkammern lebende und mit Vorratskammern ausgestattete *Hamster* (Cricetus cricetus) das bezeichnendste Kultursteppentier, das nur im Löß und Lehm zu Hause ist (vgl. Abb. 200).

Abb. 200: Hamster (Cricetus cricetus).

Während Hase und Hamster noch häufig in der Feldflur anzutreffen sind, ist die *Wachtel* äußerst selten geworden. Die intensive Schädlings- und Unkrautbekämpfung haben ihr die Nahrungsquellen genommen.

Die bisweilen in der Hildesheimer und Braunschweiger Börde im Winter auftretenden *Großtrappen* gehören zu den letzten Beständen dieser in Europa sehr gefährdeten Großvögel. Lediglich in der Magdeburger Börde, in den südrussischen Getreidesteppen sowie auf der spanischen Meseta und in der ungarischen Hortobagy-Pußta werden sie noch in größerer Zahl angetroffen.

Obwohl der *Feldhase* auch im benachbarten Berg- und Hügelland vorkommt, bevorzugt er doch als ehemaliges Steppentier weite Flächen mit möglichst trockenen Bodenverhältnissen, die in den Lößbörden nicht überall gegeben sind .

Die in den Lößbörden ebenfalls früher recht häufigen *Saatkrähen* schädigen weniger die Saat, wie ihr Name sagt, sondern finden auf den weiten Ackerflächen genügend Bodenlarven. Sie erfüllen damit eine wichtige Funktion im Rahmen der natürlichen Schädlingsbekämpfung. Selbst Mäuse sind für sie eine begehrte Beute. *Feldmäuse* sind in den Getreidefeldern weit verbreitet und können erhebliche Schäden anrichten. Deshalb sollten auch die anderen natürlichen Feinde, wie Fuchs, Mäusebussard und Roter Milan hier mehr geschützt werden als in den anderen Landschaften.

In der Vergangenheit wurden die oben genannten Saatkrähen aufgrund ihrer vermeintlichen Vorliebe für frisch bestellte Saatfelder intensiv bejagt und verfolgt, so daß sie selten geworden sind. Bei den im Winter auf den Feldern zu beobachtenden großen Schwärmen mit z.T. mehreren hundert Tieren handelt es sich zumeist um Vögel aus den russischen Getreideebenen, die hier nur überwintern und nicht zur Brutzeit bleiben.

Als einziges Schalenwild ist das *Reh* auch in der Lößbörde vertreten, da es sich als ursprünglicher Waldrandbewohner auch den Feldfluren anzupassen vermochte; denn das Rehwild hat zweifellos die größte "ökologische Amplitude" (Anpassungsfähigkeit), da es sowohl in größeren Waldgebieten als auch in offenen Agrarlandschaften heimisch ist.

Artenrückgang durch landwirtschaftliche Intensivierung

Obgleich sich die oben aufgeführten Steppentiere der offenen Agrarlandschaft angepaßt haben, sind mit zunehmender Intensivierung der Landwirtschaft auch unter diesen Arten deutliche *Populationseinbrüche* festzustellen. Durch den Anbau von nur noch wenigen Leitkulturen (Weizen, Gerste, Zuckerrüben, Raps) und durch die chemische Unkrautbekämpfung ist das Nahrungsangebot auch für Hase und Rebhuhn deutlich eingeschränkt worden. Zudem fordern die modernen Methoden der Feldbearbeitung mit Großmaschinen erhebliche Verluste unter dem Jungwild, wenn auch die Beunruhigung durch die Feldarbeit wesentlich verkürzt worden ist.

Den deutlichsten Rückgang haben die *Rebhühner* zu verzeichnen, so daß bereits erwogen wird, sie in die Liste der gefährdeten Tierarten aufzunehmen. Vögel finden im Lößbördegebiet durch den Getreidebau reichlich Nahrung. Viele Waldbewohner suchen sich hier ihr Futter. Die Zahl der Sperlinge ist in den Bördedörfern doppelt so hoch wie in den Geestdörfern.

Fischreiche Flußläufe

Eine Besonderheit der Börden sind die fischreichen kleinen Flußläufe, die im Harz bzw. dem südlich angrenzenden Berg- und Hügelland entspringen. Sie gehören zu den besten Fischgewässern Niedersachsens, da ihr Wasser häufig auch einen dem Fischbestand zuträglichen hohen Kalkgehalt aufweist. Zudem befinden sich insbesondere die Nebenflüsse der Innerste, wie Nette und Lamme, noch in einem relativ naturnahen Zustand. Sie sind der ideale Lebensraum von Kleinfischarten, wie *Bachforelle, Mühlkoppe, Elritze, Bachschmerle* und *Gründling.* Diese heimischen Fischarten sind in ihrem Bestand extrem gefährdet und teilweise vom Aussterben bedroht.

Dieses gilt keinesfalls für die noch häufige Regenbogenforelle. Sie stammt ursprünglich aus Nordamerika und gehört heute zu den wirtschaftlich bedeutendsten Fischarten. Zudem wird sie immer wieder von Angelvereinen gemeinsam mit der einheimischen Bachforelle ausgesetzt. Letztere ist in ihrem Bestand stark gefährdet, und nur noch wenige Gewässer zeigen ein natürliches Vorkommen dieser Art. Bei den heute in zahlreichen Bächen vorkommenden Forellen handelt es sich meist um Regenbogenforellen, die entweder gezielt ausgesetzt wurden oder aus Teichzuchtanlagen entwichen sind.

9.5.5. Die Tierwelt des Berg- und Hügellandes

Buchenwälder: auf die Höhenzüge zurückgedrängte Ökosysteme

Die natürlichen Buchenwälder des Berg- und Hügellandes sind relativ arten- und individuenarme Ökosysteme. Nachdem dieser Wald in den weiten Tälern den Ersatzgesellschaften der Äcker, Wiesen und Weiden mit ihren typischen Tierartengemeinschaften weichen mußte, sind auch die Tierarten des Buchenwaldes auf die Höhenzüge zurückgedrängt worden. Ursprünglich war diese Artengesellschaft des Laubwaldes im gesamten Tiefland verbreitet.

Besonders den Schalenwildarten *Schwarz-* und *Rotwild* ist somit der jahreszeitliche Wechsel von den im Winter klimatisch benachteiligten Höhenlagen in die Täler nicht mehr möglich, da diese dicht besiedelt sind. Lediglich das Rehwild hält sich als Kulturfolger auch in den offenen Feldfluren und sogar in der Nähe von Siedlungen auf.

Zum *Raubwild* des Waldes gehören nach der Ausrottung von Bär, Luchs und Wolf nunmehr Fuchs, Dachs, Baum- und Steinmarder (der die Nähe menschlicher Siedlungen, insbesondere alter Gehöfte sucht), Hermelin und Mauswiesel. Die Wildkatze ist nur noch in den Höhenlagen von Harz und Solling regelmäßig anzutreffen.

Die *Beutetiere* dieser Räuber sind vornehmlich Eichhörnchen, Siebenschläfer, Haselmaus und natürlich Feldmäuse. Unter den Kriechtieren sind Kreuzotter, Schlingnatter, Zauneidechse, Bergeidechse und Blindschleiche nur noch selten an wärmebegünstigten Hängen zu finden.

Von den *Lurchen* kann man u.a. am Ith, Osterwald oder Nesselberg den Feuersalamander beobachten. Entlang der Waldbäche und kleineren Tümpel leben Berg-, Faden-, Teich- und Kammolch sowie Erd- und Geburtshelferkröte. Auch Gras- und Wasserfrösche finden sich hier ein. Die Bergunke bekommt man nur noch ausgesprochen selten zu Gesicht; sie zählt zu den vom Aussterben bedrohten Arten in Niedersachsen.

Im Zusammenhang mit der großen Zahl von *Waldinsekten* sei darauf hingewiesen, daß der besonders auffällige Hirschkäfer, der als typischer Bewohner von Altholzbeständen noch vor 30 Jahren z.B. auf dem Ith beheimatet war, ebenfalls sehr selten geworden ist.

Auch unter den *Vögeln* sind einige typische Vertreter geschlossener Wälder längst verschwunden. Etwa um 1900 wurde das letzte Auerwild im Solling registriert. Auch das scheue Haselhuhn ist im Niedersächsischen Berg- und Hügelland nicht mehr heimisch. Häufig sind dagegen trotz regelmäßiger Bejagung die Ringeltauben. Sie finden auf den Mais- und Getreidefeldern der Talungen reichlich Nahrung.

Unter den *Greifvögeln* sind Habicht und Sperber nach der ganzjährigen Schonung erfreulicherweise wieder häufiger auf Beuteflug. Auch die Mäusebussarde haben in den Buchenwäldern ihre Horste, um auf den Feldern den Mäusen nachzustellen.

Von den *Eulen* des Waldes war der Uhu verschwunden. In den letzten 30 Jahren sind aber erfolgreiche Wiedereinbürgerungsversuche im Harz und im Weserbergland unternommen worden, so daß der große Nachtjäger zumindest hier wieder heimisch geworden ist. Waldkauz, Schleiereule und Waldohreule sind nachts noch häufig aktiv, wie Gewöllefunde vermuten lassen.

Typische Waldvögel sind auch die *Spechte*. Im Berg- und Hügelland treten heute noch Schwarz-, Grün-, Grau-, Bunt-, Mittel- und Kleinspecht auf. Da im Rahmen einer modernen Forstwirtschaft kaum Bruchholz und naturbelassene Altbestände anzutreffen sind, haben es auch die Spechte schwerer, Nahrungs- und Brutbäume zu finden.

Wodans Vogel, der Kolkrabe, der einst in allen großen Waldungen seinen Ruf erklingen ließ, ist längst verschwunden. Elster, Eichelhäher und Rabenkrähen sind dagegen häufig.

Von den *Finkenvögeln* sind Kernbeißer, Gimpel und Buchfink in größerer Zahl vertreten. Als häufige Insektenvertilger betätigen sich verschiedene Meisenarten (Kohl-, Blau-, Tannenmeise u.a.), Sommer- und Wintergoldhähnchen, Kleiber u.v.a., während unter den am Boden brütenden Laubsängern Zilp-Zalp und Fitis unüberhörbar sind.

Arten- und individuenarm: Nadelholzkulturen

In den von Menschenhand angelegten Nadelholzkulturen ist die Zahl der ökologischen Nischen weitaus geringer als im Laubmischwald. Deshalb ist hier eine ausgesprochen geringe Arten- und Bestandsdichte festzustellen. So sind beispielsweise in den ausgedehnten Fichtenhochwäldern des Sollings gewöhnlich nur Kohl-, Blau-, Tannen- und Haubenmeisen häufiger auf Nahrungssuche. Hierzu gesellen sich (neben einigen wenigen anderen Vertretern) nur Winter- und Sommergoldhähnchen, Spechte sowie die Mönchsgrasmücke in größerer Zahl. Erst wo Nadelholz-Laubwald-Mischbestände angelegt sind, erhöht sich auch die Artendichte wieder und entspricht damit dem größeren Nahrungsangebot in diesen Beständen.

Felsnischenbrüter: heute Bewohner der Dörfer und Städte

Typische *Brutvögel der Felswände* in Süntel, Kahnstein, Ith, Thüster Berg u.a. waren Uhu, Wanderfalke, Turmfalke, Schleiereule und Mehlschwalbe. Während Uhu und Wanderfalke heute nur noch mit wenigen Exemplaren im niedersächsischen Raum beheimatet sind (beide werden in der Roten Liste der stark gefährdeten Tierarten geführt), besiedeln die übrigen Felsnischenbrüter als Kulturfolger heute ausnahmslos Dörfer und Städte.

9.5.6. Die Tierwelt der Auwälder

Einst die artenreichste Waldgesellschaft, heute von höchstem Seltenheitswert

Im Gegensatz zu den Höhenzügen waren die Täler des Niedersächsischen Berglandes - wie alle Talauen der übrigen Naturlandschaften - mit einem flußbegleitenden Auwald bestanden.
Der üppige, kleinflächig mosaikartig wechselnde Auwald mit seinen Altwassern ist die produktivste und artenreichste heimische Waldgesellschaft. Er verfügt über eine außerordentlich hohe Zahl ökologischer Nischen und beherbergt ein reiches Tierleben.
Reiher, Störche, Fisch- und *Seeadler* horsteten in den mächtigen Altbäumen. Klein-, Mittel- und Buntspechte nutzten den Stamm- und Kronenraum. Von den Kleinvögeln sind vor allem Pirol, Gelbspötter, Schlagschwirl und in Schilffeldern die Bartmeise charakteristisch. In Steilufern nistete der Eisvogel.
Auch der *Fischotter* war in den fischreichen Gewässern häufig. Er ist aufgrund zahlreicher Flußbegradigungen, die seinen Lebensraum teilweise drastisch umgestalteten und den natürlichen Fischbe-

stand zurückgehen ließen, nur noch an wenigen, naturbelassenen Wasserläufen anzutreffen.

Ein typischer Auwaldbewohner mit ursprünglich sehr weiter Verbreitung ist der *Biber.* Die Krautschicht der Weichholzaue bot für ihn eine ideale Nahrungsgrundlage. In Altwassern, den Bächen und Flüssen baute er seine Dämme und trug damit zum Erhalt der Auwälder bei.

Natürliche, vom Menschen ungestörte Auwälder gibt es heute in Niedersachsen nicht mehr. Die Zerstörung setzte ein mit der Regulierung der Flüsse und Bäche, wenn die Auwälder nicht schon vorher wegen des fruchtbaren Bodens gerodet und in Akker- oder Grünland umgewandelt worden waren.

Mit den Auwäldern verschwand auch die für sie bezeichnende Artengemeinschaft. Bis auf einige Spechte fanden die genannten Arten keine Ersatzbiotope und sind deshalb in Niedersachsen sehr selten geworden bzw. ausgestorben.

9.5.7. Die Tierwelt des Harzes

Artenverarmung durch klimatische Ungunst und Mangel an ökologischer Vielfalt

Die Tierwelt der Buchenwaldstufe des Harzes gleicht derjenigen der übrigen niedersächsischen Höhenzüge. Erst in der höheren Fichtenwaldstufe tritt eine deutliche Artenverarmung auf. Die Ursache hierfür ist neben der fehlenden ökologischen Vielfalt in den ungünstigeren klimatischen Verhältnissen und den flachgründigen, sauren Böden zu suchen.

Trotzdem verfügt der Harz im allgemeinen über gute *Rotwild- und Schwarzwildbestände,* da die weiten, geschlossenen Wälder mit den Blößen und Mooren den Ansprüchen dieser Hochwildarten bezüglich des Äsungs- und des Deckungsangebotes entgegenkommen. *Rehwild* und regional auch Muffelwild sind bis in die höheren Lagen als Standwild vertreten. Der Hase ist ebenfalls vereinzelt bis in die Harzhochlagen zu beobachten, jedoch zieht er ebenso wie das übrige Niederwild (Kaninchen, Fasanen, Rebhühner) das Harzvorland vor. Die Ursache für das weitgehende Fehlen dieser Niederwildarten im Harz ist in den im Vergleich zum Vorland ungünstigen klimatischen Bedingungen, insbesondere in den langen, schneereichen Wintern, zu suchen. Zudem ist das Nahrungsangebot durch das weitgehende Fehlen landwirtschaftlicher Nutzflächen mit ihren Kulturen (Hackfrüchte, Mais, Getreide, Zwischenfrüchte) deutlich ärmer als in den tieferen, ackerbaulich genutzten Landschaftsräumen.

Beim *Raubwild* ist neben Fuchs, Baummarder, Iltis und Dachs die *Wildkatze* als Besonderheit hervor-

zuheben. Sie ist außerhalb des Harzes in Niedersachsen lediglich noch im Solling anzutreffen. In den vergangenen Jahren gab es häufiger Überlegungen, auch den Luchs wieder im Harz heimisch werden zu lassen. Er war 1818 hier ausgerottet worden. Bis heute sind diese Pläne aber nur im "Nationalpark Bayerischer Wald" in die Tat umgesetzt worden.

Was die Vogelwelt betrifft, so sind in der Buchenwaldstufe des Harzes keine Besonderheiten zu verzeichnen. Die hier heimischen Vogelarten gleichen weitgehend denen der Laubmischwälder in den übrigen Landschaftsräumen.

In der dünnbesiedelten Fichtenwaldstufe dagegen sind neben den häufigen Kohl-, Blau-, Tannen- und Haubenmeisen sowie Winter- und Sommergoldhähnchen auch *Tannenhäher* zu beobachten. Auch der *Rauhfußkauz* ist eine Besonderheit des Mittelgebirges. Zu den kennzeichnenden Harzvögeln gehören neben den verschiedensten Spechtvögeln und der Mönchsgrasmücke in den Fichtendickungen auch die *Wasseramsel* und die Gebirgsstelze, die sich vornehmlich an den Bächen aufhalten. Hier ist auch die Misteldrossel häufiger zu beobachten.

Die *Lurche* sind im Harz durch den Feuersalamander sowie den Berg- und den Fadenmolch vertreten. Bis in höhere Lagen finden sich auch die Erdkröte, der Gras- und der Teichfrosch. Die Geburtshelferkröte beschränkt sich auf die tieferen Regionen und ist meistens nur zur Laichzeit an kleineren Tümpeln zu beobachten.

Von den *Kriechtieren* ist nur die wenig kälteempfindliche Wald- oder Bergeidechse häufiger im Harz zu entdecken. Für die meistens wärmeliebenden Reptilien sind die klimatischen Bedingungen des Harzes nur wenig geeignet.

In den Gebirgsbächen ist noch die *Bachforelle,* das Charaktertier der sauerstoffreichen Bergbäche, heimisch. Auch Gruppe und Gründling kommen vor, und Elritzen sind recht zahlreich.

In den Harztälern sind zahlreiche Teiche angelegt worden, die teilweise, wie bei Walkenried und Braunlage, seit der Klosterzeit fischereilichen Interessen dienen. Dazu kommen eine große Zahl von ehemaligen Bergbauteichen auf den Harzer Hochflächen. Sie sind mit Forellen, Karpfen, Schleien, Hechten, Rotfedern und teilweise auch Barschen und Plötzen besetzt. Infolge des geringen pH-Wertes und der niedrigen Temperaturen des Harzwassers zeigen jedoch die genannten Speisefische - mit Ausnahme der Forellen - keinen großen Zuwachs. Insbesondere die Karpfen haben in vielen Harzer Teichen eine wesentlich geringere Gewichtszunahme zu verzeichnen als in dem kalkhaltigen, nährstoffreichen Wasser des Harzvorlandes oder der Lößbörde.

10.   Ökologie und Umweltschutz

10.1.   Einleitung

10.1.1. Die Ökologie als ganzheitliche Betrachtungsweise

Wurden bei der bisherigen Behandlung der naturräumlichen Grundlagen des Landes Niedersachsen in den Abschnitten "Geologie und Erdgeschichte", "Heutige Oberflächenformen", "Nutzbare Lagerstätten", "Böden", "Klima, Witterung und Wetter", "Pflanzendecke" und "Tierwelt" die Erscheinungen und Kräfte im Raum der besseren Übersicht wegen einzeln behandelt, so ist die erst seit den 70er Jahren stärker betriebene ökologische Betrachtungsweise bemüht, den *Raum wieder als Ganzheit* zu sehen, nämlich so, wie er in der Natur vorhanden ist und vom Menschen auch als Ganzes wahrgenommen wird.

Damit knüpft die Ökologie, allerdings mit anderen Methoden, an das alte Prinzip der ganzheitlichen Betrachtungsweise der Landeskunde an, um der Einseitigkeit der sich immer stärker zersplitternden Spezialwissenschaften zu begegnen. Die ganzheitliche Betrachtungsweise richtete sich auch gegen die bisherige Raumplanung, die den vorhandenen Raum weitgehend für die Bedürfnisse des Menschen nach den verschiedenen Daseinsgrundfunktionen aufgeteilt hatte und dabei zumeist die Daseinsberechtigung der vom Menschen unbeeinflußten Natur vergaß.

Erst als die *Umweltschäden* immer sichtbarer wurden und die Bevölkerung durch die Medien, durch Bürgerinitiativen und neue Parteien sensibilisiert worden war, erwachte ein *allgemeines Umweltbewußtsein,* für das die Ökologie die wissenschaftlich fundierten Beweisstücke liefert. Ökologie und Umweltschutz gehören deshalb zusammen.

Die ökologische Betrachtung kann sich nicht allein mit dem gegenwärtigen Raum und seinem Wirkungsgefüge zufrieden geben, sondern sie muß auch ihre Fühler in die Vergangenheit strecken, um die Ursachen der gegenwärtigen Verhältnisse erklären zu können. Andererseits hat die Ökologie auch die Aufgabe, vorausschauend tätig zu sein, um Entwicklungen zu verhindern, die z.B. zu einem Zusammenbruch eines derzeit noch funktionierenden Ökosystems führen können, das nach dem Kollaps aber nicht mehr regenerierbar wäre.

10.1.2. Der Naturhaushalt: ein vielfältiges Wirkungsgefüge

Die in den vorhergehenden Abschnitten behandelten natürlichen Erscheinungen und Kräfte haben, wie bereits beschrieben wurde, Niedersachsens

Landschaften in langen Zeiträumen geformt. Doch diese Kräfte (Geofaktoren) waren nie für sich allein wirksam, sondern standen und stehen auch heute noch in einem stetigen *Wechselspiel* untereinander, das wir *Naturhaushalt* nennen.

Die einzelnen Faktoren, die den Naturhaushalt ausmachen und beeinflussen, haben in den unterschiedlichen Landschaften auch ein unterschiedliches Gewicht. Unter den gegenwärtigen Verhältnissen stehen z.B. auf den Ostfriesischen Inseln das Klima und das Meerwasser an erster Stelle. In den Marschen ist neben dem Wasser der Boden die ausschlaggebende Größe, während auf der Geest Relief und Böden und noch mehr in der Lößbörde die Böden die landschaftsbestimmenden Elemente sind. Im Bergland und verstärkt im Mittelgebirge treten hingegen das Gestein und das Relief in den Vordergrund.

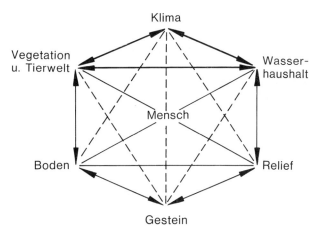

Abb. 201: Vereinfachtes Schema eines Wirkungsgefüges im Naturhaushalt.

Mit dem Naturhaushalt beschäftigt sich die *Ökologie* (gr. oikos = Haus und logos = Lehre). Sie geht insbesondere den *Wechselbeziehungen* zwischen den Pflanzen, den Tieren und der Umwelt und damit den Gesetzmäßigkeiten und Regelhaftigkeiten nach, die dem zusammengehörigen Ganzen innewohnen. Die in der Landschaft miteinander verflochtenen Geo- und Biofaktoren bilden ein vielfältiges *Wirkungsgefüge,* das in Abbildung 201 nur unvollkommen wiedergegeben werden kann.

Landschaftsökologie als Forschungsaufgabe

Die Erforschung dieses sehr komplexen Geflechtes, das als Landschaftshaushalt bezeichnet wird, ist eine der Grundaufgaben der *Landschaftsökologie,* wobei naturgemäß auch der landschaftsgestaltende und landschaftsbelastende Einfluß des Menschen mit berücksichtigt wird. Steht der wirtschaftende Mensch jedoch schwerpunktmäßig im Mittelpunkt der ökologischen Betrachtungsweise, so spricht man von der *Humanökologie.*

Bio-(Öko-)tope: Grundeinheit der Lebensräume

Die verschiedenen Organismen - und auch der Mensch - haben bestimmte Lebensbedürfnisse und stellen deshalb gezielte Ansprüche an ihre Umwelt. Sie sind an spezifische Lebensräume gebunden, die ihnen die für ihre Existenz notwendigen Umweltfaktoren bieten und deren übrigen Bedingungen sie zu tolerieren vermögen. Diese Lebensräume, denen sich die Tier- und Pflanzenarten angepaßt haben, heißen *Biotope.* Hochmoore, Niedermoore, Auenwälder, Trockenrasen und Salzwiesen sind beispielsweise solche typischen Biotope, deren jeweilige Tier- und Pflanzenwelt in den vorangegangenen Kapiteln bereits vorgestellt worden ist.

Tier- und Pflanzenarten eines Biotops bilden eine Lebensgemeinschaft, die als *Biozönose* bezeichnet wird. Eine im Stoffaustausch stehende Einheit aus Biotop und Biozönose, die sich weitgehend selbst erhält und die Fähigkeit zur Selbstregulation besitzt, wird als *Ökosystem* oder als Biosystem bezeichnet (vgl.Abb. 202).

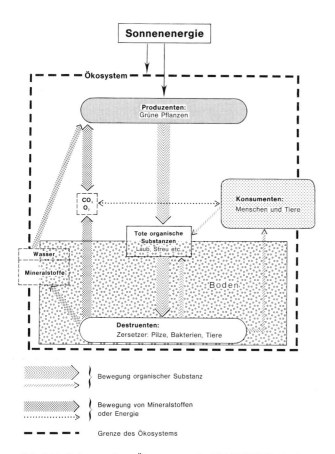

Abb. 202: Schema eines Ökosystems (n. ELLENBERG 1978, verändert).

Ökosysteme gibt es in unterschiedlichen Größenordnungen. In Niedersachsen bildet das Wattenmeer in seiner Gesamtheit ebenso ein Ökosystem wie größere Binnenseen (Steinhuder Meer, Dümmer, Großes Meer u.a.) oder der Laubmischwald. Ökosysteme sind keine in sich geschlossenen Einheiten, sondern stehen auch untereinander im Stoffaustausch.

Das Ökosystem: Ein offenes System im dynamischen Gleichgewicht

Im Hinblick auf die Energiezufuhr stellt das Ökosystem ein offenes System dar, das den einseitigen Energiefluß von der Sonne aufnimmt. Durch die vielfältigen Wechselbeziehungen zwischen Produzenten, Konsumenten und Destruenten eines Ökosystems entsteht trotz der dynamischen Prozesse eine stabile Struktur, d.h. es kommt zur Ausbildung eines *dynamischen Gleichgewichts.*

Zu den *Produzenten* zählen die grünen Pflanzen, die allein aus anorganischem Substrat organische Verbindungen aufzubauen vermögen (autotrophe Organismen) und dadurch den *Konsumenten,* die sich direkt oder indirekt von der lebenden organischen Substanz ernähren (heterotrophe Organismen: Tiere, Mensch), eine Existenz ermöglichen. Zu den *Destruenten* (Zersetzern) zählen alle jenen Organismen, die zum Abbau toter Materie beitragen und die wichtige Funktion der Überführung organischer Substanz in anorganische Verbindungen übernehmen.

Grenzen der Selbstregulation: Veränderungen des ökologischen Gleichgewichts durch den Menschen

Solange der Mensch noch Jäger und Sammler war, gehörte er den natürlichen Ökosystemen an, denn der Mensch konsumierte nur, was die Natur ihm bot. Die Bevölkerungsdichte konnte nur sehr gering sein und mußte weit unter 1 Einwohner/km² bleiben. Das biologische Gleichgewicht in den Ökosystemen wurde durch den Menschen nicht belastet, sofern er nicht das Feuer zu Jagdzwecken (Flächenbrände) benutzte.

Erst als der Mensch das Jäger- und Sammlerdasein aufgab, den Ackerbau einführte und seßhaft wurde, begann er, in die ihn umgebenden Ökosysteme stärker einzugreifen. Das geschah bereits vor etwa 6500 Jahren in Südniedersachsen mit den ersten Rodungen von Wäldern. Dadurch wurden nicht nur Teile des oberirdischen Ökosystems gestört, sondern es setzte auch eine verstärkte *Bodenabspülung* ein, die in den Tälern die Auelehmbildung einleitete.

10.1.3. Ökologie und Umweltschutz aus historischer Sicht

Umweltschäden bereits im Mittelalter und in der frühen Neuzeit

Das allgemeine Anwachsen der Bevölkerung, und damit verbunden auch des waldvernichtenden Viehs, führte im Laufe von Jahrtausenden zu einer immer stärkeren Flächeninanspruchnahme und folglich auch zur Rodung von stark erosionsgefährdeten Hängen sowie zur weitflächigen *Verheidung* ehemaliger Waldgebiete. Das zuvor bestehende ökologische Gleichgewicht war bereits im Mittelalter beeinträchtigt und stellenweise sogar vernichtet. Aus der ökologisch intakten *Naturlandschaft* war in der Regel schon lange eine im ökologischen Sinne geschädigte *Kultur- und Wirtschaftslandschaft* geworden.
Die ehemals waldbedeckten Marschen und Inseln waren abgeholzt. Die Geestgebiete trugen weithin statt des natürlichen Waldes Heidekraut und anderes Strauchwerk. Auf den trockenen Feldern wurde die Bodenkrume davongeblasen. Durch das Plaggenstechen und durch den scharfen Tritt der Schafe waren Sandwehen und neue Dünen entstanden, die Äcker und verschiedentlich sogar Dörfer übersandeten. Die Moore wurden vielfach abgebrannt, so daß heute noch die Moorprofile verkürzt erscheinen.

Im *Lößbördegebiet* hatte man, mit Ausnahme der geschützten herrschaftlichen Holzungen, fast alle Wälder abgetrieben. Die hängigen Felder waren von tiefen Erosionsrissen zerfurcht. In den Wäldern des *Berglandes* waren durch die Köhlerei für die Eisen- und Glashütten, für die Kalkbrennereien und Salinen große Blößen entstanden, die von dem weidenden Vieh offengehalten wurden. Auf den Äckern des Eichsfeldes nahm die Bodenerosion ein solches Ausmaß an, daß tiefe Schluchten und völlig zerrachelte Flurstücke entstanden. Der *Harz* war durch die Köhlerei und durch die Waldweide mit Ziegen und Rindern zeitweilig so kahl geworden, daß Holzkohle für die Hüttenwerke aus dem weit entfernten Solling herangeschafft werden mußte. Infolge der Holzknappheit wurden selbst die Moore des Oberharzes für die Brennstoffgewinnung genutzt, obwohl man für die Trocknung kostspielige Torfhäuser bauen mußte.
Die Umweltschäden waren den Grund- und Landesherren sehr wohl bewußt, weil darunter ihre Steuer- und Naturalieneinnahmen litten. So wurde insbesondere im absolutistischen Zeitalter versucht, durch Weide- und Brennverbote, durch Aufforstungen, strenge Bergordnungen und andere Abwehr- und Gegenmaßnahmen der Landschafts-

zerstörung Einhalt zu gebieten. Man kann dabei von ersten *Umweltschutzmaßnahmen* sprechen.

Zunehmende Umweltbelastung und -zerstörung im 19. Jahrhundert

Die Umweltschäden verstärkten sich seit Beginn des 19. Jahrhunderts unter dem Druck einer stark zunehmenden Bevölkerung. Solange diese mit unzureichenden technischen Methoden aus dem eigenen Lande ernährt werden mußte, wurde den landwirtschaftlichen Nutzflächen, aber auch den weiten Heide- und Moorflächen das letzte abverlangt, um auf ihnen noch Erträge zu erwirtschaften. Die Weideflächen und auch die Äcker waren besonders in den Geest- und Moorgebieten hoffnungslos übernutzt.
Auf den Sandheide- und Moorflächen trieb man mit dem *Buchweizenbrandbau* einen Raubbau sondergleichen. Damals wurde im zeitigen Frühjahr insbesondere in den Hochmooren die obere Moosschicht aufgehackt und diese nach dem Abtrocknen, wie auch die Sandheide, abgebrannt, womit die Vegetation und auch die Tierwelt vernichtet waren. In die mit Nährstoffen angereicherte Asche säte man den Buchweizen. Doch nach 4 bis 6 Brandjahren war der Boden so erschöpft, daß die Flächen 10 - 30 Jahre liegenbleiben mußten, um sich etwas zu regenerieren. Während der Trockenperioden des Frühjahrs verdunkelten wochenlang die Rauchschwaden der *Moorbrände* mit ihrem beißenden Geruch den Himmel in Norddeutschland. Das war der Anlaß, hier eine der ersten Vereinigungen, die gegen Umweltschäden auftrat, ins Leben zu rufen. Es war der 1870 gegründete *Verein gegen das Moorbrennen,* der in Bremen nicht allein verbietend, sondern konstruktiv für die verarmten Moorbauern auf Abhilfe sann. Das Ergebnis war 1877 die Gründung der *Preußischen Moorversuchsanstalt in Bremen,* in der mit der Deutschen Hochmoorkultur eine neue Methode der brandlosen Moornutzung entwickelt wurde, so daß um 1900 das Moorbrennen allenthalben aufhörte.

Weitere starke Eingriffe in die ökologischen Verhältnisse brachten die Folgen der *Agrarreformen* des 19. Jahrhunderts. Nach den Gemeinheitsteilungen und Verkoppelungen (Flurbereinigungen) erweiterte man die landwirtschaftlichen Produktionsflächen in einem vorher unbekannten Ausmaß und durchzog sie mit geradlinigen Entwässerungsgräben und Wegen. Damit wurden viele bisher noch vorhandene naturnahe Gebiete zerstört. Die Einführung der Hackfrüchte, insbesondere der *Zuckerrüben* und Kartoffeln, sowie des *Mineraldüngers* und der landwirtschaftlichen *Maschinen* erforderte eine so intensive Bewirtschaftung der Feldmark, daß

Bäume und Büsche darin keinen Platz mehr haben konnten. Aus der Lößbörde wurde so ein wald- und z.T. auch baumloses ausgeräumtes Gebiet, das bis heute seine landschaftlichen Reize eingebüßt hat.

Die Industrialisierung und ihre ökologischen Folgen

Die stärksten Eingriffe erfolgten jedoch, wenn anfangs auch noch punkthaft, durch die *Industrialisierung.* Erst jetzt kam es zu Zusammenbrüchen des gesamten Ökosystems und zu Dauerschäden. Hiervon waren zunächst jene Regionen betroffen, die durch Rohstoffvorkommen, z.B. Kohle, Eisen- und Nichteisenerze, durch Kali, Erdöl und andere Rohstoffe, zu Industrierevieren geworden waren. Die Förderung und Verarbeitung der Bodenschätze hinterließen *Abraumhalden,* wie diejenigen der Kaliindustrie bzw. des Erzbergbaues und des Ölsandabbaues. Auf den Betriebsflächen blieben "verseuchte" (kontaminierte) Böden zurück, die z.T. heute noch als *Altlasten* saniert werden müssen, dazu Steinbrüche, alte Tagebaue und andere Wunden in der Landschaft.

Mit dem raschen Wachstum der Industrie und der Städte entstand eines der schwerwiegendsten ökologischen Probleme, das man vorher nicht gekannt hatte, nämlich der plötzliche Anfall von großen *Abwassermengen.* Waren vorher die Flüsse und Bäche noch fischreich und sauber gewesen, so wurden sie jetzt durch die Abwässer der seit Verkündigung der Gewerbefreiheit (1869) aufschießenden Fabriken und der rapide wachsenden Städte zu Kloaken. Viele wasserbelastende Fabriken, wie chemische Werke, Papier- und Textilfabriken, Färbereien und chemische Reinigungen baute man bewußt an den Flüssen, um nicht nur den Wasserbedarf zu decken, sondern um auch dem vorbeifließenden Wasser die Abfälle übergeben zu können.

Dadurch reichte das natürliche Regenerationsvermögen der Flüsse nicht mehr aus, die eingespülten organischen und anorganischen Substanzen zu verkraften, so daß vermehrt Seuchen und andere *Gesundheitsschäden* auftraten, zumal viele Städte und Dörfer mit Trinkwasser aus den Flüssen versorgt wurden. Erinnert sei an *Cholera-Erkrankungen* (Hildesheim 1862: über 200 Tote, Hamburg 1892: 8211 Tote) und *Typhus-Epidemien* (Hildesheim 1864, Hannover 1926: 274 Tote). Erinnert sei aber auch an *Bleivergiftungen,* die im Innerste- und Okertal nicht nur im Bereich der Hütten, Pochwerke und Erzmühlen des Harzes, sondern noch weit flußabwärts auftraten.

Außer der Belastung durch die ungeklärten Abwässer der Zuckerfabriken, Molkereien und anderen

Werke erfuhr insbesondere die Weser (ab 1870) durch die Abwässer der thüringischen und hessischen Kaliindustrie eine solche *Versalzung,* daß man für die Trinkwasserversorgung der Weserorte andere Quellen erschließen mußte. Für Bremen wurde 1931 im Harz die Sösetalsperre erbaut, die seit 1935 über eine 198 km lange Leitung die Hansestadt täglich mit rd. 40 000 m^3 Trinkwasser versorgt.

Ein anderes schwerwiegendes, jedoch für den Harz durchaus nicht neues Umweltproblem war der giftige *Hüttenrauch* der Silber- und Bleihütten von Clausthal, Lautenthal und Altenau, der mit der gründerzeitlichen Produktionssteigerung in den betroffenen Tälern Waldsterben und Gesundheitsschäden verursachte. Nach einer sehr exakten, mit chemischen Boden-, Rauch- und Blattanalysen ausgestatteten Untersuchung der *Rauchschäden des Harzes* (v. SCHROEDER & REUSS 1883) waren im Okertal über 9 km und im Innerstetal über 6 km Länge alle Bäume abgestorben. 150 ha Boden in der Umgebung der Hütten waren gänzlich vegetationslos. In der Umgebung der ehemaligen Clausthaler Silber- und Bleihütte sind auch heute noch die Böden so schwer belastet, daß dort keine Bäume gedeihen.

In das Industriezeitalter fallen auch der Übergang von der Holz- und Brenntorf- zur Kohleheizung und der Ausbau des Eisenbahnnetzes. Die rauchenden Schlote der Fabriken und Häuser und das geflügelte Wort: "Da raucht der Schornstein" wurden zu Wohlstandsmerkmalen der Gründerzeit. Man findet sie auf den Briefköpfen der Unternehmer und in den Zeitungsanzeigen jener Zeit, ohne daß damals bedacht wurde, welche schädlichen Einflüsse durch Verrußungen, durch Schwefeldioxide und Stickoxide von ihnen ausgingen. Ein Umweltbewußtsein war im allgemeinen noch nicht vorhanden.

Durch die Industrialisierung wurden auch die mit fruchtbaren Böden ausgestatteten landwirtschaftlichen Intensivgebiete verändert, indem hier Zuckerfabriken, Molkereien, Brauereien, Brennereien und Ziegeleien entstanden, deren ungeklärte Abwässer die Bäche und Flüsse belasteten. Auch die unschönen Gebäude dieser Fabriken, die zu beherrschenden Blickpunkten geworden waren, trugen zur Verödung der Landschaft bei, wie auch die Ziegelprachtbauten (sog. "Rübenburgen") in den Dörfern, denen die schönen alten Fachwerkgebäude weichen mußten.

Wenn es seit der Jahrhundertwende auch schon umweltschonende Gewerbe- und Gewässerordnungen gab und erste Klärwerke und Mülldeponien errichtet wurden, so reichten sie doch bei weitem nicht aus, der wachsenden Umweltbelastung Herr zu werden.

Besonders in den wirtschaftlichen Notjahren nach den beiden Weltkriegen hatte man andere Sorgen. Man besaß auch keine hinreichenden Mittel, um die Umweltschäden und -gefahren erfolgreich zu bekämpfen.

Wachsende Umweltprobleme in den 50er und 60er Jahren

Die Ablösung der rauchenden Lokomotiven und der kohlebefeuerten Fabrikkessel durch elektrische Maschinen waren zwar ein großer Fortschritt in der Reinhaltung der Luft. Doch die einhundert und mehr Meter hohen neuen Schornsteine der Großfeuerungsanlagen von Kraftwerken, Eisen- und Metallhütten und anderen Fabriken, dazu die zunehmende *Motorisierung* und der immer größer werdende Ausstoß von Abgasen aus den Kraftfahrzeugen verursachten neuartige und verheerende *Waldschäden* sowie gesundheitsgefährdende Wetterlagen (Smog), die zu den nicht gelösten großen Umweltproblemen unserer Zeit gehören.

Zwar wurden die Fließgewässer durch den Ausbau von Kläranlagen und durch Strafen für den Verursacher wieder sauberer, doch dafür nahm die *Gefährdung des Grundwassers* durch Nitratbelastung und die Eutrophierung der Binnengewässer in einem erschreckenden Maße zu.

Verursacher waren zumeist Landwirte, die unter dem Zwang marktwirtschaftlicher Verhältnisse, um als landwirtschaftlicher Betrieb überleben zu können, den Einsatz von mineralischem Stickstoffdünger, Pflanzenschutzmitteln, Wuchsstoffen und Gülle in drastischer Weise erhöhten. Wenn die Getreidedurchschnittserträge in Niedersachsen von 1950 bis 1985 von 27 dt/ha auf über 50 dt/ha gesteigert wurden, so ist das neben den Fortschritten in der Pflanzenzüchtung vor allem auf die erhöhte Ausbringung von Mineraldünger und Gülle sowie auf die Verwendung von Unkrautbekämpfungsmitteln (Herbizide) und von Pflanzenschutzmitteln gegen Pilze (Fungizide) und gegen tierische Schädlinge (Pestizide) zurückzuführen. Unter solchen Bedingungen wurden zu Lasten gesunder Ökosysteme Agrarüberschüsse großen Ausmaßes erzielt, aber äußerst komplizierte und damit anfällige *Agrar-Ökosysteme* geschaffen. Die Abbildung 203 mag für einen Einblick in die komplizierten Verhältnisse solcher Ökosysteme eine Hilfe sein.

Als Folgen der zunehmenden Industrialisierung und Motorisierung hatten sich der industrielle und verkehrsbedingte *Ausstoß von Schadstoffen (Emissionen)* und der Eintrag von Schadstoffen aus der Atmosphäre auf die Pflanzendecke und in den Boden (Immissionen) ständig erhöht.

Als ein weiteres gravierendes Problem erwies sich die ständig zunehmende Menge von *Abfällen (Müll)* aus Haushalten, Industrie und anderen Gewerbebetrieben, die nicht selten in der freien Landschaft auf "wilden" Deponien entsorgt wurden.

Der unmäßige Griff nach den Reserven, die der Boden birgt, die Belastung von Boden, Wasser und Luft mit Schadstoffen hatten offensichtlich den *Naturhaushalt an die Grenze seiner Belastbarkeit* gebracht und seine Funktionen empfindlich gestört.

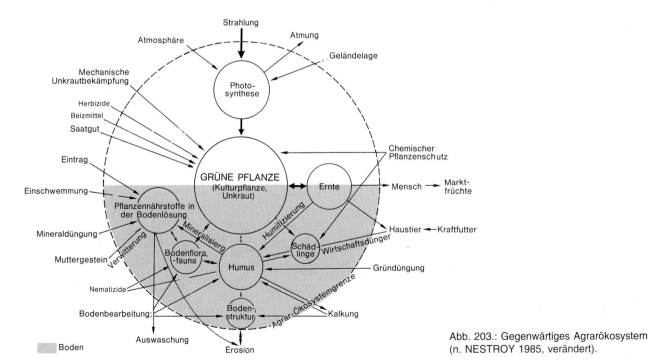

Abb. 203.: Gegenwärtiges Agrarökosystem (n. NESTROY 1985, verändert).

Das verdeutlichten zunehmend verschiedene ökologische Untersuchungen.

Erwachendes Umweltbewußtsein in den 60er Jahren

Erst in den 60er Jahren erwachte das schon genannte *Umweltbewußtsein,* das sich in den 70er Jahren zu einer *Ökologiebewegung* erweiterte und dann von den Politikern ernst genommen wurde, so daß 1972 ein *Abfallbeseitigungsgesetz,* 1974 das *Bundes-Immissionsschutzgesetz* sowie ein *Umwelt-Bundesamt* mit Sitz in Berlin geschaffen und 1976 das *Verursacherprinzip* in das Umweltprogramm der Bundesregierung aufgenommen wurden. 1986 erhielt auch das Land Niedersachsen ein *Umweltministerium.*

In der Zwischenzeit nahmen sich die Wissenschaften der Umweltproblematik an. Erst jetzt tat sich eine Fülle von vorher verdrängten Umweltproblemen auf, die zu immer neuen Untersuchungen und Handlungen zwangen und bis heute keineswegs beseitigt sind.

Zunehmende Bedeutung der Umwelttechnik

Einen besonderen Stellenwert nimmt gegenwärtig die *Umwelttechnik* ein, die mit vielen Forschungsgruppen an mannigfachen Problemen arbeitet, wie Luft- und Wasserreinhaltung, Lärmemissionsminderung, Bodenschutz, Grundwasser- und Altlastsanierung, Recycling, schadstoffarmer Verbrennung von Otto- und Dieselmotoren, umweltverträglichen Verfahren für die Rohstoffgewinnung und -verarbeitung, umweltverträglichen Werkstoffen, Energieeinsparung u.a.m. Insbesondere das Umweltbundesamt fördert Investitionen mit dem Ziel, Verfahren zur Vermeidung und Verminderung von Umweltbelastungen zu entwickeln. Es konnte auf diesem Gebiet schon manchen Erfolg verbuchen.

Der Stellenwert der Umweltproblematik heute

Aus den vorstehend angedeuteten und im folgenden noch weiter zu benennenden Gründen, aber auch, weil man wirtschaftlich dazu in der Lage ist, muß gegenwärtig der Umweltproblematik mehr Bedeutung zugemessen werden als das in früheren Zeiten geschah. Angesichts der hohen Agrarüberschüsse kann man es sich auch leisten, durch Entschädigungszahlungen Moore, Talauen und Wirtschaftswälder aus der land- und forstwirtschaftlichen Produktion zu nehmen. In der Vergangenheit war das nicht möglich, weil jeder Hektar Boden, sofern er dazu auch nur ein wenig geeignet war, als Ackerland, als Weide- und Wiesenfläche oder für die Rohstoffgewinnung und damit zum Lebensunterhalt benötigt wurde, auch wenn man ihm dabei schwere Schäden zufügte (verkuhlte und ausgebrannte Moore, degradierte Heide-(Ortstein-)böden, kanalisierte Wasserläufe, "wilde" Abraum- und Müllhalden u.a.m.).

Zielvorstellung des Umweltschutzes: Ökologie durch Ökonomie

Erst durch die Öffnung zum Weltmarkt, durch den Export von Fertiggütern und durch den Import von Rohstoffen, durch den technischen Fortschritt und durch die verkürzte Arbeitszeit hat sich die wirtschaftliche Lage so entspannt, daß man sich wieder mehr der Natur zuwenden und Flächen unter Schutz stellen kann, um damit eine Regeneration der Moore, der Wälder und Gewässer einzuleiten. Doch damit ist es nicht getan, wenn gleichzeitig der Wirtschaftskreislauf durch seinen eigenen Abfall zusammenzubrechen droht.

Es gilt eine zukunftsorientierte Umweltpolitik zu betreiben, die sich nicht mit dem gegenwärtigen Umweltschutz und der Beseitigung der bisherigen Umweltlasten zufrieden gibt, sondern die *Umweltvorsorge* betreibt. Es dürfen aus dem gegenwärtigen Tun keine negativen Auswirkungen für die Zukunft entstehen, wie das bisher geschah. Ohne die derzeitige große Wirtschaftskraft, ohne eine umweltgerechte Technologie und ohne ein ausgeprägtes Umweltbewußtsein läßt sich eine solche Zielsetzung nicht verwirklichen.

Deshalb sollte es nicht mehr wie in den 60er und 70er Jahren heißen: Ökologie *statt* Ökonomie, sondern aus der historischen Betrachtung und nach dem bisherigen Entwicklungsgang kommt man eher zu dem Ergebnis: Umweltbewußtsein tut not; aber ebenso ist es notwendig, Ökologie *durch* Ökonomie zu betreiben, wenn man der gesunden Umwelt in unserem Land wieder eine Chance geben will.

Aus dem gleichen Grunde wird nunmehr durch Planungen auf Bundes-, Landes- und kommunaler Ebene versucht, ökologische und ökonomische Interessen durch entsprechende Leitlinien zur Raum- und Landesplanung aufeinander abzustimmen. Wenn schon bereits entstandene Umweltschäden nur unter großem technischen und finanziellen Aufwand zu regulieren (z.B. Deponiealtlasten) oder sogar irreparabel sind (z.B. radioaktive Strahlenbelastung), dann wird eine gesunde Umwelt in Zukunft noch mehr Wissen, Technik und finanzielle Mittel benötigen als das gegenwärtig der Fall ist.

10.2. Naturschutz und Landschaftspflege

10.2.1. Ziele und Entwicklung

*Das Niedersächsische Naturschutzgesetz:
Sicherung der natürlichen Lebensgrundlagen des
Menschen*

Schon sehr früh haben Vertreter des Naturschutzes und der Landschaftspflege die Umweltproblematik erkannt und Richtlinien zum Schutz der Landschaft erarbeitet, die ständig verbessert worden sind. Nunmehr werden sie als Ziele des Naturschutzes und der Landschaftspflege in § 1 des Niedersächsischen Naturschutzgesetzes vom 20. März 1981 in Übereinstimmung mit dem Bundesnaturschutzgesetz vom 20.12.1976 verdeutlicht:
"Natur und Landschaft sind im besiedelten und unbesiedelten Bereich so zu schützen, zu pflegen und zu entwickeln, daß
1. *die Leistungsfähigkeit des Naturhaushalts,*
2. *die Nutzbarkeit der Naturgüter,*
3. *die Pflanzen- und Tierwelt sowie*
4. *die Vielfalt, Eigenart und Schönheit von Natur und Landschaft als Lebensgrundlagen des Menschen und als Voraussetzung für seine Erholung in Natur und Landschaft nachhaltig gesichert sind".*

Umweltprobleme seit 6500 Jahren

Einer solchen Zielsetzung und Verordnung geht eine lange Entwicklung voraus. Erst mußten Landschafts- und Zivilisationsschäden spürbar werden, bevor man überhaupt an Schutzmaßnahmen denken konnte. Die Schäden begannen schon sehr früh, bereits vor rd. 6500 Jahren, als die ersten Akkerbauern den Wald rodeten und damit die Bodenerosion, Waldschädigungen und eine Störung von Biotopen auslösten (vgl. Pkt.10.1.3.).
Doch erst auf der vorletzten Zivilisationsstufe, mit der Industrialisierung und der starken Bevölkerungszunahme seit der Mitte des vorigen Jahrhunderts, steigerte sich der Verbrauch an Naturlandschaften und extensiv genutzten Flächen für die nun einsetzende intensive Land- und Forstwirtschaft, für die Industrie und das Wachstum der Städte in einem erheblichen Maße. Damit wuchsen auch die Belastungen von Boden, Wasser und Luft derart, daß verbreitet Zweifel an der bisher betriebenen ungehinderten Landschafts- und Naturbeanspruchung aufkamen und Gegenbewegungen einsetzten.

Erwachendes Umweltbewußtsein

Schon im Zeitalter der *Romantik*, in dem man sich auf die Werte der natürlichen Landschaft besann

und sich um den Erhalt naturnaher Gebiete bemühte, sind Naturschutzbestrebungen zu erkennen. Hier ist als bedeutender Vorkämpfer des Naturschutzes und der Heimatbewegung der in Lauenstein am Ith ansässige Berliner Musikprofessor Ernst RUDORFF (1840-1916) zu nennen, der 1888 den Begriff *"Naturschutz"* prägte und 1904 den *"Deutschen Bund Heimatschutz"* gründete, in dem bereits der *"Schutz des Landschaftsbildes"* und die Rettung der einheimischen Tier- und Pflanzenwelt gefordert wurden.
Inzwischen war man seit etwa 30 Jahren in die sog. *Gründerzeit* gekommen, in der ohne Rücksichtnahme auf die Natur und Landschaft viele Industriewerke errichtet, Steinbrüche, Ton- und Sandgruben eröffnet und ganze Wälder des Profites wegen abgeholzt wurden, um daraus z.B. Eisenbahnschwellen zu machen und Hafenanlagen zu bauen. Das gab dem Naturschutzgedanken Auftrieb. Außerdem verschlechterten sich mit der Industrialisierung und dem Bau von Mietskasernen in den Städten die Lebensumstände rapide. Das weckte ein Bedürfnis nach Erholungs- und Freizeitflächen. So entstanden Schrebergartenkolonien. Aus den alten Wallanlagen und Exerzierplätzen, aus den ehemaligen Gärten des Adels, aus den städtischen Viehweiden und Hutungen wurden in noch größerem Maße Parks, Alleen und stadtnahe Wälder, die nun nicht mehr dem Adel vorbehalten waren, sondern den Bürgern dienen sollten und mit Ausflugslokalen, Aussichtstürmen und Badestellen versehen wurden.

Seit 1911: "Konservierender Naturschutz"

In dieser Zeit wurden wesentliche Ideen des Naturschutzes weiterentwickelt. Man versuchte nicht nur im Bereich der rasch wachsenden Städte, sondern auch in den abgelegenen Gebieten wenigstens einige Teile der historischen Natur- und naturnahen Wirtschaftslandschaft zu retten, wo mit den Gemeinheitsteilungen und Verkoppelungen (Flurbereinigungen), mit dem Ausräumen der Landschaft von Waldstücken und Büschen, mit der Beseitigung der Heideflächen und mit der Trockenlegung von Seen und Mooren ein Landschaftswandel sondergleichen ablief. Das war die Grundlage des *"konservierenden Naturschutzes"*, der bis 1955 im Vordergrund aller Bestrebungen stand.
Eine Möglichkeit zur Verwirklichung solcher Ziele sah man in der Einrichtung von *Naturschutzparken* nach dem Vorbild der amerikanischen Nationalparke, in denen menschliche Eingriffe weitgehend unterbleiben sollten. Mit solchen Parken wollte man auch die Menschen aus dem städtischen Milieu wieder an die Natur heranführen. Unter diesen Aspekten wurde im Jahre 1909 in München

der *Verein Naturschutzpark e.V.* gegründet, der sich zum entscheidenden Initiator der Naturparkbewegung entwickeln sollte. Die Ziele des Vereins waren zunächst, im Hochgebirge, im Mittelgebirgsraum und im Norddeutschen Tiefland je ein charakteristisches, noch weitgehend naturnahes Gebiet unter Schutz zu stellen. Für das Tiefland kam dem Verein die Initiative des Heidepastors Wilhelm BODE aus Egestorf entgegen, dem es in den Jahren 1906 und 1910 gelungen war, für Freunde der Heimatbewegung den benachbarten Totengrund und den Wilseder Berg aufzukaufen. Er verhinderte damit, daß sie in die Hände von Hamburger Bauspekulanten fielen. Im Jahre 1911 konnte der *Naturschutzpark Lüneburger Heide* seiner Bestimmung übergeben werden. Er sollte lange Zeit der einzige seiner Art in Deutschland bleiben (vgl. Pkt. 10.2.5.).

Seit 1920 Naturdenkmale: auch kleine Objekte schutzwürdig

In der gleichen Zeit, als Ernst RUDORFF und Wilhelm BODE für den Naturschutz wirkten, rief Hugo CONWENTZ die *Naturdenkmalpflege* ins Leben, bei der es vor allem um *schützenswerte Einzelschöpfungen der Natur* ging. Er konnte erreichen, daß 1906 eine erste *"Staatliche Stelle für Naturdenkmalpflege"* in Danzig bzw. später in Berlin eingerichtet wurde, die allerdings keine gesetzlichen Handhaben besaß. Erst 1920 gelang es, in das neuerlassene preußische Feld- und Forstpolizeigesetz vom 8. Juli eine Bestimmung aufzunehmen, die den zuständigen Minister und die nachgeordneten Polizeibehörden ermächtigte, *"Anordnungen zum Schutze von Tierarten, von Pflanzen und von Naturschutzgebieten zu erlassen, und zwar auch für den Meeresstrand und das Küstenmeer"*. Erst jetzt konnten beispielsweise der Naturschutzpark Lüneburger Heide und die Vogelinsel Mellum unter *"Naturschutz"* gestellt werden. Es entstanden auch verschiedene kleinere Naturschutzgebiete. Doch im allgemeinen waren die unter Schutz gestellten Objekte Naturdenkmale, z.B. auffällige Bäume, wie Dorflinden und Baumgruppen, Felsen, Quellen und andere Gewässer sowie vorgeschichtliche Denkmäler, die später der Denkmalpflege übergeben wurden.

Provinzialstelle für Naturdenkmalpflege: Anfänge der Institutionalisierung

Für Hannover bedeutete es einen großen Fortschritt, als hier 1926 in Anlehnung an Berlin eine Provinzialstelle für Naturdenkmalpflege eingerichtet wurde. Sie erhielt mit Reinhold TÜXEN die richtungsbestimmende Persönlichkeit. Als er beauftragt wurde, eine Vegetationskartierung der Pro-

vinz Hannover durchzuführen, um schutzwürdige Gebiete aufzufinden, vereinigte er schon 1927 die ausgesuchten Kartierer zu einer *"Floristisch-soziologischen Arbeitsgemeinschaft für Niedersachsen"*, die heute noch besteht und deren Veröffentlichungsreihe seit dem Tode Tüxens den Namen "Tuexenia" trägt. Als erstes großes Gemeinschaftswerk legte R. Tüxen 1937 *"Die Pflanzengesellschaften Nordwestdeutschlands"* vor. Damit war eine Grundlage nicht nur für den Naturschutz, sondern auch für praktische landespflegerische Arbeiten gewonnen, die sich z.B. beim Bau der Reichsautobahnen bewähren sollten. Tüxen gelang es sogar, 1939 eine *"Zentralstelle für Vegetationskartierung des Reiches"* in Hannover zu gründen. Diese Zentralstelle wurde 1943 nach den Bombenschäden des Krieges nach Stolzenau/Weser verlegt und 1947 in eine international bekannte *"Bundesanstalt für Vegetationskunde"* umgewandelt, bis sie schließlich 1964 zum Bestandteil der Bundesforschungsanstalt für Naturschutz und Landschaftsökologie in Bonn-Bad Godesberg wurde.

Das Reichsnaturschutzgesetz von 1935: Vorbild für Jahrzehnte

Der Naturschutz selbst hatte nach jahrzehntelangen Vorarbeiten mit dem Reichsnaturschutzgesetz vom 26. Juni 1935 seine erste gesetzliche Grundlage bekommen, indem für den Flächenschutz erstmalig mit den Kategorien *Naturschutzgebiete, Landschaftsschutzgebiete* und *Naturdenkmale* abgestufte Schutzwirkungen eingeführt wurden. Außerdem konnte der Naturschutz in den Verwaltungsbehörden fest verankert werden. Vor allem bewährte es sich, daß die Landkreise als untere Naturschutzbehörde verpflichtet wurden, zu ihrer fachlichen Beratung eine Stelle für Naturschutz einzurichten und einen ehrenamtlich tätigen *"Kreisbeauftragten für Naturschutz"* zu benennen. Mit großem Idealismus wurde damals die Arbeit aufgenommen. Der Beweis sind die zahlreichen Naturschutz- und Landschaftsschutzgebiete sowie Naturdenkmäler, die bis in die Zeit des 2. Weltkrieges hinein ausgewiesen wurden, obwohl man damals bedacht war, alle Flächen für die Ernährung der Bevölkerung zu nutzen.

Vom konservierenden Naturschutz zur aktiven Landschaftspflege

Nach dem Kriege blieb das Reichsnaturschutzgesetz, wenn auch durch Anpassungsgesetze ergänzt, bis zum Erlaß des *Bundesnaturschutzgesetzes* vom 20. Dezember 1976 und des *Niedersächsischen Naturschutzgesetzes* vom 20. März 1981 in Kraft. Die Ausweisung von Schutzgebieten wurde konsequent fortgesetzt. Von 1945 bis 1975 hat-

te sich in Niedersachsen die Fläche der Naturschutzgebiete verdreifacht, die der Landschaftsschutzgebiete war sogar sechsmal größer geworden, und die Anzahl der Naturdenkmale hatte von
etwa 3000 auf mehr als 4000 zugenommen (vgl.
Tab. 53).

Zwar stand der konservierende Naturschutz noch
im Vordergrund, doch er wurde zunehmend von einer aktiven *Landschaftspflege* begleitet, worunter
die Gestaltung und Pflege einer natürlich ausgewo-
genen Landschaft verstanden wurde. Gleichzeitig
stellten mit zunehmender Freizeit und Motorisierung der Naherholungs- und der Fremdenverkehr
eine immer stärker werdende Belastung für die geschützten Landschaftsteile dar. Um Ausweichmög-
lichkeiten zu schaffen, wurden als Erholungsgebiete *Naturparke* ausgewiesen, die sowohl dem Frem-
den- und Erholungsverkehr als auch dem Natur-
und Landschaftsschutz dienen und damit eine Dop-
pelfunktion erfüllen sollten.

In den 60er Jahren kam als neuer Gesichtspunkt
die *ökologische Raumordnung* hinzu. Waren vorher der Raum und die Landschaften in der Planung vorwiegend nach den Bedürfnissen des Menschen, nach den Daseinsgrundfunktionen, aufgeteilt und die Naturparke sowie die großen Naturschutzgebiete vorwiegend für die Erholungsnutzung bestimmt worden, so gewann in der Bevölkerung eine Bewegung an Bedeutung, die sich immer stärker von der wirtschaftlichen Betrachtung
abwandte und sich für eine intakte und unbelaste-
te Natur einsetzte. Der Naturhaushalt, Ökosysteme und das ökologische Gleichgewicht wurden
jetzt entscheidende Kriterien bei der Ausweisung
und Pflege von Natur- und Landschaftsschutzgebieten. Das Bundesnaturschutzgesetz von 1976
und das Niedersächsische Naturschutzgesetz von
1981 tragen dem bereits im Eingangsartikel (§ 1)
Rechnung (vgl. Pkt. 10.2.1.).

Humanökologie: Veränderte Wirtschaftsbedin-
gungen schaffen neue Perspektiven

Seit Anfang der 70er Jahre rückte durch Bürgerinitiativen die *Umweltproblematik* noch stärker in den
Vordergrund und löste verschiedene Umweltpro-
gramme und -gesetze aus, wodurch dem Naturschutz und der Landschaftspflege neue Aufgaben
zufielen. Die Natur- und Landschaftsschutzgebiete
erfuhren eine starke Ausweitung durch staatliche
Initiativen zur Rückgewinnung natürlicher Landschaften (z.B. Ausweisung verschiedener Feuchtgebiete von internationaler Bedeutung, Einrichtung des "Nationalparks Niedersächsisches Wattenmeer", des Programms "Verdoppelung der Naturschutzgebiete", des Moorschutzprogramms
u.a.m.).

Wegen der veränderten Wirtschaftsbedingungen
und steigender Agrarüberschüsse waren die Land-
und Forstwirte nunmehr eher bereit, auf Grenzertragsböden Flächen für die Unterschutzstellung abzugeben oder gegen Ausgleichszahlungen die damit verbundenen Beschränkungen auf sich zu nehmen.

Die Ökologie wurde schließlich mit dem erwachenden Umweltbewußtsein um die *Humanökologie* erweitert. Das Augenmerk richtet sich nicht mehr allein auf die Bedrohung von Pflanzen und Tieren,
sondern die Gefährdung des menschlichen Lebens und die *Lebensraumqualität* rücken immer
stärker in den Mittelpunkt der Betrachtung (vgl. Abschnitte 10.6. "Luftreinhaltung" und 10.7. "Abfallbeseitigung"). Dadurch wuchsen die Aufgaben so
stark an, daß viele neue Dienststellen und im Jahre 1986 ein eigenes niedersächsisches *Umweltmi-*
nisterium geschaffen werden mußten.

10.2.2. Organisation des Naturschutzes

Dreistufung auf Landesebene

Nach § 3 des Bundesnaturschutzgesetzes und §
54 des Niedersächsischen Naturschutzgesetzes
sind auf Landesebene die für die Durchführung
des Naturschutzgesetzes und der Landespflege zuständigen Behörden in alle *drei Verwaltungsebe-*
nen eingebunden (vgl.Abb. 204). Das sind in Niedersachsen:

1. als Oberste Naturschutzbehörde das Fachmini-
   sterium, d.h. das Niedersächsische Umweltministerium,
2. als Obere Naturschutzbehörde die 4 Bezirksregierungen einschließlich des Sonderbeauftrag-
   ten für den Nationalpark Niedersächsisches Wattenmeer und
3. als Untere Naturschutzbehörden die 47 Landkreise und Kreisfreien Städte und die Stadt Göttingen.

Abb. 204: Die behördliche Organisation von Naturschutz und
Landschaftspflege in Niedersachsen (n. LÜDERWALDT & PIL-
GRIM 1987).

Oberste Naturschutzbehörde: Entscheidungen und Richtliniensetzung von landesweiter Bedeutung

Wichtige Aufgaben der Obersten Naturschutzbehörde sind neben der Aufsichts- und Verwaltungsfunktion u.a.:
a) die Vorbereitung von gesetzlichen Bestimmungen sowie der Erlaß von Verordnungen und Richtlinien,
b) die Erstellung eines Landschaftsprogrammes für das Land Niedersachsen,
c) die Erklärung von Nationalparken und Naturparken.

Im *Landschaftsprogramm für das Land Niedersachsen* werden gutachtlich die Zielsetzungen für den Schutz und die Entwicklung von Natur und Landschaft sowie die erforderlichen Maßnahmen des Naturschutzes und der Landschaftspflege genannt. Es enthält insbesondere Aussagen über schutzwürdige Teile, über die Sicherung der Naturgüter und über die Gewährleistung der Erholung in der freien Landschaft. Im Landschaftsprogramm sind beispielsweise aktuelle Angaben über gefährdete einheimische Tier- und Pflanzenarten, Arten- und Flächenschutzprogramme, Maßnahmen zur Pflege der bestehenden Naturschutzgebiete sowie Angaben über Planungsvorhaben zur Nutzung von Natur und Landschaft im Rahmen von Bodenabbau, Siedlungsbau, gewerblicher Nutzung, Erholungs-, Sport- und Fremdenverkehrsnutzung enthalten; aber auch Angaben über die Schadstoffbelastung von Boden, Luft und Wasser sowie deren Ursachen sind darin zu finden.
Vorbereitende und beratende Funktionen für das Landschaftsprogramm und für die Ausweisung und Unterhaltung von Natur- und Landschaftsschutzgebieten erfüllt die *Fachbehörde für Naturschutz* im Niedersächsischen Landesverwaltungsamt. Dank der Ausstattung mit Landespflegern, Botanikern, Zoologen und Kartographen ist die Fachbehörde befähigt, wissenschaftliche Untersuchungen zur Verwirklichung der Ziele des Naturschutzes, wie z.B. das Artenerfassungsprogramm, Biotopkartierungen und eine flächendeckende Dokumentation naturschutzrechtlich geschützter Flächen und Objekte, durchzuführen. Sie berät Naturschutzbehörden und andere Stellen und betreibt Öffentlichkeitsarbeit. Ferner nimmt sie die Aufgaben der Staatlichen Vogelschutzwarte und Kontrollaufgaben des Artenschutzes wahr.
Die 1981 gegründete *Norddeutsche Naturschutzakademie* auf dem Hof Möhr bei Schneverdingen widmete sich bisher vornehmlich der Aus- und Weiterbildung, daneben auch der Förderung von Forschung und Lehre und der Öffentlichkeitsarbeit.

Die Obere und Untere Naturschutzbehörde: Entscheidungen auf Bezirks- und Kreisebene

Die *Bezirksregierungen als Obere Naturschutzbehörden* nehmen vor allem folgende Aufgaben wahr:
a) die Erklärung von Naturschutzgebieten,
b) die Zustimmung bei Aufhebungen und Änderungen von Landschaftsschutzgebieten, Naturdenkmalen und geschützten Landschaftsbestandteilen,
c) die Verwaltung von Nationalparken und Naturparken,
d) die Wahrnehmung verschiedener Aufgaben im Bereich des Artenschutzes,
e) die Mitwirkung und fachliche Prüfung bei Landschaftsrahmenplänen,
f) die Fachaufsicht über die Unteren Naturschutzbehörden.

Die 38 niedersächsischen Landkreise und 9 Kreisfreien Städte sowie die Stadt Göttingen sind als *Untere Naturschutzbehörden* für die Durchführung des Naturschutzgesetzes vor Ort zuständig. Zu ihren wichtigsten Aufgaben gehören ferner:
a) die Aufstellung von Landschaftsrahmenplänen,
b) die Erklärung von Landschaftsschutzgebieten, Naturdenkmalen und geschützten Landschaftsbestandteilen,
c) die Genehmigung von Bodenabbauten,
d) die Durchführung von Kontrollaufgaben im Artenschutz,
e) die Anordnung und Durchführung von Pflege- und Entwicklungsmaßnahmen in geschützten Teilen von Natur und Landschaft.

Die Unteren Naturschutzbehörden stehen aufgrund ihrer Zuständigkeit bei der Genehmigung von Bodenabbauten, bei der Ausweisung von Landschaftsschutzgebieten, bei den Kontrollaufgaben im Natur-, Landschafts- und Artenschutz häufig im konfliktreichen Spannungsfeld zwischen ökologischen und ökonomischen sowie persönlichen Interessen.
Für die Vermittlerfunktion und für die fachliche Beratung stehen ehrenamtlich tätige *Beauftragte für Naturschutz und Landschaftspflege* zur Verfügung, die Ansprechpartner für jedermann sind. Daneben können die Unteren Naturschutzbehörden zu ihrer Unterstützung bei der Überwachung von geschützten Teilen oder für den Artenschutz eine ehrenamtlich tätige *Landschaftswacht* bilden.
Überhaupt leistet seit jeher der *ehrenamtliche Naturschutz* einen wichtigen Beitrag zur Realisierung der Naturschutzaufgaben. Neben den bereits erwähnten Naturschutzbeauftragten und der Landschaftswacht sind zahlreiche Bürgerinnen und Bürger einzeln oder organisiert in Vereinen und Ver-

bänden bemüht, einen aktiven Beitrag zum Schutz der Natur zu leisten.

Folgende nach § 29 des Bundesnaturschutzgesetzes und nach § 60 des Niedersächsischen Naturschutzgesetzes *anerkannte Landesverbände* müssen durch Anhörungen bei Eingriffen in die Natur und Landschaft benachrichtigt werden, um insbesondere bei Straßenbau-, Flurbereinigungs- und wasserbaulichen Maßnahmen eine Stellungnahme abgeben zu können:

- Bund für Umwelt und Naturschutz Deutschland (BUND),
- Naturschutzbund Deutschland (früher DBV),
- Naturschutzverband Niedersachsen e.V. (NVN),
- Landesjägerschaft Niedersachsen e.V. (LJN),
- Niedersächsischer Heimatbund e.V. (NHB),
- Schutzgemeinschaft Deutscher Wald (SDW),
- Norddeutsche Arbeitsgemeinschaft Deutscher Gebirgs- und Wandervereine und
- Verein Naturschutzpark e.V. (VNP).

Die Mitglieder dieser Vereine unterstützen aktiv bei Pflegemaßnahmen oder Naturbeobachtungen die behördlichen Bemühungen. Die Pflege von Heideflächen, das Wiedervernässen von Hochmooren, die Bewachung von Greifvogelhorsten und die Aufstellung von Krötenzäunen sind nur einige Beispiele dafür.

Die Verbände kaufen auch ökologisch wertvolle Flächen auf, pachten und pflegen erhaltungswürdige Areale, betreuen im amtlichen Auftrag Schutzgebiete und gestalten neue Lebensräume für bedrohte Tier- und Pflanzenarten. Ferner wird durch die Erarbeitung von Informationsbroschüren, durch Veröffentlichungen in den Medien, durch Ausstellungen, durch die Unterhaltung von Weiterbildungseinrichtungen sowie durch andere Aktivitäten versucht, die Öffentlichkeit über die Gefährdung der Natur zu informieren und sie für eine Unterstützung des Natur- und Landschaftsschutzes zu gewinnen.

10.2.3. Maßnahmen des Flächen- und des Objektschutzes

Entwicklung der Schutzgebiete und Naturdenkmale: deutliche Zunahme seit 1935

Wie eingangs erwähnt, konzentrierten sich die ersten staatlichen Naturschutztätigkeiten auf besonders beeindruckende Naturschönheiten und urwüchsig erscheinende Landschaftsteile, die vor Inkrafttreten des Reichsnaturschutzgesetzes von 1935 durch Verfügungen bzw. Polizeigesetze unter Schutz gestellt wurden. Lediglich 21 der heute über 500 Naturschutzgebiete stammen aus der Zeit vor dem Erlaß des Reichsnaturschutzgesetzes. Die weitere Entwicklung läßt Tabelle 53 erkennen.

Tab. 53: Anzahl und Gesamtfläche der Naturschutz- und Landschaftsschutzgebiete in km² sowie Anzahl der Naturdenkmale in Niedersachsen 1935, 1950, 1970 und 1988.

	1935	1950	1970	1988
Naturschutzgebiete				
Anzahl	22	116	180	539
Gesamtfläche in km²		320	rd. 1000 [1]	1012 [2]
Landschaftsschutzgebiete				
Anzahl		1041	1580	1491
Gesamtfläche in km²		1370	7270	9163
Naturdenkmale				
Anzahl		3037	3811	4429

[1] einschließlich der außerhalb der Landesfläche (Küstenmeer) gelegenen Naturschutzgebiete
[2] ohne Nationalpark Niedersächsisches Wattenmeer (2.400 km²)

Quelle: Niedersächs. Landesverwaltungsamt - Fachbehörde f. Naturschutz

Unter strengstem Schutz: Naturschutzgebiete, Nationalparke und Naturdenkmale

An Naturschutzgebiete, Nationalparke und Naturdenkmale werden besonders hohe Anforderungen gestellt bezüglich ihrer Ausstattung mit Einzelschöpfungen der Natur, mit natürlichen bzw. naturnahen Biotopen oder als Refugien bedrohter Tier- und Pflanzenarten. In und an ihnen sind grundsätzlich alle Handlungen verboten, die das Gebiet bzw. das Objekt zerstören, beschädigen oder verändern (Veränderungsverbot).

a) Naturschutzgebiete

Naturschutzgebiete: wichtigste Areale des Naturschutzes

Naturschutzgebiete sind die wichtigsten Areale für den Schutz von Lebensstätten wildwachsender Pflanzen und Tiere und deren Lebensgemeinschaften. Es können auch Flächen als Naturschutzgebiete ausgewiesen werden, die sich erst noch zu schutzwürdigen Lebensstätten entwickeln sollen.

Zur Zeit (1989) sind 2,2 % (= 104821 ha) der niedersächsischen Landesfläche unter Schutz gestellt. Dazu kommen rd. 240 000 ha des Nationalparks Niedersächsisches Wattenmeer, die teilweise im Bereich des Küstenmeeres außerhalb der Landesfläche liegen, aber von Niedersachsen aus betreut werden.

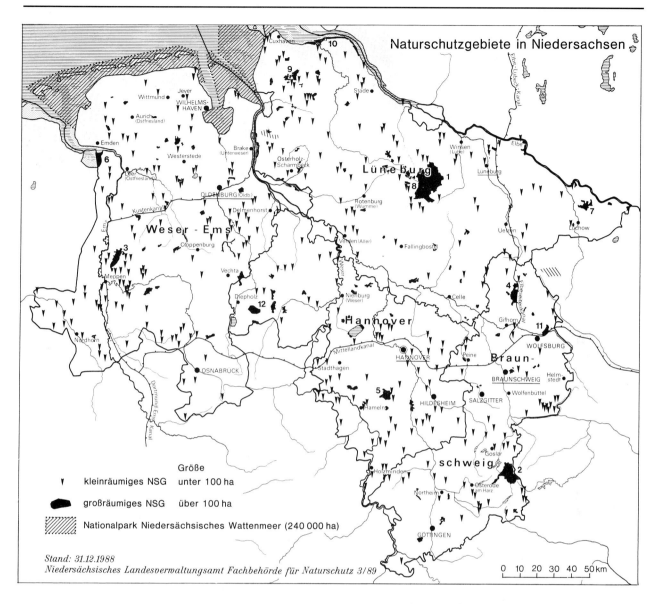

Naturschutzgebiete in Niedersachsen

Größe

▼ kleinräumiges NSG unter 100 ha

⬛ großräumiges NSG über 100 ha

▨ Nationalpark Niedersächsisches Wattenmeer (240 000 ha)

Stand: 31.12.1988
Niedersächsisches Landesverwaltungsamt Fachbehörde für Naturschutz 3/89

0 10 20 30 40 50 km

Abb. 205: Naturschutzgebiete in Niedersachsen. Namen und Flächengrößen von NSG 1-12 s. Tab. 54 (n. Niedersächs. Landesverwaltungsamt - Fachbehörde f. Naturschutz).

Tab. 54: Die flächengrößten Naturschutzgebiete Niedersachsens (Stand: 1.3.1989) ohne Nationalpark Niedersächsisches Wattenmeer (vgl. Abb. 205).

Name des Naturschutzgebietes	Größe in ha	Landkreis bzw. kreisfreie Stadt
1. Lüneburger Heide	19 720	Soltau-Fallingbostel und Harburg
2. Oberharz	7 030	Goslar und Osterode
3. Tinner und Staverner Dose	3 200	Emsland
4. Großes Moor	2 720	Gifhorn
5. Saupark bei Springe	2 480	Hannover
6. Dollart	2 140	Leer
7. Lucie	1 800	Lüchow-Dannenberg
8. Obere Wümmeniederung	1 385	Harburg und Soltau-Fallingbostel
9. Ahlen-Falkenberger Moor	1 300	Cuxhaven
10. Hadelner u. Belumer Außendeich	1 285	Cuxhaven
11. Barnbruch	1 200	Gifhorn u. Wolfsburg
12. Rehdener Geestmoor	1 200	Diepholz

Quelle: s. Abb. 205

Die Lage der gegenwärtig 539 ausgewiesenen Naturschutzgebiete ist der Abb. 205 zu entnehmen. Entsprechend der landschaftlichen Vielfalt Niedersachsens, die von den Stränden und Watten der Nordsee bis zu den Bergen und Klippen des Harzes reicht, haben die geschützten Gebiete und Objekte eine unterschiedliche Ausstattung und Ausdehnung. Als Beispiele dafür sollen deshalb im Schlußkapitel 1. der Nationalpark Niedersächsisches Wattenmeer, 2. der Naturschutzpark Lüneburger Heide und 3. das Naturschutzgebiet Oberharz näher charakterisiert werden (vgl. Pkt. 10.2.5.). Die zwölf flächengrößten Naturschutzgebiete Niedersachsens sind in der Tabelle 54 aufgelistet.

Naturschutzgebiete haben unterschiedliche Schutzaufgaben

Die zur Zeit in Niedersachsen bestehenden Schutzgebiete sind, entsprechend ihrer jeweiligen primären Schutzaufgabe, in *verschiedene Kategorien* unterteilt worden:

a) *Zoologische Schutzgebiete* zur Erhaltung von Biotopen bedrohter einheimischer Tierarten,

b) *Botanische Schutzgebiete* zur Erhaltung von Standorten seltener einheimischer Pflanzenarten oder natürlicher Pflanzengesellschaften,

c) *Moor-Schutzgebiete* zur Erhaltung von naturnahen Hoch- und Niedermooren,

d) *Gewässer-Schutzgebiete* zur Erhaltung möglichst wenig beeinflußter Teiche, Seen, Flüsse oder Bäche einschließlich ihres typischen Uferbewuchses,

e) *Wald-Schutzgebiete* zur Erhaltung natürlicher Waldgesellschaften einschließlich Waldentwicklungsstadien,

f) *Geologische Schutzgebiete* zur Erhaltung bedeutsamer oder besonders markanter geologischer Bildungen,

g) *Komplexe Schutzgebiete* zur Erhaltung der in einem Schutzgebiet nebeneinander vorkommenden schutzwürdigen Tier- und Pflanzenarten bzw. Objekte, so daß eine Zuordnung in die oben aufgeführten Kategorien nicht sinnvoll ist.

Unter den zur Zeit in Niedersachsen ausgewiesenen Naturschutzgebieten nehmen die zoologischen und botanischen Schutzgebiete mit einem Flächenanteil von etwa 80 % den größten Bereich ein.

Naturschutzgebiete: wichtige "Freilandlaboratorien" für Lehre und Forschung

Naturschutzgebiete sind auch das Arbeitsgebiet verschiedener Wissenschaftszweige, die für ihre Lehr- und Forschungsaufgaben auf Freilanduntersuchungen angewiesen sind. Für die Lösung zahlreicher offener Fragen auf den Gebieten der Geobotanik, Botanik, Zoologie, Landschaftsökologie, Bodenkunde u.a. ist die Forschung und Untersuchung von möglichst naturnahen Ökosystemen und ihrer Teilkreisläufe unverzichtbar (vgl. Abschnitt 10.1., Abb. 201-203). Gebiete mit Reservatcharakter, d.h. mit möglichst geringer menschlicher Einflußnahme, bieten hier die besten Arbeitsmöglichkeiten.

Moorschutz: Eine Schwerpunktaufgabe des niedersächsischen Naturschutzes

Schwerpunkte in der Ausweisung neuer Naturschutzgebiete sind Moore, Feuchtgrünland und

Wälder. Hochmoore und Niedermoore (heute größtenteils Feuchtgrünland) unterlagen in der Vergangenheit einer besonders starken Veränderung. Etwa drei Viertel der einst 6500 km² umfassenden Moorfläche Niedersachsens, d.h. des ehemals moorreichsten Landschaftsraumes Mitteleuropas, sind mittlerweile in Kulturland, insbesondere in Grünland, überführt oder abgetorft worden. Von den einst mit Erlen- und Birkenbruchwald bestandenen Niedermooren sind nur noch geringe Reste (ca. 2-3 %) mit einer natürlichen oder naturnahen Vegetation vorhanden (vgl. Tab. 55). Der überwiegende Teil ist kultiviert. Von den niedersächsischen Hochmooren unterliegen rd. 80 % der land- oder forstwirtschaftlichen Nutzung oder sind als Torfgewinnungsflächen ausgewiesen, rd. ein Fünftel ist ungenutzt. Doch auch diese Flächen sind weitgehend entwässert und damit in ihren ökologischen Standortbedingungen verändert worden. Hochmoore mit den für sie typischen Pflanzengesellschaften sind daher selten geworden.

Tab. 55: Hochmoornutzung in Niedersachsen in Prozentanteilen der Hochmoorgesamtfläche.

Naturnahes, baumloses Hochmoor	3 %
Verlandete Torfstiche	1 %
Verbuschte/bewaldete Hochmoore	16 %
Summe ungenutzter Moore	20 %
Grünland auf Hochmoor	59 %
Ackerland auf Hochmoor	6 %
Aufgeforstete Hochmoore	2 %
In Abtorfung, Deponie u.ä.	13 %
Summe genutzter Hochmoore	80 %

Quelle: KUNTZE 1990

Um so bedeutender ist heute die Funktion der wenigen naturnah verbliebenen Moorreste als *Rückzugsbiotope* zahlreicher gefährdeter Pflanzen- und Tierarten. Doch sind von der Bestandsgefährdung auch die eigentlichen Hochmoorarten betroffen. Die wichtigsten sind in der Tabelle 56 genannt.

Durch die schwerpunktmäßige Unterschutzstellung von Hochmooren soll nun erreicht werden, daß diese Moore als charakteristische Landschaftselemente Niedersachsens zumindest in halbwegs intakten Restbeständen mit ihrer einmaligen Tier- und Pflanzenwelt erhalten bleiben. Mit der Ausweisung von Naturschutzgebieten wird ein wesentlicher Teil des 1981 beschlossenen und 1986 erweiterten *Niedersächsischen Moorschutzprogramms* verwirklicht, nach dem mehr als 800 km² Hoch-

Tab. 56: Gefährdete Pflanzen der Hochmoore.

Andromeda polifolia - Rosmarienheide, Gränke
Carex chordorhiza - Fadenwurzelige Segge
Carex limosa - Schlammsegge
Carex paucifolia - Wenigblütige Segge
Dactylorhiza maculata - Geflecktes Knabenkraut
Dactylorhiza sphagnicola - Torfmoos-Knabenkraut
Drosera anglica - Langblättriger Sonnentau
Drosera intermedia - Mittlerer Sonnentau
Drosera x obovata - Bastard-Sonnentau
Drosera rotundifolia - Rundblättriger Sonnentau
Eriophorum gracile - Schlankes Wollgras
Hammarbya paludosa - Sumpf-Weichwurz
Juncus stygius - Moorbinse
Ledum palustre - Sumpfporst
Myrica gale - Gagelstrauch
Narthecium ossifragum - Moorlilie, Ährenlilie
Rynchospora alba - Weißes Schnabelried
Rynchospora fusca - Braunes Schnabelried
Rubus chamaemorus - Moltebeere
Scheuchzeria palustris - Blumenbinse
Trichophorum caespitosum - Rasen-Simse
Utricularia intermedia - Mittlerer Wasserschlauch
Utricularia minor - Kleiner Wasserschlauch
Utricularia ochroleuca - Blaßgelber Wasserschlauch
Vaccinium macrocarpum - Großfrüchtige Moosbeere
Vaccinium oxycoccus - Moosbeere
Vaccinium uliginosum - Rauschbeere

Quelle: SCHMATZLER 1990

moorflächen, darunter auch über 150 Kleinsthochmoore, unter Naturschutz gestellt werden sollen. Im einzelnen verfolgt dieses Programm die nachstehend genannten allgemeinen Ziele (SCHMATZLER 1990):

1. Die Erhaltung der noch verbliebenen natürlichen und naturnahen Hochmoorrestflächen mit den hier natürlich vorkommenden Tieren und Pflanzen.
2. Die Erhaltung und Wiedervernässung der verbliebenen, degenerierten Hochmoore mit dem Ziel der Renaturierung und Regeneration (s.u.).
3. Die Schaffung von "Ersatzlebensräumen" in den teilabgetorften Mooren. Dies kann durch Wiedervernässung geschehen oder auch durch Einrichtung von Trockenbiotopen (z.B. Heiden).
4. Die Erhaltung oder Wiederherstellung naturnaher Feuchtgebiete an den Rändern der Moore. Diese Gebiete dienen nicht nur als Lebensräume, sondern auch als Wasser- und Immissionsschutzzonen, deren Aufgabe darin liegt, Nähr- und Schadstoffeinträge von außen zu minimieren. Hydrologische Schutzzonen wären beispielsweise Feuchtwiesen, funktionsfähige Immissionsschutzzonen wären mehrreihige und vielschichtige Gehölzstreifen.

Die Ziele des Niedersächsischen Moorschutzprogramms werden durch das *Niedersächsische Naturschutzgesetz* geregelt. Danach können die ökologisch wertvollen Moorflächen als Naturschutzgebiet oder auch als Landschaftsschutzgebiet ausgewiesen werden. In den entsprechenden Verordnungen zu den Schutzgebieten werden zugleich die notwendigen Maßnahmen für die Sicherung, Entwicklung und Pflege bestimmt. Auch regelt das Gesetz die Nutzung der Moore, z.B. den Torfabbau und die Wiederherrichtung und Folgenutzung der abgebauten Flächen.

Wiedervernässung, Renaturierung und Regeneration von Hochmooren

Da die Wiederherstellung der Hochmoore zukünftig eine große Rolle spielen wird, werden die dazu erforderlichen Eingriffe im folgenden beschrieben. Rd. 65 000 ha, darunter mehr als die Hälfte (ca. 18 000 ha) der heute torfwirtschaftlich genutzten Flächen, sollen im Rahmen des Niedersächsischen Moorschutzprogramms in den nächsten Jahrzehnten durch Wiedervernässung renaturiert und dadurch wieder zu lebenden, torfbildenden Hochmooren werden.

Dies geschieht in drei Schritten:

1. *Wiedervernässung* (kurzfristig): Zunächst werden die vorhandenen Entwässerungsgräben geschlossen und dadurch die Niederschlagswasser aufgestaut. Es kommt zum Anstieg des Grundwasserspiegels und zum Aufquellen der noch vorhandenen Torf-Restschicht durch die Wasseraufnahme. Dieser Vorgang der Wiedervernässung nimmt etwa zwei bis vier Jahre in Anspruch.

2. *Renaturierung* (Dauer: einige Jahrzehnte): Mit dem gestiegenen Wasserstand verändert sich langsam auch die Artenzusammensetzung der moorbesiedelnden Pflanzen: Arten, die für trockene Busch- und Heidemoore typisch sind, sterben ab. An ihre Stelle treten nach und nach wieder die hochmoortypischen, nässetolerierenden Pflanzenarten, wie z.B. Torfmoose und Wollgräser. Diese bieten dann auch moortypischen Tieren neuen Lebensraum.

3. *Regeneration* (langfristig): Im Laufe der Jahre beginnt sich die Torfmoosdecke zu schließen, und mit dem Wasserüberschuß und Luftabschluß setzt durch das Vertorfen dieser Pflanzen das neue Torfwachstum ein. Auf diese Weise kann schließlich wieder ein lebendes, d.h. wachsendes Hochmoor entstehen. Dazu sind allerdings Jahrhunderte erforderlich.

Die Ergebnisse von Wiedervernässungsversuchen, die Mitte der 70er Jahre angelaufen sind, lassen freilich Zweifel aufkommen, ob eine Hochmoorregeneration im engeren Sinne, also eine völlige Wiederherstellung der ursprünglichen Verhältnisse, erfolgreich sein wird. Neben der notwendigen Wiedervernässung sind nämlich auch die Höhe der Nährstoffeinträge durch Staub und Niederschlagswasser sowie die bereits vorhandene Nährstoffanreicherung in den Mooren ausschlaggebend für den Erfolg einer Renaturierung. Ähnlich wie die Flechten, die aus den schadstoffreichen Stadtgebieten nahezu ganz verschwunden sind, sind auch die Torfmoose Bioindikatoren, die auf Veränderungen der Umwelt sehr empfindlich reagieren. Nur auf den Extremstandorten der Hochmoore sind sie widerstandsfähig genug, um sich im Konkurrenzkampf der Arten erfolgreich zu behaupten. Die intensive Düngung auf den landwirtschaftlich genutzten Moorflächen, der Eintrag von Nähr- und Schadstoffen durch Staub, Niederschläge und durch zufließendes Wasser haben die Nährstoffbedingungen in den letzten hundert Jahren zum Teil so nachhaltig verändert, daß sich auf die Dauer vermutlich nur die wachstumskräftigeren Moorpflanzen, also Arten mit höheren Ansprüchen an die Nährstoffversorgung, durchsetzen werden, beispielsweise die stickstoffliebenden Gräser Wollgras und Pfeifengras. Inzwischen ist die Konzentration des Niederschlagswassers an Nähr- und Schadstoffen gebietsweise so hoch, "daß man für diese Standorte von einer "Regendüngung" mit im Mittel ca. 30 kg N/ha und Jahr sprechen kann. Dies entspricht der Düngungshöhe in der Landwirtschaft der Vorkriegszeit" (KUNTZE 1990, S.82).

Laubmischwald statt Nadelholzmonokulturen: naturnahe Waldökosysteme als Naturschutzgebiete

Für die geplante schwerpunktmäßige *Unterschutzstellung von Wäldern* sind insbesondere naturnahe Laubwaldgesellschaften vorgesehen; denn durch die forstwirtschaftliche Umgestaltung der Wälder seit der Mitte des vorigen Jahrhunderts wurden vor allem Fichten und Kiefern gefördert, so daß natürliche Laubwaldgesellschaften häufig nur noch in Restbeständen anzutreffen sind (vgl. Kap. 8.3. "Pflanzendecke"). Nach dem Landesprogramm zum Schutz und zur Entwicklung von *Naturwäldern* ist beabsichtigt, rd. 1 % der niedersächsischen Landesforstfläche (rd. 3200 ha) als Naturschutzgebiete ohne jede Nutzung auszuweisen. In einem solchen landesweiten repräsentativen Netz von naturnahen Waldökosystemen sollen alle landschaftstypischen natürlichen Waldgesellschaften wieder vertreten sein.

Zukunftsaufgabe: Vernetzung von Kleinbiotopen

Ein Ziel zukünftiger Naturschutzmaßnahmen ist die Erhaltung und Ausweitung naturnaher kleinstrukturierter Landschaftsteile, um in Zukunft ein dichtes *Verbundsystem ökologisch wertvoller Biotope* zu erhalten. Inselartige Naturschutzgebiete sind aufgrund der geringen Populationen und der fehlenden Möglichkeiten des Artenaustausches für den wirkungsvollen Artenschutz weniger wertvoll. Erst ein enges Netz von Kleinbiotopen erhöht die Fortpflanzungs- und Überlebensrate zahlreicher Vertreter der sog. "Roten Liste" und damit den Wert einer Landschaft im Sinne des Naturschutzes und der Landschaftspflege.
Um solche für schutzbedürftige Arten und Lebensgemeinschaften wertvollen Bereiche zu erfassen, werden von der Fachbehörde für Naturschutz *Biotopkartierungen* durchgeführt und in Form von Karten und Beschreibungen veröffentlicht.

b) Nationalpark und Naturdenkmale

Strengsten Schutz für Natur und Landschaft gewähren auch die Kategorien Nationalpark und Naturdenkmal. Der seit 1986 bestehende *Nationalpark Niedersächsisches Wattenmeer* ist mit ca. 2400 km^2 das größte geschlossene Schutzgebiet und der einzige Nationalpark Niedersachsens. Er nimmt nicht nur wegen seiner Größe (143 x 20 km), sondern in mehrfacher Hinsicht eine Sonderstellung unter den Naturschutzgebieten ein (vgl. Pkt. 10.2.5.).
Naturdenkmale sind unter strengsten Schutz gestellte *Einzelschöpfungen der Natur,* die wegen ihrer Bedeutung für die Wissenschaft, für die Natur- und Heimatkunde oder wegen ihrer Seltenheit, Eigenart und Schönheit sowie ihrer Bedeutung als Kleinbiotope besonders schutzwürdig sind. Bei den z. Zt. rd. 4500 in Niedersachsen erklärten Naturdenkmalen handelt es sich um natürliche Bestandteile der Landschaft (z.B. Baumgruppen und Einzelbäume, Gebüsche und Alleen, Quellen, Altwässer, Teiche, Tümpel, Kleinstmoore, Felsen, Höhlen, Erdfälle, erdgeschichtliche Aufschlüsse, Findlinge, Gletscherspuren u.a.m.). Soweit erforderlich, kann auch die Umgebung mit in den Schutz einbezogen werden. Wie bei den Naturschutzgebieten gilt für die Naturdenkmale ebenfalls das absolute Veränderungsverbot.

c) Landschaftsschutzgebiete und Geschützte Landschaftsbestandteile

Die Erhaltung des Landschaftscharakters als Schutzaufgabe

Gegenüber den Naturschutzgebieten, Nationalparken und Naturdenkmalen genießen die *Land-*

schaftsschutzgebiete und Geschützten Landschaftsbestandteile einen weniger strengen Schutz; denn in ihnen kann grundsätzlich eine ordnungsgemäße Land- und Forstwirtschaft fortgeführt werden. Es kommt hier vor allem darauf an, die Leistungsfähigkeit des Naturhaushaltes sowie ein vielfältiges, schönes Landschaftsbild zu erhalten und in einem solchen bestens dafür geeigneten Gebiet die Erholungs- sowie andere wichtige Lebensgrundlagen des Menschen zu sichern.

Deshalb sind bestimmte Handlungen untersagt, die den Charakter des Gebietes verändern und das Landschaftsbild oder das Naturerlebnis beeinträchtigen. Ebenso ist die Errichtung baulicher Anlagen aller Art verboten, auch solcher, die keiner Baugenehmigung oder Bauanzeige bedürfen. Zu den Verboten zählt ferner jede Verunreinigung der Landschaft, das Anbringen von Werbeeinrichtungen, Tafeln und Inschriften, soweit sie sich nicht auf den Landschaftsschutz oder den Verkehr beziehen. Außerdem ist das Fahren oder Parken von Kraftfahrzeugen oder Wohnwagen aller Art außerhalb der behördlich dafür freigegebenen Straßen, Plätze und Flächen untersagt sowie ungebührliches Lärmen, das Waschen von Kraftfahrzeugen und das Befahren von Gewässern mit Motorbooten.

Zur Zeit stehen fast 1 Mio. ha, das sind rd. 20 % der Landesfläche, unter Landschaftsschutz, d.h. auf diesen Flächen soll der ästhetische Charakter der Landschaft bewahrt werden. Allerdings ist das aus wirtschaftlichen Gründen nicht immer möglich, wie z.B. bei den häufig unter Landschaftsschutz gestellten schönen Tal- oder Bergwiesen, dessen landwirtschaftlicher Wert so stark abgenommen hat, daß sie z.T. heute nicht mehr gemäht oder beweidet werden, wodurch sie verbuschen bzw. verwalden, was ihren Erholungswert mindert. Landschaftsschutzgebiete sind und werden auch häufig als zusätzliche Schutzzonen um Naturschutzgebiete ausgewiesen.

Geschützte Landschaftsbestandteile unterliegen zwar rechtlichem Schutz, sie besitzen aber nicht den Charakter von Naturschutzgebieten oder Naturdenkmalen. Jedoch sollen sie im Interesse des Landschaftshaushaltes oder für die Erholung der Menschen bzw. zur Belebung des Landschafts- und Ortsbildes erhalten bleiben. Es handelt sich in der Regel um linienhaft angeordnete Landschaftselemente, wie z.B. um Bäume oder Baum- und Gebüschgruppen, Raine, Alleen, Hecken, Feldgehölze, Röhrichte, Wasserläufe und kleinere Wasserflächen.

Wallhecken sind spezifische Landschaftsbestandteile, die seit 1935 durch das Reichsnaturschutzgesetz und durch § 33 des Niedersächsischen Naturschutzgesetzes besonders geschützt sind.

d) Naturparke

Hauptaufgaben: Erholung und Fremdenverkehr

Eine Sonderstellung nehmen Naturparke ein, die zwar von der Obersten Naturschutzbehörde den Namen verliehen bekommen, jedoch unter keinem besonderen Schutz stehen. Sie müssen sich für die Erholung besonders eignen und nach den Zielen der Raumordnung auch für die Erholung oder den Fremdenverkehr vorgesehen sein. Deshalb werden sie im Kapitel "Fremdenverkehr" (Bd.2.) näher behandelt und abgebildet. In ihnen liegen in der Regel jedoch verschiedene Natur- und Landschaftsschutzgebiete, Naturdenkmale und Geschützte Landschaftsbestandteile. Das erklärt sich aus der Größe und landschaftlichen Lage.

Tab. 57: Naturparke in Niedersachsen, Größe in km^2 (1989), Träger und Entstehungsjahre.

Name	Größe in km^2	Träger und Entstehungsjahr
1. Naturschutzpark Lüneburger Heide	197	Verein Naturschutzpark e.V. (1921)
2. Münden	370	Verein Naturpark Münden e.V. (1959)
3. Harz	950	Bezirksregierung Braunschweig (1960)
4. Nördlicher Teutoburger Wald - Wiehengebirge	1 120 [1]	Verein Naturpark Nördlicher Teutoburger Wald - Wiehengebirge e.V. (1962)
5. Südheide	500	Landkreis Celle (1963)
6. Solling - Vogler	530	Zweckverband Naturpark Solling-Vogler (1966)
7. Elbufer - Drawehn	750	Verein Naturpark Elbufer-Drawehn (1968)
8. Dümmer	470 [1]	Verein Naturpark Dümmer e.V. (1972)
9. Steinhuder Meer	310	Landkreis Hannover (1974)
10. Weserbergland - Schaumburg - Hameln	1 120	Zweckverband Weserbergland - Schaumburg - Hameln (1975)
11. Elm - Lappwald	470	Zweckverband Elm-Lappwald (1976)
12. Wildeshauser Geest	970	Zweckverband Naturpark Wildeshauser Geest (1984)

[1] einschl. des Anteils von Nordrhein-Westfalen

Quelle: Niedersächs. Minist. f. Ernährung, Landwirtschaft u. Forsten

Träger der Naturparke sind Bezirksregierungen, Landkreise und Kommunen, die sich zumeist zu Zweckverbänden zusammengeschlossen haben, außerdem Vereine, die mit Unterstützung des Landes Niedersachsen in den Naturparken die Erhaltungs-, Pflege-, Aufbau- und Entwicklungsarbeiten durchführen.

10.2.4. Artenschutz

Oberstes Ziel: Erhaltung der Artenvielfalt

Durch das Niedersächsische Naturschutzgesetz von 1981 und durch die *Bundesartenschutzverordnung* von 1986 genießen die wildwachsenden Pflanzen und wildlebenden Tiere einen allgemeinen und z.T. auch einen besonderen Schutz.

Nach den *Vorschriften des allgemeinen Schutzes* ist es verboten, wildwachsende Pflanzen ohne vernünftigen Grund zu beschädigen oder zu vernichten und in größerer Menge als der eines Handstraußes zu entnehmen. Es ist ferner untersagt, außerhalb des eigenen Grundstücks Früchte, Pilze und Kräuter zum Verkauf oder zu gewerblichen Zwecken zu sammeln. Wildlebende Tiere dürfen nicht unnötig gefangen, verletzt, getötet oder auch nur beunruhigt werden. Auch die Lebensstätten der wildwachsenden Pflanzen und wildlebenden Tiere sind vom 1. Februar bzw. vom 1. März bis zum 30. September vor Beschädigungen geschützt.

Ein *besonderer Schutz* besteht für bedrohte bzw. für den Naturhaushalt wichtige Arten, die in der Bundesartenschutzverordnung von 1986 genannt werden. Zu den einheimischen Pflanzen und Tieren, die besonders geschützt sind, zählen u.a. alle einheimischen Orchideen, alle Lurche, Kriechtiere und Fledermäuse sowie die meisten Vogelarten.

In Niedersachsen ist man seit 1977 im Rahmen des Niedersächsischen *Artenerfassungsprogrammes* bemüht, den Bestand und die Bestandsentwicklung der in Niedersachsen beheimateten wildlebenden Tierarten und seit 1983 auch das Vorkommen wildwachsender Pflanzenarten zu ermitteln. Die Ergebnisse dieser Bestandsaufnahmen dienen u.a. der Aufstellung der sog. *"Roten Listen"* für Niedersachsen (vgl. Kap. 8. "Pflanzendecke" und Kap. 9. "Tierwelt"), die jeweils eine aktuelle statistische Übersicht über den Gefährdungsgrad der einheimischen Flora und Fauna geben (vgl. Tab. 58). Das Programm dient aber auch dazu, durch eine Biotopkartierung die *für den Naturschutz wertvollen Bereiche* zu ermitteln, die zumeist Rückzugsgebiete der bedrohten Tier- und Pflanzenarten sind.

Als *Gefährdungsursache* gilt bei allen Tier- und Pflanzenarten in erster Linie die Zerstörung oder Veränderung ihrer Lebensräume. Dabei sind es verschiedenste Zugriffe, durch die lebenswichtige Biotope zerstört oder schwer geschädigt werden, z.B. durch:

- Überbauung mit Siedlungs-, Industrie- und Verkehrsbauten,
- Intensivierung der Flächennutzung (z.B. Umwandlung von Grünland in Ackerland, Ausweitung der Güllewirtschaft),
- Kultivierung von Ödland, Beseitigung von Kleinstlebensräumen wie Hecken, Feldrainen und Gehölzen,
- Verfüllung oder Ausbaggern von Teichen und Tümpeln,
- Trockenlegung von Mooren und Sümpfen,

Tab. 58: In Niedersachsen gefährdete heimische Tier- und Pflanzenarten
(Rote Listen für Niedersachsen im Überblick, Stand: Dez. 1987).

Tiergruppe bzw. Pflanzengruppe	Artenzahl insgesamt	davon gefährdet	verschollen oder ausgestorben	vom Aussterben bedroht	stark gefährdet	durch allgemeinen Rückgang gefährdet
Gefährdungskategorie		0 – 3	0	1	2	3
Säugetiere [1]	75	34 (45 %)	6	4	15	9
Brutvögel	203	103 (51 %)	13	32	33	25
Kriechtiere	7	5 (71 %)	0	1	1	3
Lurche	19	14 (74 %)	0	4	2	8
Fische [2]	46	26 (56 %)	4	6	12	4
Libellen	59	37 (63 %)	2	13	9	13
Heuschrecken	45	30 (67 %)	6	7	12	5
Großschmetterlinge [3]	1027	582 (57 %)	86	172	158	166
Farn- und Blütenpflanzen	1852	676 (36 %)	100	156	225	195
Moose [4]	553	385 (70 %)	69	67	101	148
Großpilze [5]	ca. 3000	543 (ca. 24 %)	23	81	194	245

[1] ohne Wisent, Elch, Auerochse, Wildpferd.   [2] und Rundmäuler, ohne eingebürgerte und marine Arten.   [3] nur bodenständige Arten.   [4] nur niedersächs. Tiefland.
[5] nur bekanntere Arten.

Quelle: Niedersächs. Umweltminist., Umweltbericht 1988

- Ausbau und Unterhaltung von Gewässern,
- Verschmutzung, Verschlammung, Eutrophierung (Überdüngung) und Vergiftung von Gewässern.

Die genannten Handlungen wirken sich nicht nur unmittelbar auf den Artenbesatz der betroffenen Flächen aus, sondern darüber hinaus kommt es zu einer meist großräumigen Beeinflussung von Boden, Wasser und Luft, insbesondere durch

- *Biozide* (z.B. Herbizide, Insektizide), welche die Nahrungsgrundlage der Tiere und Pflanzen zerstören oder über die Nahrungskette die Tiere selbst töten,
- *eutrophierende Stoffe* (Mineraldünger, Gülle, Phosphate aus Waschmitteln), die den Lebensraum der Tiere und Pflanzen verändern (z.B.Pflanzenartenverarmung),
- *allgemeine Schadstoffimmissionen* von festen, flüssigen und gasförmigen Substanzen, die sich großräumig bemerkbar machen und alle Lebensräume mehr oder minder stark beeinträchtigen (z.B."Saurer Regen").

Von den genannten Ursachen des Artenrückgangs in der heimischen Pflanzenwelt kommt der *Flurbereinigung* eine besondere Bedeutung zu. So sind 58 % aller gefährdeten Arten (SUKOPP 1978) hiervon direkt betroffen, da durch die mit den Maßnahmen der Flächenumlegung verbundenen Meliorationen (z.B. Dränage, Grabenentwässerung, Grundwasserregulierung) und Nutzungsänderungen verschiedenen Arten die Lebensmöglichkeit entzogen wird.

Auch der großflächige Gewässerausbau (Begradigung, Kanalisierung, künstliche Uferprofilgestaltung, Küstenbefestigung mit totem Material) hat dazu beigetragen, daß viele heimische, in ihrer Existenz an naturnahe Gewässer bzw. Wasserläufe gebundene Tiere und Pflanzen auf der Liste der vom Aussterben bedrohten Arten stehen.

Ähnlich wie bei der Tierwelt ließe sich auch bei den Pflanzen die Auflistung der Gefährdungsursachen ergänzen bzw. aktualisieren. Die aufgeführten Beispiele mögen jedoch gezeigt haben, wie vielfältig die Ursachen des Artenrückgangs sind und wie schwierig sich Hilfsaktionen für bestimmte bedrohte Tier- und Pflanzenarten oftmals gestalten.

Artenschutzprogramme: gezielte Maßnahme für die Erhaltung der Lebensräume

Die Bemühungen um die Erhaltung der Lebensräume der einheimischen Pflanzen- und Tierarten im Rahmen der oben genannten Maßnahmen des Flächenschutzes werden in Niedersachsen durch verschiedene *Artenhilfsprogramme* ergänzt, wie z.B. durch das 1987 gestartete Acker-Wildkraut-Programm, nach dem 3-6 m breite Ackerrandstreifen

gegen Entschädigung ungespritzt und ungedüngt liegenbleiben. Diese Ackerwildkrautstreifen bereichern nicht nur das Landschaftsbild während der Sommermonate, sondern bieten gleichzeitig zahlreichen Insekten und vielen Vögeln eine Nahrungsgrundlage. Ein anderes Beispiel ist das Fischotter-Programm, das an naturnahen Flüssen und Bächen dem sehr selten gewordenen Fischjäger wieder neue Lebensvoraussetzungen bieten soll.

Diese Programme werden teilweise von den Naturschutzbehörden, aber auch von Verbänden und Vereinen mit jeweils unterschiedlicher Laufzeit und Zielsetzung durchgeführt sowie finanziert. Neben den schon genannten seien hier als weitere Beispiele bereits durchgeführter bzw. noch laufender Schutzmaßnahmen diejenigen für folgende Arten genannt: Weißstorch, heimische Fledermausarten, verschiedene Frosch-, Kröten- und Unkenarten, Kranich (im Elbniederungsgebiet Gartow-Höhbeck), Schleiereule, Uhu, Steinkauz, Saatkrähe, Wasseramsel, Wendehals, Eisvogel, verschiedene Schmetterlings- sowie Libellenarten etc.

10.2.5. Bedeutende Naturschutzgebiete in Niedersachsen

Wenn es zumeist auch räumlich begrenzte, möglichst naturbelassene Restareale sind, die unter Naturschutz gestellt wurden, so gibt es in Niedersachsen doch auch großräumige Naturschutzgebiete. Mit dem Nationalpark Niedersächsisches Wattenmeer, dem Naturschutzpark Lüneburger Heide und dem Naturschutzgebiet Oberharz, die alle dem Arten- und Biotopschutz dienen, sollen hier je ein für Niedersachsen charakteristischer Landschafts- und Ökotoptyp mit seiner besonderen Ausstattung etwas näher behandelt werden.

Mit der Einrichtung des *Nationalparks Niedersächsisches Wattenmeer* ist eine der letzten natürlichen Küstenlandschaften Mitteleuropas mit ihrer einmaligen Tier- und Pflanzenwelt großräumig unter Schutz gestellt worden.

In dem ältesten deutschen Naturschutzgebiet - dem *Naturschutzpark Lüneburger Heide* - ist seit 1921 eine durch die Schafhaltung und Plaggenwirtschaft der Heidebauernzeit entstandene Kulturlandschaft unter Schutz gestellt worden, die mit ihrer Symbiose (Einheit) von Kulturlandschaft und der ihr angepaßten Tier- und Pflanzenwelt für die weitflächigen Geestgebiete bis in unser Jahrhundert hinein charakteristisch war.

Auch das ganz anders geartete, im Mittelgebirge gelegene *Naturschutzgebiet Oberharz* hat zum Ziel, einen charakteristischen Landschaftsraum Niedersachsens mit seiner schutzwürdigen Tier- und Pflanzenwelt vor tiefgreifenden Eingriffen zu bewahren.

Die genannten drei Naturschutzgebiete sind die flächengrößten in Niedersachsen. Aus der Flächengröße erwachsen jedoch besondere *Nutzungskonflikte.* Diese Gebiete können nicht ausschließlich dem Biotop- und Artenschutz dienen, sondern sind als Repräsentanten von Naturlandschaften gleichzeitig begehrte Erholungsräume. Dem Fremdenverkehr kommt hier eine besondere wirtschaftliche Bedeutung zu. Aus den Zielsetzungen der Naturschutzgesetzgebung und den konkurrierenden Nutzungsansprüchen des wachsenden Fremdenverkehrs sowie anderer Wirtschaftszweige und Interessengruppen ergeben sich erhebliche Probleme, die im Rahmen dieser Abhandlung allerdings nur angedeutet werden können.

a) Nationalpark Niedersächsisches Wattenmeer
(rd. 2400 km^2)

Rechtliche Voraussetzungen und Ziele

Am 1.1.1986 wurde der "Nationalpark Niedersächsisches Wattenmeer" als vierter und zweitgrößter Nationalpark der Bundesrepublik Deutschland per Rechtsverordnung auf der Grundlage des Niedersächsischen Naturschutzgesetzes eingerichtet. Bereits vorher waren 1970 der 130 km^2 große "Nationalpark Bayerischer Wald", 1978 der 810 km^2 große "Nationalpark Berchtesgaden" und am 1.10.1985 der 2850 km^2 große "Nationalpark Schleswig-Holsteinisches Wattenmeer" gegründet worden.

Mit dem niedersächsischen Nationalpark ist auf einer Fläche von insgesamt 2400 km^2 die niedersächsische Küstenlandschaft mit ihren Inseln, Watten und Deichvorländern zum Schutzgebiet erklärt worden. Er erstreckt sich über 143 km in westöstlicher und max. 35 km in nordsüdlicher Richtung.

Nach Paragraph 25 des Niedersächsischen Naturschutzgesetzes sind Nationalparke

1) Gebiete, die großräumig und von besonderer Eigenart sind,
2) zum größten Teil ihrer Fläche die Voraussetzungen eines Naturschutzgebietes erfüllen,
3) sich in einem von Menschen nicht oder nur wenig beeinflußten Zustand befinden,
4) vornehmlich der Erhaltung eines möglichst artenreichen heimischen Pflanzen- und Tierbestandes dienen und
5) einheitlich geschützt werden sollen.

Diese Voraussetzungen waren beim Nationalpark Niedersächsisches Wattenmeer gegeben.

Mit der Einrichtung der Nationalparke "Niedersächsisches" und "Schleswig-Holsteinisches Wattenmeer" ist eine in ihrem Charakter einmalige großräumige Wattlandschaft mit ihren Düneninseln

und Halligen, Platen und Sandbänken, Buchten, Flußmündungen, offenen und brandungsgeschützten Wattflächen sowie Baljen und Prielen unter Schutz gestellt worden, mit Ausnahme des Dollartbereiches (vgl. Abb. 206). Die Grenze zum Festland bildet in der Regel die Hauptdeichlinie. Lediglich die bebauten Gebiete auf den Inseln, die Hafenbereiche, die Hauptfahrwasser sowie die befestigten Flughäfen sind nicht in den Nationalpark mit einbezogen.

Produktivster Lebensraum mit ökologischen Schlüsselfunktionen

Das Wattenmeer bietet mit dem eigentlichen Watt, den Inseln und den festländischen Salzwiesen sehr unterschiedliche Lebensräume, die in gegenseitiger Abhängigkeit zueinander stehen und insgesamt eine ökologische Einheit bilden. Zugleich zählt das Wattenmeer zu den produktivsten Lebensräumen der Erde mit der größten Individuenfülle. Der ständige Wechsel von Ebbe und Flut sowie der Salzgehalt des Wassers ermöglichen jedoch nur speziell angepaßten Arten das Überleben. Andererseits sind die Mehrzahl der angepaßten Wattbewohner infolge ihrer Spezialisierung auf die besonderen Lebensbedingungen des Wattenmeeres angewiesen und wären in anderen Ökosystemen nicht lebensfähig.

Aufgrund der natürlichen Sedimentationsvorgänge im Wechselspiel der Gezeiten kommt dem Wattenmeer auch eine wichtige Funktion bei der Reinigung der Nordsee von Schadstoffen (z.B. Schwermetalle, Ölpartikel etc.) zu; denn diese sind häufig an das Sediment gebunden und werden mit Ebbe und Flut im Watt abgelagert und in der Regel von den Organismen abgebaut; wenn auch nicht verkannt werden darf, daß durch starke Schadstoffbelastungen erhebliche Gefährdungen für den Wattboden und die mit ihm verbundenen Nahrungsketten hervorgerufen werden.

Drei Zonen mit gestaffelter Nutzungseinschränkung

Mit der Einrichtung des "Nationalparks Niedersächsisches Wattenmeer" ist beabsichtigt, die oben genannten Funktionen des Wattenmeeres langfristig zu erhalten und zu entwickeln. Zur Realisierung dieser Zielsetzung ist der Nationalpark in drei Zonen gegliedert:

1) Ruhezone (54 % = 1287 km^2)

In dieser Zone 1 gelten die Bestimmungen für Naturschutzgebiete. Das Betreten (z.B. Wattwandern, Wandern, Reiten) ist nur auf den dafür vorgesehenen Wegen erlaubt. Grundsätzlich sind in der Zone 1 alle Handlungen verboten, die den National-

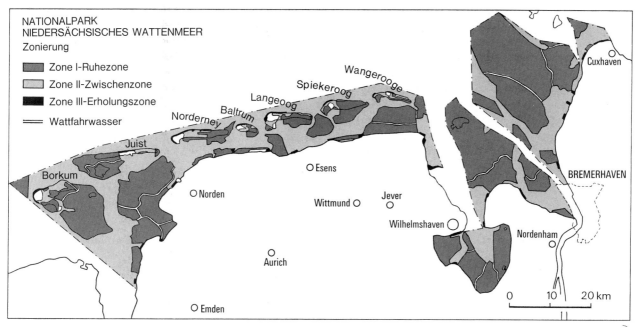

Abb. 206: Nationalpark Niedersächsisches Wattenmeer (n. Broschüre "Nationalpark Niedersächsisches Wattenmeer" der Nationalparkverwaltung 1988).

park oder einzelne Teile stören, beschädigen oder verändern. Erlaubt sind geregelte Handlungen in bestimmten Gebieten wie das Sammeln von Pilzen, Beeren und Miesmuscheln durch die örtliche Bevölkerung, das Schlittschuhlaufen und das Betreiben bestimmter vorhandener Einrichtungen. Für die Landwirtschaft, Jagd und Fischerei gelten besondere einschränkende Regelungen.

2) Zwischenzone (45 % = 1070 km²)

Diese Zone ist gegenüber der Ruhezone weniger streng geschützt. Hier sind nur alle Handlungen untersagt, die das Landschaftsbild oder den Naturgenuß beeinträchtigen. Dazu zählen insbesondere das Stören wildlebender Tiere, das Aufsuchen von Brut- und Wohnstätten, die Verunreinigung der Landschaft durch Abfälle, das Freilaufenlassen von Hunden sowie das wilde Zelten. In der Hauptbrut- und Aufzuchtzeit vom 1.4. bis 1.7. ist das Betreten des Gebietes zwischen Hauptdeich und Hochwasserlinie sowie das Trockenfallenlassen mit Booten untersagt.

3) Erholungszone (1 % = 16,6 km²)

Zu dieser Zone gehören die Badestrände sowie die strandnahen Kureinrichtungen. Hier sind alle Nutzungen wie bisher erlaubt. Allerdings ist die Verwendung von motorgetriebenen Geräten, Strandbuggies etc. verboten.
Die zuständige Behörde für den gesamten Bereich des Nationalparks ist die Nationalparkverwal-

tung mit Sitz in Wilhelmshaven. Ihr Leiter ist als Sonderbeauftragter der Bezirksregierung Weser-Ems zugeordnet.

Nutzungskonflikte zwischen Ökologie und Ökonomie

Der Nationalpark Wattenmeer offenbart beispielhaft den in den Anfangsjahren deutlich auftretenden Nutzungskonflikt zwischen ökologischen und ökonomischen Interessen, aber auch deren bislang größtenteils erfolgreiche Lösung. Als Beispiel sei auf die anfängliche Besorgnis der Stadt Emden bezüglich der Festlegung der Nationalparkgrenzen hingewiesen. Durch das unmittelbare Nebeneinander von Nationalparkgrenze und dem regionalen *Entwicklungsschwerpunkt Emden* im Bereich der Emsmündung wurde eine Beschränkung und Abwertung der bestehenden oder noch zu schaffenden Industrieflächen befürchtet. Bei der endgültigen Grenzfestlegung mußten deshalb die Anliegen der Stadt berücksichtigt und eine Kompromißlösung gefunden werden.
Die *Fremdenverkehrswirtschaft* befürchtete, u.a. aufgrund der Zuordnung weiter Bereiche der Düneninseln zu den Schutzzonen 1 und 2, daß sie notwendige Infrastrukturmaßnahmen (z.B. Flugplatzerweiterungen, Ausbau des Inselbahnnetzes, Ausdehnung der Bebauung etc.) nicht mehr ungehindert hätte ausführen können. Erhebliche Konflikte zwischen Naturschutzvertretern und den Fremdenverkehrsgemeinden resultierten auch aus einem sog. Wegführungskonzept, das u.a. von der

Nationalparkleitung zur besseren Lenkung der Touristenströme erarbeitet wurde. Hierdurch sollte eine übermäßige Belastung schützenswerter Bereiche während der sommerlichen Hochsaison vermieden werden. Die Gemeinden dagegen glaubten, daß eine Einschränkung der Bewegungsfreiheit der Touristen sich negativ auf die Entwicklung der Gästezahlen auswirken würde. Die Naturschutzverbände wandten sich gegen großflächige *Eindeichungsmaßnahmen,* wie in der *Leybucht,* wo mit dem Bau des Außenhafens von Greetsiel 750 ha Wattfläche verlorengingen.

Ausnahmeregelungen: Vielzahl an Rücksichtnahmen

Neben der generellen Gefährdung des Wattenmeeres durch den Schadstoffeintrag aus den Flüssen, über die Luft und durch den Schiffsverkehr kritisieren die Naturschutzverbände auch eine Vielzahl von *Sondergenehmigungen* bzw. *Einzelnutzungen.* Das betrifft sowohl den Fisch- und Krebsfang wie die Stellnetzfischerei einschließlich der Verwendung von Schlickschlitten zu gewerblichen Zwecken in der ansonsten streng geschützten Ruhezone. Die Ausübung der Sport- und Freizeitfischerei dagegen darf nur auf den hierfür zugelassenen Wegen und Flächen betrieben werden.

Auch die Genehmigung der Wattenjagd auf Enten, Gänse und andere jagdbare Vögel wird gegenwärtig in der Schutzzone 2 noch betrieben. Aufgrund einer Ausnahmegenehmigung ist für Revierjäger, deren Revier in die Ruhezone des Nationalparks hineinragt, selbst in diesem Schutzbereich eine zeitlich befristete Jagd (10 Tage) auf den Inseln und im Deichvorland noch möglich. Sie wird mit den weltweit steigenden Beständen an Wasserfederwild und den zunehmenden Wildschäden auf den küstennahen Äckern und Wiesen begründet.

Kompromißlösungen: Interessenausgleich zwischen Naturschutz und Naturnutzern

Für die oben genannten Nutzungskonflikte sind teilweise bereits Lösungen gefunden worden, die sowohl von den Interessenvertretern des Naturschutzes als auch von der heimischen Bevölkerung, der Landwirtschaft, der Fremdenverkehrswirtschaft bzw. der Industrie getragen werden können.

Eine ordnungsgemäße Landwirtschaft unterliegt z.B. auf den von einem Sommerdeich geschützten Flächen keiner Beschränkung. Das gilt jedoch nicht für die Umwandlung von Grünlandflächen in Ackerland. Langfristig war vorgesehen, die Bewirtschaftung der Salzwiesen ganz einzustellen. Diese Zielvorgabe ist jedoch teilweise nicht zu realisieren, weil Küstenschutzgründe, aber auch Artenschutzgründe bestimmte Nutzungen (z.B. extensive Schafweide) erfordern. Es sind bis 1989 aber schon ca. 50 % der Salzwiesen aus der landwirtschaftlichen Nutzung herausgenommen worden und stehen fortan ausschließlich dem Naturschutz zur Verfügung.

Nationalpark und Fremdenverkehr sind miteinander vereinbar

Grundsätzlich bietet der Schutz der einzigartigen Naturlandschaft des Wattenmeeres die Möglichkeit, nicht nur den Fortbestand des Artenreichtums dieses Lebensraumes zu schützen, sondern auch langfristig die Grundlage einer erfolgreichen Fremdenverkehrswirtschaft zu sichern. Um Interesse insbesondere bei den Gästen und Besuchern für die Ziele des Nationalparks zu wecken, wurden "Nationalpark-Informationszentren" in Cuxhaven und an der Wurster Küste (Dorumersiel), in Dornumersiel (Landkreis Aurich) sowie auf den Inseln Borkum, Baltrum und Juist eröffnet. In ihnen werden in erster Linie Touristen und Naturinteressierte in die Landschaft des Wattenmeeres eingeführt. Es wird auf die Besonderheiten des Ökosystems Wattenmeer hingewiesen, und die Besucher werden gleichzeitig zum umweltbewußten Handeln angeregt.

b) Naturschutzpark Lüneburger Heide
(197 km^2) (vgl. Farbtafel 24)

Naturschutz- und Naherholungsgebiet zwischen den Ballungsräumen

Mit dem Naturschutzpark Lüneburger Heide ist ein typisches von den Eiszeiten geprägtes Geestgebiet mit Grundmoränenplatten, Endmoränen und Sanderflächen unter Schutz gestellt worden, das noch die Züge einer einst weitverbreiteten Heidelandschaft trägt.

Naturräumlich ist der Naturschutzpark als Teil der sog. "Hohen Heide" durch den Hauptendmoränenzug des Warthestadiums der Saaleeiszeit geprägt, der sich mit dem Wilseder Berg als zentralem Teil des Schutzgebietes und höchster Erhebung (169 m NN) von den Harburger Bergen bis zum Südrand des Uelzener Beckens erstreckt. Im Westen sind dem Endmoränenzug weite ebene Sanderflächen, im Osten ältere Grundmoränenplatten vorgelagert (vgl. Kapitel "Geologie", Abschnitt 2.2.).

Heute ist der Naturschutzpark Lüneburger Heide eines der am stärksten besuchten *Naherholungs- und Ausflugsziele* in Norddeutschland. Aufgrund seiner Lage zwischen den Ballungsräumen Hamburg, Bremen und Hannover und seiner günstigen

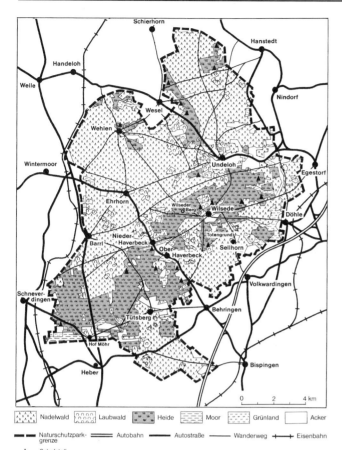

Nadelwald | Laubwald | Heide | Moor | Grünland | Acker

Naturschutzpark-grenze — Autobahn — Autostraße — Wanderweg — Eisenbahn

▲ Schafstall

Abb. 207: Naturschutzpark Lüneburger Heide. Zeichnung: Endler.

Da er zusätzlich zu seinem Schutzstatus im Rahmen des Naturparkprogramms der Bundesrepublik von 1956 gefördert wird, hat er seine ursprüngliche Bezeichnung "Naturschutzpark Lüneburger Heide" beibehalten. Der Titel "Naturschutzpark" unterstreicht augenfällig die *Sonderstellung* dieses Schutzgebietes unter den übrigen Naturparken Niedersachsens bzw. der Bundesrepublik Deutschland.

Von der Wirtschafts- zur Erholungslandschaft: zur Geschichte des Naturschutzparkes Lüneburger Heide

Die nordwestdeutsche Heidelandschaft war die Folge einer Vernichtung des ursprünglichen Waldes (vgl. Kapitel "Pflanzendecke", Pkt. 8.7.5.). Sie erreichte mit der Heidebauernwirtschaft im 18. Jahrhundert ihren Höhepunkt, als die meisten Flächen nur noch durch die Schafhaltung, durch Plaggenhieb und Buchweizenbrandbau genutzt werden konnten.

Im 19. Jahrhundert erfuhr diese Wirtschaftsweise tiefgreifende Veränderungen, da infolge von Importen die Nachfrage nach Schafwolle und Honig starke Einbußen erlitt. Insbesondere aber wurden mit den Agrarreformen und den damit einhergehenden Gemeinheitsteilungen die vorher gemeinsam genutzten Heideflächen an Einzelbesitzer aufgeteilt. Der aufkommende Mineraldünger erlaubte nunmehr auf den besseren Heideböden eine ackerbauliche Nutzung. Die bislang als karge Weide genutzten Heidemoore wurden mit dem Dampfpflug umgebrochen und in Grünlandflächen überführt. Und da mit dem Tiefpflug auch erstmals der wuchshemmende Ortstein durchbrochen werden konnte, ließen sich selbst die ackerbaulich nicht nutzbaren Standorte mit Nadelhölzern, d.h. vorwiegend mit Kiefern, aufforsten. Steigende Holzpreise für Industrie-, Bau- und Grubenholz begünstigten diese Entwicklung. So wurden vor allem die bei den Gemeinheitsteilungen dem Staat zugefallenen Heideflächen mit modernen Methoden aufgeforstet, so daß aus der Lüneburger Heide eines der größten Forstgebiete Niedersachsens geworden ist. Die Entwicklung hat auch das Gebiet des Naturschutzparkes betroffen, wie die in ihm liegenden großen Wälder, der Staatsforst Sellhorn und der Staatliche Klosterforst Soltau, zeigen.

Unter dem Einfluß dieser Kulturmaßnahmen gingen die bis dahin landschaftsbestimmenden Heideflächen derart stark zurück (vgl. Abb. 208), daß um die Jahrhundertwende der *endgültige Verlust der typischen Heidelandschaft* abzusehen war. Nun setzten erste Bestrebungen zur Rettung von Restflächen ein. Im Jahre 1910 erwarb der ein Jahr zuvor in München gegründete *Verein Naturschutzpark*

Anbindung an das überörtliche Straßenverkehrsnetz (BAB 1 Hamburg - Bremen im Norden, BAB 7 Hamburg - Hannover im Osten und der B 3 Celle - Buxtehude im Westen) ist dieses Ziel für den Individualverkehr gut zu erreichen.

Der Naturschutzpark hat bei einer maximalen Nord-Süd-Erstreckung von 22 km und einer größten West-Ost-Ausdehnung von 14 km eine Fläche von 19 740 ha. Das Gebiet, in dem etwa 1100 Menschen leben, gehört zu 23 Gemeinden der Landkreise Harburg und Soltau-Fallingbostel.

Der Kernbereich des Naturschutzparkes umfaßt ein jahrhundertealtes Heidegebiet. Mit einer Fläche von 4450 ha nimmt die Heide allerdings nur noch 22 % des Gesamtareals ein. Die übrigen Gebiete unterliegen der landwirtschaftlichen, insbesondere aber der forstwirtschaftlichen Nutzung (vgl. Abb. 207 und 208).

Der Naturschutzpark Lüneburger Heide ist in seiner *Gesamtheit als Naturschutzgebiet* ausgewiesen. Hierdurch unterscheidet er sich grundsätzlich von anderen Naturparken (vgl. Pkt. 10.2.3.), in denen lediglich Teilbereiche diesem strengen gesetzlichen Schutz unterliegen.

(VNP) auf Initiative des Pastors Wilhelm BODE aus Egestorf, der 1906 den Totengrund gekauft hatte, mehrere Heideflächen sowie einige Heidehöfe im Gebiet des Wilseder Berges. Sie bildeten den Grundstock des späteren Naturschutzparks.

Erst im Jahre 1921 konnten die vom Verein erworbenen und weitere Flächen zum Naturschutzgebiet erklärt, erste Veränderungsverbote erlassen und das Naturschutzgebiet für den nichtörtlichen Kfz-Verkehr gesperrt werden. Mit dem Inkrafttreten des 1935 erlassenen Reichsnaturschutzgesetzes erfolgte die Aufnahme des Gebietes als Nummer 1 in das Reichsnaturschutzbuch.

Gemäß der noch heute gültigen ersten Schutzverordnung von 1921 dürfen die Heideflächen ohne Genehmigung der Naturschutzbehörden weder verändert noch beseitigt werden. Diese gesetzliche Bestimmung betrifft jedoch nur die Heidegebiete innerhalb der Schutzzone, so daß die Inanspruchnahme eines Teiles der südwestlichen Schutzgebietsflächen als militärisches Übungsgelände und großflächige Aufforstungen in den Jahren zwischen 1940 und 1950 nicht verhindert werden konnten.

Nach dem Zweiten Weltkrieg entwickelte sich mit zunehmender Motorisierung und steigendem Freizeitangebot ein reger *Naherholungsverkehr.* Neben der ursprünglichen Schutzfunktion für die Natur bzw. für die charakteristische Heidelandschaft gewann die Erholungsfunktion des Gebietes durch die landschaftlichen Schönheiten um den Wilseder Berg, um den Toten- und den Steingrund eine immer größere Bedeutung. Das hat die bisherige Entwicklung und Nutzung des Parkes maßgeblich beeinflußt und wird vor allem auch in zukünftigen Planungen zu berücksichtigen sein. Die internationale Bedeutung des Naturschutzparks ersieht man daraus, daß im Jahre 1967 der Europarat in Straßburg dem Naturschutzgebiet Lüneburger Heide als erster deutscher Landschaft das *Europäische Naturschutzdiplom* verlieh und gleichzeitig die Schirmherrschaft übernahm.

Aufgaben und Zielsetzungen

Im Gegensatz zu den übrigen Naturschutzgebieten ist hier nicht eine möglichst ursprüngliche Naturlandschaft Gegenstand der Unterschutzstellung, sondern eine *historische Kulturlandschaft,* die über Jahrhunderte eine Charakterlandschaft Niedersachsens war. Auf diese Besonderheit begründen sich auch die vier wesentlichen Aufgaben bzw. Zielsetzungen

1. Bewahrung und Wiederherstellung einer alten Kultur- und Wirtschaftslandschaft einschließlich zahlreicher Bau- und Bodendenkmäler (Bauernhäuser, Schafställe, Museen).

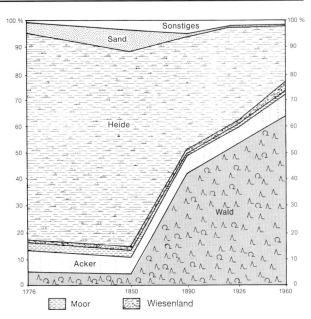

Abb. 208: Veränderung der Landnutzung im Naturschutzpark Lüneburger Heide 1776 - 1960 (n. PELTZER 1975).

2. Erhaltung und Regeneration der seltenen Ökosysteme dieser Kulturlandschaft, d.h. Wahrung der Aufgaben des Biotop- und Artenschutzes.
3. Gewährleistung der agrar- und forstwirtschaftlichen Nutzung bestimmter Flächen des Naturschutzparkes, d.h. Wahrnehmung der Funktionen eines Lebens- und Wirtschaftsraumes für die hier lebenden Menschen.
4. Erholungsgebiet von überregionaler Bedeutung.

Pflege der Heideflächen: Kampf gegen natürliche Wiederbewaldung

Mit dem Wegfall der viele Jahrhunderte praktizierten Beweidung wären die Sandheiden und Sandmagerrasen als Hauptattraktion des Naturparks schon nach wenigen Jahren durch den Samenanflug von Birken und Kiefern mit Kusseln bewachsen, da die natürliche Calluna-Heidegesellschaft unter dem Baumbewuchs verschwindet, oder sie wird nach etwa 20 Jahren "räudig" und stirbt, wenn sie nicht abgebrannt, abgeplaggt oder durch Schafe abgefressen wird. Die Heide bedarf deshalb einer intensiven Pflege, die sowohl vom Verein Naturschutzpark als auch von der staatlichen Forstverwaltung und von Landwirten durchgeführt wird, die etwa zu gleichen Teilen Besitzer der Naturschutzparkflächen und damit auf ihrem jeweiligen Besitz für die Landschaftspflege zuständig sind. Neben den 7 Schafherden mit z.Zt. über 5000 Schafen (Heidschnucken) des Vereins Naturschutzpark müssen zusätzlich noch mechanische Methoden angewandt werden, um dem starken Birken- und Kiefernanflug entgegenzuwirken und die Heide offenzuhalten. Das erfordert nicht nur einen hohen Arbeitsaufwand, sondern auch einen gro-ßen ideellen und finanziellen Einsatz, der in der Vergangenheit besonders von dem langjährigen Vorsitzenden des Vereins Naturschutzpark, Alfred TOEPFER, getragen wurde.

Erholung und Fremdenverkehr: Belastungen durch den Massentourismus

Bei der Gründung des Naturschutzparkes stand der Schutz einer erhaltenswerten Kulturlandschaft im Vordergrund. Die Realisierung dieser ursprünglichen Zielsetzung ist heute immer schwieriger mit dem Massentourismus zu vereinbaren. Pro Jahr fahren durchschnittlich ca. 3 Millionen (!) Ausflügler entweder mit dem Privatwagen oder mit öffentlichen Verkehrsmitteln in den Naturschutzpark.

Ein besonderes Problem ist die zeitliche und räumliche Konzentration des Massentourismus auf die zwei Monate andauernde Zeit der Heideblüte (Mitte August bis Mitte Oktober). Dann sind allein an Wochenenden etwa 200 000 Besucher zu bewältigen. Der Besucherstrom führt zum Zertreten der Heideflächen sowie zur Bildung von Trampelpfaden und Erosionsstellen. Empfindliche Biotope werden geschädigt und die Brut- und Fortpflanzungszyklen charakteristischer Tierarten der Heidelandschaft (vgl. Kap. 9. "Tierwelt") stark gestört. Vor allem das Birkwild als Charaktervogel der Heide- und Moorlandschaften Norddeutschlands reagiert äußert empfindlich auf Störungen, die durch Besucher verursacht werden.

Man bemüht sich deshalb seitens des Vereins Naturschutzpark, durch eine geeignete Wegführung - die allerdings zukünftig nicht weiter ausgedehnt werden soll - empfindliche Landschaftsteile derart zu schützen, daß eine Störung durch den Besucherverkehr möglichst gering gehalten werden kann und gleichzeitig das Naturerlebnis der Besucher nur wenig beeinträchtigt wird. Grundsätzlich soll dabei das Prinzip einer Konzentration des Besucherverkehrs auf bestimmte Schwerpunkte angestrebt bzw. beibehalten werden (Dt. Rat f. Landespflege, 1985, S.768).

Um die Landschaft vor einem ungeordneten Besucherstrom zu schützen, mußten bereits viele Wege innerhalb der Heideflächen sowie in den angrenzenden Wäldern gesperrt werden. Es wurde aber auch die Erschließung der Schutzgebiete mit einem ausgedehnten Wander- und Reitwegenetz, Kutschwagentrassen, zahlreichen Parkplätzen, Gasthöfen, Pensionen und anderen Versorgungseinrichtungen vorangetrieben. So umfaßt das Wanderwegenetz gegenwärtig bereits eine Gesamtlän-

ge von 350 km (!). Zum Reiten stehen sogar 400 km (!) Wegenetz zur Verfügung.

Insgesamt gesehen ist der für Schutzgebiete bezeichnende Konflikt zwischen den Ansprüchen des Natur- und des Landschaftsschutzes sowie der Erholungsuchenden im Naturschutzpark Lüneburger Heide demnach recht gut gelöst worden. Er kann deshalb als gelungenes Modell für die Auseinandersetzung mit ähnlichen konkurrierenden Nutzungsansprüchen angesehen werden. In Anbetracht der Belastung des Schutzgebietes durch den Besucherverkehr soll zukünftig der Schutzfunktion freilich stärker Vorrang vor einer Nutzung als Erholungsgebiet eingeräumt werden.

Im Dienst von Forschung und Lehre: die Norddeutsche Naturschutzakademie

Zu Nutzungskonflikten mit dem Fremdenverkehr kommt es auch durch die Wissenschaften. Die naturnahen Ökosysteme und die unterschiedlichen Landschaften des Naturschutzparkes bieten verschiedenen Forschungsrichtungen (Botanik, Zoologie, Geographie etc.) ein ertragreiches Betätigungsfeld. Zur Förderung und besseren Koordinierung der wissenschaftlichen Arbeit "vor Ort" wurde 1981 am Rande des Schutzgebietes die Norddeutsche Naturschutzakademie in Schneverdingen (Hof Möhr) gegründet, in der für die Durchführung eigener wissenschaftlicher Untersuchungen und Auftragsforschungen (z.T. in Zusammenarbeit mit anderen Institutionen und Hochschulen) Laboreinrichtungen und Fachpersonal zur Verfügung stehen. Der Aufgabenbereich der Naturschutzakademie umfaßt aber vor allem die Lehre und Fortbildung, so daß Seminare, Lehrgänge, Tagungen, Praktika etc. zur dort sichtbaren Umwelt- und Naturschutzproblematik angeboten werden.

Militärische Nutzung: noch Restbiotope trotz Flurschäden

Im südwestlichen Teil des Naturschutzparkes werden immer noch 1840 ha Heideflächen durch das britische Militär genutzt und für den Besucherverkehr ganzjährig gesperrt. Das sind ca. 63 % der insgesamt im Besitz des Vereins Naturschutzpark befindlichen Heideflächen.

Durch die Beanspruchung als *Panzerübungsgelände* ist die Vegetationsdecke hier stark in Mitleidenschaft gezogen und stellenweise zerstört. Im Interesse des Biotop- und Artenschutzes ist die Militärverwaltung jedoch bemüht, Teilbereiche ihres Übungsgeländes zu schonen. Da viele Tierarten den militärischen Übungsbetrieb offensichtlich weniger störend empfinden als den ganzjährigen Besucherstrom in dem zugänglichen Teil des Schutzgebietes, haben sich hier sogar inselartig Restbiotope erhalten können, die andernorts stark gefährdet sind. So zählt der militärisch genutzte Bereich heute beispielsweise die bedeutendsten Birkwildvorkommen des gesamten Naturschutzparkes.

Land- und Forstwirtschaft: naturnähere Wirtschaftsformen als Zielvorgabe

Über 50 % der Fläche des Naturschutzparkes bestehen aus Wald und rund 8 % werden landwirtschaftlich genutzt. Infolge der beiden Heideaufforstungsphasen (1870 bis 1900 und 1940 bis 1950) handelt es sich bei den Waldflächen größtenteils um Nadelholzforsten. Insbesondere in den Klosterforsten sowie den privaten Waldbeständen wird bis heute eine ökonomisch ausgerichtete Waldbewirtschaftung betrieben, die durch eine hohe ökologische Labilität und durch eine relative Artenarmut gekennzeichnet ist.

Der Verein Naturschutzpark ist deshalb bemüht, einen möglichst großen Teil der Nadelholzforsten wieder in die potentiell natürliche Waldgesellschaft dieses Standortes, den Birken-Eichen-Buchenmischwald (vgl. Kap. 8. "Pflanzendecke"), umzuwandeln. Am weitesten ließ sich dieses Vorhaben bislang auf den staatlichen Forstflächen realisieren. Insbesondere im Forstamt Sellhorn sind inzwischen Nadelholzreinbestände *in naturnahe Laubmischwaldbestände* überführt worden, und durch die teilweise Herausnahme von Forstflächen aus der Bewirtschaftung konnten sog. *"Naturwaldzellen"* mit Saumbiotopen geschaffen werden. Es wird ein zukünftiger Laubbaumanteil von etwa 35 % angestrebt (STODTE 1985, S.793).

Die im Naturschutzpark gelegenen landwirtschaftlichen Nutzflächen unterliegen keinen Einschränkungen. Damit soll vermieden werden, daß die im Haupterwerb von der Landwirtschaft lebende Bevölkerung wirtschaftliche Nachteile erfährt. Aus der Sicht des Natur- und Landschaftsschutzes ist es jedoch das Ziel, die vorhandenen Produktionsflächen möglichst extensiv zu bewirtschaften, um ökologisch wertvolle Biotope, wie Moore, Kleingewässer, Heiden etc., nicht durch Düngung bzw. Gülleausbringung, Anwendung von Pestiziden, Veränderung des Wasserhaushaltes etc. zu belasten. Hierbei wird es unumgänglich sein, landwirtschaftliche Flächen neben gefährdeten Biotopen längerfristig zu pachten, zu kaufen oder aber Ausgleichszahlungen für eine extensive Bewirtschaftungsform zu zahlen, um die betroffenen Landwirte nicht wirtschaftlich zu benachteiligen.

Grundwasser-Entnahme: mögliche Bedrohung für Feuchtgebiete

Die Lüneburger Heide verfügt geologisch bedingt über große Grundwasservorkommen hochwertiger Qualität. Deshalb richteten die Hamburger Wasserwerke mehrere Grundwasserentnahmestellen in diesem Raum ein. Etwa ein Drittel des Entnahmegebietes entfällt dabei auf den Bereich des Naturschutzparkes. Kritiker dieser Grundwasserentnahme befürchten langfristig eine *Absenkung des Grundwasserspiegels*. Dadurch wären wertvolle Feuchtbiotope in und außerhalb des Schutzgebietes in ihrer Existenz bedroht und damit unwiderruflich Artenverluste verbunden. Inwieweit tatsächlich eine negative Beeinflussung des Grundwasserstandes durch die Entnahmestationen in der Nordheide zu registrieren sein wird, bleibt abzuwarten.

Das Modell Naturschutzpark Lüneburger Heide

Der Naturschutzpark Lüneburger Heide, so kann man zusammenfassend feststellen, ist ein gutes Beispiel für die Schwierigkeit, Ziele des Natur- und Landschaftsschutzes mit den vielfältigen Ansprüchen der wirtschaftlichen und gesellschaftlichen Interessengruppen (Fremdenverkehr, einheimische Bevölkerung, Militär, Wasserbeschaffungsverbände, Forstverwaltungen etc.) zu verknüpfen. Die daraus erwachsenden Nutzungskonflikte sind bezeichnend für die Ausweisung von Naturschutzgebieten in dichtbesiedelten Räumen, zu denen auch große Teile Niedersachsens gehören.

Dennoch sind hier durch die Zusammenarbeit der Naturschutzverwaltung, des Vereins Naturschutzpark mit den jeweiligen Flächeneigentümern und anderen Interessengruppen akzeptable Kompromißlösungen gefunden worden, die den jeweiligen Nutzungsansprüchen weitgehend gerecht werden und damit über Niedersachsen hinaus *Modellcharakter* besitzen.

c) Das Naturschutzgebiet Oberharz (70,3 km²)

Schutzareale im Mittelgebirge: natürliche Fichtenwälder und Bergmoore

Mit dem Oberharz hat Niedersachsen Anteil an einem echten Mittelgebirge, das in den oberen Bereichen von der Höhenstufe der natürlichen Fichtenwälder und Bergmoore eingenommen wird und damit eine für Norddeutschland einmalige Flora und Fauna aufzuweisen hat (vgl. Kap. 8. "Pflanzendecke").

Die höchstgelegenen Teile des Westharzes zwischen der Eckertalsperre im Norden und Braunlage im Süden, zwischen dem Acker-Bruchberg (928 m NN) im Westen und der ehemaligen innerdeutschen Grenze am Brockenfeld und Wurmberg (971 m NN) im Osten wurden 1954 zu einem Naturschutzgebiet Oberharz zusammengeschlossen (Abb. 209), das 1958 auf die heutige Größe von 70,30 km² erweitert werden konnte. Die in diesem

Naturparkgrenze

Naturschutzgebiet

Landschaftsschutzgebiet

0   5   10   15 km

Abb. 209: Der Naturpark Harz mit seinen Natur- und Landschaftsschutzgebieten. Zeichnung: Endler.

Gebiet gelegenen Oberharzer Moore standen bereits seit 1926 unter Naturschutz.

1959 wurde u.a. das übrige gesamte gemeindefreie Gebiet des Oberharzes, das überwiegend im
Eigentum des Landes Niedersachsen steht, unter
Landschaftsschutz gestellt und zusammen mit
dem Naturschutzgebiet zum 950 km² großen *Naturpark Oberharz* erklärt. Damit erhalten der Natur-
und der Landschaftsschutz einen hohen Stellenwert gegenüber anderen Nutzungen, obwohl die
Wirtschaft des Harzes vorrangig vom Fremdenverkehr lebt, der als Sommer- und Wintertourismus
mit einem dichten Wanderwege- und Skiloipen-
netz die geschützten Flächen beansprucht.

Neben dem großräumigen ”Naturschutzgebiet
Oberharz“ sind im Harz mit den Naturschutzgebieten ”Itelteich“ und ”Priorteich-Sachsenstein“ bei
Walkenried am Südharzrand, mit den ”Bergwiesen“ bei Hohegeiß und dem ”Rammelsberg“ bei
Goslar weitere Naturschönheiten und geologische
wie historische Besonderheiten unter Schutz gestellt worden.

Kennzeichnende Pflanzengesellschaften des ”Naturschutzgebietes Oberharz“ sind der in Niedersachsen nur im Oberharz als natürlicher Wald anzutreffende *Berg-Fichtenwald,* das halboffene Fich-
tenbruch und das offene *Gebirgshochmoor* (vgl.

Farbtafel 24). Dazu kommen Schluchtwälder, Quell-
sümpfe, montane Wiesen und Borstgras-Magerra-
sen, in deren Strauch- und Krautschicht zahlreiche vom Aussterben bedrohte Pflanzenarten anzutreffen sind, die besonders geschützt werden müssen (vgl. Kapitel ”Pflanzendecke“, Pkt. 8.7.9.).

*Die Bergmoore: Rückzugsgebiete eiszeitlicher
Reliktpflanzen*

Eine Eigenart des Oberharzes sind zweifellos die
21 Hochmoore innerhalb des Schutzgebietes, von
denen die größten das Rote Bruch, das Brockenfeld, das Sonnenberger Moor, die Bruchbergmoore und das Oderbruch sind. Im Gegensatz zu den
Hochmooren des Niedersächsischen Tieflandes befinden sie sich in einem noch weitgehend ursprünglichen Zustand, indem hier noch allenthalben Torfmoose wuchern.

In der Vergangenheit sind nur wenige Harzer Moore durch menschliche Einflußnahme (Entwässerung, Abtorfung) verändert worden. Wenn auch
Landschaftsnamen, wie z.B. ”Torfhaus“ und ”Torf-
moor“, auf die ehemalige Torfnutzung vor 200 Jahren hinweisen, weil der Harz damals weitgehend
abgeholzt war, so sind doch inzwischen die Spuren solcher menschlichen Tätigkeit von der Natur
wieder verwischt worden.

Als von Grund- und Quellwasser beeinflußt, unterscheiden sich die Harzer Moore auch in ihrer Entstehung von den Tieflandmooren. Unter Naturschutz stehen diese Moore, weil sie vor allem *botanische Seltenheiten* aufweisen, wie die Zwergbir-
ke (Betula nana), die Karpatenbirke (Betula pubescens var. carpatica), den Rundblättrigen Sonnentau (Drosera rotundifolia), das Schmalblättrige Wollgras (Eriophorum angustifolium) sowie weitere eiszeitliche Reliktpflanzen, die in Norddeutschland
fast nur noch hier anzutreffen sind und auf der ”Roten Liste“ der vom Aussterben bedrohten Pflanzenarten stehen.

In den höheren Lagen des Naturschutzgebietes,
insbesondere auf den felsigen Partien, die von
den Wanderern wegen der guten Aussicht vielfach
aufgesucht werden, wechseln die Fichtenwälder
und Hochmoore mit *subalpinen Zwergstrauchge-
sellschaften,* die neben den verschiedenen Beeren-
sträuchern auch seltene und deshalb schutzwürdige Flechtenarten beherbergen.

Lebensraum spezialisierter Tierarten

Die boreal-montanen Fichtenwälder und Moore
des Hochharzes sind der Lebensraum spezialisierter seltener Tierarten. Dazu zählen neben Tannenhäher, Rauhfußkauz, Auerhuhn (Wiedereinbürgerungsversuche) auch verschiedene Insektenarten,
wie seltene Moorlibellen und am Okerlauf beispiels-

weise eine für Südniedersachsen einzigartige Heuschreckenfauna. Hier kommen u.a. stark gefährdete und äußerst seltene Arten wie der "Rotleibige Grashüpfer" (Omocestus haemorrhoidalis) und der "Verkannte Grashüpfer" (Chorthippus mollis) in größeren Beständen vor. Sie unterstreichen die Bedeutung des Oberharzes für den Biotop- und Artenschutz.

Lehr- und Forschungsgebiet für die Geowissenschaften

Die zahlreichen Felspartien, Klippen, Blockmeere, Steilhänge, Gebirgsbäche und Moore machen das Naturschutzgebiet Oberharz aber nicht nur für Vegetationskundler und Zoologen interessant, sondern auch Geowissenschaftler wie Geologen, Mineralogen, Hydrologen und Pedologen (Bodenkundler) finden hier interessante Forschungsbedingungen vor, die für Niedersachsen einmalig sind. Das rechtfertigt auch von dieser Seite her eine Unterschutzstellung.

Trotz Naturschutz: Gefährdung durch Fremden- und Erholungsverkehr

Um den Vorrang des Schutzes und der Erhaltung der Oberharzer Naturlandschaft vor anderen Nutzungsansprüchen zu dokumentieren, wird das "Naturschutzgebiet Oberharz" nicht als Erholungsgebiet ausgewiesen. Dennoch finden sich innerhalb des Schutzgebietes zahlreiche Einrichtungen des Fremden- und Erholungsverkehrs, die bereits vor der Ausweisung als Naturschutzgebiet (1958) bestanden haben oder aber seither mit Einwilligung der Naturschutzbehörden eingerichtet worden sind. Um den wachsenden Ansprüchen des Fremdenverkehrs gerecht zu werden, weist das Areal des Schutzgebietes "Oberharz" mittlerweile (1989) 15 Parkplätze, 12 Schutzhütten, 7 Waldgaststätten, 2 Vereinshütten (Harzklub), ein Schullandheim, mehrere Sessel- und Skilifte, Skipisten sowie ein ausgedehntes Wanderwegenetz auf, das innerhalb des Naturschutzgebietes nicht verlassen werden darf.
Da die Zahl der Wochenendausflügler und Wintersportler aus den benachbarten Fremdenverkehrszentren Braunlage, St. Andreasberg, Altenau und Bad Harzburg sowie aus der Umgebung des Harzes noch ständig im Ansteigen begriffen ist (vgl. Kapitel "Fremdenverkehr", Bd.2), lassen sich Konflikte zwischen den Interessen des Fremdenverkehrs und den Belangen des Natur- und Landschaftsschutzes nicht vermeiden.
Die Wintersportler nutzen die schneesichere Lage des Oberharzes gern für ihre Erholungs- und Freizeittätigkeiten. Doch die Pflanzengesellschaften

der Hochmoore leiden insbesondere bei zu geringer Schneeauflage unter dem Skilanglauf. Teilbereiche der häufig durchlaufenen Bruchbergmoore und des Sonnenberger Moores liefern dafür anschauliche Beispiele. Im Sommer besteht durch den Besuch der Moore außer den Trittschäden die Gefahr eines Brandes sowie einer ungewollten Nährstoffanreicherung durch das Einschleppen organischer und mineralischer Substanzen. Die Folge ist eine Veränderung der Wachstumsbedingungen im Moor, so daß empfindliche Pflanzen von wuchskräftigeren verdrängt werden.

Zur Linderung der Nutzungskonflikte: räumliche Zonierung mit Schutzkategorien

Ähnlich wie im "Nationalpark Niedersächsisches Wattenmeer" und im "Naturschutzpark Lüneburger Heide", in denen zur Lösung der Nutzungskonflikte zwischen den Interessen des Fremdenverkehrs und denen des Natur- und Landschaftsschutzes eine räumliche Zonierung mit unterschiedlichen Schutzkategorien vorgenommen worden ist, weist auch der "Naturpark Harz" eine räumliche Differenzierung in verschiedene Nutzungszonen auf.
Besonders schützenswerte Bereiche sind dabei als *"ökologische Vorrangzonen"* ausgewiesen, die nicht betreten werden dürfen. Da das Naturschutzgebiet Oberharz jedoch nicht in allen Teilen gleichen Schutzwert besitzt und außerdem z.T. relativ belastungsfähige Biotope aufweist, wurde hier nicht die gesamte Fläche als "ökologische Vorrangzone" eingeordnet. Damit wurde dem Fremdenverkehr Raum gegeben.
In den weniger streng geschützten Bereichen ist eine Nutzung als Freizeit- bzw. Erholungsfläche allerdings auch nur dann gestattet, wenn für diese ein Bedürfnis nachgewiesen werden kann und die Belange des Natur- und Landschaftsschutzes nicht beeinträchtigt werden. Grundsätzlich ist hier die Zustimmung der Unteren Naturschutzbehörde notwendig. Auf diese Weise ist eine Kompromißlösung zwischen dem Fremdenverkehr und dem Natur- und Landschaftsschutz gefunden worden.
Die außerhalb des Naturschutzgebietes gelegenen großräumigen *Landschaftsschutzgebiete* des Harzes (vgl. Abb. 209) sind auch mit einer Reihe von Verboten belegt, die der Erhaltung von Natur und Landschaft dienen. Hier sind besonders seit der Abschaffung des Harzer Rotviehs und der Bunten Edelziegen die blumenreichen Bergwiesen gefährdet, die der Lebensraum seltener montaner Pflanzen- und gefährdeter Tierarten sind. Die Bemühungen, sie durch Mahd oder durch extensive Beweidung zu erhalten, haben nur teilweise zum Erfolg geführt.

Bei einem solchen Wirtschafts- und Nutzungswandel, wie er in den letzten 50 Jahren im Harz abläuft, ist es schwer, die Verbote für Landschaftsschutzgebiete strikt einzuhalten, nach denen es untersagt ist, das Landschaftsbild zu verändern, die Natur zu schädigen oder das Naturerlebnis zu beeinträchtigen und bauliche Anlagen jeglicher Art zu errichten, auch solcher, die keiner Baugenehmigung oder Bauanzeige bedürfen.

Zu den selbstverständlichen Verboten zählt hingegen die Ablagerung von Abfällen, Müll und Schutt sowie jede sonstige Verunreinigung der Landschaft, ferner das Anbringen von Werbeeinrichtungen, Tafeln und Inschriften, soweit sie sich nicht ausdrücklich auf den Landschaftsschutz oder den Verkehr beziehen. Untersagt ist ferner das Fahren oder Parken von Kraftfahrzeugen oder Wohnwagen aller Art außerhalb der behördlich dafür freigegebenen Straßen, Wege, Plätze und Flächen, außerdem das Waschen von Kraftfahrzeugen und das Befahren von Gewässern mit Motorbooten sowie ein ungebührliches Lärmen. Diese Verbote tragen wesentlich dazu bei, die Interessenkonflikte zwischen Natur- und Landschaftsschutz, Fremdenverkehrsverbänden und -vereinen und den Besuchern möglichst gering zu halten.

10.3. Waldschutz und Forstwirtschaft

10.3.1. Die Bedeutung des Waldes in der Vergangenheit

Von Natur aus haben unterschiedliche Wälder das Bild der niedersächsischen Landschaftsräume ehemals bestimmt (vgl. Kap. 8. "Pflanzendecke"). Heute sind die Wälder dagegen weniger ein Spiegelbild der regional unterschiedlichen Wuchsbedingungen, als vielmehr - nach jahrhundertelanger Waldnutzung, Devastierung und Rodung - das Ergebnis von Waldneubegründungen auf Heide, Ödland oder in übernutzten Hute- und Mittelwäldern. Dabei sind in diese neuen Wälder häufig wirtschaftliche Vorstellungen der jeweiligen Aufforstungsperiode eingeflossen, die das heutige Waldbild gegenüber dem natürlichen Zustand mehr oder weniger verändert erscheinen lassen. Aus dem natürlichen Wald ist ein Wirtschaftswald geworden, der in den letzten Jahrzehnten jedoch in einigen Teilbereichen wieder in naturnahe Waldungen überführt werden konnte.

Rodungen schufen neue Siedlungsflächen

Mit Beginn der menschlichen Siedlungstätigkeit wurde der für die wachsende Bevölkerung notwendige Lebensraum durch Rodungen gewonnen. Die Rodungstätigkeiten dauerten bis zu Beginn des 18. Jahrhunderts, im Lößbördegebiet bis zum Ende des 19. Jahrhunderts an. Sie erfolgten nicht fortlaufend, sondern in Schüben. Bereits um etwa 1300 war ein Höhepunkt der Rodungen erreicht (vgl. Kapitel "Siedlungen", Bd.2). Manche der im hohen Mittelalter dem Wald abgerungenen landwirtschaftlichen Flächen wurden später wieder aufgegeben, da sich ihre ackerbauliche Nutzung infolge des nachlassenden Bevölkerungsdruckes und der Produktionssteigerung auf den besseren Böden nicht mehr lohnte. Noch heute zeugen Wüstungen und Wölbäcker unter Wald davon, wie weit einstmals die Rodungen vorangetrieben wurden.

Die Wälder als Rohstoffquelle

Auch die ungerodeten Wälder wurden einer immer intensiveren wirtschaftlichen Nutzung unterzogen. Holz war bis in die Neuzeit der bedeutendste Rohstoff. Es fand als Bau- und Möbelholz in der bäuerlichen Wirtschaft und im Handwerk Verwendung und war in Form von Brennholz oder Holzkohle der wichtigste Energieträger. Nicht nur die häuslichen Feuer, sondern auch Salinen, Eisenhütten und Glashütten wurden mit Holz als *Energiequelle* unterhalten.

Die Folge waren stark gelichtete oder häufig auch gänzlich vernichtete Wälder. Die Lüneburger Heide beispielsweise verdankte ihre Entstehung weitgehend dem rigorosen Holzeinschlag für Hafen-, Deich- und Wegearbeiten, für Schiffs-, Haus- und Speicherbauten sowie besonders für die Lüneburger Saline.

Auch die *Waldweide* trug wesentlich zur Zerstörung der natürlichen Wälder bei. Bis zu den Gemeinheitsteilungen in der ersten Hälfte des vorigen Jahrhunderts waren die Wälder gleichzeitig Weideflächen (Hudewälder) für Kühe, Schweine, Schafe und Ziegen, wodurch der Aufwuchs junger Bäume verhindert wurde und große Blößen bzw. Heideflächen entstanden.

Die Bodenfruchtbarkeit in den Wäldern litt besonders unter der weit verbreiteten *Streunutzung,* bei der über Jahrhunderte die grasbewachsene humose Oberschicht des Bodens in Form von Plaggen als Streu in die Viehställe gebracht wurde. Die Folgen der Streunutzung sind z.T. bis heute im veränderten Waldwachstum spürbar.

Geregelte Forstwirtschaft: Wiederaufbau der Wälder seit 150 Jahren

Nach der weitgehenden Vernichtung von Wäldern, Verknappung des kostbaren Rohstoffes Holz sowie einer Wertminderung der adligen Holz- und Jagdreviere setzten im 17. Jahrhundert Anfänge einer *geregelten Forstwirtschaft* ein. Die bis dahin weithin übliche Ausbeutung der Wälder wurde durch staatliche Reglementierungen eingeschränkt. Es galt zunehmend der *Grundsatz der Nachhaltigkeit,* d.h. nicht mehr zu ernten als nachwächst.

Der besonders nach den Gemeinheitsteilungen des vorigen Jahrhunderts beginnende *Wiederaufbau der Wälder* hatte eine Erhöhung der Holzproduktion zum Ziel, da während der Gründerzeit sowohl das Bauholz als auch das Gruben- und Brennholz sowie Eisenbahnschwellen gute Preise erzielten. Bei der Aufforstung der Kahlflächen verwandte man in der Regel nicht die standortgemäßen Laubbäume, sondern griff verstärkt auf solche Baumarten zurück, die mit der inzwischen, besonders unter Heide, eingetretenen Bodendegradierung (Ortsteinbildung) besser zurechtkamen und zugleich eine gute Holzproduktion erwarten ließen. So entstanden großflächige *Kiefernreinkulturen* auf den Sandböden des Tieflandes und *Fichtenkulturen* im Berg- und Hügelland, die allerdings für *Sturmschäden* und *Waldbrände* besonders anfällig sind. Beispiele dafür sind der Novembersturm von 1972, durch den 15 Millionen Festmeter Kiefern- und Fichtenholz in Niedersachsen geworfen wurden, und die ausgedehnten Waldbrände von 1975 in der Lüneburger Heide, die zum Aufbau eines niedersächsischen Systems zur Waldbrandbekämpfung aus der Luft geführt haben.

10.3.2. Die gegenwärtige Waldentwicklung

Die heutige Waldverteilung in Niedersachsen: Spiegelbild von Böden, Relief, Klima und marktwirtschaftlichen Bedingungen

Gegenwärtig nimmt die Waldfläche in Niedersachsen rd. 1 Mio. ha ein. Das sind rd. 20 % der Landesfläche. Damit bleibt der Bewaldungsanteil erheblich unter dem Bundesdurchschnitt von 29 % zurück.

Die Ursachen liegen in der unterschiedlichen Bewaldung der niedersächsischen Landschaftsräume, insbesondere in der *Waldlosigkeit der Marschen und Lößbörden,* deren fruchtbare Böden für die Waldnutzung bisher zu wertvoll waren und deren einstige Wälder deshalb nahezu restlos gerodet wurden. Die relativ wertlosen Sandböden der Geest weisen dagegen nach den Heideaufforstungen einen deutlich höheren Waldanteil von 35 - 43 % der Gesamtfläche auf. Im Niedersächsischen *Berg- und Hügelland* sind geschlossene Forsten auf den hängigen und steinigen Böden der Höhenzüge bestimmende Landschaftselemente. Die Landkreise Holzminden und Northeim haben z.B. Waldanteile von 45 % bzw. 38 %. Der *Harz* ist sogar zu mehr

als 90 % bewaldet, weil hier neben der Bodenarmut und dem steilen Relief auch die Klima-Ungunst eine ertragbringende Landwirtschaft nicht zuläßt und damit der Fichtenhochwald absolut dominiert.

Zunahme der Waldfläche seit 150 Jahren

Seit der Mitte des vorigen Jahrhunderts hat sich trotz der starken Bevölkerungszunahme von 2,2 Mio. auf 7,2 Mio. Einwohner die Waldfläche Niedersachsens um etwa ein Drittel ausgedehnt (vgl. Abb. 210). Sie wächst trotz des zunehmenden Flächenbedarfes für Industrie, Siedlungsausbau und Verkehr und trotz der zunehmenden Waldschäden weiter. Von 1981 bis 1989 hat sich die Waldfläche in Niedersachsen nach der Flächenerhebung der Niedersächsischen Katasterverwaltung im Durchschnitt jährlich um rd. 1700 ha vergrößert.

Die *Ursachen der Waldausbreitung* liegen in den sich verändernden Wirtschaftsbedingungen seit der Mitte des vorigen Jahrhunderts. Weil die Heideflächen infolge des Preisverfalls bei Wolle und Honig wertlos wurden, die Holzpreise jedoch durch den Ausbau der Städte, der Eisenbahnen und Häfen und durch die Grubenholz benötigenden zahlreichen neuen Kohle- und Erzbergwerke erheblich stiegen, wurden weite Heideflächen systematisch aufgeforstet. Bereits nach wenigen Jahrzehnten hatte sich die Lüneburger Heide in ein großes Waldgebiet verwandelt. Ähnlich war es auf der Oldenburger Geest und im Emsland. Das zeigen die steigenden Werte der Statistik (vgl. Abb. 210).

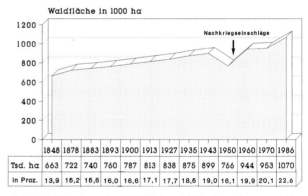

Abb. 210: Zunahme der Waldflächen in Niedersachsen und Bewaldungsanteil 1848 - 1986 (n. BRÜNGER 1954 u. Niedersächs. Landesamt für Statistik, Bodennutzungserhebung 1950 -1970; für 1986: Niedersächs. Landesforstverwaltung, Leistungsbericht 1990).

Daß sich diese Aufforstungsphase nicht noch deutlicher abzeichnet, hat seine Ursachen darin, daß zur gleichen Zeit in den landwirtschaftlichen Gunstgebieten, in der Lößbörde und teilweise auch in den Marschen, nach den Gemeinheitsteilungen, nach Einführung der Zuckerrübe und mit dem beginnenden Maschineneinsatz viele Wälder gerodet wurden. Damit entstand dort die landschaftliche Eintönigkeit, die diese Gebiete noch heute kennzeichnet.

Mit zunehmender Verdrängung des Holzes durch andere Materialien (Eisen, Ziegel, Beton, Kunststoffe) und durch die aus anderen Ländern gleichfalls wachsende Konkurrenz sanken auch die Holzpreise. Mancher Waldbesitzer verlor das Interesse an einer intensiven wirtschaftlichen Waldnutzung. Die Waldgesetzgebung verhinderte jedoch eine Überführung in landwirtschaftliche Nutzflächen, die ohnehin seit Beginn der 70er Jahre in zu großer Zahl vorhanden sind und zu einem Überschuß von Agrarprodukten beitragen. Der Wald blieb erhalten und weitet sich gegenwärtig sogar im Zuge staatlich geförderter Flächenstillegungsmaßnahmen auf den aus der landwirtschaftlichen Produktion genommenen Flächen aus. Mit staatlicher Unterstützung sind in Niedersachsen viele Grenzertragsböden aufgeforstet worden und viele andere kleine Acker- und Grünlandflächen insbesondere in den kleinparzellierten Talauen und an den Hängen durch Brachfallen wieder verbuscht. Daraus können sich im Laufe von Jahrzehnten naturnahe Wälder entwickeln, die für den Biotopschutz besonders geeignet sind.

10.3.3. Die heutige Bedeutung des Waldes

Von der reinen Wirtschaftsfläche zum Ökosystem und Erholungsraum

In den niedersächsischen Wäldern dominiert heute die Kiefer, die 50 % der Waldfläche einnimmt, gefolgt von der Fichte und der Buche mit je etwa 20 % und schließlich der Eiche mit einem Flächenanteil von 7 % (vgl. Kapitel "Forstwirtschaft", Bd. 2). Der hohe Nadelholzanteil weist darauf hin, daß auch heute noch die Bauholzgewinnung in den privaten und staatlichen Forsten die größte Bedeutung hat. Holz ist als *umweltfreundlicher Rohstoff* nach wie vor begehrt.

Wenn der Wald auch von der forstwirtschaftlichen Seite her erheblich an Wert eingebüßt hat, so hat er doch über die Holzgewinnung hinaus zusätzliche Aufgaben zu erfüllen, die nicht in Geldwert ausgedrückt werden können. Man kann sie unter dem Titel *Wohlfahrtswirkung des Waldes* zusammenfassen. Wälder werden heute von der Bevölkerung als *notwendige Bestandteile einer gesunden Umwelt* angesehen. Das wird besonders deutlich, wenn bei einer geplanten industriellen oder andersartigen Nutzung die Bevölkerung engagiert und erfolgreich gegenüber allen wirtschaftlichen Interessen für die Erhaltung des Waldes eintritt.

Die Bedeutung des Waldes für einen *intakten Naturhaushalt* ist offenkundig. Man weiß, der Wald *filtert die Luft* von Staub und Schadstoffen, und seine dichte Belaubung *schützt vor Lärm*. Ihm kommt infolge seiner *Sauerstoffproduktion* und *Wasserdampfabgabe* eine wichtige Funktion im Klimahaushalt zu. Naturnahe Laubmischwälder *schützen den Boden vor Erosion* und garantieren die Unversehrtheit der Bodenstruktur. Eine intakte Bodenschichtung wiederum garantiert eine gute Reinigung des versickernden Niederschlagswassers und ist eine Voraussetzung für die Bereitstellung *reinen Grundwassers*. Die hohen Verdunstungsraten der Waldbäume (eine mittlere Buche verdunstet an einem Sommertag etwa 300 - 400 l Wasser) bewirken je nach Grundwassertiefe ein natürliches Abpumpen der Vernässungsflächen und eine Regulierung des Wasserflusses.

Der Wald ist vor allem *Lebensraum einer vielfältigen Tier- und Pflanzenwelt*. Da der norddeutsche Raum ursprünglich flächendeckend mit Wald bestanden war, gehörte auch ein Großteil unserer Fauna ursprünglich dem Waldökosystem an. Zwar haben sich viele der ehemaligen Waldbewohner heute der offenen Kulturlandschaft angepaßt, doch sie sind in der Regel auch gegenwärtig noch auf den Wald als Lebensraum angewiesen (vgl. Kap. 9. "Tierwelt"). Hierzu zählen viele Arten, die auf der sog. "Roten Liste" der vom Aussterben bedrohten Tiere zu finden sind.

Die Bedeutung der Wälder für die *Erholung* ist in gleichem Umfang gewachsen, wie die Freizeit des Menschen zugenommen hat. Zahlreiche Waldgebiete sind deshalb Teile von niedersächsischen Naturparken und stehen den Besuchern als Erholungsfläche zur Verfügung. Die Zugänglichkeit der Wälder für Erholungssuchende ist durch das "Niedersächsische Feld- und Forstordnungsgesetz" von 1984 gesichert, nach dem jedem Bürger grundsätzlich ein *Betretungsrecht* bei staatlichen und privaten Forsten zusteht. Ausgenommen sind Waldnaturschutzgebiete und kleinräumig ausgewiesene Biotope.

10.3.4. Waldschäden

Das Ausmaß der Schäden ist nach Regionen und Baumarten unterschiedlich

Trotz der insgesamt positiven Entwicklung der niedersächsischen Waldflächen wird die derzeitige Situation der Forstwirtschaft und Waldentwicklung durch die bedeutende Zunahme immissionsbedingter Waldschäden überschattet.

In Niedersachsen wird das Ausmaß dieser Schäden jährlich in der *Waldschadenserhebung* nach einem 1983 eingeführten bundeseinheitlichen Stichprobenverfahren untersucht und weiterhin eine Immissionsschadensinventur mit Hilfe von Infrarotluftbildern durchgeführt. Dabei ist seit Beginn der Erhebungen eine Zunahme des Schadensausmaßes festzustellen. Im Durchschnitt aller untersuchten Bäume wurden 1989 bei 57 % keine sichtbaren Schädigungen, bei 30 % leichte (beginnende) und bei 10 % mittelstarke Schädigungen registriert. 3 % der Bäume wiesen starke Schädigungen auf bzw. waren bereits abgestorben.

Die Schadensentwicklung ist in ihrem Ausmaß bei Nadel- und Laubbäumen unterschiedlich (vgl. Tab. 59). Registriert man die Schäden nach Altersstufen, so sind sie in den Beständen, die älter als 60 Jahre sind, besonders gravierend. So waren beispielsweise 1989 lediglich 8 % der über 60jährigen Fichtenbestände und 7 % der über 60jährigen Eichenbestände in Niedersachsen ohne sichtbare Schädigung (DÖRRIE & LEWARK 1989).

Die *Ursachen* für das regional unterschiedliche Ausmaß des Schadbildes (vgl. Abb. 211) sind sehr komplexer Natur und wissenschaftlich keineswegs vollständig geklärt. Am Ursache-Wirkungsgefüge der Waldschäden sind nach den gegenwärtigen Erkenntnissen über 100 Substanzen und mehr als 127 Interaktionsfaktoren beteiligt (vgl. SCHRÖDER 1989, S.184). Aber sicherlich dürfte bei den am stärksten betroffenen Gebieten neben den ausschlaggebenden *Immissionsbelastungen* durch Industrie- und Autoabgase auch die *Klima-Ungunst* (Dürreperioden, starke Winde, Eisregen, Schneebruch, verkürzte Vegetationszeit, plötzliche Kälteeinbrüche in milden Wintern) eine Rolle spielen. Als gesichert erscheint ferner, daß die vorherrschende Windrichtung einen entscheidenden Einfluß auf die Schädigungen hat. Das zeigt sich besonders deutlich an der Küste und in den nach Westen ausgerichteten Tälern und Hochlagen des Harzes, wo ganze Flächen in der Hochlage über 800 m NN inzwischen kahl geworden sind (z.B. Akker-Bruchberg südlich Altenau). Eine nachweislich große Rolle spielt auch die rasch voranschreitende Bodenversauerung mit Konzentrationen chemisch wirksamer Schwermetalle, was besonders im Solling und Harz wissenschaftlich erhärtet werden konnte.

Wirtschaftliche und ökologische Folgeschäden

Durch die Erkrankung bzw. das Absterben gerade der älteren Waldbestände erleidet die Forstwirtschaft empfindliche Einbußen, da erkrankte Bestände häufig vor dem Erreichen ihrer Hiebsreife geschlagen werden müssen. Jüngere Forstkulturen zeigen nach dem Erkranken einen deutlich geringeren jährlichen Zuwachs und sterben teilweise bereits frühzeitig ab. Hierdurch wird die Altersstruktur

Tab. 59: Zusammenstellung der Waldschäden in Niedersachsen 1987 untergliedert nach Baumarten (alle Altersklassen). In Klammern Werte für 1988.

Baumart	Fläche (ha)	geschädigte Fläche in % nach Schadstufen (0 – 4)				
		0	1	2	3 – 4	2 – 4
Fichte	212 870	58 (51	27 32	8 15	7 2	15 17)
Kiefer	371 254	73 (73	25 23	2 3	0 1	2 4)
Buche	157 231	22 (31	47 55	27 10	4 4	31 14)
Eiche *	49 602	7 (14	53 60	37 23	3 3	40 26)
sonst. Baumarten	170 643	69 (69	20 21	9 8	2 2	11 10)
insgesamt	961 600	57 (58	30 32	10 8	3 2	13 10)

* Nur Altbestände über 60 Jahre; die Jungbestände sind bei den sonstigen Baumarten erfaßt, da der Stichprobenumfang für eine gesicherte Aussage zu gering ist

Schadstufe 0 = ohne sichtbare Schädigung
1 = leichte Schädigung
2 = mittelstarke Schädigung
3 = starke Schädigung
4 = abgestorben

Quelle: DÖRRIE & LEWARK 1989

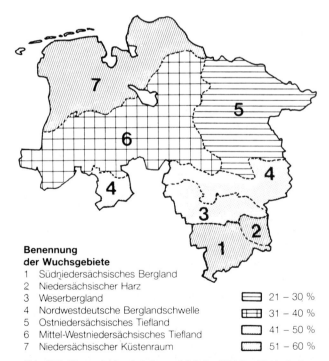

Benennung der Wuchsgebiete
1 Südniedersächsisches Bergland
2 Niedersächsischer Harz
3 Weserbergland
4 Nordwestdeutsche Berglandschwelle   ⬚ 21 – 30 %
5 Ostniedersächsisches Tiefland   ⬚ 31 – 40 %
6 Mittel-Westniedersächsisches Tiefland   ⬚ 41 – 50 %
7 Niedersächsischer Küstenraum   ⬚ 51 – 60 %

Abb. 211: Prozentualer Anteil geschädigter Waldbestände in den Wuchsgebieten Niedersachsens 1986 (n. Unterlagen d. Niedersächs. Minist. f. Ernährung, Landwirtschaft u. Forsten 1986).

des Waldes empfindlich gestört und die Ertragsleistung langfristig gemindert; denn ein neu gepflanzter Jungwald benötigt Jahrzehnte, bis er kostendeckende Erlöse bringt.

Neben den wirtschaftlichen Verlusten der Forstwirtschaft erwachsen aus der Walderkrankung aber auch Schäden, die zunächst nicht direkt meßbar sind. Ein kranker Wald ist nicht mehr in der Lage, seine wichtige Rolle im Naturhaushalt hinreichend zu erfüllen. Die Sauerstoffproduktion des Waldes geht zurück, und auch seine Funktionen als Erosionsschutz, Luftfilter und Lärmschutz werden beeinträchtigt. Bislang ist lediglich bekannt, daß besonders schwerwiegende Schäden von versauerten Böden ausgehen, während basenreiche Böden (z.B. Kalkböden) die Säuren des "Sauren Regens" abzupuffern vermögen und Waldschäden weitgehend verhindern.

Schadensmerkmale

Akute Waldschäden äußern sich
a) an kranken *Nadelbäumen* durch:
  - Starke Nadelverfärbung *(Vergilbung)*,
  - Verlichtung im Kroneninnern durch Nadelverlust zusammen mit einem sog. "Lamettasyndrom", d.h. schlaffes Herabhängen der benadelten Triebe bzw. Zweige,
  - weitgehenden Verlust älterer Nadeljahrgänge und deutliche *Verlichtung* der gesamten Krone,
  - Gesamtverlichtung der Krone bis zum Absterben der Wipfel.
b) an *Laubbäumen* durch:
  - Blattverfärbungen schon im Sommer *(Chlorose)*,
  - Ausbildung kleinerer Blätter und kurzer Seitentriebe,
  - *Verlichten* der Baumkronen,
  - Absterben ganzer Kronenteile.

Nicht alle Schäden an Nadel- und Laubbäumen sind oberirdisch sichtbar. In der Regel gehen Blatt- und Nadelverluste mit *Schädigungen der Feinwurzeln* einher, so daß eine kontrollierte Wasser- und Nährstoffaufnahme nicht mehr möglich ist. In extremen Fällen führt die auf Immissionen zurückgehende Übersäuerung und Entmineralisierung des Bodens sogar zum Absterben der Wurzeln.

Die genannten immissionsbedingten Schäden werden häufig von *Krankheitsmerkmalen* begleitet, die andere Ursachen haben. Geschädigte oder geschwächte Bäume verfügen nicht mehr über genügend eigene Kräfte, um Pilze, Bakterien oder parasitierende Insekten (z.B. Borkenkäfer) abzuwehren und länger andauernde Trockenheit oder Frost erfolgreich zu überstehen. Abgestorbene

Knospen, Harzfluß am Stamm, Veränderungen der Baumrinde und Stammfäule sind sichtbare Krankheitssymptome.

In Wirtschaftsforsten sieht man allerdings selten stark geschädigte Bäume, häufiger dagegen solche mit mittleren oder leichten Krankheitsbildern. Das täuscht häufig über das tatsächliche Schadensausmaß hinweg, weil die kümmernden und abgestorbenen Bäume inzwischen geschlagen worden sind.

Schadensursachen: komplex und überwiegend vom Menschen gemacht

Schon frühzeitig wurde von Wissenschaftlern die These vertreten, daß derart großflächige Waldschäden nicht ausschließlich auf natürliche Ursachen zurückzuführen seien. Seit Beginn der staatlichen Forstwirtschaft sind eine Vielzahl von Baumkrankheiten bekannt, doch Walderkrankungen heutigen Ausmaßes, die nicht nur in der Bundesrepublik Deutschland, sondern in ganz Mitteleuropa zu verzeichnen sind, gab es bislang nicht.

Sie sind größtenteils auf *Luftschadstoffe* zurückzuführen. Welche Schadstoffe in der Luft einzeln oder in Kombination mit anderen schädlich wirken, ist aufgrund der vielseitigen Wirkungsketten in der Natur noch nicht hinreichend bekannt. Die bisherigen Immissionsmessungen berücksichtigen schwerpunktmäßig nur nachstehend genannte, von der Industrie und dem Kraftfahrzeugverkehr erzeugte Schadstoffe, die als *Hauptverursacher* großflächiger Waldschäden angesehen werden:
- Schwefeldioxid (SO_2),
- Stickoxide (NO_x),
- Schwermetalle (Blei, Cadmium u.a.),
- Photooxidantien (O_x), wie z.B. Ozon (O_3)

Obgleich die genannten Verunreinigungen schon seit Beginn der Industrialisierung in zum Teil weit höheren Konzentrationen als heute an die Luft abgegeben wurden (Kohlefeuerung in Fabrikkesseln, Hausbrand), sind erst seit den 70er Jahren großräumig Waldschäden beobachtet worden. Noch in den 50er Jahren wurden *Rauchschäden* schwerpunktmäßig nur in der Nähe von Industrieansiedlungen festgestellt. Die Luftschadstoffe wurden infolge der damaligen niedrigen Schornsteine lediglich in den Ballungsgebieten angereichert.

Die technologischen Weiterentwicklungen seit Beginn der 60er Jahre, wie die Errichtung wesentlich leistungsstärkerer Großfeuerungsanlagen, die Entstaubung der Abgase und die Abführung der Abgase durch bis zu 300 m hohe Schornsteine haben dagegen zu einer weiträumigen Verteilung der gasförmigen Schadstoffe geführt. Im Bereich der hohen Atmosphäre findet zudem auch eine chemische Umwandlung von Schwefeldioxid zu

Schwefelsäure statt. Die Emissionen gelangen durch den *Ferntransport* in bislang industrieferne "Reinluftgebiete". Nur so ist die starke Schädigung der Wälder beispielsweise im niedersächsischen Küstenraum oder in Südskandinavien zu erklären. In diesem Zusammenhang kommt den in den westlichen und östlichen Nachbarländern erzeugten Luftverunreinigungen eine besondere Bedeutung zu, die erheblich zur Luftverschmutzung in Niedersachsen beitragen.

"Saurer Regen": aggressiv gegen Boden und Pflanzen

Die Luftemissionen wirken insbesondere als "Saurer Regen" sowohl direkt auf die Pflanze als auch indirekt über den Boden, indem sie im Niederschlagswasser durch chemische Reaktionen untereinander oder zusammen mit den natürlichen Bestandteilen der Luft aus Schwefeldioxid (SO_2) und Stickoxiden (NO_x) aggressive Schwefelsäure (H_2SO_4) bzw. Salpetersäure (HNO_3) bilden. Als Indikator für das Maß der Versauerung gilt u.a. der "pH-Wert", der bei pH 5,6 biologisch neutral ist (vgl. KUTTLER 1982, S.56). Tatsächliche Meßergebnisse liegen derzeit häufig bei pH 4,1 - 4,5 (Niedersächs. Minist. f. Ernährung, Landwirtschaft u. Forsten 1987).

Der "Saure Regen" bewirkt eine weit über das natürliche Maß hinausgehende *Versauerung der Böden.* Hierdurch werden die biochemischen Prozeßabläufe im Boden (Verwitterung, Humusbildung, Bereitstellung von Nährstoffen) nachhaltig gestört, so daß Feinwurzeln absterben, die Bodenorganismen (Bakterien, Pilze, Würmer) geschädigt und pflanzenverfügbare Nährstoffe (Ca, Mg) im Boden ausgewaschen werden. Die Pflanze leidet dadurch unter *Nährstoffmangel* und wird anfällig für *Sekundärinfektionen.* Eine große Rolle spielen auch unterschiedliche Streßfaktoren, die standortspezifisch die Schadwirkkette beeinflussen.

10.3.5. Gegenmaßnahmen

Überwachung und Ursachenforschung

Um die Schadstoffbelastung der Luft als eine wesentliche Ursache für das Waldsterben in Niedersachsen zu erfassen, wurde bereits 1977 ein *Lufthygienisches Überwachungssystem* aufgebaut, das derzeit (1989) 44 Stationen umfaßt. Zudem tragen zahlreiche rechtliche Vorschriften und technische Verbesserungen dazu bei, die Luftemissionen zu verringern (vgl. Abschn. 10.6. "Luftreinhaltung und Luftschadstoffüberwachung").

Zur wirkungsvolleren Vertiefung der *Ursachenforschung* wurde in Niedersachsen das *Forschungs-* zentrum *"Waldökosysteme/Waldsterben"* in *Göttingen* gegründet, das alle niedersächsischen Forschungsarbeiten zu diesem Thema koordiniert.

Waldbauliche Maßnahmen: Schadensbegrenzung als dringlichste Aufgabe

Um die Waldschäden zu mildern und die Vitalität des Bestandes gegen Sekundärschäden zu stärken, wurden verschiedene Maßnahmen ergriffen, wie z.B. eine standortangepaßte Kalkung und Meliorationsdüngung oder standortgemäße Aufforstungen sowie Waldpflege und Schädlingsbekämpfungsmaßnahmen.

Die *Bodenkalkung* wirkt als langfristig erfolgreiche Vorbeugungsmaßnahme der überhöhten Versauerung des Bodens entgegen. Zusammen mit Düngungsmaßnahmen führt die Bodenkalkung zu einer Revitalisierung und zur Restabilisierung geschädigter Waldökosysteme.

Auf den geschädigten Flächen geht es ferner um eine rasche *Walderneuerung* durch Unterbau, Voranbau von Schutzhölzern oder Freiflächenaufforstung vor allem mit Laubwald-Mischkulturen, wie das derzeit im Harz geschieht. Das waldbauliche Konzept gründet sich auf die Überlegung, daß die Vitalität eines Waldes am ehesten dann gesichert ist, wenn die arteigenen Ansprüche der Bäume mit den standörtlichen Gegebenheiten übereinstimmen, d.h. auf versauerten Böden sind solche Bäume anzupflanzen, die eine hohe Bodensäurekonzentration ertragen, wie z.B. die Birke, die Fichte und die Eberesche.

Das setzt eine umfassende Untersuchung der jeweiligen Standortverhältnisse (Bodenart, Nährstoffversorgung, Wasserhaushalt, Klima) voraus, die in den Landesforsten bereits weit fortgeschritten ist und auch in Privatwaldflächen durchgeführt wird. Die Kosten für die *forstliche Standortkartierung* und Auswertung der bodenkundlichen, vegetationskundlichen und klimatischen Untersuchungen werden vom Land Niedersachsen getragen.

Ein kräftiger, junger Wald mit großen vitalen Baumkronen kann der Immissionsbelastung mehr Widerstand entgegensetzen als ein schwacher, kleinkroniger Bestand. Deshalb ist die *Waldpflege* wichtig, d.h. die Bestände gut und intensiv zu durchforsten, damit die Bäume sich gut entwickeln und eine möglichst geringe Anfälligkeit gegenüber Sekundärschäden zeigen.

Ein geschwächter Wald wird leicht ein Opfer von Sekundärparasiten, vor allem der Borkenkäfer. Die Eindämmung dieser zusätzlichen Schadfaktoren soll wirksam, aber auch so umweltschonend wie möglich vorgenommen werden. Seit langem werden deshalb bei der Niedersächsischen Forstlichen Versuchsanstalt *biotechnische Verfahren* für den *Waldschutz* entwickelt. Als Beispiel gilt hier die giftfrei arbeitende Borkenkäfer-Lockstoff-Falle, die mit großem Erfolg eingesetzt wird.

Das Hauptziel der Waldschadensbekämpfung ist jedoch, die verschiedenen Quellen der Luftverschmutzung zu erfassen und durch Reinigungsmaßnahmen zum Versiegen zu bringen. Wenn alle Aktivitäten fortgesetzt bzw. noch verstärkt werden, haben die niedersächsischen Wälder gute Chancen zu überleben und können damit ihre vielfältigen Funktionen auch für spätere Generationen erfüllen.

10.4. Bodenbelastung und Bodenschutz

10.4.1. Einleitung

Der Boden: Lebensraum mit vielfältigen ökologischen Funktionen und konkurrierenden Nutzungsansprüchen

Böden sind mit Wasser, Luft und Lebewesen durchsetzte Umwandlungsprodukte mineralischer und organischer Substanzen, auf denen höhere Pflanzen wurzeln. Damit bilden sie die Basis, auf der menschliches und tierisches Leben zu existieren vermag (vgl. Kap.5. "Böden").

Der Mensch nutzt den Boden in vielfältiger Weise. Er dient als *Nahrungsraum* der Erzeugung von Nahrungs- und Futtermitteln sowie von pflanzlichen Rohstoffen. Als *Baugrund* und Wirtschaftsfläche ist der Boden Träger von Siedlungs-, Verkehrs- und Produktionsflächen. In der Volkswirtschaftslehre ist der Boden neben den beiden anderen Faktoren Arbeit und Kapital ein *Produktionsfaktor,* der sowohl als Kostenelement als auch als Einkommensquelle auftritt. Der Boden ist aber auch Träger von *Erholungsflächen,* deren Wert mit wirtschaftlichen Maßstäben nicht zu fassen ist.

Im ökologischen Sinne ist der Boden als ein nicht vermehrbares Gut mit seinen naturnahen Teilen von entscheidender Bedeutung für das Wohlbefin-

den des Menschen und für das Überleben und Gedeihen von gefährdeten Tier- und Pflanzenarten. In diesem Sinne sind die Böden von Ödland und Mooren, von Wäldern und extensiv genutzten Gebieten von besonderem Wert, die aber in vielfältiger Weise beansprucht und gefährdet werden, wie Abbildung 212 zu erkennen gibt. Der Boden stellt auch eine Schutzschicht und einen natürlichen Filter für unser Trink- und Brauchwasser dar, insbesondere für die auf den Boden kommenden Luftverunreinigungen. Ferner erfüllt der Boden in der Industrie- und Dienstleistungsgesellschaft weitere Funktionen als Lagerstätte für Abfälle (vgl. Abschnitt 10.7.).

Nutzungskonflikte und Landschaftsverbrauch: aktuelle Probleme durch Konkurrenz von Ökologie und Ökonomie

Aus den genannten Funktionen resultieren vielfach zueinander in Konkurrenz stehende *Nutzungsansprüche des Menschen,* die den Boden erheblich belasten können. Das betrifft insbesondere die ökologisch wertvollen naturnahen Flächen.

Ein überall sichtbares Umweltproblem ist der *Nutzungsdruck auf Freiräume,* der mit den Agrarüberschüssen und den Flächenstillegungsprogrammen zwar etwas nachgelassen hat, aber in unserer modernen Gesellschaft fortbesteht. Er betrifft vor allem Gewässer, unkultiviertes Land, Wälder sowie extensiv genutzte landwirtschaftliche Flächen, die sich als naturnahe Räume noch weitgehend in einem ökologischen Gleichgewicht befinden. Die Gefahren und Interessenkonflikte einer solchen Landschaftsbeanspruchung werden in Abb. 212 dargelegt.

Einer Intensivierung der landwirtschaftlichen Nutzung gingen bisher in der Regel *Flurbereinigungsmaßnahmen* und eine Regulierung der Wasserläufe voraus. Die Folge war eine weitere Reduzierung der bereits stark zurückgedrängten Flora und Fauna. Doch inzwischen hat auf diesem Gebiet

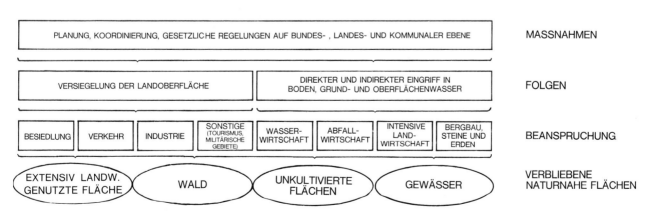

Abb. 212: Arten der Landschaftsbeanspruchung (n. TESDORPF 1984, verändert).

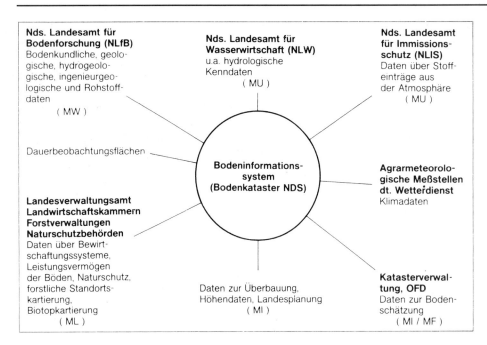

Nds. Landesamt für Bodenforschung (NLfB)
Bodenkundliche, geologische, hydrogeologische, ingenieurgeologische und Rohstoffdaten
(MW)

Dauerbeobachtungsflächen

Landesverwaltungsamt Landwirtschaftskammern Forstverwaltungen Naturschutzbehörden
Daten über Bewirtschaftungssysteme, Leistungsvermögen der Böden, Naturschutz, forstliche Standortskartierung, Biotopkartierung
(ML)

Nds. Landesamt für Wasserwirtschaft (NLW)
u.a. hydrologische Kenndaten
(MU)

Daten zur Überbauung, Höhendaten, Landesplanung
(MI)

Bodeninformationssystem (Bodenkataster NDS)

Nds. Landesamt für Immissionsschutz (NLIS)
Daten über Stoffeinträge aus der Atmosphäre
(MU)

Agrarmeteorologische Meßstellen dt. Wetterdienst
Klimadaten

Katasterverwaltung, OFD
Daten zur Bodenschätzung
(MI / MF)

Abb. 213: Organisation des Bodenschutzes in Niedersachsen (Niedersächs. Umweltminister 1988).

MF = Finanzministerium; MI = Innenministerium; ML = Landwirtschaftsministerium; MU = Umweltministerium; MW = Wirtschaftsministerium.

ein Umdenkprozeß eingesetzt, der naturnahe Flächen möglichst schont und sie bei solchen Maßnahmen z.T. sogar ausweiten läßt, damit sie Ausgangszellen für eine natürliche Neubesiedlung werden können.

Es scheint die Zeit nicht mehr fern zu sein, daß im Zeitalter der Agrarüberschüsse *Flurbereinigungen* nicht mehr zur Steigerung der Produktion auf Kosten der naturnahen Landschaft vorgenommen werden, sondern *zugunsten der Landschaft* mit dem Nebeneffekt einer Extensivierung der Agrarnutzung mit Ertragsreduzierung.

Bodenschutz: im Rahmen des Umweltschutzes eine dringliche Aufgabe

Wenn auf den intensiv bewirtschafteten Flächen auch eine großflächige Verschlechterung der Bodenqualität in Niedersachsen bisher nicht zu erkennen ist, so weisen doch zunehmende Probleme, beispielsweise bei der Qualitätssicherung des Trinkwassers (vgl. Abschnitt 10.5.) sowie bei der Schadstoffüberwachung von Nahrungs- und Futtermitteln auf die Notwendigkeit des Bodenschutzes hin.

Die Zielsetzung des Bodenschutzes ist die Erhaltung der Funktionsfähigkeit des Bodens. Insbesondere wird unter Bodenschutz die Reduzierung bzw. Verhinderung des Schadstoffeintrages in den Boden verstanden und gleichzeitig der Schutz des Grund- und Oberflächenwassers sowie die Vermeidung einer übermäßigen Flächeninanspruchnahme beim Bau von Siedlungen, Verkehrseinrichtungen, bei der Erschließung von Gewerbegebieten u.a.m.

Das "Bodenkataster Niedersachsen": flächendeckende Zustandserfassung

Um einen wirksamen Bodenschutz und eine Sanierung bereits geschädigter und gefährdeter Böden zu ermöglichen, ist in Niedersachsen seit 1985 ein Bodeninformationssystem, das "Bodenkataster Niedersachsen", im Aufbau. Diese vom Niedersächsischen Landesamt für Bodenforschung flächendeckend durchgeführte Bestandserfassung liefert wichtige Hinweise zur Abschätzung möglicher Schadwirkungen auf Boden und Pflanzendecke. Sie steht in engem Informations- und Datenaustausch mit anderen Untersuchungsprogrammen niedersächsischer Umweltbehörden und Ministerien (vgl. Abb. 213).

10.4.2. Flächeninanspruchnahme

Wachsender Flächenbedarf durch Gebäude- und Verkehrsflächen

Niedersachsen ist mit 47450 km^2 das zweitgrößte Bundesland und gleichzeitig mit 154 E./km^2 unter den Altbundesländern das Bundesland mit der geringsten Bevölkerungsdichte. Daraus ergibt sich, daß der *Anteil der bebauten Flächen* einschließlich der gewerblichen Betriebs- und der siedlungsnahen Erholungsflächen (Sportplätze, Kleingärten, Parkanlagen) an der Gesamtfläche in Niedersachsen nur etwa 11 % beträgt. Demgegenüber sind rd. 60 % Niedersachsens landwirtschaftlich genutzte Flächen und etwa 20 % Wald. In den benachbarten Stadtstaaten Hamburg und Bremen nimmt die bebaute Fläche dagegen 78 % bzw. 50 % des Staatsgebietes ein.

Im einzelnen bestehen in Niedersachsen nur 5,8 % des Landes aus Gebäude-, Hof- und Gartenflächen, 0,8 % aus Gewerbe- und Industrieflächen und 0,6 % aus siedlungsnahen Erholungsflächen, jedoch 4,3 % aus Straßen, Wegen und Plätzen.

Von 1950 bis 1989 hat die bebaute Fläche in Niedersachsen um etwa 40 % zugenommen. Die Statistik zeigt dabei trotz der seit 1973 stagnierenden bzw. zeitweilig sogar rückläufigen Bevölkerungsentwicklung eine kontinuierliche Zunahme an, womit deutlich wird, wie stark die Flächenbeanspruchung durch den einzelnen Bürger und durch nichtlandwirtschaftliche Betriebe gestiegen ist. In dem Zeitraum von 1970 bis 1988 haben sich beispielsweise die Gebäude-, Hof- und Freiflächen jährlich um durchschnittlich 5000 ha und die Straßen- und Wegeflächen jährlich um 1900 ha vergrößert.

Die *Ursachen für den gestiegenen Flächenbedarf* sind einerseits in der Verbesserung der Wohnverhältnisse und dem Neubau von Wohnungen mit z.T. großen befestigten Freiflächen zu suchen, andererseits im Ausbau der öffentlichen Infrastruktur, insbesondere für das immer engmaschiger werdende Verkehrsnetz, was wiederum mit dem steigenden Motorisierungsgrad der Bevölkerung zusammenhängt. Entsprechend der großen individuellen Mobilität der Verbraucher werden in zunehmendem Maße auch Einrichtungen des Handels, vor allem des umsatzstarken Einzelhandels, autogerecht in Stadtrandbereichen in eingeschossiger Bauweise mit großzügigen Betriebsflächen und Parkmöglichkeiten angelegt. Das gilt auch für industrielle Produktionsanlagen, die vielfach aus betriebstechnischen Gründen (kostengünstigerer Güterumschlag) unter hohem Flächenbedarf eingeschossig errichtet werden.

Die Zunahme der Bebauungsflächen vollzieht sich überwiegend auf Kosten der landwirtschaftlichen Nutzflächen, deren Nutzungsänderung durch die derzeitige Umstrukturierung in der Landwirtschaft begünstigt wird.

Flächenbebauung: Umweltbeeinträchtigung mit Breitenwirkung

Die Auswirkungen solcher Veränderungen in der Flächennutzung werden häufig erst bei langfristiger Betrachtung deutlich. Dazu gehört beispielsweise in Verdichtungsräumen die *Gefahr einer großflächigen Versiegelung* der Bodenoberfläche durch Asphalt- und Betondecken, wodurch der Boden seine Funktion in der Luftzufuhr für die Pflanzenwurzeln, als Grundwasserspeicher sowie als Schadstoffilter nicht mehr uneingeschränkt ausüben kann und auch in der Umgebung Umwelt-

schäden ausgelöst werden. Außerdem führt eine direkte Ableitung des Niederschlagswassers über die versiegelten Flächen in die Kanalisation in den meisten Fällen zum Absinken des Grundwasserspiegels sowie zu einer stärkeren Verschmutzung der Flüsse und Bäche. So können wertvolle Lebensräume für die Flora und Fauna und mögliche Erholungsflächen verlorengehen.

Werden Landschaftsräume durch neue Verkehrswege zerschnitten, so gehen die hieraus erwachsenden Probleme für den Biotop- und Artenschutz über die Umweltbeeinträchtigung durch die eigentliche Trasse weit hinaus. Man braucht nur an die Krötenbiotope zu denken, denen durch Krötenzäune und Straßendurchlässe nur teilweise abgeholfen werden kann.

Tab. 60: Zunahme der bebauten Fläche in Niedersachsen von 1970 - 1988.

Jahr	Gebäude- und umgebende Frei- flächen in ha	Straßen, Wege, Plätze in ha	Bebaute Fläche in ha	in % [1]
1970	186 700	188 500	375 200	7,9
1980	227 400	196 600	424 000	8,9
1988	275 968	205 565	481 533	10,2

[1] der niedersächs. Landesfläche

Quelle: Statist. Monatshefte f. Niedersachsen 1987, H. 2; Statistik Niedersachsen, Bd. 507, 1991.

Oberster Planungsgrundsatz: flächensparender Umgang mit Grund und Boden

Als nicht vermehrbares Naturgut ist der Umfang der zur Verfügung stehenden Bodenfläche beschränkt. Häufig besteht gerade dort ein großer Flächenverbrauch, wo die wertvollsten Böden (z.B. Lößböden) anzutreffen sind. Zur Vermeidung einer übermäßigen Flächeninanspruchnahme werden deshalb Vorsorgemaßnahmen getroffen. Das Landes-Raumordnungsprogramm '82, in dem grundsätzliche Aussagen zur Koordination von Flächenansprüchen im Bereich der Siedlungs-, Verkehrs- und Wirtschaftsentwicklung gemacht werden, fordert deshalb bei allen Planungen und Vorhaben einen sparsamen Flächenverbrauch. Ökologisch bedeutsame Flächen (vgl. Pkt. 10.2.3.) sollen geschont werden. In dem am 1. Juli 1987 in Kraft getretenen Bundesbaugesetz ist der flächensparende und bodenschonende Umgang mit Grund und Boden als verpflichtender Planungsgrundsatz für die kommunale Bauleitplanung gesetzlich verankert.

10.4.3. Der Boden in der Landwirtschaft

Der Boden ist mehr als nur Anbaufläche

Die landwirtschaftlichen Nutzflächen nehmen fast 60 % der niedersächsischen Landesfläche ein. Der Landwirtschaft kommt somit eine besondere Bedeutung bei den Maßnahmen zum Schutz des Bodens zu, weil über den Boden Gefahren für die Gesamtbevölkerung und für die Umwelt entstehen können. Dabei gilt es, sowohl negative Auswirkungen der landwirtschaftlichen Produktion auf die belebte Umwelt zu vermeiden (z.B. Bodenbelastung durch Dünger und Pflanzenschutzmittel) wie auch negative Einflüsse der Umwelt auf die Landwirtschaft zu begrenzen, z.B. durch Luftverunreinigungen.

Überdüngung: Gefahren für das Boden-Ökosystem und für das Trinkwasser

Die in den vergangenen Jahrzehnten erreichte Steigerung der landwirtschaftlichen Flächenerträge ist neben dem Züchtungsfortschritt und allgemein verbesserter Produktionstechnik wesentlich auf den zunehmenden Einsatz von Mineraldüngern und Pflanzenschutzmitteln (Biozide) zurückzuführen. Im Betriebsjahr 1987/88 sind von der Landwirtschaft der Bundesrepublik Deutschland jedem Hektar Ackerland durchschnittlich 2,7 kg Pflanzenschutzmittel und insgesamt 204 kg Stickstoff aus mineralischen Düngern und Wirtschaftsdüngern zugeführt worden. Der mineralisierte Anteil stagniert seit mehreren Jahren und ist 1988/1989 mit 123 kg N/ha leicht fallend. Dazu kommt der Stickstoffeintrag durch Luftverunreinigungen von noch einmal etwa 30 kg/ha pro Jahr (Niedersächs. Minist. f. Ernährung, Landwirtschaft u. Forsten 1990).
Bei über den Pflanzenbedarf hinaus verabreichtem *Stickstoff* in Form von Mineral- und Wirtschaftsdüngern (Gülle und Stallmist) wird die Bindungskapazität des Bodens schnell überschritten, und Teile des ausgebrachten Düngers gelangen in Form von *Nitrat* in grundwasserführende Bodenschichten. Dadurch kommt es insbesondere in den Gebieten mit intensiver Tierhaltung zu besorgniserregenden Belastungen des Trinkwassers, wobei mehrfach die nach der Trinkwasserverordnung zulässigen Grenzwerte überschritten wurden (vgl. Pkt. 10.5.2. "Grundwasserschutz").
Um insbesondere den Nitrateintrag in das Grundwasser zu reduzieren, hat das Land Niedersachsen im Rahmen eines "Gülleerlasses" vom 13. April 1983 und einer ab 1990 in Kraft gesetzten *Gülle-Verordnung* die Ausbringungsmenge und den Ausbringungszeitraum dieses besonders stickstoffhaltigen Wirtschaftsdüngers gesetzlich eingeschränkt.

Als *Gülle* wird ein Gemisch aus Kot- und Harnausscheidungen von in der Regel ganzjährig in Ställen gehaltenen Rindern, Schweinen und Geflügel bezeichnet. Sie ist als Hauptabfallprodukt der Intensiv-Viehhaltung an sich ein begehrter Dünger. Die darin enthaltenen Nährstoffe, vor allem Stickstoff, müssen aber nach Zeitpunkt und Menge pflanzengerecht ausgebracht werden, da ansonsten insbesondere ein Teil des Stickstoffs mit dem Niederschlagswasser in nahe Oberflächengewässer oder nach der chemischen Umsetzung zu Nitrat mit dem Sickerwasser in das Grundwasser gelangt.
Durch den Erlaß zur Änderung des niedersächsischen Abfallbeseitigungsgesetzes vom 13. April 1983 ("Gülleerlaß") und durch die Gülleverordnung von 1990 ist vom Niedersächsischen Umweltministerium das Ausbringen von Gülle (und Stallmist) auf landwirtschaftlich, forstwirtschaftlich oder gärtnerisch genutzte Böden verboten oder beschränkt worden, *"wenn das übliche Maß der Düngung überschritten wird und dadurch insbesondere eine schädliche Beeinflussung von Gewässern zu besorgen ist"*.
Der Erlaß beschränkt einerseits die Ausbringungsmengen durch die Festlegung bestimmter Düngeeinheiten je Hektar und Jahr, die sich nach der Aufnahmefähigkeit der Böden und Fruchtarten richten, andererseits werden auch zeitliche Ausbringungsgrenzen gesetzt. Auf Grünland und landwirtschaftlich genutzten Böden dürfen Gülle und Geflügelkot nur in der Zeit vom 1. Februar bis zum 15. Oktober ausgebracht werden, auf Ackerland und gärtnerisch genutzten Böden nur in der Zeit vom 1. Februar bis zur Ernte. Bei nachfolgendem Anbau von Haupt- und Zwischenfrüchten ist eine Ausbringung bis zum 15. Oktober zulässig. Hierdurch wird gewährleistet, daß Gülle und Geflügelkot nicht in der vegetationslosen bzw. vegetationsarmen Zeit für die Stickstoffdüngung herangezogen werden.
Gegenüber der bisher vielfach noch geübten Praxis - je mehr Dünger, um so höhere Ernten - ist insbesondere bei der Stickstoffdüngung eine stärkere Bedarfsorientierung notwendig, d.h. es ist eine genauere zeitliche und mengenmäßige Anpassung der Stickstoffdüngung an den Pflanzenbedarf erforderlich.
Durch neue Untersuchungsmethoden ist es seit einigen Jahren möglich, die Menge des pflanzenverfügbaren Bodenstickstoffs zu ermitteln. So kann unter Berücksichtigung des Pflanzenbedarfs und des Bodenvorrats ein angemessener bzw. bedarfsgerechter und damit kostensparender Düngereinsatz ("Düngung nach N-min") erfolgen. Damit wird nicht nur die Gefahr der überhöhten Grundwasserbelastung gemindert, sondern auch die eines Zusam-

menbruchs des Boden-Ökosystems; denn es ist immer noch nicht erwiesen, wie lange und in welcher Intensität bei Gülleüberlastung die Bodenorganismen ihre Arbeit beim Abbau von Nitrat und Pflanzenschutzmitteln noch leisten können.

Überhaupt hat, wie die stets steigende Zahl an Bodenuntersuchungen zeigt, bei den Landwirten ein Umdenken eingesetzt. Umweltschutz im Sinne einer gezielten Düngung und eines an Schadschwellen orientierten Pflanzenschutzes sind für die Landwirtschaft auch aus wirtschaftlichen Gründen immer wichtiger geworden und werden durch eine entsprechende Beratung der Landwirtschaftskammern gefördert.

Ähnliche Regelungen wie für die Gülleausbringung wurden auch für die *Klärschlammausbringung* und *Abwasserverregnung* erlassen, wobei hauptsächlich die Gefahr einer Schwermetallionenanreicherung im Boden mit berücksichtigt worden ist (vgl. Pkt. 10.4.5.).

Keine eigentliche Gefahr für das Grundwasser stellen zumeist die als Dünger aufgebrachten Phosphorverbindungen und Kaliumionen aufgrund der hohen Bindungsfähigkeit der meisten Böden dar. Oberflächlich können jedoch die im Übermaß auf den Boden gebrachten Phosphorverbindungen mit dem Bodenmaterial auf erosionsgefährdeten Standorten verhältnismäßig leicht abgespült werden. Die Folge ist eine *Überdüngung* vieler heimischer Gewässer, was zu einer gesteigerten Algen- und Pilzproduktion und in Extremfällen zur sauerstoffzehrenden Faulschlammbildung führt, wodurch Fischsterben ausgelöst werden (vgl. Pkt. 10.5.3. "Schutz der Oberflächengewässer").

Pflanzenbehandlungsmittel: Gefahrenpotential für die menschliche Nahrungskette

Der erhöhte und unsachgemäße Einsatz von Pflanzenschutzmitteln (Herbizide, Insektizide, Fungizide) in der Land- und Forstwirtschaft kann ebenfalls negative Auswirkungen auf den Boden sowie auf das Grundwasser und die Oberflächengewässer haben. Insbesondere gegen mikrobielle und photochemische Abbauprozesse persistente Biozide (z.B. chlorierte Kohlenwasserstoffe) reichern sich bei häufiger Anwendung darin an. Sie sind in Einzelfällen schon in der menschlichen Nahrungskette nachgewiesen worden.

Die *Zulassung von Pflanzenbehandlungsmitteln* erfolgt nach dem Pflanzenschutzgesetz vom 15.09.1986 deshalb nur nach einer *Umweltverträglichkeits-Prüfung* durch die Biologische Bundesanstalt in Berlin. Hierdurch ist gewährleistet, daß bei bestimmungsgemäßer und sachgerechter Anwendung keine schädlichen Auswirkungen auf die Gesundheit von Mensch und Tier, auf das Grundwas-

ser und die Oberflächengewässer oder auf den Naturhaushalt insgesamt zu erwarten sind.

Für die rd. 800 bestehenden und projektierten *Wasserschutzgebiete* sind für bestimmte Pflanzenschutzmittel gesonderte Zulassungen und Anwendungsvorschriften sowie Anwendungsverbote erlassen worden. Auch Oberflächengewässer erfahren durch weitere Regelungen der Zulassung sowie durch das Niedersächsische Wassergesetz einen besonderen Schutz vor dem Eintrag von Bioziden.

Angestrebte Reduzierung der Pflanzenbehandlungsmittel

Im Forschungsbereich werden gegenwärtig Untersuchungen zur Resistenzprüfung von Sorten gefördert, um das Anwendungsspektrum von Pflanzenbehandlungsmitteln einschränken zu können.

Gleichzeitig werden Beispielbetriebe bzw. Versuchsflächen zur weiteren Steigerung der Effektivität *integrierter Pflanzenschutzmaßnahmen* eingerichtet und vom Land gefördert. Unter integriertem Pflanzenschutz wird eine Kombination biologischer, chemischer, kulturtechnischer sowie mechanischer Maßnahmen verstanden, die den Pflanzenschutz unter besonderer Berücksichtigung ökologischer Belange ermöglicht und chemische Pflanzenschutzmaßnahmen auf das notwendige Maß beschränkt.

Mit dem Inkrafttreten des Pflanzenschutzgesetzes vom 15.09.1986 ist der *Einsatz von Herbiziden, Fungiziden und Insektiziden* nur noch auf solchen Flächen gestattet, die landwirtschaftlich, forstwirtschaftlich oder gärtnerisch genutzt werden. Jede andere Anwendung an Straßen, Wegen, in Parkanlagen usw. bedarf der Ausnahmegenehmigung. Hiermit wird sichergestellt, daß chemische Mittel lediglich dort Anwendung finden, wo andere Lösungen nicht praktizierbar sind.

Unter den Auftaumitteln gehört *Streusalz* (hauptsächlich Steinsalz = NaCl) zu den bodenbelastenden Stoffen entlang der Straßenränder. Mit dem Schmelzwasser dringt es in angrenzende Bodenbereiche ein und kann hier Pflanzenschäden verursachen (z.B. Blattnekrosen). Die niedersächsischen Kommunen sind deshalb bemüht, dort, wo es die Sicherheit erlaubt, weniger aggressive Auftaumittel (z.B. NaCl im Gemisch mit Calciumchlorid-Lösungen) bzw. abstumpfende Streumaterialien (Sand, Granulat) im Winterdienst einzusetzen.

Flurbereinigung: Berücksichtigung auch der Ziele des Bodenschutzes

Das gesetzlich formulierte Ziel der Flurbereinigung bestand in der Vergangenheit schwerpunktmäßig in der Verbesserung der Agrarstruktur sowie in der

Förderung der allgemeinen Landeskultur, worunter vor allem Ertragssteigerungen verstanden wurden, die häufig zu Lasten der Natur gingen. In einer Novelle zum Flurbereinigungsgesetz wird mit der Einführung eines landschaftspflegerischen Begleitplanes mit Umweltverträglichkeitsgutachten nun auch der Förderung der Ziele des Naturschutzes und der Landschaftspflege, einschließlich des Bodenschutzes, eine besondere Bedeutung eingeräumt.

Die z.Zt. laufenden bzw. geplanten Flurbereinigungsverfahren berücksichtigen somit auch stärker als früher den besonderen Stellenwert des Bodenschutzes für einen intakten Naturhaushalt und für den Artenschutz. Deshalb werden in der Regel bei jedem Verfahren verschiedene Stücke ökologisch wertvollen Landes aus der Umgestaltung herausgenommen.

Bodenerosion: zunehmende Gefährdung durch Zuckerrüben- und Maisanbau sowie durch neue Bodenbearbeitungsmethoden

Unter *Bodenerosion* wird eine linien- oder flächenhafte Bodenabtragung verstanden, die durch Wasser (Abspülung, vgl. Abb. 214) oder Wind (Auswehung) bewirkt wird. Besonders gefährdet sind vegetationsarme oder vegetationsfreie Böden ohne festes Bodenskelett. Auf erosionsanfälligen hängigen oder sehr sandigen Äckern sind besonders solche Flächen betroffen, die mit spät auflaufenden Feldfrüchten, wie Mais, Zuckerrüben oder Kartoffeln, bestellt worden sind und bis in den Frühsommer hinein keine geschlossene Vegetationsdecke tragen (vgl. Farbtafel 13).

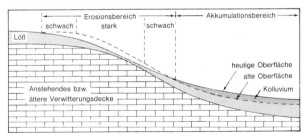

Abb. 214: Bodenumlagerung durch Erosion (n. DIEZ 1985, verändert).

Eine *Auswehung* oder *Übersandung* der Ackerkrume erfolgt vorwiegend auf den leichten Sandböden der Geest im Winter (Kahlfrost) und im zeitigen Frühling bei langandauernden Trockenperioden. Auch Hochmooräcker sind von der Auswehung stark betroffen. Dagegen haben sich z.B. bei

der Emslandkultivierung in den 50er und 60er Jahren Windschutzhecken und Gehölzstreifen bestens bewährt.

Die *Hauptabspülungsschäden* treten auf Lößböden im Bergland auf, vornehmlich bei Starkregen im Frühsommer, bei denen wertvolle Teile des Oberbodens und auch der Kulturen nicht nur abgespült werden, sondern in den Boden hinein Furchen, Rillen, Rinnen und selbst Gräben und Schluchten gespült und weitergebildet werden.

Durch die Bodenerosion geschaffene Rinnen und Schluchten haben in früherer Zeit im kleinzerstückelten Eichsfeld ganze Flächenteile unbrauchbar gemacht. Heute werden sie infolge Bewaldung und Verbuschung nicht mehr weitergebildet, während die Abspülung der Hänge begünstigt durch tiefgreifende Pflüge und durch die bei den Flurbereinigungen vergrößerten Felder noch verstärkt worden ist. An den Ober- und Mittelhängen ist die Lößdecke mit den wertvollsten Bodenbestandteilen stellenweise bereits ganz abgespült worden, so daß das anstehende Gestein an die Oberfläche tritt und die Bewirtschaftung z.T. eingestellt werden mußte.

Langjährige Untersuchungen im Eichsfeld haben gezeigt, daß dort *von den oberen Hängen* während des letzten Jahrtausends im Mittel mehr als 2 m Boden erodiert, d.h. durchschnittlich jährlich 48 t je ha abgeführt worden sind. Fast 88 % des erodierten Materials wurden allerdings wieder als *Kolluvien* auf den Unterhängen oder in den Talauen des Untersuchungsgebietes akkumuliert und nur 12 % von dem Hauptvorfluter, der Rhume, in das Leinetal hinausgetragen (BORK 1985, S.261).

Diese von den Seitentälern verfrachteten Abschwemmassen haben sich größtenteils im Leinetal als *Auelehm* wieder abgesetzt und den Talboden so stark erhöht, daß die ehemals auf hohem Ufer gegründeten Dörfer und Städte inzwischen in den Überschwemmungsbereich des Flusses gekommen sind und z.T. schon durch Deiche geschützt werden müssen (vgl. Kap. 7. "Gewässer und Wasserwirtschaft"). Ähnliche Verhältnisse sind auch an den anderen Flüssen des lößbedeckten Berglandes eingetreten.

Der abgelagerte Auelehm wird seit Jahrhunderten als wertvoller Ackerboden geschätzt, da er von hoher natürlicher Fruchtbarkeit ist und sich ausgesprochen gut für den Anbau von anspruchsvollen Kulturen wie Weizen, Zuckerrüben, Mais oder Raps eignet. Jedoch sind die Äcker in den Talauen durch sommerliche Überschwemmungen und im Winter durch die Bodenerosion stark gefährdet.

Trotz der erhöhten Erosionsgefahr ist in den vergangenen Jahren an den oberen Hängen des südniedersächsischen Berg- und Hügellandes eine Zunahme der Ackerflächen - insbesondere der erosionsempfindlichen Reihenkulturen wie Mais und Zuckerrüben - zu beobachten. Dadurch ist der Bodenabtrag hier weiter verstärkt worden. Zusätzlich wird die Erosionsanfälligkeit des Oberbodens infolge des zunehmenden Einsatzes neuer Bodenbearbeitungsmaschinen (zapfwellengetriebene Kreisel- und Zinkenrotor-Eggen) erhöht, die eine sehr feine und damit abschwemmungsgefährdete Bodenkrume schaffen.

Das Niedersächsische Landwirtschaftsministerium, die Landwirtschaftskammern und andere Stellen haben deshalb ihre Bemühungen verstärkt, durch gezielte Öffentlichkeitsarbeit die Landwirte auf die negativen Folgen der Bodenerosion hinzuweisen und geeignete *Gegenmaßnahmen* vorzustellen. Hierzu zählen sowohl kulturtechnische Maßnahmen (hangparalleles Pflügen und Drillen der Reihenkulturen, Einmulchen der Erntereste u.a.m.) als auch landbauliche Maßnahmen der Fruchtfolge (Einsatz bodenschützender Gründüngung im Winterhalbjahr, Erosionsschutzstreifen beim Maisanbau etc.).

Auch im Rahmen von Flurbereinigungsverfahren ist man bemüht, bereits auf der Planungsebene die Belange des Erosionsschutzes stärker zu berücksichtigen, um durch eine geeignete Parzellenlage und -größe die Gefahr der Bodenabtragung zu verringern.

Bodenverdichtung: Folge des Einsatzes von Großmaschinen

Der in den vergangenen Jahrzehnten zu verzeichnende Strukturwandel in der Landwirtschaft hat zu immer größeren Betriebseinheiten geführt (vgl. Kapitel "Landwirtschaft", Bd.2). Die in diesen Betrieben eingesetzten leistungsfähigen Großmaschinen (z.B. Traktoren, Mähdrescher, Rüben- und Kartoffelvollerntemaschinen) bewirken bei ungünstigen Voraussetzungen (hoher Bodenfeuchtegehalt, kurzzeitig aufgetauter Boden) durch ihr Eigengewicht eine nachhaltige Schädigung der Bodenstruktur.

Großflächige Bodenverdichtungen haben negative Auswirkungen auf die Ertragsleistung und beeinflussen die Wasserdurchlässigkeit und Filtereigenschaften des Bodens. Sichtbare Zeichen dafür sind Wasserstellen im Frühjahr, in denen die Saat ertrinkt. Als Folgen sind z.T. auch langfristige Veränderungen des Grundwasserhaushaltes zu beobachten.

10.4.4. Bodenverunreinigungen durch Luft-und Wasserschadstoffe

Schwermetalle: in geringen Dosen giftig, leicht zu verbreiten und nicht abbaubar

Schwermetalle (Blei, Cadmium, Quecksilber, Arsen u.a.) gehören zu den Schadstoffen, die in Gewässern, in der Luft, im Boden und damit auch als Bestandteile von Nahrungs- und Futtermitteln toxikologisch bedenkliche Werte erreichen können. Sie gelangen als emittierte Luftverunreinigungen (vgl. Abschnitt 10.6.) aus der Kohle- und Erdölverbrennung sowie aus der Industrieproduktion in die Atmosphäre, in Flüsse, Seen und in den Boden.

Mit der Zunahme des *Kraftfahrzeugverkehrs* ist u.a. verstärkt das dem Kraftstoff zugesetzte Blei an die Umwelt und damit an den Boden abgegeben worden. Kommunale und industrielle Abwässer tragen nach der Verdriftung durch Wind und Wasser (Hochwasser) zu einer zunehmenden Belastung von Gewässersedimenten und Böden mit Schwermetallen bei. Auch *Klärschlamm* enthält häufig hohe Schwermetallkonzentrationen. Durch die Verwendung als Dünger in der Landwirtschaft besteht die Gefahr, daß diese Schadstoffe auch in die menschliche Nahrungskette gelangen.

Vom menschlichen Körper aufgenommene Schwermetalle lagern sich u.a. im Knochenmark ab. Hierdurch können sich infolge längerfristiger Anreicherungsprozesse schon bei Konzentrationen, die unterhalb der akuten Vergiftungsdosis liegen, Stoffwechselfunktionsstörungen und Organschädigungen einstellen. Hohe Schwermetallgehalte im Boden führen auch zu akuten Pflanzenschäden.

Bislang durchgeführte Untersuchungen haben ergeben, daß in Niedersachsen etwa 50 000 ha landwirtschaftlich genutzter Böden (nach Informationen des Niedersächsischen Umweltministeriums 1989) mit Schwermetallen unterschiedlicher Konzentration belastet sind. Das entspricht etwa 1,8 % der gesamten landwirtschaftlichen Nutzfläche Niedersachsens. Es sind jedoch für diese Flächen in der Regel keine Nutzungs- bzw. Anbaubeschränkungen erlassen worden, sofern die Konzentrationen unter den festgelegten Grenzwerten liegen.

Belastungen durch Klärschlammausbringung und Abwasserverrieselung

Bei den belasteten Flächen handelt es sich häufig um solche, die über einen längeren Zeitraum mit Klärschlamm gedüngt oder auch mit kommunalen bzw. gewerblichen Abwässern beregnet oder berieselt worden sind.

In Selbstversorgergärten sind nach einer Schätzung des Niedersächsischen Umweltministeriums ca. 10 % der Böden mit Schwermetallen angereichert (1989). Hier ist die Ursache in unsachgemäß hohen Gaben an organischen, insbesondere aber anorganischen Phosphatdüngemitteln zu suchen. Nach Kenntnis der Belastungsursachen ist die *Abwasserverregnung* in Niedersachsen stark eingeschränkt worden. In den Kommunen Wolfsburg, Gifhorn und Braunschweig werden beispielsweise auf Sandböden nur noch zuvor geklärte und auf ihren Schwermetallgehalt stichprobenartig untersuchte Abwässer verregnet; denn Sandböden besitzen aufgrund ihres niedrigen Tongehaltes nur ein geringes Bindungsvermögen für Schwermetalle.

Klärschlamm wird nach der 1983 erlassenen *Klärschlammverordnung* vor der Ausbringung auf landwirtschaftliche Nutzflächen einer Untersuchung (Bestimmung des Schwermetallgehaltes) unterzogen. Erst nach dieser von der Kommune getragenen Untersuchung dürfen Landwirte den Klärschlamm landbaulich nutzen. Liegen die Schwermetallgehalte über den festgelegten Grenzwerten, erfolgt nach einer vorausgegangenen Entwässerung die Ablagerung auf einer zentralen Mülldeponie.

Zum Schutz des Verbrauchers sind zusätzlich strenge Grenzwertbestimmungen bezüglich des Schwermetallgehaltes in Nahrungsmitteln erlassen worden. Regelmäßige Lebensmittelkontrollen schließen somit Gesundheitsgefährdungen weitgehend aus.

Schwermetallhaltige Luftemissionen aus Großfeuerungsanlagen werden sowohl auf Bundes- als auch auf Landesebene durch gesetzliche Regelungen und Grenzwertbestimmungen (vgl. Abschnitt 10.6.) kontrolliert. Auch für den Kraftfahrzeugverkehr als ein bedeutender Bleiemittent sind inzwischen gesetzliche und technische Maßnahmen zur Schadstoffbegrenzung erlassen worden, die zur Einführung von "bleifreiem" Benzin geführt haben.

Schwefeldioxid-Immissionen (SO_2): Bodenversauerung durch "Sauren Regen"

Mit zunehmendem Energieverbrauch und steigender industrieller Produktion haben sich seit der beginnenden Industrialisierung die Schwefeldioxidimmissionen (SO_2) ständig erhöht. Mit den Niederschlägen gelangt dieser Luftschadstoff als sog. "Saurer Regen" in Form schwefeliger Säure oder deren Salze in den Boden. Die Wirkung dieses Säureeintrages auf den Boden zeigt sich besonders bei Sandböden in einer zunehmenden Versauerung (pH < 3). Die hiermit einhergehenden Nährstoffauswaschungen - insbesondere von Cal-

cium und Magnesium - sind eine Ursache für Waldschäden (vgl. Abschnitt 10.3.).

In Niedersachsen wird die Schwefeldioxidemission u.a. durch gesetzliche Auflagen zur Rauchgasentschwefelung in Großfeuerungsanlagen begrenzt. Zugleich unterstützt das Land großflächige Kalkungen in Waldgebieten gegen die zunehmende Bodenversauerung (vgl. Abschnitt 10.3.).

10.4.5. Abbau von Bodenschätzen

Schadensbegrenzung durch schonende Abbaumethoden und Rekultivierung

Niedersachsen ist reich an mineralischen Rohstoffen bzw. Natursteinvorkommen, wie beispielsweise Sand, Kies, Ton, Torf, Kalk-, Mergel- und Sandstein, Quarzit, Basalt, Braunkohle u.a.m. Beim Abbau dieser und anderer Rohstoffe werden der Boden und sein Bewuchs nachhaltig verändert, so daß ökologische Belastungen z.T. erheblichen Ausmaßes entstehen und auch das Landschaftsbild tiefgreifende Veränderungen erfährt. Ähnliches geschieht bei kulturtechnischen Maßnahmen wie Moorkultivierungen, Trockenlegungen und Gewässerbegradigungen oder bei Aufhaldungen des Erzbergbaus und der Kaliindustrie.

Es wird deshalb angestrebt und gesetzlich gefordert, eine möglichst geringe Landschaftsbeanspruchung beim Rohstoffabbau u.a. durch eine optimale Nutzung der Lagerstätten, durch eine qualitätsgerechte Verwendung der Abbauprodukte und den verstärkten Einsatz von Recyclingmaterial (Sekundärrohstoffe, vgl. Abschnitt 10.7.) zu erreichen.

Für Eingriffe im Zusammenhang mit dem Abbau von Bodenschätzen gelten seit 1981 die besonderen Vorschriften des Niedersächsischen Naturschutzgesetzes über den Bodenabbau. Danach bedarf jeder Abbau von Bodenschätzen, wenn die abzubauende Fläche größer als 30 m^2 ist, einer Genehmigung durch die unteren Naturschutzbehörden, die nur unter folgenden Voraussetzungen erteilt wird:

- Der Naturhaushalt darf nicht durch Eingriffe in den Boden geschädigt werden.
- Die Nutzbarkeit der Landschaft und ihre Eignung für die Erholung müssen erhalten bleiben.
- Die Landschaft darf nicht auf Dauer verunstaltet werden.
- Landschaftsteile von besonderem Wert sollen erhalten bleiben.
- Die abgebaute Fläche muß entsprechend den Zielen der Raumordnung und Landesplanung sowie der Bauleitplanung rekultiviert werden und wieder genutzt werden können.

Die größten Flächen beanspruchen gegenwärtig die Kies- und Sandgewinnung sowie der Braunkohleabbau. Es handelt sich in der Regel um landwirtschaftliche Nutzflächen, die nach Bergung des Mutterbodens ausgekiest bzw. ausgekohlt und anschließend rekultiviert werden. Bei einem erheblichen Teil der Kiesgruben in den Talauen bleiben Wasserflächen zurück, die jedoch einer naturnahen Nutzung zugeführt werden können, häufig in Verbindung mit einer Erholungsnutzung.

Als Beispiel von *Rekultivierungen* mag das Helmstedter Braunkohlenrevier genannt werden. Hier hat der Bergbau seit 1873 etwa 2300 ha fast ausschließlich landwirtschaftlich genutztes Gelände in Anspruch genommen. Rd. die Hälfte (1100 ha) ist rekultiviert, davon 500 ha landwirtschaftlich, 500 ha forstlich sowie 100 ha als Wasserflächen, Straßen und Wege. Die forstliche Rekultivierung hat vor allem die Aufgabe der Festlegung des Bodens, d.h. dessen Schutz gegen Erosion. Hierfür geeignete Pionierhölzer müssen raschwachsend, starkwurzelnd, anspruchslos und humusbildend sein (z.B. Birke, Espe, Pappel) oder zusätzlich stickstoffsammelnd (z.B. Akazie, Roterle, Weißerle). Mit ihnen werden nicht nur die Waldstücke, sondern auch die Windschutzhecken zwischen den Feldern aufgebaut. Nach 10 bis 30 Jahren können die genannten Hölzer von stattlicheren und ertragreicheren Trauben- und Roteichen, Bergahorn, Buchen, Linden und Vogelkirschen, von Kiefern, Fichten und Lärchen abgelöst werden, die naturnahe Erholungswälder bilden.

Torfgewinnung: Interessenkonflikte mit dem Naturschutz

Ein besonderes Problem stellt die torfwirtschaftliche Nutzung der Hochmoore dar. Der hier verfügbare *Rohstoff Torf* wird zwar seit Jahrhunderten abgebaut. Mit dem Beginn industrieller Abbaumethoden besteht jedoch die Gefahr, daß die ökologisch besonders bedeutsamen Hochmoorgebiete (vgl. Abschnitt 10.2.) für den Biotop- und Artenschutz verlorengehen.

In Niedersachsen wird deshalb versucht, u.a. im Rahmen des "*Niedersächsischen Moorschutzprogrammes*" einen Kompromiß zwischen den verschiedenen Nutzungsansprüchen zu finden. So sind bestimmte Hochmoore in ihrer Gesamtheit unter Naturschutz gestellt worden, oder aber ehemalige Moorflächen werden zwecks Neubildung von Moorbiotopen einer Wiedervernässung zugeführt (s. Pkt. 10.2.3.).

10.5. Schutz von Grund- und Oberflächenwasser

10.5.1. Einführung

Wasser ist lebensnotwendig

Wasser ist ein für alle Lebensvorgänge unverzichtbares Element. Schon bei den frühen bäuerlichen Kulturen war hinreichendes Trink- und Tränkwasser Voraussetzung für die Errichtung der Höfe und Dörfer. In Niedersachsen steht Wasser infolge des regenreichen Klimas zu allen Jahreszeiten durchweg in ausreichender Menge, wenn auch *nicht überall in guter Qualität,* zur Verfügung.

Gutes Wasser: in manchen Gegenden ehemals Mangelfaktor

Bis in die 50er Jahre dieses Jahrhunderts hinein wurde z.B. in den *Marschen* und z.T. auch in den *Mooren* Regenwasser in *Zisternen* aufgefangen und als Trinkwasser benutzt, weil das Grundwasser infolge Versalzung oder wegen des hohen Huminsäuregehaltes bzw. der hohen Keimzahl wegen ungenießbar war. Doch auch das von den bemoosten Stroh- und Schilfdächern in die Zisternen ablaufende und sich dort mit Keimen anreichernde Regenwasser konnte manche Krankheiten, wie Typhus und Paratyphus, Gelbsucht, Feld- und Schlammfieber, Wurm- und Zahnkrankheiten verursachen. Noch 1957 mußten sich 97 % der Bevölkerung in der Krummhörn, in der von Emden bis Norden reichenden Marschlandschaft, aus Zisternen versorgen. In trockenen Sommern herrschte hier trotz der wassergefüllten Gräben häufig ein Wassernotstand, weil die Trinkwasservorräte erschöpft waren.

Auch auf der *Geest* führte mancher Hausbrunnen infolge eines hohen Eisen- und Mangangehaltes ein kaum genießbares Wasser mit Schwefelwasserstoffbildung. Dazu kamen die mangelhaften hygienischen Verhältnisse. Nicht selten versickerten Jauche und Abwässer von den Ställen und Dunghaufen, vom Rinnstein oder den Abfallgräben her im Erdreich und gelangten in die offenen Hausbrunnen und z.T. auch in die Bäche und Flüsse.

Seit rund 100 Jahren: Wasserbelastung im Zeitalter der Industrie und der wachsenden Städte

Mit der Wirtschaftsbelebung seit der Gründerzeit vor rd. 100 Jahren, mit dem Industrieaufbau, dem Wachstum der Städte und dem starken Bevölkerungsanstieg wurden die Bäche und Flüsse in besonderer Weise durch ungeklärt eingeleitete industrielle und häusliche *Abwässer* belastet.

Hatte vordem das Regenerationsvermögen der Fließgewässer genügt, die Abfallstoffe mit Hilfe der in den Flüssen vorhandenen Organismen abzubauen, so reichten besonders in Trockenzeiten infolge der Abwassereinleitung von Molkereien, Zuckerfabriken, chemischen Betrieben und anderen gewerblichen Unternehmen, von städtischen Kanalisationen und ländlichen Gewerben die Regenerationskräfte nicht mehr aus, um die Flüsse zu reinigen. Sichtbare Zeichen des Sauerstoffmangels waren in extremen Fällen *Fischsterben.* Es gab sogar Bäche und Gräben, deren Betten mit einer dicken *Faulschlamm-* und Pilzschicht ausgekleidet waren, in der Schwefelwasserstoff erzeugt wurde, so daß der Schlamm in Fladen an die Oberfläche trieb. Sie bildeten nicht selten Krankheitsherde, besonders für die damals in den Flüssen und Wasserlöchern badenden Kinder.

Wasser heute: Entlastungen der Umwelt durch zentrale Ver- und Entsorgung

Erst die in den 30er, insbesondere aber in den 50er und 60er Jahren ausgebauten Versorgungs- und Entsorgungseinrichtungen haben hier Abhilfe geschaffen oder eine wesentliche Verbesserung gebracht, obwohl neue Belastungen durch Abwasser und Abspülung von den Feldern hinzugekommen sind. Ganz Niedersachsen wird, mit nur wenigen Ausnahmen, inzwischen nahezu flächendeckend über ein *zentrales Wasserversorgungsnetz* mit einwandfreiem Trinkwasser versorgt und durch *Vollkanalisation* und *Kläranlagen* entsorgt. Hingegen verfügten im Jahre 1954 von den damaligen rd. 4250 Gemeinden nur etwa 700 (16 %) über eine zentrale Wasserversorgung, lediglich 375 (9 %) über eine Vollkanalisation und gar nur 90 (2 %) über eine Kläranlage. Jedoch hat sich seit der Zeit der Wasserverbrauch und damit der Abwasseranfall vervielfacht, so daß mit der Anlage von zentralen Einrichtungen die Umweltprobleme keineswegs gelöst sind (vgl. a. Kap. 7. "Gewässer und Wasserwirtschaft").

Die Sicherung der Wasserqualität als Zukunfts-aufgabe

Die Nutzung des Wassers besteht heute, im Gegensatz zur Vergangenheit, weniger in einem Verbrauch als vielmehr in einem *Gebrauch des Wassers.* So ergibt sich zwangsläufig eine Rückleitung des gebrauchten Wassers in die Oberflächengewässer. Unterbleibt dabei eine vollständige Klärung bzw. *Reinigung des Abwassers,* dann wird die Selbstreinigungskraft des aufnehmenden Gewässers schnell überschritten und die Wasserqualität drastisch verschlechtert.

Die Schädigungen durch unzureichend geklärtes Wasser können derart gravierend sein, daß bestimmte Nutzungen nicht mehr uneingeschränkt möglich sind, wie beispielsweise die Trinkwassergewinnung aus uferfiltriertem Wasser der Flüsse oder aus offenen Talsperren, die Fischerei oder die Erholungsnutzung mit Badebetrieb oder selbst die Kühlwasserentnahme sowie die Wasserversorgung der Industrie und Landwirtschaft.

Das Ziel der Wasserwirtschaft und der Kommunen bleibt es deshalb, auch in Zukunft Wasser in ausreichender Menge und Qualität zur Verfügung zu stellen und die Belastungen des Grund- und Oberflächenwassers so gering wie möglich zu halten. Dazu sind ein sparsamerer Verbrauch, eine bessere Reinigung der Abwässer und damit verbunden eine Mehrfachnutzung des geförderten Wassers unabdingbare Voraussetzungen. Nur dann wird es gelingen, hinreichend gesundes Wasser im Interesse des Menschen und seiner Umwelt und als Teil des Naturhaushaltes für die Zukunft zu sichern (vgl. Kap. 7. "Gewässer und Wasserwirtschaft").

10.5.2. Grundwasserschutz
(vgl. Abb. 215)

Gefahren für das Grundwasser: Langzeitschäden durch Schadstoffeintrag

Grundwasser ist in fast allen Teilen des Landes, mit Ausnahme der schon genannten Marsch- und Moorgebiete, in der Regel durch natürliche Vorgänge (Filterwirkung des Bodens) weitgehend gereinigt und größtenteils von derart guter Qualität, daß es ohne aufwendige Aufbereitung für die Trinkwassergewinnung genutzt werden kann (vgl. Kap. 7. "Gewässer und Wasserwirtschaft").

In einer hochentwickelten Industriegesellschaft werden jedoch zunehmend Stoffe hergestellt und transportiert, die - wenn sie einmal in das Grundwasser gelangt sind - nicht durch natürliche Filterprozesse im Boden zurückgehalten werden können.

Besondere Gefahren für das Grundwasser gehen deshalb aus von
- einem unsachgemäßen Umgang mit wassergefährdenden Stoffen (z.B. chlorierte Kohlenwasserstoffe, Öl, Treibstoff etc.),
- einer intensiv betriebenen Landwirtschaft (Dünger, Pflanzenschutzmittel),
- Schadstoffeinträgen über die Atmosphäre ("Saurer Regen"; vgl. Abschnitt 10.3.),
- Altlasten und durch Schadstoffe verschmutzten (kontaminierten) Betriebsflächen,
- einem unkontrollierten Einbringen von Abwasser in den Untergrund.

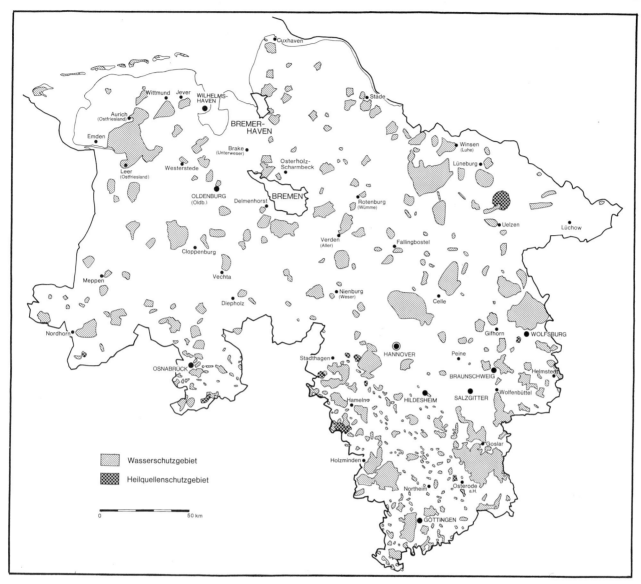

Abb. 215: Wasserschutzgebiete in Niedersachsen (n. Niedersächs. Raumordnungsbericht f. 1988, Niedersächs. Innenministerium u. Niedersächs. Umweltministerium).

Durch menschliche Einflußnahme verursachte Beeinträchtigungen der Grundwasserqualität werden - im Gegensatz zu den Schadstoffeinträgen in Flüssen und Seen - wegen z.T. erheblicher Zeit- und Ortsverschiebungen zwischen Ursache und Wirkung häufig erst verhältnismäßig spät erkannt.

So handelt es sich in der Regel um *Langzeitschäden,* die nur durch aufwendige Maßnahmen oder bei flächenhafter Belastung überhaupt nicht beseitigt werden können. Als Beispiel sei auf die *Grundwasserbelastung mit Nitrat und Pflanzenschutzmitteln* in Gebieten intensiver landwirtschaftlicher Nutzung hingewiesen, die unter Pkt. 10.4.3. "Der Boden in der Landwirtschaft" näher behandelt wurde.

Schützen, überwachen und vorbeugen: Maßnahmen der Grundwassersicherung

Um die Gefahr einer langfristigen Grundwasserverunreinigung zu mindern, werden in Niedersachsen verschiedene Maßnahmen und Programme durchgeführt. Hierzu zählen beispielsweise die Ausweisung von *Wasserschutzgebieten,* der Aufbau eines *Grundwassergütemeßnetzes* sowie verschiedene weitere Maßnahmen des vorbeugenden Gewässerschutzes.

Wasserschutzgebiete: Verbote für wassergefährdende Stoffe

Gegenwärtig (1989) bestehen in Niedersachsen bereits 270 Wasserschutzgebiete, die eine Fläche von etwa 2700 km² einnehmen. Notwendig und geplant ist jedoch die Ausweitung auf etwa 800 Wasserschutzgebiete mit rd. 6600 km², d.h. auf 14 % der niedersächsischen Landesfläche (vgl. Abb. 215).

In Wasserschutzgebieten gelten - gestaffelt in verschiedene Schutzzonen - *Verbote und Überwachungen* des Transportes und Umgangs mit wassergefährdenden Stoffen (z.B. mit Öl, Treibstoffen, chlorierten Kohlenwasserstoffen u.a.) sowie die Überwachung von nahe gelegenen *Altlasten* und *kontaminierten Betriebsflächen*.

Auch die land- und forstwirtschaftliche Nutzung erfährt in den Wasserschutzgebieten erhebliche Einschränkungen. Insbesondere die in der intensiven Landbewirtschaftung verwendeten Stickstoff- und Phosphatdünger sowie Pflanzenschutzmittel dürfen hier nicht ausgebracht werden, weil sie langfristig eine Gefahr für das Trinkwasser darstellen. Das Verbot betrifft vorläufig allerdings nur solche Herbizide, deren unzureichende mikrobakterielle Abbaubarkeit im Boden wissenschaftlich nachgewiesen ist.

Zum Ausgleich für die Beschränkungen und Einkommenseinbußen, die der Land- und Forstwirtschaft in Wasserschutzgebieten auferlegt werden, erfolgen Ausgleichszahlungen der jeweiligen Wasserversorgungsunternehmen an die betroffenen Landwirte, die sich im erhöhten Wasserpreis niederschlagen.

Grundwassergüte-Meßnetz: Früherkennung von Schäden durch flächenhafte Überwachung

Die Bereitstellung von Trinkwasser hoher Qualität und die Erfassung der Grundwasserqualität setzen eine ständige Überwachung der Wassergüte voraus; denn nur so können bereits eingetretene oder sich abzeichnende Änderungen der Grundwasserbeschaffenheit in einem frühen Stadium registriert und Gegenmaßnahmen ergriffen werden. Grundsätzlich liegen bereits aus dem niedersächsischen *Grundwassererkundungsprogramm* (länger zurückliegende einmalige Messungen) sowie aus laufenden Rohwasser- und Trinkwasseruntersuchungen und aus der Überwachung von Anlagen, die das Grundwasser nachhaltig gefährden könnten (z.B. Abfallbeseitigungsanlagen), wichtige Grunddaten über den Zustand des Grundwassers aus den verschiedenen niedersächsischen Landschaftsräumen vor.

In Niedersachsen ist jedoch zusätzlich ein *Grundwassergütemeßnetz* (vgl. Abb. 216) aufgebaut worden, durch das gegenwärtig (1989) an etwa 230 Meßstellen Grundwasserproben entnommen und auf ihre qualitative Zusammensetzung (Wassergü-

te) untersucht werden. Dazu kommen die Meßdaten aus der *Trinkwasserüberwachung*.

Nach dem derzeitigen Stand (1989) scheint die Belastung des Trinkwassers aus öffentlichen Wasserwerken noch sehr gering zu sein. Lediglich bei 1 - 2 % der untersuchten Wasserwerke wurden die festgelegten Grenzwerte für eine belastende Substanz von 0,1 Mikrogramm je Liter (0,0000001 g/l) oder die Grenzwerte für Pflanzenschutzmittel überschritten.

Mit dem gegenwärtigen Meßnetz ist aufgrund der Flächengröße des Landes allerdings noch keine lückenlose Überwachung der gesamten niedersächsischen Grundwasservorkommen möglich. Das Meßnetz wird deshalb weiter ausgebaut, um eventuell noch unbekannte Verunreinigungsquellen feststellen zu können.

Grundwasserschutzprogramm: Schwerpunkte Landwirtschaft (Gülle), Altlasten und Reinhaltung der Luft

Besondere Gefahrenquellen für die Trinkwasserversorgung sind flächenhafte Belastungen des Grundwassers durch die Landwirtschaft und Belastungen durch Altlasten der Industrie sowie durch ehemalige Müllplätze und einstige militärische Anlagen (Munitionsfabriken u.ä.).

Insbesondere die steigenden *Nitratkonzentrationen* unter allen Ackerflächen und im oberflächennahen Grundwasser schaffen schwerwiegende Probleme, für die der hohe Düngereinsatz in der Landwirtschaft Hauptursache ist. Eine besondere Gefahr geht von der *"Gülle"* aus, die bereits bei Pkt. 10.4.3. besprochen wurde.

Auch die gegenwärtigen Bemühungen zur *Reinhaltung der Luft* dienen der Sicherung der Grundwasserqualität, da der Niederschlag der in der Luft enthaltenden Schadstoffe (vgl. Abschnitt 10.6.) nicht unerheblich an der Belastung des Bodens und damit des Grundwassers beteiligt ist.

10.5.3. Schutz der Oberflächengewässer

Die Verunreinigung niedersächsischer Oberflächengewässer erfolgt einerseits durch Direkteinleitungen industrieller und kommunaler Abwässer, aber auch durch diffuse Einleitungen vielerlei Art, wie Abschwemmungen, Regenwasserablauf von versiegelten Flächen, nährstoffreiche Abflüsse aus Dränungen und außerdem durch immissionsbedingte Schadstoffe aus dem Niederschlag ("Saurer Regen",vgl. Abschnitt 10.6.).

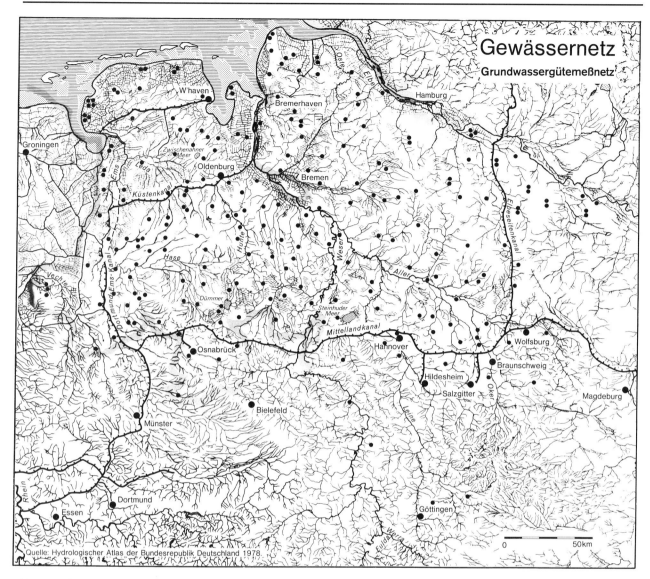

Abb. 216: Gewässernetz und Grundwassergüte-Meßstationen (n. Niedersächs. Landesamt f. Wasserwirtschaft, Hildesheim 1987).

Dokumentation der Schadstoffbelastung durch Gewässergütekarten

Mit der starken Bevölkerungszunahme durch den Flüchtlingszustrom, mit der enormen Zunahme des privaten Wasserverbrauchs in den Wohnungen durch den Einbau von Bädern und Wasserspülungen und mit dem beträchtlichen Aufschwung von Industrie und Gewerbe zwischen 1950 und 1970 verschlechterte sich infolge erhöhter Abwassereinleitungen die Güte der Oberflächengewässer ganz erheblich.

Um die zunehmende Belastung zu erfassen, werden auf der Grundlage von biologisch-ökologischen Untersuchungen sowie chemisch-physikalischen Messungen seit 1970 alljährlich Gewässergütekarten veröffentlicht, in denen die Gewässer je nach dem Verschmutzungsgrad, d.h. nach der

Belastung mit fäulniserregenden organischen Substanzen bzw. mit Phosphaten und Nitraten in vier Güteklassen eingeteilt sind (vgl. Abb. 217).

Die erste niedersächsische *Gewässergütekarte* (1970) wies im mittleren und südlichen Niedersachsen für zahlreiche Fließgewässer die Gewässergüteklassen III, III/IV und IV auf, d.h. einen starken, sehr starken oder sogar übermäßig starken Verschmutzungsgrad. Der Gewässergütebericht von 1990 läßt dagegen eine deutliche Verbesserung der Wasserqualität erkennen. Im Mittel hat sich die Gewässergüte um 1 bis 2 Güteklassen verbessert (vgl. Abb. 217). Das ist einerseits auf die Zunahme von gut ausgestatteten Kläranlagen der Kommunen und der Industrie und auf den verstärkten Anschluß auch vieler ländlicher Gemeinden an solche Anlagen durch eine Kanalisation zurückzuführen. Andererseits sind die Umstellung der Industrie auf wassersparende Fertigungsmethoden und auf eine Mehrfachnutzung des Wassers unverkennbar.

Weitere Verbesserungen nur durch chemische Abwasserklärung

Die Behandlung des Abwassers lediglich durch eine *mechanisch-biologische Grundreinigung* (I. und II. Reinigungsstufe) reicht jedoch, wie die Gewässergütekarte 1990 zeigt, in weiten Teilen des Landes nicht aus, um bei allen Fließgewässern die Güteklasse II (mäßig belastet) zu erreichen. Hierzu sind der Neubau sowie eine Erweiterung und Modernisierung der bestehenden Kläranlagen mit Einrichtungen zur Ausfällung von Phosphaten und Nitraten (III. Reinigungsstufe) notwendig.

Zunehmend gelangen *schwer abbaubare Stoffe* in den Wasserkreislauf (z.B. Schwermetalle, chlorierte Kohlenwasserstoffe), die mit den herkömmlichen Methoden der Abwasserreinigung nicht mehr oder nur unter hohem finanziellen Aufwand zu behandeln sind. Orientiert man sich an den Grenzwerten der Trinkwasserverordnung der Bundesrepublik Deutschland (TVO), so werden in den größeren niedersächsischen Fließgewässern allerdings vorläufig nur in Einzelfällen (z.B. bei Niedrigwasser) bedenkliche Konzentrationen dieser Schadstoffe festgestellt. Dagegen gehen von manchen kleineren Gewässern hohe Belastungen aus, die überwiegend durch häusliche und landwirtschaftliche Quellen verursacht werden. Als Folge davon kann es durch zu hohe Nährstoffzufuhr, besonders durch Phosphate und Nitrate, zu *Gewässereutrophierungen* mit erheblichen ökologischen Auswirkungen (Faulschlammbildung) kommen (Beispiele: Dümmer und Steinhuder Meer).

Auffallend sind in Niedersachsen die hohen *Schwermetallbelastungen* von Oker und Innerste, die sich über Leine und Aller teilweise bis zur Weser auswirken. Die bereits genannten Ursachen dieser Belastung sind eine Folge des jahrhundertealten Bergbaues auf silberhaltige Blei-Zinkerze im Harz, wobei Auslaugungen und Abspülungen von Abraumhalden, aber auch Einleitungen der schwermetallverarbeitenden Industrie eine Rolle spielen.

Die Salzfracht: hohe Belastung für Werra und Weser

Ein besonderes Problem ist die hohe *Salzbelastung der Werra und Weser.* An der 1988 gemessenen Chloridfracht der Ober- und Mittelweser von etwa 230 kg pro Sekunde (umgerechnet auf NaCl 380 kg pro Sekunde) hatten die Kaliwerke der ehemaligen DDR, die alles Salzwasser ihrer Produktion in die Werra leiteten, einen Anteil von etwa 90 %. Bei den Chloridverbindungen handelt es sich vorwiegend um Natriumsalze, untergeordnet auch um Magnesium- und Kalisalze, die als Nebenprodukte im Kalibergbau anfallen.

Die Salzfracht wurde über die Werra eingebracht, die 1988 insgesamt 12 Mio. t Salz (als NaCl) aufnehmen mußte ! Zur Beseitigung derart großer Salzmassen auf dem Landwege wäre etwa jede halbe Stunde ein Güterzug mit 50 Waggons erforderlich.

Nach dem Zusammenfluß mit der Fulda ging die Salzkonzentration der Werra von etwa 2-5 g/l Cl (Spitzenwerte 1988: Über 10 g/l) auf etwa 1-3 g/l Cl im Bereich der Oberweser (Pegel Hemeln) zurück (Spitzenwert Sept. 1988: 4,7 g/l). Selbst nach der Einmündung der Aller war die Weser immer noch einer Belastung von 0,2-0,4 g/l Chlorid ausgesetzt.

Bei einem Salzgehalt von etwa 0,5 g/l Chlorid in einem Fließgewässer stellen sich bereits erste Störungen im biologischen Stoffwechsel ein, bei etwa 2 g/l wird der Gewässerbiotop stark beeinträchtigt. Die Konzentrationshöhen in der Werra und Weser, aber auch die Belastungsschwankungen durch wechselnde Einleitungen, machten eine Anpassung der Organismen fast unmöglich. Hinzu kommt, daß nach Vermischung des überbelasteten Werrawassers mit dem völlig verschiedenen Fuldawasser die meisten Organismen der Fulda und Oberweser durch den "Salzschock" abstarben und als tote organische Masse zusätzlich den Sauerstoffgehalt der Weser belasteten, der ohnehin in der Mittel- und Oberweser gering ist. Wenn der Fischbesatz hier trotzdem noch vorhanden ist, so ist das vor allem der regen Tätigkeit der Anglervereine zuzuschreiben, die den Bestand ständig auf eigene Kosten mit Besatzfischen (Edelfischen) ergänzen bzw. aufstocken.

Nach der Wiedervereinigung (1990) und den Produktionsbeschränkungen in den thüringischen Kaliwerken ist die Belastung von Werra und Weser erheblich zurückgegangen.

Um die ökologische Belastung der Weser zu reduzieren, hatten schon vor der Wiedervereinigung die Anliegerländer Hessen, Nordrhein-Westfalen, Niedersachsen und Bremen in einem "Aktionsprogramm Weser" beschlossen, von 1988 bis zum Jahre 2000 nicht nur für eine Reduzierung der Salzfracht Sorge zu tragen, sondern auch den Phosphateintrag um 84 % und den Stickstoffeintrag um 58 % zu reduzieren. 1985 waren 70 000 t Stickstoff und 6500 t Phosphor über die Weser in die Nordsee gelangt. Allein in Niedersachsen sind an etwa 370 Kläranlagen und bei 35 Industriebetrieben Maßnahmen zur Stickstoff- bzw. Phosphatreduzierung vorgesehen.

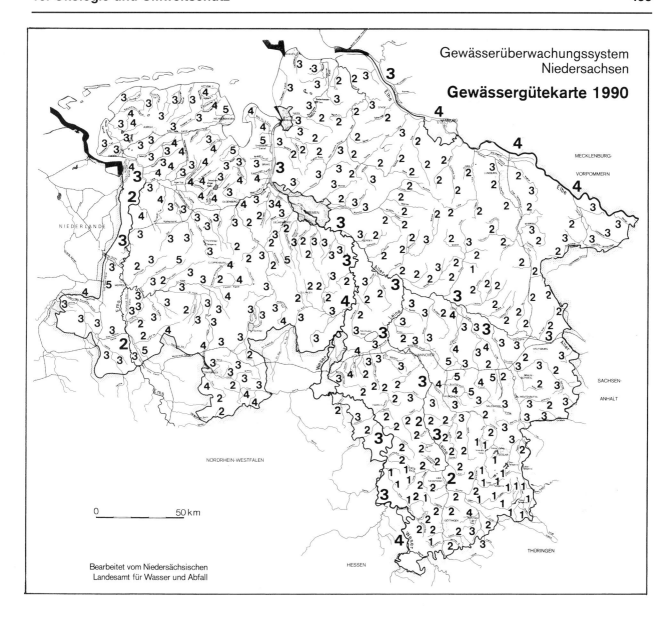

Gewässergüte der Fließgewässer und Kanäle

(Biologisches Zustandsbild auf Grund des Sauerstoffhaushalts)

1 Güteklasse I: unbelastet bis sehr gering belastet

Gewässerabschnitte mit reinem, stets annähernd sauerstoffgesättigtem und nährstoffarmem Wasser; geringer Bakteriengehalt; mäßig dicht besiedelt, vorwiegend von Algen, Moosen, Strudelwürmern und Insektenlarven; Laichgewässer für Edelfische.

1 Güteklasse I–II: gering belastet

Gewässerabschnitte mit geringer anorganischer oder organischer Nährstoffzufuhr ohne nennenswerte Sauerstoffzehrung; dicht und meist in großer Artenvielfalt besiedelt.

2 Güteklasse II: mäßig belastet

Gewässerabschnitte mit mäßiger Verunreinigung und guter Sauerstoffversorgung; sehr große Artenvielfalt und Individuendichte von Algen, Schnecken, Kleinkrebsen, Insektenlarven; Wasserpflanzenbestände decken größere Flächen; ertragreiche Fischgewässer.

3 Güteklasse II–III: kritisch belastet

Gewässerabschnitte, deren Belastung mit organischen, sauerstoffzehrenden Stoffen einen kritischen Zustand bewirkt; Fischsterben infolge Sauerstoffmangels möglich; Rückgang der Artenzahl bei Makroorganismen; gewisse Arten neigen zu Massenentwicklung; Algen bilden häufig größere flächendeckende Bestände.

4 Güteklasse III: stark verschmutzt

Gewässerabschnitte mit starker organischer, sauerstoffzehrender Verschmutzung und meist niedrigem Sauerstoffgehalt; örtlich Faulschlammablagerungen; flächendeckende Kolonien von fadenförmigen Abwasserbakterien und festsitzenden Wimpertieren übertreffen das Vorkommen von Algen und höheren Pflanzen; nur wenige, gegen Sauerstoffmangel unempfindliche tierische Makroorganismen, wie Schwämme, Egel, Wasserasseln, kommen bisweilen massenhaft vor; geringe Fischereierträge; mit periodischen Fischsterben ist zu rechnen.

5 Güteklasse III–IV: sehr stark verschmutzt

Gewässerabschnitte mit weitgehend eingeschränkten Lebensbedingungen durch sehr starke Verschmutzung mit organischen, sauerstoffzehrenden Stoffen, oft durch toxische Einflüsse verstärkt; zeitweilig totaler Sauerstoffschwund; Trübung durch Abwasserschwebstoffe; ausgedehnte Faulschlammablagerungen, durch rote Zuckmückenlarven oder Schlammröhren-Würmer dicht besiedelt; Rückgang fadenförmiger Abwasserbakterien; Fische nicht auf Dauer und dann nur örtlich begrenzt anzutreffen.

5 Güteklasse IV: übermäßig verschmutzt

Gewässerabschnitte mit übermäßiger Verschmutzung durch organische, sauerstoffzehrende Abwässer; Fäulnisprozesse herrschen vor; Sauerstoff über lange Zeiten in sehr niedrigen Konzentrationen vorhanden oder gänzlich fehlend; Besiedlung vorwiegend durch Bakterien, Geißeltierchen und freilebende Wimpertierchen; Fische fehlen; bei starker toxischer Belastung biologische Verödung.

Abb. 217: Gewässergütekarte von Niedersachsen (n. Niedersächs. Minist. f. Ernährung, Landwirtschaft u. Forsten 1990).

*Daueruntersuchungen im Rahmen des Gewässer-
überwachungssystems Niedersachsen (GÜN)*

Eine wichtige Grundlage des Gewässerschutzes
ist die regelmäßige *Gewässergüteüberwachung.*
In Niedersachsen wurde 1979 ein *Gütemeßnetz*
mit inzwischen 35 weitgehend automatisierten Gü-
temeßstationen aufgebaut, in denen kontinuierlich
wesentliche Beschaffenheitsmerkmale des Oberflächenwassers gemessen und bis zu 30 Inhaltsstof-
fe analysiert werden. An zusätzlichen 360 Meßstellen werden nach einem festen Meßprogramm weitere Einzelproben für Laboruntersuchungen gezogen. Eingebunden in das Gewässerüberwachungssystem ist ein *Radioaktivitätsmeßnetz der Oberflächengewässer.*

Das Oberflächenwasser-Gütemeßnetz und ein zusätzliches Grundwassergütemeßnetz bilden gemeinsam das Gewässerüberwachungssystem Niedersachsen (GÜN). Ausgehend von der Meßnetz-
zentrale im Niedersächsischen Landesamt für Was-
ser- und Abfallwirtschaft in Hildesheim können so
landesweit Verunreinigungen des Grund- und Oberflächenwassers erkannt und Gegenmaßnahmen
eingeleitet werden.

10.5.4. Abwasserentsorgung

Für den Oberflächen- und Grundwasserschutz ist
eine geordnete Abwasserentsorgung unentbehrlich. Als *Abwasser* bezeichnet man jedes nach Gebrauch veränderte, an der Oberfläche oder in einem Kanalisationssystem abfließende Wasser.

Vielfach sind erst in den letzten Jahrzehnten zentrale Abwasserbeseitigungsanlagen errichtet worden. Waren 1948 nur 12,5 % der Einwohner des
Landes an zentrale vollbiologische Kläranlagen angeschlossen, so beträgt der Anschlußgrad 1989 bereits über 85 %. Die geringsten Anschlußwerte haben naturgemäß die ländlichen Streusiedlungsge-
biete, in denen ein Kanalanschluß mit sehr hohen
Kosten verbunden ist.

In 90 % der z.Zt. in Betrieb befindlichen niedersächsischen *Kläranlagen* wird das gesammelte Abwasser nicht nur mechanisch gereinigt (Klärstufe I),
sondern es werden auch organische Verbindungen biologisch abgebaut (Klärstufe II). Die in den
letzten Jahren zu verzeichnende Verbesserung
der Wasserqualität in niedersächsischen Fließgewässern ist in erster Linie auf die Reinigungsleistung dieser Biologischen Kläranlagen zurückzuführen.

*Kommunale Abwässer enthalten zunehmend
chemische Substanzen*

In den letzten 20 Jahren hat sich die *Zusammensetzung der kommunalen Abwässer* z.T. stark ver-

ändert. Waren es bislang vorwiegend organische
Substanzen, die den Großteil des Abwassers ausmachten, so werden heute auch von privaten Haushalten immer mehr komplexe chemische Substanzen den Kläranlagen zugeleitet. Als Beispiel seien
hier die Wasch- und Reinigungsmittel genannt. Diese und ähnliche Stoffe sind nur mit großem finanziellen Aufwand oder überhaupt nicht von den kommunalen Kläranlagen zu beseitigen.

Gegenwärtig (1991) wird mit einer weitergehen-
den Reinigung (*Phosphatfällung, Stickstoffreduzierung,* Ausfilterung von Schwebstoffen) versucht,
wenigstens die Hauptverursacher der Gewässereu-
trophierung zu begrenzen. Es ist geplant, bis 1995
den Phosphoreintrag aus kommunalen Kläranlagen in die Oberflächengewässer um 60 % und
den Stickstoffeintrag um 30-40 % zu reduzieren,
womit dann ein wichtiger Beitrag für die Reinhaltung der Nordsee geleistet würde.

Ergänzend wird durch gezielte Aufklärung versucht, den Verbraucher zu einem sparsameren
Umgang mit umweltgefährdenden Stoffen zu bewegen, phosphatfreie Waschmittel zu benutzen, auf
schwer abbaubare Reinigungsmittel zu verzichten
und Wasser zu sparen.

*Gewerbliche Abwässer: Belastungsschwerpunkte
an den großen Flüssen*

Die gewerblichen Abwässer entsprechen in Niedersachsen mengenmäßig etwa denen der privaten
Haushalte. Sie werden vielfach ebenfalls den kommunalen Kläranlagen zugeführt. Zum Teil sind diese Abwässer stärker belastet als die der Haushalte. Es ist dann notwendig, durch entsprechende
Auflagen Vermeidungsmaßnahmen nach dem
neuesten Stand der Technik durchzusetzen. Das
gilt auch für Industriebetriebe, die häufig nicht an
eine zentrale Abwasserbeseitigungsanlage angeschlossen sind, sondern ihre Abwässer nach be-
triebseigener Klärung direkt in Oberflächengewässer einleiten. Da die Industriebetriebe nicht unwe-
sentlich an der Verschmutzung gerade der größeren Flüsse wie Elbe und Weser beteiligt sind, müssen hier in Zukunft weitere Verbesserungen sowohl bei der Produktion (umweltfreundliche Verfahren) als auch bei der Entsorgung (technische Verbesserung der Kläranlagen) sowie der Überwachung vorgenommen werden.

10.5.5. Naturnahe Gewässergestaltung und
-unterhaltung

*Naturnahe Gewässer: stabile Ökotope im ökolo-
gischen Gleichgewicht*

Die meisten Flüsse und Bäche sind aus unterschiedlichen Gründen (Hochwasserschutz, Siche-

rung der landwirtschaftlichen Produktion und Existenz, Verbesserung der Schiffahrt) ausgebaut und durch Ufersicherungen und Buhnen festgelegt, begradigt, teilweise sogar in Beton gefaßt oder gänzlich verrohrt worden. Der ökologische Wert derart umgestalteter Fließgewässer ist schwer beeinträchtigt oder oftmals ganz verlorengegangen.

Demgegenüber sind naturnahe Gewässer als eigene Ökotope für die Erhaltung der heimischen Artenvielfalt unentbehrlich (vgl. Kap. 9. "Tierwelt"). Durch ihre hohe Selbstreinigungskraft üben sie zudem einen positiven Einfluß auf die Gewässergüte aus und tragen durch ihre im Vergleich zu ausgebauten Gewässern geringere Fließgeschwindigkeit zur Dämpfung von Hochwasserspitzen bei. Häufig sind sie nicht nur in Landschaftsschutz- und Naturschutzgebieten ein prägendes Landschaftselement, das es zu erhalten gilt, sondern auch in der Kulturlandschaft.

Das Gewässerrandstreifenprogramm

In Niedersachsen sind von ca. 133 000 km Fließgewässern nur noch ca. 3000 km (2,3 %) als naturnah einzustufen. Es handelt sich größtenteils um kleinere Fließgewässer mit z.T. vom Aussterben bedrohten Tier- und Pflanzengemeinschaften (vgl. Kap. 8. "Pflanzendecke" und Kap. 9. "Tierwelt"). Sie sind bereits in Katastern erfaßt und werden von Behörden und Naturschutzverbänden sorgfältig überwacht. Solche Gewässer sollen erhalten bleiben, und ihre Zahl soll möglichst durch naturnahe Umgestaltungen (standortgemäße Bepflanzungen, Einrichtung breiter Gewässerrandstreifen, naturnaher Gewässerausbau u.a.) erhöht werden.

In einem Gewässerrandstreifenprogramm (1988) sollen naturnah belassene, mindestens 5 m breite Streifen zunächst unter dem Gesichtspunkt der Biotopvernetzung ausgewiesen werden. Bei uferbegleitendem Ackerland sollen die Randstreifen in Grünland umgewandelt oder bepflanzt werden. Gewässerrandstreifen haben nicht nur einen vielseitigen ökologischen Wert für die Tier- und Pflanzenwelt, sondern sie vermindern auch die Abschwemmung von Dünger und Pflanzenschutzmitteln aus benachbarten landwirtschaftlichen Nutzflächen in die Gewässer. So können sie das Selbstreinigungsvermögen der Gewässer stärken, damit sie die unvermeidbaren Restbelastungen verkraften, die auch bei weiter gesteigerter Reinigungsleistung der Kläranlagen und Verminderung der diffusen Belastung nicht zu verhindern sein werden.

10.5.6. Reinhaltung der Nordsee

Geringer Wasseraustausch und umlaufende Tidewellen verstärken die Schadstoffanreicherung

Die Nordsee ist seit vielen Jahrzehnten durch die Abwassereinleitungen der Anrainerstaaten über die in die See mündenden Flüsse und Ströme, aber auch durch die Schiffahrt, durch die Abfallbeseitigung auf See und durch Einträge über die Atmosphäre belastet. Insbesondere im Mündungsbereich der Flüsse und in den küstennahen Gewässern hat der Verschmutzungsgrad ein so besorgniserregendes Ausmaß angenommen, daß Bürgerinitiativen, Parteien und jetzt auch Regierungen Programme zur Rettung der Nordsee aufgestellt haben.

In den Sommermonaten sich wiederholende Algenmassenvermehrung, die bisweilen mit Fischsterben einhergehen, Badeverbote und das Robbensterben von 1988 haben in jüngster Vergangenheit die Öffentlichkeit verstärkt auf diese Problematik aufmerksam gemacht, so daß in einem Programm "Rettet die Nordsee - jetzt" und auf internationalen Konferenzen *Sanierungsmaßnahmen* eingeleitet worden sind.

Nach Untersuchungen aus den 80er Jahren wurden der Nordsee durchschnittlich jährlich zugeführt: 5 Mio. t Klärschlamm, 4 Mio. t flüssige und feste Industrieabfälle, 1,2 Mio. t Stickstoff und Phosphor durch Flüsse und Direkteinleitung, dazu kamen 0,4 Mio. t Stickstoff durch Staubniederschläge und "Sauren Regen". Besonders verhängnisvoll war die jährliche Einbringung von 116 000 t Öl, von 20 000 t Schiffsabfällen sowie 28 000 t Schwermetallen (Umweltbericht 1988, S.109).

An den Ursachen der Verunreinigung sind alle Nordseeanrainerstaaten beteiligt. Insbesondere die über den Rhein als Hauptschadstoffträger eingeleitete Schmutzfracht gelangt infolge der *umlaufenden Tidewelle (Drehtide)* in die Deutsche Bucht. Da der Wasseraustausch mit dem Atlantik nur gering ist bzw. mehrere Jahre in Anspruch nimmt, lagern sich die Schadstoffe in der Nordsee ab, besonders in den Küstengewässern, und verursachen dort eine langfristige Belastung der Meeresfauna und -flora sowie der Badestrände.

Maßnahmen zur Reinhaltung: der Beitrag Niedersachsens

Der Beitrag Niedersachsens zur Reinhaltung der Nordsee besteht zunächst darin, die Schadstoffeinleitung über die Flüsse Weser, Elbe und Ems so gering wie möglich zu halten. Durch den *Ausbau von Kläranlagen* und des Kanalisationsnetzes konnte in den vergangenen Jahren z.B. der Schadstoffeintrag in die niedersächsischen Flüsse und damit in die Nordsee deutlich verringert werden. Mit der Einführung der Reinigungsstufe III (Phosphatfällung, Stickstoffreduzierung, Ausfilterung von Schwebstoffen) in 29 Kläranlagen an der Küste wird er gegenwärtig weiter reduziert, wenn auch für die Elbe wegen des Fremdeinflusses noch kein durchgreifendes Konzept besteht (vgl. Pkt. 10.5.4.).

Schiffsmüll, -abwasser und Öl sowie ölhaltige Abfälle der Fahrgast- und Frachtschiffe sowie Tankschiffe werden in den niedersächsischen Seehäfen vorläufig kostenlos entsorgt und der *Abfall der Inseln* zu den Mülldeponien des Festlandes gebracht. Damit konnten die Inseldeponien geschlossen und die Rekultivierung mit landschaftstypischem Bewuchs eingeleitet werden. Wesentlich ist auch, daß seit dem 1.1.1989 ein weltweites Verbot gilt, *Kunststoffgegenstände,* die überall an den Stränden zu einem Ärgernis und Gefahrenherd geworden sind, auf See zu beseitigen.

Die bei der niedersächsischen Titandioxid-Produktion (Nordenham) anfallende *Dünnsäure* ist bis 1989 größtenteils auf See verklappt worden (1989: 195 000 t). Um die hiermit einhergehende Belastung des Ökosystems Nordsee zu vermeiden, hat man die Verklappungsmenge in den vergangenen Jahren ständig reduziert. Im Jahr 1990 ist die Verklappung endgültig eingestellt worden.

Einen großen Anteil an dem Gesamtschadstoffeintrag in die Nordsee hatte bisher die *Klärschlammverklappung* und -einspülung (jährlich rd. 5 Mio. t). Von Niedersachsen aus ist jedoch nie eine derartige "Entsorgung" vorgenommen worden. Sie ist auch nicht beabsichtigt.

Auf der Nordsee wurden bisher jährlich insgesamt etwa 100 000 t in der industriellen Produktion anfallende *halogenierte Kohlenwasserstoffe* als Abfall verbrannt. Hieran war auch Niedersachsen, wenn auch mit vergleichsweise geringem Anteil, beteiligt. Durch die Weiterentwicklung von Recycling-Techniken und durch den Bau von umweltschonenden Abfallbeseitigungsanlagen an Land wurde in der Bundesrepublik 1989 die *Seeverbrennung* eingestellt.

Die *weltweite Ölverschmutzung* ist ein Problem, das auch die Nordsee betrifft. Ende der 70er Jahre sind vor allem durch Reinigen der Öltanks auf See jährlich rd. 116 000 t Öl in die Nordsee gelangt. Insbesondere das ökologisch empfindliche Wattenmeer (vgl. Kap. 9. "Tierwelt") ist hier einer großen Gefahr ausgesetzt. Der Bund und die Küstenländer haben deshalb gemeinsam *Ölbekämpfungsschiffe* in Dienst gestellt. In Cuxhaven besteht eine Sonderstelle der Küstenländer "Ölunfälle See/Küste". Außerdem ist ein mit zwei Flugzeugen und anderen technischen Einrichtungen arbeitendes *Luftüberwachungssystem* entwickelt wor-

den. Allein im Jahre 1988 wurden im besonders intensiv überwachten deutschen Küstengebiet 414 Ölverschmutzungen festgestellt. In 180 Fällen konnten Ermittlungsverfahren gegen die Verursacher eingeleitet werden, aber nur in 10 Fällen erfolgten Verurteilungen.

Neben den Beschlüssen auf Landes- und Bundesebene gibt es inzwischen zahlreiche *internationale Zusammenkünfte* und *Bemühungen,* die eine Verringerung der Schadstoffbelastung der Nordsee zum Ziel haben. Dazu gehören die Internationalen Nordseeschutzkonferenzen. An der 3. Internationalen Nordseeschutzkonferenz (1990) war auch Niedersachsen als ein unmittelbar betroffener Nordseeanrainer beteiligt.

10.6.   Luftreinhaltung und Lärmschutz

10.6.1. Einführung

Luftschadstoffe: akute Bedrohung für unsere Umwelt

Die zunehmende Industrialisierung, der gestiegene Energiebedarf und die fortschreitende Motorisierung haben seit der Jahrhundertwende, insbesondere aber nach dem Zweiten Weltkrieg, zu einer erhöhten Anreicherung der Atmosphäre mit luftverunreinigenden Stoffen geführt. Gegenwärtig sind mehr als 1000 (!) Luftschadstoffkomponenten bekannt, die als *Emissionen* bei der Energiegewinnung aus fossilen Brennstoffen (Kohle, Öl und Gas), bei industriellen Prozessen oder als biologische Abbauprodukte entstehen.

Die Gefährdung der Umwelt durch Luftverunreinigungen nimmt (zeitweise) ein Ausmaß an, das in den Verdichtungsräumen langfristige Planungen zur nachhaltigen Verbesserung der Luftqualität erforderlich macht und auch bereits Pläne für Katastrophenfälle (z.B. "Niedersächsische Smog-Verordnung") entstehen ließ.

Luftschadstoffe haben auch großräumig bereits zu erheblichen ökologischen Schäden geführt, wie das z.B. am *Fischsterben* als Folge saurer Niederschläge in skandinavischen Binnengewässern oder an den in Gesamtmitteleuropa zu beobachtenden *Waldschäden* (vgl. Pkt. 10.3.4.) deutlich wird.

Luftschadstoffe kennen keine politischen Grenzen

Die Schadstoffbelastung der Luft ist ein europa- und weltweites Umweltproblem geworden. Ein Großteil der in Niedersachsen meßbaren Luftschadstoffe ist nicht im Land selbst bzw. in der Bundesrepublik Deutschland emittiert worden, sondern gelangt durch Ferntransport aus den östlichen und westlichen Nachbarstaaten in den norddeutschen Raum.

Die höchsten *Schwefeldioxidimmissionen* gelangen derzeit (1991) bei östlichen Windrichtungen aus den neuen Bundesländern nach Niedersachsen. Eine windrichtungsabhängige Untersuchung der Schadstoffbelastung zeigte deutlich, daß in den Waldgebieten Solling und Hils die Schwefeldioxidbelastung bei Ostwindlagen doppelt (!) so hoch war wie bei westlichen Winden (n. Umweltschutz in Niedersachsen 1985). Hier wirkte sich die räumliche Nähe der mitteldeutschen Braunkohlenreviere unmittelbar auf die Luftschadstoffbelastung aus.

Das Wirkungsgefüge komplexer Schadwirkketten: Belastung für Mensch und Natur

Zur Beurteilung der Luftverunreinigungen beschränkt man sich vorläufig auf die Messung von Schwefeldioxid (SO_2), Stickoxiden (NO_2 u. NO), Kohlenstoffmonoxid (CO), Ozon (O_3), Staub und der Schwermetalle Blei und Cadmium.
Die Verweildauer der Schadstoffe in der Atmosphäre beeinflußt ihre Schadwirkung; denn bevor sie sich als trockene oder feuchte Depositionen ablagern, wandeln sie sich häufig chemisch um und sind so Ausgangsprodukte komplexer Schadwirkketten. Die Waldschäden (vgl. Pkt. 10.3.4.) bieten Beispiele für ein derartiges Wirkungsgefüge.
Darüberhinaus belasten die Luftschadstoffe die *menschliche Gesundheit.* Der genaue ursächliche Zusammenhang zwischen Atemwegserkrankungen und bestimmten Luftverunreinigungen ist derzeit noch Gegenstand wissenschaftlicher Untersuchungen. Insbesondere bei hohen Ozon-Konzentrationen von über 360 Mikrogramm O_3 pro m^3 treten bei Asthmatikern, Herz-Kreislauf-Kranken und Allergikern z.T. erhebliche Beschwerden auf.
Die *schädigende Wirkung* der luftverunreinigenden Stoffe *auf die Pflanzen* ist ebenfalls unumstritten (vgl. Pkt. 10.3.4.). Durch die chemische Umwandlung in der Atmosphäre und im Niederschlagswasser entstehen häufig Säuren, die sich im Boden anreichern und die Nährstoffaufnahme der Pflanzen erschweren. Pflanzen können sogar unmittelbar durch bestimmte Luftschadstoffe geschädigt werden, wenn zusätzlich Streßfaktoren (Trockenheit, strenger Frost, Schädlingsbefall) auf sie einwirken.
Staubförmige Luftverunreinigungen enthalten vielfach giftige *Schwermetallverbindungen* (u.a. Blei, Cadmium, Thallium), die mit dem Niederschlagswasser in den Boden gelangen und von den Pflanzen aufgenommen werden. Über die Nahrungskette stellen sie damit auch eine mögliche Gefahr für Mensch und Tier dar.
Durch Schwermetallverbindungen bedingte Schädigungen der Waldbäume und Torfmoose lassen

sich z.B. in den Harzer Mooren bereits für die verschiedenen Bergbauperioden durch extrem hohe *Bleianreicherungen* bei Tiefen von 10 - 50 cm in den Torfen nachweisen. Besonders ausgeprägt gilt das für die Zeit von 1650-1735, als durch die Verhüttung von Blei-, Kupfer- und Silbererzen eine hohe Anreicherung von Cadmium, Kupfer, Blei und Zink in den Torfen erfolgte (JENSEN 1987, S. 66).
Auf Luftverunreinigungen lassen sich auch die vielfach auftretenden *Verwitterungsschäden* an Skulpturen und Gebäuden zurückführen, die insbesondere an wertvollen Baudenkmälern und an Stahlbetonkonstruktionen zu beobachten sind.

10.6.2. Luftschadstoffüberwachung in Niedersachsen

Das Lufthygienische Überwachungssystem Niedersachsen (LÜN)

Als wichtige Voraussetzung für die Verminderung der Luftschadstoffbelastung wurde im Jahre 1977 in Niedersachsen mit dem Aufbau des *Lufthygienischen Überwachungssystems Niedersachsen (LÜN) und eines Niedersächsischen Landesamtes für Immissionsschutz* begonnen. Es handelt sich beim LÜN um ein automatisch arbeitendes und mit kontinuierlich messenden Geräten ausgestattetes System, das in Niedersachsen gegenwärtig (1989) aus 44 Meßstationen besteht. Neben den halbstündig gemessenen Schadstoffen Schwefeldioxid, Stickoxide, Kohlenmonoxid und Ozon sowie den Staubkonzentrationen in der Luft werden auch meteorologische Parameter wie Luftdruck, Windrichtung, -geschwindigkeit, Temperatur und die relative Luftfeuchte registriert (vgl. Abb. 218).
Die Schadstoffbelastung durch *Ferneinträge* wird insbesondere in den Meßstationen Büddenstedt bei Helmstedt und in den Städten Münden, Duderstadt, Herzberg, Göttingen, Salzgitter, Wolfsburg, Buxtehude, Delmenhorst, Osnabrück, Lingen, Lüneburg und Rinteln beobachtet.
Ergänzend und parallel zum Lufthygienischen Überwachungssystem Niedersachsen werden zur Klärung spezieller mit der Luftverunreinigung verbundener Ursachen (wie beispielsweise die Wald-, Pflanzen- und Denkmalsschäden) in verschiedenen Regionen des Landes *großräumige Immissionsuntersuchungsprogramme* durchgeführt. Wenn sie zunächst auch vorrangig in Industrie- und Ballungsräumen durchgeführt wurden, so sind sie seit 1980 mit der Zunahme der Waldschäden (vgl. Pkt. 10.3.4.) verstärkt auch auf Landesteile ausgedehnt worden, die weitab von möglichen Emittenten liegen.

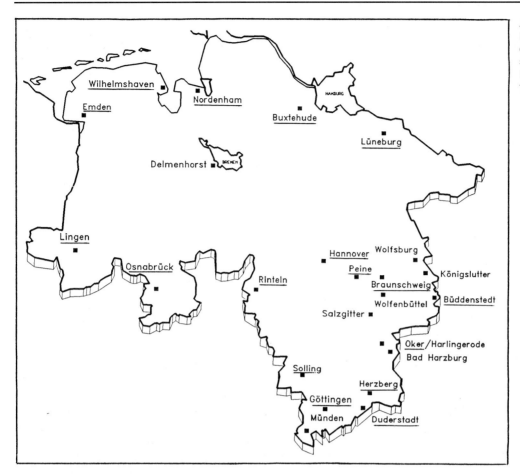

In den Jahren 1985-87 konnten diesbezüglich Untersuchungen für die Städte Wolfsburg, Göttingen, Helmstedt, Nienburg, Osnabrück/Georgsmarienhütte und Stade sowie für die Gebiete Cuxhaven-Altenbruch-Otterndorf, "Östliches Niedersachsen", "Waldgebiet Wingst" und "Waldstation Solling" abgeschlossen werden.

Zur Zeit (1990) laufen Untersuchungsprogramme in den Räumen Peine-Ilsede, Hameln, Delmenhorst und Lüneburg. In Duderstadt sind zusätzlich Sondermeßprogramme über die Fluorbelastung der Luft sowie spezielle Pflanzenuntersuchungsprogramme durchgeführt worden. Die Ausbreitung von *Autoabgasen* wurde 1984-1987 in Sondermessungen an der vielbefahrenen Autobahn A7 in Seesen erfaßt.

Bisherige Meßergebnisse: Abnehmende Schadstoffbelastung mit regionalen Unterschieden

Die Schadstoffkonzentrationen in der Luft zeigen - über mehrere Jahre gemittelt - tendenziell eine *Abnahme der Immissionsbelastungen* in Niedersachsen. Vor allem bei der Staubbelastung der Luft ist eine deutliche Verminderung zu verzeichnen. Auch die Schwefeldioxidbelastung ist - von kurzfristigen Anstiegen abgesehen - relativ gering. Dabei besteht bei den Meßergebnissen ein deutliches Konzentrationsgefälle vom südostniedersächsischen Raum zum Küstenbereich. Kurzfristige Anstiege der Schwefeldioxid- und Schwebstaubbelastung in einzelnen Jahren werden auf besondere Witterungseinflüsse zurückgeführt.

Besonders hohe Konzentrationen werden kurzzeitig in den östlich gelegenen Landesteilen bei Ostwinden gemessen, deren Ursache ein starker Ferneintrag aus den mitteldeutschen Braunkohlerevieren sowie aus der Tschechoslowakei und Polen ist.

Die jeweiligen Meßergebnisse dienen seit Beginn der 80er Jahre der Erstellung von *Emissionskatastern* für das Land Niedersachsen. Die Kataster ermöglichen es, den derzeitigen Stand der Luftverunreinigung und deren bisherige Entwicklung statistisch zu verfolgen. Abhilfe- und Vorsorgemaßnahmen können dann anhand dieser Daten gezielt geplant werden.

Ähnliches gilt für die Überwachung der *Umweltradioaktivität,* für die der Deutsche Wetterdienst, die Bundesanstalt für Gewässerkunde, das Landesamt für Immissionsschutz und für Wasserwirtschaft, die Chemischen Untersuchungsämter und verschiedene andere Dienststellen jeweils mit besonderen Aufgaben eingesetzt sind.

10.6.3. Maßnahmen zur Verringerung der Luftschadstoffbelastung

Erste Erfolge durch Verordnungen

Das Hauptziel der Bemühungen um eine Verminderung der Luftschadstoffbelastung liegt darin, eine Reduzierung der Emissionen an den jeweiligen Verursacherquellen vorzunehmen. Dank der am 1. Juli 1983 in Kraft getretenen *Verordnung über Großfeuerungsanlagen* sind alle Kohle- und Ölkraftwerke bis zum 1. Juli 1988 mit einer *Rauchgasentschwefelungsanlage* ausgerüstet worden. Dadurch konnte die SO_2-Emissionsbelastung aus den Großfeuerungsanlagen innerhalb von 5 Jahren in Niedersachsen um zwei Drittel vermindert werden. Den optimalen Wirkungsgrad erreicht dabei das Braunkohlekraftwerk Buschhaus bei Helmstedt, das durch die Rauchgasentschwefelung jährlich bis zu 80 000 t Flüssigschwefel gewinnt. Durch eine ergänzende *Herabsetzung der Stickoxid-Grenzwerte* für Großfeuerungsanlagen und den Einbau von *Entstickungsanlagen* sind die Stickoxid-Jahresemissionen innerhalb von 5 Jahren um rd. die Hälfte gesenkt worden. Sie werden bis 1993 auf 22 % des Ausgangswertes von 1983 sinken, bei dem Schwefeldioxidausstoß sogar auf einen Wert von ca. 13 %.

Die 1986 in Kraft getretene Novelle der *Technischen Anleitung zur Reinhaltung der Luft* - TA-Luft - setzt Grenzwerte fest, die die Emissionen der Industrie weiter drastisch vermindern sollen. Durch diese Verwaltungsvorschrift werden alle Industriebetriebe in Niedersachsen, insgesamt etwa 5000 Anlagen, vor allem Hochöfen, Stahlwerke, Zementwerke, Glashütten, Kokereien, Chemieanlagen, Raffinerien, aber auch Betriebe mit Massentierhaltungen erfaßt.

Der *Staubauswurf* aller von der TA-Luft erfaßten Anlagen in Niedersachsen konnte von 1983 bis 1987 um 40 % verringert werden, ebenso die Emissionen von Schwermetallen (Verminderung um 40 %), Schwefeldioxid (Verminderung um 30 %) und Stickoxiden (Verminderung um 37 %) (n. Niedersächs. Umweltminist., Umweltschutzbericht 1988).

Im Jahre 1984 setzten Bestrebungen ein, auch den erheblichen *Schadstoffanteil des Kraftfahrzeugverkehrs* an der Gesamtemission zu reduzieren. Als ein Erfolg sind in diesem Zusammenhang die seit 1985 auf EG-Ebene gesetzlich festgeschriebenen und seitdem mehrfach verschärften europäischen *Abgasgrenzwerte* und die parallele Anwendbarkeit der US-Normen für PKW zu werten. Sowohl durch die steuerliche Befreiung bzw. Begünstigung von schadstoffarmen Personenkraftwagen als auch durch ein in kürzester Zeit geschaffenes flächendeckendes Netz von Tankstellen mit unverbleitem Benzin konnte der Anteil an Kraftfahrzeugen mit Katalysatoren für die Reduzierung der CO-, NO_x- und der Kohlenwasserstoff-Werte auch in Niedersachsen erheblich gesteigert werden.

Verschärfte Anforderungen haben auch *Kleinfeuerungsanlagen* für Hausbrand und Kleingewerbe erfahren. Ihr Anteil an den Gesamtemissionen ist zwar gering, sie wirken sich wegen ihrer geringen Schornsteinhöhe jedoch überproportional bei den Luftschadstoffimmissionen und bei den Verwitterungsschäden im Nahbereich aus.

Smog-Wetterlagen nehmen ab, lassen sich aber nicht ganz vermeiden

Das aus den englischen Wörtern smoke und fog zusammengesetzte Wort *Smog* bezeichnet eine ungewöhnlich hohe, sichtbare Konzentration von Schadstoffen in der Atemluft bei austauscharmen Wetterlagen *(Inversionen)*. Da bei diesen Wetterlagen eine Luftdurchmischung unterbleibt, können kurzzeitig gesundheitsschädliche Konzentrationen erreicht werden mit Reizwirkungen auf die Augen und Atmungsorgane. Verursacher sind neben den besonderen Witterungsbedingungen vor allem die Stickstoffoxide der Kraftfahrzeugabgase sowie Schwefeldioxid und rußbeladene Nebel.

Smog oder smogähnliche Situationen treten im östlichen und südlichen Niedersachsen in Ballungsräumen mit hoher Siedlungs- und Industriedichte und in Gebieten, die durch Ferneinträge von Schadstoffen zeitweilig stark belastet werden, vornehmlich in den Monaten November bis Februar auf. Die Zahl der Smogtage hat mit der Umstellung der Betriebe und Haushalte von Kohlefeuerung auf Elektrizität und Erdgas und mit den genannten Maßnahmen zur Luftreinhaltung ständig abgenommen. Smogsituationen entstehen in Niedersachsen vor allem durch Ferneintrag bei Ostwetterlagen aus den mitteldeutschen Braunkohlerevieren, aus der Tschechoslowakei, Polen und der Sowjetunion. Sie lassen sich auch in Zukunft wegen ihrer Witterungsabhängigkeit nicht ganz vermeiden.

Einer 1985 verabschiedeten *Smog-Verordnung* zufolge hat Niedersachsen vier Smoggebiete ausgewiesen: Die Landeshauptstadt Hannover, die Städte Braunschweig und Wolfenbüttel, das Gebiet Peine-Ilsede sowie in der Nordharzer Randsenke den Raum Oker/Harlingerode.

Werden während einer Smogsituation die festgelegten Grenzwerte überschritten, treten stufenweise Maßnahmen zur Verminderung von Emissionen in Kraft. Diese reichen beispielsweise von Fahrverboten in den Innenstädten von Hannover und Braunschweig bis hin zu Betriebsverboten der luftschadstoffverursachenden Anlagen.

10.6.4. Lärmschutz

Ein besonderer Umweltbelastungsfaktor, vor dem man sich schwer schützen kann, ist der Lärm, sei es, daß er durch Flugzeuge und Motorräder, Lastkraftwagen und Personenkraftwagen oder durch Baustellen, Industriebetriebe, durch Diskotheken und andere Freizeitanlagen oder gar durch Nachbarn kommt.

Die Behörden sind bemüht, den Lärm an der Quelle zu bekämpfen. Als Rechtsgrundlagen gelten hier die Technische Anleitung Lärm ("TA-Lärm") von 1968, die EG-Richtlinie über Geräuschgrenzwerte von 1978, das Gesetz zum Schutz gegen Fluglärm von 1971, die Baumaschinenlärmverordnung von 1986 und die Rasenmäherlärmverordnung von 1987, dazu die VDI-Richtlinie "Beurteilung von Arbeitslärm in der Nachbarschaft".

Durch *Schallimmissionspläne* und *Lärmminderungspläne* wird versucht, die Lärmquellen zu erfassen und Gegenmaßnahmen zu ergreifen. Beim Straßenbau haben sich Lärmschutzwände und -wälle bewährt.

10.7. Abfallbeseitigung und -verwertung

10.7.1. Einleitung

Wachsende Abfallmengen - begrenzte Deponieflächen

Mit dem gestiegenen Lebensstandard, mit der Zunahme der Bevölkerung und einer grundlegenden Änderung der Verbrauchergewohnheiten (z.B. "Wegwerferzeugnisse", aufwendige Verpackungen) sind die Abfälle in den Haushaltungen und Betrieben in so starkem Maße gestiegen, daß die schadlose Entsorgung das *gravierendste Umweltproblem unserer Zeit* geworden ist. Gegenwärtig fallen in Niedersachsen jährlich rd. 25 Mio. t Abfall an; umgerechnet ergibt das je Einwohner 3,5 t/Jahr. Oberirdischer Deponieraum steht nur beschränkt zur Verfügung, so daß sich immer stärker eine Vermeidung und eine Verwertung (Recycling) von Abfällen als Notwendigkeit herausstellte.

Die Zunahme der Abfälle aus Haushaltungen (Haus- und Sperrmüll, hausmüllähnliche Gewerbeabfälle) seit 1964 mag das Beispiel der Stadt Hannover belegen, für die seit diesem Zeitpunkt erste verläßliche Daten vorliegen (s. Tab. 61).

Für Gesamtniedersachsen ist allein bei der Gewichtszunahme des Mülls pro Einwohner zwischen dem Beginn der 50er Jahre und den frühen 80er Jahren etwa eine Verdoppelung festzustellen (1984: jährlich ca. 372 kg Haus- und Sperrmüll pro Einwohner). Das Volumen des Abfalls weist hingegen eine Zunahme um das Fünffache auf.

Tab. 61: Abfälle aus stadthannoverschen Haushaltungen.

Jahr [*]	Gesamtmenge in m³/a	Jährliche Zunahme in %	pro Einwohner/Jahr (m³)	(kg)
1964	657 160	–	–	–
1968	765 211	4,1	–	–
1972	999 248	7,6	–	–
1976	1 175 230	4,4	2,23	273,2
1980	1 317 190	3,0	2,56	289,7
1984	1 429 770	2,1	2,86	280,8
1988 [1]	1 742 940	5,5	3,08	300,1

[*] es liegen nur über die in der kommunalen Hausmüllabfuhr erfaßten Abfallmengen Daten vor
[1] Seit 01.01.1985 einschließlich des Hausmüllaufkommens der 1974 eingemeindeten Stadtteile

Quelle: Landeshauptstadt Hannover (Fuhramt) 1989

Abfallbeseitigung: in den Städten ein jahrhundertealtes Problem

Zweifellos hat es Abfallbeseitigungsprobleme auch in früherer Zeit, besonders in den mittelalterlichen Städten, gegeben, wo nach heutigen Begriffen haarsträubende hygienische Verhältnisse mit Kot und Abfällen auf allen Straßen, in den Stadtgräben und Wasserlöchern herrschten, die manche Krankheiten, darunter verheerende Seuchen, auslösten. Doch wurden wegen des mangelnden Wissens diese Folgen wenig beachtet.

Erst mit der Industrialisierung und der Verdoppelung der städtischen Bevölkerung, die in Niedersachsen zwischen 1871 und 1905 von 0,7 auf 1,5 Mio. stieg, wurden in den größeren Städten Müllabfuhr und *Kanalisation* eingeführt. Die *Müllabfuhr* erfolgte bis in die 30er Jahre mit offenen Pferdewagen. Erst seit 1935 kamen motorisierte Müllfahrzeuge und einheitliche Müllkübel auf, die eine weitgehend staubfreie Abfuhr ermöglichten.

Auf dem Lande: ungeordnete Müllbeseitigung bis in die 50er Jahre

In den ländlichen und manchen kleinstädtischen Bereichen dauerte hingegen die Zeit mit ungeordneter Müllbehandlung bis in die 50er Jahre unseres Jahrhunderts an. Hier wurden die Abfälle noch auf vielerlei Art beseitigt:

1. durch Verbrennen in den Küchenherden und Stubenöfen,
2. durch offene Feuer in den Gärten und auf Hofplätzen,
3. durch Kompostierung über den Mist- bzw. Komposthaufen und Aufbringen auf das Acker- und Gartenland,

4. durch Versickerung und Vergraben im Boden,
5. durch das Abkippen in alte Sand- und Tongruben oder Steinbrüche ("wilde Müllkippen").

Seit 1960: Abfallbeseitigungspflicht

Mit steigenden Umweltschäden (Verschandelung der Landschaft durch Papier- und Plastikabfälle, Autowracks, Bauschutt u.a., Grundwasser- und Brandgefährdung) mußte die Müllbeseitigung in die Hand der Gemeinden übergehen. Nach dem Bundesbaugesetz von 1960 waren die Gemeinden verpflichtet, für geeignetes Gelände zur Errichtung von Müllbeseitigungsanlagen zu sorgen.

Damit wurde die Abfallbeseitigungspflicht den damaligen 4300 niedersächsischen Gemeinden aufgebürdet. Die meisten kleineren Gemeinden verfügten jedoch weder über die technischen noch über die finanziellen und personellen Voraussetzungen, eine sichere und geordnete Abfallbeseitigung zu gewährleisten. Sie schlossen sich z.T. zu *Müllabfuhr-Zweckverbänden* zusammen bzw. übergaben die Müllabfuhr privaten Unternehmen; denn es wurde aus seuchenpolizeilichen Gründen statt der offenen Wagen eine staubfreie Abfuhr durch geschlossene Spezialwagen gefordert.

Erst das *Abfallbeseitigungsgesetz* vom 7. Juni 1972 verbot endgültig eine ungeregelte Ablagerung von Abfällen in der freien Landschaft und schrieb eine geordnete Beseitigung in kontrollierbaren Anlagen vor. Die Länder wurden verpflichtet, Pläne für die Abfallbeseitigung nach überörtlichen Gesichtspunkten aufzustellen.

Nach dem niedersächsischen Landesrecht sind nunmehr nicht mehr die Gemeinden, sondern die *Kreise und Kreisfreien Städte* sowie einige größere kreisangehörige Städte *beseitigungspflichtig*. Die Abfallbeseitigungspflicht umfaßt das Einsammeln, Befördern, Behandeln, Lagern und Ablagern der Abfälle. Derzeit (1988) werden über 90 % der nichtverwertbaren Abfälle aus Haushaltungen auf 85 *zentralen Deponien* abgelagert.

Bis 1981 sind über 3500 ungeordnete oder "wilde" Müllkippen geschlossen und größtenteils durch Rekultivierung in das natürliche Landschaftsbild wieder eingefügt worden. Als sog. *Altlasten* sind sie ein Problem der Gegenwart geblieben, da sie wegen ihres zumeist durchlässigen Untergrundes vielfach Gefahrenherde für das Grundwasser bleiben.

10.7.2. Abfallwirtschaft

Müll als Rohstoff: statt Abfallbeseitigung Abfallverwertung

Die immer stärker werdenden Beseitigungsprobleme haben auch in Niedersachsen zu einer Umorientierung von der Abfallbeseitigung zur Abfallwirtschaft geführt. Die *Abfallwirtschaft* schließt zwar den herkömmlichen Bereich der Abfallbeseitigung mit ein, legt aber das Schwergewicht auf die *Abfallverminderung* und die *Verwertung von Rohstoffen*. Das ist sowohl aus ökologischer als auch aus volkswirtschaftlicher Sicht notwendig, da die immer noch zunehmenden Abfallmengen mit den bislang praktizierten Beseitigungskonzepten nicht mehr zu bewältigen sind.

Mit der unmittelbaren Beseitigung der Abfallstoffe werden auch die darin noch enthaltenen *Rohstoffe* (sog. Sekundärrohstoffe) endgültig verschwendet, was vor dem Hintergrund einer zunehmenden Ressourcenknappheit nicht zu verantworten ist. Papier und Pappe, Glas, verschiedene Metalle und Kunststoffe, Bauschutt und Holz lassen sich vielfach wiederverwenden.

Zur praktischen Umsetzung des Konzepts einer ökologisch und ökonomisch tragbaren Abfallwirtschaft ist von der Landesregierung ein *"Abfallwirtschaftsprogramm Niedersachsen"* erarbeitet worden, das einen Maßnahmenkatalog zur langfristigen Abfallentsorgung enthält.

Tab. 62: Jährlich anfallende Abfallmengen in Niedersachsen nach Abfallarten.

Abfallart	Menge in Mio. t 1982	1987
Abfallart 1: Haus- u.Sperrmüll, Gartenabfälle, hausmüllähnliche Gewerbeabfälle, Straßenkehricht, Marktabfälle	4	4,5
Abfallart 2: Produktionsspezifische Abfälle aus Industrie und Gewerbe	8,1	8,5
Abfallart 3: Bodenaushub, Bauschutt und Straßenaufbruch	11	13

Quelle: Niedersächs. Umweltminist. - Abfallwirtschaftsprogramm 1989

Weitere Zunahme der Müllmengen

Seit Beginn der 80er Jahre hat sich die jährliche Zunahme der Haus- und Sperrmüllmengen zwar abgeschwächt, weil einerseits das Konzept der Abfallwirtschaft (umfassende Maßnahmen zur Abfallvermeidung und -verwertung) greift, andererseits aber auch ein wachsendes Umweltbewußtsein der Bürger erkennbar wird. Bei den hausmüllähnlichen Gewerbeabfällen dagegen ist weiterhin jährlich eine Steigerung von etwa 4 % festzustellen, was zweifellos mit dem ungebrochenen Trend zur aufwendigen Produktverpackung zusammenhängt. Von den 1982 angefallenen 4 Mio. t Haus-, Sperrmüll u.a. wurden lediglich 0,12 Mio. t als Altpapier und 0,09 Mio. t als Altglas wiederverwendet.

Sonderabfälle: Verminderung durch neue Verfahrenstechniken

An den *Sonderabfällen aus Industrie und Gewerbe* haben die Massenabfälle der in Niedersachsen ansässigen metallerzeugenden Industrie (Schlacken, Formsande, Rotschlamm etc.) einen großen Anteil. Zu den Sonderabfällen zählen auch solche, deren Entsorgung getrennt von den übrigen Abfällen und häufig erst nach einer speziellen Behandlung durchgeführt werden darf, z.B. flüssige, ölhaltige Abfälle aus Benzin-, Öl- und Fettabscheidern, anorganische Schlämme und Salzlösungen, halogenierte Kohlenwasserstoffe, Lösungsmittel, Rückstände aus der chemischen Industrie, Schlämme aus der Lack- und Gummiproduktion u.a.m.
Bei den Sonderabfällen ist infolge neuer Verfahrenstechniken in den vergangenen Jahren keine Zunahme mehr festzustellen. Ihre Ablagerung erfolgt auf Sondermülldeponien (vgl. Pkt.10.7.4.) oder betriebseigenen Deponien. Bestimmte industrielle Abfälle wurden bis 1990 auch noch auf See verbrannt oder verklappt.

Abfallvermeidung: weniger Müll durch andere Produktionsverfahren und Produkte

Mit dem am 1.11.1986 auf Bundesebene erlassenen *"Gesetz über die Vermeidung und Entsorgung von Abfällen" (AbfG)* sind wichtige Grundlagen geschaffen worden, die anfallenden Abfallmengen zu reduzieren und abfallarme Produktionsverfahren bzw. Produkte zu entwickeln. In diesem Sinne ist auch der 1989 herausgegebene *Abfallerlaß* des Niedersächsischen Umweltministers zu verstehen, nach dem eine Genehmigung für Abfallanlagen nur noch erteilt wird, wenn das zugehörige Entsorgungskonzept auch eine möglichst weitgehende Verwertung des Hausmülls vorsieht.
Ferner werden Forschungs- und Entwicklungsvorhaben auf dem Gebiet der *Abfallvermeidung- und -verwertung* besonders gefördert und die Bürger durch gezielte Verbraucherinformationen zum Erwerb umweltfreundlicher, d.h. verpackungs- und schadstoffarmer Produkte angehalten.

Abfallverwertung: Altglas und Altpapier als "Vorreiter"

In Niedersachsen sind mittlerweile (1991) alle Einwohner (1971: erst 86 % aller Einwohner) an eine regelmäßige Haus- und Sperrmüllabfuhr angeschlossen. Darüber hinaus wird in zahlreichen Kommunen zunehmend auch die Möglichkeit geboten, Wertstoffe getrennt von den übrigen Abfällen zu sammeln, damit sie im *Recyclingverfahren* wieder aufgearbeitet werden können. Altglas beispielsweise wird in Niedersachsen flächendeckend in Depotcontainern gesammelt und entsprechenden Aufbereitungsanlagen zugeführt. Infolge des Engagements gemeinnütziger Organisationen, insbesondere der Freiwilligen Feuerwehren, konnte auch die mengenmäßige Erfassung von Altpapier deutlich verbessert werden. Durch die teilweise bereits praktizierte Trennung verschiedener Altpapiersorten wird die nicht immer gewährleistete Absatzchance des Sammelgutes deutlich erhöht.
Auch für *Altreifen, Altmetalle* und *Altöl* sind mittlerweile Sammelstellen eingerichtet worden, an denen die Einwohner kostenlos zur Abfallverminderung und damit zum Umweltschutz beitragen können. Durch geeignete Recyclingverfahren lassen sich auch aus diesen Abfallprodukten Sekundärrohstoffe gewinnen, die in der Industrie und im Gewerbe Abnehmer finden.
Zur Entlastung der Deponien werden in allen niedersächsischen Kommunen verstärkt *Schadstoff-Kleinmengensammlungen* durchgeführt. Das Sammelgut (vorwiegend Lack- und Pflanzenschutzmittelreste) wird als Sonderabfall entsprechenden Entsorgungsanlagen zugeführt.
Durch die Aussortierung von verwertbaren Rohstoffen kann die Gesamtmenge des Siedlungsabfalles derzeit jedoch nur um ca. 10 % vermindert werden. Wichtiger ist die Vermeidung einer Abfallentstehung. Dazu gehören allerdings das noch nicht überall vorhandene Bewußtsein und die Bereitschaft der Verbraucher, aufwendige Verpackungen zu meiden oder aber mit dem Produkt den höheren Preis für kostenaufwendige Müllverbrennungs- oder Recyclinganlagen zu zahlen. Gleichzeitig müssen Industrie und Handel ihr Angebot an verpackungsarmen Produkten erhöhen.
Bei den industriellen Sonderabfällen beträgt der Recycling-Anteil infolge moderner Produktionsverfahren und -techniken mittlerweile schon etwa 50%. Beim Bauschutt und Bodenaushub werden bis 1995 Verwertungsraten von 60 % bzw. 70 % angestrebt.

10.7.3. Behandlung von nicht verwertbaren Reststoffen

Für die Entsorgung des nach der Aussortierung von verwertbaren Rohstoffen verbleibenden Restabfalls werden in Niedersachsen *drei verschiedene Verfahren* angewandt: Die Reststoffdeponierung, die Verbrennung oder die Kompostierung.

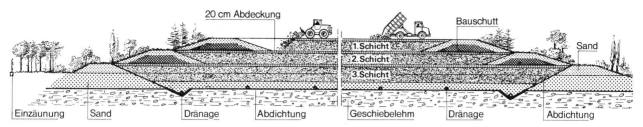

Abb. 219: Schematischer Aufbau einer zentralen Abfalldeponie (n. Niedersächs. Umweltministerium 1988).

Reststoffdeponierung: Die vorherrschende Müll-beseitigungsmethode

In Niedersachsen ist die *Deponierung* gegenwärtig noch die vorherrschende Beseitigungsmethode für nicht verwertbare Restabfälle. Über 90 % aller Abfälle aus Haushaltungen und Gewerbebetrieben werden z.Zt. (1989) in 72 Deponien abgelagert. Damit entsorgt eine Zentraldeponie durchschnittlich 92 000 Einwohner.

Bei der Deponierung werden die Abfälle schichtenweise aufgetragen und mit schwerem Gerät verdichtet (vgl. Abb. 219). Dabei kann eine Verfüllungshöhe von bis zu 120 m erreicht werden. Durch Umwandlungsprozesse innerhalb der Müllschichten entstehen Gase (Methan und Kohlendioxid) sowie Sickerwasser. Um eine Verunreinigung des Grundwassers zu vermeiden, müssen Deponiestandorte daher eine natürliche (Tonschicht) oder technisch hergestellte Basisabdichtung (Dichtungsbahnen, Bitumen) aufweisen. Auftretende Sickerwässer müssen dann durch Entwässerungsleitungen erfaßt und einer Kläranlage zugeführt werden. Die bei mikrobakteriellen Abbauprozessen im Müllkörper entstehenden Biogase (u.a. Methan) lassen sich ebenfalls sammeln und zur Energiegewinnung verwenden.

Nach Abschluß der Deponieverfüllung wird die Anlage rekultiviert und dem Landschaftsbild angepaßt. Die Zentraldeponie von Hannover im Altwarmbüchener Moor wird beispielsweise nach ihrer Fertigstellung und Rekultivierung als Kernbereich mit in die bereits bestehende Erholungslandschaft "Altwarmbüchener See / Sonnensee" einbezogen.

Den Deponien wird auch zukünftig eine wichtige Bedeutung in der niedersächsischen Abfallwirtschaft zukommen, da Abfälle nicht restlos vermieden, vermindert oder verwertet werden können. Auch die in Verbrennungs- und Kompostierungsanlagen anfallenden Reste bzw. Rückstände sind in der Endlagerung auf Deponieraum angewiesen.

Abfallverbrennung: in Niedersachsen noch in den Anfängen

Bei der Verbrennung von Abfällen kann die Abfallmenge bis auf etwa 10 % des Ausgangsvolumens

(Mineralstoffanteil) reduziert werden. Die Verbrennungswärme läßt sich zusätzlich zur Energiegewinnung nutzen. Aufgrund der Volumenreduzierung wird die Abfallverbrennung vor allem in Ballungsgebieten angewandt, da hier in der Regel hohe Abfallmengen anfallen, aber gleichzeitig nur geringer Deponieraum zur Verfügung steht.

Im Vergleich zu anderen Bundesländern nimmt die *Müllverbrennung* in Niedersachsen jedoch nur einen geringen Stellenwert ein. Zur Zeit sind lediglich der Landkreis Hameln-Pyrmont und Teile des Landkreises Schaumburg mit insgesamt 325 000 Einwohnern an die einzige, seit 1978 in Betrieb befindliche niedersächsische *Müllverbrennungsanlage in Hameln* angeschlossen. Teile des Landkreises Cuxhaven, die Landkreise Osterholz und Verden sowie die Stadt Emden mit zusammen gleichfalls 325 000 Einwohnern werden zur Zeit noch über die Müllverbrennungsanlage Bremerhaven entsorgt. Damit können gegenwärtig in Niedersachsen jedoch insgesamt nur etwa 10 % der anfallenden Gesamtabfallmengen verbrannt werden. Das ist angesichts der immer schwieriger werdenden Deponierung viel zu wenig.

Trotz der positiv zu bewertenden Volumenreduzierung und der Möglichkeit der Energiegewinnung ist auch der Betrieb von Müllverbrennungsanlagen nicht unproblematisch, da sie ohne Rauchgaswaschanlagen erheblich zur *Luftverunreinigung* beitragen (Chlor- und Fluorverbindungen, dioxinhaltige Rauchgase). Die Müllverbrennungsanlage Hameln ist zwar mit einer solchen Filtertechnik ausgestattet, doch wird hierdurch das Problem z.T. nur verlagert, da mit der Rauchgaswäsche eine hohe Schadstoff- und Salzbelastung des (Filtrat-) Abwassers verbunden ist. Ein neues, allerdings auch nicht unumstrittenes Verfahren bei der thermischen Abfallbehandlung ist die *Pyrolyse,* bei der der Müll verschwelt wird. Sie hat bislang jedoch in Niedersachsen noch keine größere Anwendung gefunden.

Abfallkompostierung: Begrenzte Ausbaumöglichkeiten

Bei der Kompostierung wird aus einem Teil der organischen Abfälle durch mikrobiologischen Abbau ein landbaulich verwertbarer Kompost erzeugt. Hierbei können auch *Klärschlämme* beseitigt werden. Ein Problem ist jedoch der hohe Verfahrensaufwand. Er ist nur dann lohnend, wenn der Absatz des entstandenen Kompostes gesichert ist und Klärschlamm bzw. Müll als Ausgangsprodukte nicht zu hohe Schwermetallgehalte aufweisen.

Im Jahre 1984 wurde das erste niedersächsische *Müllkompostwerk in Großefehn,* Landkreis Aurich, in Betrieb genommen. Etwa 60 % des erzeugten Kompostes werden vertraglich abgesichert an die Landwirtschaft abgegeben, der Rest wird anderweitig vermarktet. Der Verkauf des anfallenden Kompostes stellt allerdings ein Problem dar, denn immer strengere Schwermetallgrenzwerte für ackerbaulich bzw. gärtnerisch genutzte Anbauflächen erschweren die Kompostvermarktung, so daß in Niedersachsen bislang keine weiteren Anlagen dieser Art errichtet worden sind.

10.7.4. Sonderabfall

Umweltschädliche Stoffe: Problem der Industriegesellschaft

Bei industriellen Verfahren, aber auch in vielen Handwerksbetrieben fallen Produktionsrückstände an, die wegen ihrer chemischen Eigenart, Beschaffenheit oder Menge eine besondere Gefahr für die Umwelt darstellen und nicht zusammen mit Hausmüll entsorgt werden dürfen. Zu diesen Sonderabfällen zählen z.B. schwefelhaltige und ölhaltige Abfälle, Lacke, Farben, Lösungsmittel, Säuren, Laugen, Galvanikabfälle etc., die entweder verbrannt oder zum überwiegenden Teil auf gesonderten Deponien endgelagert werden. Es ist damit zu rechnen, daß infolge der immer strengeren gesetzlichen Grenzwertbestimmungen auf dem Gebiet der Luft-, Boden- und Wasserreinhaltung die Menge des anfallenden Sondermülls noch weiter zunehmen wird.

Zwischen- und Endlagerung: konzentriert auf wenige spezifische Standorte

Nach dem 1985 aufgestellten Rahmenplan "Sonderabfallbeseitigung Niedersachsen" wird jeder Sonderabfall in Abhängigkeit von seinem Gefährdungspotential bestimmten, speziell hierfür eingerichteten Entsorgungseinrichtungen zugeführt. Dafür ist die *"Niedersächsische Gesellschaft zur Endlagerung von Sonderabfall mbH" (NGS)* gegründet worden, an der das Land, zu 49 % aber auch die Sonderabfallerzeuger und -entsorger beteiligt sind. Die parallel hierzu in Betrieb befindlichen betriebseigenen Abfallentsorgungsanlagen vornehm-

lich größerer Industriebetriebe unterliegen gleichfalls einer strengen Zulassungspflicht.

Eine der gegenwärtig größten *Sondermülldeponien* Niedersachsens befindet sich aufgrund besonderer geologischer Voraussetzungen (undurchlässige, grundwasserschützende Tonschichten) in Hoheneggelsen bei Hildesheim. Weitere Deponiestandorte über undurchlässigen Tonschichten oder in unterirdischen Salzlagerstätten werden z.Zt. auf ihre Eignung untersucht.

Ein besonderes Problem stellen *radioaktive Abfälle* dar, die nicht nur beim Betrieb von Kernkraftwerken und Forschungsreaktoren anfallen, sondern u.a. auch bei der Radioisotopen-Anwendung in der Industrie, Forschung sowie Medizin.

Radioaktive Abfälle können aufgrund ihrer langfristigen Strahlenbelastung nicht auf den üblichen Sondermülldeponien entsorgt bzw. endgelagert werden. Nach der Einrichtung eines Zwischenlagers für abgebrannte Brennelemente wird in *Gorleben* (Landkreis Lüchow-Dannenberg) ein Erkundungsprogramm durchgeführt, das Auskunft darüber geben soll, inwieweit sich der im Untergrund befindliche Salzstock auch für die Endlagerung der in der Bundesrepublik Deutschland anfallenden radioaktiven Abfälle aller Kategorien (stark-, mittel- und schwachradioaktive Abfälle mit unterschiedlicher Wärmeentwicklung) eignet. Weiterhin ist das 1976 stillgelegte *Eisenerzbergwerk Konrad in Salzgitter* für die Endlagerung radioaktiver Abfälle mit geringer Wärmeentwicklung vorgesehen. Die hier lagernden, außergewöhnlich trockenen Sedimentgesteine (Korallenoolith) bieten bisherigen Erkenntnissen zufolge dafür günstige Voraussetzungen.

Im ehemaligen *Salzbergwerk Asse* bei Wolfenbüttel sind dagegen bereits bis Ende 1978 schwach- und mittelradioaktive Abfälle eingelagert worden. Nach Auslaufen der entsprechenden Genehmigungen werden hier derzeit ausschließlich Forschungs- und Entwicklungsarbeiten über die Endlagerung in Salzstöcken durchgeführt.

10.7.5. Altablagerungen und Altlasten

6000 Standorte mit Altablagerungen in Niedersachsen

Nicht jede Altablagerung ist eine Altlast. Als Altlasten werden stillgelegte Müll- und Schuttplätze sowie durch den Umgang mit umweltgefährdenden Stoffen belastete Betriebsflächen bezeichnet, von denen eine Gefahr für Mensch und Umwelt ausgehen kann. Seit 1985 sind im Rahmen des niedersächsischen *Altlastenprogrammes* etwa 6000 (!) Altablagerungen erfaßt worden. In jedem einzelnen Fall erfolgt eine gutachtliche Gefährdungsabschätzung, nach deren Ergebnis gegebenenfalls die Erstellung eines individuellen Sanierungskonzeptes notwendig wird.

Altlasten des Oberharzer Bergbaus: Schwermetallhaltige Erzabraumhalden besonders im Innerstetal

Ein besonderes Altlastenproblem stellen die vielen, teilweise jahrhundertealten Erzabraum- und Schlackenhalden des Harzes dar. Die von ihnen ausgehenden schwermetallhaltigen Sickerwässer können eine erhebliche Belastung für das Grundwasser und damit für die nahen Oberflächengewässer sein.

Bereits in den vergangenen Jahrhunderten führten die während der Erzgewinnung vorgenommenen Pochsand- und Abwassereinleitungen in die Harzflüsse (Innerste, Oker u.a.) zu ausgesprochen hohen Schwermetallbelastungen dieser Gewässer. Historischen Chroniken zufolge nahmen die "Verseuchungen" in der Innerste-Talaue nach Hochwässern ein derartiges Ausmaß an, daß das Vieh nach dem Weidegang von vielfach tödlich endenden "Krämpfen" befallen wurde. Teilweise wird sogar von einer flächendeckenden Zerstörung bzw. Vergiftung der Vegetationsdecke berichtet (vgl. Abschnitte 10.4. und 10.6.).

Obgleich der Erzbergbau im Harz heute ruht, löst der auf Schwefeldioxidemissionen zurückzuführende sog. "Saure Regen" verstärkt Schwermetallionen aus dem jahrhundertealten Abraummaterial,

so daß diese mit dem Niederschlagswasser in die Vorfluter bzw. das Grundwasser gelangen.

Seit 1985 werden auch die schwermetallverseuchten Altablagerungen bzw. Abraumhalden des Harzes im Rahmen des "Niedersächsischen Altlastenprogrammes" katastermäßig erfaßt und gegebenenfalls entsprechende Sanierungsprogramme (Abtragung, Haldendränierung etc.) erarbeitet.

Schwierige Entsorgung von Rüstungsaltlasten und altlastverdächtigen Industriebrachen

Die Kartierung und Gefährdungsabschätzung von Rüstungsaltlasten ist erst Ende der 80er Jahre in Angriff genommen worden. Sie bezieht sich besonders auf ehemalige Munitionsfabriken, Schieß- und Bombenabwurfplätze, Munitionslagerplätze und ehemalige Rüstungsbetriebe, wo nach Probebohrungen, Boden- und Grundwasseruntersuchungen inzwischen erste Ergebnisse und Folgerungen erwartet werden.

Eine "Jahrhundertaufgabe" ist die Erfassung und Sanierung von rd. 100 000 altlastverdächtigen Flächen in Niedersachsen, auf denen durch ehemalige Industrie- und andere Gewerbebetriebe der Boden und das Grundwasser verunreinigt worden und die bis heute Gefahrenherde geblieben sind. Bevor solche *kontaminierten Industriebrache-Flächen* für eine neuerliche Ansiedlung wieder nutzbar gemacht werden können, bedarf es kostspieliger Sanierungsmaßnahmen.

Abkürzungen zum Literaturverzeichnis

Abb.	Abbildung(en)	genet.	genetisch	ndt.	niederdeutsch
Abh.	Abhandlung(en)	Geogr.	Geographie,	Neudr.	Neudruck
Abt.	Abteilung(en)		Geographisch	NF	Neue Folge
Akad.	Akademie(n)	Geol.	Geologie	Nieders.	Niedersachsen
allg.	allgemein	Ges.	Gesellschaft	NILEG	Niedersächsische
Anh.	Anhang	gesch.	-geschichte		Landesentwicklungs-
anl.	anläßlich	GeschBl.	Geschichtsblatt,		gesellschaft
Anm.	Anmerkung(en)		Geschichtsblätter	NSG	Naturschutzgebiet
Anz.	Anzeiger	GMK	Geomorphologische Karte	o.J.	ohne Jahr
Arb.	Arbeit(en)	graph.	graphisch	o.O.	ohne Ort
Arch.	Archiv	Grfsch.	Grafschaft	o.V.	ohne Verfasser
Archäol.	Archäologie	H.	Heft(e)	Orig.	Original(e)
Art.	Artikel	Hb.	Handbuch	ornith.	ornithologisch
ASG	Agrarsoziolo-	hist.	historisch	Osnabr.	Osnabrücker
	gische Gesell-	Holst.	Holstein	Phil.	Philosophisch
	schaft	Hrsg.	Herausgeber, herausgegeben	phys.	physikalisch
Assoc.	Association	HWWA	Hamburger	polit.	politisch
Aufl.	Auflage(n)		Weltwirtschaftsarchiv	preuß.	preußisch
Ausg.	Ausgabe(n)	hydrogr.	hydrographisch	R.	Reihe
Aussch.	Ausschuß	Inform.	Information(en)	r.	-reihe
Ausst.	Ausstellung(en)	INQUA	Internationale	Reg.	Regierung(s-)
BAR	British Archeological		Quartärvereinigung	S.	Seite
	Reports	Inst.	Institut(e)	s.	siehe
Bd., Bde.	Band, Bände	internat.	international	säkul.	säkular
bearb.	bearbeitet	ISSS	International Soil	Schr.	Schrift(en)
Beih.	Beiheft(e)		Science Society	Sed.	Sediment(e, s)
Beitr.	Beitrag, Beiträge	J.	Jahr(e)	Ser.	Serie
BELF	Bundesminister für Er-	Jb.	Jahrbuch	siedl.	-siedlung(en)
	nährung, Landwirtschaft	JBer.	Jahresbericht(e)	Slg.	Sammlung(en)
	und Forsten	Jg.	Jahrgang	soz.	-soziologie
Ber.	Bericht(e)	JH.	Jahresheft(e)	Statist.	Statistik, Statistisch
Bibl.	Bibliothek(s, en)	Jh.	Jahrhundert(e)	städt.	städtisch
biolog.	biologisch	JSchr.	Jahresschrift(en)	Stud.	Studium, Studien
Bl.	Blatt, Blätter	jur.	juristisch	Suppl.	Supplement
BLV	Bayerischer	Kal.	Kalender	Tab.	Tabelle(n)
	Landwirtschaftsverlag	kal.	-kalender	Tag.	Tagung(en)
Darst.	Darstellung(en)	Kap.	Kapitel	TH	Technische Hochschule
DBV	Deutscher Bund für	kde.	-kunde	Tl.	Teil(e)
	Vogelschutz	Kl.	Klasse(n)	topogr.	topographisch
DFG	Deutsche Forschungs-	KNGMG	Koninklijke Nederlands	TU	Technische Universität
	gemeinschaft		Geologisch Mijnbouw	Univ.	Universität
Dipl.	Diplom		Guennschap	Unters.	Untersuchung(en)
Diss.	Dissertation		(The Geological and	überarb.	überarbeitet
Dok.	Dokument(e)		Mining Society of the	übers.	übersetzt
DVWK	Deutscher Verband für		Netherlands)	VDLUFA	Verband der landwirt-
	Wasserwirtschaft und	Komm.	Kommission		schaftlichen Untersu-
	Kulturbau	Kongr.	Kongress		chungs- und Forschungs-
e.V.	eingetragener Verein	Kr.	Kreis		anstalten
ed.	editor	Landw.	Landwirtschaft	Ver.	Verein(s)
eds.	editors	ländl.	ländlich	veränd.	verändert
Einf.	Einführung	Ldkr.	Landkreis	Verb.	Verband
Entw.	Entwicklung	Lfg.	Lieferung	verb.	verbessert
erg.	ergänzend, ergänzt	Lit.	Literatur	Verf.	Verfasser(in)
Erg.	Ergänzung, Ergänzungs-	Mag.	Magazin(e)	Verh.	Verhandlung(en)
ersch.	erschienen	Mat.	Material(ien)	Veröff.	Veröffentlichung(en)
erw.	erweitert	math.	mathematisch	Verw.	Verwaltung
et al.	et altera	MBer.	Monatsbericht(e)	Verz.	Verzeichnis(se)
F.	Folge	MBl.	Monatsblatt, -blätter	vgl.	vergleiche
Fak.	Fakultät	MH.	Monatsheft(e)	VjH.	Vierteljahresheft(e)
Faks.	Faksimile	mineral.	mineralogisch	VjSchr.	Vierteljahresschrifte(n)
florist.	floristisch	Minist.	Minister, Ministerium	Vol.	Volume
Forsch.	Forschung(en),	Mitt.	Mitteilung(en)	Vortr.	Vortrag, Vorträge
	Forschungs-	morph.	-morphologie	Westf.	Westfalen
Forts.	Fortsetzung(en)	Ms.	Manuskript(e)	Wirtsch.	Wirtschaft
Fortschr.	Fortschritt(e)	Mus.	Museum	Wiss.	Wissenschaft(en),
Fs.	Festschrift	Nachdr.	Nachdruck	wiss.	wissenschaftlich
Geb.	Gebiet(e), Geburtstag	Nachr.	Nachricht(en)	Württ.	Württemberg
gegr.	gegründet	Nachtr.	Nachtrag	Zs.	Zeitschrift
Gem.	Gemeinschaft	nat.	national	zugl.	zugleich

E. LITERATURVERZEICHNIS

A. Arbeiten zur landeskundlichen Methodik

BERTELSMEIER, E. & TEMLITZ, K. (Hrsg.) (1986): Erträge geographisch-landeskundlicher Forschung in Westfalen. Festschrift 50 Jahre Geographische Kommission für Westfalen. -Schriftenr. d. Geogr. Komm. i. Provinzialinst. f. Westfäl. Landes- u. Volksforsch., Landschaftsverb. Westfalen-Lippe (= Westfäl. Geogr. Stud., Bd. 42). Münster.

BOESCH, M. (1990): Engagierte Geographie. Erdkundliches Wissen, H. 98. Wiesbaden.

BORCHERDT, C. et al. (1991): Baden-Württemberg: Eine geographische Landeskunde. Wissenschaftl. Länderkunden Bd. 8, V. Darmstadt.

FISCHER, H. (1989): Rheinland-Pfalz und Saarland. Eine geographische Landeskunde. Darmstadt.

HÖHNE, R. A. (Hrsg.) (1982): Von der Landeskunde zur Landeswissenschaft. Rheinfelden.

JÄGER, H. (1987): Entwicklungsprobleme europäischer Kulturlandschaften. Eine Einführung.- Die Geographie. Einf. i. Gegenstand, Methoden u. Ergebn. ihrer Teilgeb. u. Nachbarwiss. Darmstadt.

JÄGER, H. (Hrsg.) (1965): Methodisches Handbuch für Heimatforschung.- Veröff. d. Inst. f. Hist. Landesforsch. d. Univ. Göttingen, Bd. 1. Hildesheim.

JORZICK, H. -P., MÖLLER, I. et al. (1989): Hamburg und sein Umland in Karte und Luftbild. Eine Landeskunde. Neumünster.

LEIDLMAIR, A. (1982): Deutsche Landeskunde - Last der Tradition oder verpflichtendes Erbe? - Ber. z. dt. Landeskunde, Bd. 56, H. 2, S. 169-172. Trier.

MEYER, H.-H. & SEEDORF, H. H. (1990): Konzeption und Bearbeitungsstand der Landeskunde Niedersachsen. Neues Arch. f. Nieders., Bd. 39, H. 2/3, S. 85-97.

MÜLLER-TEMME, E. (1977): Landeskunde und Landesforschung in der geographischen Wissenschaft und Lehre. -Spieker, Bd. 25, S. 313-324. Münster.

PINKWART, W. (Hrsg.) (1983): Genetische Ansätze in der Kulturlandschaftsforschung.- Würzburger Geogr. Arb., H. 60 (= Festschrift für Helmut Jäger). Würzburg.

RICHTER, G. (1990): Standortbestimmung der wissenschaftlichen Landeskunde. - Wiss. Ges. z. Stud. Niedersachsens: Stand und Perspektiven der Landesforschung in Niedersachsen. S. 22-36. Hannover.

RUPPERT, K. et al. (1987): Bayern. Eine Landeskunde aus sozialgeographischer Sicht.- Wissenschaftliche Länderkunden, Bd. 8/II. Darmstadt.

SCHÖLLER, P. (1982): Zu Standort, Sinn und Aufgaben deutscher geographischer Landeskunde.- Ber. z. dt. Landeskde., Bd. 56, H. 2, S. 179-187. Trier.

SEEDORF, H. H. (1972): Entwicklung und Aufgaben der niedersächsischen Landeskunde.- Ber. z. dt. Landeskde., Bd. 46, H. 2, S. 132-152. Bad Godesberg.

SEEDORF, H. H. (1982): Der Wert historisch-topographischer Karten für die Landeskunde in Niedersachsen.- Neues Arch. f. Nieders., Bd. 31, H. 4, S. 408-423. Göttingen.

SEEDORF, H. H. (1985): Landesgeschichte und Geographie.- Niedersächs. Jb. f. Landesgesch., Bd. 57, S. 39-54. Hildesheim.

SPERLING, W. (1980): Das Problem: Geographie in der Krise? Landeskunde - Regionale Geographie. Ein Beitrag zur Diskussion.- Harms Pädagogische Reihe, H. 88, S. 5-40. München.

STEWIG, R. (Hrsg.) (1979): Das Problem der Länderkunde. - Wege der Forschung, Bd. 391. Darmstadt.

B. Sammelwerke über Niedersachsen

1. Landeskundliche Abhandlungen über Gesamtniedersachsen

BARTELS, D. (1984): Lebensraum Norddeutschland ? Eine engagierte Geographie.- Kieler Geogr. Schriften, Bd. 61, S. 1-31. Kiel.

BATTRÉ, M., SEEDORF, H. H. & WILLE, V. (1982): Erläuterungen zu der Satellitenbildkarte Niedersachsen, Hamburg und Bremen 1 : 500.000.- Deutscher Planungsatlas, Bd. 2: Niedersachsen u. Bremen, Lfg. 2, (= Veröff. d. Akad. f. Raumforsch. u. Landesplanung), S. 10-41. Hannover.

BÄUERLE, L. & KLIE, W. (Hrsg.) (1990): Exkursionsführer Braunschweig. Vom Harz zur Heide. 2. Aufl. Braunschweig.

BECKEL, L., BODECHTEL, J. & STRUNK, E. (Hrsg.) (1978): Deutschland. Landschaften und Städte im Satelliten- und Luftbild. Braunschweig.

BRÜNING, K. (1934): Atlas Niedersachsen. Oldenburg.

BRÜNING, K. (1950): Atlas Niedersachsen (= Deutscher Planungsatlas Bd. II). Bremen.

BRÜNING, K. (Hrsg.) (1956): Niedersachsen. Land - Volk - Wirtschaft.- Schr. d. Wirtschaftswiss. Ges. z. Stud. Nieders. e.V., NF, R.B, Bd. 6. Bremen-Horn.

BRÜNING, K. & SCHMIDT, H. (1986): Handbuch der historischen Stätten Deutschlands, Bd. 2: Niedersachsen und Bremen. 5. Aufl. Stuttgart.

GEOGRAPHISCHE KOMMISSION FÜR WESTFALEN - LANDSCHAFTSVERBAND WESTFALEN-LIPPE (Hrsg.) (1985ff): Geographisch-landeskundlicher Atlas von Westfalen. Karten- und Textband. Münster.

GROTELÜSCHEN, W. & MUUSS, U. (1979): Luftbildatlas Niedersachsen. 3. Aufl. Neumünster.

HAMM, F. (1980): Naturkundliche Chronik Nordwestdeutschlands. 2. Aufl. Hannover.

KEYSER, E. (Hrsg.) (1952): Niedersächsisches Städtebuch. Bd. 3: Nordwestdeutschland, 1. Niedersachsen und Bremen. Stuttgart.

KLEIN, R. (Hrsg.) (1969): Niedersachsenlexikon. Frankfurt a.M.

LEERHOFF, H. (1985): Niedersachsen in alten Karten. Eine Auswahl von Karten des 16. bis 18. Jahrhunderts aus den niedersächsischen Staatsarchiven. Neumünster.

MEYER, H.-H. (Hrsg.) (1988): Exkursionen in Niedersachsen und Bremen.- Jb. d. Geogr. Ges. z. Hannover, Sonderheft 14 (= Seedorf-Festschrift). Hannover.

MÜLLER-WILLE, W. (1971): Nordwestdeutschland. Seine Stellung und Struktur im Nordsee-Sektor.- Westfäl. Geogr. Stud., Bd. 25 (= Oldenburg und der Nordwesten. Vorträge, Exkursionen und Arbeitsberichte), S. 29-62. Münster.

NASS, K. O. (1987): Die Bundesrepublik Deutschland. Staatshandbuch. Landesausgabe Land Niedersachsen. Köln usw.

NIEDERSÄCHS. AKADEMIE d. GEOWISSENSCHAFTEN (Hrsg.) (1990): Geopotential in Niedersachsen. Wegweiser zu geowissenschaftlichen und geotechnischen Institutionen sowie Firmen. 2. Aufl. Hannover.

NIEDERSÄCHS. LANDESZENTRALE f. POLITISCHE BILDUNG (1987): Niedersachsen. Politische Landeskunde. 2. Aufl. 1992. Hannover.

NIEDERSÄCHS. STAATSKANZLEI, NIEDERSÄCHS. LANDKREISTAG et al. (1989): Niedersachsen. Bundesland - Stammesland. Heidelberg.

OHEIMB, E. v. (1980): Niedersachsen. Konturen eines Bundeslandes.- Schriftenr. d. Niedersächs. Landeszentrale f. polit. Bildung. Hannover.

PUSEN, H. (1973): Niedersachsen. 2 Bde. Nürnberg.

SCHRADER, E. (1965): Die Landschaften Niedersachsens. Hannover.

SCHREPFER, H. (1974): Der Nordwesten.- Landeskunde von Deutschland, Bd. 1. Darmstadt (Nachdruck).

SCHWARZ, G. (Hrsg.) (1953): Hannover und Niedersachsen. Beiträge zur Landes- und Wirtschaftskunde.- Jb. d. Geogr. Ges. z. Hannover f. 1953 (= Fs. z. Feier d. 75-jährigen Bestehens d. Geogr. Ges. z. Hannover). Hannover.

SEEDORF, H. H. (1977): Topographischer Atlas Niedersachsen und Bremen. Neumünster.

SEEDORF, H. H. & MEYER, H.-H. (1982): Landeskundlich-statistische Übersichten Niedersachsen. Land, Regierungsbezirke, Landkreise, Kreisfreie Städte.- Hrsg. v. Niedersächs. Minister des Innern. Hannover.

SILLIUM, F. (1985): Niedersachsen. Das Land und seine Wirtschaft.- Hrsg. i. Zusammenarbeit m. d. Niedersächs. Ministerium f. Wirtschaft u. Verkehr. Oldenburg.

SINGER, P. & FLIEDNER, D. (1970): Landeskunde Niedersachsen. Nach einer Materialsammlung von Kurt Brüning.- Harms Landeskunde. München usw.

STECKHAN, D. (1980): Niedersachsen - Landeskunde und Landesentwicklung. Hannover.

TACKE, E. (Hrsg.) (1963): Niedersachsen. Landeskunde - Landesentwicklung.- Neues Arch. f. Nieders., Bd. 12 (= Kurt-Brüning-Gedächtnisschrift). Göttingen, Hannover.

TAUBMANN, W. (1980): Exkursionen in Nordwestdeutschland und angrenzenden Gebieten (anläßlich d. 17. Dt. Schulgeographentages Bremen 1980). Kiel.

TIETZE, K., BOESLER, K.-A., KLINK, H.-J. & VOPPEL, G. (Hrsg.) (1990): Geographie Deutschlands. Bundesrepublik Deutschland. Staat-Natur-Wirtschaft. Berlin-Stuttgart.

2. Bibliographien

BUSCH, F. (1962): Bibliographie der niedersächsischen Geschichte 1908-1932. Hildesheim.

BUSCH, F. (1964): Schaumburgische Bibliographie.- Veröff. d. Hist. Komm. f. Nieders. u. Bremen, Bd. 31. Hildesheim

BUSCH, F. (1971): Bibliographie der niedersächsischen Geschichte für die Jahre 1958-1960.- Veröff. d. Hist. Komm. f. Nieders. u. Bremen, Bd. 16, H. 3/5. Hildesheim.

HARREN, B. & SCHOLÜBBERS, H. (1988): Allgemeine Bibliographie über den Raum Emsland/Grafschaft Bentheim bis 1982 (hrsg. v. d. Emsländischen Landschaft e.V.). Sögel.

KOOLMAN, E. (1987): Oldenburgische Bibliographie: 16.Jh. - 1907.- Veröff. d. Hist. Komm. f. Nieders. u. Bremen, Bd. 30a. Hildesheim.

LOEWE, V. (1908): Bibliographie der Hannoverschen und Braunschweigischen Geschichte. Posen (= Beitr. z. Gesch., Landes- u. Volkskde. v. Nieders. u. Bremen, Ser. A, Nachdr., Bd. 49).

OBERSCHELP, R. (1985): Niedersachsen-Bibliographie. Berichtsjahre 1908-1970.- Bd. 1 (Allg. Literatur), Bd. 2 (Einzelne Landesteile u. Orte A-G), Bd. 3 (Einzelne Landesteile u. Orte H-N), Bd. 4 (Einzelne Landesteile u. Orte O-Z), Bd. 5 (Einzelne Familien u. Personen). Mainz-Kastell.

OBERSCHELP, R. & S. HÜBNER (1974 ff): Niedersächsische Bibliographie (ab Berichtsjahr 1971). Bd. 7: Berichtsjahre 1985/87 (1991), Hildesheim.

TIELKE, M. (1990): Ostfriesische Bibliographie (16. Jh.-1907). - Veröff. d. Hist. Komm. f. Nieders. u. Bremen, Bd. 30a, Hildesheim.

WILHELM, O. (1951): Neueres Schrifttum über Niedersachsen sowie Bremen.- Neues Arch. f. Nieders., Bd. 5ff. Göttingen.

WILHELM, O. (1964): Bibliographie von Niedersachsen 1957-1961.- Schr. d. Wirtschaftswiss. Ges. z. Stud. Nieders., R.A, Bd. 76. Hildesheim.

WILHELM, O. (1968): Bibliographie von Niedersachsen und Bremen, Teil 2, 1962-1965.- Schr. d. Wirtschaftswiss. Ges. z. Stud. Nieders., R.A, Bd. 90. Hildesheim.

WILHELM, O. (1974): Bibliographie von Niedersachsen und Bremen, Teil 3, 1966-1970.- Veröff. d. Niedersächs. Inst. f. Landeskde. u. Landesentw. a. d. Univ. Göttingen, zugl. Schr. d. Wirtschaftswiss. Ges. z. Stud. Nieders., R.A, Bd. 103. Göttingen.

WILHELM, O. (1991): Inhaltsverzeichnis der Zeitschrift "Niedersachsen", 1.-75. Jg. 1895-1975. Nieders. Heimatbund Hannover.

WILHELM, O. (1991): Bibliographie der naturwissenschaftlichen Fachbereiche in Niedersachsen und Bremen 1901-1945 (in Arbeit).

3. Niedersächsische und landeskundliche Zeitschriften und Serien

Abhandlungen der Braunschweigischen Wissenschaftlichen Gesellschaft. Braunschweig 1949 ff.

Abhandlungen des Naturwissenschaftlichen Vereins zu Bremen. Bremen 1870 ff.

Abhandlungen und Verhandlungen des Naturwissenschaftlichen Vereins in Hamburg. NF. Hamburg, Berlin 1956 ff.

Abhandlungen und Vorträge zur Geschichte Ostfrieslands. Aurich 1925 ff.

Alt-Hildesheim. Jahrbuch für Stadt und Stift Hildesheim. Hildesheim 1919 ff.

Arbeiten aus der Niedersächsischen Staats- und Universitätsbibliothek Göttingen. Göttingen 1954 ff.

Aus dem Walde. Mitteilungen aus der Niedersächsischen Landesforstverwaltung. Hannover 1957 ff.

Beiträge zur Geschichte der Stadt Goslar. Goslar 1921 ff.

Beiträge zur Naturkunde Niedersachsens. Hannover 1948 ff.

Bericht der Naturhistorischen Gesellschaft Hannover. Hannover 1850 ff.

Berichte zur deutschen Landeskunde. Leipzig, Trier 1941 ff.

Braunschweiger Geographische Studien. Braunschweig 1964 ff.

Braunschweiger Naturkundliche Schriften. Braunschweig 1980 ff.

Braunschweigische Wirtschaft. Braunschweigisches Industrie- und Handelsblatt. Mitteilungen der Industrie- und Handelskammer Braunschweig. Braunschweig 1947 ff.

Braunschweigisches Jahrbuch. Braunschweig 1902 ff.

Bremer Archäologische Blätter. Bremen 1960 ff.

Bremisches Jahrbuch. Bremen 1864 ff.

Clausthaler Geologische Abhandlungen. Clausthal-Zellerfeld 1965 ff.

Clausthaler Tektonische Hefte. Clausthal-Zellerfeld 1958 ff.

Der Aufschluß. Zeitschrift für die Freunde der Mineralogie und Geologie. Heidelberg, Göttingen 1950 ff.

Der Forst- und Holzwirt. Hannover 1946 ff.

Der Harz und Südniedersachsen. Clausthal-Zellerfeld 1968 ff.

Der Landkreis. Zeitschrift für kommunale Selbstverwaltung. Herausgeber: Deutscher Landkreistag. Köln, Berlin 1955 ff.

Die Diözese Hildesheim in Vergangenheit und Gegenwart. Zeitschrift des Vereins für Heimatkunde im Bistum Hildesheim. Hildesheim 1927 ff.

Die Goldene Mark. Zeitschrift für Heimatarbeit im Kreise Duderstadt. Duderstadt 1950 ff.

Die Kunde. Mitteilungen des Niedersächsischen Landesvereins für Urgeschichte. Hannover 1933 ff.

Die Kunstdenkmale des Landes Niedersachsen. Veröffentlichungen des Niedersächsischen Landesverwaltungsamtes. Herausgegeben vom Landeskonservator. Hannover 1956 ff.

Die Küste. Archiv für Forschung und Technik an der Nord- und Ostsee. Heide/Holst. 1952 ff.

Die Landkreise in Niedersachsen. Amtliche Kreisbeschreibungen. Hannover/Bremen-Horn 1949-1975.

Die Niedersächsische Gemeinde. Hannover 1949 ff.

Die Niedersächsische Wirtschaft. Hannover 1925 ff.

Die Weser. Monatszeitschrift des Weserbundes. Bremen 1922 ff.

Einbecker Jahrbuch. Einbeck 1895 ff.

Eiszeitalter und Gegenwart. Jahrbuch der Deutschen Quartärvereinigung. Hannover 1951 ff.

Emsland-Jahrbuch. Osnabrück 1964-68.

Forschungen zur deutschen Landeskunde. Stuttgart, Trier usw. 1886 ff.

Forstarchiv. Zeitschrift für wissenschaftlichen und technischen Fortschritt in der Forstwirtschaft. Hannover 1925 ff.

Geologisches Jahrbuch. Herausgegeben von der Bundesanstalt für Bodenforschung und den Geologischen Landesämtern der Bundesrepublik Deutschland. Reihe A-F. Hannover 1972 ff.

Göttinger Arbeiten zur Geologie und Paläontologie. Göttingen 1969 ff.

Göttinger Bodenkundliche Berichte. Göttingen 1968 ff.

Göttinger Floristische Rundbriefe. Göttingen 1967 ff.

Göttinger Geographische Abhandlungen. Göttingen 1948 ff.

Göttinger Jahrbuch. Göttingen 1952 ff.

Göttinger Schriften zur Vor- und Frühgeschichte. Neumünster 1961 ff.

Hamburger Geographische Studien. Hamburg 1952 ff.

Hamburger Küstenforschung. Hamburg 1968 ff.

Hannoversche Geschichtsblätter. Hannover 1898 ff.

Hannoversche Land- und Forstwirtschaftliche Zeitung. Mitteilungsblatt der Landwirtschaftskammer Hannover. Hannover 1847 ff.

Hannoversches Wendland. Jahresheft des heimatkundlichen Arbeitskreises Lüchow-Dannenberg. Lüchow 1969 ff.

Hansa. Zeitschrift für Schiffahrt, Schiffbau, Hafen. Hamburg 1863 ff.

Harburger Jahrbuch. Veröffentlichungen des Helmsmuseums. Herausgegeben im Auftrag des Museums- und Heimatvereins Harburg Stadt und Land. Hamburg-Harburg 1938 ff.

Harz-Zeitschrift. Goslar 1868 ff.

Heimat und Volkstum. Bremer Beiträge zur niederdeutschen Volkskunde. 1941 ff.

Heimatblätter für den südwestlichen Harzrand. Osterode/Harz 1956 ff.

Heimatland. Zeitschrift für Heimatkunde, Naturschutz, Kulturpflege. Herausgegeben vom Heimatbund Niedersachsen e.V. Hannover 1950 ff.

Jahrbuch der Geographischen Gesellschaft zu Hannover. Hannover 1879 ff.

Jahrbuch der Gesellschaft für bildende Kunst und vaterländische Altertümer. Emden, Aurich 1872 ff.

Jahrbuch der Männer vom Morgenstern. Heimatbund an der Elb- und Wesermündung. Bremerhaven 1898 ff.

Jahrbuch des Emsländischen Heimatbundes. Meppen 1953 ff.

Jahresbericht der Forschungsstelle für Insel- und Küstenschutz der Niedersächsischen Wasserwirtschaftsverwaltung. Norderney 1949 ff.

Jahresbericht der Naturforschenden Gesellschaft Emden. Emden 1815 ff.

Jahresheft des Naturwissenschaftlichen Vereins für das Fürstentum Lüneburg e.V. von 1851. Lüneburg 1913 ff.

Kali und Steinsalz. Herausgegeben vom Kaliverein e.V. Hannover. Essen 1952 ff.

Landwirtschaftsblatt Weser-Ems. Fach- und Verkündigungsblatt für die Land- und Forstwirtschaft. Oldenburg 1854 ff.

Lüneburger Blätter. Lüneburg 1950 ff.

Mitteilungen aus dem Leichtweiß-Institut für Wasserbau und Grundbau der Technischen Hochschule (Universität) Braunschweig. Braunschweig 1957 ff.

Mitteilungen der Deutschen Bodenkundlichen Gesellschaft. Göttingen 1963 ff.

Mitteilungen des Franzius-Instituts für Wasserbau und Küsteningenieurwesen der Universität Hannover. Hannover 1952 ff.

Mitteilungen des Obstbauversuchsringes des Alten Landes e.V. und der Arbeitsgemeinschaften Baumschulen im Obstbauversuchsring. Jork 1946 ff.

Mitteilungen des Stader Geschichts- und Heimatvereins. Stade 1924 ff.

Mitteilungen des Vereins für Niedersächsisches Volkstum e.V. Bremen 1926 ff.

Nachrichten der Niedersächsischen Vermessungs- und Katasterverwaltung. Hannover 1951 ff.

Nachrichten des Marschenrates zur Förderung der Forschung im Küstengebiet der Nordsee. Wilhelmshaven 1962 ff.

Natur und Landschaft. Zeitschrift für Naturschutz, Landschaftspflege und Umweltschutz. Stuttgart 1925 ff.

Natur, Kultur und Jagd. Beiträge zur Naturkunde Niedersachsens. Hannover 1948 ff.

Naturschutz und Landschaftspflege in Niedersachsen. Hannover 1961 ff.

Neue Ausgrabungen und Forschungen in Niedersachsen. Hildesheim 1963 ff.

Neues Archiv für Niedersachsen. Landeskunde - Landesentwicklung. Hannover, Göttingen 1947 ff.

Niedersachsen. Zeitschrift für Heimat und Kultur. Hrsg. v. Niedersächs. Heimatbund. Bremen, Hildesheim, Hannover 1895/96 ff.

Niedersächsische Denkmalpflege. Hildesheim 1953 ff.

Niedersächsischer Jäger. Mitteilungen des Landesjagdverbandes Bremen und der Landesjägerschaft Niedersachsen. Hannover 1956 ff.

Niedersächsisches Jahrbuch für Landesgeschichte. Hildesheim 1924 ff., vorher: Zeitschrift des Historischen Vereins für Niedersachsen 1819-1923.

Northeimer Heimatblätter. Zeitschrift für Heimatforschung und Heimatpflege. Neue Folge. Northeim 1970 ff.

Oldenburger Forschungen. Oldenburg 1935 ff.

Oldenburger Jahrbuch. Oldenburg 1892 ff.

Oldenburger Studien. Oldenburg 1969 ff.

Osnabrücker Geschichtsquellen und Forschungen. Herausgegeben vom Verein für Geschichts- und Landeskunde von Osnabrück. Osnabrück 1955 ff.

Osnabrücker Mitteilungen. Mitteilungen des Vereins für Geschichte und Landeskunde. Osnabrück 1894 ff.

Osnabrücker Naturwissenschaftliche Mitteilungen. Osnabrück 1972 ff.

Ostfriesland Magazin. Norden 1984 ff.

Ostfriesland. Zeitschrift für Kultur, Wirtschaft und Verkehr. Leer 1956 ff.

Plesse-Archiv. Herausgegeben vom Flecken Bovenden. Göttingen 1966 ff.

Probleme der Küstenforschung im südlichen Nordseegebiet. Hildesheim 1941 ff.

Quellen und Darstellungen zur Geschichte Niedersachsens. Herausgegeben vom Historischen Verein für Niedersachsen. Hildesheim 1883 ff.

Quellen und Forschungen zur Braunschweigischen Geschichte. Herausgegeben vom Braunschweigischen Geschichtsverein. Braunschweig, Wolfenbüttel 1904 ff.

Quellen zur Geschichte Ostfrieslands. Herausgegeben von der Ostfriesischen Landschaft in Verbindung mit dem Niedersächsischen Staatsarchiv in Aurich. Aurich 1908 ff.

Rotenburger Schriften. Rotenburg/Wümme 1954 ff.

Schaumburg-Lippische Mitteilungen. Herausgegeben vom Schaumburg-Lippischen Heimatverein e.V. Bückeburg. Bückeburg 1904 ff.

Schaumburger Heimatblätter. Mitteilungsblatt des Heimatbundes der Grafschaft Schaumburg. Rinteln 1921 ff.

Schaumburger Heimathefte. Im Auftrag der Historischen Arbeitsgemeinschaft für Schaumburg. Rinteln 1955 ff.

Schaumburger Studien. Herausgegeben im Auftrag der Historischen Arbeitsgemeinschaft für Schaumburg. Rinteln 1963 ff.

Schriften der Historischen Kommission Westfalens. Münster/Westf. 1949 ff.

Schriften der Landesplanung Niedersachsen. Hannover 1950 ff.

Schriften der Wirtschaftswissenschaftlichen Gesellschaft zum Studium Niedersachsens e.V. Hannover 1926 ff.

Schriften der Wittheit zu Bremen. Reihe A. Bremisches Jahrbuch. Bremen 1864 ff.

Schriften zur niederdeutschen Volkskunde. Herausgegeben im Auftrag der Niedersächsischen Landesstelle für Volkskunde am Seminar für deutsche Volkskunde der Universität Göttingen. Göttingen 1966 ff.

Schriftenreihe des Fremdenverkehrsverbandes Nordsee - Niedersachsen - Bremen e.V. Oldenburg 1971 ff.

Schriftenreihe für Vegetationskunde. Herausgegeben von der Bundesanstalt für Vegetationskunde, Naturschutz und Landschaftspflege (Bundesforschungsanstalt für Naturschutz und Landschaftsökologie). Bonn - Bad Godesberg 1966 ff.

Sollinger Heimatblätter. Uslar 1923-1941, 1985 ff.

Spieker. Landeskundliche Beiträge und Berichte. Herausgegeben von der Geographischen Kommission für Westfalen. Münster/Westf. 1950 ff.

Stader Jahrbuch. Herausgegeben im Auftrag des Stader Geschichts- und Heimatvereins. Stade 1911 ff.

Telma. Berichte der Deutschen Gesellschaft für Moor- und Torfkunde. Hannover 1971 ff.

Tuexenia. Mitteilungen der floristisch-soziologischen Arbeitsgemeinschaft. Göttingen 1981 ff.

Uelzener Beiträge. Zeitschrift des Museums- und Heimatvereins des Kreises Uelzen. Uelzen 1966 ff.

Unser Harz. Heimatzeitschrift für den gesamten Harz und seine Vorlande. Zeitschrift des Harzclubs. Goslar 1953 ff.

Veröffentlichungen der Akademie für Raumforschung und Landesplanung, Beiträge. Hannover 1968 ff.

Veröffentlichungen der Akademie für Raumforschung und Landesplanung, Forschungs- und Sitzungsberichte. Hannover 1950 ff.

Veröffentlichungen der Historischen Kommission für Niedersachsen und Bremen = Veröffentlichungen der Historischen Kommission für Niedersachsen (Bremen und die früheren Länder Hannover, Oldenburg, Braunschweig und Schaumburg-Lippe). Hildesheim 1914 ff.

Veröffentlichungen der Niedersächsischen Archivverwaltung. Göttingen 1953 ff.

Veröffentlichungen des Institutes für Meeresforschung in Bremerhaven. Bremen 1952 ff.

Veröffentlichungen des Naturwissenschaftlichen Vereins Osnabrück. Osnabrück 1870 ff.

Veröffentlichungen des Niedersächsischen Instituts für Landeskunde und Landesentwicklung an der Universität Göttingen. Göttingen, Hannover 1979-1988.

Vogelkundliche Berichte aus Niedersachsen. Wilhelmshaven 1969 ff.

Wasser und Boden. Organ des Bundes und der Landesverbände der Wasser- und Kulturbauingenieure. Hamburg 1949 ff.

Westfälische Forschungen. Mitteilungen des Provinzialinstituts für westfälische Landes- und Volkskunde. Münster i. Westf. 1938 ff.

Westfälische Geographische Studien. Herausgegeben vom Institut für Geographie und Länderkunde der Universität und der Geographischen Kommission für Westfalen. Münster/Westf. 1949 ff.

Zeitschrift für Agrargeschichte und Agrarsoziologie in Verbindung mit der Gesellschaft für Agrargeschichte. Frankfurt/M. 1953 ff.

Zwischen Elbe und Weser. Bremerhaven, Stade 1982 ff.

4. Statistiken

LANDESHAUPTSTADT HANNOVER - STATISTISCHES AMT (Hrsg.): Statistischer Vierteljahresbericht der Landeshauptstadt Hannover. Hannover 1902 ff.

NIEDERSÄCHSISCHES LANDESVERWALTUNGSAMT -STATI-STIK (Hrsg.): Niedersachsen in Zahlen. Hannover 1977 ff.

NIEDERSÄCHSISCHES LANDESVERWALTUNGSAMT -STATI-STIK (Hrsg.): Statistik von Niedersachsen. Hannover 1957 ff.

NIEDERSÄCHSISCHES LANDESVERWALTUNGSAMT -STATI-STIK (Hrsg.): Statistische Monatshefte Niedersachsen. Hannover 1947 ff.

NIEDERSÄCHSISCHES LANDESVERWALTUNGSAMT -STATI-STIK (Hrsg.): Statistisches Jahrbuch. Hannover 1950-1978.

NIEDERSÄCHSISCHES LANDESVERWALTUNGSAMT -STATI-STIK (Hrsg.): Statistisches Taschenbuch Niedersachsen. Hannover 1990 ff.

STATISTISCHES BUNDESAMT (Hrsg.): Statistisches Jahrbuch für die Bundesrepublik Deutschland. Wiesbaden 1952 ff.

STATISTISCHES LANDESAMT BREMEN (Hrsg.): Bremen in Zahlen. Bremen 1975 ff.

STATISTISCHES LANDESAMT BREMEN (Hrsg.): Statistische Monatsberichte. Bremen 1955 ff.

STATISTISCHES LANDESAMT BREMEN (Hrsg.): Statistisches Handbuch. Bremen 1961 ff.

UELSCHEN, G. (1966): Die Bevölkerung in Niedersachsen 1821 - 1961. Veröff. d. Akad. f. Raumforsch. u. Landesplanung, Bd. 45. Hannover.

5. Kartenwerke

AKADEMIE f. RAUMFORSCHUNG u. LANDESPLANUNG (Hrsg.) (1961): Niedersachsen und Bremen. Deutscher Planungsatlas Bd. 2. Hannover.

BECKER-PLATEN, J. D., DAHMS, E. et al. (1977): Karten des Naturraumpotentials von Niedersachsen und Bremen.- Geol. Rundschau, Jg. 66, H. 3, S. 914-930. Berlin, Stuttgart.

BECKER-PLATEN, J. D. & LÜTTIG, G. (1980): Naturraumpotentialkarten als Unterlagen für Raumordnung und Landesplanung.- Arbeitsmater. Akad. f. Raumforsch. u. Landesplanung, H. 27. Hannover.

BENZLER, J.-H. & ECKELMANN, W. (1985): Bodenkundliche Standortkarte von Niedersachsen und Bremen 1 : 200.000.- Mitt. d. Dt. Bodenkdl. Ges., Bd. 41, S. 713-718. Göttingen.

BETTAC, W., SCHLEIDER, W. & SINDERN, J. (1984): Das Küstenkartenwerk 1 : 25.000 der Deutschen Bucht. Vermessung und Kartographie.- Die Küste, H. 40, S. 13-32. Heide (Holst.).

BRÜNING, K. (Hrsg.) (1934 u. 1950): Atlas Niedersachsen. Oldenburg, Hannover.

BRÜNING, K. (Hrsg.) (1937-1940): Bodenkundlicher Atlas von Niedersachsen (1 : 100.000). Oldenburg.

BRÜNING, K., SICKENBERG, O. & DIENEMANN, W. (1952): Karte der nutzbaren Lagerstätten und Gesteine Niedersachsens 1 : 100.000. Hannover.

BUNDESFORSCHUNGSANSTALT FÜR LANDESKUNDE UND RAUMORDNUNG (Hrsg.) (1976): Atlas zur Raumentwicklung. Bonn-Bad Godesberg.

DEUTSCHER WETTERDIENST (Hrsg.) (1964): Klima-Atlas von Niedersachsen. Offenbach a.M. (Selbstverlag).

DRACHENFELS, O. v. et al. (1984): Naturschutzatlas Niedersachsen.- Naturschutz u. Landschaftspflege i. Nieders., H. 13. Hannover.

ENGEL, F. (1978): Die Kurhannoversche Landesaufnahme des 18.Jahrhunderts. Erläuterungen zur Neuherausgabe als amtlich-historisches Kartenwerk im Maßstab 1 : 25.000 (mit Blattübersicht u. Zeichenerklärung).- Veröff. d. Hist. Komm. f. Nieders. u. Bremen, Bd. 26, 2. Aufl. Hannover.

FORSCHUNGSSTELLE NORDERNEY (1961 ff): Topographische Wattkarte 1 : 25.000. Niedersächsische Küste. Norderney.

GOHL, D. (1972): Deutsche Landschaften. Bau und Formen. 1 : 1 Mio.- Hrsg. i. Auftr. d. Zentralaussch. f. deutsche Landeskunde e.V. Trier.

HOFFMEISTER, J. & SCHNELLE, F. (1945): Klima-Atlas von Niedersachsen. Oldenburg.

HOMEIER, H. & LUCK, G. (1969): Das Historische Kartenwerk 1 : 50.000 der niedersächsischen Wasserwirtschaftsverwaltung. - Schr. d. Wirtschaftswiss. Ges. z. Stud. Nieders., Bd. 93. Göttingen, Hannover.

INSTITUT f. HISTORISCHE LANDESFORSCHUNG d. UNIVERSITÄT GÖTTINGEN (Hrsg.) (1964ff): Historisch-Landeskundliche Exkursionskarte von Niedersachsen Maßstab 1 : 50.000. Karten mit Erläuterungsheften. Hildesheim.

KAEMLING, W. (1987): Atlas zur Geschichte Niedersachsens. Braunschweig.

LANG, A. W. (1969): Historisches Seekartenwerk der Deutschen Bucht. 130 Seekarten, hrsg. in 6 Lieferungen. Neumünster.

MEYER, K.-D. (1983): Die geologische Übersichtskarte 1 : 200.000 (GÜK 200) unter besonderer Berücksichtigung Niedersachsens. Methodik und Inhalt.- Forsch. z. dt. Landeskde., Bd. 220, S. 27-41. Trier.

NAUHAUS, K.-E. (1984): Das Emsland im Ablauf der Geschichte. Sögel.

NIEDERSÄCHS. LANDESAMT f. BODENFORSCHUNG (1985): Geologische Übersichtskarte von Niedersachsen 1 : 500.000. Hannover.

NIEDERSÄCHS. LANDESVERWALTUNGSAMT - LANDESVERMESSUNG (1990/91): Topographische Landeskartenwerke von Niedersachsen. Kartenverzeichnis. Hannover.

NIEDERSÄCHS. MINISTER f. ERNÄHRUNG, LANDW. u. FORSTEN (Hrsg.) (1980): Agrarkarte des Landes Niedersachsen. Hannover.

PISCHKE, G. (1989): Geschichtlicher Handatlas von Niedersachsen.- Hrsg. v. Inst. f. Hist. Landesforsch. d. Univ. Göttingen. Neumünster.

UHDEN, O. (1950 u. 1961): Wasserwirtschaftsatlas von Niedersachsen. Bd. 1 u. 2. Hannover.

C. Name und geschichtliche Grundlage

BORCHERS, J. et al. (1986): Gründung des Landes Niedersachsen. Darstellung und Quellen.- Schriftenr. d. Niedersächs. Landeszentrale f. polit. Bildung. Hannover.

BRANDT, K. H. (1964): Focke-Museum Bremen. Vor- und Frühgeschichte. Bremen.

BROSIUS, D. (1983): Niedersachsen - Geschichte im Überblick.- Schriftenr. d. Niedersächs. Landeszentrale f. polit. Bildung. Hannover.

BROSIUS, D. & LAST, M. (Hrsg.) (1984): Beiträge zur niedersächsischen Landesgeschichte. Hrsg. zum 65. Geburtstag von Hans Patze im Auftrag der Historischen Kommission für Niedersachsen und Bremen. Hildesheim.

BRÜNING, K. (1929): Niedersachsen im Rahmen der Neugliederung des Reiches. Bd. 1. Denkschrift, dem 64. Hannoverschen

Provinzialtage vorgelegt vom Landesdirektorium. Wirtschaftswiss. Ges. z. Stud. Niedersachsens. Hannover.

BRÜNING, K. (1931): Niedersachsen im Rahmen der Neugliederung des Reiches. Bd. 2: Beispiele über Auswirkungen der Ländergrenzen auf Verwaltung und Wirtschaft. Denkschrift, dem 66. Hannoverschen Provinziallandtag vorgelegt (= Veröff. d. Wirtschaftswiss. Ges. z. Stud. Nieders., R.B: Forschungen). Hannover.

BRÜNING, K., PFEIL, E., MÜLLER, K. V. et al. (1951): Aufbau aus eigener Kraft. Flüchtlinge in Niedersachsen.- Veröff. d. Niedersächs. Amtes f. Landesplanung u. Statistik, R.F, Bd. 6, H. 3. Hannover.

ECKHARDT, A. (1983): Oldenburg und die Gründung des Landes Niedersachsen.- Vortr. d. Oldenburgischen Landschaft, H. 12. Oldenburg (zugl.: Niedersächs. Jb. f. Landesgesch., Bd. 55, S. 15-70. Hildesheim).

ECKHARDT, A. & SCHMIDT, H. (Hrsg.) (1988): Geschichte des Landes Oldenburg. Ein Handbuch. 3., verb. u. erw. Aufl. Oldenburg.

HAASE, C. (Hrsg.) (1971): Niedersachsen. Territorien - Verwaltungseinheiten - geschichtliche Landschaften.- Veröff. d. Niedersächs. Archivverw., H. 31. Göttingen.

HÄßLER, H.-J. (Hrsg.) (1991): Ur- und Frühgeschichte in Niedersachsen. Stuttgart.

HECKMANN, E. & RUDOLPH, H. (1977): Kleine Geschichte des Oldenburger Landes. 2. Aufl. Oldenburg.

KALTHOFF, E. & ROHR, A. v. (1979): Calenberg. Von der Burg zum Fürstentum. Herrschaft und Kultur in Zentralniedersachsen zwischen 1300 und 1700.- Beiträge zur Ausstellung im Hist. Museum a. Hohen Ufer. Hannover.

LENT, D. (1971): Der Weg zum Lande Niedersachsen. Niedersachsen. Territorien - Verwaltungseinheiten - geschichtliche Landschaften.- Veröff. d. Niedersächs. Archivverw., H. 31, S. 11-26. Göttingen.

LOEBEL, H. (1984): Niedersachsen. Begegnungen mit der Geschichte in Bildern. Hameln.

LÜBBING, H. (1977): Stedinger, Friesen, Dithmarscher. Freiheitskämpfe niederdeutscher Bauern. 2. Aufl. (1. Aufl. Jena 1929). Bremen.

MODERHACK, R. v. (Hrsg.) (1977): Braunschweigische Landesgeschichte im Überblick.- Quellen u. Forsch. z. Braunschw. Gesch., Bd. 23, 2. Aufl. Braunschweig.

MÖHLMANN, G. (1968): Die Epochen der ostfriesischen Geschichte.- Niedersächs. Jb. f. Landesgesch., Bd. 40, S. 14-30. Hildesheim.

NASSMACHER, K.-H. (1983): Der Wiederbeginn des politischen Lebens in Niedersachsen.- Niedersächs. Jb. f. Landesgesch., Bd. 55, S. 71-97. Hildesheim.

NIEDERSÄCHS. LANDESZENTRALE f. POLITISCHE BILDUNG (Hrsg.) (1980): Das Bundesland Niedersachsen. Einführung in Aufbau und Entwicklung. Sonderheft der Zahlenbilder aus Politik, Wirtschaft und Kultur. 4., neubearb. Aufl. Berlin.

OBERSCHELP, R. (1988): Politische Geschichte Niedersachsens 1803-1866 (Veröff. d. Niedersächs. Landesbibl., Bd. 8). Hildesheim.

PATZE, H. (Hrsg.) (1977): Geschichte Niedersachsens, Bd. 1: Grundlagen und frühes Mittelalter.- Veröff. d. Hist. Komm. f. Nieders. u. Bremen, Bd. 36. Hildesheim.

PATZE, H. (Hrsg.) (1983): Geschichte Niedersachsens, Bd. 3, T. 2: Kirche und Kultur von der Reformation bis zum Beginn des 19. Jahrhunderts.- Veröff. d. Hist. Komm. f. Nieders. u. Bremen. Hildesheim.

POLLMANN, B. (1977): Reformansätze in Niedersachsen 1945-49.- Schriftenr. d. Niedersächs. Landeszentrale f. polit. Bildung. Hannover.

POLLMANN, B. (1979): Niedersachsen in Geschichte und Gegenwart.- Schriftenr. d. Niedersächs. Landeszentrale f. polit. Bildung. Hannover.

RABBOW, A. (1980): Symbole der Bundesrepublik Deutschland und des Landes Niedersachsen.- Schriftenr. d. Niedersächs. Landeszentrale f. polit. Bildung. Hannover.

RÖHRBEIN, W. R. & ROHR, A. v. (1977): Hannover im Glanz und Schatten des britischen Weltreiches. 2. Aufl. Hannover.

SCHMIDT, H. (1986): Die territoriale Entwicklung zum Lande Niedersachsen.- Brüning, K. & Schmidt, H. (Hrsg.): Handbuch der historischen Stätten Deutschlands, Bd. 2: Niedersachsen und Bremen. 5. Aufl. Stuttgart.

SCHMIDT, H. (1975): Politische Geschichte Ostfrieslands.- Ohling, J. (Hrsg.): Ostfriesland im Schutze des Deiches, Bd. 5. Leer.

SCHNATH, G. (1958): Das Sachsenroß.- Schriftenr. d. Niedersächs. Landeszentrale f. polit. Bildung. Hannover.

SCHNATH, G. (1964): Niedersachsen und Hannover. Vom Namen unseres Landes und seiner Hauptstadt.- Schriftenr. d. Niedersächs. Landeszentrale f. polit. Bildung, 4. Aufl. Hannover.

SCHNATH, G. (1968): Streifzüge durch Niedersachsens Vergangenheit. Hildesheim.

SCHNATH, G. (1976): Vom Sachsenstamm zum Lande Niedersachsen. Land Niedersachsen - Tradition und Gegenwart.- Schriftenr. d. Niedersächs. Landeszentrale f. polit. Bildung, S. 11-89. Hannover.

SCHNATH, G. & LÜBBING, H. (1988): Geschichte des Landes Niedersachsen. Territorien-Ploetz. 5. Aufl. Freiburg.

SCHNEIDER, U. (1984): Niedersachsen 1945/46. Kontinuität und Wandel unter britischer Besatzung.- Schriftenr. d. Niedersächs. Landeszentrale f. polit. Bildung. Hannover.

SEEDORF, H. H. (1989): Landeskunde und Staatsbildung in Niedersachsen.- Neues Arch. f. Nieders., Bd. 38, H. 3, S. 7-21. Braunschweig.

TREUE, W. (1976): Die Geschichte unseres Landes seit 1945. Land Niedersachsen - Tradition und Gegenwart.- Schriftenr. d. Niedersächs. Landeszentrale f. polit. Bildung, S. 91-145. Hannover.

UNRUH, G. C. v. (1960): 75 Jahre hannoversch-niedersächsische Landkreise. Hannover.

WENDT, H. (1988): Geschichte des Welfenfürstentums Grubenhagen, des Amtes und der Stadt Osterode. Hildesheim, Zürich, New York.

o.V. (1985): Wege aus dem Chaos. Niedersachsen 1945-1949. Begleitheft zur Ausstellung.- Schriftenr. d. Niedersächs. Landeszentrale f. polit. Bildung. Hannover.

D. Heutige Verwaltungsgliederung

BENNE, G. (1982): Das Ortschaftsrecht des Landes Niedersachsen.- Schriftenr. d. Niedersächs. Landeszentrale f. polit. Bildung. Hannover.

KORTE, H. & REBE, B. (1980): Verfassung und Verwaltung des Landes Niedersachsen. 2., völlig neubearb. u. erw. Aufl. Göttingen.

LEDER, G. & FRIEDRICH, W.-U. (1986): Kommunalpolitik und Kommunalwahlen in Niedersachsen.- Schriftenr. d. Niedersächs. Landeszentrale f. polit. Bildung. Hannover.

MEIBEYER, W. (1973): Entwicklung und Stand der Verwaltungs-

und Gebietsreform in Niedersachsen.- Ber. z. dt. Landeskde., Bd. 47, H. 1, S. 50-60. Bad Godesberg.

NIEDERSÄCHS. LANDESVERWALTUNGSAMT (1967): Verwaltungsatlas des Landes Niedersachsen. Hannover.

NIEDERSÄCHS. LANDESZENTRALE f. POLITISCHE BILDUNG (Hrsg.) (1980): Das Bundesland Niedersachsen. Einführung in Aufbau und Entwicklung. Sonderheft der Zahlenbilder aus Politik, Wirtschaft und Kultur. 4., neubearb. Aufl. Berlin.

REINICKE, H.-E. (1959): Die Gemeinde und ihre Ordnung.-Schriftenr. d. Niedersächs. Landeszentrale f. polit. Bildung. Hannover.

REINICKE, H.-E. (1960): Der Landkreis und seine Funktion.- Schriftenr. d. Niedersächs. Landeszentrale f. polit. Bildung. Hannover.

UNRUH, G. C. v. (1978): Gebiets- und Verwaltungsreform in Niedersachsen 1965-1978.- Schriftenr. d. Niedersächs. Landeszentrale f. polit. Bildung. Hannover.

E. Naturräumliche Grundlagen

1. Niedersächsische Landschaften im Überblick

Größere Teilräume

BUNDESFORSCHUNGSANSTALT f. LANDESKUNDE u. RAUMORDNUNG (Hrsg.) (1959-1980): Geographische Landesaufnahme 1 : 200.000. Naturräumliche Gliederung Deutschlands. Kartenblätter 37/38 Wilhelmshaven-Nord bis 112 Kassel mit Erläuterungen. Bonn-Bad Godesberg.

HÖVERMANN, J. & TIETZE, U. (1957): Die natürlichen Landschaften Niedersachsens.- Geogr. Rundschau, Jg. 9, H. 5, S. 163-168. Braunschweig.

KLÖPPER, R. (1954): Versuch länderkundlicher Abgrenzungen in Niedersachsen.- Veröff. d. Akad. f. Raumforsch. u. Landesplanung, Bd. 28, S. 239-253. Hannover.

LIEDTKE, H. (1984): Namen und Abgrenzungen von Landschaften in der Bundesrepublik Deutschland gemäß der amtlichen Übersichtskarte 1 : 500.000 (ÜK 500).- Forsch. z. dt. Landeskde., Bd. 222. Trier.

MEYER, H.-H. (1986): Landschaftsökologisches Profil Harz-Heide.- Geogr. Rundschau, Jg. 38, H. 5, S. 242-246. Braunschweig.

MEYNEN, E. et al. (Hrsg.) (1962): Handbuch der naturräumlichen Gliederung Deutschlands. Bd. I u. II. Bad Godesberg.

MÜLLER-WILLE, W. (1966): Bodenplastik und Naturräume Westfalens.- Spieker, H. 14. Münster.

MÜLLER-WILLE, W. & BERTELSMEIER, E. (Hrsg.) (1971): Oldenburg und der Nordwesten. Vorträge, Exkursionen und Arbeitsberichte. Deutscher Schulgeographentag 1970 in Oldenburg i.O.- Westfäl. Geogr. Stud., Bd. 25. Münster.

NIEMEIER, G. (1956): 'Theoretische Naturlandschaft' und 'realer Naturraum' am Beispiel Nordwest-Niedersachsens.- Ber. z. dt. Landeskde., Bd. 16, S. 59-69. Remagen.

SEEDORF, H. H. & MEYER, H.-H. (1982): Landeskundlich-statistische Übersichten Niedersachsen. Land, Regierungsbezirke, Landkreise, Kreisfreie Städte.- Hrsg. v. Niedersächs. Minister des Innern. Hannover.

Küstenland

ABRAHAMSE, J. (Hrsg.) (1984): Wattenmeer. Ein Naturraum der Niederlande, Deutschlands und Dänemarks. 4. Aufl. Neumünster.

DIRCKSEN, R. (1981): Am Meer und hinter dem Deich. Das Land Wursten. Hamburg.

ERCHINGER, H. F. (1985): Dünen, Watt und Salzwiesen. Norden.

GRUBE, F. & RICHTER, G. (Hrsg.) (1979): Die deutsche Küste. Frankfurt/M.

HOMANN, H. (1978): Ostfriesland. Inseln, Watt und Küstenland. Münster.

IMMERMANN, U. & KLUNKER, W. (1984): Das Land Bremen. Hrsg. i. Zusammenarb. m. d. Handelskammer Bremen u. d. Industrie- u. Handelskammer Bremerhaven. Bremen.

KLOOS, W. (1980): Bremer Lexikon. Ein Schlüssel zu Bremen. 2., überarb. Aufl. Bremen.

KRAWITZ, R. (1982): Ostfriesland mit Jever- und Wangerland. Über Moor, Geest und Marsch zum Wattenmeer und zu den Inseln Borkum, Juist, Norderney, Baltrum, Langeoog, Spiekeroog und Wangerooge. Köln.

KRÖMER, E. et al. (1987): Ostfriesland.- Schriftenr. d. Niedersächs. Landeszentrale f. polit. Bildung: Landschaften Niedersachsens und ihre Probleme, Folge 5. Hannover.

KÜLKEN, F. (1965): Zwischen Niederweser und Niederelbe. Eine Heimatkunde des Landes Bremen und des niedersächsischen Regierungsbezirks Stade. Bremen, Osterholz-Scharmbeck.

MÖHLMANN, G. (Hrsg.) (1975): Ostfriesland.- Deutsche Landschaft, Bd. 10, 3. Aufl. Essen.

MÖLLER, I. (1985): Hamburg.- Klett Länderprofile, 1. Aufl. Stuttgart.

NIEMEIER, G. (1972): Ostfriesische Inseln.- Sammlung Geogr. Führer, Bd. 8. Stuttgart.

OHLING, J. (Hrsg.) (1969-1980): Ostfriesland im Schutze des Deiches. Beiträge zur Kultur- und Wirtschaftsgeschichte des ostfriesischen Küstenlandes. 8 Bde. Leer, Pewsum.

RACK, E. & KOLDE, H. (1977): Luftbildatlas Ostfriesland. Norden.

SEEDORF, H. H. et al. (1968): Der Landkreis Wesermünde.- Amtliche Kreisbeschreibung. Die Landkreise in Niedersachsen, Bd. 23. Bremen-Horn.

TAUBMANN, W. (1980): Bremen. Entwicklung und Struktur der Stadtregion.- Geogr. Rundschau, Jg. 32, S. 206-218. Braunschweig.

VÖLKSEN, G. (1988): Die Marschen an der Unterelbe. Landschaftsveränderungen im Land Hadeln und Kehdingen (= Aktuelle Themen zur niedersächsischen Landeskunde, H. 5; hrsg. v. Niedersächs. Minist. d. Innern). Hannover.

Geest und Moore

BECHTLUFT, H. H., FRANKE, W. & HUGENBERG, G. (1982): Das Emsland.- Schriftenr. d. Niedersächs. Landeszentrale f. polit. Bildung: Landschaften Niedersachsens und ihre Probleme, Folge 2. Hannover.

BROSIUS, D. et al. (1984): Die Lüneburger Heide.- Schriftenr. d. Niedersächs. Landeszentrale f. polit. Bildung: Landschaften Niedersachsens und ihre Probleme, Folge 3. Hannover.

BRÜNING, K. (1961): Der Gebrauch der Wörter 'Geest' und 'Hohe Geest' in Niedersachsen.- Neues Arch. f. Nieders., Bd. 10, H. 2, S. 77-82. Göttingen.

DIERSCHKE, H. (1969): Die naturräumliche Gliederung der Verdener Geest. Landschaftsökologische Untersuchungen im nordwestdeutschen Altmoränengebiet.- Forsch. z. dt. Landeskde., Bd. 177. Bad Godesberg.

FLIEDNER, D. (1970): Die Kulturlandschaft der Hamme-Wümme-Niederung. Gestalt und Entwicklung des Siedlungsraumes nördlich von Bremen.- Göttinger Geogr. Abh., H. 55. Göttingen.

FRANKE, W., KREWERTH, R. A. & MAYER, P. (Hrsg.) (1976): Das Emsland. Ansichten und Einsichten. Meppen.

HUNDERTMARK, E. et al. (1972/1975): Der Landkreis Gifhorn.- Amtliche Kreisbeschreibung. Die Landkreise in Niedersachsen, Bd. 26, T. 1-3. Bremen-Horn.

IMEYER, G.-W. (1965): Die niedersächsische Geest zwischen Hunte und Weser. Eine wirtschaftsgeographische Studie.- Schr. d. Wirtschaftswiss. Ges. z. Stud. Nieders., R.A, Bd. 79. Göttingen.

MIEST, P.-F. & PAASCHE, W. (1981): Hannoversches Wendland.- Schriftenr. d. Niedersächs. Landeszentrale f. polit. Bildung: Landschaften Niedersachsens und ihre Probleme, Folge 1. Hannover.

OSTEN, G. v. et al. (1971): Luftbildatlas Landkreis Uelzen. Uelzen.

SEEDORF, H. H. et al. (1962): Der Landkreis Verden.- Amtliche Kreisbeschreibung. Die Landkreise in Niedersachsen, Bd. 20. Bremen-Horn.

VÖLKSEN, G. (1984): Die Lüneburger Heide. Entstehung und Wandel einer Kulturlandschaft.- Veröff. d. Niedersächs. Inst. f. Landeskde. u. Landesentw. a. d. Univ. Göttingen, zugl. Schr. d. Wirtschaftswiss. Ges. z. Stud. Nieders. e.V. (= Aktuelle Themen zur niedersächsischen Landeskunde, H. 3). Göttingen, Hannover.

VÖLKSEN, G. (1986): Das Emsland. Eine Landschaft im Wandel.- Veröff. d. Niedersächs. Inst. f. Landeskde. u. Landesentw. a. d. Univ. Göttingen, zugl. Schr. d. Wirtschaftswiss. Ges. z. Stud. Nieders. (= Aktuelle Themen zur niedersächsischen Landeskunde, H. 4). Göttingen.

WINDHORST, H.-W. (1984): Das agrarische Intensivgebiet Südoldenburg.- Geowiss. i. unserer Zeit, Jg. 2, S. 181-193. Weinheim.

Bergvorland (Lößbörden)

BÜHLER, E. et al. (1980): Heimatchronik des Landkreises Hannover.- Heimatchroniken d. Städte u. Kreise d. Bundesgebietes, Bd. 49. Köln.

ERIKSEN, W. & ARNOLD, A. (Hrsg.) (1978): Hannover und sein Umland.- Jb. d. Geogr. Ges. z. Hannover f. 1978 (= Fs. z. Feier d. 100-jährigen Bestehens d. Geogr. Ges. z. Hann. 1878-1978). Hannover.

HUNDERTMARK, E. et al. (1965): Der Landkreis Braunschweig.- Amtliche Kreisbeschreibung. Die Landkreise in Niedersachsen, Bd. 22, T. 1 u. 2. Bremen-Horn.

MÜLLER, T. (1952): Ostfälische Landeskunde. Braunschweig.

RIPPEL, J. K. (1982): Ausschnitt aus dem Ballungsraum Hannover und dem südlichen Umland.- Geogr.-landeskdl. Erläuterungen z. Topogr. Karte 1 : 50.000 (L 3724 Hannover), S. 7-42. Trier.

SCHNEIDER, C. (1979): Stadtgründungen im Dritten Reich: Wolfsburg und Salzgitter. Ideologie, Ressortpolitik, Repräsentation. München.

STEIN, S. (Hrsg.) (1970): Südost-Niedersachsen.- Monographien dt. Wirtschaftsgebiete, Bd. 31. Oldenburg.

TRIBIAN, H. (1976): Das Salzgittergebiet. Eine Untersuchung der Entfaltung funktionaler Beziehungen und sozioökonomischer Strukturen im Gefolge von Industrialisierung und Stadtentwicklung.- Göttinger Geogr. Abh., H. 65. Göttingen.

Berg- und Hügelland (Mittelgebirgsschwelle)

ARNOLD, A. (1971): Die Landschaft an der Porta Westfalica. Ein geographischer Exkursionsführer. Teil 2: Die Kulturlandschaft.- Jb. d. Geogr. Ges. z. Hannover f. 1971. Hannover.

BRÜNGER, W. (1973): Länderkundliche Gliederung der Oberweserlandschaft.- Veröff. d. Niedersächs. Inst. f. Landeskde. u. Landesentw. d. Univ. Göttingen, zugl. Schr. d. Wirtschaftswiss. Ges. z. Stud. Nieders., NF, R.AI, Bd. 100. Göttingen, Hannover.

DAHM, K. (1960): Landschaftsgliederung des Innerste-Berglandes.- Jb. d. Geogr. Ges. z. Hannover f. 1958/59, S. 7-159. Hannover.

ENGELHARDT, A. & HENZE, H. (1985): Der Landkreis Göttingen. Oldenburg.

GARFS, J. (1987): Das Weserbergland zwischen Münden und Minden. 3., vollst. überarb. Aufl. Hameln.

GERLACH, V. et al. (1985): Das Eichsfeld.- Schriftenr. d. Niedersächs. Landeszentrale f. politische Bildung: Landschaften Niedersachsens und ihre Probleme, Folge 4. Hannover.

HÖFER, W. (1977/1979): Naturräumliche Landschaftsgliederung im Bereich des Südhannoverschen Berglandes.- Northeimer Heimatblätter, Jg. 42, Bd. 1, S. 1-9, Bd. 2, S. 39-44, Bd. 3, S. 77-82, Jg. 44, Bd. 1, S. 1-6. Northeim, Hannover.

KLINK, H.-J. (1966): Naturräumliche Gliederung des Ith-Hils-Berglandes.- Forsch. z. dt. Landeskde., Bd. 159. Bad Godesberg.

KLINK, H.-J. (1979): Göttingen.- Geogr.-landeskdl. Erläuterungen zur Topographischen Karte 1 : 50.000, Auswahl B, Mittelgebirgsschwelle, S. 38-64. Trier.

KREFT, H. & SOENKE, J. (1980): Die Weserrenaissance. 5., überarb. u. erw. Aufl. Hameln.

MEYER, B. et al. (1988): Das Osnabrücker Land.- Schriftenr. d. Niedersächs. Landeszentrale f. polit. Bildung: Landschaften Niedersachsens und ihre Probleme, Folge 6. Hannover.

MIOTKE, F.-D. (1971): Die Landschaft an der Porta Westfalica. Ein geographischer Exkursionsführer. Teil 1: Die Naturlandschaft.- Jb. d. Geogr. Ges. z. Hannover f. 1968. Hannover.

SEELE, E. (1968): Die Weser. Strom und Schiffahrtsweg.- Westfäl. Forsch., Bd. 21, S. 162-178. Münster.

Der Harz (Mittelgebirge)

BROSIUS, D. et al. (1990): Der Harz.- Schriftenr. d. Niedersächs. Landeszentrale f. polit. Bildung. Niedersachsen. Vom Grenzland zum Land in der Mitte, Folge 1. Hannover.

HÖVERMANN, J. (1949): Morphologische Untersuchungen im Mittelharz. - Göttinger Geogr. Abh., H. 2. Göttingen.

LOMMATZSCH, H. (1972): Der Harz. Land der Erze und Metalle. Ein Leitfaden zur Geschichte des 1000jährigen Harzer Erzbergbaus und zu dessen Auswirkungen auf Wirtschaft und Siedlung, Technik und Berufsleben in der Harzregion.- Der Harz und Südniedersachsen, Ser. Harz, H. 1, 6., erw. Aufl. Clausthal-Zellerfeld.

SEEDORF, H. H. (1986): Der Harz. Landschaftsgenese und Bergbau in einem Mittelgebirge.- Geogr. Rundschau, Jg. 38, H. 5, S. 251-258. Braunschweig.

2. Geologie und erdgeschichtliche Entwicklung

BACHMANN, G. H. & GROSSE, S. (1989): Struktur und Entstehung des Norddeutschen Beckens. Geologische und geophysikalische Interpretation einer verbesserten Bouguer-Schwerekarte.- Veröff. d. Niedersächs. Akad. d. Geowiss., H. 2, S. 23-47. Hannover.

BEHRE, K.-E. (1986): Meeresspiegelverhalten und Besiedlung während der Zeit um Christi Geburt in den Nordseemarschen.- Offa, Bd. 43, S. 45-53. Neumünster.

BEHRE, K.-E. (1989): Biostratigraphy of the Last Glacial Period in Europe.- Quaternary Science Reviews, Bd. 8, S. 25-44. London.

BEHRE, K.-E. & HAARNAGEL, W. (1984): Veränderungen des Küstenverlaufs. Niedersachsen.- Kossack, G., Behre, K.-E. & Schmid, P. (Hrsg.): Archäologische und naturwissenschaftliche Untersuchungen an Siedlungen im deutschen Küstengebiet, Bd. 1: Ländliche Siedlungen, S. 68-82. Weinheim.

BENDER, F. & HEDEMANN, H.-A. (1983): Zwanzig Jahre erfolgreiche Rotliegend-Exploration in Nordwestdeutschland - weitere Aussichten auch im Präperm ? - Erdöl-Erdgas-Zeitschrift, Jg. 99, S. 39-49. Hamburg.

BENTZ, A. (1949): Erdöl und Tektonik in Nordwestdeutschland. Hannover, Celle.

BLOEMERS, J. H. F. et al. (1986): Verleden Land. Archeologische opgravingen in Nederland. Amsterdam.

BOIGK, H. (1968): Gedanken zur Entwicklung des Niedersächsischen Tektogens.- Geol. Jb., Bd. 85, S. 861-900. Hannover.

BRINK, H.-J. (1984): Die Salzstockverteilung in Nordwestdeutschland.- Geowiss. in unserer Zeit, Jg. 2, H. 5, S. 160-166. Weinheim.

DEWERS, F., GRIPP, K. & OVERBECK, F. (1941): Das Känozoikum in Niedersachsen (Tertiär, Diluvium, Alluvium und Moore).- Geologie und Lagerstätten Niedersachsens, Bd. 3 (= Schriften der Wirtschaftswiss. Ges. z. Stud. Nieders., NF, Bd. 3). Oldenburg i.O.

DUPHORN, K. (1968): Ist der Oberharz im Pleistozän vergletschert gewesen? - Eiszeitalter u. Gegenwart, Bd. 19, S. 164-174. Öhringen/Württ.

EHLERS, J. (Hrsg.) (1983): Glacial deposits in north-west Europe. Rotterdam.

EHLERS, J., MEYER, K.-D. & STEPHAN, H.-J. (1984): Pre-Weichselian glaciations oft north-west Europe.- Quaternary Science Reviews, Vol. 3, No. 1, S. 1-40. Oxford usw.

FIGGE, K. (1980): Das Elbe-Urstromtal im Bereich der Deutschen Bucht (Nordsee).- Eiszeitalter u. Gegenwart, Bd. 30, S. 203-211. Hannover.

FLOHN, H. (1985): Das Problem der Klimaänderungen in Vergangenheit und Zukunft.- Erträge der Forschung, Bd. 220. Darmstadt.

FLOHN, H. & FANTECHI, R. (Hrsg.) (1984): The Climate of Europe: Past, Present and Future. Dordrecht, Boston, Lancaster.

GÖTTLICH, K. (Hrsg.) (1990): Moor- und Torfkunde. 3. Aufl. Stuttgart.

HAARNAGEL, W. (1950): Das Alluvium an der deutschen Nordseeküste.- Probleme der Küstenforschung, Bd. 4, S. 1-146. Hildesheim.

HAARNAGEL, W. (1979): Die Grabung Feddersen Wierde. Methode, Hausbau, Siedlungs- und Wirtschaftsformen sowie Sozialstruktur.- Feddersen Wierde II, 1 Textband, 1 Tafelband. Wiesbaden.

HAMM, F. (1950): Zeitangaben zur Naturgeschichte Niedersachsens.- Neues Arch. f. Nieders., Bd. 18, S. 500-537. Bremen-Horn.

HARMS, F. J. (1981): Zur Geologie und Tektonik des Hüggel- und Silberberg-Gebietes bei Osnabrück (West-Niedersachsen).- Osnabrücker Naturwiss. Mitt., H. 8, S. 19-62. Osnabrück.

HARTUNG, W. (1971): Die erdgeschichtliche Entwicklung des oldenburgisch-ostfriesischen Küstenraumes.- Westfäl. Geogr. Stud., H. 25 (= Oldenburg und der Nordwesten. Vorträge, Exkursionen und Arbeitsberichte. Dt. Schulgeographentag 1970 in Oldenburg), S. 62-80. Münster.

HERRMANN, A. G. (1981): Grundkenntnisse über die Entstehung mariner Salzlagerstätten.- Der Aufschluß, Bd. 32, H. 2, S. 45-72. Heidelberg.

HESEMANN, J. (1975): Kristalline Geschiebe der nordischen Vereisungen. Krefeld.

HINZE, C. & JORDAN, H. (1981): Die Westrandstörung des Harzes.- Zs. d. Dt. Geol. Ges., Bd. 132, T. 1, S. 17-28. Hannover.

HÖFLE, H.-C. (1979): Klassifikation von Grundmoränen in Niedersachsen.- Verh. d. Naturwiss. Ver. i. Hamburg, NF, Bd. 23, S. 81-91. Hamburg.

HÖFLE, H. C., MERKT, J. & MÜLLER, H. (1985): Die Ausbreitung des Eem-Meeres in Nordwestdeutschland.- Eiszeitalter u. Gegenwart, Bd. 35, S. 49-59. Hannover.

HÖVERMANN, J. (1978): Über Ausdehnung und Typ eiszeitlicher Harz-Vergletscherungen.- Nagl, H. (Hrsg.): Beitr. z. Quartär- u. Landschaftsforsch., S. 251-260. Wien.

JARITZ, W. (1973): Zur Entstehung der Salzstrukturen Nordwestdeutschlands.- Geol. Jb., R.A, H. 10. Hannover (Nachdruck 1981).

JARITZ, W. (1980): Einige Aspekte der Entwicklungsgeschichte der nordwestdeutschen Salzstöcke.- Zs. d. Dt. Geol. Ges., Bd. 131, T. 2, S. 387-408. Hannover.

JORDAN, H. (1979): Der Zechstein zwischen Osterode und Duderstadt (südliches Harzvorland).- Zs. d. Dt. Geol. Ges., Bd. 130, T. 1, S. 145-163. Hannover.

KELLER, S. (1982): Die Oberkreide der Sack-Mulde bei Alfeld.- Geol. Jb., R.A, H. 64, S. 3-171. Hannover.

KEMPER, E. (1976): Geologischer Führer durch die Grafschaft Bentheim und die angrenzenden Gebiete.- 5., erg. Aufl. Nordhorn.

KLASSEN, H. (Hrsg.) (1984): Geologie des Osnabrücker Berglandes. Osnabrück.

KÖHN, W. (1991): Die nacheiszeitliche Entwicklung der südlichen Nordsee.- Hannoversche Geographische Arbeiten, Bd. 45. Hannover.

KRÜGER, F. J. (1983): Geologie und Paläontologie. Niedersachsen zwischen Harz und Heide. Exkursionen ins Mesozoikum Nordwestdeutschlands. Ein Kosmos-Wegweiser. Stuttgart.

KUSTER, H. & MEYER, K.-D. (1979): Glaziäre Rinnen im mittleren und nordöstlichen Niedersachsen.- Eiszeitalter u. Gegenwart, Bd. 29, S. 135-156. Hannover.

LANGHEINRICH, G. (1978): Der Göttinger Leinetal-Graben in tektonischer Sicht.- Der Aufschluß, Sonderbd. 28, S. 146-155. Heidelberg.

LASSEN, H., LINKE, G. & BRAASCH, H. W. (1984): Säkularer Meeresspiegelanstieg und tektonische Senkungsvorgänge an der Nordseeküste.- Vermessungswesen und Raumordnung, Bd. 42, H. 2, S. 106-126. Bonn.

LEPPER, J. (1979): Zur Struktur des Solling-Gewölbes.- Geol. Jb., R.A, H. 51, S. 57-77. Hannover.

LEPPER, J. (1985): Geologisch-erdgeschichtlicher Abriß der Umgebung von Holzminden.- Jb. f. d. Landkreis Holzminden, Bd. 3, S. 3-7. Holzminden.

LIEDTKE, H. (1981): Die nordischen Vereisungen in Mitteleuropa.- Forsch. z. dt. Landeskde., Bd. 204. Trier.

LOOK, E.-R. et al. (1984): Geologie und Bergbau im Braunschweiger Land (Nördliches Harzvorland, Asse, Elm-Lappwald, Peine-Salzgitter, Allertal). Dokumentation z. Geologischen Wanderkarte 1 : 100.000.- Ber. d. Naturhist. Ges. Hannover, Bd. 127 (auch: Geol. Jb., R.A, Bd. 88). Hannover.

LOTZE, F. (1971): Geologie Mitteleuropas. 4. Aufl. Stuttgart.

LÜTTIG, G. (1958): Heisterbergphase und Vollgliederung des Drenthe-Stadiums.- Geol. Jb., Bd. 75, S. 417-430. Hannover.

LÜTTIG, G. (1968): Möglichkeiten der Endmoränen-Verknüpfung im Gebiet zwischen Aller und Elbe.- Mitt. Geol. Inst. TU Hannover, Bd. 8, S. 66-72. Hannover.

MERKT, J. (1968): Bemerkungen zu einer Karte der Lößverbreitung in Südniedersachsen.- Geol. Jb., Bd. 86, S. 10-112. Hannover.

MEYER, H. -H. (1986): Steinsohlen. Ihre Genese und Altersstellung nach neueren Forschungsbefunden.- Eiszeitalter u. Gegenwart, Bd. 36, S. 61-73. Hannover.

MEYER, H.-H. (1989): Paläowind-Indikatoren. Möglichkeiten, Grenzen und Probleme ihrer Anwendung am Beispiel des Weichsel-Hochglazials in Europa.- Mitt. Geol. Inst. Univ. Hannover, H. 28. Hannover.

MEYER, K.-D. (1970): Zur Geschiebeführung des Ostfriesisch-Oldenburgischen Geestrückens.- Abh. naturwiss. Ver. Bremen, Bd. 37, H. 3/2, S. 227-246. Bremen.

MEYER, K.-D. (1987): Ground and end moraines in Lower Saxony.- Van der Meer, J. J. M. (Hrsg.): Tills and Glaciotectonics. Proceedings of an INQUA Symposium on genesis and lithology of glacial deposits, Amsterdam 1986, S. 197-204. Rotterdam.

MEYER, K.-D. & STREIF, H. (1977): Geologischer Überblick des Raumes zwischen Unterweser und Ems.- Mitt. d. Dt. Bodenkdl. Ges., Bd. 24, S. 3-10. Göttingen.

MOHR, K. (1978): Geologie und Minerallagerstätten des Harzes. Berlin, Stuttgart.

MOHR, K. (1982): Harzvorland. Westlicher Teil.- Sammlung Geol. Führer, Bd. 70. Berlin, Stuttgart.

MOHR, K. (1984): Harz. Westlicher Teil.- Sammlung Geol. Führer, Bd. 58, 4., erg. Aufl. Berlin, Stuttgart.

MÖBUS, G. (1966): Abriß der Geologie des Harzes. Leipzig.

MURAWSKI, H. (1956): Die tertiären Basaltvorkommen in der Umgebung von Göttingen.- Neues Jb. f. Geol. u. Paläont., Bd. 102. Stuttgart.

NAGEL, U. & WUNDERLICH, H.-G. (1968): Geologisches Blockbild der Umgebung von Göttingen.- Geol. Jb., Bd. 86, S. 5-48. Hannover.

NAGEL, U., RITZKOWSKI, S. & SCHUNKE, E. (1981): Geologisches und orohydrographisches Blockbild der Umgebung von Dransfeld (b. Göttingen).- Veröff. d. Niedersächs. Inst. f. Landeskde. u. Landesentw. d. Univ. Göttingen. Göttingen.

OVERBECK, F. (1950): Die Moore Niedersachsens.- Geologie u. Lagerstätten Niedersachsens, Bd. 3. Das Känozoikum in Niedersachsen, 4. Abt. Bremen-Horn.

OVERBECK, F. (1975): Botanisch-geologische Moorkunde unter besonderer Berücksichtigung der Moore Nordwestdeutschlands als Quellen zur Vegetations-, Klima- und Siedlungsgeschichte. Neumünster.

PILGER, A. & RÖSLER, A. (Hrsg.) (1984): Nordwestlicher Harzrand und Vorland. Geologische Erläuterungen und Exkursionen.- Clausthaler Geol. Abh., Nr. 41. Clausthal-Zellerfeld.

PLEIN, E. (1984): Neue Erkenntnisse über den tieferen geologischen Untergrund im Landkreis Rotenburg (Wümme).- Rotenburger Schr., H. 61, S. 101-118. Rotenburg/Wümme.

PREUSS, H. (1979): Die holozäne Entwicklung der Nordseeküste im Gebiet der östlichen Wesermarsch.- Geol. Jb., R.A, Bd. 53, S. 3-84. Hannover.

PYRITZ, E. (1972): Binnendünen und Flugsandebenen im Niedersächsischen Tiefland.- Göttinger Geogr. Abh., H. 61. Göttingen.

RICHTER-BERNBURG, G. & SCHOTT, W. (1959): Die nordwestdeutschen Salzstöcke und ihre Bedeutung für die Bildung von Erdöllagerstätten.- Erdöl u. Kohle, Jg. 12, S. 294-303. Hamburg.

RICHTER-BERNBURG, G. (1977): 'Saxonische Tektonik', Hans Stilles Begriff in der heutigen Sicht.- Zs. d. Dt. Geol. Ges., Bd. 128, S. 1-9. Hannover.

RICHTER-BERNBURG, G. (1985): Zechstein-Anhydrite. Fazies und Genese (vorwiegend in Niedersachsen).- Geol. Jb., R.A, H. 85. Hannover.

ROHDE, H. (1977): Sturmfluthöhen und säkularer Wasserstandsanstieg an der deutschen Nordseeküste.- Die Küste, Bd. 30, S. 52-143. Heide (Holst.).

ROHDE, H. (1985): Landschaft und Geologie in Niedersachsen.- Begleitheft zur Sonderausstellung in der Naturkunde-Abteilung des Niedersächsischen Landesmuseums Hannover. Hannover.

SCHNEEKLOTH, H. & SCHNEIDER, S. (1972): Vorschlag zur Klassifizierung der Torfe und Moore in der Bundesrepublik Deutschland.- Telma, Bd. 2, S. 57-63. Hannover.

SCHUNKE, E. & SPÖNEMANN, J. (1972): Schichtstufen und Schichtkämme in Mitteleuropa.- Göttinger Geogr. Abh., H. 60 (= Hans-Poser-Festschrift), S. 65-92. Göttingen.

SCHWARZBACH, M. (1974): Das Klima der Vorzeit. Eine Einführung in die Paläoklimatologie.- 3., neubearb. Aufl. Stuttgart.

SERAPHIM, E. T. (1980): Über einige neuere Ergebnisse zur Vereisungsgeschichte der Westfälischen Bucht und des Unteren Weserberglandes.- Westfäl. Geogr. Stud., Bd. 36, S. 11-20. Münster.

SERAPHIM, E. T. (1986): Spätglazial und Dünenforschung. Eine kritische Erörterung des spätglazialen Luftdruck-Wind-Systems H. Posers.- Westfäl. Geogr. Stud., Bd. 42, S. 119-136. Münster.

SEYDLITZ-WELTATLAS (1984). Berlin.

SINDOWSKI, K.-H. (1969): Geologische Entwicklung von Ostfriesland.- Ohling, J. (Hrsg.): Ostfriesland im Schutze des Deiches, S. 3-48. Leer, Pewsum.

SINDOWSKI, K.-H. & STREIF, H. (1974): Das Küstenholozän. Die Geschichte der Nordsee am Ende der letzten Eiszeit und im Holozän.- Woldstedt, P. & Duphorn, K. (Hrsg.): Norddeutschland und angrenzende Gebiete im Eiszeitalter, 3. Aufl., S. 411-431. Stuttgart.

STADLER, G. & TEICHMÜLLER, R. (1971): Zusammenfassender Überblick über die Entwicklung des Bramscher Massivs und des Niedersächsischen Tektogens.- Fortschr. i. d. Geol. v. Rheinld. u. Westf., Bd. 18, S. 547-564. Krefeld.

STANCU-KRISTOFF, G. & STEHN, O. (1984): Ein großregionaler Schnitt durch das nordwestdeutsche Oberkarbon-Becken vom Ruhrgebiet bis an die Nordsee.- Fortschr. i. d. Geol. v. Rheinld. u. Westf., Bd. 32 (= Nordwestdeutsches Oberkarbon, T. 1, Beiträge zur Lagerstättenerkundung des nordwestdeutschen Steinkohlengebirges), S. 35-38. Krefeld.

STILLE, H. (1951): Das mitteleuropäische variszische Grundgebirge im Bild des gesamteuropäischen.- Beih. z. Geol. Jb., H. 2. Hannover.

STREIF, H. (1986): Zur Altersstellung und Entwicklung der Ostfriesischen Inseln.- Offa, Bd. 43, S. 29-44. Neumünster.

STREIF, H. (1989): Barrier islands, tidal flats, and coastal marshes resulting from a relative rise of sea level in East Frisia on the

German North Sea coast.- Proceedings KNGMG Symposium 'Coastal Lowlands, Geology and Geotechnology' 1987, S. 213-223. Dordrecht.

STREIF, H. (1990): Quaternary sea-level changes in the North Sea, an analysis of amplitudes and velocities.- Brosche, P. & Sündermann, J. (Hrsg.): Earth's rotation from eons to days, S. 201-214. Berlin, Heidelberg.

STREIF, H. (1990): Das ostfriesische Küstengebiet. Inseln, Watten, Marschen.- Sammlung geologischer Führer, Bd. 57, 2., neubearb. Aufl. Berlin, Stuttgart.

STREIF, H. & KÖSTER, R. (1978): Zur Geologie der deutschen Nordseeküste.- Die Küste, H. 32, S. 30-49. Heide (Holst.).

TOBIEN, H. (1986): Nordwestdeutschland im Tertiär. Berlin, Stuttgart.

TRUSHEIM, F. (1957): Über Halokinese und ihre Bedeutung für die strukturelle Entwicklung Norddeutschlands.- Zs. d. Dt. Geol. Ges., Bd. 109, S. 111-151. Hannover.

TRUSHEIM, F. (1971): Zur Bildung der Salzlager im Rotliegenden und Mesozoikum Mitteleuropas.- Beih. Geol. Jb., Bd. 112. Hannover.

TÜXEN, J. (1990): Grundzüge einer Geologie der Moore im niedersächsischen Flachland.- Veröff. Niedersächs. Akad. d. Geowiss., H. 5 ('Moor und Torf in Niedersachsen'), S. 5-21. Hannover.

WACHENDORF, H. (1986): Der Harz: Variszischer Bau und geodynamische Entwicklung.- Geol. Jb., R.A, Bd. 91. Stuttgart.

WEDEPOHL, K. H. (1978): Der tertiäre basaltische Vulkanismus der Hessischen Senke nördlich des Vogelsberges.- Der Aufschluß, Sonderband 28, S. 156-167. Heidelberg.

WILDVANG, D. (1938): Die Geologie Ostfrieslands.- Abh. d. preuß. geol. Landes-Anstalt, NF, Bd. 181. Berlin.

WINKLER, H. G. F. (1978): Der Pluton des Brockengranit.- Der Aufschluß, Sonderbd. 28, S. 38-45. Heidelberg.

WOLDSTEDT, P. (1954): Saaleeiszeit, Warthestadium und Weichseleiszeit in Norddeutschland.- Eiszeitalter und Gegenwart, Bd. 4/5, S. 34-48. Öhringen/Württ.

WOLDSTEDT, P. & DUPHORN, K. (1974): Norddeutschland und angrenzende Gebiete im Eiszeitalter. Stuttgart.

WORTMANN, H. & A. (1987): Glaziäre Ablagerungen und Terrassengliederung der Weser im Raum zwischen Eisbergen und Porta Westfalica.- Eiszeitalter u. Gegenwart, Bd. 37, S. 93-98. Hannover.

o.V. (1979): Geologische Wanderkarte 1 : 100.000 Landkreis Hannover.- Ber. d. Naturhist. Ges. z. Hannover, Bd. 120. Hannover.

3. Heutige Oberflächenformen

AMTHAUER, H. (1972): Untersuchungen zur Talgeschichte der Oberweser.- Göttinger Geogr. Abh., H. 59. Göttingen.

BARCKHAUSEN, J. (1969): Entstehung und Entwicklung der Insel Langeoog.- Oldenburger Jb., Bd. 68, S. 239-281. Oldenburg.

BARTELS, G. (1967): Geomorphologie des Hildesheimer Waldes.- Göttinger Geogr. Abh., H. 41. Göttingen.

BEHRE, K.-E. (1987): Der Anstieg des Meeresspiegels in den letzten 10.000 Jahren.- Nordwestdeutsche Universitätsgesellschaft e.V. (Hrsg.): Wilhelmshavener Tage, Bd. 1, S. 13-18. Wilhelmshaven.

BEHRE, K.-E. (1987): Meeresspiegelbewegungen und Siedlungsgeschichte in den Nordseemarschen.- Vorträge der Oldenburgischen Landschaft, H. 17. Oldenburg.

BORK, H.-R. (1985): Mittelalterliche und neuzeitliche lineare Bodenerosion in Südniedersachsen.- Hercynia NF, Bd. 22, H. 3, S. 259-279. Leipzig.

BORK, H.-R. (1988): Bodenerosion und Umwelt. Verlauf, Ursachen und Folgen der mittelalterlichen und neuzeitlichen Bodenerosion. Bodenerosionsprozesse. Modelle und Simulationen.- Landschaftsgenese u. Landschaftsökologie, H. 13. Braunschweig.

BORK, H.-R. & BORK, H. (1987): Extreme jungholozäne hygrische Klimaschwankungen in Mitteleuropa und ihre Folgen.- Eiszeitalter u. Gegenwart, Bd. 37, S. 109-118. Hannover.

BREMER, H. (1971): Beiträge zur Morphologie norddeutscher Schichtstufen- und Schichtkammlandschaften.- Geogr. Zs., Bd. 59, H. 1, S. 57-70. Wiesbaden.

BROSCHE, K. U. (1968): Struktur- und Skulpturformen im nördlichen und nordwestlichen Harzvorland.- Göttinger Geogr. Abh., H. 45. Göttingen.

BROSCHE, K. U. (1969): Zum Problem der Auffindung und Deutung von Reliefgenerationen in Schichtkamm- und Schichtstufenlandschaften, erläutert am Beispiel des nördlichen Harzvorlandes und des nördlichen Niedersächsischen Berglandes.- Zs. f. Geomorph. NF, Bd. 13, S. 484-505. Berlin.

BRUNOTTE, E. (1978): Zur quartären Formung von Schichtkämmen und Fußflächen im Bereich des Markoldendorfer Beckens und seiner Umrahmung (Leine-Weser-Bergland).- Göttinger Geogr. Abh., H. 72. Göttingen.

BRUNOTTE, E. (1979): Quarternary piedmont plains on weakly resistant rocks in the Lower Saxonian Mountains (W. Germany).- Catena, Bd. 6, H. 3/4, S. 349-370. Braunschweig, Gießen.

BRUNOTTE, E. & GARLEFF, K. (1979): Geomorphologische Gefügemuster des Niedersächsischen Berglandes in Abhängigkeit von Tektonik und Halokinese, Resistenzverhältnissen und Abflußsystemen.- Festschrift z. 42. Deutschen Geographentag i. Göttingen, S. 21-42. Wiesbaden.

BÜDEL, J. (1977): Klima-Geomorphologie.- Berlin, Stuttgart.

DECHEND, W. & SINDOWSKI, K. H. (1956): Die Gliederung des Quartärs im Raum Krummhörn-Dollart (Ostfriesland) und die geologische Entwicklung der Ems.- Geol. Jb., Bd. 71, S. 461-490. Hannover.

DEWERS, F., GRIPP, K. & OVERBECK, F. (1941): Das Känozoikum in Niedersachsen (Tertiär, Diluvium, Alluvium und Moore).- Geologie und Lagerstätten Niedersachsens, Bd. 3 (= Schr. d. Wirtschaftswiss. Ges. z. Stud. Nieders., NF, Bd. 3). Oldenburg i.O.

DIECKMANN, R. (1989): Morphologische Strukturen im Weserästuar.- Deutsche Gewässerkdl. Mitt., Bd. 33, H. 3/4, S. 104-112. Koblenz.

EHLERS, J. (1986): Phasen der Dünenbildung auf den Inseln des Wattenmeeres.- Berliner Geogr. Studien, Bd. 20, S. 27-38. Berlin.

EHLERS, J. (1988): The Morphodynamics of the Wadden Sea. Rotterdam.

EHLERS, J. (1990): Untersuchungen zur Morphodynamik der Vereisungen Norddeutschlands unter Berücksichtigung benachbarter Gebiete.- Bremer Beiträge z. Geographie u. Raumplanung, H. 19. Bremen.

EHLERS, J. & MENSCHING, H. (1983): Besonderheiten geomorphologischer Kartierung im Wattenmeer, dargestellt am Beispiel des Blattes 10 der GMK 25 Wangerooge.- Zs. f. Geomorph., NF, Bd. 27, H. 4, S. 495-510. Berlin.

FLINT, R. F. (1971): Glacial and Quaternary Geology. New York, London usw.

GARLEFF, K. (1968): Geomorphologische Untersuchungen an geschlossenen Hohlformen ('Kaven') des Niedersächsischen Tieflandes.- Göttinger Geogr. Abh., H. 44. Göttingen.

GEHREN, R. v. (1954): Die Bodenverwehungen in Niedersachsen.- Veröff. d. Niedersächs. Amtes f. Landespl. u. Statist., R.G, Bd. 6. Hannover.

GÖTTLICH, K. (Hrsg.) (1990): Moor- und Torfkunde.- 3. Aufl. Stuttgart.

GOHL, D. (1972): Strukturen und Skulpturen der Landschaft.- Forsch. z. dt. Landeskde., Bd. 184. Bad Godesberg.

HAGEDORN, J. (1964): Geomorphologie des Uelzener Beckens.- Göttinger Geogr. Abh., Bd. 31. Göttingen.

HAMM, F. (1950): Zeitangaben zur Naturgeschichte Niedersachsens.- Neues Arch. f. Nieders., H. 18, S. 500-537. Bremen-Horn.

HARTUNG, W. (1971): Die erdgeschichtliche Entwicklung des oldenburgisch-ostfriesischen Küstenraumes.- Westfäl. Geogr. Stud., H. 25 (= Oldenburg und der Nordwesten. Vorträge, Exkursionen und Arbeitsberichte. Dt. Schulgeographentag 1970 in Oldenburg), S. 62-80. Münster.

HEMPEL, L. (1957): Das morphologische Landschaftsbild des Unter-Eichsfeldes unter besonderer Berücksichtigung der Bodenerosion und ihrer Kleinformen.- Forsch. z. dt. Landeskde., Bd. 98. Bonn-Bad Godesberg.

HEMPEL, L. (1980): Zur Genese von Dünengenerationen an Flachküsten. Beobachtungen auf den Nordseeinseln Wangerooge und Spiekeroog.- Zs. f. Geomorph., NF, Bd. 24, H. 4, S. 428-447. Berlin, Stuttgart.

HERRMANN, A. & PFEIFFER, D. (1969): Der Südharz. Seine Geologie, seine Höhlen und Karsterscheinungen.- JH. f. Karst- u. Höhlenkde., H. 9. München, Blaubeuren.

HERRMANN, R. (1950): Das Durchbruchstal der Weser zwischen Holzminden und Bodenwerder.- Geol. Jb., Bd. 65, S. 611-620. Hannover, Celle.

HÖVERMANN, J. (1950): Die Oberflächenformen des Harzes.- Geogr. Rundschau, Jg. 2, S. 208-212. Braunschweig.

HÖVERMANN, J. (1953): Die Periglazial-Erscheinungen im Harz.- Göttinger Geogr. Abh., H. 41, T. 1, S. 7-44. Göttingen.

HÖVERMANN, J. (1978): Über Ausdehnung und Typ eiszeitlicher Harz-Vergletscherungen.- Nagl, H. (Hrsg.): Beitr. z. Quartär- u. Landschaftsforsch., S. 251-260. Wien.

HÖVERMANN, J. (1987): Neues zur pleistozänen Harzvergletscherung.- Eiszeitalter u. Gegenwart, Bd. 37, S. 99-107. Hannover.

HOMEIER, H. (1969): Der Gestaltwandel der ostfriesischen Küste im Laufe der Jahrhunderte. Ein Jahrtausend ostfriesischer Deichgeschichte.- Ohling, J. (Hrsg.): Ostfriesland im Schutze des Deiches, Bd. 2, S. 1-75. Pewsum.

KARTE, J. (1981): Zur Rekonstruktion des weichselhochglazialen Dauerfrostbodens im westlichen Mitteleuropa.- Bochumer Geographische Arbeiten, H. 40, S. 59-71. Paderborn.

KOSSACK, G., BEHRE, K.-E. & SCHMID, P. (Hrsg.) (1984): Archäologische und naturwissenschaftliche Untersuchungen an Siedlungen im deutschen Küstengebiet, Bd. 1: Ländliche Siedlungen. Weinheim.

LANG, H. D. (1964): Über glaziäre Stauchungen in den Mellendorfer und Brelinger Bergen nördlich von Hannover.- Eiszeitalter u. Gegenwart, Bd. 15, S. 207-220. Öhringen/Württ.

LAUB, G. (1977): Streifzüge durch Westharzer Höhlen.- Der Aufschluß, Jg. 28, S. 229-246. Heidelberg.

LEHMEIER, F. (1981): Regionale Geomorphologie des nördlichen Ith-Hils-Berglandes auf der Basis einer großmaßstäblichen geomorphologischen Kartierung.- Göttinger Geogr. Abh., H. 77. Göttingen.

LIEDTKE, H. (1981): Die nordischen Vereisungen in Mitteleuropa.- Forsch. z. dt. Landeskde., Bd. 204. Trier.

LIPPS, S. (1988): Fluviatile Dynamik im Mittelwesertal während des Spätglazials und Holozäns.- Eiszeitalter u. Gegenwart, Bd. 38, S. 78-86. Hannover.

LUCK, G. (1966): Zur morphologischen Gestaltung der Seegaten zwischen den Ostfriesischen Inseln.- Neues Arch. f. Nieders., Bd. 15, H. 3, S. 206-212. Göttingen.

LUCK, G. & WITTE, H. H. (1974): Erfassung morphologischer Vorgänge der ostfriesischen Riffbögen in Luftbildern.- Forschungsstelle f. Insel- u. Küstenschutz, JBer. 1973, Bd. 25, S. 33-54. Norderney.

LÜDERS, K. (1953): Die Entstehung der Ostfriesischen Inseln und der Einfluß der Dünenbildung auf den geologischen Aufbau der ostfriesischen Küste.- Probleme der Küstenforschung i. Nordseegebiet, Bd. 5, S. 5-14. Hildesheim.

LÜDERS, K. & LUCK, G. (1976): Kleines Küstenlexikon. Natur und Technik an der deutschen Nordseeküste. 3. Aufl. Hildesheim.

LÜTTIG, G. (1968): Möglichkeiten der Endmoränen-Verknüpfung im Gebiet zwischen Aller und Elbe.- Mitt. Geol. Inst. TU Hannover, Bd. 8, S. 66-72. Hannover.

MEINECKE, F. (1957): Granitverwitterung, Entstehung und Alter der Granitklippen.- Zs. d. Dt. Geol. Ges., Bd. 109, S. 483-498. Hannover.

MEYER, H.-H. (1984): Geographisch-geologischer Exkursionsführer für Diepholz und Umgebung.- Jb. d. Geogr. Ges. z. Hannover, Sonderheft 10. Hannover.

MEYER, H.-H. (1987): Die Stauchendmoränen der Rehburger Eisrandlage und ihre Entstehung.- Osnabrücker Naturwiss. Mitt., Bd. 13, S. 23-42. Osnabrück.

MEYER, H.-H. (1989): Paläowind-Indikatoren. Möglichkeiten, Grenzen und Probleme ihrer Anwendung am Beispiel des Weichsel-Hochglazials in Europa.- Mitt. Geol. Inst. Univ. Hannover, H. 28. Hannover.

MEYER, K.-D. (1983): Zur Anlage der Urstromtäler in Niedersachsen.- Zs. f. Geomorph., NF, Bd. 27, H. 2, S. 147-160. Berlin, Stuttgart.

MIOTKE, F.-D. (1971): Die Landschaft an der Porta Westfalica. Ein geographischer Exkursionsführer.- Jb. d. Geogr. Ges. z. Hannover f. 1968, T. 1: Die Naturlandschaft. Hannover.

MOHR, K. (1984): Harz. Westlicher Teil.- Sammlung Geol. Führer, Bd. 58, 4., erg. Aufl. Berlin, Stuttgart.

OVERBECK, F. (1975): Botanisch-geologische Moorkunde unter besonderer Berücksichtigung der Moore Nordwestdeutschlands als Quellen zur Vegetations-, Klima- und Siedlungsgeschichte. Neumünster.

PFAFFENBERG, K. (1952): Pollenanalytische Untersuchungen an nordwestdeutschen Kleinstmooren. Ein Beitrag zur Waldgeschichte des Syker Flottsandgebietes.- Mitt. d. Floristisch-soziol. Arbeitsgem., NF, H. 3, S. 27-43. Stolzenau.

PÖRTGE, K.-H. & HAGEDORN, J. (Hrsg.) (1989): Beiträge zur aktuellen fluvialen Morphodynamik.- Göttinger Geogr. Abh., H. 86. Göttingen.

PREUSS, H. (1975): Gliederung und Zusammensetzung der Weserterrassen-Körper bei Bodenfelde.- Mitt. Geol. Inst. TU Hannover, H. 12, S. 5-50. Hannover.

PYRITZ, E. (1972): Binnendünen und Flugsandebenen im Niedersächsischen Tiefland.- Göttinger Geogr. Abh., H. 61. Göttingen.

RAGUTZKI, G. (1973): Strand- und Dünensicherung der Ostfriesischen Inseln.- Neues Arch. f. Nieders., Bd. 22, H. 2, S. 176-192. Göttingen.

REINECK, H.-E. (1982): Das Watt. Ablagerungs- und Lebensraum. 3. Aufl. Frankfurt/M.

ROHDE, P. (1989): Elf pleistozäne Sand-Kies-Terrassen der Weser: Erläuterung eines Gliederungsschemas für das obere Wesertal.- Eiszeitalter u. Gegenwart, Bd. 39, S. 42-56. Hannover.

ROHDENBURG, H. (1968): Jungpleistozäne Hangformung in Mitteleuropa.- Göttinger Bodenkdl. Ber., Bd. 6, S. 3-107. Göttingen.

ROHDENBURG, H. & MEYER, B. (1969): Zur Deutung pleistozäner Periglazialformen in Mitteleuropa.- Göttinger Bodenkdl. Ber., Bd. 7, S. 49-70. Göttingen.

SCHRÖDER, E. (1977): Geomorphologische Untersuchungen im Hümmling.- Göttinger Geogr. Abh., H. 70. Göttingen.

SCHUNKE, E. (1968): Die Schichtstufenhänge im Leine-Weser-Bergland in Abhängigkeit vom geologischen Bau und Klima.- Göttinger Geogr. Abh., H. 43. Göttingen.

SCHUNKE, E. & SPÖNEMANN, J. (1972): Schichtstufen und Schichtkämme in Mitteleuropa.- Göttinger Geogr. Abh., H. 60 (= Hans-Poser-Festschrift), S. 65-92. Göttingen.

SCHWARZBACH, M. (1974): Das Klima der Vorzeit. Eine Einführung in die Paläoklimatologie.- 3., neubearb. Aufl. Stuttgart.

SEEDORF, H. H. (1955): Reliefbildung durch Gips und Salz im niedersächsischen Bergland.- Niedersächs. Amt f. Landesplanung und Statistik, Veröffentlichungen, Reihe A.1: Natur, Wirtschaft, Siedlung und Planung, Bd. 56 (zugl. Schr. d. Wirtschaftswiss. Ges. z. Stud. Nieders. e.V., NF). Bremen-Horn.

SINDOWSKI, K.-H. (1962): Nordseevorstöße und Sturmfluten an der Ostfriesischen Küste seit 7000 Jahren.- Geogr. Rundschau, 14. Jg., H. 8, S. 322-329. Braunschweig.

SINDOWSKI, K.-H. (1971): Geologische Karte von Niedersachsen 1 : 25.000. Erläuterungen zu Blatt Wangerooge Nr. 2213.-Niedersächs. Landesamt f. Bodenforsch. Hannover.

SINDOWSKI, K.-H. (1973): Das ostfriesische Küstengebiet. Inseln, Watten und Marschen.- Sammlung Geol. Führer, Bd. 57. Berlin, Stuttgart.

SINDOWSKI, K.-H. (1979): Zwischen Jadebusen und Unterelbe.- Sammlung Geol. Führer, Bd. 66. Berlin, Stuttgart.

SPÖNEMANN, J. (1966): Geomorphologische Untersuchungen an Schichtkämmen des niedersächsischen Berglandes.- Göttinger Geogr. Abh., H. 36. Göttingen.

SPREITZER, H. (1931): Die Talgeschichte und Oberflächengestaltung im Flußgebiet der Innerste.- Jb. d. Geogr. Ges. z. Hannover f. 1931, S. 1-119. Hannover.

STREIF, H. (1990): Das ostfriesische Küstengebiet. Inseln, Watten, Marschen.- Sammlung geologischer Führer, Bd. 57, 2., neubearb. Aufl. Berlin, Stuttgart.

STREIF, H. & ZIMMERMANN, B. (1973): Das Küstenholozän von Rysum/Knock im Gebiet der Emsmündung (Nordsee).- Geol. Jb., R.A, H. 9, S. 3-20. Hannover.

STREIF, H. et al. (1981): Geologische Karte von Niedersachsen 1 : 25.000. Erläuterungen zu Blatt Nr. 2414 Wilhelmshaven. Hannover.

THIEM, W. (1972): Geomorphologie des westlichen Harzrandes und seiner Fußregion.- Jb. d. Geogr. Ges. z. Hannover, Sonderheft 6. Hannover.

THIEM, W. (1974): Neue Aspekte für die Rekonstruktion der Re-

liefentwicklung des Harzes.- Hercynia, NF, Bd. 11, S. 233-260. Leipzig.

THIEM, W. (1988): Das Oberwesertal im Raum Polle - Bodenwerder - Hehlen. Zu aktuellen Problemen der Talgeschichte der Oberweser im Quartär. - Jb. d. Geogr. Ges. z. Hannover, Sonderheft 14, S. 273-326. Hannover.

WIEGAND, G. (1965): Fossile Pingos in Mitteleuropa.- Würzburger Geogr. Arb., Bd. 16. Würzburg.

WILHELMY, H. (1971-72): Geomorphologie in Stichworten. Bd. I: Endogene Kräfte, Vorgänge und Formen; Bd. II: Exogene Morphodynamik: Verwitterung, Abtragung, Tal- und Flächenbildung; Bd. III: Exogene Morphodynamik: Karsterscheinungen, Glazialer Formenschatz, Küstenformen.- Hirts Stichwortbücher. Kiel.

WILHELMY, H. (1974): Zur Genese der Blockmeere, Blockströme und Felsburgen in den deutschen Mittelgebirgen.- Ber. z. dt. Landeskde., Bd. 48, S. 17-41. Bonn-Bad Godesberg.

WORTMANN, H. (1968): Die morphogenetische Gliederung der Quartärbasis des Wiehengebirges in Nordwestdeutschland.- Eiszeitalter u. Gegenwart, Bd. 19, S. 227-239. Öhringen/Württ.

ZANDER, G. et al. (1975): Landformen im Kartenbild. Topographisch-geomorphologische Kartenproben 1 : 25.000. Gr.I: Norddeutsches Flachland. Kartenprobe 1: Küstendünen und Wattküste, Insel Borkum. Braunschweig.

ZIERCKE, I. (1960): Talentwicklung und Oberflächenformen im Einzugsgebiet der Werre zwischen Teutoburger Wald und Wiehengebirge.- Hamburger Geogr. Stud., H. 60, S. 84-87. Hamburg.

4. Nutzbare Lagerstätten

BECKER-PLATEN, J. (1987): Kies in Niedersachsen. Vorkommen, Abbau und Bedeutung eines wichtigen Rohstoffes.- Neues Arch. f. Nieders., Bd. 36, H. 3, S. 268-284. Göttingen.

BECKER-PLATEN, J. & BENKLER, M. (1984): Oberflächennahe Bodenschätze in Niedersachsen.- Niedersachsenbuch 84, S. 98-108. Hameln.

BENDA, L. & BRANDES, H. (1974): Die Kieselgur-Lagerstätten Niedersachsens. I. Verbreitung, Alter und Genese.- Geol. Jb., R.A, H. 21, S. 3-85. Hannover.

BENDER, F. & HEDEMANN, H.-A. (1983): Zwanzig Jahre erfolgreiche Rotliegend-Exploration in Nordwestdeutschland -weitere Aussichten auch im Präperm ? - Erdöl-Erdgas-Zeitschrift, Jg. 99, S. 39-49. Hamburg.

BENTZ, A. (1949): Erdöl und Tektonik in Nordwestdeutschland. Hannover, Celle.

BENTZ, A. & MARTINI, H.-J. (1968): Lehrbuch der Angewandten Geologie, Bd. II. Stuttgart.

BIRKHOLZ, B., SCHMATZLER, E. & SCHNEEKLOTH, H. (1980): Untersuchungen an niedersächsischen Torflagerstätten zur Beurteilung der abbauwürdigen Torfvorräte und der Schutzwürdigkeit im Hinblick auf deren optimale Nutzung.- Naturschutz u. Landschaftspflege i. Nieders., H. 12. Hannover.

BOIGK, H. (1981): Erdöl und Erdgas in der Bundesrepublik Deutschland. Stuttgart.

BOTTKE, H. et al. (1969): Sammelwerk Deutsche Eisenerzlagerstätten. II. Eisenerze im Deckgebirge (Postvaristikum). 1. Die marin-sedimentären Eisenerze des Jura in Nordwestdeutschland.- Beih. z. Geol. Jb., H. 79. Hannover.

ECKHARDT, F.-J., RÖSCH, H. & STEIN, V. (1982): Die wirtschaftliche Bedeutung der Tonsteine der Unterkreide in Nordwestdeutschland.- Geol. Jb., R.A, Bd. 65, S. 695-697. Hannover.

EGGERT, P., HÜBENER, J. A., PRIEM, J. et al. (1986): Steine und Erden in der Bundesrepublik Deutschland. Lagerstätten, Produktion und Verbrauch.- Geol. Jb., R.D, H. 82. Hannover.

FALKE, H. (1944): Der Wealden-Steinkohlenbergbau in Niedersachsen.- Schr. d. Wirtschaftswiss. Ges. z. Stud. Nieders., NF, Bd. 23. Oldenburg i.O.

FRICKE, K. (1954): Die unterirdischen Lagerstätten.- Geologie und Lagerstätten Niedersachsens, 5. Bd.: Die Lagerstätten Niedersachsens und ihre Bewirtschaftung, 3. Abt. (= Schr. d. Wirtschaftswiss. Ges. z. Stud. Nieders. e.V., NF). Bremen-Horn.

FÜRER, G. (1977): Die Erdölfelder des Emslandes. Hoffnungen und Erwartungen.- Jb. d. Emsländ. Heimatbundes, Bd. 23, S. 127-133. Meppen.

FÜRER, G. (1978): Die Bedeutung des Kavernenbaus in Norddeutschland.- Neues Arch. f. Nieders., Bd. 27, H. 3, S. 258-277. Göttingen.

FÜRER, G. (1982): Der Bergbau auf dem deutschen Festlandssockel der Nordsee.- Neues Arch. f. Nieders., Bd. 31, H. 2, S. 126-137. Göttingen.

FÜRER, G. & HEINKE, H. (1984): Salzstöcke im ehemaligen Großherzogtum Oldenburg, ihr Aufbau und ihre Nutzung.-Nachr. Dt. Geol. Ges., H. 30, S. 108-124. Hannover.

GÖRLING, H. (1976): Erdgas in Salzkavernen (in NW-Nieders.).-Oel, Jg. 14, H. 4, S. 100-105. Hamburg.

GÖTTLICH, K. (Hrsg.) (1990): Moor- und Torfkunde. 3. Aufl. Stuttgart.

GRAUPNER, A. (1970): Steine und Erden. Zweiter Teil.- Geologie und Lagerstätten Niedersachsens, 5. Bd.: Die Lagerstätten und ihre Bewirtschaftung, 2. Abt. (= Schr. d. Wirtschaftswiss. Ges. z. Stud. Nieders. e.V., NF). Göttingen.

GRAUPNER, A. (1980): Der Berrias-Steinkohlenbergbau in Niedersachsen 1945-1963.- Veröff. d. Niedersächs. Inst. f. Landeskde. u. Landesentw. d. Univ. Göttingen, Forsch. z. Niedersächs. Landeskde., Bd. 116. Göttingen, Hannover.

GRUMPELT, H. (1976): Der Rohstoff Torf und seine zeitgemäße Verwendung als hochwertiger aschearmer Industriekohlenstoff Torfkoks.- Glückauf, Jg. 112, H. 10, S. 599-607. Essen.

GÜNTHER, J. (1990): Die heutigen Einsatzgebiete für Torfprodukte und Möglichkeiten der Substitution.- Niedersächs. Akad. d. Geowiss., Veröff., H. 5 ('Moor und Torf in Niedersachsen'), S. 66-73. Hannover.

GUNDLACH, H. & STOPPEL, D. (1972): Tektonische, stratigraphische und geochemische Untersuchungen in den Schwerspatgruben des SW-Harzes und ihrer Umgebung als Beitrag zur Frage des Spaltenbildungsmechanismus, der Gangfüllung und des Gangverlaufs.- Beih. z. Geol. Jb., H. 124. Hannover.

HAHN, A. & HOMILIUS, J. (1988): 40 Jahre geowissenschaftliche Gemeinschaftsaufgaben im Niedersächsischen Landesamt für Bodenforschung.- Geol. Jb., R.A, Bd. 109. Stuttgart.

HANNAK, W. (1978): Die Rammelsberger Erzlager.- Der Aufschluß, Sonderbd. 28, S. 127-140. Heidelberg.

HEDEMANN, H.-A., SCHUSTER, A., STANCU-KRISTOFF, G. & LÖSCH, J. (1984): Die Verbreitung der Kohlenflöze des Oberkarbons in Nordwestdeutschland und ihre stratigraphische Einstufung.- Fortschr. i. d. Geol. v. Rheinld. u. Westf., Bd. 32, S. 39-88. Krefeld.

HERRMANN, A. (1971): Die Asphaltkalk-Lagerstätte bei Holzen/Ith auf der Südwestflanke der Hils-Mulde.- Beih. z. Geol. Jb., H. 95. Hannover.

HERRMANN, A. (1978): Gipslagerstätten und Gipskarst am südwestlichen Harzrand.- Der Aufschluß, Sonderbd. 28, S. 141-145. Heidelberg.

HESS, G. (1973): Zum geologisch-tektonischen Rahmen der Schwerspatlagerstätten im Südharz und im Spessart.- Geol. Jb., R.D, H. 4, S. 3-65. Hannover.

HOFRICHTER, E. (1974): Speicherkavernen in Salzstöcken Nordwestdeutschlands. Geologische Probleme, Bemerkungen zur selektiven Auflösung von Kalisalzen.- Erzmetall, Bd. 27, S. 219-226. Stuttgart.

JAHRBUCH Bergbau, Öl und Gas, Elektrizität, Chemie (1991). Jg. 98. Essen.

KOLBE, H. (1958): Die Erzablagerungen im Salzgittergebiet.- Geogr. Rundschau, Jg. 10, H. 3, S. 92-99. Braunschweig.

KOLBE, H. (1976): Eisenerzlagerstätten um Salzgitter.- Reinsch, D. (Hrsg.): Exkursionsführer 54. Jahrestagung d. Dt. Mineral. Ges., S. 29-38. Braunschweig.

KOSMAHL, W. (1981): Nutzbare Rohstoffe.- Streif, H. (Hrsg.): Erläuterungen z. Bl. Nr. 2414 Wilhelmshaven, Geol. Karte v. Nieders. 1 : 25 000, S. 83-88. Hannover.

KRAUME, E. et al. (1955): Die Erzlager des Rammelsberges bei Goslar.- Beih. z. Geol. Jb., H. 18. Hannover.

LOOK, E.-R. et al. (1984): Geologie und Bergbau im Braunschweiger Land (Nördliches Harzvorland, Asse, Elm-Lappwald, Peine-Salzgitter, Allertal). Dokumentation zur Geologischen Wanderkarte 1 : 100.000.- Ber. d. Naturhist. Ges. Hannover, Bd. 127 (auch Geol. Jb., R.A, H. 78). Hannover.

LÜBBEN, H. (1982): Erdgas aus heimischen Quellen. Gegenwart und Zukunft (betr. insbes. NW-Deutschland).- Erdöl-Erdgas-Zeitschrift, Jg. 98, H. 7, S. 225-231. Hamburg, Wien.

LÜTTIG, G. (1971): Die Bedeutung der Bodenschätze Niedersachsens für die Wirtschaftsentwicklung des Landes.- Geol. Jb., Bd. 89, S. 583-600. Hannover.

MARTINI, H.-J. (1955): Salzsättel und Deckgebirge.- Zs. d. Dt. Geol. Ges., Bd. 105, S. 823-836. Hannover.

MARX, C. (1982): Erdöl und Erdgas in Niedersachsen.- Tag der Niedersachsen Aurich, S. 84-96. Alfeld/Leine.

NIEDERSÄCHS. LANDESAMT f. BODENFORSCHUNG (Hrsg.) (1987): Rohstoffsicherungsbericht 1987. Hannover.

NIEDERSÄCHS. MINISTER d. INNERN (1982): Raumordnungsbericht 1982. Rohstoffkarten "Tiefliegende Rohstoffe und Oberflächennahe Rohstoffe", bearb. v. Niedersächs. Landesamt f. Bodenforschung (= Schriften d. Landesplanung Niedersachsen). Hannover.

PASCHEN, S. (1986): Kieselgur. Gewinnung, Aufbereitung und Verwendung.- Erzmetall, Bd. 39, S. 158-162. Stuttgart.

PFLANZL, G. (1990): Erdöl und Erdgas. Entstehung und Technologie von Suche und Gewinnung.- Geogr. Rundschau, Jg. 42, H. 10, S. 530-537. Braunschweig.

PLEIN, E. (1985): Die Entwicklung und Bedeutung der Erdöl-/Erdgasfunde zwischen Weser und Ems.- Oldenburger Jb., Bd. 85, S. 267-311. Oldenburg.

RÜHL, W. (1978): Die Untergrundspeicher in der Bundesrepublik Deutschland (zumeist in N-Deutschland).- Erdöl u. Kohle, Erdgas, Petrochemie, Jg. 31, H. 7, S. 303-310. Hamburg.

RÜHL, W. (1984): 125 Jahre Erdöl- und Erdgasgewinnung in Deutschland.- Erdöl-Erdgas-Zeitschrift, Jg. 100, H. 1, S. 15-29. Hamburg.

SCHMITZ, H.-H. (1980): Ölschiefer in Niedersachsen.- Ber. d. Naturhist. Ges. z. Hannover, Bd. 123, S. 7-43. Hannover.

SCHNEEKLOTH, H., SCHNEIDER, S. & STECKHAN, H.-U. (1963): Beiträge zur Kenntnis niedersächsischer Torflagerstätten.- Beih. z. Geol. Jb., H. 55. Hannover.

SCHÖNEICH, H. (1985): Erdöl und Erdgas in der Nordsee.- Ber. d. Naturhist. Ges. z. Hannover, Bd. 128, S. 7-18. Hannover.

SCHRÖDER, L. (1989): Erdöl und Erdgas in Niedersachsen.- Veröff. d. Niedersächs. Akad. d. Geowiss., H. 3, S. 33-42. Hannover.

SICKENBERG, O. (1951): Steine und Erden.- Geologie und Lagerstätten Niedersachsens, Bd. 5: Die Lagerstätten Niedersachsens und ihre Bewirtschaftung, 1. Abt. (= Schr. d. Wirtschaftswiss. Ges. z. Stud. Nieders., NF). Bremen-Horn.

SIMON, P. (1979): Die Eisenerze im Harz.- Geol. Jb., R.D, H. 31, S. 65-109. Hannover.

SLOTTA, R. (1980): Der Traum vom deutschen Pennsylvanien. Die Ölfelder von Wietze, Oelheim und Hänigsen bei Celle.- Journal f. Geschichte, Jg. 2, H. 3, S. 32-35. Braunschweig.

SPERLING, H. & STOPPEL, D. (1979): Die Blei-Zink-Erzgänge des Oberharzes.- Geol. Jb., R.D, H. 34 (= Monographien der deutschen Blei-Zink-Erzlagerstätten). Hannover.

SPERLING, H. & STOPPEL, D. (1981): Gangkarte des Oberharzes mit Erläuterungen.- Geol. Jb., R.D, H. 46 (= Monographien der deutschen Blei-Zink-Erzlagerstätten). Hannover.

STEFFENS, P. (1990): Torflagerstätten in Niedersachsen.- Veröff. Niedersächs. Akad. d. Geowiss., H. 5 ('Moor und Torf in Niedersachsen'), S. 23-29. Hannover.

STEIN, V. (1981): Die Gipsstein-Lagerstätten am Harzrand und ihre wirtschaftliche Bedeutung.- Ber. d. Naturhist. Ges. z. Hannover, Bd. 124, S. 55-65. Hannover.

STEIN, V. (1981): Naturwerksteine im niedersächsischen Kirchenbau.- Geol. Jb., R.D, H. 44. Hannover.

STEIN, V., ECKHARDT, F.-J., HILKER, E. et al. (1981): Die ziegeleitechnischen Eigenschaften niedersächsischer Tone und Tonsteine.- Geol. Jb., R.D, H. 45, S. 3-51. Hannover.

STOPPEL, D., GUNDLACH, H., HEBERLING, E., HEINRICH, G., HÜSER, M. et al. (1983): Schwer- und Flußspatlagerstätten des Südwestharzes.- Geol. Jb., R.D, H. 54. Hannover.

TEICHMÜLLER, M., TEICHMÜLLER, R. & BARTENSTEIN, H. (1984): Inkohlung und Erdgas - eine neue Inkohlungskarte der Karbon-Oberfläche in Nordwestdeutschland.- Fortschr. i. d. Geol. v. Rheinld. u. Westf., Bd. 32, S. 11-34. Krefeld.

ZITZMANN, A. (1977): The iron ore deposits of Europe and adjacent areas.- Bd. I (Hrsg.: Bundesanstalt f. Geowiss. u. Rohstoffe). Hannover.

ZITZMANN, A. (1978): The iron ore deposits of Europe and adjacent areas.- Bd. II (Hrsg.: Bundesanstalt f. Geowiss. u. Rohstoffe). Hannover.

5. Böden

ARBEITSGRUPPE BODENKUNDE (Hrsg.) (1982): Bodenkundliche Kartieranleitung.- 3. Aufl. Hannover.

ARBEITSKREIS für Bodensystematik der Deutschen Bodenkundlichen Gesellschaft (Hrsg.) (1985): Systematik der Böden der Bundesrepublik Deutschland (Kurzfassung).- Mitt. d. dt. bodenkdl. Ges., Bd. 44, S. 1-90. Göttingen.

BADEN, W. (1964): Von der Spatenkultur des Reichsarbeitsdienstes in den Emslandmooren zum vollmechanisierten Urbarmachungsverfahren.- Jb. d. Emsländ. Heimatver., Bd. 11, S. 16-29. Meppen.

BADEN, W. (1968): Stellung von Moor und Anmoor in einer Systematik der Böden Deutschlands und ihre zeitgemäße Nutzung.- Mitt. d. dt. bodenkdl. Ges., Bd. 8, S. 201-221. Göttingen.

BAILLY, F. (1973): Zur Vergesellschaftung der Böden aus Löß in der nördlichen Calenberger Börde.- Geol. Jb., R.F, H. 1. Hannover.

BEHRE, K.-E. (1976): Beginn und Form der Plaggenwirtschaft in Nordwestdeutschland nach pollenanalytischen Untersuchungen in Ostfriesland.- Neue Ausgrab. u. Forsch. in Nieders., Bd. 10, S. 197-224. Hildesheim.

BEHRE, K.-E. (1980): Zur mittelalterlichen Plaggenwirtschaft in Nordwestdeutschland und angrenzenden Gebieten.- Abh. Akad. Wiss. Gött., Phil.-hist. Kl., F. 3, Bd. 116 (= Untersuchungen zur eisenzeitlichen und frühmittelalterlichen Flur in Mitteleuropa und ihrer Nutzung, T. 2), S. 30-44. Göttingen.

BORK, H.-R. (1988): Bodenerosion und Umwelt. Verlauf, Ursachen und Folgen der mittelalterlichen und neuzeitlichen Bodenerosion. Bodenerosionsprozesse. Modelle und Simulationen.- Landschaftsgenese u. Landschaftsökologie, H. 13. Braunschweig.

BORK, H.-R. & ROHDENBURG, H. (1979): Beispiele für jungholozäne Bodenerosion und Bodenbildung im Untereichsfeld und Randgebieten.- Landschaftsgenese u. Landschaftsökologie, Bd. 3, S. 115-134. Braunschweig.

CASTEL, I., KOSTER, E. & SLOTBOOM, R. (1989): Morphogenetic aspects and age of Late Holocene eolian drift sands in Northwest Europe.- Zs. f. Geomorph., NF, Bd. 33, H. 1, S. 1-26. Berlin, Stuttgart.

DIERSCHKE, H. (1985): Landschaftsökologische Feingliederung nordwestdeutscher Lößgebiete mit Hilfe der potentiell natürlichen Vegetation.- Ber. d. Naturhist. Ges. Hannover, Bd. 128, S. 207-216. Hannover.

ECKELMANN, W. (1980): Plaggenesche aus Sanden, Schluffen und Lehmen sowie Oberflächenveränderungen als Folge der Plaggenwirtschaft in den Landschaften des Landkreises Osnabrück.- Geol. Jb., R.F, H. 10. Hannover.

ECKELMANN, W. & KLAUSING, C. (1982): Plaggenwirtschaft im Landkreis Osnabrück.- Osnabr. Mitt., Bd. 88, S. 234-248. Osnabrück.

ELLENBERG, H. (1937): Über die bäuerliche Wohn- und Siedlungsweise in Nordwestdeutschland in ihrer Beziehung zur Landschaft, insbesondere zur Pflanzendecke.- Mitt. d. florist.-soziol. Arbeitsgem., H. 1, S. 204-235. Hannover.

FASTABEND, H. & RAUPACH, F. v. (1961): Zur Kenntnis der Plaggenböden in Nordwestdeutschland.- Geol. Jb., Bd. 78, S. 139-172. Hannover.

FINNERN, H. (1975): Die Böden der Marsch.- Mitt. d. dt. bodenkdl. Ges., Bd. 22, S. 575-580. Clausthal-Zellerfeld.

FOERSTER, P. (1971): Die Böden des Weser-Ems-Gebietes. Oldenburg.

GANSSEN, R. (1972): Bodengeographie mit besonderer Berücksichtigung der Böden Mitteleuropas. 2., erw. Aufl. Stuttgart.

GANSSEN, R. & HÄDRICH, F. (1965): Atlas zur Bodenkunde.- B.I.-Hochschulatlanten. Mannheim.

GROSSE, B. (1950): Die Winderosion in Nordwestdeutschland und ihre Bekämpfung.- Neues Arch. f. Nieders., Bd. 4, S. 336-342. Hannover.

GROSSE, B. (1953): Untersuchungen über die Winderosion in Niedersachsen.- Mitt. Inst. f. Raumforsch., Bd. 20. Bonn.

HAMBLOCH, H. (1958): Über das Alter und die Bildungsdauer von Eisenhumuspodsolen.- Zs. f. Pflanzenernährung, Düngung, Bodenkunde, Bd. 83, S. 134-139. Weinheim.

HEINZE, A. (Hrsg.) (1990): Boden in Ostfriesland. Hinweise und Materialien für den Erdkunde- und Biologieunterricht der Sek I und II aller Schulformen.- Ostfriesische Landschaft, Pädagogische Fachstelle. Aurich.

KUNTZE, H. (1971): Moorböden Norddeutschlands.- Mitt. d. dt. bodenkdl. Ges., Bd. 13, S. 107-150. Göttingen.

KUNTZE, H. (1973): Moore im Stoffhaushalt der Natur.- Landschaft u. Stadt, Bd. 5, S. 88-96. Stuttgart.

KUNTZE, H. (1984): Bewirtschaftung und Düngung von Moorböden. Oldenburg.

KUNTZE, H. (1990): Zur Integration der Moore in die Kulturlandschaft.- Niedersächs. Akad. d. Geowiss., H. 5 ('Moor und Torf in Niedersachsen'), S. 74-84. Hannover.

KUNTZE, H., NIEMANN, J., ROESCHMANN, G. & SCHWERDTFEGER, G. (1988): Bodenkunde. 4. Aufl. Stuttgart.

LÜDERS, R. (1983): Zur Entstehung tiefhumoser Böden in der Calenberger Lößbörde bei Hannover.- Zs. f. Pflanzenernährung u. Bodenkunde, Bd. 146, S. 13-22. Weinheim/Bergstr.

MEYER, B. & ROESCHMANN, G. (1971): Die Löß-Börden am Nordrand der Mitteldeutschen Schwelle. Das Schwarzerdegebiet um Hildesheim.- Exkursionsführer z. Tag. d. Komm. V und VI der ISSS in Stuttgart-Hohenheim (= Mitt. d. dt. bodenkdl. Ges., Bd. 13, S. 287-310. Göttingen.

MEYER, H.-H. (1984): Jungdünen und Wehsande aus historischer Zeit im Gebiet nördlich des Dümmers.- Oldenburger Jb., Bd. 84, S. 403-436. Oldenburg.

MÜCKENHAUSEN, E. (1962): Entstehung, Eigenschaften und Systematik der Böden der Bundesrepublik Deutschland. Frankfurt/M.

MÜLLER, W. (1985): Zur Genese der Verbreitungsmuster der Marschböden und Diskussion verschiedener Entstehungstheorien.- Geol. Jb., R.F, H. 19. Hannover.

MÜLLER, W. & BENZLER, J.-H. (1971): Böden der Marschen Niedersachsens - insbesondere der Elbmarsch.- Mitt. d. dt. bodenkdl. Ges., Bd. 13, S. 61-104. Göttingen.

MÜLLER, W. & VOIGT, H. (1977): Zur Nutzung und Meliorationsfähigkeit der Marschböden.- Mitt. d. dt. bodenkdl. Ges., Bd. 25, S. 751-755. Göttingen.

OELKERS, K.-H. (1970): Die Böden des Leinetales, ihre Eigenschaften, Verbreitung, Entstehung und Gliederung. Ein Beispiel für die Talböden im Mittelgebirge und dessen Vorland.- Beih. z. Geol. Jb., H. 99, S. 71-152. Hannover.

ROESCHMANN, G. (1964): Böden.- Der Landkreis Hildesheim-Marienburg. Amtliche Kreisbeschreibung. Die Landkreise in Niedersachsen, Bd. 21, S. 46-53. Bremen-Horn.

ROESCHMANN, G. (1968): Pseudogley-Tschernoseme und deren Übergangsbildungen zu Parabraunerden im Lößgebiet der Hildesheimer Börde.- Geol. Jb., Bd. 85, S. 841-860. Hannover.

ROESCHMANN, G. (1971): Die Böden der nordwestdeutschen Geest-Landschaft.- Mitt. d. dt. bodenkdl. Ges., Bd. 13, S. 151-231. Göttingen.

SCHEFFER, F. & SCHACHTSCHABEL, P. (1976): Lehrbuch der Bodenkunde. 9. Aufl. Stuttgart.

SCHNEEBERG, H. A. (1968): Marschböden.- Der Landkreis Wesermünde. Amtliche Kreisbeschreibung. Die Landkreise in Niedersachsen, Bd. 23, S. 50-58. Bremen-Horn.

SCHRÖDER, D. (1984): Bodenkunde in Stichworten.- Hirts Stichwörterbücher, 4. Aufl. CH-Unterägeri.

VENZKE, J.-F. (1988): Untersuchungen zum Pufferungsvermögen von Böden aus Dünenökotopen ostfriesischer Inseln. Das Beispiel Baltrum.- Ber. d. Naturhist. Ges. Hannover, Bd. 130, S. 161-175. Hannover.

VOIGT, H. & ROESCHMANN, G. (1969): Die Böden Ostfrieslands.- Ohling, J. (Hrsg.): Ostfriesland im Schutze des Deiches, Bd. 1, S. 51-104. Leer.

WINTERBERG, A. (1957): Das Bourtanger Moor.- Forsch. z. dt. Landeskde., Bd. 95. Remagen.

6. Klima, Witterung und Wetter

AKADEMIE für Raumforschung und Landesplanung (1961): Niedersachsen und Bremen.- Deutscher Planungsatlas, Bd. II. Hannover.

ALEXANDER WELTATLAS (1982). Stuttgart.

BÄTJER, D. (1965): Die bemerkenswerte Gewitterlage vom 7. Juni 1964 über Norddeutschland.- Meteorologische Rundschau, Bd. 18, H. 1, S. 16-23. Berlin, Heidelberg, New York.

BÄTJER, D. & HEINEMANN, H.-J. (1983): Das Klima ausgewählter Orte der Bundesrepublik Deutschland.- Ber. d. dt. Wetterdienstes, Bd. 164. Offenbach/M.

CEYP, H. (1973): Die meteorologischen Ursachen des Ilmenau-Hochwassers im Frühjahr 1970. Ein Beitrag zur Klimatologie der Lüneburger Heide.- Neues Arch. f. Nieders., Bd. 22, H. 1, S. 80-96 u. H. 2, S. 162-175. Göttingen.

DAMMANN, W. (1969): Physiologische Klimakarte Niedersachsens.- Neues Arch. f. Nieders., Bd. 18, H. 4, S. 287-298. Göttingen.

DEUTSCHER WETTERDIENST (Hrsg.) (1964): Klima-Atlas von Niedersachsen. Offenbach a.M.

DEUTSCHER WETTERDIENST (Hrsg.) (1979): Das Klima der Bundesrepublik Deutschland. Offenbach a.M.

ERIKSEN, W. (1978): Klimatologisch-ökologische Aspekte der Umweltbelastung Hannovers - Stadtklima und Luftverunreinigung.- Eriksen, W. & Arnold, A. (Hrsg.): Hannover und sein Umland. Festschrift zur Feier des 100jährigen Bestehens der Geographischen Gesellschaft zu Hannover 1878-1978 (= Jb. d. Geogr. Ges. z. Hannover für 1978), S. 251-273. Hannover.

FLOHN, H. & FANTECHI, R. (Hrsg.) (1984): The Climate of Europe: Past, Present and Future. Dordrecht, Boston, Lancaster.

FRANZIUS, O. (1989): Der Eiswinter 1986/87 in weiten Teilen Norddeutschlands.- Dt. Gewässerkdl. Mitt., Bd. 33, H. 1, S. 14-23. Koblenz.

HÄCKEL, H. (1985): Meteorologie. Stuttgart.

HARTMANN, F.-K. & SCHNELLE, F. (1970): Klimagrundlagen natürlicher Waldstufen und ihrer Waldgesellschaften in deutschen Mittelgebirgen. Stuttgart.

HEYER, E. (1979): Witterung und Klima. Leipzig.

HOFFMEISTER, J. & SCHNELLE, F. (1945): Klima-Atlas von Niedersachsen.- Provinzial-Inst. f. Landespl. u. Niedersächs. Landesforsch. Hannover-Göttingen, Veröff., R.K, Bd. 4. Oldenburg i.O.

IMA (Hrsg.) (1989): Die Jahreszeiten. Eine Phänologie in Feld, Wiese und Wald.- Landwirtschaft im Unterricht. Kalender '89/90 für allgemeinbildende Schulen. Informationsgemeinschaft für Meinungspflege und Aufklärung. Hannover.

KAUFELD, L. (1979): Wetter und Klima der deutschen Küste.- Grube, F. & Richter, G. (Hrsg.): Die deutsche Küste, S. 170-181. Frankfurt/M.

KELLER, R. et al. (1978/79): Hydrologischer Atlas der Bundesrepublik Deutschland.- Text- u. Kartenband. Im Auftrage der Deutschen Forschungsgemeinschaft. Boppard.

KREMSER, W. (1973): Lacerati turbine ventorum. Vom Sturme zerfetzt! Ein Orkan verheerte Niedersachsens Wälder.- Neues Arch. f. Nieders., Bd. 22, H. 3, S. 219-241. Göttingen.

LÜKENGA, W. (1987): Die sommerliche Wärmeinsel der Stadt Osnabrück.- Osnabr. Naturwiss. Mitt. 13, S. 267-284. Osnabrück.

MÜLLER, M. J. (1980): Handbuch ausgewählter Klimastationen der Erde. Trier.

PETERSEN, M. & ROHDE, H. (1977): Sturmflut. Die großen Fluten an den Küsten Schleswig-Holsteins und in der Elbe. Neumünster.

RUDLOFF, H. v. (1967): Die Schwankungen und Pendelungen des Klimas in Europa seit dem Beginn der regelmäßigen Instrumentenbeobachtungen (1670).- Die Wissenschaft. Sammlung von Einzeldarstellungen aus allen Gebieten der Naturwissenschaft, Bd. 122. Braunschweig.

SCHIRMER, H. (1977): Langjährige Monats- und Jahresmittel der Lufttemperatur und des Niederschlages in der Bundesrepublik Deutschland für die Periode 1931 - 1960.- Ber. d. Dt. Wetterdienstes, Nr. 115 (1969), 2., unveränd. Aufl. Offenbach a.M.

SCHIRMER, H. & VENT-SCHMIDT, V. (1979): Das Klima der Bundesrepublik Deutschland. Lieferung 1: Mittlere Niederschlagshöhen für Monate und Jahr. Zeitraum 1931-1960. Deutscher Wetterdienst. Offenbach a.M.

SEEDORF, H. H. (1968): Klima und Wetter.- Der Landkreis Wesermünde. Amtliche Kreisbeschreibung. Die Landkreise in Niedersachsen, Bd. 23, S. 62-73. Bremen-Horn.

SINGER, P. & FLIEDNER, D. (1970): Landeskunde Niedersachsen. Nach einer Materialsammlung von Kurt Brüning.- Harms Landeskunde. München usw.

TETZLAFF, G. & HAGEMANN, N. (1986): Bemerkungen zum Niederschlag in Hannover.- Meteorol. Rundschau, Bd. 39, H. 1, S. 1-12. Berlin, Stuttgart.

VAN EIMERN, J. & HÄCKEL, H. (1984): Wetter- und Klimakunde. Ein Lehrbuch der Agrarmeteorologie. Stuttgart.

VENZKE, J.-F. (1985): Witterung und Eisverhältnisse an der Deutschen Nordseeküste im Winter 1985.- Ber. d. Naturhist. Ges. Hannover, Bd. 128, S. 247-260. Hannover.

WILMERS, F. (1969): Klima und Wetter als Standortfaktor.- Landschaft u. Stadt, 1. Jg., H. 2, S. 79-86. Stuttgart.

WINTERBERG, A. & JÄHN, R.-P. (1988): Der Eisregen vom 2. März 1987.- Osnabr. Naturwiss. Mitt., Bd. 14, S. 215-222. Bramsche.

7. Gewässer und Wasserwirtschaft

AHRENS, K. O. (1962): Die Wasserwirtschaft im Land Wursten.- Dt. Geogr. Blätter, Bd. 49, S. 133-183. Bremen.

AKKERMANN, R. (1980): Tümpel, Teiche, Schlatts.- Inform. z. Naturschutz u. Landschaftspflege i. Nordwestdeutschland, H. 2. Hrsg. v. d. Biolog. Schutzgemeinschaft Hunte-Weser-Ems e.V. Wardenburg.

ANCONA, J. E. (1989): The Offshore Challenge: The European Response. Europe and the Sea - Marine Sciences and Technology in the 1990's. Hamburg.

BARJENBRUCH, K. H. (1976): Entwicklung und Stand des Küstenschutzes in Niedersachsen.- Mitt. d. Franzius-Inst. f. Wasserbau und Küsteningenieurwesen d. TU Hannover, H. 44, S. 369-376. Hannover.

BARTHEL, W. (1962): Generalplan zur Hochwasserregulierung in den Flußgebieten der Aller, Leine und Oker.- Neues Arch. f. Nieders., Bd. 11, H. 4, S. 253-269. Göttingen, Hannover.

BEHRE, K.-E. (1987): Meeresspiegelbewegungen und Siedlungsgeschichte in den Nordseemarschen.- Vorträge der Oldenburgischen Landschaft, H. 17. Oldenburg.

BELLIN, K. (1984): Wasserwirtschaft und Feldberegnung.- Zs. f. Bewässerungswirtschaft, Jg. 19, H. 1, S. 3-29. Frankfurt/M.

BENDER, F. (1984): Festvortrag aus Anlaß der Errichtung des Niedersächsischen Landesamtes für Wasserwirtschaft.- Geol. Jb., R.A, H. 79, S. 9-14. Hannover.

BRAUN, H. G. (1983): Planungen zur Optimierung der Wasserbewirtschaftung für den Mittelland- und Elbe-Seitenkanal. Eine nicht nur verkehrswasserwirtschaftliche Aufgabe.- Schriftenr. d. Dt. Verb. f. Wasserwirtsch. u. Kulturbau e.V., H. 59, S. 49-96. Hamburg, Berlin.

BRAUN, H. G. (1979): Nordwestdeutsche Binnenwasserstraßen - heute und morgen.- Neues Arch. f. Nieders., Bd. 28, H. 4, S. 428-459. Göttingen.

BREMER, H. (1959): Flußerosion an der oberen Weser. - Göttinger Geogr. Abh., H. 22. Göttingen.

BRÜNING, K. (Hrsg.) (1956): Niedersachsen. Land - Volk -Wirtschaft.- Schr. d. Wirtschaftswiss. Ges. z. Stud. Nieders. e.V., NF, R.B, Bd. 6. Bremen-Horn.

BUCHWALD, K. (1983): Die Auseinandersetzungen um die Wasserentnahme der Hamburger Wasserwerke in der Nordheide.- Landschaft u. Stadt, Jg. 15, H. 1, S. 1-15. Stuttgart.

BUSCH, D. et al. (1984): Der Ausbau der Unterweser zum Großschiffahrtsweg und seine Auswirkungen auf das Flußökosystem und die Flußfischerei.- Neues Arch. f. Nieders., Bd. 33, H. 1, S. 60-80. Göttingen.

COLDEWEY, D. (1976): Frisia Orientalis. Wilhelmshaven.

DELFS, J. (1952): Die Flößerei im Stromgebiet der Weser.- Schr. d. Wirtschaftswiss. Ges. z. Stud. Nieders. e.V., R. A1: Natur, Wirtschaft, Siedlung und Planung, Bd. 34. Bremen-Horn.

DENNERT, H. (1975): Die Oberharzer Wasserwirtschaft.- TU Clausthal-Zellerfeld 1775-1975, S. 281-294. Clausthal-Zellerfeld.

DENNERT, H. (1982): Die Oberharzer Wasserwirtschaft.- 450 Jahre Clausthal-Zellerfeld 1532-1982, S. 63-67. Clausthal-Zellerfeld.

DIECKMANN, R. (1985): Geomorphologie, Stabilitäts- und Langzeitverhalten von Watteinzugsgebieten der Deutschen Bucht.- Mitt. d. Franzius-Inst. f. Wasserbau und Küsteningenieurwesen der Universität Hannover, H. 60. Hannover.

DIENEMANN, W. & FRICKE, K. (1961): Mineral- und Heilwässer, Peloide und Heilbäder in Niedersachsen und seinen Nachbargebieten.- Schr. d. Wirtschaftswiss. Ges. z. Stud. Nieders. e.V., R.AI., Bd. 5, Abt. 5. Göttingen, Hannover.

DIERSCHKE, H., OTTE, A. & NORDMANN, H. (1983): Die Ufervegetation der Fließgewässer des Westharzes und seines Vorlandes.- Schriftenr. Naturschutz u. Landschaftspflege i. Nieders., Beih. 4. Hannover.

DIETZE, W. (1983): Die Veränderungen der Wasserstände in den großen deutschen Tideflüssen seit 100 Jahren.- Deutsche gewässerkd. Mitt., Jg. 27, Bd. 1, S. 7-12. Koblenz.

DIRKSEN, J. E. (1986): Ausführung der Weserkorrektion und folgende Ausbaumaßnahmen für die seewärtige Zufahrt nach Bremen.- Die Weser, Jg. 60, S. 152-162. Bremen.

EHLERS, J. (1989): Morphologische Veränderungen auf der Wattseite der Barriereinseln des Wattenmeeres.- Die Küste, H. 47, S. 3-30. Heide (Holst.).

EHLERS, J. (1990): Sedimentbewegungen und Küstenveränderungen im Wattenmeer der Nordsee.- Geogr. Rundschau, Jg. 42, H. 12, S. 640-646. Braunschweig.

ERCHINGER, H. F. (1970): Küstenschutz durch Vorlandgewinnung, Deichbau und Deicherhaltung in Ostfriesland.- Die Küste, H. 19, S. 125-186. Heide (Holst.).

ERCHINGER, H. F. (1986): Strandaufspülung als aktiver Küsten-

schutz vor Schutzwerken und Dünen auf Norderney und Langeoog.- Die Küste, Bd. 43, S. 118-204. Heide (Holst.).

FESKE, D. (1986): 10 Jahre Elbe-Seitenkanal 1976-1986.- Neues Arch. f. Nieders., Bd. 36, H. 1, S. 39-69. Göttingen, Hannover.

FISCHER, E. & ROTERBERG, E. (1961): Die Elbmarsch zwischen Bleckede und Winsen. Ein landeskultureller Entwicklungs-
plan. Hamburg-Nienstedten.

FLEISCH, G. (1983): Die Oberharzer Wasserwirtschaft in Vergangenheit und Gegenwart. Clausthal-Zellerfeld.

FÜHRBÖTER, A. & JENSEN, J. (1985): Säkuläränderungen der
mittleren Tidewasserstände in der Deutschen Bucht.- Die Küste,
H. 42, S. 78-100. Heide (Holst.).

GEERS, D. (1981): Wasserversorgung und Gewässergüte im Lei-
neeinzugsbereich im Rahmen der Gesamtsituation Niedersachsens.- Westfäl. Geogr. Stud., Bd. 37, S. 145-156. Münster.

GRAHLE, H.-O. & STAESCHE, U. (1964): Die natürlichen Seen
Niedersachsens.- Geol. Jb., Bd. 81, S. 809-838. Hannover.

GURSCH, P. (1966): Das Leda-Sperrwerk in Ostfriesland.- Die
Küste, H. 14, S. 107-156. Heide (Holst.).

HAASE, H. (1968): Talsperren im Harz. Oker, Ecker, Oder, Söse,
Innerste, Grane, Ostharz. Großbauten der Wasserwirtschaft.
Clausthal-Zellerfeld.

HAASE, H. (1985): Kunstbauten alter Wasserwirtschaft im Oberharz. Hanggräben, Teiche, Stollen in Landschaft, Wirtschaft und
Geschichte. 5. Aufl. Clausthal-Zellerfeld.

HAASE, H., SCHMIDT, M. & LENZ, J. (1970): Der Wasserhaushalt des Westharzes. Hydrologische Untersuchungen 1941-
1965.- Schr. d. Wirtschaftswiss. Ges. z. Stud. Nieders., R.A, Bd.
95. Göttingen.

HAHN, J. (1980): Veränderungen der Grundwasserbeschaffenheit durch anthropogene Einflüsse in norddeutschen Lockerge-
steinsgebieten.- Geol. Jb., R.C, H. 27, S. 3-43. Hannover.

HETZEL, W. (1957): Wiesenbewässerung und Agrarlandschaft
des oldenburgischen Huntetals.- Schr. d. Wirtschaftswiss. Ges.
z. Stud. Nieders., NF, Bd. 39. Bremen-Horn.

HOMEIER, H. (1969): Der Gestaltwandel der ostfriesischen Kü-
ste im Laufe der Jahrhunderte. Ein Jahrtausend ostfriesischer
Deichgeschichte.- J. Ohling (Hrsg.): Ostfriesland im Schutze des
Deiches, Bd. II, S. 3-78. Pewsum.

HOMEIER, H. (1967): Das Wurster Watt. Eine historisch-morpho-
logische Untersuchung des Küsten- und Wattgebietes von der
Weser- bis zur Elbmündung.- Jahresberichte d. Forschungsstelle
Norderney, Bd. 19. Norderney.

HOMEIER, H. & LUCK, G. (1969): Das Historische Kartenwerk
1 : 50.000 der niedersächsischen Wasserwirtschaftsverwaltung.-
Schr. d. Wirtschaftswiss. Ges. z. Stud. Nieders., Bd. 93. Göttingen, Hannover.

HOVERS, G. (1979): Der Ausbau der Außenweser zu einer Groß-
schiffahrtsstraße.- Niedersächs. Jb. f. Landesgesch., Bd. 51, S.
65-76. Hildesheim.

HULSCH, J. & VEH, G. M. (1978): Zur Salzbelastung von Werra
und Weser.- Neues Arch. f. Nieders., Bd. 27, S. 367-377. Göttingen.

JANSSEN, T. (1967): Gewässerkunde Ostfrieslands. Aurich.

JÄPPELT, W. (1980): Grundlagen und Aussagegrenzen der niedersächsischen Gewässergütekarte.- Gewässerschutz i. Nieders., hrsg. v. Niedersächs. Minist. f. Ernährung, Landwirtschaft
u. Forsten, S. 256-269. Hannover.

JENSEN, J. et al. (1988): Untersuchungen zur Wasserstandsent-
wicklung in der Deutschen Bucht.- Die Küste, Bd. 47, S. 135-162.
Heide (Holst.).

KELLER, H. (1901): Weser und Ems, ihre Stromgebiete und ihre
wichtigsten Nebenflüsse. Bd. I: Stromgebiete und Gewässer; Bd.
II: Quell- und Nebenflüsse der Weser; Bd. III: Die Weser von Münden bis Geestemünde; Bd. IV: Die Aller und die Ems. Berlin.

KELLER, R. (1980): Hydrologie.- Erträge der Forschung, Bd.
143. Darmstadt.

KELLER, R. et al. (1978/79): Hydrologischer Atlas der Bundesrepublik Deutschland. Text- u. Kartenband. Im Auftrage der Deutschen Forschungsgemeinschaft. Boppard.

KELLETAT, D. (1990): Meeresspiegelanstieg und Küstengefähr-
dung.- Geogr. Rundschau, Jg. 42, H. 12, S. 648-652. Braunschweig.

KIRSCHNER, K. E. (1983): Wasserversorgung für den Versor-
gungsraum Helmstedt.- Wasser u. Boden, Jg. 35, H. 10, S. 439-
442. Hamburg.

KORTZFLEISCH, A. (1984): Forderungen zur Berücksichtigung
landespflegerischer Belange beim Bau, bei der Erweiterung und
beim Betrieb von Talsperren im Harz.- Unser Harz, Jg. 32, Bd. 5,
S. 85-86. Clausthal-Zellerfeld.

KÖHLER, G. (1976): Der 9m-Ausbau der Unterweser.- Neues
Arch. f. Nieders., Bd. 25, H. 1, S. 59-70. Göttingen.

KRAMER, J. (1967): Sturmflut 1962. Hrsg. v. d. Arbeitsgemeinschaft d. Sparkassen Ostfrieslands und Oldenburgs. Norden.

KRAMER, J. (1969): Neue Deiche, Siele und Schöpfwerke zwischen Dollart und Jadebusen.- Ohling, J. (Hrsg.): Ostfriesland im
Schutze des Deiches, Bd. II, S. 389-657. Pewsum.

KRAMER, J. (1978): Küstenschutzwerke an der deutschen Nord-
und Ostsee. - Die Küste, H. 32, S. 124-139. Heide (Holst.).

KRAMER, J. (1983): Sturmfluten. Küstenschutz zwischen Ems
und Weser. 2. Aufl. Norden.

KREWERTH, R. A. (1983): Emsland - Wasserland von Flüssen,
Bächen, Tümpeln und Teichen.- Jb. d. Emsländ. Heimatbundes,
Bd. 29, S. 84-117. Sögel.

KUMMERT, R. & STUMM, W. (1989): Gewässer als Ökosysteme. Grundlagen des Gewässerschutzes. Stuttgart.

LANG, A. W. (1958): Gestaltungswandel des Emsmündungstrich-
ters.- Schr. d. Wirtschaftswiss. Ges. z. Stud. Nieders., NF, Bd.
58. Bremen-Horn.

LASSEN, H. (1985): Gesamtdarstellung der Wasserstandsver-
hältnisse im Küstenvorfeld der Deutschen Bucht nach neuen Pe-
gelauswertungen.- Die Küste, H. 42, S. 1-78. Heide (Holst.).

LIEBSCHER, H.-J. (1975): 20 Jahre Wasserhaushaltsuntersu-
chungen im Oberharz.- Besondere Mitt. z. Dt. Gewässerkdl. Jb.,
Nr. 39. Koblenz.

LÜDERS, K. & LUCK, G. (1976): Kleines Küstenlexikon. Natur
und Technik an der deutschen Nordseeküste. 3. Aufl. Hildesheim.

MENSCHING, H. (1951): Die kulturgeographische Bedeutung
der Auelehmbildung.- Dt. Geogr.-Tag Frankfurt, Tagungsberich-
te u. wiss. Abh., S. 218-230. Wiesbaden.

MEYER-TÖLLE, A. (1985): Sturmfluten und Deichbau im Tidebereich der Elbe zwischen Hamburg und Geesthacht.- Bearb. v.
Wasserwirtschaftsamt Lüneburg f. d. Harburger Deichverband,
Deich- und Wasserverband Vogtei Neuland und den Artlenbur-
ger Deichverband. Lüneburg.

MULL, R. (1981): Untersuchung des Grundwasserhaushalts im
nördlichen Teil der Lüneburger Heide.- Wasser u. Boden, Jg. 33,
H. 4, S. 174-181. Hamburg.

MÜLLER, H. (1985): Sturmfluten im Weserbereich.- Die Weser,
Jg. 59, S. 242-245. Bremen.

NAGEL, U., RITZKOWSKI, S. & SCHUNKE, E. (1981): Geologisches und orohydrographisches Blockbild der Umgebung von Dransfeld (b. Göttingen).- Veröff. d. Niedersächs. Inst. f. Landeskde. u. Landesentw. d. Univ. Göttingen. Göttingen.

NASNER, H. & PARTENSCKY, H.-W. (1975): Sturmfluten in der Elbe und an der deutschen Nordseeküste in diesem Jahrhundert.- Die Küste, H. 28, S. 97-113. Heide (Holst.).

NEUMANN, H. (1973): Beiträge zur Limnologie des Zwischenahner Meeres - unter besonderer Berücksichtigung der Nährstoffbelastung und der Reinhaltemaßnahmen im Einzugsgebiet.- Vom Wasser, Bd. 41, S. 163-186. Weinheim.

NIEDERSÄCHS. LANDESAMT f. WASSERWIRTSCHAFT (1985): Seen in Niedersachsen. Hildesheim.

NIEDERSÄCHS. MINISTER f. ERNÄHRUNG, LANDWIRTSCHAFT u. FORSTEN (Hrsg.) (1964): Generalplan für die Wasserregelung im Hasegebiet. Hannover.

NIEDERSÄCHS. MINISTER f. ERNÄHRUNG, LANDWIRTSCHAFT u. FORSTEN (Hrsg.) (1973): Generalplan Küstenschutz Niedersachsen 1973. Hannover.

NIEDERSÄCHS. MINISTER f. ERNÄHRUNG, LANDWIRTSCHAFT u. FORSTEN (Hrsg.) (1974): Generalplan Wasserversorgung Niedersachsen. Hannover.

NIEDERSÄCHS. MINISTER f. ERNÄHRUNG, LANDWIRTSCHAFT u. FORSTEN (Hrsg.) (1976): Wasserschutzgebiete Niedersachsen. Hannover.

NIEDERSÄCHS. MINISTER f. ERNÄHRUNG, LANDWIRTSCHAFT u. FORSTEN (Hrsg.) (1985): Niedersachsen. Wasserwirtschaft in Zahlen. Hannover.

NIEDERSÄCHS. UMWELTMINISTER (Hrsg.) (1988): Wasserversorgung in Niedersachsen.- Reihe Expert. Hannover.

NIEDERSÄCHS. UMWELTMINISTER (Hrsg.) (1990): Wasserwirtschaftlicher Rahmenplan Ostfriesland. Hannover.

OBECK, M. (1963): Der Niedersächsische Küstenplan und seine Auswirkungen auf die Organisation der landwirtschaftlichen Betriebe. Diss. Göttingen.

PETERSEN, M. & ROHDE, H. (1977): Sturmflut. Die großen Fluten an den Küsten Schleswig-Holsteins und in der Elbe. Neumünster.

PLATE, V. (1976): Hydrologische Untersuchungen am Steinhuder Meer.- Zs. f. Kulturtechnik u. Flurbereinigung, Jg. 17, S. 287-294. Berlin usw.

POLTZ, J. & JOB, E. (1981): Limnologische Untersuchungen am Zwischenahner Meer und seinen Zuflüssen.- Mitt. a. d. Niedersächs. Wasseruntersuchungsamt i. Hildesheim, H. 6. Hildesheim.

POTT, R. (1983): Die Vegetationsabfolgen unterschiedlicher Gewässertypen Nordwestdeutschlands und ihre Abhängigkeit vom Nährstoffgehalt des Wassers.- Phytocoenologia, Bd. 11, H. 3, S. 407-430. Berlin, Stuttgart.

PUDELKO, A. & PUFFAHRT, O. (1980/81): Hannover und Preußen betreiben gemeinsam den Ausbau der Elbe zu einer neuzeitlichen Wasserstraße.- Hannoversches Wendland, 8. Jahresheft d. Heimatkdl. Arbeitskreises Lüchow-Dannenberg. Lüchow.

PUFFAHRT, O. (1980/81): Zur Karte der Deichbrüche.- Hannoversches Wendland, 8. Jahresheft d. Heimatkdl. Arbeitskreises Lüchow-Dannenberg. Lüchow.

RAGUTZKI, G. (1973): Strand- und Dünensicherung der Ostfriesischen Inseln.- Neues Arch. f. Nieders., Bd. 22, H. 2, S. 176-192. Göttingen.

RAMACHER, H. (1974): Der Ausbau von Unter- und Außenwe-

ser.- Mitt. d. Franzius-Inst. d. TU Hannover, H. 41, S. 257-276. Hannover.

REINECK, H.-E. (1978): Die Watten der deutschen Nordseeküste. - Die Küste, H. 32, S. 69-82. Heide (Holst.).

REINECK, H.-E. (1982): Das Watt. Ablagerungs- und Lebensraum. 3. Aufl. Frankfurt/M.

REINHARDT, W. (1983): Kein Deich - kein Land - kein Leben. Wandel der mittelalterlichen Küstenlandschaften durch Landesausbau und Binnenkolonisation.- Schriftenr. d. Nordwestdeutschen Universitätsgesellschaft (= Wilhelmshavener Vorträge), H. 62. Wilhelmshaven.

RICKEN, W. (1986): Wassergewinnung im Harz.- Neues Arch. f. Nieders., Bd. 35, H. 3, S. 197-203. Göttingen.

ROHDE, H. (1975): Wasserstandsbeobachtungen im Bereich der deutschen Nordseeküste vor der Mitte des 19. Jahrhunderts.- Die Küste, Bd. 28, S. 1-96. Heide (Holst.).

SAMU, G. (1982): Zur Morphogenese des Seegebietes vor Borkum und des Südweststrandes der Insel.- Die Küste, H. 37, S. 37-57. Heide (Holst.).

SCHARMANN, L. (1990): Meer und Küste - eine neue Raumordnungskategorie in Norddeutschland?- Neues Arch. f. Nieders., Bd. 39, H. 2/3, S. 31-36. Hannover.

SCHMIDT, M. (1971): Talsperren im Westharz. Ecker - Oker -Grane - Innerste - Söse - Oder - Oderteich. Clausthal-Zellerfeld.

SCHMIDT, M. (1981/82): Überregionale Trinkwasserversorgung in Ostniedersachsen.- Jahrbuch der Karl-Hillmer-Gesellschaft e.V., S. 39-46. Suderburg.

SCHMIDT, M. (1982): Südharztalsperren und Leine-Hochwasser.- Neues Arch. f. Nieders., Bd. 31, H. 4, S. 424-438. Göttingen.

SCHMIDT, M. (1982): Die Hochwasserdämpfung durch die Mehrzwecktalsperren im Westharz.- Wasser u. Boden, Jg. 34, H. 12, S. 546-550. Hamburg.

SCHMIDT, M. (1984): Die Entwicklung des Oberharzer Teichdammbaues.- Wasser u. Boden, Jg. 36, H. 1, S. 12-16. Hamburg.

SCHMIDT, M. (1984): Die Umwelteinflüsse von 300 Jahren Talsperrenbau im Westharz.- Die Wasserwirtschaft, Jg. 74, H. 3, S. 109-113. Stuttgart.

SCHNEIDER, E. K. (1968): Wasserversorgung und Abwasserbeseitigung in den Grundwasserlandschaften Ostfrieslands.- Schr. d. Wirtschaftswiss. Ges. z. Stud. Nieders. e.V., NF, R.A1, Bd. 88. Göttingen, Hannover.

SCHREECK, D. (1986): Sicherung der Wasservorräte und Wasserversorgung im Raum Hannover.- Neues Arch. f. Nieders., Bd. 35, H. 3, S. 244-259. Göttingen.

SCHWILLE, F. (1980): Der langjährige Gang des Grundwassers im Gebiet der Bundesrepublik Deutschland und seine Abhängigkeit vom Niederschlag.- Besondere Mitteilungen zum Deutschen Gewässerkundlichen Jb., Nr. 41, Bundesanstalt für Gewässerkunde. Koblenz.

SEEDORF, H. H. (1968): Der Landkreis Wesermünde. Amtliche Kreisbeschreibung.- Die Landkreise in Niedersachsen, Bd. 23. Bremen-Horn.

SEELE, E. (1968): Die Weser - Strom und Schiffahrtsweg.- Westfäl. Forsch., Bd. 21, S. 162-178. Münster.

SIEBERT, E. (1969): Entwicklung des Deichwesens vom Mittelalter bis zur Gegenwart.- Ohling, J. (Hrsg.): Ostfriesland im Schutze des Deiches, Bd. II, S. 79-387. Pewsum.

SIEFERT, W. & HAVNOE, K. (1988): Einfluß von Baumaßnahmen in und an der Tideelbe auf die Höhe hoher Sturmfluten.- Die Küste, Bd. 47, S. 53-102. Heide (Holst.).

SIEFERT, W. & LASSEN, H. (1986): Entwicklung und Ablauf von Sturmfluten in Ems, Weser und Elbe.- Die Küste, H. 44, S. 133-169. Heide (Holst.).

SPIESS, K.-H. (1983): Talsperrenplanung und -betrieb im südwestlichen Harzgebiet.- Tiefbau, Ingenieurbau, Straßenbau, Jg. 25, H. 9, S. 515-520. Gütersloh.

STADELMANN, R. (1981): Meer - Deiche - Land. Küstenschutz und Landgewinnung an der deutschen Nordseeküste. Neumünster.

STELLMACHER, H. (1983): Die Ems im Emsland - Fluß, Kanal und kanalisierter Fluß.- Jb. d. Emsländ. Heimatbundes, Bd. 29, S. 118-141. Sögel.

STREIF, H. (1986): Zur Altersstellung und Entwicklung der Ostfriesischen Inseln.- Offa, Bd. 43, S. 29-44. Neumünster.

STRÖHMER, P. & WANDER, K. (1979): Ermittlung der nach Ausbaumaßnahmen in Tideflüssen eingetretenen Wasserstandsänderungen (am Beispiel der Unterweser).- Dt. Gewässerkdl. Mitt., Jg. 23, S. 156-161. Koblenz.

THIELEMANN, T. (1985): Die Wasserwirtschaft des Küstenkanals.- Zs. f. Binnenschiffahrt u. Wasserstraßen, Jg. 112, S. 265-271. Duisburg.

UHDEN, O. (1961): Wasserwirtschaftsatlas von Niedersachsen, Teil II. Hydrographische Karte. Atlasband, 95 Kartenblätter.- Veröff. d. Niedersächs. Amtes f. Landesplanung u. Statistik R.K (Kartenwerke). Hannover.

UHDEN, O. (1972): Gebirgshochmoore und Wasserwirtschaft am Beispiel des Brockenfeldmoores im Oberharz.- Schriftenr. d. Kuratoriums f. Kulturbauwesen, H. 21. Hamburg.

VEH, G. M. (1976): Alle Kaliabwässer Deutschlands fließen in die Weser.- Die Weser, Jg. 50, S. 148-150. Bremen.

VIERHUFF, H., WAGNER, W. & AUST, H. (1981): Die Grundwasservorkommen in der Bundesrepublik Deutschland.- Geol. Jb., R.C, H. 30. Hannover.

VÖLKSEN, G. (1977): Wasserwirtschaftliche Probleme durch die zunehmende Versalzung der Weser.- Neues Arch. f. Nieders., Bd. 26, S. 427-428. Göttingen.

WASSER- u. SCHIFFAHRTSDIREKTION NORDWEST (Hrsg.) (1985): Festschrift zum Tag der offenen Tür der Wasser- und Schiffahrtsdirektion Nordwest, 9. Juni 1985. Aurich.

WENTKER, G. (1980): Das Große Meer in Ostfriesland.- Neues Arch. f. Nieders., Bd. 29, H. 1, S. 54-69. Göttingen.

WIELAND, P. (1990): Küstenfibel. Heide (Holst.).

WITTE, H. H. (1970): Die Schutzarbeiten auf den Ostfriesischen Inseln.- Die Küste, H. 19, S. 68-124. Heide (Holst.).

o.V. (1979): Erfahrungen und Folgerungen aus den Januar-Sturmfluten 1976 für den Küstenschutz in Niedersachsen. Bericht der vom Niedersächs. Minister f. Ernährung, Landwirtschaft u. Forsten eingesetzten Ingenieur-Kommission.- Die Küste, H. 33, S. 1-70. Heide (Holst.).

o.V. (1985): Abschlußbericht Pilotprojekt Bewirtschaftungsplan Leine.- Umwelt, 1983/3, S. 11-12. Düsseldorf.

o.V. (1985): Jahresbericht 1984 über die Wasserwirtschaft im Land Niedersachsen.- Wasser u. Boden, Jg. 37, S. 307-311. Hamburg.

8. Pflanzendecke

AKKERMANN, R. (1980): Tümpel, Teiche, Schlatts.- Inform. z. Naturschutz u. Landschaftspflege i. Nordwestdeutschland, H. 2, hrsg. v. d. Biologischen Schutzgemeinschaft Hunte-Weser-Ems e.V. Wardenburg.

BEHRE, K.-E. (1970): Die Entwicklungsgeschichte der natürlichen Vegetation im Gebiet der unteren Ems und ihre Abhängigkeit von den Bewegungen des Meeresspiegels.- Probleme d. Küstenforsch. i. südl. Nordseegeb., Bd. 9, S. 13-47. Hildesheim.

BEHRE, K.-E. (1970): Wirkungen vorgeschichtlicher Kulturen auf die Vegetation Mitteleuropas.- Naturwiss. u. Medizin, Bd. 7, Nr. 34, S. 15-30. Mannheim.

BEHRE, K.-E. (1979): Zur Rekonstruktion ehemaliger Pflanzengesellschaften an der deutschen Nordseeküste.- Ber. d. Internat. Symposien d. Internat. Vereinigung f. Vegetationskunde, Rinteln 20.-23. März 1978, S. 181-214. Den Haag.

BEHRE, K.-E. (1985): Die ursprüngliche Vegetation in den deutschen Marschgebieten und deren Veränderungen durch prähistorische Besiedlung und Meeresspiegelbewegungen.- Verh. d. Ges. f. Ökologie, Bd. 13, S. 85-96. Göttingen.

BEHRE, K.-E. (1986): Ackerbau, Vegetation und Umwelt im Bereich früh- und hochmittelalterlicher Siedlungen im Flußmarschgebiet der unteren Ems.- Probleme der Küstenforschung, Bd. 16, S. 99-125. Hildesheim.

BLOEMERS, J. H. F. et al. (1986): Verleden Land. Archeologische opgravingen in Nederland. Amsterdam.

BRANDES, D. (1980): Flora, Vegetation und Fauna der Salzstellen im östlichen Niedersachsen.- Beitr. z. Naturkde. Nieders., Jg. 33, S. 66-90. Hannover.

BRANDES, D. (1986): 350 Jahre geobotanische Forschung zwischen Harz und Heide.- Mitt. d. TU Carolo-Wilhelmina z. Braunschweig, Jg. 21, H. 2, S. 38-43. Braunschweig.

BRANDES, D. & JANSSEN, C. (1985): Die Trockenvegetation des Heeseberges (Kreis Helmstedt) und ihre Sonderstellung in Nordwestdeutschland.- Ber. d. Naturhist. Ges. Hannover, Bd. 128, S. 187-205. Hannover.

BUDDE, H. (1951): Die Trocken- und Halbtrockenrasen und verwandte Gesellschaften im Wesergebiet bei Höxter.- Abh. d. Landesmus. f. Naturkde., Bd. 14, S. 3-38. Münster.

BURKART, W. (1982): Beiträge zur Kenntnis der Flora des Landkreises Rotenburg (Wümme).- Rotenburger Schr., H. 57, S. 124-134. Rotenburg/Wümme.

BURRICHTER, E., POTT, R. & FURCH, H. (1988): Begleittext zum Doppelblatt 'Potentielle Natürliche Vegetation'.- Geographische Kommission für Westfalen - Landschaftsverband Westfalen-Lippe (Hrsg.): Geographisch-landeskundlicher Atlas von Westfalen, Themenbereich II: 'Landesnatur'. Münster.

CAMPBELL, A. C. (1987): Der Kosmos Strandführer. Das lebt im Meer an Europas Küsten. Stuttgart.

DIEKEN, J. v. (1970): Beiträge zur Flora Nordwestdeutschlands unter besonderer Berücksichtigung Ostfrieslands. Jever.

DIERSCHKE, H. (1969): Die naturräumliche Gliederung der Verdener Geest. Landschaftsökologische Untersuchungen im nordwestdeutschen Altmoränengebiet.- Forsch. z. dt. Landeskde., H. 177. Bonn-Bad Godesberg.

DIERSCHKE, H. (1985): Landschaftsökologische Feingliederung nordwestdeutscher Lößgebiete mit Hilfe der potentiell natürlichen Vegetation.- Ber. d. Naturhist. Ges. Hannover, Bd. 128, S. 207-216. Hannover.

DIERSSEN, K. (1982): Die wichtigsten Pflanzengesellschaften der Moore NW-Europas. Genf.

DIJKEMA, K. S. & WOLFF, W. J. (1983): Flora and vegetation of the Wadden Sea islands and coastal areas. Rotterdam.

DIRCKSEN, R. (1981): Am Meer und hinter dem Deich. Das Land Wursten. Hamburg.

ELLENBERG, H. (1986): Vegetation Mitteleuropas mit den Alpen aus ökologischer Sicht. 4., verb. Aufl. Stuttgart.

FIRBAS, F. (1949/52): Spät- und nacheiszeitliche Waldgeschichte Mitteleuropas nördlich der Alpen. 1. Band: Allgemeine Waldgeschichte. 2. Band: Waldgeschichte der einzelnen Landschaften. Jena.

FROMENT, A. (1978): Erhaltung der Heidelandschaft im Naturschutzpark Lüneburger Heide.- Natur u. Landschaft, Jg. 53, S. 228-231. Stuttgart usw.

GRIESE, F. (1986): Die Kiefer - ein prägendes Element in der Landschaftsgeschichte des niedersächsischen Flachlandes.-Neues Arch. f. Nieders., Bd. 35, H. 3, S. 260-282. Göttingen.

GROSSE-BRAUCKMANN, G. (1962): Torfe und torfbildende Pflanzengesellschaften.- Zs. f. Kulturtechnik, 3. Jg., H. 4, S. 205-225. Berlin.

HAEUPLER, H. (1976): Atlas zur Flora von Südniedersachsen. Verbreitung der Gefäßpflanzen.- Scripta Geobotanica, Bd. 10. Göttingen.

HAEUPLER, H. (1983): Das Weserbergland und seine Pflanzenwelt. Ein Führer durch die Natur. Hameln.

HARTMANN, F.-K. (1974): Mitteleuropäische Wälder. Stuttgart.

HARTMANN, F.-K. & JAHN, G. (1967): Waldgesellschaften des mitteleuropäischen Gebirgsraumes nördlich der Alpen. Münden.

HARTMANN, F.-K. & SCHNELLE, F. (1970): Klimagrundlagen natürlicher Waldstufen und ihrer Waldgesellschaften in deutschen Mittelgebirgen. Stuttgart.

HERR, W. et al. (1989): Übersicht über Flora und Vegetation der niedersächsischen Fließgewässer unter besonderer Berücksichtigung von Naturschutz und Landschaftspflege.- Naturschutz u. Landschaftspflege i. Nieders., Bd. 18, S. 145-282. Hannover.

HESMER, H. & SCHROEDER, F. G. (1963): Waldzusammensetzung und Waldbehandlung im Niedersächsischen Tiefland westlich der Weser und in der Münsterschen Bucht bis zum Ende des 18. Jahrhunderts.- Decheniana, Beih. 11. Bonn.

HOFMANN, M. (1985): Biogeographie und Landschaftsökologie.- Grundriß Allgemeine Geographie, Bd. 4. Paderborn.

JAHN, G. (1984): Eichenmischwälder in Nordwestdeutschland - naturnah oder anthropogen ? - Phytocoenologia, Bd. 12, H. 2/3, S. 363-372. Berlin, Stuttgart.

JAHN, G. (1985): Zum Nadelbaumanteil an der potentiellen natürlichen Vegetation der Lüneburger Heide.- Tuexenia, Nr. 5, S. 377-389. Göttingen.

JANKE, K. & KREMER, B. P. (1988): Düne, Strand und Wattenmeer.- Kosmos Naturführer. Stuttgart.

JENSEN, U. (1961): Die Vegetation des Sonnenberger Moores im Oberharz und ihre ökologischen Bedingungen.- Naturschutz u. Landschaftspflege i. Nieders., H. 1. Hannover.

JENSEN, U. (1987): Die Moore des Hochharzes.- Naturschutz u. Landschaftspflege i. Nieders., H. 15. Hannover.

KLEINSCHMIT, H. (1989): Forsteinrichtungsergebnisse aus dem niedersächsischen Harz.- Allg. ForstZs, Bd. 18, H. 20. München.

KOEMAN, R. (1975): Die Makroflora der Watten, Strände und Riffe um den Hohen Knechtsand in der Wesermündung.- JBer. 1974 d. Forschungsstelle f. Insel- u. Küstenschutz d. Niedersächs. Wasserwirtschaftsverw. Norderney.

KRAUSE, A. & SCHRÖDER, L. (1979): Vegetationskarte der Bundesrepublik Deutschland 1 : 200.000. Potentielle natürliche Vegetation. Blatt CC 3118 Hamburg-West.- Schriftenr. f. Vegetationskde., H. 14. Bonn-Bad Godesberg.

LACHE, D. W. (1976): Umweltbedingungen von Binnendünen- und Heidegesellschaften im Nordwesten Mitteleuropas. Göttingen.

LEIPPERT, H. (1971): Die Vegetation an der Porta Westfalica.- Miotke, F.-D.: Die Landschaft an der Porta Westfalica. Teil 1: Die Naturlandschaft. (= Jb. d. Geogr. Ges. z. Hannover f. 1968), S. 16-37. Hannover.

LÖTSCHERT, W. (1962): Beiträge zur Ökologie der subatlantischen Zwergstrauchheide Nordwestdeutschlands.- Beitr. z. Biologie d. Pflanzen, Bd. 37, S. 331-380. Berlin.

LOHMEYER, W. (1953): Beitrag zur Kenntnis der Pflanzengesellschaften in der Umgebung von Höxter an der Weser.- Mitt. d. flor.-soziol. Arbeitsgem., NF, H. 4, S. 59-76. Stolzenau/Weser.

MEISEL, K. & HÜBSCHMANN, A. v. (1976): Veränderungen der Acker- und Grünlandvegetation im norddeutschen Flachland in jüngerer Zeit.- Schriftenr. f. Vegetationskde., H. 10, S. 109-124. Bonn-Bad Godesberg.

MEISEL-JAHN, S. (1955): Die Kiefern-Forstgesellschaften des nordwestdeutschen Flachlandes. Ihre Beziehungen zu den natürlichen Waldgesellschaften und zum Boden, ihre Genese und ihre Bedeutung für die Landschaftsgliederung.- Angewandte Pflanzensoziologie, H. 11. Stolzenau/Weser.

MEYER, W. (1937): Pflanzenbestimmungsbuch für Oldenburg und Ostfriesland und ihre Inseln. Oldenburg.

MEYER, W. (1967): Das Pflanzenkleid des Harzes. Clausthal-Zellerfeld.

MUHLE, O. (1974): Zur Ökologie und Erhaltung von Heidegesellschaften.- Allg. Forst- u. Jagdzeitung, Jg. 145, S. 233-239. Frankfurt/M.

NIEDERSÄCHS. LANDESVERWALTUNGSAMT (Hrsg.) (1971): Der Landkreis Blankenburg.- Amtliche Kreisbeschreibung. Die Landkreise in Niedersachsen, Bd. 25. Bremen-Horn.

NIEMEIER, G. (1956): 'Theoretische Naturlandschaft' und 'realer Naturraum' am Beispiel Nordwest-Niedersachsens.- Ber. z. dt. Landeskde., Bd. 16, S. 59-69. Remagen.

OVERBECK, F. (1975): Botanisch-geologische Moorkunde unter besonderer Berücksichtigung der Moore Nordwestdeutschlands als Quellen zur Vegetations-, Klima- und Siedlungsgeschichte. Neumünster.

POTT, R. (1983): Geschichte der Hude- und Schneitelwirtschaft in Nordwestdeutschland und ihre Auswirkungen auf die Vegetation.- Oldenburger Jb., Bd. 83, S. 357-376. Oldenburg.

POTT, R. (1992): Entwicklung der Kulturlandschaft Nordwestdeutschlands unter dem Einfluß des Menschen.- Uni Hannover, 19. Jg., H. 1, S. 3-48.

POTT, R. & BURRICHTER, E. (1983): Der Bentheimer Wald. Geschichte, Physiognomie und Vegetation eines ehemaligen Hude- und Schneitelwaldes.- Forstwiss. Centralblatt, Jg. 102, S. 350-361. Hamburg usw.

QUEDENS, G. (1988): Strand und Wattenmeer. Tiere und Pflanzen an Nord- und Ostsee. Ein Biotopführer. BLV Naturführer. München usw.

ROBBEN, M. (1983): Vegetation im Talsandgebiet der Hase.- Jb. d. Emsländ. Heimatbundes, Bd. 39, S. 188-201. Sögel.

RÖDEL, H. (1970): Waldgesellschaften der Sieben Berge bei Alfeld und ihre Ersatzgesellschaften.- Dissertationes Botanicae, Bd. 7. Vaduz.

RÜHL, A. (1973): Waldvegetationsgeographie des Weser-Leine-Berglandes.- Veröff. d. Niedersächs. Inst. f. Landeskde. u. Landesentw. d. Univ. Göttingen; zugl. Schr. d. Wirtschaftswiss. Ges. z. Stud. Nieders., R.AI, Bd. 101. Göttingen.

RUNGE, F. (1973): Die Pflanzengesellschaften Deutschlands. Münster.

RUNGE, F. (1984): Die Pflanzengesellschaften des Jadebusens.- Abh. d. Naturwiss. Ver. z. Bremen, Bd. 40, S. 165-170. Bremen.

RUNGE, F. (1986): Die Pflanzengesellschaften Mitteleuropas. Münster.

SCHNEEKLOTH, H. & SCHNEIDER, S. (1971): Die Moore des Oberharzes und ihre Nutzung.- Telma, Bd. 1, S. 73-82. Hannover.

SCHÖNFELDER, P. (1978): Vegetationsverhältnisse auf Gips im südwestlichen Harzvorland.- Naturschutz u. Landschaftspflege i. Nieders., H. 8. Hannover.

SCHWAAR, J. (1977): Potentiell natürliche und aktuelle Vegetation im nordwestlichen Niedersachsen.- Mitt. d. Dt. Bodenkdl. Ges., Bd. 24, S. 11-13. Göttingen.

SCHWAAR, J. (1978): Frühere Pflanzengesellschaften küstennaher nordwestdeutscher Moore.- Telma, Bd. 8, S. 107-119. Hannover.

SCHWAAR, J. (1979): Spät- und postglaziale Pflanzengesellschaften im Dümmer-Gebiet.- Abh. d. Naturwiss. Ver. z. Bremen, Bd. 39, S. 129-152. Bremen.

SCHWIETERT, B. (1989): Geologie, Klima und Forststandorte des Harzes.- Allgemeine ForstZs., Bd. 18, H. 20. München.

SIEBELS, G. (1969): Die Pflanzenwelt der ostfriesischen Halbinsel.- Ohling, J. (Hrsg.): Ostfriesland im Schutze des Deiches. Bd. 3, S. 16-99. Emden, Pewsum.

SIEBELS, G. (1985): Ostfrieslands Pflanzen- und Tierwelt.- Arb. z. Natur- u. Landeskde. Ostfrieslands, Bd. 3. Aurich.

SUKOPP, H., KORNECK, D. & TRAUTMANN, W, (1978): Auswertung der Roten Liste gefährdeter Farn- und Blütenpflanzen in der Bundesrepublik Deutschland für den Arten- und Biotopschutz.- Schriftenr. f. Vegetationskunde, H. 12. Bonn-Bad Godesberg.

TRAUTMANN, W. (1966): Erläuterungen zur Karte der potentiellen natürlichen Vegetation der Bundesrepublik Deutschland 1:200.000. Bl. Minden. Bad Godesberg.

TÜXEN, J. (1983): Pflanzengesellschaften ostniedersächsischer Heidemoore und ihre Genese.- Jb. Naturwiss. Ver. f. d. Fürstentum Lüneburg, Bd. 36, S. 101-137. Lüneburg.

TÜXEN, R. (1956): Vegetationskarte Baltrum. Stolzenau/Weser.

TÜXEN, R. (1967): Die Lüneburger Heide. Werden und Vergehen einer Landschaft. Anthropogene Vegetation. Bericht über das Internationale Symposion in Stolzenau/Weser 1961.- Rotenburger Schr., H. 26, S. 7-57. Rotenburg/Wümme.

TÜXEN, R. (1979): Die Pflanzengesellschaften Nordwestdeutschlands. Vaduz.

ULRICH, B. (1980): Ökologische Geschichte der Heide.- Allg. ForstZs., Jg. 35, H. 11, S. 251-252. München.

VÖLKSEN, G. (1979): Aspekte der Landschaftsentwicklung.- Schr. d. Wirtschaftswiss. Ges. z. Stud. Nieders. (= Aktuelle Themen zur niedersächsischen Landeskunde, H. 1). Göttingen.

WILLERDING, U. (1971): Ergebnisse vegetationsgeschichtlicher und paläo-ethnobotanischer Untersuchungen im südlichen Niedersachsen.- Göttinger Jb., Jg. 19, S. 5-20. Göttingen.

WILLERDING, U. (1977): Über Klimaentwicklung und Vegeta-

tionsverhältnisse im Zeitraum Eisenzeit bis Mittelalter.- Jankuhn, H. (Hrsg.): Das Dorf der Eisenzeit und des frühen Mittelalters. Göttingen.

WILLERDING, U. (1979): Paläo-ethnobotanische Untersuchungen über die Entwicklung von Pflanzengesellschaften.- Ber. ü. d. internat. Symposion d. Internat. Vereinigung f. Vegetationskunde 1978, S. 61-109. Vaduz.

WITTE, A. (1982): Das Altenoyter Feld mit seinen Schlatts. Ein atlantisch-nordisches Niedermoor Nordwestdeutschlands im Zustand von 1955.- Oldenburger Jb., Bd. 82, S. 265-279. Oldenburg.

ZEIDLER, H. (1964): Die Pflanzensoziologie in Niedersachsen.- Naturschutz i. Nieders., Jg. 3, S. 12-20. Hannover.

9. Tierwelt

BERNDT, R. (1965): Die Tierwelt im Landkreis Braunschweig.- Der Landkreis Braunschweig. Amtliche Kreisbeschreibung. Die Landkreise in Niedersachsen, Bd. 22, S. 102-110. Bremen-Horn.

BÖLSCHER, B. (1988): Tiere des Hochmoores.- Jb. d. Dt. Bundes für Vogelschutz 1988 (= 'Naturschutz Norddeutschland'), S. 97-103. Velber, Wolfenbüttel.

CAMPBELL, A. C. (1987): Der Kosmos Strandführer. Das lebt im Meer an Europas Küsten. Stuttgart.

GERSDORF, E. & G. (1982): Zur Verbreitung bodenbewohnender Kleinsäuger in Niedersachsen.- Ber. d. Naturhist. Ges. Hannover, Bd. 125, S. 183-193. Hannover.

GOETHE, F., HECKENROTH, H. & SCHUMANN, H. (1985): Die Vögel Niedersachsens. Entenvögel.- Naturschutz u. Landschaftspflege i. Nieders., R.B, H. 2. Hannover.

HAMM, F. (1952): Erdgeschichtliches Geschehen rund um Hannover. Hannover.

HAMM, F. (1976): Naturkundliche Chronik Nordwestdeutschlands. Hannover.

HECKENROTH, H. & POTT, B. (1988): Beiträge zum Fledermausschutz in Niedersachsen.- Naturschutz u. Landschaftspflege i. Nieders., H. 17, S. 1-78. Hannover.

HECKENROTH, H. (1980): Atlas der Brutvögel Niedersachsens 1980 und des Landes Bremen mit Ergänzungen aus den Jahren 1976-1979.- Naturschutz u. Landschaftspflege i. Nieders., H. 14. Hannover.

HEYDEMANN, B. (1981): Wattenmeer. Bedeutung - Gefährdung - Schutz. Neumünster.

JANKE, K. & KREMER, B. P. (1988): Düne, Strand und Wattenmeer.- Kosmos Naturführer. Stuttgart.

KNOLLE, F. & HECKENROTH, H. (1985): Die Vögel Niedersachsens und des Landes Bremen.- Naturschutz u. Landschaftspflege i. Nieders., Sonderr.B, H. 24. Hannover.

MICHAELIS, H. (1987): Bestandsaufnahme des eulitoralen Makrobenthos im Jadebusen in Verbindung mit einer Luftbildanalyse.- JBer. 1986 d. Niedersächs. Landesamtes f. Wasserwirtschaft, Forschungsstelle Norderney 1987, Bd. 38, S. 13-98. Norderney.

NIEBUHR, O. (1972): Die Tierwelt im Landkreis Gifhorn.- Der Landkreis Gifhorn. Amtliche Kreisbeschreibung. Die Landkreise in Niedersachsen, Bd. 26, S. 112-121. Bremen-Horn.

OELKE, H. (1985): Vogelbestände einer niedersächsischen Agrarlandschaft (südl. Landkreis Peine).- Die Vogelwelt, Jg. 106, S. 246-255. Berlin.

PANZER, W. & RAUHE, H. (1978): Die Vogelwelt an Elbe- und Wesermündung mit ihren vorgelagerten Watten, Sanden und Inseln.- Sonderveröff. d. Männer v. Morgenstern, Bd. 2. Bremerhaven.

PLINZ, W. (1985): Die Graugans (Anser anser) im Kreis Lüchow-Dannenberg.- Lüchow-Dannenb. Ornith. JBer., Bd. 10, S. 9-44. Lüchow.

QUEDENS, G. (1988): Strand und Wattenmeer. Tiere und Pflanzen an Nord- und Ostsee. Ein Biotopführer. BLV Naturführer. München usw.

SCHOPF, R. (1979): Die Vogelinsel Memmert im Wattenmeer. Norden.

SCHULTE, R. & SCHNEIDER, E. (1988): Zur Situation des Bibers in Norddeutschland.- Jb. d. Dt. Bundes für Vogelschutz 1988 ('Naturschutz Norddeutschland'), S. 106-113. Velber, Wolfenbüttel.

SCHUMACHER, R. (1982): Die einheimischen Reptilien. Biologie und Feldführer.- Ber. d. Naturhist. Ges. Hannover, Bd. 125, S. 195-219. Hannover.

SIEBELS, G. (1969): Die Tierwelt Ostfrieslands.- Ohling, J. (Hrsg.): Ostfriesland im Schutze des Deiches, Bd. 3, S. 102-164. Emden, Pewsum.

SIEBELS, G. (1985): Ostfrieslands Pflanzen- und Tierwelt.- Arb. z. Natur- u. Landeskde. Ostfrieslands, Bd. 3. Aurich.

SKIBA, R. (1972): Die Harzer Vogelwelt. Clausthal-Zellerfeld.

SKIBA, R. (1983): Die Tierwelt des Harzes. 3., neubearb. Aufl. Clausthal-Zellerfeld.

STAESCHE, U. (1983): Aspects of the life of Middle Palaeolithic Hunters in the N.W. German Lowlands based on the site Salzgitter-Lebenstedt.- Clutton-Brock, J. & Grigson, C. (Eds.): Animals and Archaeology. Oxford.

STAHLBERG, S. (1988): Fischfauna von Nette und Neile. Bestandsaufnahme und Einfluß des Angelsports.- Landschaft u. Stadt, Jg. 20, S. 84-89. Hannover.

VAUK, G. & BRUNS, H. A. (1988): Entwicklung der Graugans (Anser anser)-Population in Niedersachsen unter besonderer Berücksichtigung des Dümmers.- Niedersächs. Jäger, H. 9/88, S. 466-471. Hannover.

WÄCHTLER, K., DETTMER, R. & BUDDENSIEK, V. (1987): Zur Situation der Flußperlmuschel (Margaritifera margaritifera (L.)) in Niedersachsen: Schwierigkeiten, eine bedrohte Tierart zu erhalten.- Ber. d. Naturhist. Ges. Hannover, Bd. 129, S. 209-224. Hannover.

WEIGOLD, H. (1952): Die Tierwelt im Landkreis Hameln-Pyrmont.- Der Landkreis Hameln-Pyrmont. Amtliche Kreisbeschreibung. Die Landkreise in Niedersachsen, Bd. 7, S. 73-80. Bremen-Horn.

ZANG, H. & HECKENROTH, H. (Hrsg.) (1986): Die Vögel Niedersachsens und des Landes Bremen. Tauben- bis Spechtvögel.-Naturschutz u. Landschaftspflege i. Nieders., Sonderr. B, H. 2.7. Hannover.

ZANG, H., HECKENROTH, H. & KNOLLE, F. (Hrsg.) (1989): Die Vögel Niedersachsens und des Landes Bremen. Greifvögel.- Naturschutz und Landschaftspflege i. Nieders., Sonderr.B, H. 2.3. Hannover.

o.V. (1989): Niedersächsisches Fischotterprogramm. Hannover.

o.V. (1990): Karte Weißstorch-Brutbestand 1971, 1988 und 1989 Niedersachsen und Bremen 1 : 500.000.- Niedersächs. Landesverwaltungsamt - Fachbehörde f. Naturschutz. Hannover.

10. Ökologie und Umweltschutz

ABRAHAMSE, J. (1984): Wattenmeer. 4. Aufl. Neumünster.

AHLHAUS, O., BOLDT, G. & KLEIN, K. (1979): Taschenlexikon Umweltschutz. 10. Aufl. Düsseldorf.

AKADEMIE f. RAUMFORSCHUNG u. LANDESPLANUNG (Hrsg.) (1970): Handwörterbuch der Raumforschung und Raumordnung, Bd. 2. Hannover.

AKKERMANN, R. (1978): Vorschläge zur Sanierung des Dümmers aus ökologischer Sicht.- Ber. d. Naturhist. Ges. Hannover, Bd. 121, S. 51-141. Hannover.

AKKERMANN, R. (Hrsg.) (1982): Regeneration von Hochmooren.- Inf. z. Naturschutz u. Landschaftspflege i. Nordwestdeutschland, H. 3 (= Berichte des Moorsymposiums vom 9.-11. Juni 1980 in Vechta). Wardenburg.

ALBRECHT, E. & KÜHN, K. (1976): Die Endlagerung radioaktiver Abfallstoffe im Salzbergwerk Asse II.- Reinsch, D. (Hrsg.): Exkursionsführer d. 54. Jahrestagung d. Dt. Mineral. Ges. i. Braunschweig, S. 55-63. Braunschweig.

ARBEITSGEMEINSCHAFT LIMNOLOGIE u. GEWÄSSERSCHUTZ (Hrsg.) (1982): Umweltschutz im Großraum Hannover. Gewässergüte von Bächen und Flüssen.- Beitr. z. Regionalen Entwicklungsplanung, H. 10. Hannover.

ASMUSS, H. (1986): Dollart in Gefahr. Umweltgefährdungen im Emsmündungsgebiet.- Geogr. Rundschau, Jg. 38, H. 6, S. 322-328. Braunschweig.

AUGST, H.-J. & WESEMÜLLER, H. (1979): Niedersächsisches Wattenmeer. Grundlagen für ein Schutzprogramm. Bd. 1-3. Hannover.

AUST, H. & BECKER-PLATEN, J. D. (1987): Umweltschutz, Sicherung der natürlichen Lebensgrundlagen in Niedersachsen.- Niedersächs. Landeszentrale f. polit. Bildung (Hrsg.): Niedersachsen. Politische Landeskunde, S. 104-118. Hannover.

BAUMANN, A. et al. (1977): Hohe Schwermetall-Gehalte in Hochflut-Sedimenten der Oker.- Dt. Gewässerkdl. Mitt., Jg. 21, S. 113-117. Hamburg.

BENK, A. (1988): Niedersachsens erstes Naturdenkmal für Fledermäuse.- Jb. d. Dt. Bundes f. Vogelschutz 1988 (= 'Naturschutz Norddeutschland'), S. 118-123. Velber, Wolfenbüttel.

BIERHALS, E. (1975): Ökologisch und naturwissenschaftlich wertvolle Gebiete in Niedersachsen.- Schr. d. Landespl. Nieders. Hannover.

BLASZYK, P. et al. (1975): Naturschutzgebiete im Oldenburger Land. Mellum - Oldeoog - Wangerooge - Sager Meer -Dümmer. Oldenburg.

BORK, H.-R. (1985): Mittelalterliche und neuzeitliche lineare Bodenerosion in Südniedersachsen.- Hercynia, NF, Bd. 22, H. 3, S. 259-279. Leipzig.

BORK, H.-R. (1988): Bodenerosion und Umwelt. Verlauf, Ursachen und Folgen der mittelalterlichen und neuzeitlichen Bodenerosion. Bodenerosionsprozesse. Modelle und Simulationen.- Landschaftsgenese u. Landschaftsökologie, H. 13. Braunschweig.

BRINKMANN, M. (1933): Die Vogelwelt Norddeutschlands. Beiträge zur Avifauna Niedersachsens, insbesondere des Ems- und Wesergebietes, der Landesteile Lippe sowie Nordwestfalens und des sächsischen Leinetales. Hildesheim.

BRÜNGER, L. (1954): Forsten und Ödland in Niedersachsen 1800 bis 1952.- Neues Arch. f. Nieders., Bd. 7, S. 206-212. Bremen-Horn.

BUCHWALD, K. (1974): Funktionswandel und landespflegerische Problematik eines nordwestdeutschen Naturschutzgebietes: Der Naturschutzpark Lüneburger Heide.- Zs. d. TU Hannover, Jg. 1, S. 23-36. Hannover.

BUCHWALD, K. (1990): Nordsee. Ein Lebensraum ohne Zukunft. Göttingen.

BUCHWALD, K. & ENGELHARDT, W. (1978-80): Handbuch für Planung, Gestaltung und Schutz der Umwelt. Bde. 1-4. München.

BUNDESMINISTER f. ERNÄHRUNG, LANDWIRTSCHAFT u. FORSTEN (Hrsg.) (1981): Ökologie und Schutz des Wattenmeeres: Leitlinien zu Bestand, ökologischer Bedeutung und zum Schutze der nordwesteuropäischen Wattenmeerregion. Münster-Hiltrup.

CAPITO, J. (1984): Das Waldsterben im Harz geht weiter!- Unser Harz, Jg. 32, Bd. 7, S. 123-124. Clausthal-Zellerfeld.

DÄSSLER, H. G. (1981): Einfluß der Luftverunreinigung auf die Vegetation. Jena.

DER NIEDERSÄCHS. SOZIALMINISTER (Hrsg.) (1982): Umweltschutz in Niedersachsen. Hannover.

DER NIEDERSÄCHS. UMWELTMINISTER (Hrsg.) (1986): Gewässerüberwachungssystem Niedersachsen.- Jahresbericht 1986. Hannover.

DER NIEDERSÄCHS. UMWELTMINISTER (Hrsg.) (1987): Reinhaltung der Gewässer in Niedersachsen. Grundwassergütemeßnetz. Hannover.

DER NIEDERSÄCHS. UMWELTMINISTER (Hrsg.) (1988): Umweltbericht 1988. Hannover.

DER PRÄSIDENT d. NIEDERSÄCHS. VERWALTUNGSBEZIRKS BRAUNSCHWEIG (Hrsg.) (1977): Landschaftsrahmenplan für den Naturpark Harz. Braunschweig.

DER RAT v. SACHVERSTÄNDIGEN f. UMWELTFRAGEN (Hrsg.) (1987): Umweltgutachten 1987. Stuttgart, Mainz.

DEUTSCHER RAT f. LANDESPFLEGE (Hrsg.) (1985): Zur weiteren Entwicklung von Heide und Wald im Naturschutzgebiet Lüneburger Heide. Eine gutachtliche Stellungnahme.- Schriftenreihe d. Dt. Rates f. Landespfl., H. 48, S. 793-798. Bonn-Bad Godesberg.

DIEKEN, J. v. (1970): Beiträge zur Flora Nordwestdeutschlands unter besonderer Berücksichtigung Ostfrieslands. Jever.

DIEZ, T. (1985): Vermeiden von Erosionsschäden.- Auswertungs- und Informationsdienst für Ernährung, Landwirtschaft und Forsten (AID) e.V., H. 108. Bonn.

DÖRRIE, R. & LEWARK, S. (1989): Ergebnisse der Waldschadenserhebung 1989 in Niedersachsen.- Forst u. Holz, Bd. 22, H. 11. Hannover.

DRACHENFELS, O. v. et al. (1984): Naturschutzatlas Niedersachsen.- Naturschutz u. Landschaftspflege i. Nieders., H. 13. Hannover.

DRACHENFELS, O. v. (1990): Naturraum Harz - Grundlagen für ein Biotopschutzprogramm.- Naturschutz und Landschaftspflege i. Nieders. H. 19. Hannover.

EBER, W. (1980): Probleme des Schutzes nordwestdeutscher Hochmoore.- Ges. f. Ökologie, 9. Jahrestag., Bd. 8, S. 235-240. Göttingen.

EGGELSMANN, R. (1984): Moornutzung und Moorschutz in Weser-Ems.- Oldenburger Jb., Bd. 84, S. 437-467. Oldenburg.

EIGNER, J. & SCHMATZLER, E. (1980): Bedeutung, Schutz und Regeneration von Hochmooren. Greven.

ELLENBERG, H., SCHAUERMANN, J. & ULRICH, B. (1979): Ökosystemforschung im Solling. Eine knappe Synthese 1979.- 'Solling-Projekt' d. DFG, S. 39-51. Göttingen.

FRIEDRICH, E. A. (1982): Gestaltete Naturdenkmale Niedersachsens. Hannover.

FRIEDRICH, E. A. (1987): Niedersachsen. Schatzkammer der Natur. Hannover.

FROMENT, A. (1978): Erhaltung der Heidelandschaft im Naturschutzpark Lüneburger Heide.- Natur u. Landschaft, Jg. 53, S. 228-231. Stuttgart usw.

GLUP, G. (1983): Der Gülleerlaß. Seine Ursachen und Zielsetzungen.- Die Violette Reihe, H. 2, S. 33-41. Cloppenburg.

GÖHREN, H. (1976): Das Neuwerker Watt als Erholungsraum.- Neues Arch. f. Nieders., Bd. 25, H. 2, S. 154-160. Göttingen.

HAASE, C. (1986): Ökonomie gegen Ökologie um 1820. Die Verseuchung der Innerste im Hildesheimischen durch die Abwasser der Pochwerke im Harz.- Niedersächs. Jb. f. Landesgeschichte, Bd. 58, S. 289-299. Hildesheim.

HAHN, A. & HOMILIUS, J. (1988): 40 Jahre geowissenschaftliche Gemeinschaftsaufgaben im Niedersächsischen Landesamt für Bodenforschung.- Geol. Jb., R.A, Bd. 109. Stuttgart.

HARTUNG, W. (1983): Die Leybucht (Ostfriesland). Probleme ihrer Erhaltung als Naturschutzgebiet.- Neues Arch. f. Nieders., Bd. 32, H. 4, S. 355-387. Göttingen.

HELBING, C. (1986): Der Nationalpark Niedersächsisches Wattenmeer.- Nationalpark, Bd. 53, H. 4. Wilhelmshaven.

HELBING, C. (1987): Nationalpark 'Niedersächsisches Wattenmeer'. Eine Chance für den Naturschutz.- Neues Arch. f. Nieders., Bd. 36, H. 1, S. 78-85. Göttingen.

HEMPEL, L. (1963): Bodenerosion in Nordwestdeutschland. Erläuterungen zu Karten von Schleswig-Holstein, Hamburg, Niedersachsen, Bremen und Nordrhein-Westfalen.- Forsch. z. dt. Landeskde., Bd. 144. Bonn-Bad Godesberg.

HEYDEMANN, B. (1980): Die ökologische Gefährdung des Wattenmeeres und Grundlagen zu seinem Schutz.- Natur u. Landschaft, Jg. 55, S. 240-249. Stuttgart.

HEYDEMANN, B. (1981): Ökologie und Schutz des Wattenmeeres.- Schriftenr. d. BELF, Angewandte Wissenschaft, H. 255. Münster.

HORST, K. (1964): Klima und Bodenfaktoren in Zwergstrauch- und Waldgesellschaften des Naturschutzparks Lüneburger Heide.- Naturschutz u. Landschaftspflege i. Nieders., H. 2. Hannover.

HÜBOTTER, P. & SCHULTE, J. (Hrsg.) (1983): Naturschutz in Niedersachsen. Hannover.

HUECK, K. (1928): Die Vegetation und Oberflächengestaltung der Oberharzer Hochmoore.- Beitr. z. Naturdenkmalpfl., Bd. 12, S. 150-214. Berlin.

IRMLER, U., HEYDEMANN, B. & WRAGE, H. A. (1988): Beweidung der norddeutschen Salzwiesen. Probleme und Schutzmöglichkeiten.- Jahrbuch d. Dt. Bundes für Vogelschutz 1988 (= 'Naturschutz Norddeutschland'), S. 91-97. Velber, Wolfenbüttel.

JANSEN, G. (1984): Im Oberharz bereits 61 % der Waldfläche geschädigt.- Allg. ForstZs., Jg. 39, H. 28, S. 723. München.

JÄPPELT, W. (1980): Grundlagen und Aussagegrenzen der niedersächsischen Gewässergütekarte.- Gewässerschutz i. Nieders., hrsg. v. Niedersächs. Minist. f. Ernährung, Landwirtschaft u. Forsten, S. 256-269. Hannover.

JENSEN, U. (1987): Die Moore des Hochharzes.- Naturschutz u. Landschaftpflege i. Nieders. H. 15. Hannover.

JUNG, G. (1980): Naturschutzgebiete im Oldenburger Raum. Renaturierung von Mooren.- Taubmann, W. (Hrsg.): Exkursionen in Nordwestdeutschland und angrenzenden Gebieten. Im Auftrage d. Ortsausschusses d. 17. Dt. Schulgeographentages Bremen, S. 131-138. Kiel.

JÜTTNER, E. (1980): Schädliche Auswirkungen auf naturnahe Gebiete durch Erholungsverkehr und Möglichkeiten, diese zu beschränken. Dargestellt am Beispiel Naturschutzpark Lüneburger

Heide.- Naturschutz und Naturschutzparke, H. 97, S. 28-31. Stuttgart.

KNOLLE, F. (1989): Harzbürtige Schwermetallkontaminationen in den Flußgebieten von Oker, Innerste, Leine und Aller.- Beitr. z. Naturkde. Nieders., Bd. 42, H. 2, S. 53-60. Hannover.

KÖPPE, G. & TSCHIMPKE, O. (1988): Aller Anfang ist schwer. Nationalpark 'Niedersächsisches Wattenmeer'. - Jb. d. Dt. Bundes für Vogelschutz 1988 (= 'Naturschutz Norddeutschland'), S. 15-20. Velber, Wolfenbüttel.

KUNTZE, H. (1973): Moore im Stoffhaushalt der Natur. Konsequenzen ihrer Nutzung.- Landschaft u. Stadt, Jg. 5, S. 88-96. Stuttgart.

KUNTZE, H. (1990): Zur Integration der Moore in die Kulturlandschaft.- Veröff. Niedersächs. Akad. d. Geowiss., H. 5 ('Moor und Torf in Niedersachsen'), S. 74-84. Hannover.

LEEGE, O. (1935): Werdendes Land in der Nordsee.- Schriftenr. d. Dt. Naturkundever., H. 2. Öhringen.

LINKE-FROHWEIN, C. (1983): Luftschadstoffeinflüsse. Beobachtungen im Solling.- Forst- u. Holzwirtschaft, Jg 38, Bd. 19, S. 560-562. Hannover.

LÖTSCHERT, W. (1962): Beiträge zur Ökologie der subatlantischen Zwergstrauchheide Nordwestdeutschlands.- Beitr. z. Biologie d. Pflanzen, Bd. 37, S. 331-380. Berlin.

LUCK, G. (1971): Ecological effects of tourism in the wadden sea.- Schr. d. BELF, R.A, Bd. 275. Münster-Hiltrup.

LÜDERWALDT, D. (1983): Stand des Moorschutzes in Niedersachsen.- Telma, Bd. 13, S. 251-258. Hannover.

LÜDERWALDT, D. & PILGRIM, B. (1987): Naturschutz als Aufgabe.- Niedersächs. Landeszentrale für polit. Bildung (Hrsg.): Niedersachsen. Politische Landeskunde, S. 118-128. Hannover.

MAUTHE, F. (1979): Probleme und Risiken bei der geplanten Einlagerung radioaktiver Abfälle in einen nordwestdeutschen Salzstock.- Mitt. d. Geol. Inst. Univ. Hannover, H. 18, S. 3-60. Hannover.

MERKEL, D. & KÖSTER, W. (1981): Schwermetallgehalte von Grünlandböden in der Oker- und Alleraue.- Vorträge VDLUFA-Kongress, Bd. 92, S. 556-563. Frankfurt/M.

MICHAELL, G. et al. (1982): Der Einfluß von Schwefeldioxid und Frost auf Fichten.- Flora, H. 172, S. 317-326. Jena.

MÖHLE, K.-A. (1983): Ursachen und Auswirkungen der Salzbelastung der Weser unter besonderer Berücksichtigung der Wasserversorgung im Wesereinzugsgebiet.- Die Weser, Jg. 57, S. 201-210. Bremen.

NESTROY, O. (1985): Ökologische Aspekte der landwirtschaftlichen Bodennutzung in Europa.- Zs. f. Agrargeographie, 3. Jg., H. 1, S. 79-91. Paderborn usw.

NIEDERSÄCHS. LANDESFORSTVERWALTUNG (Hrsg.) (1990): Leistungsbericht. Hannover.

NIEDERSÄCHS. LANDESREGIERUNG (Hrsg.) (1973): Landesentwicklungsprogramm Niedersachsen 1985. Hannover.

NIEDERSÄCHS. LANDESREGIERUNG (Hrsg.) (1988): Umweltschutz in Niedersachsen - Umweltbericht 1988. Hannover.

NIEDERSÄCHS. LANDESVERWALTUNGSAMT - FACHBEHÖRDE f. NATURSCHUTZ (Hrsg.) (1978): Ausgewählte Grundlagen und Beispiele für Naturschutz und Landschaftspflege.- Naturschutz u. Landschaftspflege i. Nieders., Sonderr.A, H. 1. Hannover.

NIEDERSÄCHS. LANDESVERWALTUNGSAMT - FACHBEHÖRDE f. NATURSCHUTZ (Hrsg.) (1984): Naturschutzatlas Niedersachsen.- Naturschutz u. Landschaftspflege i. Nieders., H. 13. Hannover.

NIEDERSÄCHS. MINISTER f. ERNÄHRUNG, LANDWIRTSCHAFT u. FORSTEN (Hrsg.) (1976): 30 Jahre Naturschutz und Landschaftspflege in Niedersachsen. Hannover.

NIEDERSÄCHS. MINISTER f. ERNÄHRUNG, LANDWIRTSCHAFT u. FORSTEN (Hrsg.) (1989): Niedersächsisches Landschaftsprogramm. Hannover.

NIEDERSÄCHSISCHES UMWELTMINISTERIUM (Hrsg.) (1987): Umweltvorsorge Nordsee. Hannover.

NIEDERSÄCHSISCHES UMWELTMINISTERIUM (Hrsg.) (1989): Abfallwirtschaftsprogramm. Hannover.

OLSCHOWY, G. et al. (1978): Natur- und Umweltschutz in der Bundesrepublik Deutschland. Hamburg, Berlin.

PILGRIM, B. (1982): Artenschutz in Niedersachsen.- Fachbehörde für Naturschutz. Hannover.

PLINZ, W. (1988): Der Kranichschutz des DBV im Elbniederungsgebiet Gartow-Höhbeck.- Jb. d. Dt. Bundes für Vogelschutz 1988 (= 'Naturschutz Norddeutschland'), S. 113-118. Velber, Wolfenbüttel.

POHL, D. (1975): Bibliographie der niedersächsischen Naturschutzgebiete.- Naturschutz u. Landschaftspflege i. Nieders., H. 4. Hannover.

POHL, D. (1979): Kartieranleitung zur Erfassung der für den Naturschutz wertvollen Bereiche in Niedersachsen. Hannover.

POHL, D. (1983): Bibliographie der niedersächsischen Naturschutzgebiete. 1. Ergänzung (Stand 31.12.1982).- Naturschutz u. Landschaftspflege i. Nieders., H. 4.1. Hannover.

POHL, D. (1988): Statistik und Verzeichnis über die Naturschutzgebiete in Niedersachsen.- Niedersächs. Landesverwaltungsamt - Fachbehörde f. Naturschutz, Informationsdienst 1/88: Naturschutz Niedersachsen. Hannover.

PREISING, E. et al. (1990 ff): Die Pflanzengesellschaften Niedersachsens. Bestandsentwicklung, Gefährdung und Schutzprobleme.- Naturschutz u. Landschaftspflege i. Nieders. Hannover.

RACHOR, E. (1982): Die besondere Stellung und die Bedeutung des Wattenmeeres im Gesamtökosystem der Nordsee.- Bremer Beitr. z. Geogr. u. Raumplanung, H. 2, S. 50-57. Bremen.

RACHOR, E. (1983): Meeresverschmutzung und ihre Auswirkungen in der Nordsee.- Geogr. Rundschau, Jg. 35, H. 6, S. 292-299. Braunschweig.

RASPER, M., SELLHEIM, P. & STEINHARDT, B. (1991): Das Niedersächsische Fließgewässerschutzsystem. Grundlagen für ein Schutzprogramm.- Naturschutz u. Landschaftspflege i. Nieders., H. 25. Hannover.

REICHE, A. & GORKI, H. F. (1981): Natur- und Landschaftsparke im Nordseesektor.- Westfäl. Geogr. Stud., Bd. 37, S. 255-280. Münster.

REICHEL, D. (1977): Naturschutzgebiete, ihre Bedeutung und Probleme dargestellt an Beispielen aus Niedersachsen.- Dissertationes Botanicae, Bd. 42. Vaduz.

RINGLEBEN, H. (1958): Für Niedersachsen neue Brut- und Gastvögel.- Beitr. z. Naturkde. Nieders., Bd. 12, H. 1, S. 4-36. Hannover.

RUNGE, F. (1964): Die Pflanzengesellschaften des Oderteiches im Oberharz.- Beitr. z. Naturkde. Nieders., Bd. 17, H. 4, S. 81-86. Hannover.

SCHMATZLER, E. & TÜXEN, J. (1980): Wiedervernässung und Regeneration von niedersächsischen Hochmooren in ihrer Bedeutung für den Naturschutz.- Telma, Bd. 10, S. 159-171. Hannover.

SCHMATZLER, E. (1990): Die niedersächsischen Hochmoore in ihrer Bedeutung für den Naturschutz.- Veröff. Niedersächs.

Akad. d. Geowiss., H. 5 ('Moor und Torf in Niedersachsen'), S. 49-58. Hannover.

SCHOENICHEN, W. (Hrsg.) (1926): Die Naturschutzgebiete Preußens. Berlin.

SCHRÖDER, J. v. & REUSS, C. (1986): Die Beschädigung der Vegetation durch Rauch und die Oberharzer Hüttenrauchschäden. Hildesheim (Nachdr. d. Ausg. v. 1883, Berlin).

SCHRÖDER, W. (1989): Standörtliche Randbedingungen im Ursache-Wirkungsgefüge der Waldschäden.- Geographische Rundschau, Jg. 41, H. 3, S. 177-185. Braunschweig.

SEEDORF, H. H. (1987): Umweltprobleme aus historischer Sicht.- Zs. Niedersachsen, Jg. 87, H. 3, S. 157-160. Hannover.

SPELSBERG, G. (1987): Die historischen Perspektiven der Rauch- und Schwefeldioxid-Emissionen.- Neues Arch. f. Nieders., Bd. 36, H. 2, S. 133-147. Göttingen.

STOCK, R. (1990): Die Verbreitung von Waldschäden in Fichtenforsten des Westharzes - eine geographische Analyse.- Göttinger Geogr. Abh., H. 89. Göttingen.

STODTE, G. (1985): Entwicklung des Naturschutzgebietes Lüneburger Heide aus der Sicht der Bezirksregierung Lüneburg als Obere Naturschutzbehörde.- Schriftenr. d. Dt. Rates f. Landespfl., H. 48, S. 793-798. Bonn-Bad Godesberg.

STUGREN, B. (1974): Grundlagen der allgemeinen Ökologie. Leipzig.

TAUDIEN, R. (1977): Die Auswirkungen der Dümmereindeichung.- Dümmer-Jb., 2. Jg., S. 19-25. Diepholz.

TESDORPF, J. C. (1984): Landschaftsverbrauch. Begriffsbestimmung, Ursachenanalyse und Vorschläge zur Eindämmung. Berlin, Vilseck.

TISCHLER, W. (1980): Biologie der Kulturlandschaft. Stuttgart.

TISCHLER, W. (1990): Ökologie der Lebensräume. Stuttgart.

TOEPFER, A. (1967): Erbe und Verpflichtung. Das Naturschutzgebiet Lüneburger Heide.- Naturschutz u. Naturschutzparke, H. 47, S. 1-4. Stuttgart.

TOEPFER, A. (1968): Die Lüneburger Heide. Eine Wirtschaftslandschaft.- Naturschutz u. Naturschutzparke, H. 49, S. 24-27. Stuttgart.

TOEPFER, A. (1972): Landschaftspflege im Naturschutzgebiet Lüneburger Heide.- Naturschutz u. Naturschutzparke, H. 65, S. 36-39. Stuttgart, Hamburg.

TÜXEN, J. (1988): Haben unsere Moore noch eine Zukunft ? Über die Regeneration von Mooren und das niedersächsische Moorschutzprogramm.- Telma, Bd. 18, S. 333-344. Hannover.

ULRICH, B. (1980): Die Wälder in Mitteleuropa. Meßergebnisse ihrer Umweltbelastung. Theorie ihrer Gefährdung, Prognose ihrer Entwicklung.- Allg. ForstZs., Bd. 35, S. 1198-1202. München.

ULRICH, B. (1981): Destabilisierung von Waldökosystemen durch Akkumulation von Luftverunreinigungen.- Der Forst- und Holzwirt, Bd. 36, S. 525-532. Hannover.

UTHOFF, D. (1983): Konfliktfeld Nordsee. Nutzungen, Nutzungsansprüche und Nutzungskonflikte.- Geogr. Rundschau, Jg. 35, H. 6, S. 283-291. Braunschweig.

VAHLE, H.-C. (1990): Grundlagen zum Schutz der Vegetation oligotropher Stillgewässer in Nordwestdeutschland.- Naturschutz u. Landschaftspflege i. Nieders., H. 22. Hannover.

VEH, G. M. (1976): Alle Kaliabwässer Deutschlands fließen in die Weser.- Die Weser, Jg. 50, S. 148-150. Bremen.

VÖLKSEN, G. (1973): Die Bodenerosion als bewirtschaftungstechnisches Kriterium.- Neues Arch. f. Nieders., Bd. 22, H. 4, S. 341-355. Göttingen.

VÖLKSEN, G. (1977): Biotopgestaltung am Dümmer.- Neues Arch. f. Nieders., Bd. 26, S. 428-430. Göttingen.

WILLE, V. (1986): Flächennutzung nach ökologischen Gesichtspunkten.- Statistische MH. Nieders., Jg. 40, H. 4, S. 84-97. Hannover.

WOLFF, P. & HERMANN, U. (1986): Einfluß der Werraversalzung auf die Ökologie des unteren Werratales.- Landschaft u. Stadt, Jg. 18, S. 38-42. Stuttgart.

o.V. (1980): Umweltschutz in Niedersachsen. Eine Information der niedersächsischen Landesregierung. 2., überarb. Aufl. Hannover.

o.V. (1987): Bodenschutz als Aufgabe der Landes- und Regionalplanung.- Arbeitsmaterial. d. Akademie f. Raumforsch. u. Landesplanung, H. 129. Hannover.

F. ABBILDUNGS- UND TABELLENVERZEICHNIS

Abbildungen:

Tabellen:

Fotos im Text:

Farbige Bildtafeln:

G. STICHWORTREGISTER

fette Seitenzahl = bedeutendere Aussage